I0085290

Richard Lehmann

Forschungen zur deutschen Landes und Volkskunde

Richard Lehmann

Forschungen zur deutschen Landes und Volkskunde

ISBN/EAN: 9783742816986

Hergestellt in Europa, USA, Kanada, Australien, Japan

Cover: Foto ©Lupo / pixelio.de

Manufactured and distributed by brebook publishing software
(www.brebook.com)

Richard Lehmann

Forschungen zur deutschen Landes und Volkskunde

FORSCHUNGEN

ZUR DEUTSCHEN

LANDES- UND VOLKSKUNDE

IM AUFTRAGE DER

CENTRALKOMMISSION FÜR WISSENSCHAFTLICHE LANDESKUNDE VON DEUTSCHLAND

HERAUSGEGEBEN VON

DR. RICHARD LEHMANN,
PROFESSOR DER ERDKUNDE AN DER AKADEMIE ZU MÜNSTER I. W.

ERSTER BAND.

MIT 12 TAFELN KARTEN UND PROFILE, SOWIE EINER KARTENSKIZZE UND MEHREREN PROFILEN IM TEXT.

STUTTGART.
VERLAG VON J. ENGELHORN.
1886.

Inhalt.

Druckfehlerberichtigung.

Seite 185 Zeile 15 von unten ist statt plumpen zu lesen: plumpes.
" 517 " 4 " oben " " Ufern " " Ufer.
" 519 " 9 " unten " " Hufadel " " Hufadel.

DER

BODEN MECKLENBURGS

VON

DR. E. GEINITZ,

O. PROFESSOR DER MINERALOGIE UND GEOLOGIE AN DER UNIVERSITÄT ROSTOCK.

STUTTGART.

VERLAG VON J. ENGELHORN.

1885.

Mit der folgenden Uebersicht über den geologischen Bau Mecklenburgs kommt der Verfasser der Aufforderung, einen Beitrag zu den „Forschungen zur deutschen Landes- und Volkskunde" zu liefern, um so lieber nach, als er hofft, damit diesen interessanten und schönen Theil des norddeutschen Tieflandes auch weiteren Kreisen bekannt zu machen, als bisher leider der Fall war. Zur Orientirung über specielle geologische Arbeiten über unser Gebiet seien folgende Schriften aufgeführt:

E. Geinitz: Die geologische Literatur Mecklenburgs bis 1878. Archiv des Vereins der Freunde der Naturgeschichte in Mecklenburg. XXXII. 1878.

E. Geinitz: Beitrag zur Geologie Mecklenburgs. I—VI. Archiv XXXIII. 1879 — XXXVIII. 1884. (Auch separat.)

E. Geinitz: Die Flötzformationen Mecklenburgs. Mit geologischer Karte. 1883. Güstrow. (Archiv XXXVII.)

Auch will ich es nicht unterlassen, an dieser Stelle die drei Männer zu nennen, denen die Geologie Mecklenburgs eine so grosse Zahl wichtiger Beobachtungen und Aufzeichnungen verdankt: G. A. Brückner, Ernst Boll und F. E. Koch.

Eine topographische Beschreibung des Landes liegt nicht im Plane vorliegender Darstellung [1]), doch sei hier die grosse Mannigfaltigkeit des Landschaftscharakters hervorgehoben, die durch das nahe Zusammenvorkommen aller Typen der reinen norddeutschen Quartärlandschaft bedingt ist: die „Moränenlandschaft" ist ebenso in den bewaldeten Gegenden wie in den mit Feldwirthschaft bestellten Theilen kenntlich; coupirtes Terrain durch isolirte oder zu Ketten verbundene Hügel, mit kleinen, von Wasser oder Torf erfüllten Kesseln, Söllen oder grösseren Seen zwischen sich, der Boden oft massenhaft mit erratischen Blöcken bestreut; tiefe romantische Schluchten, in denen die dem Geschiebelehm entstammenden grossen Blöcke wild durcheinander liegen, denselben landschaftlichen Charakter liefernd wie die vom anstehenden Granitfels der thüringischen oder Harzer Thäler losgelösten Felsblöcke. Die weiten Diluvialplateauflächen mit ihren rasch wechselnden „verschiessenden" Bodenarten, wo die durch den Grossgrundbesitz bedingte auf

---

[1]) Vergl. hierüber E. Boll, Abriss der mecklenburgischen Landeskunde. 1861.

weite Strecken gleichförmige Feldbestellung auf den Wanderer oft einen recht eintönigen Eindruck macht, sind besonders da, wo sie aus dem „oberen Geschiebemergel“ zusammengesetzt werden, wie durchsiebt von den isolirten kleinen runden Wasserlöchern, die unten als Sölle beschrieben sind. Auch die drei grossen Haidegebiete mit ihrem feinen gelben Sand, in dem sich oft eine undurchdringliche Schicht von Raseneisenerz, dem „Ortstein“, bildet, liefern mit ihren Dünenzügen interessante, wenn auch oft eintönige Landschaftsbilder, zum Theil aber auch, wie z. B. in der Rostocker Haide, wegen ihrer günstigen feuchten Lage prächtigen Baumwuchs.

Mehrfache isolirte oder zu Zügen vereinigte Berge erheben sich aus der Landschaft; als Beispiele seien genannt der Schönberg im Klützer Ort 92 m, Diedrichshäger Berg bei Doberan 130 m, Schmoksberg bei Teterow 135 m, Hohe Burg bei Schlemmin 144 m, Marnitzer Berg bei Parchim 165 m, Helpter Berg bei Woldegk ca. 170 m.

Die zahlreichen grossen und kleinen Seen mit ihren oft wundervollen bewaldeten Steilufern bieten nach allen Richtungen hin, wissenschaftlich wie praktisch, das mannigfaltigste Interesse, abgesehen von den wechselvollen Bildern, die die einzelnen Seen mit ihren Inseln, ihren Schlössern am Ufer oder ihrer romantischen Einsamkeit im dichten Walde dem Landschafter vor Augen führen. Die mannigfachen grossen und kleinen Flussläufe bieten in ihrem Verlauf und ihren eigenthümlichen Ursprungsgebieten ein für die norddeutschen Flüsse recht charakteristisches Bild, das in seiner Allgemeinheit manches bisher räthselhafte Oberflächenphänomen erklären wird [1]. Seen wie Thalläufe weisen allermeist deutlich auf den einstigen grösseren Wasserreichthum des Landes hin, die Seen durch ihre jetzt trockenen Uferterrassen und Vorländer, die Flussläufe durch ihre breiten Sand- oder Moorebenen, welche den jetzigen schmalen Wasserfaden begleiten oder einzelne Seebecken zu einem einzigen Stromlauf vereinigen. Zahlreiche Torfmoore unterbrechen den Zusammenhang des Diluvialplateaus oder schieben sich in die Hügelketten ein.

Endlich gewährt noch die Küste mit ihrem senkrechten, von einem Kranze von erratischen Blöcken umsäumten Abbruchsufer (Klint) oder ihren flache Moorlandschaft oder Flussmündungen abgrenzenden Dünen und mit ihrem oft haffartig in das Land eingreifenden Verlauf vielfaches Interesse und mannigfache Schönheiten [2].

I. Diluvium.

Die fast ganz allgemeine Bedeckung des mecklenburgischen Landes wird von dem Diluvium und Alluvium gebildet, während die

[1]) S. Beitr. z. Geol. Meckl. VI. 1884.

[2]) Dass die zahlreichen landschaftlich überaus schönen Gegenden Mecklenburgs noch so wenig bekannt und aufgesucht sind, hat seinen wesentlichen Grund in dem für Touristen höchst unbequemen Mangel passend gelegener Gasthäuser, zum Theil auch in der häufig beträchtlichen Strecke weniger ansiehender Partien zwischen den besuchenswerthen (vielfach im Privatbesitz befindlichen) Punkten.

älteren Formationen da, wo sie zu Tage treten, auch fast stets noch von einer geringen Quartärbedeckung (Abraum) überzogen sind.

Die Bodenarten (Gesteine) des Quartärs, welche an der Zusammensetzung des mecklenburgischen Bodens theilnehmen, sind die folgenden:

Geschiebemergel und -Lehm, Thon, Kies, Sande, Torf, Moor, Diatomeenerde, Humuserde, Wiesenkalk, Raseneisenstein, Kalktuff.

Die Bildung und Ablagerung dieser Gesteine im einzelnen brauche ich hier nicht besonders auseinanderzusetzen; es genügt gegenwärtig der Hinweis auf die nunmehr allgemein acceptirte Glacialtheorie.

Der Geschiebemergel ist nach dieser Theorie das Ablagerungsproduct der Grundmoräne des skandinavisch-norddeutschen Inlandgletschers. Er ist ein blaugraues oder gelbbraunes, thonig-kalkiges, mehr oder weniger sandreiches Gestein von zäher, im feuchten Zustand ziemlich plastischer, im trockenen harter und bröckeliger Beschaffenheit, in dem völlig regellos Sand, Grand, Gerölle und Geschiebe eingelagert sind, ohne jegliche innere Schichtung. Von derselben physikalischen Beschaffenheit wie die Grundmoräne jedes heutigen Gletschers giebt sich der Geschiebemergel als das festgepackte Zerreibungsproduct des nordischen und einheimischen Felsuntergrundes zu erkennen.

Dort wo der Geschiebemergel einigermassen mächtig ist, liefert er eine der besten Bodenarten, für Weizenfelder, Rübenbau, Buchenwald geeignet. Als „schwerer" Boden bedarf er vielfach ausgedehnter Drainage. Oft ist er so widerstandsfähig, dass er bei grösseren Erdarbeiten, wie Eisenbahnbauten u. dergl. mit Pulver gesprengt werden muss (z. B. bei Möllenhagen 1884). Seine Mächtigkeit ist sehr verschieden, von 1 dcm bis zu 20, 30 oder mehr Metern. Abgesehen von seinen grösseren Blöcken, Geschieben und Geröllen ist er in seiner Hauptmasse verschiedener Beschaffenheit, nämlich bald mehr thonig oder lehmig und fett, bald mehr sandhaltig und mager, schliesslich ganz in den unten erwähnten Geschiebesand und -Kies übergehend; stets ist er im frischen Zustand durch seinen Kalkgehalt ausgezeichnet, welcher bedingt ist durch fein zerriebenes Kalkmehl und grössere Kalksteinstücke. An der Oberfläche unterliegt er drei Arten von Umwandlung: während er in der Tiefe von blaugrauer Farbe ist, entsprechend den in ihm enthaltenen Eisenoxydulsilicaten, erhält er in der Nähe der Oberfläche (oft in sehr wechselnden Tiefen) die lehmgelbe Farbe durch höhere Oxydation seines Eisens. Eine weitere chemische Veränderung tritt dadurch ein, dass sein Gehalt an kohlensaurem Kalk durch das einsickernde Tagewasser mehr und mehr entfernt wird und er dadurch aus Mergel in Lehm übergeht. Der Kalk wird meist in tiefere Lagen geführt und hier häufig in unregelmässig der Oberfläche folgenden Schichten oder Schmitzen als weisser Beschlag von Bergmilch abgesetzt. Diesem Process zufolge wird aus einem Mergelboden allmählich ein Lehmboden, der nun durch künstliches Auftragen von frischem Geschiebemergel oder Kalk meliorisirt werden muss; daher auf allen Feldern die zahlreichen Mergelgruben, „Mergelkuhlen", an deren Abstichen man obigen Process zur Genüge oft beobachten kann. Die dritte Art der Umwandlung ist eine mechanische, indem hier das Sickerwasser die feinen Staub- und Thontheile allmählich wegführt und aus dem fetten Mergel ein immer magereres, bis zuletzt sandiges Gestein herausbildet. Dies findet besonders rasch da statt, wo der Geschiebemergel weniger mächtig ist und einen sandigen Untergrund hat.

Die Blöcke oder Geschiebe, welche in wechselnder Menge, meist in sehr beträchtlicher Masse, in dem Geschiebemergel eingebettet lagern, sind von ganz besonderem Werth in einem Lande, welches festes, zu Bauzwecken geeignetes anstehendes Gesteinsmaterial nicht besitzt. Allerwärts werden daher diese Blöcke, die sogenannten „Felsen“, gesammelt und zu Strassen-, Eisenbahn- und Häuserbauten verwerthet. Da wo der Geschiebemergel vom Wasser ausgewaschen wird, wie an der Seeküste, wird das feinere Material weggeführt, und die grossen Blöcke bleiben an Ort und Stelle liegen. Da nun die Küste immer weiter landeinwärts rückt, erklärt sich das Vorkommen dieser „erratischen Blöcke“ in dem Strandgebiet und am Grunde der See sehr einfach. Genau ebenso sind die auf dem Lande oft in ungeheuren Massen herumliegenden Blöcke liegen gebliebene Reste des Geschiebemergels, dessen feinere Theile vom Wasser fortgespült sind. Alle unsere erratischen Blöcke, gross und klein, sind also nicht als solche isolirt auf dem Eise aus dem Norden zu uns gekommen, sondern als Bestandtheile der Grundmoräne und erst aus dieser herausgewaschen. Die meisten Blöcke des Geschiebemergels erweisen sich als deutliche „Geschiebe“, indem sie auf einer oder mehreren Seiten mehr oder weniger glatt geschliffene Flächen zeigen, auf denen wieder scharf ausgeprägte Schrammen, flache oder tiefe, schmale oder breite Furchen, in paralleler oder sich kreuzender Richtung laufend, eingekratzt sind.

Nach der Natur der Geschiebe lassen sich zwei Gruppen derselben unterscheiden. Die eine, welche die bei weitem grösste Menge geliefert hat, ist als die der nordischen Geschiebe zu bezeichnen. Es sind Granite, Felsitporphyre, Syenite, Syenitporphyre, Diabase, Diorite, Gabbros, Porphyrite, Melaphyre und Basalte; ferner Gneisse, Hälleflints, Glimmer-, Hornblende-, Augit-, Chloritschiefer, Quarzite, krystallinische Kalksteine, Phyllite, Thonschiefer; von den Versteinerungen führenden Schichten Vertreter des Silur (und Devon?), nämlich Sandsteine, Thonschiefer, Kalksteine (letztere zum Theil local so massenhaft, dass Kalkbrennereibetrieb darauf lohnte), der Trias (Sandstein und Kohle vom südlichen Schweden), des Jura (versteinerungsreiche Sandsteine), der Kreideformation mit Feuerstein, Kreide und anderen verschiedenen Kalksteinen, endlich des Tertiär. Von fast allen diesen Geschieben, soweit sie einigermassen charakteristisch sind, konnte ihre Heimath nachgewiesen werden [1]): Die meisten sind skandinavischen Ursprungs und zwar aus einem mehr oder weniger eng umgrenzten Bezirk des südlichen und mittleren Schwedens, während sowohl westlichere als

---

[1]) S. Beitr. z. Geol. Meckl. III.—V. und N. Acta d. Leop.-Carol. Acad. 45. 2, 1882.

östlichere Gegenden (Norwegen resp. Finnland) keine oder nur höchst untergeordnete Vertreter geliefert haben. Der Transport dieser mecklenburgischen Diluvialgeschiebe durch das Eis erfolgte somit in nordnordost-südsüdwestlicher Richtung. Der andere Theil der nordischen Geschiebe stammt aus dem östlichen und südlichen Dänemark, sowie dem zwischen diesem und der deutschen Küste gelegenen Balticum; es ist dies neben dem Saltholmkalk und Kreidekalk von Faxe vor allem die weisse Schreibkreide und der Feuerstein, welche beide in enormer Masse im norddeutschen Diluvium liegen.

Neben diesem nordischen Material, das als skandinavisches und baltisches getrennt werden kann, treten nun noch einheimische Geschiebe auf, d. h. solche, die vom Gletscher dem mecklenburgischen Boden entnommen sind. Dieselben sind stets auf die Nachbarschaft der betreffenden Flötzformation localisirt und bilden hier zuweilen die Varietät des Geschiebemergels, die man als „Krosssteinsgrus" bezeichnet. Dazu gehören Muschelkalkgerölle, Juragerölle zum Theil, Kreide und Feuerstein, Pläner, Septarien, die sogenannten Sternberger Kuchen, verkieselte Hölzer zum Theil. Nirgends ist auch hier ein Geschiebe aus südlicher oder ost- und westlicher Richtung darunter. Eine einzige Ausnahme, die Bernsteinstücke, welche zuweilen im Geschiebemergel gefunden werden, reducirt sich dahin, dass diese Stücke leicht durch Wasser verschwemmt werden konnten und dann in die Grundmoräne eingebracht sind.

Wo sich organische Reste, insbesondere Knochen von höheren Thieren, im Geschiebemergel finden, sind dieselben ebenfalls Fremdlinge für denselben, meist aus zerstörten sedimentären Diluvialablagerungen stammend.

Der Geschiebemergel zeigt im normalen Falle nirgends Schichtung. Dagegen ist er häufig nahezu horizontal in dünnen Bänken abgesondert, was auf den gewaltigen Druck zurückzuführen ist, unter dem die Grundmoräne des riesigen Gletschers stand. Diesem Druck ist auch die grosse Menge von Schichtenstörungen des Untergrundes zuzuschreiben, welche in allen Verhältnissen ungemein häufig sind. Von den geringen wellenförmigen Aufbiegungen der unterlagernden Schichten zu schleifenförmigen Verbiegungen und Stauchungen und zu grossartigen mächtigen Einquetschungen des Moränenmateriales in den Untergrund lassen sich Tausende von Beispielen anführen. Oft ragt auch der Geschiebemergel buchtenartig in Form von Riesentöpfen in den Untergrund hinein.

Schliesslich sei noch erwähnt, dass auch dünne oder dickere Lagen, Schmitzen und Nester von geschichtetem Sand oder Kies öfters mitten im ungeschichteten Geschiebemergel angetroffen werden. Dieselben sind local durch Schmelzwasser aufgeschlämmte Theile der Grundmoräne.

Nächst dem Geschiebemergel sind es zwei andere Arten von Gesteinen, die das mecklenburgische Diluvium im wesentlichen zusammensetzen, nämlich die geschichteten Thone und Sande. Für sie ist der Geschiebemergel gewissermassen das Muttergestein, sie sind die natürlichen Schlämmproducte desselben. Demgemäss bestehen sie aus genau demselben Material wie dieser, auch hier wieder vorwiegend nordischem, zurücktretend einheimischem.

Die groben Schlämmproducte sind die Sande, Grande, Gerölle und Kiese.

Der gemeine Diluvialsand, wegen seines Gehaltes an Feldspathkörnchen auch als Spathsand bezeichnet, besteht hauptsächlich aus Körnchen von Quarz, Feldspath und zum Theil Glimmer, Augit, Hornblende, Magneteisen, und ist in seiner ursprünglichen Beschaffenheit stets durch seinen gewöhnlich 2—3 % oder auch mehr betragenden Kalkgehalt ausgezeichnet. Der Grand und die Gerölle unterscheiden sich von dem Sand durch das grössere Korn ihrer Gemenge, der Kies ist durch ungleichmässig wechselnde Korngrösse charakterisirt. Auch diese grobkörnigen Sedimente führen Kalk, zuweilen sind sie „unrein", d. h. mit Lehm oder Thon vermengt. Die Diluvialsande liefern in ihrer ursprünglichen Beschaffenheit einen zwar „leichten", aber doch noch leidlich fruchtbaren Boden wegen ihres Gehaltes an allen für die Pflanzen brauchbaren Mineralnährstoffen. Das Sickerwasser laugt aber dieselben leicht aus und wandelt diese Bodenarten in unfruchtbare um. Der Kalkgehalt wird leicht aus den oberen Partien durch das Wasser weggeführt und an anderen Stellen wieder abgesetzt; daher die vielen Kalkconcretionen, Incrustationen, Conglomeratbildungen oder Ausblühungen von Bergmilch in tieferen Schichten von Sandlagern. Dasselbe wird auch oft von Eisen geliefert.

Sand, Grand, Gerölle und Kies zeigen durch ihre Lagerungsverhältnisse deutlich ihren Absatz aus Wasser an. Feine Schichtung, Wechsellagerung aller möglichen Varietäten der Sande, discordante Parallelstructur, Steinpflaster u. a. m. beobachtet man in schönster Form und mannigfachster Ausbildung an allen frisch ausgegrabenen Aufschlüssen.

In den Sanden finden sich zuweilen Knochenreste diluvialer Thiere, Conchylien sind bisher noch nicht nachgewiesen worden. Dünne Zwischenschichten von Sand, die durch Pflanzenreste schwarz gefärbt sind, trifft man zuweilen in grösseren Sandablagerungen. Von häufigeren einheimischen Geröllen sind zu nennen Braunkohlenstücke, verkieselte Hölzer, Conchylien des Sternberger Oligocän und Holsteiner Miocän, während reichlich angehäufte Bryozoen der Kreide in dem sogenannten Korallensand zu den nordischen Fremdlingen gehören.

Ein sehr feinkörniger und oft stark thoniger, gelblicher Mergelsand, „Schluff", kommt häufig als Zwischenschicht in Sandablagerungen vor oder ist der Begleiter von Thonschichten. Als „Wellsand" oder „Triebsand" wird oft ein sehr feiner, thonarmer Sand bezeichnet, der in gewissen Tiefen häufig Wasser führt.

Die Sande sind je nach ihrer Beschaffenheit zu verschiedenen Zwecken verwerthbar; aus den groben Geröllagern gewinnt man Bau- und Strassensteine, Kies und Grand wird zu Dammschüttungen gesucht, der scharfe Grand als Mauersand, der feine Sand als Zusatz für den Ziegeleibetrieb.

Der diluviale Thon (zum Theil „Schindel" genannt) tritt nicht so häufig bis ganz zu Tage, wird aber in zahllosen Gruben für die

Ziegeleien, Cementfabriken und Thonwaarenanlagen abgebaut. Er bildet kleine Zwischenschichten in Sandablagerungen oder mächtige reine Lager von 30 m und mehr Mächtigkeit. Meist ist er frei oder ganz arm an grösseren Steinen, stets etwas kalkhaltig und von sehr verschiedener Beimengung an Sand, wodurch Uebergänge von dem Schluffsand durch Bänderthon zu fettem zähem Thon entstehen. Seine Farbe ist blaugrau oder rothbraun und gelblich. Oft enthält er mergelige Concretionen von derselben Gestalt wie die Lösspuppen, ferner rothbraune Lettenzwischenschichten.

Conchylien konnten bisher noch in keinem Thonlager aufgefunden werden, eine Thatsache, die um so mehr besondere Beachtung verdient, als in den Nachbarprovinzen solche Funde mehrfach gemacht worden sind. Dagegen erwies sich das ausgedehnte Thonlager von Wendisch Wehningen an der Elbe als eine diatomeenreiche Ablagerung, in der auch eine schwarz gefärbte Schicht von reiner, thonfreier Diatomeenerde eingeschaltet ist [1]; der Hauptbestand derselben ist nach Cleve die Süsswasserform *Melosira lyrata* neben dem spärlichen marinen *Coscinodiscus subtilis*.

Das Zusammenvorkommen dieser Diluvialablagerungen ist ein ungemein wechselvolles, und dadurch wird der rasche Wechsel der Landschaft und der Bodenarten bedingt. Ganz kurz sei noch über die Gliederung des Diluviums einiges mitgetheilt. Auch in Mecklenburg kann man das Diluvium in zwei Abtheilungen gliedern, dem Ober- und Unterdiluvium der Mark entsprechend, welche zur Hervorhebung ihrer stratigraphischen Ungleichartigkeit auch gut als Deck- und Hauptdiluvium bezeichnet werden können.

Die bei weitem mächtigsten und mannigfaltigsten Ablagerungen gehören dem Hauptdiluvium an. Hier finden sich die genannten drei Gruppen von Gesteinen in allen möglichen Varietäten in mannigfachster Wechsellagerung und Vertretung, ohne dass man berechtigt wäre, noch weitere Gliederungen ähnlich wie bei den Etagen der Flötzformationen vorzunehmen. Jeder grössere Aufschluss durch Gruben, Bahnbauten u. dergl., Bohrprofile und auch die Oberfläche der Felder führen uns dies Verhältniss immer von neuem vor. Lassen sich auch für manche Ablagerungen, wie z. B. für manche Geschiebemergelpartien, Thonlager oder Sande, ziemlich weite Strecken gleichbleibender Ausdehnung und Ausbildung nachweisen, so genügen sie doch nicht zur Berechtigung von Horizontunterscheidungen. Und häufig genug ist man überrascht durch das plötzliche Wechseln und gegenseitige Abschneiden der einzelnen Ablagerungen. Zu diesem Phänomen gehört auch die Thatsache, dass auf den Feldern die Bodenarten oft rasch „verschiessen", d. h. in ihrer petrographischen Beschaffenheit plötzlich wechseln, so dass z. B. in einem schweren Mergelboden einzelne grössere (oder auch so kleine, dass sie kartographisch nicht mehr darstellbar sind) Flecken von reinem Sand auftreten; ein zufällig hier entblösstes Profil (Drainage, Strasseneinschnitt oder dergl.) zeigt dann mitten im Geschiebemergel eine von unten heraufgequetschte oder ganz

[1] Beitr. z. Geol. Meckl. I. S. 40.

isolirt gelegene Sandschmitze oder Sandnest. Es wäre ein Leichtes, noch zahlreiche weitere Beispiele der Art aufzuführen.

Einige Beobachtungen an Bohrprofilen ergaben eine mehrfache Wechsellagerung von Geschiebemergel und sedimentären Diluvialbildungen; doch können sie meiner Ansicht nach wegen der Ungleichmässigkeit in den Lagerungsverhältnissen der Nachbarschaft nicht als Beweise für die von A. Penck auch für Deutschland angenommene Theorie der dreifachen Vergletscherung mit entsprechenden Interglacialzeiten gelten. Zwei dieser wichtigsten Profile seien hier mitgetheilt [1]):

Bohrloch in Probst Jesar bei Lübtheen:

0— 1,40 m Auftrag und Humusboden,
— 2,10 „ gelber Haidesand,
—10,00 „ oberer Sand und Kies,
—24,65 „ grauer Geschiebemergel mit Sandeinlagerung,
—25,45 „ grauer feiner Sand,
—34,50 „ grauer geschichteter Thon,
—42,00 „ Sand und Kies,
—53,90 „ grauer sandiger Geschiebemergel,
—62,30 „ grober Kies,
—64,80 „ grauer sandiger Geschiebemergel,
—97,90 „ Sande, Thone und Braunkohle des Tertiär.

Bohrloch bei Trebs in der Nähe von Lübtheen:

0 — 10,1 m gelber Haidesand,
— 22,4 „ Sand und Kies,
— 31,2 „ grauer Geschiebemergel zum Theil mit Kies.
— 36,3 „ Kies und Sand,
— 40,9 „ eingequetschter Tertiärsand,
— 50,7 „ Diluvialkies,
— 53,3 „ grauer sandiger Geschiebemergel,
— 75,1 „ Kies,
— 82,3 „ grauer sandiger Geschiebemergel,
—133,1 „ grober Kies, wechsellagernd mit sandigem Geschiebemergel.

Das letztere Bohrloch ergab überdies die enorme Mächtigkeit des Diluviums von 133 m (d. i. 115 m unter dem jetzigen Ostseespiegel); es ist das die nächst dem Spandauer Bohrloch bekannte grösste Mächtigkeit des deutschen Diluviums.

Das Deckdiluvium tritt zwar gegenüber der mächtigen und mannigfaltigen Entwickelung des Hauptdiluviums stark zurück, ist aber geologisch wegen seiner häufigen discordanten Ueberlagerung meist gut zu unterscheiden und in agronomischer Beziehung deshalb von besonderer Bedeutung, weil es den fast allgemeinen Ueberzug des Hauptdiluviums bildet und durch seine Entwickelung eben die Bodenbeschaffenheit wesentlich bedingt oder wenigstens beeinflusst.

Das Deckdiluvium ist als der Absatz des Rückzugsgletschers und seiner Schmelzwässer zu bezeichnen; es besteht im wesentlichen aus

[1]) Flötzformat. Meckl. S. 114.

Geschiebemergel oder Sanden. Häufig sind seine Ablagerungen durch einen Reichthum an Geschieben ausgezeichnet, doch ist dies kein Charakteristicum desselben, da die Geschiebe in grosser Masse auch ebenso oft dem Hauptdiluvium angehören. Eine Verschiedenheit in der Natur der Geschiebe ist nicht zu constatiren, ebenso wenig eine grössere Häufigkeit von geschrammten Geschieben gegenüber denen im Hauptdiluvium.

Der „obere“ Geschiebemergel ist theils wegen seiner den Tagewässern exponirten Lage, theils auch schon von Anfang an (wegen des reichlichen Schmelzwassers in der Grundmoräne des Rückzugsgletschers) meist nicht so fett wie der untere, sondern sandiger; auch ist er gegenwärtig meist von lehmgelber Farbe und in seinen oberen Partien sehr häufig zu Lehm ausgelaugt. In diesen Eigenschaften liefert er einen sehr guten Boden, der, wenn er auch den „unteren“ Mergel noch als Untergrund hat oder in bedeutender Mächtigkeit (die bis 3, sogar zu 10 m ansteigen kann) vorhanden ist, als schwerer Boden bezeichnet werden muss; wenn er in geringerer Mächtigkeit oder als Bedeckung von Sand auftritt, diesem an sich weniger werthvollen Untergrund erhöhte Bonität verleiht. Dadurch, dass er nicht in gleicher Dicke ausgebreitet ist, sondern oft rasch in allen Grenzen schwankt, kommt das „Verschiessen“ des Bodens mit zu Stande.

An anderen Stellen ist die Ablagerung dieser Grundmoräne kein Mergel, sondern dadurch, dass von Anfang an oder auch zum Theil durch spätere Wegführung die feinsten Theile diesem Absatz fehlen, der sogenannte Decksand, Geschiebesand, Deckkies abgelagert. Es ist dies ein mehr oder weniger lehmiger, eisenbraun gefärbter Sand und Kies, in dem ordnungslos Gerölle und Geschiebe eingestreut sind. Zuweilen sind letztere so massenhaft vertreten, dass man von einem Steinlager zu reden hat, in dem nur vereinzelt zwischen den einzelnen grossen Blöcken der lehmige Sand steckt. In beiden Formen ist der Decksand wegen seines Gehaltes von etwas Feinerde immerhin noch ein leidlicher Boden, der allerdings zu einem fast unfruchtbaren wird, wenn der Decksand nur wenig mächtig auf reinem Sand lagert.

Sind durch späteres Wegwaschen der Feintheile von dem Deckdiluvium nur noch die einzelnen grossen und kleinen Steine liegen geblieben, so ist dies die „Steinbestreuung“, wie sie ungemein häufig auf altdiluvialem Untergrunde (Mergel oder Sand) in allen Gegenden des Landes vorkommt; dazu gehört auch die Anhäufung von „erratischen Blöcken“.

Dass auch der feine Haidesand zu dem Oberdiluvium gehört, hat neuerdings Berendt gezeigt. Diese Ablagerungen sollen weiter unten besprochen werden.

In dem oberen oder Decksand finden sich an vielen Stellen des norddeutschen Diluviums und so auch in Mecklenburg die eigenthümlichen, von Berendt als Dreikanter oder Pyramidalgeschiebe bezeichneten, besser wohl als „Kantengerölle“ zu benennenden Gerölle, an denen zwei oder mehrere Flächen gerade abgeschliffen sind und durch ihr Zusammenstossen scharfe Kanten hervorrufen, wodurch eine mehr oder weniger deutliche Pyramidenform auf einer oder beiden Seiten entsteht, die oft als Kunstproduct angesehen worden ist. Diese Dreikanter sind nicht allgemein im Deckdiluvium verbreitet, sondern nur auf die Nachbarschaft grösserer Haidestrecken oder jungdiluvialer Flussläufe beschränkt. Sie bilden häufig eine Art von Steinpflaster unter dem feinen Haidesand. Ihr angegebenes beschränktes Vorkommen ist eine wohl zu beachtende Thatsache, die für die Erklärung ihrer Bildungsweise wichtig ist. Sie sind durch eine besondere Art von Wasserbewegung abgerieben worden, durch das Abschmelzwasser des Rückzugsgletschers und nicht als Producte der vereinigten Wind- und Sanderosion, als „sandcuttings" aufzufassen, wie dies Gottsche [1]) (und früher Meyn) thut [2]).

Der Geschiebemergel des Deckdiluviums bedeckt die Hauptdiluvialschichten häufig in discordanter Ueberlagerung und schneidet dieselben oft ganz scharf ab oder greift buchtenartig und mannigfache Schichtenstörungen verursachend in dieselben ein. Zuweilen erscheint er auch in seinen untersten, einige Centimeter dicken Partien aufgeschlämmt zu Bänderthon, Kies oder Sand, eine Erscheinung des am Grunde befindlichen Schmelzwassers der Grundmoräne.

Eine für die mecklenburgische Diluviallandschaft sehr charakteristische Erscheinung sind die das Land in nordwest-südöstlicher Richtung parallel durchziehenden Geschiebestreifen, auch Geröllstreifen genannt. Es sind dies nicht wallartige Gesteinsmauern, sondern durchschnittlich ½ Meile breite (zum Theil auch bis 2 Meilen breite), nicht völlig geradlinig verlaufende Höhenzüge, die sich oft in eine Reihe verschieden hoher Hügel auflösen und durch ihre unglaubliche Menge an Geschieben und Geröllen ausgezeichnet sind. Durch die wegwaschende Arbeit der Tagewässer werden die grossen und kleinen Steine von dem wenigen sie umgebenden Mergel oder Sand befreit und gelangen so an die Oberfläche, hier auf Hügeln wie in Thälern in so grossen Massen herumliegend, dass sie oft der Feldbestellung äusserst hinderlich werden, ja dieselbe an manchen Stellen ganz unmöglich machen. Die Felder sehen in diesen Gegenden wie übersäet aus mit den unwirthlichen Steinen, und man kann keinen Schritt thun, ohne an einige Steine zu stossen. Oft liegen die Steine auch noch unter der mergeligen Ackerkrume und nur ein zufälliges Tiefpflügen offenbart hier zuweilen den ungeahnten, für Wegebauten trefflich verwerthbaren Steinreichthum. Man sucht die Steine von den Feldern zu beseitigen, indem man sie zu Mauern an Wegen und Gehöften anhäuft, sie in Gräben und Teiche versenkt oder sie zu grossen Haufen zusammenträgt, die oft wie Hünengräber aussehen; ferner sind die Häuser dieser Gegenden zum Theil aus den Feldsteinen gebaut. In Mecklenburg laufen vier solcher Streifen durch das Land [3]): der erste, im Klützer Ort beginnend, zieht sich zum Nordzipfel des Schweriner Sees

[1]) Sedimentärgeschiebe d. Prov. Schleswig-Holstein. 1883. S. 6.

[2]) Vergl. hierüber eine weitere demnächstige Notiz des Verfassers in der Zeitschr. der deutsch. geol. Gesellsch.

[3]) Vergl. auch E. Boll: Zeitschr. d. deutsch. geol. Gesellsch. 1851. Taf. 19.

über Sternberg, Alt-Schwerin durch den Müritzsee über Fürstenberg bis Oderberg hin (hier den Steinwall von Liepe bildend). Der zweite Streifen verläuft von Buckow über Steinhagen, Satow, Warnow, Zehna, Steinbeck, Rothspalk zur Südspitze des Malchiner Sees, über Vielist nördlich von Waren, Möllenhagen bei Penzlin nach Feldberg. Ein nahe dabei gelegener dritter Zug beginnt auf den Diedrichshäger Bergen bei Doberan und zieht sich über die Gegend von Schwaan und Teterow zum Malchiner See. Der letzte verläuft an der pommerschen Grenze aus der Gegend von Ribnitz über Sülz nach Demmin und weiter.

Das Material, aus dem die Geschiebestreifen bestehen, ist hauptsächlich der Geschiebemergel resp. Geschiebekies und Steinpackung, zum Theil nehmen auch Sande und Kiese an ihrer Zusammensetzung Theil. Sie sind nicht blos aus dem oberen Diluvium zusammengesetzt, sondern das Hauptdiluvium betheiligt sich ebenfalls wesentlich mit an ihrem Aufbau; oft bestehen gerade die höchsten Hügel solcher Reihen aus mächtigen Aufschüttungen von Sanden. Nie sind es mauerartige Wälle, sondern nur durch gewaltige Steinanhäufung ausgezeichnete Moränenablagerungen. In der Gegend der Geschiebestreifen ist die „Moränenlandschaft" mit ihren Seen, Kesseln und Söllen stets ausgezeichnet entwickelt.

Zum Theil werden diese Hügelzüge der Geschiebestreifen senkrecht durchbrochen von Flussthälern oder Seen, die Streifen betheiligen sich an der Zusammensetzung des uralisch-baltischen Höhenzuges. Hinter den einzelnen Streifen liegen ebenfalls häufig grössere oder kleinere Seen (z. B. der Krackower, Plauer See u. a.). Häufig ist auch die Gegend, welche hinter, d. h. südwestlich von einem Geschiebestreifen liegt, dadurch ausgezeichnet, dass hier vom Hügelzuge her die Steine immer kleiner und spärlicher werden, bis sie schliesslich ganz verschwinden und der Haide Platz machen. Sehr schön lässt sich dies z. B. beobachten auf dem Wege von Vollrathsruhe am Südende des Malchiner Sees über Cramon zur Nossentiner Haide.

Zur Erklärung der Bildung dieser eigenartigen, Åsar-ähnlichen Geschiebestreifen hat man drei Möglichkeiten. Berendt hebt hervor, dass der Druck der zurückweichenden Eisdecke in dem eben verlassenen Terrain eine dem Rande des Gletschers parallele Erhebung, ein Emporpressen des noch plastischen durchfeuchteten Bodens verursachen konnte. Auch als Anhäufungsmassen von Endmoränen des Rückzugsgletschers kann man die Geschiebestreifen deuten. Nach meinen weiteren Untersuchungen scheint es mir aber nicht ausreichend und zum Theil nicht nöthig, diese Erklärungsweisen in Anspruch zu nehmen. Vielmehr sind hiernach die Geschiebestreifen anzusehen als der Moränenschutt, der, sich an den das Land zu verschiedener Höhe in Nordwest-Südost-Richtung durchquerenden Bodenwellen des Flötzgebirgsuntergrundes stauend, hier auf- und angelagert worden ist. In der That fallen die Anhäufungen des erratischen Materiales, die Geschiebestreifen, zusammen mit dem Auftreten der Flötzformationen.

Auch die als „Kames" oder „Eskers" bezeichneten isolirten Geröllhügel finden sich in Mecklenburg, z. B. bei Gnoyen, wie an anderer Stelle ausführlicher gezeigt werden soll.

Der topographische Charakter der mecklenburgischen Landschaft wird demnach durch die beiden Factoren bedingt: Kern oder Untergrund durch das Flötzgebirge, Oberflächenformen durch die Glacialthätigkeit und Erosion des Quartärs.

2. Flötzformationen.

Im Anschluss an das soeben Erörterte seien hier die Vorkommnisse der vordiluvialen, als Flötzformationen bezeichneten Ablagerungen erwähnt, soweit dieselben als nutzbare Mineralien für die Kenntniss des mecklenburgischen Bodens von Wichtigkeit sind.

Man trifft in Mecklenburg sieben hauptsächliche parallele Erhebungen des Flötzgebirgsuntergrundes, welche alle der hercynischen Gebirgsrichtung folgend, in Südost-Nordwest-Richtung das Land durchqueren und an resp. auf welche sich die geschiebereichen Glacialmassen besonders reichlich abgelagert haben.

Die älteren Formationen, die aus dem Untergrund von Mecklenburg anstehend bekannt sind, sind Dyas, Jura, Kreide und Tertiär.

A. Dyas.

Bei dem Flecken Lübtheen, 8 km südlich vom Bahnhof Pritzier an der Berlin-Hamburger Bahn, liegt der seit langen Jahren in Abbau befindliche Gypsberg als eine bis 20 m über den Meeresspiegel sich erhebende, von Diluvial- und Haidesand bedeckte Kuppe. Im Jahre 1825 fand man den Gyps unter dem Sande auf und errichtete später einen sich immer mehr entwickelnden Abbau auf den Gyps, der als treffliches Material zu Düngezwecken und zu Fussböden sehr gesucht wird.

Wegen des stockförmigen Auftretens findet der Abbau in der Art statt, dass man in den Berg von oben herab einen Steinbruch angelegt hat, der den randlichen Theil des Gypses als Schutzmauer stehen lässt und alljährlich weiter nach der Tiefe geht. Der starke Wasserzufluss (ca. 3 cbm pro Minute) erfordert die dauernde Thätigkeit eines Pumpwerkes, nach dessen Einstellen sich bald der Bau mit Wasser füllt und somit in den Zeiten, zu denen nicht gebrochen wird, ein tiefer Teich die Stelle des Gypsbruches einnimmt.

Der Gyps hat eine hell- bis dunkelgraue Farbe, unregelmässig dunkel durchadert, und ist von mittlerem Korn, meist derb, doch auch dünn geschiefert. Nach unten geht er in Anhydrit über. An den Seiten gewahrt man, dass der Gyps von dunkelgrauem Dolomit bedeckt ist, und diesem ist häufig tertiärer Septarienthon aufgelagert. Auch die in der Nachbarschaft ausgeführten Bohrungen ergaben vielfach dieselbe Ueberlagerung. An dem Gypsstock und seiner Bedeckung ist das Diluvium als Sand und zum Theil auch als Geschiebemergel an- und aufgelagert.

Das Vorkommen von Salzquellen in dem Gypsbruch und in der weiteren Umgebung liess schon längst auf das Vorhandensein von Steinsalz unter dem Gyps schliessen. In der That ist auch durch die neueren Tiefbohrungen in jener Gegend das Dasein eines mächtigen

Steinsalzlagers unter dem Gyps nachgewiesen. Ein Bohrloch am Rande des Gypsbruches ergab in 327 m Tiefe Steinsalz, welches bei 477 m noch nicht durchsunken war. Das hierbei gefundene Profil ist folgendes:

0— 22,33	m	Sand,
22,33—135,00	„	grauer und weisser Gyps, oben zerklüftet,
135,00—288,36	„	bläulicher, grauer und weisser Gyps und Anhydrit,
288,36—327,40	„	grauer Mergel mit rothen und weissen Salzkörnern in dunklen Thonlagen,
327,40—477,08	„	Steinsalz.

Auch Abraumsalze sind aufgefunden worden, ohne jedoch bis jetzt zu einer technischen Verwerthung gelangt zu sein.

Durch das Vorhandensein von Salzquellen und den im Gypsgebirge so häufigen Erdfällen (Pingen) ist die Ausdehnung des Lübtheener Gyps- resp. Salzlagers mit ziemlicher Sicherheit auf eine Strecke von 42 km nachgewiesen; dabei hat sich herausgestellt, dass das Dyaslager von Lübtheen, der „Lübtheener Gebirgszug", in Ostsüdost-Westnordwest-Richtung streicht.

Zu diesem Gebirgszug gehört auch die jetzt unverwerthete, ziemlich starke Soolquelle von Sülze bei Conow, 17 km südöstlich von Lübtheen gelegen. In der Zeit zwischen 1307 und 1326 wurde dort eine Saline eingerichtet; später verfallen, wurde sie in der Mitte des 17. Jahrhunderts (1652) wieder aufgenommen, jedoch nur mangelhaft verwaltet und endlich im Jahre 1746 gelegt.

Neben diesem Dyaszug finden sich noch vier, gleichfalls in der hercynischen Richtung streichende, die theils durch Salzquellen, theils durch Erdfälle sich kenntlich machen. Es sind dies die folgenden:

1. Sülsdorf—Sülten südlich Schwerin—Sülsdorf bei Schönberg (—Segeberg in Holstein).
2. Sülten bei Brüel—Silz bei Nossentin.
3. Neuenkirchen—Bützow—Schlieffenberg—Franzensberg—Sülten bei Stavenhagen.
4. Ribnitz—Sülz—Golchen—Wittenborn.

Bei Sülten zwischen Brüel und Sternberg war schon im Jahre 1222 ein Salinenbetrieb [1]); ebenso war bei Neuenkirchen unweit Schwaan wahrscheinlich früher eine Salzsiederei; im 16. Jahrhundert soll bei Ribnitz und 1170 in Selz bei Golchen eine Saline in Betrieb gewesen sein. Die gegenwärtig einzige noch in Betrieb befindliche Saline findet sich in dem an der pommerschen Grenze befindlichen Städtchen Sülze. Die Quelle enthält ähnlich wie die von Sülz bei Conow einen beträchtlichen Gehalt an Kalium und Magnesium. Die älteste Urkunde [2]), welche von den Soolquellen bei Sülz spricht, ist vom Jahre 1243, wo schon die Benutzung der Soolquellen von den Vorfahren erwähnt wird. Seitdem war hier fast dauernd eine Salz-

---

[1]) Vergl. die geschichtlichen Notizen von Lisch, Jahrb. d. Ver. f. meckl. Geschichte. Schwerin 1846.

[2]) S. Koch, Geschichte der Saline zu Sülz. Lisch's Jahrb. f. meckl. Gesch. 1846. S. 97.

siederei im Betrieb. Seit 1822 ist daselbst ein Soolbad errichtet, welches hauptsächlich für scrophulöse Kinder benutzt wird. Im Jahre 1882/83 producirte das Salzwerk 1 514 100 kg, von denen 1 170 400 kg Speisesalz und 97 800 kg zu anderen Zwecken verwendetes Salz im Lande blieben, während das übrige nach Pommern versandt wurde. Die Production des Jahres 1883/84 betrug 1 447 400 kg, das versteuerte Salz (1 204 400 kg) lieferte einen Steuerertrag von 151 725 M. Auch eine chemische Fabrik ward 1828 daselbst gegründet zur Verarbeitung der ziemlich beträchtlichen Mutterlauge u. a. m., musste jedoch bald wieder eingehen.

B. Jura.

Zwischen dem Dobbertiner und Goldberger See im mittleren Mecklenburg wurde in einer Thongrube die Juraformation entdeckt, ein blaugrauer fetter Thon mit einer grossen Menge von rundlichen, brodförmigen Kalkconcretionen, bedeckt von Diluvialmassen; ausserdem in starker Schichtenverdrückung ein bitumenreicher sandiger Posidonienschiefer. In letzterem finden sich charakteristische Versteinerungen des oberen Lias. Die Kalkconcretionen sind durch ihren Reichthum an Versteinerungen (Fische, Ammoniten, Krebse, Insecten, Pflanzen) ausgezeichnet, welche dem obersten Lias angehören.

Die Funde von Insecten in dem Jura von Dobbertin, welche bisher einige 40 verschiedene Arten in wohlerhaltenen zahlreichen Exemplaren geliefert haben, sind in mannigfacher Beziehung von hohem Interesse, auch schon deshalb, weil sie die einzigen derartig reichen Funde in ganz Deutschland sind. Es sind neben einigen Käfern vorwiegend Neuropteren und Orthopteren, welche meist am Wasser zu leben pflegen. Es war also hier zur Zeit des obersten Lias eine Meeresbucht an einem Festland resp. Inselland; damit stimmt auch der Fund von Landpflanzen überein.

Technisch wird der Thon zu einem lebhaften Ziegeleibetrieb verwerthet, der Schiefer hat noch keine Verwendung analog den württemberger Oelschiefern gefunden. Nur hat man seinen hohen Gehalt an Bitumen (er brennt mit leuchtender Flamme an der Kerze an) zum Schwärzen und Glanzbrennen der Dachsteine versuchsweise benutzt. —

Besonders im östlichen Mecklenburg finden sich unter den Diluvialgeschieben in sehr grosser Menge Jurageröïle mit sehr zahlreichen Versteinerungen des mittleren Jura. Da in den nordöstlich hiervon gelegenen Gegenden Pommerns der braune Jura ansteht, so ist die Annahme berechtigt, dass diese mecklenburgischen Geschiebe und Gerölle aus jenen Gegenden stammen. In der That zeigt eine Karte, auf der die Verbreitung dieser Gerölle eingetragen wird [1]), dass sie sich hauptsächlich da finden, wo überhaupt Geschiebe reichlich angehäuft sind, nämlich im Gebiete der oben erwähnten Geschiebestreifen, und dass sie nicht so wie die tertiären Sternberger Gesteine auf ein beschränktes Gebiet localisirt sind. Man kann also nicht annehmen, dass der braune Jura in Mecklenburg ansteht.

[1]) Flötzformat. Meckl. Taf. 3.

C. Kreide.

Die Kreideformation tritt in Mecklenburg an sehr zahlreichen Stellen auf und liefert technisch verwerthbare Gesteine in dem Kreidekalk zu Bau- und Düngekalk, in den Thonen zu Thonwaaren- und Cementfabriken, in dem Pläner zu vorzüglichem Bau- und Düngekalk und in den Phosphoriten günstiges Material für chemisch-technische Verwerthung. Der Plänersandstein ist zu unrein und durch den Glacialdruck zu stark zertrümmert, als dass er zu Mauersteinen Verwendung finden könnte.

Folgende vier geologische Altersstufen konnten in den verschiedenen mecklenburgischen Kreidevorkommnissen durch Versteinerungen constatirt werden:

1. Cenoman oder Unterer Pläner (z. B. bei Gielow und Moltzow am Malchiner See).
2. Mittlerer Pläner oder Unteres Turon (Plänerzug von Karenz bei Lübtheen und von Brunshaupten bei Doberan).
3. Oberes Turon, Scaphites Geinitzi-Schichten. (Die meisten Vorkommnisse von Feuerstein führender Schreibkreide, mit untergeordneten Thonen.)
4. Oberes Senon vom Alter der Rügen'schen Kreide (Feuerstein führende Kreide im Klützer Ort).

Das mecklenburgische Kreidegebirge besteht aus fünf parallelen Zügen, die in Südost-Nordwest-Streichrichtung durch das Land laufen:

1. Karenzer Pläner und Grünsand, zum Lübtheener Gebirgszug gehörig.
2. Pläner- und Kreidezug von Silbeck in Holstein—Klützer Ort—Nossentin—Poppentin—Golthun am Müritzsee—Fürstenberg.
3. Pläner- und Kalkzug von Cismar in Holstein—Neuhof bei Zehna—Jabel—Moltzow.
4. Plänerzug von Heiligenhafen in Holstein—Brunshaupten und Brodhagen bei Doberan—Teterow—Basedow, Gielow und Leuschentin bei Malchin—Nedemin.
5. Kreidezug von Warnemünde—Kösterbeck—Samow—Clempenow—Salow—Wittenborn.

Der Pläner von Karenz und von Brunshaupten enthält ziemlich häufig Phosphoritknollen, welche für eine techniche Verwerthung (zu Düngematerialien) recht brauchbar wären. Diese beiden Stellen sind als die bis jetzt bekannten westlichsten Ausläufer der grossen mitteleuropäischen Phosphoritzone zu betrachten, die sich von Centralrussland, Simbirsk, Woronesch, Desnaquellen nach der oberen Kreide Schonens, Seelands und Jütland erstreckt [1]).

D. Tertiär.

Die Tertiärformation mit ihren nutzbaren Gesteinen: Braunkohle, Thon, Sand, Alaunerde ist in Mecklenburg besonders in der südlichen

[1]) S. Flötzformat. Meckl. S. 59.

Hälfte ziemlich weit verbreitet. Ihr geologisches Alter ist wie das im übrigen Norddeutschland oligocän und miocän.

Am besten aufgeschlossen sind die Tertiärvorkommnisse im südwestlichen Haidegebiet Mecklenburgs, wo der schon in alten Zeiten mit einem besonderen Namen, „Wanzeberg", bezeichnete Höhencomplex der Gegend von Malliss und Bockup in unmittelbarem Zusammenhang mit der Lübtheener Gegend stehend das Tertiär des „Lübtheener Gebirgszuges" bildet.

Von Malliss über Conow und sodann in nordwestlicher Richtung wieder bis Lübtheen ist ein Lager von mitteloligocänem Septarienthon nachgewiesen, welches hier ein deutliches Nordwest-Südost-Streichen und ein Südwest-Einfallen hat. In ihm finden sich zahlreiche charakteristische Conchylien, ferner gut ausgebildete Gypskrystalle und die grossen, oft 1 m im Durchmesser haltenden Kalkconcretionen, die „Septarien" oder Cementsteine, die jetzt noch als werthlos bei Seite geschafft werden, sich aber zur Cementfabrikation vorzüglich eignen. Das Thonlager wird gegenwärtig in einer grossartig betriebenen Thongrube, der „Neuen Mallisser Ziegelei", abgebaut und zu einer bedeutenden Ziegelindustrie verwerthet. In dem Jahre vom 1. März 1883 bis 20. September 1884 wurden daselbst 12 188 000 Stück 21 cm lange Ziegel gebrannt und im Sommer durchschnittlich 175, im Winter 95 Arbeiter beschäftigt. Der Transport der Steine wird durch den bis ans Werk geführten Arm des Eldekanals wesentlich erleichtert.

Das Braunkohlenlager von Malliss und Bockup gehört dem südwestlichen Abfall desselben Höhenrückens an und lagert conform mit derselben Streich- und Fallrichtung auf dem Septarienthon. Es gehört theils den von reinen glacialen Diluvialmassen bedeckten Höhen an, theils aber auch der tiefer gelegenen jungdiluvialen Haide, welche das hier von schroffen Absturzufern begrenzte alte Eldethal einnimmt.

Die Lagerungsverhältnisse sind hier ziemlich regelmässig, die Schichten fallen sehr flach nach Südwest ein. Nach dem Fallenden (bei Bockup) nimmt sowohl die Mächtigkeit der Flötze (es sind deren zwei) als auch der Zwischenmittel und des Hangenden zu. Das Liegende und Hangende wird von Glimmersand und Thon gebildet, schliesslich lagert auf den Massen noch ein harter, an miocänen Conchylien überaus reicher Sandstein, der bekannte „Bockuper Sandstein". Zur näheren Orientirung sei ein Bohrprofil mitgetheilt:

0 — 1 m	Haidesand,
1 — 2,3 „	Geschiebemergel,
2,3— 8,0 „	Diluvialsand,
8,0— 8,9 „	Bockuper Sandstein,
8,9—16,7 „	grauer Tertiärsand, wechselnd mit Thon und Alaunerde,
16,7—18,6 „	oberes Braunkohlenflötz,
18,6—41,5 „	Glimmersand und Alaunerde,
41,5—46,5 „	„unreine" Kohle,
46,5 —49,0 „	unteres Braunkohlenflötz, darunter Thon und Sand.

Die hier geförderte Braunkohle ist von dunkelbrauner erdiger Beschaffenheit; sie zerfällt an der Luft in kleineckige Stücke. Neben der Mulm- und Erdkohle findet sich häufig Blätterkohle mit sehr viel Lignit, verkohltem Holz.

Eine Analyse der Braunkohle von Schulze (Arch. f. meckl. Landesk. 1855. S. 669) ergab:

58,85 Kohlenstoff,
5,04 Wasserstoff,
0,66 Stickstoff,
34,15 Sauerstoff,
1,30 Asche.

Hierbei ist der geringe Aschengehalt bemerkenswerth.

In dem Braunkohlenbergwerk zu Malliss wurden im Jahre 1883 14 860 000 kg Braunkohlen im Werth von 58 700 Mark gewonnen; im Jahre 1882 12 550 000 kg (im Werth von 62 750 Mark); 1873 betrug die Production nur 5 761 000 kg, im Jahr 1878 dagegen 19 484 000 kg. Das Werk beschäftigte im Jahr 1882 durchschnittlich 35 Arbeiter täglich.

Seit dem Jahre 1817 wurden bei Bockup (in der Nachbarschaft von Malliss gelegen) Bohrversuche auf Braunkohlen angestellt, die auch nach Ueberwindung einiger äusserer Schwierigkeiten bald zur Anlage eines Bergwerkes „Zeche Friedrich Franz“ führten, welches auf Kosten der Grossherzoglichen Kammer betrieben wurde; da aber die Kohlen zu wenig Absatz fanden, wurde das Werk 1838 aufgegeben, und erst 1851 übernahm eine Actiengesellschaft den Betrieb von neuem, welche den Besitz 1862 an eine Commanditgesellschaft übertrug; diese verkaufte es 1873 an die Mallisser Gewerkschaft, welche den Betrieb bedeutend erweiterte. Der jetzige Betrieb schliesst sich an die alten Bauten an und erfolgt durch einen Schacht und einen Stollen, der Art, dass der Schacht das Oberflötz erreicht und der Stollen vom Eldekanal her das Unterflötz abbaut.

Die „Alaunerde“ aus dem Hangenden der Kohle, die bei Bockup am Absturz des Eldethales, bei Malliss in den Alaunbergen u. s. w. zu Tage ausgeht, lieferte im 16. Jahrhundert das Material zu einer Alaunsiederei bei Malliss, welche aber im Jahre 1709 „das Schicksal vieler derartiger industriellen Unternehmungen in Mecklenburg theilte und einging“ (Boll).

Die weissen Glimmersande der dortigen Braunkohlenformation werden zur Glasfabrikation, zu Zwecken der Töpfer und Ziegler u. a. verwendet.

In nordwestlicher Richtung von Malliss wurde im Gebiete des Lübtheener Gebirgszuges bei Hohen Woos 1879 und 1880 und bei Trebs, sowie in Lübtheen die Braunkohle, zum Theil in bedeutender Mächtigkeit und auch in zwei Flötzen aufgefunden. Das Bohrloch bei Trebs (im Kamdohl) ergab ferner unter der Kohle eine Ablagerung von Glimmersand, in welcher sich zahlreiche miocäne Conchylien befinden. Durch diesen Fund ist das geologische Alter der mecklenburgischen Braunkohle als miocän erwiesen, im Gegensatz zu dem höheren, oligocänen Alter der Braunkohlen in den südlicheren Theilen des norddeutschen Tieflandes.

Alaunthone und Glimmersande treten ausserdem an vielen Stellen des erwähnten Areales zu Tage und werden für Ziegeleien u. a. verwendet.

Im mittleren Mecklenburg ist das Tertiär nahe der Oberfläche an vielen Orten aufgefunden. Braunkohlenlager wurden bei Pritz (zwischen Sternberg und Dobbertin), sowie bei Parchim durch Bohrung in nicht beträchtlicher Tiefe nachgewiesen; doch findet an beiden Orten kein Abbau statt.

Im östlichen Mecklenburg findet sich nur noch das Oligocän, in den mächtigen Lagern von Septarienthon der Umgebung von Malchin, Neubrandenburg, Treptow und Friedland; ziemlich bedeutende Ziegeleien benutzen diese Lager.

Das nördliche Mecklenburg ist frei von Tertiär, war also ein Kreidefestland zu dieser Periode.

Eines specifisch mecklenburgischen Tertiärgesteines sei hier noch Erwähnung gethan, der sogenannten „Sternberger Kuchen". Es sind dies Bruch- und Rollstücke eines noch nicht anstehend aufgefundenen Lagers, die sich in diluvialen Kies- und Mergellagern innerhalb eines eng begrenzten Districtes finden; ihr Hauptgebiet ist auf die Umgebung von Sternberg beschränkt: von der Ost- und Nordseite des Schweriner Sees, Warin, Warnow, östlich von Sternberg, Westgrenze des Dobbertiner Sees, Crivitz, nach der Südspitze des Schweriner Sees. Daneben sind noch einige wenige isolirte Fundpunkte vorhanden. Die Sternberger Kuchen sind recht verschiedener Art: feinkörnige hellgraue bis dunkle kieselige Kalksteine, gelbgraue bis weisse kalkhaltige Sandsteine, oft reich an Glimmer und Glaukonit, oder feste oder lockere eisenschüssige Sandsteine, endlich auch kalkige oder eisenhaltige Conglomerate und schliesslich sogenannte „Eisensteinscherben", von mürbem oder festem eisenschüssigem Sandstein bis zu reinem glänzendem Brauneisenerz in Platten oder dosenförmige Geoden übergehend. Die massenhaft in den Sternberger Kuchen enthaltenen Conchylien sind entweder mit ihrer Kalkschale oder nur als Steinkerne erhalten, bei den abgerollten Stücken treten sie häufig auf der Oberfläche etwas hervor und haben durch ihr eigenthümliches Aussehen alsdann dem Gestein die alte volksthümliche Bezeichnung verliehen. Nach dem geologischen Alter sind diese Versteinerungen als oberoligocän bestimmt (Karsten, Koch, Wiechmann).

3. Postglaciale Ablagerungen.

Kehren wir zurück zu den eigentlichen Diluvialabsätzen. Wir sahen, wenn wir von allen Einzelfragen absehen, dass dieselben aufzufassen sind als die Absätze des Gletschers und seiner Schmelzwässer während der sogenannten Eiszeit. Der Abschluss dieser (ein- oder zweimaligen) Vergletscherung Norddeutschlands kann als die „Abschmelzperiode" bezeichnet werden, die, als postglacial dem jüngsten Diluvium angehörend, in die Jetztzeit, das Alluvium, hinübergreift und daher zum Theil schon zum Altalluvium zu rechnen ist.

Dieser Zeit des Abschmelzens des Diluvialgletschers gehört in Mecklenburg (und gleichfalls im übrigen Norddeutschland) vor allem die Herausbildung der heutigen Wasserläufe, Niederungen und Seen an, soweit dieselben nicht schon durch Glacialthätigkeit, präglaciale Erosion oder Configuration des Flötzgebirgskernes mehr oder weniger scharf vorgezeichnet waren.

Nur kurz sei hier dieser Vorgang angedeutet.

Durch die im grossen und ganzen ziemlich plötzliche Vermehrung der Abschmelzwässer wurde das bisher vom Eis bedeckte Land der verhältnissmässig plötzlichen Einwirkung von stromschnellenartig bewegtem Wasser ausgesetzt und in folgenden verschiedenen Formen erodirt [1]:

Durch strudelnde Wässer (zum Theil auch schon unter dem Eis, durch „Gletschermühlen") wurde der Boden zu den riesentopfähnlichen „Söllen" aufgewühlt. Dies sind die zu- und abflusslosen, ziemlich kleinen kreisrunden, trichterförmigen, verschieden tiefen Löcher, die wie Erdfälle zu Tausenden den Geschiebemergelboden des norddeutschen Tieflandes durchsieben, und die cisternenartig meist das ganze Jahr über mit Wasser erfüllt sind [2].

War bei dieser Strudelbewegung reichlicheres Wasser vorhanden, so wurde ein grösserer Fleck ausgearbeitet und es entstanden die isolirten Kesselseen mit steilen Rändern und beträchtlicher Tiefe oder flacheren Depressionen von grösserem Umfange, die gleichfalls in grosser Menge das Diluvialplateau unterbrechen, theils von Wasser erfüllt, als Seen oder Teiche, theils zu Moorflächen vertorft.

War noch reichlicheres Wasser vorhanden, so floss dasselbe nicht einfach über den Rand der ausgearbeiteten, isolirten Vertiefung über, sondern verschaffte sich durch Erosion einen in seiner Form später conservirten Abfluss. Diese Abflüsse haben folgende verschiedene Formen:

Flache Thaldepressionen, die theils nur im Diluvialboden eingesenkt sind, theils auch Alluvialabsätze führen. Oft liegen in ihren oberen Regionen reihenförmig hinter einander einige Sölle. Zu ihrer Bildung bedurfte es nicht langer Zeit, sie entstanden gewissermassen durch ein einmaliges Ausschlämmen; demgemäss sind sie auch sehr allgemein verbreitet und haben keinen lange dauernden Wasserlauf geführt. Häufig liegt eine Anzahl solcher Depressionen dicht neben einander, ohne je durch eine Erosionswirkung in Verbindung getreten zu sein.

Mit grösseren Thälern stehen sehr häufig in seitlicher Verbindung kurze, oft nur amphitheatralisch oder kesselförmig gestaltete Seitenschluchten, in denen nur durch Stauung am Hauptthal alluviale Moor- oder Torfbildung ermöglicht wurde.

Waren an einer Stelle reichlichere oder andauerndere Gewässer

---

[1]) S. die Darstellung im VI. Beitrag zur Geol. Meckl. 1884.
[2]) Beitr. z. Geol. Meckl. I. 1879. S. 54.

vorhanden, so bahnten sich dieselben einen Weg durch ein echtes, häufig von Steilufern begrenztes, zum Theil sehr tiefes Erosionsthal, das später von Alluvionen angefüllt werden konnte.

Der Beginn dieser Thäler ist fast stets in einem oder mehreren oberhalb gelegenen Thalkesseln oder flachen Depressionen zu finden. Dieser Thalbeginn mit kurzem Quellenlauf, bei dem also nach einem oder mehreren Thalkesseln mit folgendem sehr kurzem Erosionsthal nach ganz kurzer Entfernung alsbald der ganze Flusslauf in seiner fast fertigen Breite und Tiefe erscheint, ist für die Flüsse und Bäche, sowie deren Reste, die Seen, Mecklenburgs und überhaupt des gesammten norddeutschen Tieflandes charakteristisch.

Da die Abschmelzwässer das Diluvialplateau gleichzeitig an sehr verschiedenen Stellen bearbeiteten, so mussten viele der genannten Bodendepressionen in sehr nahe Nachbarschaft kommen und konnten sich auch die Wasserscheiden häufig sehr nahe zusammenlegen.

Die Schmelzwässer erodirten aber nicht blos den Boden, sondern sie schwemmten auch aus demselben Theile weg, um sie auf ihrem Laufe in anderer Form alsdann wieder abzusetzen. Die Thalsande, zum Theil die Steine der „Steinbestreuung", ein Theil von Wiesenthonen u. a. gehören zu diesen Absätzen des Altalluviums, die man zum Theil sogar noch zum Jungdiluvium zählt.

Als dann später bei zunehmender Trockenheit, d. h. Eisbefreiung die Wasser allmählich versiegten, wurden die einst von dem Wasser eingenommenen Niederungen ganz oder theilweise von den eigentlichen Alluvialabsätzen, Flusssand, Lehm, Wiesenkalk, Torf und Moorerde eingenommen. Dieselben bedecken entweder die altalluvialen Bildungen oder ruhen direct auf den diluvialen Gesteinen; eine Altersgrenze zwischen Alt- und Jung-Alluvium ist häufig ungemein schwierig.

Zu den wichtigsten Ablagerungen des Altalluviums gehört der Haidesand. Dieser findet sich in Mecklenburg in folgenden drei grossen Arealen, welche mehr oder weniger deutlich als grosse weite Thalebenen noch kenntlich sind: das zum Elbthal gehörige, von der Elde, Rögnitz und Sude durchflossene im Südwesten, das grösste; sodann das zwischen dem Goldberger und Fleesen-See in der Mitte des Landes und die Rostock-Ribnitzer Haide am Ostseestrand, bis zum Darsser Ort sich hinziehend.

Das Haidegebiet im Südwesten des Landes wird von der Elbe abgeschnitten von der Gegend von Boitzenburg bis südöstlich von Dömitz. Neustadt, Ludwigslust, Grabow, Eldena, Dömitz, Lübtheen, Hagenow sind die bekanntesten Orte, die im Gebiet dieser Haide liegen. Sehr deutlich ist zu beobachten, dass sich dasselbe aus folgenden breiten Thalläufen zusammensetzt, zwischen denen insel- und zungenförmige Rücken von niedriger Erhebung die alten Ufer darstellen, welche von älteren Gesteinen, Diluvium oder Flötzgebirge, zusammengesetzt werden, oft aber auch schon von einer dünnen Decke des Haidesandes überzogen worden sind: es sind die Thäler, welche heute noch von den Flüssen Elbe, Elde, Rögnitz, Sude, Schaale und Boitze durchflossen werden. Die erste sammelt in ihrem nach Nordwest gerichteten Lauf die übrigen aus Nordost zufliessenden Thäler auf. Letztere haben eine sehr bedeutende Breite gegenüber einem im Verhältniss nur kurzen Lauf. Das Elde- und Rögnitzthal, soweit es dem Haidegebiet angehört, beginnt in der Gegend von Parchim, bei Neustadt mit der grossen Lewitzniederung südlich vom Schweriner See in Verbindung stehend. Südlich von Parchim nimmt auch die nur zum kleineren Theil zu Mecklenburg gehörige Haidethalebene der Löcknitz ihren Anfang. Mit der Neustädter Haide steht in Querverbindung das bei Hagenow vorbeilaufende Haidethal der Sude, das in der Gegend südwestlich von Schwerin seinen Anfang hat. Weiter im Westen verlaufen die geringfügigen Thäler der Schaale und Boitze. Recht charakteristisch ist die häufige Ablenkung dieser Seitenflüsse vor ihrer Mündung zu einem der Elbe parallelen nordwestlich gerichteten Lauf; solche Kniee finden sich erst im eigentlichen Elbthal, also nach der geologischen Einmündungsstelle. Sie sind sehr auffällig bei der Löcknitz, alten Elde und Rögnitz, die sogar noch einen weiteren Parallelarm, die Krainke, abgegeben hat.

Recht treffend schildert Koch den Charakter dieser Haideebene mit folgenden Worten [1]: „Es giebt kaum einen grösseren Contrast, als wenn man die reizenden Umgebungen Schwerins verlassend südwärts sich wendet und in raschem Wechsel des Landschaftscharakters plötzlich die unabsehbare Ebene vor sich hat; der Name der „Haideebene" wird dem gerechtfertigt erscheinen, der noch jetzt weite Flächen, namentlich zwischen Hagenow und Ludwigslust, vor sich sieht, die kaum eine andere Vegetation darbieten als Haidekraut. Die weitläufig gelegenen Dorfschaften, fast ohne Ausnahme alte Wendensitze, stets an feuchten, für Wiesengründe günstigen Stellen aufgeführt, bestellten nur die unmittelbar benachbarten Theile der Feldmark, so dass meilenweite Flächen als sogenannte Communionweide unbenutzt lagen, nur schlechten Schafsorten kümmerliche Nahrung liefernd. In den letzten Jahren hat allerdings durch den Aufschwung der Landwirthschaft u. a. m. die Haideebene ihren Charakter sehr bedeutend verändert . . ." Neben den sumpfigen flachen Niederungen, den mühsam bebauten Kornfeldern und Gärten trifft man im wesentlichen vorwaltend nur Haidekraut und vor allem trockene Kieferwaldungen von mächtiger Ausdehnung.

Der Boden ist der feine, gelbliche oder weisse, „mahlende" Sand, der bei trockenem Wetter das Gehen und Fahren so erschwert. Grössere Steine, Geschieben oder Kieslagern entsprechend, fehlen vollständig. Nur auf den randlichen oder inselförmigen Bodenerhebungen kommen dieselben aus den Diluviallagern zu Tage und werden natürlich hier ebenso wie die brauchbaren Bodenarten des Diluviums (Lehm oder Kies) eifrig gesammelt, um zu Häuserbauten, Wegebesserung u. dergl. verwandt zu werden. Die oberste Decke des Bodens, wo der flüchtige Sand nicht unmittelbar zu Tage tritt, bildet ein saurer kohligharziger Humusboden. Unter dieser folgt eine 1—2 Fuss mächtige, oft auch viel geringere Lage von grauem Sand, auf dem sehr allgemein ein braungelber, oft steinartig erhärteter, mehr oder minder eisenschüssiger

---

[1]) Archiv für Landeskunde in den Grossherzogthümern Mecklenburg. 1855. S. 652.

Sand, die sogenannte Fuchserde lagert. Diese ist es besonders, welche in dem Haidesandgebiet die grosse Unfruchtbarkeit bedingt.

Mit der Bildung dieses braungelben humosen Sandes steht die Bildung des Raseneisenerzes (auch Klump, Ortstein, Ur genannt) in Zusammenhang. Von eisenschüssigem, lockerem oder festem Sand finden sich dabei alle Uebergänge zu dem braunen glänzenden, porösen und doch ziemlich festen Erz. Eine Analyse von Raseneisen aus der Haide (Schulze 1859) ergab:

46,752	F_2O_3
20,158	H_2O
24,630	SiO_2
0,272	Al_2O_3
4,778	Mn_2O_3
0,143	$CaCO_3$
0,011	MgO
2,678	P_2O_5
0,578	BaO.

Besonders rein findet sich das Raseneisenerz auf den Feldmarken Grebs, Bresegard, Glaisin.

Die alten Einwohner des Landes haben das Erz ausgeschmolzen, wie man aus den zahlreichen Schlacken ersehen kann, die noch heute auf den Feldern gefunden werden. Das Ausschmelzen erfolgte an offenen Feuern; bei der Unvollkommenheit des Betriebes blieben die Schlacken noch sehr eisenreich (30—40 %). Nach Lisch[1]) erfolgte die erste Eisenverhüttung historischer Zeiten im Jahre 1282 zu Stavenhagen. Später wurden folgende Eisenwerke eingerichtet, die aber alle nur einen sehr kurzen Bestand hatten: 1. zu Grabow 1513; 2. Eisenschmelzhütte, Hammer- und Blechschmiede zu Neustadt 1544; 3. Eisenschmelzhütte (1570) und Frischhammer zu Neustadt 1574—86; 4. Anlagen Herzog Christophs 1573; 5. Herzog Adolph Friedrichs I. Anlagen zu Dömitz und Neustadt 1600; 6. Eisenwerke zu Wittenberg und Zarrentin 1614; 7. Eisenhütten zu Neustadt 1647, 1661, 1703; 8. Eisenwerke bei Dömitz 1755—70. Gegenwärtig benutzt man das Raseneisenerz nur noch als Baumaterial, namentlich wegen des Mangels an Geschieben und Geröllen. Sehr hübsch sehen die Gehöftemauern und die massiven Gebäude, Ställe oder Wohnhäuser aus durch den Contrast der dunklen grossen Erzblöcke mit dem weissen Mörtel dazwischen oder den hellrothen Ziegelsteinen der Pfeiler; auch sollen sich die inneren Räume solcher Gebäude durch grosse Trockenheit auszeichnen. Wenn sich ein neues chemisches Verfahren, aus dem Raseneisenstein die Phosphorsäure leicht und in brauchbarer Verbindung darzustellen, als praktisch bewährt, so steht diesen Mineralvorkommnissen, die jetzt nur dem Ackerbau lästig sind, eine grosse Zukunft bevor.

Das Gebiet des Haidesandes ist nicht durchaus eben, sondern man trifft ungemein häufig kleine oder langgezogene, isolirte oder in Längs- oder Parallelreihen angeordnete Hügelrücken oft von sehr steiler Böschung und bedeutender Höhe, welche vom Wind zusammengewehte

[1]) Lisch, Jahrb. d. Vereins f. meckl. Gesch. VII. 1842. S. 51—155.

Dünen darstellen. In den grossen Waldungen und auf Feldern stösst man ausserordentlich häufig auf diese Höhen, die uns oft nach einer Ausrodung oder Umpflügung wieder das alte Bild der unfruchtbaren Dünenlandschaft vor Augen führen. Auch auf die alten Ufer und Inseln der Haide ist der Thalsand durch wandernde Dünen hinaufgeweht und hat dadurch sein Areal um ein Bedeutendes vergrössert. Z. B. kann man dies an den von Tertiär und Hauptdiluvium gebildeten Bockuper Bergen, dem Steilabhang des Eldethales, sowie an den Mallisser Tertiärufern sehr schön beobachten.

Neben diesen Dünenhügeln unterbrechen noch einzelne andere Höhen die Haideebene. Es sind dies Inseln oder Ufer der Thalläufe, aus Geschiebemergel, Diluvialsanden oder Thonen, Tertiär, Kreide oder Gyps bestehend. Auf ihnen zeigt oft die oberste Diluvialbedeckung, der Geschiebesand, dieselbe Ausbildung wie auch in den Gegenden, welche dem Beginn der genannten Thäler benachbart sind (z. B. die Gegend bei Parchim); er enthält nämlich hier an der Grenze nach dem Hauptdiluvium einen auffälligen Reichthum an den sonderbar geschliffenen harten Geröllen, die man als Dreikanter bezeichnet hat. Ihr Vorkommen in Mecklenburg ist ganz besonders auf die Grenzregionen der südwestlichen Haide beschränkt. Sie haben ihre Gestalt einer eigenthümlichen Bewegungsform des plötzlich und in grosser Fülle auftretenden Schmelzwassers zu verdanken.

Geologisch kann man als einen Theil dieser Haide die grosse Lewitzniederung betrachten, welche sich vom Südende des Schweriner Sees in einer Länge von 3 Meilen und einer grössten Breite von ca. 1 Meile bis Neustadt erstreckt. Die moorige, früher zum grössten Theil völlig unzugängliche, jetzt von zahllosen Kanälen entwässerte Niederung ist als ein austrocknender See aufzufassen, dessen Terrain theils Haidesand, theils Vertorfungsproducte einnehmen. (Vergl. die eingehende Schilderung dieses interessanten Gebietes von Fromm und Struck. Arch. f. meckl. Landeskunde. 1866. S. 113 f.)

Das zweite Haidegebiet Mecklenburgs zieht sich vom Nordufer des Fleesensees (Nossentiner Haide) südlich vom Krackower See nach Dobbertin hin und zeichnet sich durch eine grössere Anzahl von Seen und Torfniederungen aus. Es ist fast durchgängig von Wald und zwar meist Kiefern bestanden. Auch hier können wir von seinen Grenzen her den Uebergang aus der oberdiluvialen „Steinbestreuung" allmählich in den steinfreien feinen Sand des eigentlichen Haideareales auf dem Wege z. B. von Vollrathsruhe südwestlich vom Malchiner See nach Nossentiner Hütte sehr schön verfolgen. Am Südrande bei Jabel fand ich ein grosses Kantengerölle.

Endlich das dritte Gebiet ist nicht mehr vollständig erhalten, weil die Ostsee in ihrem heutigen Küstenverlauf das Areal abgeschnitten hat. Es ist die Rostocker, Gelbensander und Ribnitzer Haide. Die herrschende Bodenart dieses Gebietes ist ein sehr feiner, hell ockergelber, zum Theil auch rostbraun, aber auch weisslich gefärbter Sand von sehr gleichbleibender Beschaffenheit, für welche auch der Orts- und Reviername „Gelbensande" eine sehr charakteristische Bezeichnung ist. Ganz allgemein ist dieser Sand in seinen oberen Partien folgendermassen umgewandelt. Unter einer verschieden dicken Humusbedeckung folgt ein ca. 20—40 cm mächtiger grauer, durch Humus gefärbter Sand, als „Bleisand" bezeichnet; dieser lagert auf einer fast völlig zusammenhängenden, gewöhnlich 20—25 cm mächtigen Schicht von „Ortstein", einem festen harten Gestein von rostbrauner Farbe, bestehend aus Sand, der durch Humus und etwas Eisen zu solchen festen Massen verbunden ist, dass dieselben nur schwer zu durchstossen sind und von den Baumwurzeln nur ganz ausnahmsweise durchdrungen werden. Darunter folgt dann der gewöhnliche gelbe Haidesand. Die Ortsteinschicht ist für den Ackerbetrieb sehr störend, dagegen ist sie in der niedrig und im Seeklima gelegenen Rostocker Haide für die Forstcultur von hoher Bedeutung. Sie verhindert das Eindringen des Wassers in grössere Tiefen und erhält dadurch dem Boden eine erhebliche Feuchtigkeit; durch den langjährigen Bestand hat sich an der Oberfläche die ungewöhnlich mächtige Humusschicht angesammelt, die mit dem Sand gemengt den günstigen Boden für prächtige Nadelholz- und Buchenstämme bildet. Die mächtigen Wurzeln jener Bäume breiten sich alle fast ohne Ausnahme über der Ortsteinschicht aus, nur in seltenen Fällen gelingt es einer Wurzel, hier durchzudringen. Damit stehen auch die nicht seltenen Windbrüche in Zusammenhang, durch welche das mächtige, flach in einander verfilzte Wurzelwerk ausgehoben wird. Binnendünen sind auch in dieser Haide nicht selten. Im übrigen ist das Terrain flach zu nennen, mit nur geringen Bodenerhebungen, welche einem Hervortreten des älteren Diluviums entsprechen. In den flachen Bodendepressionen, die besonders im westlichen Theil der Haide häufiger sind, tritt sehr leicht Versumpfung und Vertorfung ein. Daher ist unser Gebiet von zahlreichen grossen und kleinen Torfmooren durchzogen, die mit einander nicht oder nur durch künstliche Gräben in Verbindung stehen. Der Wechsel von schönem Wald mit diesen Wiesen verleiht dieser Gegend neben der Lage am Seestrand jenen landschaftlichen Reiz, der von den zahlreichen Sommerfrischlern in neuerer Zeit immer mehr gewürdigt wird.

Das genannte Haidegebiet erstreckt sich vom Breitling östlich von Warnemünde in nordöstlicher Richtung nach Ribnitz. Hier wird es bei Dierhagen von den Torfwiesen abgegrenzt, welche den einstigen weiteren Lauf des Recknitzthales kennzeichnen. Das hier nach Nordosten sich anreihende Fischland mit seinen Steilufern besteht aus diluvialem Geschiebemergel, dem noch in der Mächtigkeit bis zu einigen Metern derselbe Haidesand aufgelagert ist; nach der nördlichsten Spitze der mecklenburgisch-pommerschen Küste, dem Darsser Ort, verläuft die Haide weiter und jeder, der einmal eine Wanderung durch die Kiefernwälder und Torfniederungen dieses Landtheiles zu dem Seebad Prerow unternommen hat, wird zur Genüge die öde Haidesandlandschaft kennen gelernt haben, um zum zweiten Mal nicht ohne Noth wieder dahin zu gehen. Wegen des Anschnittes durch die See ist bei noch fehlender genauer Kartendarstellung der Zusammenhang dieser Haide mit altalluvialen Thalläufen zur Zeit noch nicht völlig klargelegt.

Ein kleines viertes Haidegebiet durchläuft die Eisenbahn dicht südöstlich von Güstrow in dem geologischen Ursprungsgebiet des

Recknitzthales bei Klues. Auch hier sind Dünenzüge, Fuchserde, Kiefernwaldung die charakteristischen Eigenthümlichkeiten der Landschaft.

Wir haben in den mächtigen Ablagerungen von Haidesand oder „Thalsand" die Absätze der breiten mächtigen Stromläufe erkannt, deren Wassermassen durch das Abschmelzen des Gletschers geliefert wurden. Nach Versiegen der Wassermengen wurde ein grosser Theil dieser Sande trocken gelegt und konnte zum Theil durch die Atmosphärilien umgearbeitet werden; in Niederungen bildeten sich stehende Gewässer, welche Torfbildung einleiten konnten. Die spärlichen Reste von fliessendem Wasser, genährt durch Quellen oder Seen, durchfliessen jetzt als schwache Wasserarme die weiten Sand-Thalebenen und setzen neue Alluvionen ab.

In den schmäleren Wasserläufen müssen wir dieselben Ablagerungen finden. Ihre Profile zeigen uns das Altersverhältniss derselben. Wenn auch nicht überall alle Ablagerungen gebildet wurden, so macht sich doch in diesen Thälern als sehr allgemein geltende Aufeinanderfolge die Dreigliederung bemerkbar: zu unterst Flusssand, darauf Moorerde und Wiesenkalk, darüber Torf.

Die in bedeutender Tiefe solcher Thäler, wie z. B. im Warnowthal, in ziemlicher Mächtigkeit auftretenden Flusssande (zu unterst in Kies übergehend) sind somit allermeist von dem gleichen Alter wie der Haidesand. Zuweilen bilden sie die alleinigen Sedimente der Thalläufe, dabei oft recente Conchylienschalen einschliessend; meist aber sind sie in beträchtlicher Mächtigkeit verhüllt von Torf und Moor (zum Theil mit Wiesenkalk). Ein treffliches Beispiel dieser Lagerung bietet das untere Warnowthal. Bei Rostock trafen vielfach Bohrungen und Fundirungen folgendes Profil:

1—4 m Torf (oben),
2—8 „ Moorerde, zum Theil mit Wiesenkalk,
darunter feiner, grauer Sand, nach unten in Kies übergehend.

Eine Probe der unter dem eigentlichen Rasentorf liegenden sandigen Moorerde aus der Tiefe von 5 m im Warnowthal am Rostocker Bahnhof zeugt nach Untersuchung von Früh [1]) durch die zahlreichen und gut erhaltenen Formen von Diatomeen, insbesondere durch die mannigfaltigen Skelettheile des Süsswasserschwammes und die häufigen Ueberreste von Nymphaea von einem stillstehenden, ziemlich ruhigen Gewässer, in welchem Riedgräser und wohl auch Phragmites communis ihre Halme erhoben; die auf dem Untergrund aufruhende Vegetation enthielt auch Laubmoose, später scheinen die Gräser die Oberhand gewonnen zu haben.

Die erwähnte Dreigliederung entspricht den natürlichen Verhältnissen. Bei reichlich und stark strömendem Wasser wurde der Sand abgelagert; als Product des langsamer und weniger reichlich fliessenden Wassers wurde die Moorerde (Diatomeenerde) abgelagert, eine Bildung, die noch heute vor sich geht; hier entfaltete sich gleichzeitig ein üppiges Leben von Süsswasser- und Sumpf-Conchylien und

---

[1]) S. Geinitz, Beitr. VI. z. Geol. Meckl. 1884. S. 24.

Diatomeen; als das Wasser allmählich weiter versiegte, bildete sich auf diesem Untergrund in dem mehr stagnirenden sumpfigen Wasser der Torf.

Daher finden wir fast unter jedem der hierher gehörigen Torflager, allerdings in sehr wechselnder Mächtigkeit, eine mehr oder weniger sandige Moorerde von verschiedenem petrographischem Verhalten, in der sich neben den vertorften oder humificirten Pflanzenresten sehr häufig Schalen von Sumpfconchylien und kleinen Ostracoden, sowie in grosser Fülle Diatomeenpanzer finden. Vielfach ist solche Moorerde, „Modder" hier genannt, demzufolge auch direct als Infusorienerde zu bezeichnen. Auch hierfür liefert das Warnowthal bei Rostock treffliche Belege. Bei dem Bau der neuen Schleuse vor dem Mühlenthor zu Rostock hat man diese Erde unter 1—2 m Torf in einer Mächtigkeit bis zu 8 m angetroffen; darunter folgt erst der für Fundirungsarbeiten sichere Flusssand. Die Moorerde, hier unter dem Wasserniveau stehend und daher reich mit Wasser imprägnirt, bildet eine zähflüssige schmierige Masse, welche von dem auflagernden Torf in die Absticho hineingetrieben wird und dem Bau der Schifffahrtsschleuse ungeahnte und kostspielige Schwierigkeiten verursachte. Petrographisch dieser Moorerde sehr nahe stehend und auch dem Alter nach ihr äquivalent sind die Absätze, die sich noch heute vielfach am Grunde der Flüsse bilden, die sogen. „Baggermodde", die natürlich local mannigfaltige Beimengungen enthalten kann. Auch in ihr sind Diatomeen äusserst häufig. Sie bildet sich also dort noch weiter, wo wegen des darüber befindlichen Wassers eine eigentliche Torfbildung noch unmöglich ist.

Neben der Diatomeenerde findet sich in Thalläufen zuweilen auch noch Wiesenkalk unter dem Torf.

Torf, darunter häufig Wiesenkalk, sodann Wiesenthon oder Sand, bildet nicht allein die letzte Ausfüllung sehr zahlreicher alter Flussläufe, sondern erfüllt auch die mannigfachen isolirten Bodendepressionen; diese Bildungen mögen daher gemeinschaftlich besprochen werden.

Als Abweichung von der oben erwähnten Regel in der Lagerungsfolge der Alluvialbildungen sei noch angeführt, dass auch zuweilen Wechsellagerung derselben stattfindet und auch nochmalige Sandbedeckung des Torfes öfters beobachtet wird.

Bisweilen macht sich am alten Ufersaum eine deutliche Terrassenlandschaft bemerkbar.

Der Wiesenkalk tritt theils als Zwischenlage in Moorerde, theils und zwar häufiger über derselben direct unter dem Torf auf. Er ist meist von graulich weisser Farbe, oft durch Beimischung organischer Stoffe mehr grau, durch Eisenoxydhydrat zuweilen gelblich; im feuchten Zustand bildet er eine plastische schmierige Masse, getrocknet ein krümeliges, sehr feinerdiges Material. In verschiedener Menge liegen in ihm Süsswasserconchylien (Bythinia, Valvata, Planorbis, Limnea, Cyclas, Pisidium u. a.), ferner Diatomeen und zuweilen grössere vertorfte Pflanzenstengel. Durch immer mehr Aufnahme von vertorften Pflanzentheilen geht er oft rasch in reinen Torf über. Wohl in den meisten Fällen ist der Wiesenkalk das Product der Kalkabscheidung durch Charen am Grunde der Gewässer. Seine Zusammensetzung ist durch die sehr wechselnden mechanischen Beimengungen oder chemischen Verunreinigungen sehr starken Schwankungen unterworfen, zuweilen ist er sandig, zuweilen mergelig, oft ist er wieder fast völlig chemisch reiner kohlensaurer Kalk.

Wiesenkalk findet sich recht weit verbreitet und bildet häufig recht ausgedehnte und bis einige Meter mächtige Lager, die bei nicht zu bedeutender Tiefe mit Vortheil abgebaut werden. Um einige Beispiele zu nennen, kommt er bei Roggow (östlich von Güstrow), bei Dobbertin, im Ramper Moor im Schweriner See, bei Gnoyen, Krackow, Crivitz, im Warnowthal, in den Wolfsberger Seewiesen östlich von Rostock, bei Jaebitz im Dossethal, Vipperow am Müritzsee u. s. w. in grösseren Lagern vor. Oft sieht man die Wiesenkalklager am Grunde von Seen sich noch weiter bilden, so im Schallsee, im Tollense-See, Müritzsee u. a. a. O. Man benutzt den Wiesenkalk theils durch directes Aufstreuen als Düngemittel, freilich mit verschiedenem Erfolg, theils wird er gebrannt als Dünge- und Baukalk verwendet; dabei streicht man erst die feuchte Masse in Formen ähnlich den Ziegelsteinen. Zahlreiche Ziegel- und Kalkhütten versorgen das Land mit diesen Producten. Auch zur Cementfabrikation wird er verwerthet; in der grossen Cementfabrik bei Schwerin wird der ganz reine Wiesenkalk vom Ramper Moor mit dem Thon vom Ziegelwerder im Schweriner See gemischt.

Auch in isolirten Torfsöllen ist häufig der Untergrund des Torfes solcher Wiesenkalk, zuweilen auch Thon.

Torf. J. Früh [1]) unterscheidet folgende Arten von Torfmooren.

1. Wiesenmoor bildet sich a) in Seen mit kalkreichem Wasser, b) auf Alluvialgebieten von Flüssen oder in localen Versumpfungen, wo die Oberfläche fortwährend oder wiederholt durch hartes Wasser befeuchtet wird. Diese Moore bedürfen eines Kalkuntergrundes.

2. Hochmoor, auf Thonuntergrund, a) in Seen und Teichen mit kalkfreiem Wasser, b) auf kalkfreien, von Wasser berieselten Bodendepressionen entstehend.

3. Mischmoor; auf (oft nur sehr geringer) Unterlage von Rasenmoor entwickelt sich Hochmoor, oder letzteres bildet auch nur eine ganz geringe Decke auf mächtigem Rasenmoor.

4. Algentorf, von gallertartiger Beschaffenheit, aus Süsswasseralgen gebildet = Torfschiefer, Lebertorf.

In Mecklenburg sind am zahlreichsten vorhanden und zeigen die grösste Ausdehnung die Wiesenmoore. Sie dehnen sich in den alten Flussthälern zu den Seiten des heutigen Wasserlaufes aus oder nehmen das ganze Thal ein, bilden die grünen Flächen der einst von Wasser erfüllten Sölle, Kessel und Depressionen, umsäumen die Seen oder nehmen deren Flächen auch ganz ein, gehören also nicht nur den Thälern an, sondern finden sich auch in der hochgelegenen Moränenlandschaft. Ihre Oberfläche ist eben und niedrig. Die Mächtigkeit ist

---

[1]) Torf und Dopplerit. Zürich 1883. Dissertation.

recht wechselnd, 1—5 m gewöhnlich, in manchen Stellen aber auch beträchtlich mehr. Ihre Masse ist braun oder schwarz und dicht. Oft enthält sie Baumstämme, Aeste und Wurzeln von Eichen, Birken, auch wohl Kiefern und Buchen, auch Blätter und Früchte. Als Beispiel sei eine mikroskopische Analyse eines Torfes aus der Warnowniederung bei Rostock mitgetheilt (Früh): vorherrschend sind Radizellen von Cyperaceen und Gramineen, dann Farne aus der Gruppe der Polypodiaceen (schön vertorfte Treppen- und Netzgefässe, Sporen, Sporangien, Holzzellen), endlich Samen von Juncagineen, Pollenkörner von Gräsern und Pinus, vereinzelte Colonien kleiner einzelliger Algen. Die Vegetation, welche diese Torfe gebildet hat, ist oft recht mannigfaltig und zeigt nicht selten eine Aenderung in den verschiedenen aufeinander folgenden Niveaus. Oft giebt sich dabei sehr schöne feine Schichtung zu erkennen. Nach der Beschreibung von F. Koch ist das Torfmoor, welches die Wasserscheide zwischen der Trebel und Recknitz bei Sülz bildet und sich deutlich von dem Wiesenmoor der Recknitz abhebt, ein Hochmoor (Mischmoor). In dem unteren Theile besteht es aus einer 3—4 m mächtigen lockeren moosigen Masse, im oberen, mehr aus den Resten von Haidekraut gebildeten, ist der Torf compacter und dunkel und enthält zahlreiche Baumstämme, besonders Wurzelstücke von Kiefern; dieselben nehmen eine bis 3′ mächtige Schicht ein und kommen oft in dreifacher Ueberlagerung vor; über ihnen erhebt sich noch ca. 1 m Torf. In den untersten Lagen vieler Torfmoore finden sich nordische Pflanzen, wie Salix polaris, Betula nana u. a., als Anklänge an die niedrige Temperatur des Schlusses der Eiszeit.

Oft sind die Torfmoore von einer schwarzen trockenen lohartigen Erde bedeckt, wie sie sich besonders auf Wegen innerhalb des Moores durch Fahren und Gehen bildet. Sehr häufig lagert der Torf auf Wiesenkalk, und stellenweise geht letzterer, wie Boll bereits hervorhebt, sogar allmählich in ersteren über: auch wo dies nicht der Fall ist, finden sich hier oft vereinzelte Gehäuse der Sumpfconchylien.

Neben den verschiedenartigen und verschieden häufigen mechanischen Beimengungen (Sand u. a.) enthält der Torf oft einen beträchtlichen Aschengehalt, der besonders durch die Menge an kohlensaurem Kalk bemerkenswerth ist. Boll[1]) berechnete, dass aus dem Torfstiche des Jahres 1850 bei Malchin mit den 6 908 000 Stück oder „Soden" Torf 1380 Centner kohlensaurer Kalk, 90 Ctr. kohlensaure Magnesia, 210 Ctr. Gyps und 210 Ctr. Kieselsäure in der Torfasche gefördert sein müssten. Sehr häufig enthalten die Torfmoore grosse Mengen von Eisen, das sich in Form von braunem Eisenoxydhydrat in den Torfgruben und Morästen ausscheidet und stellenweise die Gewässer mit einer irisirenden Haut bezieht, oder die Betten der Wasserläufe mit brauner oder blutrother Ausscheidung bedeckt; das Wasser der aus solchen Mooren kommenden Bäche erscheint wie mit Blut verunreinigt. Der Torf selbst ist dabei in den oberen Lagen bröckelig und zu harten rostbraunen Stückchen aufgelöst. Zuweilen sind solche Torflager auch durch Vorhandensein von Vivianit, phosphorsaurem

[1]) Arch. d. Ver. d. Nat. Meckl. XXI. 1868. S. 45.

Eisen, ausgezeichnet, der in gewisser Tiefe und Mächtigkeit bis ca. 1 m das Lager intensiv blau färbt.

Häufig trifft man in der Tiefe von Torflagern die sogen. „Torfleber" oder Baggertorf, eine dunkel oder heller braune, vom Wasser so imprägnirte Masse, dass sie wie Schlamm auseinanderfliesst und auf der Schaufel nicht gehalten werden kann. Sie stellt eine völlig in Humusstoffe umgewandelte Torfsubstanz dar, die beim Trocknen zu einer harten homogenen Masse von gutem Brennwerth wird.

Etwas Verschiedenes ist der Papiertorf, Torfschiefer oder Lebertorf. Derselbe wurde bisher an vier verschiedenen Stellen unter normalem Moos- und Rasentorf gefunden. Er ist im feuchten Zustand elastisch und homogen, von leberbrauner Farbe; dabei zeigt er schön die Neigung, in parallelen Flächen leichter zerreissbar zu sein. Beim Trocknen wird er dunkler, hart und zerblättert in oft papierdünne Lagen. Der Torfschiefer oder Lebertorf gehört zur Gruppe der aus Süsswasseralgen gebildeten Algentorfe, die im Wasser gallertartig und elastisch werden.

Ueber die Verbreitung des Torfes in Mecklenburg kann ich hier nicht der Art reden, dass ich alle Funde rubricirt aufzähle. Nach dem eingangs Gesagten müssen wir den Torf als eine der häufigsten Alluvialbildungen der Oberfläche in allen oben aufgezählten, durch die Abschmelzwässer gelieferten Bodenumformungen finden. So giebt es denn auch im Verhältniss nur wenig Feldmarken, die nicht ihr Torflager besässen. Die Millionen Stück Torf, die alljährlich gestochen werden, zu schätzen, wäre eine interessante Arbeit. Zu Hunderten sind die Torfstiche verbreitet, von ganz primitiven, nur bei momentanem Bedarf benutzten Stichen [1]) zu grossartigen, maschinell betriebenen

---

[1]) Ueber die primitive Fabrikation des Backtorfes, wie sie auch heute noch stattfindet, berichtet Boll recht instructiv: Nachdem der Torfbrei auf dem Platze, wo die Arbeit vorgenommen werden soll, gleichmässig ausgebreitet worden ist, beginnen die Arbeiter, ihn zu „pedden", d. h. mit den Füssen zu treten und durchzukneten. Nach dem wird die ganze zerarbeitete Masse auf dem (trockenen, am Rande des Moores gelegenen) Lagerplatz ausgeebnet, wie ein colossaler Kuchen, von der Dicke, von welcher die Torfstücke werden sollen. Mit Schuhen oder mit Brettern und Schaufeln wird er noch ganz glatt und eben bearbeitet. Bevor sie diese Masse in Stücke von der Form und Grösse der Ziegelsteine zerlegen, machen sie eine Pause von ein paar Tagen, damit sie einige Consistenz gewinne, und diese Zwischenzeit muss je nach der Witterung abgemessen werden. Ist die Masse noch zu weich, so würde die Zerlegung nichts helfen, denn alles würde wieder zusammenfliessen; wollte man aber damit zu lange warten, so würde der ganze Kuchen anfangen sich zu zerspalten und rissig zu werden. Zuerst werden Längslinien durchgeschnitten in einem Abstand von 9—10 Zoll, so lang jedes einzelne Torfstück werden soll, und auf diese Weise das Ganze in „Bänke" getheilt. Nach einer abermaligen Pause von einigen Tagen schreitet man dann zu den Querschnitten, die in den engeren Abständen der Breite der Torfstücke gemacht werden. Nachdem diese nun ihrer Form nach fertig sind, geht es an das Austrocknen derselben, welches mit grosser Vorsicht geschehen muss. Die Torfstücke müssen erst ein wenig auf die lange Kante und neben einander gelegt werden; nachdem sie 8—14 Tage in der bezeichneten Stellung verblieben sind und etwas Festigkeit erlangt haben, beginnt das „Ringen". Dies besteht darin, dass man die schon ziemlich reifen Torfsoden zu kleinen Kegeln so über einander legt, dass sie nur mit den Enden auf einander fassen und dass möglichst grosse Zwischenräume

Anlagen. Der Torf wird vor allem als Brennmaterial benutzt, und es giebt wohl kaum einen Haushalt in Mecklenburg, wo er nicht mehr oder weniger Benutzung fände. Man benutzt ihn zu diesem Zweck entweder so, wie er im Lager sich findet, wobei naturgemäss die unteren Partien besserer Qualität sind als die oberen, oder man vermengt die verschiedenen Sorten eines und desselben Lagers durch Press- und Mengmaschinen und erhält so ein gleichmässiges Material. In neuerer Zeit werden auch die oberen, zum Brennen untauglichen lockeren Massen, der „Torfmull", als Streu, zu Düngung, als Desinfectionsmittel, Füllungsmaterial von Fussböden oder Wänden u. s. benutzt. Zur Herstellung stickstoffhaltiger Düngemittel könnte er in chemisch-technischer Industrie verwendet werden, doch haben bisher die Berechnungen hierbei nicht den genügenden Gewinn in Aussicht stellen können. Der dem Torf beigemengte Vivianit kann für ähnliche technische Zwecke sehr wohl eine günstige Verwerthung finden. Der unter dem Torf lagernde Wiesenkalk hat, wie oben gezeigt, seinen von alters her bekannten Werth.

Zuweilen sammeln sich unter den Torflagern Gase, die aus der Zersetzung des Lagers gebildet werden, in grösserer auffälliger Menge an; die Erscheinung der Irrlichter ist selten beobachtet worden.

Wie sich bei dem Vertorfungsprocess auch häufig auf dem Wasser schwimmende Torfdecken oder Torfinseln bilden können, hat Boll (s. a. O. S. 26 f.) an einigen Beispielen sehr anschaulich geschildert. Solche Stellen sind ebenso wie die Moore mit mächtigem Schlamm unter dem Torf sehr lästig für Bauten von Eisenbahn- oder Chausseedämmen, indem sie in ihren Tiefen oft erschreckende Massen von Schüttungsmaterial verschlingen.

Schliesslich ist noch eines Alluvialabsatzes Erwähnung zu thun, nämlich des Kalktuffes. Derselbe findet sich in der bekannten Ausbildung und häufig mit den bekannten Thier- und Pflanzeneinschlüssen an mehreren Stellen des Landes und verdankt seine Bildung der Auslaugung von kohlensaurem Kalk der benachbarten Höhen, der theils aus den Diluvialabsätzen, theils auch aus Kreidemassen geliefert wird. Zum Theil ist oder war auf Grund solcher Vorkommnisse auch eine Kalkbrennerei eingerichtet und in Betrieb, so z. B. bei Nemerow am Tollense-See, am Haidberg bei Teterow, bei Malchin u. s. f.

In den Diluvial- und Alluvialablagerungen Mecklenburgs sind bisher Reste von folgenden Säugethieren aufgefunden: Mammuth, Urochs, Bison, Rind, Riesenhirsch, Renthier, Hirsch, Reh, Ziege, Schaf, Pferd, Schwein, Biber, Hund, Fuchs, Wolf, Höhlenbär.

An prähistorischen Funden ist Mecklenburg ungemein reich, deren Kenntniss wir vor allem den Aufzeichnungen und Sammlungen Lisch's verdanken. Einzelfunde von Stein- und Bronze-

---

zwischen ihnen bleiben: die Kegel sind inwendig hohl, und in dieser Aufstellungsweise kann der Wind am besten die Austrocknung vollenden. (Arch. d. Ver. d. Nat. Meckl. 1868. S. 92.)

geräthen, Dolmen, Kegelgräber, Steinsetzungen, Opfersteine, Pfahlbauten, wendische Burg- und Ringwälle, Opferplätze, Urnenfelder u. a. m. sind in grosser Zahl über das Land verstreut. Viele der sogen. Wendenniederlassungen geben uns Zeugniss von dem Wasserreichthum des Landes noch in historischer Zeit.

Neben den Veränderungen der Oberfläche, die durch allmähliche natürliche oder künstliche Entwässerung in grossartigem Massstabe verursacht worden sind, hat das Land an den Küstenstrichen durch die säculare Landsenkung bedeutende, zum Theil noch in die Gegenwart reichende Veränderungen erlitten. Historische Notizen, der dauernde Abbruch der Ufer durch die See und das Vorkommen von Torfmooren am Meeresgrund vor den Dünen sind die Beweise der erwähnten Senkung [1]). Häufig findet man am Strande nach grösseren Wellenbewegungen des Meeres (im Frühjahr oder nach Sturmfluthen) grosse losgerissene Schollen von Torf ausgeworfen, wie grosse erratische Blöcke am Strand liegend. Daneben findet man in allen Grössen Torfstücke, die wie harte Strandkiesel durch die Bewegung im Wasser am Strand zu runden Torfgeröllen abgerollt sind. Auch nach mikroskopischer Prüfung ergiebt sich das Material dieser Torfgerölle als identisch mit dem aus den Torfmooren hinter der Düne vom Festland entnommenen Material: es ist Rasenmoor, Süsswassertorf und nicht aus Seetang gebildet. Zuweilen hat man Gelegenheit, den unter der Düne befindlichen, gepressten Torf zu beobachten, welcher nach der Bezeichnung Forchhammer's als „Martörv" unterschieden ist; auch dieser ist völlig übereinstimmend mit dem Torf der dahinter gelegenen Moore.

Durch die Küste ist das Land gewissermaassen willkürlich abgeschnitten; wir können danach drei verschiedene Typen der Uferränder unterscheiden, nämlich 1. Steilufer oder Klint, ein steiler Abbruch des Diluvialplateaus oder eines Flötzgebirgszuges, mit schmalem steinigem Strand. 2. flache Senkung des Diluvialbodens, entsprechend einer muldenartigen Tiefung des Plateaus, und 3. Abschnitt von Alluvialdepressionen (isolirte Torfmoore oder alte Flussthäler); beide letztgenannte Küstentypen haben einen breiteren, sandigen Strand, auf dem sich Dünen erheben. Die Dünenlandschaft ist oft ungemein charakteristisch ausgeprägt; die Schichtung der Düne, ihr steiler Abfall nach der Landseite, ihre parallelen Vorwellen am Strand, auch ihr Vorwärtsschreiten gegen das hinterliegende Land, die Ueberwehung der hinter ihr liegenden Wiesen, das Heraufsteigen auf ein niedriges Abbruchufer u. a. m. sind in mannigfachen Bildern vertreten, wenn auch die immer nur geringe Höhe (10 m werden selten überschritten) und Ausdehnung schon es bedingt, dass die Landschaft nie den öden und trostlosen Charakter gewinnt, wie er von anderen Gestaden bekannt ist. Im „Heiligen Damm" bei Doberan haben wir den Abschluss einer Alluvialniederung gegen die See durch einen aus Rollsteinen aufgeschütteten Uferwall. Durch die Landsenkung ist auch die

[1]) E. Geinitz, Zeitschr. d. deutsch. geol. Ges. 1883. S. 301.

eigenthümliche trichter- oder haffartige Mündung der Bäche und Flüsse bedingt, wie sie z. B. in der Wismar'schen Bucht oder im Breitling bei Warnemünde vorliegt. Die mecklenburgische (wie wohl überhaupt die ganze norddeutsche) Ostseeküste verdankt ihre Configuration im Grossen wie im Kleinen dem Zusammenwirken der beiden Kräfte: Erosionswirkung der glacialen Schmelzwässer und säculare Senkung des Balticums; die Mündungstrichter, Förden, Haffe, Strandseen u. dergl. sind nicht das Product von Gletschererosion oder Meereseinbrüchen [1]).

[1]) S. Beitr. VI. u. Geol. Meckl. 1884. Taf. 2.

DIE

OBERRHEINISCHE TIEFEBENE

UND IHRE

RANDGEBIRGE

VON

DR. G. RICHARD LEPSIUS,
o. Professor der Geologie und Mineralogie an der technischen Hochschule und Direktor der grossherzoglich hessischen geologischen Landesanstalt zu Darmstadt.

Mit einer Uebersichtskarte des oberrheinischen Gebirgssystems.

STUTTGART.
VERLAG VON J. ENGELHORN.
1885.

I. Einleitung.

Eine der auffallendsten Erscheinungen in der Oberflächengestaltung von Deutschland ist die Tiefebene, welche der Rhein durchströmt in seinem Mittellaufe von Basel bis Mainz. Während das ganze übrige südliche Deutschland aus Hochflächen und Gebirgen besteht und im Gegensatze zu dem norddeutschen Tieflande als ein Hochland zu bezeichnen ist, senkt sich zwischen die vier Gebirge Schwarzwald, Vogesen, Odenwald und Haardt eine langgestreckte Tiefebene von mehr als 10 000 Quadratkilometer Oberfläche ein, deren mittlere Höhe über dem Meere nur 150 m beträgt, während die umliegenden Gebirge bis zu Höhen von fast 1500 m aufragen. Diese tiefe Lage der oberrheinischen Ebene und der Schutz, welchen ihr die begleitenden Gebirgsketten gewähren, bedingen das milde Klima dieser bevorzugten Landstrecken, bedingen auch, zugleich mit den Anschwemmungen, mit denen der Rhein die Oberfläche der Tiefebene und die Vorhügel der Randgebirge bedeckt hat, die grossentheils reiche Fruchtbarkeit ihrer Gefilde. Gehört doch der nördliche Theil der Rheinebene und die schmalen Uferstriche längs des untern Rheinthales zu den wenigen Gegenden Deutschlands, deren mittlere Januartemperatur über 0 ° C. liegt [1]). Daher denn auch in der oberrheinischen Tiefebene und an den Thalgehängen des Mittelrheins die besten Weine wachsen. Als Ludwig XIV. von der Höhe der Zaberner Steige zum ersten Male herabblickte auf die gesegnete Ebene zu seinen Füssen, rief er aus: „quel beau jardin“; dieses Wort des französischen Königs gilt nicht allein vom Elsass, sondern ist auch bezeichnend für die meisten übrigen Theile der ober- und mittelrheinischen Tiefebene und der Gebirgsabhänge längs ihrer Grenzen.

Vier Meilen breit und vierzig Meilen lang erstreckt sich diese Ebene über zwei und einen halben Breitengrad bis zum fünfzigsten Parallelkreis, der gerade durch Mainz schneidet. Mitten hindurch fliesst der mächtige Rheinstrom, in der weiten Ebene trotz seiner Wasserfülle nur wie ein silberglänzender Faden von den Gebirgsabhängen aus anzuschauen.

---

[1]) Siehe J. Hann, Handbuch der Klimatologie, S. 473 ff. Stuttgart 1883.

Dass die oberrheinische Tiefebene in ihrer eigenartigen Erscheinung im südwestdeutschen Gebirgslande eine ganz besondere geologische Geschichte bis zu ihrer jetzigen Gestaltung durchlaufen haben muss, wird einem Jeden einleuchten, der gewohnt ist, über die Beziehungen der äusseren Oberflächenformen zu dem inneren Bau der festen Erdkruste nachzudenken. Ein Problem der mechanischen Geologie liegt vor uns. Noch sind wir nicht im Stande, dasselbe völlig zu lösen, da hierzu noch die genauen geologischen Aufnahmen des ganzen Gebietes zu allermeist fehlen. Aber bei der Grösse des vorliegenden Problems erscheint es schon wichtig und fördernd, übersichtlich zusammenzufassen, wie weit unsere Kenntnisse von der Entstehung der oberrheinischen Tiefebene und ihrer Randgebirge durch die bisherigen Arbeiten der rheinischen Geologen bereits vorgeschritten sind.

Die oberrheinische Tiefebene ist keineswegs ein vom Rheine ausgewaschenes Thal; so mächtig der stolze Rhein dahinfluthet, würde es ihm doch nicht möglich gewesen sein, ein vier Meilen breites Thal in das Gebirgsland des südwestlichen Deutschlands einzufurchen. Wie ein solches nur vom Flusse gebildetes Thal sich gestaltet, das sehen wir am Rheinthale unterhalb des Binger Loches, wo sich der Strom durch die eigene Kraft des fliessenden Wassers bis nach Bonn hin durch das Schiefergebirge eine schmale, vielfach gewundene und scharf eingeschnittene Thalfurche im Laufe der Zeiten gegraben hat. Dort unterhalb Bingen erkennen wir die eigenartigen Formen eines Erosions-Thales, wie es vom Flusse in ein Gebirge eingeschnitten wird.

Vielmehr ist die oberrheinische Tiefebene eine weit klaffende und tiefe Spalte der festen Erdkruste, eine Spalte, welche längst vorhanden war, ehe der Rhein geboren ward, eine Spalte, welche dieser Strom, als er sich in dieselbe ergossen hatte, nicht nur nicht tiefer ausfurchte, sondern vielmehr mit dem mitgeschleppten Schutt der Gebirge ganz bedeutend auffüllte und zuschüttete.

Diese Anschauung von der allgemeinen Entstehung der oberrheinischen Tiefebene ist bereits von den ersten Geologen, welche die Randgebirge beiderseits der Rheinebene genauer untersuchten, gewonnen worden; sie wurde von allen späteren Forschern nur bestätigt. Freilich über die besondere Art und Weise und über die Zeit dieser Entstehung gingen die Meinungen der Gelehrten sehr weit auseinander und richteten sich naturgemäss nach dem jeweiligen Stande der geologischen Wissenschaft.

In dem berühmten und für alle späteren geologischen Arbeiten am Rheine grundlegenden Werke, den „Geognostischen Umrissen der Rheinländer zwischen Basel und Mainz, nach Beobachtungen entworfen, auf einer Reise im Jahre 1823 gesammelt“ [1]), sprachen die drei Verfasser C. von Oeynhausen, H. von Dechen und H. von La Roche bereits die richtige Ansicht über die Entstehung der ober-

[1]) Zwei Bände. Essen 1825.

rheinischen Tiefebene klar aus: „Das Rheinthal von Basel bis Mainz ist so wenig durch eine Auswaschung oder Zerstörung des Gesteins entstanden, dass im Gegentheil später noch eine Wiederausfüllung stattgefunden hat“, und „wenn nun aber das Rheinthal von Basel bis Mainz nicht durch Auswaschung entstanden sein kann, so verdankt dasselbe seine Bildung derselben Ursache, welche die Vogesen und den Schwarzwald emporhob, und ist daher von gleichem Alter, wie jene beiden Gebirgszüge“ (I. S. 24 und 25). Also schon im Jahre 1823, zu einer Zeit, wo die Geologie noch in ihrer ersten Entwicklung stand, freilich in Deutschland unter der energischen Einwirkung eines Leopold von Buch, erkannten jene drei reisenden Geognosten mit genialem Blicke den ursächlichen Zusammenhang zwischen der Rheinebene und ihren Randgebirgen! Allerdings die tieferen Ursachen der Gebirgs- und Spalten-bildenden Kräfte konnten damals noch nicht ergründet werden; sind wir doch auch heute in der Erkenntniss dieser letzten Ursachen von einer endgültigen und allgemein befriedigenden Lösung noch weit genug entfernt.

Die geognostischen Verhältnisse in den Vogesen und im Elsass hatte zuerst Philipp Voltz [1]), Ingénieur en chef des mines in Strassburg, in ausgezeichneter Weise studirt, sodass er bereits jenen drei Reisenden im Jahre 1823 nach ihrer eigenen Aussage (Vorrede S. III) „mündlich und schriftlich viele wichtige Bemerkungen mittheilen konnte“ [2]). Auf Voltz' objektive und sichere Beobachtungen stützten sich auch vielfach die späteren Ausführungen des bekannten französischen Geologen Elie de Beaumont. Unter den verschiedenen Gebirgssystemen, welche dieser hervorragende Gelehrte in seinen „Recherches sur quelques-unes des révolutions de la surface du globe“ [3]) aufgestellt hatte, war eines der wichtigsten das „système du Rhin“, welches die Gebirge Schwarzwald, Vogesen, Odenwald und Haardt umfasste: die Revolution, welche diese Gebirge und die Rheinspalte dazwischen entstehen liess, sollte eingetreten sein nach der Ablagerung des Vogesen-Sandsteins und vor der Ablagerung des Voltzien-Sandsteins; um zugleich diese grosse Revolution zwischen zwei Formationen erscheinen zu lassen, schloss Elie de Beaumont die Permische Formation und also auch die paläozoische Epoche mit dem Vogesen-Sandstein, welcher jetzt als mittlerer Bunter Sandstein angesehen wird, und begann den Bunten Sandstein und die Trias-Formation mit dem Voltzien-Sandstein, welcher nunmehr als oberer Bunt-Sandstein gilt. Dieser Annahme des damals leitenden Pariser Geologen folgten nicht allein die meisten übrigen im Elsass und in den Vogesen späterhin arbeitenden Geologen, wie Thirria, Hogard, de Billy, Daubrée,

---

[1]) Nicht zu verwechseln mit dem jüngeren Geologen Friedrich Voltz in Mainz, dessen Schriften über das Mainzer Becken in den Jahren 1851—1853 erschienen.

[2]) Siehe auch Ph. Voltz, Géognosie des deux départements du Rhin, in Aufschlager, Nouvelle description de l'Alsace. Strassburg 1826—1828.

[3]) Zuerst erschienen in den Annales des sciences naturelles, tome XVIII, Paris 1829; dann weiter ausgeführt in einem Artikel des Dictionnaire universel d'histoire naturelle. Paris 1849.

Delbos, Köchlin-Schlumberger und Jacquot [1]), sondern auch einige deutsche, auf dem badischen Rheinufer aufnehmende Geologen, vor allen Fr. Sandberger in seiner geologischen Beschreibung der Umgegend von Baden-Baden [2]) und in späteren Aufsätzen [3]).

In dem grossartig angelegten und mustergültig ausgeführten Werke, dem Texte zur geologischen Karte von Frankreich, welches Anfang der vierziger Jahre erschien, stammt die vorzügliche Beschreibung der Vogesen aus der Feder Elie de Beaumont's [4]). Daselbst stellt dieser geniale Forscher seine Ansicht von der Entstehung der Rheinebene zwischen Schwarzwald und Vogesen in dem hier wiedergegebenen Diagramm dar (Expl. I. pag. 437):

Vogesen. Rheinebene. Schwarzwald.

Wie bereits angedeutet, ist die allgemeine Erklärung, welche dieser schematischen Darstellung Elie de Beaumont's zu Grunde liegt, nämlich der zwischen den aufgekippten Rändern eingesunkenen Rheinebene, auch jetzt noch die massgebende. Nur darin irrte Elie de Beaumont, dass er die Entstehung der Rhein-Versenkung zwischen den Randgebirgen bereits in die Zeit vor Ablagerung des Bunten Sandsteins verlegte. Gegen diese unrichtige Zeitbestimmung des grossen Ereignisses hatten sich schon frühzeitig einige französische Geologen ausgesprochen: so Rozet in seiner originellen Beschreibung der Südvogesen und Contejean in der geologischen Beschreibung des Canton Montbéliard [5]).

---

[1]) E. Thirria, Statistique minéralogique et géologique du département de la Haute-Saône. Besançon 1833.

H. Hogard, Description minéralogique et géologique des régions granitique et arénacée du Système des Vosges. Avec Atlas de 12 feuilles et une carte géologique. Epinal 1837.

E. de Billy, Esquisse de la géologie du département des Vosges. Annales de la société d'émulation des Vosges. 1850.

A. Daubrée, Description géologique et minéralogique du département du Bas-Rhin. Mit Karte und Profilen. Strassburg 1852.

J. Delbos et Köchlin-Schlumberger, Description géologique et minéralogique du département du Haut-Rhin. 2 vol. Mit Atlas. Colmar 1866.

E. Jacquot, O. Terquem et Barré, Description minéralogique et géologique du département de la Moselle. Mit Atlas. Paris 1868.

[2]) In den Beiträgen zur Statistik der inneren Verwaltung des Grossherzogthums Baden. Heft XI. Carlsruhe 1861.

[3]) Zur Urgeschichte des Schwarzwaldes. Verhandl. der naturforsch. Gesellschaft in Basel 1877 und in der Zeitschrift „Das Ausland“ 1876.

[4]) Explication de la carte géologique de la France par Dufrénoy et Elie de Beaumont. Tome I, pag. 267. chapitre V: Les Vosges. Paris 1841.

[5]) Rozet, Description géologique de la région méridionale de la chaine des Vosges. Mit geologischer Karte. Paris 1834.

Ch. Contejean, Esquisse d'une description physique et géologique de l'arrondissement de Montbéliard. Aus den Mém. de la soc. d'émulation de Montbéliard. 2. série, I. vol., pag. 41–136. Paris 1862.

Mit Bezug auf diese Streitfrage über die Zeit der Entstehung des „Rhein-Systems“ [1]) stellte die philosophische Fakultät der neu gegründeten Universität Strassburg im Jahre 1873 eine Preisaufgabe mit der Frage: „Ist der Vogesen-Sandstein vom Bunten-Sandstein zu trennen?“, eine Frage, welche auf Grund der stratigraphischen Verhältnisse dieser Sandsteine in den Vogesen unbedingt zu verneinen war [2]). Endlich hat W. Benecke in seinem Werke über die Trias in Elsass-Lothringen und Luxemburg (Strassburg 1877) in einem Schlusskapitel die verschiedenen Ansichten über diese Frage noch einmal zusammengefasst (S. 794—823) unter der Ueberschrift: „Elie de Beaumont's Hypothese von der Hebung der Vogesen nach Ablagerung des Vogesen-Sandsteins“; Benecke hat durch diese klaren und treffenden Darlegungen wohl endgültig Elie de Beaumont's Hypothese beseitigt und die Zeit der Entstehung von Vogesen und Schwarzwald in eine viel jüngere Epoche verwiesen.

Freilich können wir damit die Frage über Zeit und Weise der Entstehung des oberrheinischen Gebirgssystems noch nicht als gelöst betrachten; dazu müssen erst, wie gesagt, die in Elsass-Lothringen und Hessen fortschreitenden, leider in Baden immer noch nicht begonnenen geologischen Spezialaufnahmen fertig vorliegen. Wie weit bisher unsere Kenntnisse über das „Rhein-System“ gefördert wurden, wollen wir in den folgenden Abschnitten unserer Abhandlung betrachten [3]).

---

[1]) Leopold v. Buch, Ueber die geognostischen Systeme von Deutschland. Ein Schreiben an den Geh. Rath v. Leonhard, in v. Leonhard's mineralogischem Taschenbuch für das Jahr 1824, S. 501—506. Mit Karte. Frankfurt a. M. 1824. Auch in L. v. Buch's gesammelten Werken, Band III, S. 218. Berlin 1877.

[2]) Aus der prämiirten Preisarbeit veröffentlichte der Verfasser einen Auszug mit Kartenskizze und Profilen in der Zeitschrift der deutschen geolog. Gesellsch. Jahrg. 1875, S. 83 ff.

[3]) Ausser der bereits genannten Literatur erwähnen wir hier noch: die wichtigen Abhandlungen zur geologischen Spezialkarte von Elsass-Lothringen, Bände I—IV, Strassburg 1875—1884; darans jenes oben citirte Werk von Benecke über die Trias; dann A. Andreae, Ein Beitrag zur Kenntniss des Elsässer Tertiärs, in Band II, Heft 3, 1883—1884; Derselbe, Der Diluvialsand von Hangenbieten im Unter-Elsass, in Band III, Heft 2, 1884.

Ferner: Erläuterungen zur geologischen Karte der Umgegend von Strassburg, bearbeitet von G. Schumacher. Mit geologischer Karte im Massstabe 1 : 25 000. Strassburg 1883.

Für Hessen: R. Lepsius, Ueber die diluviale Entstehung der Rheinversenkung zwischen Darmstadt und Mainz. Zeitschr. d. deutsch. geolog. Gesellsch., Jahrg. 1880, S. 672.

R. Lepsius, Das Mainzer Becken, geologisch beschrieben. Mit geologischer Uebersichtskarte in 1 : 100 000. Darmstadt 1884.

Für Baden sind bisher einige geologische Karten mit Beschreibung veröffentlicht worden in den „Beiträgen zur Statistik der inneren Verwaltung des Grossherzogthums Baden“. 11 Hefte. Carlsruhe 1858—1873.

Ferner: W. Benecke und E. Cohen, Geognostische Beschreibung der Umgegend von Heidelberg. Mit zwei geologischen Karten in 1 : 50 000. Strassburg 1874—1881.

H. Eck, Geognostische Karte der Umgegend von Lahr. Mit Profilen und Erläuterungen. Lahr 1884.

Für Württemberg erschienen bereits 44 Blätter der geognostischen Spezialkarte im Masstab 1 : 50 000 mit Begleitworten. Stuttgart 1865—1883. (Forts. f. S.)

II. Orographische Uebersicht.

(Siehe die Kartenskizze auf Tafel I.)

Das oberrheinische Gebirgssystem umfasst die Gebirge Vogesen, Schwarzwald, Odenwald und Haardt und die inmitten derselben liegende Tiefebene. Diese verschiedenen Landestheile des südwestlichen Deutschlands gehören deswegen zu ein und demselben Gebirgssystem, weil sie der gleichen ursächlichen Kraft ihre Entstehung verdanken; wir werden sehen, worin wir die gleichzeitig wirkenden Kräfte erkennen. Die äusseren Grenzen des oberrheinischen Gebirgssystems reichen zum Theil weit über die Grenzen jener genannten Gebirge hinaus; indessen würde uns hier eine Erörterung über den Umfang des Systems zu weit führen, da wir uns hier nur mit den inneren, wichtigsten Theilen des Systems beschäftigen wollen. Betrachten wir zuerst, wie die vier Randgebirge der oberrheinischen Tiefebene äusserlich unsern Blicken sich darstellen.

1. Die Vogesen.

Die Vogesen richten ihre Bergzüge von SSW nach NNO, oder genauer in N 25° O. Ihre höchsten Höhen liegen im südlichen Theile des Gebirges, in dem festgefügten, aus krystallinen Gesteinen und paläozoischen Formationen gebildeten Belchenstock, welcher nach Süden gegen die weite Lücke von Belfort („la trouée de Belfort" oder „die Burgundische Völkerpforte") steil und unvermittelt abbricht. Nach Norden hin nehmen die Höhen des Gebirges allmählich ab und gehen ohne scharfe Grenze in die Sandstein-Plateaus der Haardt über. Der zweite auffallende Charakter in der äusseren Gestalt der Vogesen bekundet sich darin, dass dieselben auf ihrer Ostseite noch steiler als gen Süden zur tiefgelegenen Rheinebene abstürzen und dabei unmittelbar über der letzteren ihre höchsten Höhen besitzen, während sie sich nach Westen ganz allmählich verflachen in die burgundisch-lothringische Hochebene.

Die absoluten Höhenzahlen lassen diese Verhältnisse am schärfsten hervortreten: in der Rheinebene liegt Colmar in 195 m, Schlettstadt in 178 m, Hagenau in 140 m über dem Meere; dagegen erreicht Remiremont an der Mosel 393 m, Epinal, obwohl es bereits weit abwärts im Moselthale liegt, noch 311 m, Saarburg in Lothringen 292 m Höhe. Dabei steigt man z. B. von dem 1366 m hohen Hohneck, der auf der Wasserscheide des Gebirges zwischen Colmar und Epinal

---

Sodann: Die geognostische Profilirung der württembergischen Eisenbahnlinien, von O. Fraas. Drei Lieferungen. Stuttgart 1883—1885.

O. Fraas, Geognostische Beschreibung von Württemberg, Baden und Hohenzollern. Stuttgart 1882.

steht, zu der nur 20 km entfernten Rheinebene bis zu 200 m herab, während man in entgegengesetzter Richtung von der Mosel bis nach Nancy etwa fünfmal so weit, nämlich fast 100 km weit vom Hohneck aus hinabsteigen muss, um die gleiche Höhe von 200 m über dem Meere zu erreichen.

Bei näherer Besichtigung theilt sich die Gebirgsmasse der Vogesen in drei von SO nach NW aufeinander folgende und an Höhe in dieser Richtung abnehmende, parallele Bergzüge (siehe das hinten beigegebene Kärtchen).

Der mittlere dieser Längszüge ist der Hauptkamm des südlichen Belchen-Massivs und trennt als Wasserscheide die Zuflüsse des Doubs, der Saône, Mosel und Meurthe von denjenigen der Ill, welche von der Burgundischen Pforte an bis unterhalb Strassburg alle Vogesenabflüsse dem Rhein vorwegnimmt. Dieser Kamm hält sich auf einer mittleren Höhe von 1100 m. Er beginnt im Süden mit dem steilen Vorgebirge der Planche des belles filles 1150 m und zieht über die breiten Rücken des Elsässer Belchen 1254 m, des Rothenbach 1319 m, des oben genannten Hohneck 1366 m bis zu den Hautes Chaumes de Pairis 1306 m. Weiter nördlich erleidet der Kamm durch das in leichter zerfallende Schiefer eingeschnittene Weilerthal eine tiefe Einsenkung in der Steige bis auf 600 m, um sich jenseits noch einmal in dem breiten Granitstock des Hochfeldes (Champ du feu) bis auf 1095 m zu erheben [1]).

Diesem 80 km langen Hauptkamme der Vogesen ist südöstlich ein kürzerer, parallel gerichteter Bergzug vorgelagert, welcher deswegen nicht mit dem mittleren Kamme vereinigt werden kann, weil seine Berge zum Theil höher sind als diejenigen des letzteren. Seine Richtung bezeichnen die mächtigen Pfeiler des Bärenkopfes 1078 m, des Rossberges 1196 m und des Gebweiler (oder Sulzer) Belchen 1426 m, des höchsten Berges der Vogesen, um 69 m niedriger als der höchste Punkt des oberrheinischen Gebirgssystems, des Feldberges drüben im Schwarzwalde [2]). Mit dem Kleinen Belchen (oder Kahlen Wasen) 1274 m endigt dieser vorderste Bergzug.

---

[1]) Allerdings trennt Rosenbusch (Die Steiger Schiefer, Abhandlung zur geolog. Spezialkarte von Elsass-Lothringen, Band I, S. 80) nach dem Vorgange von Dechen und Elie de Beaumont das Massiv des Hochfeldes als ein besonderes Glied der Gesammtvogesen ab, weil dasselbe von der Kammlinie der Südvogesen durch das breite Weilerthal getrennt sei. Indessen hebt Rosenbusch selbst hervor, dass das Hochfeld „genau in der Streichrichtung der Kammlinie der Südvogesen" liege. Das Vorhandensein der leicht erodirbaren Schiefer im Weilerthal und auf der Steige ist doch gegenüber der von der allgemeinen Gebirgserhebung abhängigen Streichrichtung der Bergkämme nur eine zufällige und secundäre Erscheinung, was auch daran zu erkennen ist, dass die Triastafeln westlich dieser Einsenkung in ihrem Streichen keine Einwirkung derselben erweisen.

[2]) In Bezug auf die in dieser Abhandlung angegebenen Höhenzahlen bemerke ich, dass es bekanntlich eine Seltenheit ist, wenn für ein und denselben Berg in den verschiedenen besten geographischen Handbüchern die gleiche Höhenzahl angegeben wird, da die zu Grunde gelegten Materialien von sehr verschiedener Genauigkeit zu sein pflegen. Ich habe mich bemüht, für die vorliegende Abhandlung möglichst sichere Zahlen zu sammeln, und habe stets die Landeskarten, nicht Zahlen aus Büchern, dafür benutzt. Für die bayerische Pfalz ist es besonders schwierig, richtige Höhenzahlen zu gewinnen: denn die Pfalzer Karte in 1:50000

An diesen Eckpfeilern des Belchenstockes muss naturgemäss die Denudation und Erosion stärker wirken und rascher nagen als an dem mittleren Gebirgskamme, da der letztere nur von zwei, jene vorgeschobenen Berge aber von drei Seiten angegriffen werden; noch dazu bestehen diese zunächst über der Rheinebene liegenden Berge zum grossen Theil aus leichter zerstörbaren Gesteinen (nämlich aus Grauwacken und Thonschiefern) als die Wasserscheide, deren meist granitische Gesteine langsamer zerstört und abgetragen werden; endlich muss an diesen schroff ansteigenden Bergen, von denen der höchste von 1426 m auf eine Entfernung von 8 km bis auf die Tiefe von 260 m (bei Gebweiler) abstürzt, die Abtragung der Oberfläche viel energischer vor sich gehen, als an den Bergen mitten im Gebirge [1]). Wenn trotzdem die höchste Erhebung, der Gebweiler Belchen, hart am äusseren, südöstlichen Rande des Gebirges liegt, so erklärt sich dieser innere Widerspruch nur aus der Art und Weise der Aufrichtung des ganzen Gebirgssystems, auf welche wir unten näher einzugehen haben.

Während die beiden ersten Züge dem krystallinen Belchenstock angehörten, fällt der dritte, am meisten nach Westen gelegene Bergzug seiner ganzen Länge nach in das ausgedehnte Sandsteingebiet der Vogesen. Er beginnt im Süden auf dem Plateau an der oberen Mosel und Meurthe; als erster hervorragender Berg ist dort etwa der Novemont 960 m bei Gérardmer anzuführen. Dann folgt eine lange Sandsteinkette vom Ormont 890 m bei St. Dié an über die Hautes Chaumes 933 m bei Plaine (zu unterscheiden von den oben genannten Hautes Chaumes de Pairis des mittleren Kammes) bis zum Donon 1010 m, Prancey 1007 m und Schneeberg 963 m; von dort senkt sich der Kamm allmählich bis zu 404 m Meereshöhe bei Pfalzburg auf der Zaberner Steige, um jenseits durch das Sandstein-Plateau von Bitsch einzutreten in die Haardt. Des öfteren wird dieser westliche Bergzug von Flüssen und Pässen quer durchschnitten, da die Sandsteine einer viel rascheren Zerstörung anheimfallen, als die Granite und Grauwacken des Belchenstockes. Die Richtung dieses

---

bietet nur wenige Zahlen und zwar diese in bayerischen Ruthen! Für die Höhe des Donnersberges, des höchsten Berges der bayerischen Pfalz, finden sich z. B. die folgenden Angaben: Klöden, Handb. der Erdkunde 1875, II, S. 107: 688,6 m; Guthe-Wagner, Lehrb. der Geogr. 1879. S. 781: 684 m; Neumann's geogr. Lex. des deutschen Reiches 1883. I. S. 217: 722 m; Ritter's geogr. Lex. I, S. 444: 689 m; Laspeyres, Zeitschr. d. deutsch. geol. Ges. 1867, S. 806: 690 m und 691 m; Reymann's Spezialkarte, Blatt Worms: 666,5 m; Stieler's Handatlas, Karte Nr. 30/31: 691 m; Gümbel, Geognost. Verhältnisse der Pfalz 1865, S. 15: 691 m; die bayer. Generalstabskarte der Pfalz in 1:50000, Blatt Lauterecken: 233,1 bayer. Ruthen. Man hat also unter diesen 10 Angaben die Wahl: die Majorität spricht für 691 m, welche Zahl dreimal wiederkehrt, während alle anderen Angaben untereinander differiren, und zwar von 666,5 m bis 722 m.

[1]) Gerland, Die Gletscherspuren der Vogesen, Verhandl. des 4. deutschen Geographentages zu München, Berlin 1884, sagt S. 101 gerade im Gegensatz zu der oben ausgesprochenen Ansicht, dass der mittlere Vogesenkamm deswegen niedriger als der Gebweiler Belchen sei, weil er durch die südwestlich heranziehenden Regen und Wetter stärker denudirt worden wäre als jener Eckpfeiler. Der Geologe kann dieser Meinung nicht beipflichten.

Kammes ist parallel den ersten beiden in N 25 ° O; seine Länge vom Noyemont bis zur Zaberner Steige beträgt 80 km. Nördlich der tiefsten Senkung des Kammes bei Pfalzburg und Lützelstein, welcher drüben die ebenso tiefe Einsenkung des Kraichgaues zwischen Schwarzwald und Odenwald entspricht, sollte man nicht mehr von Vogesen sprechen: das „Bitscher Land“ (Pays de Bitsch) gehört bereits zur Haardt. Die Entfernung dieses westlichen Bergzuges vom mittleren Hauptkamme der Vogesen beträgt durchschnittlich 10 km, d. h. ebensoviel wie die zwischen dem letzteren und dem südöstlichen Bergzuge; seine Höhe hält sich in 900 bis 1000 m, erst gegen die Zaberner Senke hin nimmt dieselbe ansehnlich bis auf 400 m ab.

Während die beiden erstgenannten Bergzüge durch mehrere Querriegel verbunden eine festgefügte Masse und das Hauptmassiv des Gebirges ausmachen, sodass wir sie nach dem Vorgange Elie de Beaumont's unter dem Namen des „Belchenstockes“ zusammenfassten, ist der dritte, nordwestliche Bergzug der Vogesen von den beiden ersten scharf getrennt, selbst von dem Punkte, wo die Wasserscheide vom mittleren auf diesen westlichen Gebirgskamm übergeht, bei Saales: ein schroffes Gehänge wendet dieser Sandsteinzug dem Belchenstocke zu, während er nach Westen allmählich in das niedere Plateau übergeht.

Die Wasserscheide des Gebirges läuft im südlichen Theile der Vogesen vom Elsässer Belchen an über den mittleren Kamm bis zum Climont 974 m, biegt dann nach Westen aus und sinkt auf dem Pass bei Saales zu 558 m Höhe hinab, um dann wieder in die Hauptstreichrichtung des Gebirges in NNO und auf den dritten, nordwestlichen Kamm einzulenken. Vom Passe bei Saales strömt nach SSW in der Verwerfung zwischen dem zweiten und dritten Zuge die Fave nach St. Dié am Ormont zur Meurthe hin, nach NNO in der Fortsetzung desselben Bruches die Breusch, die sich in ihrem unteren Laufe um das Nordende des Hauptkammes, den Nordabhang des Hochfeldes, nach Osten zum Rheine hin herumwendet. Weiter nördlich fliesst die Zorn anfangs längs der Westseite des dritten Gebirgskammes, um ihn dann in der Zaberner Senke quer zu durchbrechen und nach Osten in die Rheinebene hinauszutreten, gerade wie jenseits der Neckar erst den Ostrand des Schwarzwaldes umfliesst, aber schliesslich quer den Gebirgskamm zur Rheinebene hinaus durchschneidet.

Von grossem Interesse ist die südliche Fortsetzung der Wasserscheide südlich der Vogesen zwischen Mülhausen und Belfort: hier scheiden sich die Gewässer, welche dem Rhein und der Nordsee zufliessen, von denen, welche durch die Rhone in das Mittelmeer gelangen: wir stehen also hier auf der primären Wasserscheide des europäischen Continents. Für die innere Structur der Vogesen ist es von Bedeutung, dass diese Wasserscheide auf der Burgundischen Pforte nicht am Südende des mittleren Hauptkammes der Vogesen, am Elsässer Belchen ansetzt, sondern von diesem Berge sich zunächst östlich zum Südende des östlichen Bergzuges, zum Bärenkopfe begiebt und erst von diesem Berge aus in die Senke hinabsteigt. Auch hieran ist zu erkennen, dass der östliche Bergzug, der Ostrand der Vogesen, von vornherein die höchste Erhebung des Gebirges war.

Die grosse Völkerpforte zwischen den Vogesen und dem Schweizer Juragebirge hat eine Breite von etwa 30 km oder 4 geographischen Meilen, also dieselbe Breite, wie die oberrheinische Tiefebene. In der That ist die Burgundische Pforte topographisch und geologisch die durch das Juragebirge resp. durch das Alpensystem etwas nach West verschobene südliche Fortsetzung der Rheinebene. Der niedrigste Punkt der Wasserscheide liegt bei Dammerkirch im Col de Valdieu 350 m hoch, also nur 100 m über dem Rheinspiegel bei Basel, jedoch 700 m unter dem nächsten Vogesenberge, dem Bärenkopfe.

2. Der Schwarzwald.

Betrachten wir nun das den Vogesen gegenüberliegende Randgebirge der Rheinebene, den Schwarzwald, so finden wir dort eine ähnliche äussere Gebirgsform wie hier, nur dass der Steilhang des Schwarzwaldes nach Westen, die flache Abdachung desselben nach Osten gerichtet ist. Im einzelnen treten manche Unterschiede in dem Aufbau beider Gebirge hervor, im grossen und ganzen aber ist der Schwarzwald das getreue Abbild, der symmetrische Gegenflügel der Vogesen.

Der Schwarzwald richtet seine Kämme parallel den Bergzügen der Vogesen in NNO; er hat seine höchsten Höhen ebenfalls im Süden und näher dem westlichen als dem östlichen Gebirgsrande. Er sondert sich wie die Vogesen in zwei, auch äusserlich leicht kenntliche Theile, das krystalline Grundgebirge der Belchen und das mantelförmig um diesen Kern lagernde Sandsteingebirge; im einzelnen lassen sich beide Theile in mehrere parallele Bergzüge gliedern, welche den soeben besprochenen Zügen der Vogesen parallel, in der allgemeinen Streichrichtung des oberrheinischen Systems in N 25° O verlaufen.

Im Schwarzwalde steht der höchste Berg, der Feldberg, auf dem mittleren Gebirgskamme, welcher im Gebiete des krystallinen Grundgebirges zugleich die Wasserscheide darstellt und dem mittleren Vogesenkamm entspricht. Dieser Hauptbergzug des Schwarzwaldes beginnt im Süden mit dem Hohen Mohr, nordöstlich über Schopfheim im Wiesenthale, mit einer absoluten Höhe von 989 m; er läuft dann über den Rohrkopf 1161 m, den Hochkopf 1265 m, den Blössling 1312 m, das Herzogenhorn 1417 m zum Feldberg 1495 m. Von dem breiten Rücken des Feldberges sinkt die Höhe des Gebirgskammes zum Pass über dem Höllenthal bis auf 912 m herab, um jenseits wieder anzusteigen zum Hochstrass (oder Hohlen Graben) 1237 m und weiter zu gehen über die Ecke 1064 m bei Furtwangen zum Brend 1150 m und Rosseck 1148 m. Das obere Gutachthal zwischen Triberg und Hornberg begrenzt diesen Hauptzug. Durchschnittlich hält sich dieser Kamm des Belchenstockes in 1100 m Höhe, steigt im Feldberg bis fast auf 1500 m und fällt im Höllenthalpass bis auf 912 m.

Nahe diesem mittleren Hauptkamme des Schwarzwaldes zeichnet

sich noch weiter östlich ein vorgelagerter Bergzug aus, der im Süden mit den weit nach Süden bis an den Rhein durchziehenden Höhen des Vorwaldes östlich über dem Wehrathal bei Hornberg mit 1035 m einsetzt; er zieht über den Bötzberg 1210 m und Habsberg 1209 m am Schluchsee zum Hochfirst 1101 m bei Neustadt, an dessen Nordfuss die Gutach (Wutach) in enger Schlucht diesen Bergzug durchbricht. Ueber den Steinbühl 1139 m am Schollachthal und den Kesselberg 1069 m gelangt dieser östliche Zug auf die Donau-Rhein-Wasserscheide im Sommeraupass 877 m bei Triberg, dem niedrigsten Pass der Wasserscheide, welcher im Tunnel von der Schwarzwaldbahn durchfahren wird. Jenseits beginnen die zusammenhängenden Sandsteinhöhen im Windkopf 945 m und Brielkopf 882 m; schon die Schramberger Haardt 748 m bei Schiltach streicht mit den Triastafeln des Mantels mehr in nördlicher Richtung.

Westlich des Hauptkammes zur Rheinebene hin folgt ein dritter paralleler Bergzug; derselbe beginnt im Süden mit dem Schlöttleberg 965 m bei Kandern, zieht auf den Belchen 1415 m, nächst dem Feldberg die höchste Erhebung des Schwarzwaldes, und läuft über den Erzkasten 1286 m, den Kandel 1243 m, den Rohrhardtsberg 1144 m, den Grossen Hundskopf 952 m bei Petersthal bis auf den Kniebis 973 m. Ueber das obere Murgthal hinaus lässt sich dieser Zug noch in das Sandsteinplateau bis auf den Hohloh 991 m und den Rossberg 886 m bei Gernsbach verfolgen. Dieser vordere Bergzug des Schwarzwaldes wird durch zwei Thäler tief zerschnitten, welche von dem Hauptkamm herabkommen, das Dreisamthal, dessen Sohle bei Zarten oberhalb Freiburg 300 m tief liegt, und dann durch das Kinzigthal bei Wolfach in 240 m Tiefe. Die Länge des ganzen Zuges vom Schlöttleberge bis zum Kniebis beträgt gegen 100 km, und die Richtung desselben streicht in N 25° O, der Hauptrichtung des oberrheinischen Gebirgssystems.

Noch weiter westlich von diesem dritten Bergzuge des Schwarzwaldes erheben sich am Steilhange zur Rheinebene noch einige besonders hervorragende Bergkuppen, welche zum Theil bereits dem an der Rheinspalte abgesunkenen Gebirgsrande angehören, zum Theil noch als Ausläufer jenes Zuges zu betrachten sind. Von diesen Aussengliedern nennen wir den Blauen 1167 m, den Schönberg 646 m bei Freiburg, den Hünersedel 746 m, den Rauhkasten 641 m und den Steinfirst 602 m, welche Berge sämmtlich auf abgesunkenen Gebirgsstreifen liegen; endlich die Sandsteinreste des Mooswaldes 878 m und der Hornisgrinde 1166 m, welche durch Erosion vom östlichen Hauptkamme abgesondert liegen. Es entsprechen diese Vorposten den isolirten Kuppen, welche drüben in den Vogesen gleichfalls nahe über der Rheinebene vor dem Hauptkamme liegen, wie der Hohnack 980 m über Colmar (nicht zu verwechseln mit dem Hohneck auf der Kammlinie), der Altenberg 880 m, der Ungersberg 905 m und der Mennelstein 819 m über Barr bei Strassburg gelegen.

Die Wasserscheide des Schwarzwaldes scheidet ebenso wie diejenige der Vogesen zumeist Gewässer, welche ein und demselben Flusse, dem Rheine zufliessen; nur die kurze Strecke des mittleren Gebirgskammes vom Hochstrass an über die Rosseck bei Furtwangen und den Kesselberg bis zum Sommeraupasse bei Triberg, eine Strecke von etwa 30 km Länge, trennt die Zuflüsse der Donau, Brege und Brigach und also des Schwarzen Meeres von den Zuflüssen des Rheins und der Nordsee. Hier stehen wir zum zweiten Male auf der primären europäischen Wasserscheide, so dass demnach die genannte Strecke auf dem Schwarzwalde jener noch kürzeren in den Südvogesen vom Elsässer Belchen bis zum Bärenkopfe entspricht, in welcher sich die Rheinzuflüsse von denjenigen der Rhone scheiden.

Wenn nun auch einerseits die Mosel, Meurthe und Saar, andrerseits die Wutach und der Neckar in ihrem Unterlaufe sämmtlich in ein und denselben Strom, den Rhein, einmünden, so bleiben doch die mittleren Gebirgskämme der Randgebirge auch ihre Hauptwasserscheiden, weil die Verhältnisse des Unterlaufes dieser Flüsse nicht massgebend sind für die Wasserscheiden im oberen Lauf derselben. Durch die eigenthümlichen hydrographischen Verhältnisse im Stromgebiete des Rheins durchbrechen die Zuflüsse öfters die Hauptwasserscheiden der Randgebirge im oberrheinischen Gebirgssysteme, wie es bei der Zorn in den Vogesen, beim Neckar im Odenwalde der Fall ist.

Die Hauptwasserscheide des Schwarzwaldes beginnt auf dem Vorwalde über Säckingen, vereinigt sich im Hochkopf mit dem mittleren Gebirgskamme und bleibt auf diesem bis zum Rosseck, von wo an sie sich wieder östlich dem dritten Bergzuge zuwendet und über den Kesselberg und Sommeraupass übertritt auf die Sandsteinzüge des Mantels.

3. Die Haardt [1]).

Den Vogesen schliesst sich im Norden ohne scharfe Grenze, doch nach einer fast ebenso tiefen Senke wie drüben zwischen Schwarzwald und Odenwald, das Gebirge der Haardt an, welches im Ganzen den Plateaucharakter eines jeden ausgedehnteren Sandsteingebirges trägt, ähnlich dem hinteren Odenwald oder dem Spessart. Wie in den Vogesen liegt auch in der Haardt die höchste Erhebung unmittelbar über dem steilen Abbruch zur Rheinebene. Hier verläuft am Ostrande des Gebirges eine Bergkette, welche im Hauptstreichen des oberrheinischen Systems sich in NNO richtet. Im Süden beginnt dieser Zug mit dem isolirten Hochwalde bei Wörth, der bis zu 548 m ansteigt, sich also 441 m über dem Rheinspiegel bei Lauterburg (107 m) erhebt. Dann folgen der Trifels 457 m und Hohenberg 555 m bei Annweiler, der Teufelsberg 603 m, Schänzel 610 m und der Grosse Kalmit 681 m, der höchste Berg der Haardt; endlich der Hohe Weinbieth 555 m bei Neustadt und der Peterskopf 497 m bei Dürkheim.

Dieser äussere Bergzug hat eine Länge von 65 km. An drei Stellen wird er von grösseren Rheinzuflüssen durchschnitten: von der Lauter bei Weissenburg, von der Queich bei Landau und vom Speyer-

[1]) „Haardt“ bedeutet Wald; daher die Bezeichnung „Haardtwald“, wie sie zuweilen für dieses Gebirge gebraucht wird, eine Tautologie ist.

bach bei Neustadt. Diese drei Flüsse durchschneiden das Sandsteingebirge bis auf das unterliegende Grundgebirge, welches auch längs der höchsten Erhebung des Gebirges an den unteren Berggehängen zwischen der Queich und dem Speyerbach überall zu Tage tritt. Der Ostfuss der Haardt in der Vorderpfalz liegt etwa in 200 m, während der Nordwestrand von Göllheim nach St. Ingbert eine mittlere Höhe von 235 m besitzt.

Ein zweiter Bergzug zieht 15 km weiter westlich mitten durch die Haardt: er setzt an im eingesunkenen Hügellande zwischen Zabern und Hagenau mit dem Bastberg 320 m bei Buchsweiler, tritt in das Gebirge ein mit dem Plonn 413 m bei Offweiler, zieht über den Grossen Winterberg 577 m bei Niederbronn, den Grossen Eyberg bei Dahn zum Eschkopf 612 m auf die Frankenweide, welcher Rücken in der mittleren Haardt dominirt und zugleich die Wasserscheide bildet; dieser Zug bleibt dann auf der Wasserscheide im Waltersberg 465 m und im Heiligenberg bei Hochspeyer und endigt im Stumpfwalde bei Göllheim.

Erst der dritte, westlichste Bergzug der Haardt bildet die Fortsetzung des Kammes der nördlichen Vogesen, welcher, wie erwähnt, direkt über den tiefen Einschnitt des Zornthales in das Hochland von Bitsch übergeht. Die einst als Strassenkunstwerk berühmte Zaberner Steige erreicht eine Höhe von 404 m; in dieser Höhe etwa bleiben die Bergzüge in dem ausgedehnten Sandsteinplateau des Westrichs; nur die höchsten Kuppen strecken sich etwas höher. Der Sattel der Strasse von Buchsweiler über Lützelstein nach Saarunion liegt mit 395 m zwar um 9 m niedriger als der Gebirgskamm auf der Zaberner Strasse; er entfernt sich aber auch ansehnlich weiter vom abgewaschenen östlichen Gebirgsrande; diesem Rande stehen der höhere Hünenberg 419 m bei Neuweiler und der Englischberg 393 m bei Ingweiler näher. Weiter nach Norden zieht dieser Bergzug über den Sarreinberg 434 m bei Götzenbrück, den Hohen Kopf 443 m bei Bitsch, den Kirchberg 387 m bei Pirmasens und endigt in der Sickinger Höhe 475 m zwischen Kaiserslautern und Landstuhl.

Der Nordrand der Haardt streicht parallel dem gegenüberliegenden Hunsrück in ONO von Göllheim über Kaiserslautern und Homburg bis nach Saarbrücken.

Die Länge des westlichen Bergzuges der Haardt von der Zaberner Steige bis auf die Sickinger Höhe beträgt 77 km; rechnen wir hinzu die Fortsetzung desselben durch die Sandsteinvogesen bis auf das Plateau an der oberen Mosel, so erreicht dieser fortlaufende Bergzug eine Länge von 160 km. Vogesen und Haardt zusammen sind etwa 200 km lang, während der östliche Gebirgsrand der Rheinebene, Schwarzwald und Odenwald, noch um 70 km länger ist.

4. Die beiden Senken bei Zabern und im Kraichgau.

Wie wir gesehen haben, bleibt der verbindende Bergkamm zwischen Vogesen und Haardt in der Strecke von Pfalzburg bis Lützelstein mit 400 m Meereshöhe nur wenig unter den Höhen des Bitscher und Westricher Hochlandes; jedoch erhebt sich der höchste Berg der Haardt, der Grosse Kalmit, um 280 m über denselben. Zu diesem Sandsteinzuge westlich über Zabern ist geologisch das tiefer eingesunkene Hügelland zwischen Zabern und Hagenau als gleichwerthig hinzuzurechnen. Unter diesen Umständen ist der Unterschied zwischen der Zaberner Lücke und der Senkung drüben im Kraichgau nicht so bedeutend, als er topographisch auf den ersten Blick erscheinen könnte. Die abgesunkenen Juraschichten in den Vorbergen bei Langenbrücken entsprechen den gleichen Schichten im Zabern-Hagenauer Hügellande.

Der Gebirgskamm östlich oberhalb der Langenbrückener Senke tritt zwar äusserlich nicht so scharf hervor als derjenige bei Zabern, weil ihm der abgebrochene Steilhang fehlt; auch liegt er nicht auf Buntsandstein, sondern auf Muschelkalk und Keuper, besitzt aber immerhin eine mittlere Höhe von 325 m, gegen 400 m drüben bei Zabern.

Ebenso wie in der Zaberner Senke die Wasserscheide weit nach Westen von der Rheinebene entfernt liegt, so weicht auch im Kraichgau zwischen Schwarzwald und Odenwald die Wasserscheide etwas nach Osten aus: dieselbe zieht sich aus dem Nordrande des Schwarzwaldes von Dobel 722 m über den Wartberg 449 m bei Pforzheim, den Scheuelberg 383 m bei Maulbronn zur Grossen Haardt 330 m und erreicht unterhalb Neckarelz den Neckar, um sich jenseits im hinteren Odenwald weiter fortzusetzen.

Ein zweiter vorderer Bergzug in der Kraichgauer Senke läuft westlich des erstgenannten und näher der Rheinebene vom Nussbaum 329 m bei Bretten zum Kreuzberg 332 m bei Elsenz und Eichelberg 328 m (der Steinsberg 335 m etwas östlich des Eichelberges ist eine aufgesetzte Basaltkuppe), erreicht den Hohberg 260 m bei Sinsheim und tritt jenseits in den Sandstein-Odenwald ein.

5. Der Odenwald.

Im Odenwalde richten sich die Bergzüge etwas mehr gegen N als in den anderen drei Randgebirgen der Rheinebene: während das Streichen der Kämme in den letzteren in N 25° O geht, verläuft dasselbe im Odenwalde mehr in N 15° O. Am deutlichsten tritt dieses Streichen in dem Bergzuge hervor, welcher die vorderen Höhen der Kraichgauer Senke nach Norden fortsetzt: er zieht durch den Stüber Centwald zum Auberge 516 m bei Eberbach, setzt dann über den Neckar weiter, an der aufgesetzten Basaltkuppe des Katzenbuckels 628 m, dem höchsten Berge des Odenwaldes, westlich vorüber, auf die Sensbacher Höhe 558 m, den Krähberg 548 m bei Beerfelden, den Baurück 559 m bis zum Jagdhaus Eulbach 505 m und darüber hinaus bis an den Main. Der scharfe N-S gerichtete Einschnitt westlich dieses Zuges liegt zumeist in einer Verwerfung und Bruchlinie, in welcher nach S der Gammelsbach, nach N die Mümling abläuft: auf der Passhöhe 400 m zwischen beiden Bächen entspringen in Beerfelden starke Quellen, welche aus den westlich gelegenen, in O abfallenden Sandsteinhöhen gespeist werden.

Dieser östliche Theil des Odenwaldes, der „hintere Odenwald", setzt sich zusammen aus mehreren in N 15° O streichenden Sandsteinzügen, welche im ganzen ein Hochplateau von durchschnittlich 450 m Meereshöhe bilden: der Spessart ist die unmittelbare Fortsetzung des hinteren Odenwaldes, nur getrennt durch den Main, welcher sich quer durch die Sandsteinzüge sein Bett grub.

Der Rheinebene näher zieht am Westrande des Sandsteinplateaus ein Bergzug von Wiesloch herauf über die ersten Höhen am Südende des vorderen Odenwaldes auf den Königstuhl 567 m bei Heidelberg, dann über den Neckar zum Haidenbuckel 523 m, über den Hardsberg 582 m und Kottenberg 550 m bei Siedelsbrunn, die Walpurgiskapelle 521 m bei Weschnitz, den Morsberg 517 m, die Böllsteiner Höhe 407 m, den Heidelberg 364 m bis auf den Klotzeberg 356 m bei Umstadt.

Im vorderen Odenwalde zwischen der Bergstrasse einerseits und den Thälern der Weschnitz und Gersprenz andrerseits, in dem das krystalline Grundgebirge vorherrscht, macht sich die Aufkippung der Gebirgsränder längs der Rheinebene besonders kenntlich in dem Bergzuge, welcher mit dem Auerbacher Schlossberge 350 m und dem dicht über der Rheinebene aufragenden Melibocus 519 m beginnt, über den Frankenstein 424 m nach Norden fortsetzt und in den Bergen östlich Darmstadt, im Dommerberg 280 m, der Ludwigseiche 289 m und in der Wasserscheide gegen Offenbach am Main hin ausläuft. Die höchsten Höhen des vorderen, krystallinen Odenwaldes liegen auf einem weiter östlich streichenden Zuge in der Seidenbucher Höhe 598 m und in der weiter in NNO gelegenen Neunkircher Höhe 591 m.

Die vier Randgebirge der oberrheinischen Tiefebene zeigen demnach im allgemeinen die folgenden Verhältnisse. Der Belchenstock der Vogesen besitzt im Südosten und dicht über der Rheinebene seine höchste Höhe mit 1426 m und eine Kammhöhe von 1300 m Meereshöhe. Das Grundgebirge des Schwarzwaldes hat seine höchste Erhebung mit 1495 m mehr inmitten seiner Breite, näher dem Süd- als dem Nordende seiner Länge, und einen weniger geschlossenen Kamm als die Vogesen, von 1200—1400 m Höhe.

Die Sandsteinrücken der westlichen Vogesen von 900—1000 m Höhe verbinden sich durch einen Sandsteinzug von 400 m Höhe mit dem Plateau der Haardt, deren höchster Berg, wie in den Vogesen, dicht am östlichen Gebirgsrande mit 681 m Höhe steht; die Hochkämme des Westricher Hinterlandes besitzen 400—500 m Höhe. Der gegenüberliegende Odenwald ist einerseits durch eine etwas flachere und breitere Senke von 325 m Höhe der Wasserscheide vom Schwarzwalde getrennt, andrerseits dem äusseren Anschein nach (aber nicht geologisch) etwas weniger hoch gehoben als die Haardt; der höchste Berg des Odenwaldes liegt, wie im Schwarzwalde, mehr inmitten des Gebirges und hat eine Höhe von 628 m; die Trennung in einen krystallinen Kern mit Höhen von 500 m am westlichen Rande und fast 600 m in der Mitte und in einen östlich gelegenen und scharf abgesetzten Sandsteinmantel mit Plateaus von 450—500 m Höhe tritt im Odenwalde ebenso deutlich hervor als im Schwarzwalde und in den Vogesen, während in der Haardt die Unterlage des Sandsteins, das krystalline Grundgebirge, nur in den tiefsten Thaleinschnitten zu Tage tritt.

6. Die Rheinebene.

Die zwischen diesen Gebirgen abgesunkene Rheinebene endlich dacht sich allmählich mit dem Stromgefälle nach Norden zu ab, von 250 m Meereshöhe im Süden bis 80 m im Norden, also im ganzen 170 m auf eine Länge der Ebene von Basel bis Mainz von 280 km. Das Gefälle des Rheins in dieser Strecke ist bekanntlich verhältnissmässig gering und beträgt „von Basel bis Strassburg ungefähr 107 m, von da bis Mannheim 45 m und von da bis Mainz 15 m; es ist also in den oberen Gegenden um vieles stärker wie in den unteren Theilen der Tiefebene. Man kann annehmen, dass das starke Gefälle von Basel bis zum Einfluss der Murg (bei Rastatt) reicht und wenigstens 136 m beträgt, von da bis Mainz aber nur noch 31 m" (von Dechen l. c. 1825 S. 25). Zum Vergleich sei angeführt, dass der Rhein vom Bodensee bis Basel auf eine Länge von etwa 112 km 150 m und von Bingen bis Bonn auf 150 km um 33 m fällt.

Der Feldberg ragt 1290 m, der Gebweiler Belchen 1221 m, der Katzenbuckel 532 m und der Grosse Kalmit 580 m über den Rheinspiegel empor; die beiden nördlichen Randgebirge sind also etwas weniger als halb so hoch als die beiden südlich gelegenen. Die Gebirgslinie längs der Westseite der Rheinebene sinkt von 1426 m im Gebweiler Belchen bis auf 400 m in der Zaberner Senke, also um 1026 m, und erhebt sich dann wieder um 281 m bis 681 m im Grossen Kalmit. Auf der Ostseite sinkt die gleiche Linie von 1495 m im Feldberg um 1170 m bis auf die Kraichgauer Senke und hebt sich zum Katzenbuckel wieder um 303 m — Höhenunterschiede, gegen welche die Abdachung der Rheinebene von Basel bis Mainz mit 107 m geringfügig erscheint.

7. Die äusseren Grenzen der vier Randgebirge.

Ziehen wir endlich noch die Höhen des Aussenrandes der vier Gebirge in Betracht. Diese Linie des Aussenrandes ist allerdings nur mehr oder weniger willkürlich zu ziehen, da die äussere Abdachung des Gebirges eine ganz allmähliche ist und eine scharfe Grenze gegen die anstossenden Hochebenen nur an wenigen Punkten gegeben ist. Nehmen wir als Grenze diejenigen Gebiete, in denen der Charakter des Waldgebirges übergeht in das bebaute flache Hoch- oder Hügelland, so erhalten wir für den Schwarzwald als östliche Grenzlinie etwa die folgende: vom Rhein oberhalb Waldshut längs des Thales der Wutach hinauf nach Blumberg 708 m, dort über die Wasserscheide in 740 m Höhe zur Donau nach Donaueschingen 680 m, dann die

Brigach hinauf nach Villingen 709 m, wieder über die primäre europäische Wasserscheide in 769 m Höhe hinüber zum Neckar; weiter an der alten Römerstrasse entlang auf dem platten Rücken zwischen Neckar und Eschach ca. 650 m hoch und am Neckar hinab bis Horb, hier über die Wasserscheide in 575 m zur Nagold und endlich dies Flüsschen hinab bis Pforzheim; die Wasserscheide zum Rhein liegt hier in nur 360 m Höhe. Eine solche Linie von Waldshut bis Pforzheim würde durchschnittlich eine Höhe des östlichen Schwarzwaldrandes von 650 m ergeben; jedoch würde dieselbe im Süden höher als im Norden liegen, da die Wasserscheiden bei Donaueschingen in 740 m, bei Villingen in 769 m, dagegen bei Horb in 575 m und bei Pforzheim in 360 m Höhe sich befinden.

Als Ostgrenze des Odenwaldes würde etwa die Strasse von Neckarelz über Auerbach, Buchen, Walldürn im Baulande nach Werthheim am Main anzusehen sein; hier liegt die Wasserscheide zwischen Neckar und Main in 430 m Meereshöhe.

Die westliche Umrandung der Vogesen tritt noch weniger deutlich als die östliche Grenze des Schwarzwaldes hervor: sie würde etwa durch die Orte Faucogney 364 m, Remiremont 393 m, Bruyères 601 m, Raon l'Etape 285 m, Cirey les Forges 309 m zu bezeichnen sein, dann zur Saar hinüber nach Saarburg 292 m und quer nach NNO über die flachen Plateaus weiter als westliche Grenze des Haardtgebirges über Ranweiler 283 m, Gangweiler 360 m, Lorenzen 230 m, Rohrbach 356 m, endlich das Bickenthal hinab nach Zweibrücken 217 m und Homburg 233 m verlaufen. Die Wasserscheiden dieser Begrenzungslinie liegen im Süden zwischen den Quellflüssen der Mosel und Meurthe in 650 m, weiter nördlich zur Saar hinüber in 450 m, dann auf dem Plateau westlich der Haardt in 350 m. Im ganzen würde demnach das Hochland westlich der Vogesen und der Haardt um etwa 100 m niedriger sein als dasjenige östlich vom Schwarzwald und Odenwald; die westliche Grenzlinie sinkt ziemlich gleichmässig nach Norden zu mehr und mehr ab, die östliche steigt aus dem Neckarthale wieder auf zur Wasserscheide gegen den Main.

Eine der eigenthümlichsten Erscheinungen im Stromgebiete des Rheines ist der Verlauf der Rhein-Zuflüsse: Neckar und Main, Mosel, Zorn und Saar durchschneiden quer Gebirgskämme und Plateauhöhen, welche nach den äusseren topographischen Niveaubeziehungen scheinbar nur dadurch überwunden werden konnten, dass die Flüsse einst bergauf liefen; so bricht z. B. der Neckar nicht an der tiefsten Stelle, in der Kraichgauer Senke, durch den Gebirgsrand hinaus zur Rheinebene, sondern hat Berge des südlichen Odenwaldes durchschnitten, welche mehr als 200 m höher sind, als die Wasserscheide in jener Senke. Solche hydrographischen Räthsel sind topographisch unlösbar; nur aus der geologischen Geschichte der Gebirge werden sie entziffert. Die mechanische Geologie weist nach, dass die jetzigen Niveauverhältnisse der Gebirge gegen die Hoch- und Tiefebenen in früheren Zeiten andere waren, dass sie bedeutende Veränderungen im Laufe der Erdgeschichte erlitten, während gleichzeitig die Bäche und Flüsse unablässig beschäftigt waren, ihre Furchen in die Erdoberfläche allenthalben zu ziehen. Aus den meist complicirten Wirkungen, welche durch die Gleichzeitigkeit der mechanischen Gebirgs-Bewegungen und der Erosion der Flüsse, sowie durch die ununterbrochene Folge und die lange Dauer beider Erscheinungen verursacht wurden, lassen sich allein die mannigfaltigen Räthsel der Hydrographie lösen und erklären.

III. Der geologische Bau.

Die bisher betrachtete äussere Gestalt der Rheinebene und ihrer Randgebirge ist abhängig von der inneren Structur derselben und nur aus der Erkenntniss dieses geologischen Baues verständlich. Als secundäres Formelement der Oberfläche kommt dann die abtragende, einschneidende und auffüllende Thätigkeit des fliessenden Wassers hinzu, welche die innere Structur der Berge und Ebenen oberflächlich verwischen, aber nicht verändern kann, und welche stets jenem geologischen Factor die massgebende Stellung überlassen muss.

Zwei scharf von einander getrennte Schichtensysteme lagern im südwestlichen wie im übrigen Deutschland discordant über einander: das krystalline und paläozoische Grundgebirge wird ungleichförmig bedeckt von den unter sich concordanten Schichten der Trias- und Jura-Formationen. Jenes Grundgebirge umfasst die azoischen Schiefer, Gneiss, Glimmerschiefer und Urthonschiefer mit ihren granitischen Eruptivgesteinen, sowie die Silur- und Devon-Schichten und die Steinkohlenformation. Das jüngere Schichtensystem beginnt mit den Conglomeraten und Sandsteinen des Oberen Rothliegenden. Im Verlaufe der Steinkohlenzeit vollzog sich allmählich in den damaligen continentalen Strecken des westlichen und südwestlichen Deutschlands eine allgemeine Zusammenstauung des Grundgebirges: es entstanden die langhinziehenden, in ONO streichenden Falten des rheinischen Schiefergebirges; auch noch die Schichten der productiven Steinkohle in den Becken von Aachen, an der Ruhr und von Saarbrücken mussten den gleichen Bewegungen nachgeben. Gleichzeitig und in Folge dieser Bewegungen ergossen sich aus den aufgerissenen Erdspalten grosse Massen von Lava, welche in den Formen der Melaphyre und Porphyre erkalteten. Erst gegen das Ende der Rothliegenden Formation sanken die continentalen Strecken Deutschlands mit allen auf ihrer Oberfläche befindlichen Bergen, Thälern und Ebenen unter den Meeresspiegel und wurden dann zunächst durch die Geröll- und Sandmassen des Oberen Rothliegenden überschüttet und nivellirt.

Die Meeresbedeckung dauerte nun ununterbrochen fort bis zur Zeit nach der Ablagerung der Oberen Juraformation. Während sich aber in den Meeren anderer Gebiete die ganze mächtige Reihe der Kreide- und der ältesten, eocänen Tertiär-Schichten absetzte, wurde und blieb das südwestliche Deutschland wiederum Continent.

Erst das mitteloligocäne Meer brach von Süden herein über die damals in ihrer Entstehung begriffene Rheinversenkung. Wir erkennen daher in unserem Gebiete eine zweite discordante Ueberlagerung, welche geschah nach langer continentaler Unterbrechung: die oligocänen, jungtertiären und diluvialen Schichten bedecken ungleichförmig das Grundgebirge und die Trias- und Jura-Formationen. Wir wollen nun sehen, welche Rolle diese drei von einander scharf getrennten, aber in sich einheitlich gefügten Schichtensysteme, Grundgebirge, Trias und Jura, Tertiär und Diluvium, in dem Aufbau des oberrheinischen Gebirgssystems spielen.

A. Das Grundgebirge.

Das krystalline und paläozoische Grundgebirge, welches in allen vier Randgebirgen der Rheinebene den Kern der mantelförmig umlagernden Schale [1]) von jüngeren Formationen bildet, ist bisher noch verhältnissmässig am wenigsten untersucht worden; wir können den Aufbau desselben daher nur an einigen Beispielen erläutern. Die einst auch an der Oberfläche zusammenhängenden Strecken des Grundgebirges treten jetzt im südwestlichen Deutschland nur noch zu Tage in den Belchenstöcken von Schwarzwald und Vogesen, in dem vorderen Odenwalde längs der Bergstrasse und in den tiefsten Einschnitten am Ostrande der Haardt. In allen vier Gebieten herrschen Gneisse und Granite vor; Glimmerschiefer und Phyllite finden sich untergeordnet in den Vogesen. Die Silurformation wurde bisher nicht nachgewiesen. Grauwacken und Thonschiefer sind in den Vogesen weit verbreitet, auch finden sie sich in Schwarzwald und Haardt: man bezeichnete sie früher als „Uebergangsgebirge“, eine unbestimmte Bezeichnung, die noch von Werner aus dem vorigen Jahrhundert stammt; das Alter derselben ist auch jetzt zum Theil noch nicht erkannt worden, zum anderen Theil wurden sie durch Funde von Versteinerungen als devonisch, zum grössten Theil aber als unter-carbonisch (Kulm) bestimmt. Productive Steinkohle (Oberes Carbon) wurde bisher in den Vogesen nur in der Umgegend des Leberthales bei Schlettstadt und im Schwarzwald an vereinzelten Orten nachgewiesen. Es interessirt uns hier allein die Lagerung der Schichten des Grundgebirges, da wir nur aus derselben den Bau der Gebirgskerne erkennen können.

1. Im Schwarzwalde.

Das Grundgebirge des Schwarzwaldes besteht zum grösseren Theil aus Gneiss. Drei Granitstöcke durchbrechen und umgrenzen die Gneissflächen: der eine derselben nimmt die südlichen Berge des

---

[1]) Ein Ausdruck, den bereits Peter Merian anwendet in seiner wichtigen Geognostischen Uebersicht des südlichen Schwarzwaldes. S. 133. Basel 1831.

Schwarzwaldes ein und zieht vom Bleuen über den Hochkopf zum Hochfirst bei Neustadt an der Wutach; dieser Granitzug trennt den Gneiss des Vorwaldes von den grossen, zusammenhängenden Gneissgebieten, welche vom Belchen und Feldberg bis nach Offenburg und Oppenau reichen. Auf der Grenze zwischen diesem Granitzug und dem nördlich anhebenden Gneisse zieht sich eine bemerkenswerthe Zone von Kulm-Grauwacken und -Thonschiefern quer durch den Schwarzwald von Westen nach Osten. Auch umschliesst der Granit mehrere einzelne Gneissschollen. Ein zweiter Granitzug tritt bei Triberg auf und reicht über Hornberg bis Schiltach und Alpirsbach, wo der Granit unter der Sandsteindecke von der Oberfläche verschwindet. Ein drittes Granitgebiet finden wir im Nordwesten der Gneissflächen: es nimmt den ganzen nördlichen Theil des Schwarzwälder Grundgebirges ein, von Offenburg bis Achern nach Gernsbach und bis ins Enzthal nach Wildbad hinüber.

Ueber die Structur dieser krystallinen Massen des Grundgebirges im Schwarzwalde sind wir noch wenig unterrichtet; jedoch lässt sich bereits so viel erkennen:

1. Die Schichten des Grundgebirges bilden im allgemeinen ein System von aufgebrochenen und abrasirten Falten, welche vorherrschend von WSW nach ONO, zuweilen auch in NO und in O streichen; die Flügel der Falten fallen in der Regel in NNW oder NW, weniger häufig in SSO oder SO ein und zwar meistens mit steilen Winkeln.

2. Das so ursprünglich gefaltete Grundgebirge wurde später bei Entstehung des oberrheinischen Gebirgssystems in einzelne Stufen tafelförmig zerbrochen, welche im allgemeinen Streichen dieses Systems nach NNO gegeneinander verworfen liegen, so dass sie allseits unter der Triasdecke von der Oberfläche des Gebirges verschwinden.

Das Streichen der älteren Falten des Grundgebirges geht parallel dem Streichen des rheinischen Schiefergebirges und demjenigen des Alpensystems, soweit das letztere südlich am oberrheinischen Gebirgssystem vorüberzieht. Der spätere staffelförmige Abbruch der einzelnen Streifen in der Richtung NNO entstand gleichzeitig mit dem Einbruch der Rheinversenkung und wurde massgebend für die äussere Gestalt des Schwarzwaldes.

Die „im Kleinen stark gebogenen, gewundenen und geknickten Schichten" des Gneisses lassen nicht allein im südlichen Schwarzwalde, wie Peter Merian a. a. O. S. 73 angiebt, sondern auch in den übrigen Theilen des Grundgebirges das Fallen und Streichen der Gneisse schwer erkennen[1]). Doch herrscht im allgemeinen ein ONO-Streichen mit

---

[1]) Vogelgesang in seiner vortrefflichen Beschreibung des Gneissgebietes der Umgegend von Triberg (Carlsruhe 1872, S. 47) giebt es auf, „irgend welche Gesetzmässigkeit in der Stellung der Schichten und in der Richtung der Schieferung" der Gneisse zu finden.

Fr. Sandberger sagt darüber in seiner geologischen Beschreibung der Umgegend von Badenweiler (Carlsruhe 1858, S. 18): „Die Schieferung des Gneisses lässt keine bestimmte Richtung auf weitere Strecken erkennen; im allgemeinen scheint die Gneissmasse hora 6 (von W nach O) zu streichen." An einer anderen Stelle, nämlich in der geologischen Beschreibung der Umgegend der Renchbäder (Carlsruhe 1863, S. 27) spricht sich Fr. Sandberger folgender-

nördlichem Einfallen[1]); gelegentlich wird das Streichen ein mehr östliches oder nordöstliches und das Fallen ein südliches[2]). Die grossen und gegen den Tangentialschub von SSO her spröde sich verhaltenden Granitstöcke haben an ihren Grenzen besonders starke Verstauchungen und Störungen in der Lagerung der Gneisse hervorgerufen.

In den verschiedenen Partien von jüngeren Thonschiefern und Grauwacken, welche zwischen Gneiss und Granit eingeklemmt liegen, lässt sich Streichen und Fallen und die allgemeine Structur des Grundgebirges leichter erkennen als in den Gneissen, weil dieselben deutlicher geschichtet sind als diese.

Durch den südlichen Schwarzwald streichen von WSW bei Badenweiler über Schönau nach ONO bei Lenzkirch ansehnliche Partien von Grauwacken, Thonschiefern und Conglomeraten, der Unteren Steinkohlenformation (Kulm) angehörig und dünne Anthracitlager enthaltend; die grösseren Verbreitungsgebiete derselben beschreibt schon Peter Merian (a. a. O. 1831, S. 100—132) genau, später wies Fromherz[3]) nach, dass diese Schichten nicht drei von einander getrennte Ablagerungen, sondern einen zusammenhängenden, aber sehr dislocirten Zug quer durch das Gebirge von Badenweiler bis Lenzkirch bilden, nur mit einer Unterbrechung durch Granit zwischen dem Thal von Menzenschwand und der Aha.

Das Streichen der Schichten in diesem Kulmzuge richtet sich im allgemeinen in O bis ONO, das Fallen ist ein steiles (70—80°) und unregelmässig durch die starke Zusammenstauchung der Schichten zwischen der südlichen Granit- und der nördlichen Gneisszone[4]). Interessant ist die Ueberkippung des Gneisses am Nordrande der Schönauer Schieferpartie, wie sie Merian beschreibt im Wiesenthal zwischen den Dörfern Gschend und Todtnau und westlich davon in einem Seitenthal der Wiese zwischen Uzenfeld und Wieden, während längs des Südrandes derselben Partie die Schiefer dem Granite einfach auflagern. Eine solche mechanische Ueberkippung der Schichten und Ueberschiebung des Gneisses über Kulmschiefer durch Druck von SSO

---

massen aus: „Dass die Lagerung der Gneisse meistens eine wellenförmige, mit bald steileren, bald flacheren Sätteln und Mulden ist, lässt sich ausser vielen kleinen Profilen in allen Theilen des Gebietes beweisen." Jedoch giebt Sandberger dabei nichts über die Richtung des Streichens und Fallens an, bezieht sich vielmehr nur auf das eine von ihm gezeichnete Profil Taf. I. 3, welches oberhalb Peterstbal zwischen Höstenbach und Mauren verschiedene Sättel und Mulden des Gneisses mit NW-Streichen zwischen zwei Granitzügen darstellt. Wie sich diese Gneisspartie mit NW-Streichen gegen die übrige Masse des Schwarzwälder Grundgebirges mit vorherrschendem ONO-Streichen verhält, ist nach den bisher vorliegenden geringen Angaben nicht zu erkennen. Eine genaue geologische Kartirung des Schwarzwaldes auf der Grundlage der vorzüglich ausgeführten badischen Karten im Maasstabe 1 : 25000 würde auch über die Lagerung der Schwarzwälder Gneisse Licht verbreiten.

[1]) P. Merian a. a. O. S. 73 und 130.

[2]) H. Eck, Geognostische Karte der Umgegend von Lahr, S. 30. Lahr 1884.

[3]) N. Jahrb. für Min. 1847, S. 813.

[4]) Siehe auch über die Verhältnisse bei Badenweiler die geologische Beschreibung der Umgebungen dieses Badeortes von Fr. Sandberger a. a. O. 1858, S. 17.

her entspricht der Faltenbildung und den Ueberschiebungen, wie sie in den Gebirgssystemen nördlich und südlich unseres oberrheinischen Systems, im Devon des rheinischen Schiefergebirges und in den nördlichen Randzonen der Alpen häufig vorkommen unter dem gleichen Streichen, durch denselben Süddruck hervorgerufen.

Jüngeren Ursprungs dürften die Verwerfungen dieses Kulmzuges sein, welche die bedeutenden Niveauunterschiede in der Richtung des Streichens hervorgerufen haben; jedoch sind hierüber die Untersuchungen noch dürftig: es scheint der Granit des Blauen bereits zu den längs der Rheinebene abgesunkenen Partien des Schwarzwaldes zu gehören, da die Schieferpartie bei Badenweiler auf dem Nordabhang des Blauen um mehr als 300 m tiefer liegt als die östliche Fortsetzung derselben auf der Sirnitz am Belchen in 1116 m Meereshöhe.

Hier sei bemerkt, dass die Annahme einer Bergkette quer durch den Schwarzwald von WSW nach ONO vom Blauen über die Sirnitz zum Belchen und Feldberg und zum Hochfirst bei Neustadt, wie sie Peter Merian (a. a. O. S. 12) und nach ihm andere Autoren ziehen, nicht dem inneren Bau des Gebirges entspricht: der Blauen steht südlich des Kulmzuges, ist Granit und liegt wahrscheinlich in einem spät abgesunkenen Gebirgstheile; im Belchen trifft Granit auf Gneiss; der Feldberg besteht aus echtem Schwarzwälder Gneiss, der nördlich der grossen Kulmpartie bei Todtnau liegt; der Granit des Hochfirstes endlich befindet sich mit seinen beiderseitigen verworfenen Buntsandsteinresten bereits im östlich absinkenden Stufenlande. Für die Richtung der Bergketten in unsern Gebirgen sind massgebend die erst spät entstandenen NNO-Verwerfungen; ob von der älteren ONO-Richtung des Grundgebirges noch Spuren an der Oberfläche in ostnordöstlich laufenden Bergketten übrig geblieben sind, müssen erst genauere Aufnahmen nachweisen.

Die kleine Kulmschiefer-Scholle bei Hofen, östlich von Kandern, scheint nach Merian's Beschreibung (a. a. O. S. 102) durch mehrere Verwerfungen stark zerrüttet zu sein, so dass eine vorherrschende Streichrichtung schwer zu erkennen ist.

Am Ostrande des Grundgebirges im Schiltachthale unterhalb Schramberg stehen am Granit und unter dem Rothliegenden und Buntsandstein zu Tage Thonschiefer und Sandsteine der Steinkohlenformation mit Pflanzenabdrücken und Kohlenschnüren; die Schichten dieser carbonischen Lager erweisen die primäre Streichrichtung des Grundgebirges von W nach O mit N- und S-Fallen von 20—30°, während die discordant auflagernde Triasdecke das jüngere Streichen des oberrheinischen Systems in N aufweist [1]).

Eine grössere Ausdehnung gewinnen Reste der Steinkohlenformation zwischen Lahr und Offenburg in den bereits zur Rheinspalte absinkenden Gebirgsstreifen: Sandsteine, Conglomerate und Schieferthone mit anthracitischen Trümern streichen von Diersburg nach Berghaupten in ONO bis NO und fallen mit steilen Winkeln von

---

[1]) E. v. Paulus, Begleitworte zur geognostischen Specialkarte von Württemberg. Atlasblatt Oberndorf, S. 8—10. Stuttgart 1875.

50—90° in NW oder in SO ein. Die ganze Partie ist stark verquetscht, so dass die wohl einst zusammenhängenden, bis 10 m starken Kohlenflötze in viele einzelne auskeilende Trümer in der Richtung des Streichens auseinandergezogen wurden. Die Kohlenmulde wird umschlossen von Gneissen, welche dasselbe Fallen und Streichen besitzen, wie die Steinkohlenschichten an der Grenze gegen jene. Dabei tritt auch wieder der bemerkenswerthe Umstand ein, dass durch den starken Süddruck die Mulde an der NW-Grenze überkippt ist, so dass die Gneisse dort die eingeklemmten Steinkohlenschichten überlagern, während die SO-Grenze zwischen beiden Gesteinen flach nordwestlich einfällt [1]. Auch im Streichen erlitt die Kohlenmulde Verstauchungen. Nach den in den Schichten bei Diersburg und Berghaupten vorkommenden Pflanzen ist diese Ablagerung nach H. Eck jünger als die Kulmbildungen von Badenweiler-Lenzkirch und gehört der unteren productiven Steinkohle an.

In der Fortsetzung der Streichrichtung nach NO findet sich in Hinterohlsbach bei Gengenbach bis hinüber in den Hesselbach, der zur Rench fliesst, 200—300 m höher eine Mulde von Sandsteinen und Thonschiefern der oberen productiven Steinkohle, concordant überlagert von Unterem Rothliegenden, das von jenem schwer abzutrennen ist (H. Eck a. a. O. S. 64), eine Ueberlagerung, wie sie im Becken von Saarbrücken in gleicher Weise vorkommt. Die Schichten lagern auf Gneiss und Granit und sind wie jene bei Diersburg muldenförmig zusammengeschoben mit NO-Streichen.

Eine dritte Scholle von Schichten aus der oberen productiven Steinkohle ist unter dem Porphyr und auf Gneiss am Rinkhofe im Lierbachthale bei Oppenau in ebenfalls ca. 600 m Höhe erhalten, und zwar liegt auch diese Partie in der ONO-Streichrichtung der Ohlsbacher Mulde [2].

Wir erkennen in diesen drei Resten von Schichten aus der Steinkohlenzeit, dass auch hier bei Lahr und Offenburg das Grundgebirge in Falten durch Druck aus SSO zusammengeschoben wurde, dass sogar, ebenso wie im südlichen Schwarzwald bei Todtnau, am Nordrande der Mulde eine Ueberkippung des unterlagernden Gneisses über die Kohlenschichten stattgefunden hat. Auch streichen diese Steinkohlenmulden in ähnlicher Weise wie diejenigen von Badenweiler-Lenzkirch nahe der Südgrenze eines grösseren Granitmassives hindurch und parallel der in ONO verlaufenden Grenze zwischen Granit und Gneiss, dem letzteren aufgelagert. Die Ueberkippung der Schichten vor der Granitgrenze veranlasste hier, wie in zahlreichen ähnlichen Fällen, die unrichtige Vorstellung, als ob der Granit durch seine Eruption die stärkere Faltung und Verstauchung der Gneisse bewirkt hätte. Ursächlich für die bedeutenderen Störungen in seiner Nähe ist der Granit

---

[1]) v. Dechen, Oeynhausen und La Roche, 1825, I, S. 246. Eine genaue Beschreibung dieses Vorkommens giebt H. Eck, Geognostische Karte der Umgegend von Lahr 1884. S. 34—66.

[2]) Fr. Sandberger, Geologische Beschreibung der Umgegend der Renchbäder. S. 17. Carlsruhe 1863.

allerdings, hier wie in allen anderen Fällen, aber nicht durch seine Eruption, sondern dadurch, dass das spröde Granitmassiv durch den mechanischen Druck bei der Faltung des Grundgebirges nicht zusammengepresst werden konnte, und daher die faltbaren geschichteten Gesteine der Umgebung des Granitstockes um so stärker verstaucht wurden.

Weiter südlich von diesem Zuge sind zu Hohengeroldseck bei Lahr unter Porphyr und auf Gneiss Sandsteine und Schieferthone aufgeschlossen und erbohrt, welche H. Eck (a. a. O. S. 72) nach den darin vorhandenen Pflanzenresten ebenfalls zur oberen productiven Steinkohle (Ottweiler Schichten des Saarbrückener Beckens) rechnet; aus der verworrenen Lagerung ist keine vorherrschende Streichrichtung zu entnehmen.

Am nördlichen Ende des Schwarzwälder Grundgebirges erscheinen in den zur Rheinebene absinkenden Gebirgstheilen der Umgegend von Baden-Baden mit Gneiss und Granit unter den discordant überlagernden Schichten des Oberen Rothliegenden und des Buntsandsteins einzelne Reste von Thonschiefern des „Uebergangsgebirges", und wiederum eine ziemlich ausgedehnte Mulde des oberen Carbon.

Das ganze Absenkungsgebiet der Umgegend von Baden-Baden mit seinen zahlreichen Verwerfungen ist höchst charakteristisch in seiner geologischen Structur und recht geeignet für die Entzifferung der jüngeren, tertiären Einbrüche der Rheinversenkung. Bisher besitzen wir nur die geologische Beschreibung der Gegend von Baden von Fr. Sandberger vom Jahre 1861.

Die Thonschiefer des „Uebergangsgebirges" sind ihrem Alter nach unbekannt, da in ihnen bisher keine Versteinerungen gefunden wurden; ihrer petrographischen Beschaffenheit nach gleichen sie den Schiefern des Weilerthales in den Vogesen (siehe unten); auch zeigen sie am Granit eine ähnliche Contactzone mit Hornstein, Adinolschiefer etc., wie sie aus dem Weilerthale von Rosenbusch beschrieben wurde. Diese dunkelgrauen Thonschiefer streichen nach Sandberger (S. 40) in ONO (N 60° O) und fallen mit 50—88° in SSO ein; sie treten in Baden selbst, dann weiter nordöstlich bei Ebersteinburg über Granit auf und zeigen sich noch bis nach Gaggenau hinüber ins Murgthal, wo sie in der Nähe einer Gneissscholle ebenfalls südlich einfallen. In letzterer Partie bei Gaggenau enthalten die Schiefer feinkörnige Kalksteine. Es liegt kein Grund vor, diese Schiefer für devonisch zu erklären, wozu Sandberger (a. a. O. S. 51) neigt.

Bei Baden werden diese älteren Thonschiefer discordant überlagert von groben Sandsteinen und Schieferthonen mit Steinkohlenflötzen der oberen productiven Steinkohle (Ottweiler Schichten), welche sich unter dem Rothliegenden und Porphyr nach S bis Steinbach und Geroldsau, nach NO bis gegen Gernsbach verbreiten. In nächster Umgegend der Stadt Baden und bei Umwegen sind die Kohlenschichten sehr zerrüttet durch die jüngeren Brüche nahe der Rheinebene. Bei Malschbach fallen sie in NW ein. Oberhalb Baden im Oosthale an der Seelach fallen sie in NNW mit 28° ein; von Oberbeuren ziehen sie dann ununterbrochen hinüber nach Gernsbach, indem sie mit 15—50° N vom Granit abfallen (Sandberger a. a. O. S. 40).

Wir erkennen demnach auch bei Baden in der Lagerung der Thonschiefer und der Steinkohlenschichten trotz der späteren Zerrüttung, die gerade hier am Nordende des Grundgebirges sehr bedeutend ist, eine ältere, ursprünglich vorhandene Streichrichtung in O bis NO. Im Gegensatz zu der Zerreissung und Absenkung der jüngeren Flötzformationen des Mantels wurden die Schichten des Grundgebirges im Schwarzwalde durch einen Süddruck zusammengefaltet und mehr oder weniger steil aufgerichtet, in der gleichen Weise, wie die Devonformation des niederrheinischen Schiefergebirges.

Diese grosse Schichtenzusammenfaltung des Grundgebirges erreichte ihr Ende vor Ablagerung des oberen rothliegenden Sandsteins, da dieser und die jüngeren Formationen über die Mulden und Sättel der Gneisse und Thonschiefer discordant übergreifen; wann dieselbe ihren Anfang genommen, lässt sich jetzt noch nicht bestimmen; wahrscheinlich wirkte der stauende Süddruck bereits lange Zeiten, da die Gänge der Granite und der älteren Porphyre im Schwarzwalde schon Beziehungen zu dieser alten Gebirgsbewegung zeigen. Jedenfalls wurden auch die Schichten der Steinkohle und des unteren Rothliegenden noch mitgefaltet.

Die zweite grosse Schichtenstörung, welche zur Tertiärzeit im südwestlichen Deutschland das oberrheinische Gebirgssystem entstehen liess, zerbrach auch das Grundgebirge des Schwarzwaldes in Stufen und Tafeln, welche im allgemeinen in NNO und normal dazu in OSO aneinander verworfen wurden. Die Wirkungen dieser Bewegung sind scharf ausgeprägt in den Tafelbrüchen der Trias- und Jura-Formationen rings um den Schwarzwald; das Grundgebirge des Schwarzwaldes jedoch kennen wir noch zu wenig, um den Verlauf von Verwerfungen parallel der Rheinspalte oder senkrecht dazu angeben zu können.

2. Im Odenwalde.

Im Odenwalde tritt das krystalline Grundgebirge hervor in den Bergen, welche zwischen der Bergstrasse einerseits und dem Weschnitz- und Gersprenzthale andrerseits bis zu Höhen von 508 m über dem Meere und etwa 500 m über dem Rheine sich erheben. Die Gneisse, welche den grösseren Theil dieses Gebirges einnehmen, erweisen im allgemeinen ein regelmässiges Streichen in ONO bis NO, also parallel dem Taunuskamme. Natürlich nehmen die Schichten der verschiedenartigen Gneisse, unter denen Hornblende-Plagioklasgneisse vorwiegen, nicht einen so linearen Verlauf, wie Ludwig denselben auf den Sectionen Worms, Erbach und Rossdorf der hessischen Kartenblätter zeichnet; auch fügen sich die Granitstöcke nicht so gleichförmig in den Verband der Gneisse ein. Dennoch scheint das NO- bis ONO-Streichen vorzuherrschen bei steilem S- und N-Fallen. Diese Streichrichtung ist z. B. deutlich ausgeprägt in dem fast 4 km langen Zuge von Marmorlagern, welche in mehreren bis zu 40 m mächtigen Trümern im Streichen der Gneisse N 60° O (hora 4) von Bensheim oberhalb Auerbach hindurchziehen bis hinauf zum Felsberg bei Hochstätten:

die Trümer fallen mit den Gneissen 60—70° in SSO ein. Auch an mehreren anderen Stellen des vorderen Odenwaldes, so auf dem Melibocus, dann in den Bergen südlich von Darmstadt und nahe der Ostgrenze der Gneisse im Gersprenzthale bei Brensbach liegen Marmortrümer im Streichen der Gneisse.

Zu beiden Seiten des Gersprenzthales sind die Gneisse typischer ausgebildet als an der Bergstrasse, wo die grobkörnigen Hornblende-Plagioklasgneisse in mächtigen Stöcken vorherrschen; aber die scharfe Grenze, welche Ludwig auf Section Erbach zeichnet zwischen den angeblich verschiedenartigen Gneissen westlich und östlich des Gersprenzthales, ist in Wirklichkeit nicht vorhanden. Vom Gersprenzthale sind die Gneisse oberflächlich zu verfolgen nach NNO über Hering und Gross-Umstadt und unter dem Maindiluvium hindurch nach Aschaffenburg; sie zeigen in diesem ganzen Gebiete stets ein ONO-Streichen.

Marmortrümer sind aus den Gneissen des Schwarzwaldes nur von einer Stelle bekannt: am linken Kinzigufer oberhalb Offenburg am Gaiskopfe entdeckte Platz [1]) eine bis 8 cm mächtige Schicht körnigen Kalkes in Begleitung von Wollastonit, Granat, Vesuvian, Schwefelkies, Titanit, grünem Augit, Quarz etc., wie bei Auerbach; die Schicht fällt mit dem umgebenden Gneisse 50° in NW ein; in der Nähe dieses Punktes fand H. Eck [2]) später noch zwei andere Trümer des Marmors, deren einer bis 16 cm mächtig war. Ein grösseres Marmorlager schliesst der Gneiss von Markirch in den Vogesen ein, welches von P. Groth genau beschrieben wurde [3]). Diese verschiedenen Punkte sind die einzigen im Grundgebirge des oberrheinischen Systems, die bis jetzt bekannt wurden: ihrer petrographisch-mineralogischen Ausbildung und ihrer Lagerung nach verhalten sie sich nahezu gleichförmig.

Ob die Gneisse im Odenwalde abrasirte Falten oder einfach aufgekippte Schichten darstellen, lässt sich jetzt noch nicht sagen; jedenfalls folgen sie dem allgemeinen ONO-Streichen des krystallinen Grundgebirges im Schwarzwalde und dürften einfach als die nördliche Fortsetzung des letzteren anzusehen sein. Im Kraichgau und südlich von Heidelberg wird das verbindende, unterlagernde Grundgebirge von den Trias- und Juraschichten überdeckt. Bei Heidelberg schneidet der Neckar den Buntsandstein durch bis zur granitischen Unterlage, gerade wie drüben die Bäche der Haardt.

Jüngere Schichten als die Gneisse sind bisher aus dem krystallinen Theil des Odenwaldes nicht bekannt geworden; discordant über die einst denudirten Schichtenköpfe des Gneisses lagerten sich die Sandsteine und Conglomerate des oberen Rothliegenden, über welchem bei Heidelberg und längs des Ostrandes der Buntsandsteinflächen noch schwach entwickelter Zechstein sich einstellt, welcher im Schwarzwalde und linksrheinisch fehlt.

---

[1]) Ph. Platz, Beschreibung der Umgegend von Lahr und Offenburg, S. 7. Carlsruhe 1867.

[2]) H. Eck a. a. O. 1884, S. 32.

[3]) Das Gneissgebiet von Markirch im Ober-Elsass. Abhandl. zur geolog. Spezialkarte von Elsass-Lothringen, Band I, S. 393. Strassburg 1877.

Das krystalline Grundgebirge des vorderen Odenwaldes ist in seinen nördlichsten Ausläufern zwischen Darmstadt und Offenbach von dem südöstlichen Theile des rheinischen Schiefergebirges, dem Taunus, nur durch eine 30 km breite Bedeckung von oberem Rothliegenden, tertiären und diluvialen Schichten getrennt, eine Zwischenzone, welche etwa dieselbe Breite wie die Rheinebene zwischen Darmstadt und Mainz besitzt. Die nördlichsten krystallinen Gesteine bei Darmstadt und Messel sind Hornblende-Gneisse, Diabase und Granite, welche von Melaphyr und oberem Rothliegenden discordant überlagert werden. Die südlichsten Gesteine des Grundgebirges am Südrande des Taunus sind halbkrystalline Sedimente, welche concordant unter den untersten versteinerungsführenden Schichten des Unter-Devon liegen und mit steilem SSO-Fallen unter das obere Rothliegende bei Lorsbach zwischen Wiesbaden und Frankfurt in die Tiefe absinken. Wir werden unten bei Besprechung des Grundgebirges der Haardt und seiner Verbindung mit dem Hunsrück auf diese Verhältnisse östlich der Rheinspalte Beziehung nehmen.

3. In den Vogesen.

Der Belchenstock der Vogesen enthält neben Gneissen und granitischen Gesteinen die uns aus dem Schwarzwalde bereits bekannten Grauwacken und Thonschiefer der Steinkohlenformation in viel bedeutenderer Ausbreitung als im Grundgebirge jenseits des Rheins. Der Gneiss in den Vogesen beschränkt sich auf die Umgegend von Urbeis NW Colmar und das Leberthal W Schlettstadt. Die letztere Partie ist ziemlich ausgedehnt und von P. Groth [1]) eingehend beschrieben; sie enthält die oben erwähnten Marmorlager bei Markirch. Im Allgemeinen streichen die beiden von Groth im Leberthale unterschiedenen Gneisse parallel dem Granitzuge vom Bressoir nach Kestenholz in N 60° O mit 40° NW-Fallen; bei den häufigen localen Schichtenstörungen und Knickungen schwankt das Streichen von O bis N, das Fallen ist gelegentlich flacher bis 25° oder steiler bis 85°; auch sind einige Gneisssättel vorhanden oder abrasirte Falten mit Einfallen in NW und in SO. Der ältere, graue Gneiss von Markirch enthält vorwiegend dunklen Magnesiaglimmer, ist dünnschiefrig und dickflasrig und dürfte den weitverbreiteten Schwarzwälder Gneissen entsprechen, während Groth's jüngerer Granat-Gneiss bisher aus dem Schwarzwalde noch nicht mit Sicherheit erkannt wurde [2]). Im Granat-Gneisse bei Markirch lagert Hornblende-Plagioklasgneiss, welcher früher von Delbos und Köchlin-Schlumberger, ähnlich wie an der Bergstrasse, als Diorit bezeichnet wurde; mit den Gneissen in den Vogesen

---

[1]) a. a. O. Siehe ausserdem: Delbos et Köchlin-Schlumberger, Description géologique et minéralogique du département du Haut-Rhin. I, S. 140 bis 149 und II, S. 289—290. Colmar 1866, und Benecke, Abriss der Geologie von Elsass-Lothringen. S. 4—8. Strassburg 1878.

[2]) Siehe H. Eck a. a. O. 1884, S. 33.

erscheinen mächtige Stöcke von Granit, Syenit, Diorit und Diabas, in gleicher Weise wie im Schwarzwalde und im Odenwalde.

Eine grosse Ausdehnung gewinnen in den Vogesen Thonschiefer und Grauwacken, welche zum Theil als devonisch, zum andern Theil als carbonisch durch Versteinerungen charakterisirt sind, deren grösserer Theil aber keine Versteinerungen enthält, so dass ihr Alter noch nicht bestimmt werden kann; Benecke hält die letzteren auch für paläozoisch.

Am besten bekannt sind bis jetzt die Schiefer im Weiler- und Andlauthale bei Schlettstadt[1]): dort liegen zunächst Phyllitgneisse, Glimmerschiefer und Phyllite mit eingelagerten talkigen Schiefern und Quarziten concordant auf den echten Gneissen von Urbeis; dann folgen mächtige Thonschiefer, durchbrochen von Graniten; endlich concordant über diesen ein mächtiges System von Grauwacken und Thonschiefern, welche auf der Nordseite des Hochfeldes im Breuschthale Kalklager mit devonischen Versteinerungen (Korallen, Crinoiden und Brachiopoden) einschliessen. Wir haben hier im Weiler- und Breuschthale ein sehr mächtiges System von Schichten vor uns, welche etwa den Schichten am Südrande des Taunus mit ihren Phyllitgneissen, Phylliten und versteinerungsführenden unterdevonischen Schiefern und Grauwacken oder den Formationen am Nordwestrande des rheinischen Schiefergebirges in Belgien entsprechen, nur dass wir hier in den Vogesen noch als Unterlage der Phyllite echte Gneisse kennen lernen.

Diese ganze Schichtengruppe von den Phylliten bis hinauf zum Devon streicht im Allgemeinen in ONO, „wenn schon, zumal in der Nähe der eingeschalteten Granitmassen, grössere und kleinere Abweichungen durchaus nicht selten sind; trotz der nicht unbedeutenden Schwankungen, welche oft auf engem Raum neben einander als förmliche, sogar hie und da senkrechte Knickungen im Streichen der Schichten beobachtet werden können, ist die allgemeine Streichrichtung ziemlich regelmässig, nahezu ONO bis WSW, wie sie schon von Elie de Beaumont zu N 55° O angegeben wurde." (Rosenbusch S. 91 und 93.) Dabei sind die Schichten von Süden her steil aufgekippt, so dass die ältesten Schichten im Süden zum Vorschein kommen und alle Schichten bald senkrecht stehen, bald in steilen Winkeln nach NW oder in SO einfallen: die Schiefer sind „gemeinschaftlich aus ursprünglich horizontaler Lagerung zu einem Systeme von mannigfach aufgerichteten, sattel- und muldenförmig gebogenen und überkippten Schichten zusammengepresst". Der faltende Druck kam aus SSO. Wir erkennen also hier in den Schiefern am Hochfelde ganz die gleiche Lagerung der Schichten, wie sie das niederrheinische System, das rheinische Schiefergebirge, beherrscht, eine Lagerung, wie wir sie im Grundgebirge des Schwarzwaldes gleichfalls vorfanden.

Im Süden des Weilerthales sind zu beiden Seiten des Leberthales einige Reste von Grauwacken über den Gneissen erhalten, welche

[1]) H. Rosenbusch, Die Steiger Schiefer. Abhandl. zur geolog. Specialkarte von Elsass-Lothringen. Band. I. Strassburg 1877.

auch im allgemeinen in ONO streichen und in NNW einfallen, Schollen von ehemals grösserer Ausdehnung, welche den jüngeren Granatgneissen nicht ganz, aber „ungefähr concordant" (P. Groth S. 477) auflagern. Wir erkennen aus diesen Verhältnissen, dass die Faltung der Gneisse, Grauwacken und Thonschiefer erst lange nach Ablagerung der devonischen Schichten des Breuschthales vor sich ging.

In den südlichen Vogesen verbreiten sich Grauwacken und Thonschiefer von Luxeuil hinauf zu der Planche des belles filles, südlich entlang am Elsässer Belchen im Thal der Savoureuse und steigen nach NO hinauf auf den Bärenkopf südlich des Dollerthales; ein anderer Theil zieht nördlich des Elsässer Belchens, der aus Granit besteht, über den Col de Bussang 734 m und durch das Thurthal hinauf zum Gebweiler Belchen und zum Kahlen Wasen und reicht nach Norden hinüber bis ins Münsterthal [1]). Die jedenfalls verschiedenartigen Schichten dieses grossen Gebietes sind bisher noch nicht von einander getrennt; an Versteinerungen wurden zahlreiche Abdrücke von fossilen Pflanzen [2]) und eine Reihe interessanter mariner Mollusken und Korallen [3]) bei Thann und Niederburbach (5 km S Thann) gefunden, welche die dortigen Schiefer und Grauwacken zum Kulm stellen; auch lagern bei Thann häufig Schmitzen von Anthracit zwischen den Grauwacken. Jedenfalls sind auch ältere Schichten als carbonische unter diesen Gebilden der Südvogesen vorhanden, wie z. B. die gelegentlich auftretenden Phyllite beweisen.

Die südlichsten Ausläufer des Grundgebirges der Vogesen sind die beiden lang in ONO gestreckten Rücken des Salbert und Arsot, zu beiden Seiten der Savoureuse einige Kilometer nördlich Belfort gelegen; diese beiden Berge bestehen auf einer Strecke von 10 km Länge aus Thonschiefern, welche regelmässig in ONO streichen und zumeist in NNW fallen; am Mont Salbert scheint auch der Südflügel der Falte erhalten zu sein (Delbos et Köchlin I, S. 48).

In dem grossen Gebiete der Grauwacken, Schiefer und Conglomerate im südlichen Theile des Belchenstockes sind die Lagerungsverhältnisse verworren, besonders durch zahlreiche Einschaltungen von Eruptivgesteinen, Porphyren, Melaphyren und Diabasen, deren spröde Massen dem Gebirgsdruck weniger nachgeben konnten als die meist dünnschiefrigen Grauwacken; noch dazu wurden die älteren Granite zwischen und neben den Grauwacken heraufgeschoben. Stellt man sich die zahlreichen Angaben, welche Delbos und Köchlin-Schlumberger a. a. O. I, S. 34—113 über Fallen und Streichen der Grauwacken machen, übersichtlich zusammen, so ergiebt sich bereits erstens ein vorherrschendes NO-Streichen, wie es diese Autoren auch in dem zweiten Bande ihres Werkes S. 288 hervorheben, und zweitens, dass das häufig wechselnde Fallen nach NW und SO wiederholte Falten an-

---

[1]) Delbos et Köchlin-Schlumberger a. a. O. I, S. 34—113.

[2]) J. Köchlin-Schlumberger et W. P. Schimper, Mémoire sur le terrain de transition des Vosges. Strassburg 1862.

[3]) G. Meyer, Beitrag zur Kenntniss des Culm in den südlichen Vogesen. Abhandl. zur geolog. Spezialkarte von Elsass-Lothringen. Band III, Heft 1, S. 93 und 95. Strassburg 1884.

deutet, deren genauere Lage festzusetzen den späteren Specialaufnahmen vorbehalten bleibt. Einen ersten glücklichen Versuch, die verschiedenen Falten der Grauwacken in Beziehung zu einander zu setzen, machte kürzlich G. Meyer (a. a. O. 1884): er erkannte in den Doller-, Burbach- und Thur-Thälern fünf Mulden und Sättel, welche ziemlich regelmässig in NO streichen; das Fallen ist öfter steil und vertikal als flach, wie schon die Angaben von Delbos und Köchlin-Schlumberger beweisen.

Endlich betheiligen sich an der Zusammensetzung des Grundgebirges der Vogesen noch einige auf den älteren Schichten übriggebliebene Reste von productivem Steinkohlengebirge, gerade wie im Schwarzwalde: es sind Schollen von Sandsteinen (Arcosen), Conglomeraten, Schiefern mit einigen Kalkbänken und mit jetzt zumeist abgebauten Steinkohlenflötzen von geringer Mächtigkeit, welche in der Umgegend des Leber- und Weilerthales die dortigen älteren Thonschiefer, sowie Gneiss und Granit discordant überlagern. Wegen der geringen Ausdehnung der einzelnen Reste des einst grösseren Beckens ist eine regelmässige Lagerung nicht mehr wahrzunehmen (vergl. Delbos und Köchlin-Schlumberger I, S. 198 und II, S. 209). Doch scheinen die Schichten weniger stark gefaltet zu sein, als die älteren Thonschiefer und Gneisse; sie werden wiederum discordant von dem oberen Rothliegenden und dem Vogesen-Sandstein überdeckt. Wir erkennen aus diesen Verhältnissen, dass in dem Grundgebirge der Vogesen die Faltung und Aufkippung der älteren marinen Ablagerungen bis zum Kulm bereits ziemlich weit vorgeschritten war, ehe diese jüngsten Schichten der oberen Steinkohle in Sümpfen und Landseen des alten Continents zum Absatze gelangten.

4. In der Haardt.

Während das krystalline Grundgebirge im Schwarzwalde noch bis zu Höhen von 1495 m, in den Vogesen bis 1426 m, im Odenwald bis zu 598 m über dem Meeresspiegel aufragt, kommt es unter den Buntsandsteinen der Haardt durchschnittlich nur bis 230 m, an zwei Stellen bei Albersweiler und am Schieferkopf bei Hambach bis etwa 400 m Höhe zu Tage. Das Nordende des Grundgebirges in den Vogesen liegt am Nordfuss des Hochfeldes im Breuschthale bei Schirmeck. Nachdem dort die Grauwacken und Thonschiefer unter der Rothliegenden und Trias-Decke verschwunden sind, finden sich weiter nördlich die ersten Spuren des Grundgebirges wieder im Jägerthal bei Niederbronn: hier tritt Hornblendegranit hervor am Fusse des Windsteiner Schlossberges und auf demselben Reste vom Steinkohlengebirge, in einer Höhe von etwa 280 m [1]). Sodann treffen wir das Grundgebirge wieder am Ostabhange der höchsten Haardt-Erhebung

---

[1]) Siehe über das Jägerthal: Daubrée, Description géologique et minéralogique du département du Bas-Rhin. S. 29, 73, 82. Strassburg 1852.

von Weissenburg an über Landau bis Neustadt; auch in Dürkheim ist es noch erbohrt worden.

Die Lauter hat oberhalb Weissenburg bei dem Dorfe Weiler den Buntsandstein des Kammes durchgeschnitten bis auf das Grundgebirge und hat ein kleines Gebiet desselben freigelegt. Die kürzlich erschienene Studie von G. Linck [1]) bietet eine treffliche Beschreibung dieses interessanten Vorkommens: nach derselben sind hier devonische Schiefer und Grauwacken in einer abrasirten Falte zusammengepresst, so dass die Schichten in ONO streichen und östlich an der Rheinspalte bei Weiler in 70° NNW, weiterhin senkrecht und westlich am Kreuzweg 75° in SSO fallen. Die Schichten der Falte sind zum Theil überkippt; auch Verschiebungen und Knickungen der Schichten und Fältelung der Schiefer sind öfters zu beobachten. Der zusammenfaltende Druck wirkte demnach auch hier wie im ganzen bisher betrachteten Grundgebirge von SSO her. Ausser Porphyriten und Minetten, welche als Eruptivdecken den Schiefern einlagern, sind hier bei Weiler keine anderen Gesteine des Grundgebirges aufgeschlossen. Der Abbruch der Schichten zur Rheinversenkung verläuft in N 15° O gerade durch Dorf Weiler. Hier schneiden sich also die beiden Gebirgssysteme, das jüngere oberrheinische und das ältere niederrheinische System, in einem Winkel von 50° (N 15° O und N 65° O).

Weiter nördlich längs des Abhanges der Haardt finden wir wieder einen bedeutenderen Aufschluss des Grundgebirges in dem tiefen Einschnitt des Queichbaches oberhalb Landau in den grossen Steinbrüchen im Gneiss bei Albersweiler. Eine genauere Beschreibung dieser Vorkommnisse an der Haardt fehlt uns bisher noch; in der kurzen Uebersicht der geognostischen Verhältnisse der Pfalz [2]) giebt Gümbel nur an, dass „die Lagerung der Gneisse bei Albersweiler sehr verworren durch starke Biegungen und gangartiges Eingreifen der Granite" sei. Ferner zeigen sich Granite bei Weiher, bei Rhodt, an der Ludwigshöhe und am Fuss der Haardt bis gegen St. Martin bei Edenkoben hin. Grauwacken erwähnt Gümbel über dem Gneiss von Albersweiler, aus den Steinbrüchen am Schieferkopf bei Hambach und aus dem Neustädter Thale; hier oberhalb Neustadt zeige die Lagerung der Thonschiefer und Grauwacken vielfache Störungen. H. Laubmann [3]) erwähnt, dass die Grauwacken bei Neustadt mit 34° in N 23° W einfallen, also dasselbe Streichen in ONO oder genau N 67° O wie an der Lauter oberhalb Weissenburg besitzen; Laubmann berichtet auch, dass dieselben Thonschiefer, welche bei Neustadt anstehen, im Bohrloch des Maxbrunnens zu Dürkheim unter dem Buntsandstein in 330 m erbohrt wurden. Nach dem Profil, welches H. Ott über die Bohrungen zu Dürkheim gab [4]), liegt das Bohrloch bereits in einer

[1]) G. Linck, Geognostisch-petrographische Beschreibung des Grauwackengebietes von Weiler bei Weissenburg. Band III, Heft 1. Strassburg 1884.

[2]) Separat-Abdruck aus „Bavaria", IV. Band, 2. Abtheilung, S. 25. München 1865.

[3]) H. Laubmann, Dürkheim mit seiner Umgebung (geolog. Beschreibung) in Pollichia. 25.–27. Jahresbericht, S. 72–158. Dürkheim 1868.

[4]) Heinrich Ott, Ueber den Ursprung der Dürkheimer Solquellen. Pol-

zur Rheinspalte hin abgesunkenen Buntsandsteinstufe; Dürkheim liegt 126 m über dem Meere.

Endlich wurden noch weiter nördlich bei Battenberg so zahlreiche lose Blöcke von Gneiss und Granit gefunden, dass wohl auch dort noch diese Gesteine nahe unter dem Tertiär vorhanden sind; dies wäre der nördlichste Punkt in der Haardt, an welchem das Grundgebirge hervortritt.

Dagegen schliesst sich nun nördlich an die Haardt das Saarbrückener Kohlenbecken an, welches seiner Lagerung nach mit zum Grundgebirge zu rechnen ist und uns daher Aufschluss darüber geben kann, wie sich das Grundgebirge des oberrheinischen Systems anordnet an den Südrand des niederrheinischen Systems.

Wir erinnern daran, dass wir in den Vogesen bereits productives Steinkohlengebirge kennen lernten, welches discordant die älteren Formationen des Grundgebirges überdeckte: jedoch folgt dasselbe, wie wir schon im Schwarzwalde erkannten, noch denselben zusammenfaltenden Bewegungen von SSO her, welchen bereits alle älteren Schichten unterworfen waren. Die Schichten der productiven Steinkohle, und fügen wir gleich hinzu, ebenfalls die im Saarbecken darauf folgenden beiden unteren Abtheilungen der Rothliegenden Formation (Kuseler und Lebacher Stufen), sind mit ihren Steinkohlenflötzen in Binnengewässern, nicht in einem Meere abgelagert, während die untere Steinkohlenformation (Kulm) und die oberen Rothliegenden Sandsteine mit allen folgenden Stufen der Trias- und Jura-Formationen marine Gebilde sind. Nachdem nun die älteren azoischen und paläozoischen Schichten des Grundgebirges continentale Landstrecken wurden und von SSO her aufgerichtet und gefaltet worden waren, bildeten sich in einigen tieferen Einsenkungen der Oberfläche dieses Continents Landseen und Sümpfe, in denen sich die Steinkohlen und ihre Zwischenmittel absetzten; der grösste dieser Landseen in unserer Gegend, der am längsten bestanden hat, war derjenige, welcher die damals schon tiefe Einsenkung zwischen den steilen Devonfalten des Hunsrück und dem Grundgebirge der Haardt bedeckte.

Nach Ablagerung der oberen Steinkohlen- und der unteren und mittleren Rothliegenden Formation wirkte der SSO-Druck weiter fort und faltete auch noch diese Gebilde, so dass das Saar-Nahe-Becken und längs des Nordrandes des rheinischen Schiefergebirges das Aachener und Ruhrbecken gleichfalls noch in dem Sinne des niederrheinischen Systems in ONO streichende Mulden und Sättel mit zahlreichen Verwerfungen im Streichen und Fallen der Schichten zusammengeschoben wurden. Die Falten des productiven Steinkohlengebirges und der unteren Rothliegenden Stufen konnten aber in Folge dieser späteren Bewegungen nicht mehr so steil aufgerichtet und scharf gefaltet werden, wie die älteren Formationen vom Gneiss an bis zum Devon und zum Kulm. Daher sehen wir bereits in den Vogesen, dass die Schichten der oberen Steinkohle mit flacheren Winkeln einfallen, als die unterlagernden Gneisse und Grauwacken, und dass die Schichten der productiven Steinkohle und des

---

lichia, 40.—42. Jahresbericht, S. 59—72. Mit geologischen Profilen. Tafel I. Dürkheim 1884.

unteren und mittleren Rothliegenden discordant übergreifen über die früher entstandenen und steileren Falten der älteren Formationen.

Auf die speciellen Nachweise dieser Lagerungsverhältnisse im Saar-Nahe-Becken können wir hier nicht eingehen [1]); dieses Saar-Nahe-Gebirge [2]) oder Saarbrückener Kohlenbecken bildet ein selbständiges Zwischenglied zwischen dem rheinischen Schiefergebirge und dem oberrheinischen Gebirgssystem oder zunächst zwischen Hunsrück und Haardt.

Das Grundgebirge, welches wir am Ostrande der Haardt zu Tage treten sahen, erscheint nicht mehr am Nordrande desselben Gebirges. Eine sehr bedeutende Verwerfung in der Richtung von St. Avold in Lothringen über Merlenbach, Forbach, Malstatt bei Saarbrücken nach St. Ingbert, Wellesweiler bis Ober-Bexbach hat den Südflügel des Steinkohlensattels abgeschnitten und neben die untersten Schichten der productiven (oberen) Steinkohlenformation den Bunten Sandstein geworfen. Südlich dieser Verwerfung wurde z. B. bei St. Ingbert die productive Steinkohlenformation, welche kaum 2 km nördlich dieser Stadt in ihren untersten Schichten an der Oberfläche liegt, erst in 458 m Tiefe erbohrt, unter 202,5 m Bunt-Sandstein und 255,5 m Rothliegendem Sandstein; bei Mittel-Bexbach wurde das Kohlengebirge in 23[illegible] m Tiefe angetroffen [3]). In Lothringen wurde die Steinkohlenformation südlich der Verwerfung zwischen St. Avold und Forbach im Rosselthal in 588 m Tiefe noch nicht erreicht, während nur 700 m nördlich dieses Bohrloches im Hochwalde bei Merlenbach dieselbe schon in 173,7 m erbohrt wurde [4]).

Die Bohrlöcher an der Pfälzer Grenze bei St. Ingbert und Bexbach beweisen jedoch wenigstens, dass südlich der grossen Verwerfung das productive Steinkohlengebirge unter dem Rothliegenden noch vorhanden ist, während wir gesehen haben, dass 50 km weiter östlich von Bexbach am Ostrande der Haardt über dem Grundgebirge nicht allein die productive Steinkohle, sondern auch die im Saar-Nahe-Becken so mächtigen limnischen Schichten der Rothliegenden Formation vollständig fehlen. Das Liegende der productiven Steinkohle im Saarbrückener Becken ist noch nicht erbohrt worden.

Die Verwerfung von St. Avold-Forbach-Bexbach zieht ziemlich geradlinig im Streichen des niederrheinischen Systems, in N 55° O, weiter über Reichenbach und am Donnersberg vorbei bis nach Alzey und Oppenheim am Rhein, wo sie die in NNO verlaufende Rheinspalte in spitzem Winkel durchschneidet [5]).

---

[1]) Siehe Weiss und Laspeyres, Geognostische Uebersichtskarte des kohlenführenden Saar-Rhein-Gebietes, Berlin 1868; und Laspeyres, Kreuznach und Dürkheim a. d. Haardt. Zeitschr. d. deutsch. geol. Gesellsch. 1867, Band 10, S. 803—922. Mit Profiltafel.

[2]) Gümbel a. a. O. 1865, S. 15 macht mit Recht darauf aufmerksam, dass der kleinste Theil des Saarbrückener Kohlenbeckens auf Pfälzer Gebiet fällt und daher die Benennung „Pfälzisch-Saarbrück'sches Kohlengebirge" unpassend sei. Allerdings liegt der höchste Berg dieses Gebirges, der Donnersberg 691 m, noch auf Pfälzer Gebiet.

[3]) Gümbel a. a. O. 1865, S. 28.

[4]) Benecke, Abriss der Geologie von Elsass-Lothringen, 1878, S. 21.

[5]) R. Lepsius, Das Mainzer Becken, geologisch beschrieben, S. 173. Darmstadt 1883.

Wir haben demnach im Verlauf unserer Untersuchung erkannt, dass die vier Randgebirge der oberrheinischen Tiefebene ein Grundgebirge enthalten, welches vor der neuen Meeresüberfluthung zu Beginn der Zeit des oberen Rothliegenden einem weitausgedehnten, in sich fest zusammenhängenden Continent angehörte. Diesem Continent fehlte noch vollständig die Rheinversenkung und fehlten Gebirgszüge von der Richtung und der Form der jetzt im südwestlichen Deutschland vorhandenen Gebirge; vielmehr werden die Berge dieses Continentes mit ihren Kämmen in der Streichrichtung ihrer Formationen, nämlich in ONO gerichtet gewesen sein.

B. Die Trias- und Jura-Tafeln.

Nachdem nun dieser Continent in ganz Deutschland zu Anfang der Bildung des oberen Rothliegenden Conglomerates wieder vom Meere bedeckt worden war, lagerten sich während eines sehr langen Zeitraumes in diesem Meere die Formationen des oberen Rothliegenden, des Zechsteins, des Buntsandsteins, Muschelkalkes und des Keupers, sowie fast die sämmtlichen Stufen der Juraformation ruhig und allmählich ab. Ohne jede Schichtenstörung, ohne einen einzigen Ausbruch der Erdlava ging diese ganze lange Zeit der Meeresbedeckung für Deutschland vorüber. Die Gesteinsbeschaffenheit der genannten Formationsstufen bleibt in Folge dieses ununterbrochenen Absatzes in einem grossen Meere über weite Strecken hin nahezu gleich: der Muschelkalk in Lothringen sieht ebenso aus wie derjenige an den Rändern der Rheinebene und wie in Schwaben und Franken; der Lias dehnt sich ohne wesentliche Abweichung seiner Gesteine und seiner Fauna gar über den grössten Theil von Europa aus.

Erst zu Beginn der Kreidezeit trat das Meer vom südwestlichen Deutschland zurück: die Jurakalke erschienen an der Oberfläche des neuen Continentes. Nun erst wurden diejenigen Bewegungen in unserem Gebiete eingeleitet, welche in ihrem langen Fortgange und in ganz allmählicher Wirkung die oberrheinische Tiefebene und ihre Randgebirge als endliches Resultat zu Stande brachten. Nicht plötzlich und auf einen Guss entstand dies neue Gebirgssystem mit seinem NNO-Streichen, sondern von kleinen Anfängen an und durch unzähligemal wiederholte kleine Absenkungen und geringe Einbrüche der Schichtencomplexe. Noch heute sind diese Bewegungen im Sinne des oberrheinischen Gebirgssystems nicht zur Ruhe gekommen, wie die häufigen Erdbeben in der Rheinebene beweisen.

In dem Grundgebirge erkannten wir eine Lagerung der Schichten, welche durch Zusammenschub und durch tangentialen Druck von SSO hervorgerufen worden war. Die neuen Bewegungen von der Kreidezeit an bis heute, weit entfernt davon, die Schichten zusammenzuschieben, haben dieselben vielmehr in der Rheinspalte mitten auseinander gebrochen und sie in den übrigen Theilen des Systems tafel- und stufenförmig neben einander absinken lassen. Die Wirkung dieser tafelförmigen Zerstückelung der Erdkruste erkennen wir am deutlichsten in der Lagerung der abgeworfenen Trias- und Juraschichten, wie sie die stehen gebliebenen Kerne des Grundgebirges mantelförmig umhüllen und an denselben abgesunken liegen.

In seinem geistvollen Werke „Das Antlitz der Erde" nennt Suess [1]) die Brüche zwischen solchen absinkenden Schichtentafeln „Tafelbrüche", eine sehr treffende Bezeichnung dieser Art von Brüchen im Gegensatz zu den Faltenbrüchen, und setzt zugleich den fundamentalen Unterschied von tangentialen, zusammenschiebenden und von vertical absinkenden Bewegungen im Erdgewölbe klar auseinander (S. 142—189). Daselbst kennzeichnet Suess die stehen gebliebenen Grundstöcke von Schwarzwald, Vogesen, Odenwald und Haardt als „Horste", von denen allseits die Trias- und Juratafeln absinken (S. 167 und 265). Rings um diese Horste „vollzieht sich die Abtrennung der mesozoischen Tafeln vom alten Gebirge in mehr oder minder dem Gebirgsrande parallelen Brüchen, welche häufig von Querbrüchen rechtwinkelig gekreuzt werden" (S. 257).

Oestlich des Schwarzwaldes und Odenwaldes brach das grosse fränkisch-schwäbische Senkungsfeld ein, wie die „eingebrochene Eisdecke eines entwässerten Teiches" (S. 253); westlich der Vogesen und der Haardt sinken die Tafeln ebenso ab zu dem nordfranzösischen Senkungsfelde, dessen Mitte das Pariser Becken einnimmt.

Mitten zwischen diesen beiden vertical absinkenden und dabei treppenförmig zerbrechenden grossen Trias- und Jura-Tafelgebieten blieben als Brücken oder „Horste" zwischen dem Alpensystem und dem niederrheinischen System die beiden Grundgebirgsketten auf beiden Seiten der Rheinebene stehen. Weshalb dieselben nicht mit den beiderseitigen Senkungsfeldern in die Tiefe sanken, lässt sich schwer erklären. Vielleicht giebt die Lage der Brücken einen Anhalt: hier befindet sich die kürzeste Entfernung zwischen dem in der Schweiz weit tangential nach Norden geschobenen und dabei gerade dort am stärksten gefalteten Alpensystem und dem grossen Massiv des rheinischen Schiefergebirges; wie zwischen den beiden Backen eines Schraubstockes wurden die Horste festgehalten von Norden und Süden her, während östlich und westlich der Brücken genügend Raum war, um dasselbe Grundgebirge mitsammt den darauf befindlichen Trias- und Juratafeln in die Tiefe absinken zu lassen. Wahrscheinlich sind die beiden nachbarlichen Gebirgssysteme auch daran schuld, dass die Horste am Süd- und Nordrande höher liegen als in der Mitte, indem zugleich dem höheren Alpensysteme die grössere Höhe der Brücken im Süden und die weitere Entfernung der mittleren Einsenkungen (Zabern-Langenbrücken) nach Norden entspricht. Auch würde sich auf diese Weise zugleich erklären, weshalb die östliche Brücke, Schwarzwald und Odenwald, und das fränkisch-schwäbische Senkungsfeld verhältnissmässig höher stehen als die westliche Brücke, Vogesen und Haardt, und das lothringische Senkungsfeld: westlich ist mehr Raum zwischen den Alpen (resp. dem Centralplateau von Frankreich) und dem niederrheinischen System, als im Osten.

---

[1]) Eduard Suess, Das Antlitz der Erde, I. Prag 1883—1885.

Der Horst brach seiner Länge nach mitten auf und theilte sich in zwei Brücken: eine 4 Meilen breite und 40 Meilen lange Spalte entstand von Basel bis Mainz, in welche die Trias- und Juratafeln einbrachen, so dass sie jetzt in Stücken den inneren, dem Rheine zugewandten Rändern der stehen gebliebenen Brücken des Grundgebirges steil aufgerichtet oder flach verworfen anlagern.

Die bisherigen Arbeiten und geologischen Aufnahmen der um die Kerne des oberrheinischen Gebirgssystemes stufenförmig niedergesunkenen Schalen der Trias- und Juratafeln lassen bereits eine grosse Anzahl von Spalten und Verwerfungen erkennen, welche das grosse Bruchnetz der Senkungsfelder zusammensetzen[1]). Einige der wichtigsten wollen wir anführen, um daran zu zeigen, in welcher Weise die Trias- und Juratafeln die oben gekennzeichneten Grundstöcke der vier Randgebirge umlagern.

Die Richtung, nach welcher hin die zerbrechenden Tafeln absinken, ist natürlich im allgemeinen abhängig von ihrer Lage gegen die in NNO streichenden Horste: nach OSO fallen die Stufen in Schwaben und Franken, nach WNW in Lothringen; gegen OSO brechen die abgestürzten Formationen nieder am Fusse der Vogesen und der Haardt, gegen WNW am Rande des Schwarzwaldes und des Odenwaldes; das krystalline Grundgebirge sinkt natürlich unter den Trias- und Juraschichten in gleichem Sinne mit denselben treppenförmig in die Tiefe; ja auch in den Horsten selbst wirkten die tertiären und diluvialen Bewegungen in der gleichen Weise, so dass Theile derselben ebenfalls stufenförmig von den Hauptkämmen in O und W abbrechen und gegen einander verworfen liegen.

Im einzelnen jedoch unterliegt die vorherrschende Fallrichtung der Tafeln nach den Senkungsfeldern hin bedeutenden Abweichungen, besonders aus folgenden Gründen: jede der beiden Brücken bildet keinen einzelnen, durch das ganze Gebirgssystem durchstreichenden Kamm, sondern besteht aus mehreren, in NNO streichenden Parallelzügen, welche mit verschiedenen Längen an den Rändern der vier getrennten Horste zickzackförmig abbrechen. Deswegen läuft die Rheinebene nicht durchweg geradlinig in NNO, sondern springt oft mit Buchten, in denen dann die Schichten besonders stark zerrüttet liegen, gegen die Kämme der Horste hinein. Die Grundursache dieser quer gerichteten Abbrüche der in NNO streichenden Kämme und der beiden Senken bei Zabern und im Kraichgau, sowie des Süd- und Nordrandes der Gebirge beruht darin, dass das Grundgebirge ein anderes Streichen besitzt als dasjenige ist, welches die jüngeren Bewegungen beherrscht:

---

[1]) Ausser den bereits citirten Werken heben wir hier hervor:

Deffner und Fraas, Die Jura-Versenkung bei Langenbrücken. Geognostische Monographie. N. Jahrb. für Mineral. 1859, S. 1 u. 513. Mit geologischer Karte. Stuttgart 1859.

Benecke und Cohen, Geognostische Beschreibung der Umgegend von Heidelberg. Mit 2 geol. Karten. Strassburg 1881.

G. Bleicher, Essai de géologie comparée des Pyrénées, du plateau central et des Vosges. Inaug.-Diss. Colmar 1870.

F. Schalch, Beiträge zur Kenntniss der Trias am südöstlichen Schwarzwalde. Inaug.-Diss. Schaffhausen 1873.

das gefaltete, in ONO streichende Grundgebirge zerbricht leichter parallel seinem Streichen und parallel seinen Falten, als in der neuen NNO-Richtung des jüngeren Gebirgssystems.

Aus diesen Gründen überzieht sich das oberrheinische Gebirgssystem mit einem Netz von Brüchen, welche vorherrschend im Hauptstreichen des Systems in NNO und senkrecht zu dieser Richtung verlaufen, welche aber durch die Querbrüche des Grundgebirges je nach der Lage der absinkenden Tafeln von jener Hauptrichtung mehr oder weniger abgelenkt werden. Wenn es dabei auch gelegentlich vorkommen kann, dass das Streichen der jüngeren Brüche dem Streichen des Grundgebirges parallel wird, so unterscheiden sich die Ursachen dieser ähnlichen Wirkungen doch sehr scharf von einander: jene Bewegung der paläozoischen Zeit schob die von ihr betroffenen Schichten zusammen, die jüngere Bewegung der tertiären Zeit riss im Gegentheil die Schichten auseinander.

1. Am Südrande des Schwarzwaldes.

Die Bergketten des Schwarzwaldes brechen an ihrem Südrande nicht geradlinig in die Tiefe, sondern in zwei Absätzen: der Dinkelberg und die Sandsteinhöhen nördlich der unteren Wiese zwischen Schopfheim und Kandern bestehen aus fast horizontal liegenden Triastafeln, welche mit ostwestlichem Bruche, also ungefähr parallel der oben beschriebenen Falte von Badenweiler bis Schönau, südlich vor den letzten Höhen der beiden Kämme des Feldbergs und des Belchens abgesunken sind; nur längs des Bruches sind die Schichten, wie so häufig bei Tafelbrüchen, ein wenig geschleppt, d. h. sie fallen eine kurze Strecke weit vom Grundgebirge ab nach Süden. Am Ostrande trennt ein Längsbruch in der Hauptrichtung des Systems die abgesunkene Triastafel des Dinkelberges vom Gneiss des Vorwaldes, welcher längs der Wehra nach Süden vorspringt bis an den Rhein: erst hier zwischen Säckingen und Waldshut endigt mit ostwestlichem Querbruche der östlichste Streifen des Grundgebirges.

2. Am Ostrande der Rheinebene.

Längs dem der Rheinebene zugewandten Abhange des Schwarzwaldes brachen die Trias- und Juraschichten zumeist regelmässig mit Verwerfungen in der NNO-Hauptrichtung am Grundgebirge oder gleichzeitig mit mehr oder weniger breiten Streifen des Grundgebirges selbst zur geöffneten Spalte nieder; dabei finden sich die grössten Störungen mit steiler Abschleppung der Schichten in der Nähe der Hauptbrüche zwischen Trias und krystallinem Grundgebirge, während westlich der Hauptbrüche zumeist die Trias- und Juratafeln fast horizontal lagern, wie z. B. in dem breiten Jurahügellande zwischen Kandern, Istein und Müllheim.

Bei Freiburg begegnen wir einer tieferen Einbuchtung, in welcher die abgesunkenen Trias- und Jurastufen schneller und steiler direkt am Fusse des westlichen Hauptkammes des Grundgebirges in die Tiefe sinken: dieser tiefere Einbruch der Schichten in der Rheinebene verursachte das Ausströmen der Erdlava in dem Vulkane des Kaiserstuhls am Rhein.

Charakteristisch für die Lagerung der abgeworfenen Schichten ist der Bau des Schönberges[1]) südlich Freiburg und seiner Parallelkette, des Tuniberges bei Thiengen: die Trias- und Juraschichten beider Berge streichen parallel der Hauptrichtung in NNO und fallen von den Verwerfungen ab nach WNW dem Rheine und dem Kaiserstuhl zu.

Nördlich der Freiburger Bucht ist der ganze Gebirgsstreifen zwischen Emmendingen und Offenburg gegen die Rheinebene abgesunken[2]); nicht nur die Trias- und Jurastreifen, sondern auch breite Streifen des Grundgebirges brechen vom Hauptkamme treppenförmig an einander zur Tiefe. Die genauen Aufnahmen von H. Eck in der Umgegend von Lahr weisen mehrere parallele Verwerfungen im Hauptstreichen des Gebirges, nämlich in NNO nach, zwischen denen die Tafeln horizontal, oder schwach geneigt nach W lagern.

Bei Baden und Gernsbach bricht der grössere Theil des Schwarzwälder Grundstockes quer zum Streichen des Gebirges in ONO ab; wir finden zunächst vor den abgeschnittenen Kämmen die niedersinkenden Formationen in stark verworfener Lagerung, so dass z. B. am Nordfusse der Ebersteinburg gegen Kuppenheim zu eine grössere Partie Muschelkalk mit Verwerfungen eingekeilt liegt zwischen den westlichen Buntsandstein-Höhen und den paläozoischen Schiefern und Rothliegenden Conglomeraten der Ostseite.

In diesem Umbruche der Rheinspalte bei Baden beginnt die breite und für den Bau des oberrheinischen Gebirgssystems wichtige Senke des Kraichgaues zwischen Schwarzwald und Odenwald. Von Baden brechen die Tafeln allmählich nieder bis zu den relativ am tiefsten eingesunkenen Jurastreifen bei Langenbrücken. Diese Schollen haben schon lange die Aufmerksamkeit der Geologen erregt: denn sie sind die letzten Reste der Juradecke, welche einst vor den tertiären Brüchen und vor der Denudation der continentalen Strecken das ganze südwestliche Deutschland bedeckten. Das erkannten schon Deffner und Fraas, und mit Recht rühmt Suess in seinem umfassenden Werke (Antlitz der Erde I, S. 250), dass diese beiden Forscher bereits im Jahre 1859 die Entstehung der eingekeilten Juraschollе von Langenbrücken richtig erkannt hätten. Vom Nordende des Schwarzwaldes bis zur Senkungsmittellinie Langenbrücken-Mühlhausen sinken die Tafeln staffelförmig nieder, so dass die SO-Seite jeder Verwerfung stets die relativ höhere ist; nördlich der Mittellinie der Senke findet natürlich das Umgekehrte statt: hier steigen die Stufen zum Südrande des Odenwaldes auf, so dass immer die NW-Seite jeder Verwerfung die höhere wird.

---

[1]) Carl Fromherz, Geognostische Beschreibung des Schönbergs bei Freiburg. Mit Profiltafel. Universitäts-Programm. Freiburg 1837.

[2]) H. Eck, Umgegend von Lahr, 1884. Ph. Platz, Geologische Beschreibung der Umgebungen von Lahr und Offenburg. Carlsruhe 1867.

Da die ganze Kraichgauer Senke quer zu den Zügen des oberrheinischen Gebirgssystems und parallel zum Streichen des Grundgebirges verläuft, so richtet sich die Mittellinie der Senke in N 50° O und die derselben parallelen Hauptverwerfungen in NO, indem die Tafeln zwischen dem in NNO liegenden Odenwalde und dem in SSW liegenden Schwarzwalde niedersinken müssen. Doch streicht eine Hauptverwerfung, die von Ubstatt, über Oestringen bis in den Buntsandstein bei Spechbach (Benecke und Cohen a. a. O. S. 601) in N 37° O, also mehr im Hauptstreichen der Gebirge, als in dem der Senke. Die mit den Hauptverwerfungen entstehenden Querbrüche streichen natürlich senkrecht zu jenen, also in NW bis WNW; in dieser Richtung verläuft z. B. die Verwerfung im Angelbachthale, wo die beiden Ränder des Querbruches so zu einander stehen, dass bei Wiesloch die NO-Seite höher liegt als die SW-Seite, dagegen oberhalb im Thale schon bei Waldangeloch die Schichten beiderseits des Bruches in gleiches Niveau zu stehen kommen.

Auch die Nähe der Rheinspalte macht sich geltend in dieser Senke, z. B. in der Verwerfung, welche von Nussloch in N 6° O oberhalb Leimen und über den Speiererhof nach Heidelberg zwischen Königstuhl und Geisberg hindurchzieht; der Westrand der Verwerfung sinkt ab zur Rheinebene (Benecke und Cohen a. a. O. 1881, S. 602).

Doch sind wir hiermit schon am Rande des Odenwaldes angelangt, an dem nur wenige Reste der abgesunkenen Schichten zu Tage gehen. Einige Buntsandstein-Schollen ragen zwischen Grossachsen und Weinheim am Fusse der Granitberge hervor; die Starkenburg bei Heppenheim steht auf einer an Gneissen hängengebliebenen Buntsandsteinkuppe; und in Darmstadt sinken Conglomerate und Letten des oberen Rothliegenden mit nordsüdlich gerichteter Verwerfung am Granit nach W unter das Diluvium in die Tiefe.

Der Abbruch des Grundgebirges an der Bergstrasse verläuft auch nicht geradlinig, sondern mit einem stumpfen Winkel am Melibocus; in der Ecke südlich vorgelagert diesem neuen gegen W mehr vorspringenden Kamme haben sich die Schollen des Bunten Sandsteins und der oligocänen Meeressande bei Heppenheim erhalten.

3. Am Südrande der Vogesen.

Betrachten wir nun zuerst den Innenrand der Vogesen und der Haardt, ehe wir die östliche Abdachung des Schwarzwaldes und des Odenwaldes kennzeichnen, so erkennen wir dort denselben zickzackförmigen Verlauf der Abbruchlinie an der Rheinversenkung und ähnliche Buchten wie am inneren Rande der östlichen Gebirge. Der Belchenstock der Vogesen bricht im Süden an der Burgundischen Pforte in der Richtung ONO parallel zum Streichen des Grundgebirges ab: längs des Südrandes der oben erwähnten letzten Falte des Grundgebirges im Mont Salbert und Arsot bei Belfort fallen sämmtliche Formationen vom oberen Rothliegenden durch die Trias bis zum oberen Jura ab nach SSO, also im gleichen Sinne mit dem Grundgebirge, indessen discordant über demselben und mit bedeutend flacheren Winkeln. Dabei macht man hier wie überall die Beobachtung, dass spröde Schichten wie der Buntsandstein flacher einfallen (hier am Mont Arsot mit 10—15°), als die faltbaren, dünnen Schichten des Muschelkalkes und des Keupers, die über dem Buntsandstein daselbst mit 32° in SO abfallen. Die massigen Korallenkalke des oberen Jura bei Belfort verhalten sich auch wieder spröde und brechen daher mit drei Längsverwerfungen staffelförmig nach SO, mit Winkeln von anfangs 30° beim Fort de la Miotte und von 6° in der zweiten, südlichen Stufe bei Pérouse; schon bei Danjoutin liegen die Tafeln fast horizontal — also eine Lagerung der abgesunkenen Tafeln mit Schleppung am Grundgebirge wie drüben im südlichen Schwarzwald zwischen Kandern und Schopfheim. Nördlich der Falte der Bergkette Salbert-Arsot füllt das obere Rothliegende die Einsenkung bis zum höheren Anstieg des Gebirges bei Giromagny, und zwar liegt dasselbe fast horizontal über den Köpfen der mit 50° und steiler einfallenden paläozoischen Schiefer bei Sermamagny (Delbos et Köchlin-Schlumberger a. a. O. 1867, II, S. 291). Hier am südlichen Abbruch der Vogesen beherrschen demnach die Richtungen des Grundgebirges auch diejenigen der viel jüngeren Tafelabbrüche des oberrheinischen Gebirgssystems, weil das letztere überhaupt im Süden wie im Norden endigt parallel dem Streichen des Alpensystems und des niederrheinischen Schiefergebirges.

4. Am Westrande der Rheinebene.

Längs des Ostabhanges der Vogesen und der Haardt dagegen sinken die niederbrechenden Trias- und Juratafeln einfach an den NNO streichenden Kämmen nach OSO in die Rheinspalte ein; nur an den Umbiegungen und in den Buchten des Gebirgsrandes compliciren sich die Brüche und Verwerfungen zwischen den Tafelstücken. Zwei Buchten sind hier von besonderer Wichtigkeit: diejenige von Wintzfelden, welche die Ecke zwischen dem Nordende des südöstlichsten Bergkammes und dem mittleren Hauptkamme ausfüllt, und die Bucht von Mutzig, welche vor dem Nordende dieses zweiten Hauptkammes hinüberleitet zu dem letzten westlichen Kamme. Da dann die Haardt wiederum bedeutend gegen Osten vorspringt, so entsteht nördlich von dem Störungsgebiet von Mutzig eine grössere Bucht bis nach Zabern, Ingweiler und Wörth hin.

Die Bucht von Wintzfelden [1]) ist besonders dadurch interessant, dass in derselben am Fuss der höchsten Bergkette der Vogesen die sämmtlichen Schichten der Trias und auch noch der Lias mit unveränderter Mächtigkeit und ohne jeden petrographischen Wechsel hart am Granit des Kleinen Belchen abschneiden: der Lias von Wintzfelden ist derselbe wie derjenige in Lothringen und in Schwaben. Von einem Meeresarme

[1]) Siehe Delbos und Köchlin-Schlumberger; Bleicher a. a. O. 1870, bes. pl. IV, profil 12; und R. Lepsius a. a. O. 1875, Taf. VI, Profil 5.

des Liasmeeres, welcher hier zwischen Vogesen und Schwarzwald hindurchreichte, kann keine Rede sein; weder diese beiden Gebirge noch die Rheinspalte existirten zur Liaszeit [1]).

Der Kleine Belchen hat eine absolute Höhe von 1274 m; rechnen wir die Mächtigkeit der Trias und des Lias in der Bucht von Wintzfelden zu 400 m [2]), so ergiebt sich eine Höhe des Verwerfungssprunges von 1100 m, bei ca. 500 m Meereshöhe des Lias bei Wintzfelden; gegen die Höhe des südlich aufragenden Grossen oder Gebweiler Belchens erhöht sich der Abbruch noch um 150 m Sprunghöhe der Verwerfung: d. h. vor jenen grossen, tertiären Bewegungen und Senkungen, welche das oberrheinische Gebirgssystem und die Rheinspalte entstehen liessen, befand sich der Lias, welcher jetzt in der Bucht von Wintzfelden lagert, im Verhältniss zum Grundgebirge des Belchenstockes um 1250 m höher als jetzt, wo er in ca. 500 m Meereshöhe liegt. Wenn nun das Grundgebirge des Belchenstockes gar nicht höher gehoben, d. h. gar nicht weiter vom Mittelpunkt der Erde entfernt wurde, als vor Entstehung des oberrheinischen Gebirgssystems, was wahrscheinlich ist, so würde sich der Lias von Wintzfelden seit Anfang der Tertiärzeit um 1250 m gesenkt, d. h. um diesen Betrag sich dem Mittelpunkt der Erde genähert haben.

Die einzelnen Stücke der zerbrochenen Triastafeln sind in der Bucht von Wintzfelden durch Verwerfungen von einander getrennt, welche zumeist in NNO und senkrecht dazu verlaufen; die Tafeln zwischen den Verwerfungen neigen sich mit verschiedenen Winkeln im allgemeinen zur Rheinspalte hin oder liegen horizontal. Nur die innerste Tafel mit der Liasscholle zunächst der grossen Verwerfungsspalte am Granit fällt gegen den Granit zu ein: diese Beobachtung lässt sich häufig bei Tafelbrüchen machen, dass nämlich die Tafel zunächst an einer grossen Verwerfungsspalte gegen diese einfällt [3]). Diese Erscheinung erklärt sich aus der Mechanik der Tafelbrüche: Tafelbrüche setzen stets ein Auseinanderweichen der stehenbleibenden Horste oder erhobenen Theile des Grundgebirges voraus; sonst müssten die einsinkenden Tafeln gefaltet werden, was sie nicht sind. Dabei wird häufig am meisten Raum bleiben unmittelbar am Abhang des stehenbleibenden Horstes und daher die nächste an der Verwerfung anliegende Tafel, statt wie die übrigen Tafeln nach aussen vom Grundgebirge ab, nach innen zu einfallen, nach dem mechanischen Gesetze, welches die Tafelbrüche beherrscht, dass nämlich „die Schichtentafeln sich einfach dahin neigen,

---

[1]) Siehe über diese nunmehr abgethane Frage Benecke, Trias in Elsass-Lothringen 1877, S. 794–832.

[2]) Allerdings geben Delbos und Köchlin-Schlumberger I. S. 225, 251, 274, 277, 283 im ganzen nur 370–390 m für die Trias im Ober-Elsass an; das dürfte aber entschieden zu wenig sein. Daubrée rechnet für die Trias im Unter-Elsass 570–600 m, siehe a. a. O. 1852, S. 87, 116, 126, 132.

[3]) Z. B. an der grossen Verwerfung am Granitstock des Adamello in Südtirol sinkt gewöhnlich die letzte Triastafel gegen den Granit ein: siehe R. Lepsius, Das westliche Südtirol, S. 73 und 222, Berlin 1878, und Suess, Das Antlitz der Erde, 1885, I, S. 315.

wo ein Raum es gestattet"[1]). Diese Erscheinung, dass die nächste Tafel an der Hauptverwerfung gegen das Grundgebirge zu einfällt, kommt übrigens am Ostrande der Vogesen öfter vor[2]), was am besten beweist, dass die Rheinspalte dadurch entstanden ist, dass das Grundgebirge der Vogesen sich nach Westen etwas von demjenigen des Schwarzwaldes entfernt hat. Die Anlagerung der abgesunkenen Trias- und Jura-Schollen am Innenrand des Schwarzwaldes ist noch nicht so genau untersucht, um uns Beispiele für diese wichtige Erscheinung darbieten zu können.

Die Umbiegung des Ostabhanges der Vogesen an der Bucht von Wintzfelden geschieht bei Ruffach, so dass von hier ab nach Norden der Rand des Gebirges mehr in NS-Richtung verläuft. Längs der Verwerfungen am Grundgebirge zwischen der Bucht von Wintzfelden und derjenigen von Mutzig sinken die Triastafeln rasch in die Tiefe, so dass die Vorberge nur eine schmale Zone bilden. Auf dieser Strecke zeigt sich die interessante Erscheinung, dass längs der Hauptverwerfung am Granit und an den paläozoischen Grauwacken Muschelkalk und Juraoolithe umgewandelt sind in Kieselgesteine; Kieselsäure hat den kohlensauren Kalk nächst der Verwerfungsspalte vollständig verdrängt; zugleich hat sich Schwerspath und Flussspath ausgeschieden. Diese Verkieselung der Kalke ist zu beobachten auf einer Strecke von 40 km von Bergheim über Kestenholz bis Truttenhausen und Rosheim[3]). Die Hauptverwerfung streicht auf dieser Linie parallel dem Gebirgskamme in N 22° O; der silificirte Muschelkalk fällt von Bergheim nach Orschweiler bei Schlettstadt mit 85° in O 22° S ein.

Der Hauptkamm der Vogesen endigt im Norden mit dem breiten Rücken des Hochfeldes und bricht dann quer ab am Magel- und Breuschthale mit zahlreichen Verwerfungen zwischen Ottrott und Urmatt; von hier läuft der Gebirgsrand wieder nach NNO, am Abhang der Hohen Struth über Oberhaslach nach Cosweiler. Dann sinken die Triastafeln noch weiter nach Westen ein bis nach Reinhardsmünster, und erst dort erreichen wir unmittelbar den Abhang des dritten, am meisten nach Westen zu gelegenen Vogesenkammes. Diese mehrfachen Umbiegungen des Gebirgsrandes und die beiden gegen die Rheinspalte vorspringenden Winkel bei Ottrott und Cosweiler bewirken eine ausserordentlich gestörte Lagerung der Trias- und Juratafeln, welche an dem aufragenden Gebirge in den Vorhügeln zwischen Mutzig, Haslach, Wasselnheim und Zabern in viele Stücke zerbrochen liegen.

Ueber den genaueren Verlauf der zahlreichen Tafelbrüche in diesem abgesunkenen Gebiete sind wir noch nicht hinreichend unter-

---

[1]) O. Fraas, Geologisches Profil der Schwarzwaldbahn von Zuffenhausen nach Calw. Württ. Jahreshefte 1876, S. 128. Siehe auch Suess, Das Antlitz der Erde I, S. 257.

[2]) Ausser in der Bucht von Wintzfelden auch z. B. bei Niedermorsweier und Kienzheim bei Colmar, im Becken von Mutzig bei Niederhaslach etc., siehe die Profile bei Bleicher 1870 und Benecke 1877.

[3]) Siehe Delbos et Köchlin-Schlumberger 1866, 1 S. 264 und Daubrée, Bas-Rhin 1852, S. 325—328.

richtet; mit Ausnahme der nächsten Umgebung von Haslach und Mutzig[1]) fehlen uns die Specialaufnahmen dieser Gegend. Mit derselben beginnt die weite Bucht von Zabern-Buchsweiler, welche der Senkung des Gebirges zwischen Vogesen und Haardt östlich vorliegt und der Langenbrückener Versenkung jenseits des Rheines zwischen Schwarzwald und Odenwald entspricht.

Längs des Ostrandes des Grundgebirges der Vogesen brachen bisher die Trias- und Juratafeln so rasch in die Tiefe der Rheinspalte, dass sich die Verwerfungsspalten, mit Ausnahme der Bucht von Wintzfelden, auf einen schmalen Streifen von Vorbergen beschränkten. Vom Breuschthale an vertheilen sich die Längsbrüche auf den breiten Raum zwischen einer Linie, welche in direkter Fortsetzung der südlichen Hauptverwerfung von Molsheim über Truchtersheim, Mommenheim und Schweighausen nach Lobsann und Weissenburg verläuft, um hier am Ostrande der Haardt in derselben Richtung in NNO weiterzuziehen, und einer zweiten Linie, welche den Ostfuss des Zaberner Sandsteingebirges von Reinhardsmünster über Neuweiler nach Ingweiler in gleicher NNO-Richtung begleitet. Zwischen diesen beiden Hauptverwerfungen liegen zahlreiche andere Verwerfungen, welche die Trias- und Juratafeln stufenförmig und die kleineren Sprünge allmählich zur Tiefe absinken lassen[2]).

In diesem Hügellande ragt der Bastberg bei Buchsweiler am höchsten auf bis zu 329 m über dem Meere, nur 70 m niedriger als der Sandsteinkamm bei Pfalzburg. Der obere Theil des Bastberges besteht aus eocänen Süsswasserkalken und mitteloligocänen Conglomeraten, welche zwar discordant über den unterlagernden Jurakalken liegen, aber auch ihrerseits wiederum eine gestörte Lagerung zeigen und dadurch beweisen, dass die Bewegungen im oberrheinischen Gebirgssysteme erst nach Ablagerung dieser Tertiärschichten ihr Maximum erreichten.

Bei Hagenau durchteufte ein Bohrloch von 290 m Tiefe noch nicht die jüngeren tertiären Schichten, welche die Rheinebene unter dem Diluvium erfüllen; die Bergwerke und Bohrungen bei Lobsann haben die dortigen tertiären Schichten bis in 150 m Tiefe erschlossen, ohne die Unterlage derselben zu erreichen. Wir erkennen daraus, dass die Trias- und Juraschichten, welche das Hügelland von Buchsweiler und Wörth bilden, östlich der Verwerfung Molsheim-Weissenburg in grosse Tiefen abgesunken sind.

Längs des Nordrandes der weiten Zaberner Bucht wendet sich der Abbruch des Sandstein-Plateaus von Ingweiler wieder zurück über Niederbronn in ONO nach Weissenburg hinüber. Der Hochwald springt an der Ecke vor der Umbiegung des Gebirgsrandes mit Verwerfungen weit heraus nach Süden; westlich neben diesem Buntsand-

---

[1]) Benecke a. a. O. 1877. Geologische Karte der Umgebungen von Mutzig.
[2]) Siehe R. Lepsius, Beiträge zur Kenntniss der Juraformation im Unter-Elsass, S. 30 ff. und Skizze und Profile auf Tafel I. Leipzig 1875.

steinzuge dringt der Muschelkalk grabenartig noch weit in NNO in das Gebirge bei Lembach ein.

Wie wir bereits erwähnten, entspricht die Zaberner Bucht geologisch genau der Kraichgauer Versenkung: die Mittellinie und die Ränder der beiden Senken liegen in der ONO-Richtung des Streichens des Grundgebirges und parallel dem Südabhange des Taunus und Hunsrück. Die Reste von Jura- und Tertiärschichten nehmen auf der elsässischen Seite noch einen viel grösseren Raum ein, als auf der badischen. Der Gebirgskamm bei Zabern tritt schärfer und deutlicher hervor, als derjenige von Pforzheim bis Neckarelz, weil jener aus spröde brüchigem Sandstein besteht, dieser aus Muschelkalk und Keupermergeln, in denen sich die treppenförmigen Verwerfungen mehr ausgleichen.

Am Ostrande der Haardt ist die Lagerung der am Gebirgsrande abgerutschten Trias- und Juraschollen noch einfacher, als längs der Vogesen: die grosse Verwerfungsspalte zieht von Weissenburg in NNO über Bergzabern nach Neustadt, biegt bei Forst mehr in N um und läuft über Dürkheim nach Grünstadt, wo die Rheinspalten auf die mittelrheinischen Vorlagen des niederrheinischen Gebirgssystems auftreffen. Zerbrochene Tafelstücke des Muschelkalkes liegen an der Verwerfung niedergesunken von Weissenburg an bis nach Neustadt; auch noch bei Grünstadt fand Gümbel Spuren desselben (a. a. O. 1865, S. 53). Der tiefere Einschnitt der Queich bei Landau entblösst auch noch Keupermergel und Lias. Im übrigen sind es die Tertiärschichten, welche die Vorhügel am Gebirgsabhang bilden, die selbst auch noch an den Bewegungen des oberrheinischen Systems theilnahmen.

Im Bereich der Vogesenspalte geschahen zur Tertiärzeit nur an drei Punkten Ausbrüche von Erdlaven: es sind das die Basalte von Reichenweier zwischen Colmar und Schlettstadt im Oberelsass, dann zwischen Wörth und Reichshofen im Unterelsass, und endlich bei Forst in der Pfalz; am letzteren Orte ist die Basaltmasse ziemlich bedeutend, an den beiden ersten Punkten gering. Diesen Ausbrüchen an der Vogesenspalte entsprechen diejenigen an der Schwarzwald-Verwerfung, im Schönberg und im Bromberg bei Freiburg im Breisgau, im Steinsberg bei Sinsheim und bei Auerbach an der Bergstrasse.

Während im ganzen Gebiete der Vogesen und der Haardt kein einziger Basaltausbruch bekannt ist, finden sich deren mehrere im östlichen Randgebirge, zum Theil gerade auf den höchsten Höhen: nämlich am Oberhaustein bei Hornberg in 1051 m Meereshöhe, dann bei Neckarbischoffsheim und Neckarelz und im Katzenbuckel in 628 m Höhe; mit dem Rossberg bei Darmstadt beginnen dann die zahlreichen Basaltausbrüche am unteren Main und im Vogelsberge. Als wichtigstes Merkzeichen einer tiefgreifenden Störung im Erdgewölbe steht aber mitten in der Rheinebene und vor dem Einbruche der Freiburger Bucht das bereits erwähnte vulkanische Gebirge des Kaiserstuhles. Indessen scheinen jene vereinzelten Basaltausbrüche älteren Datums zu sein, als die Entstehung des Kaiserstuhl-Vulkanes.

5. Die äussere Abdachung des Schwarzwaldes.

Was nun die äusseren Abdachungen der Randgebirge betrifft, so neigen sich im allgemeinen die Trias- und Juratafeln ganz allmählich nach OSO zum schwäbisch-fränkischen Senkungsfelde vom Schwarzwald und Odenwald ab und auf der anderen Seite ebenso flach in WNW nach Lothringen hinein. Dabei brechen die Tafeln mit Längsverwerfungen treppenförmig aneinander ab. Vortrefflich sind diese Tafelbrüche in Schwaben von O. Fraas in den von ihm veröffentlichten Eisenbahnprofilen dargestellt und beschrieben [1]: „Die heutige Oberflächenbildung des Landes erscheint hienach als das Resultat treppenförmiger Einsenkungen der Schichten, welche zwischen dem Schwarzwalde und dem Neckar statthatten." Am schnellsten auf einander folgen die Verwerfungen zwischen den niederbrechenden Tafeln am Südostrande des hohen Schwarzwaldes am oberen Neckar und im Gebiet der Donauquellflüsse, wo die Schwäbische Alp nahe steht; je weiter nach Norden, um so breiter lagern sich die einzelnen Tafeln in dem Hügellande am mittleren Neckar.

Die Umbrechung der Tafeln um das Nordende des Schwarzwälder Grundgebirges bringt wesentliche Unregelmässigkeiten im Streichen der absinkenden Trias: indessen treten einerseits die aus- und einspringenden Winkel des Grundgebirges nicht so deutlich als am Innenrande der Gebirge hervor, weil die Verwerfungssprünge nicht so hoch wie dort werden; andererseits ist die Beschreibung der Lagerung in den Begleitworten der württembergischen geologischen Karten von E. Paulus noch zu wenig ausgiebig, um ein klares Bild des Bruchnetzes der Triastafeln östlich des Schwarzwaldes entwerfen zu können.

In den vielfach gegen einander verworfenen Triastafeln von Schwaben entsteht zwischen dem südlich angrenzenden Senkungsfelde der Tiefschweiz und der nördlich vorliegenden Kraichgauer Senke, also zwischen dem Rhein bei seinem Durchbruch durch den Jura oberhalb Waldshut und dem Neckar ein breiter Sattel, welchen bereits Vogelgesang in seiner werthvollen geologischen Beschreibung der Umgegend von Triberg und Donaueschingen kennzeichnete (a. a. O. 1872, S. 9—11). Nach Vogelgesang fallen die Trias- und Juratafeln im Wutachgebiet in OSO ein bis zu einem Schichtensattel, auf welchem die Wasserscheide zwischen Wutach und Donau liegt. Die Donau benutzt eine flache Schichtenmulde, in welcher nach E. Paulus, Blatt Schwenningen auch eine Verschiebung der Schichten gegen einander stattfindet, um durch die Jurakette quer durchzubrechen. Ein zweiter Sattel entspräche der Wasserscheide zwischen Donau und Neckar: von hier an nach Norden fallen die Tafeln mehr gegen ONO ein, um allmählich die Wendung um das Grundgebirge bis zur Kraichgauer Senke auszuführen.

---

[1]) O. Fraas, Die geognostische Profilirung der württembergischen Eisenbahnlinien. Stuttgart, 1. Liefg. 1883; 2. Liefg. 1884; 3. Liefg. 1885, mit Profilen in Farbendruck; und Württ. Jahreshefte 1876.

Auf dem Donausattel streichen die Schichten nach Vogelgesang ziemlich genau nordsüdlich. Der Abfall der Stufen nach O giebt sich in folgenden Höhenzahlen zu erkennen: der Buntsandstein erreicht auf dem Grundgebirge im Kesselberg bei Triberg 1026 m, die obere Grenze des Muschelkalkes auf dem Donausattel 788 m, des Keupers 791 m und des Jura östlich über Donaueschingen 942 m. Zugleich beweisen diese Zahlen das rasche Niederbrechen der Tafeln gegen O mit Verwerfungen: denn da die Schichten dieser Tafeln nur mit wenigen Graden einfallen, würden die obigen Höhenverhältnisse der vier Schichtengruppen, die nach Fraas zwischen Villingen und Tuttlingen eine Gesammtmächtigkeit von 1354 m [1]) besitzen, nicht möglich sein ohne die treppenförmigen Abbrüche der immer tiefer einsinkenden Tafeln.

Nördlich des Donausattels sinken die Triastafeln allmählich immer mehr nach NO ab, da dieselben um den nördlichen Theil des Schwarzwälder Grundgebirges von Freudenstadt über Wildbad nach Ettlingen herumschwenken müssen, um zur tiefsten Stelle der Senke bei Langenbrücken zu gelangen. Aus dem reichen Material, welches für die Construction des Tafelnetzes in Stuttgart vorhanden ist, bieten Regelmann [2]), Bach [3]) und Fraas [4]) einiges. Fraas zählt eine Reihe der wichtigsten Längsverwerfungen auf (a. a. O. 1882, S. 22 ff.); er hebt dabei mit Recht hervor, dass im Sandsteingebiet der Enz und Nagold die Verwerfungen schwer zu erkennen, dagegen in den höheren Stufen der Trias wegen der zahlreichen leichtkenntlichen Horizonte besser zu constatiren sind [5]). Vom Donausattel an nach Norden und Nordosten auf Stuttgart zu führt Fraas die folgenden Hauptverwerfungen an, neben denen zahlreiche andere Verwerfungen die Trias durchsetzen:

---

[1]) Nach Fraas, Geognostische Beschreibung von Württemberg etc. 1882 berechnen sich die Mächtigkeiten im einzelnen:

Buntsandstein . . .		150 m
Muschelkalk		190 m
Lettenkohle		30 m
Keuper		444 m
	Trias:	820 m
Lias		50 m
Brauner Jura . . .		220 m
Weisser Jura . . .		264 m
	Jura:	534 m

Dabei dürfte vielleicht der Buntsandstein zu gering gerechnet sein, da er im Schwarzwalde wohl an 400 m mächtig wird.

[2]) Trigonometrische Höhenbestimmungen und Notizen über den Gebirgsbau, in den Württembergischen Jahrbüchern 1877, S. 35.

[3]) Begleitworte zum Atlasblatt Böblingen 1868.

[4]) In den vortrefflichen Eisenbahnprofilen und in der geognostischen Beschreibung von Württemberg 1882.

[5]) Dasselbe findet statt im Rheinischen Schiefergebirge, wo im Devon die Verwerfungen schwer zu beobachten sind, dagegen in der auflagernden Trias massenhaft erscheinen, obwohl natürlich die Verwerfungen nicht nur durch die Trias, sondern ebenso zahlreich durch das Devon setzen (siehe H. Grebe, Ueber das Ober-Rothliegende, die Trias, das Tertiär und Diluvium in der Trier'schen Gegend, und Ueber die Trias-Mulde zwischen dem Hunsrück und Eifel-Devon. Jahrb. der k. preuss. geolog. Landesanstalt. Berlin 1882 und 1884).

1. von Villingen über Mönchweiler und Königsfeld nach Schramberg; streicht in N 15° W;

2. von Dornhan über Lossburg nach Christophsthal bei Freudenstadt; streicht in N 30° W;

3. von Schopfloch an Dornstetten vorbei nach Hallwangen; streicht in N 45° W;

4. im Schönbuch a) von Bebenhausen über Hildrizhausen nach Ehningen. b) von Glashütte bei Waldenbuch nach Steinenbronn, c) die grosse Verwerfung von Aich nach Rohr und Vaihingen, welche die Grenze gegen die Filder bildet; alle drei Verwerfungen streichen in N 45° W;

5. zwischen den Fildern und dem Schurwalde verläuft eine Verwerfung von Plochingen östlich über dem Neckarthale nach Untertürkheim und setzt sich fort von Münster bei Cannstatt über Stammheim und Schwieberdingen bis nach Vaihingen an der Enz; diese 42 km lange Verwerfung streicht in N 50° W;

6. zwischen Calw und Weil der Stadt zieht bei Althengstett eine Verwerfung gleichfalls in N 50° W.

Wir erkennen aus diesen Angaben, dass die Triastafeln, je weiter sie sich vom Donausattel nach NO entfernen, um so mehr ihr anfängliches NNW-Streichen in NW umwenden, um das Nordostende des Schwarzwaldes mantelförmig bis zur Kraichgauer Senke zu umgehen; dabei ist im allgemeinen die Tafel auf der NO-Seite der Verwerfung gegen die SW-Seite abgesunken, so dass die Bahn von Freudenstadt (731 m) nach Stuttgart (249 m) immer jüngere Schichten vom Bunten Sandstein bis hinauf zum Lias durchschneidet.

Von Querverwerfungen heben wir diejenige im Schönbuch hervor, welche von Bebenhausen nach Aich in N 50° O verläuft. Parallel diesen Querverwerfungen streicht der Steilhang der Rauhen Alp: derselbe ist fast durchaus ein Resultat der Erosion durch die Neckarzuflüsse.

Im grossen und ganzen ist demnach die Lagerung der Triastafeln in dem schwäbischen Hügellande mehr beherrscht von der tiefen Einsenkung parallel dem Streichen des Grundgebirges zwischen Schwarzwald und Odenwald, als von dem Hauptstreichen des oberrheinischen Gebirgssystems.

6. Die äussere Abdachung des Odenwaldes.

Während wir bereits einigermassen über den Bau der schwäbischen Triastafeln am Ostrande des Schwarzwaldes orientirt sind, mangeln bis jetzt fast vollständig die Nachrichten über die Lagerung der Trias östlich vom Grundgebirge des Odenwaldes. Das weitausgedehnte Sandsteinplateau des hinteren Odenwaldes zwischen Neckar und Main scheint im allgemeinen aus einer Reihe von Tafeln zu bestehen, welche durch Verwerfungen in NNO-Richtung von einander getrennt sind; die einzelnen Tafelbrüche bewirken aber meist nicht eine tiefere Lage des Ostflügels an der Verwerfung, wie in Schwaben, sondern umgekehrt eine Erhebung der Ost- über die Westseite: z. B. fallen die Sandsteine zwischen der oberen Gersprenz und der Mümling flach in OSO gegen Michelstadt zu ein, so dass ein Profil in dieser Richtung vom Grundgebirge bei Reichelsheim erst den Zechstein, dann die Stufen des mächtigen Buntsandsteins, bei Steinbach auch den oberen Buntsandstein durchschneidet und im Mümlingthale endlich noch den Wellenkalk antrifft. Oestlich von Michelstadt und Erbach zieht eine Verwerfung von bedeutender Sprunghöhe in NNO hindurch, welche am Westfuss des Krähberges den unteren Bunten Sandstein in das Niveau des Muschelkalkes geworfen hat. Wiederum fallen dann im Krähberge die Sandsteine regelmässig in OSO zum Schöllenbach hin.

In den Hauptverwerfungen des hinteren Odenwaldes laufen die Bäche nach N und S ab: so die Gersprenz, Mümling und Mudau in den Main, Weschnitz, Finkenbach, Gammelsbach, Sensbach, Itterbach in den Neckar. Die einseitige Aufkippung der Tafeln bewirkt, dass die Höhen der ganz flach in O bis OSO einfallenden Bunten Sandsteine zwischen den Verwerfungen in den von W nach O auf einander folgenden Zügen fast gleich hoch bleiben, im Durchschnitt von 450 m Meereshöhe, und dass der hintere Odenwald im ganzen als ein gleichförmiges Sandsteinplateau erscheint, obwohl hier die Tafeln ebenso zerstückelt sind, wie in Schwaben.

7. Die äussere Abdachung von Vogesen und Haardt.

Die westliche Abdachung der Vogesen und der Haardt verläuft nun weit einfacher und regelmässiger als diejenige der Gegenseite in Schwaben und Franken. Es ist dies verständlich bei der NNO-Richtung des oberrheinischen Gebirgssystems: während drüben im Schwarzwalde die Bergzüge des Grundgebirges in spitzen Winkeln auf die in NO zur Kraichgauer Senke absinkenden Triastafeln auftreffen, streicht diesseits der lange Westkamm fast ununterbrochen vom Hochplateau der oberen Mosel über die obere Saar bis zum Westrich in der NNO-Richtung gleichförmig hindurch. Von diesem Kamme fallen die Triastafeln regelmässig nach WNW, in derselben Weise einzeln aufgekippt mit steilen Ost- und flachen Westabhängen wie drüben im hinteren Odenwalde. Benecke giebt in seinem Abriss der Geologie von Elsass-Lothringen (1878 S. 105 ff.) eine allgemeine Uebersicht der Triaszüge in Deutsch-Lothringen: „Die zonenartige Aufeinanderfolge der Formationen von den Vogesen nach der Mosel hin veranlasste einen wiederholten Wechsel von Depressionen und erhöhten Rücken, je nach der leichteren oder schwereren Verwitterbarkeit der Gesteine. Die Rücken liegen wallartig mit dem steilen Abfall gegen die Vogesen und bilden nach Westen ein Glacis."

Die Triastafeln in Lothringen setzen sich zunächst vom östlichen Vogesen- und Haardtkamme ab an einer Verwerfung, die auch im Sandsteingebiete von Pirmasens über Bitsch bis ins obere Zornthal in der Hauptrichtung von NNO nach SSW zu verfolgen ist. Dann folgt nach Westen ein scharf hervortretender Muschelkalkzug von den Höhen westlich über Saarburg an in NNO, östlich an Saarunion vorbei nach Rohrbach und auf Zweibrücken zu; daran schliesst sich westlich die Seenniederung der Keupermergel in derselben NNO-Richtung von Avricourt an der französischen Grenze bis nach Saargemünd hin; die Seille entwässert diese Niederung nach S, die Saar nach N. Der nächste Wall von Château-Salins über Grosstänchen nach Vahl-Ebersing gehört zum oberen Keuper.

Von diesem letzteren Zuge an macht sich gegen die Mosel bei Metz hin mehr und mehr die NO- bis ONO-Richtung des niederrheinischen Systems geltend, welches nördlich an dieser Gegend mit der grossen, bereits erwähnten Verwerfung von St. Avold über Forbach und Bexbach bis zum Donnersberge abschneidet.

An der Mosel bei Metz und Diedenhofen streichen die Bergzüge wieder nordsüdlich; doch werden sie häufig gequert von den in NO bis ONO verlaufenden Verwerfungen des niederrheinischen Systems. In der NS-Richtung streicht z. B. die von Steinmann angegebene Verwerfung von Amanvillers nach Rombach in dem Plateau westlich über Metz [1]). So weit nach Westen erstreckt sich aber nicht die Wirkung des oberrheinischen Gebirgssystems; denn wir befinden uns bei Metz bereits in den Gebieten nördlich der das oberrheinische System abgrenzenden Verwerfungslinie St. Avold-Bexbach. Die Wirkungen sind indessen hier deswegen ähnliche wie in der Westabdachung der Vogesen und der Haardt, weil die Umgegend von Metz ebenfalls zu dem grossen Senkungsfelde zu rechnen ist, dessen Mitte das Pariser Becken einnimmt.

Benecke vergleicht den Verlauf der Höhenzüge in Lothringen mit der Gestalt eines liegenden Z, da die Triastafeln zunächst westlich der Vogesen und der Haardt in NNO parallel dem oberrheinischen System streichen, dann weiter westlich anfangs mit NO-, endlich bei Metz mit N-Streichen um die SW-Ecke des Rheinischen Schiefergebirges umlenken.

Das interessante Bruchnetz, welches Grebe aus der Trias der unteren Saar und Mosel so trefflich gekennzeichnet hat (a. a. O. 1882 und 1884), gehört vollständig in den Bereich des niederrheinischen Systems.

C. Die tertiären Ablagerungen in der oberrheinischen Tiefebene.

Die Lagerung der abgestürzten Trias- und Jura-Tafeln an den beiderseitigen Gebirgsrändern längs der Vogesen- und Schwarzwald-Spalten hat uns bereits klar gemacht, dass die oberrheinische Tiefebene dadurch entstanden ist, dass das Grundgebirge in der NNO-Richtung des Systems auseinanderbrach und die Formationen zwischen den Horsten in grosse Tiefen versanken. Der Einbruch der Schichten

[1]) G. Steinmann, Geologischer Führer der Umgegend von Metz. Skizze der Verwerfungen auf S. 10. Metz 1880.

in die Rheinspalte geschah zwar wie jedes derartige Ereigniss plötzlich, aber das Endresultat desselben, wie wir es heute vor uns sehen, wurde nicht auf einmal erreicht, sondern erst durch eine sehr grosse Reihe einzelner Einbrüche, welche am Anfange der Tertiärzeit begannen und sich bis in die jetzige Zeit fortsetzten. Am Anfang der Tertiärepoche befanden sich in der wahrscheinlich sehr flach eingesenkten Rheinebene nur einige wenige ausgedehnte Landseen, einer z. B. bei Buchsweiler im Unterelsass; dieser Buchsweiler See vertiefte und vergrösserte sich bedeutend in der unteroligocänen Zeit, wo in demselben die bis 300 m mächtigen Schichten von Lobsann und Pechelbronn abgelagert wurden [1]).

Zur mitteloligocänen Zeit war jedoch die Versenkung schon so weit gediehen, dass das Meer in die Rheinebene einbrach und sich über die ganze Ebene zwischen den Gebirgen verbreitete: von Rädersdorf in der Pfirt im Oberelsass und von Lörrach und Stetten im Wiesenthal bei Basel an bis hinab nach Heppenheim an der Bergstrasse und bis nach Alzey in Rheinhessen, sowie längs des Südrandes des Taunus kennen wir die Sande und Conglomerate des mitteloligocänen Meeresrandes. Eine noch stärkere Vertiefung des Meeres in der Rheinebene beweist die mächtige Ablagerung des darauffolgenden Septarienthones, welcher gleichfalls von Sentheim im Oberelsass durch das Unterelsass bis an die Nahe und bis in die Wetterau zu finden ist.

In den oberen Theil der Septarienthone gehören die Schieferthone mit Fischresten, welche im Oberelsass eine ziemliche Verbreitung besitzen. Dann folgen in der ganzen Rheinebene bis in das Mainzer Becken feinkörnige oberoligocäne Meeressande und Mergelschiefer, welche zum Unterschied von den älteren „Alzeyer Meeressanden" die „Elsheimer Meeressande" heissen; sie werden nach ihrem häufigen Gehalt an fossilen Blättern auch Blättersandsteine genannt.

Mit den überlagernden Cyrenenmergeln beginnt die Aussüssung des Meeres. Der Cerithienkalk und der jüngere Litorinellenkalk des Mainzer Beckens lagerten sich bereits in einem geschlossenen Landsee ab, welcher nur am Mittelrhein, in Rheinhessen, in der Wetterau und in der Pfalz bis nach Landau hin sich ausdehnte. Gleichaltrige Bildungen in Oberbaden, bei Müllheim, Auggen, Schliengen, Kleinkems, Istein und im Tullinger Berg bei Basel gehören mehr der schweizerischen Facies des Miocän an. Wahrscheinlich flossen diese Seen nach SW ab, jedenfalls nicht nach N, da wohl in der Schweiz und im Centralplateau von Frankreich, aber nicht in Norddeutschland oder am Niederrhein eine ähnliche miocäne Fauna vorhanden ist. Die jüngste tertiäre Bildung der Rheinebene sind die fluviatilen Sande mit Resten von Dinotherium, Mastodon und anderen Landsäugethieren, wie sie von dem Schweizer Jura an bis hinab ins Mainzer Becken und bis auf das Plateau des rheinischen Schiefergebirges in grosser Verbreitung vorkommen. Erst mit dem Beginn der Diluvialzeit, also mit der Einwanderung des Menschen in

---

[1]) Siehe für das elsässer Tertiär A. Andreae. Beitrag zur Kenntniss des elsässer Tertiärs. Strassburg 1883–1884. Für das mittelrheinische Tertiär R. Lepsius. Das Mainzer Becken, geologisch beschrieben. Darmstadt 1883.

Europa, brach der Rhein durch die Juratafeln unterhalb des Bodensees und benutzte die grosse Spalte zwischen Vogesen und Schwarzwald, um nach Norden abzufliessen. Der Rhein füllte mit seinem Schutte die Rheinebene so weit aus, dass die diluvialen Sande und Schotter über der tertiären Unterlage zumeist 50—100 m mächtig aufgehäuft liegen; nur an einigen Stellen wie bei Kolbsheim und Truchtersheim bei Strassburg, im Büchelberg bei Lauterburg in der Pfalz (Andreae a. a. O. 1884. S. 227) und auf dem Steinmarkt bei Bauschheim zwischen Grossgerau und Mainz taucht das Tertiär auch mitten in der Rheinebene an die Oberfläche aus dem Diluvium hervor.

Uns interessirt hier besonders die Lagerung der tertiären Schichten in ihrem Verhältniss zum oberrheinischen System. Da erkennen wir zuerst, dass die Unterlagen, das Liegende des Tertiärs längs der Rheinebene verschiedenartig ist. In Oberbaden lagern die mitteloligocänen Kalksande bei Lörrach und am Schloss Rötteln auf der ausgefurchten Oberfläche der Jura-Kalke und -Oolithe, deren Material die Gerölle dieses tertiären Meeressandes entnommen sind; die Verwerfungen, welche hier den Oolith neben den Muschelkalk des Dinkelberges warfen, sind offenbar erst später als der mitteloligocäne Meeressand entstanden: denn sonst müsste der letztere auch andere Gerölle, als nur Jurageröllе, er müsste vor allem auch Schwarzwaldgerölle enthalten, was nicht der Fall ist. Die Meeressande bei Lörrach liegen in 324 m absoluter Höhe.

In gleicher Weise überdecken eocäne Thone mit Bohnerzen und obereocäner Melanienkalk zwischen Istein, Schliengen und Kandern die ausgewaschene Oberfläche der oberen und unteren weissen Jurakalke der am Schwarzwälder Grundgebirge abgesunkenen, ziemlich horizontal lagernden Schollen in 400—450 m Höhe. Die Bohnerzbildung ist hier ganz die gleiche wie auf der schwäbischen Alp und im Schweizer Jura; zur Zeit als diese limnischen eocänen Schichten sich ablagerten, konnte die Absenkung der Juratafeln um die Horste herum noch kaum begonnen haben; jedenfalls war das Grundgebirge des Schwarzwaldes zur Zeit noch nicht entblösst.

Weiter nördlich treffen wir die mitteloligocänen Kalksande und Conglomerate ausser bei Schliengen, Müllheim, Oberweiler, Staufen a. a. O. auch auf der höchsten Höhe des 640 m hohen Schönberges bei Freiburg und an dem Westabhang desselben: die Unterlage des Tertiär ist hier ebenfalls theils Oolith des braunen Jura, theils noch jüngerer Jurakalk, wie in ganz Oberbaden, und die Gerölle desselben bestehen zumeist aus diesen Jurakalken, zuweilen aus Liaskalk, selten aus Muschelkalk: aber man findet keine Gerölle von älteren Gesteinen. Der ausgezeichnete Darsteller der geologischen Verhältnisse des Schönberges, Karl Fromherz (a. a. O. 1837, S. 36) sagt am Schlusse seiner Abhandlung: „Wenn es sich endlich darum handelt, die geologische Epoche der vulkanischen Hebung des Schönberges zu bestimmen, so muss ich mich hier auf die Bemerkung beschränken, dass diese Hebung augenscheinlich erst nach der Ablagerung der tertiären Conglomerate erfolgte. Das Vorkommen dieser Conglomerate auf dem höchsten Gipfel des Schönberges in einer Höhe von 2000 Fuss und die Aufrichtung der Schichten [1]) dieser tertiären Felsarten am Steinenweg bei Ebringen setzt jene Thatsache ausser Zweifel." Wir sprechen nach unseren jetzigen Anschauungen nun weder von einer „vulkanischen Hebung" noch von einer Hebung überhaupt, sondern sehen in der steilen Stellung der Tertiärschichten am Schönberg eine Folge des Absinkens der Schollen in die Rheinspalte. Jedenfalls treffen wir auch hier bei Freiburg noch keine Gerölle des Grundgebirges in den oligocänen Conglomeraten an und finden diese selbst in einer Höhe über dem Meere von 646 m.

Endlich wurden die mitteloligocänen Kalksande auch bekannt auf dem Schutterlindenberg bei Lahr, wo sie gleichfalls auf dem Oolith des braunen Jura aufliegen und mit 8—16° [2]), an einer Stelle auch mit 40° [3]) in W einfallen; sie lagern dort in 160—200 m absoluter Höhe. Diese Kalksande bestehen nach Walchner [4]) fast ganz aus den Oolithkörnern ihrer Unterlage.

Gehen wir noch weiter nördlich, so finden wir bei Ubstatt und Malsch im Kraichgau mitteleocäne Süsswasserkalke aufgelagert auf unterem braunen Jura (Murchisonae-Sandstein); es sind Schichten von demselben Alter wie diejenigen drüben auf dem Bastberg bei Buchsweiler im Unterelsass. Die Lagerung der Schichten ist schlecht aufgeschlossen; doch sagt Benecke (a. a. O. S. 604): „in horizontaler Lage verblieben der Kalksandstein von Ubstatt und die jüngeren Tertiärbildungen." Sodann begegnen wir bei Grossachsen einer einzelnen an der Hauptverwerfung abgesunkenen Scholle von mitteloligocänem Meeressande, welche unter Löss und nahe einer ebenfalls niedergesunkenen Partie Buntsandstein zu Tage tritt. Endlich hängt eine abgerissene Tafel des mitteloligocänen Meeressandes am Gneiss in den Vorbergen bei Heppenheim an der Bergstrasse; nördlich daneben steht die Starkenburg auf einem Rest von Buntsandstein [5]). Hier nun besteht der tertiäre Sandstein zumeist aus Trümmertheilen der granitischen Gesteine des Grundgebirges, an welchem die Scholle liegt; wir erkennen hieraus, dass an der Bergstrasse bereits das kristalline Grundgebirge entblösst war, als das mitteloligocäne Meer die Rheinebene bedeckte. Dieser tertiäre Sandstein lagert bei Heppenheim in 300 m absoluter Höhe.

Für die linke Rheinseite heben wir aus der eingehenden Darstellung des elsässer Tertiär von Andreae die folgenden hier in Betracht kommenden Punkte hervor. Die eocänen Kalke in der Umgegend von Buchsweiler im Unterelsass und zu Morvillars bei Belfort lagern wie diejenigen bei Kleinkems in Oberbaden und bei Ubstatt und Malsch im Kraichgau auf Oolithen und Kalken des braunen Jura. In diesen Schichten gibt uns nichts kund, dass die Rheinspalte bereits vorhanden war. Zur Zeit des obersten Eocän, als sich der Melanienkalk im Sundgau

---

[1]) Die Schichten fallen nach WSW ein.
[2]) Eck a. a. O. 1883, S. 101.
[3]) Platz a. a. O. 1867, S. 44.
[4]) Walchner, Ueber das Vorkommen von Grobkalk am westlichen Rande des Schwarzwaldes, in Leonh. Zeitschr. für Min. 1827. II S. 241—246.
[5]) R. Lepsius, Mainzer Becken 1883, S. 40.

ablagerte, scheint sich das schweizer Molassemeer dem Elsass von Süden her genähert zu haben.

Zur unteroligocänen Zeit entstanden die 200 bis 300 m mächtigen Asphalt-, Petrol- und Braunkohlen-führenden Mergel und Kalke in dem Gebiet zwischen Hagenau, Wörth und Weissenburg im Unterelsass und bei Altkirch im Sundgau, brackische Schichten; auch in ihnen finden wir keine Andeutung, dass die Schichtenstörungen des oberrheinischen Systems bereits begonnen hätten.

Erst mit der weit über die Grenzen des südwestlichen Deutschlands ausgedehnten allgemeinen Senkung zu Anfang der mitteloligocänen Zeit scheinen die ersten Tafelbrüche im Sinne des oberrheinischen Systems entstanden zu sein; denn von nun an finden wir Küstenbildungen längs der Linien, welche jetzt ungefähr durch die Vogesen- und Schwarzwald-Spalten gezogen sind. Besonders treten grobe Strandgeröllmassen an der ganzen Länge der Vogesenspalte auf: die bis 30 cm, ja bis 50 cm grossen Strandgerölle des mitteloligocänen Meeres lagern zu Oltingen bei Pfirt im Oberelsass auf unterem weissen Jurakalk (Astartien) und bestehen selbst fast ganz aus diesen Jurakalken; ebenso bei Belfort und Montbéliard. Bei Rodern und Leimbach S Thann und zu Sulz bei Gebweiler sind die Strandgerölle ebenfalls den Jurakalken, aber auch dem Muschelkalk, dem Voltzien- und Vogesen-Sandstein entnommen; dagegen fehlen vollständig Gerölle von Granit oder Grauwacke, welche Gesteine dort jetzt die Berge jenseits der Verwerfung bilden. Auf dem 416 m hohen Bollenberg und über Ruffach in ca. 300 m Höhe, dann bei Pfaffenheim und auf dem 350 m hohen Letzenberg bei Türkheim liegen die mächtigen Conglomerate des mitteloligocänen Meeres auf braunem Jurakalke; aus diesem Kalke stammen auch die meisten Gerölle selbst, daneben finden sich selten Gerölle aus der Trias, niemals die Granite und Grauwacken des Grundgebirges. Zu Beblenheim bei Colmar bestehen die mitteloligocänen Meeresstrandgerölle aus Vogesensandstein, Muschelkalk und Juraoolithen; bei Ittersweiler, auf der 350 m hohen Gloriette bei Barr und bei Bernhardsweiler vorwiegend aus braunen Jurakalken, am letzteren Orte auch aus eocänem Süsswasserkalk. Auf dem Bischenberg 360 m bei Oberehnheim lagern die Conglomerate auf eocänem Süsswasserkalk; die Gerölle derselben sind Juraoolithe, selten Buntsandsteine. Die mächtigen Strandgerölle auf dem Scharrachberg 316 m bei Wolxheim bestehen vorwiegend aus Juraoolithen; daneben kommen solche aus Muschelkalk, selten aus Voltzien- und Vogesensandstein vor. Der 329 m hohe Bastberg bei Buchsweiler trägt über den Oolithen und Kalken des oberen braunen Jura die eocänen Braunkohlenmergel und Süsswasserkalke; auf diesen lagern mächtige Massen von mitteloligocänen Strandgeröllen, die sämmtlich den Oolithen und Kalken des braunen Jura entnommen sind; die tertiären Schichten fallen hier mit 6—16° in NNO ein.

Bis hierher lagern die mitteloligocänen Schichten stets auf der ausgefurchten Oberfläche der Kalktafeln des braunen Jura, wie in Baden, nicht auf älteren Formationsstufen; nur im Sundgau und dann noch weiter südlich im Schweizer Jura lagern sie auf noch jüngeren Stufen, auf den Kalken des weissen Jura. Aber am Abhange der Haardt und im Mainzer Becken wird das anders: schon bei Wörth, bei Gunstett und Weissenburg liegen die mitteloligocänen Conglomerate auf Lias und auf Muschelkalk; auch zeigen sich keine Juragerölle mehr, sondern fast lauter Muschelkalkgerölle; ebenso zu Leinweiler bei Landau (Andreae II S. 71). Das Profil von Lobsann (zwischen Wörth und Weissenburg) zeigt, dass die eocänen Petrolschichten, die Conglomerate des mitteloligocänen Alzeyer Meeressandes und die ebenfalls mitteloligocänen Septarienthone mit voller Mächtigkeit an der Verwerfung am Vogesensandstein der Haardt abstossen; die Septarienthone fallen sogar etwas gegen die Verwerfung ein, was wir oben (S. 73) als ein Kennzeichen der Tafelbrüche längs der Vogesenspalte hervorhoben. Die Mächtigkeit der drei tertiären Stufen bei Lobsann ist mit 300 m noch nicht durchbohrt; der Vogesensandstein des Hochwaldes steht 300 m über Lobsann empor; die Mächtigkeit der oberen Trias (Voltzien-Sandstein, Muschelkalk und Keuper) ist im Unterelsass nach Daubrée auf 175 m, diejenige des Jura bis zum oberen braunen Jura auf 135 m zu schätzen: rechnet man diese Zahlen zusammen, so beträgt die Sprunghöhe der Verwerfung zwischen dem Hochwald und Lobsann mindestens 910 m. Diese Verwerfung ist nun sicher erst nach dem Absatz des Septarienthones (wahrscheinlich sehr viel später) entstanden: die Rheinebene bei Weissenburg hat sich demnach seit der oligocänen Zeit im Verhältniss gegen die stehengebliebenen Horste noch um wenigstens 910 m gesenkt.

Im Mainzer Becken nun lagern die mitteloligocänen Meeressande auf den Rothliegenden Sandsteinen; am Hunsrück und am Taunus endlich auf den Grauwacken des devonischen Schiefergebirges.

Wir erkennen daraus, dass die nördlichen Gebiete der Rheinebene noch lange Zeit Continent waren und denudirt wurden bis auf das Grundgebirge (bei Heppenheim bis auf den Gneiss), ehe das mitteloligocäne Meer auch in diese Gegenden von Süden her einbrach, während dasselbe im südlichen Theile der Rheinebene schon längst die Felsen des braunen Jura überspülte. Die Grundgebirge der Vogesen und des Schwarzwaldes waren damals noch nicht entblösst: denn keine Granit- und Grauwackengerölle, sondern nur Jura- und Triasgerölle bildeten die Conglomerate an der Küste des oligocänen Meeres.

Auch noch untrüglichere Zeichen der Brandung des tertiären Meeres finden sich längs dieser damaligen Küstenlinie: ausgewaschene und abgespülte Felsen der Grauwacken und Quarzite am Taunusrande (z. B. nahe Schloss Vollraths bei Oestrich) und der Rothliegenden Sandsteine, Melaphyre und Porphyre in Rheinhessen. Auch sitzen häufig noch ganze Austerncolonien fest an den Porphyrfelsen nahe der ehemaligen Küste. Im Elsass aber erwähnt Daubrée auch Bohrlöcher von Bohrmuscheln am Strande des mitteloligocänen Meeres in den Jurakalken und im Muschelkalke bei Wörth, am Kleinen Bastberge bei Buchsweiler, am Scharrachberg und Dreispitz bei Molsheim, bei Barr und bei Blienschweiler.

Die miocänen Süsswasserbildungen haben eine geringere Verbreitung in der Rheinebene, als die oligocänen Meeresabsätze; in den

Cerithienkalken und Litorinellenkalken bemerken wir keine Anzeichen von bedeutenden Störungen. Doch werden auch während dieser Zeit die Absenkungen fortgeschritten sein; am stärksten jedoch wohl während der pliocänen, jüngsten Tertiärzeit, wo bereits die grossen Seen aus der Rheinebene verschwunden waren und nur Flussabsätze sich bildeten. Am Anfang der Diluvialzeit waren jedenfalls schon die Grundgebirge von Vogesen und Schwarzwald fast ebenso entblösst von den ehemals überlagernden Trias- und Jurastufen, wie jetzt: denn in den diluvialen Conglomeraten der Rheinebene finden wir die Granite und Grauwacken der Grundgebirge ebenso wie Triasgerölle. Die diluvialen Gletscher in den Belchenstöcken fanden die Thäler, in welchen sie hinabglitten, nicht viel weniger ausgehöhlt vor, als sie jetzt sich darstellen. Dazu brachte der Rhein alpine Gerölle, die vor der diluvialen Zeit nirgends in den älteren Ablagerungen des oberrheinischen Gebirgssystems vorkommen. Auch während der Diluvialzeit sanken die Trias-, Jura- und Tertiärtafeln in der Rheinspalte noch tiefer, indem gleichzeitig der Rhein mit dem mitgeführten Sand, Kies und Schlick die absinkende Fläche wieder auffüllte. Hundert Meter mächtig liegen z. B. die diluvialen Rheinablagerungen zu Griesheim in der Ebene westlich bei Darmstadt, und sie enthalten noch in ihren tiefsten Schichten Flussmuscheln und Flussschnecken, wie sie zur diluvialen Zeit am Rheine lebten.

Noch heute geben uns die zahlreichen Erdbeben in der ober- und mittelrheinischen Tiefebene kund, dass diese Bewegungen im Sinne des oberrheinischen Gebirgssystems noch nicht zur Ruhe gekommen sind; jedesmal wenn eine durch die Senkungen entstandene Spannung im Erdgewölbe ausgelöst wird, lassen die Einbrüche den Boden unter unseren Füssen erzittern. Dagegen erlauben die Schutzdämme, welche jetzt den Strom seiner ganzen Länge nach von Basel bis Mainz von der ihn umgebenden Ebene abschliessen, dem Rhein nicht mehr, die allmählich tiefer sinkenden Flächen der Tiefebene mit seinem Schlicke aufzufüllen; in Folge dessen werden, besonders am Mittelrhein, die Ueberschwemmungen bei der Hochfluth immer gefährlicher und bedrohen immer weitere Gebiete, so dass in diesen Gegenden schon ernstlich die Frage erörtert wird, ob es nicht thunlich wäre, zu dem holländischen Poldersystem überzugehen, den Getreidebau in den Niederungen in der Nähe des Rheines wieder aufzugeben und, wie früher vor dem Bau der Dämme, zur Wiesencultur und zur Viehzucht zurückzukehren.

Dieselbe Erwägung, die wir aus der geologischen Geschichte des oberrheinischen Gebirgssystems gewonnen haben, nämlich dass die Randgebirge der Rheinebene durch langsames aber lange andauerndes Absinken der Trias- und Juratafeln sowie des Tertiärs entstanden sind, giebt uns auch die richtige Erklärung des eigenthümlichen Verlaufes der Flüsse im Stromgebiete des Rheines: der Neckar, der Main, die Zorn, die Mosel, die Saar, die Nahe und der Rhein selbst konnten deswegen die Gebirge, durch welche ihr Unterlauf geht, durchfliessen und durchschneiden, weil ehemals die Landstrecken ihres oberen und mittleren Laufes in einem höheren Niveau als jetzt sich befanden. In der langen Zeit vom jüngsten Tertiär an durch das Diluvium bis in die jetzige Periode war das südwestliche Deutschland ein Continent, auf welchem Flüsse ihr Bett eingruben; während derselben Zeit sanken die Schichtentafeln in der Rheinebene sowie in dem schwäbisch-fränkischen und in dem lothringischen Senkungsfelde immer tiefer ab, sodass sie sich nun in einem bedeutend tieferen Niveau im Verhältniss zu den weniger tief abgesunkenen oder stehengebliebenen Horsten Schwarzwald, Vogesen, Odenwald und Haardt befinden.

Schluss.

Ueberblicken wir noch einmal die dargelegten Verhältnisse der oberrheinischen Tiefebene und ihrer Randgebirge, so lassen sich die Resultate unserer Betrachtungen in die folgenden Sätze kurz zusammenfassen:

1. Das krystalline und paläozoische Grundgebirge, welches in den Kernen der Randgebirge zu beiden Seiten der Rheinebene zu Tage tritt, wurde am Ende der Steinkohlenzeit durch tangentialen Druck von SSO her in zahlreiche Falten mit ONO-Streichen zusammengeschoben.

2. Von der Ablagerung des oberen Rothliegenden an bis zur Zeit der oberen Jura-Formation war das südwestliche Deutschland vom Meere bedeckt: Schichten von 1200—1500 m Mächtigkeit lagerten sich während dieser langen Zeit ohne jede Störung allmählich über dem Grundgebirge ab.

3. Während der Kreidezeit wurde das südwestliche Deutschland wiederum Continent und blieb es bis zur neuen Ueberfluthung durch das mitteloligocäne Meer.

4. Von der Tertiärzeit an bis jetzt bildete sich das im allgemeinen in NNO streichende oberrheinische Gebirgssystem heraus: rings um die weniger tief einsinkenden oder stehenbleibenden Horste brachen die Formationen in viele Tafeln auseinander und sanken mehr und mehr nieder östlich in dem schwäbisch-fränkischen, westlich in dem lothringischen Senkungsfelde und mitten zwischen den Horsten in die aufklaffende Rheinspalte.

5. Quer durch die Randgebirge entstand eine Senkung in der ONO-Richtung des Grundgebirges, östlich im Kraichgau zwischen Schwarzwald und Odenwald, westlich im Zaberner Hügellande zwischen Vogesen und Haardt.

6. Die ersten grösseren Bewegungen im Sinne des oberrheinischen Gebirgssystems sprechen sich aus in der Küstenbildung des mitteloligocänen Meeres. Dieses Meer drang von Süden her in die entstehende Tiefebene ein, verbreitete sich allmählich bis zum Mittelrheingebiet und blieb als ein Meeresarm in Verbindung mit dem schweizerischen und norddeutschen Meere bis zur oberoligocänen Zeit, wo die Aussüssung des Wassers in der Rheinebene begann.

7. Am meisten beigetragen zur jetzigen Gestaltung des oberrheinischen Gebirgssystems hat die jüngste Tertiärzeit.

8. Auch während der Diluvialzeit dauerte die Absenkung der oberrheinischen Tiefebene fort. Zu Anfang dieser Zeit brach der Rhein in die Tiefebene ein und füllte dieselbe in der Folge fortdauernd mit seinem Schotter auf, so dass die diluvialen Rhein-Sande und -Kiese jetzt bis zu 100 m mächtig die abgesunkenen Tafeln der älteren Formationen bedecken.

9. Noch jetzt nehmen die Bewegungen im oberrheinischen Gebirgssystem ihren Fortgang, wovon die Erdbeben uns Kunde geben.

10. Wenigstens um 2500 m sind die Trias- und Juratafeln in der Rheinebene zwischen den höchsten Theilen von Schwarzwald und Vogesen von der Tertiärzeit an bis jetzt niedergesunken.

Inhalt.

Ü 1

Forschungen
zur deutschen Landes- und Volkskunde
im Auftrage der
Centralkommission für wissenschaftliche Landeskunde von Deutschland
herausgegeben von
Dr. Richard Lehmann,
Professor der Erdkunde an der Akademie zu Münster i/W.
Erster Band.
Heft 3.

DIE STÄDTE
DER
Norddeutschen Tiefebene
IN IHRER BEZIEHUNG ZUR
Bodengestaltung.

VON
DR. F. G. HAHN,
Professor der Erdkunde an der Universität Leipzig

STUTTGART.
VERLAG VON J. ENGELHORN.
1885.

PROSPEKT.

Die „Forschungen zur deutschen Landes- und Volkskunde" wollen dazu helfen die heimischen landes- und volkskundlichen Studien zu fördern, indem sie aus allen Gebieten derselben bedeutendere und in ihrer Tragweite über ein bloss örtliches Interesse hinausgehende Themata herausgreifen und darüber kürzere wissenschaftliche Abhandlungen hervorragender Fachmänner bringen. Sie wollen ferner auf solche Weise zugleich dahin wirken, dass die bezüglichen in den verschiedenen Teilen unseres Landes betriebenen Forschungen mehr, als dies bisher meist der Fall war unter einander in Verbindung kommen. Endlich wollen sie auch dazu beitragen das Interesse für diese Studien in den höher gebildeten Kreisen unseres Volkes lebhafter anzuregen und allgemeiner zu machen.

In räumlicher Beziehung werden sie sich keineswegs auf das Gebiet des Deutschen Reiches beschränken, sondern soweit auf mitteleuropäischem Boden von geschlossener Volksgemeinschaften die deutsche Sprache geredet wird, soweit soll sich auch, ohne Rücksicht auf staatliche Grenzen, der Gesichtskreis unserer Sammlung ausdehnen. Da aber die wissenschaftliche Betrachtung der Landesnatur die Weglassung einzelner Teile aus der physischen Einheit Mitteleuropas nicht wohl gestatten würde, so sollen auch die von einer nichtdeutschen Bevölkerung eingenommenen Gegenden desselben samt ihren Bewohnern mit zur Berücksichtigung gelangen. Es werden demnach ausser dem Deutschen Reiche auch die Länder des cisleithanischen Oesterreichs abgesehen von Galizien, Bukowina und Dalmatien, ferner die ganze Schweiz, Luxemburg, die Niederlande und Belgien in den Rahmen unseres Unternehmens hineingezogen werden. Ausserdem sollen noch die Sachsen Siebenbürgens mit berücksichtigt werden und auch Arbeiten über die grösseren deutschen Volksinseln des russischen Reiches nicht ausgeschlossen sein.

In sachlicher Hinsicht fassen wir die Landes- und Volkskunde in weitem Sinne. Es werden demnach ebensowohl Arbeiten über Bau und Relief des Bodens, über fossile Schätze desselben und ihre Verwertung, über Klima und Hydrographie, Pflanzen- und Tierverbreitung, wie über die anthropologischen und ethnologischen Verhältnisse der Bewohner, ihre Mundarten, ihre räumliche Verteilung und deren Dichte, ihr Wirtschaftsleben und dessen natürliche und örtliche Bedingungen, ihre Sagen, Sitten, Bräuche u. s. w. hier Aufnahme finden können und auch Landesvermessung, Kartographie und Geschichte der Geographie in angemessener Weise zur Berücksichtigung gelangen. Durch Verbindung mit zahlreichen namhaften Fachgelehrten ist dafür gesorgt, dass thatsächlich schon in näherer Frist eine grössere Zahl dieser verschiedenen Gebiete zur Bearbeitung gelangen wird. Gleichwohl wird dadurch keineswegs ein Chaos heterogener Spezialarbeiten entstehen. Der leitende Gedanke in allen Einzelarbeiten, das innere Band, das sie trotz des mannigfaltigsten Stoffes doch unter einander zusammenhalten wird, bleibt eben, abgesehen von der Gemeinsamkeit der räumlichen Umgrenzung, die wechselseitige innere Beziehung der einzelnen Gegenstände unter einander. So wird der geologische Bau einer Landschaft nicht behandelt werden, ohne dass zugleich die dadurch bedingte Gestaltung des Reliefs und Zusammensetzung des Bodens erörtert und die Folgerungen mindestens angedeutet werden, welche sich wiederum aus diesen beiden Faktoren für die auf diesem Boden hausende organische Welt, ganz besonders aber für die Gestaltung des wirtschaftlichen Daseins der Menschen, ergeben. So wird ferner der Vegetationscharakter einer Gegend hier nur erörtert werden können im Zusammenhang einerseits mit den ursächlich einwirkenden natürlichen Faktoren, wie Relief und petrographischer Charakter des Bodens, Temperatur- und Bewässerungsverhältnisse u. a. andererseits mit seiner Beeinflussung der übrigen Lebewelt, ganz besonders der

DIE STÄDTE

DER

NORDDEUTSCHEN TIEFEBENE

IN IHRER BEZIEHUNG ZUR

BODENGESTALTUNG.

VON

DR. F. G. HAHN,
PROFESSOR DER ERDKUNDE AN DER UNIVERSITÄT LEIPZIG.

STUTTGART.
VERLAG VON J. ENGELHORN.
1885.

Inhalt.

Einleitung.

Treten wir aus der fruchtbaren Gegend von Leipzig und Halle in nordöstlicher Richtung eine Wanderung durch die norddeutsche Ebene an, so verlassen wir die leicht wellenförmigen, ertragreichen Ebenen, welche jene Städte auf der Ostseite umgeben, sehr bald. Schon bevor wir die Mulde kreuzen, betreten wir zwischen Taucha, Delitzsch, Düben und Eilenburg leichten sandigen Boden mit einzelnen vorgeschobenen Kiefernwäldern. Rasch nimmt mit der Güte des Bodens Zahl und Volksmenge der Dörfer ab. Jenseits der Mulde erreichen wir die Dübener Haide, einen der grössten zusammenhängenden Waldbezirke der mittleren Elbländer. Nur einzelne Lichtungen tragen hier Dörfer oder kleine Städte, es giebt aber auch weite Strecken, namentlich an der anhaltischen Grenze und zwischen Düben, Schmiedeberg und Gräfenhaynichen, in denen selbst solche Lichtungen ganz fehlen. Bei Kemberg erreichen wir den Beginn der Elbniederung, überschreiten den Strom selbst und müssen jetzt den niedrigen, aber geographisch durchaus nicht unwichtigen Rücken des **Fläming** übersteigen. Noch am Anfang unseres Jahrhunderts wurde der Fläming sehr wenig beachtet. Zur Zeit, als Hermann Berghaus seine Wanderungen durch die Mark Brandenburg antrat (1815), zeigten die besten damals vorhandenen Karten so geringe Andeutungen jenes Landrückens, dass der Reisende nördlich von Wittenberg ein ganz ebenes Land zu finden erwartete [1]. Auch die **Sotzmann**'sche Karte vom Herzogthum Magdeburg und den benachbarten Ländern zeigt an Stelle des Fläming nur einige ganz unvermittelt aufsteigende Bergkuppen. Der Fläming zeichnet sich aber wenigstens an seinem Südrande und auf der Höhe seines Rückens durch fast gänzliche Abwesenheit eigentlicher Gipfel aus. Daneben ist die Armuth an fliessenden Gewässern sowie an grösseren stehenden Wasserbecken sofort bemerkbar. An kleineren Tümpeln und Teichen fehlt es jedoch nicht ganz, ebenso ist die Waldarmuth des Fläming noch nicht so gross, als sie häufig dargestellt wird. Der mittlere, am meisten besuchte Theil des Fläming längs der Berlin-Anhaltischen Eisenbahn ist freilich gerade der waldloseste. Reichlich vertreten sind auf dem

---

[1] **Berghaus**, Landbuch der Mark Brandenburg, Band I, Brandenburg 1854, S. 592 ff.

Fläming nur gelegentlich vom Wasser gefüllte Schluchten und Trockenthäler, welche der Fläminghewohner wohl Rummeln nennt, nach Berghaus' Vermuthung (a. a. O. S. 567) aus dem Grunde, weil das rasch abfliessende und bisweilen wie im Karst versinkende Wasser einen dumpfen Schall verursacht. Die Dörfer des Fläming liegen in ziemlich grossen Abständen von einander, Städte fehlen auf der Höhe selbst durchaus. Der Nordrand des Fläming ist etwas schärfer ausgeprägt, hier giebt es Gipfel wie den Hagelsberg bei Belzig, den Golmberg zwischen Jüterbog und Baruth und nicht wenige andere, welche, von den niedrigen Landschaften an der Notte, Nuthe und Plane aus gesehen, sehr hervortreten.

Wir verlassen den Fläming, von dessen Höhe wir vorwärts bis zu den Havelgegenden und rückwärts bis zum Petersberg sehen konnten, und betreten waldiges, sehr flaches Land, welches uns sofort durch seinen weit grösseren Wasserreichthum auffällt. Mögen wir die alte Heerstrasse über Treuenbrietzen oder die Eisenbahn über Luckenwalde eingeschlagen haben, immer werden wir — im ersten Falle bei Beelitz und nochmals bei Saarmund, im zweiten Falle bei Trebbin — eines jener höchst auffälligen und für den landschaftlichen Charakter der norddeutschen Tiefebene so bezeichnenden alten Flussthäler zu passiren haben, welche meist in ostwestlicher Richtung das Tiefland durchziehen. Bisweilen werden sie von grösseren Flüssen und Strömen streckenweise benutzt, meist aber enthalten sie nur einen kleinen, langsam fliessenden, nicht selten mit verschiedenen Flussgebieten in Verbindung stehenden Wasserlauf, dessen geringe Grösse zu den Raumverhältnissen des Thales in sofort bemerkbarem Missverhältniss steht. Einige ermangeln jeglichen fliessenden Gewässers und enthalten nur sumpfige Wiesen, dazwischen Teiche und Seen. In unserem Fall haben wir es bei Trebbin und Saarmund mit der Nuthe, bei Beelitz mit einem westlichen Zuflusse derselben zu thun, welcher nach Westen hin in der Verlängerung des alten Thales auch mit der Plane und hierdurch mit der Havel bei Brandenburg in Verbindung steht. Die geologische Bedeutung dieser erloschenen Thäler zu erörtern, ist diesmal nicht unsere Aufgabe; ihre Bedeutung für Verkehrswege und Siedelungen dagegen wird uns weiterhin noch mehrfach beschäftigen.

Für jetzt ersteigen wir von Trebbin oder Saarmund aus eine kleine, zwischen die alten Thalläufe eingeschaltete Diluvialinsel, die Landschaft Teltow, auf welcher uns zwischen Lichterfelde und Britz schon eine Anzahl der kleinen runden oder ovalen, über das Plateau verstreuten Tümpel auffallen, denen wir bald noch häufiger begegnen werden. Wir überschreiten dann das im Verhältniss zur mässigen Wassermenge seines Flusses offenbar ebenfalls viel zu breite Spreethal, welches hier auch nichts anderes ist, als ein Stück eines vom südlichen Polen bis zur Aller, Weser und Jahde zu verfolgenden erloschenen Flusslaufes, und sehen uns jenseits auf einem neuen, diesmal etwas grösseren Diluvialplateau, der Landschaft Barnim[1]). Hier ganz besonders bilden

[1]) Die Karte Girard's zu seinem Buche: Die norddeutsche Ebene zwischen Elbe und Weichsel, Berlin 1855, ist hierzu noch immer mit Nutzen zu gebrauchen.

jene kleinen Seen, Tümpel und Kolke einen Hauptcharakterzug der Landschaft. Sie sind bald reihenweise angeordnet, bald ganz unregelmässig auf den Hochebenen zerstreut. Die neuen deutschen Generalstabskarten lassen gerade diese kleinen Wasserbecken in ihrer gewaltigen Anzahl sehr scharf und deutlich hervortreten. In geologischer Beziehung sind diese Tümpel, wie Berendt [1]) gezeigt hat, weit wichtiger, als man bis in die neueste Zeit annahm, für unsere Zwecke werden sie aber nur dann bedeutsam, wenn sie grösseren Umfang erreichen. Aber auch eigentliche, von diesen Tümpeln wohl zu unterscheidende Seen werden im nördlichen Theile des Landes Barnim schon häufiger, und nach Ueberschreitung eines neuen Thallaufes, welchen der Finowkanal zur Verbindung der Havel mit der Oder benutzt hat, stehen wir am Südrande einer neuen Landhöhe, welcher man wegen ihres Seenreichthums geradezu den Namen der mecklenburgisch-pommer'schen Seenplatte gegeben hat. Der landschaftliche Charakter dieser nur einen Theil des grossen Landrückens, welcher den Südrand der Ostsee von Litthauen bis Schleswig-Holstein und Jütland umgiebt, bildenden Seenplatte ist in den belehrenden Schriften des mecklenburgischen Geographen Boll sehr gut geschildert worden [2]). Auch hier sind die Blätter der neuen Reichskarte (besonders Nr. 117 Güstrow, 150 Goldberg u. a.) mit grösster Anerkennung zu nennen. Klar zeigen sie das wirre Durcheinander der kleinen Höhenzüge und einzelnen oft wie Maulwurfshaufen gruppirten Berge, welche den Rücken des Plateaus bedecken, der zahlreichen regellosen Flussläufe und Trockenthäler, der massenhaft auftretenden kleinen Kolke und grösseren, unregelmässig gestalteten Seen.

Auch diese Karten beweisen, dass die Landschaften des norddeutschen Höhenrückens weit davon entfernt sind, ein so einförmiges Bild zu bieten, wie der Süddeutsche bisweilen annimmt. Jeder, wer den mittleren und östlichen Theil Mecklenburgs aus eigener Anschauung kennt, wird von der reichen Abwechslung zwischen Thälern und Höhen überrascht gewesen sein, die er dort fand. Einförmig und noch flacher als die fruchtbaren Landschaften an der Saale und Elster, in denen wir unsere Wanderung begannen, sind dagegen diejenigen Striche Vorpommerns, welche wir, etwa bei Neubrandenburg oder Demmin von der Landhöhe herabsteigend, jetzt noch zu durchwandern haben, um das Meer zu erreichen. Grössere Seen finden sich hier selten, auch Waldungen treten sehr zurück, fruchtbare Ackerflächen und Wiesen überwiegen durchaus. So erreichen wir endlich die hier flache Küste der Ostsee.

Wir haben auf unserem Wege schon eine ganze Anzahl der charakteristischen Landschaftsformen der norddeutschen Ebene vorläufig kennen gelernt. Wir sahen die fruchtbaren, bald wellenförmigen, bald ganz flachen Ebenen, die mit Nadelwäldern bedeckten Sandgebiete, die kalten und wasserarmen Höhen ebenso wie die an Seen und Waldungen reichen ausgedehnten Landrücken, die breiten sumpfigen

---

[1]) Zeitschrift der Deutsch. Geolog. Gesellschaft Bd. 22, 1880, S. 56 und Taf. VII. Jahrbuch der Königl. Preuss. Geolog. Landesanstalt Bd. 1, 1880, S. 279.

[2]) Besonders in der „Mecklenburgischen Landeskunde", Wismar 1861.

Thäler noch vorhandener oder erloschener Flüsse. Um das Bild vollständig zu machen, werden wir aus dem deutschen Nordwesten noch die Haiden, die Moore und die Marschen, aus dem Nordosten die ausgedehnten, nicht blos an Thäler geknüpften Sumpfwaldungen, endlich Küstenlandschaften wie die Kreideklippen Rügens, die Strandseen, Lagunen und Haffe Preussens und Pommerns, die Dünen der Kurischen Nehrung und der hinterpommer'schen Küste, die Föhrden Holsteins und Schleswigs, zuletzt die einförmigen eingedeichten Küsten der Nordsee hinzuzufügen haben.

Die Höhendifferenzen aller dieser Landschaftsformen sind namentlich im Westen der Elbe sehr bescheiden, Erhebungen von 100—150 m über dem Meeresspiegel gelten schon als ansehnliche Berge und Landmarken und werden in den Landesbeschreibungen sorgfältig verzeichnet. Aber die einfachen Gegensätze zwischen Landhöhe und Niederung sind in ihrer Art nicht weniger auf die Gründung, das Wachsthum und die gegenwärtige Vertheilung der Ortschaften von Einfluss gewesen, als die Bergmassen und Thäler der Alpen oder der deutschen Mittelgebirge. Nur ist in der norddeutschen Ebene nicht sowohl die Höhenlage selbst das Bestimmende, als vielmehr die Aenderungen in der Zusammensetzung und Ertragsfähigkeit des Bodens, welche oft an geringfügige Höhendifferenzen geknüpft sind. Ferner spielt in der Tiefebene die Begehbarkeit des Terrains eine grosse Rolle, aber in anderer Weise als etwa in den Alpen. Wie in den Alpenländern die Pässe die Ueberschreitung der Gebirgsketten vermitteln, giebt es auch im Tieflande zahlreiche und in ihrer Art nicht minder wichtige Pässe. Es sind die Streifen trockenen, für Kriegszüge und Handelskarawanen, für Chausséen und Eisenbahnen zugänglichen Bodens zwischen Seen, Sümpfen und Flussniederungen. Wir werden uns bald näher mit ihnen zu beschäftigen haben. Bei Berücksichtigung dieser Sätze und nach ihrer Prüfung an Beispielen kann man sich der Ueberzeugung nicht verschliessen, dass Ansiedlungen und Verkehrswege in dem anscheinend so einfachen norddeutschen Tieflande sogar noch strenger von ihrer Naturumgebung abhängen als in den Gebirgsländern. Nur muss man sich bei diesen Untersuchungen vor einer Ueberschreitung der Grenzen der Geographie gegen die Geschichte hüten. Die Vertheilung, das Wo und bis zu einem gewissen Grade auch die Anlage, den Grundplan, die Physiognomie der Städte, das Wie können wir allerdings meist auf geographische Momente zurückführen. Die natürlichen Vorzüge, welche der Situation einer Stadt anhaften, sind aber von der Bevölkerung nicht immer in gleicher Weise benutzt worden. Die Bedeutung, Grösse und Verkehrsstellung einer Stadt in den verschiedenen Perioden der Geschichte ist daher nur zu einem Theil das Ergebniss physisch-geographischer Verhältnisse, zu einem anderen und oft grösseren Theile aber aus dem Gange historischer Ereignisse abzuleiten, deren nähere Erforschung und Darstellung dem Geographen nicht obliegt. Wir dürfen auch nicht annehmen, dass eine bestimmte geographische Eigenthümlichkeit einer Stadtposition immer in demselben Sinne gewirkt habe; feste gesicherte Lage z. B. erwies sich in unruhigen Epochen wohlthätig und fördernd, in friedlichen viel eher nachtheilig.

Diejenigen Städte werden am sichersten eine einflussreiche Stellung behaupten, welche so reich an geographischen Vorzügen verschiedener Art sind, dass die wechselnden Ansprüche und Verkehrsbedürfnisse alter und neuer Zeit gleichmässig befriedigt werden können. Es wird dann bald der eine, bald der andere Vorzug der Stadt mehr in den Vordergrund rücken. Wird eine solche Stadt auch noch durch den Gang der Geschichte begünstigt und werden die Vortheile ihrer Lage klar erkannt und richtig benutzt, so entwickeln sich Ansiedlungen, wie wir sie in unserem Gebiete beispielsweise in Berlin und Hamburg besitzen. Sind nur einzelne begünstigende Momente vorhanden, so werden Perioden des Aufsteigens mit solchen des Stillstandes oder Sinkens abwechseln, je nachdem jene Momente gerade Werth besitzen oder gering geachtet werden. Besonders energische Anstrengungen der Bewohner oder grosse Begünstigungen durch die Landesregierung können jedoch auch einer solchen Stadt noch eine achtungswerthe, wenn auch nicht ausschlaggebende Stellung verschaffen. Dass es daneben eine Menge von kleinen Städten in Norddeutschland giebt, welche kaum irgend welchen natürlichen Vorzug für sich in Anspruch nehmen und darum auch wohl nie eine sehr mässige Bedeutung überschreiten können, versteht sich von selbst. Auch der ausdauerndsten Mühe eines Regenten würde es nicht gelingen, sagt Bernhard v. Cotta mit Recht [1]), Dingelstädt oder Breitenbach in Thüringen, Altenberg oder Marienberg in Sachsen in Städte ersten Ranges zu verwandeln.

Es kann allerdings vorkommen, dass Städte auf so zu sagen geographisch unzulässigem Platze gegründet werden, wenn eine thatkräftige Regierung einen ganz bestimmten Zweck dort erreichen will. Dieser Zweck kann in der That, wenn auch nach Besiegung sehr grosser Schwierigkeiten, schliesslich erreicht werden, die Blüthe einer solchen Stadt wird jedoch fast immer eine einseitige bleiben. Fälle dieser Art werden wir nur sehr wenige zu betrachten haben. Andererseits aber ist es in Norddeutschland auch nur sehr selten vorgekommen, dass eine Position, welche der Geograph als höchst günstig bezeichnen muss, völlig unbenutzt geblieben ist.

Manche Geographen, welche sich mit diesen Fragen beschäftigt haben, wie u. A. der anregende J. G. Kohl, legten zu viel Gewicht auf die weitere Umgebung der zu besprechenden Stadt, auf ihre Beziehungen zu ausserdeutschen, selbst aussereuropäischen Ländern und liessen die Untersuchung des Bauplatzes der Stadt und der näheren Umgebung mehr als wünschenswerth zurücktreten. Die Gründung und erste Entwicklung einer Ansiedlung wurde aber weit mehr durch kleine Eigenthümlichkeiten des Bauplatzes, etwa eine hohe sichere Uferstelle, einen kleinen See, an den sich die Stadt anlehnen konnte u. A. bestimmt als durch Rücksichten auf Beziehungen, an welche wohl jetzt, aber nicht schon vor Jahrhunderten gedacht werden konnte. Manche Städte waren trefflich zu Verkehrsmittelpunkten kleiner Kreise geeignet, traten aber zurück, als ganz neue grossartigere Verkehrsbahnen geöffnet wurden; andere führten lange eine bescheidene Existenz, bis die Gegenwart die

---

[1]) Deutschlands Boden Bd. 2. Leipzig 1854. S. 10.

grossen Vortheile ihrer Lage erkannte und benutzte, welche bei dem engeren Gesichtskreise vergangener Jahrhunderte unbeachtet bleiben musste. Als Städte, welche sowohl für den örtlichen als für den Fernverkehr gleich trefflich geeignet waren, können vorläufig hier wieder Berlin und Hamburg genannt werden. Ich habe im Allgemeinen mehr Gewicht auf die Betrachtung der physischen Verhältnisse des Bauplatzes und der näheren Umgebung der berücksichtigten Städte gelegt und die sogenannte „Weltstellung" der Stadt nur ausnahmsweise gestreift. Uebrigens liegt bei Erörterungen der letzteren Art die Gefahr immer recht nahe, in allgemeine, schön klingende, aber inhaltslose Betrachtungen zu verfallen. Das Terrain der Stadt, der Boden und die Gewässer ihrer Umgebung müssen für den Geographen immer die Grundlage der weiteren Untersuchung bleiben, historische Thatsachen und Notizen dürfen in geographischen Werken nicht um ihrer selbst willen, sondern nur zur Erläuterung der Wirkung physischer Verhältnisse auf die Entstehung und Entwicklung der betreffenden Stadt herangezogen werden.

Im Rahmen einer kurzen Abhandlung können selbstverständlich nur die Grundgesetze, welche die Beziehungen der grösseren Ortschaften und wichtigsten Verkehrswege Norddeutschlands zu den Terrainformen bestimmen, aufgesucht und durch einige Hauptbeispiele erläutert werden. Es wird sich herausstellen, dass bei aller Mannichfaltigkeit der einzelnen Erscheinungen diese Grundgesetze weder sehr zahlreich noch besonders verwickelt sind.

Erster Abschnitt.

Als die grössten Verkehrshindernisse in der norddeutschen Tiefebene konnten stets die Sümpfe und Moore betrachtet werden. Unter diesen waren wieder die Sümpfe in den Flussthälern am lästigsten, da sie nicht wie die Flächenmoore umgangen werden konnten, sondern an dazu geeigneten Punkten wohl oder übel gekreuzt werden mussten. Jedenfalls war die Ueberschreitung der den Fluss einrahmenden Sumpfstreifen oder der moorigen, jetzt flusslosen Thäler schwerer und aufhältlicher als die des Flusses selbst, zumal wir bedenken müssen, dass es noch am Schlusse des Mittelalters beinahe an allen Regulirungs- und Entwässerungsarbeiten fehlte und die Transportmittel und der Zustand der Wege etwa auf der Stufe standen, wie heute im nördlichen Russland. Noch im 18. Jahrhundert, kurz vor dem Beginn der grossen Regulirung einiger der gefährlichsten und ödesten Sumpfniederungen unter Friedrich Wilhelm I. und Friedrich II., wird die Niederung des Oderbruches zwischen Küstrin und Schwedt als ein gewaltiges, von zahlreichen regellosen Flussarmen durchzogenes Sumpfland geschildert, welches zweimal jährlich, um die Fastenzeit und in der Mitte des Sommers, tief unter Wasser gesetzt wurde [1]. Nach jeder Ueberschwemmung zeigten sich grosse Verände-

---

[1] Berghaus, Landbuch der Mark Brandenburg, Bd. 3, Brandenburg 1856, S. 45 ff.

rungen in der Richtung und Wassermenge der einzelnen Flussarme. Aber auch Epidemien unter den Bewohnern der nicht zahlreichen, auf den wenigen Höhen gelegenen und gegen das Wasser durch Deiche und Wälle nach Möglichkeit noch mehr gesicherten Dörfer begannen dann aufzutreten. Nur im Winter konnte die Niederung einigermassen bequem passirt werden, sonst gab es nur ganz wenige Verbindungswege, von denen nicht leicht abgewichen werden konnte. Sogar die alte Hauptstrasse von Berlin nach der Neumark stand streckenweise je nach der Jahreszeit unter Wasser. Aehnlich sah es im Warthe- und Netzebruch aus[1]). Das Warthebruch war eine „fast unbekannte Wüstenei", wie Berghaus a. a. O. sagt, in welcher fast nur der Fluss selbst als Strasse benutzt werden konnte. Dörfer lagen nur ganz vereinzelt auf etwas geschützteren Stellen. Am unwegsamsten war das untere Bruch, nahe der Vereinigung der Warthe mit der Oder. Unzugänglich war auch der grösste Theil des Netzebruches, über welches nur wenige aus Baumstämmen und Pfahlwerk hergestellte Uebergänge führten, ebenso das Obrabruch, die Bartschniederung und andere Sumpfstriche.

Das lehrreiche Kärtchen, welches Otto Delitsch über die alten Flussthäler Norddeutschlands zusammengestellt hat, zeigt uns die grosse Zahl dieser Thäler deutlich genug[2]). Weichsel, Netze, Warthe, Oder, Spree, Havel, Schwarze und Weisse Elster, Ohre, Aller und Weser benutzen streckenweise diese Thäler; wo sie es thun, bekommen sie Neigung zur Zerfaserung in zahlreiche Arme, zur Bildung von Altwassern und Bayous; sie nehmen geradezu einen mississippiartigen Charakter an. Auch kleine Flüsse, wie z. B. die Fuhne zwischen Halle und Köthen, konnten durch ihr breites, sumpfiges Thal wichtige Terrainabschnitte und bedeutende Hindernisse namentlich für Truppenmärsche werden.

Wohl sind jetzt viele dieser sumpfigen Niederungen regulirt und entwässert worden. Wo sich einst die Wüsteneien des Warthebruches ausdehnten, wohnen jetzt zahlreiche Menschen in Einzelhöfen und geschlossenen Dörfern, das Oderbruch, die Obraniederung und viele andere haben eine neue Gestalt angenommen und sind viel leichter zugänglich geworden. Trotzdem bleibt noch sehr viel zu thun übrig. Das Oderbruch zeigt im Norden und Westen der sogenannten „Insel Neuenhagen"[3]) noch Reste der früheren Wüstenei; ähnlich steht es im Warthebruch mit der immer besonders öden Strecke von Sonnenburg bis Küstrin. Zwischen Sonnenburg und der Oder liegt noch jetzt kein einziges Dorf oder einzelne Ansiedlung; Wiesen, feuchte Wälder, Seen als Reste abgestorbener Flussarme erinnern an den früheren Zustand. Die beiden Spreewälder, die Lewitz in Mecklenburg, Theile des Drömling in der Provinz Sachsen sind nur die bekanntesten einer noch immer sehr grossen Reihe ähnlicher Brüche und Niederungen. Es ist auch nicht

[1]) Berghaus Bd. 3, S. 89 u. 5.
[2]) Deutschlands Oberflächenform, Breslau 1880, Tafel 1.
[3]) Eine Insel wurde dieses kleine, in das Bruch hineinragende Landstück erst im 18. Jahrhundert durch die Anlegung des neuen Durchstiches zwischen Gliezten und Hohensathen.

zu erwarten (und aus meteorologischen Gründen sowie aus Rücksicht auf die höchst interessante Fauna und Flora der Sümpfe für den Geographen auch gar nicht einmal erwünscht), dass diese Sümpfe in absehbarer Zeit sämmtlich urbar gemacht werden; die aufzuwendenden Mittel würden sehr bedeutende sein und die Resultate wohl nicht überall so günstige und lohnende wie im Oder- und Warthebruch.

Auch für unsere heutigen Verkehrswege sind die Sümpfe der Flussniederungen noch keineswegs zu unterschätzende Hindernisse. Eisenbahnen und Landstrassen können ihnen nicht ganz aus dem Wege gehen, machen aber gern Umwege, um wenigstens die schwierigsten Stellen zu vermeiden. Die Dammschüttungen und Brückenbauten in diesen Niederungen gehören immer zu den kostspieligsten und aufhältlichsten Bauten. Dies zeigte sich bei dem Bau der Chaussée, welche die Mark mit der Provinz Posen verbinden sollte. Man hatte, trotzdem andere Richtungen möglich gewesen wären, den Weg von Küstrin durch den oben erwähnten Theil des Warthebruches auf Sonnenburg gewählt, um die Festung Küstrin nicht zu umgehen. Nun musste aber ein langer und hoher Damm aufgeschüttet und mehrfache Regulirungsarbeiten an den Flüssen vorgenommen werden, welche von der Regierung für wichtig genug gehalten wurden, um in einer eigenen Abhandlung beschrieben zu werden [1]). Den Eisenbahnen boten schon die kleineren Thalniederungen (oft Fliesse genannt; der Name bezieht sich bald auf die Wasserader selbst, bald auf das ganze Thal) Schwierigkeiten genug zu überwinden. Als im Jahre 1846 die Stargard-Posener Eisenbahn angelegt wurde, versank am Uebergange über das Wutziger Fliess bei Woldenberg der aufgeschüttete Erddamm so beharrlich, dass bis zur Tiefe von mehr als 40 m ein fester haltbarer Boden erst künstlich geschaffen werden musste. An einem benachbarten Fliess, dem Merenthiner [2]), mussten 20 Monate lang 2—300 Arbeiter mit Schüttung eines festen Dammes durch den immer wieder nachgebenden Moorboden beschäftigt werden. Der Moorboden und eine darunter befindliche Mergelschicht quollen zu beiden Seiten des Dammes hoch auf und befanden sich nach Vollendung des Baues 5—6 m über dem Niveau des Sumpfes, unter dem sie sonst verborgen waren [3]). Nur dies eine Beispiel aus einer grossen Reihe vorhandener wollte ich anführen.

Jedenfalls geht aus diesen Erörterungen hervor, dass diejenigen Punkte, an denen der Uebergang über so hinderliche Terrainformen leichter ist als an anderen Stellen, für unsere Zwecke ganz besonders wichtig sein werden und dass ferner diese Uebergangsstellen durch lange Zeiträume hindurch ihre Bedeutung bewahren müssen. Denn ein Abweichen von dem trockeneren und bequemeren Pfade zwischen Sümpfen ist noch schwerer denkbar als das Abweichen von einem einmal als

---

[1]) Bauausführungen des Preussischen Staates Bd. 1, Berlin 1842, S. 143 ff., mit Karte. Dieses Werk ist ein Vorläufer der bekannten, auch reiches geographisches Material besonders in hydrographischer Beziehung bietenden Zeitschrift für Bauwesen. Einiges auch bei Berghaus a. a. O., Bd. 3, S. 33 ff.

[2]) Reymann's Spezialkarte Blatt 61.

[3]) Odebrecht in den Monatsberichten der Berliner Gesellschaft für Erdkunde. Neue Folge, Bd. 6, 1848—1849, S. 115 ff.

brauchbar erkannten Gebirgspass. Durch Sprengungen und mancherlei Kunstbauten kann eine neue Gebirgsstrasse hergestellt und die ältere in den Schatten gestellt werden; ganze Gebirgsketten können, wie gerade die Gegenwart zeigt, durchbohrt und so der Verkehr ganzer Alpenländer umgestaltet werden. Dagegen hat man sich kaum je dazu entschlossen, einen vorhandenen Pass durch Sumpfniederungen aufzugeben und daneben und in grösserer Entfernung mit vieler Mühe einen neuen trockenen und sicheren Weg zu bahnen. Auch heute wird man dies nur da ausführen, wo ganz besonders wichtige Interessen auf dem Spiele stehen. Die Bevölkerung der norddeutschen Tiefebene ist aber nur selten so dicht, um so schwierige Bauten erwünscht oder nothwendig zu machen. Selbst in der Nähe der grössten Städte reichen die vorhandenen oft in sehr alte Zeit zurückgehenden, wenn auch vom Fuss- und Saumpfad allmählich zur Chaussée und Eisenbahn gewordenen Uebergänge meist noch aus, wie die langen brückenlosen Strecken der Spree und Havel in der Mark Brandenburg, der unteren Elbe, der Unterweser und anderer Flüsse zeigen. Wohl konnten in früheren Jahrhunderten Rücksichten auf die Sicherheit vor feindlichen Angriffen zu einer Vernachlässigung des bequemeren aber minder sicheren Ueberganges über ein Luch oder Fliess führen. Sobald aber friedlichere Zeiten eintraten, brach sich der Verkehr wieder seine gewohnte Bahn, und die wohl sichere, aber weniger günstig gelegene, etwa Ueberschwemmungen ausgesetzte Strasse verödete wieder. Es entspannen sich in Kriegszeiten in der norddeutschen Tiefebene sehr häufig Kämpfe um Behauptung und Eroberung der Uebergänge über die Flussthäler, welche zu ganzen Landschaften den Schlüssel bildeten. Daher die häufige Wiederkehr von Schlachten und Gefechten an der gleichen Uebergangsstelle. Besonders auffällig ist dies in den an das Deutsche Reich unmittelbar angrenzenden polnischen Landschaften, deren physische Natur mit der Norddeutschlands fast völlig übereinstimmt und namentlich die oftErwähnten alten Thalrinnen in reichlicher Menge aufzuweisen hat. Es genügt, an die Namen Pultusk (Schlachten 1703 und 1806), Ostrolenka (1807 und 1831) und die zahlreichen westrussischen Orte zu erinnern, bei denen es sowohl auf dem Hinwege als auf dem Rückzuge der grossen französischen Armee im Jahre 1812 zu Gefechten kam. Auch bei den oft wiederholten Kämpfen um Leipzig spielte die Lage dieser Stadt an einem brauchbaren Uebergangspunkte über die weiter abwärts wie aufwärts schwerer zu kreuzenden Thäler der Elster und Pleisse eine wichtige Rolle.

Dass überhaupt an Uebergangspunkten über Flüsse und Thäler gern Ortschaften entstehen mussten, bedarf keines Beweises. Der Uebergang war meist mit Aufenthalt verknüpft, bisweilen musste man tage-, selbst wochenlang auf eine Besserung der Wasser- oder Eisverhältnisse warten [1]). Da wurden Schutzhäuser für die Karawanen, ihre

---

[1]) Dies geschah an der Weichsel noch bis zur Erbauung der Dirschauer Brücke 1857, an der Memel bei Tilsit noch bis in das letzte Jahrzehnt. Bekannt ist die Schwierigkeit des Elbüberganges zwischen Hamburg und Harburg vor der Erbauung der grossen Brücken.

Zug- und Lastthiere und Waaren nothwendig. Handwerker siedelten sich an, und zuletzt kam auch ein Schanzwerk mit Besatzung zur Deckung des Ueberganges sowie eine Kirche oder Kapelle hinzu.

Welche Vorzüge mussten aber die zum Uebergang geeigneten Oertlichkeiten bieten? Diejenigen Stellen waren offenbar die günstigsten, an denen die Breite des Thales möglichst gering war. Man suchte, so weit es irgend ging, auf trockenem hohem Lande an den Fluss heranzukommen, und wir finden deshalb mit merkwürdiger Regelmässigkeit viele in das Sumpfland der Thäler vorspringende Halbinseln mit gewöhnlich sehr alten Städten und Ortschaften besetzt. Am günstigsten ist es, wenn beide Ufer des Thales einengende Vorsprünge zeigen, doch wurde auch schon die günstige Gestaltung nur eines Ufers selten unbenutzt gelassen. Waren Inseln im Fluss, so konnten sie den Uebergang dann sehr erleichtern, wenn sie nicht allzu niedrig und auch nicht zu gross waren. Umströmte ein Fluss eine sehr ausgedehnte Insel, so wurde die Ueberschreitung der beiden Hauptarme durch einen allzulangen Zeitraum getrennt, und konnte nicht mehr wohl unter dem Schutze und mit den Hülfsmitteln einer und derselben Ansiedlung ausgeführt werden. Man passirt lieber einmal einen etwas breiteren Strom als heute den ersten Arm und morgen oder übermorgen unter Wiederholung des ganzen umständlichen Processes den zweiten. Anders lag die Sache, wenn die Insel so klein war, dass beide Stromarme etwa im Verlauf eines halben Tages überschritten werden konnten, dann konnte die Arbeit gleichsam durch eine einzige Anstrengung bewältigt werden; die Wassermasse des Stromes aber war doch in erwünschter Weise getheilt. Eine kleinere Insel konnte auch durch eine Ansiedlung ganz ausgefüllt und ausserdem gut vertheidigt werden. Noch unter dem Schutz der Mauern und Stadtthore konnte die Ueberschreitung der beiden Flussarme vollzogen werden, die durch Anlage von Brückenköpfen am anderen Ufer oft noch mehr gesichert wurde. Sehr vortheilhaft war es, wenn eine beiderseitige Einschnürung des Thales durch trockene Höhen mit einer günstig gelegenen Insel zusammentraf; wir werden bald einen solchen Fall kennen lernen. Nachtheilig war allzu niedrige, Ueberschwemmungen ausgesetzte Lage der Insel, noch mehr ihre Zersplitterung in eine Reihe allzukleiner Bruchstücke und Eilande. Hie und da konnte auch eine Furth im Flusse, eine Stein- oder Kiesbank den Uebergang erleichtern, jedoch lockte dieser Umstand allein selten einen wichtigen Handelsweg herbei, wenn sich nicht andere Vorzüge damit vereinigten.

Nach diesen zur Verständigung nothwendigen Betrachtungen müssen wir uns einigen der lehrreichsten Beispiele zuwenden. Betrachten wir zunächst den Lauf der Spree vom Spreewalde ab. Der grössere „Obere Spreewald“ ist von dem weniger ausgedehnten unteren nur durch einen ziemlich schmalen Isthmus getrennt. Dieser Isthmus war früher noch schmäler [1]), jederzeit aber auf einer 40 km langen Strecke (von Peitz bis zum Prahmsee, oder, wenn man will, bis Beeskow) der einzige wirk-

[1]) Berghaus, Landbuch Bd. 3, S. 646.

lich brauchbare Uebergang. Hierher zielten denn auch von Ost und West mehrere Strassen [1]), hier entstand die Stadt Lübben, in ihrer Anlage noch durch die hier stattfindende mässige Inselbildung der Spree sowie durch die Richtung des von Südwest kommenden und sich hier mit der Spree vereinigenden Flüsschens Berste begünstigt. Vielfache Gefechte und Bestürmungen während des dreissigjährigen Krieges bezeugen die strategische Wichtigkeit des „Passes von Lübben". Das südöstlich von Lübben am Westrande des Oberen Spreewaldes gelegene Lübbenau ist nur eine Randstadt (vergl. den nächsten Abschnitt) und beherrscht keinen Thalübergang. Unterhalb Lübbens zeigt uns die Frankfurt-Leipziger Kunststrasse, welche die hier weit nach Osten ausbiegende Spree noch zweimal überschreiten muss, zwei weitere Uebergangspunkte bei Trebatsch und Beeskow [2]), welche beide sehr merkliche Aehnlichkeit mit der Gegend von Lübben haben und schon lange vor der Zeit der Kunststrassen einen bescheidenen örtlichen Verkehr vermittelt haben. Dass nicht an jeder dieser Uebergangsstellen eine Stadt entstand, ist bei der wenig dichten Bevölkerung des wald- und sumpfreichen Landes nicht auffällig.

Nur zweimal noch, bevor wir Berlin erreichen, zeigt das Spreethal auffällige Pässe. Zuerst nach einer längeren, nur von ganz kleinen Dörfern und einzelnen Häusern schwach belebten Strecke bei Fürstenwalde. Hier treten südlich die wichtigen Rauenberge bis auf kaum 1 km an den Strom heran. Auch im Norden rückt gerade hier das Rüdersdorf-Müncheberger Hügelland, ein Theil des Plateaus von Barnim, näher an die Spree, bleibt jedoch immer noch 2—2½ km davon entfernt. Die aus Nord und Süd bei Fürstenwalde zusammenlaufenden und hier die Spree kreuzenden Strassen sind wiederum sehr auffällig. Das nächste Stück des Spreelaufes konnte weder zu Ansiedlungen reizen noch Strassen heranziehen, es ist eine noch dichtbewaldete, gegen Nordwest von grösseren Seen durchsetzte Gegend, welche die ziemlich gewundene Spree hier durchzieht. Erst bei Cöpenick hören die Seen und Flusstheilungen plötzlich auf; hier finden wir denn auch eine der ältesten und in früherer Zeit wichtigsten Städte der Mark, welche jedoch, wie sich gleich zeigen wird, nicht ohne geographischen Grund hinter Berlin so weit zurückgeblieben ist. Cöpenick war hauptsächlich ein strategisch wichtiger, gegen Angriffe gut gesicherter Platz. Die Lage auf einer Spreeinsel ermöglichte sowohl die Beherrschung des Spreeverkehrs, der durch den hier in den südlichen Spreearm (Wendische Spree) einmündenden Dahmefluss eine besondere Wichtigkeit hatte, als die Ueberwachung der den Fluss kreuzenden Handelszüge, die jedenfalls die Insel berühren mussten. Brückenköpfe, die sich später zu weitläufigen Vorstädten herausbildeten, lagen an beiden Spreeufern sowie auf der Nordspitze der grossen, die Müggelberge tragenden

[1]) In Lübben kreuzen sich die wichtigen Landstrassen von Berlin nach Görlitz und von Frankfurt (Oder) nach Leipzig. Erstere hält sich jedoch immer westlich von beiden Theilen des Spreewaldes und überschreitet die Spree hier nicht.

[2]) Bei dem grösseren Dorfe Trebatsch liegt, durch die Spree von ihm getrennt, der kleine Ort Sabrod, in dessen Namen vielleicht das slavische brod = Ueberfuhr steckt. Dies würde auf frühe Benutzung dieses Passes deuten.

Insel zwischen den beiden Spreearmen. Indessen waren die Flussarme bei Cöpenick zu breit (noch seeartig) zur bequemen Ueberschreitung [1]), das unmittelbar angrenzende Terrain ist meist niedrig und die ganze Situation der Stadt der Entwicklung eines grossen Handels- und Verkehrsplatzes jedenfalls nicht hervorragend günstig. Sobald daher die Rücksicht auf die gesicherte und gleichzeitig zur Ueberwachung geeignete Lage nicht mehr die ausschlaggebende war, verlor die Inselstadt den grössten Theil ihrer einstigen Bedeutung. Unterhalb Cöpenicks bleibt das Thal über eine Meile lang flach, und die Höhenränder treten hier weit zurück. Diese Strecke ist noch immer wenig belebt, wenn auch die unmittelbare Nähe der Grossstadt manche kleinere Ansiedlung hervorgerufen hat.

So erreichen wir endlich Berlin. Jeder, der die Umgegend von Berlin und die Stadt selbst mit einiger Aufmerksamkeit durchwandert hat, muss den Gegensatz des niedrigen Alluvialgebietes des Spreethales und der beiderseitigen Diluvialhöhen im Süden und Norden der Stadt rasch bemerken. Wir lernten schon oben diese Höhen als die Landschaften Teltow und Barnim kennen. Die Generalstabskarte zeigt uns aber, dass gerade bei Berlin die Höhenränder sich am meisten nähern. Der Nordrand des Teltow zieht sich von den Rollbergen bei Rixdorf über den Kreuzberg gegen Wilmersdorf hin. Der Südrand des Barnim reicht noch mehr in die Strassen des heutigen Berlin hinein, die nördlichen und nordöstlichen Stadttheile liegen schon auf Diluvialboden und zeigen stark ansteigende Strassen [2]). Die Spree aber, welche auf der ganzen Strecke von der Mündung des Müllroser Kanales bis zur Vereinigung mit der Havel nach Karrer's Ausdruck „im erborgten Bette" fliesst, d. h. das alte, für sie viel zu breite Oderthal benutzt, bildet hier eine Insel von mässiger Grösse. Die Insel aber war nicht ganz flach, sondern hatte einen Hügel aufzuweisen, der gegen die grösseren Ueberschwemmungen jedenfalls Schutz gewährte. Wir müssen doch wohl den Namen der Ansiedlung, welche auf dieser Insel entstanden war, Cöln oder Kölln mit der bekannten slavischen Bezeichnung Koln, Golm oder Kollen für einen einzelnen, aus sumpfiger Umgebung herausragenden Hügel in Verbindung bringen. Erleichtert wurde hier die Stromüberschreitung und die Bebauung der Insel noch durch den Umstand, dass zwei Landzungen, von den Höhen des Barnim und des Teltow ausgehend, sich dem Südende der Insel Cöln sehr näherten [3]). In der That ist auch die Insel weit früher an der Südspitze als im nördlichen Theil bebaut worden. Jenseits des rechten Spreearmes aber entstand ein Brückenkopf, der erste Kern des späteren Berlin. Die

[1]) Jetzt sind Brücken und lange Dämme vorhanden.

[2]) Vgl. Karrer, Der Boden der Hauptstädte Europas, Wien 1891, daselbst den Durchschnitt auf S. 44 u. 45. Für einlässlichere Studien ist Lossen, Der Boden von Berlin, Berlin 1879, mit seinen zahlreichen Durchschnitten unentbehrlich.

[3]) Fidicin, Hauptmomente aus der Geschichte Berlins, Berlin 1858, mit lehrreicher Karte. Daselbst S. 6 auch über den Namen Cöln. Vgl. auch die Karten zu Klöden's Werk: Ueber Entstehung, Alter und früheste Geschichte der Städte Berlin und Kölln, Berlin 1839.

Lage der Doppelstadt Berlin-Cöln war für den Verkehr eine günstige, die Sicherung gegen Feinde aber minder vollkommen als bei Cöpenick, Spandau oder Brandenburg, da die Spreeinsel hier nicht so wie bei jenen Orten durch breite seeartige Flussarme umgeben war. So konnte Berlin erst in friedlicheren Zeiten und unter dem Schutze einer starken Regierung die grossen Vorzüge, welche ihm schon die Beschaffenheit der allernächsten Umgebung gewährte, voll ausnutzen.

Zu diesen Vorzügen kamen aber noch andere, welche in der Vertheilung der Thäler und der trockenen höheren Striche in der Mark tief begründet sind [1]). Die Stelle, an welcher die Annäherung zwischen Teltow und Barnim stattfindet, war für den gesammten von Süd und Südwest nach Norden und Nordosten gehenden Verkehr der gebotene Uebergangspunkt über die Spree-Havellinie, der nur dann von seinen viel ungünstiger gelegenen Nebenbuhlern in den Schatten gestellt wurde, wenn die politischen Verhältnisse mehr auf Sicherheit als auf Bequemlichkeit und Kürze des Weges zu sehen zwangen.

Denken wir uns, wir kommen wie auf unserer einleitenden Wanderung vom Fläming herab und haben die Odermündungen oder Vorpommern zum Ziel, so werden wir uns gewiss nicht in die sumpf-, seen- und flussreichen Landschaften im Südosten Berlins (heutiger Kreis Beeskow-Storkow) verlocken lassen, um dann bei Fürstenwalde oder Beeskow mühsam die Spree zu überschreiten. Noch viel weniger aber werden wir uns der Landschaft Zauch-Belzig zuwenden. Da hätten wir zunächst mehrere besonders breite Thäler zu überschreiten und würden bei Brandenburg den Havelübergang unternehmen. Der Lauf der Havel würde uns zwingen, oberhalb Spandaus diesen breiten, seenreichen Fluss noch ein zweites Mal zu überschreiten, um unsere Richtung nicht ganz zu verlieren. Schlagen wir aber den mittleren Weg ein, so gelangen wir, nachdem bei Trebbin das letzte Sumpfthal überschritten ist, auf dem trockenen Boden der Landschaft Teltow an die Spree, wo wir den bequemeren Uebergang bei Berlin dem viel beschwerlicheren bei Cöpenick sicher vorziehen werden. Jenseits können wir dann auf ziemlich langer Strecke die gleichfalls trockene Landschaft Barnim benutzen. Aber auch wenn wir von der Elbe bei Magdeburg herkämen und die Oder etwa bei Frankfurt erreichen wollten, würde der Spreeübergang bei Berlin für uns der vortheilhafteste sein, um dann die alte Berlin-Frankfurter Landstrasse zu verfolgen, welche nicht ohne Grund den weiten Umweg über Müncheberg machte, wo sich ihr fast immer trockener guter Baugrund bot. Der Verkehr innerhalb des westlichen Theiles der Mark war somit in ganz bemerkenswerther Weise auf den Spreepass von Berlin angewiesen.

---

[1]) Schon vor mehr als 40 Jahren hat Klöden die geographische Lage Berlins in dem eben genannten Buche S. 17—30 mit richtigem geographischem Blick erörtert. Man vgl. seine Tafel I. Die Ausführungen bei Kohl (Die geographische Lage der Hauptstädte Europa's, Leipzig 1874, S. 316 ff.) entfernen sich bisweilen allzuweit von der rein geographischen Terrainbetrachtung und wollen zu viel beweisen. Kohl versucht hier, wie auch sonst mehrfach, rein historische Entwicklungen geographisch zu begründen.

Auch in der Zeit der Eisenbahnen ist das Zusammentreten der Schienenwege in den trockenen Strichen nördlich und südlich von Berlin sehr auffällig, so viel wir auch hierbei der Grossstadt, welche die Eisenbahnen herbeizog, ihrerseits wieder zurechnen können. Aber es fehlt den von Berlin ausgehenden Bahnen an solchen Verbindungslinien, wie sie die Bahnnetze um London und Paris reichlich aufzuweisen haben. Die Havel ist von Oranienburg bis Spandau und wieder von Spandau bis Rathenow [1]), die Spree sogar von Berlin bis Cottbus ohne jeden Eisenbahnübergang. Man vergleiche damit die zahlreichen Eisenbahnbrücken, welche über Seine, Marne und Themse in einem Umkreise von etwa 50 km um Paris oder London geschlagen sind. Freilich würde eine Ringbahn, welche Berlin etwa in 40—50 km Abstand umgäbe, mit grossen Schwierigkeiten zu kämpfen haben. Zahlreiche Brücken- und Dammbauten wären in dem nicht einmal dicht bevölkerten Lande nöthig.

Dürfen wir die Bedeutung Berlins für die Mark mit vollem Recht aus der Vertheilung der Wasserläufe und Landhöhen ableiten, so müssen wir uns doch hüten, auch die Bedeutung der Stadt für die gesammte norddeutsche Ebene oder gar für das Deutsche Reich nur auf geographische Momente zurückzuführen. Wir dürfen nur soviel sagen, dass Berlin durch die geographischen Verhältnisse seiner Umgebung nicht daran verhindert wurde, staatlicher Mittelpunkt des Deutschen Reiches zu werden. Hätten es die Verhältnisse mit sich gebracht, dass Cöpenick, Spandau, Potsdam oder Brandenburg an die Stelle Berlins als Hauptstadt getreten wäre, so wäre durch die Energie der Fürsten und die Betriebsamkeit der Bewohner die Entwicklung einer Grossstadt auch dort durchaus möglich gewesen, nur würden die Schwierigkeiten und Hindernisse, welche Bauplatz und nächste Umgebung einer bedeutenden Vergrösserung der genannten Städte entgegenstellen, schwerer und langsamer zu überwinden gewesen sein als in Berlin. Statt der zusammenhängenden Masse Berlins, welche jetzt aus dem Spreethale auf die reichlich Platz bietenden Höhen des Teltow und Barnim hinaufsteigt, würden wir es dann mit weit ausgedehnten, durch grosse Wasserflächen getrennten Städteanlagen nach Art von Boston, Stockholm oder Petersburg zu thun haben. Eine solche Zersplitterung bietet wohl manche Vortheile, wenn es sich um eine Stadt mit Seeverkehr handelt, im Binnenlande würden aber die Nachtheile — namentlich die schwierigere Heranführung der Bahnlinien — gewiss sehr überwiegen.

Unterhalb Berlins treten sofort die Höhenränder wieder zurück, der Fluss strömt zwischen feuchten Wiesen hin. Eine rasch vorübergehende nochmalige Einengung des Thales zwischen der Nordspitze des Grunewaldes und den unerheblichen Höhen bei Haselhorst bleibt wirkungslos, da die Spree hier keine Erleichterung des Uebergangs bietet und die Zugänge von beiden Seiten versteckt und weniger bequem liegen. So wird die Vereinigung der Spree mit der Havel erreicht, welche durch die Wasserfestung Spandau bezeichnet wird. Spandau

---

[1]) Die Havelbrücken bei Potsdam schneiden nur ein weit nach Süd ausbiegendes, seeartig erweitertes Stück des Flusses ab und sind nicht als „Uebergänge" in unserem Sinne zu rechnen.

wird mit den übrigen nicht eben zahlreichen norddeutschen Städten, welche an Zusammenflüssen grösserer Ströme liegen, zu betrachten sein, für jetzt setzen wir unsere Fahrt noch auf der Havel eine Strecke fort und überzeugen uns sehr bald, dass die hier wie fast auf ihrem ganzen Lauf sehr breite seeartige Havel zu keiner Zeit eine Rolle als städteanlockender Fluss gespielt haben kann. Potsdam, in einer an Wäldern, Hügeln und Seen sehr reichen Gegend ziemlich versteckt gelegen, ist eine der alten Grenzfesten Albrechts des Bären an der Nuthe- und Havellinie. Es hat seine gegenwärtige Bedeutung lediglich der Vorliebe der brandenburgisch-preussischen Herrscher für diese Stelle der Havelufer zu verdanken. Sämmtliche Wohngebäude Potsdams wurden von Joachim I. an bis auf den König Friedrich Wilhelm II. auf Kosten der Kurfürsten und Könige hergestellt[1]). Geographische Momente sind hier nicht vorhanden. Auf der Weiterfahrt berühren wir noch mehrere unbedeutende Städte, darunter die Inselstadt Werder, welche schon durch ihre Lage andeutet, dass Sicherung gegen Angriffe und daneben etwa noch der Fischfang in der Havel das Ziel der ersten Ansiedler gewesen ist. Die Lage von Brandenburg erinnert uns wieder an Cöpenick. Brandenburg ist als Uebergangsort über das Havelthal entschieden nicht sehr günstig gelegen. Nur im Norden treten Höhen bis in die Nähe des Stromes, im Süden dehnen sich ansehnliche Wiesenflächen aus, durch welche sich nur im Südwesten ein ganz schmaler Zug unbedeutender Erhebungen hinzieht, an den sich die von Brandenburg nach Ziesar führende Landstrasse anlehnt. Ein Uebergang bei Brandenburg erschien wenig rathsam (s. o.), da man gegen Westen und Osten nochmals die Havel, gegen Norden aber das noch schwerer zu überschreitende havelländische Luch zu passiren hatte. Es konnte somit nur der Gang der rein historischen Begebenheiten, bei denen die vorzügliche strategische Lage der den Flusslauf beherrschenden Insel- und Halbinselstadt schwer in das Gewicht fiel, an Brandenburg zeitweilig eine Rangstellung und Macht übertragen, für welche ein verkehrsgeographischer Grund nicht vorlag.

Jene ungünstige, inselartige Gestaltung des auf drei Seiten von der Havel, auf der vierten von dem eben erwähnten Luch eingeschlossenen eigentlichen Havellandes liess auch die noch übrigen kleinen Passorte an der Havel wenig Verkehrsbedeutung gewinnen, trotzdem Plaue einen leidlich guten Uebergang an einer der seltenen Stellen, wo die Havel schmäler ist und an beiden Seiten von Höhen eingerahmt wird, darbietet und auch Rathenow desselben Vortheils nicht ganz ermangelt. Zwischen Rathenow und Havelberg lenkt die Havel in die von Osten kommende Senke des Luch ein. Diese Strecke ist besonders unwirthlich. Havelberg selbst liegt physisch wie politisch schon ausserhalb der Landschaft Havelland und wird zur Priegnitz gerechnet. Es ist geographisch sowohl als Rand- wie als Brückenstadt zu bezeichnen. Havelberg liegt zum Theil auf den hier ganz nahe an die Havel heran-

---

[1]) Berghaus a. O. Bd. 1, S. 532, woselbst das Einzelne höchst ausführlich dargestellt wird.

rückenden Höhen der Priegnitz, zum Theil auf der sehr scharf hervortretenden (vielleicht künstlich in ihren Umrissen noch regelmässiger gestalteten?) Havelinsel, welche die Wassermenge des Flusses in erwünschter Weise theilt und auf längerer Strecke die einzige ihrer Art ist. Am südlichen Havelufer fehlt eine unmittelbar herantretende Höhe, die Stadt hat hier auch keine Vorstädte. Da jedoch weiter südlich (an der Senke, die der Plaue'sche Kanal benutzt, beginnend) ein sandiger, mit Nadelholz bestaudener Rücken die Niederungen der Havel und der fast parallel mit ihr fliessenden Elbe trennt, war hier eine nicht ganz zu verachtende Gelegenheit geboten, auf trockenem, überschwemmungsfreiem Boden nach Norden vorzudringen. Jener Rücken hält sich anfänglich näher an der Havel, biegt aber bei Kamern mehr nach Westen ab, um bei dem Städtchen Sandau aufzuhören. So weist er gerade auf den durch Insel und wenigstens einseitigen Höhenrand begünstigten Pass von Havelberg hin. War aber die Havel hier passirt, so bot sich nun auf dem mecklenburgischen Höhenrücken, zu dem die Priegnitzhöhen orographisch schon gehören, ein nicht allzu schwieriger und namentlich von grösseren Flussthälern freier Weg bis in das Gebiet der Warnow dar.

Die Brückenstädte, wie wir sie kurz nennen wollen, lassen sich nun nicht blos in der Mark, die wir eines besonders wichtigen Beispieles halber zuerst betraten, sondern auch in den übrigen norddeutschen Landschaften nachweisen. Natürlich ist es nicht ausführbar, sie alle hier zu betrachten, nur einige besonders charakteristische Beispiele aus dem Nordosten und Nordwesten der Tiefebene sollen noch erörtert werden.

Bleiben wir zunächst an der Oder stehen, so ist es nicht zu verkennen, dass bei Breslau ähnliche Vorzüge zusammentreffen wie bei Berlin. Die Oder ist von Brieg bis gegen Breslau durch ihr breites Thal und ihre zahlreichen Arme und Altwasser wenig passirbar, von Ohlau ab fliesst auch noch der gleichnamige kleine Fluss in grosser Nähe der Oder, nur durch eine wenig hervortretende Kette kleiner Sandhügel von ihr getrennt. Bei Breslau mündet die Ohlau endlich in die Oder ein, gleichzeitig erfolgt hier eine allerdings nicht bedeutende Verschmälerung des ganzen Thales und ein Herantreten von niedrigen, aber doch nicht ganz einflusslosen Hügeln auf beiden Seiten. Auch Inseln, welche den Uebergang erleichterten, waren vorhanden, und auf diesen ist die älteste Stadtanlage entstanden, die sich dann zuerst nach Süden, später und sparsamer nach Norden weiter entwickelte. Unterhalb Breslaus befindet sich erst bei Dyhernfurth wieder eine kleine Insel in der Oder, und charakteristisch genug ist auch Dyhernfurth ein in sehr früher Zeit wichtiger Uebergangspunkt von Böhmen und Mähren nach den Bernsteinländern des Nordostens gewesen [1]). Er bot Breslau gegenüber noch den Vortheil, dass die Flüsse Lohe, Weistritz und Weida, welche die Annäherung an Breslau immerhin etwas erschwerten, hier nicht mehr hindernd in den Weg

[1]) Sadowski, Die Handelsstrassen der Griechen und Römer durch das Flussgebiet der Oder etc., deutsche Ausgabe, Jena 1877, S. 9.

traten. Wir lernen daraus wiederum, dass wir die alle Nachbarstädte überragende Entwicklung Breslaus nicht ohne weiteres, vielleicht nicht einmal zum grösseren Theile der günstigen geographischen Lage zuschreiben dürfen. Jedenfalls dominirt Breslau die Oderübergänge nicht derart wie Berlin die Spree-Havellinie.

Auch weiter abwärts finden wir an der übrigens auffallend städtearmen Oder noch einige sehr markirte Uebergangspunkte, wie Crossen und ganz besonders Frankfurt. Bei Frankfurt hat die Oder das alte Ost-Westthal, welches sie von der Obramündung an benutzt, endlich verlassen und fliesst in schmälerem Thal zwischen hohen Ufern. Bei Frankfurt ist der Abstand zwischen den Thalrändern am geringsten und die Bedeutung dieser Stelle ist um so grösser, als unweit nördlich von der Stadt bei Lebus und Reitwein schon der Beginn des uns bereits bekannten Oderbruches liegt. Es ist auch nicht zu übersehen, dass ebenso wie westlich von Frankfurt der Barnim eine trockene Bahn bot, östlich die von Sümpfen und Thälern ziemlich freie, hochgelegene Landschaft Sternberg eine bequeme Bahn bis weit in das alte Polen eröffnete. Die Obra war auf diesem Wege bei Bomst nicht schwer zu überschreiten, und auch die Warthe hat gerade ostwärts von Frankfurt bei Moschin eine sumpfige Thalniederung verlassen und kann bei Posen, aber auch noch an einigen anderen, weiter abwärts liegenden Stellen überschritten werden. So bietet sich hier in der That von der Elbe bei Magdeburg über Berlin, Müncheberg, Frankfurt, Bomst, Posen und weiter über die zwar seenreiche, aber nicht sehr sumpfige Gegend von Gnesen eine natürliche Verkehrsstrasse bis zur Weichsel und Brahe, welche in unserer Zeit durch die Märkisch-Posener und Posen-Thorn-Bromberger Eisenbahn wieder aufgesucht und neu belebt wurde.

Die zahlreichen kleinen Flüsse im nördlichen Mittelschlesien und im südlichen Posen sind auch meist von ansehnlichen Sumpfstrichen eingerahmt und waren nur an bestimmten Stellen für die älteren Handelsstrassen zu überschreiten. Grössere Städte sind jedoch nicht an diesen Pässen entstanden, was nicht auffallen darf, da alle von Polen bewohnten Landstriche zahlreiche kleine, aber nur sehr wenig grössere Städte aufzuweisen haben. Ein lästiges Hinderniss war und ist zum Theil noch heute die Bartsch, ein Zufluss der Oder, welcher aber der allgemein in der norddeutschen Ebene herrschenden Regel zufolge mit seinen Quellbächen nahe an den östlichen Nachbarfluss, die Prosna, heranreicht. Die Prosna hat hier einen Zufluss von Westen, den Olobok. Prosna, Olobok und Quellgegend der Bartsch bilden nun einen, in der jüngsten Vergangenheit allerdings stark veränderten und viel zugänglicher gemachten Sumpf[1]), der früher, wie die unten citirte Karte angibt, nur zwischen den Quellen der eigentlichen Bartsch und dem Laufe einer anderen, zum Olobok fliessenden Bartsch (Stryzower Bartsch) überschritten werden konnte. Am Passe selber liegt kein grösserer Ort, nur das Dorf Chynowa. Dagegen finden wir süd-

[1]) Reymanns Specialkarte Blatt 114 u. 133. Die neuen Generalstabskarten über diese Gegend liegen noch nicht vor.

lich von ihm, an der Zugangsstrasse, eine Reihe kleiner Städte, wie Kempen, Schildberg und Mixstadt, nördlich aber eine etwas grössere mit dem bedeutungsvollen Namen Ostrowo = Insel. In der That liegt Ostrowo auf einem nicht grossen, aber sehr auffälligen inselartigen Stück wasserfreien Landes zwischen den Flussthälern. Sehr zahlreiche Strassen vereinigen sich hier von allen Richtungen. Dieser Pass von Chynowa und Ostrowo scheint mir wichtiger als der von Sadowski a. a. O. S. 10 erwähnte Pass von Herrnstadt.

Aehnlich wie die Bartsch mit ihren Quellbächen sich der Prosna nähert, greift auch die obere Netze weit in das Gebiet der Weichsel und ihres Zuflusses, der Brahe, ein. Die Netze, der polnische Nil, wie sie wohl genannt wird, war noch schwerer zu überschreiten als die Bartsch [1]. Gegenwärtig führen von der Biegung unterhalb der Küddowmündung bis zum Anschlusspunkt des Bromberger Kanals (bei Nakel) wichtigere Verkehrswege nur bei Usch an der Küddowmündung, bei Dziembowo (Schneidemühl-Posener Eisenbahn), bei Samotschin und bei Nakel über das meist sehr breite Netzethal, also im ganzen nur an vier Stellen. Ich möchte kaum annehmen, dass der Uebergang bei Usch an der Küddow so alt und so wichtig gewesen ist, wie Sadowski a. a. O. S. 15 bemerkt. Das Thal ist hier kaum weniger breit als an anderen Stellen, und im Norden des Passes würde man direkt in die Wälder und Einöden Pommerellens gelangt sein, welche zu keiner Zeit einen grösseren Verkehrsplatz oder eine etwas dichtere Bevölkerung enthielten. Die Stadt Schneidemühl, jetzt als Knotenpunkt von sechs Bahnlinien von einiger Bedeutung, war immer nur klein und höchstens als Brückenstadt für den die Küddow in ostwestlicher Richtung kreuzenden Verkehr vor der Eisenbahnzeit zu nennen.

Von der Biegung bei Nakel führt eine Thalsenke zur Weichsel herüber, welche in ihrem östlichen Theil von der Brahe benutzt wird. Wir haben es hier mit einem Stück des alten Weichsellaufes zu thun, in welchem Brahe und Netze gleichsam nur als Gäste verweilen. Gerade das Stück aber, welches sich die Brahe angeeignet hat, ist nicht so breit und sumpfig als der Rest. Sandhügel, die ausser in der nächsten Umgebung der Stadt Bromberg dicht mit Nadelholz bestanden sind, erheben sich zu beiden Seiten des Thales. Diese Gegend erscheint geographisch als der bequemste Annäherungspunkt an die Weichsel für den von Süd und Südwest Kommenden. Wir werden viel eher hier als bei Usch an der Küddow die Stätte eines alten Verkehrsplatzes zwischen Süd und Nord suchen dürfen. Hier lag in der That, an der Einmündung der Brahe in die Weichsel, die Feste Wyszogrod und etwas weiter an der Brahe herauf der Uebergangsort Bydgoszcz. Heute finden wir an letzterer Stelle das rasch aufblühende Bromberg, welches den Verkehr von Westen nach Osten (Warthe—Netze—Bromberger Canal—Weichsel) und von Norden nach Süden (Eisenbahn Danzig—Bromberg—Posen) zu vermitteln hat. Wenn auch das Wiedererwachen des fast ganz verfallenen Bromberg gegen das Ende des 18. Jahr-

[1] Karte des Deutschen Reiches Blatt 222, 223, 224, 225.

hunderts zunächst das Verdienst der preussischen Regierung ist, so ist doch auch die Lage dieser Stadt physisch eine ungemein günstige zu nennen. Das benachbarte Thorn, vortheilhaft an dem hohen Uferrande der Weichsel selbst gelegen, nimmt an den Vortheilen der Bromberger Gegend noch Theil und bildet dazu ein Glied in der früher erwähnten Verkehrslinie von Berlin über Frankfurt und Posen zur Weichsel. Es giebt aber noch einen anderen Grund, welcher den von West und Südwest kommenden Verkehr gerade diesem Theile der Weichsellinie zuführte. Die Weichsel war, abgesehen von den Zeiten des Eisganges und der Ueberschwemmungen, auf der Strecke von Thorn bis gegen die Montauer Spitze hin ziemlich leicht zu überschreiten, da festes Land in zum Theil unerwartet schroffen Wänden theils unmittelbar an den Strom herantritt, theils wenige Kilometer davon entfernt ist [1]). Ging man auf der genannten Strecke über den Strom, so betrat man wieder ein ziemlich ausgedehntes hochliegendes und trockenes Gebiet, das Kulmerland. Der Fluss Ossa theilt diese Landschaft in einen grösseren südlichen und einen kleineren nördlichen Theil; er ist kein grosses Hinderniss, da er an den Quellen umgangen und noch leichter auf mehreren Pässen zwischen Rehden und Lessen gekreuzt werden kann [2]). Die Ostgrenze des trockenen Gebietes wird im Allgemeinen durch die Sümpfe an der Drewenz, durch die zwischen Strasburg, Deutsch-Eylau und Saalfeld sich hinziehende Gruppe langgestreckter Seen, endlich durch das Thal des kleinen Flusses Sorge gebildet. Die Sorge aber fällt in den Drausensee südlich von Elbing.

Der Gegensatz zwischen dem Kulmerland und den östlich angrenzenden auch heute noch als schwer gangbar geltenden Strichen ist ein sehr scharfer. So ist es nicht wunderbar, dass das Kulmerland, in welchem der Verkehr nach allen Richtungen hin leicht war, an nicht allzu kleinen wohlgebauten Städten reicher wurde als Masuren im Osten und Pommerellen im Westen. Hier konnte mit Recht ein neu entstandener Schienenweg die „Weichselstädtebahn" genannt werden. Sie berührt auf einer Strecke von nur 154 km (einschliesslich der 17 km langen Stichbahn nach Kulm) die Städte Thorn, Kulmsee, Kulm, Graudenz, Garnsee, Marienwerder, Stuhm und Marienburg [3]). Die Kreise Thorn, Kulm, Graudenz, Rosenberg, Marienwerder und Stuhm zählen zusammen 18 Städte. Nordöstlich vom Kulmerland und nur durch eine schmale Fluss- und Seelinie davon getrennt, liegt das ebenfalls meist trockene Ermeland. Um aus dem Kulmerland nach Ermeland zu gelangen, kreuzte man am besten die Sorge, bevor sie in die Sümpfe am Drausensee gelangt, etwa bei der alten, bezeichnender Weise viel umkämpften Pass- und Festungsstadt Christburg, überschritt bei Preussisch-Holland die Weske und stand nun schon auf dem wenig von Sumpfniederungen und Seen unterbrochenen Acker- und Waldboden Ermelands, auf dem es leicht war, die Pregelüber-

[1]) Karte des Deutschen Reiches Blatt 163.

[2]) Der durch seinen seltsamen Lauf ausgezeichnete Fluss Liebe, an welchem Riesenburg und Marienwerder liegen, ist noch leichter zu überschreiten.

[3]) Marienburg und Elbing gehören in das nächste Capitel.

gänge, von deren wichtigstem erst später die Rede sein kann, zu gewinnen. Der Pass zwischen dem Drausensee und der Elbinger Höhe, welchen Sadowski (a. a. O. S. 23 f.) für wichtiger hält, erscheint in physischer Beziehung weniger geeignet, da auf diesem Wege, wenn man westlich von der Sorge blieb und bei Elbing den Abfluss des Drausensees überschritt, ein Stück der Niederung zu durchziehen war, welches mindestens in der älteren Zeit gewiss wenig sicheren Boden bot. Dass die Gegend des heutigen Elbing früh eine bedeutende Ansiedlung aufzuweisen hatte, ist allerdings nicht zu bestreiten, für diese war und ist aber der Verkehr zwischen den Haffgegenden und dem südlichen Binnenlande (Oberländischer Kanal!) wichtiger als der Verkehr zwischen Südwest und Nordost. In neuester Zeit hat sich die Ostbahn, um Marienburg und Elbing nicht unberührt zu lassen, in die jetzt allerdings gegen die Zeit vor Ankunft der Ordensritter völlig umgestaltete Niederung gewagt und überschreitet Weichsel und Nogat auf zwei bekannten Brücken, die Niederung selbst auf langen Dämmen.

Wir haben von den Landschaften an der Spree und der Havel bis an den Pregel eine Zone trockener wegsamer Gebiete mit günstigen Flussübergängen verfolgt und uns überzeugt, dass eine nicht unbedeutende Zahl grösserer und kleinerer Städte der günstigen Lage in der Nähe jener Uebergänge einen grossen Theil ihrer Blüthe verdanken.

Aber auch bei Leipzig, das wir auf dem Wege nach dem nordwestlichen Theil der Tiefebene doch nicht übergehen wollen, macht sich dieser Umstand geltend. Bei Leipzig vereinigen sich die ziemlich breiten auenreichen Thäler der Pleisse und der Weissen Elster zu einem einzigen von solcher Breite, dass wir sofort vermuthen, es sei für die darin fliessende Weisse Elster nicht eigentlich bestimmt. In der That belehrt uns der Text zur geologischen Specialkarte Sachsens [1]), dass wir es hier mit dem alten Muldelauf zu thun haben, dessen Spuren von Grimma über das ebenfalls sehr breite obere Parthenthal nach Naunhof und von da, in mehrere Arme getheilt, bis Leipzig verfolgt werden können. Gerade zwischen der Stadt Leipzig und dem westlichen Vororte Lindenau erfährt nun das Thal, in welchem Elster und Pleisse noch getrennt, aber nur durch einen schmalen, meist mit Häusern bedeckten Auenstreifen geschieden, neben einander herfliessen, eine mässige Einschnürung, die auf der geologischen Karte schärfer hervortritt als auf der orographischen [2]). Die Scheidelinie zwischen dem Alluvium der Flussaue und dem Diluvialboden der Höhen verläuft an der Westgrenze der inneren Stadt von Leipzig. Dass die Flussauen der Leipziger Gegend dem Verkehrsleben früherer Zeiten ein sehr ernstes Hinderniss entgegenstellten, beweist noch die Schlachtperiode des October 1813. Heinrich Aster würdigt in der geographischen Einleitung zu seinem kriegsgeschichtlichen Werk die Niederungen westlich, südwestlich und besonders nordwestlich von Leipzig sehr

---

[1]) Erläuterungen zur Section Naunhof. Leipzig 1881. S. 26 ff.
[2]) Geolog. Specialkarte des Königreichs Sachsen, Blatt 10, 11.

richtig und hebt besonders die grosse Seltenheit brauchbarer Uebergänge hervor. Noch die Eisenbahnbauten der neuesten Zeit sind durch diese Terrainbeschaffenheit vielfach erschwert worden; die von Leipzig nach Zeitz führende Linie benutzt, soweit es geht, den Bahnkörper der älteren, direkt nach Westen führenden Strecke und umgeht dann die Aue in weit nach Westen ausgreifendem Bogen [1]). Auch heute noch ist wenigstens zur Zeit grösserer Ueberschwemmungen das 1813 viel genannte „Défilé von Lindenau", d. h. der Damm, auf welchem die nach Westen führende Heerstrasse den noch nicht aufgefüllten und bebauten Theil der Aue überschreitet, auf einer ziemlich langen Strecke der einzige nicht überfluthete Uebergang. Man wird also in früherer Zeit um so lieber die Gelegenheit ergriffen haben, den Auenübergang etwas abzukürzen [2]). Dazu kam noch die sehr feste und gesicherte Lage des alten Leipzig hart am Auenrande und nach Norden noch durch die hier einmündende Parthe gedeckt. Es waren daher wohl mehr diese Umstände als die weiten wellenförmigen Ebenen um Leipzig — die ja auch anderen Gegenden nicht fehlten, — welche kriegführende Heere so oft gerade bei Leipzig zusammentreffen liessen. Auch Heinrich Aster (a. a. O. S. 10, 11) nennt die Terrainverhältnisse um Leipzig solche, wie sie vorzugsweise eine sich vertheidigende Armee braucht, und denkt dabei an die Thalniederungen der drei Flüsse.

Was aber den friedlichen Verkehr betrifft, so ist anzuerkennen, dass historische Ereignisse und menschliche Thatkraft das rasche Wachsthum und die Blüthe der Stadt Leipzig doch mehr gefördert haben als eine einmal gegebene Naturlage. War auch bei Leipzig der beste Uebergangspunkt über Elster und Pleisse, so blieb im Westen doch immer noch der Terrainabschnitt des Saalthales zu bewältigen. Dieser war nicht zu umgehen, wohl aber der Uebergang bei Leipzig in dem Falle überflüssig, wenn man von Düben, Eilenburg oder Wurzen nicht erst auf Leipzig, sondern direkt auf den Saaleübergang bei dem benachbarten Halle vorging. Ich glaube kaum, dass man den Halle'schen Saaleübergang für so schwierig hielt, um deshalb, wie Delitsch a. a. O. S. 13 u. 14 meint, lieber über Leipzig zu gehen. Die Saale blieb etwa bei Merseburg oder Weissenfels für Jeden, der westwärts über Leipzig hinauszugehen dachte, doch noch zu kreuzen, und die dortigen Uebergänge sind nicht wesentlich bequemer als der bei Halle. Vielmehr war der grosse Fluss gerade ein Vortheil für das auch sonst geographisch mannichfach bevorzugte Halle, und es ist um so bemerkens- und anerkennenswerther, dass Leipzigs Bewohner, durch die Thätigkeit der Regierungen vielfach begünstigt, diese Bevorzugung zu einem sehr grossen Theile wieder ausgeglichen haben.

Eine Brückenstadt mit allen uns nun schon hinreichend bekannten Kennzeichen der Lage ist auch Magdeburg. Oberhalb der Stadt ist gegen Schönebeck grosse Breite des Thales, Bildung von Nebenarmen

---

[1]) Von Möckern unterhalb Leipzig bis Ammendorf bei Halle wird das Elsterthal von Eisenbahnen nicht überschritten.

[2]) Vgl. Otto Delitsch bei Hasse: Die Stadt Leipzig und ihre Umgebung. Leipzig 1878, S. 13 u. 14.

und Altwassern zu bemerken; dieselbe Erscheinung tritt auch unterhalb Magdeburgs zwischen der Neustadt und der Ohremündung auf. Nur bei der Stadt selbst reicht steiles Ufer bis an den Fluss, wie man in den zur Elbe stark geneigten Strassen des älteren Stadttheiles deutlich wahrnehmen kann. Auch im Osten streift eine trockenere Zone gerade bei Magdeburg an die Elbe. Passende Inseln fehlen auch nicht, während ähnliche aufwärts und abwärts auf weiter Strecke nicht vorkommen. Magdeburg ist für die Elbe, was Frankfurt für die Oder, und schliesst sich der oben besprochenen Reihe der nordostdeutschen Brückenstädte als letztes westlichstes Glied an.

Wenden wir uns jetzt dem äussersten Nordwesten der Tiefebene zu, so sehen wir hier nicht mehr so sehr die Thäler als vielmehr die ausgedehnten Moorgebiete die Wegsamkeit des Landes beeinflussen. Die Flüsse werden hier sogar von den Ortschaften aufgesucht, da sie häufig von schmalen Sandstreifen begleitet werden, welche eine sichere Verbindung zwischen den Mooren hindurch ermöglichen. Aber auch fern von den Flüssen giebt es einzelne festere Stellen, die die Fläche des Moores theilen, und diese Stellen sind seit alter Zeit von den Ansiedlern sorgfältig ausgewählt worden. Die Moorpässe sind noch viel constanter als die Pässe über die Flussthäler der Mark und des Nordostens; wer würde auch neue Wege durch das Bourtanger Moor, die oldenburgischen und Diepholzer Moore bahnen wollen, um sich daran anzusiedeln?[1]) Die spärliche Bevölkerung reichte mit den vorhandenen Strassen ebenso wie mit den Wohnplätzen, die nur höchst selten zu grösseren Städten anwuchsen, vollkommen aus. Nur in Kriegszeiten versuchte man hier und da in die Moore selbst einzudringen, wie die eigenthümlichen Bohlwege, deren Reste an verschiedenen, ziemlich weit auseinander liegenden Punkten gefunden wurden, bezeugen. Friedrich von Alten, dem wir eine werthvolle, von einer Karte begleitete Monographie über die Bohlwege verdanken[2]), schreibt diese Bauten durchweg römischer Thätigkeit zu. Doch sind auch in späterer Zeit noch vereinzelte Bohlwege theils bei den örtlichen Fehden der Friesen, theils zur schwachen Verbesserung einiger gar zu ungenügender Verbindungen zwischen den Moororten hergestellt worden.

Unter denjenigen Städten nun, welche Moorpässen einen grösseren oder geringeren Theil ihrer Bedeutung verdanken, nenne ich zuerst Bremervörde. Dieser Ort ist zunächst wichtig als einer der wenigen guten Uebergangspunkte über die Oste. Dann aber sind die Geeststreifen zwischen den hier sehr ausgedehnten Mooren so vertheilt, dass der Verkehr eines ziemlich grossen Landestheiles den Pass von Bremervörde benutzen muss. Die zahlreichen Landstrassen, welche sich dort kreuzen, halten sich sehr genau an die Geestrücken und überschreiten nur einzelne kleinere Moorstreifen. Die Strasse von Bremervörde nach Osterholz umgeht so das grosse Teufelsmoor im Westen, die Strasse nach Zeven thut dasselbe im Osten, die Strasse nach Neuhaus kann einen

---

[1]) Ueber eine doch vorkommende, ganz charakteristische Ausnahme siehe weiter unten.

[2]) Die Bohlwege im Herzogthum Oldenburg. Oldenburg 1879.

Geeströcken zwischen der Oste und den Sümpfen des Hadelnschen Siethlandes benutzen. Alle aber hängen genau von den Bodenverhältnissen ab und könnten nicht beliebig verlegt werden. Blieb aber das von den lebhaften Elb- und Wesermarschen weit entfernte Bremervörde [1]) immer klein, so erwies sich eine Ansiedlung auf einem anderen Geeststreifen zwischen den Mooren an der Weser viel entwicklungsfähiger.

Dies ist Bremen. Wir wollen es dahingestellt sein lassen, ob der Name [2]) Bremen wirklich von dem Stamme „brim" herkommt, der einen schmalen, scharf begrenzten (Terrain-)Rand bezeichnen soll; jedenfalls ist festzuhalten, dass das östliche Ufer der Weser von der Mündung der Aller bei Verden bis zu der Vereinigung von Wümme und Hamme oberhalb Vegesack von einem nicht breiten, aber stellenweise durch seine Höhe auffallenden Geeststreifen begleitet wird, welcher eine trockene Verbindung längs des wichtigen Flusses ermöglichte. Die Landstrasse von Verden nach Bremen sowie später die Eisenbahn von Hannover nach Bremen und Geestemünde folgen diesem Geeststreifen. An seinem nördlichen Ende bei Burg und Lesum ist der Streifen sehr schmal, ein wichtiger Pass führt über die Lesum, wie die vereinigte Hamme und Wümme genannt wird, zu einem entgegenkommenden Geeströcken. Dass sich die grössere Ansiedlung nicht hier, sondern an der ansehnlicheren Weser entwickelte, ist begreiflich. Warum man aber gerade die Stelle gewählt hat, wo jetzt Bremen steht, lässt sich durch geographische Thatsachen nicht ganz entscheiden. Dicht am Strom sich erhebende, zu jenem Geestzug gehörende Hügel, welche sich bei Wanderungen durch das ältere Bremen noch bemerklich machen, ferner die immerhin auffällige Zunahme der Schiffbarkeit des Stromes von der Gegend von Bremen ab mögen die erste Veranlassung gegeben haben. Das Terrain ist durch die Bebauung sowie zahlreiche Weserdurchstiche hier ganz verändert worden. Eine Brückenstadt im Sinne der früher betrachteten ist Bremen jedenfalls nicht, da auf dem westlichen Weserufer sich auf ziemlich weite Entfernung nur flache, von Gräben durchzogene Wiesen und Weiden, aber keine Geesthöhen finden [3]). (Ueber Bremens Beziehungen zum Meere vgl. Abschnitt III).

Wer den Eisenbahnweg von Oldenburg nach Leer und dem nördlichen Holland einschlägt, streift bald nach der Abfahrt den Nordrand der grossen oldenburgischen Moore, welche sich hier von den Flüssen Vehne, Soeste und Marka in langsamem Lauf durchzogen, viele Stunden

[1]) Dieser Punkt ist jedoch in mehreren Kriegen wichtig geworden, zuletzt im siebenjährigen. Guthe, Die Lande Braunschweig und Hannover, Hannover 1867, S. 50, Anm.

[2]) Guthe a. a. O. S. 141, Anm.

[3]) Die Eisenbahnen, welche nothwendig die grosse Handelsstadt berühren mussten, haben gleichwohl die Wesermarschen ober- und unterhalb Bremens mit Brücken übersetzt. Rein geographisch betrachtet würde übrigens das dem Meere noch nähere Vegesack sich bei seiner vortheilhaften Lage hart am Strom und doch auf hohem Uferrand ebenso gut zur Grossstadt entwickeln können als Bremen.

weit nach Südwesten ausdehnen. Es ist eine der an Orten und Strassen ärmsten Gegenden des ganzen Reiches. Ansiedlungen sind hier nur auf den schmalen Landstreifen möglich, welche die Flüsse — jedoch nicht stets — einrahmen, mit den Nachbarorten ist die Verbindung eine sehr schwierige. Bis in unser Jahrhundert hinein waren die Flüsse die einzigen Verkehrsstrassen; an der Marka hatte, wie Schacht anführt [1]), jeder Hausbesitzer sein Schiff, auf dem er zur Ems hinabfuhr, um dort Torf zu verkaufen und ihm nöthige Waaren dafür zurückzubringen. Die Gemeinden Scharrel, Ramsloh und Strücklingen, alle an der Marka, bilden das Sagterland, in dem sich in Folge der schwierigen Verbindungen mit der Aussenwelt noch manche eigenthümliche Sitten sowie Reste der friesischen Sprache erhalten haben.

In neuester Zeit hat man allerdings begonnen, auch Landwege auf den Geeststreifen an den Flüssen anzulegen, und so ist das einsame Sagterland jetzt nach Südosten mit der kleinen, einen Landrücken an der Soeste einnehmenden Stadt Friesoythe, der einzigen des eigentlichen Moorgebietes, und dadurch mit dem hügeligen Süden Oldenburgs, nach Nordwesten mit der Gegend von Leer verbunden. Viele benachbarte Moorgebiete haben aber seit Anfang des Jahrhunderts nur wenige Veränderungen in der Wegsamkeit erfahren [2]).

Westlich von der Marka finden sich als Vorposten des Hohen Hümmeling noch einzelne sandige trockene Rücken, auf deren einem sich das Dorf Esterwege mit der Ruine einer Tempelherrenburg und sogar von einem kleinen Gehölz umgeben erhebt. Noch weiter gegen Südwest beginnt dann schon der Hümmeling selbst mit seinen haide- und waldbedeckten Kuppen.

Auch in den übrigen Theilen der deutschen Moorgebiete sind die Ortschaften vorzugsweise an die Geeststreifen — westlich der Ems vielfach Tangen genannt — geknüpft. So läuft die Strasse von Nordhorn (am Rande des grossen Bourtanger Moores) nach der holländischen Grenzfestung Coevorden auf einer Tange entlang, die streckenweise der Sanddamm heisst; zahlreiche Ortschaften zeichnen diesen von fast menschenleeren Strichen umgebenen Damm aus.

Es giebt jedoch eine Culturmethode in den Moorgebieten, welche die Besiedelungsverhältnisse merklich verändern und unter günstigen Verhältnissen sogar neue Städte schaffen kann. Ich meine die Fehncolonien [3]). Die Fehnwirthschaft beruht darauf, dass von dem nächsten Flusse aus ein Kanal rechtwinklig in das Moor vorgetrieben wird, der lange Zeit als einziger Zugangsweg zu den Häusern der Colonisten dienen muss. Die Colonisten wohnen zu beiden Seiten des Hauptkanals, so dass die ältesten Höfe dicht am Flusse, die jüngsten am Endpunkt

---

[1]) Petermann's Mitth. 1883, S. 10.

[2]) Man vergl. das soeben in neuer, gänzlich umgearbeiteter Ausgabe erschienene Blatt 53 der Reymann'schen Karte mit älteren Ausgaben desselben Blattes.

[3]) Die Schreibart „Veen" würde holländisch sein. Ueber die Fehncolonien zu vergleichen u. A. de Vries und Focken, Ostfriesland, Emden 1881, besonders S. 31 ff.; dann Die Moorgebiete des Herzogthums Bremen, Berlin 1877, mit lehrreicher Karte. Dies sind nur einige der am leichtesten zugänglichen neueren Schriften.

des Kanals tief im Innern liegen. Unter Hinterwieken versteht man Kanäle, welche parallel mit dem Hauptkanal in das Moor eindringen, unter Inwieken Verbindungskanäle zwischen dem Hauptkanal und den Hinterwieken. Die Colonisten entfernen auf ihrem Gebiete den Torf bis auf den Untergrund, um auf diesem dann Ackerfelder und Wiesen anzulegen, welche bei sorgfältiger Cultur und Düngung recht guten Ertrag liefern. Die Fehncolonien sind verhältnissmässig noch nicht alt, im Jahre 1633 wurde von vier Emdener Bürgern das sogen. Grosse Fehn, das erste der ostfriesischen Fehne angelegt. Es liegt bei Timmel gerade östlich von Emden. Man sieht leicht ein, dass die Fehne die Besiedelungsverhältnisse einer Gegend wesentlich ändern können, auf jeder guten topographischen Karte Ostfrieslands treten die Fehne scharf hervor[1]). Hart an der Grenze Ostfrieslands liegt die für den Geographen wichtigste Fehncolonie, nämlich Papenburg. Im Jahre 1675 fanden sich hier nur sieben Häuser und ein verfallenes Schloss, 1860 wurde der aufgeblühte Fehnort zur Stadt erhoben. Papenburg hatte 1880 6736 Einwohner und besass 1882 nicht weniger als 126 eigene Seeschiffe, während Emden (1881) nur 83 besass[2]). Der Plan der Stadt zeigt noch ganz deutlich die Entstehungsweise Papenburgs an, wir können den Hauptkanal, die Inwieken und Hinterwieken sehr gut unterscheiden, fast 6 km weit erstrecken sich die häuserbesetzen Kanäle der eigenartigen Stadt in das Moor hinein. Wir haben hier ein wichtiges Beispiel, dass nicht nur die Lage, sondern auch die Physiognomie einer Stadt durch eine eigenthümliche, freilich nur diesen Moorgebieten angehörende Culturmethode bestimmt werden kann. Eine so grossartig entwickelte Fehncolonie wie Papenburg finden wir nicht weiter vor, grosse stadtähnliche stundenweit sich hinziehende Ansiedlungen aber noch mehrfach. Wenn in den letzten Jahrzehnten nicht so zahlreiche Fehnkolonien angelegt wurden als früher und wenn daneben die alte unvollkommene[3]) Brandcultur trotz aller Bemühungen der Regierungen, Vereine und einzelner Personen noch fortbesteht, so ist die Veranlassung wohl in der immerhin grossen Kostspieligkeit der ersten Anlage des Fehns zu suchen. Ausserdem sind die besten den Flüssen nächsten Angriffspunkte nach und nach vergeben worden; je weiter man aber in das Moor vordringt, desto schwieriger und theurer wird die Anlage.

Das zweite Hauptgebiet der Fehncolonien ist in den Mooren des Herzogthums Bremen zu suchen, wo diese Betriebs- und Siedelungsmethode zuerst 1720 in den Aemtern Lilienthal und Osterholz auftaucht[4]). Noch in den Jahren 1855 und 1856 wurden in den Aemtern Osterholz und Bremervörde neue Fehncolonien eingerichtet. Zu einer Entstehung

[1]) Vgl. auch die zu de Vries und Focken's Werk gehörige Karte, sowie die ganz neuen Sectionen 37, 52 u. 53 der Heymann'schen Karte.

[2]) Allerdings waren die Emdener Schiffe dafür grösser. Die 83 Emdener Schiffe hatten zusammen 21,184 Registertonnen, die 126 aus Papenburg nur 19,044.

[3]) Vgl. Roscher, Nationalökonomik des Ackerbaues, 10. Aufl., Stuttgart 1882, S. 79, 80 (in Anm. 14).

[4]) Moorgebiete des Herzogthums Bremen, S. 21.

neuer Städte ist es hier bis jetzt noch nicht gekommen, wenn auch die in der früher so gefürchteten Gegend des Teufelsmoores erzielten Resultate bedeutende zu nennen sind.

J. G. Kohl meint, dass der Punkt, wo zwei Flüsse sich vereinigen, ein für den Städtebau sehr geschickter sei [1]). Dieser Satz kann nicht allgemein als richtig anerkannt werden, es zeigt sich vielmehr, dass wenigstens im Tieflande, und ganz besonders im norddeutschen, Flussvereinigungen fast niemals einen günstigen Bauplatz für grössere Ansiedlungen darbieten. Sie sind zu sehr von Ueberschwemmungen bedroht, sind oft weithin von feuchten Wiesen und Laubwaldstreifen umgeben, während die Strecken festeren Bodens, die bisher für uns so wichtig waren, nur selten gerade an die Flussvereinigungen des Tieflandes herantreten. Dazu kommt die grosse Veränderlichkeit des Fahrwassers und der Flüsse überhaupt in der Nähe der Vereinigung, sowie der oft bemerkbare Mangel guten Trinkwassers und die nicht selten ungünstigen Gesundheitsverhältnisse [2]). Wo uns kleinere Karten grosse Städte hart an der Gabel zweier bedeutender Tieflandsflüsse zeigen, finden wir bei Heranziehung topographischer Blätter meist, dass die Stadt doch nicht genau an der Vereinigung liegt. Khartum — um nur einige der bekanntesten wenn auch unser Gebiet nicht berührenden Beispiele anzuführen — liegt nicht an der Vereinigung der beiden Nilarme selbst, sondern am Blauen Nil, noch über 5 km von der Mündung entfernt [3]). St. Louis beherrscht ebenfalls nicht genau die Vereinigung des Mississippi mit dem Missouri, sondern liegt am Mississippi, der schon 20 engl. Meilen weiter oben den Missouri aufgenommen hat. Wo man doch die Vereinigung aufgesucht hat, muss man auch die grossen Nachtheile mit in den Kauf nehmen. Der Platz, auf welchem die Messe von Nishnij-Nowgorod abgehalten wird, liegt auf der flachen Landspitze zwischen Wolga und Oka und wird bei hohem Wasserstande von den Fluthen der beiden Flüsse überschwemmt, obwohl man sich bemüht hat, durch künstliche Aufhöhung diesem Uebelstande abzuhelfen [4]). Ganz anders verhält es sich selbstverständlich mit Flussvereinigungen in Bergländern; hier sind dicht an die beiden Flüsse angelehnte Städte häufig und ihre Anlage vortheilhaft, es genügt an Passau, Coblenz, Lyon etc. zu erinnern.

Wenden wir nun das Gesagte auf die norddeutsche Tiefebene an, so dürfen wir nicht erwarten, an den zahlreichen Flussvereinigungen derselben [5]) grössere Städte zu finden. Während die Weichsel auf der

---

[1]) Verkehr und Ansiedlungen der Menschen, Dresden und Leipzig 1841, Seite 481.

[2]) Die Vortheile, welche die Vereinigung zweier Flüsse für Handel und Schifffahrt bietet, können auch aus einiger Entfernung von der Vereinigungsstelle fast ebenso gut verwerthet werden.

[3]) Petermann's Mitth. 1884. Taf. 3.

[4]) Man vergl. den schönen Plan der Stadt in Baedeker's Russland, 1. Aufl., S. 348, sowie die lehrreichen Ansichten bei Ragosin, Die Wolga, 2. Bd., Petersburg 1881, S. 1 u. 120.

[5]) Die Theilung eines Flusses in mehrere Arme, wie bei der Montauer Spitze, verhält sich offenbar ganz ähnlich.

deutschen Strecke an Städten nicht arm ist, bleibt der Montauer Spitze, dem Trennungspunkt der Weichsel und Nogat, aus gutem Grunde jede grössere Ansiedlung fern, denn gerade hier ist eine Stätte fortwährender Veränderungen, die theils durch die Hochfluthen und Eisgänge, theils aber auch durch die Bürger der Städte Danzig und Elbing verursacht wurden, welche sich in vergangenen Jahrhunderten oft bemühten, die grössere Wassermenge gerade ihrer Heimathstadt zur Hebung des Stromverkehrs zukommen zu lassen, und den Stromarm des Gegners nach Möglichkeit verstopften oder abdämmten. Passarge hat den Kampf um die Montauer Spitze in einem interessanten Abschnitt seines der besseren Reiseliteratur angehörigen und durch die hinzugefügten Quellennachweise auch wissenschaftlich verwerthbaren Schriftchens sehr anschaulich beschrieben [1]). Städtelos ist auch der Trennungspunkt der Danziger und der jetzt fast völlig trockenen Elbinger Weichsel, obgleich gerade hier ein kleiner Hügel, das sogenannte Danziger Haupt, die Einförmigkeit der Niederung unterbricht. Das Delta des Niemen wird von der Stadt Tilsit beherrscht. Tilsit aber liegt mehr als 10 km aufwärts vom Trennungspunkt der beiden Hauptarme Russ und Gilge.

Warthe und Netze vereinigen sich in einer weiten Bruch- und Wiesenlandschaft. Es scheint nie ein grösserer Ort hier gelegen zu haben, wenn auch das benachbarte Schloss Zantoch eine gewisse Bedeutung gehabt haben mag [2]). Es hatte übrigens nur einen wenig bequemen Wartheübergang zu decken, mit der Flussvereinigung als solcher aber sicherlich nichts zu thun.

Am Zusammenfluss der Oder und Warthe finden wir die Festungsstadt Küstrin. Festungen siedeln sich gern an Flussvereinigungen an, besonders wenn die Vertheidigungsfähigkeit der Gegend durch Sümpfe, vielleicht auch durch die Möglichkeit, ein grösseres Gebiet vorübergehend unter Wasser zu setzen, noch erhöht wird. So gewinnt man einen guten Stützpunkt für die Vertheidigung, und der Verkehr auf beiden Strömen wird überwacht und beherrscht. Die militärischen Interessen überwogen stets bei Küstrin; auch die sechs Bahnlinien, welche man hier zusammenführte, um die wichtige Festungsstadt nicht zu umgehen, werden die Stadt kaum zu einer für das benachbarte Frankfurt bedrohlichen Verkehrshöhe ansteigen lassen.

Ganz in dieselbe Kategorie wie Küstrin gehört auch Spandau an der Spree und Havel. Bereits oben wurde erörtert, dass die Verkehrsstrassen der Mark Brandenburg bei Berlin zusammenlaufen mussten; über Spandau konnten nur diejenigen Handelszüge und Kriegsexpeditionen gehen, welche in das Havelland selbst eindringen wollten. War aber die Bedeutung des Punktes für den Landverkehr nicht sehr gross, so ist die Schifffahrt auf Havel und Spree doch eine lebhafte und die Sicherung dieser Flüsse durch eine passend gelegene Festung sehr angezeigt. Wie alle Städte, welche auf beschränkten Bauplatz angewiesen und dazu noch von Festungswällen umgeben sind, besitzt auch Spandau

---

1) Passarge, Aus dem Weichseldelta, Berlin 1857, S. 221 ff.
2) Sadowski, Handelsstrassen, S. 12.

ziemlich entfernte, weitläufige Vorstädte, namentlich gegen Norden und gegen Südosten, wo der häuserfreie Raum zwischen denselben und den westlichen Erweiterungen von Charlottenburg immer kleiner wird. Der Gedanke liegt nahe, dass einst Spandau gleichsam nur die Citadelle des grossen unter dem Namen Berlin zusammengefassten Städtecomplexes sein wird.

An der Elbe sehen wir uns vergeblich nach Flussmündungstädten um. Die Havelmündung ist von Havelberg weit entfernt, die kleine Stadt Werben aber, welche der Mündung gegenüber am linken Elbufer, wenn auch nicht unmittelbar am Strom liegt, ist nur eine Randstadt (vgl. den nächsten Abschnitt) und steht zur Havelmündung kaum in Beziehung. Auch an der Mündung der Saale, welche von grossen Wiesenflächen umgeben wird, hat sich keine grössere Ansiedlung entwickelt; selbst Dörfer fehlen in unmittelbarer Nähe des Zusammenflusses.

An der Mündung der Mulde finden wir in günstiger strategischer Lage die kleine Stadt Rosslau, der wohl zumeist die Ueberwachung der Schifffahrt auf den beiden Flüssen oblag; sie lehnt sich an den Rand des schon zum Fläming aufsteigenden Hügellandes. Das benachbarte Dessau ist nur als Brückenstadt der Mulde zu betrachten; bei eigener Durchwanderung der Gegend sowie auch mit Hülfe guter Karten entdeckt man bald, dass der von Ost nach West gehende Verkehr die Mulde am vortheilhaftesten bei Dessau kreuzte, da man unterhalb rasch in das Gebiet der Elbüberschwemmungen, oberhalb für eine Strecke von mehr als 15 km in eine gleichfalls sumpf- und waldreiche Gegend gelangte[1]). In neuester Zeit ist aber bei Dessau ein wirklicher Mündungsort im Entstehen, dies ist Wallwitzhafen, etwa halbwegs zwischen Dessau und Rosslau sehr günstig an der Elbe, einem Mündungsarm der Mulde und der Eisenbahn gelegen. Wie weit sich das niedrige Deltaland hier zur Anlage eines grösseren Wohnplatzes eignet, muss sich allerdings noch zeigen.

Die Weser verhält sich nicht anders wie die grösseren östlichen Ströme. Die Allermündung ist als städtelos zu betrachten, da Verden sich ähnlich zu Aller und Weser stellt wie Dessau zu Mulde und Elbe. Es liegt auf einem ähnlichen Geestrücken wie Bremen an der alten Handelstrasse von Bremen nach Minden[2]). Von öder Gegend ist die Mündung der Leine in die Aller umgeben, ebenso städtelos ist der Einfluss der für den Handelsverkehr älterer Zeit nicht unwichtigen Oker. Nur ein Dorf Namens Müden findet sich hier, dessen Name, angeblich die plattdeutsche Form für Münden, noch an mehreren Flussmündungen wiederkehrt, wie z. B. an der Vereinigung von Wietze und Oertze nördlich von Celle. Diese letztere Allerstadt bezeichnet einen wichtigen Flussübergang, dann aber auch einen für die Vergangenheit wichtigen Schifffahrtsabschnitt, indem hier die Aller durch die Fuse und die Lachte eine namhafte Verstärkung erfährt. Für die neuere Zeit hat dieser

---

[1]) Im 30jährigen Kriege fanden wichtige Kämpfe an der Dessauer Brücke statt.

[2]) Vgl. über die Lage von Verden: Guthe, Die Lande Braunschweig und Hannover. Hannover 1867. S. 129.

Abschnitt der Schiffbarkeit seine Bedeutung fast völlig verloren. Aus diesem Grunde, dann aber auch in Folge staatlicher Veränderungen ist Celle gänzlich hinter Hannover zurückgeblieben. An der Ems finden sich zwei Städte, die zu einmündenden Nebenflüssen in Beziehung stehen könnten, nämlich Meppen und Leer. Jedoch sind sowohl Haase als Leda nicht von solcher Wichtigkeit, dass man ihrer Mündung eine grosse Anziehungskraft in dem sonst menschenarmen Lande zuschreiben könnte. Es ist vielmehr auch hier ein längs der Ems verlaufender Dünenzug, welcher bequemes Vordringen nach Norden ermöglichte und den Ort des Haaseüberganges bestimmte. Hauptstrasse und Eisenbahn folgen ihm auf weiter Strecke. Bei Leer finden wir bei näherer Betrachtung, dass die Stadt gar nicht an einem der beiden sich hier vereinigenden Flüsse liegt, sondern vielmehr auf einer kleinen Erhöhung zwischen den Flüssen. Wahrscheinlich hat die gesicherte Lage dieser Anhöhe zuerst die Blicke auf sich gezogen. Guthe (a. a. O. S. 206) belehrt uns zudem, dass die Bewohner von Leer bis zur Mitte des vorigen Jahrhunderts kaum Gebrauch von der vortheilhaften Position ihrer Stadt nahe an der Grenze der See- und Flussschifffahrt [1]) gemacht haben und dass gerade der älteste Theil der Stadt am fernsten von den Flussufern liegt. So erwies sich auch hier die Flussvereinigung nicht als bestimmend für die Entstehung einer Stadt.

Am deutschen Niederrhein endlich sehen wir in der Festung Wesel an der Mündung der Lippe noch einmal ein Seitenstück zu Küstrin und Spandau. Wesel ist eine echte, den Einfluss des bedeutenden Nebenflusses beherrschende Festungsstadt, hat aber daneben auch mannichfache Industrie sowie Antheil an der Rheinschifffahrt. Hier wie in Küstrin kreuzen sich sechs wichtige Bahnlinien innerhalb des Festungsrayons. Ruhrort wäre trotz der nahen Einmündung der Ruhr ein unbedeutender Ort geblieben, wenn nicht die Verschiffung der reichen Kohlenschätze des Ruhrbeckens hinzugekommen wäre. So stieg die Einwohnerzahl der Stadt von nur 1443 im Jahre 1816 auf 9130 im Jahre 1880. Ruhrort hat jetzt den grössten Flusshafen des deutschen Reiches, und vielerlei Industrien und Transportgewerbe haben sich in dem gewissermassen mit den englischen Städten Sunderland und Shields zu vergleichenden Kohlenhafen entwickelt.

Auch die Krümmungen grösserer Flüsse haben im Tieflande nicht denjenigen Einfluss auf die Städtelage wie im Berglande. Im Berglande finden wir sehr häufig starke Flusskrümmungen von Städten eingenommen, ich erinnere nur an die Stadt Bern auf ihrer von drei Seiten von der Aare umströmten Halbinsel [2]). Das benachbarte Freiburg nimmt an der Saane eine ganz ähnliche Lage ein. Es sind vorzugsweise Rücksichten auf die Sicherheit, welche eine solche Wahl bestimmen

[1]) Als eigentliche Binnengrenze des Seeverkehrs kann besser Papenburg bezeichnet werden.

[2]) Etwas unterhalb Berns schneidet die Aare eine noch grössere auffälligere Halbinsel heraus, welche aber, wie man leicht sieht, ihrer unregelmässigen Form halber weniger zu einer Stadtanlage geeignet, auch weniger gesichert war, als die Halbinsel von Bern.

können. Für den Verkehr kann eine Lage wie die von Bern kaum als günstig bezeichnet werden: die Strassen können die Stadt nur auf einer Seite bequem erreichen, auf den anderen sind sie zu bedeutenden Brückenbauten gezwungen. Die Eisenbahnen nähern sich fast alle der Stadt Bern nur auf grossen Umwegen, da man sich nicht entschliessen konnte, die Aare öfter als einmal für Eisenbahnzwecke zu überbrücken. Dieser Umstand hat es mitveranlasst, dass die Bundeshauptstadt Bern nicht ein so bedeutender Bahnknoten geworden ist wie Olten, Solothurn oder Biel.

Im Flachlande treffen nun die Städte an den Flusskrümmungen dieselben Nachtheile wie im Berglande, ohne dass sie dafür die Vorzüge einer besonders gesicherten Lage genössen. Daneben ist noch der oft mangelnde gute Baugrund, die an den Krümmungen besonders grosse Veränderlichkeit der Flüsse u. s. w. in ganz ähnlicher Weise wie bei den Flussvereinigungen in Anschlag zu bringen. Die Erscheinung, dass Flusskrümmungen im Tieflande der Städte ermangeln, ist denn auch in Norddeutschland eine so allgemeine, dass es gar nicht nothwendig erscheint, die deutschen Flüsse in dieser Hinsicht einzeln zu besprechen. An allen Flüssen der Tiefebene werden die gerade verlaufenden Stromstrecken den stark gekrümmten gegenüber entschieden bevorzugt. Die einzige wichtigere Ausnahme ist die ganz moderne Grossstadt Düsseldorf am Rhein, welche an der convexen Seite einer grösseren Krümmung liegt. Das Aufblühen Düsseldorfs, anfänglich durch politische Verhältnisse veranlasst, hängt in der neueren Zeit mit der Entwicklung des Elberfeld-Dortmunder Industrie- und Bergbaubezirkes zusammen. Für diesen öffnete sich in dem Thal der Düssel, welches bei Vohwinkel nur wenige Kilometer vom Wupperthal entfernt ist, neben der Ruhr ein zweiter leidlich bequemer Ausgang nach dem Rhein, den eine der ältesten deutschen Eisenbahnen (Düsseldorf—Elberfeld) benutzte. Mit der Gestaltung des Rheinlaufes auf der Strecke von Cöln bis zur Ruhrmündung hat Düsseldorfs Aufblühen wenig zu thun.

Sehr charakteristisch ist es dagegen, dass da, wo die norddeutschen Flüsse in tief eingeschnittenen vielgewundenen Thälern fliessen und sich dem Charakter der Bergflüsse nähern, auch sofort an Bern erinnernde Halbinselstädte auftreten. Dies ist der Fall bei dem ostpreussischen Fluss Alle. Schon im Pregelthale fällt uns auf, dass die Städte Tapiau und Wehlau entgegen unserer früher erörterten Regel hart an Flussvereinigungen resp. -theilungen liegen; wir sehen aber sofort, dass der Pregel von ziemlich steilen Höhenrändern eingefasst wird, jene Ausnahmen daher ganz wohl begründet sind. Gehen wir an der Alle hinauf, so erblicken wir bald die Stadt Allenburg in sehr bemerkenswerther Lage auf einer etwas erhöhten Halbinsel, welche im Westen von der Alle, im Süden gleichfalls von der Alle und dem hier einmündenden Omet, im Norden von der Schweine begrenzt wird. Nur im Osten bleibt ein schmaler Zugang offen, auf den verschiedene durch Omet und Schweine eingeengte Strassen und Wege, die aus dem Osten kommen, hinführen. Auf einer ähnlichen Halbinsel des linken Ufers, die durch einen Bach noch schärfer herausgehoben ist, liegt die Stadt Friedland, noch weiter aufwärts wieder auf dem rechten Ufer

Schippenbeil, dieses besonders an Bern erinnernd. Auch bei Schippenbeil mündet ein Seitenfluss, der Guber, in die Alle. Bartenstein, Heilsberg und Gutstadt sind weniger auffallend, dagegen ist wieder Allenstein auf einer Flusshalbinsel angelegt, aber später darüber hinausgewachsen. So zeigt sich an der meist zwischen hohen Ufern fliessenden, einem Tieflandsstrom wenig ähnlichen Alle sofort jener Einfluss starker Stromkrümmungen, der bei den übrigen Strömen unseres Gebietes vermisst wird.

Zweiter Abschnitt.

Wenn auch eigentliche Gebirge in unserem Gebiete nicht vorkommen, so fehlen beträchtliche Höhenunterschiede doch keineswegs. Völlige Ebenen sind selbst in den Küstengegenden nicht sehr häufig, nur etwa die Marschen, die Mündungsgebiete der Weichsel und des Niemen, sowie einzelne Striche Vorpommerns können als solche angeführt werden. Aber auch die Marschen werden von einzelnen Geestbügeln unterbrochen, das Niemendelta hat zerstreute sandige, für die Besiedelung nicht unwichtige Höhen aufzuweisen, und im Weichseldelta macht sich von den beiden Hauptstromrinnen der Weichsel und Nogat aus eine leichte Senkung des Bodens nach der Mitte der Niederung bemerkbar, wo die Wasserläufe Tiege und Schwente sich entwickelt haben. Diese Senkung erklärt sich unschwer durch die grössere Anhäufung der Sedimente in der Nähe der Hauptarme.

Zwei grosse Landrücken durchziehen das norddeutsche Tiefland, welche man früher wohl als den uralisch-baltischen und den uralisch-karpathischen Höhenzug, jedoch ohne innere Berechtigung, bezeichnete. Sie sind nicht so geschlossen, wie sie die älteren Karten darstellen, zerfallen vielmehr in eine Reihe einzelner Landhöhen, welche durch Thäler und oft nicht unbedeutende Niederungen von einander getrennt sind[1], so dass Flüsse und Kanäle die beiden Züge kreuzen können. Der südliche Zug, den wir im weitesten Sinne vom östlichen Oberschlesien bis zur Wingst bei Cuxhaven verfolgen können, ist häufiger und stärker unterbrochen als der nördliche, welcher in Masuren in das Reich eintritt, um dann die Ostseeländer bis Nordschleswig und über die Reichsgrenze nach Jütland hinein zu durchziehen. Ausserdem unterscheiden wir noch Höhen zwischen dem nördlichen Zuge und der Ostseeküste, Höhen zwischen beiden Zügen und endlich Höhen zwischen dem südlichen Zuge und dem deutschen Mittelgebirge. Alle diese Höhen treten meist als Landrücken, als niedrige Plateaus auf; eigentliche Hügelgruppen finden sich selten, wirkliche kleine Ketten noch seltener. Die Beziehungen, welche zwischen diesen Erhebungen und der Vertheilung der Städte obwalten, lassen sich nun leicht auf wenige Hauptsätze zurückführen.

Zunächst ist zu merken, dass eine Abhängigkeit der Städtelagen von einzelnen Berghöhen, wie sie in Mittelitalien, Sicilien und Griechenland so oft zu beobachten ist, in Norddeutschland nicht vorkommt. In jenen Ländern suchte man der Sicherheit halber gern schwer zugängliche und oben geringen Raum bietende Berge auf und nahm die grossen Nachtheile, welche mit einer solchen Lage verknüpft sind, in den Kauf: im nördlichen Deutschland sind auch die wenigen jenen italienischen Bergen etwa zu vergleichenden Hügel unbenutzt geblieben, da sich auf Flussinseln, zwischen Sümpfen, und besonders an den bald zu besprechenden Landseen strategisch günstige Positionen in mehr als genügender Zahl boten.

Betrachten wir aber die Scheitel der langgestreckten norddeutschen Höhenzüge, so werden wir bald wahrnehmen, dass die Vertheilung der Städte auf denselben durchaus keine gleichmässige ist. Sehr städtearm ist im Ganzen der südliche Zug; auch die Dörfer liegen hier in weit grösseren Abständen als auf dem nördlichen Rücken. Der Grund dieser Erscheinung scheint mir darin zu liegen, dass der südliche Zug im Allgemeinen wasserärmer ist und namentlich der zahlreichen Landseen des nördlichen so gut wie völlig entbehrt. Der südliche Zug stellt sich meist als ein Terrainhinderniss dar, das man seiner Wasserarmuth und seiner Sandstrecken halber möglichst rasch durchzog, wo auch kein besonders wichtiges Bodenerzeugniss, kein zur Vertheidigung oder Deckung eines wichtigen Passes geeigneter Terrainabschnitt zur Ansiedlung und zum Verweilen anlocken konnte. So fehlen Städte völlig auf dem Rücken des Fläming. Alle an diesem Höhenzuge vorhandenen Städte liegen bei genauerer Betrachtung nicht auf der Höhe, sondern schon an den Abhängen, es sind Randstädte (s. u.), wie Ziesar, Belzig, Zahna, Seyda, Jüterbog, Dahme, Luckau und manche andere. Der sogenannte Lausitzer Grenzwall, die östliche Fortsetzung des Fläming und das schlesische Katzengebirge verhalten sich ganz übereinstimmend.

Ganz besonders arm an Städten und überhaupt grösseren Wohnplätzen ist das Innere der Lüneburger Haide. Es ist auch wenig Anlass zu einer grossen Verdichtung der Bevölkerung hier gegeben, da der durchschnittlich nicht reichlich lohnende Boden und namentlich der grosse Bedarf an Haide zur Streu für den einzelnen Besitzer ein grosses Wirthschaftsgebiet zur Nothwendigkeit macht [1]). Dazu kommt auch wohl noch die in der nordwestdeutschen Bevölkerung verbreitete Abneigung gegen städtische Bauweise. Indessen wäre es nicht richtig, da, wo wenig Städte liegen, auch Mangel an geschlossenen Dörfern zu erwarten: gerade die Landdrostei Lüneburg hat geschlossene Dörfer und wenig Städte, das Münsterland dagegen Einzelhöfe und daneben ziemlich zahlreiche kleine Städte. Die an Städten ärmste Haidelandschaft wird durch eine die Städte Rotenburg, Soltau, Walsrode, Hudemühlen, Celle, Gifhorn, Brohme, Wittingen, Salzwedel, Lüchow, Dannenberg, Lüneburg, Winsen, Harburg, Buxtehude, Harsefeld und Zeven verbindende Linie umschrieben. In diesem grossen Raume liegt nur

---

[1]) Ueber den starken Verbrauch der Haide vergl. das für die Kenntniss der Lüneburger Haide überhaupt wichtige Werkchen von W. Peters, Die Heidflächen Norddeutschlands, gekrönte Preisschrift, Hannover 1862. Uebrigens werden die Verhältnisse dieser Haidegegenden in vielen Schriften mit zu grellen Farben geschildert.

die Stadt Uelzen an der Ilmenau. Die Position von Uelzen ist geographisch kaum zu begründen; eine Thalweitung der Ilmenau, von der Guthe a. a. O. S. 95 spricht, erscheint in dem auch sonst bequem zugänglichen Thal dieses Flusses nicht so wichtig, um eine grössere Ansiedlung heranzuziehen. Immerhin ist es bemerkenswerth, dass das Thal der Ilmenau nicht nur im Mittelalter, sondern auch heute von der wichtigen Route Hamburg—Frankfurt a/M., einer der bedeutsamsten, die es in Mitteleuropa giebt, durchzogen wird. Jetzt wird diese Eisenbahnstrasse in Uelzen von der von Stendal nach Bremen führenden gekreuzt, welche die Haide, ohne sich an bestimmte Bodenwellen oder Gewässer anzulehnen, ziemlich geradlinig durchzieht.

Nicht so umfangreich ist ein in seiner Naturbeschaffenheit sehr ähnliches städteloses Gebiet in Holstein, also auf dem nördlichen Höhenzuge. Es liegt zwischen Hamburg-Altona, Oldesloe, Segeberg und den beiderseitigen Küstenstädten. Nur Neumünster und Rendsburg finden sich hier. Letzteres ist eine übrigens nicht bedeutende Brückenstadt an der Eider, welche ursprünglich auf zwei Eiderinseln lag, sich dann aber nach beiden Ufern des Flusses ausgebreitet hat [1]). Bis zur Mitte unseres Jahrhunderts galt Rendsburg als starke Festung. Neumünster liegt weder an einem wichtigen Uebergangspunkt noch an einem Terrainabschnitt in einer ziemlich einförmigen, Haidecharakter tragenden Ebene. Die Stadt ist um ein wichtiges Kloster entstanden; dass später hier wichtige Handelsstrassen zusammentrafen, hat sie keinen Besonderheiten ihrer Lage, sondern nur dem Umstande zu verdanken, dass auf dem menschen- und dorfarmen Haiderücken ein Stützpunkt, wie ihn das Kloster und der um dasselbe entstandene Ort bot, schon an sich gern benutzt und von den Handelswegen (Lübeck—Dithmarschen und Hamburg—Kiel) aufgesucht wurde. Jetzt ist Neumünster der wichtigste Bahnknoten der ganzen cimbrischen Halbinsel geworden, sechs Linien vereinigen sich hier.

Ganz andere Erscheinungen finden wir auf dem bei weitem grösseren seenreichen Theil des nördlichen Höhenzuges. Die Seen, deren Gestalt meist eine sehr unregelmässige ist, boten zahlreiche, sich wenigstens durch ihre Sicherheit empfehlende Bauplätze; auch der Fischreichthum vieler derselben mag häufig anziehend gewirkt haben. Später freilich, als die Rücksicht auf die Sicherheit nicht mehr überwog, litten gerade die Seeorte schwer unter ihrer nun hervortretenden ungünstigen Verkehrslage. Chausseen und Eisenbahnen konnten die versteckt auf Halbinseln oder Inseln gelegenen kleinen Städte nur schwer erreichen. Bei der grossen Anzahl der Seen, der auf weiter Strecke gleichförmigen Bodenbeschaffenheit des Landes und dem Mangel an besonders wichtigen, anderen Gegenden fehlenden Producten gab es für eine solche kleine Seestadt wenig Möglichkeiten, eine grössere Bedeutung als viele benachbarte zu gewinnen. Diese Städte blieben deshalb früh in ihrer Entwicklung stehen, und manche haben an Einwohnerzahl sogar ver-

[1]) Ausführlich dargestellt bei Schröder, Topographie der Herzogthümer Holstein und Lauenburg, Oldenburg in Holstein 1856, Bd. 2, S. 330.

loren, da die Masse der Bevölkerung sich lieber den lohnenderen Erwerb versprechenden Grossstädten zuwendet. Schon Berghaus hat in seiner Schilderung der Stadt Teupitz[1]) diesen Städtetypus treffend charakterisirt. Teupitz hatte 1750 nur 258, 1800 erst 372, 1850 530 und 1880 immer erst 613 Einwohner; von 1750—1800 wurden nur 6, von 1800—1850 gar nicht ein einziges Haus neu gebaut. Dabei ist Teupitz noch durch die schiffbare Verbindung seines Sees mit der Dahme und hierdurch mit der Spree etwas günstiger gestellt als viele andere Seeorte.

Es lassen sich nun unter diesen Seeansiedlungen folgende Typen unterscheiden:

1. Die Stadt liegt am Ende eines länglichen Sees, gewöhnlich da, wo der Ein- oder Ausfluss des den See passirenden Wasserlaufes sich befindet. Viele Seen der norddeutschen Seegebiete haben gegen früher an Umfang sehr verloren, die Stadt liegt deshalb häufig jetzt von dem Ende des Sees etwas entfernt, oder es ist auch der ganze See trocken gelegt worden und erloschen, so dass seine Stelle nur noch durch eine Wiesenfläche bezeichnet wird[2]).

2. Die Stadt liegt auf einer Halbinsel, welche entweder in den See hinein vorspringt oder durch zwei in das Land eingreifende schmale Buchten des Sees gebildet wird. Zuweilen liegt auf der Halbinsel — welche oft nichts ist als eine durch Anschwemmung oder künstliche Verbindung landfest gewordene Insel — nur das Schloss oder das Kloster, an welches sich die spätere Stadt anlehnte, während die Häuser der Stadt verschiedene Punkte des Seeufers in der Nachbarschaft besetzen. Dadurch entstehen weiträumige Ortschaften, welche mit ihren durch Gärten und Felder unterbrochenen Strassen weit mehr Platz einnehmen, als man nach ihrer geringen Einwohnerzahl erwarten sollte.

3. Die Stadt liegt auf einem Isthmus zwischen zwei Seen. Die Zahl der Seen ist so gross und sie liegen oft so dichtgeschaart, dass dieser Fall keineswegs zu den seltenen gehört. Offenbar wurde hier die Vertheidigung besonders erleichtert; wuchs aber die Stadt an, so bildete sie eine langgestreckte, oft sehr schmale, nur von einer oder zwei Strassen gebildete Häusermenge, welche schwer zu übersehen und von den jenseits der Seen belegenen Acker- und Weidestücken oft weit entfernt war.

4. Die Stadt kann endlich ganz auf einer Insel des Sees (oder seeartiger Flusserweiterungen) liegen. Dieser Fall ist nicht sehr häufig, da die rein insulare Lage der Stadt sehr bald fühlbare Unbequemlich-

---

[1]) Landbuch der Mark Brandenburg, Bd. 2, S. 524. Teupitz liegt allerdings nicht auf dem nördlichen Höhenzuge, sondern in einer Senkung am Nordrande des südlichen (im Kreise Teltow), kann aber ganz gut als Beispiel einer solchen zurückgebliebenen Seeansiedlung gelten. In Preussen, Pommern und Mecklenburg fehlt es nicht an Seitenstücken zu Teupitz, wenn auch die neueste Zeit hier vieles gebessert hat.

[2]) Bei grösseren Seen liegt auch wohl an jedem Ende eine Stadt. Ganz kreisförmige Seen, bei denen jeder Punkt des Ufers sich gleich gut zur Besiedelung eignet, sind bei uns sehr selten.

keiten mit sich brachte und auch die Sicherheit dann eine fragliche war, wenn sich der See mit Eis überzog.

Was Kohl über die Ansiedlungen an Landseen mittheilt, ist für uns ohne Bedeutung, da Kohl nur grössere Seen und Binnenmeere heranzieht [1]. Nur beiläufig bemerkt er S. 309, Anm. 1, dass auch kleinere Seen der malerischen Lage oder auch der durch sie gewährten leichteren Vertheidigung gegen Feinde wegen oft stark umbaut werden.

Wir können nicht jeden norddeutschen Landsee hier besprechen, nur einige besonders charakteristische Seegegenden sollen kurz erörtert werden. Die Landschaft Masuren ist durch ihren Reichthum an Landseen der verschiedensten Grösse und Gestalt ausgezeichnet. Die vorhandenen Städte zeigen sich eng an die Seen geknüpft. Zwar liegt nicht an jedem See eine Stadt, das wäre bei ihrer grossen Anzahl nicht möglich, wohl aber liegt hier fast jede Stadt an einem See. Die Stadt Johannisburg entspricht dem ersten der aufgestellten Fälle, sie liegt kaum 1 km von dem starkgewundenen Warschausee, gerade da, wo der Pischekfluss denselben verlassen hat; der Zwischenraum zwischen Stadt und See wird von sumpfigem Wiesenland eingenommen. Auch die benachbarte kleine Stadt Bialla hat eine ähnliche Lage wie Johannisburg; der flache Sumpfboden nördlich von der Stadt, durch welchen sich mehrere Dämme als Winterwege nach dem auf einer höheren Stelle inselartig liegenden Dorfe Oblewen ziehen, kann nur als ein alter Seegrund aufgefasst werden. Die Stadt Lyck liegt am gleichnamigen See an der östlichen Langseite. Auf einer Insel im See, der Stadt gegenüber, findet sich das Schloss Lyck, und im Anschluss an dieses ist die städtische Ansiedlung entstanden, welcher die Schlossinsel gleichzeitig einen Uebergang über den See gewährt. Schmale, langgestreckte Seen verhalten sich in ihren Einwirkungen auf die Besiedelung oft wie breite Flüsse. Wir bemerken noch die Stadt Oletzko auf einer Hochfläche zwischen dem grossen Oletzkoer See und dem Thale des kleinen Flusses Lega; ferner das ganz besonders interessante Lötzen auf einem Isthmus zwischen dem Löwentin- und dem vielverzweigten Mauersee. Der Isthmus von Lötzen ist einer der wichtigsten Zugänge in das östliche Masurenland, da südlich von ihm ausgedehnte, mit Seen untermischte Sumpfwälder, nördlich eine Reihe grösserer Seen namentlich den Marsch von Truppen erschweren. Die Landstrasse von Königsberg nach Johannisburg und der russischen Grenze, sowie die Eisenbahn von Königsberg nach Lyck (und weiter nach dem südwestlichen Russland) benutzen diesen Pass, dessen Bedeutung durch die Festungswerke, welche die Höhen nordwestlich von der Stadt bedecken, noch erhöht worden ist.

Eine langgestreckte Kette meist schmaler Seen zieht sich von der kleinen Stadt Rhein nach Süden bis weit in die Johannisburger Haide hinein. Die Stadt Rhein ist auf dem Isthmus zwischen dem Nordende dieser Seegruppe und einem kleineren isolirten See zu beiden Seiten des verbindenden Gewässers erbaut, also gleichzeitig Brücken-

[1] Verkehr und Ansiedlungen, S. 301 ff.

und Isthmusstadt. Noch auffälliger ist die Lage von Nikolaiken zu beiden Seiten des hier stark verschmälerten Sees. Viele Strassen und Wege führen von beiden Seiten auf diesen Uebergangspunkt zu.

Gleichfalls zwischen zwei langgestreckten Seen liegt Sensburg an einem wichtigen Strassenübergang, der aber doch unbequemer zu erreichen ist als der Pass von Lötzen. Weiter merken wir uns noch die Seeorte Ortelsburg und Passenheim. Der schmale See, an welchem Ortelsburg sich lang hinzieht, ist in der Mitte durch eine Brücke überschritten. Passenheim liegt nicht auf der sehr charakteristischen, weit in den Kalbensee vorspringenden südlichen Halbinsel, sondern im Hintergrunde einer Bucht; die Halbinsel scheint sich wegen ihres unebenen Bodens weniger zur Stadtanlage geeignet zu haben als ähnliche Terrainformen bei vielen anderen Seen.

Weiter westlich wandernd treffen wir an der Grenze von Ost- und Westpreussen mehrere Städte des Halbinseltypus. So ist Deutsch-Eylau auf einer Halbinsel in den oberen Geserichsee hinausgebaut. Riesenburg und Stuhm haben Isthmen zwischen zwei Seen sehr geschickt benutzt. Namentlich Stuhm war eine wichtige Burg der Ordensritter, um welche sich die Stadt angesiedelt hat. Viele der kleinen ost- und westpreussischen Städte sind im Anschluss an die Ordensburgen entstanden, die Ordensritter haben die Terrainverhältnisse des Landes für ihre Burg- und Städtegründungen meist sehr glücklich benutzt und die am meisten gesicherten und zugleich die Verbindungen beherrschenden Stellen rasch herausgefunden.

Versetzen wir uns von hier, um dieses Kapitel nicht zu sehr auszudehnen, gleich in die Seelandschaften Mecklenburgs, so finden wir dort die Seeorte des ersten und dritten Typus besonders zahlreich vertreten. Da liegt Wesenberg am Südende des Woblitzsees, Mirow und Woldegk, das erste am Südostende, das zweite an der Westseite von Seen, deren Spiegel in historischer Zeit viel an Umfang verloren haben. Neustrelitz lehnt sich an die Ostseite des Zierkersees, eines der wenigen fast runden norddeutschen Seen. Vielfach sind die mecklenburgischen Seeorte zugleich Brückenorte für die aus den Seen kommenden Flüsse.

So liegt der wichtige Strassen- und Bahnknotenpunkt Neubrandenburg kaum einen Kilometer vom unteren Ende des Tollensesees am gleichnamigen Fluss. Da unterhalb der Stadt sehr bald wieder Sumpf- und Bruchland im Tollensethal beginnt, war der Pass von Neubrandenburg für die von Ost nach West Mecklenburg durchziehenden Routen gar nicht zu umgehen. Auch die Stettin—Hamburger Bahnlinie hat ihn aufgesucht. Verfolgen wir diese Linie in der Richtung nach Hamburg, so treffen wir bald die Stadt Malchin in ganz ähnlicher Lage an der Peene zwischen dem Malchiner und dem Cummerower See. Auch der Pass von Malchin ist schwierig zu umgehen. Wir merken noch Plau am Austritt der Elde aus dem grossen Plauer See, Goldberg am Ausfluss der Mildenitz aus dem Goldberger See und Malchow an einer schmalen Stelle des Malchower Sees. Letztere Stadt hat nicht nur eine im See liegende Insel besetzt, sondern sich auch noch auf beiden Ufern ausgebreitet.

Zahlreiche mecklenburgische Städte haben sich an mehrere nahe bei einander liegende Seen angelehnt. Fürstenberg liegt auf einem von der Havel in mehreren Armen von West nach Ost durchzogenen Isthmus, welcher östlich vom Baalensee und Schwedtsee, westlich vom Röblinsee begrenzt wird. Die Landstrasse und die Berlin-Stralsunder Eisenbahn benutzen diesen Pass, um das nach Ost und West hier ganz besonders entwickelte Seengebiet zu durchschneiden [1]). Penzlin (westlich vom Tollensesee) beherrscht einen ähnlichen Pass inmitten von sechs kleinen Seen. Auch Waren am Nordende des Müritzsees ist zwischen diesen und einen nördlicheren kleinen See eingeschaltet. Da der Müritzsee den Wegen ein so grosses Hinderniss entgegenstellt, drängen sich dieselben um so mehr an seinen Spitzen zusammen, und so ist auch Waren ein Strassenknoten geworden, und in allernächster Zeit wird es einer der wichtigsten Brennpunkte des sich jetzt stark vergrössernden mecklenburgischen Eisenbahnnetzes werden.

Mit Uebergehung einiger kleinerer Städte erwähne ich dann noch Schwerin, welches östlich an den grossen, sonst aber städtearmen Schweriner See grenzt und westlich, südlich und nördlich von einer ganzen Kette kleinerer Seen, die zum Theil von den Häusern der Stadt noch berührt werden, umgeben wird. Diese Seen sind der Faule See, der westlich durch ein sumpfiges Thal mit dem langen schmalen Neumühler See verbundene Ostorfer See, der Lankower See, der Medeweger See, der Ziegelsee und der Heidensee. Der Ziegelsee dringt mit einem Golfe, dem Pfaffenteich, und der Schweriner See mit dem Burgsee und dem sogenannten Beutel noch besonders tief in das Stadtgebiet ein. Das Schloss entstand auf der Insel zwischen Schwerinersee und Burgsee, der älteste Theil der Stadt zwischen dem Burgsee und dem Pfaffenteich. Die Lage war für die Vertheidigung eine ungemein günstige, die um das ganze Stadtgebiet sich herumziehenden Seen, welche die Stadt wie eine Inselstadt erscheinen liessen, haben jedoch Schwerin verhindert, ein ebenso wichtiger Strassen- und Bahnknoten zu werden, wie manche kleinere Stadt des mecklenburgischen Landes.

Halbinselstädte giebt es im Gebiet der mecklenburgischen Seenplatte nicht viele, erwähnenswerth sind nur etwa Dobbertin am Dobbertiner- und Röbel am Müritzsee.

Höchst auffällig ist dann wieder die Lage von Ratzeburg. Der Kern der Stadt befindet sich auf einer grossen Insel des Ratzeburger Sees. Vorstädte liegen auf dem östlichen und dem früh besiedelten westlichen Ufer, von letzterem aus streckt sich eine Halbinsel der Stadtinsel entgegen. Man beachte auch die Lage des nahen Mölln auf einer fast bis an das gegenüberliegende Ufer reichenden Halbinsel des Möllnersees. Da dieser See nicht sehr umfangreich ist, hat er die Eisenbahn nicht zu einem Umweg gezwungen und wird von ihr auf einem Damme überschritten.

Im Gebiete der grossen Seen Ostholsteins haben wir endlich die Stadt Eutin als eine Isthmusstadt zwischen dem grossen und kleinen

[1]) Man vgl. hierzu das Blatt 215 der Karte des Deutschen Reiches.

Eutinersee und das an Schwerin erinnernde Plön zu erwähnen. Es wird von dem grossen und kleinen Plönersee, dem Trammersee und Schöhsee umgeben. Plön lehnte sich wie Schwerin an ein festes Schloss an, hatte aber hinsichtlich der Landverbindungen mit denselben Nachtheilen zu kämpfen wie jenes. Landstrassen und die einzige hier vorüberführende Eisenbahn müssen theils auf Dämmen die Buchten der kleineren Seen überschreiten, theils mit grossen Umwegen die schmalen Landzungen zwischen den Seen aufsuchen.

Wir verlassen hier die Landseen und die Scheitel der norddeutschen Höhenzüge, um noch die Abfälle derselben gegen das niedrigere Land zu untersuchen. Es leuchtet ein, dass an den Rändern der Höhenzüge fast stets Aenderungen in der Beschaffenheit und Zusammensetzung des Bodens eintreten werden. Damit ändert sich aber auch die Ertragsfähigkeit und die Benutzungsweise. Ebenso wie schon im Waldbau die Grenze zwischen Höhenzug und tiefliegender Ebene sich sehr häufig durch plötzlichen Wechsel des Bestandes zu erkennen giebt, da auf den Höhen in der Regel Nadelwald, in der Tiefe — wenn sie nicht allzu sandig ist — Laubwald vorherrscht, ist dies in noch höherem Grade bei dem empfindlicheren Ackerbau der Fall. So kann eine an sich unerhebliche Höhendifferenz die Grenze zwischen gutem und kärglich lohnendem Boden und damit zwischen grösserer Dichte und Wohlhabenheit der Bewohner und schwach besiedelten, ärmlichen Strichen werden. Ueberall aber, wo Gebiete verschiedener Anbauweisen und Bodenerzeugnisse zusammentreffen, ist Gelegenheit zum Austausch und damit zur Entwicklung von Verkehrsplätzen gegeben.

Dazu kommt, dass auch die Land- und Wasserwege an der Grenze zwischen Höhe und Tiefebene gewöhnlich eine Veränderung erleiden, welche Aufenthalt und dadurch auch wieder Ansiedlungen hervorruft. Die Landwege zwar werden sich durch die Höhenzüge nicht immer beirren lassen, aber sie ziehen doch, so lange sie können, am Rande eines solchen Rückens hin, dadurch gerade hier Leben und Verkehr befördernd und hervorrufend. Auch die Eisenbahnen machten namentlich in den ersten Jahrzehnten der Eisenbahnzeit gern Umwege, um den bescheidenen aber die Steigungsverhältnisse doch oft unangenehm beeinflussenden norddeutschen Höhenzügen aus dem Wege zu gehen oder sie doch an der bequemsten Stelle zu überschreiten. Man erinnere sich an den Umweg der Berlin-Anhaltischen Eisenbahn zwischen Berlin und Wittenberg, um einen günstigen Flämingübergang zu gewinnen, ferner an den Umweg der Ostbahn zwischen Elbing und Braunsberg zur Vermeidung der Elbinger Höhe und zahlreiche ähnliche Fälle.

Besonders ist aber der Uebergang in die Tiefebenen bei den Wasserwegen zu beachten. Vielfach reicht die Schiffbarkeit eines Gewässers gerade bis an den Rand eines Höhenzuges hinan; hier entstand dann, wenn man einmal den Fluss als Verkehrsstrasse zu benutzen gelernt hatte, ein Umladeplatz für Waaren und hier und da auch Aufenthalt für die Reisenden selbst. Es kommt auch vor, dass die Schiffbarkeit eines Gewässers beim Durchbruch durch einen wenn auch unbedeutenden Höhenrücken eine vorübergehende Hemmung oder Minderung erfährt, indem eine Barre oder ein Felsriff das Strombett durchsetzt oder das

Fahrwasser auf eine schmale Rinne beschränkt. Auch an solchen Stellen entstehen wohl Ansiedlungen, da das Fahrwasser beaufsichtigt und im Stande gehalten, die Fahrzeuge durch die schwierige Stelle hindurchgeleitet oder auch, wo dies nicht angeht, die Waaren auf kleinere Schiffe umgeladen werden müssen. Es werden auch gern Mühlen an solchen Punkten angelegt. So zog eine dem Rande der Tiefebene wenigstens sehr nahe gelegene Stadt, nämlich Hameln, einen grossen Theil ihrer Einnahmen aus der Durchleitung der Schiffe durch das sogenannte Hamelnsche Loch, die gefürchtetste Stelle der ganzen Weser von Bremen bis Münden [1]).

Mehrere der norddeutschen Höhenzüge sind an ihren Abhängen von einer sehr deutlich hervortretenden Städtereihe begleitet, am meisten da, wo auf dem Scheitel des Zuges selbst die Anzahl der Städte sehr gering ist. So werden das schlesische Katzengebirge, der Lausitzer Grenzwall und der Fläming von zahlreichen Randstädten umgeben (s. o.). Es sind am Katzengebirge Trebnitz, Prausnitz, Stroppen u. a.; am Lausitzer Grenzwall Neustädtel, Freystadt, Naumburg am Bober, Sommerfeld, Forst, Spremberg, Alt-Döbern, Kalau; am Fläming Luckau, Dahme, Jüterbog, Treuenbrietzen, Niemegk, Belzig, Ziesar als nördliche Randstädte zu bezeichnen. Südliche Randstädte sind am Fläming u. a. Möckern, Leitzkau (auch noch das schon höher liegende Loburg), Zerbst, Coswig, Wittenberg, Zahna, Jessen, Schweinitz, Schlieben, Kirchhain, Finsterwalde, Senftenberg, Hoyerswerda sind die wichtigsten südlichen Randstädte des Lausitzer Grenzwalles; am Katzengebirge möchten etwa Wohlau, Oels, Bernstadt und Namslau als Städte des Südrandes mit einigem Rechte zu bezeichnen sein.

Andere Randstädte finden sich am Saume der früher besprochenen breiten Flussthäler. Sie sind von den Brückenstädten sehr wohl zu unterscheiden, da bei ihnen nicht die Möglichkeit des Ueberganges über das Thal, sondern nur die Lage hart am Thalrande das Bestimmende ist. Diese Lage ermöglicht es, sich nicht nur gegen Feinde hinlänglich zu sichern (besonders wenn man auch noch die vom Flusse abgewendete Rückseite der Stadt mit Wall und Graben umgiebt), sondern auch in der Flussniederung Aecker, Wiesen und Weiden zu übersehen und zu bewirthschaften, ohne dass die Stadt selbst den in der Flussebene leicht möglichen Schädigungen ausgesetzt wird. An der Weichsel gehören Kulm und Marienwerder, dann aber auch das hart am Rande der Niederung liegende Marienburg zu diesen Randstädten. Die Lage von Marienburg ist in der That eine sehr bedeutungsvolle. Das rechte Ufer der Nogat ist hier noch ziemlich hoch (20—30 m) und gestattet einen sehr guten Ueberblick über die ganze Niederung, in welcher bis Dirschau, Danzig und Elbing kein Höhenzug, kaum ein vereinzelter Hügel dem Blick entgegentritt. Die Gegend von Marienburg ist aber auch gerade die des letzten Herantretens der südöstlichen Höhen an den Fluss, weiter abwärts an der Nogat würde man vergebens nach einem ähnlichen die Niederung beherrschenden Bauplatze suchen (Elbing s. o.). Nur nebenbei sei angedeutet, dass die Lage Marienburgs auch

---

[1]) Guthe, Die Lande Braunschweig und Hannover, S. 464.

eine leichte Verbindung mit allen Theilen des ausgedehnten Ordenslandes ermöglichte, zumal sich im Rücken von Marienburg die früher erwähnten trockenen und wegsamen Landstriche des Kulmerlandes hinziehen.

Aber auch Elbing und Danzig sind echte Randstädte an der Grenzscheide zwischen Höhe und Niederung. Es lässt sich kaum ein schärferer Gegensatz denken als der zwischen den Hügellandschaften der bei Trunz 201 m Höhe erreichenden, von zahlreichen raschfliessenden Bächen und Flüsschen durchfurchten und stark bewaldeten Elbinger Höhe und dem fast völlig ebenen (s. jedoch am Anfang des Abschnittes) waldlosen aber dicht mit Ortschaften übersäten Niederungslande. Die östlichen Vorstädte von Elbing liegen schon auf den Vorstufen der Höhe, die westlichen jenseits des Elbingflusses auf Niederungsboden. Die Verkehrswege Elbings sind schon mehrfach berührt worden, die Eisenbahnen, welche die inneren Theile des Weichselwerders lange [1]) streng gemieden haben, berührten auch Elbing bisher nur mit einer allerdings besonders wichtigen Linie. Begeben wir uns jetzt auf das linke Ufer der Weichsel, so bemerken wir im Vorübergehen die früher nur als Randstadt, seit Vollendung der ostpreussischen Hauptlandstrasse und zumal seit Erbauung der Ostbahn auch als Brückenstadt zu bezeichnende Stadt Dirschau. Strasse und Eisenbahn wurden wohl deshalb mit grossen Kosten und vieljähriger Arbeit durch den südlichsten Theil der Niederung geführt, weil bei einem südlicheren Weichselübergang (unter Ersparung der Nogatbrücke) nur kleinere Orte von der Bahn berührt wären, Elbing aber und das jetzt durch eine kurze Zweigbahn angeschlossene Danzig allzuweit seitab gelassen wären. Durch die Nogatbrücke ist auch Marienburg, jedoch in geringerem Grade, zur Brückenstadt geworden.

Die Lage von Danzig entspricht in hohem Grade derjenigen von Elbing. Unmittelbar westlich von Danzig erheben sich ansehnliche Hügel, auf denen ein Theil der wichtigen Danziger Festungswerke errichtet ist. Die Stadt liegt genau an der nordöstlichen Ecke des ganzen Hügellandes, welches den Lauf der Weichsel begleitet hatte und sich von Danzig ab im allgemeinen der Meeresküste parallel nach Nordwesten wendet. Oestlich und südöstlich von Danzig dehnen sich sofort die weiten von Weichsel und Mottlau durchzogenen Ebenen des Werders aus. Nördlich von der Stadt beginnen bald die hier und da mit Waldung bedeckten Sandfelder und Dünen der Küste. Da die eigentliche Stadt Danzig nur einen kleinen Raum einnimmt, ziehen sich hier wie bei allen Festungsstädten Vorstädte weit hinaus. Sie liegen theils südlich von der Stadt am Rande des Hügellandes (Petershagen, Alt-Schottland und das weit entfernte aber noch zum Stadtkreise gehörende St. Albrecht) theils nordwestlich an der Fortsetzung des Höhenabfalls (Neu-Schottland, Langfuhr), theils ziehen sie sich in Thalrinnen zwischen den Hügeln bergan (Neugarten, Schidlitz, Theile von Langfuhr). In der Niederung liegen durchaus keine eigentlichen Vororte Danzigs, ebensowenig in den Dünengegenden

[1]) Erst in neuester Zeit geht man an die Ausführung einer von der Dirschau-Marienburger Strecke abzweigenden und sich nach Nord gegen Neuteich und Tiegenhof wendenden Stichbahn.

(über Danzigs Vorhafen und Beziehungen zum Meere s. u.), dagegen hat die Stadt hier einen grossen Theil ihres Grundbesitzes (Danziger Rieselfelder östlich von Weichselmünde, Waldungen auf der Danziger und Frischen Nehrung weit nach Osten reichend). So ist die Stadt am Rande ihrer sichernden Höhen den Gefahren der Niederung fast gänzlich entrückt, vermag aber die Ebenen gut zu übersehen und Theile derselben für sich auszunutzen. Wiederum der Lage von Danzig ähnlich ist die von Stettin. Die eigentliche Stadt und ihre durch die Aufhebung der Festung möglich gewordenen Erweiterungen nach Ost und Nord liegen auf der Höhe, die sogenannte Lastadie und Silberwiese schon auf tiefliegenden Oderinseln; auch der südliche Vorort Oberwieck ist zwischen den Abhang des Plateaus und den Hauptarm der Oder eingezwängt und deshalb ziemlich eng gebaut. Die übrigen Vororte Stettins, welche jetzt nur noch theilweise als solche zu erkennen sind, da sie in die neuangelegten an Grösse das alte Stettin weit übertreffenden Theile der Stadt hineingezogen wurden, liegen sämmtlich auf der Höhe, nordwestlich und besonders nördlich von der Stadt, wo sie sich mit Fabriken und Schiffbauplätzen untermischt fast 5 km weit auf dem Höhenrande entlang ziehen. In der Niederung der Oder liegt kein besonderer Vorort, an der Ausmündung der Dunzig, Parnitz und Reglitz in den grossen Damm'schen See stehen kaum einzelne Häuser. Gegen Südost, jenseits der kleinen Reglitz, beginnt das grosse Stettiner Elsbruch, eine tiefliegende Waldung. Nur die Landstrasse und die beiden Eisenbahnen nach Stargard und Küstrin durchziehen nicht ohne Mühe das sumpfige Land, um den entfernten östlichen Thalrand zu gewinnen.

Wir überschreiten wiederum die Elbe. Die Randstädte des Harzes übergehen wir für diesmal ebenso, wie wir die Randstädte des Riesengebirges als unserer Aufgabe schon ferner liegend übergangen haben. Wohl aber muss daran erinnert werden, dass die drei Grossstädte Magdeburg, Braunschweig und Hannover in gewissem Sinne gleichfalls als Randstädte aufzufassen sind. Das fruchtbare, hügelige, hier und da noch von kleinen Bergzügen mit anstehendem Gestein unterbrochene Ackerbaugebiet erreicht ziemlich genau in der Nähe der drei genannten Städte seine Nordgrenze. Diese Grenze verläuft von Hannover, in dessen Nähe wir noch erhebliche, auch für den Geologen wichtige Höhen erblicken, ostwärts etwas südlich von Lehrte, dem bekannten Bahnknoten, über Peine, nahe vor den nördlichen Thoren von Braunschweig vorbei, dann auf Oebisfelde, Neuhaldensleben und erreicht die Elbe etwas südlich von der Ohremündung unterhalb Magdeburgs. Nördlich von der eben gezogenen Linie herrschen Wald, Haide, hier und da auch Sümpfe, der Boden ist fast durchweg von geringerer Güte als in den südlicheren, mit Ausnahme jener kleinen Gebirgszüge fast waldlosen Strichen. Die Dichtigkeit der Bevölkerung sinkt bei Ueberschreitung jener Grenzlinie sofort auffallend. Man vergleiche folgende, nach den Ergebnissen der Zählung von 1880 aufgestellte kleine Tafel:

Südlich von jener Grenze.		Nördlich von derselben.	
(Abgesehen von kleinen, durch die nothwendige Benutzung politischer Bezirke veranlassten Abweichungen.)			
Kreis Hannover-Land	90	Kreis Fallingbostel	22
„ Hildesheim	142	„ Celle	37
„ Braunschweig	205 67	„ Gifhorn	29
„ Helmstedt	78	„ Salzwedel	42
„ Neuhaldensleben	82	„ Gardelegen	38
„ Wolmirstedt	73	„ Stendal	61
Mittel	88.	Mittel	38.

Diese Zahlen, welche dem Text zu Ravensteins Bevölkerungskarte des Deutschen Reiches (im Atlas zu dem bekannten Neumann'schen Lexikon, Leipzig 1883) entnommen sind, bezeichnen die Seelenzahl auf dem Quadratkilometer. Die Kreise sind so aufgeführt, dass jedesmal zwei räumlich benachbarte Kreise, einer des südlichen und einer des nördlichen Gebietes, einander gegenübergestellt sind. Bei Braunschweig ist in der ersten Angabe die Stadt mit eingerechnet, bei der zweiten jedoch nicht. Für den Mittelwerth ist natürlich nur die zweite Zahl herangezogen. Die Differenz zwischen den Zahlen für die Kreise Wolmirstedt und Stendal ist nur gering; der Einfluss der wieder besser bebauten, wenn auch der Magdeburger Börde nicht gleichzustellenden Altmark macht sich hier geltend. Dass an der Grenze so verschieden besiedelter und bebauter Landstriche Austausch und Verkehrsplätze guten Boden fanden, versteht sich von selbst. Es ist auch nicht auffallend, dass von den drei hier in Betracht kommenden Städten Magdeburg mit seiner günstigen Lage an einem Elbübergang und am Beginn des früher ausführlich besprochenen Naturweges nach dem Osten die grösste Bedeutung erlangte. Hannover, durch die Leine auch noch einigermassen gefördert, ist allerdings durch politische Verhältnisse mehrfach sehr begünstigt worden, hatte aber daneben den grossen natürlichen Vorzug eines breiten offenen Weges nach Süden durch das Leinethal. Von Göttingen aus war der Uebergang zur Fulda nicht schwer, und für den weiteren Weg nach Süden bot sich jene von der Main-Weserbahn benutzte Senke zwischen Vogelsberg und dem Ostrande des sogenannten Rheinischen Schiefergebirges, welche genau auf das Nordende der grossen oberrheinischen Tiefebene zuführt. Braunschweig hatte nur die unbedeutende, einst aber doch zur Schiffahrt benutzte Oker zur Verfügung, und im Süden die hemmende Masse des Harzgebirges. Es ist sonach nicht zu verwundern, wenn das in früherer Zeit durch mancherlei verkehrspolitische Maasregeln sehr gehobene Braunschweig allmählich von Hannover und noch viel mehr von Magdeburg überholt wurde[1]). In neuester Zeit hat jedoch Braunschweig durch die Betriebsamkeit seiner Einwohner und den blühenden Anbau der reichen südlichen und südöstlichen Umgegend, welche in Braunschweig ihren Mittelpunkt sieht, den Verlust zum Theil wieder ersetzt; die Verkehrswege nach Süden

[1]) Vgl. Zeitschr. für wissenschaftl. Geographie, Bd. 1, 1880, S. 27 ff., mit dem Diagramm auf S. 31.

(über Harzburg hinaus) und direct nach Norden fehlen der Stadt jedoch noch immer.

Wir müssen uns jetzt aber der eigenartigsten Gruppe von Randstädten zuwenden, welche sich im Westen der Elbe entdecken lässt; dies sind die Städte an der Grenze von Geest und Marsch. Die Marsch ist fast in jeder Beziehung das Gegentheil der Geest. „Die Marsch," sagt Bernhard v. Cotta in einer bekannten klassischen Stelle, die ich hier anführen möchte [1]), „ist niedrig, flach und eben, die Geest hoch, uneben und minder fruchtbar. Die Marsch ist kahl und völlig baumlos [2]), die Geest stellenweise bewaldet, die Marsch zeigt nirgends Sand und Haide, sondern ist ein ununterbrochener fetter, höchst fruchtbarer Erdstrich [3]), Acker an Acker, Wiese an Wiese; die Geest ist haidig, sandig und nur stellenweise bebaut. Die Marsch ist von Deichen und schnurgeraden Kanälen durchzogen, ohne Quellen und Flüsse [4]), die Geest hat Quellen, Bäche und Ströme." Jeder wer diese für den Geographen überaus anziehende Grenzlinie zwischen Marsch und Geest selbst besucht hat, wird diese Worte Cotta's mit den in den Anmerkungen vorgetragenen Einschränkungen bestätigt gefunden haben. Es versteht sich nun von selbst, dass mit jenen Gegensätzen der Landesnatur auch solche der Bewirthschaftung, Besiedlung, Bevölkerungsdichte und Wohlhabenheit verbunden sind. Der Gegensatz zwischen Marsch und Geest beherrscht thatsächlich auch die Lebens- und Erwerbsverhältnisse der nordwestdeutschen Bevölkerung weit mehr, als man sich im Binnenlande wohl vorstellt.

Was die Ansiedlungen betrifft, so ist der Boden der eingedeichten Marschen, welcher nur durch regste menschliche Thätigkeit und unausgesetzte Verbesserung der schützenden Deiche seinen hohen Werth erlangt und bewahrt hat, offenbar kein günstiger Bauplatz für grössere Ortschaften oder gar Städte. Man sucht, wo es irgend angeht, einen wenigstens etwas über das allgemeine Niveau der Marsch erhöhten Bauplatz für Haus und Hof zu gewinnen, um einerseits der immer möglichen Ueberschwemmungsgefahr [5]) besser zu entgehen, andererseits aber nichts von dem werthvollen zu Wiesen und Feldern zu benutzenden Boden mit Häusern zu verbauen. Es finden sich nun wenigstens in einem Theil der Marschen einzelne sandige Erhöhungen, die aber nur selten so viel Raum bieten, dass ein grösserer Ort darauf Platz findet; nur einige Gehöfte können sich hier zusammendrängen. An

---

[1]) Deutschlands Boden, Leipzig 1853, Bd. 1, S. 151, § 303.

[2]) Die Marschbauern haben indessen jetzt zuweilen kleine Wäldchen an ihren Höfen.

[3]) Wo man, wie im Hadeln'schen Siethlande, die Marschen zu früh eingedeicht hat, treten aber leicht Versumpfungen ein und dadurch minder fruchtbare Strecken zwischen die besseren.

[4]) Dies ist nicht ganz richtig, es giebt in den Marschen allerdings von der Geest herabkommende kleine Flüsse, nur sind sie meist so regulirt und unter Aufsicht gehalten, dass sie Kanälen gleichen.

[5]) Man vergl. die grosse Karte bei Müller, Beschreibung der Sturmfluthen am 3. und 4. Februar 1825, Hannover 1825, welche das an jenen Tagen überschwemmte Marschgebiet zeigt.

einzelnen Stellen sind diese kleinen Hügel auch wohl künstlichen Ursprungs, dann aber meist nur für ein einziges Gehöft, selten für mehrere bestimmt. Dass man so grosse Hügel (Warfe oder Wurthen) aufgeworfen habe, um ganze Ortschaften und Städte in Sicherheit darauf anzulegen, ist nicht wahrscheinlich, wenn auch J. C. Hekelius in einer Beschreibung der Wasserfluthen der Jahre 1717 und 1718 [1]) meint, man habe „Hügel aufgeworffen, auf welche man sich sambt seinem Vieh reteriret, wenn etwa das Wasser angekommen, wie man denn noch heut zu Tage hin und wieder solche Hügel sieht und die Flecken und Dörffer sind auch mehrentheils auf solche erbauet worden.“ Hekelius hielt wohl wie manche Marschbewohner alle diese kleinen Geestinseln in der Marsch für künstlich aufgeworfen.

Wo jedoch die Marsch nicht allzubreit ist, da werden die grösseren Ortschaften sehr gern auf dem Rande der Geest errichtet. Sie liegen dort in Sicherheit, nehmen nur weniger werthvollen Boden weg, und die Ländereien in der Marsch lassen sich vom Höhenrande aus ebensogut übersehen und beherrschen als bequem bewirthschaften. Da eine geringe Breite der Marsch aber fast an der ganzen deutschen Nordseeküste die Regel ist, so ist die Lage der Städte auf dem Geestrande eine ganz allgemeine, weder bei Wanderungen an Ort und Stelle noch bei dem Studium guter topographischer Karten zu übersehende Erscheinung, die sofort von den Geographen hervorgehoben wurde, als man begonnen hatte, nicht mehr ausschliesslich auf „Merkwürdigkeiten“ und Gewerbthätigkeit der Städte, sondern auch auf ihre Beziehungen zur Landesnatur zu achten [2]). Wir treten nun eine kurze Wanderung durch diese Randstädte zwischen Marsch und Geest an und beginnen im äussersten Norden. Noch jenseits der deutschen Grenze erblicken wir genau an dem Geestsaume die Stadt Ripen, deren Bedeutung noch durch ihre Lage auf einer Insel der Ripener Au und an dem letzten günstigen Uebergangspunkte über diesen Fluss erhöht wird. Ripen ist immer einer der wichtigsten Orte dieses Theiles der Küste gewesen, in ziemlich weiter Entfernung findet sich kein Ort von ähnlicher Grösse und Verkehrsbedeutung. Hoyer liegt auf einem rings von Marschwiesen umgebenen Geesthügel unweit des Meeres. Von Hoyer, wo die eigentlichen Deiche erst recht beginnen, weicht der Geestrand bogenförmig in das Innere des Landes zurück, er lässt sich über Mögeltondern bis in die nördliche Umgebung von Tondern verfolgen. Tondern selbst bildet eine Ausnahme unter diesen Randstädten, da es nur auf einer äusserst geringfügigen Bodenerhebung liegt. Man hat diese Lage wohl gewählt, um von der Seeschifffahrt Nutzen ziehen zu können. Das Meer war im Mittelalter viel leichter von Tondern aus zu erreichen als heute [3]). Der ungünstige Bauplatz hat jedoch der Stadt wohl grösseren Schaden gebracht als die Seeschifffahrt Nutzen, zahl-

[1]) Wieder abgedruckt bei de Vries und Focken, Ostfriesland, Emden 1881, Seite 46.

[2]) Vgl. z. B. Mendelssohn, Das germanische Europa, Berlin 1836, S. 250 f.

[3]) Schröder, Topographie des Herzogthums Schleswig, Oldenburg in Holstein 1854, S. 541 f.

reiche Ueberschwemmungen bei Sturmfluthen werden gemeldet, deren eine im Jahre 1615 die Stadt dem Untergange sehr nahe brachte. Vielleicht hängen auch die zahlreichen Pestepidemien, von denen Tondern im 16. und 17. Jahrhundert heimgesucht wurde, mit der niedrigen Lage der Stadt zusammen.

Der Geestrand, der östlich von Tondern noch weit in das Innere des Landes hineingreift, wendet sich südlich vom Flusse Süderau wieder der Westküste zu; wir bemerken auf ihm die grösseren Orte Süderlügum, Braderup, Leck, und namentlich Bredstedt. Während in der östlichen Umgebung von Bredstedt noch Höhen von 42—44 m vorkommen, dehnen sich westlich die von den Deichen umgebenen Kooge ununterbrochen bis zum Meeresufer aus. Auch Husum ist eine Randstadt; nördlich und südlich vom Fluss Husumer Au zieht sich je ein Vorsprung der Geest in die Marsch hinein, auf dem nördlichen liegt die Stadt Husum, auf dem südlichen das Dorf Rödemis. Oestlich von Husum liegen Höhen von 12—22 m, westlich wieder die Marsch. Husum ist gleichzeitig letzter Brückenpunkt an der Husumer Au.

An der Ostgrenze der Marschlandschaft Eiderstedt tritt der Geestrand wieder weiter zurück, mehrfach grenzen grosse Moore an die Marsch und nur einzelne Geestinseln erheben sich dazwischen. So namentlich an dem Moorfluss Treene. Unter den Städten und Flecken Eiderstedts und der ostwärts angrenzenden kleinen Landschaft Stapelholm bemerken wir zunächst das ganz moderne Friedrichstadt, eine Festungsstadt an der Vereinigung von Treene und Eider, also ganz mit Küstrin, Spandau und Wesel zu vergleichen [1]). Sie wurde erst 1621 gegründet und hat als Festung im Kriege von 1850 eine Rolle gespielt, jetzt sind die Befestigungen wieder beseitigt worden. Auch Tönning steht nicht zur Geestgrenze in Beziehung, es hat eine niedrige Lage und ist deshalb wie Tondern öfters von Ueberfluthungen heimgesucht worden. Im 17. und 18. Jahrhundert hat Tönning als Sperrfestung für die Eidermündung mehrfache Angriffe und Belagerungen durchzumachen gehabt, ist aber jetzt schon lange entfestigt. Im westlichen Theile des eigentlichen Eiderstedt macht sich ein niedriger, in dieser flachen Landschaft aber doch auffallender Geestrücken bemerklich; er tritt zuerst am Junkernhof westlich von Kotzenbüll auf und zieht sich dann nach Westen bis Ording in der Nähe der Landspitze Nackhörn fort. Auf diesem sehr stark besiedelten Höhenzuge zieht sich die Landstrasse hin, auf ihm liegt auch die nicht unwichtige Stadt Garding. Schröder (a. a. O. S. 166) bezeugt ausdrücklich, dass dieser sandige Höhenzug, Gaardesand genannt, die Veranlassung zur Erbauung einer Ansiedlung, zunächst eines Dorfes, an dieser Stelle gewesen ist.

Wir überschreiten die Eider und gelangen in die Landschaft Dithmarschen, wo uns zunächst ein ähnlicher dichtbebauter Geest-

[1]) Jedoch ist Friedrichstadt ursprünglich nicht zur Festung bestimmt gewesen und erst 1850 befestigt worden. Die für Vertheidigung höchst günstige Lage der Stadt liess aber ein solches Schicksal voraussehen, sobald sich Kriegsereignisse in der Nähe abspielten.

streifen wie bei Garding auffällt. Er führt von Dahrenwurth unweit der Eider gerade nach Süden auf Weddingstedt und Heide zu; er bildet die Grenze zwischen der Marsch und grossen Moorgegenden, erhebt sich bis zu 10 m und trägt eine wichtige Landstrasse sowie zahlreiche Ortschaften, darunter den Flecken Lunden. Heide selbst liegt auf dem Geestrande hart an der Marsch, der Flecken Hemmingstedt auf einem Ausläufer der Geest, der nur durch einen ganz schmalen Rücken mit dem grossen Geestgebiet zusammenhängt. Dann folgt Meldorf auf und an den letzten Ausläufern eines anderen, von Ost nach West streifenden Geestzuges. Von hier an kommt eine ziemlich grosse Zahl von Ortsnamen vor, die mit -donn zusammengesetzt sind: Elpersbüttelerdonn, Michaelisdonn u. a. Donn bedeutet nichts anderes als einen schmalen langgestreckten Höhenrücken. Man spricht von Donnketten, dem Donnrande, Donnansiedlungen u. s. w. [1]). Möglicherweise hängt das Wort mit Düne zusammen. Ausser Beziehung zum Geestrande stehen in dieser Gegend Wesselburen, eine angeblich der Fischerei halber angelegte grössere Ansiedlung in der Marsch selbst, und Marne, ein gleichfalls ganz in der Marsch liegender Ort, der wie andere durch Ueberschwemmungen und Seuchen seine ungeeignete Lage zu büssen hatte.

Sehr markirt ist wieder die Lage der Stadt Itzehoe. Nordöstlich von der Stadt dehnt sich ein echtes Geestplateau aus, es enthält Höhen bis zu 72 m, die bekannte Lockstedter Haide mit ihrem Artillerieschiessplatz gehört ihm an. Im Westen, Südwesten und Osten von Itzehoe herrscht die Marsch, welche hier, zum Theil von Sümpfen und Mooren begleitet, wieder weit in das Land eingreift. Gerade südlich von der Stadt aber, auf dem Südufer der Stör, hebt sich noch einmal eine nicht unbedeutende Geestinsel aus der Marsch; es sind die mit Haide und etwas Wald bedeckten, den Geologen wegen ihrer Kreidebrüche wohlbekannten Höhen von Lägerdorf. So besitzt Itzehoe eine höchst eigenthümliche Lage, zumal die Stör zwischen diesen beiden Hügelmassen noch starke Krümmungen hat und eine auffallende Insel bildet. Auf dieser Insel entstand die Burg, an welche sich die Stadt anschloss, die aber bald auch das Nordufer der Stör in Besitz nahm und sich an den Abhängen des oben angeführten Geestplateaus hinanzog [2]). Itzehoe ist sonach gleichzeitig Randstadt und Brückenstadt. Oestlich von Itzehoe merken wir noch die Randstadt Kellinghusen auf einer sehr auffälligen, weit sichtbaren Geestecke.

Hamburg und seine Umgebung dem letzten Abschnitt vorbehaltend, gehen wir auf das linke Elbufer über und treffen dort von Harburg abwärts an der Elbe entlang eine ganze Reihe von Ortschaften genau an der Marsch- und Geestgrenze. Zunächst liegt das ebenfalls im nächsten Abschnitt noch einmal zu berührende Harburg selbst genau an der Grenze der hier sehr hügeligen und stark bewaldeten Geest gegen die Elbmarschen. Buxtehude liegt an der Este auf einer Geestzunge, die sich in die Marsch hinein erstreckt. Die Namen

---

[1]) Schröder, Topographie der Herzogthümer Holstein und Lauenburg. Oldenburg in Holstein 1856. Bd. 2. S. 568 und an anderen Stellen.

[2]) Viele Einzelheiten bei Schröder a. a. O. Bd. 2. S. 9.

der Thore dieses Ortes: Geest-, Marsch- und Moorthor [1]) sind ebenso bezeichnend wie die politische Eintheilung dieser Gegend in einen Stader Marschkreis und Stader Geestkreis. Horneburg an der Lühe hat eine ähnliche Lage wie Buxtehude, und Stade selbst beherrscht den Austritt der Schwinge aus den hier bis 29 m hohen Geesthügeln. Auch viele von den grösseren Dörfern an der unteren Elbe haben sich an den Geestrand angelehnt, wie Altenwalde bei Cuxhaven und zahlreiche andere. Die Dichtigkeit der Bevölkerung ist in der Marsch selbstverständlich viel grösser als in der Geest (Stader Marschkreis 75 Einw. auf den Quadratkilometer, im Geestkreise nur 42), Städte fehlen aber gänzlich, alle Ansiedlungen ziehen sich meilenlang an den (meist etwas erhöhten) Ufern der Elbe und der zahlreichen einmündenden Flüsse, sowie an den Kanälen, endlich auf schmalen, weniger durch die Höhendifferenz als durch die veränderte Bodenbeschaffenheit hervortretenden Rücken durch die an einzelnen Stellen unter dem Meeresniveau liegenden Marschen hin. Zwischen jenen dichtbewohnten Häuserreihen sind die mit vielen Obstbäumen bestandenen Flächen fast gänzlich ansiedlungsfrei, auch einzelne Gehöfte finden sich hier sehr selten.

Auch in Oldenburg und Ostfriesland können wir unseren Randstädten nochmals begegnen. Im Gebiet der Jahde zieht sich eine schmale Sandzunge nordwärts, auf deren letzten Höhen die Stadt Varel liegt. Auch die Landstrasse von Oldenburg nach dem Jeverlande benutzt diesen bisweilen durch kleine Hügel ausgezeichneten Rücken, die Eisenbahn nach Wilhelmshafen hält sich dagegen etwas östlicher. Auch Jever selbst liegt auf einem in die Marsch hinaussehenden und diese beherrschenden Vorsprung der wenig umfangreichen jeverländischen Geest.

Von den Städten Ostfrieslands liegt Aurich auf einem sehr markirten Geestrücken, der allerdings mehr von Moor- als von Marschland begrenzt wird, Wittmund, Esens und Norden dagegen auf Vorsprüngen der Geest in die Marsch. Auch im Rheiderland, wie die kleine, östlich von der Ems und nördlich vom Dollart begrenzte Landschaft genannt wird, machen die Geeststreifen ihren Einfluss noch geltend. Von Süden her zieht sich die Spitze des Bourtangermoores in die Landschaft, zu beiden Seiten von je einem sandigen Streifen, einer Tange begrenzt, welche sich über die Spitze des Moores hinaus noch in das Marschland fortsetzen. Auf dem östlichen dieser Sandstreifen, und zwar nahe am Ende, liegt die Stadt Weener, auf dem westlichen Bunde [2]). So können wir diese Gruppe von Randstädten bis in den äussersten Nordwesten des Reiches verfolgen.

Die geologischen Verhältnisse des Bodens haben in der norddeutschen Tiefebene nur äusserst selten einigen Einfluss auf die Vertheilung der Städte ausgeübt. Beeinflusst werden kann die Besiedelung einer Landschaft durch das Vorkommen nutzbarer Mineralien,

---

[1]) Guthe a. a. O. S. 107.

[2]) Die Karte zu de Vries' oben genanntem Buche zeigt diese Verhältnisse höchst deutlich.

Felsarten (Bausteine) und Mineralquellen; ebenso durch die Wasserarmuth mancher Bodenarten und durch den verschiedenen Grad der Fruchtbarkeit, welcher den Verwitterungsproducten der einzelnen Felsarten, der sogenannten Ackerkrume zukommt.

Der letzte Punkt ist durch frühere Betrachtungen schon im Wesentlichen erledigt; wir sahen, dass überall die Städte nicht gerade in den besonders fruchtbaren Strichen, sondern an ihrem Rande aufgeblüht sind. Es kann noch hinzugefügt werden, dass gerade in sehr fruchtbaren Gegenden wie in der Magdeburger Börde zwischen Magdeburg, Bernburg und Halberstadt auch die Dörfer nicht zahlreich, dafür aber gross und stadtähnlich sind. Man wollte möglichst wenig des guten Bodens bebauen. Die grosse Zahl der wüsten Dorfstellen in der Börde erklärt sich nicht ausschliesslich durch die Verwüstungen des 30jährigen Krieges, sondern ist vielfach darauf zurückzuführen, dass die Bewohner kleinerer Dörfer diese verliessen und sich in den grösseren mit ansiedelten, um ihre Ackerflächen zu erweitern. Das weite Auseinanderliegen der Dörfer verursacht im Verein mit der Baumlosigkeit und der Einförmigkeit der unabsehbaren Zuckerrübenfelder den öden Landschaftscharakter dieses Landstriches am Nordrande des Harzes und an der unteren Bode, welcher schon dem Durchreisenden, noch mehr aber dem aufmerksam beobachtenden Fusswanderer unangenehm entgegentritt. Die grossen Landstrassen berühren so selten ein Dorf, dass die gerade hier ungewöhnlich grosse Zahl der ganz einsam an der Heerstrasse liegenden Gasthöfe und alten Poststationen dadurch erklärlich wird. Wer diese Gegend nicht selbst durchwandert hat, möge sie nach den Messtischblättern des Generalstabes studiren [1].

Wasserarme Bodenschichten haben, abgesehen von den schon besprochenen Höhenrücken des Fläming und des Lausitzer Grenzwalles, wohl nirgends in unserem Gebiete die Entstehung von Städten erschwert; viel lästiger war stets der allzugrosse Reichthum an Wasserläufen, wie früher gezeigt wurde. Jenseits der Grenze der Tiefebene macht sich die Wasserarmuth gewisser Schichten der Trias schon im Thüringer Hügelland sehr bemerklich, noch mehr die des süddeutschen Jurazuges und des Sintfeldes südlich von Paderborn.

Was die Bausteine anbetrifft, so möchte ich wenigstens für unser Gebiet ihren Einfluss auf Städtelage und Städteentwicklung nicht allzu hoch veranschlagen. Die Wohnhäuser unserer Städte waren im Mittelalter und vielfach noch später aus sehr einfachem und leichtem Material hergestellt; Berghaus' Brandenburgisches Landbuch berichtet an vielen Stellen von der späten und seltenen Erbauung besserer, namentlich massiver Häuser in selbst nicht ganz kleinen Städten. Für die öffentlichen Gebäude aber, die Schlösser, Klöster und Kirchen, hat man schon sehr früh gutes Baumaterial aus weiter Ferne herbeigeschafft. So ist die sehr alte Kirche des kleinen Ortes Blexen an der Wesermündung aus schottischen Basaltblöcken und Sandsteinquadern aus dem Teutoburger Walde errichtet, die Kirche zu Wremen im Lande Wursten

---

[1] Nr. 2237, 2238, 2309, 2310, 2311 u. a.

gleichfalls aus schottischen Tuffsteinen erbaut. Wurden die Bausteine für die Kirchen so kleiner Orte aus weiter Ferne bezogen, so werden grössere Gemeinwesen durch ihre Entfernung von einem Bruche passenden Gesteines sicher nicht von der Errichtung grösserer Bauten abgeschreckt worden sein. Ausserdem halfen die erratischen Blöcke, welche namentlich in Mecklenburg und Pommern, aber auch im Nordwesten stark ausgebeutet wurden, manche Lücke decken. An der Ostsee mussten und müssen noch heute sogar die auf dem Meeresgrunde liegenden Blöcke, welche durch das grosse skandinavisch-norddeutsche Inlandeis oder in einzelnen Fällen durch moderne Eisfelder der Ostsee dahin gebracht wurden, Material zu allerlei Bauten liefern. Es versteht sich von selbst, dass Menge, Güte und petrographische Beschaffenheit der verwendeten Bausteine die Physiognomie der Kirchen einer Gegend oder selbst die Bauweise ganzer Städte sehr beeinflussen können. So ist der Backsteinbau der Ostseeländer und der Mark und die Verwendung von Feldsteinen in einigen Marschländern auf die geringe Verbreitung besseren Materials zurückzuführen. War aber eine Ansiedlung sonst günstig gelegen oder ein Platz von hervorragender strategischer Bedeutung, so hat die schwierigere Beschaffung des Baumateriales eine weitere Entwicklung gewiss nur wenig aufgehalten. Man behalf sich mit weniger guten Steinen, mit Backsteinen, Lehm oder Holz so lange und so weit es ging; war die Verwendung guter Bausteine aus wichtigen Gründen nicht mehr zu umgehen, so wusste man sie sich auch zu verschaffen.

Es wurden weiter nutzbare Mineralien und Mineralquellen erwähnt. Letztere sind in der norddeutschen Tiefebene nicht ganz so selten, wie man bei der geologischen Beschaffenheit derselben erwarten sollte, die Landbücher und Ortsbeschreibungen wissen auch in der Mark, in Pommern und Mecklenburg, selbst in Holstein und Preussen eine Menge derselben aufzuzählen. Ich erinnere an Bramstedt in Holstein, wo sich vier Mineralquellen finden, von denen zwei eisenhaltig, eine schwefelhaltig und die vierte eine Salzquelle ist [1]). Mehrmals zogen diese Quellen eine grosse Anzahl fremder Benutzer an, zuletzt noch 1840. Der Flecken Bramstedt gewann manchen Vortheil durch den Besuch der Quellen, indessen verlor sich der Ruhm ihrer Heilwirkungen immer sehr bald wieder.

Aus der Mark nenne ich Gleissen in der Landschaft Sternberg mit seinen Eisenquellen; die auch ausserhalb der Mark bekannten Quellen von Freienwalde, die von Wahlenberg und Erman untersuchte Eisenquelle des Luisenbades bei Berlin und die Quellen in der Uckermark, namentlich bei Prenzlau und Gerswalde [2]). Viele der schwächeren Quellen sind überhaupt niemals zu medicinischen Zwecken benutzt worden, andere haben eine kurze Blüthezeit im 17. oder 18. Jahrhundert durchgemacht und sind dann nach Verbesserung und Abkürzung der Wege zu den wirksameren und schöner gelegenen

---

[1]) Schröder, Topographie des Herzogthums Holstein etc., Bd. 1, S. 253.
[2]) Höchst ausführlich beschrieben bei Berghaus, Landbuch, Bd. 1, S. 127 ff.

Quellen anderer Theile Mitteleuropas vollständig in Vergessenheit gerathen. Sie hatten die Entwicklung benachbarter Städte eine Zeit lang mitgefördert, bestimmenden Einfluss auf Gründung oder Aufblühen einer Stadt hat keine einzige erlangt.

Auch die meisten der zahlreichen Salzquellen haben die Blüthezeit ihrer medicinischen und technischen Verwerthung wohl hinter sich; von den einst zahlreicheren mecklenburgischen Salinen ist nach Geinitz [1]) nur noch die in Sülze an der pommerschen Grenze im Betrieb. Ebenso haben Pommern, Brandenburg, die Elbländer, auch der Nordwesten zahlreiche entweder ganz erloschene oder nur noch zu Badezwecken benutzte Salzwerke aufzuweisen: selbst noch im Stromgebiet des Pregels bei Wehlau findet sich die alte preussische Saline Ponnau [2]). Die gegen früher so sehr erleichterten Verbindungen mit fernen, grösseren Salinen, ganz besonders aber die Entdeckung und Ausbeutung der grossen Steinsalzlager hat der Benutzung so vieler ärmerer Soolquellen ein Ende gemacht.

Dagegen ist das Steinsalz allerdings von wesentlichem Einfluss auf die Entwicklung und Neugründung einzelner Städte gewesen. Vor allem ist hier an das Steinsalzlager von Stassfurt und Leopoldshall zu erinnern. Stassfurt war bis in unser Jahrhundert eine kleine Brückenstadt an der Bode, die in den Kriegsereignissen des 18. Jahrhunderts eine Rolle spielte, im Verkehrsleben jedoch nicht hervortrat. Die im Jahre 1857 begonnene Ausbeutung [3]) des Steinsalzes und die Verarbeitung der Kalisalze hat zur Entstehung einer Menge von industriellen Etablissements Anlass gegeben und die Einwohnerzahl, die 1816 nur 1644 betrug, auf 12194 im Jahre 1880 steigen lassen. Da das Steinsalzlager auch auf unmittelbar angrenzendem anhaltischen Gebiet erbohrt wurde, entwickelte sich dort der (1880) 3184 Einwohner zählende Ort Leopoldshall, dessen Industrie sich der von Stassfurt ganz anschliesst. Eben jetzt steht die Erhebung von Leopoldshall zur Stadt bevor. Stassfurt und Leopoldshall bilden bis jetzt die einzigen Beispiele eines so weit gehenden Einflusses von Mineralschätzen auf städtische Ansiedlungen innerhalb der norddeutschen Tiefebene [4]). In unserem Gebiet wenigstens hat das Steinsalz der sonst obenan stehenden Kohle und dem Eisen den Rang in dieser Beziehung abgelaufen. Die Braunkohle ist wohl für einzelne Gegenden des Tieflandes, die sich jedoch vom Südrande desselben fast sämmtlich nicht weit entfernen, wichtig geworden, wirkte jedoch nicht städtebildend. Die Steinkohle reicht nur im südlichsten Theil des Regierungsbezirkes Münster in das eigentliche Tiefland hinein und hat dort im Kreise Recklinghausen die Bevölkerung stark anwachsen lassen. Die erst 1845 entstandene Kohlen-, Industrie-

---

[1]) Heft 1 dieser Sammlung, S. 13.

[2]) Die Provinz Preussen, Geschichte ihrer Cultur und Beschreibung ihrer land- und forstwirthschaftlichen Verhältnisse, Königsberg 1863, S. 109.

[3]) v. Dechen, Die nutzbaren Mineralien und Gebirgsarten im Deutschen Reiche, Berlin 1873, S. 689.

[4]) Um Schönebeck zeigt sich eine ähnliche Fabrikthätigkeit, doch war das Anwachsen dieser Salzstadt nicht so rasch wie das von Stassfurt.

und Eisenbahnstadt Oberhausen im Regierungsbezirk Düsseldorf liegt schon so nahe am Rande des Berglandes, dass man sie nur in Verbindung mit diesem betrachten kann. Wollte man Oberhausen trotzdem den Städten des Tieflandes anschliessen, so würde es Stassfurt an rascher Entwicklung mindestens gleichkommen. Oberhausen hob sich in der Zeit von 35 Jahren auf 16 680 Einwohner, Stassfurt von 1855 (kurz vor Beginn des Abbaues) bis 1880 von 2760 auf die oben erwähnte Zahl von 12 194.

Alle anderen mineralischen Producte haben auf die Städteentwicklung der Tiefebene keinen nennenswerthen Einfluss geübt. Auch das Raseneisenerz macht keine Ausnahme, Geinitz hat die kurze Lebensdauer der zahlreichen mecklenburgischen bis in das 13. Jahrhundert zurückreichenden Eisenwerke übersichtlich zusammengestellt [1]). Ob die bereits in den Topographien und geographischen Wörterbüchern angeführte Petroleum-Ortschaft Oelheim am Südrande der Lüneburger Haide wirklich dauernden Bestand haben oder gar zu einer Stadt anwachsen wird, bleibt wohl noch abzuwarten.

Dritter Abschnitt.

Der letzte Abschnitt dieser Untersuchungen wird sich noch mit den Beziehungen der Küstengestaltung zu der Vertheilung der norddeutschen Städte zu beschäftigen haben. Von den zehn Küstentypen, welche ich vor kurzem aufzustellen versucht habe [2]), kommen in unserem Gebiete nur fünf vor. Der normannische Küstentypus findet sich nur in den Kreideklippen Rügens und einigen Partien der Steilufer des Samlandes vertreten, zu den Städten tritt er nicht in Beziehung. Wichtiger sind die noch übrigen vier Typen. Der cimbrische beherrscht die ganze Ostküste Schleswig-Holsteins, der ostpreussische wird durch die Nehrungen und Haffe Preussens, der friesische durch die deutschen Nordseeküsten, der gasconische durch grössere Strecken der hinterpommerschen und mecklenburgischen Küste vertreten.

Die deutschen Küsten können daneben auch in natürliche und künstliche oder besser in geregelte und unberührt gelassene eingetheilt werden. An den geregelten oder künstlichen Küsten, welche stets Flachküsten sind, hat der Mensch durch Deich- und Dammbauten das flache Marschland beschützt und dadurch die Physiognomie der ganzen Küstenlinie wesentlich verändert. An den natürlichen Küsten waren keine Deichbauten erforderlich, hier hat die Küste, abgesehen von einzelnen Eingriffen an Flussmündungen und Häfen, ihre natürliche Physiognomie bewahrt. Fast die ganze deutsche Nordseeküste ist als künstliche Küste zu bezeichnen, die sehr beschränkten Ausnahmen werden unten anzuführen sein. An der Ostsee wiederum herrscht der andere Typus durchaus vor.

---

[1]) A. a. O. S. 22.
[2]) Zeitschrift für wissenschaftl. Geographie, Bd. 5, S. 245 ff.

Die Küsten des Deutschen Reiches sind im allgemeinen für die Besiedelung nicht günstig zu nennen. Nirgends finden sich so städtereiche Küstenstrecken wie etwa in Ligurien. Um so mehr ist anzuerkennen, dass die sich dennoch darbietenden günstigeren Positionen so geschickt und zum Theil glänzend verwerthet wurden.

Ueberschauen wir die deutsche Ostseeküste mit Hinzuziehung der Küste Kurlands und Livlands nach ihrer allgemeinen Anordnung, so bemerken wir sofort eine Reihe von grossen Buchten, welche in das Land eingreifen. Der Rigaische Meerbusen zwischen Cap Spint und Lüserort eröffnet die Reihe, bei Lüserort, noch deutlicher bei Stensort, beginnt eine zweite grosse aber flache Bucht, die gewöhnlich nach der Stadt Danzig benannt wird. Sie reicht bis Rixhöft; die widerstandsfähigeren Schichten des Samlandes, welche den Vorsprung Brüsterort bilden, bewirken aber eine Theilung dieser Bucht in einen grösseren nördlichen und kleineren südlichen Theil (Memeler und eigentliche Danziger Bucht). Von Rixhöft bis Arcona rechnen wir die flache Pommer'sche Bucht, von Arcona bis zur Nordspitze Fehmarns die Mecklenburger oder Lübecker Bucht. Es fällt nun sofort auf, dass die Zahl der grösseren Städte an jeder dieser Buchten eine sehr geringe ist, dass mehrfach eine dieser Städte die übrigen weitaus überflügelt hat und dass die Lage dieser wichtigen Ansiedlungen unverkennbar an die Einmündung der grösseren Flüsse geknüpft ist. Es lässt sich sogar eine Beziehung zwischen der Grösse der Städte und dem Umfange des betreffenden Flussgebietes nachweisen. In der Nähe der Flussmündungen drängt sich der Verkehr zwischen dem Meere und dem Hinterlande zusammen; je tiefer der Meeresgolf in das Land eingreift, desto weiter landeinwärts wird auch der Uebergangsplatz zwischen Land- und Seeverkehr nach einem längst erkannten Gesetze [1]), das freilich keineswegs für alle Küstentypen, doch aber für die in Deutschland vorkommenden gilt, angelegt werden. Mündet mehr als ein grösserer Fluss in einen Golf, so werden meist auch mehrere Städte bestehen, welche jedoch durch mannichfache Besonderheiten des Bodens und der hydrographischen Verhältnisse aus der unmittelbaren Nähe der Flussmündung oder gar des Flusses überhaupt verdrängt und doch auf den Fluss und seine Mündung angewiesen sein können. Auch wird man nicht gerade die unmittelbarste Nähe des Meeres aufsuchen, es ist aus vielen Gründen der Punkt am Unterlaufe des Flusses vortheilhafter, an welchem die Seeschiffe Halt machen und ihre Last den Flussschiffen übergeben müssen. Vielfach ist auch eben dieser Punkt der letzte, an welchem der Fluss bequem überschritten werden kann. Die Strecken, welche von den Mündungen grösserer Flüsse zu sehr entfernt sind, werden nur wenige und fast durchweg kleine Städte aufzuweisen haben. Selbstverständlich sind alle diese Regeln nicht etwa von Anfang an von den Ansiedlern und Städtegründern erkannt und befolgt worden. Aber die allgemeine Anordnung und die Beschaffenheit der Küste, die Vertheilung und Grösse der

---

[1]) Vgl. Kohl, Verkehr und Ansiedlungen, S. 364 ff.; auch Schneider, Die Siedelungen an Meerbusen, Halle 1883.

einmündenden Ströme haben ihren Einfluss trotz aller noch so hoch anzuschlagenden Einwirkungen der Völker- und Ortsgeschichte so nachdrücklich und unablässig geltend gemacht, dass ungeachtet aller Zerstörungen und Unterdrückungen an den günstigsten Plätzen immer wieder städtisches Leben aufblühte. Solche Ansiedlungen dagegen, welche gleichsam an geographisch unstatthaften Punkten errichtet waren, haben auch durch die grössten Opfer nicht über eine mässige Höhe hinausgehoben werden können. Eine kurze Durchmusterung der Ostseestädte wird uns zahlreiche Beispiele für die eben aufgestellten Sätze vorführen. In den Rigaischen Golf münden an grösseren Flüssen nur die weit aus dem Innern Russlands kommende Düna mit ihren unmittelbaren Nachbarn, der Aa von Wolmar und der Aa von Mitau; ferner die Pernau. An der Mündung der Düna und der beiden Aa greift der Golf am tiefsten in den hier so massigen Continent hinein, hier am weitaus mächtigsten der genannten Flüsse erwuchs die Stadt Riga, die wichtigste zwischen Petersburg und Königsberg. Sie liegt jedoch nicht unmittelbar an der Mündung des Flusses, sondern 15 km flussaufwärts. Da aber die Seeschiffe der älteren Zeit alle bis Riga hinauffahren konnten, war ein eigentlicher Vorhafen hier nicht in dem Maasse wie bei anderen Ostseestädten erforderlich. Dünamünde diente nur als Sperrfort und Zollstätte. Erst die Ansprüche der neuesten Zeit haben hier oder genauer bei Bolderaa Hafenanlagen für die grössten Seeschiffe entstehen lassen. Bolderaa bezeichnet zugleich die Mündung der Aa von Mitau. Die Aa von Wolmar, obwohl auch eine Strecke weit schiffbar, ist der Düna zu nahe, als dass an ihr eine grössere von Riga unabhängige Stadt gedeihen könnte. Auch Pernau würde ein wenig bedeutender Ort sein, wenn sein kleiner Fluss allein dastände; da er aber durch den See Wirz und den Embach mit dem ganzen Peipusgebiet in Verbindung tritt, ist Pernau der Seehafen für einen ziemlich grossen Theil des nördlichen Livlands. Mit der Erbauung einer Eisenbahn zwischen Riga und Dorpat werden sich die Verhältnisse aber etwas zu Ungunsten Pernaus verschieben. Die übrigen Uferorte des Rigaischen Meerbusens sind ganz unbedeutend.

Wir passiren den Landvorsprung Stensort und treten in den zunächst sehr schwach ausgeprägten Memeler Golf ein. Hier ist der Niemen der Hauptfluss, der jedoch nicht direct in die offene See, sondern in das Kurische Haff ausmündet. Das weitläufige Delta des Niemen und die ganze Ost- und Südküste des Haffs sind zu Ansiedlungen wenig geeignet und ermangeln in der That aller städtischen Wohnplätze. Die Bedeutung des bis weit in die russischen Gouvernements Minsk und Grodno hineinreichenden Niemen liess aber trotzdem Mündungsstädte entstehen. Die eine derselben, Tilsit, liegt an der Wurzel des Deltas, eine nicht seltene Erscheinung, sobald das Delta selbst keinen geeigneten Bauplatz darbietet. Tilsit kann allenfalls noch als Seestadt bescheidensten Ranges betrachtet werden, da es durch Dampfer, welche das Kurische Haff, den Pregel, einige Arme des Niemendeltas und verbindende Kanäle befahren, mit Memel und Königsberg in Verbindung steht. Jedoch liegt der grössere Theil seiner Bedeutung in dem Verkehr mit dem Innern des Landes.

Der eigentliche Seehafen des Kurischen Haffes und der Niemenmündungen ist Memel. Bei Memel entsteht durch die Annäherung der Nordspitze der Kurischen Nehrung an das Festland eine flussartige Meeresstrasse, so dass Memel den wenigen Meerengenstädten des Reiches zugerechnet werden kann [1]). Es kreuzen sich bei Memel drei Verkehrsbahnen. Die erste kommt von Tilsit her (sei es auf dem Haff oder auf dem Landwege über Heidekrug) und geht an der Meeresküste entlang nach Norden, kurz vor Polangen die russische Grenze überschreitend. Die zweite hat von Königsberg aus den Weg über die Nehrung eingeschlagen, kreuzt bei Memel den Ausfluss des Haffes und vereinigt sich nun mit der ersten. Besonders der Briefpostverkehr schlug vor der Zeit der Eisenbahnen gern den Weg über die Nehrung, Memel und Polangen ein. Drittens endlich bietet der bei Memel einmündende Fluss Dange eine kurze durch die Nähe der Zollgrenze noch besonders erschwerte Bahn in die nächsten Binnenlandschaften dar. So vereinigte sich hier mehreres, um eine Stadt von mässiger Grösse aufblühen zu lassen. Vorübergehend wurde der Verkehr Memels und anderer ostpreussischer Seestädte sehr gesteigert, als während des Krimkrieges die benachbarten russischen Häfen nicht benutzt werden konnten. Dieser gelegentliche Vortheil wird jedoch durch die grosse Nähe der Grenze und den Mangel einer directen Eisenbahnverbindung über dieselbe mehr als aufgewogen. Auf der einförmigen Küstenstrecke nördlich von Memel sehen wir noch den russischen Hafenplatz Libau. Für Libau lassen sich weit weniger geographische Momente geltend machen als für Memel. Es liegt weder an einer bemerkenswerthen Einbiegung der Küste, noch mündet hier ein wichtiger Fluss. Nur eine Art Lagune, der sogenannte „Kleine See“ dient als Hafen, zwischen ihm und dem Meere liegt die Stadt. Es ist bekannt, dass sich die russische Regierung seit einigen Jahrzehnten grosse Mühe giebt, Libau trotz der wenig günstigen geographischen Verhältnisse emporzuheben; eine wichtige Bahnlinie, welche von Libau fast schnurgerade bis Charkow, Rostow und Wladikawkas das südliche Russland durchschneidet, bietet einen grossen Vortheil, auf den Memel verzichten muss. Noch nördlicher als Libau liegt der kleine Hafen Windau, der zwar noch keine weitreichende Bahnlinie, aber doch eine bescheidene Kanalverbindung des gleichnamigen Flüsschens mit dem Gebiet des Niemen für sich anführen kann.

Wir gehen zum südlichen Theil unseres Golfes über. Wieder zeigt hier die Küstenbildung ein Haff und eine Nehrung, beide sind aber wesentlich milder und zugänglicher als die Dünenwüste der Kurischen Nehrung und die stets flache sumpfige Küste des Kurischen Haffes. Zwei wichtige Ströme, Weichsel und Pregel, münden hier. Beide sind durch Städte von ansehnlicher Grösse ausgezeichnet. Der Pregel hat zwar kein so grosses Gebiet wie der Niemen, beherrscht aber doch einen wichtigen, fruchtbaren und recht gut bebauten Theil des mittleren Ostpreussens. Die Pregelstadt Königsberg ist sowohl Brücken- als Mündungsstadt. Sie diente ursprünglich als Grenzfeste

---

1) Ausser Memel namentlich noch Stralsund und Sonderburg.

und Brückenkopf gegen das Samland. Mehrere kleine Hügel erleichterten Anbau und Vertheidigung, eine kleine Insel im Pregel den Uebergang [1]). Ein anderer Punkt hätte nicht leicht gewählt werden können, denn unmittelbar oberhalb von der Stadt beginnt für eine weite Strecke die Bildung langgestreckter Inseln mit nassem Wiesenboden, unterhalb aber folgt sogleich das ausgedehnte die Mündung umgebende Wiesenland. Hier kreuzte sich der Weg aus dem trockenen gangbaren Ermeland (Abschnitt I) nach dem Samland mit der Wasserstrasse des Pregel. Königsberg bildet ferner eine Grenze der Meer- und Flussschifffahrt. Es können noch Seeschiffe bis Königsberg hinaufgelangen, jedoch nur bis zu 4 m Tiefgang; tiefergehende müssen einen Theil ihrer Ladung in Pillau löschen, oder, wenn sie Königsberg seewärts verlassen, sich bis Pillau auf Begleitkähnen nachbringen lassen [2]). Pillau ist also Königsbergs Vorhafen und Vorfestung; es liegt auf dem nördlichen Theil der Frischen Nehrung unmittelbar nördlich von dem Verbindungstief mit der offenen See in einer sandigen Gegend. Da es Bahnverbindung besitzt, werden manche für das Binnenland bestimmte Waaren schon hier an die Eisenbahn abgegeben.

Das Frische Haff hat eine Anzahl kleiner Hafenplätze aufzuweisen, welche zum Theil unmittelbar am Ufer liegen. So finden wir Tolkemit und Frauenburg am Rande der Elbinger Höhe gegen das Haff, beide haben nur kleine Häfen und sehr geringen Schiffsverkehr. Im Norden liegen noch Brandenburg an der Mündung des Frisching, da wo die alte Berlin-Königsberger Poststrasse das Haff berührt, und Fischhausen an der Südküste des Samlandes. Braunsberg an der Passarge hat nur wenige Beziehungen zum 7 km entfernten Meere, es verkehrt mehr mit dem Binnenlande, wohin auch seine Eisenbahnen weisen. Auch Elbing steht mit der See nur in schwacher Verbindung, das sogenannte Elbinger Fahrwasser führt zum Haff, eine complicirte und beschwerliche Kanalverbindung zur Weichsel und nach Danzig [3]). Auch das Elbinger Fahrwasser ist an einigen Stellen sehr eng, der ganze Verkehr wird als „nicht gerade bedeutend" bezeichnet [4]). Dass Elbing aber dafür an wichtigen binnenländischen Verkehrsstrassen Theil nimmt, ist schon früher erwähnt worden. Da Nogat und Elbinger Weichsel nicht mehr als Zugänge zur See betrachtet werden können, ist jetzt Danzig die einzige Mündungsstadt der Weichsel. Seine Lage am Rande der Höhen von Pommerellen ist schon charakterisirt worden. Näher mit der Stadt an das Meer heranzugehen wäre weder der Terrainverhältnisse noch der Sicherheit halber rathsam gewesen. Gleichwohl liegt die Stadt dem Meere noch so nahe, dass ihre Thürme als Seezeichen benutzt werden können. Als Vorhäfen dienen Weichselmünde und Neufahrwasser; ersteres ist befestigt und deckt die Einfahrt. Fast alle grösseren

---

[1]) Da Königsberg einen grossen Raum einnimmt und noch viel Gärten und unbebaute Plätze in seinen Mauern einschliesst, fehlen hier die sonst für Festungsstädte so bezeichnenden ausgedehnten Vororte fast gänzlich.

[2]) Segelhandbuch für die Ostsee, Bd. 2. Berlin 1891, S. 123.

[3]) Passarge, Aus dem Weichseldelta, Berlin 1857, S. 231 ff.

[4]) Segelhandbuch, Bd. 2. S. 134.

Schiffe müssen in Neufahrwasser (welches oft schlechthin als Danziger Rhede bezeichnet wird) Halt machen. Westlich von Danzig bot das rasch zu bewaldeten, schwachbewohnten Höhen ansteigende Land, der Mangel wichtiger Verkehrswege nach dem Innern und das von Sandbänken nicht freie Fahrwasser der Putziger Wiek wenig Veranlassung zur Anlage von Hafenplätzen. Putzig dient nur dem beschränktesten örtlichen Verkehr. Auffallend ist die Ansiedlung an der Spitze der Halbinsel Hela, da die sandige und zum Theil mit Wald bedeckte Halbinsel wohl nie einen guten Verbindungsweg nach dem Festlande darbot. Wahrscheinlich ist die öfters wiederholte Angabe, das heute sehr unbedeutende Hela sei einst eine grosse Handelsstadt gewesen, eine ebenso grundlose Sage wie die Tradition von Vineta und ähnliche verkehrsgeographische Mythen[1]).

Die Pommer'sche Bucht reicht von Rixhöft bis Arcona auf Rügen. Auch in ihr finden wir gegenwärtig die grösste Stadt in der innersten Einbuchtung des Golfes und gleichzeitig an der Mündung des grössten Flusses. Wir haben Stettin als Randstadt schon kennen gelernt. Was seine Beziehungen zur Küste und zur ganzen Pommer'schen Bucht betrifft, so sind dieselben erst in neuerer Zeit recht wichtig geworden. 1816 zählte Stettin erst 24 000 Einwohner. Man sieht leicht, dass Stettin wohl für den grösseren Theil Pommerns einen passenden Centralpunkt bildet, die Entfernung von der See ist aber so bedeutend und die Schwierigkeiten der zum Theil engen und gewundenen Wasserstrassen so gross, dass die ganze Energie der Regierung und der Stadt selbst dafür eintreten musste, um Stettin durch Verbesserung seiner Zufahrtsstrassen und Hafeneinrichtungen auf die heute erreichte sehr rühmliche Stufe zu heben. Fahren wir von Stettin nach der See zu, so gelangen wir durch die sogenannte Enge Oder an den nördlichen sehr industriellen Vororten Stettins vorüber in die Königsfahrt, wieder Durchstich von der Engen Oder zum sogenannten Kameelstrom genannt wird (auf älteren Specialkarten noch nicht angegeben). Der grosse Damm'sche See bleibt dabei rechts liegen, er wird vom Seeverkehr fast gar nicht berührt. Der Kameelstrom bringt uns bald in den sogenannten Dammansch, ein breites Gewässer, in welchem auf kurze Zeit alle Oderarme wieder vereinigt sind. Es folgt eine neue Dreitheilung des Stromes, wir schlagen den östlichsten Arm, die Weite Strewe ein und erreichen das Papenwasser, eine südliche Ausbuchtung des grossen Stettiner Haffes. Drei Wege führen aus dem Haff in das offene Meer, von denen aber der östliche so gut wie gar nicht, der westliche auch wenig in Betracht kommt. So bleibt uns der mittlere Weg durch die Swine übrig, und auf ihm erreichen wir endlich bei Swinemünde das Ende dieser Wasserstrasse, der complicirtesten, welche irgend eine der grösseren deutschen Seestädte mit dem offenen Meere verbindet. Wir bemerkten auf unserem Wege mehrere für Ansiedlungen anscheinend geeignete Punkte an den Stromtrennungen und Wiedervereinigungen.

---

[1]) Vgl. Segelhandbuch Bd. 2, S. 101; ferner über Hela Schumann, Geolog. Wanderungen durch Altpreussen, Königsberg 1869, S. 86 ff.

Näheres Studium der örtlichen Verhältnisse überzeugt uns indessen stets, dass das niedrige sumpfige Wiesenland kaum ein günstiger Bauplatz genannt werden darf. Auch ist die Bevölkerung der mit ausgedehnten Waldungen bedeckten Ufergebiete des Haffs und des Papenwassers eine noch wenig zahlreiche. Nur einige Zwischenhäfen und kleine Ladeplätze haben sich zwischen Stettin und Swinemünde entwickelt, wie Pölitz an der Larpe, einem kleinen Seitenarm der Engen Oder, Stepenitz an der Ostseite des Papenwassers und einige noch kleinere Plätze. Sie verhalten sich zu Stettin etwa wie Brake oder Elsfleth zu Bremen, erreichen aber bei weitem nicht die Wichtigkeit jener Weserorte. Es möge hier gleich der Städte an der Südwestküste des Haffs und den dortigen Flüssen gedacht werden. Das kleine Neuwarp an der Grenze zwischen grossem und kleinem Haff an einer Bucht gelegen, ist nur ein Ladeplatz für das Holz der hier besonders ausgedehnten Forsten. Ueckermünde und Anclam entsprechen an Bedeutung genau der Grösse ihrer Flüsse. Beide liegen nicht unmittelbar am Ufer. Ueckermünde an der Uecker, wenig über 2 km vom Haff entfernt, betreibt zwar etwas Seeschifffahrt, erhebt sich aber nur wenig über jene Oderstädte zwischen Stettin und dem Haff. Anclam, mehr als 7 km vom Ufer an der Peene hat zwar noch weniger Seeverkehr als Ueckermünde, ist aber in seinen Beziehungen zum Binnenlande viel wichtiger als jenes. Es ist eine Brückenstadt für den Landweg von Stettin nach Vorpommern und der letzte bequeme Uebergangspunkt über die Peene, bevor dieselbe das Haff erreicht.

Wir kehren in das Haff zurück. Je weiter eine auf Seeverkehr angewiesene Stadt vom offenen Meere entfernt und je schwieriger der Wasserweg dorthin ist, desto grössere selbständige Bedeutung wird der Vorhafen für sich in Anspruch nehmen können. So ist auch Swinemünde, der eigentliche Vorhafen Stettins an der Swine, lebhaft emporgeblüht, allerdings nicht lediglich durch die Gunst seiner Lage, sondern vornehmlich durch die unablässige Thätigkeit der preussischen Regierung [1]). Wäre die Peene schon am Anfang des 18. Jahrhunderts ganz in preussischem Besitz gewesen, so hätten sich die Anstrengungen vielleicht dorthin gewandt; so aber galt es, jenen noch halb schwedischen Wasserweg durch die ganz preussische Swine möglichst zu ersetzen. Swinemünde besitzt jetzt auch eine allerdings etwas weitläufige Bahnverbindung mit dem Binnenlande und wird vielleicht noch eine zweite (über die Insel Wollin) erhalten. Mit der wachsenden Bedeutung der Swine mussten die Peene und vollends die sehr ungünstige Dievenow an Verkehr einbüssen; die Dievenowstädte Kammin und Wollin haben den Kampf fast gänzlich aufgegeben [2]), die Peenestadt Wolgast dagegen setzt ihn noch rüstig fort und hat sich ein kleines, aber von Stettin unabhängiges Verkehrsgebiet erhalten. Peenemünde ist nicht als Vorhafen Wolgasts zu betrachten, sondern dient nur als Zoll- und Lootsenstation (Segelhandbuch Bd. 2, S. 16).

---

[1]) Man vergl. hierzu Paul Lehmann, Pommerns Küste von der Dievenow bis zum Darss, Breslau 1878, bes. S. 22 u. 23.

[2]) Segelhandbuch Bd. 2, S. 67 u. 68.

Wenden wir uns von diesem centralen Theile der Stettiner Bucht noch einmal an die Küste Hinterpommerns zurück, so bemerken wir hier einen auffallenden Mangel grösserer Städte, aber ein ziemlich häufiges Vorkommen von Seehäfen dritten und vierten Ranges. Grössere Seestädte sind hier auch nicht zu erwarten, da die Küste auf der langen Strecke von der Dievenow bis Rixhöft keinen besonders guten Hafen darbietet und überhaupt keinen sofort auffallenden und für den Verkehr wichtigen Abschnitt zeigt. Dazu kommt, dass auch das Hinterland im Ganzen genommen nur eine mässige Fruchtbarkeit besitzt. Der Charakter des Landes und der Landwirthschaft ist weithin der nämliche, die Bevölkerungsdichte ist auch in der Nähe der Küste nicht bedeutend und sinkt im Innern in den an Wäldern und Haiden reichen Kreisen Rummelsburg, Schlochau und Konitz noch mehr.

Die Hafenstädte sind fast sämmtlich an die kleinen Flüsse geknüpft, welche auf dieser Strecke münden. Der Küstensaum selbst ist für Städte meist wenig geeignet. „Aus Seen, Sümpfen und Torfbrüchen setzt sich das Landschaftsbild der hinterpommer'schen Küste zusammen", sagt Paul Lehmann in einer neueren Arbeit über diese so bemerkenswerthe und doch so wenig besuchte und selten beschriebene Küste [1]. Dazu kommen dann noch die Dünen.

Die Städte liegen deshalb eine kleine Strecke stromaufwärts. Es münden hier die Rega, Persante, Grabow, Wipper, Stolpe, Lupow, Leba und Piasnitz. Grabow und Wipper haben eine gemeinschaftliche Mündung. Nur Piasnitz und Lupow haben keine Stadt aufzuweisen; an der Lupowmündung liegt jedoch das Fischerdorf Rowe. Eigentliche Seehäfen sind jetzt noch Kolberg mit dem ganz nahen Vorhafen Kolbergermünde an der Persante, Rügenwalde mit Rügenwaldermünde an der Wipper, Stolpmünde an der Stolpe und allenfalls noch Leba am gleichnamigen Flusse zwischen Lebasee und Sarbskersee. Doch ist Leba's maritime Bedeutung ganz gering, ein neuer Hafen aber beabsichtigt [2]. Stolpmünde ist nicht etwa der Vorhafen von Stolp, einer reinen Binnenstadt, zu welcher keine Seeschiffe hinaufgelangen können, sondern ein selbständiger kleiner Seeplatz, dessen Hafen aber auch zu wünschen übrig lässt, da ihn die Stolpe und die Küstenströmung zu versanden streben (Segelhandb. Bd. 2, S. 93). Am wichtigsten unter allen diesen Plätzen ist Kolberg, weil sein Hafen der relativ beste an der ganzen Küstenstrecke ist. Stadt und Hafen waren deshalb stark befestigt, der letztere ist es noch jetzt. Uebrigens hat auch gewerbliche Thätigkeit sowie Kolbergs Eigenschaft als Sool- und Seebad grossen Antheil an dem in neuester Zeit rascheren Aufblühen der Stadt; der Schiffsverkehr im Hafen umfasst jedoch vorwiegend nur Küstenfahrer. Erloschen ist Regamünde, der Vorhafen von Treptow. Lehmann macht darauf aufmerksam, dass dieser schon im 14. Jahrhundert versandende Hafen niemals bedeutend gewesen sein kann [3]. Woher sollte auch im Mittelalter ein so starker Verkehr an

[1] Zeitschrift der Berl. Gesellschaft für Erdkunde Bd. 19, 1884, S. 335.
[2] Lehmann a. a. O. S. 385. Vgl. Segelhandbuch Bd. 2, S. 97.
[3] Zeitschrift der Berl. Gesellschaft für Erdkunde Bd. 19, 1884, S. 344 f.

der Küste Pommerns kommen, wie ihn die Vertheidiger der dort besonders zahlreich auftauchenden verkehrsgeographischen Städtesagen annehmen mussten? Das Land war weit weniger angebaut als heute, die Verkehrswege ganz unentwickelt, die öffentliche Sicherheit oft gefährdet, die Bevölkerung des ganzen Küstengebietes gewiss wenig zahlreich.

In Vorpommern erscheinen zwei Stellen vor anderen zu Städteanlagen geeignet, der innerste Winkel des Greifswalder Boddens, das Dänische Wieck genannt, und die Ufer des Sundes zwischen Rügen und dem Festlande. Nur ein kleiner Fluss mündet in das Dänische Wieck, es ist die Ryck oder der Ryckgraben, welcher durch den Schwedengraben mit dem Gebiet der Peene in Verbindung steht. Hier liegt Greifswald etwa 8 km vom offenen Meere und dem kleinen Vorhafen Greifswalder Wieck entfernt. Der Greifswalder Bodden ist ein ziemlich beschwerliches Fahrwasser und die maritime Bedeutung Greifswalds nicht allzu gross. Im Jahre 1879 zählte man in Greifswald und Wieck zusammen nur 82 ausgelaufene und 114 eingelaufene Seeschiffe [1]). Die fruchtbare Umgebung, die Lage der Stadt an der vorpommerschen Küstenstrasse, sowie die früher wichtigen Salzwerke und schliesslich auch die Universität haben zusammen mehr zu dem immerhin bemerkbaren Aufblühen der Stadt beigetragen, als die Nähe des Meeres. Nur für die Verbindung mit dem östlichen Theile Rügens ist der Greifswalder Hafen jetzt von einiger Wichtigkeit.

Stralsund ist die zweite der deutschen Meerengenstädte, wichtig durch die Verbindung mit dem fruchtbaren Rügen und der schwedischen Südküste, sehr gesichert durch seine wasserreiche Umgebung. Die Insel Dänholm erleichtert den Uebergang nach Rügen. Stralsund hat einen erheblich grösseren Schiffsverkehr als Greifswald, seine Einwohnerzahl ist aber nur wenig rascher gewachsen. Die Insel Rügen und ihre Besiedelung wird schon von Kohl erörtert [2]). Sie gehört in die Zahl derjenigen Inseln, bei denen Inneres und Küsten von ungefähr gleicher Zugänglichkeit und Anbaufähigkeit sind. Ist nun eine solche Insel nicht gar zu gross, dann genügt ein Hauptort nahe der Mitte und wenige andere an den Küsten. So ist es in der That auf Rügen. Die Centralstadt Bergen wird von dem Kranze der der Küste näheren Flecken und Städtchen Garz, Putbus, Sagard und Gingst umgeben. Alle sind der mässigen Grösse der Insel [3]) entsprechend nur sehr bescheidene Ansiedlungen. Keiner der Randorte liegt jedoch unmittelbar an der Küste. Sagard kann gleichzeitig als Centralort des fast selbständigen Inseltheiles Jasmund betrachtet werden.

Mecklenburgs Küsten zeigen drei bemerkenswerthere Kästeneinschnitte. Der erste ist zum Theil noch Pommern zugehörig und

---

[1]) Segelhandbuch Bd. 2, S. 26.

[2]) Verkehr und Ansiedlungen S. 263 f.

[3]) Es versteht sich von selbst, dass unter ganz besonderen, im Deutschen Reich nicht vorkommenden Verhältnissen auch eine ganz kleine Insel eine grössere Stadt enthalten kann. Dann ist aber nicht die Grösse der Insel das Massgebende, sondern ihre Beziehung zu einem naheliegenden Festlande oder einer anderen Insel.

wird durch die umfangreichen Haffe und Bodden, in deren innersten Winkel (Ribnitzer See) die Recknitz mündet, bezeichnet. Die Stadt Ribnitz kann jedoch kaum als Seestadt betrachtet werden, ebensowenig wie ihre preussische Nachbarstadt Dammgarten. Beide erhalten durch den Recknitzübergang einige Bedeutung und waren lange wichtige Zoll- und Uebergangsplätze an der preussisch-mecklenburgischen Grenze. Die Nehrung zwischen dem Ribnitzer See und dem offenen Meer ist das sogenannte Fischland, ein häufig geschilderter, von einer rein seemännischen Bevölkerung bewohnter Strich. In der Gestaltung der Küste ist hier nichts zu finden, was die Bewohner gerade dieses abgelegenen Gebietes so entschieden auf das Seeleben hinwiese; wir werden auch hier uns vor einer Ableitung der Neigungen und Abneigungen der Bevölkerung aus der Landesbeschaffenheit einigermassen zu hüten haben. Uebrigens kommen auch weit im Binnenlande, wo der Anblick der See gänzlich wegfällt, Landstriche und Ortschaften vor, deren Bewohner dem Seedienst vor anderen Beschäftigungen den Vorzug geben und sich auch gut dazu eignen. Ein solches Gebiet liegt z. B. in der Nähe von Oldenburg bei Grüppenbühren.

Der zweite wichtige Kūsteneinschnitt wird durch den Mündungsgolf der Warnow gebildet. Wir haben es hier schon mit Bildungen zu thun, welche zu den schleswig-holsteinischen Föhrden überleiten. Gerade da, wo die Warnow in den Mündungsgolf eintritt, hat sich die Stadt Rostock angesiedelt, gleichzeitig die letzte Uebergangsstelle über den nun seeartig werdenden Fluss und die Grenze der Seeschifffahrt gegen das Binnenland bezeichnend. Der gute Hafen von Rostock ist um so wichtiger, als er auf der Strecke von Stralsund bis Wismar einzig dasteht. Vorhafen ist das Städtchen Warnemünde an der eigentlichen Mündung der Warnow. Rostock und Warnemünde sind das Ausgangsthor für das ganze östliche und mittlere Mecklenburg, sowie für einige Gegenden der nördlichen Mark. Die Stadt Rostock hatte lange Zeit nur eine einzige Eisenbahnlinie zur Verfügung. Warnemünde war ganz ohne Bahnanschluss. Die letzten Jahre haben den Ausbau des mecklenburgischen Bahnnetzes mächtig gefördert und auch Rostock nicht nur die Verbindung mit seinem Vorhafen, sondern auch noch zwei andere Linien gebracht; eine weitere nach Stralsund, welche die letzte wichtige Lücke im Netz der deutschen Küstenbahnen ausfüllen wird, ist im Bau. Während der Sommermonate vermittelt der von Berlin aus jetzt leicht zu erreichende Hafen von Rostock auch einen wichtigen Theil des Personenverkehrs nach den naheliegenden dänischen Inseln.

Wismar endlich liegt an einer noch auffälligeren Bucht als Rostock, so nahe am Meer, dass es keines Vorhafens bedarf. Umriss, Lage und Bauplan der Stadt erinnern sehr an Rostock, doch ist der Hafen weniger bequem. Er ist nach Aussage des Segelhandbuches (Bd. 1, S. 461) nur ein künstlich ausgetiefter Graben. Wismar entbehrt eines grösseren binnenwärts führenden Gewässers; zwischen die grossen Plätze Rostock und Lübeck eingeschaltet, ist sein eigenes Verkehrsgebiet nur gering. Ausserdem haben mancherlei nichtgeographische Umstände die Entwicklung der Stadt lange aufgehalten.

Die Stadt Lübeck, mit der wir den westlichsten Winkel der grossen mecklenburgischen oder lübischen Bucht erreichen, wurde keineswegs durch hervorragend günstige nähere Umgebung auf die hohe Rangstufe gehoben, welche sie lange Zeit einnahm. Die Entfernung der Stadt vom offenen Meere ist bedeutend, das Fahrwasser der Trave bis zum Vorhafen Travemünde stark gewunden und trotz sehr energischer Verbesserungen stellenweise so eng, dass die Begegnung zweier Schiffe schwierig wird [1]). Das Zusammentreffen mehrerer kleiner Flussläufe im innersten Winkel der Lübecker Bucht (Trave, Wakenitz, Stepenitz, Schwartau) scheint früh zu Ansiedlungen gelockt zu haben; Alt-Lübeck, der Vorläufer der heutigen Stadt, lag der See etwas näher an der Mündung der Schwartau in die Trave in niedriger, aber nicht ungünstiger Gegend [2]). Das neue Lübeck besetzt eine sehr auffällige Halbinsel, welche von Wakenitz und Trave umgeben wird. Vortheile dieser Lage waren die grosse Sicherheit in dieser fast insularen Position, sowie die Möglichkeit, zahlreiche Seeschiffe ankern zu lassen. Wirklich zum Anlegeplatz verwendet werden jedoch nur die Gewässer an der Westseite der Stadt. Die Lübecker Kriegsschiffe zur Zeit der Hansa lagen weiter abwärts im Stau, einer heute seichten Bucht in der Nähe der sogenannten Herrenfähre [3]). Schattenseiten in der Lage von Lübeck waren die beschwerliche Verbindung mit dem Meere (s. o.) und die Beschränktheit des Bauplatzes, welche mit der Zeit durch Anlegung von Vorstädten und Häusergruppen jenseits der Flüsse ausgeglichen werden musste [4]).

Wir betreten nun das Gebiet der schleswig-holsteinischen Föhrden [5]). Diese Küstenstrecke begünstigt die Entstehung zahlreicher, wenn auch nicht immer grosser Städte ungemein. Die Föhrden sind für Seeschiffe meist gut zu befahren, einige derselben gehören zu den besten Häfen Europas. Die Ufer legen der Besiedelung viel weniger Hindernisse in den Weg als die oft sandigen und sumpfigen Küsten Preussens und Pommerns. Die mässig ansteigenden Uferhügel sind ungemein fruchtbar. Wenn wir auch in den Marschländereien an der Westküste Striche von ähnlicher Fruchtbarkeit finden, so sind dort doch der Küstencharakter und die ganzen Anbauverhältnisse des Marschlandes der Städteentwicklung viel feindlicher als in der begünstigten Zone des Geschiebethons, welche der Ostküste entlang zieht und die Föhrden zunächst umgiebt. In der Regel liegt der Hauptort einer jeden Föhrde tief im Hintergrunde, gleichsam an der Wurzel derselben, da, wo der Landtransport endet und der Verkehr der Seeschiffe beginnt, gleichzeitig aber auch die der Küste entlang führende Strasse die Föhrde

---

[1]) Segelhandbuch Bd. 1, S. 471.

[2]) Näheres bei Schröder, Topographie der Herzogthümer Holstein etc. Bd. 2, S. 99 ff.

[3]) Segelhandbuch Bd. 1, S. 472.

[4]) Man vergl. über Lübecks Lage auch die weiter unten zum Vergleich mit Hamburg eingefügten Bemerkungen.

[5]) Hier zu vergleichen: Jansen, Die Bedingtheit des Verkehrs und der Ansiedlungen der Menschen durch die Gestaltung der Erdoberfläche, nachgewiesen an der cimbrischen Halbinsel. Kiel 1861.

berühren muss. Zeigt die Föhrde abwechselnd Einschnürungen und Erweiterungen, so kann die Küstenstrasse eine Einschnürung benutzen, um die Föhrde näher am Meere zu überschreiten; häufig findet auch der Seeverkehr an einer solchen Verengung seine Grenze und ist vom innersten Theil der Föhrde ausgeschlossen. Dann zieht sich auch die Hauptansiedlung von dem hier bedeutungslosen Ende der ganzen Föhrde an diese wichtige Ueberschreitungs- und Umladestelle. In beiden Fällen bleibt es aber gewöhnlich nicht bei einer Ansiedlung, auch die überall zugänglichen und anbaufähigen Uferstrecken der Föhrde zwischen Hauptort und Meer sind noch von Ortschaften, bisweilen sogar kleinen Städten, besetzt.

Wenn wir die Küste von Lübeck bis zur dänischen Grenze verfolgen, treffen wir zuerst bei Neustadt eine allerdings wenig entwickelte Föhrde, an welcher die Stadt der zweiten oben aufgestellten Regel sehr genau folgt. Auch der Gruber See ist als eine unregelmässig gestaltete, theilweise verlandete Föhrde zu betrachten; das Dorf Grube entspricht Neustadt in seiner Beziehung zur Föhrde, nur dass hier von Seeschifffahrt keine Rede mehr sein kann. Heiligenhafen ist ausnahmsweise keine Föhrdenstadt, die vorliegende, sehr zerrissene Insel Graswarder bietet dem kleinen Hafen der Stadt jedoch einen Schutz, der an der einförmigen Küstenstrecke vom Fehmarnsunde bis zur Kieler Föhrde sonst mangelt.

Kiel selbst zeigt ganz die normale Form der Föhrdenstädte, es umgiebt mit den Vororten Gaarden und Ellerbeck den Kopf der Föhrde und steigt auch zu den umliegenden Höhen hinauf. Jansen hat die zahlreichen sich in und bei Kiel kreuzenden Verkehrswege meist richtig charakterisirt [1]). Unter ihnen ist für die Gegenwart die grosse Weltstrasse von Paris über Lüttich, Venloo, Münster, Bremen, Hamburg, Kiel nach Dänemark und Schweden am wichtigsten geworden; sie weicht so wenig von der geraden Linie ab, dass ihr sicher keine Concurrenzbahn erwachsen wird. Aber auch die Beschaffenheit der Föhrde selbst, ihre Tiefe, Geräumigkeit und leichte Vertheidigungsfähigkeit sichert Kiel die grössten Vortheile vor den anderen Föhrdenstädten. Jansen, der 1861 schrieb, warnte noch davor, auf jene Eigenschaften der Föhrde allzu sanguinische Hoffnungen zu bauen und hielt die leichte Verbindung mit Dänemark für Kiels wirksamsten Vorzug. Im Angesicht des grossen deutschen Kriegshafens Kiel würde er jetzt gewiss anders urtheilen. Die Kieler Föhrde zeigt nahe am Eingang eine leichte Einschnürung, welche jedoch nicht erheblich genug ist, um hier eine Brückenstadt hervorzurufen; nur die schon 1632 angelegte kleine Festung Friedrichsort schützt in Verbindung mit den Werken auf dem holsteinischen Ufer den Eingang in die Föhrde.

Eckernförde ist wieder ein gutes Beispiel für den zweiten Typus der Föhrdenstädte, es hat sich den Uebergangspunkt über die schmale Wasserstrasse, welche die weite Aussenföhrde und das als ihre Fortsetzung zu betrachtende, aber Seeschiffen nicht zugängliche Windeby-

[1]) Die Bedingtheit des Verkehrs etc. S. 101 ff.

Noer verbindet, erwählt. Bei Eckernförde wird diese Wasserstrasse von dem nordwärts ziehenden Landwege und neuerdings von der Kiel-Flensburger Eisenbahn gekreuzt. Ein grosser, ihr eigenthümlicher Vortheil für die Eckernförder Hafenbucht ist ihre seltene Eisbedeckung: zu Zeiten, wo die Kieler und Flensburger Föhrde zuweilen wochenlang zugefroren waren, hatte man nach Aussage des Segelhandbuches (Bd. I, S. 405) in Eckernförde offenes Wasser.

Ungewöhnlich weit greift die Schlei oder Schleswiger Föhrde in das Land ein. Die halbmondförmig gebaute Stadt Schleswig umgiebt das Binnenende der Föhrde. Hätte die Schlei keine schmäleren überschreitbaren Stellen, so wäre sie ein schweres Hinderniss für die östliche Küstenstrasse, mehrfache Einschnürungen schaffen jedoch ebenso viele Uebergangspunkte. Solche sind an der Stexwiger Enge (wenig benutzt), bei Missunde, wo die Schlei nur 75 m breit ist, bei Arnis und bei Kappeln. Die drei letztgenannten Punkte sind durch kleine Städte und Vorhäfen für Schleswig bezeichnet. Schleimünde am Eingang in die Schlei ist nur eine Lootsen- und Leuchtfeuerstation, kein Hafenplatz. Die Eisenbahn von Kiel nach Flensburg, welche sich mit der Schlei irgendwie abfinden musste, hat zum Uebergang keine jener schmäleren Stellen aufgesucht, sondern überschreitet die Schlei zwischen Missunde und Arnis da, wo die beiden Halbinseln Grosses und Kleines Niss ein nördliches Seitenbecken der Schlei, das Lindauer Noer, fast ganz umschliessen. So war nicht nur die hier ziemlich breite Schlei, sondern auch das Lindauer Noer zu kreuzen. Rücksichten auf Einhaltung einer möglichst geraden Richtung, sowie auf die Wassertiefen in der Schlei, welche bei Missunde, Kappeln und Arnis grösser sind als an der gewählten Stelle und den Bau des Dammes und der Brücke erschwert haben würden, veranlassten wohl zur Wahl dieser breiteren Stelle. Föhrdenüberbrückungen durch Eisenbahnen finden sich auch in Jütland (Limfjord) und viel grossartiger an der Ostküste Schottlands (Taybrücke bei Dundee).

Die Flensburger Föhrde ist sehr unregelmässig gestaltet und vielverzweigt. Flensburg selbst umgiebt wieder den Kopf der Föhrde, deren überall gutbebaute Ufer noch einige kleine Vorhäfen und Zollstätten wie Holnis und Ekensund aufzuweisen haben. Ekensund ist gleichzeitig Brückenort an der schmalen gleichnamigen Einfahrt in das Nübelnoer, jenes in der Kriegsgeschichte des Jahres 1864 oft genannte Seitengewässer der Flensburger Föhrde. Die Halbinsel Sundewitt trägt keine städtischen Ansiedlungen, die Verhältnisse sind zu klein und die Entfernung von dem Verkehrsmittelpunkt Flensburg zu gering, um diese vortrefflichen Positionen recht verwerthen zu können. Nur die bekannten Schanzen erhoben sich hier und machten die Spitze der Halbinsel gegen den Alsensund zu einem klassischen Punkte für die neuere Kriegsgeschichte. Am Alsensund selbst, und zwar auf dem Inselufer (nicht wie bei Memel und Stralsund auf der Festlandseite) liegt die letzte der deutschen Meerengenstädte, das kleine Sonderburg. Eine Schiffbrücke konnte hier über den nur 237 m breiten, aber verhältnissmässig tiefen und von kleineren Schiffen dem Weg um die Insel gern vorgezogenen Sund geschlagen werden. Die übrigen Städte und Flecken der Insel, welche Jansen (a. a. O. S. 90) durchaus normal vertheilt schienen, sind noch kleiner als Sonderburg, viele sehr günstige Städtelagen, wie z. B. am Höruphaff, blieben ganz unbenutzt. Apenrade liegt ganz normal am Kopfe seiner Föhrde, Hadersleben wieder ist Brückenstadt an einer schmalen Wasserstrasse zwischen der eigentlichen Hadersleber Föhrde und dem nur 2 m tiefen Hadersleber „Damm".

Zwischen den beiden Föhrden von Apenrade und Hadersleben ist eine recht günstige Position unbenutzt geblieben. Es ist die tiefe und gut zugängliche Bucht von Gjenner, eine echte Föhrde, die nur nicht so tief in das Land hineingeht wie die übrigen. Das Segelhandbuch beurtheilt Bd. 1, S. 361 die Gjenner Föhrde sehr günstig, sie bietet grösseren Schiffen gute Ankerplätze und ist durch die vorliegende Insel Barsoe gegen östliche Winde geschützt. Keine andere der benachbarten Föhrden wird in dieser Weise durch eine ganz nahe vorliegende, aber doch nicht hinderliche Insel gedeckt. Im Hintergrunde der Föhrde liegt noch die kleine, schwach hügelige Insel Kaloe, ganz für einen Stadtkern geeignet. Aber es findet sich jetzt hier nur ein ganz unbedeutender Anlegeplatz mit wenigen Häusern. Auch das landeinwärts liegende Dorf Gjenner, nach welchem die Föhrde genannt wird, benutzt den Hafen fast nur zur Torfverschiffung nach Aeroe und Alsen [1]). Viel gerechtfertigter ist die Vernachlässigung der Bucht von Heilsminde an der dänischen Grenze, da sie ziemlich flach ist und eines Schutzes durch eine vorliegende Insel entbehrt. Der innerste Theil dieser Föhrde, der Heilsmindesee, kommt für den Seeverkehr überhaupt nicht in Betracht. An der Wasserstrasse zwischen Innen- und Aussenföhrde hat sich neuerdings ein kleiner Brücken- und Grenzort, Heilsminde, der in einen deutschen und einen dänischen Ortstheil zerfällt, angesiedelt.

Die Betrachtung der jütischen Küstenstrecke liegt ausserhalb unserer Aufgabe, man sieht jedoch leicht, dass auch die jütischen Föhrdenstädte sich nach den oben angegebenen Regeln richten. Kolding, Veile, Horsens und Hobro sind Beispiele für die erste, Randers und Aalborg für die zweite Form. Da gegen Norden die Föhrden seltener auftreten, finden wir auch föhrdenfreie Küstenstrecken durch Hafenstädte belebt, wie Aarhus, Saeby und Frederikshavn zeigen.

Es sind noch die Städte der Nordsee zu betrachten. Die deutsche Strecke der Nordsee hat fast durchweg eine künstliche, d. h. eine durch Deiche geschützte Küste. Eine Ausnahme machen nur folgende Strecken: 1. Von der dänischen Grenze bis Hoyer. Mehrmals tritt hier Steilufer auf wie bei der Mündung der Bredeau, bei Jerpstedt und bei Emmerleff, aber auch die Flachküstenstrecken sind nicht eigentlich eingedeicht. 2. Bei Hattstedt und Schobüll nördlich von Husum. Auf kurzer Strecke tritt hier eine Geestinsel nahe an das Meer. 3. Eine ganz kurze Dünenstrecke findet sich auch im äussersten Westen von Eiderstedt bei St. Peter. 4. Westlich von Cuxhaven bei Duhnen tritt der Geeststreifen der Wingst oder Wurster Haide auf einer Strecke von 6 km

---

[1]) Schröder, Topographie des Herzogthums Schleswig, S. 175.

an die See, so dass hier die Deiche unterbrochen werden konnten. 5. Nördlich von Varel am Jahdebusen springt bei Dangast ein schmaler Geeststreifen gegen die Küste vor. Die deichlose Küstenstrecke beträgt jedoch kaum 2 km. Wenig weiter nach Südwest setzen die Deiche auf ganz kurzer Strecke am Hügel Wulfsgast nochmals aus [1]). Diese deichlosen Gebiete wirken jedoch auf die Vertheilung städtischer Ortschaften nirgends nachweisbar ein. Der ganze Rest der Küste aber ist ungemein städtefeindlich. Ausserhalb des Deiches würden die Städte ohne jeden Schutz gegen das Meer sein, hinter den Deichen wäre ihre Verbindung mit dem Meere eine beschränkte und beschwerliche. Auch haben wir schon früher gesehen, dass das Innere der Marschen ein sehr ungern gewählter Bezirk für städtische Ansiedlungen ist.

Um so wichtiger sind aber die Mündungen der nordwestdeutschen Flüsse. An ihnen, wenn auch nicht immer unmittelbar an der Seeküste, erheben sich die Ansiedlungen, welche den Verkehr zwischen dem Innern des Reiches und der Küste, sowie nach den überseeischen Ländern zu vermitteln haben. Die Flüsse, welche hier in Betracht kommen, sind die Eider, die Elbe, die Oste, die Medem, die Weser, die Geeste, die Jahde, die kleinen Wasserläufe des Harlingerlandes, besonders Harle und Bense, endlich die Ems. Jedem dieser Flüsse entspricht eine Mündungsstadt, und es muss sofort auffallen, in wie enger Beziehung Grösse des Flussgebietes, Länge des Laufes und Bedeutung der zugehörigen Stadt mit einander stehen. Die grössten Flüsse Elbe, Weser und Ems haben auch die grössten Städte, und soweit Eider, Oste, Medem, Harle und Bense hinter jenen Strömen zurückstehen, so sehr werden auch die kleinen Mündungsstädte [2]) Tönning an der Eider, Neuhaus an der Oste, Otterndorf an der Medem, Wittmund an der Harle und Esens an der Bense von Hamburg, Bremen und Emden-Leer-Papenburg übertroffen. Von den genannten Städten bedürfen Tönning, Neuhaus, Otterndorf, Wilhelmshaven und die Emsstädte keines Vorhafens, während Hamburg, Bremen, Wittmund und Esens einen solchen besitzen. Die Eiderstadt T ö n n i n g haben wir schon kennen gelernt. N e u h a u s und O t t e r n d o r f sind für den Wasserverkehr des durch Eisenbahnen noch wenig aufgeschlossenen Innern der Landdrostei Stade von nicht zu unterschätzender Bedeutung, namentlich das erstere. Bei Otterndorf ist die sich ausweitende Mündung der Medem als Otterndorfer Hafen bezeichnet; vielleicht entwickelt sich hier ein Vorhafen, zumal der Hadeln'sche Kanal die S t a d t Otterndorf nicht berührt. Dieser Kanal führt aber zur Geeste hinüber und ist wichtiger als die kleine schiffbare Strecke der Medem [3]). Als S e e h a f e n kommt Otterndorf kaum in Betracht.

---

[1]) Ist auf der neuen, eben erschienenen Ausgabe der R e y m a n n'schen Karte, Section 37, nicht mehr verzeichnet.

[2]) Ich nenne Mündungsstädte solche Orte, welche an der binnenländischen Grenze des Seeverkehrs liegen, ohne Rücksicht darauf, ob sie an der Küste selbst oder eine Strecke flussaufwärts befindlich sind.

[3]) Vgl. Die Moorgebiete des Herzogthums Bremen, Berlin 1877, S. 29, 31 und die wichtige Karte.

Wilhelmshaven hat mit dem kleinen Flüsschen Jahde[1]) selbstverständlich wenig zu thun. Der Jahdebusen, einst einem Arme der Weser zum Ausfluss dienend, aber erst seit 1218 in seiner heutigen Gestalt vorhanden[2]), war schon von Napoleon I. zur Anlage einer wichtigen Küstenbefestigung ins Auge gefasst worden. Aber erst 1853 wurde mit der Erwerbung eines kleinen, später vergrösserten oldenburgischen Terrains durch Preussen der Anfang zur Anlegung des heutigen Kriegshafens gemacht. Die Schwierigkeiten, welche beim Bau des Hafens und der Einrichtung des ganz neu anzulegenden Ortes zu überwinden waren, müssen sehr bedeutend genannt werden. Wenn sie trotzdem in verhältnissmässig kurzer Zeit besiegt wurden, so haben wir hier ein seltenes Beispiel einer auf wenig günstigem, sumpfigem und des Trinkwassers anfänglich entbehrendem Terrain begründeten Ansiedlung[3]). Wilhelmshaven hatte 1880 schon 12592 Einwohner. Neben dem Kriegshafen ist auch ein Handelshafen angelegt worden. Der Grundplan der Stadt konnte ganz regelmässig durchgeführt werden, fast alle Strassen kreuzen sich in rechtem Winkel. Merkwürdig ist es, dass noch 1867 der Geograph Guthe (a. a. O. S. 159) nur Geestemünde und das Knock bei Emden als passende und wünschenswerthe Punkte für Errichtung des neuen deutschen Kriegshafens an der Nordsee bezeichnet, nicht aber den Jahdebusen. Ueber diesen heisst es S. 28 nur kurz, dass dort die preussische Krone einen Seehafen anzulegen beabsichtige, dessen Bau aber nur langsam vorwärts schreite. Die Eisenbahnverbindungen Wilhelmshavens sind über Oldenburg-Osnabrück und Jever-Emden ausreichend, auffällig ist noch die Lücke zwischen Jahde und Unterweser (zwischen Varel und Elsfleth oder Nordenhamm). An ausserdeutschen Seitenstücken zu unserem neugegründeten wichtigen Hafen nenne ich **Esbjerg** in Jütland und **La Nouvelle** in Südfrankreich, beide erst in neuester Zeit gegründet, an Bedeutung aber hinter Wilhelmshaven weit zurückstehend.

An der Ems finden wir die drei Mündungsstädte **Emden**, **Leer** und **Papenburg**, von denen die beiden letzten in anderem Zusammenhange schon früher besprochen wurden. **Emden** ist keineswegs als Vorhafen seiner Nachbarstädte zu betrachten, es hat selbständige Verkehrsentwicklung. Die Lage von Emden wird durch einen ungemein geräumigen (wohl nicht künstlichen) Erdhügel bedingt, der sich hart an der einst hier vorbeifliessenden Ems erhob[4]). Wenn man das lehrreiche historische Kärtchen betrachtet, welches de Vries und Focken S. 346 bieten, so sieht man, wie ungünstig sich die Beziehungen der Stadt Emden zur Ems im Laufe der Jahrhunderte gestaltet haben. Die Verbindung mit der weit von der Stadt zurückgewichenen Ems muss jetzt durch einen auch nicht allen Anforderungen genügenden Kanal auf-

---

[1]) Neuerdings auch ohne h geschrieben.

[2]) Zeitschrift der Berl. Gesellschaft für Erdkunde Bd. 16, 1881, S. 168, und Tafel 9.

[3]) Näheres bei **Focken** und **de Vries**, Ostfriesland, S. 387, wo auch der Plan der Stadt nachzusehen ist.

[4]) **Guthe**, Braunschweig und Hannover, S. 210.

recht erhalten werden; der Vorschlag Guthe's (a. a. O. S. 219), am Knock einen Vorhafen für Emden zu errichten und diesen eventuell durch einen Kanal mit der Stadt zu verbinden, ist noch nicht ausgeführt. Wittmund und Esens sind nothwendig auf Vorhäfen angewiesen, da die kleinen Flüsse des Harlingerlandes, Harle und Bense, allzu unbedeutend sind. Für Wittmund dient Carolinensiel (daneben Neuharlingersiel), für Esens Bensersiel als Vorhafen. Von diesen kleinen Vorhäfen ist Carolinensiel der wichtigste, dem auch ein Theil des Verkehrs mit den friesischen Inseln zu Gute kommt.

Es bleiben noch Hamburgs und Bremens Beziehungen zum Meere zur Betrachtung übrig. Auch hier bestätigt sich der Satz, dass die Vorhäfen desto bedeutsamer werden, je unbequemer die Wasserstrasse zum Hauptorte des Mündungsgebietes ist. Bremen war wegen der schwierigen Fahrbarkeit des oft wechselnden Fahrwassers von seinen Vorhäfen stets sehr abhängig. Als Vorhäfen dienten lange die kleinen, meist oldenburgischen Orte an der linken Weserseite, wie Elsfleth, Brake und andere, sowie das von den Bremern am Einfluss der Lesum (also auf dem rechten Ufer) erst im 17. Jahrhundert, als das Bedürfniss nach einem eigenen Winterhafen immer stärker wurde, angelegte Vegesack [1]). Der letztgenannte Ort konnte jedoch wenigstens im Schifffahrtsverkehr mit seinen oldenburgischen Gegenorten nicht gleichen Schritt halten. Man sieht leicht ein, dass empfindliche Nachtheile entstehen können, wenn die Vorhäfen einer grossen Handelsstadt ganz oder theilweise in den Händen eines fremden, wenn auch befreundeten Staates sind. Erst im laufenden Jahrhundert hat Bremen einen eigenen Vorhafen erlangt, welcher der See nahe genug liegt, um jene oldenburgischen Flussorte weit zu übertreffen. Nahe an der Mündung der Geeste tritt noch einmal ein schmaler Geeststreifen an das östliche Ufer der Weser heran. Dieser für Befestigungen nicht ungeeignete Punkt wurde von verschiedenen Regierungen zu diesem Zweck in Betracht gezogen. Die Stintenburg, welche die bremischen Erzbischöfe im Anfang des 15. Jahrhunderts hier erbauten, erfreute sich keines langen Daseins, ebensowenig wie ein schwedisches Fort, das im Jahre 1673 gegründet wurde [2]). Napoleon I. wollte hier durch eine Batterie die Wesereinfahrt sichern. Erst der Bremer Bürgermeister Smidt ersah 1827 diesen Platz zur Anlage eines eigenen bremischen Vorhafens. Wir haben hier ein bemerkenswerthes Beispiel für eine mit vollstem Verständniss und richtiger Benutzung der physischen Verhältnisse durchgeführte Städtegründung der neuesten Zeit. Das Ostufer der Weser wurde gewählt, weil dasselbe weniger leicht von Eisschollen umlagert werden kann, wenn bei östlichen Winden Eisbildung in der Wesermündung erfolgt. Auch fand sich im östlichen Fahrwasser der Weser eine grössere Tiefe als an der oldenburgischen Küste. Die Geeste bot zugleich eine bequeme Wasserverbindung mit dem Lande zwischen Weser und Elbe. So ist Bremerhafen gleichzeitig Mündungsstadt der Geeste und Vorhafen von Bremen.

---

[1]) Guthe a. a. O. S. 148.

[2]) Guthe a. a. O. S. 155 f.

Geestemünde wurde von der hannöverschen Regierung, welche auch auf ihrem Gebiete einen Weserhafen zu haben wünschte, hinzugefügt und bildet jetzt mit Bremerhafen einen einzigen grossen Hafenort, dem sich Geestendorf im Süden und der ältere Geestflecken Lehe oder Bremerlehe im Norden bald anschliessen werden.

Von besonderem geographischem Interesse ist die Stellung Hamburgs zu seinem Strome und zum Meere. Wir haben uns zu fragen, welche natürlichen Vortheile der Bauplatz von Hamburg für die Entwicklung einer Stadt bot und welche geographischen Verhältnisse es waren, die in der Folge gerade diese Stadt über viele benachbarte Seestädte emporhoben. Zunächst fallen uns auch hier, wie in so vielen früher betrachteten Fällen, trockene Geeststrecken auf, welche die Annäherung an den Fluss auf beiden Seiten gerade hier sehr erleichterten. Auf der Südseite sind es die ansehnlichen, theilweise bewaldeten Harburger Höhen, welche zwischen den Marschen an der Seeve und Luhe und denen des „Alten Landes“ an den Fluss herantreten. Im Norden nähert sich der Geestrand der Elbe zunächst zwischen den Flüsschen Bille und Alster, er setzt sich dann über Altona und Ottensen zu den bekannten Bergen von Blankenese fort, um kurz vor Wedel, wo die weite Haseldorfer Marsch beginnt, in das Binnenland zurückzuweichen. Weiter abwärts treten nie wieder die Geesthöhen in ähnlicher Weise an die Elbufer heran, auch aufwärts müssten wir bis zu der uralten Uebergangsstelle bei Artlenburg (40 km oberhalb Hamburgs) zurückgehen, um ähnliche Verhältnisse zu finden [1]). Der Pass von Artlenburg würde aber schon viel zu weit von der Nordsee entfernt sein, um mit der Uebergangsstelle bei Hamburg, wo der Abstand der Geesträuder allerdings 9500 m beträgt, wetteifern zu können.

Nun ist bei Hamburg das nördliche Ufer der Elbe vor dem südlichen durch mehrfache Vorzüge ausgezeichnet. Zunächst ist die Norderelbe ein besseres Fahrwasser als die Harburg berührende Süderelbe. Es münden ferner hier zwei kleine Flüsse, die Bille und die Alster, von denen die Alster durch die seeartige Erweiterung nahe an der Mündung einen guten Schutz- und Winterhafen für die Flussschiffe darbot. Die Stadt Hamburg erwuchs nun zuerst hart an der Alster auf der schmalen Geestzunge, welche Elbe und Alster trennt. Von der Elbe selbst war sie zunächst noch durch eine später eingedeichte und besiedelte Marschfläche getrennt, ein neuer Beweis, dass es ursprünglich nicht die Lage in der Nähe der zum Weltmeer führenden grossen Wasserstrasse, sondern der günstigen Baugrund bietende Geestrücken, der hier erleichterte Elbübergang und das Wasserbecken der Alster waren, welche gerade hier zur Begründung einer Ortschaft anreizten. Die in der Elbmarsch belegenen Stadttheile Hamburgs unterscheiden sich noch heute in Plan und Physiognomie, wie jeder zugeben wird, der Hamburg aufmerksam durchwandert hat, sehr scharf von denjenigen auf der Geesthöhe. In der Marsch gab es noch 1876 Strassen, welche

---

[1]) Ueber die Artlenburger Fährstelle, wo die beiderseitigen Geeständer sich bis auf fast 1500 m nähern, vgl. Hamburg in naturhistorischer und medicinischer Beziehung. Hamburg 1876, S. 2 f.

bei den höchsten Sturmfluthen bis 2,34 m unter Wasser standen, und bewohnte Keller, in denen unter gleichen Verhältnissen das Wasser bis 3,5 m anwuchs[1]). Nur allmählich ist Hamburg an die Elbe herangerückt. Harburg, die Stadt des Südufers, hatte weder einmündende Nebenflüsse noch ein so günstiges Fahrwasser und konnte höchstens eine zur Vertheidigung etwas besser geeignete Lage für sich geltend machen, da der Hügelzug, an den sich Harburg lehnt, schärfer hervortritt als der Geestrücken im Stadtgebiet von Hamburg. Die Vortheile, welche Hamburg von der Natur gewährt wurden, suchte später die Regierung Hannovers der Stadt Harburg durch kostspielige Bauten gleichfalls zu verschaffen, doch hat der Erfolg den Erwartungen im Allgemeinen nicht entsprochen.

Die Geesthöhen der Elbufer konnten wohl die Annäherung an den Fluss erleichtern, aber der Uebergang selbst blieb immer noch lästig genug. Wir müssen ältere Karten zu Rathe ziehen, um die alte Topographie der Elbinseln, welche von der heutigen sehr abweicht, zu verstehen[2]). Die Zahl der Elbinseln und der zu überschreitenden Arme war im 17. Jahrhundert noch wesentlich grösser als heute, wo kleinere Inseln zu umfangreicheren Massen vereinigt und eine Anzahl kleinerer Stromarme erloschen sind. Aber auch noch im 19. Jahrhundert blieb der Elbübergang vor der Erbauung der grossen Eisenbahnbrücken sehr unsicher und beim Eisgange sogar gefährlich. Aeltere und neuere Karten sowie eigene Durchwanderung der Gegend überzeugen uns jedoch, dass der Uebergang bei Hamburg immer noch am leichtesten möglich war; elbabwärts lösen sich die Inseln in immer kleinere Bruchstücke auf und verschwinden endlich ganz, um dem ungetheilten, nun zur Ueberschreitung schon zu mächtigen Strom Platz zu machen, aufwärts hindert die breite Marschebene mit ihren früher spärlichen und beschwerlichen Wegen. Der Flussübergang bei Hamburg kann also wohl der letzte vor der Mündung genannt werden. Der ganze Verkehr zwischen Bremen, Lübeck und der östlichen Ostsee, zwischen den Rheinlanden, Osnabrück, Bremen und Kiel sowie den skandinavischen Staaten, endlich zwischen Norwegen, Schweden, Jütland, Schleswig und Lüneburg, Hannover, Hessen, Frankfurt a./M. wurde auf diesen Uebergang hingeleitet. Das Eisenbahnnetz der Gegenwart lässt dies noch deutlich genug erkennen. Hamburg wäre wegen seines wichtigen Elbüberganges auch dann noch ein bedeutender Verkehrsmittelpunkt, wenn die Nordsee der Schifffahrt verschlossen oder ein unermessliches Weltmeer ohne lockende Gegenküsten wäre.

Hamburg ist aber auch für den Verkehr auf der Elbe selbst ein weit wichtigerer Grenzort zwischen Fluss- und Seeschifffahrt, als Bremen dies für die Weser ist. Die Elbe selbst ist der Weser gegenüber in fast allen Beziehungen im Vortheil. Die Weserschifffahrt reicht

[1]) Man vergl. Karte 1 u. 2 des genannten, in manchen Abschnitten reiche geographische Belehrung bringenden Werkes, auch den Holzschnitt auf S. 15 und dazu Text S. 16.

[2]) Die erste Karte im Werk „Hamburg etc." (s. o.) zeigt die Elbinseln, wie sie zu Anfang des 17. Jahrhunderts waren.

kaum bis in das nördliche Hessen, die Elbe dagegen beherrscht mit ihren Nebenflüssen noch einen ansehnlichen Theil von Sachsen und Böhmen. Sie steht mit Oder und Weichsel durch die märkischen Kanallinien in Verbindung, während die Weser nur auf sich selbst angewiesen ist. Ist auch die Elbe, wie alle deutschen Flüsse vom Ideal einer Wasserstrasse ziemlich weit entfernt, so fehlen ihr doch so auffällige Schifffahrtshindernisse, wie sie an der Weser zwischen Minden und Karlshafen namentlich bei Hameln vorkommen. Vor allem aber ist die letzte wichtigste Strecke der Elbe von Hamburg bis Cuxhaven viel brauchbarer als das entsprechende Stück der Weser von Bremen bis zum Meere, so viele Mühe man sich auch stets mit der Verbesserung des Fahrwassers in der Unterweser gegeben hat. Obgleich 125 km von der offenen See entfernt, ist Hamburg doch so sehr Seestadt, dass nur wenige der allergrössten Schiffe nicht mit voller Ladung bis Hamburg hinaufgehen oder von da ausfahren können. Hamburg bezeichnet für die Elbe thatsächlich die Grenze der Seeschifffahrt gegen den Flussverkehr, während diese Grenze an der Weser schon bei Bremerhafen, höchstens (für kleine Seeschiffe) bei den oben erwähnten kleinen oldenburgischen Uferorten zu suchen ist. Die Vorhäfen Hamburgs stehen aus diesem Grunde an selbständiger Bedeutung weit hinter dem grossen und blühenden Vorhafen Bremens zurück. Hamburg zunächst finden sich Brunshausen und Glückstadt, ersteres nahe an der Stelle einer plötzlichen, merkbaren Tiefenzunahme des Fahrwassers, letzteres an der gewöhnlichen Grenze der Eisbedeckung des Flusses in normalen Wintern. Doch sind beide Vorhäfen nicht sehr erheblich. Neuhaus und Otterndorf (s. o.) können kaum als Vorhäfen für Hamburg bezeichnet werden. Dass endlich auch Cuxhaven für Hamburg nicht eine solche Bedeutung besitzen kann, wie Bremerhafen-Geestemünde für Bremen, beweist schon der Umstand, dass erst in neuester Zeit eine Eisenbahnlinie die Elbmündung erreicht hat, während die Wesermündung schon längere Zeit sogar zwei (nach Geestemünde und dem oldenburgischen Nordenhamm) aufzuweisen hatte. Wäre das Bedürfniss nach einer Eisenbahnverbindung für Cuxhaven so dringend gewesen, so würde es gewiss allen entgegenstehenden Schwierigkeiten zum Trotz auch viel früher befriedigt worden sein. Nur für die Zeiten strengen Frostes kann die Bahnverbindung mit der Elbmündung für Hamburg entscheidend wichtig werden, im Uebrigen dient die Linie hauptsächlich der Abkürzung der Fahrt nach Helgoland und ist für die Küstenvertheidigung wichtig.

Noch andere Momente kommen hinzu, um Hamburgs Uebergewicht über seine Nachbarstädte zu verstärken. Die Küstenstrecke von der Emsmündung bis zur Elbe bildet mit der Westküste der Cimbrischen Halbinsel, von kleinen Unregelmässigkeiten abgesehen, nahezu einen rechten Winkel. Eine Stadt, die gerade im Scheitel des Winkels oder demselben nahe liegt, wird einen grossen Theil des Verkehrs beider Schenkel zu sich heranziehen können, falls die örtlichen Verhältnisse nur einigermassen günstig sind. Sind dieselben so ungewöhnlich vortheilhaft wie bei Hamburg und der ganzen Elbmündung, dann wird es den Häfen, welche vom Scheitel des Winkels weiter entfernt sind, sehr schwer werden, einen Theil des Verkehrs für sich zu behaupten.

Um so anerkennenswerther ist die hohe Bedeutung, welche das nur durch die wenig günstige Weser unterstützte Bremen noch immer bewahrt hat. Das Hinübergreifen Hamburgs in die Verkehrszone Bremens ist allerdings auch durch die lange Zeit ungewöhnlich umständlichen Eisenbahnverbindungen zwischen beiden grossen Städten erschwert worden. Musste man doch fast drei Jahrzehnte nach Vollendung der aus dem Binnenlande nach Hamburg, Harburg und Bremen führenden Eisenbahnen noch den grossen Umweg über Lüneburg, Hannover und Verden einschlagen, wenn man nur von Harburg nach Bremen gelangen wollte. Vor Herstellung des Elbübergangs bei Lauenburg führte die einzige durchgehende Schienenverbindung zwischen Hamburg und Bremen sogar über Magdeburg, Braunschweig und Hannover [1]).

Viel deutlicher zeigt sich die Abhängigkeit von Hamburg an dem anderen Schenkel des Winkels, der Westküste Schleswig-Holsteins und Jütlands. Hier ist — an einer allerdings sehr ungünstig gestalteten Küste — kein einziger Ort auch nur entfernt mit Hamburg zu vergleichen. Die eben jetzt im Bau begriffene Bahn von Tönning nach Ripen, welche das Schlussstück in der langen Linie der westcimbrischen Küstenbahn (von Hamburg bis in den Norden Jütlands) bilden wird, kann nur den Erfolg haben, die Beziehungen der kleinen Städte im westlichen Holstein, Schleswig und Jütland zu Hamburg noch viel enger zu knüpfen.

Man sieht leicht, dass auch Lübeck im Scheitel eines rechten Winkels liegt, welchen die Ostküste Schleswig-Holsteins mit der mecklenburgisch-pommerschen Küste bildet. Die Antwort auf die Frage, warum Lübeck jetzt nicht eine ähnliche Rolle spielt wie Hamburg, kann nicht schwer fallen. Zunächst ist die nähere Umgebung und der Bauplatz Lübecks, wie wir früher sahen, nicht so vortheilhaft für die Entwicklung einer umfangreichen Stadt als der Bauplatz von Hamburg. Die Trave war im Vergleich zur Elbe nur eine dürftige Wasserstrasse zum Meere. Wenn nun Lübeck gleichwohl eine Zeit lang die massgebende Stadt im westlichen Theile der Ostsee und darüber hinaus war, so haben nicht blos geschichtliche, geographischer Forschung fernliegende Entwicklungen dahin geführt, sondern diese Ueberlegenheit Lübecks hatte auch einige geographische Gründe. Lübecks Gegenküsten, die dänischen Inseln und das südliche Schweden, waren nahe und lockende Ziele für den Ostseeverkehr der Hansazeit. Hamburg hatte keine ähnlichen Gegenküsten aufzuweisen, da der Verkehr mit England besser und leichter über die niederländischen und flandrischen Häfen vermittelt wurde. Als aber der nordamerikanische Continent aus dem Dunkel emportauchte und die ganze kaum übersehbare Weite des überseeischen Verkehrs offen stand, da war die Nordseeküste als die der neuen Welt zugewandte weitaus im Vortheil: die skandinavischen Länder und Russland verblassten für lange Zeit vor der amerikanischen Gegenküste der Nordseehäfen. Erst in neuester Zeit beginnen mit der jetzt rascher vorschreitenden

---

[1]) Noch heute besteht zwischen Cuxhaven und Bremerhafen keine directe Bahnverbindung.

Aufschliessung und Entwicklung der Ostseeländer überhaupt auch die deutschen Ostseehäfen wieder kräftiger in den Weltverkehr einzugreifen, und Lübeck, begünstigt durch seine Lage am Scheitel jenes rechten Winkels der Ostseeküsten, wird noch einer neuen, wenn auch jener älteren wohl nicht gleichkommenden Blüthezeit entgegensehen können.

Unsere Wanderung überzeugte uns, dass die Bevölkerung der norddeutschen Tiefebene die geographisch günstigen Positionen wohl auszunutzen versteht und selbst da, wo die von der Natur gebotenen Vortheile gering und die Schwierigkeiten gross sind, rüstig bemüht ist, den Kampf gegen Wellen und Ströme, gegen Sumpf und Sand aufzunehmen und zu einem guten Ende zu führen.

stets den inneren Zusammenhang aufzusuchen streben, welcher besteht zwischen jenen und der Landesnatur, sowie der Ethnographie und Geschichte. So wird bei aller Mannigfaltigkeit der Gegenstände und Gesichtspunkte immer wieder hervortreten, dass alle diese Arbeiten nur verschiedenartige Gerüst- und Baustücke sind zu dem einen Werke der wissenschaftlichen Erforschung des heimischen Landes und Volkes in ihrer Eigenart und ihren Wechselbeziehungen.

Schon durch diese leitenden Gesichtspunkte ist ausgeschlossen, dass eine hier zur Veröffentlichung gelangende Arbeit jemals zu derjenigen Kategorie von Sonderarbeiten gehören kann, deren Interesse der Natur der Sache nach ausschliesslich auf einen ganz engen Kreis von Spezialisten beschränkt sein muss. Derartige Arbeiten müssen vielmehr den einzelnen Fachorganen der betreffenden Forschungsgebiete überlassen bleiben. Auch wird ferner in Behandlungsweise und Darstellung stets, soweit der Gegenstand irgend es zulässt, darauf Bedacht genommen werden, dass nicht nur die unmittelbaren Fachgenossen des Verfassers, sondern auch ein grösserer Kreis wissenschaftlich Gebildeter die Sache verstehen und für die betreffenden Studien ein Interesse gewinnen kann. Damit aber denjenigen, welche diesen Studien weiter nachzugehen wünschen, hierfür auf alle Weise der Weg geebnet und der Eintritt erleichtert werde, soll stets die wichtigere einschlägige Litteratur namhaft gemacht und, soweit es thunlich ist, zugleich auf diejenigen Momente ausdrücklich hingewiesen werden, auf die es für weitere Forschung in dem beregten Gebiete vornehmlich ankommen muss.

Unsere Sammlung erscheint in zwanglosen Heften von ungefähr 2 bis höchstens 5 Bogen; jedes Heft wird eine vollständige Arbeit (ausnahmsweise von kürzeren auch mehrere) enthalten und für sich käuflich sein. Eine entsprechende Anzahl von Heften wird jedesmal zu einem Bande vereinigt, und wird im Jahre etwa ein Band im Umfange von 40—45 Bogen erscheinen. Der Preis eines solchen wird ungefähr 16—18 Mark betragen.

Bisher sind erschienen:

Heft 1. Der Boden Mecklenburgs, von Dr. E. Geinitz, o. Prof. der Mineralogie und Geologie an der Univ. Rostock. 32 Seiten. Preis 80 Pfennig.

Heft 2. Die oberrheinische Tiefebene und ihre Randgebirge, von Dr. Richard Lepsius, ord. Prof. der Geologie und Direktor der Grossherzoglich hessischen geologischen Landesanstalt in Darmstadt. Mit Uebersichtskarte des oberrheinischen Gebirgssystems. 58 Seiten. Preis M. 2. —

Heft 3. Die Städte der Norddeutschen Tiefebene in ihrer Beziehung zur Bodengestaltung, von Dr. F. G. Hahn, Professor der Erdkunde an der Universität Leipzig. 76 Seiten. Preis M. 2. —

Demnächst erscheint:

Heft 4. Der Einfluss der Gebirge auf das Klima von Mitteldeutschland, von Dr. R. Assmann, Vorsteher der Wetterwarte in Magdeburg.

Die weiteren Hefte werden namentlich von den folgenden Herren Beiträge enthalten: Dr. G. Berendt, Königl. Landesgeologe und Prof. a. d. Univ. Berlin; Dr. K. Freiherr von Fritsch, Prof. a. d. Univ. Halle; Dr. E. Geinitz, Prof. a. d. Univ. Rostock; Dr. F. G. Hahn, Prof. a. d. Univ. Leipzig; Dr. G. Hellmann, Vorstand d. Königl. meteorolog. Instituts zu Berlin; Prof. Dr. K. Jansen in Kiel; Dr. A.

Forschungen
zur deutschen Landes- und Volkskunde
im Auftrage der
Centralkommission für wissenschaftliche Landeskunde von Deutschland
herausgegeben von
Dr. Richard Lehmann,
Professor der Erdkunde an der Akademie zu Münster i/W.

Erster Band.
Heft 4.

Das
Münchener Becken.

Ein Beitrag zur

physikalischen Geographie Südbayerns

von

CHR. GRUBER.

STUTTGART.
VERLAG VON J. ENGELHORN.
1885.

Die „Forschungen zur deutschen Landes- und Volkskunde" sollen dazu helfen, die heimischen landes- und volkskundlichen Studien zu fördern, indem sie aus allen Gebieten derselben bedeutendere und in ihrer Tragweite über ein bloss örtliches Interesse hinausgehende Themata herausgreifen und darüber kürzere wissenschaftliche Abhandlungen hervorragender Fachmänner bringen. Sie beschränken sich dabei nicht auf das Gebiet des Deutschen Reiches, sondern soweit auf mitteleuropäischem Boden von geschlossenen Volksgemeinschaften die deutsche Sprache geredet wird, soweit soll sich auch, ohne Rücksicht auf staatliche Grenzen, der Gesichtskreis unserer Sammlung ausdehnen. Da aber die wissenschaftliche Betrachtung der Landesnatur die Weglassung einzelner Teile aus der physischen Einheit Mitteleuropas nicht wohl gestatten würde, so sollen auch die von einer nichtdeutschen Bevölkerung eingenommenen Gegenden desselben samt ihren Bewohnern mit zur Berücksichtigung gelangen. Es werden demnach ausser dem Deutschen Reiche auch die Länder des cisleithanischen Oesterreichs abgesehen von Galizien, Bukowina und Dalmatien, ferner die ganze Schweiz, Luxemburg, die Niederlande und Belgien in den Rahmen unseres Unternehmens hineingezogen werden. Ausserdem aber sollen noch die Sachsen Siebenbürgens mit berücksichtigt werden und auch Arbeiten über die grösseren deutschen Volksinseln des russischen Reiches nicht ausgeschlossen sein.

Wir fassen die Landes- und Volkskunde hier in weitestem Sinne. Es werden demnach ebensowohl Arbeiten über Bau und Relief des Bodens, über fossile Schätze desselben und ihre Verwertung, über Klima und Hydrographie, Pflanzen- und Tierverbreitung, wie über die anthropologischen und ethnologischen Verhältnisse der Bewohner, ihre Mundarten, ihre räumliche Verteilung und deren Dichte, ihr Wirtschaftsleben und dessen natürliche und örtliche Bedingungen, ihre Sagen, Sitten, Bräuche u. s. w. hier Aufnahme finden und auch Landesvermessung, Kartographie und Geschichte der Geographie in angemessener Weise zur Berücksichtigung gelangen. Doch wird dadurch gleichwohl keineswegs ein Chaos heterogener Spezialarbeiten entstehen. Sondern wie mannigfaltig auch immer die Themata der einzelnen Arbeiten sein mögen, so bleibt doch als leitender Gedanke des Ganzen, der sie alle durchdringen und wie ein inneres Band miteinander verschlingen soll, abgesehen von der Gemeinsamkeit der räumlichen Umgrenzung, die wechselseitige innere Beziehung der einzelnen Gegenstände untereinander. So wird der geologische Bau einer Landschaft nicht behandelt werden, ohne dass zugleich die dadurch bedingte Gestaltung des Reliefs und Zusammensetzung des Bodens erörtert und die Folgerungen mindestens angedeutet werden, welche sich wiederum aus diesen beiden Faktoren für die auf diesem Boden hausende organische Welt, ganz besonders aber für die Gestaltung des wirtschaftlichen Daseins der Menschen, ergeben. So wird ferner der Vegetationscharakter einer Gegend hier nur erörtert werden können im Zusammenhang einer-

DAS

MÜNCHENER BECKEN.

EIN BEITRAG ZUR

PHYSIKALISCHEN GEOGRAPHIE SÜDBAYERNS

VON

CHR. GRUBER.

Mit einer Kartenskizze und zwei Profilen.

STUTTGART.
VERLAG VON J. ENGELHORN.
1885.

Inhalt.

I. Zur Einleitung.

1. Die geographische Situation des Münchener Beckens.

Es ist einer der eigenartigsten Züge in der topischen Ausgestaltung der bedeutenderen Flussthäler des Alpenvorlandes, dass ihr Mittelstück auf jenem selbst durch eine beckenartige Ausweitung von auffallend regelmässiger Anlage ausgezeichnet erscheint. So wurde aus der Mitte Südbayerns im Gebiete der Isar das Münchener Becken gelöst. Nur 25 km von dessen Westrand entfernt lagert die schmale Senke zwischen Lech und Wertach; an der Iller thut sich um Memmingen und am Inn von Gars bis Schärding eine ansehnliche Thalung auf. In ihren Ausmassen tritt letztere durchaus nicht hinter den fast zirkelrunden Kessel von Rosenheim zurück, welchen Professor Albrecht Penck als centrale Depression des Inngletschers charakterisiert[1]). Dieser ist an der Salzach die mächtige Eintiefung um Salzburg, am Lech jene von Füssen analog; im Bereiche der westlichen Hälfte des alten Isargletschers entsprechen ihr Murnauer Moor, Staffel- und Ammersee, weiter im Osten Walchensee, Kochelsee, Ostersee, Würmsee und schliesslich das ausgetrocknete Doppelbecken im Isarthale selbst.

Während aber diese Depressionen entweder unmittelbar am Fusse des Gebirges oder doch nicht weit von demselben entfernt auftreten und von einer Reihe kleinerer, mit Teichen oder Mooren erfüllter Mulden innerhalb der unverletzten Moränenlandschaft umrahmt werden, setzen die nördlicher gelegenen Thalweiten ausnahmslos erst am Rande der letzteren ein. Und zwar erscheinen sie keilförmig hineingedrängt in die nach der Donau ausgebreiteten, vorwiegend tertiären Hügelreihen. Glaciale Schotter umranden dieselben auf weite Strecken, bedecken an zahlreichen Stellen ihre Sohlen und so unterliegt es bei dem engen

---

[1]) Penck, Dr. Albr.: Die Vergletscherung der deutschen Alpen, ihre Ursachen, periodische Wiederkehr und ihr Einfluss auf die Bodengestaltung. Gekrönte Preisschrift. Leipzig 1882. S. 337.

Anschluss dieser Gebilde an ihre südliche Umgebung keinem Zweifel, dass die Ausprägung ihrer heutigen Physiognomie durch Erosion fliessenden Wassers mit den Wirkungen der Eiszeit auf die Reliefverhältnisse der Donauhochebene in Verbindung gebracht werden muss.

Auch in ihrem geographischen Charakter finden sich wesentliche Uebereinstimmungen; sie stellen vorzugsweise sanft nach Norden und Nordosten geneigte Geröllebenen dar, deren Aussehen Moore und Heiden allenthalben beeinflussen. Morphologisch sind diese Thalweitungen ebensowenig vom übrigen Thalweg der Flüsse zu trennen, denen sie zugehören, als sie etwa vereinzelte Erscheinungen in jenem repräsentieren. Denn eben der ununterbrochene Wechsel von Einengung und Verbreiterung ist das auffallendste Merkmal unserer heimatlichen Rinnsale. Es kommt hierdurch eine jedem Kenner der Alpenthäler wohlbekannte Art von Rosenkranzform zustande, welche die Bildungsgeschichte dieser natürlichen Kanäle und die bei ihrer Ausnagung wirksamen Faktoren getreu wiederspiegelt, sowie feste Anhaltspunkte für eine naturwahre Erklärung des Werdens derselben bietet. Wirft man z. B. auch nur einen raschen Blick auf den Thalweg der Isar, so treten in ihm nach den engen Schluchten des Quellgebietes die kleineren Kessel von Mittenwald und Krün entgegen; ihnen folgt der tiefe Längseinriss in den Hauptdolomit, dessen Mitte die Rissmündung bezeichnet. Er wiederum setzt sich im Tölzer und hierauf im Königsdorfer Becken fort. Kurz nachdem der Fluss die Loisach aufgenommen, wird er aufs neue in einer cañonartigen Rinne gesammelt, die sich erst bei Thalkirchen in das Münchener Becken auflöst. Zuletzt dehnt sich das Isarbett noch einmal bei seinem Ausgang nach der Donau zu einer geräumigen Kiesniederung aus, welcher Landau und Plattling angehören.

Man erkennt hieraus, dass sich die 1485 Quadratkilometer umfassende Thalweitung, deren Centrum die Hauptstadt Bayerns einnimmt und auf welche wir im folgenden unsere Betrachtung einschränken müssen, nicht gewaltsam loslösen lässt vom Thalweg der Isar überhaupt, vielmehr mit der heutigen plastischen Ausgestaltung desselben in engem organischem Zusammenhange steht. Dabei wird freilich andererseits auch anerkannt werden müssen, dass die Landschaft um München infolge ihrer Situation, Umgrenzung und ihres geographischen Charakters auch als mehr oder minder scharf abgeschlossenes Ganzes entgegentritt, dem vor allem die Einflüsse des Grundwassers in den Quartärschottern ein eigenartig individuelles Gepräge aufdrücken.

2. Umgrenzung und Oberflächengestalt.

Das Münchener Becken repräsentiert sich als eine 70 km lange Thalsenke, deren Durchmesser zwischen 40 und 10 km schwankt, im Mittel jedoch 25 km beträgt. Seine zwar schmucklose, nichtsdestoweniger aber äusserst klar hervortretende Umrandung hebt sich durchschnittlich 12 m über den Spiegel der Isar. Dieselbe wird im Süden durch die Schuttwälle der Endmoränen des Isargletschers, im Osten und Westen von ebenso aufgebauten glacialen Hügelkomplexen gebildet.

während sich im Norden ein schmaler Streifen Tertiär anlegt. An seinem oberen Rande biegt unser Gebiet, wie die Nordgrenze der unverletzten Moränenlandschaft auch, weit gegen das Gebirge hin aus. Seinen südlichsten Punkt erreicht es jenseits Holzkirchen, indem sich dasselbe gleich einer breiten stumpfen Bucht zwischen die Ablagerungen des Inn- und Isargletschers drängt. Dort kommt seine Sohle 700 m hoch zu liegen, während sie doch an ihrem nördlichen Ende bis auf 412 m herabsteigt. Im Durchschnitt fällt sie 3—4 m auf den Kilometer; die ganze Landschaft besitzt somit die Neigung eines nicht allzu steilen Schuttkegels. Gegen ihre Mitte hin hebt sie sich, wie Weiss [1]) schon erkannte, längs der Isar schildförmig 12—15 m hoch über das Niveau der Ränder, was bei der Frage nach den Höhenverhältnissen der Moore und Heiden um Erding, Dachau, Schleissheim und Garching auf Grund authentischer Messungen eingehender nachzuweisen ist. Im übrigen aber dehnt sich unsere Thalweitung von Holzkirchen bis Moosburg, von der Amper zur Dorfen als eine sanftgeneigte Schräge aus, ohne von wesentlichen Aufragungen durchsetzt zu werden. Nur Isar, Würm, Amper, Gleisenthal und Teufelsgraben haben tiefere Furchen in sie gezogen; hier und dort erheben sich auch breite Lager aus Löss, so besonders am Ostufer des Hauptflusses und bei Solln in der Nähe von Grosshesselohe oder, wie in den Mooren, isolierte, aus Lehm und Gerölle aufgebaute, meist unter 10 m hohe Einzelerhebungen, welche indes den Gesammtcharakter der faltenlos erscheinenden Fläche nicht zu unterbrechen oder gar zu modifizieren vermögen.

Gleisenthal und Teufelsgraben [2]) reichen mit ihren oberen Partieen beträchtlich in die innere Moränenlandschaft. Beide gehören der südlichen Verlängerung des Beckens zu, und zwar markiert die in breitem Bogen von Süden nach Westen geschwungene Eintiefung des Teufelsgrabens ungefähr den Ausgang desselben. Sie reihen sich den grössten Trockenthälern des Alpenvorlandes an und zeigen neben einzelnen Unterschieden in ihrer topischen Ausgestaltung eine Reihe auffallender Aehnlichkeiten. Im Gegensatze zum Thalweg der Isar wurden Teufelsgraben und Gleisenthal ausschliesslich in fluvio-glaciale Schotter eingenagt. Ihre Sohle erreicht niemals den impermeabeln Tertiärmergel, auf welchem jene ruhen; sie befindet sich unter anderem im oberen Gleisenthal 15 m über diesem. Auch der allgemeine Grundwasserstrom der Hochebene, dessen Spiegel hier 5—9 m über dem Flinz zu liegen kommt, wurde in beiden Rinnsalen nur an je einem Punkte angeschnitten. Den starkgeneigten Boden von Teufelsgraben und Gleisenthal — sein Gefälle beträgt bis zu 0,0046 — bildet zuoberst eine stellenweise 5 m tiefe Blocklehmschicht, deren Mächtigkeit nach Norden stetig abnimmt. Sie unterscheidet sich in nichts von jener fruchtbaren zähen Lehmhülle, welche die Eintiefungen zwischen den Schutthügeln der Moränenland-

---

[1]) J. H. Weiss: Südbayerns Oberfläche nach ihrer äusseren Gestalt. Geognostisch-topographisch entworfen im Jahre 1815. München 1820. S. 188 u. 189.

[2]) Ueber diese Benennung hat Hauptmann L. Dürr einige Vermutungen ausgesprochen in seinem Vortrage: Ueber das Gebiet zwischen Amper und Mangfall. Beil. zur Allgem. Ztg. 1877, Nr. 83—85.

schaft allenthalben überzieht. Am intensivsten kam dieselbe in den beckenartig ausgeweiteten Depressionen zum Niederschlag, welche am Eingang zu den Trockenthälern sich ausbreiten. In ihnen ruhen charakteristisch ausgeprägte und zugleich die ganze Mulde voll einnehmende Hochmoore. Ausserdem lagert am Südende des Teufelsgrabens der äusserst anmutig stillgelegene Kirch- und Hackensee. Zwar verzeichnen noch die neuesten Karten des bayerischen Generalstabs auch im Gleisenthal einen Teich; derselbe ist indes heute bis auf kaum kenntliche Spuren verschwunden. Er war, ohne eine tiefere Furche auszufüllen, nur Sammelpunkt atmosphärilischen Wassers auf den undurchlässigen Lehm- und Sandlagern der Sohle, dadurch aber den zahllosen Weihern verwandt, welche im Gebiet früherer Vergletscherung allerorts zerstreut sind, vor unseren Augen beständig an Umfang verlieren und sich zu Hochmooren umwandeln oder nach gänzlich verschwinden. Schliesslich gehört beiden Trockenrinnen noch ein schmaler, träger Wasserfaden eigentümlich zu. Er wird im Gleisenthal vom Deininger Filz, im Teufelsgraben vom Kirch- und Hackensee aus genährt und verschwindet nach einigen Kilometern wieder im Schotter. Ebenso verhält sich im benachbarten Föggenbeurer Trockenthal der Thauninger Bach.

In der Plastik ihrer Thalränder zeigen Gleisenthal und Teufelsgraben wesentliche Unterschiede. Anfangs erscheinen sie bis 60 m tief in die Moränenlandschaft eingesenkt; jedoch vermindert sich die Höhe ihrer Steilgehänge stetig mit ihrem Verlauf nach Norden und Osten. Während sich aber das Gleisenthal als scharfer, ungegliederter Einriss repräsentiert, dessen Uferwände auf eine Länge von 10 km und nur 50—100 m von einander entfernt gleichförmig nach Nordosten weiterziehen, zeigt der Teufelsgraben eine Anzahl von Thalstufen, welche, ohne ein zusammenhängendes System zu bilden, öfters dreifach übereinanderlagern und denselben bis zu seiner Einmündung in das Mangfallgebiet begleiten. Diese Trockenrinne stellt nicht das einheitliche Gebilde dar, als welches das Gleisenthal auf den ersten Blick hin erscheint; sie hängt stärker mit ihrer Umgebung zusammen, und mehrere Flutungslinien bezeugen, dass dieselbe ihre Wassermassen erst nach Norden sandte, ehe sie rechtwinkelig gegen den Inn zu umbog. Das gesamte Relief des ohne die Kirchseer Mulde 20 km langen und zwischen 50 und 150 m breiten Teufelsgrabens lässt vermuten, dass er andauernd im Dienste einer zeitweise verschieden grossen, sich allmählich vermindernden Strömung stand. — Professor Dr. von Zittel wies in seiner akademischen Rede „Ueber Gletschererscheinungen auf der bayerischen Hochebene“ [1]) mit zuerst darauf hin, dass die Trockenthäler des südlichen Alpenvorlandes als Abzugskanäle der Schmelzwasser eiszeitlicher Gletscher zu betrachten seien. Professor Dr. Penck begründete diese Ansicht [2]), indem er ausführte, dass aus den durch Gletschererosion geschaffenen Depressionen stets ein tief einschneidender Kanal nach aussen führt, dessen Bildung während des Gletscherrückzuges begann und welcher

---

[1]) Sitzungsberichte der königl. bayer. Akademie der Wissenschaften. Mathem.-physikalische Klasse. München 1874, S. 252.

[2]) Die Vergletscherung der deutschen Alpen, S. 179.

diejenigen Wasser nach aussen zu führen hatte, die sich beim Abschmelzen der Gletscher im Bereiche jener Depression sammelten. „Da sich nun seither besonders im Isargebiete die hydrographischen Verhältnisse mehrfach änderten, wurden mehrere einzelne Depressionen miteinander verknüpft und werden nunmehr durch die Isar entwässert, während früher eine jede durch ihren eigenen Kanal drainiert ward. Daher sind einzelne dieser Kanäle ausser Betrieb gesetzt und erscheinen heute als Trockenthäler. Die Trockenthäler südöstlich von München, das Gleisenthal bei Deisenhofen und der Teufelsgraben von Holzkirchen sind Kanäle, durch welche einst die Depressionen des Deininger Filzes und Kirchsees entwässert wurden und zwar die letztere nicht wie heute nach der Isar zu, sondern nach dem Inn hin".

Ihrem landschaftlichen Charakter nach reihen sich jene alten Rinnsale dem tiefen Einschnitt der Isar zwischen der Loisachmündung und Thalkirchen an. Die geographische Eigenart des letzteren hat Professor Dr. Ratzel bei Gelegenheit einer Schilderung der Umgebung Münchens [1]) in wenigen markanten Strichen trefflich gezeichnet. Wer jemals durch ein solch vereinsamtes, schattensattes Trockenthal gewandert, wenn es den sich verfärbenden Laubmantel des Spätsommers eng um seine Schultern geschlungen, wird dort, unbeengt von jedem menschlichen Treiben, ein zu wenig gepriesenes Stück der Schönheit erkannt haben, welche den weiten unansehnlichen Hügelgruppen und Ebenen auf der Schwelle zum Gebirge hin durch fliessendes Wasser gegeben ward.

Schliesslich seien auch hier noch jene gemeinsamen Züge erwähnt, die bei einem vergleichenden Blick auf die Gesamtform der Thalwege am Beginn des Mittellaufes der Isar hervortreten. Durch ihre gleichartige Architektur wurden für sie eine Reihe vereinigender Momente gegeben. Allen gehört eine söhlige Weitung an: der Isar das ausgetrocknete Doppelbecken, welches nunmehr den Königsdorfer Filz birgt, der Würm und Amper ihre gleichnamigen Seen, dem Gleisenthal die Mulde des Deininger Hochmoores, dem Teufelsgraben jene um den Kirchsee. Am nördlichen Ende dieser Depressionen setzt eine mächtig entwickelte Thalschlucht ein. Sie reicht im Gebiete des Hauptflusses von Schäftlarn bis an Grosshesselohe, an der Rinne der Würm von Leutstetten bis unterhalb der Bahnstation Mühlthal, im Amperthal beschränkt sich dieselbe auf die Umgegend von Wildenroth, im Gleisenthal zieht sie bis Deisenhofen, im Teufelsgraben bis Grub an der Mangfall. Haben sich die scharfen Konturen dieser Einschnitte gemässigt, so weitet sich die Thalsohle aus, die Ufermauern verlieren von ihrer Höhe und senken sich meist in Stufen herab, um endlich als unscheinbare Ränder in der Münchener Ebene zu verschwinden. Dies tritt an der Isar unterhalb Thalkirchen, an der Würm, Amper und dem Gleisenthal bei den zuletzt angegebenen Punkten auf ihren Flanken ein.

---

[1]) München in naturwissenschaftlicher und medizinischer Beziehung. Führer für die Teilnehmer der 50. Versammlung deutscher Naturforscher und Aerzte. München 1877, S. 139 ff. — Wir selbst haben das Gleisenthal im „Ausland" Nr. 4 u. 5, Jahrg. 1883, beschrieben.

3. Geologischer Aufbau.

Der geologische Aufbau unseres Gebietes, welcher durch Professor Dr. Albrecht Penck eine ebenso mustergültige Untersuchung als anschauliche Schilderung erfuhr (S. 282—290 seines Werkes über die Vergletscherung der deutschen Alpen), erscheint in hohem Grade einfach. Er findet sich allenthalben an den Gehängen der tieferen Thäler sowie in zahlreichen Kiesgruben mannigfach und klar aufgeschlossen. Es sind mächtige Schotterablagerungen fluvio-glacialen Charakters, die hier, dreifach abgestuft, entgegentreten. Auf die nur 20—60 cm tiefe Decke des obersten Eluviums [1]), welche die seichte Ackerkrume des Gebietes darstellt, folgt eine Schicht losen, bunt gemengten Kalkgerölls, das reich mit krystallinischen Rollsteinen aus den Centralalpen sowie mit tertiären und diluvialen Bruchstücken vermischt und stets von Bändern festgefügten Schwemmsandes durchzogen ist. Wer nach einem Besuch der Bavaria und Ruhmeshalle einige Schritte gegen Westen geht, wird jene mächtige Kiesbank bis 15 m hoch sich absenken sehen. In ihrem Aufbau zeigt sie, wie auch die folgenden Ablagerungen fast immer, die ausgesprochene diskordante Parallelstruktur, sowie eine beständige Wechsellagerung gröberen und feineren Materials.

Ein schmaler Streifen braunen Verwitterungslehms trennt jenen „unteren Glacialschotter“ von einer zweiten, durchschnittlich weniger mächtigen Geröllschicht, die Penck als „mittleren liegenden Schotter“ bezeichnet. Petrographisch stimmt sie mit dem ersteren überein, erscheint aber gewöhnlich von kleinerem Korn und häufiger leicht verkittet. Ihre Oberfläche wurde stellenweise durch Erosion angegriffen, hat daher schwache, leicht gebogene Eintiefungen, was darauf hinweist, dass sich zwischen die Ablagerung beider Etagen eine Pause von beträchtlicher Dauer einschob. Hierfür liefern auch geologische Orgeln einen deutlichen Beweis. Es sind langgestreckte, trichterförmige Einbohrungen, gross und klein dicht aneinandergereiht. Sie erreichen eine Länge von 7—8 m; ihr kreisförmiger Durchmesser ist am oberen Ende 1—1,5 m weit ausgespannt, verengt sich aber allmählich, um den Schlot stumpf endigen zu lassen. Vom gewöhnlichen Grau ihrer Umgebung heben sie sich durch die Ausfüllung mit dunklem Verwitterungslehm deutlich ab. Im Gleisenthal, in welchem dieselben am mannigfaltigsten entfaltet wurden, kommen häufig zwei Reihen von Orgeln in verschiedenen Geröllschichten übereinander zu stehen. Dort fehlt auch öfters die Scheidewand zwischen einzelnen von ihnen, so dass sie, gegenseitig verschmolzen, ein ungewöhnlich breites Profil bei geringer Tiefe erhielten. Entblösst man die Oberfläche des festverkitteten Schotters, so erscheint sie ungemein stark zersetzt und mit napfförmigen Eintiefungen wie übersäet. Man erinnert sich beim Anblick dieser eigentümlichen Korrosionsform [2]) an die Schratten auf den Kalkplateaus der Alpen. Gleich den Lehmlagen zwischen den Schottern führen sie auf Verwitterung zurück. Dieselben sind Produkte chemischer Erosion

[1]) Eine vorwiegend aus Kalkgeröllen entstandene Verwitterungsschicht.
[2]) Korrosion ist hier Auflockerung und Zersetzung festen Gesteines.

und dadurch entstanden, dass die konkaven Stellen der rauhen Oberfläche jener Ablagerungen einem stärkeren Einfluss der Atmosphärilien und ihrer zernagenden und auflockernden Wirkungen ausgesetzt waren. Die Bildung ähnlicher Vertiefungen geht übrigens noch heute beständig vor sich. Das jüngste Eluvium breitet sich höchst ungleichmässig gegen die Tiefe aus; man beobachtet an demselben überall kleine zapfenartige Einschnitte oder Säckchen verschiedenster Form, welche sich in den „unteren Glacialschotter" senken und nichts anderes als den Anfang geologischer Orgeln darstellen.

Dem mittleren liegenden Schotter folgt nach einer dritten Lage von Verwitterungslehm endlich als unterstes und mächtigstes Glied die diluviale Nagelfluh. Auch sie kam unter Mitwirkung von Gletschern zustande und führt neben lokal gekritzten Geschieben krystallinische Rollstücke, wenn auch in geringem Masse. Diese Schicht stellt in der Regel nur feste Gesteinspartieen dar; ihr Material ist unter sich durch ein Cement aus spätigem Kalk zu einem Konglomerat verbunden. Dass letzteres bereits vor Eintritt der jüngsten Vergletscherung vorhanden war, beweist die Auffindung von Gletscherschliffen auf der Nagelfluh. Im Gebiete des Münchener Beckens wurde dieselbe bis zu einer Höhe von 25 m aufgehäuft; sie bedeckt überhaupt das nordalpine Vorland zusammenhängend in weiter Ausdehnung und reicht zwischen Iller und Lech sogar bis an die Donau. Ihr gehören auch meist die vorhin erwähnten Schlote zu.

Wie wir mehrfach andeuteten, charakterisieren sich die Schotterablagerungen im Alpenvorlande als echte Glacialanschwemmungen. Es sind umgelagerte Moränen, also Schuttmaterial, das von Gletschern aus dem Gebirge auf die Hochebene gebracht und hier durch Wasser weiter ausgebreitet und verfrachtet ward. Diese Annahme allein erklärt die geognostische Zusammensetzung sowie die ganze Art der Anlagerung dieser Schichten, deren Gliederung zugleich als Beweis für eine mehrmalige Wiederkehr der Eiszeit gilt. Uebrigens folgen, wie erwartet werden muss, die drei Etagen von Kies nicht allerorts regelmässig aufeinander. Die diluviale Nagelfluh tritt in unserem Gebiete zwar selten direkt zutage; dagegen fehlt stellenweise der mittlere liegende Schotter, und der untere Glacialschotter ruht häufig unmittelbar auf dem Tertiär.

Letzteres wurde innerhalb des Münchener Beckens am tiefsten durch die Erosion der Isar angeschnitten und zwar nur in seinen höchsten Partieen, der oberen Süsswassermolasse, weichen, leicht zersetzbaren und aufzulockernden, sandigen und mergeligen Gesteinsschichten von braungelber bis graugrüner Färbung, an deren Auftreten meistenteils Quellergüsse gebunden erscheinen. Ueber ihre Beschaffenheit haben besonders eine Reihe Bohrungen im Gleisenthal orientiert, welche, von der Sohle an gerechnet, bis zu einer Tiefe von beinahe 50 m reichen und deren Resultate ergaben, dass sich zwischen die unterste Schotterschicht und den Tertiärmergel gewöhnlich eine Lage wirrgemengten Gerölles mit mergeliger Zwischenmasse oder kompakten Schwemmsandes von 0,5—7 m Höhe einschiebt. Letzterer ist aus gröberen und feineren Bändern zusammengesetzt und gleicht nach seiner Beschaffenheit vollständig den sandigen Streifen in den oberen Schottern. Die Molasse selbst lagert hier zwischen 18 und 41 m Tiefe. Sie ist, wie auch der ihr unmittelbar auflagernde Tertiärsand, für Wasser in hohem Grade undurchdringlich.

So setzt sich denn der Boden unserer Thalweitung aus zwei wesentlich verschiedenen Gesteinsarten zusammen: einer Gruppe eng zusammengehöriger, wasserdurchlässiger Geröllablagerungen und einer stark sandigen Mergelschichte (Flinz), welche für das eingesickerte Wasser impermeabel erscheint. Daneben findet sich an einigen Stellen und zwar vor allem am östlichen Hochufer der Isar von jenseits Berg am Laim bis Oberföhring Löss, hier ein interglaciales Absatzprodukt über dem obersten Kieslager; im Thal des Flusses selbst aber zieht sich ein schmaler Streifen junger Alluvionen über dem Tertiär weiter. An die Erkenntnis dieser Verhältnisse werden wir anzuknüpfen haben, wenn im folgenden die geographische Ausgestaltung des Münchener Beckens geschildert, sowie die den dortigen Moor- und Heidebildungen zu Grunde liegenden Ursachen erörtert werden sollen.

II. Monographische Betrachtung der Moor- und Heidelandschaften an der mittleren Isar.

4. Lineamente und Ausdehnung der Moorlandschaften an der mittleren Isar.

Abgesehen von der Teilung des Münchener Beckens durch den scharf eingeschnittenen Thalweg der Isar treten aus seiner Physiognomie zwei Züge deutlich markiert hervor: die obere Hälfte desselben erscheint als mächtiges, stellenweise von lössbedeckten Aufragungen durchsetztes, im ganzen aber wenig ertragfähiges Kieslager; in seinen unteren Teilen hingegen breitet sich ein weites, zweigegliedertes Quellmoor aus, zwischen welchem die ausgetrockneten Striche der sogenannten Garchinger Heide auftauchen.

Während dieser Moorlandschaft im Westen, Norden und Osten eine leicht erkennbare Umgrenzung eigen ist, schliesst sie sich gegen Süden unvermittelt den Schotterflächen an, die als verwaschene Moränenlandschaft am Rande des Gebietes früherer Vergletscherungen lagern. Dieselbe endigt aber nach dieser Richtung nicht breit und stumpf, sondern hat ähnlich wie das Münchener Becken überhaupt zwei Verlängerungen auf beiden Seiten des Flusses. Dadurch erreicht das Moor in seinen östlichen Partieen bei Riem, in seinen westlichen bei Freiham, Germering und Buchheim die Breite von München, während sich die eigentlichen Hauptkomplexe der Moorwiesen erst 5 bis 6 km nördlich von hier auszubreiten beginnen. 30 km weit erstrecken sich jene im Westen, 33 km im Osten der Isar; dort endigen sie unmittelbar vor Freising, hier in der Volkmannsdorfer Au bei Moosburg. Beide entfalten in der Linie Neuching-Schleissheim-Dachau ihre grösste Breite von 18 km und erscheinen an ihren unteren Aus-

Die

Verteilung der Moore und Heiden im Münchener Becken,

mit Angabe der Grundwasserhorizontalen und Kulturunternehmungen (unter Benutzung der Grundwassermessungen Niedermeyer's und Thiem's, sowie einer Karte Drescher's über die Kulturversuche in Oberbayern entworfen).

Massstab 1 : 400 000.

gängen bis auf 2 km eingeengt. — Im allgemeinen charakterisiert sich die Oberfläche der Moore, gleich jener der ganzen Thalweitung überhaupt, als ungestörte, nordnordöstlich geneigte schiefe Ebene, deren Abfall sich zu 2,5—3 m auf den Kilometer berechnet, mithin das Gefälle der Isar fast um das Doppelte übertrifft. Die Höhe der südlichen Ausläufer des Erdinger Moores schwankt zwischen 522 und 511 m. Riem hat 522, Dornach 517,5, Aschheim 511,1, Kirchheim 511,4 m als Terrainkote. Bezeichnet man den Nordrand der Landschaft durch eine Linie, welche in der Höhe des Nullpunktes des Moosburger Isarpegels nach Osten verläuft, so erhält man im Mittel 412 m. Es ergeben sich also 110 m als Höhendifferenz für die 38 km entfernten Ausgangslinien des Moores. Den gleichen Abfall beobachtet man an den Dachau-Schleissheimer Moorstrichen. Germering, an ihrem südlichsten Punkt, liegt 530 m, das 30 km gegen Nordosten von ihm gelegene Pulling 450 m hoch. Den Charakter einer nach der Theorie ausgebreiteten, ungefalteten Fläche trägt indes die untere Hälfte der Sohle des Münchener Beckens trotzdem nicht. Man erkennt dies aus den Resultaten einer Reihe von Nivellements, welche die oberste Baubehörde Bayerns im März 1879 auf dem Gebiete des Erdinger, Professor Kremer auf jenem des mittleren Dachau-Schleissheimer Moores ausführen liess[1]). Konstruiert man einen Querschnitt zwischen der unteren Dorfen und Amper, so fällt besonders auf, dass die Terrainkoten des Erdinger Moores häufig unter jene des Isarspiegels bei Mittelwasser treten. Es findet dies im ganzen Striche zwischen Hallbergmoos und Oberding statt. Sein tiefster Punkt unweit der Gfällach liegt 2,97 m niedriger als der benachbarte Fluss. Auch in den Linien Freising—Schweig und Freising—Berglen verhalten sich ausgedehnte Gebiete in ähnlicher Weise, und zwar steigt der tiefste Punkt innerhalb der ersteren 1,831 m, innerhalb der letzteren 1,737 m unter die Oberfläche der Isar. Wir haben darin mit die deutlichste Illustration zu der Behauptung, dass der Fluss über seine eigenen Schuttbänke weiterrollt, ein Verhalten, das in den Werdeprozess der angrenzenden Moorlandschaften tief eingreift.

Im ganzen erscheint also die Oberfläche des Erdinger Moores als sanftwellige, leicht konkav gekrümmte Schräge. Jenseits der Isar, deren Spiegel hier bei mittlerem Wasserstand eine Höhe von 496—448 m zeigt, hebt sich das Terrain infolge von Schotteranhäufung stetig bis auf 488 m, um bei Lohhof unvermittelt auf 472 m zu fallen. Das Gebiet des Dachau—Schleissheimer Moores hat gleichfalls eine mulden-

[1]) Die letztere Arbeit wurde gemäss eines Beschlusses der Kommission für Kultivierung der Moore und grösseren Oedungen in Bayern 1850 vorgenommen. Man zerlegte zu diesem Zweck eine 27650 Morgen (14,67 Morgen = 5 ha) umfassende Fläche in Quadrate von 400 Fuss (114,28 m) Seite. Die Länge der nivellierten Linien betrug 230 Stunden, die der zur Kontrolle nivellierten Umfänge 42 Stunden. Im ganzen wurden 0710 Höhenpunkte bestimmt; aus diesen wurden Horizontalkurven von 1—3 Fuss (28—85 cm) vertikaler Erhebung für die Moorfläche konstruiert. Zur Erforschung des Untergrundes wurden 348 Bohrversuche angestellt, 12 chemische Analysen von Bodenarten und 4 solche von Gewässern vorgenommen. Ein auf die Höhenverhältnisse bezugnehmender Teil dieser sehr wertvollen, noch unbenützten Forschungen liegt in der Registratur des landwirtschaftlichen Vereins von Bayern.

artige Eintiefung gegen seine Mitte hin. Die Höhenkurven biegen am Ost- und Westrande dieser Landschaft ein wenig auf, gegen die Amper zu wird ihr Verlauf unruhiger, sonst aber ziehen sie ohne wesentliche Störungen und in regelmässigen Abständen weiter. Dagegen fällt auf, dass diese Hälfte des Münchener Moorgebietes in ihren mittleren und oberen Partieen vielfach höher zu liegen kommt als die an der Dorfen gelegenen Komplexe des Erdinger Moores, eine Erscheinung, welche sich zwanglos auf den intensiveren Geröltransport im Würm- und Ampergebiet während der Glacialzeit zurückführen lässt.

Trotzdem die Moore des Münchener Beckens als abgerundete, in sich geschlossene Landschaften von einheitlichem, überall deutlich heraustretendem Typus erscheinen, schwanken die Angaben über ihre Ausdehnung in auffallend widersprechender Weise. Und zwar trägt hieran, wie es scheint, weniger die in ihnen versuchte Kultivationsarbeit und ihre Fortschritte, als vielmehr die Art der Ausmessung und Zerteilung dieser Gebiete die Schuld. Während unter anderem Zierl die Grösse der Moore an der mittleren Isar allein zu 132 288 Morgen (2.94 Mrg. = 1 ha) veranschlagte, nahmen nach den damaligen forstamtlichen Mitteilungen die Torfmoore in ganz Oberbayern mit Einschluss des Salinendistriktes nur 118 067 Morgen ein. Auf Grund eingehender Berechnung erhielten wir als Gesamtflächeninhalt des Dachau-Schleissheimer und Erdinger Moores 46 600 ha. Nach den Aktenangaben der Kommission für die Kultur der Moore entfallen hiervon auf die kleinere Hälfte westlich des Flusses 21 600 ha, auf die grössere östlich von ihm mithin 25 000 ha.

Diese sehr ansehnlichen Flächen für agrikulturelle Zwecke mehr und mehr auszunützen, ist man von staatlicher und privater Seite aus besonders seit den Untersuchungen Professor Kremers eifrig bedacht. Ein Blick auf die Uebersichtskarte der seit 1853 ausgeführten Kulturen in Oberbayern zeigt mit Ausnahme der Umgebung Rosenheims und des Chiemsees in keinem anderen Gebiete so viele und dicht zusammenhängende Unternehmungen nach dieser Richtung, als eben im Münchener Becken. In der That berechnet sich auch der Strich, welcher hier seit 1860 mit neuen oder verbesserten Kulturanlagen versehen wurde, auf nicht weniger als 13 815 ha, für Oberbayern überhaupt (also mit Einschluss des Donaumoores) beträgt die gleiche Zahl 22 510, und für die 31 Jahre von 1853—1884 49 011 ha.

5. Die Entstehungsursachen der Münchener Moore. Eigenart der Hoch- und Wiesenmoore. Moorähnliche Bildungen.

Die Abhängigkeit der geographischen Ausgestaltung des Münchener Beckens von seiner geognostischen Struktur zeigt sich in keinem anderen Gebiete desselben anschaulicher, als im Bereiche der Moor- und Heidewiesen. Wir sahen, dass den oberen und mittleren Teil unserer Hochebene breite Gerölllager fluvio-glacialen Ursprungs weithin decken, welche meist locker aufgeschüttet wurden und selbst dort, wo sie zu

Nagelfluh verkittet erscheinen, für die Tagesgewässer nicht impermeabel sind. Die atmosphärischen Niederschläge vermögen deshalb ungehindert in dieselben einzudringen und sickern, verstärkt durch ansehnliche Partieen von Quell-, Fluss- und Seewasser, durch sie nach der Tiefe hin.

Es gelangen somit sehr beträchtliche Wassermengen bis auf die stark undurchlässige Schicht der tertiären oberen Süsswassermolasse. Hier werden sie von weiterem Eindringen zurückgehalten, gesammelt, und fliessen nun auf der Sohle des Flinzes als Grundwasser in den Schottern abwärts. Ausser dieser der gesamten Hochfläche angehörigen unterirdischen Strömung besitzt jedes Thal sein eigenes Grundgewässer, das sich in den vom einzelnen Flusse niedergelegten Alluvionen weiterbewegt. Innerhalb der Münchener Terrassenstufen treten sogar 3 Ströme auf. Der oberste von ihnen fliesst in den Kiesmassen, welche Bavaria und Ruhmeshalle tragen und dem allgemeinen Plateau angehören. Sein Verlauf ist gleich jenem der analogen mächtigen Strömung auf der östlichen Isarseite so regelmässig, dass sich die Horizontalkurven desselben oft geradezu der Abdachung des Terrains anschliessen. Ein anderer Zweig bewegt sich, durch vier Flinzrücken zerteilt und in einer grösseren Anzahl muldenförmiger Eintiefungen gesammelt, 5—15 m tiefer auf den mittleren Terrassenebenen Münchens. Innerhalb der dritten Terrasse, durch welche die meisten der Stadtbäche sich hinziehen, stehen viele Brunnen sichtlich unter dem Einfluss des Rückstaues der Isar, deren Alluvialschottern ebenfalls ein Grundwasserstrom zukommt.

Richtung und Geschwindigkeit der Grundwasserströmungen sind von der Konfiguration ihrer Sohle abhängig, welch' letztere allenthalben in breiten Wellenlinien weiterzieht und stellenweise durch Erosion stark beeinflusst erscheint; sie werden aber zugleich auch durch die grössere oder geringere Dichtigkeit der dem Flinz auflagernden Schotterbänke mitbestimmt. Im allgemeinen geht die Neigung des ersteren von Südsüdost zu Nordnordwest und ist etwas geringer als diejenige der Kiesschichten. Auch das Gefälle des Grundwassers bleibt hinter jenem der Oberfläche etwas zurück. So neigt sich die Sohle des Münchener Beckens auf der 30 km langen Strecke zwischen Thalkirchen und Pulling bei Freising um 73 m, während die Grundwasserhorizontalen nur eine Differenz von 64 m zeigen; am entgegengesetzten Ufer der Isar fällt das Terrain in der ebenfalls 30 km langen Linie Holzkirchen-Aschheim um 182, das Grundwasser nur um 97 m. Im allgemeinen lässt sich erweisen, dass letzteres bei je einem Kilometer Entfernung nach Norden 2—3 m an Höhe verliert. Auf diese Zahlen üben die beständigen Schwankungen des Grundwasserspiegels keinen irgendwie beträchtlichen Einfluss. Sie zeigen sich unabhängig vom Sinken oder Steigen der Isar und sind durchaus nicht annueller Natur, sondern gehen in grösseren, für heute noch nicht genau bestimmbaren Perioden. Herr Geheimrat von Pettenkofer, der gründlichste Kenner dieser Verhältnisse, hat dieselben in der Zeit vom August 1856 bis September 1878 für die nahe am Südende des Erdinger Moores gelegenen Ortschaften Berg am Laim zu 3,61—3,83, Strasstrudering zu 4,77—4,70 und Kirchtrudering zu 4,80 m gefunden; an anderen Stellen erreichten sie fast die doppelte Höhe, stets aber ohne wesentliche Veränderungen in der Stromrichtung als Folge zu haben.

Die Mächtigkeit der Grundwasser und Flinz überlagernden Geröllschichten nimmt vom Rande der Vorberge an gegen Norden konstant ab. Im Gebiet des Münchener Beckens berechnet sich der Höhenunterschied zwischen der Terrainoberfläche und dem Spiegel der 8 bis 10 m tiefen unterirdischen Strömung auf der rechten Isarseite bei Holzkirchen zu 85, bei Oberwarngau zu 51, bei Sauerlach zu 40, bei Otterfing zu 20, bei Perlach zu 4 m. Unmittelbar am Rande des Erdinger Moores ist derselbe so gering, dass sich die Koten des Grundwasserspiegels mit jenen des Terrains fast decken, wie folgende Angaben beweisen:

	Höhe des Terrains	Höhe des Grundwassers
Bei Dornach	517,5 m	516,9 m
Bei Daglfing	516,5 m	515,0 m
Bei Aschheim	511,1 m	510,3 m
Bei Johanniskirchen	510,0 m	508,8 m
An der Vordermühle	506,9 m	506,0 m
Oestlich von Unterföhring am Gleisenbach	502,9 m	502,4 m
An der Hintermühle	500,0 m	499,0 m [1]).

Die gleichen Verhältnisse wiederholen sich auf der Hochebene des linken Isarufers. In Fürsteuried, nördlich von München, wird das Grundwasser 22 m, in Obersendling 19, in Mittersendling 12, an der Bavaria 10—11, auf dem Marsfeld am Ende der Karlsstrasse im Münchener Stadtgebiet 7, gegenüber dem Zeughaus 6, bei Ebenau südlich von München nur noch 3,5, vor Moosach 1,5 m hoch überlagert. In der Gegend von Ludwigsfeld endlich tritt es zu Tage und fliesst nach Norden in Form sehr wasserreicher Bäche weiter.

So ist denn durch die allmählich bis zum Grundwasserspiegel abnehmende Mächtigkeit der quartären Geröllschichten die wesentlichste Entstehungsursache des grossen Doppelmoores an der mittleren Isar

Idealer Längenschnitt durch das Münchener Becken.

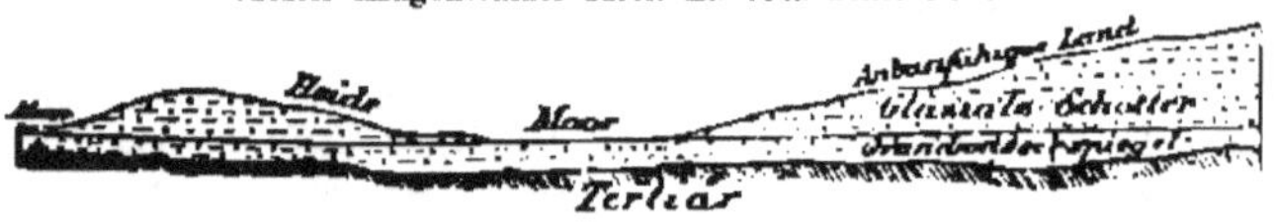

zwanglos gegeben und zugleich erkannt, wie eng genetisch die Moorlandschaften um Erding, Freising, Schleissheim und Dachau zusammengehören. Würden die Schottermassen an den Südrändern der Moore um wenige Meter höher aufgehäuft sein, so wäre damit auch die Grenze

[1]) Die Messungen beziehen sich auf das Jahr 1876.

zwischen versumpftem und anbaufähigem Gebiete entsprechend verschoben worden. Hier entscheiden sogar oft nur einige Decimeter Kiesüberlagerung mehr oder weniger über den Kulturwert ausgedehnter Flächen. Diese Thatsache wird uns bei der Frage nach den Entstehungsursachen der von den Mooren umschlossenen Heidestriche in extremer Ausprägung entgegentreten. — Die Abhängigkeit der Moorbildung vom Grundwasser, welche in den Berichten der Kommission für Wasserversorgung und Kanalisation Münchens neuerdings in ausgezeichneter Weise durch Baurat Salbach und Ingenieur Thiem demonstriert ward, hat übrigens Professor Zierl bereits 1830 im Centralblatt des landwirtschaftlichen Vereins für Bayern endgültig nachgewiesen. „Der Wasserüberfluss des Dachau-Freisinger Moores," schreibt er dort, „entsteht durch Durchsickerung aus dem Untergrund. Alles Wasser, was von den höheren Stellen eingesaugt wird, was aus den Bächen und vielleicht auch Seen durchsickert, kommt bis zu der Mergelschichte (dem Flinz), wird von hier zurückgedrängt und soweit fortgeführt, bis es in den Mooren, als den tiefsten Stellen, wieder zum Vorschein kommt. Dieses lehrt der unmittelbare Anblick und das Verhältnis der Brunnen. Sie werden um so seichter, je mehr man sich dem Moore nähert, wo endlich das Niveau der Brunnen mit dem des Moores zusammenfällt. Das Steigen und Fallen des Wassers in den Brunnen, was man hier den Hügel nennt, steht in genauem Zusammenhange mit der Menge des Wassers, das auf den Mooren zum Vorschein kommt." Noch vor Zierl erwähnte schon Weiss, der geistvolle Topograph aus dem Anfang unseres Jahrhunderts, dass die zwischen Mosach und Unterschleissheim auftretenden Quellen durchgesickertes Isarwasser seien, welches an den unteren Rändern eines vermeintlich vom Flusse selbst gebildeten Geschiebekegels wieder zum Vorschein komme [1]).

Der ungehinderte Ausfluss von Grundwasser rief nun allerdings nicht allein die Moore des Münchener Beckens hervor. Fliessen jenen doch sowohl von ihrer östlichen als westlichen Umrandung eine solch' stattliche Anzahl von Quellen zu, dass O. Sendtner den von ihnen gelieferten Kalksinter allein für die Entstehung der Erdinger Moorlandschaft verantwortlich machte [2]). Ferner dringen ansehnliche Partieen der in der Isar gesammelten Gewässer, ähnlich wie nachgewiesenermaassen in der Würm von Percha ab, direkt durch die stark porösen Alluvionen nach den Moorebenen hin, welche auf weite Strecken unter ihren Spiegel zu liegen kommen; an anderen Stellen bewirken sie eine Stauung des unterirdischen Stroms und erleichtern ihm dadurch eine ausgiebige Durchfeuchtung der Oberfläche des Bodens. Franz von Paula Schrank hat die letztere Beobachtung in überzeugender Weise schon vor beinahe einem Jahrhundert für seine Theorie von der Entstehung des Donaumoores bei Neuburg verwertet. Endlich ist zu betonen, dass die Moorwiesen unter regelmässigen und starken Ueber-

---

[1]) Südbayerns Oberfläche nach ihrer äusseren Gestaltung. S. 189.

[2]) Die Vegetationsverhältnisse Südbayerns nach den Grundsätzen der Pflanzengeographie. München 1854. S. 682.

schwemmungen ihrer in einem engmaschigen Netze auf faltenlosem Terrain hinfliessenden Bäche, vor allem der Mosach und Dorfen, leiden. Aus diesem Grunde zeigen sich auch die am meisten vermoorten und am schwersten zu kultivierenden Gebiete am Rande jener Gewässer.

Fassen wir all' dies zusammen, so ergiebt sich, dass die grossen Moorflächen des Münchener Beckens als echte Quellmoore, wenn auch nicht vom einfachsten Typus, zu bezeichnen sind. Sie empfangen ihre Wassermenge hauptsächlich aus dem Untergrund und zwar vorwiegend durch den Ausfluss einer mächtigen Grundwasserströmung. Ihrer geographischen Situation nach müssen dieselben jenen Mooren angereiht werden, welche Albrecht Penck als Thalmoore bezeichnet, und zwar um so mehr, als ihnen die Isar selbst tributär wird. Thalmoore lagern mit geringen Ausnahmen jenseits des Gebietes früherer Vergletscherung in den weiten, flachen Kiesniederungen aller bedeutenderen südbayerischen Flüsse. Sie zeigen indes wesentliche Verschiedenheiten untereinander, und ihre Entstehung erscheint stets von mehreren Ursachen zugleich abhängig, was allein schon ihre Lage sowie die Beschaffenheit ihres Untergrundes bedingt. Die gleichen Faktoren, welche neben dem Grundwasser bei Erzeugung des Erdinger und Dachau-Schleissheimer Moores thätig sind, nehmen auch an der Bildung der unter analogen Verhältnissen auftretenden Quellmoore in der Thalweitung unterhalb Augsburg und auf den Schotterflächen um Memmingen Teil. Von letzterem bezeugt Otto Sendtner ausdrücklich, dass es die Eigentümlichkeiten der Quellmoore — er nennt letztere Wiesenmoore — mit am ausgesprochensten darstellt.

Trotzdem aber vermochte auch dieser Gelehrte die jenen Erscheinungen insgesamt zu Grunde liegende Hauptursache nicht endgültig festzustellen, irregeleitet durch den gerade in den Moorebenen an der mittleren Isar weithin verbreiteten amorphen kohlensauren Kalk, den sog. Alm. Sendtner führt ihn ausschliesslich auf die den Moorrändern entfliessenden Quellergüsse zurück, während er in Wirklichkeit grösstenteils ein Absatzprodukt des von Süden her anströmenden und zu Tage getretenen Grundwassers ist. Dieses nahm während seines langen Laufes in den Geröllschichten eine Menge kohlensauren Kalkes auf, von welchem es nach bekannten Gesetzen bei der Berührung mit atmosphärischer Luft einen Teil wieder abgibt. Jener Niederschlag bildet in frischem Zustande eine breiige, grumose Masse, im trockenen einen mürben, leichten und rauhen Sand von weisser oder gelblicher Farbe. Häufig begegnet er in seichten Schichten von einigen Centimetern Mächtigkeit; wir bemerkten ihn aber auch an mehreren Stellen der östlichen Moorhälfte in Lagen von 1—1,20 m Höhe, und fanden denselben überhaupt hier öfter als im gegenüberliegenden Dachau-Schleissheimer Moor. An der Goldach sah ihn Sendtner 5 m hohe Hügel zusammensetzen und zu Tuff verhärtet.

Da nun der Alm in hohem Grade wasserundurchlässig erscheint und die einmal erhaltene Feuchtigkeit für lange Zeit zurückhält, glaubte Sendtner annehmen zu können, dass er den Mooren auf Kiesniederungen eine impermeable Unterlage verleihe und gelangte hierdurch zu folgenden Behauptungen: Ursprüngliche Moorbildung findet sich auf Kies nur dann, wenn dieser von Alm bedeckt wird; Alm begleitet jede Wiesenmoorbildung; in allen Fällen ist jeder Wiesenmoorbildung Almbildung vorangegangen. Die Möglichkeit, dass Moor und Alm eine gemeinsame Quelle haben könnten, fand er überhaupt nicht für nötig zu diskutieren. Auch eine sehr genaue Kenntnis der Schrift Zierls: Ueber die Gewinnung und Benützung des Torfes in Bayern (München, 1839, 102 S.) leitete ihn nicht auf die so offenliegende Grundursache der Entstehung unserer Thalflächenmoore. Um eine ihrer sekundären Wirkungen klarzulegen und zu allgemeiner Geltung zu bringen, liess er ihre eigenen Wirkungen aufhören, nachdem „die durch die Permeabilität des Gesteins ermöglichte Almbildung die Oberfläche ganz oder teilweise verschlossen hat. Nur die von jener befreiten Strecken mögen noch als ursprüngliche Sickermoore gelten". Nun leugnen wir gewiss nicht, dass Alm in ähnlicher, ja verstärkter Weise wie Torf durch seine wasserhaltende, wasseranziehende Kraft die Forterzeugung von Quellmooren unterstützt. Er ist aber nicht imstande, jene auch nur vorzugsweise allein zu bilden, unterliegt vielmehr selbst der steten Erneuerung durch ausfliessendes Grundwasser.

Sendtners Almtheorie erfuhr denn auch sofort nach dem Erscheinen der „Vegetationsverhältnisse Südbayerns" einen energischen Widerspruch durch Professor Dr. Fraas [1]), welcher auf Grund eigener Studien die Thatsache konstatierte, dass sich amorpher kohlensaurer Kalk ebensowenig überall in der Unterlage unserer Wiesenmoore findet, als er den Hochmooren fehlt. Ihm erschien derselbe überhaupt nicht impermeabel, deswegen könne auf ihm auch kein Moor wachsen; ausserdem betonte Fraas, dass der Alm der Landwirte ebenso verschieden sei, als der amorphe kohlensaure Kalk der Mineralogen. Endlich suchte er noch zu beweisen, dass auf den Lehm- und Thonschichten des Fichtelgebirges ebensogut Wiesenmoore entstehen können, als auf dem Kalkgeröll oder dem Alm Südbayerns.

Leider verliess dieser Gelehrte bei Begründung seiner Gegensätze zu Sendtner allzuhäufig den Ton objektiver Kritik. Zudem verlor er selbst in seinen Behauptungen das richtige Mass, wie denn der Satz, dass Alm nicht impermeabel sei, in dieser allgemeinen Fassung geradezu irrtümlich erscheint. Dagegen haben wir andererseits die Beobachtung bestätigt gefunden, dass Wiesenmoorbildung und das Vorkommen von amorphem, kohlensaurem Kalk durchaus nicht notwendig im Zusammenhang stehen müssen. Abgesehen von der Thatsache, dass in den auf Tertiärsand ruhenden Wiesenmooren Südbayerns Alm nur stellenweise angetroffen wird, wie auch Sendtner zugeben muss, liefern eine stattliche Reihe von Bohrversuchen und Schürfungen im Gebiet der Moorlandschaften nördlich von München die überzeugendsten Beweise hierfür. Professor Kremer, dessen sorgfältige Arbeiten über die Reliefgestaltung der Moorhälfte zwischen Garchinger Heide und Dachau wir bereits zu erwähnen hatten, fand

---

[1]) Fraas, Dr. J.: Beitrag zur Kritik der Vegetationsverhältnisse Südbayerns von O. Sendtner. Zentralblatt des landwirtschaftlichen Vereins in Bayern, 1854, S. 321—330.

hier bei 116 Bohrungen kaum in ⅓ Fällen Alm. In 21 Schürfgruben, welche bei Gelegenheit der von der obersten Baubehörde in München ausgeführten Nivellements in der Mitte des Erdinger Moores ausgeworfen wurden, fand sich Torf nur zweimal in der Nähe von Schweig und am Lohmühlbach auf Alm, dagegen achtmal direkt auf Kies ruhend. Nach den wenigen Profilen Thiems hat das Moor bei Daglfing lockeren Kies als Untergrund und bedeckt am Föhringerbach eine 50 cm mächtige Lehmschicht, welche ihrerseits wieder einer 9,20 m hohen Kiesbank aufsitzt. Wir selbst haben an 11 Punkten des mittleren und unteren Erdinger Moores Aufschlüsse beobachtet, von denen ebenfalls fünf der Meinung Sendtners widersprechen. Da die Schichtenfolge in mehreren derselben die geognostische Zusammensetzung des Mooruntergrundes östlich der Isar charakteristisch aufgeschlossen darlegt, geben wir dieselbe in einfachen Zeichnungen wieder [1]).

Bodenprofile im Erdinger Moor.

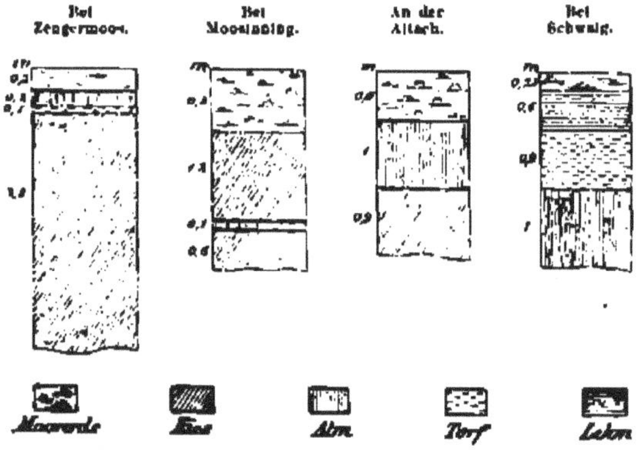

Von den auf Kiesniederungen der Flussthäler ruhenden Quellmooren hat man seit Zierl die in impermeablen Mulden liegenden Hochmoore — jener Autor nennt sie Kesselmoore — scharf unterschieden. Sendtner versuchte später mit einem grossen Aufwand von Gelehrsamkeit und Fleiss den Gegensatz zwischen beiden auch hinsichtlich ihrer Pflanzendecke im einzelnen zu prüfen und darzulegen. Es gelang ihm, nachzuweisen, dass von 332 Arten (darunter 127 eigentümliche) 22,6 % den Hochmooren und 47,3 % den Wiesenmooren charakteristisch sind, 30,1 % oder 100 Arten aber beiden gemeinsam zugehören.

[1]) Die den Torf hier und anderwärts 0,40—1 m hoch bedeckende Erdschicht ist auffallend arm an Mineralbestandteilen. Nimmt man mit Vogel das Verhältnis der organischen Substanzen zu den mineralischen in fruchtbarem Boden wie 1 : 2 an, so ergiebt sich dasselbe für Torferde wie 5 : 2.

Dieses Verhältnis führt uns wieder zurück auf die Beschaffenheit des Untergrundes genannter Moorformen und bestätigt, dass die Verschiedenheit beider in erster Linie eben hier zu suchen ist. Professor Dr. Vogel, welcher über die Genesis der südbayerischen Moore mehrmals vor der Akademie der Wissenschaften zu München sprach, hebt diesen Umstand in seiner Arbeit: „Hochmoorbildung im Wiesenmoor“ [1]) öfters hervor. Er betont aber auch zugleich, dass sich nicht nur in der Zusammensetzung der Unterlage, sondern auch in jener der das Moor bedeckenden Erdschichten, des Torfes und des Torfwassers bedeutende Unterschiede ergeben, welche unzweifelhaft bezeugen, dass in den auf Thon lagernden Mooren Kieselerde, in denjenigen auf kiesigen Thalflächen hingegen Kalk vorherrscht, die ersteren demnach als Kiesel-, die letzteren als Kalkmoore zu betrachten sind, was auch schon durch Sendtner festgestellt ward [2]). „Nicht das Mass des Wasservorrats, auch nicht die physikalischen Eigenschaften des Untergrundes, deren Modifikationen in beiden Verhältnissen gleichen Umfang haben, entscheidet die Verschiedenheit, sondern allein das chemische Element.“

Letzteres erscheint denn auch als die Hauptursache der wesentlichen Differenzen zwischen Hoch- und Wiesenmoorflora, welche von mehreren Autoren vielleicht zu scharf theoretisch aufgefasst wurde. Der Untergrund unserer Moorflächen erleidet stellenweise einschneidende Aenderungen. Mitten im Gebiete der Quellmoore tauchen einzelne lehmbedeckte Striche auf, welche eine Reihe charakteristischer Vertreter der Vegetation auf Hochmooren tragen. So fand Sendtner östlich der Isar zwischen Schön und Birkeneck eine mit Eriophorum vaginatum und Vaccinium oxycoccos überzogene Stelle. Am südlichen Ausgang des Schleissheimer Moores sah er Arnica montana sowie Calluna vulgaris und weiter nördlich unter anderem wieder Vaccinium oxycoccos und Carex limosa. Dr. Eisenbart verzeichnet in demselben Gebiete Sphagnum subsecundum und Sphagnum cuspidatum; Professor Frans aber erklärt, er hätte hier ausserdem Leersia orizoides, Rhynchospora alba, Orchis angustifolia und Thysselinum palustre angetroffen. Endlich entdeckte Dr. Vogel im sogenannten Schwarzholz westsüdwestlich von Schleissheim eine Oase mit Sphagnen; wir selbst haben an dem gleichen Orte zwar nicht letztere selbst, aber Vaccinium und Betula humilis in prächtigen Exemplaren gesammelt.

Zählen alle erwähnten Pflanzen den eigenartigen Formen der Hochmoore zu — selbst Betula humilis gehört mehr ihnen als jenen der Quellenmoore an — so lässt sich auch andererseits beweisen, dass der Charakter des Sphagnetums unter dem Einfluss kalkreicher Gewässer wesentlich geändert wird. Fast alle Moore an Flussufern sind selbst auf thoniger Unterlage Wiesenmoore, sobald sie Ueberschwem-

---

[1]) Sitzungsberichte der königl. bayer. Akademie der Wissenschaften, mathem.-phys. Klasse. 1866. I, S. 15 ff.

[2]) Asche von Hochmoorgras ergab bei der Analyse 62%, Asche von Wiesenmoorgras 34% Kieselerde. In Asche von Hochmoortorf fanden sich 12—30%, in jener von Wiesenmoortorf durchschnittlich 2—5% desselben Minerals. Torferde der Hochmoore enthält ungefähr die 4- oder 5fache Menge an Kieselerde, welche derjenigen der Wiesenmoore zukommt.

mungen ausgesetzt sind. Es ist eine längst bekannte Erscheinung, dass kalkhaltige Bäche, welche durch Hochmoore fliessen, längs ihrer Ränder der Sphagnen und der Pinus pumilio entbehren, ebenso wie nach unserer Meinung jene vereinzelten Stellen, an denen die impermeable Thonunterlage merklich unterbrochen wird.

So greift also die Pflanzenwelt der Wiesenmoore hier und dort auf das Gebiet der Sphagneta über, umgekehrt gehören aber auch jenen eine Anzahl inselförmig umrandeter Stellen an, welche Hochmoorpflanzen tragen [1]). Dies beweist uns, dass der ins Einzelne gehende floristische Unterschied beider Formen wenn auch intensiv, doch nicht allzu allgemein oder ausschliessend hervortritt. Damit ist aber keineswegs die Verschiedenheit jener in ihrer landschaftlichen Physiognomie geleugnet, die niemand entgehen konnte, welcher auch nur vorübergehend das weithin baumlose Südende der Münchener Moore und eine Partie der waldigen Filze in der Nähe Rosenheims gesehen. Zierl schon machte darauf aufmerksam, wie auch das Volk jene Differenz durch die Bezeichnung der Hochmoore mit Filz (Ried), und diejenige der Wiesenmoore mit Moos, Pl. Möser zum Ausdruck bringt, Benennungen, welche ebenso häufig in der Moorlitteratur als auf den Karten des bayer. Generalstabs entgegentreten. Bekanntlich wird der Gesamthabitus der Filze durch Sphagnenrasen, Vertreter der Flora unserer Heiden und Wälder aus Pinus pumilio, jener der Möser durch Cyperaceen, Polster aus Hypnen und kräftige Bestände der Pinus sylvestris vorzugsweise bestimmt.

Da der Gegensatz beider Moorformen an der Hand von Spezialfloren im einzelnen hier nicht näher zu bestimmen ist, möchten wir an dieser Stelle noch auf das verschiedene Mass der Vermoorung in einem und demselben Gebiete aufmerksam machen. Eine Abstufung des Feuchtigkeitsgrades innerhalb so weiter Landschaften, wie es die Moore zwischen Dorfen und Amper sind, ergiebt sich schon a priori aus der früher skizzierten Art ihrer Entstehung. Die Mächtigkeit der Kiesdecke über dem Grundwasserstrom, so seicht sie auch sein mag, schwankt hier mehr, dort weniger nach der Höhe, lässt deswegen auch bald grössere, bald geringere Wassermengen zum Ausfluss gelangen. Ihre allmähliche Abnahme vermittelt zugleich einen klar ausgesprochenen Uebergang zwischen den eigentlichen Moorflächen und den sie im Süden begrenzenden fruchtbareren Geröllagern. Er ist durch eine 2—3 Kilometer breite Zone feuchter, sumpfiger, bereits an sauren Gräsern reicher Wiesen („Hardtwiesen") repräsentiert, moorähnlichen Erscheinungen, wie sie besonders häufig zwischen den Moränen auftreten, auf denen aber der eigenartigen Moorvegetation nur wenig Raum gegönnt ist, falls sie der Dünger überhaupt nicht gänzlich vertrieb. Dieselben sind jedoch auch mitten im Bereich ausgeprägter Moorkomplexe selbst um so leichter zu beobachten, als sie allenthalben der Landwirt bereits in seinen Besitz genommen. Sie unterscheiden

---

[1]) Eine Reihe anderer hierher gehöriger Beispiele citiert J. J. Früh in seiner Schrift: „Ueber Torfe und Dopplerite." Eine minerogenetische Studie. Zürich, Verlag von J. Wurster & Cie. 1883. 88 S. 8°. Mit einer Tafel.

sich als eine Art Kulturwiesen in auffallender Weise von den Grasebenen und Torflandschaften längs der Moorbäche. Im Verein mit den karg zerstreuten, einem ärmlichen Ackerbau zugänglichen Strecken mindern dieselben den einförmig monotonen Charakter unserer Gebiete, indem sie im kleinen eine Reihe mannigfach gruppierter und verschieden abgetönter Bilder in die geräumigen Weiten des Moores hineinlegen.

Eine andere Art moorähnlicher Erscheinungen tritt sehr häufig im Alpengebirge entgegen. Dort finden sich auf Gipfeln und kleineren Plateaus (Hochfelln, Geigelstein, Daumen), ähnlich wie in den polaren Regionen der Erde auch, echte Torfbildungen, ohne dass eigentliches Moor anzutreffen ist. Sie entstehen gleich wie die mächtigen, meist dem Kalk unmittelbar auflagernden Moderanhäufungen der Berghänge (Prof. Dr. Ratzel beobachtete am Karwendelstock eine solche u. a. noch in 2300 m Höhe) unter dem Einfluss fortwährender Feuchtigkeitszufuhr aus der Atmosphäre, welche die Erzeugung starker Moospolster bedingt, die mit den in ihnen wachsenden Vaccinien und Heidekräutern sowie den Generationen älterer, abgestorbener Pflanzen eine torfartige Substanz geben. Ihre einzelnen Bestandteile führt Sendtner (S. 645 seines Werkes) an.

6. Ueber die Bildung der südbayerischen Moore überhaupt. Klassifikation derselben.

Wenn wir zum Schluss unserer Betrachtung über die Moore des Münchener Beckens einen Blick auf die Genesis der südbayerischen Moorlandschaften überhaupt werfen wollen, so ist vor allem der den vermoorten Gebieten an der mittleren Isar, dem unteren Lech und der Iller nächst verwandten Moore längs der Donau sowie der kleineren Flüsse der Hochebene zu gedenken. Das Thal des mächtigen Grenzstroms zwischen Süd- und Nordbayern repräsentiert sich von Ulm bis Vilshofen als breite Senke, welche durch die Einschnürungen bei Steppberg und Abbach in 3 grosse Weitungen zergliedert wird. Walther [1]) nennt diese, ohne damit den geringsten Anhalt für ihren geographischen Charakter zu geben, obere, mittlere und untere Donauebene. Die beiden ersteren treffen auf den nordöstlichen Lauf des Flusses und zeigen sich auffallend reich an Mooren: Ulmer Ried, Donau-Ried, die Ueberreste der Moore in dem Mündungsgebiet des Lech, sowie endlich das grosse Donaumoor, welches von Neuburg aus gegen die Paar hinzieht, lagern ihm auf dieser Strecke an. Nachdem aber die Donau die hart an sie herandrängenden Juraränder verlassen und sich von Regensburg weg gegen Südosten nach den Ausläufern des ostbayerischen Grenzgebirges gewendet, gehören ihr in Bayern nur noch die Moore bei Deggendorf und Plattling zu.

---

[1]) Walther, Fr. W.: Topische Geographie von Bayern. München, Verlag der litterarisch-artistischen Anstalt. 1844. S. 120 ff.

Diese ungleiche Verteilung beruht in demselben Masse auf der geologischen Ausgestaltung des Thalbodens selbst und seiner Umgebung als auf der Entwickelung der Zuflussverhältnisse, die im nordwestlichen Teile der Hochebene intensiver ausgeprägt erscheinen als im nordöstlichen und durch die Geröllführung des Hauptstromes wesentlich beeinflusst werden. Die letztere Thatsache besonders war nicht zu übersehen und tritt daher in allen Schriften zur bedeutenden Litteratur über das Neuburger Donaumoor seit Ende des vorigen Jahrhunderts entgegen. Wenn auch Schrank [1], Aretin [2], Stengel [3], Riedl, Lutz, Kling, Pechmann [4] und Sendtner irrtümlicherweise das Donaumoor auf der Sohle eines abgelaufenen Sees sich aufbauen lassen, so fanden sie es doch für nötig, die Wirkungen der rückgeschwellten Flusswasser bei der Frage nach der steten Forterhaltung desselben heranzuziehen. Am überzeugendsten haben Schrank, Walther und Sendtner hierfür gesprochen; sie erwähnen auch, dass die Donaumoore niemals unmittelbar an das jetzige Ufer des Stromes grenzen und dieser besonders zwischen Ingolstadt und Neuburg nirgends die Spur einer ehemaligen Moorbildung entblösst — eine Thatsache, welche den deutlichsten Hinweis auf die Entstehung dieser Gebiete enthält. Indem der Fluss mit nicht allzugrossem Gefälle über seine Alluvionen wegfliesst, wird je nach dem Pegelstande ein grösserer oder geringerer Teil seines eigenen Wassers gezwungen seitwärts durchzusickern. Zugleich versperren die Geröllablagerungen den zufliessenden kleineren Gewässern die Einmündung. Diese werden infolgedessen zurückgestaut und durchfeuchten um so stärker den Thalgrund, als sie häufig veranlasst sind, der Richtung ihres Hauptflusses eine Strecke zu folgen. Die Schotterstufen und Kiesbänke unmittelbar an der Donau, der Paar und dem Lech, für dessen unterste Partieen analoge Verhältnisse bestimmend wirken, verhindern aber zugleich die Moorbildung, bis an jene Flüsse selbst fortzuschreiten, wie es im Münchener Becken teilweise ja ebenfalls geschieht.

Es sind demnach auch hier die Wirkungen von Grundwasser in Geröllflächen, welche tief in die Geschichte der Erzeugung der Moore eingreifen. Nur strömt jenes nicht direkt aus der Kiesschicht von Süden gegen Norden aus, sondern erscheint als in der Thalsenke gegen die Hochebene hin zurückgedrängtes Flusswasser. Ausser ihm tragen die reichen Quellergüsse, welche den Rändern der 30—100 m tief unter ihrer Umgebung eingebetteten Donaumoore entströmen, wesentlich zu

---

[1]) Schrank, Franz von Paula: Naturhistorische und ökonomische Briefe über das Donaumoor. Nebst einer Kupfertafel. Mannheim, bei Schwan u. Götz. 1795. 211 S. 4°.

[2]) Aretin, Georg Freiherr von: Aktenmässige Donaumoorkulturgeschichte. Herausgegeben von der kurfürstlichen Donaumoorkulturkommission. Nebst einer Kupfertafel. Mannheim. bei Schwan u. Götz. 1795. 4°.

[3]) Stengel, Stephan Freiherr von: Die Austrocknung des Donaumoores. München. J. Lindner. 1792. 22 S. 4°.

[4]) Pechmann, Heinrich Freiherr von: Geschichte der Austrocknung und der Kultur des Donaumoores in Bayern. Mit einer Karte des Donaumoores. München, Stuttgart, Tübingen, J. G. Cotta. 1832. 150 S. 8°. — Die geographisch wichtige Litteratur über die Moore Südbayerns überhaupt haben wir in dem Jahresbericht der Geographischen Gesellschaft zu München für 1884 zusammengestellt.

ihrem Bestehen bei. Da nun dieselben auch, wie wir aus einer vortrefflichen, leider noch nicht zur Veröffentlichung gelangten Arbeit Albrecht Pencks zur Geologie der Donauhochebene ersahen, meist auf Sand und jenem Lehmboden ruhen, welcher die Alluvionen der Donau und des Lech von Augsburg an bedeckt, so muss selbst jede Ueberschwemmung dazu beitragen, den Charakter dieser Landschaften dort im ganzen unverändert fortzuerhalten, wo der Fluss noch nicht korrigiert.

Die Donaumoore führen also insgesamt in erster Linie auf die Durchfeuchtung des Thalbodens mit rückgestautem und durchgesickertem Flusswasser, sodann auf den grossen Quellenreichtum der ihnen nahegelegenen Hügelsäume, endlich auf die geringe Neigung der ganzen Flussweitung überhaupt und die hierdurch begünstigten Ueberschwemmungen zurück.

Welch grossen Einfluss letztere auf Versumpfung und Moorbildung haben, tritt in den Thälern einzelner Flüsschen entgegen, welche auf dem Alpenvorlande ihren Ursprung nehmen. Sie sind ihrerseits durch geringes Gefälle, stark ausgeprägten Serpentinenlauf und häufige Stauungen des Wassers veranlasst; ferner unterstützen die mehr oder minder stark impermeablen, lehmig-sandigen Anschwemmungen dieser Gewässer die Vermoorung ihres Bettes. Am deutlichsten findet sich das Wesen dieser Infiltrationsmoore längs der Vils bis zu ihrem Durchbruche nach der Donau, ferner an der Ilm, Isen u. s. w. ausgeprägt.

Alle bisher genannten Moore gehören durchaus der nördlichen Zone der Donauhochebene an. Ihnen stehen die ausgedehnten Gruppen jener Moorflächen entgegen, welche dem Bereiche der Moränen und dem Gebirge angehören [1]). Auf die Unterscheidung zwischen Mooren innerhalb und ausserhalb der Moränenlandschaft hat zuerst Albrecht Penck hingewiesen, als er in seinem Werk über die Vergletscherung der deutschen Alpen schrieb: „Wenn man die Moore auch im Moränenbereiche als erloschene Seen ansehen darf, so ist es doch nicht gestattet, dasselbe von den übrigen Mooren der Hochebene zu behaupten. Diese letzteren sind samt und sonders Thalmoore; sie werden bedingt durch einen ausserordentlich hohen Grundwasserstand. Die Moore des Gletschergebietes sind hingegen durchweg Hochmoore."

Was den spezifischen Charakter vermoorter Striche auf den Moränen anlangt, so haben sie zwei wesentliche Züge gemeinsam: sie ruhen in lehmbedeckten Mulden und empfangen ihren Wasserreichtum direkt durch die Atmosphärilien, sind demnach im gewöhnlichen Sinne Filze. Ihre Entstehung führt meist auf den Untergang grösserer ruhender Gewässer zurück. Daher begleiten sie allenthalben die Ränder der heutigen Vorlandseen, nehmen die Sohlen ausgetrockneter Depressionen ein, welche durch glaciale Eisströme in die Hochebene und ihre Thalungen weithin eingeschnitten wurden, und lagern in mannigfaltigster Grösse und Form zwischen den eiszeitlichen Schottermassen versenkt:

---

[1]) Die äussere oder verwaschene Moränenlandschaft entbehrt, mit Ausnahme des Haspelmoores, jeder Moorbildung.

allüberall Zeugen eines früher ungleich grösseren Wasserreichtums auf dem Alpenvorlande als heute.

Die Moore des Gebirges unterscheiden wir am natürlichsten nach ihrer Lage an Gehängen, auf Gipfeln, Pässen, Plateaus u. s. w. An ihrer Entstehung nehmen eine Reihe von Ursachen gewöhnlich mehrfach kombiniert teil und zwar vor allem: gehinderter Abfluss des Wassers, intensive Quellergüsse, unregelmässig starke Wasserzufuhr, Moderanhäufung (Waldmoorbildung), Fähigkeit des Wassers, sich durch Kapillarattraktion nach höheren Lagen zu verbreiten, Fähigkeit der Verwitterungsschichten, Feuchtigkeit aus der Atmosphäre zu absorbieren und zurückzuhalten, Rückgang der Gebirgsseen.

In nachstehender Uebersicht versuchen wir am Schlusse unserer Betrachtungen über die Moore Südbayerns eine Klassifikation derselben unter wesentlich geographischen Gesichtspunkten zu geben.

Klassifikation der südbayerischen Moore.

A. Moore nördlich der Moränenlandschaft: Thalflächenmoore.

Hauptursachen ihrer Entstehung:

1. ausfliessendes Grundwasser: Quellmoore (typisch hierfür: die Moore des Münchener Beckens);
2. rückgestautes und durchsickerndes Flusswasser bei starkem Quellenreichtum der Thalsenke und geringer Neigung ihrer Sohle: Staumoore (typisch hierfür: die Moore längs der Donau);
3. Durchfeuchtung der Thalebene infolge trägen Gefälles, starken Serpentinenlaufes und regelmässiger Ueberschwemmungen des ihr zugehörigen Flusses: Infiltrationsmoore (typisch hierfür: die Moore an der Vils, Ilm u. s. w.).

B. Moore der Moränenlandschaft: Muldenmoore.

1. Moore am Rande und den Ausgängen der Vorlandseen (typisch hierfür: die Moore am Kochel- und Chiemsee);
2. Moore in den Depressionen eiszeitlicher Gletscher: Ueberbleibsel untergegangener Seen (typisch hierfür: Murnauer Moor, Hoch- und Pangerfilz im Rosenheimer Becken, die Moore am oberen Eingang der grösseren Trockenthäler);
3. Moore, eingesenkt zwischen die Schutthügel der Moränenlandschaft: meist Ueberreste der Moränen- oder „Umwallungsseen", oder auch gewöhnliche Hochmoore auf Blocklehm ruhend. (Allerorts in der Moränenlandschaft zerstreut, besonders im Gebiet des Inngletschers bei Wasserburg) [1].

---

[1] Einen ausgezeichneten Ueberblick über einen grossen Teil der Moorlandschaften Südbayerns erhält man durch die neueste, sehr instruktive Karte über die geologischen Verhältnisse des Kreises Oberbayern von Oberbergdirektor Dr. von Gümbel. (Erste Beilage zu dem im Juni d. J. erschienenen Werk: „Die Landwirtschaft in Oberbayern".)

C. Moore des Gebirges.

1. Moore an Berghängen (Moore am Schlappolt und Bolgen im Algäu, am Wendelstein, Untersberg);
2. Moore auf Berggipfeln, Bergplateaus und Pässen (Moore am Gipfel des Hochfelln, der Eibelspitze und des Geigelstein, auf der Pechschneit bei Traunstein, dem Blomberg bei Tölz, dem Seefelder Pass u. s. w.);
3. Moore auf dem Boden von Zirken sowie an Stelle ausgetrockneter oder als Begleiter noch bestehender Gebirgsseen (sehr häufig; Beispiel hierfür: das Moor am Zireiner See, vorderes Sonnenwendjoch, Tirol);
4. Moore auf der Sohle von Thalweitungen der Gebirgsflüsse und -Bäche (z. B. Moor an der Aurach östlich von Neuhaus, Schlierseegebiet)[1].

7. Die Heiden nördlich von München.

Mit den Moorgebieten zeigen sich in Südbayern eine Reihe von Heidelandschaften örtlich sowohl als genetisch eng verbunden. Zwischen Erdinger und Dachau-Schleissheimer Moor lagern am linken Ufer der Isar auf eine Länge von 20 km die mageren Gefilde der Garchinger Heide. Weiter westlich drängt sich das Lechfeld hart an die Moore des unteren Lech. Längs der Wertach wechseln mehrfach versumpfte Kiesniederungen mit trockenen Naturwiesen; für die Umgebung Memmingens aber wurde dieselbe Beobachtung bereits in den kosmographischen Mitteilungen von 1748 aufgezeichnet. Unvermerkt endigen die Quellmoore in den ihnen angelagerten Heidestrecken. So geht jenes von Erding an seinem unteren Ende rasch in die Volkmannsdorfer Au über; wer sich ihm aber von Süden her nähert, hat nur das schmale Gebiet zu überschreiten, welches noch auf Karten des 18. Jahrhunderts als „Perlacher Heidt" benannt ward, und steht alsdann unmittelbar am Eingang zu demselben. Doch auch mitten in den Mooren selbst finden sich einzelne zerstreute Plätze, denen ein ausgesprochener heideartiger Charakter eigen ist, so unter anderem bei Hallbergmoos und Ehing. Aehnliche Erscheinungen treten in grösseren Auen wie bei Puppling auf, wo der Fluss hier den Flinz blosslegte und dadurch starke Quellen schuf, während er nahe daran denselben so hoch mit seinen Schottern bedeckte, dass jede ergiebige Durchfeuchtung der Oberfläche gehindert wird. Der Wechsel von versumpften, moorartigen und aussergewöhnlich trockenen Partieen ist überhaupt in den Thalweitungen aller geschiebereichen Flüsse der Hochebene häufig zu beobachten, am ausgeprägtesten vielleicht nahe der Isarmündung bei Plattling.

Der klare Zusammenhang von zwei in ihrer geographischen Eigenart so wesentlich verschiedenen Gebieten, wie Moore und Heiden

[1] Als höchstes Moor in Südbayern galt bisher das Rohrmoos am Joch Windeck unter dem hohen Ifen im Algäu, etwa 1540 m.

es sind, führt uns noch einmal auf die geognostische Struktur des Münchener Beckens und der ihm analogen Bildungen zurück. Wir hoffen ihn am kürzesten durch ein Resumé unserer kürzlich erschienenen Mitteilungen über die sogenannte Garchinger Heide zu erklären [1]. Diese erstreckt sich inmitten einer bunten Abwechselung von Waldanlage und Ackerfeld glatt ausgespannt zwischen Neufreimann und Puppling bei Freising parallel mit der Isar nach Nordnordosten hin. Ihr gesamtes Areal lässt sich heute auf annähernd 1000 ha veranschlagen. Die Oberfläche der Heide trägt eine 20—30 cm tiefe Schicht kiesigen Verwitterungslehms, welche ihrerseits auf einer Geröllbank aus helleren und dunkleren Kalken, Molassesandsteinen und krystallinischen Rollstücken ruht. Die ganze Aufschüttung charakterisiert sich unverkennbar als fluvio-glacial; sie wurde mitten auf die in der Münchener Thalweitung sich auskeilenden unteren Glacialschotter, denen sie zugehört, als segmentartig gegen den Fluss und die Moore hin gewölbter Schuttkegel abgelagert, der sich im Mittel 12—15 m über jene erhebt. Seine Mächtigkeit beträgt bei Garching nahe am Flusse 5 m; im Gebiete der Heidewiesen nimmt sie um mehr als 20 m zu, um am Westrand derselben rasch bis auf 3 m zu sinken. Am oberen Eingang zur Heidelandschaft wurde der Kies 25 m hoch aufgehäuft, an ihrem Nordende kaum 4—5 m.

Die Hauptursache der Moorbildung im Münchener Becken erkannten wir darin, dass die Schicht der Quartärgerölle über der Sohle des Grundwassers von sehr geringer Mächtigkeit ist. Infolgedessen decken sich die Grundwasserspiegelkoten mit den Koten des Terrains; die unterirdische Strömung kann also mehr oder minder zu Tage treten, in einzelnen dicht nebeneinander fliessenden Bächen individuell werden. Stellen nun, an welchen die Gerölle weniger seicht hervortreten, also in grösserer Höhe den wasserführenden Tertiärmergel decken, haben naturgemäss hierunter nicht zu leiden (siehe den Längenschnitt durch das Münchener Becken S. [17] 185), was das ganze Gebiet der sogenannten Garchinger Heide schlagend beweist. Die unterirdische Strömung ist hier mächtig überdeckt; sie fliesst stellenweise an 20 m tief unter den Naturwiesen. Hierdurch ist jede ausgiebige Durchfeuchtung der Oberfläche verhindert; zudem ermangelt dieselbe der Zuflüsse von Quellen oder von Isarwasser. Da aber die ganze Landschaft leicht porös aufgeschüttet wurde und die fruchtbare, atmosphärilische Feuchtigkeit länger an sich haltende Krume des Kulturlandes nur in Spuren trägt, so vermögen auch die Tagesgewässer fast wirkungslos bis zum Flinz einzudringen. Erwähnt doch schon Schönleutner [2], dass zwar die wasseransaugende Kraft des Heidebodens, der über 60% abschwemmbaren Kiesel- und Kalksand enthält, 42% beträgt, derselbe aber in Wirklichkeit äusserst geringe Mengen

---

[1] Jahresbericht der Geographischen Gesellschaft in München für 1884, S. 24—30.

[2] Schönleutner, Max: Bericht über die Bewirtschaftung der königl. bayer. Staatsgüter zu Schleissheim, Fürstenried und Weihenstephan im Jahre 1819 bis 1820. München 1822. 4°.

Feuchtigkeit aufbewahrt — eine Thatsache, welche zur Entstehung der Heide ebenso wesentlich beitrug, als der gehinderte Ausfluss von Grundwasser.

Das Interesse, welches die Münchener Heidelandschaft dem Geographen bietet, tritt in der Litteratur vollständig zurück hinter die Diskussion über ein Problem, das sie dem Prähistoriker aufwirft. Dieselbe erscheint nämlich allenthalben bedeckt mit den unverwischbaren Spuren eines uralten Ackerbaus, langen, flachen Beeten von 3—15 m Breite, die aneinandergelegte Segmente riesiger Cylinder darstellen und deren gewölbter Rücken sich heute noch 40, ja 50 cm über die Furche erhebt. Auf manchen dieser Bifänge steht bereits wieder Wald, andere sind bei Anlegung neuer Ackergründe untergegangen. Die Ansiedelungen finden sich ausnahmslos im Bereiche des alten Hochäckergebietes und erscheinen urkundlich sehr frühe: Mosach im Jahre 860, Neufahrn (Niwivarn) 834, Eching (Echinga) 819, Schleissheim (Sliveshein) 775 und Mintraching (Munirihinga) 764. Um jede dieser Ortschaften dehnt sich im Ring oder fächerartig die heutige Flur und liess von den alten Ackerspuren meistenteils nur die Ränder übrig, woraus man mit Recht folgerte, dass die letzteren älter sind als die Siedelungen aus frühbajuwarischer Zeit [1]).

Die vielumstrittene Frage nach dem Alter jener prähistorischen Kulturreste, deren Ursprung bald in die Zeit der römischen Invasion Südbayerns, bald vor dieselbe verlegt wird [2]), tritt für uns hinter die Erwägung zurück, aus welchen Gründen das Heidegebiet in früherer Zeit anbau- und ertragfähig gewesen sein könne, ja sogar wahrscheinlich eine umfangreiche Latifundienwirtschaft zuliess?

Sendtner, in dessen botanischen Schriften überall ein aufrichtiges Interesse für die wirtschaftlichen Verhältnisse der Donauhochebene und alle Anregungen zu deren Verbesserung entgegentritt, und nach ihm vor allem Franz S. Hartmann führen diese eigenartige Thatsache auf ausgedehnte Entwaldung und hierdurch erfolgte Verringerung der Niederschläge zurück. Der zuerst genannte Forscher sprach seine Ansicht in nachstehenden Sätzen aus: „Anfangs, ehe noch die Waldungen gänzlich verschwunden waren, war die Fruchtbarkeit hier allgemein so bedeutend, dass gerade die an und für sich trockeneren Bodenarten der Kultur günstiger waren als der schwere Lehmboden. Was ausnahmsweise nasse Jahrgänge in unseren Tagen sind, das war damals der normale Zustand. Also waren die Kieslager, mit reicher Dammerde beladen, unter dem Einfluss grösserer Feuchtigkeit ein ebenso

---

[1]) Nach den vortrefflichen Aufnahmen der Hochäcker zwischen München, Freising und Dachau, welche J. Diem vornahm und die er in einem 10,6 qm umfassenden Kartenbild (1 : 5000) darstellte, waren im Jahre 1870 noch 10 388 bayer. Morgen in ihrem Urzustande zu erkennen. Vgl. 32.—35. Jahresbericht des histor. Vereins von Oberbayern.

[2]) Die reiche Anzahl von Schriften und Abhandlungen hierüber hat Prof. Fr. Ohlenschlager im Jahresbericht der Münchener Geograph. Gesellschaft für 1883, S. 107 u. 168, sorgfältig zusammengestellt. Unter ihnen sind besonders die Arbeiten August Hartmann's (Zur Hochäckerfrage, Oberbayer. Archiv, 35. Bd.) mit vielen Litteraturangaben zur Orientierung empfehlenswert.

fruchtbares Land in Oberbayern, als die Lehm- und Thongründe in Niederbayern. Im Moder der Waldungen waren die unorganischen Stoffe seit Jahrhunderten oder wer weiss von welcher Urzeit her aufgespeichert. Als später der Abtrieb alles Gehölzes die Nebel und atmosphärischen Niederschläge verminderte, vielleicht schon auf das jetzige Mass zurückführte, gebrach es dem Boden solange nicht an der notwendigen Feuchtigkeit, als die Humusreste hinreichten. Die Verminderung beider ging Hand in Hand und machte mit einemmale dem Getreidebau ein Ende. Trockener Moder ist ein Spiel des Windes. War die Gegend bevölkert, so war dies allein schon Grund genug, die Bewohner zu veranlassen, nach anderen Wohnsitzen sich umzusehen."

Gegenüber diesen Ausführungen, deren Grundzug wir nicht angreifen, welche aber von einigen Unwahrscheinlichkeiten befreit werden müssen, möchten wir fragen, ob in Wahrheit angenommen werden könne, dass mit der Entwaldung dieses schmalen Gürtels tiefergehende Modifikationen der Niederschlagsmengen verbunden waren. Die Heide, fast gänzlich durch Moor, Moorfelder und Wasserarme eingeschlossen, nimmt naturgemäss an den reichen Niederschlägen ihrer Umgebung teil. Dieselbe ist gewiss keine meteorologische Erscheinung. Auch ist daran zu zweifeln, ob lange und dicht aufgehäufte Modermassen so rasch und in so intensiver Weise als Raub des Windes verschwinden, wie unser Gewährsmann will.

Wir glauben vielmehr an eine wirkliche Erfahrung erinnern zu dürfen: Jede von der Kultur nicht beeinflusste Wiesenflora auf den südbayerischen Geröllflächen erscheint nach dem Urteil der Botaniker von dürftiger Beschaffenheit. In wie viel stärkerem Masse mussten die jahrhundertelang sich selbst überlassenen Pflanzen auf dem stark porösen Boden der Heidelandschaft und bei den geringen zurückgelassenen Nahrungsstoffen ein ärmliches, trockenes Aussehen erhalten!

Erst in den jüngsten Jahrzehnten begann man wieder, dem sterilen Geröllkegel durch Arbeit und Düngung Ackerboden abzuringen. Vor 50 Jahren noch betrat der Botaniker, wenn er Adonis holen wollte, einige Ackerlängen hinter dem Dorfe Garching die unberührte Heide. Jetzt geht man eine beträchtliche Strecke, um den gewünschten Platz zu erreichen. In gleicher Weise rücken Wald und Flur jeden Sommer im Süden und Westen vor. Wir haben die Thatsache nicht zu verteidigen, dass dem oberbayerischen Bauern ein gewisser natürlicher Konservatismus anhaftet. Aber auf dem Gebiete der Agrikultur durchbricht er denselben oftmals still und mit wahrem Erfolg. Seine Thätigkeit geniesst von aussen her wenig Unterstützung, und doch nützt derselbe, die Verhältnisse bedächtig erwägend, jeden anbaufähigen Strich allmählich sorgsam aus. Solange man nicht grossartige Ueberrieselungen ins Werk setzt, wird sein Vorschreiten im Gebiete der Münchener Heidelandschaft genügen. Denn er ist in der That Kolonisator in der eigenen Heimat.

III. Die Isar im Münchener Becken.

8. Charakter des Thalweges. Alluvionen und Uferränder.

Die Isar trägt im Gebiete des Münchener Beckens den Charakter des Bergstroms noch voll und uneingeschränkt an sich. Während sie aber nach Süden gegen die Loisachmündung hin von grossartigen Hochufern wild und eng zusammengeschnürt wird, öffnet sich ihr Thal jenseits Grosshesselohe zu breitentwickelten Terrassenstufen, welche sich allmählich nach Norden zu abdachen und deren Ausläufer sich erst am Rande des Erdinger Moores und der Garchinger Heide verlieren[1]). In der Physiognomie des Flussbettes zeigen sich indes kaum merkliche Aenderungen. Zwar nimmt demselben von der Maximiliansbrücke in München ab eine Korrektionslinie auf 10 km Entfernung seine unsichere Gestalt und macht gewaltsame Ausbrüche sowie ständige Laufverschiebungen unmöglich. Nachdem aber der Fluss die künstlichen, 45 bis 60 m voneinander entfernten Ufersäume verlassen, rollen seine Wasser wieder in wirr verschlungenen Netzen, aus denen heraus sich die Hauptader in bald ost- bald westwärts geschwungener Linie stärker markiert, nach Nordnordosten weiter. Die kiesige Einöde des Strombettes mit den unregelmässig ausgebreiteten Flusspartieen erinnert an die weiten Geröllager um Wolfrathshausen. Am Ausgang der Korrektion bei Ismanning lagern überhaupt die grössten Alluvionen während des ganzen Mittellaufs der Isar. Die innerhalb der regulierten Flussstrecken konzentrierte Wasserkraft treibt nämlich bei fallendem Hochwasser die Geschiebefrachten durch, ohne Schotterbänke liegen zu lassen. Nachdem sich aber die Isar aufs neue in altgewohnter Weise zersplittert, gelangen diese in um so bedeutenderen Massen zur Ablagerung. Auf Grund sorgfältigster, zu hydrotechnischen Zwecken vorgenommener Aufnahmen bestimmten wir die Grösse der am meisten ausgedehnten Alluvionen in der Nähe der Moor- und Heidelandschaften und fanden für den Sommer 1878 folgende Zahlen:

Kiesbank bei	Länge m	Breite m	Flächeninhalt ha
Ismanning rechts	1200	200	24
Ehing	900	150	13,5
Echertshof	400	125	5
„	600	200	12
Dürneck	650	200	13
„	600	150	9
Garching links	700	250	17,5
Erching	200	75	1,5
„	400	100	4[2]).

[1]) Näheres hierüber sowie über die Münchener Terrassenstufen in unserer Schilderung: Das Isarthal zwischen der Loisach- und Ampereinmündung. Jahresbericht der Geographischen Gesellschaft in München für 1879–1880, S. 107 ff.

[2]) Die Rollsteine besitzen hier im Durchschnitt eine Länge von 6 cm, bei 4 cm Breite und 2–3 cm Dicke. Unter 210 derselben fanden wir nur 8 krystallinische

Von diesen ruhelos bewegten, stetig vom Fluss angenagten und verschobenen Schotterflächen unterscheiden sich allerorts die Auen. Dieselben repräsentieren verlandete Alluvionen und erscheinen bald als Inseln rings vom Wasser umspült, bald als Halbinseln dem Uferrand angegliedert. Mit ihrem buschigen Gehölz aus Grauerlen, Weiden, Birken, Föhren und zwerghaftem Unterholz verleihen sie dem Flussbette ein eigenartig wechselvolles Gepräge, besonders im Gegensatz zu den mit hellen Kalkrollsteinen übergossenen Teilen des Thalweges. Wir haben auch für sie in unserem Gebiete authentische Grössenangaben zu gewinnen versucht, welche in folgender Uebersicht wiedergegeben sind:

Au bei	Länge m	Breite m	Flächeninhalt ha
Achering links	100	500	3
„ rechts	300	300	9
Garching links	1500	400	60
Ehing	5000	600	300
Freising rechts	2000	450	90
„ links	1800	200	36.

Ueber den Gesamtflächeninhalt der dem Isarthale zugehörigen Oedungen fehlt jede direkte und zuverlässige Messung. Es liess sich indes aus den Akten des Flussbauamts München ein Bild von der beträchtlichen Ausdehnung jener Landstreifen gewinnen, welche dem Flusse durch Korrektionsbauten an einzelnen Stellen seines Mittellaufes abgerungen wurden. Dieses erlaubt nun einesteils einen allgemeinen Schluss auf die Grösse der beständig unter der Herrschaft der Isar stehenden, brach gelegenen Flächen, andernteils erhalten wir durch jene Ausmasse ein sicheres Verhältnis von der Grösse des eigentlichen Gewässers und der die Physiognomie seines Rinnsals in so wesentlichen Zügen bestimmenden Geröllanhäufungen. Infolge der Flusskorrektion abwärts von der Maximiliansbrücke in München wurden am Ende des Jahres 1883 zwischen Ober- und Unterföhring links der Isar auf 2,2 km Entfernung 66,100 ha, rechts derselben auf 4,1 km dagegen nur 28,960 ha Anlandungen verzeichnet, da hier die auslaufenden Hochufer den Fluss in unmittelbarer Nähe begleiten und eine grössere Ausdehnung seines Inundationsgebietes verhindern. Es treffen somit auf 3,15 km mittlere Lauflänge im ganzen 95,060 ha einstweilen für die Forstkultur brauchbares Gebiet. Da aber die Korrektionsbreite hier 60 m ausmacht, so stellt sich das Verhältnis der Grösse der Wasserfläche zu jener der Anlandungen innerhalb der erwähnten Strecke wie 18,000 zu 95,060 ha oder rund wie 1 : 5. Somit war

---

und tertiäre Bruchstücke; alle übrigen bestanden aus sehr verschiedenen nordalpinen Kalken. Ueber die Bewegung der Alluvionen innerhalb der seit wenigen Jahren nicht mehr in gerader Linie, sondern in stark geschwungenen Bogen weitergeführten Korrektion haben wir die interessante Beobachtung zu verzeichnen, dass, entgegen den Studien Grebenaus am Rhein, sich hier die Kiesbänke über die konvexe Seite des Flussufers wegbewegen und ausschliesslich in die konkave zu liegen kommen.

die den Fluss vor seiner Regulierung in breitem Bogen umrandende kiesige Einöde fünfmal grösser als er selbst. Oberhalb Freising wurden bei Grüneck dem Isarbette auf 1,6 km Entfernung beiderseits 29,440 ha Land weggenommen, so dass bei einer Korrektionsbreite von 62,5 m die Gewässer unseres Flusses bei mittlerem Wasserstand nur den dritten Teil des Raumes einnehmen, welcher ihrem Thalweg überhaupt auf der Karte zugewiesen wird. Dieses Verhältnis gilt im Durchschnitt für den gesamten Mittellauf; es verringert sich in den unteren Thalstrecken um so mehr, je stärker mit Abnahme der Gerölle die sterilen, höchstens von einer leichten Grasnarbe bedeckten Kiesflächen hinter die Auen zurücktreten. Im allgemeinen jedoch nehmen die Oedungen nicht nur längs der Isar, sondern auch an allen aus den Alpen durch die Hochebene strömenden Flüssen so bedeutende Areale ein, dass wir dem Ausspruch W. v. Riehl's zustimmen müssen, wonach für die Landwirtschaft in Südbayern durch die Korrektion von Iller, Lech, Isar und Inn allein mehr Raum gewonnen werden könnte, als durch die sorgfältigste Austrocknung der gesamten Moore.

Der flache Saum, welcher die Isar abwärts von München bis zu ihrem Eintritt in die nördliche Hügellandschaft der bayerischen Hochebene umrandet, erreicht in der Korrektionslinie 6, ausserhalb derselben dagegen höchstens 2 m Höhe [1]). Ihn deckt nicht das heitere, breite Grün dichter, mit Ahornen und Fichten vermischter Buchenbestände, wie den hochanstrebenden Thaleinschnitt gegen das Gebirge hin; hier verrät ein einfacher, oft schmaler, allenthalben bunt und schmucklos mit Strauchwerk durchsetzter Uferwald den mageren Untergrund. Und doch erfreut auch er an dieser Stelle, wo nur das leitende Ruder der Flösse mit schwachen Schlägen die über den nahen Moor- und Heidewiesen brütende Stille unterbricht. Sparsam zerstreute, dunkel glänzende Altwasser zerteilen ihn, in der tiefen Ruhe des Schattens ein willkommener Gegensatz zu den schnelldrängenden, lichtgrünen Wellen. — Vor Freising nimmt die Isar aufs neue ein künstlicher Kanal von 2480 m Länge und 70 m Breite auf. Nachdem sie ihn wieder verlassen, baut sich ein ungegliedertes, 12—15 m hohes, lehmig-sandiges Gehänge an ihrer Westseite auf, während ihren östlichen Rand auch ferner Moorebenen bis zur Volkmannsdorfer Au begleiten. Erst unterhalb Oberhummel vermag sich der Fluss gegen die Amper hin auszubreiten, welche ihm in sumpfiger, von abgeschnittenen Nebenarmen stark durchfurchter Thalung zuströmt.

9. Wassertransport der Isar.

A. Aus den Pegelurkunden.

Ehe wir uns der Berechnung des Wassertransportes der Isar zuwenden, sind aus der Geschichte der hier in Betracht kommenden Pegel

[1]) Im Süden von München fanden wir mittels Nivellements die Höhe des eigentlichen Steilufers bei Schäftlarn zu 79, zwischen Höllriegelkreut und Pullach zu 48, bei Grossbesselohe zu 39 m.

sowie der Ablesung des Wasserstandes an denselben einige Thatsachen zu berühren, durch welche die faktische Bedeutung des auf diesem Wege erhaltenen Zahlenmaterials für Schlüsse auf die Wassermenge und deren periodische Schwankungen klargelegt wird.

Längs des gesamten Thalweges der Isar stehen in Mittenwald (2), Tölz, am Brunnenhause oberhalb Grünwald, bei Grosshesselohe (selbstregistrierend), Bogenhausen, Freising, Moosburg, Hofham, nahe dem Marwehre in Landshut, unterhalb desselben, zu Dingolfing, Landau und Plattling in ihrer Lage amtlich genau bestimmte Wassermesser. Die Aufschreibungen reichen an mehreren derselben bis in das erste Viertel dieses Jahrhunderts zurück. Ihr Wert erweist sich indes nach unserer Ueberzeugung, abgesehen von einigen langandauernden Unterbrechungen, in früheren Jahren durchgehend als sehr approximativ. Hierzu kommen Ungleichheiten bei Einnivellierung der Nullpunkte mehrerer Pegel, welche sich nach notwendig gewordenen Umsetzungen herausstellten. Endlich beeinflusst die Art, wie die Isar ihre Alluvionen verfrachtet und regelmässig umlagert, sowie ihre innerhalb der regulierten Flussstrecken stellenweise unverhältnismässig gesteigerte Erosionskraft wesentlich den Stand des Wasserspiegels. So steht der Pegel bei Freising am Ausgang einer Korrektion zur Sicherung der dortigen Brücke, also an einem Punkte, wo bedeutende Kiesbänke zur Ablagerung kommen. Diese stauen das Wasser um den Pegel her, und er zeigt deshalb in den letzten drei Jahrzehnten einen höheren Wasserstand als früher. In der Periode von 1826—51 betrug die Summe der höchsten Winterwasserstände hier 22,18 m, zwischen 1852 und 1870 aber 35,62 m; die mittlere Höhe derselben war in dem ersten Zeitraum 1,305, im zweiten 1,425 m. Von 1826—1851 ergab sich als die Summe der höchsten Sommerwasserstände 39,26 m, von 1852—1876 hingegen 52,38 m; die mittlere Höhe der höchsten Sommerwasserstände betrug während der ersten Periode 2,066, in der anderen 2,095 m. Ferner ergaben die Aufschreibungen am Freisinger Pegel eine grössere Wasserhöhe als an demjenigen von Moosburg [1]). In Wahrheit aber ist das Verhältnis umgekehrt. Es erklärt sich dieser Fall (wenn wir nicht, wozu kein Grund vorhanden ist, annehmen wollen, dass die Nullpunkte der in Vergleich gesetzten Wasserstandsmesser nicht korrespondieren) dahin, dass die lokale Erosion um den erstgenannten Pegel weniger rasch fortschreitet als am letzteren, was abermals auf die Situation beider zurückgeführt werden muss.

Die einschneidendsten Aenderungen in der Höhenlage des Wasserspiegels aber ergaben sich am Pegel zu Bogenhausen. Er liegt heute 1500 m unterhalb des Anfanges der Korrektionslinie und 8500 m vor dem Ende derselben. Die Flussregulierung wurde 1849 mit einer Normalbreite von 72,96 m für Mittelwasser begonnen; 1858 erachtete man dieselbe als zu gross und engte den Fluss auf 43,78 m ein. Was

[1]) Der amtlich festgesetzte Mittelwasserstand beträgt für Freising + 1.17, für Moosburg + 0,66 m. Zwischen beiden Orten sind der Isar eine Anzahl von Moorbächen, besonders die Dorfen, tributär.

jenem dadurch an Breite verloren ging, ersetzte er sich durch rasche Vertiefung, so dass nach den neuesten Berechnungen die Sohle des Flusses seitdem um beinahe 5 m niedriger zu liegen kommt. Die Senkung des Wasserspiegels hat man mit Bezug auf die Zeiträume von 1826—1851 und 1851—1876

für Hochwasser auf	. . . .	0,647 m,
„ Mittelwasser	. . . .	1,067 „
„ Niederwasser	. . . .	1,115 „

im Durchschnitt berechnet.

B. Periodische Schwankungen des Wasserstandes.

Zwei Momente sind es besonders, welche sich aus den langen Reihen der Pegelbeobachtungen und graphischen Darstellungen über die Wasserstände der Isar an den verschiedensten Punkten ihres Laufes scharf markiert abheben: ein Beharrungsstand für Niederwasser im Dezember, Januar und Februar, der aber sehr häufig auch in den November und März hinübergreift, und sodann eine Periode hohen Wasserstandes während des Mai und Juni[1]). Diese Erscheinungen hängen streng mit den atmosphärischen Vorgängen in den Quell- und Zuflussgebieten zusammen. Im Spätherbst und Winter, wo sich die Niederschläge als Schnee auf den Bergen sammeln, muss die Isar samt den ihr zufliessenden Gewässern meist klein und unansehnlich zu Thal; wenn aber im Mai dieser stabil gewesene mächtige Wasservorrat in den grossen Kreislauf gezogen wird, wird die in der kalten Jahreszeit versäumte Abfuhr in wenigen Wochen nachgeholt. Während des Sommers und Herbstes erfolgen auf jenen gewaltigen Wassertransport unregelmässig und vereinzelt auftretende, nichtsdestoweniger aber häufig sehr bedeutende Hochwasserstände nach heftigen Gewittern und andauernden Regengüssen, welche indes gewöhnlich rasch wieder sinken[2]). Daher zeichnet sich auch das Sommerhalbjahr durch ein fortwährendes Aufwallen und Zurücksinken der Isar, durch eine charakteristische Bewegung in den Pegelständen aus, wobei natürlich nicht zu übersehen ist, dass in den meist trockenen Monaten des Nachsommers und beginnenden Herbstes (August, September, Anfang Oktober) eine fast konstante Wasserhöhe oft während einiger Wochen auftritt. Umgekehrt hat die lange Niederwasserperiode ebenfalls ihre Unterbrechungen, welche entweder auf grössere Niederschläge oder partielle, durch föhnartige Winde verursachte Schneeschmelze zurückführen.

---

[1]) Beide kongruieren mit der Verteilung der Niederschläge überhaupt, welche nach den Angaben v. Bezolds (Das Klima von Oberbayern, zweiter Artikel der Denkschrift: „Die Landwirtschaft im Regierungsbezirk Oberbayern", S. 25—44, München 1885) in München für den Dezember 37, Januar 38, März 46, dagegen für den Mai 92 und für den Juni 113 mm betragen.

[2]) Das grösste bis heute beobachtete Hochwasser fand nach einem andauernden Gewitterregen am 2. August 1851 statt; damals zeigte der Bogenhauser Pegel 4,80 m über Null. Auch im Juli dieses Jahres schwoll die Isar bis zu dem ungewöhnlich hohen Stand von + 0,62 m bei München an.

Sie kommen in den verschiedensten Wintermonaten zur Beobachtung, sind aber im allgemeinen weniger auffallend.

Um ermüdende Zahlenreihen zu vermeiden, haben wir in der nachstehenden Uebersicht die mittleren Höhen der höchsten Sommer- und Winterwasserstände zwischen Mittenwald und Freising, sowie ihr Verhältnis zum amtlich festgesetzten Mittelwasserstand nach Perioden zusammengefasst, da hierdurch der Gang der Wasserführung der Isar in grossen allgemeinen Zügen mit am deutlichsten gekennzeichnet wird.

Pegel zu	Amtlich festgesetzter Mittelwasserstand	Mittlere Höhe der höchsten Winterwasserstände		Mittlere Höhe der höchsten Sommerwasserstände		Differenz der mittleren Höhen der höchsten Sommer- u. Winterwasserstände	
		1825/50	1851/76	1825/50	1851/76	1825/50	1851/76
		m	m	m	m	m	m
Mittenwald (Pegel a. d. Mühlbrücke) . . .	+ 0,30	0,602	0,504	0,948	1,020	0,346	0,516
		1829/50	1851/76	1829/50	1851/76	1829/50	1851/76
Tölz	+ 0,44	1,295	1,032	1,892	1,534	0,597	0,502
			1852/76		1852/76		1852/76
Grünwald . . .	+ 0,87		1,465		1,980		0,515
		1826/51	1852/76	1826/51	1852/76	1826/51	1852/76
Freising	+ 1,17	1,305	1,425	2,066	2,095	0,761	0,700

Was die niedrigsten, mittleren und höchsten Jahreswasserstände [1]) im Ober- und Mittellauf des Flusses anlangt, so ergaben sich dieselben in dem Vierteljahrhundert von 1851—1876

für Mittenwald zu . . . ?0,151; 0,473 u. 0,090 m,
„ Tölz „ . . . ?— 0,015; 0,413 „ 1,621 „
„ Grünwald . . . . 0,115; 0,667 „ 2,056 „
„ Freising „ . . . 0,119; 0,671 „ 2,170 „

C. Zunahme der Wasserhöhen zwischen einzelnen Pegelorten.

Eine wissenschaftlich genügende Bestimmung der Zunahme des Wasserstandes zwischen den verschiedenen Pegelorten unseres Gebietes

[1]) Es ist kaum nötig, an dieser Stelle auf den sehr relativen Wert der „periodischen Wasserhöhen" hinzuweisen, sofern diese streng nach dem Kalender gemessene Monats- oder Quartalmitte darstellen. Trägt sich ersterer doch selbst auf eine Berechnung der mittleren Wasserstände für das Jahr über. Diese Zahlen können nach der ganzen Art, wie ein Fluss seine Wassermengen verfrachtet, gewöhnlich nicht als die richtige Signatur der Wasserhöhe in der Zeit erscheinen, für welche sie gelten sollen. Daher schlug auch schon Grebenau vor, statt nach mathematisch genau fixierten Zeiträumen zu gehen, einen absolut höchsten und absolut niedrigsten, einen arithmetisch mittleren Wasserstand, einen durchschnittlich höchsten Wasserstand nach der Hauptjahreszeit, einen Wasserstand für die Vegetationsmonate (letzterer schwankt im wesentlichen um den Sommerwasserstand), sowie endlich einen Beharrungswasserstand anzuführen.

kann selbstredend nur auf Grund der Resultate langjähriger Beobachtungen geschehen, deren genereller Charakter ephemere Schwankungen und Unsicherheiten verwischt. Nach den Aufschreibungen zwischen 1851 und 1870 gestaltet sich das Verhältnis der Steigerung der Wasserhöhen von Tölz bis Freising folgendermassen:

a) für	Hochwasser wie . .	16,21 : 20,56 : 21,70,
	allgemein wie . . .	16 : 21 : 22,
b) für	Mittelwasser wie . .	41,9 : 66,7 : 67,1,
	allgemein wie . . .	41 : 67 : 67,
c) für	Niederwasser wie . .	5,1 : 11,5 : 11,9,
	allgemein wie . . .	5 : 12 : 12.

Die Zunahme ist nicht für die Mittel aller Wasserstände eine gleiche; ferner spielt dieselbe im Grunde nur zwischen Tölz und Grünwald. Sie wird auf dieser Strecke fast ausschliesslich durch die Einmündung der Loisach verursacht. Von Grünwald bis Freising ändert sich das Verhältnis wenig, da der Isar auf dieser Strecke kein wesentlicher Zufluss tributär ist. Nimmt man die Mittelwasserstände zum Ausgangspunkt einer Berechnung, so beträgt die Steigerung zwischen den bezeichneten Punkten allgemein 2:3; für Hochwasser ist sie 4:5, für Niederwasser 1:2. Aus diesen Ziffern ergibt sich, dass der Einfluss der Loisach auf die Hochwasserstände ungleich geringer ist als auf Mittel- und Niederwasser. Es lässt sich veranschlagen, dass sie durchschnittlich $\frac{1}{3}$ bis $\frac{1}{4}$ zum Wasserquantum des Hauptflusses liefert.

Versucht man die gleiche Rechnung für dieselbe Zeit und die nämlichen Orte auch auf Sommer- und Winterwasserstände anzuwenden, so erhält man die nachstehende Uebersicht:

	Tölz	Grünwald	Freising
	Winterwasserstand:		
	12,95	: 14,65	: 20,66,
allgemein	13	: 15	: 21;
	Sommerwasserstand:		
	10,32	: 19,80	: 20,95,
allgemein	10	: 20	: 21.

An den so wesentlich verschiedenen Wasserständen bei Tölz und Grünwald ist sofort wieder die starke Wirkung der Loisach in der regenreicheren Zeit zu erkennen. Während des Winters bedingen die auf der Ebene mehr denn in den Bergen bewegten Niederschläge den grösseren Unterschied zwischen den Pegelhöhen zu Grünwald und Freising. Im Sommer, der Zeit des mittleren und hohen Wasserstandes, sehen wir das Verhältnis sich ungefähr zu 5:10:11 umändern, und damit nähert es sich wieder den aus den mittleren Jahresständen berechneten Angaben.

D. Berechnung des Wassertransportes.

Die Aufzeichnungen der Wasserhöhen unserer Isar in den Pegelurkunden sind zugleich als Basis für die Berechnung ihres Wassertransportes von einschneidender Bedeutung. Bekanntlich steht die abgeführte Wassermasse im geometrischen Verhältnis zum Pegelstand und lässt sich aus letzterem mit Hilfe von Messungen über Geschwindigkeit und Querprofilsfläche des Wassers genau bestimmen. Zur Berechnung der Abflussmengen in längeren Perioden bedarf es vorerst der sicheren Feststellung des Mittelwasserstandes während der fraglichen Zeiträume, sodann aber der sorgfältigen Bestimmung des Wassertransportes bei jenem.

Unter den wenigen befriedigenden Messungen der Wasserabfuhr in südbayerischen Flüssen stehen diejenigen, welche Herr Bauamtsassessor Böcking 1878 an der Isar bei Oberföhring ausführte, mit in vorderster Linie. Den uns zur Verfügung gestellten Akten entnehmen wir, ohne das Verfahren der Messung hier berücksichtigen zu können, nachfolgende Zahlen:

Für das Winterviertetjahr (Januar bis März) ergaben sich als Mittel aller Ablesungen am Wassermesser zu Bogenhausen — 2,39 m. Da bei diesem Pegelstande 64 cbm in der Sekunde abfliessen, so wurde der Wassertransport für die 91 Tage des ersten Quartals 1878 zu 497 664 000 cbm angenommen. — Im Frühlingsvierteljahr zeigten die Wasserstände eine durchschnittliche Höhe von — 1,07 m. Auf diese Ablesung treffen 196 cbm Abfuhr für die Sekunde, somit für den ganzen Zeitraum 1541 030 400 cbm. — Das Sommervierteljahr hatte einen mittleren Wasserstand von — 1,39 m; dieser bestimmt in der Sekunde eine Abflussmenge von 147 cbm, in 92 Tagen also eine solche von 1227 273 600 cbm. — Während des Herbstvierteljahres endlich war der durchschnittliche Pegelstand — 2,34 m; in der Sekunde passierten, wie im Winter, 64 cbm Wasser, im Quartal 534 323 200 cbm. Die Gesamtsumme der Abflussmenge im bezeichneten Jahre muss somit zu 3800 291 200 cbm veranschlagt werden. Dabei fehlten der Isar aber an der Messstelle noch die im Schwabingerbach konzentrierten Stadtbäche. Jener zeigt eine ziemlich konstante Wassermenge von 11 cbm pro Sekunde und liefert demnach jährlich 346 896 000 cbm; diese zur vorhin entwickelten Gesamtsumme gezählt, erhält man für München eine Abflussmenge von 4147 187 200 oder rund 4150 Millionen Kubikmeter [1]).

Unsere Zusammenstellung lehrt, dass die Isar nicht weniger als drei Viertel ihrer jährlichen Fracht an Wasser im Frühling und Sommer (April bis Oktober) und nur ein Viertel während des Herbstes und

---

[1]) An Quellzuflüssen erhält die Isar in unserem Gebiete auf ihrer rechten Seite 420, auf ihrer linken 660 Sekundenliter. Von ersteren entfallen allein auf den 6 km langen Ausläufer des Hochufers zwischen Bogenhausen und Oberföhring 280, von letzteren auf die 10 km lange Strecke Höllriegelkreut-Thalkirchen mehr als 600 Sekundenliter. Zum Vergleich sei angeführt, dass der Inn 1878—1879 bei Reisach, 11,5 km unter Kufstein, nach den im ersten Teil der „Hydrologischen Untersuchungen an den öffentlichen Flüssen Bayerns“ mitgeteilten Messungen 11 842,02 Mill. cbm Wasser abführte, demnach fast dreimal so viel als die Isar bei München. Allerdings beträgt sein Flussgebiet mit der Salzach auch 26 045 qkm, wovon bis zum Reisacher Pegel 9635,8 qkm entfallen, während das ganze Gebiet des Isarsystems 9039, das des Lech samt Wertach 4328, der Iller 2227 qkm ausmacht. Die Wassermenge der Donau fand man für Niederwasser bei Donauwörth zu 123,7 und 125,1, bei Neuburg zu 278,4, bei Ingolstadt zu 329,3; am Lech bei Kaufering zu 40,58 und 170, bei Schwabstadel zu 71,5 Sek.-Kubikmeter.

Winters abführt. In ihr kommt der Typus jener Flüsse klar ausgeprägt zur Erscheinung, welche einen grossen Teil ihres Wassers durch Regen erhalten, deren bedeutendstes Hochwasser aber infolge der Schneeschmelze entsteht [1]). Gleichen Charakter tragen alle den Alpen nach Norden entströmenden Gewässer, und eben er bezeugt wie wenig andere ihrer Merkmale die Abhängigkeit derselben vom Hochgebirge in anschaulichster Weise.

Da frühere Messungen des Wassertransports der Isar zum Vergleich fehlen [2]), die Pegelbeobachtungen in unserem Gebiete aber nicht ohne weiteres als Grundlage für Schlüsse vom Wasserstand auf das Wasserquantum dienen können, welche längere Zeiträume in Betracht ziehen, so müssen wir für jetzt wenigstens noch die interessante Frage offen lassen, ob eine allgemeine Zunahme oder Reduktion der in der Isar gesammelten Wassermassen innerhalb der jüngsten Dezennien stattfand. Auch „theoretische Berechnungen" über die Mengen der in diesem Gebiete wirklich zum Abfluss gelangenden Niederschläge können hier nicht zum Vergleich herangezogen werden. Mit Sicherheit lässt sich dagegen erweisen, dass der Wert des für ein vereinzeltes Jahr festgestellten Durchflussquantums von höchst relativer Natur ist. Sind doch einem Jahre mehr Hoch-, einem anderen mehr Nieder- oder Mittelwasserstände eigen; in ersterem wird die Abfuhr grössere Dimensionen erreichen als im letzteren. Solche Zuckungen der zu Thal gebrachten Wasserquantitäten liegen in der Natur der hydrographischen Elemente. Hinsichtlich der von uns erwähnten 1878 ausgeführten Messungen muss daher bemerkt werden, dass dieses Jahr mit Bezug auf die Wasserstände einem mittleren Durchschnittsjahr nahe kam. Leider ist es ferner unmöglich, ein Verhältnis der an verschiedenen Punkten des Thalweges der Isar zum Durchfluss gelangenden Mengen selbst nur für Mittel- oder Niederwasser zu konstruieren, weil eben jede andere Messung bis zur Stunde mangelt. Es bestätigt sich daher auch nach dieser Richtung hin die Wahrheit der Behauptung, dass wir thatsächlich erst am Anfang der Arbeiten zu einer Hydrologie Südbayerns stehen und dass keine andere Erscheinung des Alpenvorlandes mehr der Erforschung bedarf als das fliessende Wasser, welches der gesamten Physiognomie jenes Gebietes so eigenartige und bedeutungsvolle Züge aufprägt.

10. Gefälle, Geschwindigkeit, Breite und Tiefe, sowie ihre Abhängigkeit vom Wasserstande.

In strengem Zusammenhange mit den Wasserständen und fortwährend durch sie modifiziert stehen Gefälle, Geschwindigkeit, Breite

---

[1]) A. Woeikof: Flüsse und Landseen als Produkte des Klimas. Zeitschr. der Gesellsch. f. Erdkunde zu Berlin, 20. Bd., 2. Heft, S. 92.

[2]) Nur eine Angabe, welcher aber kein allzu grosser Wert beizulegen ist, erhielten wir noch vom Assistenten des Münchener Flussbauamts Hochholzer. Er bestimmte den Abfluss während eines Hochwassers nahe der Grosshesseloher Brücke zu 54 000 Kubikfuss pro Sekunde; ein anderer fand ihn gleichzeitig zu 60 000 Kubikfuss. Nach der gewöhnlichen Annahme führt die obere Isar zwischen 30 und 1000, die untere zwischen 60 und 1200, ein Hochwasser ungefähr 700 Sek.-Kubikmeter ab.

und Tiefe eines Flusses. Das Gefälle der Isar ward bereits durch Riedl [1]) „mit Inbegriff der Erdstrahlenbrechung auf den wahren Gesichtskreis gebracht.“ Später bestimmte Herr Oberbergdirektor Dr. von Gümbel [2]) dasselbe und zwar, wie Riedl, für das ganze Längenprofil. In neuester Zeit endlich suchte das Flussbauamt zu München auf Grund von Nivellements möglichst sichere Angaben nach dieser Richtung hin zu gewinnen, und wir verzeichnen im folgenden die für ganz verschiedene Stellen erhaltenen Resultate.

Strecke	Länge derselben m	Absolutes Gefälle m	Relatives Gefälle im Meter
Von Mittenwald bis zur Huselmühle	3000	17,760	0,00592
Von München bis Freising . .	34 280	62,732	0,00183
Zwischen Freising u. Tuching .	700	0,800	0,00115
Oberhalb Moosburg	650	0,591	0,000909.

Rauscht die Isar bei Mittenwald mit dem echten Gefälle eines Bergbaches, 1 : 200, dahin, so fliesst sie unterhalb München nur mehr mit einem solchen von 1 : 500, um es bis Moosburg gar auf 1 : 600, an der Mündung auf 1 : 1500 zu verringern. Die dem Lauf des Flusses vom Gebirge her durch die Vorberge zur Ebene entsprechende Verringerung des Gefälles wird indes durch die Beweglichkeit der Alluvionen und die Höhe des Pegelstandes fortwährend beeinflusst. Gelegentlich der Wassermessungen bei Oberföhring schwankte dasselbe z. B. zwischen 0,00125 und 0,00134 m.

Ueber die Geschwindigkeit der Isar erhielten wir für die Linie Tölz—Moosburg nachstehende Ergebnisse:

Strecke	Länge in km	Absolute Geschwindigkeit m	Relative Geschwindigkeit im Meter
Tölz-Grünwald	38,25	101,440	0,00265
Grünwald-München (stein. Brücke)	14	29,587	0,00211
München-Bogenhausen	2,50	8,795	0,00252
Bogenhausen-Freising	31,50	58,480	0,00192
Freising-Moosburg	18	28,245	0,00157.

Auch in dieser Zusammenstellung soll nur ein durchschnittliches Verhältnis skizziert sein, da für die Isar nachgewiesen werden kann, wie sehr die Geschwindigkeit gleich dem Gefälle je nach dem

[1]) Riedl, Adrian von: Stromatlas von Bayern. Text hierzu. München 1806. S. 120.

[2]) Gümbel, Dr. C. W.: Geognostische Beschreibung des bayerischen Alpengebirges und seines Vorlandes. Gotha 1861. S. 36.

Pegelstande variiert. Während in der Nähe Oberföhrings z. B. am 14. Januar 1879 die absolute Geschwindigkeit 1,185 betrug, war sie bei Mittelwasser im Oktober 1878 1,449 und 1,884, bei Hochwasser am 4. September aber 2,111. Bekanntlich ändert sich die Geschwindigkeit selbst innerhalb eines und desselben Profils infolge der Reibung des Wassers an den Rändern und der Sohle des Bettes in ansehnlichem Grade. Die Untersuchungen, welche in der Korrektionslinie nördlich von München angestellt wurden und aus denen wir in nachstehender Tabelle die instruktivsten Einzelheiten darstellen, lehren, dass sich erstens die mittlere Geschwindigkeit im ganzen Profil des Flusses, wie auch die mittlere Oberflächen- und mittlere Sohlengeschwindigkeit bei Hochwasser noch einmal so hoch stellt als bei Niederwasser, und dass zweitens die mittlere Sohlengeschwindigkeit hinter der mittleren Geschwindigkeit im ganzen Profil ungefähr um das Doppelte zurückbleibt.

Geschwindigkeitsmessungen bei Oberföhring im Jahre 1878	1.	2.	3.	4.
	Messung			
	Niederwasser m	Mittelwasser m		Hochwasser m
1. Mittlere Geschwindigkeit im ganzen Profil	1,10	1,45	1,88	2,11
2. Grösste Geschwindigkeit im ganzen Profil	1,67	2,02	2,43	2,70
3. Mittlere Oberflächengeschwindigkeit	1,37	1,69	2,21	2,50
4. Grösste Oberflächengeschwindigkeit	1,63	2,00	2,43	2,67
5. Mittlere Sohlengeschwindigkeit	0,60	0,93	1,12	1,22
6. Mittlere Tiefe	0,89	1,17	1,70	2,29.

Die Unbeständigkeit des Flussbettes der Isar, seine Abhängigkeit von den Hochwasserfluten und die durch letztere verursachten häufigen Umlegungen desselben verleihen den Angaben über Breite und Tiefe keine Sicherheit. Jene haben vielmehr ausserhalb der regulierten Strecken stets nur die Bedeutung von Schätzungen und bezeichnen keinesfalls dauernde, sondern stets nur vorübergehende Werte. Was das Anwachsen des Flusses vom Gebirge her anlangt, so bieten uns hierfür die Korrektionenbreiten einige Anhaltspunkte, wobei aber zu erwähnen ist, dass die Entfernung der künstlichen Uferränder nicht immer dem durchschnittlichen Wassertransport der Isar entsprechend geführt ward. Sie beträgt bei Mittenwald 25 m, bei München 40—60 m, bei Freising 70 m; für Moosburg ist dieselbe zu 75 m berechnet. An allen anderen Stellen aber, wo das Wasser sich frei über die Sohle des Thales ergiessen kann, nimmt es auf Kosten der Tiefe und Konzentration einen viel breiteren Raum ein, den es willkürlich und launisch bald hier, bald dort anschneidet. Im

Gebiete des Münchener Beckens sieht man den Fluss ausserhalb seiner Hochufer nie in einer einzigen Ader vollgesammelt. Häufig strömt er 80—90 m breit und dann durchschnittlich 2 m tief nach Norden weiter, umschlungen von mehreren, wenn auch unscheinbaren Nebenarmen. Oefter zerteilt er sich vollständig in 2 oder 3 Rinnen von wenig verschiedener Grösse; dann scheinen die Gewässer bei niedrigem Stand zwischen den Geröllflächen zu verschwinden, in welche sie sich 1—1,5 m tief eingruben. Um so kräftiger kommen sie dagegen während der Frühlings- und Sommerhochwasser zur Geltung; eine mächtig hinflutende Wassermasse überströmt jetzt nicht sowohl die weit ausgebreitete Thalsohle, sondern tritt häufig über dieselbe hinaus, bis zu 2 m die Ränder der Steilufer empor oder über den sie begleitenden Saumwald weg gegen Moor und Heide hin.

Die Tiefe der Isar berechnet sich bei Mittenwald im Durchschnitt zu 0,7, bei Tölz zu 1,2, bei München zu weniges über 2 m. Die Annahme Grebenaus, dass die Breite des Flusses seine Tiefe um das 20—25fache übertreffe, mag für die regulierten Strecken im allgemeinen Geltung haben. Wissenschaftlicher Wert aber wird ihr um so weniger zugesprochen werden können, als das hier angezogene Verhältnis wiederum durchaus vom Wasserstand abhängig, mithin sehr unstet erscheint. Es liegen uns Beobachtungen vor, die klar bezeugen, in welchem Grade innerhalb der Münchener Korrektionslinie beim Ansteigen des Wassers die Breite hinter der Tiefe zurückbleibt. Wir fanden dieselben interessant genug, um sie hier mitzuteilen, obschon natürlich zugegeben werden muss, dass sie nur für eine Stelle Geltung besitzen, an welcher sich der Fluss nicht frei entfalten kann.

Zeit der Messung	Stand des Bogenhauser Pegels	Abflussmenge pro Sekunde cbm	Verhältnis der Breite zur Tiefe
14. Januar 1879	— 2,77	39	39,4
23. Oktober 1878	— 2,31	64	30,8
28. August 1878	— 1,64	122	21,1
4. September 1878	— 0,97	209	16,8.

11. Die Gewässer in den Münchener Mooren. Vergleich ihrer chemischen Beschaffenheit und Temperatur mit jener der Isar.

Die Wasseradern, welche den Thalflächenmooren nördlich von München zugehören und in die Einförmigkeit ihrer Landschaft allenthalben frische, angenehm lebendige Züge bringen, tragen nach ihrer Entstehung und ihrem Gesamtcharakter wesentlich andere Merkmale, als wir sie eben am nahegelegenen Hauptfluss fanden.

Sie spannen sich gleich einem engmaschigen Netz über die Moorebenen hin und umsäumen die braungrünen Naturwiesen wie mit schmalen Silberbändern. Im Gebiete des Erdinger Moores lassen dieselben fünf kleinere Systeme erkennen: das des Seebach, Schörgenbach, der Goldach, Dorfen und Sempt; dem Dachau-Schleissheimer Moor gehören vor allem Gröben- und Kaltenbach sowie die Mosach an. So gross nun auch die Zahl jener Grundwasserergüsse ist, in ihrer auffallenden Entwickelung spricht sich allenthalben die Gleichartigkeit ihres Wesens aus. Meist entquellen sie am Rande oder inmitten des Moores in ansehnlicher Grösse. Ihren Verlauf kennzeichnet ein steter Wechsel der Breite des Bettes, das hier auf 1—2 m verengt und nicht ferne davon zu 8—9 m ausgezogen erscheint. Einige derselben, wie Seebach und Goldach, schwinden eine längere Strecke vor ihrer Einmündung sichtlich zusammen, andere wurden mit künstlich gezogenen Kanälen in Verbindung gesetzt und erzeugen hierdurch eine Reihe von Bifurkationen. Das Bett der Moorbäche ist durchaus regelmässig angelegt; sie haben steile aber niedrige Uferränder, welche die nach anhaltenden Niederschlägen meist eintretenden Ueberschwemmungen in hohem Grade begünstigen. Die durchschnittliche Tiefe derselben schwankt bei dem ziemlich gleichbleibenden Stande, wie er vom Juli bis September gewöhnlich beobachtet wird, zwischen 0,30 und 1,20 m. Lichtbraun, klar und durchsichtig ist die Farbe ihres Wassers; ihm gleichen die von Kalkniederschlägen und Algen dunkel gefärbten Gerölle ihrer Sohle.

Die Herkunft der Moorbäche vom Grundwasserstrom der Hochebene, über dessen allgemeine Neigung gegen Nordnordosten wir auf Seite [16] 184 einige Angaben mitteilten, sowie der beträchtliche Abfall der Sohle des unteren Münchener Beckens verleihen denselben ein ansehnliches Gefäll. Schon v. Riedl bezeichnet letzteres „approximativ als gross“; wir haben es im allgemeinen zu 0,0012—0,0018 relativ veranschlagt.

Ueber den Wassertransport dieser Gewässer fehlen mit wenigen vereinzelten Ausnahmen gründliche Messungen. Es ist dies um so mehr zu beklagen, als von letzteren aus ein zuverlässigerer Schluss auf die Gesamtgrösse der „unterirdischen Strömung“ versucht werden könnte, wie ihn theoretische Betrachtungen zulassen. Thiem berechnete die Wassermenge des Seebachs bei Aschheim im Juni 1876 zu 0,70, einige Kilometer nördlicher an der Hintermühle zu 1,27 cbm für die Sekunde. Wir selbst fanden mittels Schwimmer die Quantität der Dorfen in den Moorwiesen westlich von Niederneiching bei Mittelwasser zu 2,0, 1890 bei Hochwasser zu 2,9 cbm in der Sekunde. 2 km nördlich vom Dachau-Schleissheimer Kanal führte der Kaltengraben anfangs Mai dieses Jahres 0,6, der weiter im Osten fliessende kräftigere Wasserfaden dagegen 1,3 cbm ab. Diesen Angaben lässt sich im allgemeinen noch beifügen, dass die Wasserstände der Moorbäche während des Jahres nur relativ geringen Schwankungen unterliegen (im Maximum kaum 1 m); durchschnittlich kommt die Mehrzahl dem Seebach bei Aschheim gleich.

Was endlich die chemische Zusammensetzung der Grundwasserergüsse in den Mooren um München anlangt, so ergaben die Analysen wesentliche Unterschiede zwischen ihnen und den südlicher gelegenen Quellen. Infolge der seichten Schotterüberlagerung gelangt die unterirdische Strömung mit den obersten Bodenschichten allenthalben in

Berührung. Diese werden, um ihre agrikulturelle Ausnützung möglich zu machen, einer intensiven Verunreinigung ausgesetzt, welche sich auch auf das Grundwasser überträgt. Dasselbe besitzt deshalb hier einen hohen Gehalt von Chlor und Salpetersäure, der ihm sonst in viel geringerem Maasse zukommt. So fand man den Rückstand eines Grundwassers des Dachau-Schleissheimer Moores (bei Mosach) zu 300 mg im Liter; darunter waren 10,6 Chlor, 78 Salpetersäure, 119,8 Kalk, 1,40 Kohlensäure. Quellwasser aus dem südlichsten Teile der Erdinger Moorlandschaft ergab 270 mg Rückstand und zwar 5,0 Chlor, 31,3 Salpetersäure, 96,5 Kalk, 1,45 Kohlensäure. Auch die bis an 30 m hoch überlagerten Grundwasserergüsse in der Nähe Grosshesselobes hatten einen Rückstand von 270 mg; unter diesen war Chlor aber nur mit 2,8, Salpeter mit 4,0, Kalk hingegen wiederum mit 86,8, Kohlensäure mit 1,55 mg vertreten. Für das Wasser der Isar fanden Dr. Brunner und Dr. Emmerich, welche eine vortreffliche Abhandlung über die chemische Beschaffenheit desselben veröffentlichten [1]), oberhalb Münchens folgende Zahlen, die sich auf Messungen im Februar und April 1875 beziehen: Abdampfungsrückstand 0,2195 und 0,2103; Lösungsrückstand 0,0745 und 0,0716; Kalkgehalt 0,0809 und 0,0696; Chlor 0,0014 und 0,0011; Salpetersäure 0,0005 und 0,0001; Kohlensäure 0,0820 und 0,0590; organische Substanzen 0,0194 und 0,0265; suspendierte Teile 0,0027 und 0,0280. Bei Garching, 12 km unter München geschöpftes Isarwasser ergab: Abdampfungsrückstand 0,2220 und 2,010; Lösungsrückstand 0,0760 und 0,0670; Kalkgehalt 0,0809 und 0,0715; Kohlensäure 0,0820 und 0,0740; Chlor 0,0014 und 0,0013; Salpetersäure 0,0005 und 0,0001; organische Substanzen 0,0253 und 0,0398; suspendierte Teile 0,0044 und 0,0382 g im Liter. In diesen Angaben liegt der kräftigste Beweis dafür, dass das Isarwasser während des Durchflusses durch München weder bezüglich seines Kalkgehaltes noch in Hinsicht auf die gelösten und suspendierten Stoffe überhaupt wesentliche Veränderungen erleidet. In einer Probe, welche unterhalb Garching bei Hochwasser genommen worden war, konnte ein Unterschied gegenüber dem Isarwasser oberhalb der Stadt überhaupt nicht nachgewiesen werden. Die Zunahme der Rückstände von Tölz bis Plattling betrug 29,7 und 38 mg. Parallel mit der Vermehrung oder Verminderung der Rückstandsmenge gehen die Schwankungen des Kalkgehalts, dessen Menge auch zum Pegelstand in umgekehrt proportionalem Verhältnis steht. Der höchste Kalkgehalt (85,5 mg) fand sich bei sehr niedrigem, der geringste (55,5 mg pro Liter) bei sehr hohem Wasserstand.

Noch bedeutendere Unterschiede als nach ihrer chemischen Konstitution zeigen Isar- und Grundwasser in den Temperaturverhältnissen. Letzterem ist im allgemeinen die mittlere Jahrestemperatur Münchens eigen (7,50° C); seine Wärme spielt zwischen 7 und 11° und unterliegt um so grösseren Schwankungen, je seichter die Schotterdecke über ihm ist. Die Temperatur des Isarwassers dagegen bewegt sich von 1—20° C. Sein Minimum fällt, wie vorauszusehen, meist mit demjenigen der

[1]) Zeitschr. f. Biologie, Jahrg. 1878, S. 199 ff.

Luft zusammen, und zwar in den Dezember und Januar; das Maximum gehört dem Juli an. Konstante Temperaturen sind meist nur während einiger Wochen des Spätsommers, dann aber auch vereinzelt im Verlauf der langen Niederwasserperiode, welcher überhaupt die geringsten Temperaturschwankungen angehören, zu beobachten; Hochwasser bedingen in der Regel eine rasche Temperaturerniedrigung. Eisbildung zeigt sich an der Isar infolge ihres bedeutenden Gefälles und der hierdurch bedingten Geschwindigkeit nur in geringem Masse. Es ist eine selten wied rkehrende Ausnahme, wenn sich im Gebiete des Münchener Beckens eine Eisdecke über die Rinne des eigentlichen Flusses oder seiner Hauptader von einem Ufer zum anderen spannt. Dagegen bildet sich regelmässig im Dezember, Januar und Februar dünnes Grundeis; dann entbehren auch die Alluvionen und Ränder des Bettes nicht der schmäleren oder breiteren Eiskanten, zwischen welchen das klein gewordene Gewässer rastlos und ungestört seinen Kreislauf vollführt.

Zum Schlusse sei noch angeführt, dass nach einer Beobachtung v. Bezolds während des Oberlaufes die ostwestlich ziehenden Thalstrecken der Isar (Hinterauthal und Linie Krün—Fall) etwas wärmere Temperaturen zeigen als die südnördlich verlaufenden Partieen (Scharnitz—Krün, Fall—Tölz). Denn letztere liegen vormittags lange im Schatten der östlichen, nachmittags zeitig in jenem der westlichen Berge; die ersteren dagegen geniessen die Sonnenstrahlen wenigstens auf der nach Süden blickenden Abdachung vom Morgen bis zum Abend. Keine Stelle der meridional gelegenen Thalabschnitte aber scheint infolge sehr steilen Ansteigens der ihr vorgelagerten südlichen Bergketten während des Winters einige Zeit der Besonnung gänzlich beraubt zu sein.

Durch diese leitenden Gesichtspunkte ergiebt sich ganz von selbst, dass die hier zur Veröffentlichung gelangenden Arbeiten sich nie bloss an den engeren Kreis der Spezialvertreter der verschiedenen Fächer wenden können, denen sie zunächst entstammen, sondern stets auch mehr oder minder weit über denselben hinaus ein Interesse in Anspruch nehmen dürfen. Es wird aber, bei aller strengen Wissenschaftlichkeit des Inhalts, auch in Behandlungsweise und Darstellung stets, soweit der Gegenstand irgend es zulässt, darauf Bedacht genommen werden, dass ausser den unmittelbaren Fachgenossen der Verfasser zugleich ein grösserer Kreis wissenschaftlich Gebildeter ihren Erörterungen mit Verständnis und Interesse folgen kann.

Unsere Sammlung erscheint in zwanglosen Heften von ungefähr 2 bis höchstens 5 Bogen; jedes Heft wird eine vollständige Arbeit (ausnahmsweise von kürzeren auch mehrere) enthalten und für sich käuflich sein. Eine entsprechende Anzahl von Heften wird jedesmal zu einem Bande vereinigt, und wird im Jahre etwa ein Band im Umfange von 40—45 Bogen erscheinen. Der Preis eines solchen wird ungefähr 16—18 Mark betragen.

Bisher sind erschienen:

Heft 1. Der Boden Mecklenburgs, von Dr. E. Geinitz, o. Prof. der Mineralogie und Geologie an der Univ. Rostock. 32 Seiten. Preis 80 Pfennig.

Heft 2. Die oberrheinische Tiefebene und ihre Randgebirge, von Dr. Richard Lepsius, ord. Prof. der Geologie und Direktor der Grossherzoglich hessischen geologischen Landesanstalt in Darmstadt. Mit Uebersichtskarte des oberrheinischen Gebirgssystems. 58 Seiten. Preis M. 2. —

Heft 3. Die Städte der Norddeutschen Tiefebene in ihrer Beziehung zur Bodengestaltung, von Dr. F. G. Hahn, Professor der Erdkunde an der Universität Königsberg i. Pr. 76 Seiten. Preis M. 2. —

Heft 4. Das Münchener Becken. Ein Beitrag zur physikalischen Geographie Südbayerns, von Chr. Gruber. 46 Seiten. Preis M. 1. 60.

Unter der Presse befindet sich (durch Herstellung der Tafeln etwas verspätet):

Heft 5. Der Einfluss der Gebirge auf das Klima von Mitteldeutschland, von Dr. med. & phil. R. Assmann.

Die weiteren Hefte werden namentlich von den folgenden Herren Beiträge enthalten: Dr. G. Berendt, Königl. Landesgeologe und Prof. a. d. Univ. Berlin; Dr. K. Freiherr von Fritsch, Prof. a. d. Univ. Halle; Dr. E. Geinitz, Prof. a. d. Univ. Rostock; Dr. F. G. Hahn, Prof. a. d. Univ. Königsberg i/Pr; Dr. G. Hellmann, Mitglied des Königl. Statist. Bureaus in Berlin; Professor Dr. K. Jansen in Kiel; Dr. A. Jentzsch, Dozent a. d. Univ. Königsberg i/Pr.; Hofrat Dr. von Inama-Sternegg, Präsident d. k. k. statist. Centralkommission und Prof. a. d. Univ. Wien; Dr. C. M. Kan, Prof. a. d. Univ. Amsterdam; Dr. A. v. Koenen, Prof. a. d. Univ. Göttingen; Dr. F. Krones Ritter von Marchland, Prof. a. d. Univ. Graz; Dr. O. Krümmel, Prof. a. d. Univ. Kiel; Dr. A. Freiherr von Lasaulx, Prof. a. d. Univ. Bonn; Dr. A. Leskien, Prof. a. d. Univ. Leipzig; Dr. F. Löwl, Dozent a. d. deutsch. Univ. Prag; Dr. A. Makowsky, Prof. a. d. techn. Hochschule zu Brünn; Dr. A. Nehring, Prof. a. d. landwirtschaftl. Hochschule zu Berlin; Dr. J. Ottmer, Prof. a. d. techn. Hochschule zu Braunschweig; Dr. J. Partsch, Prof. a. d. Univ. Breslau; Dr. E. Petri, Dozent a. d. Univ. Bern; Dr. Fr. Pfaff, Prof. a. d. Univ. Erlangen; Dr.

DIE

Mecklenburgischen Höhenrücken

(GESCHIEBESTREIFEN)

UND IHRE

BEZIEHUNGEN ZUR EISZEIT

VON

Dr. F. E. GEINITZ,

o. Professor der Mineralogie und Geologie an der Universität Rostock.

Mit zwei Uebersichtskärtchen und zwei Profilen.

STUTTGART.

VERLAG VON J. ENGELHORN.

1886.

Inhalt.

Einleitung.

Nachdem meine geologischen Orientierungsarbeiten in Mecklenburg nunmehr einen gewissen Abschluss erlangt haben, ist das Material vollständig genug, um eine übersichtliche Darstellung der schon mehrfach [1]) angedeuteten Verhältnisse der mecklenburgischen Geschiebestreifen (von Boll als „Geröllstreifen" bezeichnet) zu ermöglichen. Wenn auch durch eine specielle geologische Landesaufnahme einzelne Vorkommnisse noch besser bekannt werden und ihr Zusammenhang vielleicht richtiger erkannt werden wird, so zögere ich doch nicht, jetzt die schon lange geplante Darstellung zu geben, um so mehr, als die eingehende Schilderung einen Beitrag zu manchen wichtigen Fragen der Glacialgeologie liefern muss, insbesondere zu den Fragen einer mehrmaligen Vereisung Norddeutschlands und der Gliederung des Diluviums. Auch für die Praxis wird die genaue Angabe der Blockvorkommnisse und des Auftretens des Mergelbodens von Wichtigkeit sein. Zugleich bilden die folgenden Mitteilungen, die eine Uebersicht über die geologischen Grundlagen der topographischen Verhältnisse Mecklenburgs geben, den ersten Teil einer bald folgenden Abhandlung über die Seen und Flussläufe Mecklenburgs.

Die Geschiebestreifen bilden eine für die mecklenburgische Diluviallandschaft sehr charakteristische Erscheinung, die sich aber auch in den übrigen Gebieten des deutschen Balticums, wenn erst die Aufmerksamkeit auf sie gelenkt ist, sicher in grosser Ausdehnung nachweisen lassen wird und zum Teil, wie auf Rügen und bei Liepe unweit Oderberg, bereits bekannt ist.

---

[1]) Boll: Geognosie der deutschen Ostseeländer 1846, S. 107; Arch. f. mecklenb. Landeskunde 1855, S. 345; Zeitschr. der deutsch. geol. Ges. 1851, Taf. 19; Abriss der mecklenb. Landeskunde 1861, S. 13 f. — Geinitz: Beitr. I. zur Geol. Mecklenb. 1879, S. 48—54; II. 1880, S. 15; Der Boden Mecklenburgs, in Forsch. z. deutsch. Landesk. I. 1885, S. 10.

Es sind Höhenzüge, zum baltischen Höhenrücken gehörig, welche aus einer Anzahl verschieden hoher, oft kaum über dem nachbarlichen Plateau erhabener, und oft in ihrer Aneinanderreihung schwer zu gliedernder Hügel zusammengesetzt, in einer Breite von etwa $^1/_2$—2 Meilen das Land im allgemeinen in nordwest-südöstlicher Richtung durchziehen, zuweilen auch durch „Ausläufer" oder „Querriegel" miteinander in Verbindung tretend, und häufig durch „Moränenlandschaft", immer aber durch einen bedeutenden Reichtum an grossen nordischen Geschieben ausgezeichnet sind.

Die Geschiebestreifen sind anzusehen als der an Geschieben besonders reiche Moränenschutt vorwiegend des „oberen", teilweise auch des „unteren" Diluviums, der oft an den das Land zu verschiedener Höhe in nordwestlich-südöstlicher Richtung durchquerenden Bodenwellen des Flötzgebirgsuntergrundes gestaut und hier auf- und angelagert worden ist. Vielfach fallen nämlich die Anhäufungen des erratischen Materiales zusammen mit dem Hervortreten der Flötzformationen aus der sonst sehr mächtigen Diluvialbeschüttung des norddeutschen Tieflandes.

Das Oberflächenmaterial, aus dem die Geschiebestreifen bestehen, ist demgemäss hauptsächlich der Geschiebemergel resp. Blockkies oder die Steinbestreuung des oberen oder Deckdiluviums, zum Teil nehmen auch Sande und Kiese an ihrer Zusammensetzung teil. Das Deckdiluvium hat hierbei gewöhnlich eine Mächtigkeit, die von 0,5 bis 5 m schwankt, ein gegenüber der Mächtigkeit des Haupt- oder Unterdiluviums auffällig zurücktretender Wert. Die allermeisten Geschiebe, krystallinische Massengesteine und Schiefer, wie versteinerungsführende Sedimentgesteine, welche zu den verschiedensten Zwecken vom Diluvialboden aufgesammelt werden, entstammen dieser Decke, was für andere Fragen über Heimat der Geschiebe u. a. m. von Wichtigkeit ist. Auch das untere oder Hauptdiluvium beteiligt sich oft wesentlich mit an dem Aufbau der Geschiebestreifen, oft bestehen gerade die höchsten Hügel solcher Reihen aus mächtigen Aufschüttungen von unteren Kiesen und Sanden.

Niemals sind es mauerartige Wälle, sondern mehr oder weniger breite, schärfer oder undeutlich abgesetzte, durch gewaltige Steinanhäufung ausgezeichnete Moränenablagerungen. Oft liegen die Steine noch unter der lehmigen oder lehmig-kiesigen Ackerkrume und gelangen erst durch Tiefpflügen oder Ausgraben („Ausbuddeln") zu Tage. In anderen Fällen bringt die spülende Thätigkeit der Tagewässer die grossen und kleinen Steine an die Oberfläche, indem sie den umgebenden Mergel, Lehm oder Sand fortführt. Dies hat zu der Auffassung geführt, dass die Steine im Boden „wachsen". Endlich erfolgt die Isolierung der Blöcke aus dem Geschiebemergel am Meeresstrand durch das Ausspülen vermittelst der Wellen; daher der Strand, wo sein Abbruchsufer einen Geschiebestreifen anschneidet, von massenhaften Blöcken umsäumt ist, die weit in das Meer hinausreichen. Ebenso zeigen einige Binnenseen an ihrem Grund Anhäufungen von ausgewaschenen Blöcken. Sämtliche unserer „erratischen Blöcke" sind somit nicht auf, sondern mit und unter dem Gletscher zu uns gelangt, sie entstammen der Grundmoräne.

In den Gegenden der Geschiebestreifen liegen vielfach die Steine, einige Meter im Durchmesser bis herab zu Kopfgrösse und noch kleiner, oft mit Schliffflächen und Schrammen, in so grossen Massen auf den Feldern, auf Hügeln wie in Thälern, dass die Gegend wie beschüttet oder überstreut erscheint mit diesen Blöcken und die Felder oft aus der Ferne aussehen, als ob eine Schafherde darauf weidete. Zuweilen ist ihre Menge der Ackerbestellung äusserst hinderlich, ja an manchen Stellen macht sie dieselbe ganz unmöglich. Man sucht die Steine, die sogenannten „Felsen", zu beseitigen, indem man sie zu cyklopischen Mauern längs der Wege, Flurgrenzen und um die Gehöfte anhäuft, sie in Gräben und Sölle versenkt, in den Boden eingräbt, oder sie zu grossen kegelförmigen Haufen zusammenträgt; ferner sind die Häuser dieser Gegenden zum Teil aus den Feldsteinen erbaut und man pflastert lange Strecken Wege; weiter hat sich die Industrie dieser Vorkommnisse bereits vielfach bemächtigt, indem man die Steine zu Pflaster- und Bausteinen schlägt oder zu Chausseematerial verwendet, so dass in manchen Distrikten durch die Kultur allmählich der ursprüngliche Charakter mehr und mehr verloren geht. Auch durch prähistorische Steinbauten sind solche Gegenden ausgezeichnet, Dolmen und Hünengräber, Steinkränze und Opferplätze sind in den Gebieten der Geschiebestreifen in oft überraschender Menge vorhanden.

Fast stets ist auch die „Moränenlandschaft" im Gebiet der Geschiebestreifen noch deutlich entwickelt: Ein stark coupiertes Terrain, mit zahllosen Kuppen, Hügeln, Bergrücken und Bodenwellen, zwischen denen flache, grössere und kleinere Depressionen oder tiefe Löcher und Kessel, Sölle, Pfuhle, Seen, Thäler und Schluchten in verschiedenstem Niveau eingesenkt sind, mit grossen und kleinen Wasserflächen oder Torfmooren. Vielfache Buchenwaldungen, helle Wasserspiegel oder dunkle im Walde gelegene Seen und Teiche, kleine ringsumschlossene Torfkessel oder weite Wiesenniederungen und Koppeln, die zahlreichen Steinblöcke auf dem Boden, die schöne Fernsicht von den Höhen, malerisch gelegene Gehöfte und Schlösser, oder auch gerade die Einsamkeit an anderen Stellen u. a. m. verleihen dieser Moränenlandschaft zumeist ein überaus anziehendes, mannigfaltiges, überraschend schönes Bild.

Zuweilen ist aber auch inmitten eines Geschiebestreifens ein Teil desselben durch die Denudation der Gletscherschmelzwässer mehr oder weniger verwischt worden und andere Streifen sind fast in ihrem gesamten Verlaufe derartig verundeutlicht, dass sie bisher als solche überhaupt nicht erkannt worden sind.

Boll erwähnt drei Geschiebestreifen in Mecklenburg; in meinen bisherigen Angaben habe ich vier mitgeteilt. Es sind dies die besonders in die Augen springenden. Durch die detaillierten Aufnahmen habe ich nun in Mecklenburg zehn parallele Geschiebezüge nachweisen können, von denen einzelne vielleicht als zusammengehörige Nebenzüge später kombiniert werden müssen. Mit ziemlich gleichen Distanzen, wie sie in Mecklenburg von den einzelnen Streifen innegehalten werden, wurden weiter im Nordosten, in Pommern mit Rügen, und im Südwesten, in der Lüneburger Heide, je drei solcher Züge konstatiert.

Auf dem Uebersichtskärtchen habe ich die einzelnen Streifen

Mecklenburgs von Nordosten nach Südwesten laufend numeriert und anschliessend die drei der Lüneburger Heide. Im Text bin ich fast durchgängig sehr ausführlich in die Detailbeschreibung eingegangen; eine Orientierung über die aufgeführten Lokalitäten ist an der Hand der neuen Generalstabskarten zu empfehlen, doch genügt für die Ortsnamen auch die alte Engelsche Karte von Mecklenburg im Massstab 1:350000 (Rostock, Tiedemann Nachf.).

Die Detailbeschreibung beginne ich mit dem am augenfälligsten und typischsten ausgebildeten Geschiebestreifen und verfolge zunächst die nach Südwesten liegenden Parallelzüge, um zuletzt die undeutlichen und von mir noch am wenigsten ausführlich besuchten Streifen im Nordosten anzuschliessen.

I. Die Geschiebestreifen.

IV. Geschiebestreifen: „Pöel — Hagebök — Glasin — Qualitz — Warnow — Upahl — Rothspalk — Pauschenhagen — Möllenhagen — Feldberg“.

Die Insel Pöel nördlich Wismar, die sich mit einer Erhebung bis zu 27,5 m über den Meeresspiegel der Wismarschen Bucht vorlagert, zeigt wenig ausgeprägt den Charakter der Moränenlandschaft, einzelne cyklopische Mauern bei den Gehöften deuten das Vorhandensein von Blöcken in dem sandiglehmigen Boden an. Der südliche Teil der Insel ist arm an Geschieben zu nennen. Am 5—10 m hohen Klint erkennt man unter blockarmem Deckgeschiebemergel, der bis 5 m Mächtigkeit erlangt, feinen Spatsand. Erst am Leuchtturm, in der Mitte des Weststrandes, werden die ausgewaschenen Blöcke häufiger, und weiter nördlich tritt hier an dem 10—13 m hohen Klint in verschiedener Höhe auch der blaue untere Geschiebemergel als Liegendes des Deckmergels hervor, zum Teil von diesem ähnlich wie an der Stoltera bei Warnemünde durch Sandschichten getrennt; oft ist hierbei zu beobachten, dass der 3—6 m mächtige obere Mergel reichlichere und grössere Geschiebe enthält, als der untere. Auch nach der flachen kleinen Insel Langenwerder setzen die Blöcke auf dem flachen Seeboden in grosser Menge fort. In letzter Zeit sind viel Steine hier vom Strand abgefahren worden.

Nordwestlich liegt vor der Insel eine Untiefe, der „Hahnenberg“, mit reichlichen Blöcken. Westlich finden wir die kleine niedrige Insel Lieps, welche ein auf Sand und Schlick ruhendes Strandgerölle zeigt und von welcher auch weiter westlich zum Klützer Ort ein Steinlager als Untiefe fortsetzt.

Wir können hiernach die Insel Pöel als den etwa 7 km breiten nordwestlichen Beginn des Geschiebestreifens betrachten, der nach Westen hin durch die später umgeschlemmten Steinanhäufungen bei Lieps mit dem benachbarten Streifen in nahe Berührung tritt.

Die Blöcke setzen von hier über den Breitling, an dessen steilen Lehmufern (grosser Wiek, Damekow) zahlreiche grosse Blöcke ausgewaschen liegen. Das Terrain steigt allmählich zu 40—50 m Höhe nach Osten an (Lischow, 0 km von der Ostküste von Pöel); dieses Gebiet bis zur Wismar-Doberaner Bahn besteht aus oberem Mergel und aus unteren Sanden, die Steinmauern in Dreveskirchen, Alt-Bukow u. s. w. zeigen die Fortsetzung des Geschiebestreifens an. Zwischen Pöel und Wismar liegt die kleine Insel Walfisch, bestehend aus mächtigem (unteren) Geschiebemergel mit reichen ausgewaschenen Blöcken.

Der Bahnbau von Doberan nach Wismar schnitt quer durch den Geschiebestreifen und lieferte folgende Aufschlüsse:

Nach einem etwa 4 km breiten Heidesandareal, aus wohlgeschichteten feinen Spatsanden mit vereinzelter Steinbestreuung bestehend, das sich bei Questin und Panzow südlich von Neu-Bukow hinzieht, beginnt in der Gegend von Alt-Bukow, bei Teschow, Vogelsang, Lischow, Hageböck, das Mergelgebiet des Geschiebestreifens. Der Brunnen bei Haltestelle Teschow, im Niveau von etwa 45 m Meereshöhe angesetzt, durchsank 2 m Torf und 28 m grauen (? oberen) Geschiebemergel, dessen Liegendes weisser Spatsand ist. Die südlich folgenden Bahneinschnitte, in dem 50—65 m hohen Terrain, zeigten bei Vogelsang oberen Mergel in der Mächtigkeit von einigen Metern, discordant zum Teil mit sackartigen Einbuchtungen Spatsand mit Bänderthon oder Kies überlagernd und diese Sedimente oft in zusammengeschobene Stellung bringend, an seiner unteren Grenze auch häufig zu Sand oder Bänderthon ausgeschlemmt. Auch treten zuweilen Kuppen der unteren Kiese bis zu Tage, nur seitliche Anlagerung des Deckmergels zeigend. Erst bei Lischow und Hageböck beginnt der Deckmergel sich durch grösseren Reichtum an Geschieben auszuzeichnen; sein Niveau ist hier dasselbe wie in dem eben beschriebenen nördlichen Anfang des Geschiebestreifens, etwa 50—55 m. Hier ruht der obere unmittelbar auf dem unteren Mergel; der Brunnen in Station Hageböck musste 36 m grauen Mergel durchstossen, ehe er auf Sand kam (Unterkante des Mergels etwa 8 m über Ostseespiegel). In einem südlich folgenden Einschnitt bei Neuburg tritt in dem 52 m hohen Rücken wieder der Kies herauf, unter Blocklehmbedeckung. Westlich hiervon, in Neuburg selbst (Höhe 30 m), waltet der Spatsand vor, ringsum aber von Gebieten des strengen Deckmergels umgeben. Der Einschnitt an der Station Kartlow entblösste unteren Sand und Kies unter wenig mächtiger Bedeckung von blockreichem Deckmergel; daneben lagerte der Deckmergel ohne Sandzwischenschichten auf graublauem unteren Mergel; der Brunnen traf unter 3 m gelbem lehmigen Sand (Oberdiluvium) auf 20 m blauen unteren Mergel, dessen Liegendes wieder Sand ist (Unterkante des unteren Mergels etwa 10 m über 0).

Auch der Einschnitt bei Rohlstorf ergab in gleicher Weise mächtigen Deckmergel, der unten durch Aufschlemmung Schichtung zeigt, mit grossen Blöcken, auf Kies und Sand lagernd. Der bald folgende traf Kies unter Bedeckung von blockreichem sandigen Deckmergel. Der Einschnitt durch den 50 m hohen Rücken südlich Hornstorf traf Blockmergel, auf blauem Thon. Die benachbarte Kiesgrube an der Hornstorfer Scheide zeigt in 15 m Meereshöhe wohlgeschichteten Kies und Sand mit kaum merklicher Deckkiesüberlagerung.

Die Bahn durchläuft nach dem Angeführten hier den Geschiebestreifen in einer Breite von circa 12 km. Wir sahen, dass derselbe die Meereshöhe von 50—60 m hat, und dass er aus blockreichem oberen Geschiebemergel der Hauptsache nach gebildet wird, der aber selten bedeutende Mächtigkeit besitzt und teils auf unteren Sanden und Thon, teils auf unterem Geschiebemergel discordant aufsitzt, seine Unterlage vielfach in ihrer Lagerung gestört hat, häufig an seiner unteren Grenze aufgeschlemmt ist; durch Aufquetschung oder auch ohne dies durch Zurücktreten des Deckdiluviums gelangten auch öfters die unteren Sande zu Tage.

Die eben genannte Gegend kann als die westliche Abdachung der sich im Südosten anschliessenden Höhen betrachtet werden, welche einen vielfach coupierten, zum Teil ziemlich steilen Höhenzug bilden, über Nantrow, Madsow, Zarnekow, Züsow laufend und nach Südost weiter zur Hohen Burg von Schlemmin, westlich Bützow, sich erstreckend. Seine Höhen betragen 85, 95—105 m. Oestlich schliessen sich daran die Höhen, von 50—110 m wechselnd, welche die coupierte Landschaft des Messtischblattes Kirch-Mulsow bilden, mit den Orten Steinhagen, Kirch-Mulsow, Bäbelin, Glasin, Tüzen, Rosenhagen u. s. w. Prächtig ist hier die Moränenlandschaft entwickelt, mit zahllosen Söllen, Torfkesseln und kleinen Moränenseen; der Boden besteht aus meist vorherrschendem, einige Meter mächtigem oberen Geschiebemergel mit massenhaften Blöcken; besonders auf der Feldmark Glasin finden sich zahllose cyklopische Mauern um die Wege, einzelne Schläge, Gehöfte u. s. w., ferner sind in dieser Gegend unzählige Hünengräber u. a. m.; zu dem neuen Chausseebau werden die frei herumliegenden oder dicht unter der Oberfläche, in Lehm oder sandiger Steinpackung eingehüllten Blöcke sehr leicht gewonnen. Mitten im Blockgebiet finden sich auch Stellen, an denen der Reichtum an Geschieben sich stark vermindert (z. B. bei Neu Babst, Warnkenhagen, Poorstorf u. a.). Besonders da wo die Erosion und Evorsion in das Plateau eingeschnitten hat, treten auch die Grand-, Sand- und Schluffthone des Unterdiluviums hervor, unter noch geringer Bedeckung von oberem Geschiebemergel oder dessen Vertreter, dem Deckkies oder der Moränensteinpackung, zum Teil in starker Schichtenstörung, oft aber auch völlig ungestört. Auch auf hohen Kuppen tritt der untere Sand zu Tage, entweder als aufgequetschtes Lager oder auch in horizontaler ungestörter Lagerung, zum Teil von blosser Steinbestreuung bedeckt. Auch hier sieht man das untere Diluvium in gleiches Niveau aufsteigen wie das Deckdiluvium, die Höhenrücken bestehen nicht wie Endmoränen aus Material des Deckdiluviums, das etwa auf eine gleichmässig ausgebreitete Unterlage des Hauptdiluviums aufgeschüttet wäre. Der obere Mergel ruht, wie erwähnt, teils einfach auf seinem Untergrund, ohne denselben in seiner Lagerung gestört zu haben, und ist hierbei häufig in seinen unteren Partien bei etwa ½ m Dicke zu Sand oder sandigem Lehm ausgeschlemmt, teils hat er starke lokale Schichtenstörungen hervorgerufen. Seine Mächtigkeit ist durchschnittlich 3—5 m, vielfach auch noch weniger.

Die Gegend von Moltenow, Ulrikenhof, Warnkenhagen zeigt neben unteren Sanden noch vorwiegend strengen oberen Mergel, aber ohne besonderen Steinreichtum, so dass man hier, bei einer Höhe von 70—75 m, die sich weiter östlich zu 50 m abdacht, den nordöstlichen Anfang des Geschiebestreifens suchen kann; die Höhe westlich von Warnkenhagen und Tüzen gehört mit ihrem grossen Blockreichtum und der Moränenlandschaft schon völlig zum Geschiebestreifen.

Von Tüzen und Poorstorf läuft ein nordoststreichender Rücken oder breite Hügelreihe mit über 115 m Meereshöhe über die Orte Pasee, Rosenhagen, Horst, bei Gerdshagen sich zu 90 und 80 m abdachend, hier nach der 70 m hohen Moränenlandschaft von Satow laufend, welche bereits dem anderen schmalen Parallel-Geschiebestreifen, der über Neu Bukow läuft, entspricht. Der erwähnte breite Höhenzug kann danach entweder als Querriegel und nordöstlicher Ausläufer aufgefasst werden, oder als ein Rest des gesamten, von Nordwest nach Südost resp. hier Nordnordwest nach Südsüdost laufenden breiten Geschiebestreifens, der bei der Erosion stehen geblieben ist, während in seiner nordöstlichen Abdachung eine Ecke herausgehöhlt wurde.

Für die erstere Auffassung spricht auch das gleiche Verhalten des südlichen Parallelzuges, der an entsprechender Stelle bei Schimm einen nördlichen Ausläufer entsendet (s. u.); der erstgenannte Ausläufer ist der von Boll (Abriss d. meckl. Landesk. 1861, S. 247) erwähnte, von den Schlemminer Bergen ausstrahlende dritte Zweig.

Bei Glasin schliesst sich in südöstlicher Richtung ein sehr deutlicher schmaler Höhenrücken an, der über Strameuss, hier im Hohen Berg die Höhe von 101 m erreichend, Käterhagen, Jabelitz zu den Schlemminer Bergen führt. Der schmale, nur etwa 3—4 km breite Zug besteht aus einzelnen, oft als schmale sehr rein von Nordwest nach Südost streichende Rücken ausgebildeten Hügeln, von blockreichem oberem Geschiebemergel mit bald darunter vortretenden unteren Sanden gebildet. Isolierte Sölle und Torfkessel sind auch hier die typischen Begleiter der Moränenlandschaft. Zwischen Gr. Tessin, am Tessiner See, 75 m, und dem aus blockarmem, wenig mächtigen Deckmergel mit unterem Feinsand bestehenden Kronsberg bei Lüdersdorf hat der Zug seine grösste Verengung, etwa 2½ km, alsbald verbreitert er sich bei Hermannshagen, Jabelitz, Göllin zu etwa 5 km.

Hier schliessen sich die Schlemminer Berge an; der Anschluss mit dem Geschiebestreifen, die Linie Katelbogen-Strameuss, und ihre parallelen Höhen, in nordwestlicher Richtung laufend, werden von Boll (Abriss 1861, S. 246) als erster „Ausläufer" von dem „Knotenpunkt" der Schlemminer Berge bezeichnet. In der Mitte zwischen Lübberstorf und Lüdersdorf östlich von Neukloster erreicht das Sandgebiet, welches südlich unseres Geschiebestreifens sich ausdehnt (s. u.), sein Ende und tritt zunächst blockreicher sandiger Deckmergel, oft sehr wenig mächtig den unteren Sand bedeckend, zur Herrschaft. Der Mergelboden wird mächtiger und die Blöcke mehren sich im Neuklosterer Forst zwischen Lübbersdorf und Göllin, wo sich einzelne bis 90 m hohe Kuppen neben den massenhaften Torfkesseln und Söllen der 75—80 m hohen Moränenlandschaft erheben. Eine 4 m tiefe Grube nahe dem östlichen Waldrand bei Göllin zeigt eine lehmige kiesige Steinpackung von massenhaften grossen und kleinen Blöcken. Auf den Feldern der Dorfschaften Göllin, Jabelitz, Glambeck und Qualitz sind so massenhafte Blöcke vorhanden, dass sie ausser zu Häuserbauten zu breiten Mauern längs der Wege und Grenzen aufgehäuft sind. Sölle und Torfkessel vereinigen sich damit zur Herstellung der Moränenlandschaft, diese erreicht in den Kuppen der Schlemminer Berge nebst den tiefen Kesseln und Thälern ihren Glanzpunkt.

Die Schlemminer Berge mit den einzelnen als Langer, Bruns, Hei, Rug Berg, Hohe Burg, Egg Berg bezeichneten Höhenpunkten von 130—145 m Erhebung stellen einen Teil des in der Umgebung von Schlemmin 100 m hohen Mergelplateaus dar. Zahllose tiefe isolierte Kessel und längere tiefe Thalkessel durchfurchen dieselben und schneiden insbesondere die langen von Südwest nach Nordost verlaufenden schmalen Rücken heraus, deren flache Gipfel mit den erwähnten Namen bezeichnet sind; in diesem nordöstlichen Streichen der einzelnen Rücken braucht man indes nicht ein erzgebirgisches Streichsystem des Flötzkernes ausgedrückt zu finden, sondern dieselben sind nur als Reste der Erosion zu betrachten. Die zahlreichen losen Blöcke, die den Bergen neben den tiefen Schluchten einen seltenen landschaftlichen Reiz verleihen, gaben früher Veranlassung zu Bauten von Hünengräbern; der höchste Punkt, die Hohe Burg, zeigt uns einen wohlerhaltenen Ringwall (vgl. auch die Schilderung von Boll, Abriss 1861, S. 245).

Oestlich bis Kurzen Trechow finden wir noch coupiertes Terrain, das rasch zu 40 m herabsteigt, öfters gelangt der untere Sand hier zu Tage, obgleich der blockreiche mehr oder weniger sandige Deckmergel noch herrscht. Zwischen Kurzen Trechow und Neuendorf sind zahlreiche Blöcke im Deckkies, einer merglig sandigen Steinpackung enthalten, der auf unteren Sanden, oft bis 3 m Mächtigkeit lagert. Ein weiterer Abfall des Diluvialplateaus bis Bützow zeigt, dass die östliche Grenze des Geschiebestreifens nunmehr überschritten ist. Dieser Teil entspricht dem „zweiten Ausläufer" der Schlemminer Berge (Boll, a. a. O. S. 247); es sind die steil nach dem Warnowthal abfallenden hohen Berge der Qualitzer und Rühner Forsten, mit den Orten Kurzen Trechow, Katelbogen und Baumgarten, welche das östliche Ende des Geschiebestreifens darstellen. Auch auf den Höhen, nicht nur an den Thalabschnitten, erkennt man hier die Beteiligung der unteren Sande am Bau jener Berge, indem ihre Schichten oft nur von geringem Deckmergel überlagert, in ungestörter oder lokal gestörter Schichtung vielfach zu Tage treten.

Hier wendet sich der Geschiebestreifen nach Süden. Bei Wendorf tritt massenhafte Steinbestreuung der Kiesfelder am nördlichen Warnowgehänge auf, cyklopische Mauern sind häufig. Schependorf, Qualitz, Laase, Mankmoos, mit stark coupiertem Terrain, das noch bis 80 m ansteigt, gehören zu dem Geschiebestreifen, der sich hier mit einer Breite von 1 Meile nach Süden zieht.

Bei Eickhof, westlich der Eisenbahnstation Warnow, ist der trefflich in die Augen springende Thalbeginn des unteren Warnowlaufes zu sehen, im östlichen Grenzgebiet unseres Geschiebestreifens, der hier die Höhe von 50 m besitzt, bei Eickelberg aber noch zu 80 m aufsteigt. Die vielfach kurzen Seitenkessel und die steil abfallenden Ränder des amphitheaterartigen Thalbeginnkessels zeigen bei Eickhof das Normalprofil: auf den unteren Sanden lagert auch hier noch bei 20—30 m eine 1 m mächtige Decke mächtiger Moränensteinpackung mit geschrammten nordischen Blöcken, die teils auf den Feldern herum verstreut liegen, teils zu Strassenbauten in kleinen Kuhlen oder auf den Feldern „ausgebuddelt" werden. Das zumeist aus oberem Geschiebelehm bestehende Plateau bei Eickelberg, von zahllosen Söllen, Torflöchern und kleinen Seen unterbrochen (typische Moränenlandschaft), ist von massenhaften Blöcken überstreut. Die Steine verschwinden ziemlich plötzlich in der im Westen folgenden 60 m hohen Sandgegend von Gross Labenz (s. u.).

Bei Klein Raden südlich Eickhof herrscht sandige Steinpackung von geringer Mächtigkeit, aber mit bedeutendem Blockreichtum vor, untere Sande bedeckend und diese zum Teil in ihrer Lagerung störend; zum Teil tritt der Sand zu Tage, zum Teil wird er auch von mächtigem Blocklehm überdeckt. Blockmauern, Sölle, kleine Seen sind hier auf dem etwa 40 m hohen Plateau typische Zeichen der Moränenlandschaft.

Bis in die Gegend der Sternberger Burg erstreckt sich der Blockreichtum. Gross Raden im Nordosten davon, gehört bereits zum Gebiet ausserhalb des Geschiebestreifens, der hier also eine kleine Zunge nach Süden bis kurz vor Sternberg entsendet.

Im Norden gehört die Gegend von Warnow noch zu dem Gebiet. Eine Grube bei der Station Warnow, am südlichen Gehänge des breiten Warnowthales in 25 m Höhe gelegen, zeigt den Typus der durch die Schmelzwässer ausgewaschenen Moränenlandschaft, nämlich auf unteren Sanden und Kiesen eine 1—2 m mächtige lehmigkiesige Steinpackung mit normaler Entwicklung des Moränenschuttes. Die Sandfelder der Abhänge sind mit massenhaften Steinen überstreut. Nach dem 40 m hohen, von Söllen und Torfkesseln durchbrochenen Plateau bei Schlockow, Klein Raden, Buchenhof herrscht der strengere Mergel vor, mit massenhaften Geschieben.

Die Kiesgruben an der Bahn östlich von Warnow geben das Ende des Streifens an; circa 1 m steinreicher, brauner Deckkies, zum Teil noch geschichtet, lagert auf flach wellig gebogenen Schichten von unteren Sanden und Kiesen, unter denen auch Thonlagen auftreten.

Von Eickhof, Warnow, Buchenhof wendet sich der Geschiebestreifen mehr nach Osten und streicht in ostsüdöstlicher Richtung nach Gross Upahl. Der deutlich zum Teil ziemlich schroff nach Nordosten zum Nebelthal und weniger steil nach Südwesten abfallende Bergzug erhebt sich zu 50 und 60 m, vielfach auch 70 und bei Boitin und Gross Upahl über 80 m erreichend. Die Gegend südwestlich von Tarnow, Prüzen und Hägerfelde kann als das nordöstliche Ende des Geschiebestreifens gelten, Lübzin, Huchow, Lenzen als die südwestliche Grenze, so dass hier eine Breite von nur etwa 4—5 km vorliegt.

Die 60—80 m hohe Gegend von Gross Upahl ist wieder die typische Moränenlandschaft, mit zahllosen tiefen Kesseln, Söllen, der steilufrigen Wanne des Upahler Sees u. a. m. Ausserordentlich viel Blöcke liegen auf dem lehmigen Boden umher und sind zu cyklopischen Mauern u. dergl. benützt. Eine Grube auf der 80 m hohen Kuppe hinter dem Hof Gross Upahl zeigt 5 m gelben Blocklehm, unter und neben dem Feinsandschichten heraufgequetscht sind; die Brunnenbohrung ergab unter dem oberen bis zu 30 m Mächtigkeit grauen unteren Geschiebemergel, der zahlreiche Kreidestücke führt, auf thonigem Sand lagernd.

In dem Lähnwitzer Forst am Südende des Upahler Sees wird der Geschiebestreifen von steinreichem Deckkies gebildet, der in geringer Mächtigkeit auf unteren Sanden lagert; bis Garden dauert die Steinbestreuung auf dem Sandboden an, auch mit inselartigem Auftreten von Blockmergel. Im Süden schliesst sich dann das Sandgebiet mit demselben Niveau an.

Bei Klein Upahl und Gerdshagen östlich vom Upahler See ist gleicherweise eine enorme Fülle an grossen Blöcken in dem bis 100 m ansteigenden stark coupierten Terrain vorhanden, nördlich vor dem Hof Gerdshagen endigt der Geschiebestreifen in der Höhe von 90 m, und das Land dacht sich von da ziemlich rasch nach Norden ab, das Südende ist bereits südlich vom Dorf an der Lohmener Grenze. — Von Upahl erstreckt sich in südwestlicher Richtung ein an Blöcken stellenweise recht reicher Höhenzug (73, 65, 55 m) als Ausläufer des Geschiebestreifens über Lenzen, Bolz, Borkow bis in die Gegend von Gägelow unweit Sternberg auf eine Länge von circa 8 km, um sich dort dem Sternberger Geschiebestreifen beträchtlich zu nähern. Sein Boden ist vielfach von Söllen und Evorsionsseen unterbrochen; er besteht teils aus strengem oberem Geschiebemergel, teils aus Sanden mit Steinbestreuung. Seine beiden, sehr flach abgedachten Abhänge führen in reine Spatsandgegenden hinüber.

Ueber Neuhof, Zehna, Bellin, Steinbeck, Marienhof, Tessin verläuft nun der Geschiebestreifen mit einer Höhe bis 70 und 80 m nach Grabow und Charlottenthal nördlich von Krakow. Am nördlichen raschen Abfall und in der südlichen, ziemlich gleich hoch gelegenen Landschaft sind die Sedimente des Hauptdiluviums, als Sande und Thone, entwickelt (s. Beitr. VII z. Geol. Meckl. 1885, S. 59), auf denen der blockführende Deckkies oder die ihn vertretende Steinbestreuung immer mehr zurücktritt, je weiter man sich von dem Geschiebestreifen entfernt. So ist noch bei Kleisten und Kirch-Kogel, in der Nähe von Dobbertin, eine enorm reiche Steinbestreuung auf dem 70 m hohen Sandgebiet zu gewahren, die in Sandgruben oft als normale Moränensteinpackung von 1,5—1 m Mächtigkeit auf unteren Sanden zu beobachten ist. Man hat dies Gebiet als südwestliche Ausweitung des Geschiebestreifens zu betrachten, welche, seitliche Heidegebiete trennend, über den Dobbertiner Lias zu dem südlichen Parallelzug von Sternberg-Karow hinläuft (s. u.).

An die typische Moränenlandschaft in der 60—75 m hoch gelegenen Gegend nördlich vom Krakower See, bei Ahrenshagen, Koppelow, Kuchelmiss, mit Blockmergel- oder Deckkiesboden, auf unteren Granden oder Mergel lagernd — mit ihren zahlreichen Söllen, Kesseln, Schluchten, Thalbeginnen zu den Depressionen des nördlichen Krakower Sees, isolierten Kuppen, massenhaften Blöcken (cyklopische Mauern!), hier von dem Kombinationsthal der Nebel durchbrochen — schliesst sich im Süden bis Serrahn und Neu Zietlitz der blockreiche Deckkies und seine bis 1 m mächtige Steinpackung als südliches Ende des Geschiebestreifens an.

Bei Alt Sammit auf der westlichen und bei Zietlitz auf der östlichen Seite des Krakower Sees finden wir auf dem gleich hohen Terrain nach Süden wandernd eine immer spärlicher werdende Steinbestreuung auf unterdiluvialen Sanden, welche letztere alsbald zur alleinigen Herrschaft in der breiten südlich anschliessenden Heidegegend gelangen.

Oestlich setzt sich der Streifen in die Gegend vom Thalbeginn des Malchiner Sees fort (s. Beitr. z. Geol. Meckl. I, 1870, S. 48 f.).

Langhagen und Rothspalk liegen am nördlichen Beginn des Geschiebestreifens, dessen Höhe hier 70—90 m beträgt, während das nördlich vorlagernde Plateau etwa 70—50 m Höhe hat, mit mannigfachem Wechsel allmählich flach nach Norden abfallend. Wie an den neuen Bahnprofilen gezeigt (Beitr. z. Geol. Meckl. VII, 1885), gehört Dersentin schon zum Aussengebiet, wo der Deckmergel gegen die Sande und Thone oder den unteren Mergel zurücktritt oder, wie weiter nördlich, sich durch Blockarmut auszeichnet. Prächtig unverändert ist die Moränenlandschaft bei Krevtsee und Klein Luckow erhalten, wo die massenhaften Blöcke auf den „Knirkbergen" zum Teil noch jede intensive Kultur hindern (Knirk-Wachholder). Schlossgrubenhagen, Steinhagen, Hallalit, Kirchgrubenhagen, Vollrathsruhe, Gross Rehberg, Blücherhof sind die Orte dieses bei Vollrathsruhe zu 100 m ansteigenden Moränengebietes, bei denen man die Glaciallandschaft mit am schönsten in Mecklenburg beobachten kann. Die massenhaften grossen Blöcke, oft von enormer Grösse, sind zu cyklopischen Mauern oder Hügeln angehäuft, in die Sölle versenkt, zu Haus- und Pflasterbauten verwendet, und doch liegen die Felder immer noch vielfach wie übersäet damit. Der Boden ist zwar vorwiegend oberer Blockmergel oder sein Vertreter der Deckkies, doch treten auch oft die unteren Sande und Grande, zuweilen auch unterer Mergel hoch zu Tage.

Wandert man von Vollrathsruhe südwärts, so bemerkt man am Abfall des Höhenzuges hinter dem Cramoner Buchengehölz eine Abnahme zunächst in der Grösse und alsdann in der Zahl der Steine, welche die Felder bedecken, und gelangt allmählich in das reine Sandgebiet der Nossentiner Heide.

Bei Burg Schlitz und Karstorf ist ebenfalls noch Blockreichtum zu bemerken; so können wir hier den Nordrand des Streifens angeben, der sich in Burg Schlitz zu 103 m erhebt. Die Breite des Geschiebestreifens wäre somit hier, zwischen Burg Schlitz und Vollrathsruhe, gerade 1 Meile. Nach Boll soll sich von Rothspalk über Burgschlitz und Hohen Demzin ein nordöstlicher Ausläufer nach Pohnstorf (III) abzweigen.

Bei Bülow am Nordufer des Malchiner Sees treten auch ziemlich viele Blöcke in dem Mergelboden auf, so dass hier ein Herabrücken zum nördlich vorlagernden Geschiebestreifen durch die Sandgegend von Glasow angebahnt ist.

Nunmehr lässt sich der Geschiebestreifen deutlich weiter nach Ostsüdosten verfolgen; dabei nimmt er eine grössere Breite an. Seine Details wurden schon früher an den Aufschlüssen der Malchin-Warener Bahn beschrieben (Beitr. z. Geol. Meckl. I, 1879, S. 48 f.). Die Orte Klocksin, Moltzow, Rambow, Tressow, Hinrichshagen, Sapshagen, Marxhagen, Panschenhagen, Sophienhof, Hagenow, Sommerstorf, Klein Vielist liegen inmitten der typischen Geschiebestreifenlandschaft, in der wiederum nicht allein der blockreiche obere Mergel oder die ausgewaschenen erratischen Blöcke und der Deckkies herrschen, sondern auch das Unterdiluvium oft zu Tage tritt. Das Terrain steigt im Norden und Süden allmählich an, bei Marxhagen ist die grösste Höhe von 125 m, die 100 m-Kurve macht sich in dieser Gegend noch häufig geltend. Von der Eisenbahn aus kann man auf den Feldern bis Falkenhagen den grossen Blockreichtum wahrnehmen.

Schwinkendorf und Langwitz sind insofern als nördliche Ausläufer zu betrachten, als hier, an der Südgrenze der Basedower Heide, innerhalb der auch weiter südlich noch folgenden unteren Granddistrikte lokal bedeutende Blockanhäufungen im oberen Mergel auftreten. Auch bei Rothenmoor tritt oberer Mergel, aber mit weniger Steinen, zum nördlichen Grenzgebiet gehörig auf.

Bei Vielist, Schwenzin, Warenshof, Falkenhagen unweit Waren ist die südliche Grenze bereits überschritten; hier tritt der untere Sand, zum Teil mit Grand zur Herrschaft, zum Teil noch von steinreichem Deckkies dünn überlagert, der eine dichte Steinbestreuung der Sandfelder verursacht. Die mächtige Sandablagerung in dem Bahneinschnitt am Südrande des Warener Buchenwaldes zeigt ein Abfallen der Sandschichten nach Süden, von dem Höhenzug des Geschiebestreifens ab. Analog war am nördlichen Parallelstreifenrand am Hainholz bei Malchin der Sand neben flacher Schichtenwölbung im allgemeinen von nördlichem Einfallen, also auch ab von dem Geschiebestreifen.

Der Geschiebestreifen hat hier (zwischen Grabowhöfe und Tressow resp. Langwitz) eine Breite von 8—13 km.

Südlich davon reiht sich das unterdiluviale Sandareal von Waren, Federow, Jabel, Nossentin, wo auch die oberdiluviale Steinbestreuung mehr und mehr zurücktritt; nur in Jabel tritt an der Südgrenze dieses Sandgebietes am Bahnhof eine bedeutende Blockanhäufung im (oberen) Mergel auf, der hier auf dem Kreidekalk lagert. —

Aus der Gegend von Panschenhagen zieht sich der Geschiebestreifen nach Müllenhagen. Ich habe hier teilweise nur seine südwestliche Grenzpartie verfolgt, an die sich eine weite Sandgegend von dem Typus der Lüneburger Heide anschliesst.

Bei Schwastorf und Kargow sieht man in dem coupierten, von vielen Söllen und Torfwannen (in deren einer die Peene bei Schwastorf ihren Ursprung nimmt) unterbrochenen Terrain wieder die normale blockreiche Moränenlandschaft, hier als an der südlichen Grenze schon mit vorherrschendem Sandboden des Unterdiluviums, der erst mehr nördlich dem Deckmergelboden Platz macht. Der Eisenbahneinschnitt bei Kargow zeigt vorzüglich schön das Profil: 0,5—1 m rostbrauner ungeschichteter sehr steinreicher Deckkies und Steinpackung mit einzelnen sehr grossen Blöcken, scharf abgesetzt von dem darunter lagernden, in mannigfacher Wechsellagerung geschichteten Grand, Spatsand und Gerölle des Hauptdiluviums. An dem Landweg zwischen Kargow und Schwastorf sehen wir meist den unterdiluvialen gelblichen Sand bis zur Oberfläche treten, nur von massenhaften Steinen und Blöcken bestreut, die zu Mauern oder kegelförmigen, oft von Buschwerk bewachsenen Hügeln zusammengehäuft sind oder in die Sölle und Kuhlen versenkt werden. Von der Eisenbahn aus sieht man auf dem 80 m hohen Terrain viele dieser an Hünengräber erinnernden Hügel. In Schwastorf tritt der Geschiebemergel auf, als unterer zu bezeichnen, oft von geschichtetem Grand und Sand bedeckt; nördlich von hier sind oft die kuppenartigen Bodenerhöhungen aus schwerem Lehm zusammengesetzt, während die tieferen Partien aus sandigem Deckkies oder gar unterdiluvialem Sand bestehen. Die cyklopischen Mauern, die aus „Felsen“ gebauten Häuser und das Pflaster der Strassen in jenen Dörfern weisen auf den Geschiebereichtum der Gegend hin. Im Norden gehören die Orte Schlön, Ueberende, Torgelow, Schönau u. a. in das Gebiet des Geschiebestreifens, hier wohl mit herrschendem Mergelboden. Schmachthagen bezeichnet die westliche Grenze gegen Waren hin. An der südlichen Grenze von Kargow zeigt die massenhafte Steinbeschüttung des circa 75 m hohen Terrains, welche auf kurze Entfernung nach Federow unter Verkleinerung der Steine bald gänzlich auf dem gleich hohen Sandgebiet zurücktritt, das Südende des Geschiebestreifens an.

Nach Boll streicht der Geschiebestreifen nun weiter über Gross und Klein Dratow, Eickhof, Rockow nach Möllenhagen.

Bei Station Möllenhagen besteht das 95 m hohe Terrain aus blockreichem gelbem Deck-Geschiebemergel von circa 3—5 m Mächtigkeit, dem zuweilen gebogene Thonzwischenschichten eingeschaltet sind. Der Einschnitt in dem Wald, wo sich der Reiherberg zu 117,5 m Höhe erhebt, zeigte zähen dunkelblaugrauen Geschiebemergel, bedeckt von circa 3—5 m gelbem oberen, zum Teil auch, besonders am westlichen Anfang des Einschnittes, von Kies und Sand angelagert. Die massenhaften Blöcke, welche den Boden bedecken, sind auch hier zu den charakteristischen Hügeln zusammengelesen oder in die zahllosen Sölle versenkt. Sehr schön entblösste auch der Einschnitt ein einige Meter tiefes Torflager (Waldtorf), welches einen trichterförmig in den Deckmergel eingearbeiteten alten Soll ausgefüllt hat.

Nach Osten hin erstreckt sich von Marin über Penzlin ein ebenes „Stromschnellengebiet“.

Der Geschiebestreifen setzt (nach Boll) fort über Ottenheide, Ankershagen, Kratzeburg, Peccatel, Adamsdorf, Peutsch nach Hohenzieritz, Usadel in das Gebiet des Thalbeginnes der Tollense. Wenn man von Penzlin südwärts nach Neustrelitz wandert, durchquert man den Geschiebestreifen auf seine Breite von 6 km; das Terrain steigt von 55 bis zu 85 m an. In der an Söllen, Torfkesseln und

Seen reichen Deckmergelgegend trifft man zuerst bei Christenhof, nordwestlich Prillwitz, auf den Blockreichtum, bald erscheinen die cyklopischen Mauern als Wege- und Gehöfteinfassungen bei Hohenzieritz. Die Sandgrube südlich Hohenzieritz zeigt 1—2, auch 3 m mächtigen blockreichen sandigen Deckmergel in 55 m Höhe, auflagernd auf rasch wechsellagernden Sanden und Granden, am Gehänge des Rückens auch nur Decksand, lehmig mit roher Schichtung. Bis nach Weisdin tritt auf dem mannigfach coupierten, im allgemeinen etwas niedrigeren (60—75 m, zum Teil aber auch bis 94 m hohen) Terrain mehr und mehr der unterdiluviale Sandboden zur Geltung, bei Blumenholz noch mit ziemlich reichlicher Steinbestreuung (hier mit Dreikantern). Bei Weisdin treten die Blöcke ganz zurück, so dass schon nördlich davon die Grenze des Streifens anzugeben ist.

Die Breite im weiteren Verfolg ist wegen der ausgedehnten Beforstung nicht leicht zu konstatieren. Der Geschiebestreifen setzt in südöstlicher Richtung ununterbrochen durch den Forst Blumenhagen fort, hier meist mit sandigem Boden. In dem Keulenberg nördlich von Thurow erreicht das Terrain die Höhe von 138 m. In dem tiefen Bahneinschnitt 6 km östlich von Neustrelitz sieht man eine Fülle grosser Blöcke auf den Abhängen, dem Deckkies entstammend, der hier die unteren Sande überlagert. Südlich hiervon, an der Waldgrenze neben der Chaussee werden in flachen Kiesgruben zahlreiche Blöcke (darunter viel Silurkalk) für Strassenbau „ausgebuddelt“: 1—2 m feiner gelber Heidesand bedeckt hier einen groben braunen, roh geschichteten Kies, der eine mehrere Meter mächtige Steinpackung bildet, an der Grenze zwischen Haupt- und Deckdiluvium. Das Terrain ist hier 80 bis 105 m hoch.

Boll gibt hier die Orte Thurow und Cammin an. Oestlich Zinow zeigt eine in 85 m Höhe angelegte Grube am Saum des Forstes Dianenhof 1,5 m oberen Mergel mit einzelnen grossen Blöcken, auflagernd auf horizontalen Bänderthonschichten; im Forst selbst herrscht ein stark coupiertes Terrain. Erst bei Carpin tritt grösserer Blockreichtum in 2 m starkem Deckmergel auf, südlich davon herrscht der unterdiluviale Feinsand, stellenweise von grossem Blockreichtum bedeckt. Bei Goldenbaum sind wir mitten in der Blockanhäufung, die dem nur 1 m oder noch weniger mächtigen Decklehm entstammt, so dass fast durchgängig feiner Sandboden herrscht, mit einer enormen Fülle von Blöcken bestreut. Diese, zum Teil 3 m im Durchmesser haltend, sind oft so massenhaft, dass sie der Feldbestellung fast unüberwindliche Hindernisse bieten. So ist das Areal um den Hünberg ein wüstes, von Blöcken bestreutes Sandfeld, wo Hünengräber, Dolmen und spätere Steinhaufen neben den cyklopischen Mauern längs der Wege ein ganz eigenartiges Bild darbieten. Der Forst Lüttenhagen mit den „Steinbergen“, die Steinmühle, Bergfeld u. a. O. sind weiter mit einem ausserordentlichen Blockreichtum gesegnet, der teils auf Feinsandboden, teils in strengem oberen Geschiebemergel sich befindet.

Von hier aus gelangen wir in die berühmte steinreiche und landschaftlich schöne Gegend von Feldberg. Bei Lüttenhagen treffen wir den blockreichen strengen Mergel des Deckdiluviums, das coupierte, von Söllen und Seen durchsetzte Terrain setzt bis Feldberg und Neuhof fort, in einer Höhe von 120, bis zu 146 m in den Rosenbergen zwischen beiden genannten Orten ansteigend. An den Gehängen der durch Erosion mannigfach herausmodellierten Rücken trifft man blockreichen Deckkies oder Blockbestreuung der unteren Sande; auch südlich von Feldberg, bei Neuhof und Carwitz tritt vielfach der feine Spatsand zu Tage, mit derselben enormen Blockbestreuung. Die Orte der Umgebung von Feldberg, Neuhof, Carwitz, Thomsdorf, Conow, Wittenhagen, Tornowhof, Schlicht, Lichtenberg, Wrechen zeigen alle in ungeheurer Fülle die grossen, oft einige Meter im Durchmesser haltenden erratischen Blöcke, die zu cyklopischen Mauern um die Gehöfte und Wege aufgehäuft oder zu Steinhaufen zusammengetragen sind oder zu Pflaster und Häuser- und Kirchenbauten verwertet werden. Ihre Fülle, in den Wäldern oft (z. B. bei Wendorf) wie Felsmeere in Granitgebirgen erscheinend, verleiht der an sich schon so schönen Landschaft noch weitere romantische Reize.

Das Terrain ist hier die normale Moränenlandschaft, nördlich von Feldberg im Wendorfer Forst bis zu 166 m ansteigend, meist von oberem Geschiebemergel gebildet, der in einer bis 5 m betragenden Mächtigkeit untere Sande oder Bänderthon oder auch unteren Mergel bedeckt, zum Teil aber auch durch blosse Steinbeschüttung auf unteren Sanden vertreten ist.

Im Süden werden bei Mechow die Steine immer kleiner, bei Lychen sollen sie verschwinden. Im Norden ist der Blockreichtum im Deckmergel bei Wendorf noch unverändert, tritt bei Neugarten und Grauenhagen zurück, erscheint aber auf dem 125 m hohen Gloinberg bei Göhren nochmals auf dem unteren Sand und Kies, um alsdann nach Woldegk zu fast ganz zurückzutreten. Die Breite des Geschiebestreifens ist demnach in der Umgegend von Feldberg, an einigen Stellen allerdings durch kurze geschiebearme resp. -freie Strecken unterbrochen, in nordnordöstlicher bis südsüdwestlicher Richtung gemessen etwa 18—20 Kilometer.

Wie Boll angibt, setzt sich von hier der Geschiebestreifen in südöstlicher Richtung weiter fort durch die Uckermark über Brüsenwalde, Mahlendorf, Warthe, Schönemark, Güstow, Prenzlau, Bertikow, Seehausen, Gerswalde, Blumberg, Fredenwalde, Willmersdorf, Steinhöfel, Alt-Temmen, Ringenwalde bis nach Schwedt an der Oder.

V. Geschiebestreifen: „Klützer Ort — Moidentin — Sternberg — Karow — Poppentin — Rechlin — Wesenberg — Fürstenberg."

Der an einer Stelle fast 40 m hohe Klint des „Klützer Ortes" (mit welchem Namen der Küstenstrich zwischen dem Dassower Binnensee östlich Lübeck und der Wohlenberger Wiek westlich Wismar bezeichnet wird) zeigt zwischen Rethwisch bei Boltenhagen (Gross Klütz Höved) und Brook und Schwansee in gleicher Weise wie der Stoltera-Klint bei Warnemünde einen von massenhaften, mächtigen erratischen Blöcken umsäumten Strand, dessen Blockreichtum weit bedeutender ist als bei Warnemünde, zum Teil allerdings wohl nur deshalb, weil seit Jahren zum Schutz des Ufers gegen die Wellen die Blöcke nicht weggenommen werden. Der durch den Buchenbestand seiner Höhen und die schönen Aussichten auf das Meer und die holsteinsche Küste landschaftlich ausgezeichnete Klint besteht auch hier aus mächtigem, grauen, unteren Geschiebemergel, der von oberem gelben Mergel in der Mächtigkeit von einigen Metern bedeckt wird, an dessen unterer Grenze oft Zwischenschichten von Sanden und Bänderthon auftreten, die von dem Deckmergel vielfach in ihrer Lagerung stark gestört erscheinen; zum Teil tritt auch der Deckmergel stark zurück und es erscheinen bei Vorherrschen der unteren Sande in dem Klint die amphitheatralisch zurücktretenden „Nischen“[1]).

Den mächtigen Entwickelungen der Sande zwischen den Geschiebemergelwellen des Strandes entsprechen auch im Hinterlande Unterbrechungen des blockreichen Mergelbodens durch Sandgebiete, so dass nicht ein einheitlicher Geschiebestreifen von 12 km Breite vorliegt, sondern derselbe in einige parallele, unter einander auch wohl diagonal verbundene Einzelstreifen zerfällt. Der im Klützer Ort hervortretende Rücken von Senonkreide ist vom gesamten Diluvium mit Sanden, Thonen und oberem und unterem Geschiebemergel beschüttet worden. Gebiete, in denen die unterdiluvialen Sedimentärbildungen vorherrschen, finden sich überall inmitten des normalen Geschiebestreifens. Einige Beispiele seien aufgeführt: Bei dem südlichen Ausbau zu Warnkenhagen in 45 m Höhe tritt feiner Spatsand und Kies innerhalb des Deckmergelgebietes auf. Die Kalkgrube am nördlichen Gehänge des Hohen Schönberges zeigt bei 80 m die Kreide bedeckt von gelbem Geschiebemergel mit zahlreichen schön geschrammten Blöcken, in derselben Weise wie alle Kreidevorkommnisse des Klützer Ortes. Nach der Höhe zu tritt dazwischen ein bis 3 m mächtiges Lager von geschichtetem Blockkies, ein „unterdiluviales“ Geröllager; die Spitze des 92,3 m hohen Schönberges wird aus Kies und Sand mit Geröllagern gebildet, der von etwa 1 m ungeschichtetem Deckkies noch überdeckt ist.

Das dahinter liegende 70—80 m hohe, aber rasch zu 60 und 40 m abfallende Gebiet zwischen Hohenschönberg, Kalkhorst, Rankendorf, Goldebeck, in einer Breite von etwa 6 km, ist die eigentliche Moränenlandschaft. Die zahllosen Sölle, Kessel und Schluchten sowie grösseren Torfmoore, die massenhaften grossen Steine auf dem Boden (in Kalkhorst gibt es Blöcke von 6 cbm Grösse), die prächtigen Buchenwaldungen verleihen auch hier dem Lande den Reiz der Gebirgslandschaft; in dem Parke von Kalkhorst ist denn auch durch geschickte Benutzung resp. Konservierung der ursprünglichen Verhältnisse ein reizendes Bild der Gebirgsgegend fixiert.

Auch hier herrscht nicht lediglich der obere Blockmergel, sondern es treten auch blockarme Mergelpartien und grössere oder kleinere Sand-

[1]) Vgl. E. Geinitz: VII. Beitr. z. Geol. Mecklenb. 1885. S. 57 u. ff.

lager hier zu Tage. Bei Rankendorf werden die Blöcke zum Teil auch von dem unteren Mergel und von Deckkies geliefert, welch letzterer oft eine dünne Lage auf unteren Granden bildet. Bei Kühlenstein, inmitten der coupierten Landschaft tritt feiner Spatsand mit thonigen Zwischenschichten in mannigfachen Verwerfungen, zum Teil noch mit geringer Mergelbedeckung zu Tage.

Bei Klütz und Hofzumfelde, wo sich aus der westlich gelegenen Moränenlandschaft eine weite Niederung von nur 10 m Meereshöhe entwickelt, die zu dem Boltenhäger Thal führt, ist der Blockreichtum verschwunden und es treten Sande und ein mächtiges Lager von Bänderthon zu Tage, stellenweise noch von blockarmem sandigen Mergel bedeckt. Die Mächtigkeit dieser sedimentären Ablagerungen erhellt aus der artesischen Brunnenbohrung in Schloss Bothmer, welche unter Ackererde, Decklehm, gelbem Sand und blauem steinfreien Thon bei 60 m Tiefe eisenschüssigen Sand antraf, aus dem ein bis 47′ über Tage aufsprudelnder mächtiger Wasserstrahl angezapft wurde.

Im Westen bezeichnen Vogtshagen und Roggenstorf mit sandigem Decklehmboden und häufig hervortretenden horizontal gelagerten Feinsanden das Ende des Geschiebestreifens; allerdings sind hier auch noch vereinzelte Blöcke und die Ortschaften haben einzelne cyklopische Mauern, indes ist die eigentliche Häufigkeit verschwunden.

Der Geschiebestreifen setzt sich in südöstlicher Richtung fort über die Orte Grevenstein, Pohnstorf, Moor, Welzin, Gutow, Kussow.

Eine Kiesgrube an der Grevensteiner Windmühle, circa 50 m hoch, zeigt steil nach Süden einfallende verworfene Schichten von Kies und Sand mit kalkreichen Schluffzwischenlagen, angelagert und zwischengekeilt Blocklehm, der oben zum Teil sedimentiert ist. Bei Welzin sehen wir eine strenge Steinpackung 2 m mächtig, auf häufig aufgerichtetem Sand und Grand. Eine interessante Erscheinung tritt bei Rankendorf und bei Rolofshagen auf: in einer Kiesgrube östlich von Rankendorf lagert 3 m geschichteter Kies auf blockreichem Lehm, und wird selbst von wenig Deckkies überlagert; in der Sandgrube an der Chaussee nördlich von Rolofshagen ist unterdiluvialer Grand und Sand von mächtiger kiesiger Steinpackung bedeckt und diese selbst nochmals von geschichtetem Grand überlagert, auf dem (bis 0,5 m) wenig mächtiger, gelber blockarmer Geschiebelehm folgt. Wir erkennen hier wie auch bei Grevenstein eine mehr oder weniger weit durchgeführte Sedimentierung der Grundmoräne des oberen Geschiebemergels.

Unter bedeutender Verschmälerung und mit Zurücktreten des Blockreichtums wendet sich von Kussow—Rolofshagen der bis 55 m hohe Geschiebestreifen mehr in östlicher Richtung über Warnow, Hoikendorf, Jassewitz, Jamel, Gressow, Hamberge, so dass die Gegend von Grevesmühlen schon in das südliche normale Spatsandgebiet fällt.

Alsdann biegt der Geschiebestreifen, als deutlich sichtbarer Höhenrücken von 60—80 m Höhe, im Papenberg bei Luttersdorf zu 92 m ansteigend, noch circa 3 km breit nach Südosten, über Krönkenhagen, Lutterstorf, Beidendorf, Stieten, nach Moidentin bei Mecklenburg südlich Wismar: In der Kiesgrube am Kirchhof von Beidendorf sind unterdiluviale Grande und Kies, im allgemeinen von horizontaler Lagerung, von Deckkies bis zu 1 m Mächtigkeit überlagert, der zum Teil eine dichte Steinpackung darstellt mit grossen, oft geschrammten Blöcken. In einer nahe dabei nördlich gelegenen Kiesgrube sind die in ihrer Lagerung mehr gestörten Kies- und Grandschichten teils von Steinpackung und lehmigem Deckkies, teils von strengem Geschiebelehm bedeckt, der in breiten riesentopfartigen Buchten in den Grand eingreift; bisweilen finden sich auf dem Geschiebelehm noch Nester von Steinpackung. Südlich von Moidentin ist eine grosse Kiesgrube an der Eisenbahn in Betrieb, die an einem etwa 15 m hohen Aufschluss in mannigfacher Wechsellagerung Kies, Grand, Sand und Schluffsand in fast horizontaler Lagerung mit unbedeutenden Verwerfungen abbaut. Diese unteren Sande sind bedeckt von ungeschichtetem, $^1/_2$—3 m mächtigem Deckkies von ausserordentlich grossem Reichtum an Blöcken, das Normalbild einer grandigen Moräne darstellend.

Am Ostufer des jetzt vertorften Dambecker Sees ist längs der Eisenbahn bei Wendisch Rambow und Naudin das Ende des Geschiebestreifens in der reichen Steinbestreuung der unteren Sande zu erkennen. Der Forst bei Kleinen zeigt noch blockreichen strengen Geschiebemergel; dagegen treffen wir an der Nordspitze des Schweriner Sees, am Wallensteingraben und dem Loostener See sowie bei Hohen Viecheln den reinen unterdiluvialen Feinsand zu Tage getreten.

Nach Norden kann man das allmähliche Anreichern der Steinbestreuung auf den Feldern nach Moidentin hin verfolgen. In Hohen Viecheln herrscht der feine Sand, doch tritt am Steilufer des Schweriner Sees der Geschiebemergel auf. Weiter östlich reiht sich das Sandgebiet von Ventschow an, welchem der Deckgeschiebemergel teils überhaupt nicht mehr, teils spärlich oder nur von Steinbestreuung vertreten, erhalten ist.

Oestlich von hier tritt eine Unregelmässigkeit in dem Verlauf des Geschiebestreifens auf, durch welche sowohl die beiden benachbarten Geschiebestreifen als auch an anderer Stelle die südlich von ihnen gelegenen Sandterritorien in Verbindung treten.

Oestlich von Hohen Viecheln folgt die von Sanden und Thonen des unteren Diluviums eingenommene Gegend von Ventschow, Bibow und Blankenberg, welche an letzterem Orte mit der Sandgegend von Neukloster und Warin zusammenfliesst. Fleckenweise, wie z. B. bei Bibow, tritt auch hier der obere Mergel in etwas bedeutenderer Mächtigkeit auf, zuweilen ragt auch der untere ohne Sandbedeckung hervor, aber beide sind arm an Blöcken, das herrschende Gestein ist der feine Spatsand, zum Teil mit Steinbestreuung.

An die sich bei 60 m erhebende Gegend von Moidentin lehnt sich im Osten bei Moltow, Kleekamp, Tarzow, Schimm eine südsüdwestlich-nordnordöstlich streichende Höhe an, die zunächst bis 70 m über dem Meere, bei Schimm zu 80 m ansteigt und im weiteren nordöstlichen Verlauf über Fahren nach Zurow sich in dem Windmühlenberg nördlich von Zurow zu 102 m erhebt, um alsdann zwischen Goldebee und Nevern bald auf 60 m abzudachen.

Auf der „Steinkoppel“ bei Schimm, 7 km östlich von Moidentin, finden wir in enormer Masse grosse erratische Blöcke zusammengehäuft, zum Teil im Boden unter ganz geringer Erdbedeckung liegend, eine Moränensteinpackung bildend, die auf gemeinem Sand und Grand des Hauptdiluviums auflagert. Grosse cyklopische Steinmauern um die Koppel, Anhäufungen längs der Wege, bedeutende Entnahmen für die Pflasterungen in Wismar haben zwar viel weggeräumt, aber noch nicht vermocht, den Moränencharakter zu verwischen. Auch bei Tarzow, Moltow und Trams ist noch ein bedeutender Steinreichtum zu bemerken. Hier liegen zahlreiche kleine Seen und Torfmoore neben Söllen in dem oft kiesigen, coupierten Terrain. Die nördliche Umgebung von Zurow ist ebenfalls sehr reich an Steinen, blockreicher oberer Mergel oder lehmiger Deckkies bilden die Felder und den Gipfel des Windmühlenberges.

Zwischen Goldebee und Tatow ist dieser nordöstliche Höhenzug nur durch eine circa 4 km breite, auf 50 m herabsinkende nordwestlich laufende Bodendepression von dem nördlich verlaufenden Geschiebestreifen „Pöel-Feldberg" getrennt.

Nach Westen dacht sich der Streifen in die blockarmen Sand- oder Deckmergelgebiete langsam ab, nach Osten erfolgt die Abdachung zu dem Sandgebiet von Neukloster-Warin rascher. Der Südabfall des Streifens bei Kleekamp und Jesendorf zeigt sehr schön das allmähliche Verschwinden der zuerst sehr reichen Steinbestreuung auf den immer mehr bei Ventschow und Dämelow zur Geltung kommenden feinen unterdiluvialen Sand.

In der an Seen und Depressionen besonders reichen Umgegend von Bibow und Blankenberg ist der weitere Verlauf unseres Geschiebestreifens nur undeutlich zu verfolgen:

Zwischen dem Wariner und Bibower See, bei Nisbill und Hasenwinkel, herrschen nur die Sedimente des Unterdiluviums, feiner Sand und Bänderthon. In südlicher Richtung von Trams und Jesendorf treffen wir bei Dämelow und Neuhof lehmigen Decksand oder blockarmen Deckmergel. Erst bei Jarchow und Holdorf westlich von Brüel treffen wir wieder auf grösseren Blockreichtum des oberen Mergels, der in wechselnder Mächtigkeit den unteren Feinsand bedeckt.

Ueber Buchholz nach Retgendorf zieht sich in westlicher Richtung von hier ein 65—85 m hoher blockreicher Rücken zum Schweriner See, als Querriegel oder westlicher Ausläufer von unserem Geschiebestreifen nach dem südlich folgenden Streifen VI.

Die 50—70 m hohe Gegend zwischen Golchen und Brüel, mit Decklehmboden oder Sand mit Steinbestreuung und den zahlreichen eigentümlichen tiefen runden Kesseln, die trocken oder als kleine Seen, zum Teil wie Pingen den Boden durchsieben und dieser Sandgegend einen sehr eigenartigen Habitus verleihen, kann als südöstliche Fortsetzung des Geschiebestreifens von Jarchow aus betrachtet werden.

Nördlich von Brüel dacht sich der Mergelboden allmählich zu dem Thon- und Sandgebiet von Blankenberg ab. Nordöstlich von Brüel aber zeigt sich bei Penzin, an der Bahn in circa 55 m Höhe gelegen, in dem Gebiet der Sande und Thone ein 2—4 m mächtiges kiesiges Steinlager, lokal auch zu Decklehm übergehend, unteren Sand und Kies als normaler Moränenschutt überziehend. Nur kaum 3 km breit trennt diese Moräne das Sandgebiet der Gegend von Friedrichswalde und Labenz von dem Geschiebestreifen IV bei Eickelberg; auch nach Osten geht also hier ein „Ausläufer" oder Querriegel ab. Südlich folgt Sand mit Steinbestreuung in dem Sültener Forst, und bei Weitendorf wird der Anschluss an den Brüeler Steinzug erreicht.

Hier durchbricht in südwestlich-nordöstlicher Richtung den Geschiebestreifen das schmale tiefe Warnowthal, welches die Erosionsverbindung mehrerer hinter- und nebeneinander gelegener Evorsionskessel darstellt.

In südöstlicher Richtung macht sich immer mehr der unterdiluviale Sandboden geltend, das grosse Kaarzer Holz und die Gegend von Sternberg zusammensetzend. Das stark coupierte, von Söllen und tiefen Kesseln und kleinen Seen unterbrochene Terrain zeigt durch seine massenhafte Steinbestreuung die Zugehörigkeit zu unserem, hier bis 60 m hohen Geschiebestreifen.

Das stark coupierte Decksandgebiet westlich von der Stadt Sternberg, mit 40—60 m Meereshöhe, zeigt sehr steinreichen Decksand, zum Teil in Steinpackung übergehend, auf unterem Sand und Grand; in dem Deckkies, der oft die Felder mit kopfgrossen Steingeröllen wie übersäet erscheinen lässt, liegen hier neben den nordischen Geröllen, immer gegen diese stark zurücktretend, die bekannten „Sternberger Kuchen". Diese Landschaft erstreckt sich hier mit südlicher Ablenkung von Sternberg über Kobrow, Schönfeld nach Stieten auf eine Breite von etwa 6 km, im Wahrsberg bei Sternberg zu 66,5 m aufsteigend. Im Süden, bei Demen und Buerbeck entwickelt sich allmählich der reine Spatsandboden mit immer kleiner und spärlicher werdender Bestreuung von Steinen, nur lokal mit etwas blockarmem Deckmergel; in gleicher Weise verschwinden die Gerölle im Norden in dem reinen Sand- oder steinarmen Mergelboden.

In südöstlicher Richtung folgt ein Höhenzug durch den Turloffer Forst nach Ruest und Techentin, mit einer 70—90 m betragenden Erhebung, hauptsächlich aus Sanden, zum Teil auch aus oberem Geschiebemergel zusammengesetzt, aber ohne viel Steine. Viele tiefe Sölle und Kessel zeichnen diese Gegend aus. Nördlich hiervon breitet sich die Heide des feinen unterdiluvialen Sandes von Dabel, Klein Pritz, Schlowe, Dobbin aus, welche ihrerseits im Norden noch von einem Ausläufer des Sternberger Geschiebestreifens abgegrenzt wird, der bei Borkow mit dem Upahler Zug in Berührung tritt (s. oben).

Zwischen Augzin und Mühlenhof bei Mestlin sehen wir in dem blockarmen Deckmergel- resp. Sandgebiet einen schmalen deutlich von Nordwest nach Südost streichenden Höhenrücken von 80 m Erhebung als parallel dem Streifen von Techentin laufende Moräne, die wir nach ihrer Oberflächenbeschaffenheit gut als Endmoräne bezeichnen könnten.

Als breiter, 70—90 m hoher, von seiner nördlichen und südlichen Umgebung sich wenig abhebender Rücken zieht sich der Geschiebestreifen aus der Techentiner Gegend wieder in der alten südöstlichen Richtung über Seelstorf, Diestelow, Penzlin in die Gegend südlich von Karow. An seiner Nordseite ist der Dobbertiner, Goldberger und Damerower See gelegen, im Norden von dem unterdiluvialen Heidesandareal begrenzt, im Süden zum Teil in Deckmergellandschaft. Letztere, bei Zidderich, Goldberg, Wendisch Waren führt keinen auffälligen Blockreichtum, gehört also schon zum Nordende des Geschiebestreifens.

Auf dem 80 m hohen Hellberg bei Dobbertin zwischen dem Dobbertiner und Goldberger See, wo bekanntlich der Liasthon und Posidonienschiefer zu Tage kommt, herrscht im allgemeinen (als Beschüttung von unterem grauen Geschiebemergel oder von dem Liasthon) der mächtige Spatsand, der das ringsum liegende Heidegebiet allein zusammensetzt, doch tritt hier lokal auch blockreicher oberer Geschiebemergel auf. Auch am Westufer des Goldberger Sees tritt gelber Geschiebemergel auf und ebenso am Lüschowsee. Doch ist dies Vorkommen von Geschiebemergel innerhalb des Spatsandgebietes ein isoliertes, oder von unserem Zuge bei Wendisch Waren und Goldberg nach Norden abgezweigtes Areal zu nennen, an welches sich in nordöstlicher Richtung die massenhafte Steinbestreuung von Kleisten anschliesst, die mit dem nördlichen Upahl-Grabower Geschiebestreifen in nahe Berührung tritt.

Eine Kiesgrube bei Diestelow zeigt auf horizontalen Schichten von Grand und Sand konform aufgelagert 1 m mächtigen lehmigen ungeschichteten Deckkies, die Hauptkontur des Hügels bildend. An anderen Stellen ist es der obere Geschiebemergel, welcher die Bodenart des Geschiebestreifens bildet.

Bei Karow trifft man auf das Grenzgebiet der nördlich vorgelagerten Heide. Der Bahneinschnitt südlich vom Bahnhof Karow zeigte in 70 m Höhe 2 m mächtigen sandigen Deckmergel mit zahlreichen grossen Blöcken, auflagernd auf feinem Spatsand mit dünnen Thonzwischenschichten. Auf den südlich hiervon gelegenen Feldern bei Leisten und Zarchlin treten noch verschiedene Blöcke aus dem Sand- resp. sandigen Mergelboden hervor, der Bahneinschnitt an der Leister Lanke (70 m Höhe) lieferte ebenfalls sehr blockreichen gelben sandigen Geschiebemergel auf feinem Sand lagernd, und eine benachbarte Kiesgrube zeigt gering mächtigen Deckkies auf Sand mit Thonlagen. Während bei Zarchlin der Geschiebemergel herrscht, aber arm an Blöcken, unterlagert von unterem Geschiebemergel, zeigt die Gegend von Plauerhagen und Quetzin Sand mit reicher Steinbestreuung. Nach Plau zu kommt allein der Sand zur Geltung, nur am Bahnhof Plau trat nochmals blockreicher sandiger oberer Mergel auf Sand lagernd ein; südlich der Stadt finden sich mächtige Kies- und Sandlager, so z. B. in dem 92 m hohen Kalüschenberg, westlich von welchem auch nochmals sandiger Blockmergel mit unterlagerndem Steinpflaster den Kies bedeckt (wohl eine Brücke zu dem südwestlich folgenden Parallelzug, s. u.).

Oestlich von Leisten und Karow zieht sich der Geschiebestreifen in bedeutender Verengung über Alt Schwerin und Jürgenshof, Sparow und Nossentin auf die Südseite des Fleesensees hinüber. Der nördliche Teil des Plauer Sees, der Tauchow- und Krebssee gehören zum Teil in sein Gebiet. Seine Breite ist hier nur 3—4 km, seine Höhe beträgt 80—95 m und zeigt nach Norden und Süden in die folgenden Sanddistrikte der Nossentiner Heide und der Malchower Gegend keine bemerkenswerten Abdachungen.

Teils nur mehr oder weniger dichte Steinbestreuung, teils wenig mächtiger Deckkies, teils auch 1—2 m mächtiger oberer Blockmergel, auf unteren Sanden lagernd, bildet hier wieder den Boden des Streifens. Die Eisenbahneinschnitte südöstlich von Alt Schwerin entblössten sehr deutlich diese Verhältnisse. Das Seeufer bei Jürgenshof und der bis 93 m hohe Plauer Werder sollen den blockreichen Mergel zeigen. In der nur noch zum Teil steinbestreuten Sandgegend bei Sparow, Silz und Nossentin tritt lokal der blockreiche Geschiebemergel auf der hier anstehenden Kreide auf, oft nur in geringer Mächtigkeit, vielfach in Schichtenstörungen mit seinem Untergrund verbunden. Im Süden trifft man inmitten des herrschenden Sandes noch vereinzelte auffällige Blockvorkommnisse im Deckkies bei Petersdorf und Lenz, am Südufer des den Plauer- und Fleesensee westlich von Malchow verbindenden Petersdorfersees (vielleicht gehört dazu auch die „Steeneck" am Plauersee gegenüber Plau).

Ueber den Fleesensee setzt der Geschiebestreifen quer nach den Kreidebergen von Göhren am Südufer des Sees; doch sind mir keine Angaben bekannt über etwa vorhandene Blöcke auf dem Grund des Sees; Fromm und Struck erwähnen nur[1]), dass der See „fast durchweg festen Sand" besitzt.

Westlich und südlich von Göhren herrscht Spatsand, zum Teil auch oberer Mergel, aber ohne erheblichen Geschiebereichtum. Zwischen Penkow und Roez tritt man in die coupierte, an Söllen reiche Mergellandschaft des Geschiebestreifens ein, die sich bis 90 m erhebt, im Norden aber noch nach dem Göhren—Poppentiner Kreiderücken zu 100 m ansteigt. Unmittelbar hinter den Kreideerhebungen sieht man oft, z. B. bei Blücher, mächtige Sandablagerungen, vor und hinter ihnen oft blockreichen Deckmergel auf Sanden, also auch hier, auf dem Streifen Göhren, Blücher, Poppentin, Sembzin, Hinrichsberg, Sietow, Gotthun, das gesamte Diluvium entwickelt. Am Nordostabfall des Höhenzuges sehen wir bei Grabenitz und Klink die Sande und zum Teil Thon in mächtiger Ablagerung und können zugleich auf dem Weg von Sembzin über Klink nach Waren das Verschwinden der Steine an der Oberfläche beobachten. Der Nordrand des Streifens ist ziemlich sicher durch die am Südwestufer des Kölpinsees bei Wendhof und Neu-Grabenitz ausgewaschenen Blöcke angegeben; Fromm und Struck[2]) bemerken nämlich hierüber folgendes: „An der Südwestküste des Cölpinsees bei Wendhof und Neugrabenitz liegen sehr viele Geröllsteine, die auch mehrere Ruthen weit ins Wasser hineingehen, aber nicht durch dasselbe fortsetzen, sondern vielmehr in gleicher Richtung landeinwärts gehen. Diese Richtung ist eine solche, dass sie, in sehr schwachem Bogen fortgesetzt, gerade auf den nördlichsten durch die Müritz streichenden Geröllstreifen stossen würde."

[1]) Arch. mecklenb. Landesk. 1865, S. 135.
[2]) Ebenda.

Ueber die Verbindung dieses und des nördlichen Parallelzuges durch die mächtigen Blockvorkommnisse bei Jabel ist schon oben (IV) Mitteilung gemacht.

Den sorgfältigen Untersuchungen von Fromm und Struck verdanken wir die Nachrichten über das weitere Fortsetzen des Geschiebestreifens durch die Müritz. Sie unterscheiden vier „Geröllstreifen", welche als Untiefen den See durchqueren [1]):

1. Der nördlichste Streifen beginnt als unmittelbare Fortsetzung des Poppentin—Sietower Geschiebestreifens am nordwestlichen Ufer bei Sembzin, mit einer bis zur Sietower Lanke reichenden Breite, 4—9' Wasserhöhe über sich, und setzt sich „unzweifelhaft unter dem Wasser fort" (11' Wasserhöhe) in westöstlicher Richtung oberhalb des Rederank am östlichen Ufer, welches Wesselshop genannt wird, wieder heraustretend. „Die Steine in ihm liegen so nahe und sind meistens so gross, dass man das Aufstossen auf sie fühlt, wenn man ein Senkblei von beträchtlichem Gewichte schnell hinabläst."

2. „Ein zweiter Geröllstreifen beginnt am östlichen Ufer hart an der nördlichen Einbiegung des Rederank in die Müritz, wo das Hinnenfeld liegt, und wendet sich von Nordost nach Südwest in solcher Richtung, dass er in seiner Verlängerung auf das Vorgebirge Steinhorst (bei Ludorf am westlichen Ufer der Müritz) treffen würde. Bis zum dritten Teil der Breite, vom Rederank her, haben wir ihn verfolgt und hierbei u. a. einen Stein von 16' im Durchmesser gefunden. Wahrscheinlich setzt auch dieser Streifen durch das ganze Becken fort, denn am Vorgebirge Steinhorst findet sich gleichfalls eine beträchtliche Ablagerung grosser erratischer Gerölle."

3. „Ein dritter schmaler Streifen ist östlich von Ludorf am sogenannten Kopf angedeutet, dessen Verlauf zweifelhaft ist."

4. „Ein vierter, in dem sich ein Stein von circa 14' Durchmesser befindet, geht um das ganze hohe Ufer des Klopzower Katenortes herum und streift nahe am östlichen Seeufer bis nach Rechlin hin fort; er lässt sich nicht weiter verfolgen."

Bei Eintragung obiger Befunde in die Karte und Berücksichtigung der nicht sicher nachweisbaren Fortsetzungen der vier Streifen in nordöstlicher Richtung erscheint es naturgemässer, hier einen einzigen, das Becken der Müritz in nordnordwest-südsüdöstlicher Richtung durchziehenden breiten Geschiebestreifen anzunehmen, der vielleicht in seinem nördlichen Teile einen Ausläufer nach Osten, zum Rederank und Hinnenfeld entsendet. Dieser Zug würde genau der südöstlichen Fortsetzung der Poppentiner Kreide entsprechen.

In der That habe ich auf dem nordöstlichen Ufer der Müritz, in der Umgebung des Rederank, bei Federow, Müritzhof, Schwarzenhof, keine Spur von Steinen oder Blöcken auf den flachen Feinsand-Distrikten aufgefunden; hier herrscht auf weite Strecken der feine gelbe Sand der Heide, erst nach Nordosten mit Steinbestreuung sich an den nördlichen Parallelzug anschliessend. Die Ziegelei Müritzhof beutet ein unterdilu-

[1]) Arch. mecklenb. Landesk. 1864, S. 6. Mit einer Karte.

vialen Lager von Bänderthon aus, der in einer Meereshöhe von circa 63 m von 0,5—1 m alluvialen Sandschichten bedeckt ist.

In direkter südöstlicher Fortsetzung der von der Sietower Lanke über den Ludorfer Kopf nach dem Klopzower und Rechliner Ufer laufenden Geröllanhäufung trifft man bei Roggentin und Leppin eine schmale, nur zwischen Bolter Mühle und Hof Roggentin, d. i. in einer Breite von 2 km, sich bemerkbar machende Blockanhäufung, dem höchstens 1 m mächtigen Deckkies, selten dem Decklehm entstammend. In der Kotzqwer Heide südlich hiervon tritt noch etwas Steinbestreuung auf dem feinen unterdiluvialen Sand auf. (Der von Struck a. a. O. beschriebene „Steintanz“ bei Klopzow bestätigt wieder die Beobachtung, dass die prähistorischen Steindenkmäler an die geschiebereichen Gegenden gebunden sind und gewissermassen als Leitfossilien der Geschiebestreifen gelten können.)

Weiter östlich trifft man auf dem 80 m hohen Kienhorst an der Qualzower Ziegelei mitten in der trostlosen Sandgegend von Babcke und Mirow in einer ziemlich blockreichen Deck-Geschiebemergelkuppe auf die Fortsetzung des schmalen unbedeutenden Geschiebestreifens. Nördlich und südlich ist auf eine ganz kurze Erstreckung noch Steinbestreuung des Sandes vorhanden.

In südöstlicher Verlängerung sollen bei der Useriner Mühle, zwischen dem Useriner- und Grossen Labussee, südwestlich von Neustrelitz, sich Steine bemerkbar machen und tritt auf der Höhe des zu 81 m aufsteigenden Wörlandberges bei Wesenberg Steinbestreuung auf. In den beiden Ziegeleigruben östlich der Stadt Wesenberg finden wir steinreichen oberen Geschiebemergel, allerdings arm an grossen Blöcken, zum Teil auf Bänderthon lagernd. Zwischen hier und Ahrensberg gewahrt man auf den Feldern eine reiche Stein- und Blockbestreuung, meist dem Deckkies entstammend, zum Teil auch dem Decklehm. Am Südufer des Drewensees sieht man im Forst Wildhof noch ziemlich reichlich Steine auf dem Sand, und in der Nähe des Forsthofes Drewin trifft man nochmals in einer kleinen Grube auf ziemlich steinreichen oberen Geschiebelehm. Hier in der Nähe wurden auch von Görner viele der schönen Muschelkalkgeschiebe (in dem Decksand) gefunden, welche im Neustrelitzer Museum aufbewahrt sind.

Ich habe die weitere Fortsetzung des Geschiebestreifens durch die ausgedehnten Waldungen des südöstlichen Mecklenburg-Strelitz nicht weiter verfolgen können. Boll gibt an, dass er in südöstlicher Richtung zwischen Fürstenberg und Dannenwalde, Joachimsthal und Alt Künkendorf bis in die Gegend von Oderberg verläuft. Hier ist es der von Berendt und Remelé näher bekannt gemachte Geschiebewall von Liepe zwischen Oderberg und Eberswalde, welcher die unmittelbare Fortsetzung unseres Geschiebestreifens darstellt.

VI. Geschiebestreifen: „Brothener Ufer — Ivendorf — Schwanbeck — Mühlen Eichsen — Rugensee — Retgendorf — Karnin — Frauenmark — Lübz — Stuer — Bütow“.

Dieser Zug tritt vielfach weit weniger deutlich hervor als die beiden vorigen; seinen Verlauf habe ich nicht ganz kontinuierlich verfolgen können.

Längs des „Brothener Ufers“ nördlich von Travemünde findet man ähnlich wie am Klützer Ort eine grosse Menge zum Teil sehr schön geschrammter grosser Geschiebe aus dem hier klintartig abgebrochenen unteren und oberen Geschiebemergel herausgewaschen. Der obere Mergel hat oft mehr Geschiebe als der untere; bis 3 m mächtig ist er zum Teil auch sehr zurücktretend oder verschwindet auch ganz, und es tritt alsdann der untere Sand, der an vielen Stellen ähnliche, wenn auch nicht so schöne, Schichtenstörungen in seinen zwischen beiden Mergeln eingelagerten Massen zeigt, als Tagesbedeckung des unteren Mergels auf.

Geht man am Ufer der Trave südwärts von Travemünde, so trifft man bald bei Ivendorf massenhafte Blöcke aus dem oberen Geschiebemergel herausgewaschen. Eine Kiesgrube an der Bahn zeigt hier mächtigen steinreichen Deckkies. Bis Dummerstorf zeigt das Ufer blockreichen oberen Mergel 3 m mächtig, auf oft ausserordentlich mächtigen unteren Sanden, deren Liegendes grauer unterer, thoniger, blockarmer Mergel ist, die aber auch gänzlich verschwinden können und dann den oberen Mergel auf unterem lagern lassen. An mehreren Stellen wird auch Deckkies, der als mächtige Steinpackung auftritt, in Kiesgruben abgebaut. Aehnliches zeigt eine Kiesgrube bei Waldhusen, landeinwärts, wo roh geschichteter lehmiger Deckkies in 1 m Mächtigkeit auf horizontalen unteren Sanden und Granden lagert. In dem Deckkies des Traveufers finden sich viele der grünen Glaukonitpläner-Sandsteine von Heiligenhafen-Brunshaupten.

Der Geschiebestreifen setzt wahrscheinlich am Grund des Dassowersees fort. Bei Schwanbeck unweit Dassow tritt oberer Lehm auf, mit einigen Blöcken, während die Gegend nördlich von Dassow frei davon ist; südlich von Schwanbeck, nach Kleinfeld und Schönberg hin, verschwinden auch sehr bald die Geschiebe. Die 20 m hoch gelegene Ziegeleigrube von Schwanbeck zeigt diskordant auf östlich einfallenden Grand- und Sandschichten strengen, blockreichen Geschiebemergel in einer Mächtigkeit von 1 m, die sich auch auf 0 reduzieren kann. Zwischen Schwanbeck und Selmstorf ist der Lehmboden ausserordentlich reich an Geschieben [1]).

Das nächste Weiterstreichen des Geschiebezuges konnte ich bisher nicht genügend verfolgen, ich muss mich bescheiden, einige Punkte anzuführen: Bei Hanshagen nordöstlich von Rehna treten wenig Blöcke in dem 2 m mächtigen, in Riesentöpfen in unteren Sand eingreifenden oberen Mergel auf. Bei Rüting, Wüstenmark, Mühlen-Eichsen

[1]) Vgl. Doll, Abriss d. mecklenb. Landesk. S. 350.

und Gross Eichsen, an dem Thale der Stepnitz, zeigt das 50—60 m hohe Plateau mehrfach im oberen Mergel resp. Deckkies ziemlich reichliche Blöcke, die südwestlich nach Vietlübbe verschwinden, sich aber ostwärts nach Moltenow, Schönhof und Dalliendorf fortsetzen. Ueberall hat das obere Diluvium nur geringe Mächtigkeit, meist unter 3 m, gewöhnlich nur 1—2 m. Dalliendorf bildet eine Verbindung nach dem vorigen Parallelzug, indem 4 km östlich davon, durch die Dambecker Moorniederungen geschieden, die reiche Steinbestreuung von Wendisch Rambow sich hier anschliesst. Südlich hiervon schliesst sich die steinreiche Gegend von Rugensee und Lübstorf am Schwerinersee an. In Rugensee treffen wir 3 m lehmige Steinpackung, auch Blockmergel, cyklopische Mauern u. s. f.

Auf der Ostseite des Schweriner Sees findet man bei Retgendorf in flachen Lehmgruben 0,5—1,5 m mächtigen oberen Mergel oder Deckkies mit grossem Reichtum an Blöcken. Nördlich bei Schlagsdorf treten die Blöcke zurück, im Süden sind sie noch bei Cambs in wechselnder Menge vorhanden. Auch weiter südlich, bei Zittow und Langen-Brütz treffen wir noch viel Steine auf den Feldern, in cyklopischen Mauern u. s. w., die aus dem blockreichen Deckmergel oder Deckkies stammen, der hier 1—2 m mächtig unteren Grand und Sand überlagert. Das hier bis 60 m ansteigende Plateau wird bei der Richenberger Mühle bei Karnin von der Warnow durchschnitten in tiefem Erosionsthal; die Höhe desselben zeigt hier eine ganz enorme Steinbestreuung, die Thalwände den unterlagernden mächtigen Hauptsand.

Zur Aufsuchung der nördlichen Grenze gehen wir nördlich und nordöstlich nach Kleefeld, wo im Deckmergel die Steine noch reichlich sind, und Brahlstorf und Liessow, wo ebenso wie südlich von Buchholz die Steine in dem Mergelboden zurücktreten. Hier bei Buchholz nach Jarchow hin scheint in dem herrschenden oberen Geschiebemergel das Gebiet unseres Geschiebestreifens mit dem nördlich vorgelagerten zusammenzufliessen. Bei Buchholz finden sich noch zahlreiche Blöcke im Deckmergel.

Nach Südosten scheiden sich die beiden Streifen besser voneinander. Bei Keez, Nutteln, Gustävel, Zaschendorf und Müsselmow treten die Steine auf dem von Söllen, Seen und Thalläufen unterbrochenen, aus Deckmergel und unteren Sanden zusammengesetzten Plateau mehr zurück, wenn auch in den Dörfern noch einige cyklopische Mauern das Vorhandensein einiger erratischer Blöcke auf den Fluren andeuten.

Südöstlich von Karnin liegt Kritzow mit einer ausserordentlichen Fülle von Blöcken, welche dem Deckkies entstammen, der auch als dichte Steinpackung meist nur bis 0,5 m mächtig die unteren Grande und Sande bedeckt; das stark coupierte Terrain ist von vielen Söllen und Kesseln unterbrochen, es hat eine von 60—80 m wechselnde Meereshöhe. Bei Vorbeck, Augustenhof und Basthorst treffen wir ebenfalls massenhafte Blöcke oder dichte Steinbestreuung auf dem hier zu Tage tretenden, 40—45 m hoch gelegenen Spatsandboden.

Bei Kladow-Gädebehn an der Warnow haben wir Sand mit Steinbestreuung, und eine Sandgrube zeigt auf mächtigem gelben Spatsand eine horizontale 0,25 m dicke Steinpackung, welche noch von 1,5 m feinem, horizontal geschichtetem Grand überdeckt ist.

Im Westen schliesst sich hier jenseits des Warnowdurchbruches der Steinreichtum von Petersberg und Pinnow an, eine Verbindung zum südlich folgenden Streifen anbahnend.

Ueber den weiteren südöstlichen Verlauf kann ich nicht eingehend berichten. In der Umgebung von Crivitz ist Deckkies resp. Steinbestreuung auf dem unteren Sand wahrzunehmen, ohne der Landschaft den Charakter des Geschiebestreifens zu verleihen. In Zapel trifft man grosse Blöcke; auch in dem Eichholz bei Crivitz ist steinreicher Deckkies in 1 m Mächtigkeit als Bedeckung von fettem Thon. In Frauenmark und Severin südöstlich Crivitz zeigen reiche Steinmauern den Geschiebestreifen an. Wahrscheinlich gehört auch Grebbin mit dazu, wo in flachen Torfdepressionen die Warnow ihren Ursprung nimmt.

Weiter im Südosten treffen wir bei Lutheran und Lübz (östlich von Parchim) den Geschiebestreifen wieder an: bei Lutheran zeigt der Bahneinschnitt auf feinem, gelbem Spatsand 1—2 m sandigen Blocklehm mit zahlreichen grossen, oft schön geschrammten Geschieben. In der Lehmgrube an der Chaussee hinter Lutheran erreicht der Blocklehm eine Mächtigkeit von circa 4 m; auch hier unterlagert ihn Spatsand. Oestlich von Lübz bis vor Brook tritt der Sand mehr zu Tage unter geringer Blocklehmbedeckung, das Terrain zeigt aber noch reiche Steinbestreuung. Der Geschiebestreifen, der hier von dem Eldethal durchquert wird, hat hier eine Breite von circa 5 km.

Nach Südosten habe ich den Streifen bis Stuer nicht verfolgt; ich gebe demnach seinen vermutlichen Verlauf auf der Karte nur mit Strichen an. In Stuer am Südzipfel des Plauer Sees findet man einen grossen Reichtum an Blöcken, sowohl in dem mächtigen oberen Geschiebemergel, als auch in dem unteren und zum Teil in den unteren Geröllagern. Der Blockreichtum setzt nördlich fort bis Suckow.

Von hier setzt der Stein- und Blockreichtum in südöstlicher Richtung fort über Rogeez, Finken, Leizen, Bütow, (Kambs, Melz, Priborn?) nach den Seen, die sich an den Südzipfel der Müritz anschliessen. Bei Rogeez und Alt Stuer hat man den Typus der blockreichen Moränenlandschaft, auch Dammwolde im Süden zeigt noch in dem lehmigen Deckkies oder im Deckmergel sehr viel Steine.

Der Geschiebestreifen scheint weiter nach Südosten in die Gegend von Zechlin zu verlaufen.

VII. Geschiebestreifen: „Ratzeburg — Buchholz — Wahrholz — Schwerin — Pinnow — Parchim — Maraitzer Berge".

Dieser Zug läuft zum Teil sehr nahe neben dem vorigen.

Bei Ratzeburg beginnt mit stark coupiertem Terrain (südlicher Thalbeginn des Sees) der blockreiche Geschiebemergel, der sich wahrscheinlich weiter nordwärts fortsetzt.

Nach Südosten bei Salem und Kogel herrscht nur Spatsand

von Heidetypus, zum Teil mit wenig Steinbestreuung, erst bei Seedorf am Schaalsee beginnt der Blockreichtum der Gegend von Zarrentin (s. u.).

In dem weiteren Verlauf des Streifens habe ich zunächst bis in die Gegend von Gadebusch eine Lücke aus Mangel an Beobachtungen lassen müssen.

Nördlich von Gadebusch bei Buchholz besteht das 60—65 m hohe Plateau aus oberem Geschiebemergel ohne erheblich viel Steine.

Bei Wahrholz, nordwestlich von Schwerin, erscheint der Geschiebestreifen auf einem 80—90 m hohen Plateau, das als schmaler, circa 2—3 km breiter Rücken von Südwesten nach Nordosten zwischen Herren-Steinfeld und Gottmannsförde nach Nienmark verläuft, im Hüttenberg die Höhe von 96 m erreichend, im Südwesten bei Rosenhagen und Gross Brütz im Gadebuscher Berg 90 m hoch. Auf der 60 m hohen, rasch zu 80 m ansteigenden Wasserscheide zwischen den Thälern des Neumühlersees und der Stepnitz trifft man bei Wahrholz auf horizontalen oder flach geneigten Schichten von unterem Grand und Sand eine 0,5—1,5 m mächtige Bedeckung von lehmig kiesiger Steinpackung; Thalkessel und Sölle, zahlreiche Blöcke auf den lehmigen Sanden bieten das Bild der echten Moränenlandschaft.

Nach Süden dacht sich das 70 m hohe Deckmergelplateau bei Gross Brütz und Gottesgabe nach Grambow sehr allmählich ab, im Grambower Moor eine Niederung von 48 m Höhe bildend. Die Blöcke reichen bis Grambow, während sie bei Wittenförden stark zurücktreten und hier der 2—3 m mächtige Deckmergel ohne erheblichen Blockreichtum feinen Sand, Grand und Kies des Hauptdiluviums bedeckt.

Der schöne Flusssee, Neumühler See, zeigt in seinen Erosionsaufschlüssen den Bau des Plateaus, oberer Mergel bis höchstens 3 m mächtig auf unteren Sanden. Zwischen dem Neumühler und Lankower See, wo der Mühlenberg zu 70 m, der Weinberg zu 86 m ansteigt, treffen wir sandigen Decklehm mit zahlreichen Blöcken, bei Neumühlen bis zur Südspitze des Lankower Sees massenhafte Steinbestreuung der Felder, in der Lehmgrube der grossen Ziegelei blockreichen Decklehm.

Weiter finden wir in der westlichen Vorstadt von Schwerin nördlich vom Ostorfer See, bei der Neumühle, am Galgenberg, am neuen Kirchhof und in den hier gelegenen Gärten, in der sogenannten Schweriner Schweiz, in ganz ausgezeichneter Form die typische Moränenlandschaft mit den zahlreichen tiefen Söllen und Kesseln und mit massenhafter Blockbestreuung. Am Galgenberg zeigen einige Kiesgruben mächtige horizontal geschichtete Grande und Sande mit Kiesschmitzen, bedeckt von 1—3 m ungeschichtetem rostbraunem Blockkies, in einer anderen Kiesgrube sind die unteren Sande mehrfach in ihrer Lagerung gestört und zum Teil von Blockmergel bedeckt. Vielfach werden auf den Feldern die grossen Steine, „Felsen“, „ausgebuddelt“ und man erkennt hier in verschiedenen Meereshöhen die normale Moränensteinpackung.

Auch in der eigentlichen Westvorstadt Schwerins trifft man oft einige Blöcke in dem oberen Geschiebemergel, der hier unmittelbar auf grauem, unterem aufsitzt (so dass die Brunnen hier erst bei 60′ (18 m) Tiefe wasserhaltigen Sand antreffen).

Die niedriger gelegenen Teile der alten Stadt zeigen nur Sand, der auch südlich der Stadt herrscht, vielfach, wie vor Zippendorf und bei Ostorf, noch von Blockkies oder Geröllagern bedeckt, oder auch, wie bei Müss am Südufer des Sees, von steinreichem oberen Geschiebemergel.

Durch den südlichen Teil des Schweriner Sees setzt das Steinlager nach Ostsüdost fort, wie einzelne grosse Steine, „der grosse Stein", im See und der blockreiche Deckmergel im Kaninchen- und Ziegelwerder zeigen. Gleichfalls eine weitere östliche Fortsetzung trifft man am Südostufer des Sees bei Rabensteinfeld. Die romantischen Steilufer des Schweriner und des Pinnower Sees zeigen hier mächtige Moränenablagerungen, Blocklehm und Blockkies in einigen Metern Mächtigkeit, auf unteren Sanden oder auf unterem Geschiebemergel lagernd. Die zahlreichen grossen Geschiebe dieser Ablagerungen wurden seiner Zeit mit zu dem stolzen Bau des Schweriner Schlosses verwendet.

Der Steinreichtum setzt nördlich nach Görslow fort und reicht östlich bis Pinnow und Petersberg. Während die niedrige, bis 40 m hohe Gegend von Pinnow nur feinen Spatsand mit unbedeutender Kleinsteinbestreuung zeigt, treffen wir auf dem stehen gebliebenen Plateaurest, der in dem Petersberg dieselbe Höhe von 67 m hat wie die Ufer von Rabensteinfeld, noch zahlreiche Steine und Blöcke, dem Deckkies entstammend, der hier in geringer Mächtigkeit die unteren Sande beschüttet. Das Warnowthal und seine abgeschwemmten Uferhöhen trennen bei Augustenhof das Gebiet unseres Geschiebestreifens von dem nördlich vorgelagerten, offenbar aber nur durch die später erfolgte Erosion, vor welcher beide Geschiebeanhäufungen hier in Verbindung gestanden haben.

Südlich vom Pinnower See herrschen die Blöcke noch in dem Rabensteinfelder Forst, der einen keilförmigen Plateaurest zwischen dem Störthal von Müss und der Zietlitzer Niederung bildet. An beiden Steilufern sind die unteren Sande und Kiese angeschnitten, zum Teil mit Schichtenbiegungen, unter einer Bedeckung von 1—3—5 m mächtigem eisenschüssigen, zum Teil geschichteten groben Deckkies (unter dessen grossen Blöcken häufig die Sternberger Sandsteine vorkommen).

Die sich in südöstlicher Richtung anschliessende etwa 40 m hoch gelegene Ebene von Zietlitz und Suckow weist an Zahl und Grösse zurücktretende Steinbestreuung auf; sie ist als eine durch Abschwemmung gelieferte Unterbrechung des Geschiebestreifens insofern anzusehen, als auf den jenseitigen Höhen bei Göhren, Settin und Tramm südlich von Crivitz, der Blockreichtum fortsetzt. In der Lehmgrube des 66 m hohen Lehmberges bei Göhren tritt der untere blockreiche Geschiebemergel hervor, zum Teil von dünnen Kies- und Sandschmitzen und weiter von 0,5—1 m oberem Mergel bedeckt, an dessen unterer Grenze ein Steinpflaster liegt. Die Felder zeigen massenhafte Steinbestreuung: auch bei Settin haben wir untere Sande mit reicher Steinbestreuung; dasselbe in Göhren und Tramm.

Die Nordgrenze des Streifens läuft bis hierher in grosser Nähe von dem als Südgrenze angenommenen Distrikt des vorigen Parallelstreifens, möglicherweise auch mit ihr verschwommen.

Etwas deutlicher markiert sich die Südgrenze unseres Geschiebestreifens; wir wandern zu ihrer Auffindung südwestwärts von Schwerin: Der deutlich ausgeprägte, nordwestlich streichende Höhenrücken von Wittenförden zeigt zwischen Neumühle und Rogahn nur unbedeutende Steinbedeckung; dagegen beginnt bei Klein Rogahn in der Höhe von 70—55 m die Steinbedeckung in dem Decklehm, wenn auch nicht in hervorragender Massenhaftigkeit. Weiter zeigt die Kiesgrube in Gross Rogahn 0,5—2 m mächtigen sehr steinreichen Deckkies, resp. lehmige Steinpackung auf Kies und Grand; im Dorfe sehen wir mächtige cyklopische Mauern. Die Blöcke setzen in wechselnder Menge fort über Stralendorf nach Walsmühlen, wo 1—2 m mächtige lehmige Steinpackung Sand mit Thonschichten bedeckt, mit grossen Blöcken, ferner weiter nach Dümmerhütte, wo ebenso wie in Walsmühlen viele Blöcke auf den lehmigen Feldern liegen und mächtige cyklopische Mauern, das stark coupierte Terrain u. s. m. die Moränenlandschaft anzeigen. Zülow, Dümmer, Perlin sind durch gleiche Massen von Blöcken ausgezeichnet. Das Deckdiluvium ist meist wenige Meter mächtiger oberer Mergel oder auch Blockkies, auf Granden und Sanden des Hauptdiluviums lagernd, zuweilen mit starker Schichtenstörung.

Die Trennung von dem nördlichen Teil des Geschiebestreifens durch das Grambower grosse Moor ist wohl nicht bedeutend genug, um hier zwei selbständige Streifen anzunehmen.

Südlich vom Dümmer See ist auch noch bei Parum reiche Blockanhäufung zu konstatieren, meist in lehmigem Deckkies, der sich zum Teil auch, wie in den Parumer Bergen, zu Nestern von Blockmergel gestaltet. Bei Schossin und Mühlenbeck ist der Blockreichtum noch nicht erschöpft; zwischen beiden Orten zieht sich ein schmaler Rücken mit Steinpackung in nordwestlicher Richtung hin, der sich mit 60 m Höhe schön als Moräne von dem niedrigen Terrain abhebt.

Bei Mühlenbeck und der Sudenmühle kann man in dem 50—45 m hohen (abgeschwemmten) Sand mit geringer Steinbestreuung das Ende der Geschiebeanhäufung annehmen; nördlich davon, bei Kothendorf führt uns eine Steinbestreuung des Sandbodens zurück zu der blockreichen Deckmergelgegend von Walsmühlen.

Auch die Eisenbahn zwischen Hagenow und Schwerin führt dem Reisenden den Uebergang aus der südlichen Heide in das Gebiet des Geschiebestreifens recht deutlich vor Augen. Von Hagenow aus der Heideebene kommend findet man bald hinter dem Anhalt Zachun spärliche Steinbestreuung auf dem Sandboden, die alsbald, bei Lehmkuhlen und Holthusen zu immer reicherer Beschüttung sich herausbildet.

Dasselbe gewahrt man in der weiten Sandebene, die sich wie ein isländischer „Sandr" [1]) südlich von Schwerin in dem Forst Buchholz und den Fluren nördlich von Sülstorf und Sülten ausbreitet. Aus der spärlichen Steinbestreuung bei Sülstorf, einem steinarmen, nur bis 0,3 m mächtigen Decksand entstammend, gelangt man bei Buchholz oder Plate in reiche Stein- und Blockbeschüttung der dortigen unteren

[1]) Vgl. Keilhack: vgl. Beob. an isländ. Gletscher- u. nordd. Diluvial-Ablagerungen. Jahrb. d. preuss. geol. L. A. 1883, S. 162.

Sande, aus der sich auch mehrfach lehmiger Kies und Deckmergel entwickelt.

Der Geschiebestreifen hat somit zwischen Schwerin und Parum resp. zwischen Ziegelwerder und Holthusen die bedeutende Breite von 16 resp. 12 km.

Südlich von Sülten erhebt sich bei Rastow ein isoliertes blockreiches Gebiet schwach aus der Sandrebene, das als südöstliche Fortsetzung von Perlin—Parum gelten kann. Ziegeleigruben zeigen blockreichen oberen Geschiebemergel in der Mächtigkeit von einigen Metern, zum Teil untere Sande und Grande mit starker Schichtenaufbiegung, zum Teil unteren Mergel und Thon bedeckend. Durch Auswitterung und Ausschlämmung ist er häufig zu Deckkies umgewandelt, an den Gehängen der flachen 40—45 m hohen Kuppen findet man daher Sand mit reicher Steinbestreuung. Besonders schön ist ein Aufschluss am Windmühlenberg. Unterer Geschiebemergel, blauer Thon, Schluffsand sind mehrfach in einander gestaucht durch oberen Geschiebemergel; zum Teil lagert an diesen Massen mächtiger Spatsand und Kies, auf welchem Decksand mit einem unteren Steinpflaster (hier viele Dreikanter) folgt; diese Decksandmassen sind von Nordwesten her, d. h. von der aus Lübesse nach Südwesten verlaufenden Thalniederung her, an den Berg angelagert. In weiterer Entfernung zeigt sich an der Abdachung dieser Erhöhung nur Sand mit Kleinsteinbestreuung in gemeinen Heidesand übergehend. Auch bei Ortkrug herrscht wenig Decksand mit kleinen Steinen, zu derselben Landschaft von Sülten im Norden hinüberleitend.

Oestlich folgt hier das scharf in das Plateau eingeschnittene Störthal mit der sich daran anschliessenden weiten Niederung der Lewitz. Diese bildet eine Unterbrechung des Geschiebestreifens, dessen Blöcke und Steine erst auf den oben erwähnten östlichen Höhen bei Trumm, Göhren u. s. w. südlich von Crivitz wieder erscheinen.

In südöstlicher Verlängerung dieses Zweiges trifft man bei Raduhn und Garwitz nördlich Spornitz ausserordentlich reiche Steinbeschüttung der Sandfelder, einem nur wenig mächtigen braunen steinigen Deckkies entstammend, der untere Grande bedeckt. Südlich davon treten die Steine zurück, das alte weite Eldethal hat hier offenbar das Deckdiluvium entfernt. Die Steinbestreuung dauert mit einigen lokalen Unterbrechungen ostwärts bis Möderitz unweit Parchim.

Bei Parchim findet sich nördlich, nordöstlich und westlich auf dem grossen Feld ziemlich reichliche Steinbestreuung auf unteren Sanden, zum Teil auch blockreicher Deckmergel bis zu 4 m Mächtigkeit; es wird hier eine Annäherung zu dem Zuge VI erstrebt. Südlich von Parchim tritt an den Abhängen des Buchholzes an Blöcken reicher Deckmergel in ziemlich beträchtlicher Dicke resp. massenhafte Steinbestreuung auf.

Westlich von Parchim zeigt sich eine reiche Steinbestreuung auf Sand, die Erhebung des Sonnenberges zeigt vielfach Blockmergel des Deckdiluviums, nach Westen treten an der Bahn inmitten des einförmigen Sandes mit mehr oder weniger Steinbestreuung bei Spornitz grosse und ziemlich häufige Blöcke in Deckgeschiebemergel auf als Verlängerung der Raduhn-Garwitzer Steinmengen.

Von hier aus lässt sich der Geschiebestreifen in ausgeprägterer Form verfolgen. An den bis 108 m hohen Sonnenberg schliessen sich die bis 126 m ansteigenden hohen Rücken bei Kiekindemark. Dieselben bestehen aus Deckmergel oder Deckkies an ihrer Oberfläche und führen vielfach grosse Blöcke. Der Hauptreichtum an Blöcken und Steinen ist aber an dem zu 70—60 m absteigenden südwestlichen Abfall dieses Rückens bei Steinbeck, Granzin, Stolpe und Barkow, auch hier hauptsächlich dem Deckkies entstammend, der in geringer Mächtigkeit die unteren Sande bedeckt. Bei Granzin wird unterdiluvialer Grand und Sand diskordant von 0,25 m braunem Decksand überlagert, dessen untere Grenze ein Steinpflaster mit Kantengeröllen (Dreikantern) ist. Blockmauern und Strassenpflaster sind nebst Steinhäusern auch hier schon das oberflächliche Anzeichen des Geschiebestreifens.

Repzin und Herzfeld sind hier die südlichen Punkte der Geschiebeanhäufung, hier finden sich noch reichliche Blöcke; südlich davon entwickelt sich in der nur 40 m hoch gelegenen Gegend der Heidesand mit wenig und endlich ganz zurücktretender Steinbestreuung.

Den weiteren östlichen Verlauf kann man sehr schön auf einer Exkursion von Parchim südwärts nach Marnitz verfolgen. Bei Slate und in den Slater-Tannen herrscht in dem 60—70 m hohen Terrain nur feiner Hauptsand, der alsbald nördlich von Zachow Steinbestreuung und bis 1 m mächtige Steinpackung von Deckkies zeigt; hier treten vereinzelte Dreikanter auf, die bei Poitendorf in grosser Fülle und Schönheit entwickelt sind. Bei Zachow beginnt der Hauptreichtum an Steinen, die zum Teil zur Ermöglichung der Feldkultur eingegraben werden, im übrigen zu verschiedenen Bauzwecken seit Jahren abgesammelt werden. Poitendorf, Tessenow, Poltnitz, Jarchow sind die folgenden Orte mit reicher Steinbestreuung (darunter Dreikanter) auf Sand oder mit blockreichem Deckmergel, der zum Teil an seiner unteren Grenze gegen den Sand hin rohe Schichtung zeigt (z. B. bei Poltnitz); das Terrain steigt hier zu 100 und 120 m, einzelne Kuppen bis zu 150 m. Weiter finden wir bei Meierstorf, Leppin und Marnitz (? Suckow) gleichfalls massenhafte Blöcke, meist aus mächtigem Deckmergel, zum Teil auch aus Deckkies, der wenig mächtig unteren Sand überlagert. Hier finden sich viele der als Eisensteinscherben bezeichneten Sternberger Oberoligocän-Konkretionen im Deckdiluvium; Dreikanter sind häufig. Blockmauern, Felsenhäuser, gepflasterte Strassen in den Dörfern und um dieselben, sowie tiefe Sölle und Kessel in dem coupierten Terrain kennzeichnen die Moränenlandschaft.

In den Marnitzer Bergen treffen wir längs aller Wege massenhaft die oft sehr grossen, schön geschrammten Blöcke zu Mauern zusammengetragen; teils herrscht hier der untere Sand, teils strenger Mergel. Der 178 m hohe Ruhner Berg ist ähnlich wie die nachbarlichen Reiher- und Priemerberge ein spitzer Kegel von unteren Sanden mit Decksandbeschüttung von geringer Mächtigkeit. Am Südabfall der Berge, bei Ruhn und Drefahl herrschen ebenso wie an den übrigen Flanken massenhafte Blöcke. An dem etwa 60 m hochgelegenen Abfall zwischen Drefahl und Pampin ist in der allmählich zurücktretenden Steinbestreuung das Südende des Geschiebestreifens erreicht. Die Dörfer

Pampin und Platschow an der Landesgrenze haben immer noch Blockmauern.

Sehr wahrscheinlich läuft der Geschiebestreifen von hier weiter in südöstlicher Richtung über Sagast und Putlitz in die Priegnitz hinein.

Der beschriebene Geschiebestreifen VII hat nach obigen Mitteilungen an einigen Stellen eine ausserordentliche Breite, bis zu 2½ Meilen, an anderen Stellen scheint er sich in zwei Parallelzüge aufzulösen; oft ist er durch grossen Blockreichtum in seiner Moränenlandschaft ausgezeichnet, im übrigen tritt er weniger markiert auf als die Streifen IV und V.

Noch weiter südwestlich lassen sich noch drei Geschiebestreifen erkennen, die aber in ihrem Verlauf nur inselartig aus den alluvialen breiten Heidesanddistrikten der in südwestlicher Richtung zum Elbthal laufenden Thäler hervortreten: zum Teil sind sie nur durch Blockanhäufungen angedeutet, die sogar oft noch von einer Heidesanddecke überzogen sind; doch findet sich zuweilen auch noch ausgeprägte Moränenlandschaft konserviert.

VIII. Geschiebestreifen: „Zarrentin — Valluhn — Neuhof — Wittenburg — Granzin — Loosen — Warnow I“.

Wahrscheinlich bei Mölln beginnend verläuft ein breiter Geschiebestreifen bei der Umgegend von Zarrentin am südlichen Schaalsee nach Südosten.

Sein nördlicher Anfang in jener Gegend liegt bei Zecher am Westufer des Schaalsees. Die Felder sind hier mit grossen Blöcken bestreut, grosse Steinmauern laufen längs der Wege, am Steilufer des Sees trifft man in der alten Kiesgrube wohl geschichteten Spatsand und Kies mit Bedeckung von blockreichem sandigem Geschiebelehm von geringer Mächtigkeit. Die an Söllen reiche coupierte, 60 m hohe Deckmergelgegend nördlich von Zarrentin ist sehr reich an Blöcken des oberen Diluviums, von denen das Rostocker Museum Herrn Apotheker Brath-Zarrentin eine ausserordentlich reiche und vollständige petrographische Sammlung verdankt. Das Steilufer des Schaalsees zeigt hier 2 m Blocklehm auf unterem Sand und Kies. Die Sandgrube am Südende des Sees entblösst wohlgeschichteten Feinsand mit wechsellagernden Geröllagern, bedeckt von 1—2 m sandigem Blocklehm, der auf der Höhe an der Chaussee zu 1,5 m mächtigem blockreichem Deckkies wird.

Südlich von Zarrentin herrscht bei der Schaalmühle und bei Kölzin noch Steinbestreuung auf dem 40 m hohen flachen Sandterrain (Schaalestromschnellengebiet), die weiter bei Pamprin ganz zurücktritt; doch finden sich in jenen Orten noch einzelne cyklopische Mauern, auch waren dort früher schöne, jetzt vernichtete Steinsetzungen vorhanden.

Ein ganz besonderer Reichtum an grossen Blöcken ist westlich und südwestlich von Zarrentin bei Lüttow und Valluhn vorhanden. Das 45—35 m hohe, meist sandige, lokal auch sandiglehmige Terrain, dessen Dörfer mächtige cyklopische Mauern und auf den Feldern Steinhaufen haben, wo zum Teil auch die „Felsen“ eingegraben wurden, zeigt teils 1 m mächtigen steinreichen Deckkies auf unteren Sanden oder Blocklehm auf Thon, teils auch unter gewöhnlichem Decksand von 1′ Dicke die dichte Steinpackung des oberdiluvialen Moränenschuttes. In Schadeland findet sich strenger Blocklehm.

Getrennt durch die breite Boizemoorniederung erheben sich westlich von hier die bis 80 m ansteigenden Segrahner Berge bei Gudow, eine aus Sanden und Kiesen bestehende, mit wenig Deckkies oder Blocklehm bedeckte Aufschüttung wahrscheinlich auf einem Flötzgebirgskern.

Oestlich von Zarrentin treffen wir jenseits des Schaalsees eine weitere Fortsetzung des Geschiebestreifens: nördlich der Schaalmühle treten auf dem Sandboden bei Schaliss und Bantin zahlreiche Blöcke auf (die zahlreichen Kegelgräber im Schalisser Forst enthalten im Inneren Steinsetzungen), der Weg nach Boissow und Neuhof ist besetzt von grossen Blockmauern, in Neuhof herrscht der blockreiche Deckgeschiebemergel. Das Terrain zeigt keinen auffälligen Höhenzug, etwa nach Nordosten, sondern ist auf weite Strecken von der 40—55 m Kurve beherrscht.

Ich habe bis jetzt die zwischen dieser und der östlich davon gelegenen Moränenlandschaft von Dümmer liegende Gegend nicht besuchen können, also einen etwaigen Zusammenhang mit dem nördlichen Geschiebestreifen VII nicht konstatieren können; ein irgend bemerkbarer in dieser Richtung streichender Höhenzug ist, wie gesagt, nicht vorhanden, das Terrain steigt mit mehrfachen Unterbrechungen von Depressionen und der Schildeniederung allmählich zu 60 m an.

Bei Karft im Süden werden die Blöcke im sandigen Decklehm seltener, im Dorfe findet man aber noch viel Blockmauern. Die Felder zwischen hier und Wittenburg sowie bei Waschow (45 m hoch) zeigen Spatsand mit geringer Steinbestreuung, entstammend dem nur 0,5—1 m mächtigen Decksand oder Decklehm. Eine Kiesgrube an der Chaussee vor Wittenburg enthält in den mit Sanden und Granden wechsellagernden Geröllschichten des Hauptdiluviums viele grosse Gerölle, in dem diskordant darauf lagernden Geschiebelehm, der zum Teil in geschichteten Deckkies übergeht, finden sich nicht erheblich viele Blöcke. Weiter nach der Stadt hin tritt ein Thonlager nahe an die Oberfläche, dasselbe, welche südlich in der Wittenburger Forst für Ziegeleibetrieb abgebaut wird. In der Gegend südlich von Wittenburg herrscht auf kurze Strecken der steinarme Heidesand mit geringer Steinbestreuung. In der 60 m hoch gelegenen Thongrube am Rande der Wittenburger Forst lagert ½—1 m Decksand auf dem Bänderthon; an der unteren Grenze des Sandes liegen vereinzelt oder in grösserer Fülle grosse Blöcke, darunter auch einige sehr grosse Dreikanter. Bei Bobzin finden sich viele Blöcke auf dem 55—60 m hohen Sandterrain; ebenso auf dem nach Hagenow zu 40 m abgedachten Gebiet bei Zapel. Im Helmer Forst, der bis 60 m aufsteigt, tritt Sand mit Steinbestreuung auf, und der Heidberg bei Helm (64 m) zeigt auf (tertiärem?) Glimmersand wenig Decksand mit Steinen, zum Teil noch mit sehr grossen Blöcken. Von hier aus südlich, nach Hagenow hin, tritt die Steinbestreuung mehr und mehr zurück und macht der reinen, steinarmen Heide Platz.

Südlich von Wittenburg vermute ich bei Körchow und Setzin Geschiebeanhäufung; in letzterer Gegend erhebt sich ein bis 80 m hoher Rücken von kurzer ostwestlicher Erstreckung. Toddin und Pätow, östlich davon gelegen, besitzen Blockmauern, bei Toddin werden gebogene Hauptsandschichten von 0,5—1 m lehmigem Decksand überlagert, an dessen unterer Grenze oft Steine (und Dreikanter) als Pflaster liegen; lokal treten auch 5 m tiefe Buchten von blockreichem Deckgeschiebemergel auf.

In südöstlicher und südlicher Richtung ist, soweit meine Beobachtungen reichen, der Zug unterbrochen durch die Heideebene der Sude. Erst der Loosener Berg, östlich von Lübtheen, 55 m hoch, zeigt an der Windmühle sehr steinreichen Deckkies, zum Teil geschichtet, 1—2 m auf horizotalen Kies- und Grandschichten lagernd. Bei Loosen herrscht Sand mit Steinbestreuung, im Dorf trifft man Blockmauern. In Loosen wurde durch zwei Bohrungen ein nahe der Oberfläche liegendes, 87 resp. 42′ mächtiges Alaunerdelager mit Sand und Thonschichten erbohrt [1]). Koch [2]) bezeichnet diese Erhebung am rechten Ufer der Rögnitz, mit den Ortschaften Loosen und Krenzlin, Picher im Osten, Ramm, Quast, Hohen Woos im Westen, als „Loosener Berg". Der östliche Teil desselben mit zum Teil steinreichem Diluvium auf Tertiär, zum Teil von Heidesand überweht, gehört sicher zur südöstlichen Fortsetzung des hier besprochenen Geschiebestreifens, der südliche Teil lehnt sich an den folgenden Parallelzug an, ohne eigentliche scharfe Grenze.

Südöstlich folgen diluviale Höhen bei Glaisin, linkseitig der Rögnitz, und Dadow östlich von Eldena, welche die Fortsetzung des von den breiten Flussläufen vielfach unterbrochenen Geschiebestreifens darstellen.

In der Gegend südlich Grabow und bei Warnow wird dieser Streifen auf mecklenburgisches Gebiet austreten.

IX. Geschiebestreifen: „Gallin — Lübtheen — Conow — Böck".

Vermutlich nur als Parallelstreif zum vorigen gehörig, verläuft nahe bei diesem aus der Gegend zwischen Zarrentin und Boizenburg über den Lübtheener Gebirgszug ein weiterer Geschiebestreifen, ebenso wie sein nördlicher Nachbar nur stellenweise deutlich zu erkennen, vielfach von Heidesand unterbrochen oder verdeckt, so dass nur inselartige Erhöhungen aus der Heide heraustreten, welche die Fortsetzung des Geschiebestreifens verraten. Dadurch, dass zuweilen die Blöcke von etwa 1 m alluvialem Heidesand bedeckt werden, wird dort der Charakter der

---

[1]) Vgl. Brückner, Grund und Boden Mecklenburgs 1825, S. 66.

[2]) In der anschaulichen Schilderung dieser Diluvialinseln in der Heide. Zeitschr. d. deutsch. geol. Ges. 1856, S. 274.

Moränenlandschaft völlig oder teilweise verwischt. Fasst man beide Streifen als einen einzigen auf, der nur eine flache Niederung in seinem Verlaufe hat, so beträgt seine Gesamtbreite 20 km (zwischen Neuhof und Lüttenmark) bis 16 km (zwischen Krenzlin und Bockup).

Sein nordwestlicher Beginn in Mecklenburg lässt sich sehr deutlich auf einer Exkursion von Boizenburg nach Zarrentin konstatieren, bei der man die gesamte Breite des Streifens durchläuft.

Bei Schwartow am Boizeufer bedeckt ein höchstens ⅓ m mächtiger Decksand mit einzelnen grossen Steinen und Dreikantern horizontal gelagerten unteren Sand und Schluff. Nördlich davon tritt ziemlich blockreicher Deckmergel circa 5 m mächtig auf. Bis Gresse trifft man mehr oder weniger reichliche Steinbestreuung. Der Hauptreichtum an Steinen aber beginnt bei Lüttenmark und setzt über Greven fort. In Lüttenmark trifft man viele Blockmauern, die grosse Sandgrube am Thalabhang zeigt Steinbedeckung und lehmigen Deckkies auf Spatsand, die Höhe, die vom Forst Greven ostwärts zu 90 m ansteigt, führt massenhafte Block- und Steinbestreuung auf dem Sandboden, dem einzelne Lehmstellen untermengt sind. Beckendorf und Bennin südlich davon, ferner Granzin und Gallin sind in gleicher Weise ausserordentlich gesegnet mit Blöcken. Eine Lehmgrube an der Scheide von Granzin und Sternsruh zeigte 1,5 m festen Deckgeschiebemergel, unten mit einem Steinpflaster gegen Thon mit unterliegendem Hauptgeschiebemergel getrennt, weiterhin aber nur geringen lehmigen Decksand auf mächtiger werdendem Thon, der wohl als Ausschlemmprodukt des Deckgeschiebemergels gelten kann. In Sternsruh ebenfalls 1,5 m mächtiger oberer Geschiebemergel mit unterer Blockpflasterung. Oft herrscht auch reiner Deckkies, hier und bei Nieklitz mit massenhaften Blöcken, die vielfach zur besseren Beackerung in den Feldern vergraben wurden.

Nach Pamprin, Kogel und Camin hin treten mit einer Abdachung auf 40—35 m die Blöcke völlig zurück, nur Kleinsteinbestreuung der Sandfelder herrscht — hier ist die Grenze gegen den nur circa 4 km entfernten nördlichen Zarrentiner Geschiebestreifen, mit dem aber wohl zwischen Nieklitz, Gallin und Valluhn ein Verschmelzen stattfindet.

Im Südosten beginnt nach der steinarmen Gegend von Kogel bei Camin wieder Steinbestreuung im sandigen und dann strengen Decklehm, in Camin treffen wir einzelne Steinhäuser und -Mauern. Bei Goldenbow ist der herrschende Spatsand von vielen Blöcken, darunter prächtigen Kantengeröllen, bedeckt. Nach Vellahn hin verringert sich die Steinmenge. Erst bei Goosfeld mit einer Meereshöhe von 50 m trifft man reiche Steinbestreuung (Dreikanter), die bei Düssin zurücktritt, dagegen im Westen bei Brahlstorf und Dammereez noch reichlich aufzutreten scheint (Trennung vom nördlichen Zug? bei Vellahn).

Bei Melkhof, nahe der Eisenbahn bei Brahlstorf gelegen, wird am Abfall des hier zu 60 m sich erhebenden Terrains auf weissem Glimmersand lagernd noch eine 2 m dicke Decksandschicht getroffen mit vielen Steinen (Dreikantern); alsdann folgt die weite Heidesandebene des Sudethales bis nach Lübtheen. Hier macht sich als Hervorragung aus der Heide der niedrige „Lübtheener Gebirgszug“ [1]) geltend, als Stock für Ablagerung des Geschiebestreifens.

Am Gypsberg von Lübtheen finden sich die Blöcke des Deckdiluviums zum Teil von Heidesand überweht, die Blockmauer am Kirchhof und andere „Felsen-“Verwendungen zeigen das ziemlich häufige Vorkommen der Geschiebe in der Umgebung.

Im Süden erstreckt sich bei Jessenitz das von Heidesand und Dünen besetzte Thal der Rögnitz, welches, parallel der Elbe, jetzt das von dem ehemaligen Elbstrom durchflossene Thal mit der Krainke zusammen teilt.

Im Südosten schliesst sich der 40—50 m hohe Rücken an, auf dem aus der allgemeinen Heidesandbedeckung an einzelnen Stellen bei Ramm, Trebs, Quast, Jabel, Hohen Woos das Diluvium resp. Tertiär zum Vorschein kommt und die Stein- auch Blockbedeckung den Geschiebestreifen bezeichnet, der teils vom oberen Geschiebemergel, teils vom Decksand (mit Dreikantern) zusammengesetzt ist. Schon Koch betont scharf a. a. O. das Zusammenvorkommen des eigentlichen Diluviums mit dem Flötzgebirgskern im Gegensatz zu der alluvialen Heide, und ich brauche hier nicht mehr ausführlich hervorzuheben, dass der Geschiebestreifen hier in genetischem Zusammenhang mit dem Hervortreten der Flötzgebirgswelle steht.

Das Vorkommen an diesen Orten wird durch folgende Aufschlüsse charakterisiert: in der Lehmkuhle am Rammer Berg lagert auf blockreichem Geschiebemergel 0,5 m gelber Heidesand, an seiner unteren Grenze mit Steinpflaster. Die Lehmgrube bei Hohen Woos zeigt unter Flugsand lehmigen Deckkies und Sand, dann von kleinem Steinpflaster bedeckt thonigen Geschiebemergel, der auf Tertiärthon lagert: ähnlich ist es in der grossen nachbarlichen Ziegeleithongrube, wo der Heidesand 0,3 m, der Lehm resp. Blockkies 0,2—0,7 m mächtig ist und auf 0,5 m Sand lagert, der den Miocänthon bedeckt.

Südöstlich von hier treffen wir jenseits des hier aus Nordosten kommenden Rögnitzthales bei Grebs, Conow, Karenz, Malk (von Koch als „Karenzer Berge“ unterschieden) und bei Malliss und Bockup auf die Verlängerung unseres Geschiebestreifens. Das Terrain ist 40—50 m hoch, steigt aber im Steinberg bei Karenz zu 71 m an. Bei Conow herrscht blockreicher Deckmergel, zum Teil einige Meter mächtig Blockmauern in den Dörfern und an den Strassen; sowie ausgeackerte Geschiebe deuten den Geschiebereichtum der Gegend an. An den meisten Stellen waltet nur dünner Geschiebelehm oder meist Deckkies vor, der unteren Sand bedeckt, oft lagert auf dem Deckkies oder seinem Vertreter, dem Steinpflaster mit Kantengeröllen, noch feiner Flugsand mit Ortsteinbildung, so besonders schön bei Grebs. Die Südwestgrenze des Streifens bildet hier die scharfe Ecke des 42 m hohen Galgenberges bei Schlesin, die sich plötzlich aus der Heidethalebene hervorhebt. Hier tritt uns lehmiger Deckkies mit viel Steinen in einer

[1]) Vgl. E. Geinitz, Flötzform. Mecklenb. und Koch, Die anstehenden Formationen der Gegend von Dömitz. Zeitschr. d. deutsch. geol. Ges. 1856, S. 249 f., Taf. 12.

Mächtigkeit von 3 m entgegen, unteren Sand und Grand überlagernd.

Von hier nach Bockup geht man auf der Plateauhöhe, die mit steilem Absturz nach dem Heidethale von Raddenfort und Heiddorf abfällt. In der Lehmgrube am Abhange nördlich Raddenfort (25 bis 30 m) ist ein 2—3 m mächtiger Geschiebemergel aufgeschlossen, der von Sand bedeckt wird, mit dünnem Steinpflaster an der Grenze und Einbuchtungen nach unten in den Mergel. Die Bockuper Thongrube auf der Höhe (42 m) zeigt auf dem Miocänthon 1—2 m Blocklehm resp. Deckkies, zum Teil mit oberem Steinpflaster und von 0,5—1 m Heidesand überweht. Bei Malliss, nördlich davon, zeigen Sandgruben unteren Kies, zum Teil auf tertiärem Glimmersand, mit Bedeckung von Deckkies oder riesentopfartig eingreifendem oberem Blocklehm; das Deckgebirge der Braunkohlengruben ist Deckkies mit Dreikantern unter Heidesand. Auch die grosse Ziegeleigrube von Malliss, am Abhang zum Eldethale, zeigt grosse Geschiebe in dem hangenden oberen Geschiebemergel resp. dessen Vertreter, dem Deckkies. Bei Karenz und Malk lagert geschiebereicher Deckmergel oder -Kies auf unteren Granden resp. tertiärem Glimmersand und Thon. Auch die Wiesenniederungen bei Göhren unweit Eldens führen häufig noch grosse Blöcke.

Im Norden schliessen sich hier die geschiebereichen Gegenden von Glaisin u. s. w. an (s. o.), vielleicht zu demselben Zug gehörig.

Jenseits der Elde trifft man auf die zu 46 m ansteigende Erhebung bei Böck mit der Fortsetzung des Mallisser Tertiärs [1]) und in die Gegend von Dadow (s. o.).

X. Geschiebestreifen: „Lauenburg — Boizenburg — Wendisch Wehningen".

Das hohe, 60—70 m sich erhebende Diluvialplateau, welches zwischen Lauenburg und den Vierbergen bei Boizenburg von dem breiten Stecknitzthal durchbrochen wird und welches dem Andrängen des Elbstromes seine steilen Abbruchsufer entgegensetzt, zeigt in der hochinteressanten Gegend von Lauenburg und Buchhorst auf den mannigfachen Ablagerungen des Unterdiluviums und Tertiärs das Deckdiluvium als Decksand oder meist als Deckgeschiebemergel in einer Mächtigkeit von 1—5 und mehr Metern. Vielfach liegen in ihm zahlreiche grosse Blöcke, im Mergel geschrammt, im Decksand auch als Dreikanter, zum Teil auch als dichte Steinpackung: wir erkennen hier einen steinreichen Moränenabsatz. Sein Liegendes zeigt oft sehr bedeutende Schichtenstörungen. Die Oberfläche ist abgesehen von den tiefen Erosionsseitenschluchten von Söllen und Kesseln vielfach durchsiebt. Die nördliche Ausdehnung der Geschiebeablagerung habe ich nicht verfolgt.

Weiter östlich nach Boizenburg zu erkennt man die Fortsetzung.

---

[1]) Vgl. Koch a. a. O. S. 273.

Bei Horst sieht man in der 10 m hohen Terrasse des Thales schön die Umarbeitung des Bodens durch den alten Strom: brauner und weisser Spatsand mit diskordanter Parallelstruktur wird von einem horizontal laufenden Steinpflaster bedeckt, auf dem noch 0,5 m ungeschichteter bräunlicher Alluvialthalsand folgt. Die 54 m hohen Vierberge zeigen an ihren Gehängen unteren Sand mit Steinbestreuung; das bis Boizenburg folgende Abbruchsufer, welches dem bis 60 m ansteigenden Plateau entspricht, zeigt reiche Blöcke am Elbstrand ausgewaschen aus dem blockreichen oberen Geschiebemergel, der in bedeutender Mächtigkeit (5—10 m) unteren Sand oder weiterhin steinarmen unteren Geschiebemergel bedeckt.

Im Süden grenzen hieran die weiten Marschniederungen des Elbthales.

Im Nordwesten reihen sich die oft sehr steinreichen rechtseitigen Elbufer bis unterhalb Hamburg hier an.

Südlich von Bockup liegt, von dem Lübtheener Gebirgszug durch eine weite steinlose Heidesandebene getrennt, die bis 33 m aufsteigende Erhebung von Wendisch Wehningen westlich Dömitz an der Elbe. Die Felder zeigen hier Sand mit reicher Steinbestreuung, gute Dreikanter sind sehr häufig. Bei anderer Gelegenheit [1]) habe ich das interessante Thonlager mit seiner bituminösen Diatomeenerde und den Schichtenstörungen beschrieben. Das Hangende bildet hier ein mächtiger Blockmergel.

Es ist möglich, dass die flache Gegend zwischen hier und Neuhaus, welche die der Elbe parallel laufenden Thäler der Krainke und Rögnitz trennt, sich als denudierter Kern des nach Boizenburg laufenden Geschiebestreifens darstellt.

III. Geschiebestreifen: „Diedrichshäger Berge — Ivendorf — Neubukow — Satow — Schwaan — Schmooksberg — Teterow — Malchin — Neubrandenburg — Helpt".

Von diesem Zuge fehlen noch einzelne genaue Begehungen und ist daher an einigen Stellen die Abgrenzung nicht ganz sicher festgestellt.

Das nicht ganz 10 m Höhe erreichende Abbruchsufer der Ostsee westlich vom Heiligen Damm bis Fulgen entblösst oberen und unteren Geschiebemergel, zum Teil mit Sandablagerungen zwischen beiden; demgemäss ist hier der Strand umsäumt von vielen ausgewaschenen Blöcken. Weiter westlich zwischen Fulgen und Arendsee wird das Ufer immer niedriger und hat auf grössere Strecken den Spatsand entblösst, so dass hier eine Unterbrechung der Blockanhäufung erscheint.

Die Landschaft hinter dem Klint, zunächst der bis zu 28 m ansteigende flache Rücken zwischen den beiden breiten Thalniederungen,

---

[1]) I. Beitrag z. Geol. Mecklenb. 1879, S. 40 f.

ist bis Doberan hin nicht durch Blockreichtum ausgezeichnet; im Dorfe Brunshaupten laufen lange grosse cyklopische Mauern an den Wegen und um die Höfe. am Rande des Fulgenbachthales tritt in Klein- und Hinter-Bollhagen mit ihren Blockmauern strenger, blockreicher oberer Mergel in bedeutender Mächtigkeit auf, als Bedeckung des auch hier vielfach zu Tage tretenden feinen Sandes und Thonsandes. Noch auffälliger ist das Hervortreten und Vorherrschen des Spatsandes (mit untergeordnetem Kies, zum Teil auch in seiner Deckkiesüberschüttung einheimische, aus den südlich gelegenen Höhen transportierte Gerölle führend!) am linken Gehänge desselben Thales, wo dieser Sandstreifen von Arendsee über Brunshaupten, Wittenbeck, Brodhagen zum Kellerswald bei Doberan führt, bis zu einer Höhe von etwa 40 m hinaufreichend. Aber auch hier fehlt der blockreiche Deckmergel nicht völlig; sowohl bei Brunshaupten als bei Brodhagen tritt er in mächtiger Entwickelung auf.

Nach diesem unterbrechenden Sandstreifen folgt weiter nach Westen zu der scharf markierte, zu 128 m aufsteigende Höhenzug der Diedrichshagener Berge mit dem hier zu Tage tretenden glaukonitischen Pläner. Auf dem Bergrücken, der bekanntlich ein ausgeprägtes nordwestliches Streichen hat, ist der obere Mergel nur fleckenweise mit bedeutendem Geschiebereichtum als Auf- und Anlagerung entwickelt, in den anderen Stellen kommt teils der anstehende Pläner, teils Spatsand zu Tage. Von den gewaltigen Schichtenstörungen, die hier den Pläner und das Hauptdiluvium betroffen haben, ist schon bei anderer Gelegenheit berichtet [1]).

Bei dem Bastorfer Leuchtturm (78 m) und auf dem bis 50 m herabsteigenden Plateau bei Hohen Niendorf und Mechelsdorf bildet sandiger Diluvialmergel den Hauptbestand des von Söllen durchsetzten Bodens, doch gelangt hier, z. B. im Bastorfer Holm bei 80 m Höhe, vielfach der Spatsand zu mächtiger Ausdehnung und ist auch der Mergelboden nicht durch eine grosse Zahl erratischer Blöcke ausgezeichnet. Wichmannsdorf, in der Höhe von 100 m gelegen, dürfte die südwestliche Grenze des Blockgebietes bezeichnen. Im Wichmannsdorfer Holz und in der Kühlung bei Diedrichshagen, in Diedrichshagen selbst, ferner am Nordabhang oberhalb Brunshaupten, bei Ober Steffenshagen u. s. w. sind auffällige Bergkuppen mit tiefen Kesseln und Schluchten, zahlreiche grosse erratische Blöcke, Mergelboden, aber auch Sand und Kies auf und neben dem Pläner, die Typen der Moränenlandschaft unseres Geschiebestreifens.

Unterhalb Diedrichshagen und Jennewitz beginnt das sand- und blockärmere Deckmergelgebiet des südlichen Abfalles, das sich nach der Kröpeliner Gegend fortsetzt (s. u.).

In südöstlicher Richtung folgt die geschiebereiche Gegend von Reddelich, Doberan, Althof. In Reddelich zeigen schon die cyklopischen Mauern der Gehöfte und Wege den Reichtum des Mergelbodens an Geschieben an. Die Ausschachtungen am Bahnhof zu Doberan

[1]) Flötzform. Mecklenb. S. 54.

und die Befunde der südlichen Höhen ergaben mächtige Blockanhäufung auf Thon, Sand und Kiesen des Unterdiluviums [1]).

Die Dorfschaften Stülow, Glashagen, Hohenfelde, Althof, Ivendorf, Konow, Hastorf, Hanstorf, Reinshagen, Heiligenhagen, Bölkow bezeichnen den weiteren südöstlichen Verlauf des Geschiebestreifens, der hier eine Höhe von 40—80 m hat, mit stellenweiser Erniedrigung zu 20 m und Erhebung zu über 100 m. Sehr deutliche Einblicke in den Bau jener Gegend ermöglichte der Chausseebau zwischen Doberan und Schwaan in den Jahren 1882 und 1883. Die dabei gewonnenen Einschnitte ergaben ebenso wie die übrigen Aufschlüsse der Nachbarschaft, dass der „Geschiebestreifen" nicht etwa eine mächtige Anhäufung geschiebereichen oberen Mergels ist, sondern dass in gleicher Meereshöhe mit ihm auftretend und mannigfach zu Tage tretend, in den bekannten glacialen Schichtenstörungen mit ihm verbunden, die unteren Sande, zum Teil auch Thone, ebenfalls an der Oberflächenzusammensetzung jener Gegend sich wesentlich beteiligen. Nirgends ist der Charakter einer Endmoräne ausgeprägt, wohl aber derjenige der an Söllen und Kesseln reichen Grundmoränen-Landschaft.

Dem soeben beschriebenen Diedrichshagen-Ivendorfer Geschiebestreifen parallel läuft westlich von Kröpelin ein 4 km breiter Nebenzug, den ich als Neu Bukow-Satower Geschiebestreifen bezeichne.

Bei Alt und Neu Gaarz tritt das Diluvialplateau mit steilem, zum Teil 21 m hohem Ufer an die Ostsee. Viele ausgewaschene Blöcke umsäumen den Strand. Der Wismar-Rostocker Eisenbahnbau durchschnitt sehr schön diesen Nebenzug mit seinen beiderseitigen Sandabgrenzungen [2]). Nachdem am Bahnhof Kröpelin und noch westlich davon noch mächtiger (5—8 m) blockreicher oberer Geschiebemergel und dessen Blockbestreuung angetroffen war, als westlicher Ausläufer des Diedrichshäger Geschiebezuges, tritt am Westenbrügger Holz bei Sandhagen der feine zu Heidesand abgeschlemmte Spatsand auf, zunächst noch mit reichlicher Steinbestreuung (rohe Dreikanter), und erst nach der etwa 4 km breiten Sandunterbrechung kommt bei Neu Jörnstorf und Lehnenhof, bis Neu Bukow reichend, der blockreiche Deckmergel in 1—2 m Mächtigkeit oder sein Vertreter, der Deckkies, in einer Höhe von 25 bis 30 m wieder zur Geltung. Hinter Neu Bukow folgt dann ein Spatsandareal in 40—45 m Höhe, bei den Panzower Tannen, 4 km breit, diesen Nebenstreifen von dem westlich bei Alt Bukow beginnenden Pöeler abgrenzend.

Im Nordwesten bilden Russow und Zweedorf die Verbindung nach Gaarz. Nach Südosten wendet sich der Streifen über Satow, um sich weiterhin mit dem Hauptzug zu vereinigen.

So trifft man bei Schmadebeck südlich von Kröpelin einen beträchtlichen Blockreichtum, aus sehr wenig mächtigem Deckkies stammend, der mit Dreikantern und Blöcken oft dicht gepackt, ungefähr horizontal lagernden unteren Sand überlagert oder auch die reiche

---

[1]) Vgl. Geinitz, VII. Beitrag z. Geol. Mecklenb. 1885, S. 52.
[2]) Vgl. Geinitz, VII. Beitrag z. Geol. Mecklenb. S. 45—47.

Steinbestreuung der Felder versorgt; auf der Höhe, die zu 80 m ansteigt, herrscht oberer Blockmergel. Bei Siemen, südöstlich von hier, finden sich zahlreiche Blöcke in dem oberen Mergel. Oestlich tritt über Heiligenhagen bereits die Verbindung mit dem Hauptstreifen ein. Hier schliesst sich direkt im Süden die 65—75 m hohe Deckmergelgegend von Gerdshagen, Satow und Mickenhagen an, mit zahlreichen grossen Blöcken, tiefen isolierten Moor- und Seekesseln. Von hier stammt die hauptsächlich aus dem Deckdiluvium zusammengebrachte Geschiebesammlung, welche das Rostocker Museum dem verstorbenen Pastor Vortisch verdankt. Auch hier hat der Deckmergel nur die Mächtigkeit von 0,5—5 m; er lagert auf unteren Sanden, unter denen zum Teil noch unterer Geschiebemergel hervortritt; der Deckmergel ist oft fein horizontal gebankt und enthält nicht immer sehr viel Blöcke.

Südwärts von hier, bei Jürgenshagen und Neukirchen bis Bützow, treten die Blöcke immer mehr zurück, es herrscht noch Deckmergel, oft aber unterbrochen von Spatsand. Erst nordwestlich von Bützow kommen bei Kurzen Trechow die Blöcke wieder zur Geltung, als östliche Ausläufer des Schlemminer Geschiebestreifens.

Zwischen Bölkow und Fahrenholz setzt der nunmehr vereinigte Geschiebestreifen über das Thal des Waidbaches; nördlich von Nienhusen treten in der Höhe von 25 m massenhafte, besonders durch den Chausseebau im Winter 1882—1883 geförderte Blöcke aus dem gelben Deckgeschiebemergel zu Tage. Dieser Blockreichtum zieht sich fort über Ziesendorf nach Bröbberow und Gross Grenz; dicht bei Bröbberow wurde auf den 10—15 m hoch gelegenen Feldern an den Uferhöhen des Waidbaches unter der dünnen Ackerkrume ein ungeahnter Reichtum an Blöcken durch einfaches „Ausbuddeln", d. h. Herausheben aus dem Ackerboden gewonnen und für den Chausseebau verwertet. Die grossen Blöcke lagern in einer dichten eisenbraunen, kiesigen Steinpackung von einer Mächtigkeit von 1 m auf Spatsand; es war ein typischer sandiger Moränenabsatz von derselben Beschaffenheit wie bei Schwerin, bei Eickhof, bei Liepe u. a. O.

Weiter abwärts macht sich bei Schwaan nur der reine Spatsand geltend, so dass hier eine Unterbrechung des Geschiebestreifens zu konstatieren ist. Hier tritt das mächtige und ausgedehnte Diluvialthonlager von Schwaan, Wiendorf, Viegeln und Wahrstorf unter den Sanden hervor und waltet an den übrigen Stellen der feine, oft thonige Sand, oder wie bei Benitz der grobe Kies und Grand vor; dabei tritt in der genannten Gegend lokal auch noch der obere Geschiebemergel auf, aber nur zum Teil mit etwas bedeutenderem Blockgehalt.

Die durch vielfache Lücken unterbrochene, auch im übrigen sich nicht durch auffällige Oberflächenbeschaffenheit auszeichnende südöstliche Fortsetzung des Geschiebestreifens lässt sich etwa durch folgende Punkte fixieren:

Bei den östlichen Auslauen zu Wiendorf, nahe dem Sprenzer Thal, tritt ein steinreicher Blocklehm, zum Teil auch Deckkies in bedeutender Mächtigkeit auf, mit seinem Spatsand-Untergrund zum Teil schmale Grenzrücken zwischen den nachbarlichen Thälern bildend, die als Reste des hier 30—40 m hohen Plateaus erkannt werden. Oestlich hiervon, bei Sabel, Striesdorf, Dolgen, Lantow, tritt zwar vielfach auf dem Sand der Deckmergel in bedeutender Mächtigkeit auf, Sölle und einzelne erratische Blöcke sind häufig, aber ein besonderer Blockreichtum ist nicht vorhanden: wir haben hier das nördliche Randgebiet in einer Meereshöhe von 45 m, im Dolgener Berg auch bis zu 71 m anschwellend.

Ein grösserer Blockreichtum nördlich von hier, bei Prisannewitz, gehört wahrscheinlich bereits zum nördlichen Rostocker Parallelzug (s. u.).

6 km südlich von Schwaan trifft man in Kassow am rechten Warnowufer eine reichlichere Steinbestreuung auf dem unteren Sand, und im Dorfe viele Blöcke; östlich und südlich davon, bei Mistorf, Augustenruh, Lüssow finden sich vereinzelte Blöcke, wenig reiche Steinbestreuung auf feinem Spatsand, oder blockarmer 1—3 m mächtiger oberer Geschiebemergel auf dem 35 m hohen Plateau, ohne den Charakter des Geschiebestreifens zu zeigen. Südlich dacht sich das Plateau zu dem Nebelthal von Güstrow ab, während bei Güstrow die nordöstlich laufende breite Thalrinne des Recknitzflusses beginnt, deren beiderseitige Uferhöhen bei Sarmstorf und Spoitendorf zum Teil Kleinsteinbestreuung zeigen.

Jenseits des Recknitzthales findet man bei Laage die Fortsetzung des Nordrandes unseres Geschiebestreifens angedeutet:

Die tiefen Einschnitte am Bahnhof Laage entblössten einen an Mächtigkeit vielfach wechselnden (0,5—4—8 m), sehr blockreichen oberen Geschiebemergel, der unter mannigfachen grossartigen Verdrückungen rasch wechsellagernde untere Sande und Kiese, auch Thonsande und unteren Geschiebemergel bedeckt, auch vielfach in Buchtenform in seinen Untergrund eingreifend. Südlich von Laage durchläuft die neue Eisenbahn bei Lissow, Corleput, Knegendorf, Plaatz das oft vielfach durchfurchte Diluvialplateau mit Sanden und Steinbestreuung, welche letztere oft ziemlich reich ist und auch in Blocklehm (z. B. bei Lissow) übergeht; vereinzelte Dolmen, z. B. bei Plaatz, sind auch hier wieder zu treffen. Bei Mierendorf lagert 0,5 m sandiger Decklehm mit Steinsohle auf unteren Sanden und Kiesen, andererseits trifft man unter Einbuchtungen von Decklehm die Sande in schleifenartigen Biegungen zusammengeschoben. Bei Recknitz tritt am Recknitzthal-Ufer in 15 m Meereshöhe ein bis 3 m mächtiger sandiger oberer Blocklehm auf feinem Spatsand auf.

Südlich von Laage erhebt sich der gebirgige Hügelkomplex des Schmooksberges bei Lüningsdorf zu einer Höhe von 135 m. Je nachdem man den Berg von Norden oder Süden und Südosten besteigt, erhält man einen ganz verschiedenen Eindruck, da er kein völlig isolierter Berg ist, sondern in ähnlicher Weise wie der Heidberg bei Teterow u. a. m. zu dem nachbarlichen Plateau in engste Beziehung tritt. Die Spitze und der Hauptteil des Gehänges besteht aus Sand und Kies, stellenweise mit vielen Steinen, oft von grosser Unfruchtbarkeit des Bodens; am nordwestlichen Abfall besteht sein Boden aus Geschiebemergel, hier zum Teil, z. B. nach der Pölitzer Grenze und am Drölitzer Abfall, mit isolierten oder zu Reihen geordneten Söllen und der wilden

Moränenlandschaft [1]). In Drölitz u. a. O. trifft man häufige Blöcke an den Flanken des Berges. In einer Mergelgrube am Hofe Pölitz ist ein an Blöcken reicher Geschiebemergel (Deckmergel) in grossartige Schichtenstörung mit nachbarlichem Kies und Grand getreten. Aus allen bisherigen Beobachtungen ergibt sich, dass der obere Geschiebemergel an den Seiten des Berges vorkommt, während er auf seiner Spitze fehlt und höchstens durch Steinbestreuung vertreten ist; vielleicht bildete also die von „unterem" Sand aufgeschüttete Spitze eine von der „oberen" Grundmoräne fast freie Erhebung, ähnlich wie bei anderen Bergen (z. B. Helpter- und Ruhnerberg).

Südlich und südwestlich vom Schmocksberg treffen wir noch einige andere isolierte Erhebungen und Berge, deren Zusammenhang erst durch die neuen Messtischblätter ganz aufgeklärt werden wird. Sie zeichnen sich meist dadurch aus, dass sie bis zur Spitze aus „unteren" Sanden und Kiesen zusammengesetzt sind, am Gehänge aber auch zuweilen mächtige Mergelbedeckung zeigen; wahrscheinlich sind es ähnliche Diluvialaufhäufungen auf einem Flötzgebirgskern, wie z. B. die Höhen des Schönberges im Klützer Ort oder der Sonnenberg bei Parchim u. a. Vielleicht kann man sie als „Ausläufer" oder Verbindungsglieder der benachbarten Geschiebestreifen auffassen.

Am Ahrensberg bei Reinshagen, östlich Güstrow, treten einige auffällig spitzkegelförmige Kieserhebungen aus dem steinbestreuten Sandboden hervor, die wohl kaum allein als Reste des Plateaus gelten dürfen, sondern vielleicht schon vom Wasser selbst zu ihrer Form aufgetürmt worden sind.

Die landschaftlich recht auffälligen, weil sich von den nachbarlichen Wasserniveaus ziemlich bedeutend erhebenden Höhen östlich von Güstrow, der Haidberg, Priemer, Mestersberg u. s. w., bestehen gleich dem benachbarten Diluvialplateau aus Sanden oder blockarmem Deckmergel. Ihre isolierten Kuppen sind die bei der Erosion und Evorsion stehengebliebenen Reste des Plateaus, von welchem sie sich in ihrer 50—58 m betragenden höchsten Erhebung gegenüber der Meereshöhe des Plateaus von 25—45 und mehr Meter auch nicht besonders abheben.

In dem östlich folgenden Vietgester Revier treten ähnliche Höhen auf mit 75—80 m Meereserhebung.

Ein bemerkenswerter Reichtum an Geschieben ist auf jenen Höhen nicht zu konstatieren, dagegen finden wir z. B. bei den Bahneinschnitten von Ahrensberg an die mächtigen Spathsandhügel häufig blockreichen oberen Geschiebemergel angelagert.

Oestlich von diesen Höhen entblösste die neue Eisenbahn bei Vietgest und Lalendorf blockreichen Deckmergel des hier ca. 30 m hohen Plateaus.

Südlich von Lalendorf steigt das Land über Vogelsang und Lübsee alsbald zu dem südlichen Hauptgeschiebestreifen von Rothspalk an. In den Lalendorfer Blockanhäufungen scheint eine Verbindung der beiden parallelen Züge angestrebt zu sein.

[1]) Vgl. auch Koch, Arch. d. Ver. f. Nat. Mecklenb. 1884 (38), S. 255, und die Schilderungen von Boll a. a. O.

In südöstlicher Richtung vom Schmooksberg durchschreiten wir die vielfach coupierte, von Söllen und Seen durchsetzte Landschaft von Schlieffenberg, Roge, Zierstorf u. a., in der unterdiluviale Kiese und Sande vorherrschen, oberer Geschiebemergel aber nicht gänzlich fehlt, jedoch ohne erheblichen Blockreichtum. In direkter Verlängerung der nordwestlich-südöstlichen Linie folgen die Höhen der Heidberge bei Teterow. Wie der Schmooksberg, so bestehen auch diese bis 102 m hohen Rücken oben aus Sand und Geröllagern mit geringer Deckdiluvialüberlagerung, und erst an den Abhängen tritt mächtiger, oft blockreicher oberer Geschiebemergel auf [1]).

Der Eisenbahnbau zwischen Teterow und Gnoyen durchschnitt hier zum Teil die Nordflanke des Geschiebestreifens. Bei Thürkow zeigen die unterdiluvialen Sandhügel Steinbestreuung des Deckdiluviums; der Einschnitt längs des Holzes entblösste Spat- und Schluffsand mit 0,2—0,8 m lehmigem Sand darauf, der ziemlich viel Blöcke enthält, zum Teil auch mächtiger wird und in Decklehm übergeht, z. B. bei Todendorf. Weiter nördlich folgt blockarmes Terrain.

Bei Teterow ist die Fortsetzung des Geschiebestreifens deutlich zu gewahren. Nach Bolls Mitteilung [2]) wurde etwa im Jahre 1845 „bei Teterow" für den Chausseebau ein mächtiges Blocklager blossgelegt, „in welchem die einzelnen Blöcke durch braunen, eisenschüssigen Sand miteinander verkittet, wie ein dichtes Mauerwerk aufeinander gepackt erschienen" (auffällige Analogie mit Bröbberow bei Schwaan s. o.). Bei Niendorf und Teschow finden wir steinreiche Felder mit dichter Steinbeschüttung, viele grosse Blöcke auf lehmigen Kieshügeln in dem 40—80 m hohen Plateau. Blockreicher Deckmergel auf Spatsand lagernd geht weiter nach Wendischhagen und Bristow am nordöstlichen Malchiner See. Auch bei Remplin birgt der Deckmergel, in der Thongrube nur 0,5 m mächtig auf Bänderthon lagernd, mehrfach grosse Geschiebe. Auf dem Septarienthon von Pisede ist stellenweise sehr blockreicher Deckmergel auf- und angelagert. Dagegen besteht der hier zu 108 m aufsteigende Harkenberg an seinem Gipfel ähnlich wie der Schmooksberg nur aus Sanden, und erst an seinem Gehänge kommt der Blocklehm zur Geltung.

Nordwestlich vom Harkenberg finden wir einen Höhenzug, der sich aus folgenden aus dem etwa 80 m hohen Plateau aufragenden, mehr oder weniger isolierten Bergen zusammensetzt: Boben-Berg mit 105,5 m, Schlanker Berg 125 m, Hardt-Berg bei Pohnstorf 122 m u. a. m. Auch der Hardt-Berg zeigt auf seinem Gipfel nur Sand und kleinen Kies, erst an dem Abhang kommen Blöcke und gering mächtiger Deckmergel. Westlich ist diese Berggruppe bei Mistorf durch herrschenden Spatsand von dem eigentlichen Teterower Geschiebestreifen getrennt; auch an seinem nördlichen raschen Abfall bei Pohnstorf ist kein Geschiebestreifentypus zu gewahren.

Die Breitenausdehnung lässt sich hier auf einer Wanderung nach

---

[1]) Vgl. Geinitz, I. Beitrag z. Geol. Mecklenb. 1879, S. 29, 61.
[2]) Abriss d. mecklenb. Landesk. 1861, S. 291.

Neukalen feststellen. Am Wege zwischen Markow und Hagensruhm, sowie vor Carnitz zeigt eine reiche Steinbestreuung der Sandfelder, zuweilen mit Deckmergelboden, längs des breiten Thallaufes die östliche Grenze der Geschiebeanhäufung an.

Jenseits des breiten Torf- und Seethales des Malchiner und Cummerower Sees setzt auch unser Geschiebestreifen fort.

Die Umgebung von Malchin wird hier hauptsächlich aus zu Tage tretenden unteren Sanden gebildet, nur untergeordnet tritt Deckgeschiebelehm mit auf. Bei Duckow nimmt blockreicher oberer Mergel an der Zusammensetzung des hier 40 m hohen Plateaus Teil. Das Hainholz bei Malchin besteht am Nordrand der Höhe aus Spatsand, der auch noch in der Höhe von 24 m bei der Gielower Mühle auftritt. Auf dem Rücken kommt stellenweise auch Blockmergel zur Geltung; in den Kalkgruben am Hainholz ist mächtiger, oft blockreicher Geschiebemergel auf dem Plänerkalk abgelagert. Auch unterhalb Leuschentin finden wir steinreichen Geschiebemergel zum Teil in seinen unteren, gegen den Spatsand grenzenden Partien mit roher, vom Schmelzwasser gelieferter Schichtung.

Weiterhin habe ich den Verlauf des Geschiebestreifens zwischen Malchin und Neubrandenburg noch nicht eingehend studieren können. Die Eisenbahn läuft öfters, z. B. zwischen Stavenhagen und Mölln, hier auf dem sollreichen Deckmergelplateau hin.

In der Gegend von Neubrandenburg sind die Geschiebeanhäufungen wieder recht schön zu beobachten. Die Malchiner Eisenbahn läuft kurz vor Neubrandenburg längs des tiefen Erosionsthales des Melliner Baches in zum Teil recht charakteristischer Moränenlandschaft. Der Bau der Südbahn entblösste in dem ersten Einschnitt des Westufers der grossen Tollenseniederung bei Broda unteren Sand und Kies mit östlichem Einfallen, der auf der Plateauhöhe von Decklehm überlagert ist, in welchem zahlreiche grosse Geschiebe vorkommen. Der lange Einschnitt durch das 60 m hohe Plateau südlich Weitin zeigte oberen und unteren blockreichen, plattig abgesonderten Geschiebemergel, beide zuweilen durch eine 0,5 m dicke Sandschicht getrennt. Mit wechselnden Vorkommnissen reicht der blockreiche obere Geschiebemergel westlich bis Wulkenzin, Mallin und Kruckow, coupiertes Terrain, Sölle, Kiesrücken, Moränenlandschaft zeigen auch hier den Geschiebestreifen an.

Auch das schöne, hohe Brodaer nordwestliche Ufer des Tollensesees bei Belvedère, Neubrandenburg, hat den Blockmergel angeschnitten; auch hier kann man Sandein- und Auflagerungen beobachten; das Ufer ist umsäumt von zahlreichen grossen ausgewaschenen erratischen Blöcken.

Am Ostufer waltet im Nemerower Holz zunächst der feine untere Sand vor, doch zeigen die Höhen des 60—75 m hohen Plateaus ebenfalls das zum Teil blockreiche Deckdiluvium, und an den hohen Uferstellen nördlich Nemerow tritt der Deckmergel auch an den See heran.

Oestlich vor der Stadt erhebt sich als eine durch das aus Südost kommende Mühlthal und das aus Ost zur Tollense strömende Datzethal aus dem Plateau herausgeschnittene Zunge der Galgenberg. Die hier angeschnittene Wand zeigt in beträchtlicher Mächtigkeit den Septarienthon meist innig mit nordischem Moränenmaterial vermengt und schliesslich von blauem reinem Geschiebemergel bedeckt. Auf diesem lagert in bedeutender Dicke Spatsand und Grand, zum Teil auch in schöner Schichtenstörung unter Blocklehm. Die bis 58 m hohe Plateauoberfläche zeigt vorwiegend Sand mit untergeordnetem Decklehm, weiter östlich und nördlich überwiegt die Sandlandschaft immer mehr. Auch hier am Galgenberg ist ein sehr bedeutender Reichtum an grossen Blöcken in dem oberen Geschiebemergel zu konstatieren. Auf der Höhe jenseits des Mühl- oder Lindthales (62 m) finden wir über der hintersten Mühle reiche Steinbestreuung auf Sand und Kies. Bei Wokersin nördlich von Neubrandenburg finden sich auch viele Steine.

Südlich von Neubrandenburg treffen wir bei Gross Nemerow und Rowa auf dem bis 90 m hohen Mergelplateau mit zahlreichen Söllen die Landschaft des Geschiebestreifens.

Die tiefen Kessel bei Stargard, in den unteren Sand eingearbeitet, die Wegeanschnitte von Sand mit buchtenartig eingreifendem oberen Blockmergel u. a. bezeichnen den Fortlauf des Geschiebestreifens nach Stargard, welcher sich von hier auch noch südlich verbreitert. Am oberen Ende von Stargard tritt bis 8 m mächtiger gelber, zum Teil etwas sandiger oberer Geschiebemergel auf.

Den weiteren südöstlichen Verlauf des Geschiebestreifens über Cölpin-Petersdorf habe ich noch nicht konstatieren können. Doch tritt er nördlich von Woldegk in den Gehängen des Helpter Berges wieder auf.

Südlich von Woldegk sendet der parallele Zug IV bis nach Grauenhagen und Göhren einen verbindenden Ausläufer in nordöstlicher Richtung. Die direkte Umgebung von Woldegk enthält nicht viel Blöcke in dem bis zu 6 m Dicke anwachsenden Deckmergel.

Nördlich der Stadt erhebt sich aus dem zur Woldegker und Helpter Heide mit 120—130 m aufsteigenden Terrain der 179 m hohe Helpter Berg als schmaler, langer, nordöstlich streichender Rücken in ganz ähnlicher Weise wie die Hohe Burg bei Schlemmin, an seinen Abhängen und auf der Höhe mit vielen isolierten Torfsöllen. Die Oberfläche ist meist aus oberem Geschiebelehm mit reichlichen Blöcken gebildet, welche ausgeackert oder im Walde durch Ausrodung freigelegt werden; unter dem Deckmergel tritt feiner Spatsand hervor. Auch das nördlich nach Helpt bis 120 m abfallende Gebiet von strengem Deckmergel ist noch reich an Blöcken, im Osten schliesst sich die Umgebung von Mildenitz in gleicher Beziehung an.

Dieser Geschiebestreifen ist ausgezeichnet durch mehrere isolierte bedeutende Erhebungen, die aus unterdiluvialen Sandbeschüttungen bestehen und wahrscheinlich resp. sicher nachgewiesen einen hervortretenden Kern von Flötzgebirge besitzen. Zuweilen sind auch diese Kuppen etwas vor die Linie des Streifens herausgerückt.

II. Geschiebestreifen: „Warnemünde — Rostock — Tessin — Dargun — Friedland — Bröhmer Berge".

Im westlichen Teile des bis 18 m hohen Abbruchsufers der Stoltera bei Warnemünde tritt der an grossen Geschieben sehr reiche obere Diluvialmergel in beträchtlicher Mächtigkeit (bis 8 m) direkt auf dem unteren lagernd auf, während weiter östlich nach Warnemünde hin sich vielfach Spatsand und Thon dazwischen einschiebt[1]). Das hier klintartig von der See abgebrochene flache nach Norden geneigte Diluvialplateau erreicht bald, an der Grenze zwischen Diedrichshagen und Elmenhorst, die Höhe von 20—24 m, um bald wieder auf 10, ja auch 5 m (bei Evershagen) zu sinken und alsdann bei Sievershagen wieder auf 20 und 24 m anzusteigen. Diese Gegend zeigt den Boden des „Deckmergels": blockreichen gelben Geschiebemergel, viele ausgewaschene erratische Blöcke, die auch in den Dörfern zu den charakteristischen cyklopischen Mauern verwendet sind (z. B. in Lichtenhagen, Elmenhorst, Diedrichshagen), zahlreiche Sölle. Nur untergeordnet tritt Spatsand und Kies hervor. Nach Westen verflacht das Terrain und der Charakter des Geschiebestreifens tritt zurück, an der Elmenhorster Scheide sinkt das Ufer bis auf 2 m tief, um alsbald wieder anzusteigen und am Rethwischer Holz 13 m Höhe zu erreichen, von da wieder rasch zur Niederung des Conventer Sees bei Börgerende, nordöstlich Doberan, sinkend. Der Boden bei Elmenhorst zeigt zahlreiche Blöcke, der ganze Klint ist von Blöcken umsäumt, die aus dem anstehenden oberen und zum Teil unteren Geschiebemergel ausgewaschen sind. Die Blockmauern in Rethwisch und eine Geschiebelehmgrube am unteren Ende des Dorfes Börgerende sowie die zahllosen Sölle in der südlich vom Klint gelegenen Landschaft bekunden, dass das Ende der Deckgeschiebemergel-Ablagerung erst hier, am Ostrande der breiten, durch den „Heiligen Damm" abgeschlossenen Rethwischer Niederung zu suchen ist. Das flache Diluvialplateau besteht zwar nicht durchgängig aus dem oberen Mergel, sondern lässt auch vielfach die unteren Sande zu Tage treten (besonders im östlichen Teil), auch ist eine eigentliche „Moränenlandschaft" nicht entwickelt; doch können wir diesen Distrikt immerhin als „Geschiebestreifen" bezeichnen; wir würden sonach seine Breite längs des Klintes (wie ich das „Abbruchsufer" nennen möchte) auf etwa 8 km anzugeben haben.

Der südöstliche Verlauf ergibt sich, zunächst längs der Ostgrenze, folgendermassen: wie erwähnt, schiebt sich am östlichen Klint der Stoltera mächtiger Sand zwischen den oberen und unteren Mergel; vielfach tritt dabei der obere vollständig zurück. Die am Strand ausgewaschenen Blöcke verschwinden an jenen Stellen, so dass man längs des Klintes erst nach 2,5 km von seinem östlichen Aufang in das Gebiet der zunächst spärlichen Blöcke gelangt. Das südlich von hier gelegene, flache und niedere Plateau hat vorwiegend den oberen Mergel, stellenweise aber auch Spatsand darunter hervortretend.

[1]) Vgl. ausführliche Beschreibung und Panorama der Stoltera im VII. Beitr. z. Geol. Mecklenb. 1885.

Am Südrand der Breitlingniederung finden sich bei Gross Klein, Petersdorf und Peez zahlreiche grosse Blöcke aus dem Geschiebemergel ausgewaschen; ein breites Steinlager setzt quer durch den Warnowstrom bei Gross Klein als Verbindung der beiderseitigen Steinauswaschungen. In Lütten Klein ist der blockreiche obere Mergel aufgeschlossen, die Blockmauern des Dorfes und die nachbarlichen Sölle entsprechen dem Geschiebestreifen. Auch die neue Eisenbahn hat zwischen Schmarl und Marienehe den blockreichen oberen entblösst, neben welchem zum Teil auch schon Kies und Sand auftritt.

Am Ostufer der Warnow tritt der Geschiebestreifen völlig zurück. Zunächst im Norden breitet sich die Rostocker Heide aus, und in dem flachen, 5—10 m hohen Terrain bei Krummendorf tritt Sand und stellenweise der sandige, aber blockarme obere Mergel auf. Der letztere zieht sich, oft mit Sandbedeckung, weit nach Osten hin, die zahlreichen Sölle und flachen Depressionen zeigen hier das Grenzgebiet an, wo sich die Schmelzwässer zu stromschnellenartiger Thätigkeit entfalten konnten. In Teutenwinkel mit seinen Blockmauern hat der obere Mergel noch einige Bedeutung, bei Dierkow und Bartelsdorf macht sich dagegen der untere Sand und Kies geltend, analog den westlich beiderseits der Warnow unterhalb Rostock gelegenen Orten Gehlsdorf und Bramow. In Gehlsdorf treffen wir am Warnowufer blockreichen unteren, bedeckt von oberem Mergel und diesen noch unter einer Hülle von Heidesand. Der Charakter der Moränenlandschaft ist hier nirgends entwickelt.

Der bis hierher, unterhalb Rostock, verfolgte östliche Teil des Geschiebestreifens hat nach Obigem eine geringe Meereshöhe, die sich auf 5—20, auch 24 m beläuft; an seiner Zusammensetzung nimmt wesentlichen Anteil der obere Geschiebemergel, doch beteiligen sich auch der untere, sowie Spatsand und bei Warnemünde ein Kreidekern.

Die westliche Grenze des Streifens verläuft von Rethwisch und Börgerende ungefähr über die Orte Admannshagen, Allershagen, Lambrechtshagen nach Klein Schwass und Wilsen, so dass hier bis zur Warnow eine Breite von 6—7 km erscheint. Auch hier tritt zuweilen innerhalb seines Gebietes der untere Sand hervor und nicht überall treten die Geschiebe besonders häufig als erratische Blöcke auf den Boden.

Einen guten Einblick in den Bau des Streifens erschloss die Rostock-Doberaner Eisenbahn. Es ergab sich hier sehr deutlich eine Zerteilung des blockreichen Streifens in zwei parallele, durch ein breites Sandgebiet getrennte Areale. Das westliche ist bei Schwass besonders reich an Blöcken, sein Geschiebemergelboden setzt bis Parkentin über Allershagen fort; alle Dörfer haben hier ihre cyklopischen Mauern.

Von Bramow bei Rostock her zieht sich über Barnstorf, die Barnstorfer Anlagen nach Biestow und westlich sowie südwestlich vor der Stadt Rostock (die Warnemünder Bahn durchläuft dies Gebiet zwischen Bramow und dem Rostocker Kirchhof) ein gleich hoch gelegenes flaches Gebiet von feinem Hauptdiluvial-Spatsand in ungefähr nord-südlicher Richtung. Auf demselben liegen nur ganz untergeordnet einzelne grössere Blöcke (z. B. an der Verbindungsstrasse zwischen

Barnstorfer Anlagen und Doberaner Chaussee) oder tritt in Buchten konserviert der obere Geschiebemergel auf, oft schöne Schichtenstörungen des feinen unteren Sandes und seiner thonigen Zwischenschichten verursachend. Solcher geschiebereicher Deckmergel ist u. a. gut aufgedeckt worden durch die Einschnitte hinter dem Exercierschuppen und auf den Feldern südöstlich vom Kirchhof.

Die Ecke des Diluvialplateaus, auf der die Stadt Rostock steht, gehört dem oberen und unteren Geschiebemergel an, zwischen denen häufig wechselnd mächtige Lager von Sanden vorkommen.

Oestlich der Oberwarnow, von dem Weissen Kreuz an über Bartelsdorf u. s. w. herrschen die unteren Sande und Kiese gegenüber dem Deckmergel derart vor, dass hier, östlich der Stadt Rostock, mit dem zu 20 m ansteigenden Plateau das östliche Ende des Geschiebestreifens anzunehmen ist.

Südlich vor der Stadt Rostock haben die Arbeiten für den neuen Bahnhof und andere Einschnitte den oberen, zuweilen sandigen Geschiebemergel mit reichlichen Blöcken entblösst, der oft bedeutend mächtig auf Spatsand und Kies lagert. Der Bahnbau bei Gragetopshof, Sildemow und Dalwitzhof förderte auf der Plateauhöhe von 20 m eine enorme Menge grosser Blöcke, die nur unter einer dünnen Ackerkrume verborgen waren. Eine Erinnerung an die durch lange Kultur und niedrige Lage ziemlich verwischte Moränenlandschaft rufen hier die Sölle, Torf- und Seekessel noch wach. Der scharfe Vorsprung, den hier das Warnowthal umfliesst, gehört dem Geschiebestreifen an; sein Boden ist hier der untere Sand und Kies, bedeckt und gestört durch den bis mehrere Meter mächtigen blockreichen Deckmergel resp. dessen Reste, die Steinbestreuung. Auch auf der Uferhöhe von Papendorf tritt noch 1 m mächtiger, an grossen geschrammten Blöcken reicher oberer Mergel als Bedeckung von Kies auf.

Weiter nach Südwesten waltet Sandgebiet vor, als südliche Fortsetzung des Bramow-Biestower Sandes; hier tritt auch bei Pölchow und Wahrstorf der unterdiluviale Thon in Zusammenhang mit dem Lager bei Schwaan in beträchtlicher Mächtigkeit zu Tage, vielfach noch von Deckmergel überlagert. Auf dem gegen 40 m hohen Plateau nördlich von Pölchow, bei Niendorf, Gross Stove, Kritzemow, Wilsen bis Klein Schwass, ist zwar der Deckmergelboden vorwiegend und finden sich Sölle und grössere Torfkessel in ungeheurer Anzahl, doch tritt der Blockreichtum zurück; noch weiter westlich findet sich bei Fahrenholz in dem vorherrschenden Sandterrain noch oberer Geschiebemergel konserviert, mit Schichtenstörungen seines Kiesuntergrundes.

Jenseits der Warnow tritt in der Gegend von Kessin, Kösterbeck und Hohen Schwarfs sowie bei Niex gegenüber Papendorf stark coupiertes Terrain auf, zum Teil mit nicht sehr mächtigem oberen Blockmergel, der den unteren Sand und Kies bedeckt oder in Buchten eingreift (z. B. bei Niex), oft mit vielen schön geschrammten Geschieben. Der Sand kommt an den Ufergehängen und weiter auf den Höhen zur Geltung, so dass alsbald der eintönige Sandboden des hohen Plateaus vorherrscht, allerdings auch hier noch zuweilen von Deckmergelpartien unterbrochen. Die Höhe des Signalberges bei Kösterbeck (66 m) besteht hauptsächlich aus feinem Spatsand mit untergeordnetem Deckmergel, die niedrigeren Punkte, auch im Thale bei Kösterbeck und Beselin, zeigen oft reiche Stein- und Blockbedeckung auf unterdiluvialem Sand und Kies oder mächtigen oberen Geschiebemergel. Das 60—65 m hohe Plateau bei Fresendorf besteht aus thonigem unteren Feinsand, dem hier reichlich grosse Blöcke des weggespülten Deckdiluviums auflagern; die zahlreichen isolierten Torfdepressionen und Sölle, sowie die tiefen Thalbeginne und Schluchten gehören der Moränenlandschaft zu.

Hier schliessen sich nun östlich bis Tessin die grossen Torfniederungen von Wolfsberg und Göldenitz an, einstige grosse Seen, und lassen die Fortsetzung des Geschiebestreifens sehr undeutlich erkennen.

Im Süden ist die Grenze etwa bei Kavelstorf (Deckmergel, Blockmauern, Sölle u. a.) zu suchen; ein grösserer Blockreichtum in dem bis 2 m mächtig auf unterem Grand und Geschiebemergel lagernden Deckmergel in dem Bahneinschnitt bei Prisannewitz, südlich von Kavelstorf, bildet einen südlichen Zipfel des Streifens. Im Osten geben Petschow, Niekrenz, Horst die Fortsetzung nach Südosten an.

In der Gegend von Tessin ist das Plateau rechts der Recknitzniederung bei Vilz vielfach durchfurcht und zu Bergen modelliert, die aus unteren Sanden und Kies bestehen, mit zahlreichen grossen und kleinen Steinen bestreut, lokal auch Reste von Deckmergel enthalten. 3,5 km südlich von Tessin zeigt ein schöner an der Chaussee gelegener Dolmen auf dem Sandplateau die einstige Verwertung der Blockbedeckung in jener Gegend.

Die Chaussee zwischen Tessin und Gnoyen führt uns nicht die Charaktere des Geschiebestreifens vor Augen, meist durchläuft sie ein steinarmes Spatsandplateau. Nördlich von ihr treffen wir bei Samow die dort zu Tage tretende Kreide von wenig mächtigem Blockmergel überlagert. Westlich von Gnoyen durchläuft die Eisenbahn bei Boddin einen moränenartigen Rücken, aus Spatsand und Grand mit mächtiger, blockreicher Geschiebekiesüberschüttung bestehend. Eine grosse Lehmgrube südlich von Gnoyen an der Chaussee baut einen circa 5 m mächtigen, nicht sehr blockreichen oberen Geschiebemergel ab. Auch die Chaussee zwischen Gnoyen und Dargun bietet keine Aufschlüsse über einen charakteristischen Geschiebestreifen, meist ist es Deckmergelplateau ohne viel Steine, zum Teil auch Feinsand.

Die zahlreichen Blöcke, die zu Mauern angehäuft oder zu anderen Bauten verwertet die nördliche Stadt Dargun auszeichnen, geben uns einen Anhalt, dass hier der Geschiebestreifen seine Fortsetzung nimmt, die nach Südwesten etwa bis Kützerhof reicht, nach Südosten durch mehrfache Blöcke bis Upost noch konstatiert wurde.

Nach Nordosten habe ich den Streifen noch nicht weiter verfolgen können, ebenso fehlen mir Beobachtungen über seinen Verlauf nach Südosten durch das hier weit eindringende Gebiet von Pommern. Ob die von Boll angeführten Kreidepunkte Peselin und Clempenow, Golchen nördlich von Treptow zu dem Streifen gehören oder einen divergierenden Seitenzweig zu dem nördlichsten Streifen bilden, kann ich ebenfalls zur Zeit nicht entscheiden.

In südöstlicher Verlängerung des besprochenen, zum Teil freilich nur lückenhaft untersuchten Geschiebestreifens „Warnemünde—Rostock—Dargun“ treffen wir wieder in der Gegend von Friedland reiche Blockanhäufungen.

Auf dem flachen, zu 45 m sich erhebenden Plateau von Salow, westlich Friedland, trifft man die Kreide unter Geschiebemergel, der seinen Untergrund vielfach stark zusammengeschoben hat und der sich durch einen grossen Reichtum an grossen, oft schön geschrammten Blöcken auszeichnet. In dem niedriger gelegenen Areal nach Friedland zu kommt mächtiger unterer Feinsand zu Tage. Die Stadtmauern von Friedland sind ebenso wie die von Neubrandenburg aus „Felsen“ gebaut und weisen wie dort auf die Häufigkeit von Blöcken in unmittelbarer Umgebung der Stadt hin. Südlich von hier macht sich zwischen Sadelkow und Genzkow auf dem 45—55 m hohen Terrain ein bedeutender Blockreichtum geltend und weiter lässt sich der Geschiebestreifen in die stark coupierte Gegend der Bröhmer Berge verfolgen, wo, wieder durch einzelne Sanddistrikte unterbrochen, der von erratischen Blöcken oft völlig übersäte Boden des oberen Geschiebemergels vorwaltet; cyklopische Mauern in den Dörfern, wie z. B. in Jatzke, Brohm, Heinrichswalde, Matzdorf u. a., an den Wegen angehäufte riesige Blöcke, Sölle und Torfkessel, stark coupiertes Terrain, geben hier wieder das typische Bild der Moränenlandschaft. Das Terrain steigt hier im Bröhmer Wald bis 132 m an, ohne aber eigentliche Bergspitzen zu bilden; die Kieferwaldungen zeigen, dass auch hier vielfach der untere Sand zu Tage tritt. Die Kreide- und Septarienthonvorkommnisse südlich von Wittenborn, von blockreichem Deckmergel überlagert, erweisen auch hier wieder einen Kern von älterem Gebirge in dieser Bodenerhebung. Die grösste Höhe liegt bei Matzdorf mit 149 m. Der sehr ausgeprägt nordweststreichende Höhenzug fällt bei Gehren steil ab zu der weiten Niederung des Galenbecker Sees und der grossen Friedländer Wiese. Auch die Sandfelder bei Gehren liegen noch voller Steine, und unter dem 10′ mächtigen Torf der grossen Friedländer Wiese finden sich nach Boll häufig grosse Steine [1]).

Ueber weitere Vorkommnisse von Blockanhäufungen, die einer bedeutenden Breitenausdehnung unseres Geschiebestreifens bis Friedland entsprechen, liegen Mitteilungen von Boll vor bezüglich seines nördlichen Streifens (I).

I. Geschiebestreifen: „Fischland — Saal — Ribnitz — Sülz — Loitz!“

Bei dem Kirchdorf Wustrow auf dem Fischland erhebt sich das Land aus dem niederen Heidesand und Moorboden bis über 20 m, um alsdann an der Landesgrenze bei Ahrenshoop wieder zur Heidesandniederung des Darsser Ortes herabzusinken. Der Klint (Abbruchsufer), von zahlreichen grossen ausgewaschenen Blöcken umsäumt, zeigt hier

[1]) Abriss 1861, S. 13.

unteren grauen Geschiebemergel, meist von gelbem oberen bedeckt, und auf diesem noch den 1—5 m mächtigen Heidesand mit seiner Ortsteinbildung. Zwischen beiden Geschiebemergeln tritt selten etwas Sand und auch fetter blauer Thon auf. Beide Mergel führen einen grossen Reichtum an Blöcken, zum Teil auch so massenhaft Kreidestücken, dass eine Lokalmoräne vorliegt, einem nachbarlichen Kreidekern entsprechend.

Das jenseitige Steilufer des Saaler Boddens zeigt bei Saal Geschiebemergel und viele aus demselben ausgewaschene Blöcke.

Südlich von hier treffen wir den Geschiebestreifen in der Gegend von Ribnitz, indem hier der geschiebereiche Deckmergel zur Geltung kommt. In der Gegend von Freudenberg sind die Geschiebe nicht besonders häufig, dagegen finden sich in der sich südlich anschliessenden hügeligen Landschaft von Tressentin und Jankendorf viele erratische Blöcke, in den Dörfern cyklopische Mauern. Der blockreiche Geschiebemergel oder seine Vertreter, Deckkies und mächtige Steinbestreuung auf unterdiluvialem Kies, treten in südöstlicher Fortsetzung auf den linksseitigen Höhen des Grenzthales der Recknitz bei Marlow, Schulenburg u. s. f. auf. Südlich vor der Stadt Sülz trifft man beim Abstieg in das Thal Mergelboden mit einzelnen grossen Blöcken, im Untergrund Spatsand.

Vorstehende Daten ergänzen die Angaben Boll's, nach welchen der Geschiebestreifen erst bei Sülz beginnen soll. Für die Fortsetzung des Streifens kann ich nun nur die weiteren Mitteilungen Boll's [1]) hier anführen. Danach zieht er sich „durch Pommern an der mecklenburgischen Grenze entlang zwischen Demmin und Loitz hindurch über Daberkow, Wietzow, Clempenow und Spantekow, berührt bei Dischley, Ramelow, Bresewitz und Friedland die nördliche Grenze von Mecklenburg-Strelitz, durchschneidet in grosser Breite die Friedland-Anklamer Chaussee, setzt dann über Neuensund, Klepelshagen u. s. w. bis in die Gegend zwischen Pasewalk und Prenzlau fort."

Eingehender bespricht Boll die Fortsetzung des Streifens in seiner „Geognosie d. deutsch. Ostseeländer" 1846, S. 108: „Folgende Ortschaften (nach der Gegend zwischen Demmin und Loitz) sind mir aus diesem Streifen bekannt: Kamitz, Jahnkow, Waldhof, Mederow, Toitz, Seedorf, Quitzerow, Völschow, Kadow, Toitin, Padderow, Kagenow, Priemen, Daberkow, Wietzow, Steinmocker, Spantekow, Bresewitz, Ramelow; mit seinem Südrande streift er dann die Stadt Friedland, durchschneidet in grosser Breite die Friedland-Anklamer Chaussee, läuft sodann auf Putzar und die Brohmer Berge zu und erfüllt endlich das ganze Dreieck zwischen Prenzlau, Pasewalk und Brüssow, indem er bei der erstgenannten Stadt mit dem zweiten Streifen (Steinhagen--Möllenhagen—Schwedt) zusammenstösst."

Die vorstehenden Angaben Bolls lassen erkennen, dass unser Geschiebestreifen I mit der gewöhnlichen Richtung nach Südosten in die Gegend südlich von Anklam läuft; die Vorkommnisse bei Clempe-

---

[1]) Arch. f. Landesk. in Mecklenb. 1855, S. 345.

now und Friedland sind zu dem Streifen II zu zählen, der am Galenbecker See mit dem vorigen nahe zusammenrückt. Bereits oben wurde gezeigt, dass Streifen II und III am Helpter Berge sich sehr nähern und auch IV hier einen nördlichen Ausläufer von Feldberg aus vorschiebt. Daher die Angabe Bolls, dass in der Gegend von Prenzlau diese Geschiebestreifen zusammenstossen. Eine specielle Untersuchung der Verhältnisse in Vorpommern wird vielleicht ergeben, dass in jener Gegend eine Umlenkung der Streifen aus der nordwest-südöstlichen in westöstliche Richtung stattfindet.

Die Geschiebestreifen sind durchaus nicht auf Mecklenburg beschränkt, sondern finden sich auch in den ost- und westwärts gelegenen Teilen des norddeutschen Tieflandes, wenn sie auch dort erst noch einer genaueren Darstellung harren. Ganz kurz seien die wenigen mir bisher genau bekannt gewordenen Punkte ausserhalb Mecklenburgs erwähnt.

Geschiebestreifen in Pommern und Rügen.

Die nördlich an der äussersten Spitze des Darsser Orts gelegene flache kleine Insel besteht aus Geschiebemergel; hier am Strand und am Darsser Leuchtturm finden sich die sonst am Darss und Zingst fehlenden grösseren Strandgerölle.

Oestlich von hier trifft man auf der Boddenfahrt von Prerow nach Stralsund nach den flachen Sand- und Moorwiesen, welche ein in die Augen springender Beweis für die säkulare Senkung der Küste sind, erst bei dem „Hock" und der Ecke von Zarenzin wieder Steilufer mit Geschiebemergel und bei Stralsund, wie besonders der alten Fähre steile Mergelabbruchsufer mit vielen ausgewaschenen Blöcken.

Diese Orte gehören einem oder zwei Geschiebestreifen an.

Auch die Insel Rügen zeigt vielfach den Charakter der Geschiebestreifen.

Einer derselben wird am Baakenberg auf Hiddensöe beginnen, bei Bergen am schönen Rugard treffen wir den Charakter der geschiebereichen Moränenlandschaft, und wahrscheinlich wird sich der Streifen südöstlich über Putbus, die Inseln Vilm und Stubber nach der Gegend von Wolgast verfolgen lassen, oder auch von Vilm nach Südosten über die verschiedenen Untiefen des Greifswalder Boddens und die Südspitze von Mönchsgut nach der Greifswalder Oie laufen [1]).

Einen zweiten Geschiebestreifen hat Boll [2]) (als seinen vierten Streifen) beschrieben: derselbe beginnt auf Wittow, nördlich von Puttgarten an der Küste und geht bis Nobbin, wo er erst beim Beginn des sandigen Küstenstriches der Schabe verschwindet und da, wo der Sand aufhört, an der westlichen Spitze von Jasmund, bei Königs-

---

[1]) Vgl. die Tiefenkarte des Greifswalder Boddens von E. Dornhöft: „Der Greifswalder Bodden". Dissertation. Greifswald 1885.

[2]) Geogn. d. d. Ostseel. 1846, S. 108.

horn, wieder zum Vorschein kommt. Von hier aus folgt er dem Verlauf der Jasmundischen Küste (und setzt auf dem Plateau fort), bis er, abermals durch die Schmale Heide unterbrochen, wieder in dem Steinrack, dem Granitzer Ort und dem Göhrenschen Hövt zum Vorschein kommt. Sodann taucht er nochmals bei der Greifswalder Oie auf und geht dann auf das Festland von Hinterpommern über. — Vielleicht ist aber dieser südliche Teil noch zum vorigen gehörig und läuft dieser äusserste Zug von Jasmund aus.

Geschiebestreifen in der Lüneburger Heide.

Von ganz besonderem Interesse ist es, dass auch noch weiter südwärts von der mecklenburgischen Seenplatte nicht allein im Mecklenburger Heidegebiet (s. o.), sondern auch jenseits der Elbe, in der Lüneburger Heide, in dem Areal, welches vielfach als von der „zweiten Vereisung" freigeblieben angesehen wird, sich die Geschiebestreifen zeigen.

In der unmittelbaren Umgebung der Stadt Lüneburg finden wir auf und an, sowie in Klüften in dem anstehenden Gebirge von Gyps, Muschelkalk, Keuperthon, Kreide und Tertiär zahlreiche grosse diluviale Geschiebe im Geschiebemergel und Deckkies angehäuft. Die vielfachen Schichtenstörungen des Flötzgebirgsuntergrundes durch den Geschiebemergel sind bekannt. Auch hier zeigt sich ein unterer und ein oberer Mergel, oft durch Sand und Thonschichten von einander getrennt. Auch nördlich von Lüneburg findet sich bei Scharenbeck unterdiluvialer Mammuthkies mit Steinbestreuung. Näher an Lüneburg trifft man bei Erbstorf eine block- und steinreiche Gegend. 5—6 km südlich Lüneburg trifft man nach der normalen Heide in der Melbecker Heide auf dem wohlgeschichteten unteren Sand und Grand 0,5—1 m Deckkies, oft auf den Höhen mit reichen und grossen Blöcken, ganz wie in den südmecklenburgischen im Sandterritorium gelegenen Geschiebestreifen; nachbarliche Höhen südlich Melbeck zeigen sogar Geschiebemergelboden mit Buchen- und Weizenbestand.

Etwa 9 km südöstlich von Lüneburg ist Vastorf reich an Steinen mit Mergel- und Decksandboden. Noch weiter finden sich in derselben Richtung zwischen Bevensen und Göhrde massenhafte Steine.

Wir können diese Orte zu einem XI. Geschiebestreifen „Lüneburg—Vastorf—Göhrde" vereinigen.

Ihm parallel läuft ein anderer (XII), durch folgende Vorkommnisse angedeutet:

Nach P. Engelhardt [1]) finden sich bei Grevendorf an der Luhe, südwestlich von Lüneburg, zahlreiche erratische Blöcke, und weiter abwärts (nach Nordosten) ist die Heide bei den Ortschaften Dehnsen, Etzen bis nach Wohlenbüttel „mit einer grossen Menge von Steinblöcken bedeckt, so dass sie stellenweise zu wahren Steinfeldern ausartet". Ebenso findet sich nach Mitteilung von Dr. Sprengell-Lüneburg noch bei Amelinghausen Lehmboden mit massenhafter Stein-

[1]) Ueber das Gebiet des Luheflusses in der Lüneburger Heide. Dissertation. Rostock 1879, S. 25, 26.

packung. Jene Gegend enthält zahlreiche steinerne prähistorische Begräbnisstätten.

Südöstlich davon treffen wir in dem Deckkies, der den unteren Geschiebemergel und den diatomeenreichen Süsswasserkalk von Westerweyhe bei Uelzen überlagert, häufig reiche Steinbestreuung.

Die Feldmark Esterholz, 6 km südöstlich von Uelzen, führt oberen Geschiebelehm mit massenhaften Steinen. Sehr grosse Blöcke liegen auf den „blauen Bergen" bei Holxen, südlich Uelzen.

Wenn sich in der Gegend von Ebstorf die gleichen Verhältnisse herausstellen, so haben wir hier einen ziemlich vollkommen nordwest-südöstlich laufenden „Geschiebestreifen".

Südlich davon ist in der Heide südlich von Oberohe ein dritter (XIII.) Zug angedeutet durch die sehr reiche Steinbestreuung auf den flachen Kuppen, die sich aus der Heidesandebene erheben, z. B. bei Lutterloh. Bei Ober- und Nedderohe lagert Deckkies mit reichlichen Blöcken und schönen Kantengeröllen auf dem Spatsand, der seinerseits die berühmte Diatomeenerde überdeckt. In den Gehöften treffen wir cyklopische Mauern.

Nordwestlich davon liegt das Quellgebiet der Luhe, zugleich eine Hauptwasserscheide in der Lüneburger Heide. Es ist dies der Voss- und Johannwarsberg bei Timmerloh. Von dem Boden jener Rücken sagt Engelhardt [1]), dass er „aus grobem, mit vielen Geschieben untermischtem Diluvialsand besteht" (Decksand) und dass „die Geschiebe zum Teil eine erstaunliche Grösse erreichen"; westlich von den Höfen Timmerloh findet sich in einem Kieferwald ein über 30 a grosses Steinfeld mit Blöcken bis 1 cubm Inhalt.

Der von Engelhardt geschilderte Verfolg des Luheflusses zeigt, dass von dieser Geschiebeanhäufung (XIII) bis zu der bei Dehnsen (XII) eine Unterbrechung durch steinarmen resp. steinfreien Heidesand vorliegt, also die Annahme zweier getrennter, paralleler Geschiebezüge sich bestätigt.

Geschiebestreifen in Holstein.

Bei der landschaftlichen und geologischen Uebereinstimmung der Gegenden der Holsteiner Seen (z. B. bei Plön, Eutin u. s. f.) mit denen Mecklenburgs ist eine Fortsetzung der mecklenburgischen Geschiebestreifen nach Holstein zweifellos. Ich gehe nicht näher hierauf ein, da mir genauere eigene Untersuchungen jener Gegenden fehlen.

In Schleswig-Holstein liegen die Verhältnisse ähnlich, wie in den beschriebenen Gegenden, wenn auch aus der Beschreibung von Meyn [2]) zunächst nur ein einziger nordnordwest-südsüdöstlich laufender Höhenrücken mit Oberdiluvium (Deckmergel) vom Charakter der mecklenburgischen Geschiebestreifen vorkommt; an diese Seenplatte

---

[1]) A. a. O. S. 17, 18.

[2]) Meyn: Die Bodenverhältnisse der Provinz Schleswig-Holstein. Mit geol. Uebersichtskarte von Schleswig-Holstein. Abhandl. z. geol. Specialkarte von Preussen, III. 3. Berlin 1882.

schliesst sich nach Westen ganz analog den unten zu beschreibenden Sandgegenden hinter den Geschiebestreifen ein „Sandrücken", die hohe Geest, mit folgender Heidesandebene (Vorgeest) und Sandmarsch; (endlich folgt am Meeresrand im Westen noch die Marsch). (Vergl. auch die Bemerkung hierzu von Berendt, a. a. O. S. 32). — Aus der Meynschen Karte kann man auch, wenn man die Verhältnisse von Mecklenburg im Gedächtnis hat, leicht einen von der Meynschen Darlegung insofern etwas abweichenden Thatbestand herauslesen, als man mehrere, südöstlich-nordwestlich laufende Geschiebestreifen mit ihren hinterliegenden Sandarealen annehmen könnte, statt des einzigen nordsüdlich laufenden Gürtels; der „mitteldiluviale" Deckmergel findet sich nämlich mehrfach weit im Westen, innerhalb der westlichen Sandzone Meyns, und umgekehrt der Decksand in der Seenplatte. Obgleich diese Verhältnisse erst noch genau untersucht werden müssen, halte ich doch die oben angedeutete Vermutung für sehr wahrscheinlich. —

Zur besseren Uebersicht sind die einzelnen „Geschiebestreifen" noch auf eine kleinere Uebersichtskarte B eingetragen, mit der ungefähren Angabe ihres Streichens. Es zeigt sich, dass die 10 Züge in Mecklenburg im allgemeinen einen nordwest-südöstlichen Verlauf haben, aber nicht völlig geradlinig gehen, sich zuweilen verzweigen, verengen und verbreitern, und ferner, dass sie seitliche Ausläufer entsenden, die zu geschlossenen Querriegeln zwischen zwei benachbarten Streifen werden können. Vom Streifen IX. bis zum III. hin liegt eine besonders auffällige Kette von solchen Verbindungsgliedern, die fast wie Reste eines Bogens erscheinen, dessen Centrum im Norden, in Schleswig, liegt. Bemerkenswert ist ferner die ziemlich gleiche Distanz aller Streifen untereinander. Nochmals muss hervorgehoben werden, dass die einzelnen Geschiebestreifen, auf der Karte als breite Bänder angegeben, nicht einen einheitlichen Rücken darstellen, sondern Reihen hinter- und nebeneinander gelegener Hügel oder auch gar keine Bodenerhebungen sind. —

Die Geschiebestreifen Mecklenburgs stehen in engster Beziehung zu der orographischen Gestaltung des Landes. Diese Verhältnisse sind seit den Darstellungen von E. Boll [1]) noch nicht wieder genauer untersucht; eine endgültige Erkenntnis wird erst nach Veröffentlichung der von Herrn Kammeringenieur W. Peltz-Schwerin zusammengestellten schönen Höhenschichtenkarte Mecklenburgs möglich sein. Bolls Beschreibungen beruhten nicht vollständig auf eigener Anschauung, sie werden mehrfache Berichtigungen erfahren müssen.

Es sei zunächst kurz die Boll'sche Darstellung referiert:

Nach Boll ist die mecklenburgische Seenplatte ein niedriger Landrücken, der mit seinen nach beiden Seiten abgehenden Ausläufern eine Breite von etwa 9 Meilen einnimmt; seine Hauptachse liegt ungefähr

[1]) Vgl. Boll: Abriss der mecklenb. Landeskunde 1861.

in einer von Schwedt an der Oder zur Mitte des Schweriner Sees gezogenen Linie. Auf seinem Scheitel soll er eine weite, flache muldenförmige Einsenkung zeigen, in welcher sich die Hauptmasse der Seen befindet. „Im übrigen ist die Oberflächengestalt dieses Landrückens sehr ungleichmässig, indem er sich bald zu wellenförmigen Hügelreihen oder kuppenförmigen Höhen erhebt, bald auf grössere Strecken völlig flach erscheint.“ Seine Ränder im Norden und Süden, welche 3—3½ Meilen voneinander entfernt sind, bilden die Höhenlinien Feldberg — Krasse — Marxhagen — Rothspalk — Zehna — Eikelberg — Grevesmühlen — Hoher Schönberg bei Klütz, resp. im Süden Zehdenicker Berg bei Fürstenberg — Wesenberg — Woldzegarten — Lübz — Barnin — Schwerin — Roggendorf.

„Der nördliche Abfall des Rückens entsendet in nordöstlicher Richtung noch mehrere Ausläufer, zu denen z. B. die Helpter Berge, der Hartberg bei Pohnstorf, der Schmooksberg bei Lüningsdorf, die Schlemminer und Diedrichshäger Berge gehören.“ Man sollte vermuten (und in der That ist dieser Irrtum vorgekommen), dass hier ein erzgebirgisches Nordoststreichungssystem sich an das hercynische nordwestlich gerichtete anschlösse; jene „Ausläufer“ sind aber meistens nur durch Erosion stehen gebliebene kleine oder grosse Reste von selbständigen, ebenfalls nordwestlich streichenden Höhenzügen, wie dies u. a. aus den Untersuchungen des in ihnen auftretenden Flötzgebirges sicher hervorgeht; zum Teil sind es (z. B. bei Pohnsdorf und Helpt) zwischen Schmelzwasserrinnen stehen gebliebene Reste des Diluvialplateaus, zum Teil aber scheint sich der Moränenschutt in der That an ihnen nach nordöstlicher Richtung abgezweigt zu haben (vgl. Kärtchen B.).

Die Landschaft nördlich der Mulde zerlegt Boll (zum Teil ziemlich willkürlich) in 5 Gebiete, nämlich in den Küstenstrich zwischen der Dassower Binnensee und der Südspitze der Wismarschen Bucht, in das Gebiet der Schlemminer und Diedrichshäger Berge, die „Recknitzebene“, die Quellengebiete der Peene und Tollense. Von diesen Gebieten gehören die beiden ersten zum Diluvialplateau, in den drei letzten machen sich breite alluviale Heidesand- und Torfebenen geltend, aus denen sich die Plateaureste wie Berge erheben. Daher lassen sich diese Randgebiete, abgesehen von ihren breiten alluvialen Thalrinnen, nicht von der Erhebung der Seenplatte trennen, sie sind nur, und auch dies nur zum Teil, der flachen Nordabdachung der Platte zugehörig. Bolls ungenügende Auffassung erklärt sich daraus, dass er diese Gebiete meist nicht aus eigener Anschauung kannte. Er erklärt aber selbst (a. a. O. S. 241), dass unter seiner Bezeichnung „Hügelreihen und deren Verzweigungen“ nicht immer scharf markierte Höhenzüge zu verstehen sind, sondern breite, meist nur schwach gewölbte Landrücken. So führt er in dem zweiten Randgebiet noch zwei „Ausläufer“ an, die resp. aus der Gegend zwischen Warin und Hohen Viecheln nach Krassow — Züsow — Kirch-Mulsow und bei Eikelberg — Katelbogen — Schlemminer Berge verlaufen. Die „Wariner Mulde“ erklärt er als durch Umrandung von zwei derartigen Höhenrücken gebildet. — Unter der Bezeichnung „Recknitz-Ebene“ fasst Boll einen sehr verschiedenartig gestalteten, durchaus nicht einheitlichen, ihm selbst meist unbekannten Landesteil zusammen, der vom Warnowthal zwischen Schwaan und Bützow, den Thälern Heiliger Damm — Parkentin — Schwaan im Westen, dem Recknitz — Trebelthal im Osten und der Gegend südlich Bützow — Güstrow — Teterow — Cummerower See abgegrenzt wird. Diese „Ebene" ist aber ein zwar im allgemeinen niedrig gelegener Teil des Diluvialplateaus (mit mehreren breiten Alluvialthälern) von der Meereshöhe 20—40 m, in dem aber vielfach Anschwellungen bis über 100 m auftreten, im allgemeinen eine langsame Abdachung nach Nord und Nordost zeigend; eine einheitliche Ebene ist sie nicht. Mehrere breite Thäler durchkreuzen den Landteil, ihre breiten Wiesenflächen haben wahrscheinlich den Anlass gegeben zu der irrigen Auffassung, als sei das Ganze eine von inselartigen Erhebungen unterbrochene Ebene. — Das Quellengebiet der Peene wird als eine Berglandschaft bezeichnet; dieselbe ist durch den raschen Wechsel von Thalbeginnen und Thälern in der Moränenlandschaft bedingt. Der hier angegebene „Muldenrand" ist unser Geschiebestreifen IV. — Das Quellengebiet der Tollense vereinigt nach Boll die Charaktere der Recknitzebene und des Peenequellgebietes; nach unseren Untersuchungen gehört es zum nämlichen Streifen IV. Hier sind die „Ausläufer" auch als durch die Fluss- und Wiesenthäler gesonderte Reste des Plateaus erkannt. Die hohen Berge an der Ostgrenze (Helpter, Bröhmer Berg) gehören einem hercynisch streichenden Flötzgebirgszug an.

„Auch der Südrand des Rückens entsendet einige Ausläufer in südwestlicher Richtung." Als wichtigste werden die Parchimer und Marnitzer Berge genannt, unbedeutendere zweigen sich zwischen dem Schweriner See und dem Schaalsee ab. Zum Teil sind es auch hier Teile der normalen, nordwestlich laufenden Geschiebestreifen.

Der südliche Muldenrand zeigt ein allmähliches Abfallen nach Südwest zu der Meereshöhe von 40 und 20 m herab und ist zum Teil ein sehr hügeliges Land, in dem sich mehrere isolierte Berge erheben, die Reste des Plateaus mit hercynisch streichendem Gebirgskern sind. Die bedeutendsten Höhen sind der Sonnenberg bei Parchim und der Ruhner Berg bei Marnitz, von denen wieder ausstrahlende „Ausläufer" verzeichnet werden. Die breiten Heidesandthäler, welche die Isolierung der von Boll als „schwach ausgeprägte Ausläufer" angeführten Landrücken verursacht haben, werden unten besprochen; sie werden als die „südwestliche Heideebene" bezeichnet. Boll trennt das südliche Randgebiet der Mulde in die drei Teile: Parchimer und Marnitzer Berge, Heideebene und Gebiet der Schaale und Boize.

Die Mulde und ihre Ränder zerlegt er in fünf Gebiete: das Quellengebiet der Havel, das der Elde und die grossen Seen, das der Warnow, der Stepnitz und Waknitz und das Gebiet des Schweriner Sees. „Da der sich nach Nordwest allmählich senkende Boden der Mulde selbst ansehnlich hoch liegt, so machen sich die Ränder, von innen aus gesehen, nur wenig bemerklich." Im Innern der Mulde, deren Boden als nicht gleichmässig konkave Fläche, sondern mehr oder weniger hügelig angegeben wird, ist ein grosses Sandgebiet; doch ist dasselbe nicht einheitlich, sondern durch vielfache Mergelareale und Geschiebestreifen in mehrere isolierte Distrikte geteilt. „In den Vertiefungen des unebenen Muldenbodens haben sich die Gewässer zu grossen und kleineren Landseen gesammelt, deren Zahl so ansehnlich ist, dass wir wenigstens ¾ aller mecklenburgischen Seen hier antreffen" [1]). Wenn wir weiter vernehmen, dass beide Ränder der Mulde von „Geröllstreifen" begleitet werden, so ist der Irrtum leicht begreiflich, anzunehmen, dass Mecklenburg von zwei parallelen Endmoränen in südöstlich-nordwestlicher Richtung durchquert wird, zwischen denen ein Sandgebiet liegt, in welchem die Gewässer zu Seen aufgestaut worden seien.

Legt man sich nach den Messtischblättern der neuen Generalstabskarte Querprofile durch das Land in nordsüdlicher oder nordostsüdwestlicher Richtung über den Landrücken hinweg (vgl. Tafel 1), so zeigt sich, dass die Seenplatte nicht so einfach gebaut ist, wie sie nach der Boll'schen Darstellung scheint, sondern dass sie aus mehreren Wellen besteht, die aus Diluvialanhäufungen auf Flötzgebirgskernen gebildet sind. Die „Mulde" wird nach Boll im Nordwest vom Geschiebestreifen IV und zum Teil (im Nordwesten) von V, im Süden von VI begrenzt, in ihrem Innern läuft als Mittelerhebung der Streifen V; die nördlich und südlich gelegenen Landstriche enthalten in mehrfachem Wechsel weitere Bodenwellen, die zum Teil höher als die der „Mulde" aufsteigen. Jede der Bodenwellen besitzt eine von Flussläufen, Seen und verschiedenen Erosionsformen vielfach unterbrochene Oberfläche. Vor resp. hinter ihnen finden sich die diluvialen Sandanhäufungen und die Längsthäler.

Ueber die Entstehung des baltischen Höhenrückens herrschen noch manche unklare Meinungen, was wesentlich seinen Grund hat in der ungenügenden, nur teilweisen Kenntnis der betreffenden geologischen Verhältnisse; mit blossen geographischen Spekulationen kommt man hier nicht zum Ziel.

Man weiss, dass auf dem „Landrücken" einzelne Höhenzüge verlaufen, die durch besonderen Reichtum an erratischen Blöcken und durch Vorwiegen der oberdiluvialen Grundmoräne ausgezeichnet sind. Boll spricht von zwei den mecklenburgischen Landrücken als Ränder abgrenzenden „Geröllstreifen". Seine Angaben sind vielfach missverstanden worden, dass man von Asar-ähnlichen hohen Steinmauern sprach [2]), welche das Land durchziehen. Auch anderwärts in Norddeutschland sind dieselben Beobachtungen gemacht.

Vor allem ist in dieser Frage das Faktum hervorzuheben, dass die Höhenzüge und Geschiebeanhäufungen nicht ein und dieselbe Bildung sind, wenn sie auch naturgemäss räumlich meist zusammenfallen.

Da wo die Beobachtungen es gestatteten, ist häufig als Kern der „Geschiebestreifen", oft zu Tage tretend, oft aber auch mächtig vom Diluvium beschüttet, eine Erhebung, Gebirgsfalte älteren Gebirges, nachgewiesen [3]). Zuweilen liegt diese Flötzgebirgserhebung

[1]) A. a. O. S. 320.

[2]) Girard: Die norddeutsche Ebene 1855, S. 82.

[3]) E. Geinitz: I. Beitr. z. Geol. Mecklenb. 1879. Die Flötzformationen Mecklenburgs 1883. — Lüddecke, Ueber Moränenseen, 1881, S. 34, schreibt allerdings den Anspruch Girards aus dem Jahre 1855 noch ab, dass östlich der Elbe die Erhebungen keinen Zusammenhang unter sich oder mit anderen Gebirgssystemen erkennen lassen.

aber auch etwas nördlich vor dem Geschiebestreifen (z. B. in den Diedrichshäger Bergen).

Wie früher gezeigt [1]), ist der Faltenwurf des Flötzgebirges in Mecklenburg nach den bisher möglichen Beobachtungen wahrscheinlich allein nach dem hercynischen Gebirgssystem gebildet. Obgleich dieser einfache Bau fast zu einfach erscheint, habe ich doch bisher (mit Ausnahme vielleicht der noch undeutlichen Lagerung des Tertiärs und der Kreide bei Malchin) noch nirgends den Beweis für das Dasein des erzgebirgischen Systems auffinden können; ich muss dies hier nochmals betonen, da Andere, obgleich mit den lokalen Verhältnissen unbekannt, doch dasselbe behaupten zu sollen glaubten [2]).

Eine Folge dieses einfachen Gebirgsbaues ist auch die sehr charakteristische Richtung der mecklenburgischen Flussthäler, die als südost-nordwestliche breite Längenthäler und als südwest-nordöstliche schmale Querthäler oder am Abfall des Höhenrückens als südwest-nordöstlich und nordost-südwestlich gerichtete breite Gletscherstrombetten verlaufen und dadurch die zahlreichen rechtwinkelig aufeinander stossenden Thalecken bilden und das Land, besonders ausserhalb der Seenplatte, in welcher die „Evorsion“ vorherrschte und die Erscheinung verundeutlichte, in quadratische Stücken zerlegen. (Vgl. Uebersichtskärtchen.) Diese Regelmässigkeit veranlasste Boll sogar, nach den damaligen geologischen Anschauungen diese nordöstlichen und nordwestlichen Linien als Risse zu erklären, welche durch „plutonische Hebungen entstanden“ seien [3]).

Wenn wir nun in den Bodenwellen Falten der älteren Formationen erkennen, oft in so regelrechter Weise zusammengeschoben, dass man von niederen „Gebirgszügen“ (z. B. Lübtheener, Diedrichshäger, Poppentiner u. a.) reden kann, so ist die Erklärung derselben als Aufpressungen des Bodens durch den Druck der Eismassen längs des Fusses des zurückweichenden Diluvialgletschers [4]) sicherlich ohne weiteres zu verwerfen.

Die mecklenburgische „Seenplatte“ besteht aus mehreren ungefähr parallelen, im hercynischen System streichenden Flötzgebirgsfalten, an und auf, resp. auch hinter denen Moränenschutt und Sedimente des Diluviums aufgeschüttet sind, die zuweilen auch als Querriegel die nachbarlichen Gebirgszüge verbinden. Dieser Höhenrücken verdankt also seine Entstehung der **Kombination** der beiden Faktoren: **Gebirgsfaltung**

---

[1]) Geinitz: Flötzform. Mecklenb. 1883, I. Beitr. z. Geol. Mecklenb. 1879, Seite 65.

[2]) Vgl. Klockmann: Die geognost. Verhältn. der Gegend von Schwerin. Arch. Nat. Mecklenb. Bd. 36, 1882, S. 164 f.; v. Könen in dem Referat über „Die Flötzform. Mecklenb.“. Neues Jahrb. f. Min. u. s. w. 1884, II., S. 336.

[3]) Abriss d. mecklenb. Landesk. 1861, S. 5.

[4]) Vgl. Berendt: Zeitschr. d. d. geol. Ges. 1879, S. 15; Wahnschaffe, ebenda 1882, S. 579; Penck: Mittheil. d. Ver. f. Erdk. Leipzig 1879, S. 13. — Dagegen ist Löwl (Ueber Thalbildung 1884, S. 109) richtig geneigt, „die Entstehung des baltischen Landrückens mit sanften Schichtenfaltungen in Verbindung zu bringen.“

der älteren Formationen und Beschüttung durch das nordische Diluvium [1]. —

Ehe wir ohne weiteres unsere Geschiebestreifen als Endmoränen erklären, vergegenwärtigen wir uns nochmals ihren geologischen Bau und die Zusammensetzung der zwischen ihnen gelegenen Landesteile. Wir werden hierbei die Fragen über Gliederung unseres Diluviums und über die ein- und mehrmalige Vereisung Norddeutschlands fördern.

In der voraufgehenden Detailbeschreibung der einzelnen Geschiebestreifen ist gezeigt, dass die Geschiebestreifen mit ihrem sehr wechselnden Aufsteigen über den Meeresspiegel durch die Blockanhäufung fast durchgängig des sogenannten oberen Diluviums ausgezeichnet sind, dass aber dieses nicht die ganze Erhebung wallartig oder endmoränenartig zusammensetzt, sondern fast ausnahmslos nur eine ganz dünne Decke bildet von 1—5, sehr selten 8 m Mächtigkeit, sehr häufig auch nur 0,5 oder noch weniger mächtig und vielfach auch nur als blosse Steinbestreuung erhalten. Die Unterlage des oberen oder Deckdiluviums bildet das Haupt- oder untere Diluvium mit seinen Sanden und Granden oder Geröllagern, oder als Thon oder auch als unterer Geschiebemergel ausgebildet; in selteneren Fällen ragt auch das ältere Gebirge unmittelbar unter das Deckdiluvium, hier aber meistens an einigen Stellen, besonders an den Flanken, auch mit unterdiluvialen An- oder Auflagerungen. Dieser Untergrund von Unterdiluvium oder Flötzgebirge ist es, welcher alle die Bodenreliefs der Geschiebestreifen bildet. Auf ihm, sowohl auf der Höhe als an den Gehängen, ist das obere Diluvium als eine Decke ausgebreitet. Nur bei den spitzen, hohen Erhebungen treffen wir hiervon zuweilen eine Ausnahme, indem diese entweder ganz frei oder nur mit einer sehr dünnen Decke des Oberdiluviums bedeckt sind, während dieses erst an den Flanken zur eigentlichen Entwickelung gelangt. Eine andere scheinbare Ausnahme ist das Zurücktreten des Deckdiluviums an flachen oder steileren Gehängen gegenüber dem mächtigen Entwickeltsein auf den Höhen; dies hat seinen Grund in der denudierenden Thätigkeit der Gewässer, welche vielfach erst jene Gehänge durch Erosion oder Evorsion [2] geschaffen haben.

---

[1] S. auch Geinitz: Ueber die Entstehung d. mecklenb. Seen. Arch. f. Nat. Meckl. 1885, S. 2.

[2] Ueber die besondere Art von Erosion, die als „Evorsion“ bezeichnet wird, vgl. E. Geinitz: Ueber die Entstehung d. mecklenb. Seen. Arch. f. Nat. Mecklenb. 1885, S. 9.

II. Die Landstriche zwischen den Geschiebestreifen.

Zur weiteren Erkenntnis der Verhältnisse bedarf es noch der Schilderung der zwischen den einzelnen Geschiebestreifen gelegenen Landstriche. Um nicht allzusehr ins Detail eingehen zu müssen, können hierbei nur einzelne Gebiete, die als die verschiedenen Typen gelten können, specieller beschrieben, die übrigen nur flüchtig erwähnt werden; eine genaue Kenntnis derselben, besonders in ihrer Abgrenzung, wird erst durch die geologische Uebersichtskartierung Mecklenburgs ermöglicht werden können.

Diese Landstriche zwischen den Geschiebestreifen gehören drei Typen der Diluviallandschaft an, nämlich: 1) der nach der gegenwärtigen Klassifikation als unterdiluvial bezeichneten Sandheide (analog der Lüneburger Heide), 2) einem gemischten Typus, wo neben den unteren Sanden das Oberdiluvium als Mergel oder Deckkies in grösserem Masse auftritt, 3) der jungdiluvialen oder altalluvialen Thalsand-Heide.

Die Wasserläufe, Seen, Moore u. a. alluviale Bodenumformungen werden hierbei nicht besprochen.

Wie oben gezeigt, entwickelt sich hinter den einzelnen Geschiebestreifen oft sehr ausgeprägt eine von unterdiluvialen Sanden gebildete Heideebene. Diese unterdiluviale Sandheide ist zwar vielfach etwas niedriger gelegen als das Gebiet der nachbarlichen Geschiebezüge, indessen ist dies nicht die Regel, sondern oft besitzen sie eine gleiche Meereshöhe mit diesen; oft ist auch das Gebiet der Geschiebezüge, da wo sie sich verengen, gleichfalls mehr oder weniger als Heide zu bezeichnen, nur durch die reiche Steinbestreuung von der normalen zu unterscheiden.

1. Die unterdiluvialen Sandheidegebiete zwischen Geschiebestreifen IV und V.

Von diesen (und zum Teil den nachbarlichen) Sandgebieten macht Boll[1]) folgende Mitteilung: „Im Innern der Mulde finden wir ein grosses Sandgebiet, welches im Südosten dieselbe anfänglich bis zur Müritz hin in ihrer ganzen Breite erfüllt, von der Nordspitze der Müritz an sich aber etwas verschmälert, wobei es bis nach Sternberg seine nordwestliche Erstreckung am nördlichen Muldenrande entlang beibehält, von dort aber eine südwestliche Richtung nach Crivitz und zum Pinnowersee einschlägt" (hier Gebiet zwischen V und VI): „im Klützer Ort taucht der Sand wieder an dem nördlichen Muldenrande auf." „Der slavische Name pezik, welcher Sand bedeutet, taucht innerhalb dieses Gebietes noch mehrfach in korrumpierten Lokalnamen auf, wie z. B. in Peetsch bei Mirow, Peutsch bei Penzlin, dem Peutschsee bei Fürstenberg u. s. w., auch in anderen Sandgegenden des Landes treffen wir diesen Namen wieder, z. B. in Petz. nördlich von Rostock, Peetsch

---

[1]) Abriss d. mecklenb. Landesk. S. 319.

unweit Bützow, in dem Peetschsee in der Nähe von Plau." Auch deutsche Namen wie Sandkrug, Sandhagen, Sandfeld, Sandhof, Gelbensande, sind in den Sandgebieten häufige charakteristische Bezeichnungen, sowie in den Geschiebestreifen im Gegensatz wieder die Namen Steinhagen, Steinfeld, Steinhorst u. a. zu finden sind. „Der Uebergang des Sandgebietes zu dem nordwärts der Mulde gelegenen Lehmgebiete wird durch Kiesboden vermittelt." „Die nördliche Grenzlinie dieses Sandgebietes verläuft über Lären, Koldenhof, Bergfeld, Turow, Weisdin, Peutsch, Adamsdorf, Liepen, Pieversdorf, Bornhof, Bocksee, Gross Dratow, Waren, Sandkrug, Hagenow, Alt Gaarz, Kraaz, Cramon, Hohen Wangelin, Liepen, Gross Bübelin, Serrahn, Charlottenthal, Klein Tessin, Klein Bresen, Lohmen, Lenzen, Ruchow, Sternberg, Sagsdorf (wo der Sand der „Wariner Mulde" sich abzweigt), Weitendorf, Kaarz, Jülchendorf, Samelow, Augustenhof nach Pinnow; die Südgrenze zieht sich am östlichen und nördlichen Ufer der Müritz entlang, folgt dann den anderen grossen Seen bis Malchow und geht darauf über Karow, Goldberg, Dobbertin, Dobbin, Dinnies, Wamekow, Stieten, Müggenburg, Barnin, Crivitz gleichfalls nach Pinnow. Diese Grenzen umschliessen zugleich den grössten zusammenhängenden Distrikt der mecklenburgischen Sandflora."

Die Physiognomie dieses Sandstriches schildert Boll an anderer Stelle[1]) folgendermassen: „Die obere (diluviale) Sandschicht überdeckt in ununterbrochenem Zuge in Mecklenburg-Strelitz einen Raum von etwa 10—12 Quadratmeilen, in Mecklenburg-Schwerin aber von ungefähr 20—24 Quadratmeilen. Es sind dies öde, traurige Flächen, in welchen die Dörfer weit zerstreut liegen; vergebens sucht man hier nach dem frischen erquickenden Grün eines Laubwaldes, nur ausgedehnte Nadelholzwaldungen kommen vor; der Ackerbau gedeihet hier nur notdürftig, und grosse Räume, wo der Sand zu steril ist, sind noch immer aller Kultur entzogen" (jetzt fast durchgängig beforstet); „statt der üppigen Getreide-, Raps- und Kleefelder anderer mecklenburgischer Gegenden gedeihet hier nur kümmerlicher Roggen, Hafer und besonders Buchweizen, und die Brachfelder bedecken sich mit einem dichten grauen Flor von Mäuseklee (Trifolium arvense), welcher in den fruchtbareren Gegenden des Landes nie in so grossen Massen und so üppig vorkommt."

Nicht überall ist die Heidelandschaft so öde und unfruchtbar, wie es nach obiger klaren Schilderung scheinen möchte. Durch die vielen Seen und Moore, die Bach- und Flussläufe u. a. erhält die Landschaft oft einen wunderbaren Reiz, eine Wanderung durch die meilenweiten „Tannen"-Forstungen, die hauptsächlich Kiefern führen, führt uns über Hügelrücken und durch Niederungen oft an romantisch gelegene, düstere Seen und Schluchten, der reiche Wildstand bietet weiter mannigfache Reize. So erquickend eine einsame Wanderung aber auch durch diese Diluvialheiden ist, so wird sie doch auch oft recht ermüdend, wenn man in den Gebieten der Binnendünen in drückender Sommerhitze die Gegend des „mahlenden" und stäubenden Sandes durchstreift.

---

[1]) Geognostische Wanderungen durch Mecklenburg. Arch. f. Landesk. in Mecklenb. 1855, S. 343.

Sehr instruktiv war mir ein Vergleich dieser mecklenburgischen Diluvialheiden mit der Lüneburger Heide, den ich durch mehrere unmittelbar aneinander geschlossene Exkursionen anstellen konnte. Dabei ergab sich bis auf einige lokal bedingte Differenzen die völlige Uebereinstimmung im landschaftlichen wie geologischen Charakter beider Heidegebiete. Auch die Lüneburger Heide ist ja nicht der öde Landstrich, als der er vielfach angesehen wird, sondern bietet die mannigfaltigsten Abwechselungen von Hügel und Thal, Sand und Moor oder Gewässer, und auch in ihr verlaufen blockreiche „Geschiebestreifen", oft mit gutem Mergelboden. Ihr Hauptcharakter beruht auf den weiten und oft mächtigen, wohlgeschichteten Ablagerungen der unteren Diluvialsande: dasselbe ist der Fall in den mecklenburgischen Diluvialheiden. Der Unterschied zwischen beiden beruht nur in dem Vorwalten der Diluvialsande und dem Zurücktreten der Geschiebestreifen in der Lüneburger Heide, während in Mecklenburg die Sandstrecken bald wieder von den in jeder Beziehung reichen Geschiebestreifen voll und ganz abgelöst werden; durch ihre Höhenlage bedingt ist ferner ihre Führung von Seen, welche in der Lüneburger Heide, fehlen aber durch Moorniederungen ersetzt sind, welche denselben Ursprung haben wie die Seen, daher geologisch dasselbe Bild darstellen (auf einer Karte, wo die Seen blau und die Moorniederungen grün bezeichnet sind, würde dies ganz prägnant in die Augen springen).

A. Nossentiner Heide.

Am besten lernt man die Heide kennen auf einer mehrfachen Durchquerung des Distriktes, z. B. von Vollrathsruhe über Cramon nach Nossentin, von da zurück nach Sparow und Alt Schwerin und in nördlicher Richtung nach Dobbin und Serrahn, sodann von Krakow wieder südlich über Bossow nach Karow und weiter nordwestlich durch die Wooster und Schwinzer Heide nach Dobbertin. Wir durchkreuzen dabei die grossen Areale der Nossentiner Heide, der Karower, Wooster und Schwinzer Heide, die von zusammenhängenden Kieferwäldern besetzt sind und teils zum Besitz der Klöster Dobbertin und Malchow, teils zur grossherzoglichen Verwaltung gehören. Nach Nordwest wie nach Südost setzen sich die Forsten weiter, und man kann in dieser Richtung meilenweit immer im einsamen Forst gehen, höchstens kurze Lichtungen passierend; Ortschaften liegen nur am Rande der Heide; so erstreckt sich der Forst von Dabel im Nordwesten, wo sich, nach Nordwesten von ganz unbedeutenden Lichtungen unterbrochen, die Forsten bei Sternberg anschliessen, nach Jabel unweit Waren im Südosten ununterbrochen in einer Länge von circa 45 km.

Oben wurde schon der Uebergang aus dem Geschiebestreifen in das Sandgebiet bei Cramon erwähnt. Der Geschiebestreifen hat bei Hallalit und Vollrathsruhe eine Meereshöhe von 70—90 m, an den Cramoner Buchen bis 100 m; die Landschaft südlich davon dacht sich etwas ab, zu 75—65 m; doch trifft man bei Hohen Wangelin noch Erhebungen von über 80 m. Die eigentliche beforstete Nossentiner Heide hat dieselbe Meereshöhe, 70—80 m. Der Geschiebereichtum des Streifens IV liegt ausser den grösseren Erhebungen somit in gleicher Meereshöhe.

Bei Cramon ist eine Abnahme der Steine, sodann eine Verkleinerung derselben zu bemerken, weiter trifft man nur noch Steinbestreuung, die schliesslich in der Heide ganz zurücktritt; in der Heide herrscht feiner und scharfer Sand des Unterdiluviums, in den oberen Lagen oft gelb gefärbt, fast durchgängig von einer verschwindend dünnen Schicht Decksand überlagert. Zahlreiche Kessel und Wannen, voll Wasser als grosse und kleine Seen, oder voll Torf, isoliert oder durch Depressionen verbunden, treten hier auf. Im südlichen Gebiet finden wir zahlreiche Dünen aufgeweht, z. B. bei Nossentiner Hütte.

Nach dem über 12 km breiten Sandgebiete kommt bei Sparow, Silz und Nossentin der Geschiebestreifen V mit einer Höhe von 80—90 m, auch 95 m; hier tritt der Deckmergel nur in Resten erhalten auf, das Sandgebiet reicht über ihn nach Süden hinüber in die Malchower Gegend, und nur die aufmerksame Beachtung des Block- und Steinreichtums der Sandstellen und der Mergelflecken zeigt die wahre Grenze von zwei Sandgebieten an. In dem Gebiet des Geschiebestreifens tritt hier die Kreide zu Tage und zeigt das untere Diluvium ausser Spatsand auch grobe Geröllager unter und neben dem oberen Blocklehm.

Die Südgrenze der Heide wird im Osten durch den flachufrigen Fleesen- und Cölpinsee gebildet. Bei Jabel am Cölpin trafen wir ein isoliertes Blockvorkommnis als wahrscheinlichen südlichen Ausläufer von IV. Hier tritt zwischen Jabel und Hagenow eine bedeutende Verengung, vielleicht sogar Abschnürung des Sandgebietes auf.

Beachtung verdient noch die Ausbreitung der Dünen in diesem Teile. Die Dünen finden sich, abgesehen von einzelnen isolierten Vorkommnissen im Inneren der Heide, vorzugsweise an deren Südrand. Sie beginnen bei Jabel am Nordrand der grossen Wasserfläche des Cölpin, finden sich wieder bei Nossentiner Hütte, westlich hiervon, und ziehen sich von hier nach Westen zum Alt Schweriner See, welchen sie beiderseitig umsäumen.

Eine Wanderung von Alt Schwerin längs des Alt Schweriner Sees nach Norden führt uns den feinen gelben Heidesandboden, der nur gutes Lupinenland ist, stellenweise auch ganz brach als Schafweide liegt, vor Augen. Das Westufer des Sees hat eine Reihe kurzer Dünen. Im Glaver Forst an der Nordspitze des Sees finden wir den feinen und scharfen, horizontal geschichteten Spatsand von wenig Grand bedeckt, aus dem sich lokal Steinbestreuung entwickelt, die in dem 70—75 m hohen Gebiet an der Rederank und bei Glave (östlich vom Südende des Krakower Sees) reichlicher wird und bei Dobbin durch weitere Anreicherung zu dem Beginn des Streifens IV bei Zietlitz mit derselben Meereshöhe hinleitet. Die Heide hat hier eine Breite von circa 14 km.

B. Karower, Wooster und Schwinzer Heide.

Das Nord- und Südende dieses Heideabschnittes wurde oben beim IV. und V. Geschiebestreifen besprochen. Im Norden wie im Süden finden sich unter dem stark zurücktretenden, als Deckkies entwickelten Oberdiluvium mächtige unterdiluviale Sande nicht sowohl als feiner Spatsand, sondern als Kiese und Grande ausgebildet, denen natürlich aber auch feine Sande eingeschaltet sind; auch Thon fehlt nicht. Bei Krakow sind die Lager vielfach seitlich zusammengepresst; diskordante Parallelstruktur spricht hier für eine starke Wasserbewegung. Bei Neu Sammit tritt die Steinbestreuung auf dem hier horizontal geschichteten feinen gelben Spatsand zurück. In der Mitte der Heide finden wir nur feinen gelben Sand mit verschwindendem Decksand. Hier liegen neben zahlreichen kleinen Kesseln und Mooren mehrere grosse Seen mit flachen Ufern, so der Damerower See, der jetzt abgelassene und vertorfte grosse Serrahn und der Goldberger See am Südrande. An ihren Ufern und in den flachen ebenen Gegenden der Heide sind zahlreiche Dünen aufgeweht, oft (wie z. B. am Hahnenhorst und an der Moileiche) zu grotesken Hügeln sich erhebend.

Die Breite der Heide zwischen Karow und Sammit beträgt in nordsüdlicher Richtung 10—12 km, zwischen Sammit und Wendisch Waren in nordost-südwestlicher Richtung gemessen 9 km. Die Meereshöhe dieser ziemlich ebenen Heiden beträgt 60—65 m, auch über 70 m ansteigend; im allgemeinen liegt sie also einige Meter tiefer als die im Norden und Süden laufenden Geschiebestreifen.

Eine detaillierte Schilderung der Heide würde hier zu weit führen; es sei nur hervorgehoben, dass gerade diese Heide sehr typisch ausgebildet ist. In ihren niederen sumpfigen Teilen geht aus dem feinen gelben Sand grauer und schwarzer humoser Sand hervor, auf dem sich dann Torf entwickelt; an anderen Stellen kann man die durch Humus hervorgerufene „Ortstein"-Bildung verfolgen, welche den Sand gelb und rostbraun färbt; Raseneisenerz ist hier selten, fast ganz fehlend.

Am östlichen und nördlichen Rand des Goldberger Sees zieht sich die Heide nach Dobbertin. Hier erhebt sich der Hellberg zu 80 m. Die auf den Liasthon aufgeschütteten unteren Feinsande haben hier eine Mächtigkeit von 11 m.

Durch die etwa 70 m hoch gelegene reiche Steinbestreuung bei Kleisten (auf unteren Sanden und Gerölle lagernd) wird die Heide hier stark verengt und von der im Nordwesten folgenden abgeschnürt (s. o. S. [14] 228).

C. Dobbertiner Heide.

Von hier aus erstreckt sich die Heide unter Verengung nach Westen: es gehören in ihr Gebiet die Gegenden nördlich von Dobbertin, bei Spendin, Dobbin, Kläden bis Lähnwitz, die Klädener und Schlower Forsten. Ich möchte diesen Teil, der zu verschiedenen Besitztümern gehört, unter dem Namen „Dobbertiner Heide" zusammenfassen. Ihre Höhe ist wechselnd, durchschnittlich bis 60 m. Mehrere Seen und Torfmoore liegen in ihr. Bei Lähnwitz finden wir eine Ausweitung zu der früheren Breite von circa 7 km. Zum Teil tritt in ihr auch (unterer?) Geschiebemergel auf, so am Woseriner See. Am Pritzer See tritt zwischen Borkow und Ruest-Dinnies (s. o.) eine neue Verengung auf etwa 9 km ein.

D. Turloffer Heide.

Westlich vom Pritzer See liegt bei Dabel und Forsthof Turloff ein kleiner Distrikt von gelbem feinem Heidesand, an seinen Rändern mit Steinbestreuung, den ich als „Turloffer Heide" abgrenzen will. Sein Niveau ist 50—60 m; vielfach ist er von breiten, flachufrigen Torfniederungen unterbrochen.

Dadurch, dass der Geschiebestreifen V sich hier von Sternberg aus in mehr südlicher Richtung wendet und seine 60 m hohen Rücken nur reiche Steinbestreuung auf unteren Sanden zeigen (z. B. Stieten, Kobrow u. s. f.), ist er von Boll übersehen worden und das Sandgebiet von hier aus über den Streifen hinweg nach Westen fortgesetzt dargestellt, mit den Südgrenzen Wamekow-Barnin.

In Wahrheit aber setzt es nördlich fort über Sternberg, Sagestorf, Loiz, Gross Raden, Görnow nach der „Wariner Mulde", zwischen Penzin und Eickelberg 60—65 m hoch, eine Einengung auf 3 km erfahrend.

E. Wariner Mulde.

Die Wariner Mulde, um den Boll'schen Ausdruck beizubehalten, ist also die unmittelbare Fortsetzung der besprochenen Heide zwischen Geschiebestreifen IV und V. Die „Mulde" wird nach Boll[1]) von zwei Hügelausläufern der Schlemminer Berge umschlossen; „dieselbe zieht sich in der Länge von 3 Meilen von Bäbelin aus ganz gerade in der Richtung von Norden nach Süden herunter, bis sie bei Brüel in die grosse Mulde des Landrückens einmündet; sie ist anfangs nur sehr schmal, erweitert sich aber etwas nach Süden zu. Ihre Bodenverhältnisse zeigen mit denen der grossen Mulde eine auffallende Aehnlichkeit. Sie enthält sieben nicht unbeträchtliche Seen, von denen der Neukloster-See, der Wariner-, der Glamm- und der Tempziner See alle in gerader Linie von Norden nach Süden liegen und in eben dieser Richtung von einem Bache durchflossen werden, welcher sich südwärts von Brüel in die Warnow ergiesst; drei andere Seen liegen in der Mündung der Mulde ziemlich weit zu beiden Seiten von dem Tempziner See entfernt, nämlich im Westen der Bibower- und Hoffelder See und im Osten der Labenzer See."

Von Norden und Osten ist die Mulde deutlich durch den Pöeler Streifen und seine südliche Umbiegung in die Schlemminer Berge, im Osten durch den Höhenzug Mollow-Zurow abgegrenzt und das Terrain fällt von diesen zu 80—100 und einmal zu 140 m sich erhebenden Höhen auf ein Niveau von 60—40 m; indes ist der Boden der Mulde keineswegs eine Ebene, sondern von vielfachen Hügeln und Rücken besetzt: neben den genannten grossen Seen liegen hier auch viele kleinere Wasser- und Torfkessel. Meist erfolgt die Abdachung ziemlich rasch, doch finden sich auch mehrfach Vorstufen; auch das Zurücktreten der Steine findet rasch statt (s. die Schilderungen im ersten Teil).

[1]) Abriss d. mecklenb. Landesk. S. 246.

Meist treffen wir feinen Sand an, so bei Lubenz, Friedrichswalde und in den zwischen Blankenberg und Neukloster ausgedehnten Forsten: doch finden sich auch Kies- und Geröllager, so rings um Neukloster (nördliches Randgebiet!), auf denselben fehlt nie eine dünne Beschüttung von Decksand resp. zuweilen auch sandigem Decklehm. Im südlichen Teil der Mulde treten auch mächtige oder dünnere Thonlager in und unter dem Sand auf, welche die Ziegeleien von Warin, Blankenberg, Penzin u. a. versorgen; die oberen Thonschichten in ihrer Wechsellagerung mit Spatsand sind meist sehr sandig, als „Schluff", die unteren, mächtigen Lager erst reiner Bänderthon. Die Lagerung ist teils flach gewölbt, fast horizontal, teils steiler aufgerichtet oder mehrfach gebogen. Auch hier im Süden findet sich eine dünne obere Decksand- resp. Deckmergel-Ueberlagerung, ohne viel Geschiebe.

In dem südlichen und südwestlichen Teil finden wir in den nur 25—35 m hohen Gegenden von Blankenberg und Biebow ein Uebergreifen des Sandlandes über den hier schmalen, niederen und undeutlichen Geschiebestreifen V nach der hinter diesem gelegenen Sandregion von Brüel und Ventschow (s. u.), eine Thatsache, die mit der vorher erwähnten gleichen Beobachtung in der Gegend südlich von Sternberg die Mutmassung zu bestätigen scheint, dass die genannten Querriegel der Geschiebestreifen einem älteren Geschiebezug entsprechen, der in ostwestlichem Bogen verlaufen ist.

F. Die Sedimente bei Wismar u. s. f.

Im Nordwesten ist die Wariner Mulde fast gänzlich durch den Zurower Rücken abgeschnürt von den weiter nach Wismar, Boltenhagen und Pöel sich erstreckenden Sedimentdistrikten. Diese können nicht mehr als Heide bezeichnet werden, indem in ihrem wechselnd hoch gelegenen, im allgemeinen sich zur Ostsee abdachenden Terrain sich neben den Diluvialsedimenten auch oberer und unterer Geschiebemergel ziemlich häufig findet. Ausgedehnte Thonlager treffen wir bei Wismar und Bothmer nahe der Oberfläche, in Bothmer den artesischen Brunnen veranlassend.

G. Die Heidegebiete bei Waren, Federow, Neustrelitz u. s. f.

Im Anschlusse an die zuerst besprochene Nossentiner Heide zieht sich von der auf Kreide lagernden Blockanhäufung bei Jabel nach Südosten zwischen den Geschiebestreifen IV und V ein ununterbrochenes unterdiluviales Heidesandgebiet über Waren, Neustrelitz über die uckermärkische Grenze hinaus.

Auch hier ist der Heidetypus normal entwickelt, meilenweit zusammenhängende „Tannen"-Forsten mit spärlichen Ortschaften bedecken den Boden.

Bis Waren besteht das 65—75 m hohe Terrain aus wohlgeschichteten Sanden und Granden mit 0,5 bis höchstens 1 m Deckkiesbeschüttung [1]). Die Stadt Waren liegt auf einem aus mächtigen Diluvialsanden bestehenden Pass zwischen der Müritz und dem Tief-Warensee; der bis 84 m hohe Windmühlenberg an der Stadt zeigt in seinen Steilwänden Sand und Grand in diskordanter Parallelstruktur unter Decksand. Beachtenswert ist die Lagerung der Sande nördlich von Waren am Abfall des Geschiebestreifens: hier fallen die Schichten nach Süden [2]), also vom Höhenzug ab nach dem Sandgebiet, während sie am Bahnhof und in sowie südlich der Stadt horizontal lagern.

Der Sand zieht sich hier südwärts über die sich bis 74 m erhebende, einst von einer berühmten prähistorischen Ansiedelung gezierte Landenge zwischen dem Müritz- und Cölpinsee über Eldenburg und Klink nach Sembzin und Grabenitz. Am Müritzufer bei Klink treffen wir unter dem feinen Sand in der Meereshöhe von circa 65 m ein unterdiluviales Thonlager. Die Breite des Sandstreifens ist hier 9 km.

Südlich von Waren sehen wir am Nordufer des Feisnecksees wenigstens 20 m mächtige horizontale Sandschichten das über 80 m hohe Land bilden.

Das folgende Gebiet des flachen Ostufers der Müritz mit den flachen seitlichen Seen, die Gegend von Federow u. s. f., bestehen aus demselben gelben feinen Sand, in den Niederungen humos, oft zu Dünen aufgeweht. In seinen oberen Lagen bildet sich häufig Raseneisen, Ortstein, der den Ertrag der Felder erheblich beeinträchtigt. Bei Müritzhof tritt am Seeufer in der Höhe bis 65 m derselbe blaue Thon zu Tage wie gegenüber bei Klink, sein Hangendes ist der horizontal gelagerte feine Spatsand. Nur am randlichen Gebiet der Heide, bei Kargow, finden sich statt der Feinsande auch grobe Gerölle mit vorzüglicher diskordanter Parallelstruktur (s. o.). Die Steinbestreuung wird je weiter nach der Mitte je kleiner und spärlicher, wie man bei Federow gut beobachten kann. Wo ausnahmsweise, wie bei Müritzhof, die Forsten neben den Tannen auch Buchen und Eichen tragen, hat dies seinen Grund teils in der niederen, sumpfigen Lage, teils in dem Thongehalt der Sande.

Von hier aus erweitert sich das Sandgebiet nach Südosten zu den von Boll angegebenen beiderseitigen Grenzen, mit etwa 12 km Breite. Ein Weg von Federow über Schwarzenhof, Speck, nach Babke oder längs der Waren-Neustrelitzer Eisenbahn führt uns in die Normalheide, wo der feine gelbe Sand herrscht, zuweilen mit Steinbestreuung, oft zu losem Dünensand aufgeweht, fast lediglich mit Kiefernbeständen und nur durch die zahlreichen grossen und kleinen Evorsionskessel dem Auge eine sonst nicht geahnte landschaftliche Abwechselung bietend. Die Meereshöhe ist 70—80 m.

Mit gleicher Breite und etwas bedeutenderer Höhe folgt dann das Neustrelitzer Sandgebiet. Besonders die Umgebung von Neustrelitz ist trotz des herrschenden Sandes doch von besonderer landschaftlicher Schönheit, wiederum auf Grund der vielen Seen und des mannigfachen coupierten Terrains. Ausgedehnte Kieferforste sind auch hier da-

---

[1]) Vgl. VII. Beitr. z. Geol. Mecklenb. 1885, S. 32.
[2]) Vgl. I. Beitr. z. Geol. Mecklenb. S. 52.

Charakteristikum der menschenleeren Gegend; auf den steinbestreuten Feldern Lupinen, Roggen, Kartoffeln, längs der Wege die genügsame Pappel.

Nach Norden ist die Begrenzung durch den Geschiebestreifen IV ziemlich deutlich, im Ostgebiet sogar sehr typisch, nach Süden dagegen weniger scharf, da hier die unteren Sande ihre Herrschaft behalten. Daher ist auch von Boll die Grenze hier nicht genau angegeben.

Unterer Geschiebemergel, Thone, Gerölle treten vereinzelt auch hier neben dem herrschenden feinen oder schärferen Spatsand auf; obere Steinbestreuung fehlt gleichfalls nicht. Zuweilen sind Dünen aufgeweht. Eine Exkursion in dem weiteren Umkreis von Neustrelitz ist zur Orientierung über die genannten Verhältnisse sehr instruktiv.

Bei Koldenhof, Läven und Carwitz herrschen schon die groben und feinen unteren Sande noch mit Deckkies oder Blockbestreuung; Südrand des Feldberger Geschiebestreifens.

2. Das Land zwischen Geschiebestreifen V und VI.
(Sandheide und gemischter Typus.)

Südlich vom Geschiebestreifen V ist nicht mehr eine so zusammenhängende Heide wie nördlich.

Im Südosten des Landes erstreckt sich östlich der Müritz eine Heide, sehr ähnlich der vorher besprochenen der Umgegend von Neustrelitz, und mit ihr häufig über den wenig markierten Geschiebestreifen zusammenfliessend. Am bekanntesten ist hier die Gegend von Mirow und Wesenberg.

Aus der ungefähr 75 m hohen sandigen Gegend des Geschiebestreifens bei Drevin gelangt man im Westen zwischen Ahrensberg und Wesenberg an den 105 m hohen Rothen Moorberg, an dessen Sandgehängen noch bei 60 m Blöcke und Steine liegen. Oestlich vor Wesenberg bezeichnet eine grosse Ziegeleigrube in circa 80 m Höhe etwa den Beginn des Sandgebietes. Hier sehen wir gelben Feinsand, circa 2 oder mehr Meter mächtig, mit einer Steinsohle (Dreikanter) auf 5 m gelbem, blockarmem (unterem) Geschiebemergel, der seinerseits, mit Sandzwischenlage, mächtigen flach nach Westen einfallenden Bänderthon überlagert. Die 80 m hohe westliche und südliche Umgebung von Wesenberg besteht aus unterem Sand zum Teil mit Steinbestreuung; weiter westlich nach Mirow senkt sich das Niveau zu 65—70 m und herrscht der feine gelbe, oft von Dünen bedeckte Sand; in dem Forst nahe bei Wesenberg wird in flachen Gruben ein dem Sand eingeschaltetes Lager von blauem, fettem, oben magerem Thon abgebaut. Die ausgedehnten Forsten zeigen den feinen, abgeschwemmten Sand fast ganz ohne Steine. Bei Mirow herrschen dieselben Verhältnisse; eigentümliche hohe Dünen sind bei Mirowdorf am Mirower See aufgetürmt. Nach Süden erstreckt sich dasselbe weite ebene Sandgebiet in die sogen. „Sandprobstei". Erst bei Schwarz steigt das Terrain wieder zu 80 und mehr Meter Höhe, indem es sich dem folgenden Geschiebestreifen nähert. Zahlreiche Seen sind in dem besprochenen Gebiet teils als isolierte Wannen, teils vom Typus der „Flussseen". Auch beträchtliche Erhebungen treten bisweilen auf, so der 105 m hohe Sprotzsche Berg bei Retzow.

Den nördlichen Rand erreichen wir über Qualzow mit einer Höhe von 75 m, mit Sand und „Schluff" unter geringer Steinbestreuung, oder westlich davon bei Leppin und Roggentin, wo auf dem 70 m hohen Sandboden die massenhaften Blöcke sehr plötzlich erscheinen. Die südliche Grenze habe ich nicht aufgesucht; die ungefähre Breite des Sandstriches kann zu 14 km angegeben werden.

Die Ostseite der Müritz mit den Orten Krümmel, Gaarz [1]), Vietzen bis vor Rechlin gehört ebenfalls zu diesem Sandgebiet.

Derselbe feine Sand findet sich auf der Westseite der südlichen Müritz, in der Priborner Heide, bei Vipperow, Spitzkuhn, bis nach Ludorf und Röbel. In Vipperow wird am Seeufer in circa 65 m Höhe ein diluviales Thonlager abgebaut, bei dem feiner gelber Spatsand auf Bänderthon lagert. Bei Röbel treffen wir auf gröbere Sande, dem Nordrand entsprechend.

Gleichfalls ein ausgedehntes Sandgebiet liegt östlich vom Plauer See, zum Teil schon mit inselartigen Vorkommnissen von Geschiebemergel oder wenigstens Deckkies. Am Nordrand liegt die Malchower Umgebung. Die 80 m hohe Landecke zwischen dem nördlichen Plauer- und dem Petersdorfer See zeigt im Biestorfer Forst herrschend Feinsand, zum Teil mit Blockmergelbedeckung, am Krebssee in dem 85 m hohen Südrand des Geschiebestreifens mit reicher Steinbestreuung. Auch die unmittelbare Umgebung von Malchow zeigt horizontal geschichteten Feinsand und Schluff mit diskordant parallel struiertem Grand, bedeckt von 0,5 m steinarmem Decksand resp. Deckmergel, der noch von Flugsand bis zu 1 m Mächtigkeit überweht ist. Die 70 m hohe Ecke, welche den Fleesensee von dem Malchower See bei der Ziegelei von Laschendorf abgrenzt, besteht aus feinem, steinfreiem gelbem Sand: südlich und südöstlich davon finden sich in derselben Höhe noch 1—2 m mächtige Deckgeschiebemergelreste auf dem in diskordanter Parallelstruktur wohlgeschichteten Sand und Grand. Auch bei Kloster Malchow, südlich davon, herrscht trotz Ansteigens des Terrains auf 95 m der Sand und Kies mit reichlicher Steinbestreuung, zum Teil noch Deckmergelresten. Aehnlich südlich davon an der Klostermühle. Weiter bis Petersdorf und Lenz am Plauer See ist Sand der Boden der Kiefernwälder, zum Teil mit Lehmbedeckung oder inselartigen Auflagerungen von unterem Mergel. Fast ununterbrochen setzt hier das Sandgebiet mit Steigung zu 100 m und mehr nach Süden fort über Satow und Kogel bis Rogeez und Stuer, hier an den steinreichen Streifen VI stossend.

Am Bahnhof Plau tritt isoliert der blockreiche obere Geschiebemergel in der Höhe von circa 70 m auf. Südlich vor der Stadt finden wir an dem 92 m hohen Kalüschenberg grobe Kiese und Mergel, noch

---

[1]) Ueber die interessanten prähistorischen Niederlassungen in jener Gegend vgl. u. a. Fromm u. Struck: Die Müritz. Arch. f. Landesk. Mecklenb. 1864. Seite 38.

weiter südlich steigt das Terrain bald bei Gnevsdorf zu 100 und 115 m, hier den Streifen VI erreichend. Nördlich von Plau kommt in dem 75—80 m hohen Plateau der feine Sand zur Herrschaft, bis er nördlich von Quetzin, unweit Karow, nahe der Grenze von Streifen V, groben Kiesen weicht.

In dem westlich von Plau gelegenen etwa 70—75 m hohen Plateau läuft das Eldethal als einfaches Längenthal. Die Steinbestreuung der losen Sande bei Plauerhagen zeigt eine nördliche Verengung an. Westlich sehen wir bei Kuppentin (60—70 m) den feinen Spatsand unter ganz geringer Bedeckung von lehmigem Decksand. Bei Brook, östlich von Lübz, liegt in der Meereshöhe von 65—70 m die Grenze des Streifens VI, mit 3 m mächtigem Blocklehm auf Kies, welch letzterer dicht daneben in dem zu 90 m aufsteigenden Wohrnsberg als geschichteter lehmiger Grand, von ganz wenig oberem Mergel bedeckt, eine selbständige Kuppe bildet. Aber auch westlich bis jenseits Lübz, also inmitten des Geschiebestreifens, kommt der feine Sand, zum Teil auch Grand des „Unterdiluviums", stets zur Herrschaft unter meist nur 2—4 m blockreichem Deckgeschiebemergel; dabei ist das Terrain mannigfach wechselnd zwischen 60 und 100 m.

Die Gegend nördlich von hier, gewöhnlich 55—65 m hoch, bis zum Goldberger See ist von vielen kleinen Seen und zahllosen Söllen durchsetzt und bietet das Bild der kombinierten vielfach wechselnden Vorkommnisse von Sand und Deckmergel. Am nördlichen Rand herrschen gleichfalls grobe Grande und Kiese vor, z. B. bei Diestelow (s. o.).

Es folgt in weiterem Verlauf nach Nordwesten ein 70—80 m hohes Plateau teils aus blockarmem oberem Geschiebemergel, teils aus Sanden bestehend, bei Seelstorf, Mühlenhof, Mestlin, Lenschow, Niendorf, Prestin (u. s. f.), wo der Heidetypus fehlt und das gewöhnliche, fast möchte ich sagen langweilige, Diluvialplateau sich zeigt. Am südlichen Rand dieses Distriktes läuft der obere Teil der Warnow bis Prestin.

Den beiden korrespondierenden knieförmigen Biegungen von Geschiebestreifen V und VI, resp. bei Sternberg und Kritzow (s. o.) entspricht ein westliches Ausweichen des Sandgebietes nach Barnin zu, verbunden mit einem Uebergreifen über den Streifen V nach der Turloffer Heide und über VI nach der Crivitzer und Pinnower Gegend; vergl. auch oben Boll's Darstellung.

Von dem block- und steinreichen aber wenig mächtigen Deckkies der Gegend südlich von Sternberg bei Stieten und Dannhusen, mit 60 m Meereshöhe, kommt man bei Demen in denselben Sand, aber mit zurücktretender Steinbestreuung, die indes nicht gänzlich fehlt. Dies bleibt beiderseitig des Warnowthales bei Müggenburg unweit Barnin. Plateauhöhe circa 50 m. Zum Teil kommt auch grober Kies vor. Südlich steigt das Terrain zu 60—70 m und südlich Barnin auf 80 m, doch bleibt der Sandboden längs des Barninsees und greift über den schmalen Geschiebestreifen VI nach der Crivitzer Gegend hinüber.

Von Demen nördlich und nordwestlich kommen wir durch die ausgedehnten Forsten von Venzkow, Jülchendorf, Schönlage, mit 55—80 m Höhe, in die Gegend von Brüel. Im Westen läuft bei

Kladow, Augustenhof, Basthorst, Wendorf die Grenze gegen Streifen VI, überall durch reiche Steinbestreuung auf dem verschieden hohen unteren Sand charakterisiert. Im Osten ist die Grenze der eben genannte Sternberg-Sietener Zug V. In dem Gebiet herrscht nicht allein der gemeine Spatsand, immer mit Decksand-Steinbestreuung, sondern es kommt auch, wie bei Jülchendorf, Schönlage u. a. Kies und auch Bänderthon vor. In Schönlage ergab eine Brunnenbohrung 60' unteren Sand und Kies, d. i. bis auf eine Tiefe von circa 5 m unter den Ostseespiegel. Viele Kessel und kleine Seen sind hier.

Die Gegend von Schönlage, Kaarz, Necheln, südlich des Warnowthales von Brüel im Plateau 50—70 m hochgelegen, zeigt unteren Feinsand und groben Grand mit Kies, meist unter Decksand. Im Westen und Nordwesten wird sie von den steinbestreuten Sanden und dem blockarmen Deckmergel bei Wendorf, Gustävel u. s. w. abgeschlossen. Charakteristisch ist für diese Gegend, dass in den beiden hier nahe zusammentretenden Geschiebestreifen mit ihrer coupierten Landschaft die unteren Sande mit Blockbestreuung zu Tage treten. Daneben kommt aber auch der obere Geschiebemergel vor, und auch in dem Zwischengebiet finden wir den gemischten Typus, unteren Sand und Deckmergel das Diluvialplateau zusammensetzend.

Am nordöstlichen Ende des Schweriner Sees ist in der Gegend von Ventschow und Alt-Schlagsdorf wieder ein kleines sandreiches Areal, welches mit der „Wariner Mulde" zusammenfliesst. Das von hübschen runden Seekesseln unterbrochene Sandgebiet, oft mit geringer Steinbestreuung, bildet, durch die Erosion isoliert, einen südwest-nordöstlich laufenden, bis 60 m hohen schmalen Rücken, der die Wasserscheide zwischen Schweriner See und dem Zufluss von Schlagsdorf-Dämelow zum Neuhöfer See, somit zwischen Nord- und Ostsee, bildet. Die umgebenden Plateaus der Geschiebestreifen haben dieselbe Höhe.

Nordwestlich vom Schweriner See findet sich in dem Zwischengebiet gemischtes Diluvium, neben den unteren Sanden auch steinarmer oberer Mergel. So ist die Umgegend von Grevesmühlen ein circa 50 m hohes Plateau von unteren Sanden, häufig mit Deckkies, oft auch, besonders nahe den Streifen V und VI, als grobe Kieslager entwickelt. An der nördlichen Grenze, bei Santow und Hamberge, ist in gleichem Niveau der horizontal gelagerte oder lokal stark gestörte Grand von 1—3 m lehmigem Decksand überlagert, der in seinen unteren Partien als Steinpackung ausgebildet ist und weiterhin in steinigen Deckmergel mit unterer Steinpackung übergeht. Südlich, in der Mitte des Gebietes, findet sich in den Wotenitzer Tannen hauptsächlich Feinsand und thoniger „Schluffsand", bis bei Wotenitz und Kastahn schon der 2—3 m mächtige obere Mergel auftritt, der, z. B. bei Upahl, untere Grande und Sande bedeckt und vielfach in ihrer Lagerung gestört hat. Die Breite des Grevesmühlener Sandgebietes ist hiernach etwa 5 km.

Weiter nordwestlich sieht man bei Pohnstorf und Roggenstorf an der Grenze des Kalkhorster Geschiebestreifens bei 30—40 m Höhe feinen Sand und Grand, zum Teil in aufgerichteter Stellung, unter Deckkies von 0,5—1 m Mächtigkeit. In dem Geschiebestreifen selbst herrschen vielfach die unteren Sande und steigen im Hohen Schönberg zur Höhe von 92 m an (s. o.).

In und um die Stadt Schönberg herrschen Sande, zum Teil mit Thon: die Brunnen der Stadt liefern in grosser Tiefe Springquellen, wahrscheinlich auf Grund eines tiefen Thonlagers.

Auch die Gegend von Dassow führt (bei Wilmstorf) feinen Sand, zum Teil mit Steinbestreuung, zum Teil auch mit blockarmem Mergel bedeckt.

3. Das Land zwischen Geschiebestreifen VI und VII. (Gemischter Typus.)

Auch südlich vom Geschiebestreifen VI sind Sandgebiete vorhanden, zum Teil auch mit Mergelinseln. Bei Massow, Jabbitz und Dammwolde treffen wir den feinen Sand in der Höhe von 80—90 m, nach dem Rande zu mit Steinbestreuung und mit Granden, südlich ziemlich frei von Steinen. Hier ist eine Raseneisensteinschicht nahe der Oberfläche, etwa in 0,2 m Tiefe, typisch für den unfruchtbaren Heideboden; über ihr ist der Sand häufig als die rostbraune Fuchserde ausgebildet. Bei Marienhof unweit Dammwolde finden sich noch rohe Eisenschlacken auf den Feldern als Zeugen der früheren Schmelzhütten, welche das Raseneisenerz verarbeiteten.

Der Sand scheint sich weiter nordwestlich über die 100 m hohe Gegend von Priborn, nördlich von Meyenburg, und die Retzower Tannen fortzusetzen.

In dem Geschiebestreifen VII der Umgegend von Parchim treffen wir sehr allgemein, wenn auch nicht ausnahmslos, (Sonnenberg, Marnitzer Berg, auch am Buchholz, bei Möderitz u. s. f.) unter dem blockreichen Deckdiluvium die unteren Sande und Kieslager; auch die niedriger gelegenen nördlichen Gegenden zeigen hauptsächlich untere Sande, so bei Slate, Siggelkow, Paarsch u. s. w., nur an den Rändern mit Steinbestreuung (hier Kantengerölle oder Dreikanter). Das Buchholz und das nördliche Stadtfeld bilden blockreichere inselartige Partien, von Deckmergel in dem hier etwa 7 km breiten Sandzwischengebiet, welches zu dem nördlichen Geschiebestreifen VI (bei Lübz) kaum merklich ansteigt (60—70 m).

In dem Ruhner Berg steigt der untere Sand mit verschwindendem Decksandüberzug bis zur höchsten Höhe von 178 m.

Westlich von Parchim herrscht bis in die Gegend von Spornitz der grobe und feine, meist steinbestreute Sand, ebenso nördlich von Parchim auf den öden Feldern oder in den Tannenwaldungen; Dargelütz, Domsühl sind die Orte, welche jene Landschaft recht gut präsentieren. Das Plateau ist 60—70, auch 80 m hoch. Oberer Geschiebelehm ist nicht gänzlich ausgeschlossen, meist aber $\frac{1}{2}$—$1\frac{1}{2}$ m Deckkies an der Oberfläche.

In der Gegend von Crivitz treten die beiden Geschiebestreifen ziemlich nahe zusammen; da hier weiter hauptsächlich die unteren Sande herrschen, nur mit Steinbestreuung des Deckkieses in den Geschiebezügen, auch die Plateauhöhen keine erheblichen Differenzen zeigen, so hebt sich der Sandzug wenig ab. Bei Barnin, Kladow verschmilzt das Sand- und Kiesgebiet mit dem nördlichen; hier treten z. B. im Eichholz bei Crivitz und bei Kladow auch unterdiluviale Thonlager auf. Das Terrain liegt 60—80 m hoch.

Pinnow, Petersberg, Augustenhof, Vorbeck bis Langen Brütz zeigen gleichfalls in verschiedener, im Petersberg zu 66 m ansteigender Plateauhöhe die feinen unteren Sande resp. zum Teil Kieslager unter Steinbestreuung oder Deckkies, durch deren reiches Auftreten die Geschiebestreifen entstehen.

Die geschiebereiche Gegend von Schwerin hat besonders im Westen der Stadt, am Neumühler See u. s. w., Kies- und Sanduntergrund. Die unteren Sande, zum Teil auch thonhaltig, treten nördlich auf dem 60 m hohen Plateau reichlich auf, daneben auch oft noch vom blockarmen Deckmergel bedeckt; das fragliche Gebiet ist somit vom gemischten Typus.

Derselbe setzt sich westlich fort; an der südlichen Grenze treffen wir bei Vietlübbe und Gadebusch den feinen, oft thonigen mahlenden Sand.

4. Das Land zwischen Geschiebestreifen IV und III.

Der Landstrich nördlich vom Geschiebestreifen IV zeigt vielfach den gemischten Typus.

In dem nordwärts strebenden Zipfel der Blockanhäufung von Feldberg trifft man am Nordende des Lucinsees bei Lichtenberg in der Meereshöhe von 120 m den feinen Sand mit unterlagerndem Bänderthon. Nördlich davon findet sich am Ende des Geschiebezuges bei Grauenhagen mächtiger Kies mit Blockbestreuung, auf den höheren Plateaugebieten mit Deckmergel. Ueber Woldegk bis zum Helpter Berg bildet fast durchgängig der obere Geschiebemergel den Boden, meist sehr blockarm: in Woldegk bedeckt er mit 2 m Mächtigkeit, durch Kieslager getrennt, den unteren Mergel, der wieder Bänderthon überdeckt. Am Kirchhof kommt feingeschichteter Sand und Grand unter 2 m Decklehm. Der Helpter Berg enthält vielfach feinen Sand.

Die Umgebung von Neubrandenburg hat vielfach die unteren Sande und Kiese in ihrer Geschiebestreifenlandschaft. Südwärts gelangen wir gleichfalls zu Sanden und zu Deckmergel.

Die Kiesgruben und Spatsande bei Helle, Wrodow, Lapitz, Puchow, Penzlin und die vereinzelten Geschiebemergelpartien jener Gegenden zeigen auch hier im nämlichen Niveau mit den Streifen IV und III den gemischten Diluvialboden.

Südlich von Malchin finden wir mächtige Entwickelung der unteren Sande und Grande. Am Hainholz mächtige feine Sande mit Granden, nordwärts d. i. vom Geschieberücken wegeinfallend. Der ganze Forst bis Basedow, Gessin und Liepen, die sogenannte Basedower Heide, zeigt meist Feinsand, in Basedow horizontal mit thonigen Zwischenschichten, am Basedower Theerofen in dem 66 m hohen Rücken mächtige Geröllager in diskordanter Parallelstruktur von mächtigem Blockkies bedeckt; hier ist die südliche Grenze nahe; bei Schwinkendorf, schon im Gebiet des Geschiebestreifens, kommen noch mächtige untere Sande und Grande in 65 m Höhe vor. In jenem Gebiet fehlt das Deckdiluvium nicht, oft macht sich der obere Mergel sogar sehr stark geltend. Südwestlich von Malchin zeigt der 25 m hohe Rücken, der zwischen dem Peenethal und dem Basedower Thal stehen geblieben ist, untere Sande mit Deckkies- und Lehmbeschüttung, auf welcher noch ungeschichteter Decksand aufgespült ist.

Auch am Rempliner und Pisceder Ufer treten Sande und Kiese unter dem Decklehm auf; bei Remplin findet sich in 30 m Höhe ein Lager von Bänderthon.

Nördlich treffen wir bei Hohen-Mistorf feinen Sand zum Teil ohne Deckmergel, und an diesen schliesst bei Hagensruhm die Sandlandschaft, die zu dem Hardtberg aufsteigt.

Bei Teterow herrschen Sande und Kiese. Der hohe Heidberg setzt sich aus unteren Geröllen zusammen, an und auf welchen der obere Geschiebelehm lagert. Südwestlich von hier ist die starke Quelle von Köthel, auf mächtigem unterem Thon fliessend, bei ungefähr 30 m Höhe zu erwähnen. Auch am Hadener See steht ein mächtiges Thonlager.

Durch die Geschiebemergel und viel Sand und Kies haltende Gegend von Lalendorf, südlich und nördlich deren reichlich Sand herrscht, wird nach Westen ein Abschluss erzielt.

Die obenerwähnten Kuppen zwischen hier und Güstrow, ferner die Gegend von Niegleve führen untere Sande, zum Teil auch Grande, oft mit Mergelbedeckung.

Die Gegend von Güstrow zeigt wieder sehr schön die Herrschaft der unterdiluvialen Sedimente zwischen den Geschiebestreifen, wiewohl auch hier das Deckdiluvium als Geschiebemergel oder Deckkies nicht ausgeschlossen ist. An der Bahn nach Krakow, an der Chaussee nach Zehna u. s. w. kann man deutlich den erheblichen Abfall vom südlichen Geschiebestreifen IV nach Norden zum Nebelthal verfolgen. Unter Zurücktreten der Blöcke gewahrt man auch hier zunächst grobe Grande und Kiese im Unterdiluvium und weiterhin die feineren Sande vorherrschend, bei Hoppenrade auch ein Thonlager, welches sich nördlich bis Güstrow hinzieht, mit einer Muldenlagerung. Es fehlen aber auch in der Mitte nicht die groben Kiese und der Deckmergel, wie an den Schneiderbergen und an der Gleviner Burg bei Güstrow zu sehen. Jenseits der Nebel wiederholt sich der allgemeine Typus in umgekehrter Folge, erst feine Sande und Thon, weiter Kiese mit reicherer Steinbestreuung bei Annäherung an den 40—50 m hohen nördlichen Geschiebestreifen bei Spoitendorf u. s. f. In der Mitte dieser Sandmulde sehen wir östlich vor Güstrow in den Röwer Tannen typische, sogenannte Alluvialheide, feinen gelben Sand mit Ortsteinbildung, humos in niederen Lagen, mit hohen Dünenaufwehungen. Es ist das die circa 12 m hohe von der Eisenbahn durchlaufene Gegend zwischen dem Inselsee und der breiten Thalniederung der Recknitz, wo sich der breite Alluvialstrom seinen Thalsand aus den nachbarlichen Diluvialsanden aufgearbeitet hat.

Dasselbe wiederholt sich in noch grösserem Masstab bei der Einmündungsstelle der Nebel in das Warnowthal südlich Bützow, wo sich bei Langensee aus den unteren, zum Teil steinbestreuten Sanden die alluviale Heidesandebene der „Mücker-“ und Vierburg-Waldung entwickelt. In weiterer nördlicher und südlicher Umgebung folgen nach den beiden Geschiebestreifen öde Sandgegenden von Peetsch und Zernin im Süden, wo dann der Kies von Warnow als Hinüberleiter zum Geschiebestreifen in 20 m Höhe folgt und im Norden der Sand von Wolken, Oettelin bis zur Gegend von Schwaan; ebenso ist auf dem linken Ufer der Warnow bei Bützow, Horst, Friedrichshof, Kambs, Vorbeck bis Schwaan der Sand herrschend. Der Deckmergel und der Deckkies sind hier nicht völlig ausgeschlossen, doch herrscht in diesen Gegenden der Sand, besonders feiner und thoniger, bei weitem vor; auch Thonlager treten auf. In einer 7 m hohen inselartigen Sanderhöhung inmitten des Warnowthales zwischen Zernin und Rühn oberhalb Bützow trifft man auf dem abgeschwemmten wohlgeschichteten unteren Spatsand und Schluffsand 0,2 m ungeschichteten Decksand und auf diesem in scharfem diskordantem Absatz noch 0,4 m gelben Flusssand.

Nordwestwärts am Nordabfall der Schlemminer Berge nach der Gegend südlich von Satow setzen die Sande fort, auch hier nicht ohne Deckmergelpartieen. Endlich war auch in der Gegend von Neubukow der Sand weit verbreitet, sowohl als Unterlage des Geschiebestreifens als auch in der Zwischengegend; so z. B. charakteristisch in der Heide von Questin und Panzow [1]).

5. Das Land zwischen Geschiebestreifen III und II. (Gemischter Typus.)

Am Nordabhang des III. Geschiebezuges treten bei Doberan ebenso wie am Südabfall bei Kröpelin Sandmassen in grosser Menge auf: Feinsand, Thon und grober Kies, oft von Deckmergel oder von Deckkies überlagert, in dem zum Teil ein südnördlicher Geschiebetransport des Brunshauptner Pläners zu konstatieren ist (Althof, Brunshaupten); vgl. auch die Notiz über die kleinen Heideareale von Sandhagen bei Neubukow im VII. Beitr. z. Geol. Mecklenb. S. 5.

Auch in kleineren Partieen finden sich innerhalb des Geschiebestreifens der Stoltera untere Sande und Thon zwischen den beiden Geschiebemergeln (vgl. VII. Beitr. z. Geol. Mecklenb.).

Südlich von Rostock dehnt sich ein heideähnlicher Sanddistrikt über die Barnstorfer Tannen und Biestow nach der Gegend von Schwaan aus, in gleichem Niveau mit den abgrenzenden Geschiebestreifen II und III; oberes Diluvium fehlt nicht.

In gleicher Weise findet sich das Diluvium in Sand- und Kiesresp. Thonablagerungen mit mehr oder weniger zurücktretendem Oberdiluvium (Geschiebemergel und Decksand) in südöstlicher Fortsetzung:

---

[1]) Vgl. VII. Beitr. z. Geol. Mecklenb. S. 7.

es mag genügen, als Beispiele nur die Gegenden zwischen Kösterbeck und Hohen-Sprenz bei Rostock, von Laage, Thürkow nördlich Teterow, Neukalen am Cummerower See, Friedland u. a. zu nennen.

6. Die südwestliche Heide. (Jungdiluvialer Thalsand.)

Die „südwestliche Heideebene" Mecklenburgs ist zwar mehrfach geschildert worden [1]), doch fehlt noch eine eingehende geologische und geographische Darstellung, sogar ihre Grenzen sind noch nicht genau angegeben; auch an dieser Stelle kann wegen Raummangels nur ihr Typus durch einige Mitteilungen bekannt gemacht werden und muss eine ausführliche Schilderung auf später verschoben werden. Im Osten ist die etwa 30 Quadratmeilen grosse Heideebene nach Bolls Schilderung von den Marnitzer und Parchimer Bergen abgegrenzt, die natürliche Südgrenze bildet die Elbe, die westliche Grenze liegt in einer von Schwerin über Klein Rogahn, Stralendorf, Toddin, Warlitz, Goldenitz, Pritzier, Melkhof, Düssin, Brahlsdorf gezogenen Linie, im Norden lehnt sie sich an den Südrand des den Schweriner See enthaltenden Muldenstückes an. „Die Heideebene ist arm an Seen und Teichen, wird aber von mehreren Flüssen durchschnitten, welche in sehr weiten, ziemlich parallelen, von Nordost nach Südwest sich erstreckenden und nur wenig über ihren Wasserspiegel sich erhebenden Thälern dahinfliessen und nur durch unbedeutende, inselartig aus der Ebene sich erhebende Bodenanschwellungen voneinander getrennt sind." Diese Flüsse sind die Elde und Stör, die Rögnitz mit der Krainke und die Sude; ihnen parallel laufen noch im Westen die Schaale und Boize mit ähnlichem Charakter. Von den zum Teil sehr treffenden Schilderungen Kochs und Bolls sei zunächst noch einiges mitgeteilt: in landschaftlicher Hinsicht ist die Heide eine traurige Einöde von ausgedehnten Kiefernforsten, spärlichen Ortschaften mit wenig und ärmlichem Ackerbau; früher war das Gebiet noch viel reicher an Waldungen als jetzt. In diesen die deutschen Ansiedler wenig anlockenden Gegenden haben sich die Wenden in Mecklenburg am längsten gehalten; die Heide trägt noch zahlreiche slavische Ortsnamen. Auch die Ritterschaft hat wenig darnach getrachtet, hier Landbesitz zu erwerben, daher haben sich hier die vielen Bauerndörfer erhalten (oft noch mit der sonst im Mecklenburgischen unbekannten Art der Gehöftsanordnung); kein Teil unseres Landes trägt ein so wenig ritterschaftlich-aristokratisches Gepräge wie dieser; darin bildet er z. B. zu dem „Quellengebiet der Peene" und anderen Geschiebestreifengebieten den äussersten Gegensatz. „Will man daher das Thun und Treiben unserer Bauern, Büdner und Häusler mehr im grossen kennen lernen, so muss man sie in diesen einsam gelegenen, wenig vom Verkehr mit der übrigen Welt berührten Dörfern der Heideebene aufsuchen. Dort trifft man auch noch vielfältig jene alten Bauerngehöfte, in denen Menschen und Vieh unter einem Dache

[1]) Vgl. F. E. Koch: Arch. Nat. Mecklenb. VII, 1853, S. 17 f.; Zeitschr. d. d. geol. Ges. 1856, S. 249 f. E. Boll: Abriss 1861, S. 358 f.

leben, mit derselben baulichen Einrichtung, wie sie noch zu Anfang dieses Jahrhunderts fast überall in den mecklenburgischen Bauerndörfern zu finden war. Sie bestehen aus einem grossen, von Holz und Lehm (zuweilen auch von Raseneisenstein) aufgeführten und mit Stroh gedeckten Gebäude ohne Schornstein, aus welchem der Rauch durch (die an der Seite des hohen, mit dem Pferdekopfpaar gezierten Giebels befindliche) Thür und Dach abziehen muss . . ." [1]).

Die geologische Zusammensetzung der Heide will ich zunächst ebenfalls nach der Darstellung von Koch und Boll, aber ohne die daran geknüpften Spekulationen, mitteilen. Die diluvialen Schichten der Heideflächen bestehen aus mannigfach wechselnden Lagern eines glimmerreichen feinen Sandes; darüber pflegt die verrufene Fuchserde (Ur) zu lagern, ein braungelber, stark eisenschüssiger und bisweilen steinartig verhärteter Sand, der das Material abgibt zur Bildung des in grosser Menge in allen Niederungen der Heideebene vorkommenden Raseneisensteins; die oberste Decke des Bodens bildet im allgemeinen ein saurer, kohlig-harziger Humusboden; stellenweise tritt aber auch auf grösseren Strecken der feine und flüchtige Sand zu Tage, teils selbständige ansehnliche Hügelgruppen, Dünen bildend, teils den insularen, mit nordischem Diluvium überdeckten Bodenanschwellungen angelagert; „ersteres ist z. B. in der Hügelkette der Fall, die sich längs des südlichen Eldearmes und der Elbe von Polz nach Dömitz hinzieht, desgleichen mit der Hügelgruppe bei Broda, während z. B. die dem Wehninger Berge angelagerten Sandmassen wie auch die bei Lübtheen und Ruddenfort auftretenden als Beispiele der zweiten Art anzusehen sind. Endlich aber bedeckt der Sand in diesem Gebiete auch sehr grosse Flächen, wie z. B. bei Stolpe, Neustadt, Dreekrögen, Moraas, Pampow u. s. w."

„Vor 30—40 Jahren [2]) war diesem Sande in der Heideebene noch völlig freier Spielraum gegeben. Auf den beweglichen Feldern, z. B. bei Bockup, Wendisch-Wehningen, Belsch u. a., trübten bei trockenem Sturme auf halbe Meilen weit gelbe Sandwolken die Luft bis zu einer Höhe von mehr als 100′, und der Landmann war genötigt, seine Felder durch Anpflanzung von ‚Tannen' gegen Versandung zu schützen; aber auch diese konnten nur unter einer Decke von Tannenreisern, mit denen die ganz jungen Pflanzen überkleidet werden mussten, Wurzel fassen. Ein kleines Loch in der schwachen Narbe solcher Sandfelder erweiterte der Sturm oft binnen wenigen Jahren zu einem wahren Sandsee, aus dem noch einzeln stehende Bänke, gleich Inseln, von 4—6′ Höhe hervorragten, als Merkzeichen, wie gross die Masse des weggeführten Sandes gewesen war. An diesen Bänken sah man denn auch deutlich, wie dünne Schichten von Dammerde wohl drei- bis viermal und auch noch öfter mit mehr als fussdicken Sandlagen wechselten, und wie also dieselbe Stelle schon mehrere Male das Schicksal der Versandung erlitten hatte."

Koch unterscheidet im Heidegebiet folgende Bildungen: 1) die

[1]) Boll a. a. O. S. 370.
[2]) Ebenda S. 369.

Gebiete der Flussalluvionen, Marsch, Torf oder Bruch; 2) das Heidegebiet, damals von ihm als tertiär angesehen; 3) das Gebiet der nordischen Geschiebeformation; 4) die älteren Flötzformationen.

Da eine eingehende Beschreibung der Heide hier nicht möglich ist, so wollen wir versuchen, das Land auf einer Wanderung von Schwerin nach Süden und Südwest zur Elbe hin kennen zu lernen.

Oben wurde (S. 34) gezeigt, wie sich von dem Geschiebestreifen VII südlich Schwerin bis Pampow und Holthusen allmählich das Sandgebiet unter Verschwinden der Steinbestreuung entwickelt und im Südwest bei Zachun und Hagenow die Sandheide kommt, unter allmählicher Abdachung des Terrains von 60 zu 40 und 25 m. Aus den weiten, flachen Moordepressionen zwischen Rogahn und Pampow, südlich von Stralendorf und von Walsmühlen u. a. entwickeln sich flache südwestlich laufende Thäler, so das der Sude.

Oestlich von Hagenow dehnt sich das Sandgebiet mit weiten Mooren in den flachen Niederungen, oft auch schon mit einzelnen Dünen, nach Kirch-Jesar, Hagenower Heide, Morass, Issnitz, Fahrbinde, Dreekrögen in die Gegend von Neustadt und Ludwigslust aus. In ihm liegt bei Rastow das oben beschriebene Steingebiet. Südöstlich setzt der Sand bis unterhalb der Ruhner Berge fort. Es wird von den Thälern der Rögnitz, Elde und Löcknitz parallel der Sude durchflossen. Der Sand ist überall der feine gelbe, oft Ortstein und Raseneisenerz führende Heidesand oder meist horizontal geschichteter Spatsand und Grand mit bis 1 m mächtigem Decksand. Das ebene Terrain liegt meistens etwa 30 m über dem Meer. Der Decksand oder seine Kleinsteinbestreuung herrscht im Norden vor, verschwindet aber weiter nach Süden; im Norden, in der Gegend vom Südende des Schweriner Sees, herrscht der feine Sand, zum Teil auch Kies, unter wenig mächtigem Deckdiluvium. An der 56 m hohen Unterdiluvialerhebung bei Rastow ist auf dem Deckmergel und Decksand noch reiner Sand von dem nordöstlich-südwestlich laufenden Kraaker Thal angelagert.

Nördlich vor Hagenow tritt unter dem Sand und dem Deckgeschiebemergel bei circa 25—30 m Höhe blauer Bänderthon hervor; und alsbald schliesst sich westlich und nordwestlich der oben beschriebene undeutliche, aber häufig blockreiche Geschiebestreifen VIII an (Pätow, Granzin, Helm), wobei sich das Terrain alsbald zu 40 und 60 m erhebt; hier herrscht zwar ebenfalls der untere Sand, aber mit steinreichem Decksand oder Deckmergel bedeckt, auch als grober Kies ausgebildet, so dass der Heidecharakter zurücktritt (s. o. S. 38). Südlich von Wittenburg treffen wir bei 60 m den gelben Heidesand mit Ortsteinbildung als wenig mächtige Bedeckung mit Dreikantersohle auf dem Bänderthon (nördlicher Rand des Streifens VIII).

Südlich von hier gelangt wieder die gelbe, in den Niederungen schwarze und graue Sandheide mit zahlreichen Dünen in dem zu 40 und 20 m abfallenden Terrain zur Geltung, vom Sudethal durchflossen, bis Lübtheen, Redefin, Belsch, Krenzlin u. s. w.

Hier und in den weiter südwärts folgenden Gegenden und nach Südost in die Gegend von Eldena fortsetzend, herrscht überall der Heidesand, in Niederungen mit Raseneisenstein, in trockenen Stellen mit massenhaften Dünenkuppen. Das Terrain wechselt dabei vielfach und man erkennt hier sehr klar, dass die Heide sich zusammensetzt aus den breiten, von Thalsand erfüllten Thalebenen der obengenannten Flüsse und ihrer Seitenthäler und den von ihnen quer durchbrochenen und dadurch als südwest-nordöstlich streichende flache, inselartige Erhöhungen erscheinenden Geschiebestreifen VIII und IX, welche wegen ihrer geringen Erhebung noch von einer dünnen Decke Flugsandes überweht sind.

Als Belege dieser Auffassung seien die Gegenden von Lübtheen und Malliss angeführt.

Der 15—20 m hohe Gypsberg von Lübtheen liegt am Südrande des Geschiebestreifens IX, der sich östlich, immer von Heidesand und Dünen bedeckt, bei Hamm zu 40 m erhebt. Südlich dacht sich das Terrain ganz flach zu der normalen, an Dünen reichen Heide des hier schon dem Elbthale parallelen Rögnitzthales bei Trebs und Jessenitz ab, in der Moorniederung mit 10 m Höhe.

Die dortigen Bohrungen [1]) zeigten die Mächtigkeit und Beschaffenheit der Sande an.

Am Gypsberg sind dem Gyps echte unterdiluviale Sande und Kiese angelagert; diese sind von wechselnd mächtigem Heidesand bedeckt.

In Lübtheen (VI) hat der gelblichgraue Heidesand die Mächtigkeit von 8,2 m, darunter folgen grauer Sand, feiner und grober Kies mit Geröllen und feiner und scharfer glimmerhaltiger Sand bis zur Tiefe von 25,5 m, d. i. circa 10 m unter dem Ostseespiegel, auf Tertiärsand lagernd. Das Bohrprofil (II) in Probst Jesar bei Lübtheen (ebenfalls circa 17 m Meereshöhe) zeigte 1,2 m gelben Heidesand auf grauem feinem und grobem Sand und Kies, mit 19 m Mächtigkeit auf Geschiebemergel, Sanden und Thon in Wechsellagerung. Die Bohrungen am See von Probst Jesar, in der Meereshöhe von 20 m angesetzt, zeigten 3 m gelben Heidesand auf 6 m wasserhaltigem, grauem feinem Sand, der bis 30 m Tiefe Diluvialkiese und Sande mit Thoneinlagerungen bedeckt. Bohrloch (V) im Lübtheener Forst, südlich von Lübtheen (Meereshöhe circa 18 m), traf 14,3 m gelben, unten grauen feinen Sand auf mächtigen unteren Sanden, die bei 42,8 m Tiefe Geschiebemergel bedecken. Das Bohrloch (IV) bei Trebs zeigte 16,1 m gelblich grauen feinen Heidesand auf 6,3 m grobem, grauem Sand und Kies, der in ca. 19 m Meerestiefe auf Geschiebemergel ruht. Das in anderer Beziehung wichtige Bohrloch im Kamdohl bei Trebs (III) hatte 15,7 m gelblichgrauen feinen Sand (Heidesand) auf Kies, Sand und Thon von 23,3 m Mächtigkeit getroffen.

Die durchschnittlich 25—30 m hohe ebene Gegend zwischen Ludwigslust und Eldena, Malliss, zeigt fast durchgängig den Heidesand, an der Elde mit Dünen besetzt, auf dem Plateau mit flachen Moorniederungen und weiten flachen Thälern; dabei finden sich im Gebiete des hier durchquerenden Geschiebestreifens IX flache, bis 50 m ansteigende Erhebungen von Diluvium, Tertiär und Kreide, z. B. bei Loosen,

[1]) I. Beitr. z. Geol. Mecklenb. 1879, S. 12. 64. Flötzform. Mecklenb. 1883, S. 110—116.

Hohen Woos, Karenz, Malk, Conow, Malliss, Bockup, Böck (s. oben).

Einen ganz vorzüglichen Einblick in die oben gekennzeichnete Natur der „Heideebene" erhält man auf einem Gang von Malliss nach Bockup und Schlesin nördlich Dömitz: in der grossen Ziegeleigrube von Malliss sieht man in circa 40 m Höhe etwa 3 m mächtigen oberen Blockmergel auf dem Septarienthon aufgelagert, dem auf der Höhe Heidesand folgt, als Ueberwehung; nördlich davon trifft man den unteren Sand bei den Mallisser Abbauen an der Chaussee und weiter in den Karenzer Bergen, mit Dreikantern und Decksand. In der rasch zu 25 m Höhe südlich der Ziegelei abstürzenden Ebene der Elde lagert mächtiger gelber feiner Heidesand mit seinen Dünen. Von hier kann man südwestlich längs der 40 m Kurve gehend die Grenze des steinigen Diluvialsandes gegen den in der Tiefe (25 m) lagernden feinen Heidesand verfolgen bis nach Bockup, unterwegs auf der Höhe, bei Malliss selbst oder nördlich nach Conow, die unteren Sande oder Kieslager in schöner diskordanter Parallelschichtung mit oberer Stein- und Dreikanterbestreuung beobachtend, bis man an der Ziegelei von Bockup, wo der Signalberg zu 48 m ansteigt, am selben steilen Uferrand der sich hier nach Westen wendenden breiten Thalebene die Miocänthone mit ihrer Unterdiluvialbedeckung scharf abgeschnitten sieht, in der 25—15 m hohen, weiten, überraschend schön sich dem Auge darbietenden Thalebene von Raddenfort, Heiddorf u. s. w. den feinen gelben, mahlenden, zu riesigen Dünen aufgewehten Heidesand (mit Raseneisenerzbildung) vor sich; aber auch auf die Höhe ist der gelbe Heidesand bereits gewandert; wir finden ihn als eine 1—2 m dicke Schicht den älteren Ablagerungen aufgeweht. Dieselbe Beobachtung wiederholt sich, wenn wir von hier westlich über Schlesin zu dem Galgenberg gehen; auf dem 40—45 m hohen Plateau unterdiluviale Kiese und Sande, zum Teil oberer Mergel, am Rande mit Heidesand bedeckt, welcher unten im Thal allein herrscht. Der 42 m hohe Galgenberg bildet die scharfe Ecke zwischen der hier ostwestlich laufenden Thalebene und dem von Nordnordost kommenden Rögnitzthal.

Südlich von diesem scharfen Rand breitet sich, wie erwähnt, wieder eine normale Thalsandheide aus; die Orte Raddenfort, Heiddorf, Kalliss, Schmölen, Lenzen, Heidhof, Woosmer, Junker Wehningen u. s. m. liegen in ihr. Teils einfache Sandebenen, 15 m hoch gelegen, teils mächtige Dünen, besonders längs der Uferränder, teils auch weite Moor- oder Sumpfniederungen setzen sie zusammen.

Aus dieser Heideebene erhebt sich bei Wendisch Wehningen am Elbufer der Diluvialberg mit 39 m Höhe als inselförmiger Rest des Geschiebestreifens X, ringsum, bei Broda unweit Dömitz, im Forst Heidhof, bei Junker Wehningen, von Heidesanddünen umgeben, auf der Höhe mit diskordant angelagertem Decksand, dessen gute Dreikanter sehr häufig sind. Der Kern besteht aus unterem Geschiebemergel, dessen Hangendes unterdiluviale Diatomeenerde, Thon und Sand ist, mit denen zusammen er durch den oberen Geschiebemergel mannigfach verstaucht ist.

Wir haben also den eigentlichen Heidesand als echten „Thalsand" erkannt, und es ist kaum noch nötig, die frühere Ansicht zu widerlegen, dass er tertiären Alters sei. Seine „kohlig-harzige" Beschaffenheit an der Oberfläche hängt nicht mit zerstörten tertiären Braunkohlenlagern zusammen, sondern ist auf junge Ortsteinbildung durch sauren Humus zurückzuführen, wie sie besonders durch Erika veranlasst in allen Heidesanden mehr oder weniger reichlich vorkommt (z. B. Rostocker Heide, Mäcker bei Bützow, Heide östlich Güstrow, Diluvialheiden bei Karow, Wittenberg u. s. f.).

In echten unterdiluvialen Sandablagerungen der Höhen finden sich allerdings zuweilen Sande, welche ziemlich reichlich aus der Nachbarschaft tertiäre Sande aufgenommen und dadurch eine von der gewöhnlichen abweichende petrographische Beschaffenheit erlangt haben, so z. B. bei Helm, Bobzin, Melkhof, vielleicht auch bei Malliss u. a. O. Doch sind diese Sande, von Deckdiluvium überlagert, stets etwas anderes als untere Thalheidesande. Von einer postglacialen Hebung der Geschiebestreifen-Areale kann natürlich auch keine Rede sein.

Dass die Dünen hauptsächlich an den Rändern der alten Thäler vorkommen, ist schon mehrfach erwähnt; höchst instruktive und grossartige Dünenbildungen finden sich u. a. bei Jabel, Hohen Woos, Heidhof, Bockup, Woosmer; ferner bei Lenzen (von der Bahn aus zu beobachten), dann in der Sudeniederung bei Gothmann unweit Boizenburg u. s. w.

Auf die eigentümliche Ablenkung der unteren Läufe der Löcknitz, Rögnitz und Sude in eine dem Elbthal parallele Richtung soll an anderer Stelle eingegangen werden.

Die Lewitzniederung.

Wie sich im Südwesten von Schwerin am flachen Abfall des Geschiebestreifens VII die weiten flachen Moorniederungen in dem unteren, steinbestreuten Sandboden entwickeln (Pampow u. a.) und die Thalbeginne von südwestwärts laufenden breiten Thälern darstellen, die ihrerseits zur Bildung der „Heideebene" führen, in derselben Art, nur weit gewaltiger, ist auch im Südosten des Schweriner Sees eine solche Niederung vorhanden, die hochinteressante Lewitzniederung. Eine ausführliche Schilderung derselben muss für die spätere Arbeit über die postglacialen Wasserläufe Mecklenburgs vorbehalten bleiben; jetzt sei nur kurz das Wesentliche mitgeteilt. Wir verdanken eine eingehende Beschreibung (mit Karte) der Arbeit von Fromm und Struck[1]), während Bolls Darstellungen hierüber ungenügend sind.

Unmittelbar an der Südbucht des Schweriner Sees (mit einem Erosionsthal) beginnend, erstreckt sie sich zwischen hier und Neustadt in einer grössten Länge von 3 und einer grössten Breite von circa 1½ Meilen. Durch das über 1 km breite, scharf in dem 60 m hohen Plateau zum Niveau von 40 m erodierte Störthal bei Mücss mit dem Schwerinersee in Verbindung, ferner im Osten durch die breite, weniger scharf begrenzte Niederung bei Pinnow westlich Crivitz zu dem Ge-

---

[1]) Beschreibung des Störbeckens, 1) Die Lewitzniederung, Arch. f. Landesk. Mecklenb. 1866, S. 113 u. 225.

schiebestreifen geöffnet, beginnt die eigentliche Lewitzniederung, wie auch Boll richtiger als Fromm und Struck annimmt, bei Banzkow, mit flachen, aus abgeschwemmten unteren Sanden bestehenden nördlichen Rändern, welche in jene beiden nördlichen Zipfel allmählich auslaufen. Die seitlichen Grenzen sind recht deutlich ausgeprägt: im Westen durch die steilen, weiter südlich mehr verflachenden Ufer von Plate, Banzkow, Mirow, Goldenstädt, Dreekrögen, Wöbbelin; im Osten durch die Höhen von Suckow, Göhren, Bahlenbüschen, Tramm, Klinken, Garwitz, Matzlow. Die Südgrenze wird von Fromm und Struck über Dütschow, Brenz nach Neustadt, Wöbbelin gezogen.

Vom Schweriner See fliesst die Stör in die Niederung, bei Neustadt tritt die zwischen Matzlow und Dütschow einmündende Elde wieder nach Süden aus.

Die Niederung ist eine ungefähr 35 m hoch gelegene Ebene, von Wiesen, Brüchen, Waldung und Torfmooren mit ganz zurücktretenden Aeckern eingenommen, öfters von wenig höheren Bodenanschwellungen unterbrochen. Erst durch die der jüngsten Vergangenheit angehörigen zahlreichen Kanal- und Entwässerungsbauten ist ihre Kultivierung möglich geworden; bis dahin war sie eine grosse, fast ununterbrochene Sumpf-, Bruch- und Waldfläche, im südlichen Teil voller ausgedehnter Moorsümpfe; ihr Wildreichtum (Lewitz = wendisch „Jagdrevier") wurde schon von den Wenden nach Möglichkeit ausgenutzt. Die Elde und Stör verursachten häufige Ueberschwemmungen.

Wie die nachbarlichen Plateauhöhen unter gleichzeitiger Abdachung nach Süden den allmählichen Uebergang aus dem Geschiebestreifen in steinbestreute Sandhochflächen und feindsandige Heide zeigen (s. o.), so erkennt man auch in der Niederung den Uebergang aus den abgeschwemmten Granden, Kiesen und Sanden (z. B. bei Suckow, Zietlitz) in gemeinen scharfen „Seesand", wie er die Hauptmasse der Niederung bildet (Friedrichsmoor), und kleinsteinbestreute flache Sandkuppen, und weiter in den feinen gelben und grauen, zu Dünen aufgewehten Heidesand im Süden, bei Wöbbelin, Hohewisch, Neustadt. Bei Neustadt und Ludwigslust schliesst sich dann die oben besprochene „südwestliche Heideebene" mit ihren Geschiebestreifen-Inseln unmittelbar an. —

Auch südlich der Zarrentiner Gegend sind hinter den Geschiebestreifen Sande entwickelt, nur zunächst häufig durch die Blockanhäufungen unterbrochen und wenig zum Heidetypus gelangt und mehr den gemischten Typus zeigend. Doch sind in dem unteren Boize- und Schaalethal Sandebenen vorhanden, von denen auch Boll erwähnt, dass sie ganz denselben Charakter wie in der östlich sich anschliessenden Heideebene zeigen; so in der Gegend zwischen Brahlstorf und Boizenburg oder auch nördlich davon bei Vellahn, Gresse u. s. f.

7. Die Rostock-Ribnitzer Heide, das Fischland und der Darss.

Nordöstlich von Rostock erstreckt sich, vom Seestrand und der Warnow und im Süden etwa von der Rostock-Ribnitzer Chausee begrenzt, ein zusammenhängendes Heidegebiet, welches als jungdiluvial zu bezeichnen ist und mit dem der südwestlichen Heide viel Aehnlichkeit zeigt. Es ist fast lediglich beforstet und umfasst die Rostocker, die grossherzogliche Gelbensander und die Ribnitzer Heide.

Seine südliche Grenze ist wenig deutlich. Das 40—50 m hohe gemischte Diluvialplateau östlich von Rostock flacht sich ganz allmählich nach Norden zu circa 20—15 m ab; die Orte Stuthof, Rövershagen, Willershagen, Ribnitz zeigen blockarmen oberen Geschiebelehm, zum Teil auch wenig untere Sande in dem Niveau von circa 10 bis 15 m, meistens noch mit einer 0,5—1 m dicken Bedeckung von Heidesand, dessen Dasein dem Feldbau recht hinderlich ist, dagegen für den schönen Buchenbestand in der südwestlichen Ecke der Rostocker Heide nicht nachteilig ist. Also ein eigentlicher Uferrand fehlt hier. Ein ähnliches Uebergreifen des Sandes als dünne Decke diluvialer Ablagerungen ist im Westen am Warnowufer bei Oldendorf und Gehlsdorf und im Osten in der Ribnitzer Gegend zu beobachten. Im Norden ist die Heide von dem gegenwärtigen Strand gewissermassen willkürlich abgeschnitten, ihr Gebiet reicht auf den Ostseegrund weiter hinaus. Abgesehen von zwei unbedeutenden Bachläufen mit ganz flachen Ufern enthält sie keine Thäler. Dagegen haben sich in flachen Bodensenken weite Torfmoore gebildet. Das Terrain liegt 5—15 m über der See, nach Osten etwas ansteigend.

Der Boden wird von feinem gelbem Sand gebildet, der zuweilen zu kleinen Dünen aufgeweht ist. Seine Mächtigkeit ist mehrere Meter, doch fehlen genauere, über 5 m Tiefe gehende Bohrprofile. In ganz frischen Abbrüchen kann man feine Schichtung, zum Teil mit diskordanter Parallelstruktur beobachten. Sehr typisch ist die Ortsteinbildung, die in der Tiefe von 0,3 — 0,5 — 1 m stattfindet und fast durchgängig aller Orten folgendes Profil liefert: auf dem gelben Heidesand 0,2 bis 0,5 m Ortstein als feste zusammenhängende eisenbraune Schichte von verkittetem Sand mit saurem Humus und wenig Eisen, darauf circa 0,3 m grauer humoser, seines Eisengehaltes beraubter Sand, wegen seiner Farbe sogenannter Bleisand, und darauf oft je nach der Lage in Niederungen noch reiner Humus oder Torf. Die Baumwurzeln vermögen nur ausnahmsweise die Ortsteinschicht zu durchdringen, daher überall flaches, weil in der Horizontale verzweigtes Wurzelwerk und häufige Windbrüche; daher aber auch in den niedrig gelegenen, feuchten Stellen, auch vom Seeklima begünstigt, ein bei dem schlechten Boden überraschend üppiger Forstbestand, nicht allein von Nadelholz, sondern auch von Eichen und Buchen.

Nur an wenigen Stellen tritt in der Mitte der Heide die Unterlage des Sandes, als Geschiebemergel oder Kieslager, in kleinen Kuppen nahe an die Oberfläche.

Von einer breiten sandigmoorigen Niederung bei Dierhagen, die als Fortsetzung des Ribnitzer Recknitzthales gelten kann, unterbrochen, setzt der Heidesand nordöstlich nach dem Fischland weiter, bei Wustrow zunächst noch allein herrschend, alsdann bei der Erhebung des Landes nördlich von Wustrow und bei Nienhagen und Altenhagen immer noch die 1—4 m dicke Decke der dortigen Geschiebemergel und unteren Sande bildend und auch hier vorzüglich schön die

Ortsteinbildung mit dem damit zusammenhängenden grellen Farbenwechsel von schneeweiss zu gelb, braun, rot und schwarz zeigend.

Von Ahrenshoop an zeigt der flache Darss bis Prerow nur den reinen Heidesand, mit seinen Moorsümpfen und dem mahlenden Sand gewiss jedem Wanderer unvergesslich.

Die flache Insel Zingst schliesst sich mit gleicher Beschaffenheit im Osten an.

Die anderen Gebiete nördlich des Geschiebestreifens II zeigen teils den gemischten Typus mit reichlichen unteren Sanden, teils entwickeln sie, z. B. am Gahlenbeckersee, auch weiter alluviale Moor- und Sandniederungen.

III. Die Beziehungen zur Eiszeit.

Was die Entstehung der Geschiebestreifen anlangt, so geht aus den oben mitgeteilten Beobachtungen über ihren geologischen Bau (s. S. 64) hervor, dass dieselben nicht den Endmoränen moderner Gletscher gleich sind; vielmehr sind sie zu bezeichnen als die geschiebereichen Grundmoränenabsätze des sogenannten oberen Diluviums[1]), welche nur in geringer Mächtigkeit (0—8 m) auf schon vorhandenen Bodenerhebungen des Unterdiluviums und Flötzgebirges auf- und angelagert worden sind. Dennoch ist es wegen der Analogie mit den in Skandinavien[2]) als Endmoränen bezeichneten, unseren Geschiebestreifen entsprechenden Höhenzügen wohl gerechtfertigt, auch unsere Geschiebestreifen als Endmoränen oder endmoränenartige Anhäufungen der Grundmoräne der letzten Vereisung Norddeutschlands zu bezeichnen. Aehnlich ist auch die Deutung, welche Berendt dem mecklenburgisch-pommerisch-preussischen Höhenzuge gibt[3]), indem er sagt: „Wo diese Rückschritte des Gletschereises langsamer erfolgten, wo längere Zeit Stillstände stattfanden oder wo gar gleichzeitig anderweitige Bewegungen in der festen Erdrinde überhaupt stattfanden, da konnten diese Aufquellungen (nämlich durch den Gletscherrand hervorgerufen) auch bedeutender und nachhaltiger werden; da mussten sich aber auch andererseits Anhäufungen des Schlammes und der Geschiebe, mit einem Worte, da

---

[1]) Vgl. I. Beitr. z. Geol. Mecklenb. 1879, S. 54: . . . „lässt die Geschiebestreifen nicht als blosse Schuttwälle einer Endmoräne erscheinen."

[2]) Helland: Ueber die glacialen Bildungen der norddeutschen Ebene. Zeitschr. d. d. geol. Ges. 1879, S. 63 f., S. 105. — De Geer: Ueber die zweite Ausbreitung des skandinavischen Landeises. Zeitschr. d. d. geol. Ges. 1885, S. 177 (Uebersetzung des schwedischen Aufsatzes in Geol. Fören. Forhandl. VII, 1884, S. 436—466). — Aehnlich für Jütland und Schleswig von Johnstrup angenommen: Oversigt over d. geogn. Forhold. i Danmark 1882.

[3]) Zeitschr. d. d. geol. Ges. 1879, S. 19.

mussten sich vollständige Endmoränen bilden." Letztere Auffassung weicht von der meinen nur darin ab, dass ich die Erhebungen des Bodens, die Höhen von Flötzgebirgswellen und unterem Diluvium als bereits fertig annehme und nicht durch Aufquellen am Rande des Rückzugsgletschers entstanden erkläre.

Ein sehr beachtenswertes Analogon für die Auffassung der „Geschiebestreifen" als „Endmoränenartige Anhäufungen der Grundmoräne" liefern die quer zur Bewegungsrichtung des Inlandeises gestellten, hoch gelegenen Grundmoränen-Absätze vor den eisfreien „Nunatakker" in Grönland. (Vgl. Kornerup, in Meddelelser om Grönland I, 1879, S. 133, Tab. V, D' und D''.) —

Meine Untersuchungen haben nun ergeben, dass in Mecklenburg nicht bloss drei, sondern zehn, in ziemlich gleichen Entfernungen voneinander gelegene, solcher Endmoränen existieren und dass auch die im Nordost und Südwest angrenzenden Gebiete dieselben Endmoränen, mit ziemlich denselben Distanzen, besitzen. Letztere Thatsache verdient besonderer Erwähnung gegenüber anderen Ausführungen Klockmanns[1]), die allerdings bereits von Wahnschaffe[2]) zum Teil korrigiert sind.

Weiter hat sich ergeben, dass hinter jeder dieser „Endmoränen" ein breiter Streifen liegt, teils in demselben Niveau wie jener, teils niedriger gelegen, zum Teil auch mit grösseren Erhebungen, in welchen die, als oberer Geschiebemergel oder Decksand oder Steinbestreuung entwickelte Grundmoräne mehr oder weniger stark zurücktritt oder ganz fehlt und in welchem im normalen Falle die Verhältnisse der „Sandr"-Ebenen[3]) und der Thalsand-Heideebenen sich entwickeln. Dieselben Verhältnisse finden sich nach De Geers Schilderungen auch im Norden und nach Kornerup in Grönland, wo sich die Sandebenen, „Sandsletter", vor dem Rande des Binneneises ausbreiten. (Vgl. Meddel. Grönl. I, Tab. V, Fig. A' und A''.) Diese Sanddistrikte sind bei den höher gelegenen mittleren Geschiebestreifenarealen, welche die Wasserscheide oder die eigentliche Seenplatte bilden, nur zu den Sandr-Ebenen mit randlicher Steinbestreuung ausgebildet, ohne grössere Stromläufe, sondern mit den zahllosen isolierten oder perlschnurartig aneinander gereihten Seen und Mooren; dieselben zeigen genau den nämlichen Charakter wie die Geesthöhen der Lüneburger Heide. An den alten nördlichen und südlichen Abdachungen — auf welche NB. weiterhin wieder die Höhen von Rügen einerseits und von der Lüneburger Heide andererseits folgen — an diesen Abhängen haben sich aus den geneigten Sandr-Ebenen weiterhin die echten feinsandigen Thalsand-Heideebenen der breiteren Flussthäler entwickelt.

In vielen der Decksandablagerungen fanden sich die „Dreikanter" oder „Kantengerölle" als Zeugen der einstigen Thätigkeit der

[1]) Die südl. Verbreitungsgrenze des oberen Geschiebemergels etc. Jahrb. d. preuss. geol. Landesanst. f. 1883. Berlin, S. 238—266.

[2]) Referat hierüber im N. Jahrb. f. Min. 1885, II., S. 323.

[3]) Von K. Keilhack geschildert in: Vgl. Beob. an isländ. Gletscher- und norddeutschen Diluvialablagerungen. Jahrb. d. pr. geol. L.-A. f. 1883. S. 159—176.

Abschmelzwässer; ihre Bildungsweise ist kürzlich von Berendt sehr anschaulich erklärt worden [1]), und ich kann seiner Deutung nur vollständig beistimmen.

Die obigen Untersuchungen bestätigen auch den von Berendt [2]) ausgesprochenen Satz, dass „Heidesand und Thalsand einerseits" (welche übrigens völlig identische Bildungen sind und von denen ersterer, wie gezeigt, nicht bloss eine altalluviale Umränderung der Nord- und der Ostsee ist), „Geschiebesand und Geröllbestreuung andererseits als gleichzeitige Bildungen zu erkennen" sind. —

In den Geschiebestreifen finden sich unter einer sehr dünnen, oft zu blosser Steinbestreuung herabsinkenden Decke von „Oberdiluvium" abgesehen von dem älteren Kern, der teils von Flötzgebirge, teils von echtem Unterdiluvium, nämlich unterem Geschiebemergel oder unteren Sanden und Thonen gebildet wird, fast immer noch Sedimente, allermeist Sande, doch auch Thone, die man nach der bisher üblichen Klassifikation als unterdiluvial bezeichnet hat. Auch die skandinavischen Endmoränen sind im Inneren oft geschichtet [3]) und zeigen die Sedimente hier auch zuweilen Schichtenstörungen.

Die hinter den einzelnen Geschiebestreifen gelegenen sandrartigen ebenen Flächen und ebenso die innerhalb und ausserhalb derselben befindlichen Sandkegel bestehen aus Sanden, Granden oder Kiesen, die man als unterdiluvial bezeichnet, und sind bedeckt von einer mehr oder weniger dünnen, sich meistens scharf von ihnen abhebenden Decke des oberdiluvialen Decksandes oder auch nur der Steinbestreuung; nur zuweilen muss man diesen Decksand als die oberste durch Verwitterung resp. durch die Kultur umgewandelte Decke der unteren Sande betrachten, nicht als eine fremde diskordante Ueberlagerung. Man muss naturgemäss diese „Sandr" als die Absätze der von dem jeweiligen Gletscherrand in grossen Massen abströmenden Schmelzwässer betrachten, welche das nordische Gesteinsmaterial je nach der wachsenden Entfernung von der endmoränenartigen Glacialanhäufung der Geschiebestreifen als Kies und Grande (mit diskordanter Parallelstruktur) oder feinen Spatsand oder endlich feinsten Heidesand ausbreiteten. **Alle diese Sandmassen sind also nahezu gleichalterige Bildungen mit den Grundmoränenabsätzen des oberen Diluviums**, auf dieselbe Ursache zurückzuführen, nämlich das Vorschreiten, periodische Stehenbleiben und Abschmelzen des nordischen Gletschers zu ein und derselben Periode; sie verhalten sich genau ebenso wie die ganz allgemein unter der eigentlichen Grundmoräne von sogenanntem unterem Geschiebemergel konstatierten Sand- und Geröllager, die wir meistens auch nicht als präglacial zu bezeichnen haben (vgl. meine Ausführung hierüber in Zeitschr. d. d. g. Ges. 1881, S. 508). Wir müssen dem-

---

[1]) Geschiebe-Dreikanter oder Pyramidal-Geschiebe. Jahrb. d. pr. geol. L.-A. für 1884, S. 201—210.

[2]) Die Sande im norddeutschen Tieflande und die grosse diluviale Abschmelzperiode. Jahrb. d pr. geol. L.-A. für 1881, S. 482—495; Zeitschr. d. d. geol. Ges. 1882, S. 207.

[3]) De Geer a. a. O. S. 180 f. Warum diese Sedimente im Meere abgelagert und geschichtet sein sollen, ist mir nicht klar.

gemäss die bisher übliche Klassifikation in dieser Beziehung ändern und können die obengenannten Sande, Grande und Kiese der „Sandr" nicht mehr als „unterdiluvial" bezeichnen, denn sie gehören ihrer Bildung nach zum „Oberdiluvium" oder „Deckdiluvium". Wenn wir mit Berendt schon die viele Meter mächtigen feinen Thal- und Heidesande als jungdiluvial erkannt haben, so müssen wir ebenso die gröberen Sandr-Absätze aus der näheren Umgrenzung der Geschiebestreifen als gleichalterige Faciesbildungen betrachten, nicht aber bloss die gegenüber ihrer Mächtigkeit verschwindende Steinbestreuung und den dünnen Decksand als alleiniges Aequivalent der Heidesande erklären. Diese, das bisherige „Oberdiluvium" darstellend, sind ebenso wie die in den Gegenden mit „gemischtem Typus" insel- und zungenförmig in den Sandr-Gebieten auftretenden Ablagerungen von normalem oberem Geschiebemergel dadurch zu erklären, dass der Gletscherrand nicht ein für allemal sich auf eine bestimmte Grenzlinie zurückzog, sondern mehrfach oscillierend wieder, ganz oder in Zungen, sich etwas vorschob und dabei seine Grundmoräne als dünne oberste Decke den fast gleichalterigen Sedimenten aufsetzte.

Als die Grundmoränen-Ablagerungen solcher zungenförmiger Ausläufer oder auch der zungenförmig nach Süden ausgebuchteten und dadurch nicht mehr einfachen Grenzlinie des jeweiligen Gletscherrandes können vielleicht auch die oben im ersten Teil mehrfach konstatierten Moränen-Querriegel oder -Ausläufer betrachtet werden, so dass man in ihnen nicht ein älteres Moränensystem zu suchen braucht.

Durch die Zuziehung eines grossen Teiles der bisher als unterdiluvial bezeichneten Sedimente (hauptsächlich Sande, aber auch häufig Thone) zum Oberdiluvium wird auch die bisher auffällig geringe Mächtigkeit des letzteren erheblich vermehrt. Sei es, dass man dasselbe als Produkt einer selbständigen zweiten Vereisung erklärt oder als Ablagerungen während des Endes der einzigen Eiszeit — in jedem Fall musste die geringe, ½ bis höchstens 8 oder 10 m betragende Mächtigkeit dieses „Oberdiluviums" auffallen, welches doch im Stande war, ebenso massenhafte und grosse Geschiebe aus dem Norden herbeizubringen wie das bis über 100 m mächtige Unterdiluvium.

Die als notwendig erkannte Ablösung eines beträchtlichen Teiles von Sedimenten aus der bisherigen Abteilung des Unterdiluviums[1]) wird nun freilich wegen der petrographischen Gleichheit oder Aehnlichkeit mit denen des echten Unterdiluviums viel Schwierigkeiten im einzelnen Falle bereiten; vielleicht wird man aber auch hierbei einige petrographisch „leitende" Mineral- oder Gesteinsgemengteile finden. Zunächst kann man auch stratigraphisch noch nicht so einfach die Grenze ziehen, dass etwa alles, was über dem „unteren Geschiebemergel" ruht, als zum Deckdiluvium gehörig zu betrachten ist. —

Die Geschiebestreifen sind als endmoränenartige Anhäufungen von Glacialschutt anerkannt. Ferner ist es erkannt, dass dieselben am Ab-

---

[1]) Zu einer gleichen Auffassung ist auch Keilhack in seiner mir kürzlich zugegangenen Untersuchung über die Lagerungsverhältnisse des Diluviums von Lauenburg a. E. gekommen. Vgl. Jahrb. d. pr. g. L.-A. für 1884 (Berlin 1885), S. 2[illegible]8.

schluss der Vereisung Norddeutschlands abgesetzt worden sind. Es fragt sich nun, ob diese Endmoränen den Abschluss der einzigen Eiszeit oder der zweiten, überhaupt letzten Vereisung darstellen. De Geer nimmt für Skandinavien zwei, durch eine Interglacialzeit getrennte, Vereisungen an und erklärt seine, mit den unseren oben verglichenen, Endmoränen als der letzten Eiszeit angehörig. Das Gleiche ist in Nordamerika der Fall.

Die mecklenburgischen und nächstbenachbarten Geschiebestreifen haben keine entscheidende Thatsache zur Frage der mehrfachen Vereisung geliefert. Die Frage, ob die oben genannten Querriegel oder Ausläufer als Reste von früheren, etwas anders laufenden Endmoränen zu betrachten sind, ist zum mindesten offen zu lassen, mit mehr Wahrscheinlichkeit jedoch zu verneinen. Je weiter nach Norden, je deutlicher müssen die echten Endmoränen ausgebildet sein, einmal wegen der Nähe des Gletscherbeginnes, wo intensivere Moränenablagerungen zu erwarten sind, sodann auch wegen der kürzeren Zeit, die über sie verstrichen ist und noch weniger Denudationsverwischungen erlaubte. Bei uns tragen diese Moränenanhäufungen des periodisch zurückgewichenen Gletscherrandes schon mehr den Charakter der Grundmoräne; noch weiter südlich, in der Lüneburger Heide, sind die Geschiebestreifen teilweise noch undeutlicher. Und noch südlicher, bis zum Rande des nordischen Diluviums überhaupt, werden sie naturgemäss immer verwaschener, schliesslich überhaupt gar nicht zur Entwickelung gekommen sein. Doch sind auch dort, in Sachsen durch neuere Funde von „Dreikantern" Spuren vermutlicher alter nordwestlich-südöstlich laufender Moränenzüge aufgefunden, nämlich: Copitz a. Elbe—Dippelsdorf—Buchholz und Stolpen—Radeburg—Zschorna.

Wenn wir also an der Oberfläche unseres Diluviums in ziemlich gleichen Abständen endmoränenartige Ablagerungen finden, die nach Norden zu immer deutlicher werden, so brauchen wir aus diesem Grunde nicht eine zwei- oder mehrfache Gletscherbedeckung anzunehmen; und auch etwaige sich kreuzende oder abschneidende Moränenzüge können durch zungenförmige Ausläufer des Gletscherrandes erklärt werden. Auf ähnliche Weise können auch die verschiedenen Schrammensysteme auf dem Untergrunde ihre Erklärung finden. (Vgl. auch die im gegenwärtigen Inlandeis Grönlands sich kreuzenden, durch Untergrundsklippen, die sogenannten Nunatakker, abgelenkten Gletscherarme mit ihren oft einander entgegenstehenden Moränenzügen: Kornerup, Meddelelser om Grönland I, 1879, S. 186 u. f., Tab. V.)

Für die Annahme einer Interglacialzeit wird die überall[1]) durchführbare Trennung des Diluviums in ein unteres und oberes, ferner die Diskordanz und häufige Schichtenstörung zwischen beiden und endlich das Auftreten mächtiger, oft fossilführender Sedimente zwischen dem oberen und unteren Geschiebemergel angeführt. Hierin liegt der Schwerpunkt dieser Auffassung und ich gestehe, dass es leichter ist, alle diese Erscheinungen durch Annahme einer Interglacialzeit zu erklären, als,

---

[1]) Vgl. auch das schön aufgeschlossene Profil an der Stoltera bei Warnemünde, VII. Beitr. z. Geol. Mecklenb. 1885.

wie ich es kürzlich versuchte[1]), auf die subglacialen und bei Oscillationen des Gletschers hervorgerufenen Sedimentierungen während einer einzigen Eiszeit zurückzuführen.

Zunächst abgesehen von den faunistischen und floristischen Verhältnissen der Sedimente möchte ich auch heute noch die Frage bejahen, ob es möglich ist, dass bei immer fortdauerndem Eis- und Moränennachschub zwischen zwei oder mehr, fast durchgängig zu konstatierenden, ungeschichteten Moränenbänken mächtige Sedimente abgelagert werden konnten und diese, sowie die an anderen Stellen von der oberen unmittelbar bedeckte untere Moränenbank durch die obere in ihrer ursprünglichen Lagerung und Schichtung auch gestaucht und gefaltet werden konnte. Nicht nur finden sich häufig Schmitzen und dünne Schichten von Sand, Kies oder Thon innerhalb der Geschiebemergelbänke, oft von weiter Ausdehnung, oder sind die Geschiebemassen an ihrer unteren Grenze ausgeschlemmt zu Bänderthon, Sand oder Kies, sondern die Tiefbohrungen haben auch vielfach nicht nur zwei von Sedimenten getrennte Geschiebemergelbänke nachgewiesen, sondern drei oder vierfache solche Wiederholungen, die jedenfalls nicht auf zufällige Schmitzen oder gerade zufällig getroffene Auskeilungen einer einzigen Mergelbank zurückgeführt werden können. Dass wir die Diskordanz und Schichtenstörungen gerade zwischen dem sogenannten oberen Diluvium und dem Haupt- oder Unterdiluvium so oft beobachten, hat seinen Grund in der uns zugänglicheren Lage jener Partien nahe der Oberfläche; bei den tieferen Bänken wird wohl dasselbe zu erwarten sein.

Dass sich auch Süsswasser- und sogar marine Ablagerungen mit tierischen und pflanzlichen Bewohnern, die sogenannten interglacialen Bildungen (Diatomeenerde, Wiesenkalk, Torf u. a.) durch Zufüllung von see- und flussartigen Depressionen inmitten der glacialen und subglacialen Absätze einer einzigen Eiszeit bilden können, suchte ich kürzlich nachzuweisen[2]). Dagegen erhob Keilhack[3]) in seiner Untersuchung des interglacialen Torflagers von Lauenburg das gewichtige Bedenken, dass die jenes Torflager bildenden höheren Pflanzen einem milderen Klima, demselben wie es jetzt dort herrscht, entsprechen.

Wenn sich solche faunistische und floristische Bedenken noch weiterhin erheben, so wird man natürlich nicht mehr zu eisfreien „Oasen" seine Zuflucht nehmen dürfen, sondern voll der Annahme zweier durch eine wärmere Interglacialzeit getrennter Eiszeiten zustimmen müssen.

Anmerkung. Nach Abschluss vorstehender Arbeit kommt mir die Notiz von Berendt (Zeitschr. d. d. geol. Ges. 1885, S. 804) zu, in welcher gezeigt wird, dass der Joachimsthal-Oderberger Geschiebewall unterdiluvialen Alters ist. Dies ist eine willkommene Bestätigung meiner Darlegungen, nach welchen unsere Geschiebestreifen nicht bloss von oberdiluvialem Geschiebemergel oder Deckkies gebildet werden, sondern alte Bodenwellen darstellen, welche von gering mächtigem aber blockreichem Oberdiluvium bedeckt werden; dasselbe ist bei dem Oderberger Geschiebewall der Fall, wo auch das Oberdiluvium nicht ganz fehlt, so dass diese Bodenwelle nicht eine Insel, sondern eine Untiefe für die „zweite" Vereisung bildete.

---

1) Ueber die Entstehung der mecklenb. Seen. Arch. f. Nat. Mecklenb. 1885, S. 5.
2) Entst. d. mecklenb. Seen, 1885, S. 12.
3) Ueber ein interglaciales Torflager im Diluvium von Lauenburg an der Elbe. Jahrb. d. pr. geol. L.-A. für 1884, S. 211—238.

Höhenprofil vom Diedrichshagener Berg zum Ruhner Berg.

Längenmaass 1 : 100 000. Höhenmaass 1 : 10 000.

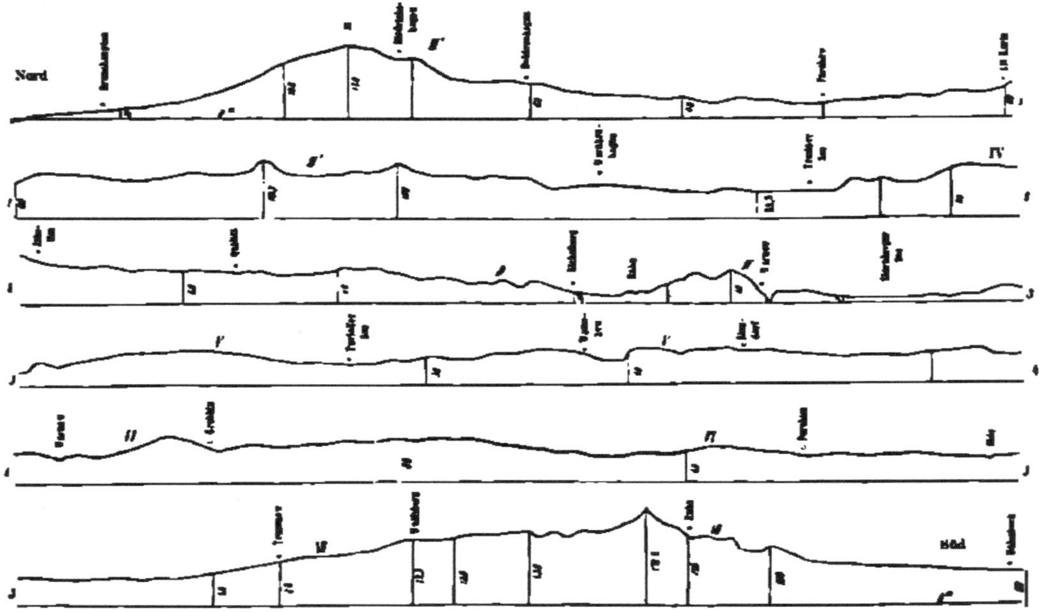

Nr. 2.

Höhenprofil vom Haidberg bei Teterow zum Ruhner Berg.

Längenmaass 1 : 100 000. Höhenmaass 1 : 10 000.

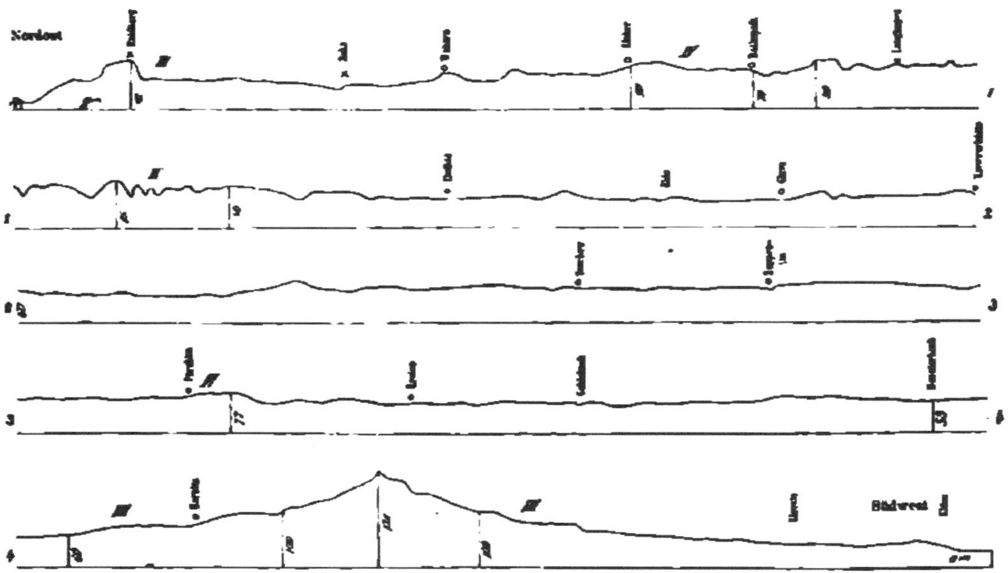

Uebersichtskarten
der Geschiebestreifen (Endmoränen) in Mecklenburg.

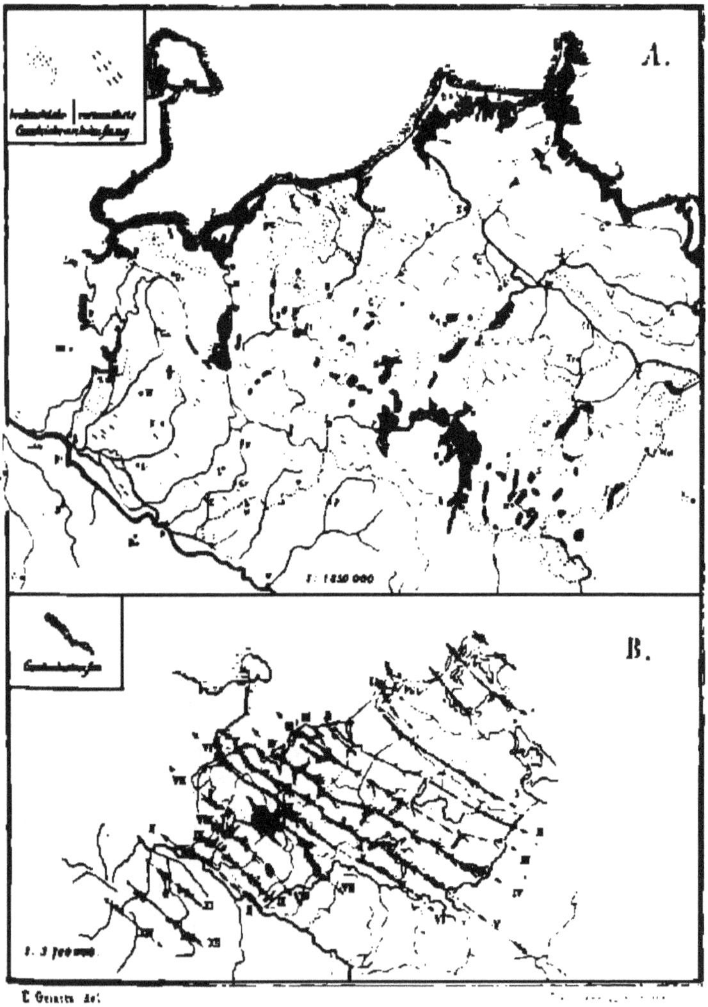

E. Geinitz del.

Forschungen
zur deutschen Landes- und Volkskunde
im Auftrage der
Centralkommission für wissenschaftliche Landeskunde von Deutschland
herausgegeben von
Dr. Richard Lehmann,
Professor der Erdkunde an der Akademie zu Münster i/W.
Erster Band.
Heft 6.

Der

Einfluss der Gebirge

auf das

Klima von Mitteldeutschland

von

Dr. R. ASSMANN,
Oberbeamter im Königl. preuss. Meteorolog. Institut und Dozent für Meteorologie zu Berlin.

Mit 10 Profilen und 7 Übersichtskarten.

STUTTGART.
VERLAG VON J. ENGELHORN.
1886.

Die „Forschungen zur deutschen Landes- und Volkskunde" sollen dazu helfen, die heimischen landes- und volkskundlichen Studien zu fördern, indem sie aus allen Gebieten derselben bedeutendere und in ihrer Tragweite über ein bloss örtliches Interesse hinausgehende Themata herausgreifen und darüber wissenschaftliche Abhandlungen hervorragender Fachmänner bringen. Sie beschränken sich dabei nicht auf das Gebiet des Deutschen Reiches, sondern so weit auf mitteleuropäischem Boden von geschlossenen Volksgemeinschaften die deutsche Sprache geredet wird, so weit soll sich auch, ohne Rücksicht auf staatliche Grenzen, der Gesichtskreis unserer Sammlung ausdehnen. Da aber die wissenschaftliche Betrachtung der Landesnatur die Weglassung einzelner Teile aus der physischen Einheit Mitteleuropas nicht wohl gestatten würde, so sollen auch die von einer nichtdeutschen Bevölkerung eingenommenen Gegenden desselben samt ihren Bewohnern mit zur Berücksichtigung gelangen. Es werden demnach ausser dem Deutschen Reiche auch die Länder des cisleithanischen Oesterreichs, abgesehen von Galizien, Bukowina und Dalmatien, ferner die ganze Schweiz, Luxemburg, die Niederlande und Belgien in den Rahmen unseres Unternehmens hineingezogen werden. Ausserdem aber sollen die Sachsen Siebenbürgens mit berücksichtigt werden und auch Arbeiten über die grösseren deutschen Volksinseln des Russischen Reiches nicht ausgeschlossen sein.

Unsere Sammlung erscheint in zwanglosen Heften von ungefähr 2 bis höchstens 5 Bogen; jedes Heft enthält eine vollständige Arbeit (ausnahmsweise von kürzeren auch mehrere) und ist für sich käuflich. Eine entsprechende Anzahl von Heften wird jedesmal zu einem Bande vereinigt, und wird im Jahre etwa ein Band im Umfange von 40—45 Bogen erscheinen. Der Preis eines solchen wird ungefähr 16—18 Mark betragen.

Bisher sind erschienen:

Heft 1. **Der Boden Mecklenburgs**, von Dr. E. Geinitz, ord. Prof. der Mineralogie und Geologie an der Universität Rostock. 1885. 32 Seiten. Preis 80 Pfennig.

Heft 2. **Die oberrheinische Tiefebene und ihre Randgebirge**, von Dr. Richard Lepsius, ord. Prof. der Geologie und Direktor der Grossherzoglich hessischen geologischen Landesanstalt in Darmstadt. Mit Uebersichtskarte des oberrheinischen Gebirgssystems. 1885. 58 Seiten. Preis M. 2. —

Heft 3. **Die Städte der Norddeutschen Tiefebene in ihrer Beziehung zur Bodengestaltung**, von Dr. F. G. Hahn, ord. Prof. der Erdkunde an der Universität Königsberg. 1885. 70 Seiten. Preis M. 2. —

Heft 4. **Das Münchener Becken. Ein Beitrag zur physikalischen Geographie Südbayerns**, von Chr. Gruber. 1885. 46 Seiten. Preis M. 1. 60.

Heft 5. **Die mecklenburgischen Höhenrücken (Geschiebestreifen) und ihre Beziehungen zur Eiszeit**, von Dr. E. Geinitz, ord. Prof. der Mineralogie und Geologie an der Universität Rostock. Mit zwei Uebersichtskärtchen und zwei Profilen. 1886. 96 Seiten. Preis M. 3. 10.

Heft 6. **Der Einfluss der Gebirge auf das Klima von Mitteldeutschland**, von Dr. med. et phil. R. Assmann, Oberbeamter im Königl. preuss. Meteorologischen Institut in Berlin. Mit 7 Karten und 10 Profilen. 1886. 78 S. Preis M. 5. 50.

Demnächst erscheinen:

Heft 7. **Die Nationalitäten in Tirol und die wechselnden Schicksale ibre Verbreitung**, von Dr. H. J. Bidermann, Prof. an der Universität Graz, und

Heft 8. **Poleographie der cimbrischen Halbinsel, ein Versuch, die Ansiede lungen Schleswig-Holsteins in ihrer Bedingtheit durch Natur unc Geschichte nachzuweisen**, von Prof. Dr. K. Jansen in Kiel.

DER EINFLUSS DER GEBIRGE

auf das

Klima von Mitteldeutschland.

Von

Dr. med. et phil. R. Assmann,
Oberbeamter im Königl. Preussischen Meteorologischen Institut zu Berlin und Dozent für Meteorologie.

Mit zehn Profilen und sieben Uebersichtskarten.

STUTTGART.
VERLAG VON J. ENGELHORN.
1886.

Druck von Gebrüder Kröner in Stuttgart.

Inhalt.

Verzeichnis der Tafeln und Karten.

Einleitung.

Das Klima eines Landes ist nicht allein von seiner grösseren oder geringeren Entfernung vom Meere oder von seiner Höhenlage über dem Spiegel desselben abhängig, sondern wird auch beeinflusst von Faktoren, welche durch eine gewisse mehr oder weniger starke Fernwirkung die dem Lande sonst eigentümlichen Verhältnisse abändern. Das Meer, wie jede andere Quelle grösseren Wassergasreichtumes der Luft, äussert seinen Einfluss nicht nur auf die ihm selbst zugehörigen Luftmassen, sondern wirkt, vornehmlich durch Vermittelung von Luftströmungen, in die Ferne auf seine weitere Umgebung.

Aehnlich, aber doch in mannigfach anderer Weise, wirken Bodenerhebungen auf die ihnen benachbarten Landstriche ein, indem sie denselben ein eigentümliches, streng örtliches Gepräge verleihen. Besonders charakteristisch wird dieser Einfluss der Gebirge dann, wenn die Unterschiede der Höhenverhältnisse auf kleinem Gebiete bedeutende, wenig durch Uebergänge vermittelte sind. Unter diesen Umständen können verhältnismässig unbedeutende aber aus der Tiefebene unmittelbar aufsteigende Höhenzüge eine grössere Wirkung auf ihre Umgebung ausüben als hohe Gebirge, welche in sanfter Böschung auslaufen.

Befinden sich aber auf einem räumlich nicht zu weit ausgedehnten Gebiete mehrere Bodenerhebungen mit steilen Rändern und zwischen ihnen Flach- oder Tiefländer in erheblicher Ausdehnung, so komplizieren sich die Erscheinungen, indem die Wirkungen des einen Höhenzuges die des andern beeinflussen. Es entstehen auf diese Weise klimatische Bilder von mosaikartiger Mannigfaltigkeit und scheinbarer Unentwirrbarkeit, bei welchen die Aussonderung der auf dieselbe Ursache zurückführbaren Erscheinungen erheblichen Schwierigkeiten begegnet.

Der Versuch, aus einem derartigen bunten Wetterbilde einmal den markantesten Faktor, den Einfluss der Bodenerhebungen, auszusondern und dessen Wirkungen überall, wo sie unzweifelhaft aufzudecken sind, nachzuspüren, dürfte teils ein meteorologisches Interesse beanspruchen, teils auch einen gewissen geographischen Wert haben. Ein meteorologisches Interesse wesentlich aus dem Grunde, dass man die Summe der mannigfachen Witterungserscheinungen durch Aussonderung des gemeinschaftlichen Faktors „Gebirgswirkung" nicht unwesentlich vereinfachen würde; ein geographisches, da die sorgfältige Durchforschung der betreffenden Gebiete imstande sein dürfte, manche neue oder doch weniger beachtete Erscheinung ans Licht zu ziehen, oder bekannte einer veränderten Deutung zu unterwerfen.

Das Beobachtungsmaterial.

Als Grundbedingung für ein derartiges Unternehmen ist das Vorhandensein zahlreicher gut verteilter und sicher bedienter Beobachtungsstationen zu bezeichnen, denn es handelt sich hierbei ausschliesslich um Lokalstudien. Die zur Zeit vorhandene Anzahl der von Staats wegen eingerichteten meteorologischen Stationen im mittleren Deutschland ist auch nicht im entferntesten für diesen Zweck ausreichend; sie ist kaum imstande, ein allgemeines Bild der Witterungsverhältnisse zu geben. Für Detailuntersuchungen aber bedarf man eines sehr viel dichteren Netzes von Beobachtungsstationen. Zwar wird der für solche Zwecke ideale Grad der Vollkommenheit niemals zu erreichen sein, indem ein solcher die Besetzung jedes Hügels, jedes Bergabhanges, jedes Thales, jedes Waldes, jeder Wasseransammlung u. s. w. mit einer meteorologischen Station zur Voraussetzung haben würde; doch ist es nicht zu bezweifeln, dass eine, wenn auch entfernte Annäherung an diesen idealen Zustand für die Erforschung der einschlägigen Verhältnisse von erheblichem Vorteil sein müsste. Ausser dem Königreiche Preussen befinden sich die grösseren Bundesstaaten Deutschlands fast sämtlich auf einem derartigen Organisationsstandpunkte, dass die Vornahme von Detailuntersuchungen möglich und erfolgreich ist. Wir brauchen nur an die betreffenden Arbeiten der königl. bayerischen Centralstation zu erinnern.

In Preussen ist es allein in der Provinz Sachsen und deren Nachbarländern, sowie in der Uckermark ausführbar, derartige Untersuchungen vorzunehmen, da hier auf dem Wege privater Vereinigung ein System von Beobachtungsstationen entstanden ist, welches an Zahl und Vollständigkeit zwar noch weit davon entfernt ist, allen Ansprüchen zu genügen, immerhin aber mit denen des übrigen Deutschlands wohl in die Schranken zu treten vermag.

Der durch den Verfasser dieser Abhandlung im Jahre 1881 begründete „Verein für landwirtschaftliche Wetterkunde" hat in der Provinz Sachsen, den Herzogtümern Anhalt und Braunschweig, sowie den thüringischen Grossherzog-, Herzog- und Fürstentümern im Laufe von vier Jahren die Aufzeichnungen von 247 meteorologischen Stationen zur Verfügung gehabt, unter welchen auch die der Mehrzahl der in diesem Gebiete liegenden Stationen des königl. preussischen meteorologischen Instituts sich befinden.

Es liegt in der Natur der Sache, dass innerhalb eines derartig grossen Beobachtercorps, welches durch keinen disciplinaren Einfluss zusammengehalten, sondern allein durch seinen freien Willen und sein Interesse an der Sache zur nicht mühelosen Mitarbeit veranlasst wird. Schwankungen in der Stationszahl und in der Vollständigkeit der Beobachtungen vorkommen müssen, daher denn lückenlose Aufzeichnungen durchaus nicht von allen 247 Stationen vorliegen. Eine sorgfältige, stets wiederholte Kritik der Aufzeichnungen und Ausschaltung der unzuverlässigen hat indes dazu geführt, dass ein nicht unbeträchtlicher Grundstock durchaus zuverlässigen Materiales vorhanden ist, welches ohne jedes Bedenken zu allen Untersuchungen verwandt werden kann.

Bei allen zusammenfassenden Untersuchungen, bei welchen Mittel oder Summen im folgenden auftreten, sind fast ausschliesslich lückenlose und wenigstens vier volle Jahre umfassende Beobachtungsreihen verwandt worden. Nur in ganz wenigen Fällen wurden Interpolationen angewandt, wenn z. B. durch einige wenige Tagesbeobachtungen das Mittel oder die Summe eines ganzen Jahres zur Unvollständigkeit gebracht wurde. Es wurden in derartigen Fällen zunächst die sonstigen Aufzeichnungen der betreffenden Station in ein Verhältnis zu denen der nächstgelegenen, möglichst ähnliche klimatische Bedingungen darbietenden gebracht, dann die Werte des entsprechenden Zeitabschnittes früherer Jahre untereinander verglichen und auf Grund dieser beiden sorgfältig festgestellten Proportionen interpoliert.

Das Beobachtungsgebiet.

Mitteldeutschland, in welches unser obengenanntes Beobachtungsgebiet des Vereines für landwirtschaftliche Wetterkunde fällt, ist, abgesehen von seiner starken Besetzung mit meteorologischen Stationen, vermöge seiner Bodenkonfiguration ganz besonders geeignet, als Objekt für Untersuchungen über den Einfluss der Gebirge auf das Klima zu dienen. Es besteht in seinem nördlichen Theile aus fast völlig ebenem Tiefland, der grossen norddeutschen Tiefebene angehörig; es besitzt ausser zwei kompakten, steil aufragenden Gebirgsstöcken, dem Harz und dem Thüringer Walde, zahlreiche kleinere Erhebungen, welche im allgemeinen der von Südost nach Nordwest streichenden Faltungsrichtung folgen. Zwischen denselben finden wir ziemlich ebene oder muldenförmige Plateaus, wie das Unter-Eichsfeld, die Ilmplatte, Saalplatte und das Thüringer Becken, von ausgedehnten Flussniederungen durchzogen, welche an der oberen und mittleren Saale sowie an der unteren Unstrut und oberen Ilm nur schmal, an der mittleren Unstrut und an der Helme als „Goldene Aue“ flächenartig ausgebreitet sind. Zwischen der unteren Saale, Mulde und mittleren Elbe und darüber hinaus breitet sich fast ebenes Flachland aus, welches nach Nord und Nordost allmählich zur norddeutschen Tiefebene herabsinkt.

Die oben erwähnte Vorbedingung für eine sorgfältige klimatologische Untersuchung lokaler Erscheinungen, ein reichhaltiges Beobachtungsmaterial, zwingt uns, für unseren Zweck den Begriff „Mitteldeutschland“ in einem etwas anderen als dem rein geographischen

Sinne zu umgrenzen, indem wir im Norden die ganze Provinz Sachsen dazu rechnen, im Südosten dagegen das Königreich Sachsen ausschliessen. Zwar ist das Königreich Sachsen in vorzüglicher Weise meteorologisch organisiert, doch treten hier die in mancher Beziehung abweichenden Beobachtungs-Methoden und -Zeiten einer Vereinigung mit unseren Aufzeichnungen hemmend in den Weg. Die Grenzlinie für unseren Begriff „Mitteldeutschland" soll daher durch folgende Punkte gegeben sein: Salzwedel, Hannover, die Weser entlang, im braunschweigischen Kreise Holzminden noch etwas auf deren linkes Ufer übergreifend, die Werra entlang bis zu ihrer Quelle, ferner Koburg, dann entlang der Grenze des Königreichs Sachsen durch Zeitz, Leipzig, westlich von Düben, Wittenberg, Brandenburg, über Seehausen in der Altmark zurück nach Salzwedel. Dieses Gebiet fasst die ganze Provinz Sachsen, die thüringischen Staaten, die Herzogtümer Anhalt und Braunschweig mit einem Flächenraum von circa 45 000 qkm in sich.

Das Bodenrelief von Mitteldeutschland.

Der Zweck der vorliegenden Untersuchung erheischt zuvörderst eine Schilderung des Bodenreliefs unseres Gebietes, unterstützt von der beigegebenen Orientierungskarte. Letztere enthält alle nennenswerten Bodenerhebungen Mitteldeutschlands, deren hervorragendste Höhen in Metern angegeben sind, ausserdem die für unseren Zweck wichtigen klimatischen Bezirke; ferner finden sich sämtliche meteorologische Stationen, deren Beobachtungsmaterial im folgenden Verwendung gefunden hat, verzeichnet, ihre Namen aber aus Raummangel stark abgekürzt.

Die norddeutsche Tiefebene, welche in der nördlichen Altmark eine Meereshöhe von 25—35 m besitzt, erhebt sich in der Richtung nach Süd zu nur äusserst allmählich, so dass Gardelegen und Brandenburg noch nicht 50, Magdeburg 54, Hannover 58 m über dem Meere liegen. Abgesehen von einigen geringfügigen Bodenerhebungen bei Brunau in der Altmark, wo der Dolchauer Berg eine Höhe von 98 m (relative Höhe über der nächsten Umgebung circa 65 m) erreicht, und der Hügelkette der Hellberge, welche nordwestlich von Gardelegen bis zu 160 m (relativ 110 m) sich erheben, sowie der bis 137 m reichenden Hügelreihen in dem grossen Forstreviere bei Kolbitz und Letzlingen in der südlichen Altmark ist die nördlichste erheblichere Bodenanschwellung durch den Höhenzug des Elm gegeben, welcher, bis zu 327 m (relativ circa 240 m) ansteigend, von Schöningen aus in nordwestlicher Richtung streicht, eine Länge von 23, eine Breite von 8 km hat und völlig bewaldet ist. Im Nordosten wird der Elm flankiert durch den Lappwald, welcher sich nordsüdlich von Weferlingen bis über Helmstedt hinaus erstreckt und Höhen bis 214 m aufweist; Dorm und Elz sind kleine, gesonderte Erhebungen zwischen Elm und Lappwald. Südwestlich vom Elm und mit ihm gleichstreichend befindet sich der isolierte Höhenrücken der Asse mit Höhen bis 220 m (relativ 150 m), an welchen sich westlich der Oderwald (bis 180 m), weiter westlich ein langer und schmaler Höhenzug anschliesst, welcher, im allgemeinen westlich bis nordwestlich streichend, bis an das Deistergebirge bei Hannover heranreicht. Dieser Höhenzug wird durch die Wasserläufe der Innerste, Aue, Lumme, Leine mehrfach quer durchbrochen und zerfällt hierdurch in eine Anzahl getrennter Erhebungen, welche zum Teil nicht unbedeutende relative Höhen gegen die zwischenliegenden Niederungen aufweisen. Zur Charakterisierung dieser Verhältnisse führen wir nur die Namen der Hauptabschnitte mit deren Maximalhöhen an. An den Oderwald schliesst sich nach West an der Hamberg bei Salzgitter (267 m), weiterhin folgen der Hardeweg, Elberberg (233 m), Lesserholz, Vorholz, die Eggen (274 m), Sauberge (322 m), Reesberg, Tosmerberg (295 m), Escherberg mit dem Hildesheimer und Gronauer Holz; ersteres liegt um 200 m über der Flussniederung der Innerste bei Hildesheim. Der Osterwald steigt bis 398 m und liegt um 324 m über der Leineniederung. Der Borgberg vermittelt den Uebergang zum Deister. Von dieser Hügelkette zweigen sich nach Süd einzelne Bergrücken ab, wie der Heinberg (308 m) und die Harplage. Nach der Weser zu reiht sich ein System von Kettenhöhen an, welche streng von Nordwest nach Südost streichen; dieselben sind in vier parallelen Zügen angeordnet.

Die östlichste Reihe wird gebildet durch die Siebenberge und Vorberge (421 resp. 342 m), den Sackwald und den Rücken des Heberberges bei Gandersheim (308 m); die zweite Reihe besteht aus dem Thüsterberge (445 m), Küll und Duingerberge (283 m), ferner aus der Kette des Reuberg, Steinberg, Oberberg, Tödingsberg (348 m) und des Selter (380 m); letzterer fällt 280 m steil nach dem Leinethal ab. Die dritte Reihe besteht aus dem Lauensteiner Berg (405 m), dem Ith, dem Hils (460 m) und dem Elfas, wozu noch der Vogeler am rechten Ufer der Weser zu rechnen ist. Die westlichste und bedeutendste Erhebung dieses Systems ist der Solling, dessen Höhen bis 515 m ansteigen. Das Bett der Weser liegt bei Höxter circa 90 m hoch, so dass die relative Höhe des Solling 425 m beträgt.

An beiden Ufern der Weser ziehen Höhenzüge von ähnlicher Erhebung, wie der Bramwald und Reinhardtswald (468 m), welche ostwärts in Verbindung stehen mit dem Göttingerwalde (bis 438 m), nach Südost aber in das vielfach zerklüftete Hochplateau des Ober-Eichsfeldes übergehen; letzteres erreicht im Hohen Stein 566 m.

Vom Göttingerwalde gehen zwei Erhebungssysteme aus: im Norden der schmale und flache Rücken des Rothenberges (circa 200 m), welcher in der Gegend von Scharzfeld an den Harz sich anlehnt, und die nicht unbeträchtlichen Kuppen des Unter-Eichsfeldes; in den Gleichen erreichen dieselben 428 m. Ein ostwärts streichender Höhenzug von circa 400 m Höhe verbindet dieselben mit dem Ohmgebirge, welches im Barnberge und der Hauröder Klippe Höhen von 519 resp. 524 m erreicht. Nach Ost zu setzt sich dasselbe in die Bleicheröder Berge fort, welche, 465 m hoch, mit dem durch die Wipper getrennten, bis 517 m hohen Dün die sogenannte Eichsfelder Pforte bilden.

Zwischen Werra und Fulda schiebt sich der ausgedehnte Kaufunger Wald ein, welcher im Süden im Hohen Meissner [1]) einen kompakten Gebirgsstock mit einer Höhe von 751 m (relativ circa 500 m) bildet. Das ganze Gebiet zwischen Werra und Fulda ist ein Plateau, dessen bedeutendere Höhen im Süden liegen, wo dasselbe zur Hohen Rhön mit 950 m anschwillt.

Vom Ober-Eichsfelde aus ziehen zwei schmale und lange Höhenzüge ostwärts: der nördliche heisst zuerst Dün und geht weiterhin in die ostsüdostwärts streichende waldige Bergkette der Hainleite über, welche 90 km lang und circa 465 m hoch ist. Nördlich von derselben, durch das Wipperthal getrennt, streicht der flachere Höhenzug der Windleite (bis 351 m), welcher nach einer niedrigeren Einsattelung in den abgerundeten Gebirgsstock des Kyffhäuser (470 m) übergeht. Oestlich vom Durchbruch der Unstrut durch die Hainleite bei der Sachsenburg — Thüringer Pforte genannt — setzt sich der Höhenzug unter dem Namen Schmücke (386 m) und Finne (357 m) bis an die Saale fort. Der Schmücke und Finne nordwärts vorgelagert finden wir die Hohe Schrecke (362 m), welche als eine Fortsetzung der Windleite und des Kyffhäusers anzusehen ist. Von dieser durch die Unstrut getrennt, zieht die Wüste nordostwärts, um im Mansfelder See- und Gebirgskreise mit den östlichen Ausläufern des Harzgebirges zu verschmelzen.

Allmählich erniedrigt sich das Plateau, in welches der Harz nach Südost und Ost hin ausläuft, bis auf circa 110 m Meereshöhe, nur von unbedeutenden Erhebungen überragt. Nach dem Thal der unteren Unstrut hin ist die Höhe jedoch meist noch über 200 m, während das Unstrutthal selbst bei seiner Einmündung in das Saalthal wenig über 100 m Höhe hat.

Die Saale bildet zwischen Korbetha und Halle die östliche Grenze dieses Plateaus, während nördlich von Halle eine vorgelagerte Erhebung, das Steinkohlengebirge von Wettin, das rechte Ufer der Saale bis gegen Bernburg hin begleitet. Die Höhen dieser Erhebung, wenn auch an sich unbedeutend, sind doch wegen der unmittelbaren Nachbarschaft des Tieflandes relativ wichtig. Das Flussbett der Saale liegt bei Halle 75, bei Bernburg 55 m über dem Meeresspiegel; die Höhen bei Giebichenstein betragen 135, bei Wettin bis zu 174 m; der Petersberg hat 241 und der nach Ost zu isoliert vorgeschobene Schwarzenberg bei Niemberg 128 m Höhe.

Westlich von der Elbe zieht ein flacher Höhenrücken von Barby bis in die Nähe von Neuhaldensleben mit Höhen bis 180 m; welcher nach Ost gegen das hinterliegende Tiefland ziemlich steil (um circa 90—100 m) abfällt.

Zwischen Schwanebeck und Dardesheim erhebt sich der bewaldete Rücken des Huywaldes bis zur Höhe von 308 m; zwischen Osterwick und Hornburg der Fallstein (212 m). Die Spiegelsberge (204 m)

[1]) Der Hohe Meissner ist ein fast völlig isoliertes Bergmassiv, welches sich vorzüglich zur Errichtung einer meteorologischen Hochstation eignen würde. Dieselbe dürfte ein wichtiges Verbindungsglied zwischen dem Brocken und dem Inselberge bilden; der Vogelsberg zwischen Giessen und Fulda würde dann weiter die Verbindung nach den rheinischen Gebirgen herstellen.

und der Hoppelberg (305 m) stellen gesonderte Erhebungen nordöstlich vom Harz vor.

Vom Ober-Eichsfelde geht ausser dem im vorigen verfolgten Höhenzuge ein zweiter aus, welcher zunächst südöstlich, später östlich unter dem Namen Hainich in der Höhe von 450—470 m bis an die Nesse streicht und hier wiederum in zwei Teile zerfällt. Der südliche zieht weiter in ostsüdöstlicher Richtung, bildet bei Gotha den 434 m (gegen das Thal der Leina 160 m) hohen Krahnberg, fernerhin den markierten Höhenrücken der Seeberge (bis 411 m), weiterhin die Drei Gleichen bei Mühlberg (359, 404, 414 m) und schliesst sich im Grossen Tambuch den Plauenschen Höhen und Reinsbergen bei Arnstadt an, welche bis über 600 m emporsteigen und in direkter Berührung mit dem Thüringerwald-Gebirge stehen. Auch östlich von der Ilm zeigt sich eine Fortsetzung dieses dem Hauptgebirge parallelen Höhenzuges, indem auf einem breiteren Rücken Kuppen wie der Singerberg bei Paulinzelle (582 m) und der Kalm bei Stadt-Remda (546 m) aufgesetzt sind.

Der zweite vom Hainich abgehende Höhenzug trennt sich von demselben am Alten Berge (487 m) bei Gross-Behringen, nimmt als circa 350 m hoher gerundeter Höhenrücken den Namen der Haart-Berge an und begleitet die Nesse auf ihrem rechten Ufer. Bei Burg-Tonna erhebt sich der Rücken wieder über 400 m unter dem Namen der Fahnerschen Höhe (Abtsberg 411 m) und bei Alach an der Quelle der Nesse unter dem Namen der Alacher Höhe bis circa 330 m.

Die wilde Gera durchbricht bei Erfurt in einem engen Thale diesen Höhenzug, dessen östliche Fortsetzung nun den Namen Steiger (345 m) führt und nach Ost bis über 400 m ansteigt.

Nördlich von diesem Höhenzuge breitet sich die fruchtbare Flussniederung der Gera und der Unstrut aus — allen Anzeichen nach ein alter, durch die Arbeit der Flüsse zugeschütteter See. Der Steiger schliesst sich mit dem Riechheimer Berge (513 m) bei Kranichfeld an den obengenannten Höhenzug, welcher vom Hainich ausgeht, an und verläuft mit diesem zusammen in das ebene Hochplateau der Ilmplatte.

Nördlich von der Unstrutniederung steigt das Land zu mässig gewellten Hügeln an, welche den Namen der Heilinger Höhen führen. Auch dieser verhältnismässig unbedeutende Höhenzug bildet bei Weissensee eine gegen das Unstrutthal circa 80 m abfallende vorgeschobene Randerhebung, welche den Namen der Weissenburg (208 m) führt.

Jenseits der Unstrut bei Werningshausen tritt dieser Rücken als Begleiter der Gramme wieder hervor und schwillt nördlich von Weimar zum Grossen und Kleinen Ettersberge (481 resp. 300 m) an, welcher, als isolierter, um 250 m das Ilmthal überragender Gebirgsrücken das linke Ufer der unteren Ilm bildet und, allmählich an Höhe verlierend, bei Sulza mit der Finne zusammentrifft.

Eine weitere Parallelerhebung des Thüringerwaldes finden wir im steil abfallenden, scharfkantigen Rücken des Hörselberges bei Eisenach, welcher bis 486 m ansteigt, die Hörsel auf ihrem rechten Ufer begleitet und einerseits in ein Hügelplateau zwischen Nesse und Hörsel mit dem

390 m hohen Kahmberge ausläuft, andererseits auf der linken Seite der Nesse die Vorhöhen des Hauptgebirges bei Waltershausen und Friedrichsroda bildet.

Die dem Thüringer- und Frankenwald-Gebirge südlich vorgelagerten Höhen werden wir, da sie einer selbständigen Gliederung nahezu entbehren, am besten mit der Darstellung des Gebirges selbst verbinden.

Für diese Darstellung sei noch vorweg bemerkt, dass es nicht in unserem Plane liegt, eine Klimatologie der Gebirge selbst zu geben, sondern nur deren Einfluss auf ausserhalb liegende oder doch mindestens selbst nicht gebirgsartige Gebiete zu untersuchen; demnach ist im folgenden von einer eingehenderen Beschreibung der Gebirge selbst vollkommen abgesehen worden und glauben wir, dem Zwecke unserer Aufgabe Genüge zu leisten, wenn wir die allgemeinen Höhen- und Streichungsverhältnisse andeuten und dieselben in Verbindung mit dem hinterliegenden niedrigeren Lande betrachten. Doch wollen wir, um unsere Untersuchung nicht gar zu sehr einzuschnüren, überall dort, wo auch die Hereinziehung der Verhältnisse gebirgigen Terrains, z. B. der Neigungen der südlichen Gebirgsränder in Beziehung zu der Sonneneinstrahlung, von Wichtigkeit werden sollte, nicht dem oben aufgestellten Princip zuliebe von derartigen Betrachtungen absehen.

Der Thüringerwald sondert sich mit einer breiten Wurzel aus dem Fichtel- und Erzgebirge ab, wobei er unter dem Namen Frankenwald ein breites Hochplateau von circa 5—600 m mittlerer Erhebung bildet, welchem mehrfach Gebirgskuppen bis zu 800 m Höhe aufgesetzt sind. Sein südwestlicher Abfall ist ein durchaus steiler und fast unvermittelter, während nach Ost und Nordost eine wenig merkliche Abdachung durch das Voigtländische Gebirge und nach der Saalplatte hin stattfindet. Die durchströmenden Gewässer haben meist tiefe Thäler mit steilen Rändern eingeschnitten.

Zwischen Lobenstein und Lichtenberg beginnt mit dem 720 m hohen Culm die erste Andeutung eines Gebirgskammes, welcher nun weiterhin unter zahlreichen Windungen nach Nordwest verläuft und erst in der Gegend von Eisenach von seiner mittleren Meereshöhe von circa 750 m abfällt.

Im südöstlichen Teile des Gebirges, dem Frankenwalde, zeigt der Kamm eine viel beträchtlichere Entwickelung von Umbiegungen, als im nordwestlichen Teile. Die Kammkuppen nehmen von Südost aus im allgemeinen an Höhe zu: der Wetzstein bei Lehesten hat 815 m, die Höhen bei Igelshieb 831, der dem Kamm nach Südwest etwas vorgelagerte Kieferle 868, der Wurzelberg bei Katzhütte 866 m.

Von der Linie Eisfeld-Saalfeld an nimmt das Gebirge einen anderen Charakter an. Die trotz des gewundenen Kammes vorhandene plateauartige Konfiguration verschwindet, an ihre Stelle tritt die Gruppierung der Bodenerhebungen um eine stark ausgeprägte centrale Leiste, zugleich verschmälert sich das Gebirge in der Richtung von Südwest nach Nordost ganz erheblich. Die Haupterhebungen, welche bis dahin vorwiegend dem südwestlichen Teile des Gebirges angehört hatten, rücken mit dem Kamme nunmehr in die Mitte desselben, der bis dahin steile Abfall nach Süd verflacht sich mehr und mehr durch Vorhöhen, während der Nordostrand des Gebirges jetzt der steilere wird.

Der südöstliche Teil des eigentlichen Thüringerwaldes enthält nordöstlich von Suhl einen Hauptstock des Kammes und zugleich die Maximalhöhen des Gebirges: der Finsterberg hat 938, der Schneekopf 975, der Beerberg 983 m. Verfolgen wir den Kamm weiter nach Nordwest, so finden wir den Donnershauk mit 893 m, welcher nach Süd zu durch einen vorgelagerten Höhenzug, den Grossen Hermannsberg (870 m) und den Rupp-Berg (850 m) flankiert wird. Hierdurch wird zugleich an dieser Stelle ein steilerer Abfall nach Süd hervorgebracht, welcher bei Zella und Suhl fast 400 m beträgt. Von hier an nähert sich der Kamm mit seinen Haupthöhen mehr dem nördlichen Rande des Gebirges und schwillt im Inselsberge noch einmal zu 916 m Höhe an. Von hier an verringert sich die mittlere Kammhöhe, welche bis dahin über 700 m betragen hatte, schnell auf 600, später 500 m. Der Kamm findet sein Ende im Eichelberg (341 m) bei Hörschel.

Der Südwestrand des Thüringerwald-Gebirges besteht im allgemeinen aus einer allmählichen Abdachung der durch zahlreiche Wasserläufe, welche rechtwinklig zum Kamm gerichtet sind, in Rippen zerschnittenen Vorhöhen. Doch treten auch mehrere gesonderte, mit dem Gebirge selbst kaum zusammenhängende Erhebungen auf, wie der Leimke (336 m) bei Ober-Ellen, der Milmesberg (458 m) und die Harth bei Marksuhl, der Krayenberg (420 m) hart an der Werra und der Winterkasten (383 m) bei Salzungen. Im Grossen und Kleinen Dolmar (740 u. 572 m), dem Schorn (574 m), dem Schneeberg (687 m), dem Mittelberg bei Schleusingen (568 m) treten diese Vorberge so selbständig auf, dass sie den Kamm des Hauptgebirges vollständig verdecken.

Weiter nach Südost finden wir einzelne namhafte Randhöhen den Steilabfall des Frankenwaldes noch kräftiger hervorheben. Der Blessberg bei Eisfeld liegt z. B. mit einer Höhe von 864 m um volle 430 m über der benachbarten Werraniederung bei Eisfeld, der Rauenstein liegt mit 820 m um ebenso viel über der Sohle des Itzthales bei Schalkau. Bei Sonneberg beträgt der Steilabfall noch circa 300 m und verflacht sich von hier aus weiter bei allgemeiner Höhenabnahme des Gebirges selbst; doch stellen die dem Main zuführenden Flussthäler bei Kronach noch sehr tiefe und steilwandige Einschnitte dar. Mupperg und Culm bei Neustadt a. d. Heide (461 m), der Eckartsberg und die Veste bei Koburg (432 u. 452 m) erheben sich circa 150 bis 180 m über die benachbarten Flussthäler.

Auf dem linken Ufer der Werra sind noch zu nennen die Höhen bei Römhild (Grosser und Kleiner Gleichberg 678 u. 640 m), der Heilige Berg südlich von Meiningen (569 m). Durch den Blessberg (645 m) südlich von Salzungen treten nun die Höhen „Vor der Rhön“ an die Werra heran. Das Rhöngebirge selbst soll zwar unserem Plane nach ausserhalb unserer Betrachtungen bleiben, doch werden wir nicht umhin können, uns an dessen Existenz und Lage zu erinnern, wenn wir seine Wirkungen in der Werramulde bemerken werden.

Das Harzgebirge stellt nach den meisterhaften Beschreibungen von Heinrich Credner (Uebersicht der geognostischen Verhältnisse Thüringens und des Harzes, Gotha 1843) den Abschnitt einer Ellipse dar, deren beide Brennpunkte mit den Haupterhebungscentren des Harzes, dem Brocken und dem Rammberge, zusammenfallen. Der fast gradlinige nordnordöstliche Rand des Gebirges erscheint als eine Sehne dieser Ellipse, gleichlaufend mit ihrer grossen Achse. Die allgemeine Erstreckung des Harzgebirges fällt sehr nahe mit der des Thüringerwaldes zusammen, indem sie die Richtung von Westnordwest nach Ostsüdost innehält. Aehnlich dem Thüringerwalde geht der südöstliche Teil des Gebirges in ein an Höhe abnehmendes, von tiefen Erosionsthälern zerschnittenes Hochplateau über. Die fundamentalen Unterschiede beider Gebirge beruhen indes darauf, dass der Harz ein völlig selbständiges, ausser aller Verbindung mit anderen Erhebungssystemen stehendes Massengebirge ist, dass ferner der plateauartige Charakter, welcher nur dem südöstlichen Teile des Thüringerwaldes, dem Frankenwalde, eigentümlich ist, im Harz durchaus vorwiegt, besonders aber in dem fast völligen Fehlen jeder die Konfiguration des Gebirgsaufbaues beeinflussenden Kammbildung.

Zugleich liegt der Harz, was in Bezug auf seine relativen Höhenverhältnisse nicht unwichtig ist, auf einer Basis, welche um circa 70 m niedriger ist als die des Thüringerwaldes; ihre Meereshöhe ist am Nordrande circa 190, am Südrande circa 220 m.

Diese Thatsache der niedrigeren nördlichen Basis des Harzes, welche übrigens beim Thüringerwalde, entsprechend der allgemeinen nach Südwest wachsenden Erhebung Deutschlands, ebenfalls vorhanden ist, verursacht in Verbindung mit der Lage der höchsten Erhebungen am Nordrande des Harzes die Erscheinung, dass der Nordrand dieses Gebirges einen viel imposanteren Anblick darbietet als der durch Vorhöhen mehr verdeckte Südabfall. Zugleich aber werden hierdurch, wie wir des weiteren sehen werden, die Erscheinungen des „Windschattens" viel markiertere.

Der südöstliche Teil des Harzes steigt von Sangerhausen und den Mansfeldischen Kreisen (circa 200—250 m) an allmählich zum Plateau von Harzgerode in circa 400 m Meereshöhe an; dasselbe ist durch die tiefen Flussthäler der Eine, Wipper und Selke zerschnitten. Zwei beträchtliche Kuppen finden wir diesem Plateau aufgesetzt in Form der isolierten Erhebungen des Rammberges (537 m) und des Auerberges (576 m).

Hieran schliesst sich ein zweites, um circa 100 m höheres Plateau, welches die Städte Stiege, Elbingerode, Hasselfelde und Bennekenstein trägt und gleichfalls durch tiefe Flussthäler, besonders die der Kalten, Warmen und Rapp-Bode, zerklüftet ist. Im westlichen Teile des Harzes, dem Oberharz, finden wir abermals ein Plateau, welches circa 570 m Meereshöhe hat, von der Innerste bis 300 m tief eingeschnitten ist und die Städte Klausthal und Zellerfeld trägt.

Zwischen den beiden letzten Plateaus nun erhebt sich das Brockengebirge, bestehend aus den bedeutenden Kuppen des Wurmberges (1000 m) mit dem Grossen und Kleinen Winterberge (930 und

880 m), dem kegelförmigen Trümmerhaufen der Achtermannshöhe (925 m), dem langgestreckten Sattel des Grossen Königsberges (1030 m), des Rehberges und Grossen Sonnenberges (894 resp. 840 m) und den Hohneklippen (906 m), in deren Mitte der Brocken selbst in der Höhe von 1141 m mit seinen beiden nach Nordwest und Südost vorgeschobenen Schultern, dem Kleinen Brocken (circa 1000 m) und der Heinrichshöhe (1035 m). Der eigentliche Brocken ist nach Südost von dem Stocke des Wurmberges durch das tiefe Thal von Schluft und Schierke, welches mit steilen Böschungen um 550 m eingeschnitten ist, getrennt, während er nach Nord zu seinen steilsten Abfall nach Ilsenburg hat; derselbe beträgt auf 7 km Entfernung circa 900 m. Hoch an der westlichen und südwestlichen Seite des Brockens tritt abermals eine Plateaubildung in dem 850 m hohen Brockenfelde auf.

Der Südrand des Harzes sowohl wie sein Südwest- und Nordwestrand verliert den Plateaucharakter vollständig. Derselbe besteht vielmehr aus isolierten, durch tiefe Flussthäler getrennten Bergrücken und Kuppen, unter welchen der weit vorgeschobene Ravenskopf (755 m), der ebenso hohe Stöberhay und der Grosse Knollen (700 m) besonders zu nennen sind. Der einzige kammartige Höhenzug des Harzes wird durch den mit grundlosen Mooren bedeckten Bruchberg (900 m) und den Acker (830 m) gebildet, welcher das Brockengebirge mit den südwestlichen Randhöhen verbindet.

Der ganze West- und Nordrand des Harzes ist steil und fällt nahezu unvermittelt von einer mittleren Höhe von 500—550 m nach der circa 200 m hohen Niederung ab.

Die dem Nordrande unmittelbar vorliegenden Erhebungen sind ausser dem isolierten Sandsteinfelsen des Regensteines (298 m) und der Teufelsmauer zwischen Thale und Blankenburg für unsere Untersuchungen ohne Wichtigkeit. Der südliche Harzrand wird indes nach der Darstellung Credners durch einen schmalen Höhenzug begleitet, welcher sich, vom Gebirge selbst durch einen steilen, wandartigen Abfall getrennt, über die südliche Basis des Harzes um circa 160 m erhebt. Der Kohnstein bei Nordhausen und der Eulenberg bei Steina (423 m) gehören diesem Walle an.

Nach der Durchmusterung der für unseren Zweck wichtigeren Bodenerhebungen erübrigt nur noch die kurze Schilderung der von diesen Erhebungen umrandeten oder durchzogenen tiefer gelegenen Landstriche, da diese es hauptsächlich sind, in welchen sich die wichtigsten Erscheinungen der Gebirgseinflüsse abspielen.

Naturgemäss werden unsere Untersuchungen sich mehr mit den relativen Höhenverhältnissen zwischen Hochland und Tiefland zu beschäftigen haben, als mit den absoluten Höhenlagen über dem Meeresspiegel. Zwar sind Luftdruck und Temperatur von der absoluten Erhebung durchaus abhängig, aber andere klimatische Faktoren und unter ihnen die für unseren Zweck allerwichtigsten, wie Wind und Niederschlag, hängen von der relativen Erhebung über die nähere und fernere Umgegend viel stärker ab, als von der absoluten über dem Meere.

Es erschien demnach im Interesse der Anschaulichkeit geboten, eine Reihe von Profilen beizugeben, welche nach den für uns wichtigsten

Richtungen angelegt worden sind. Die Profile 1, 2, 4 u. 5, letzteres nur in dem den Harz betreffenden Teile, sind der Schulwandkarte der Provinz Hannover von H. Guthe, Kassel 1883, entnommen, die übrigen sind neu entworfen.

Massgebend für die Schnittrichtung war zunächst die Richtung der vorherrschenden Winde, Süd-Südwest bis Nordwest, ferner die Streichungsrichtung der Bodenerhebungen, durch welche Quer- und Längsschnitte gelegt wurden; endlich wurden die für charakteristische Gegenüberstellung von Hoch- und Tiefland geeignetsten Stellen ausgewählt.

Die Reduktion der Längen auf ein Fünftel der für die Höhen verwandten Masse liess sich aus äusseren Gründen nicht umgehen, obwohl dadurch das natürliche Bild bedeutend beeinträchtigt werden muss. Die Längen sind von 10 zu 10 km abgeteilt.

Die an und zwischen den Gebirgen liegenden relativen Tiefländer fassen wir der besseren Uebersicht wegen zu folgenden Gruppen zusammen:

1. Die Mulde des westlichen Harzvorlandes, durch Profil 3 dargestellt. Zwischen dem Sollingerwalde und den die Weser begleitenden Höhenzügen breitet sich dieselbe bis an den Westrand des Harzes aus, liegt circa 300 m unter der Höhe des Solling und den westlichen Randbergen des Harzes und wird von der Leine durchflossen. Sie ist ein welliges Hügelland und wird im Norden von den Ketten der Harzvorberge, deren Profil Nr. 1 darstellt, im Süden durch den Göttingerwald und den Rücken des Rothenberges abgeschlossen.

2. Die Mulde des nördlichen Harzvorlandes, durch Profil 5 im letzten Teile dargestellt. Sie reicht vom Nordrande des Harzes, welcher sie um 450 m überragt, bis zum Höhenzuge des Elm, dessen Rücken um 150—180 m über derselben liegt. Im Westen ist sie durch die nordwestlichen Harzvorberge, nordöstlich durch die flache Bodenanschwellung bei Seehausen, östlich durch die Erhebung des Hakelwaldes begrenzt. Durch den Höhenzug des Huywaldes zerfällt sie in die Halberstädter Mulde, welche nach Nordost kontinuierlich in die Bodeniederung übergeht, nach Südost sich an die Einsenkung bei Frose und Aschersleben anschliesst, und in die Aueniederung, welche von der Asse bis Aschersleben reicht und sich mit der Bodeniederung vereinigt.

3. Die Braunschweiger Niederung, begrenzt vom Oderwald im Süden, dem Elm im Osten, nach Nord und Nordost in die Ohre- und Allerniederung des Drömling und in die norddeutsche Tiefebene übergehend. Im Osten bilden die Höhenzüge bei Neuhaldensleben, im Nordosten die bei Gardelegen die Grenze.

4. Die Börde, ein flaches Hügelland, zwischen der Bode und der Elbe gelegen; ihr ganzer West- und Südrand wird von der tiefer liegenden Bodeniederung gebildet.

5. Das Obersächsische Tiefland zwischen Saale und Elbe, im Südwesten begrenzt durch die Höhen des Wettiner Plateaus von Könnern bis Halle, nach Süd in die Halle-Leipziger Tieflands-Bucht übergehend.

6. Die Goldene Aue, von der südlichen Vorkette des Harzes im Norden, von der Windleite und dem Kyffhäusergebirge im Süden begrenzt, von der Helme durchflossen und bis an den nördlichen Winkel der Unstrut bei Artern reichend. Sie geht über in die

7. Frankenhausener Niederung, vom Südrande des Kyffhäusers bis Menleben reichend, von der mittleren Unstrut durchströmt, im Süden durch die Hainleite und Hohe Schrecke begrenzt.

8. Die Helbe-Unstrut-Niederung, im Norden von der Hainleite und Schmücke, an der oberen Unstrut durch die Heilinger Höhen, im Süden durch die Haartberge und Fahnersche Höhe begrenzt. Sie erstreckt sich, allmählich schmäler werdend, die Unstrut aufwärts bis Mühlhausen.

9. Die Gera-Niederung nördlich von Erfurt, bei Gebesee und Werningshausen mit der Unstrut-Niederung zusammenhängend, im Südwesten und Süden durch die Alacher Höhe und den Steigerwald, im Osten durch den Grossen Ettersberg umrandet.

Die unter 8 u. 9 genannten Niederungen bilden den tiefsten Teil des Thüringer Beckens, dessen west-östliches Profil wir in Nr. 6 u. 7, in südwest-nordöstlicher Richtung in Nr. 8 sehen. Seine Randhöhen bestehen aus dem Eichsfelde und Hainich im Westen, dem Dün, der Hainleite, Schmücke und Finne im Norden und Nordosten, dem Grossen Ettersberge und der Ilmplatte im Osten und den dem Thüringerwalde parallelen Vorbergen im Süden. Als letzte Niederung ist noch zu nennen:

10. Das Werrathal in seinem ganzen Umfange von Eisfeld bis Vacha, südlich von den Höhen vor der Rhön, nördlich von den Vorhöhen des Thüringerwaldes begrenzt. Seine Breite beträgt, ausser bei Eisfeld und Meiningen, nur einige Kilometer. Profil 8 stellt dessen Verhältnis zu beiden begrenzenden Gebirgen dar.

Die klimatischen Verhältnisse von Mitteldeutschland in ihrer Abhängigkeit von den Bodenerhebungen.

Wir werden im folgenden das vorhandene Material zur Untersuchung des Einflusses der Bodenerhebungen auf das Klima in der Weise disponieren, dass wir die klimatischen Faktoren als Einteilungsprincip zu Grunde legen und diesen die Betrachtung der einzelnen geographischen Bezirke unterordnen, soweit der Zweck unserer Arbeit und das Material es gestatten. Zwar lassen sich bei dieser Methode Wiederholungen nicht ganz vermeiden, indem die Witterungsfaktoren selbst vielfach voneinander abhängig sind, wie Wind und Luftdruck, Niederschlag und Temperatur; doch erschien uns der andere Weg, die geographischen Bezirke als Einteilungsprincip aufzustellen, an demselben Fehler der Wiederholungen in noch höherem Masse zu leiden. Den unleugbaren Vorteil einer drastischeren und anschaulicheren Wiedergabe der Meteoration einer Gegend, welcher der letzteren Methode eigen ist, werden wir in einer zusammenfassenden Uebersicht am Schlusse dieser Arbeit uns zu nutze zu machen versuchen.

Vorweg dürfte die Erläuterung einiger häufig wiederkehrenden Ausdrücke am Platze sein.

Man nennt die Luvseite eines Gebirges diejenige Seite, welche von einer Luftströmung rechtwinklig oder doch annähernd rechtwinklig getroffen wird. Die gegenüberliegende, der direkten Windwirkung entzogene Seite heisst die Leeseite; man sagt auch, ein Ort liege „im Lee" eines Gebirges. Durch einen Vergleich der Luftströmungen mit den Lichtstrahlen ist der Ausdruck „Windschatten" entstanden, welcher, wären die Windbahnen in Wirklichkeit streng horizontal gerichtet, eine unbegrenzte Erstreckung in das Hinterland haben müsste. In der Wirklichkeit aber ist der Windschatten durch die an sich überall vorhandenen auf- und abwärts gerichteten Bewegungskomponenten der Luftströme sowohl als auch durch die „hinter einem Gebirge" erfolgende Abwärtsneigung der Windbahnen auf einen mehr oder weniger grossen, von der relativen Höhe und horizontalen Erstreckung des Gebirges ebenso wie von den begleitenden Luftdruckverhältnissen in weiter Umgebung abhängigen Raum eingeengt.

A. Luftdruck und Winde.

Der Luftdruck wird von Hann mit vollem Recht in seinem Handbuche der Klimatologie als ein klimatischer Faktor von „untergeordneter Bedeutung" bezeichnet. In der That ist derselbe für klimatographische Zwecke genügend erörtert, wenn man seine allgemeinen Werte bekannt gibt. Für unseren Zweck dürfte derselbe jedoch von einer erheblich grösseren Wichtigkeit sein, da wir nicht eine Klimatographie zu geben beabsichtigen, sondern eine wesentlich theoretische Untersuchung des Einflusses örtlicher Eigentümlichkeiten des Bodenreliefs auf die Gestaltung der klimatischen Faktoren. Erst die Einwirkung der hierdurch beeinflussten, vielfach lokal umgestalteten Faktoren auf die nähere oder fernere Umgebung der Störungsursache wird Objekt klimatographischer Darstellung werden.

Wir werden im folgenden noch oft Gelegenheit haben wahrzunehmen, dass ein grosser, wenn nicht der grösste Teil der Gebirgswirkungen mit den Verhältnissen der Luftströmungen, des Windes, zusammenhängt. Die oben erläuterten Bezeichnungen „Luvseite, Leeseite, Windschatten, Hinterland", welchen wir in unseren Ausführungen auf Schritt und Tritt begegnen werden, beziehen sich ausschliesslich auf das Verhältnis zwischen Luftströmung und Bodenerhebung. Es erschien daher, um Wiederholungen, wo immer möglich, zu vermeiden, ratsam, diese beide Faktoren, Luftdruck und Wind, in ein Kapitel zusammenzufassen.

Die Meteorologie lehrt das innige Verhältnis zwischen Luftdruck und Wind als ein kausales zu betrachten: Wind entsteht nur dort, wo ein Unterschied im Luftdruck an verschiedenen Orten vorhanden ist, und zwar strömt die unter stärkerem Druck stehende Luft nach dem Orte niederen Drucks, von einigen komplizierteren Fällen abgesehen, ausnahmslos hin. Solange diejenigen Schichten der Luft, in welchen der Luftdruck gleich ist — isobarische Flächen genannt — horizontal sind, befindet sich die Luft im Zustande des Gleichgewichtes und vollkommenster Ruhe. Die auf einem Berggipfel lagernde Luft wird keinen Grund zum Abfliessen nach unten erhalten, solange der von ihr an dieser Stelle ausgeübte Druck gleich ist dem in einer nach allen Seiten horizontal verlaufenden Ebene. Findet jedoch die geringste Aenderung dieses Gleichgewichtszustandes statt, indem der Druck an irgend einer Stelle dieser Horizontal-Ebene entweder abnimmt oder zunimmt, so wird ein Verharren der Luftschichten in der Ruhelage sofort unmöglich, es wird eine Ausgleichung der Drucke beginnen, welche nur darin bestehen kann, dass vom Orte höheren Luftdrucks ein Lufttransport nach dem Orte niedrigeren Luftdrucks so lange stattfindet, bis die vorhergehende Ruhelage wieder erreicht ist.

Betrachten wir nun zunächst die Luftdruckverhältnisse in unserem Gebiete. Die allgemeine Luftdruckverteilung über Europa ist eine derartige, dass im Jahresmittel ein deutlich ausgeprägtes Gefälle in den unteren Luftschichten von Süd nach Nord vorhanden ist. Die in Mitteleuropa in annähernd gleicher Richtung verlaufende allgemeine Abdachung des Landes von dem Alpenwalle bis an die Küsten der Nord- und Ostsee ist demnach im grossen und ganzen dem diesem Druckunterschiede entsprechenden Abfluss der Luftmassen günstig, da die Reibung der über die Erdoberfläche hinfliessenden Luft durch ein gleichgerichtetes Gefälle des Grundes ohne Zweifel verringert werden muss. Wäre Mitteleuropa ein durchaus ebenes, von Süd nach Nord geneigtes Land, so würde der Einfluss dieser Neigung zweifellos ein nicht unbedeutender sein; in Wahrheit treten dagegen die Bodenerhebungen Deutschlands als Hemmnisse dieses Druckausgleiches auf. Sie werden Verzögerungen rein örtlicher Art für denselben abgeben müssen, indem sie eine Bewegungsdifferenz hervorrufen zwischen den im Norden der Gebirge liegenden Luftmassen und denen, welche von Süd her, dem allgemeinen Ausgleichsstrom folgend, gegen die Gebirge anfluten. So wird eine von lokalen Verhältnissen abhängige Unterbrechung der gleichmässigen Luftdruckabnahme von Süd nach Nord eintreten müssen, welche sich als Vermehrung des Druckes an der Südseite und als Verminderung desselben an der Nordseite der Gebirge darstellt.

Betrachten wir nun darauf hin unser Mitteldeutschland.

Die beiden vornehmlich in Frage kommenden Gebirge, der Thüringerwald und der Harz, müssten, sollte unsere oben entwickelte Anschauung eine Begründung in den thatsächlichen Verhältnissen finden, eine Differenz der mittleren Barometerstände an ihren Nord- und Südseiten zeigen. In der That scheint diese Differenz vorhanden zu sein. Wir sagen allerdings nur „scheint" vorhanden zu sein, da bei der Kleinheit der betreffenden Unterschiede eine strenge Kritik leicht zu der Behauptung kommen könnte, dass diese Unterschiede nur auf einer

Täuschung beruhen, hervorgerufen durch die bei grösserer Entfernung vom Meere und stärkerer Erhebung über dasselbe allerdings nicht fortzuleugnende Unsicherheit der Reduktion der Barometerstände auf den Meeresspiegel.

Dem ist zu entgegnen, dass einerseits die Reduktionen sämtlich mit der grössten Sorgfalt nach Tabellen ausgeführt wurden, welche unter Berücksichtigung sowohl der mittleren Temperatur der zwischen dem Beobachtungsorte und dem Meeresniveau zu denkenden, als auch der zur Zeit der Beobachtung herrschenden Lufttemperatur für jede Station besonders berechnet sind und in ganz kleinen Wertintervallen fortschreiten, dass ferner aber, worauf wir noch grösseren Wert legen möchten, eine Reihe anderer Erscheinungen dafür spricht, dass die im folgenden anzugebenden Druckdifferenzen einer gewissen Realität nicht entbehren.

Trägt man die auf Meeresniveau reduzierten Jahresmittel des Luftdrucks in Karten ein und zieht die diesen Werten entsprechenden Isobaren, so findet man sowohl nördlich vom Harze wie nördlich vom Thüringerwalde tiefe Ausbuchtungen der Isobaren nach Süd oder Südost zu, welche örtlichen Gebieten niederen Luftdrucks nordöstlich von beiden Gebirgen entsprechen.

Zur Konstruktion dieser Isobaren sind, wie wir noch glauben betonen zu müssen, ausschliesslich die Angaben solcher Stationen verwandt, deren Barometer durch sorgfältige Vergleichung mit den Normalinstrumenten der Magdeburger Wetterwarte entweder an Ort und Stelle oder durch Vermittelung von Reisekontrollbarometern die Möglichkeit von irgendwie erheblichen Instrumentalfehlern ausschliessen. Es musste daher eine Reihe von Stationen zweiter Ordnung unberücksichtigt bleiben, bei welchen diese Erfordernisse nicht zutrafen. Es wurden die Aufzeichnungen folgender Stationen benutzt:

Klausthal, Nordhausen, Braunschweig, Kunrau, Magdeburg, Bernburg, Korbetha, Erfurt, Sulza, Eisenach, Salzungen, Meiningen, Inselsberg, Gross-Breitenbach, Jena und Dessau.

Die Aufzeichnungen dieser Stationen dürfen als möglichst einwurfsfrei gelten und wurden demnach zur Konstruktion der mittleren Isobaren der Jahre 1883, 1884 u. 1885 benutzt, soweit das Beobachtungsmaterial lückenlos vorlag, und wurde ferner eine Vereinigung der dreijährigen lückenlosen Aufzeichnungen zu einer Mittelkarte aus diesen drei Jahren bewirkt. Obgleich neun Stationen vierjährige lückenlose Aufzeichnungen darboten, erschien es doch bei dem wesentlich geographischen Charakter dieser Frage wichtiger, sechszehn Stationen mit nur dreijährigen Mitteln zur Konstruktion der Isobaren zu verwenden, da die Länge der Beobachtungsreihen bei diesen auf denselben Zeitraum bezogenen Untersuchungen erhebliche Umgestaltungen der Resultate nicht hervorrufen kann. Leider musste, was im Interesse der möglichsten Sicherung der Resultate zu bedauern ist, wegen unzureichender Ermittelung der Barometerkorrektionen das vorhandene Material der Stationen Gardelegen, Torgau, Halle a. S., Sangerhausen, Langensalza, Heiligenstadt, Göttingen, Kassel, Hannover, ferner Weimar, Arnstadt, Koburg und Neustadt bei Koburg, wegen Unvollständigkeit der Aufzeichnungen das der Stationen Brocken, Uefingen, Sonnenberger Forsthaus, Quedlinburg, Alexisbad, Salzwedel, Frankenhausen, Sondershausen, Artern, Oberhof und Rudolstadt unberücksichtigt bleiben.

Die folgende Tabelle gibt die benutzten Jahresmittel vollständig an.

Tabelle 1. **Mittelwerte des Luftdrucks, auf den Meeresspiegel reduziert.**

Stationen	Meereshöhe m	1882	1883	1884	1885	Mittel aus 1883–85	Mittel aus 1882–85
Klausthal	594	761,9	761,0	762,1	760,3	761,1	761,3
Nordhausen	221	762,0	761,6	762,9	760,8	761,8	762,0
Braunschweig	86	761,3	760,3	762,0	760,0	760,8	760,9
Kunrau	63	—	760,5	761,9	759,7	760,7	—
Magdeburg	54	761,8	760,7	762,1	760,0	760,9	761,1
Bernburg	77	—	761,0	762,3	760,1	761,1	—
Korbetha	118	762,5	761,2	762,4	760,3	761,3	761,6
Erfurt	198	762,7	761,3	763,0	760,7	761,7	761,9
Sulza	134	—	761,0	762,0	760,5	761,2	—
Eisenach	240	—	761,4	762,8	760,5	761,0	—
Salzungen	253	—	761,5	762,6	760,5	761,6	—
Meiningen	311	762,4	760,6	762,3	759,0	760,8	761,4
Inselsberg	906	—	761,8	762,6	760,4	761,6	—
Gross-Breitenbach	648	763,2	762,1	763,2	761,0	762,1	762,2
Jena	159	763,0	761,7	762,6	760,1	761,4	761,8
Dessau	62	—	761,2	762,2	760,1	761,2	—

Tragen wir diese Werte für die Jahre 1883, 1884 u. 1885 zu dreijährigen Mitteln vereinigt in eine Karte ein, so bemerken wir folgendes: Die Isobare 761 mm zeigt eine tiefe Ausbuchtung, welche sich östlich von Hannover in südlicher Richtung bis an den Nordrand des Harzes und östlich bis über die Elbe vorschiebt und von hier aus nordwärts wenig östlich von Magdeburg parallel der Elbe diese abermals kreuzt. In analoger Weise sehen wir die Isobare 762 mm, vom Südwestrande des Harzes ausgehend, in südöstlicher Richtung nahe bei Nordhausen und Erfurt verlaufend, dann umbiegend in westlicher Richtung die Werra überschreitend und den westlichen Thüringerwald umfassend längs dessen Kamm nach Südost, später nach Nordost verlaufen. Zwischen Rhön und Thüringerwald erscheint ein wegen der geringen Anzahl der verfügbaren Stationen allerdings fragliches kleines Gebiet, welches von der Isobare 761 umschlossen ist.

Dieses Isobarenbild ist nun aber der Ausdruck für die wahrscheinliche Existenz zweier Gebiete niederen Luftdrucks, deren eines nördlich vom Harz, deren anderes nördlich vom Thüringerwalde liegt, während im Südwesten des Harzes ein Gebiet relativ höheren Luftdrucks angedeutet ist.

Ebenso würde die geschlossene Isobare um Meiningen herum ein eng umgrenztes Gebiet niederen Luftdrucks repräsentieren.

Der Verfasser ist weit davon entfernt, sich gegen jeden Zweifel an der Realität der genannten Erscheinung zu verschliessen. Man könnte sicherlich dagegen einwenden, dass vielleicht nur die Unsicherheit der Reduktionen auf das Meeresniveau in Verbindung mit leicht möglichen Ablesungsfehlern und Instrumentalfehlern diese Erscheinungen vortäuschte, dass auch die Wiederholung in mehreren Jahren durch die Wiederholung der fehlerhaften Methode zustande käme.

Gegen diese Auffassung und für die Thatsächlichkeit der geschilderten Luftdruckverteilung scheint uns jedoch folgendes zu sprechen.

Die Hauptgründe der Unsicherheit liegen sonst in solchem Falle in der vielfach nur aus barometrischen Höhenmessungen bekannten Höhenlage einer Station, wodurch selbstverständlich ein bedenklicher circulus vitiosus entstehen könnte, und in dem Vorhandensein von Instrumentalfehlern.

Diese beiden Gründe dürften in unserem Falle nahezu gänzlich ausser Rechnung gestellt werden können: die Höhenlagen sind sämtlich durch Nivellement bekannt — nur der Inselsberg ist nicht Eisenbahnstation, aber als Ort eines trigonometrischen Signales wohl als genau in seiner Höhenlage bestimmt zu betrachten — und die Instrumente sind sorgfältig justiert und verglichen. Ferner ist die Höhenlage der bei weitem massgebendsten Stationen eine nur mässige und mit Ausnahme von Klausthal, Gross-Breitenbach und Inselsberg 300 m nicht nennenswert übersteigende, da Meiningen mit 311 m dieser vom internationalen Meteorologenkongress zu Wien im Jahre 1873 gezogenen Grenze für die Unbedenklichkeit der Reduktion auf Meeresniveau ganz nahe liegt.

Zur weiteren Sicherung des gefundenen Resultates glaubte der Verfasser bei der Neuheit desselben alle irgend möglichen Garantieen herbeischaffen zu sollen.

Die Betrachtung der Isobarenkarte lehrt, dass es vor allen andern die Stationen Klausthal, Nordhausen (man sehe in der Tabelle die konstante grosse Druckdifferenz dieser beiden Orte) und Gross-Breitenbach sind, welche die Isobaren in ihre stark gekrümmten Bahnen hineinzwängen. Da zwei derselben Höhenstationen sind, lag der Gedanke nahe, dass fehlerhafte Meereshöhe derselben die Reduktion der abgelesenen Barometerstände namhaft beeinflussen könnte.

Zur Feststellung dieser Verhältnisse unternahm der Verfasser Revisionen und Feststellung der Meereshöhen der genannten Stationen. Die Barometerkorrektionen wurden durch Vergleichung mit einem sorgfältig vor und nach der Reise justierten Reisebarometer festgestellt, ausserdem aber durch eine Reihe simultaner Barometerablesungen in der Höhe der Schienenoberkante der entsprechenden Bahnhöfe und an den Stationen selbst die Höhendifferenz beider Punkte ermittelt. Da die Meereshöhe der Schienenoberkante von den betreffenden Eisenbahndirektionen auf Ersuchen des Verfassers genau angegeben wurde, diese auch wegen des sorgfältig ausgeführten Nivellements des Bahnkörpers als durchaus verlässlich gelten kann, konnte hieraus unter genauer Berücksichtigung aller Kautelen eine genaue Ermittelung der Meereshöhe der betreffenden Stationsbarometer gewonnen werden. Diese Feststellungen ergaben, dass die Meereshöhe des Barometers in Klausthal 594,1 m, also um 2 m höher als bisher angenommen, die des Barometers in Nordhausen 221,03 m, also nahezu mit der früher bekannten (222 m) übereinstimmend, war, während in Gross-Breitenbach das Barometer durch Wohnungswechsel des Beobachters um 18 m höher aufgehängt sich zeigte, als in den früheren Jahren, so dass die Meereshöhe desselben jetzt mit 648,13 m in Rechnung zu stellen ist. Dieser Wechsel der Höhe ist jedoch erst im letzten Jahre eingetreten, so dass die Reduktionen der früheren Ablesungen als ziemlich korrekt zu gelten haben. Die in obiger Tabelle angegebenen Mittelwerte berücksichtigen die ermittelten Korrektionen [1]).

Als fernere Stütze für die Thatsächlichkeit des Vorhandenseins kleiner Gebiete niederen Luftdrucks im Lee der beiden Hauptgebirge Mitteldeutschlands kann noch die Betrachtung dienen, dass die Verteilung des Luftdrucks, wie sie unsere Karte zeigt, durchaus nicht als eine einfache Funktion der Höhenlage erscheint. Wäre dies der Fall und die wahre Luftdruckabnahme von Süd nach Nord eine völlig gleichmässige, von lokalen Einflüssen völlig freie, so müsste die Differenz der Barometerstände zwischen höherem und tieferem Terrain eine nach allen Seiten gleichmässige sein, d. h. es müsste niederer Luftdruck nicht nur an den Nordseiten der Gebirge, sondern rings um dieselben herum vorhanden sein, während Gebiete relativ hohen Luftdrucks im Süden der Bodenerhebungen nicht vorhanden sein könnten. Ferner würde, da Reduktionsmethode und die verwandten Instrumente während des dreijährigen Zeitraumes von 1883—1885 unverändert geblieben sind, eine grössere Aehnlichkeit der Luftdruckbilder der einzelnen Jahre hervortreten müssen, wenn der Grund ihrer Existenz allein in der Methode läge. Die Konstruktion der einzelnen Jahreskarten zeigt aber, dass dieselben von Jahr zu Jahr nicht unerheblich variieren, sowohl was Gestalt als was Ausdehnung betrifft.

Um jedoch unseren Resultaten noch eine grössere Sicherheit zu verleihen, ist eine Gruppierung der Luftdruckmittel nach den Jahreszeiten vorgenommen worden. Würden die gefundenen Luftdruckdifferenzen ihren Grund haben in unrichtigen, zur Reduktion benutzten Temperaturwerten der zwischen dem Beobachtungsort und dem Meeresniveau zu denkenden Luftsäule, so würde eine beträchtliche Differenz in den verschiedenen Jahreszeiten, besonders zwischen Winter und Sommer, hervortreten müssen, da die Temperaturabnahme mit der Höhe im Winter und Sommer sehr verschiedene Werte repräsentiert, zu Zeiten während des Winters, wie wir dies weiter unten des Näheren sehen werden, sogar völlig in ihr Gegenteil, eine Temperaturzunahme mit der Höhe, verkehrt wird. Die Erscheinung würde also je nach den Jahreszeiten bald verschwinden, bald wieder erscheinen müssen. Dies ist nun aber thatsächlich nicht der Fall, wie die folgende Tabelle und die Karte zeigen, vielmehr finden wir die lokalen Depressionen zu allen Jahreszeiten wieder.

---

[1]) Diese und andere im Verlauf der Arbeit nötig gewordenen Ermittelungen tragen einen Teil der Schuld an der Verzögerung des Erscheinens der vorliegenden Abhandlung.

Tabelle 2. **Luftdruckmittel der Jahreszeiten.**

Stationen	Mittel aus 1883, 1884, 1885 Winter	Früh-jahr	Sommer	Herbst	Mittel aus 1882, 1883, 1884, 1885 Winter	Früh-jahr	Sommer	Herbst
Klausthal	761,9	760.1	761,5	761,0	763,6	760.4	761.0	760,3
Nordhausen	763,0	760,5	761,9	761,7	764,3	760,9	761,4	761,3
Braunschweig	761,7	759,8	761,2	760,8	763,2	760.1	760,5	760.0
Kuurau	761,6	759,8	760,9	760,5	—	—	—	—
Magdeburg	761,9	760.0	761,0	760,7	763,4	760,5	760,5	760,0
Bernburg	762,2	760,0	761,3	761,0	—	—	—	—
Korbetha	762,7	759,8	761,3	761,4	764,3	760.4	760,9	760,7
Erfurt	762,9	760,2	761,8	761,7	764,6	760,8	761.4	760,9
Sulza	762,1	759,7	761,6	761,5	—	—	—	—
Eisenach	762,9	760.2	761,6	761,7	—	—	—	—
Salzungen	763,0	760,1	761,5	761,8	—	—	—	—
Meiningen	762,6	759,2	761,0	761,3	764,3	759,9	760.8	760,6
Inselsberg	763,0	760.3	761,6	761,6	—	—	—	—
Gross-Breitenbach	763,0	760,2	761.4	761,9	765,3	761,0	761.1	761,2
Jena	762,7	760,3	761,6	761,4	764,5	761,0	761.3	760.6
Dessau	762.2	759,9	761,5	761,1	—	—	—	—

Je unerwarteter, vor allen Dingen aber je unwahrscheinlicher ein neues Ergebnis von Untersuchungen ist, um so grösser ist die Pflicht, alle irgendwie möglichen Beweise für oder gegen dasselbe herbeizuschaffen.

Aus diesem Grunde wurde für das in Frage stehende Resultat unserer Untersuchungen ein Beweisweg eingeschlagen, welcher davon ausgeht, dass die Unsicherheit der zur Reduktion auf Meeresniveau verwandten Lufttemperaturen nahezu unwirksam gemacht werden könne durch Reduktion der Barometerstände auf ein mittleres Niveau. Und in der That musste hierdurch, wenn, wie wir nachgewiesen haben, die Meereshöhen in den zulässigen Fehlergrenzen bekannt sind, der einzige noch mögliche Fehler zum grössten Teile eliminiert werden.

Wenn wir die Reduktion der Barometerstände, welche an einer 600 m hohen Station beobachtet worden sind, auf das Meeresniveau ausführen, stellen wir die mittlere Temperatur jener 600 m hohen Luftschicht in der Weise in Rechnung, dass wir einen aus der Erfahrung abgeleiteten Faktor für die Abnahme der Lufttemperatur nach oben verwenden. Derselbe ist im Mittelwerte = 0°,5 pro 100 m, d. h. man nimmt an, dass eine 100 m über dem Meeresniveau liegende Station wegen ihrer höheren Lage um 0°,5 kälter sei als eine etwa senkrecht unter ihr zu denkende Station. Eine Station in 600 m Höhe würde demnach um 6 × 0°,5 = 3°,0 kälter sein.

Ist dieser Faktor 0°,5 pro 100 m aber unrichtig, was er bei dem Fehlen direkter Beobachtungen wohl sein kann, zumal eng lokale Unterschiede zwischen zwei benachbarten, aber verschieden gelegenen Stationen schon konstatiert worden sind, dann muss der Fehler mit der Mächtigkeit der in Frage kommenden Luftschicht wachsen. Würde z. B. für eine 600 m hohe Station der Faktor nicht 0°,5, sondern 0°,7 sein, so würden statt der im ersteren Falle in Rechnung gestellten 3°,0 nun 4°,2 verwandt werden müssen, wodurch schon ein Fehler von circa 0,9 mm in den auf das Meer reduzierten Barometerstand hineingebracht werden würde.

Würden wir dagegen, statt auf Meeresniveau, auf ein mittleres Niveau, z. B. 300 m, reduzieren, so würde derselbe fehlerhafte Temperaturfaktor nur 0°,6 bei der Mitteltemperatur, bei dem Barometerstande aber weniger als 0,1 mm ausmachen. Haben wir eine Anzahl Stationen, welche in sehr verschiedenen Meereshöhen liegen, so werden wir durch Reduktion der Barometerstände auf ein mittleres Niveau die aus unrichtiger Ansetzung der Temperaturabnahme hervorgehenden Fehler möglichst einengen.

Die Ausführung der Reduktion sämtlicher in Frage kommender Barometerstände auf ein mittleres Niveau von 300 m ergibt nun einen Verlauf der Isobaren, welcher mit dem in Karte 1 wiedergegebenen nahezu identisch ist. Eine Wiedergabe derselben muss indes aus äusseren Gründen unterbleiben.

Es ist jedenfalls anzunehmen, dass durch dieses Zusammenfallen der beiden Isobarenbilder die Thatsächlichkeit der gefundenen lokalen Depressionen an den Nord- und Nordostseiten der beiden Hauptgebirge Mitteldeutschlands eine erhebliche Stütze erhält.

Nach alle dem Gesagten werden wir nicht umhin können, die Thatsächlichkeit des Vorhandenseins kleiner Gebiete niederen Luftdrucks im Norden oder Nordosten des Harzes und Thüringerwaldes, wahrscheinlich auch eines solchen zwischen der Rhön und dem Thüringerwalde, anzunehmen.

Wir haben nun noch die Frage zu erörtern, welches die Gründe für das Auftreten dieser lokalen Depressionen sein könnten.

Wir sahen oben bei der Betrachtung der allgemeinen mittleren Luftdruckverhältnisse von Deutschland, dass unser zu untersuchendes Gebiet auf einem allgemeinen Druckabhange, welcher von Süd nach Nord geneigt ist, liegt. Dieser Abhang setzt, da fortwährend infolge seines Vorhandenseins Luft in der Tiefe von Süd nach Nord fliesst, die Existenz eines oberen, entgegengerichteten Ausgleichstromes mit Notwendigkeit voraus, um den fortwährenden Luftverlust in der Tiefe zu decken. An Stellen, welche den freien Abfluss der Luftmassen in der Nähe des Erdbodens behindern, also an Bodenerhebungen, muss dieser Druckabgang notwendigerweise ein steilerer sein, als dort, wo diese Behinderung nicht stattfindet. Er bildet also an Gebirgen, deren Längsrichtung senkrecht auf den allgemeinen Gradienten steht, Stufen, Terrassen, an welchen eine schnellere Druckabnahme auf beschränktem Gebiet stattfindet, als der allgemeinen Druckabnahme entspricht. Denn wenn die den Druck erniedrigende Ursache auf der ganzen Strecke ungefähr gleichmässig wirkt, wie das bei der Strömung in der Höhe der Fall ist, welche durch das Gebirge nicht direkt beeinflusst wird, so wird im Schutze einer die untere Zuströmung behindernden Schranke der Luftdruck sinken, bis über der Schranke selbst oder neben ihr der untere Gradient so stark geworden ist, dass die Zufuhr wieder der Abfuhr das Gleichgewicht hält — es wird also ein neuer Gleichgewichtszustand erstrebt und erreicht.

Den hauptsächlichsten Einfluss aber auf das Zustandekommen

dieser Gebiete niederen Luftdrucks dürfte die Thatsache haben, dass jahraus jahrein die vorwiegend benutzten Zugstrassen der barometrischen Depressionen nördlich von unseren Gebirgen vorbeiführen. Eine jede nördlich von den Gebirgen vorüberziehende Depression erniedrigt an deren Nordabhängen den Luftdruck schneller und stärker als an deren Südseite, da die nördlich lagernde Luft kein Hindernis zum Abströmen nach der Depression hin hat, während die südlichen Luftmassen zunächst den Gebirgswall ersteigen und übersteigen müssen, um sich dem allgemeinen zur Depression hin gerichteten Strome anzuschliessen. Wir finden diese Thatsache zu einem mächtigen und allbekannten Phänomen an den Nord- und Südrändern der Alpen und ähnlich an fast allen höheren Gebirgen der gemässigten und kalten Zonen unter dem Namen „Föhn" ausgebildet. Wenn tiefe Depressionen vom Kanal aus heranrücken, pumpen sie nach der allgemein acceptierten Darstellung von Hann die nach Nord offenen Alpenthäler aus, deren Luft ihrem Aspirationszuge ohne weiteres zu folgen vermag, während das Gebirge als Bewegungshemmung für die Luftmassen der anderen Seite wirkt. So wird der Luftdruck im Norden der Gebirgskämme sinken, dadurch aber die über den Kamm herüberkommende Luft von ihrem horizontalen, der Depression zugerichteten Wege abgelenkt werden und zur Ausfüllung des Gebietes niederen Luftdrucks nach unten, und zwar wegen der erheblichen Druckunterschiede mit grosser Vehemenz, und wegen Zunahme des auf ihr lastenden Drucks bei der Abwärtsbewegung durch Kompression stark erwärmt, strömen. Ziehen starke Depressionen über das Mittelmeer, während im Norden hoher Luftdruck lagert, dann tritt in den südlichen Alpenthälern Nordföhn ein.

Gerade diese Thatsache der auf beiden Seiten der Alpen auftretenden Föhnerscheinungen zeigt uns, weshalb die Druckabnahme, welche wir bei unseren deutschen Mittelgebirgen an deren Nordseite konstatierten, nicht auch an den Alpen auftreten kann. Die Alpen liegen nicht auf einem einseitig geneigten Druckabhang, sondern auf einem Rücken hohen Luftdrucks, von welchem aus der Druck nach beiden Seiten, nach Nord wie nach Süd, nahezu gleich stark abnimmt. Daher sehen wir auch den Föhn, diesen Ausdruck für die Existenz lokaler Luftdruckverminderung, nur dann eintreten, wenn an einer Seite des Gebirges hoher, an der anderen niederer Luftdruck herrscht. Bei unseren mitteldeutschen Gebirgen aber gehört es zu den Ausnahmen, dass der Luftdruck südlich von denselben geringer ist als im Norden. Ist nun thatsächlich, wie der Föhn beweist, eine Bodenerhebung imstande, im gegebenen Einzelfalle Druckdifferenzen zwischen den beiden Seiten eines Gebirges zu erzeugen, dann liegt kein Grund vor, es für unwahrscheinlich zu halten, dass derselbe Vorgang, in geringerer Intensität fast Tag für Tag wirksam, einen konstanten ähnlichen Effekt hervorbringen werde.

Wir sind im Verlaufe der obigen Erörterungen über die Einwirkung der Gebirge auf die Luftdruckverhältnisse in Mitteldeutschland fast von selbst auf die Nennung des von der Luftdruckverteilung abhängigsten klimatischen Faktors, den Wind, gekommen. Gelänge es uns, nachzuweisen, dass die Windrichtung in den von den supponierten lokalen Depressionen eingenommenen Gebieten eine von der allgemeinen mittleren Strömung abweichende, und zwar in dem Sinne der angenommenen Druckunterschiede abweichende ist, so würde unserer Annahme eine sehr wesentliche Stütze hieraus erwachsen.

Es wurden zu diesem Zwecke für sämtliche in unserem Gebiet liegende Stationen die in den 3 Jahren 1881, 1882 und 1883 beobachteten Windrichtungen in Procenten der Gesamt-Beobachtungen berechnet und nach Quadranten gruppiert. Um ein übersichtliches Bild über diese Verhältnisse zu erlangen, wurden die vorherrschenden und die zweithäufigsten Windrichtungen in die Karte I. der dreijährigen mittleren Isobaren mit eingetragen. Die vorherrschenden Winde sind durch einen blauen, die zweithäufigsten durch einen roten Pfeil gekennzeichnet.

Diese Karte lehrt uns, dass nahezu ausnahmslos die vorherrschende Windrichtung dem südwestlichen Quadranten angehört, also dem grossen und allgemeinen Gefälle des Luftdrucks über Central-Europa folgt. Von einer Ablenkung im Sinne der supponierten lokalen Druck-Verminderungen ist nirgends eine Andeutung vorhanden, wenn man von den geringfügigen, durch die Erstreckung von Flussthälern oder durch benachbarte Boden-Erhebungen mechanisch bewirkten Ablenkungen absieht, wie wir sie in Sondershausen und Frankenhausen finden, wo eine rein westliche Richtung vorherrscht.

Sehen wir uns dagegen die Anordnung der zweithäufigsten Windrichtungen an, so finden wir, dass dieselben von anderen als den dem allgemeinen Gefälle zugehörigen Ursachen beeinflusst werden. Wir finden z. B. als zweithäufigste Richtungen in Hannover und Braunschweig Nordwest, im Marienthal (am Elm) dagegen Südost, in Magdeburg und Gardelegen Ostsüdost. Dieses Arrangement macht den Eindruck, als sei es durch die zwischen diesen Stationen gefundene lokale Depression hervorgerufen.

Durchmustern wir die Gegend der anderen thüringischen Depression, so sehen wir auch dort eine einer cyklonalen ziemlich ähnliche Anordnung, indem Nordhausen Nordost, Sondershausen Nordwest, Halle Südost und Sangerhausen wieder Nordost als zweithäufigste Richtung zeigen.

Längs des ganzen Nordrandes des Thüringerwaldes finden wir einen gleichmässigen Nordwest, welcher allerdings sich in eine cyklonale Anordnung nicht ganz streng einfügt; doch könnte man, da diese Richtung mit der Streichungs-Richtung des Gebirgswalles zusammenfällt, auch hier an eine mechanische Ablenkung durch denselben denken. Diese gebirgsnahen Stationen werden übrigens wesentlich durch den Wechsel zwischen Berg- und Thalwind beeinflusst.

Wir finden somit aus dem Arrangement der Windrichtungen zwar keine direkten Beweise für die Existenz lokaler Aspirations-Centren, sehen jedoch, dass die zweithäufigsten Windrichtungen in einer Weise angeordnet sind, dass sie von lokalen Verhältnissen stark beeinflusst erscheinen.

Die Berg- und Thalwinde, auch Nacht- und Tagwinde genannt, stellen bekanntlich den Gebirgen eigentümliche, durch sie selbst verursachte periodische Luftströmungen dar, welche von nicht geringer klimatischer Bedeutung für die Ventilation der Thäler sowohl, als auch der den Gebirgsrändern benachbarten Niederungen sind. Tiefe, den vorherrschenden Winden nahezu gänzlich entzogene Thäler würden sicherlich eine gesundheitsgefährliche Stagnation ihrer Luft mit den daraus hervorgehenden Folgen der Anhäufung von Schädlichkeiten aller Art erleiden müssen, wenn nicht diese lokale Cirkulation thätig wäre, welche während des Tages die Luft der Thäler bergaufwärts gegen die Höhen, während der Nacht die reinere Luft der Höhen bergabwärts in die Niederungen führt. Wir dürfen daher in dieser Thatsache eine höchst wichtige Wirkung der Gebirge erkennen, welche auch bis auf eine gewisse Entfernung hin den gebirgsnahen Niederungen, besonders denen der Leeseite, staubfreie und kühlere Wald- und Bergluft zu teil werden lässt. Während der wärmeren Jahreszeit ruht an windstillen Tagen die Luftcirkulation in den Ebenen nahezu gänzlich, da die durch Erwärmung allein auftretende, wesentlich aufwärts gerichtete Bewegung der Luft nicht als Wind empfunden wird; die Nacht bringt dann über dem hocherwärmten Erdboden gemeinhin auch keine allgemeine abwärts gerichtete Bewegung, sondern höchstens ein Aufhören des Aufsteigens der Luft zustande; die gebirgsnahen Ebenen und die Thäler erhalten indes nun den erfrischenden, abkühlenden Hauch des Gebirges, welcher allerdings die Wärmeschwankung dieser Gegenden zwischen Tag und Nacht nicht unbeträchtlich erhöht und dadurch zur gelegentlichen Erkältungsursache wird, aber das Nervensystem der Menschen wohlthätig erfrischt und der Vegetation durch Abkühlung der untersten Luftschichten zur Bildung von Tau verhilft, welcher sie befähigt, eine längere Zeit des Regenmangels ohne Schaden zu ertragen.

Andererseits ist während des Winters diese lokale Luftcirkulation die Veranlassung einer intensiveren Erkaltung der Thäler und gebirgsnahen Niederungen, indem der Nachtwind den Abfluss der an den Gebirgshängen erkalteten Luft und deren Ansammlung in den Niederungen befördert; wir werden diese Thatsache besonders dort deutlich ausgeprägt finden, wo eine Mulde von allen Seiten durch bedeutendere Gebirgshöhen umrandet ist, so dass der Zufluss der nächtlich erkalteten Luft von allen Seiten her stattfinden kann. So zeigt das Thüringer Becken im ganzen, die Goldene Aue, die Leine-Niederung, die Mulde des nördlichen Harzvorlandes gelegentlich diese Erscheinung in voller Deutlichkeit. Allerdings bewirkt die am Tage auch während des Winters erfolgende Bewegung der Luft gegen die Gebirge hin eine Abschwächung oder Aufhebung dieser Ansammlung kalter Luftseen in den Mulden, doch ist während der Zeit des niedrigsten Sonnenstandes die Insolationswirkung eine so kurze und geringe, besonders wenn eine Schneedecke die Sonnenwärme vom Erdboden abhält, dass als Resultat der Gebirgswinde doch eine stärkere Abkühlung der Thäler und Niederungen zu konstatieren ist. Bei der überwiegenden Länge der winterlichen Nacht weht auch der Nachtwind eine erheblich längere Zeit als der auf wenige Stunden eingeengte Tagwind.

In den gebirgsnahen Gegenden Mitteldeutschlands finden sich die

Gebirgswinde in durchaus charakteristischer Weise vor, wenn man die Perioden heiterer und stiller Witterung für sich betrachtet. Es zeigt sich sowohl am Harz als am Thüringer Walde eine deutliche Umkehr der Windrichtungen vom Tage zur Nacht. Selbst in den vierjährigen Monatsmitteln der Häufigkeit der einzelnen Windrichtungen findet sich eine deutliche Tendenz des Windes vor, am Morgen und Abend vom Gebirge her zu wehen, am Mittag aber vom Gebirge abzudrehen, also mehr oder weniger schräg gegen dasselbe anzuwehen. Allerdings wird die grosse und allgemeine Cirkulation der Luft, welche besonders am Harzgebirge eine ausgesprochene, dem grossen Gefälle gegen Nord gehorchende ist, in den Mittelwerten durch diese lokalen Winde nicht erheblich alteriert werden können, zu deren Zustandekommen eine gerade im nördlichen Deutschland selten vorhandene Luftruhe notwendig ist; doch erhält man eine zweifellose Andeutung hierfür, wenn man die zweithäufigsten Windrichtungen der verschiedenen Tageszeiten mit einander vergleicht.

So finden wir z. B. für Klausthal im April aus vierjährigen Mittelwerten die vorherrschende Windrichtung morgens Ost, mittags Südost, abends wieder Ost; die zweithäufigste Richtung ist für denselben Monat morgens Südost, mittags Südwest, abends wieder Südost. Am Westrande des Harzplateaus gelegen, bekommt Klausthal seinen Bergwind aus dem Striche zwischen Nordost und Südost, seinen Thalwind zwischen Süd und Nordwest. Wir sehen in beiden Fällen den Wind zum Mittag vom Gebirge abdrehen, abends wieder dahin zurückkehren.

Nordhausen hat vermöge seiner Lage am Südrande des Harzes seinen Bergwind aus einem Striche zwischen Nordwest und Nordost, seinen Thalwind zwischen West und Südost. Die allgemeine grosse Luftbewegung aus Südwest und West, welcher Nordhausen vollständig offen liegt, unterdrückt die lokale Cirkulation vollständig, so dass sie in den Mittelwerten der vorherrschenden Winde nicht zu finden ist. Wohl aber tritt sie hervor in den Mitteln der zweithäufigsten Windrichtungen: im Dezember ist die zweithäufigste Richtung morgens Nordost, mittags West, abends Nordost; im März morgens Nordwest, mittags West, abends Nordost; im Juni morgens Nordwest, mittags West, abends Nordwest. Auch hier sehen wir das charakteristische Abdrehen des Windes vom Gebirge zur Mittagszeit.

Schwanebeck hat vermöge seiner Lage nordnordöstlich vom Harz seinen Bergwind aus einem Striche zwischen Westsüdwest und Südost, seinen Thalwind zwischen Nordwest und Ost. Die Lage Schwanebecks im Lee des Harzes würde an sich eine grössere Luftruhe und damit eine Begünstigung lokaler Cirkulation befördern, wenn nicht die Nähe der durch starke Luftbewegung ausgezeichneten norddeutschen Niederung diese günstige Wirkung des Gebirges mehr als kompensierte. Ausserdem entwickeln sich an den Rändern eines Gebirges lokale, einwärts weisende Luftströmungen, welche die Reinheit der Bilder spezifischer Gebirgswinde wohl zu verwischen geeignet sind. Trotzdem finden wir einige Andeutungen dafür, dass auch in Schwanebeck unter günstigen Verhältnissen ein Abdrehen des Windes vom Gebirge zur Mittagszeit stattfindet. Im Januar-Mittel herrscht morgens der Südwest (Bergwind), mittags der West, abends der Südost (Bergwind) vor; der West ist zwar für Schwanebeck nicht als Thalwind aufzufassen, ist aber doch vom Gebirge erheblich weiter abgedreht als die beiden anderen Winde. Im Januar ist morgens Südwest, mittags Ost, abends Südost am häufigsten; der Ost ist für den Nordostraud des Harzes entschiedener Thalwind. Unter den zweithäufigsten Windrichtungen finden wir im März einen schönen Beweis für unsere Betrachtung: morgens weht Südwest (Bergwind), mittags Nordost (reiner Thalwind), abends West. Ebenso im Mai: morgens Südwest, mittags Nordwest, abends West; und im Juni morgens Südwest, mittags Nordost, abends West.

Die deutliche Ausprägung der Gebirgswinde in Schwanebeck, welches 30 km vom Gebirge entfernt liegt, gibt zugleich einen Beweis für unsere oben aufgestellte Behauptung, dass diese lokale Cirkulation sich bis auf die umgebenden Niederungen erstreckt, obwohl sie am und im Gebirge selbst ihren eng lokalen Ursprung hat. Die Aspiration, welche ein Gebirge am Tage, die Propulsion, welche es während der Nacht auf die umliegenden Luftmassen ausübt, wirkt weithin in die Ferne, so dass wir mit vollem Recht die Gebirgswinde als einen von den Bodenerhebungen unmittelbar abhängigen klimatischen Faktor von mehr als lokaler Bedeutung zu betrachten haben.

Es lässt sich nicht verkennen, dass das Harzgebirge vermöge seiner meeresnahen Lage weniger gut zur Auffindung lokaler Cirkulationen geeignet ist als ein kontinentaler gelegenes Gebirge wie z. B. der Thüringer Wald. Und in der That finden wir hier auch die genannten Erscheinungen erheblich reiner und deutlicher entwickelt, so dass wir nur ungern aus äusseren Gründen auf die Darstellung dieser Verhältnisse verzichten.

Betrachten wir nun noch in kurzen Worten die Verhältnisse der Windstärke in ihrer Abhängigkeit von den Gebirgen. Abgesehen von der hier nicht zur Betrachtung heranzuziehenden allgemein grösseren Windstärke an den höher gelegenen Gebirgsstationen werden wir einen Einfluss der Bodenerhebungen wesentlich darin zu finden haben, dass die Gebirgsthäler und gebirgsnahen Niederungen einerseits einen Schutz gegen die Heftigkeit bestimmter, durch lokale Lagenverhältnisse bedingter Winde geniessen, andererseits eine Vermehrung der Windstärke eintritt, wenn tiefe Thäler dem vorherrschenden Winde eine trichterförmige Oeffnung zukehren, während sie an ihrem anderen Ende mehr und mehr verengt werden. Es tritt in diesem letzteren Falle eine Zusammendrängung der in die weitere Oeffnung eingepressten Luft ein, welche, da die propulsive Kraft fortwirkt, die Wirkung der Verengerung ihres Strombettes nur durch Vermehrung ihrer Stromgeschwindigkeit auszugleichen vermag. Die nach Südwest und West sich öffnenden Harzthäler der Oder, Lutter, Sieber, Lonau und Söse sowie das Thal zwischen Gittelde und Grund sind durchaus geeignet, derartige Erscheinungen nicht selten aufzuweisen, und liegen auch in der That gelegentliche Einzelbeobachtungen dieser Art vor; leider fehlen indes hier noch systematische Aufzeichnungen gänzlich.

Der Windschutz eines Gebirges muss sich vornehmlich darin ausdrücken, dass die stärksten Winde nicht vom Gebirge her, sondern gegen dasselbe anwehen; doch sind hierbei, wie wir weiter unten sehen werden, die nördlichen Gebirgsränder auszunehmen, an welchen sich föhnartige Winde entwickeln.

Beistehende kleine Tabelle zeigt die Richtung der stärksten Winde für Klausthal, Nordhausen und Schwanebeck in den verschiedenen Jahreszeiten.

	Winter	Frühjahr	Sommer	Herbst
Klausthal	West-Südwest	Ost-Nordost	Süd-Südwest	West-Südwest
Nordhausen	Südwest	Südwest	Südwest	Südwest
Schwanebeck	Nord	West	Nordwest	West.

Wir ersehen daraus, wie für Klausthal die stärksten Winde vorwiegend aus einem Striche zwischen Süd-Südwest und West-Südwest, für Nordhausen konstant aus Südwest, für Schwanebeck aber zwischen West und Nord wehen. Der Windschutz des Harzes äussert sich demnach für Schwanebeck in der Weise, dass die an sich stärksten südwestlichen Winde so viel an Stärke einbüssen, dass die im allgemeinen absolut schwächeren Strömungen ein Uebergewicht ihrer Stärke erhalten.

Die Erscheinung des durch die Gebirge ausgeübten Windschutzes führt uns zur Erörterung der in derselben Weise hervorgerufenen Windstillen.

Wir sehen zunächst, dass nicht nur die freigelegenen Höhenstationen sehr wenig Windstillen notieren, sondern dass die Stationen der gebirgsfernen Ebenen, wie Torgau, Halle, Magdeburg, ausserordentlich selten ohne bewegte Luft sind. Genauere Betrachtung lehrt uns aber Gegenden kennen, welche, weil gegen die vorherrschenden Winde abgeschlossen, einen so beträchtlichen Reichtum an Windstillen haben, dass diese Thatsache als ein wichtiger klimatischer Faktor für die betreffende Gegend anzusehen ist. Wir finden z. B. Jena mit 37,2 % aller Notierungen windstill, Kassel mit 40 %, Rudolstadt mit 43,3 %. Den Grund haben wir ausschliesslich in dem Vorhandensein von Bodenerhebungen zu suchen, welche den vorherrschenden Winden den Weg verlegen. Kassel ist durch den nach Südwest und West vorgelagerten Habichtswald, Rudolstadt durch den ganzen, beträchtlich hohen Südostteil des Thüringer Waldes (vgl. Profil 9 u. 10) gegen Südwest, gegen West und Nordwest durch die nicht unbeträchtlichen Höhen der südlichen Ilmplatte ganz ausserordentlich geschützt. Jena aber liegt in dem tiefen Einschnitte, welchen die Saale in das Plateau der Ilmplatte eingegraben hat, gegen Südwest und West völlig geschützt.

Aus der ferneren Reihe der sich durch häufige Windstillen auszeichnenden Stationen fällt uns noch Klausthal auf, welches trotz seiner hohen Lage 12,7 % Windstillen meldet. Eine Erklärung dieser merkwürdigen Erscheinung lässt sich ohne weiteres nicht wohl geben, doch ist anzunehmen, dass Klausthal dem Steilabfall des Harzes auf seiner Luvseite noch nahe genug liegt, um noch innerhalb desjenigen Gebietes zu sein, welches infolge der Empordrängung der Luftmassen von noch nicht wieder horizontal gewordenen Luftströmen überweht wird. Ausserdem ist zu bedenken, dass namentlich an Gebirgen die Luftströmungen, sobald ein allgemeiner und grosser Gradient fehlt, als lokale Berg- und Thalwinde auftreten. Dieselben werden sich auf einer ziemlich ebenen Plateaufläche, wie es diejenige ist, auf welcher Klausthal liegt, weit weniger äussern als an den Abhängen und in den Niederungen. Auch dürfte zur Erklärung dieser häufigen Windstillen vielleicht die Thatsache mit herbeizuziehen sein, dass die Beobachtungstermine 8 Uhr morgens und 8 Uhr abends in fast allen denjenigen Fällen, in welchen diese lokalen Gebirgswinde wehen, ziemlich nahe mit den Zeiten des Windwechsels zusammenfallen. Berg- und Thalwind, deshalb eben auch als Nacht- und Tagwind bezeichnet, wechseln miteinander ab in der Weise, dass der am Tage bergaufwärts wehende Thalwind am Abend abflaut und nach einer Periode der Windstille in den während der Nacht bergabwärts wehenden Nachtwind übergeht, welcher abermals am Morgen schwach, schliesslich still wird, um dem Tagwind zu weichen. Im Sommer wird der Abendwindwechsel, also die zwischenliegende Stillenperiode, gegen 8 Uhr abends, im Winter der Morgenwindwechsel gegen 8 Uhr morgens eintreten, daher leicht eine grössere Anzahl von Windstillen vortäuschen können, als sie in der That im Laufe des Tages herrschen. Der Mittagswind ist aber an Gebirgsstationen häufig der schwächste des ganzen Tages, da die im Spiel der auf- und absteigenden Luftströme aus der Ebene heraufgedrungenen Luftmassen ihre geringere, durch Reibung behinderte Geschwindigkeit mitbringen. Doch dürfte Klausthal noch nicht hoch genug gelegen sein, um hierdurch beeinflusst zu werden.

Einen deutlichen Einfluss der Gebirge auf die Windverhältnisse von Mitteldeutschland würde man auch aus einer Statistik der Stürme erkennen können. Leider reicht für diese Untersuchungen das verfügbare Material zur Zeit noch durchaus nicht zu und müssen dieselben daher einer späteren Gelegenheit vorbehalten bleiben.

Wir dürfen jedoch das Kapitel vom Luftdruck und Winde nicht schliessen, ohne einer Erscheinung Erwähnung gethan zu haben, deren erste Konstatierung auf Grund des dichten Stationsnetzes in Mitteldeutschland durch den Verfasser bewirkt worden ist. Es ist dies der Föhn in den deutschen Mittelgebirgen.

Unter denselben begünstigenden Umständen, unter welchen, wie wir schon oben erwähnten, in den nördlichen Alpenthälern Föhn entsteht, also infolge der einseitigen Abführung der Luft, wie sie durch barometrische Depressionen, welche den Kanal kreuzen, hervorgerufen wird, können wir auch an den nördlichen Abhängen und Thälern des Harzgebirges und des Thüringer Waldes die charakteristischen Föhnerscheinungen, wenn auch selbstredend in abgeschwächter Intensität, wahrnehmen. Einer der charakteristischesten derartigen Fälle trat am 1. Januar 1883 ein und wurde vom Verfasser persönlich in Wernigerode beobachtet. Da derselbe als Muster für alle übrigen analogen Erscheinungen dienen kann, sei derselbe etwas ausführlicher erörtert.

Am 1. Januar lag westlich von Schottland eine Depression von 745 mm Tiefe, welche einen Keil niederen Luftdrucks südöstlich bis in die Gegend von Hannover vorgetrieben hatte; im südlichen Frankreich und im südlichen Centraleuropa lagen zwei getrennte Gebiete hohen Luftdrucks. Im Laufe des Tages fiel das Barometer im Nordwest um fast 10 mm, stieg dagegen in Süddeutschland um mehrere Millimeter. Durch diese fortschreitende Verstärkung der Druckdifferenz wurde ein starker Gradient nach Nord zu erzeugt, welchem folgend die Luftmassen Norddeutschlands leicht und ohne Hindernis, diejenigen von Mitteldeutschland und besonders die südlich vor den Gebirgen lagernden nur zögernd und langsamer nach der Depression hin abströmten. Hierdurch entstand eine Luftverdünnung an den Nordrändern der quer zur Strömung sich erstreckenden beiden Gebirge Harz und Thüringer Wald, welche dazu führen musste, dass die den Kamm übersteigenden Luftmassen, statt horizontal dem zur Depression hin gerichteten Zuge zu folgen, mit grosser Geschwindigkeit abwärts stürzten und bei diesem Sturz infolge zunehmender Kompression erwärmt wurden. Da sie bei ihrem Aufsteigen an der Luvseite des Gebirges infolge der zunehmenden Abkühlung durch abnehmenden Luftdruck den grössten Teil ihres Wassergases durch Kondensation verloren hatten, mussten sie im Lee relativ trocken ankommen und infolgedessen die Differenz der Temperaturänderungen mit der Höhe, wie sie zwischen feuchter und trockener Luft besteht, zu einer beträchtlichen Zunahme der Leeseiten-Temperatur ausnutzen.

So herrschte um 8 Uhr abends in Nordhausen (in 222 m Höhe) eine Temperatur von 7°,5, auf dem Brocken (1142 m) 5°,5, in Wernigerode (circa 210 m) aber beobachtete der Verfasser selbst 13°,5. Der Wind war Südwest, in Nordhausen mässig, auf dem Brocken stark, in Wernigerode bei klarem Himmel stürmisch, in kurzen heftigen Böen wehend. In Nordhausen und auf dem Brocken fiel ziemlich starker Regen.

Unser Profil 5 kann uns in seinem mittleren Teile dazu dienen, die einschlägigen Verhältnisse zu verfolgen, wobei wir natürlich nicht vergessen dürfen, dass der Höhenmassstab der Profile ein anderer ist als der der Länge. Von Nordhausen aus in 222 m Höhe, im Profil der Lage von Scharzfeld, welches etwas westlicher liegt, entsprechend, stieg feuchte Luft mit der Temperatur von 7°,5 an der Luvseite des Gebirges in die Höhe. Da die Luft nahezu mit Wassergas gesättigt war, wie der am ganzen Tage herrschende feuchte Nebel und die relative Feuchtigkeit von 99 % bewies, so bedurfte es nur eines geringfügigen Aufsteigens, um das Wassergas zur Verdichtung zu bringen. Alle auf der Luvseite des Gebirges liegenden Stationen meldeten 100 % relative Feuchtigkeit und Regen, auch der Brocken ebenso. Dieser die ganze Luvseite einnehmenden Dampfsättigung ist es auch zuzuschreiben, dass die Abnahme der Temperatur mit wachsender Höhe so ausserordentlich langsam erfolgte, dass dieselbe bis zur Brockenhöhe nur 2°, also bei einer Höhendifferenz von 920 m nur um 0°,2 auf 100 m betrug. Auf diesem Wege muss jedoch die aufsteigende Luft den grössten Teil ihres Wassergasgehaltes durch Kondensation eingebüsst haben, so dass sie, in den luftverdünnten Raum nördlich vom Brockengebirge mit Vehemenz niederstürzend, die Temperaturzunahme trockener Luft erfahren konnte. Auf diesem abwärts gerichteten Wege von 930 m Höhe wurde die Luft durch Kompression um volle 8° erwärmt, was einer

Zunahme von 0°,84 auf 100 m entspricht. Leider liess sich die relative Feuchtigkeit in Wernigerode nicht feststellen, doch belehrte der heitere Himmel darüber, dass sie jedenfalls ziemlich weit vom Sättigungspunkte entfernt lag. Die Wärme war in Wernigerode eine geradezu frappante und drückende. Aehnliche Erscheinungen der Kompressionserwärmung wurden auch in Ballenstedt beobachtet, woselbst 10°,5 notiert wurden, während gleichzeitig Quedlinburg, welches dem Gebirgsabfall etwas ferner liegt, nur 6°,8 hatte.

Am Thüringer Walde zeigten sich analoge, wenn auch weniger intensive Erscheinungen: Meiningen (311 m) hatte 8°,0, Salzungen (253 m) 8°,4, während auf der Nordseite Eisenach (275 m) 11°,0, Arnstadt (287 m) 10°,4, Erfurt (197 m) 11°,9, Rudolstadt (217 m) 12°,2 beobachteten. Die Gebirgsstationen Grossbreitenbach, Oberhof und Inselsberg hatten gleichzeitig 8°,9, 8°,0, 7°,2, sodass eine noch viel langsamere Temperaturabnahme nach oben vorhanden war, als an der Luvseite des Harzes. Dagegen betrug die Erwärmung der niederströmenden Luft durch Kompression im Lee des Gebirges zwischen dem Inselsberg und Salzungen fast 4° bei einer Höhendifferenz von 630 m, was einer Zunahme von 0°,64 auf 100 m entspricht; zwischen Grossbreitenbach und Rudolstadt betrug diese Wärmezunahme 0°,8 auf 100 m.

Gleichzeitig wurden auch vom Nordrande der Alpen Föhnerscheinungen (Friedrichshafen) gemeldet.

Aehnliche Verhältnisse traten am 22. Januar 1884 an den Nordrändern beider Gebirge auf, als eine tiefe und grosse Depression sich über die nördliche Nordsee hinwegbewegte. Hier hatten die Randstationen des Harzes heftige Stürme bei trockenem Wetter, während auf dem Gebirge selbst bei mässigem Winde Schnee und Regen in grossen Mengen fiel.

Ein sehr interessanter Föhn trat am 1. Februar 1885 am Thüringerwalde und zwar abermals gleichzeitig mit einem schweren Föhnsturm in Trogen, Glarus und Basel auf. Auf die nähere Beschreibung dieses interessanten Phänomens müssen wir indes hier verzichten, verweisen vielmehr auf die bezüglichen Angaben in Nr. 4 der vom Verfasser herausgegebenen meteorologischen Monatsschrift „das Wetter“, II. Jahrgang S. 72, wo eine ausführliche Angabe der betreffenden Verhältnisse zu finden ist.

Für den Zweck unserer Arbeit würde es neben der Konstatierung dieser exquisiten Gebirgswirkung darauf ankommen festzustellen, ob föhnartige Erscheinungen derartig häufig an unseren Gebirgen vorkommen, dass sie imstande wären, einen namhaften Einfluss auf das Klima der Hinterländer oder auch nur einzelner Thäler auszuüben, wie es von einigen der nördlichen Alpenthäler, z. B. dem Illthal bei Bludenz (Vorarlberg) konstatiert worden ist. Bludenz hat in jedem Jahr insgesamt einen Monat lang Föhn, sodass eine deutliche Temperaturerhöhung dieses Thales anderen gegenüber hierdurch bewirkt wird, was sich auch in der Vegetation ausspricht [1]).

[1]) Ueber die Föhnerscheinungen in den Alpen vgl. Hann, Handbuch der Klimatologie S. 208 ff.

Für unsere erheblich niedrigeren Gebirge kann der Effekt naturgemäss nur ein bedeutend schwächerer sein, sodass ähnliche Verhältnisse, wie in Bludenz, nicht zu bemerken sein können. Ausserdem wird eben auch wegen der geringen Intensität die Erscheinung häufig unbeachtet bleiben müssen, oder kann wenigstens nicht mit aller Schärfe nachgewiesen werden. Aus den letzten Jahren sind ausser den angeführten hauptsächlich noch die Tage vom 27. November 1881, 17. December 1881, 30. Januar 1883, 20--21. November 1883, 1. Februar 1884 als solche zu nennen, an welchen deutlichere föhnartige Erscheinungen zu beobachten waren. Wir werden jedoch später in dem Kapitel von dem Einfluss der Gebirge auf die Hydrometeore sehen, wie eine wichtige Erscheinung des Föhns, die geringere Bewölkung und geringere Regenmenge an der Nordseite der Gebirge eng mit den erörterten Differenzen des Luftdrucks an den verschiedenen Seiten der Gebirge zusammenhängt und sich auf weite Entfernungen hin zeigt.

Fassen wir zum Schluss dieses ersten Kapitels über den Einfluss der Gebirge auf die Luftdruck- und Windverhältnisse von Mitteldeutschland unsere Resultate zusammen, so finden wir folgendes:

1. Nördlich vom Harzgebirge und dem Thüringer Walde zeigen sich in den Jahres- und Jahreszeiten-Mitteln kleine Gebiete niederen Luftdruckes, welche zwar die Hauptströmung der Luft nicht abzulenken vermögen, wohl aber die übrigen, weniger konstanten und starken Windrichtungen in der Weise beeinflussen, dass diejenigen, welche ihrem Aspirationszuge folgen, die zweithäufigsten werden.

2. Die Gebirgswinde treten in den mitteldeutschen Gebirgen in voller Deutlichkeit auf und erstrecken ihren Einfluss bis in die gebirgsnahen Niederungen.

3. Die stärksten Winde sind für die gebirgsnahen Gegenden diejenigen, welche nicht vom Gebirge herkommen.

4. Die Gebirge beeinflussen die Ventilation mancher Thäler und Niederungen in der Weise, dass Windstillen eine ausserordentliche Häufigkeit erreichen.

5. In den nördlichen Thälern und Rändern der beiden Hauptgebirge Mitteldeutschlands kommen deutlich ausgeprägte föhnartige Erscheinungen zur Winterszeit vor.

B. Temperaturverhältnisse.

Es kann nicht Zweck der vorliegenden Arbeit sein, nur diejenigen Faktoren zu betrachten, bei welchen ein starker und augenfälliger Einfluss der Gebirge hervortritt, vielmehr müssen wir auch festzustellen suchen, auf welche klimatischen Elemente die Bodenerhebungen keinen oder nur einen geringen und gelegentlichen Einfluss ausüben. Letzteres wird um so mehr nötig sein, wenn dieses Resultat des geringen Einflusses ein unerwartetes und der gewöhnlichen Anschauung widersprechendes ist.

In dieser Lage befinden wir uns bei der Erörterung der Temperaturverhältnisse, deren Abhängigkeit von den Bodenerhebungen ohne eingehendere Betrachtung als eine sehr bedeutende angesehen wird.

Zweifellos ist dies auch im hohen Masse der Fall, wenn wir den Begriff „Klima von Mitteldeutschland" in seinem weitesten Sinne fassen, so dass darunter z. B. auch die von der Höhenlage der einzelnen Gegenden oder Orte direkt abhängigen Verhältnisse oder die Einflüsse der Exposition eines Ortes gegenüber der Sonneneinstrahlung verstanden werden. Suchen wir dagegen in engerer Begrenzung unseres Themas nur den Einfluss festzustellen, welchen die Gebirge nicht auf sich selbst, sondern auf ihre nähere und fernere Umgebung, auf Mitteldeutschland als Ganzes ausüben, so werden wir nur verhältnismässig dürftige Resultate bei den Temperaturverhältnissen finden.

Ehe wir jedoch an diese Untersuchung selbst herangehen, ist es notwendig, über das benutzte Beobachtungsmaterial zu berichten und dessen Zuverlässigkeit zu bestimmen.

Jeder Meteorologe weiss, dass die Beschaffung völlig einwurfsfreien Temperaturmaterials zu den schwierigsten Aufgaben gehört, welche die praktische Beobachtung kennt. Die Schwierigkeiten der Aufstellung von Thermometern, welche weder von der Sonne, noch von reflektierter Wärme getroffen, dabei aber dem Luftwechsel genügend ausgesetzt werden sollen, welche in möglichst gleicher Höhe über dem Erdboden fern von allen künstlichen Wärmequellen, gegen Regen geschützt angebracht sein sollen, werden nur an sehr wenigen Stationen als völlig überwunden angesehen werden dürfen.

In unserem Beobachtungsgebiete finden wir Aufstellungen der verschiedensten Art und in allen möglichen Höhen über dem Erdboden vor, trotzdem überall in der möglichsten Weise Rücksicht auf die bekannten Desiderate einer guten Aufstellung genommen worden ist. Dasselbe ist von den Beobachtungszeiten zu sagen, welche in 5fachem Arrangement vertreten sind — hier kann, was man sich nicht scheuen darf, auszusprechen, nur der Zwang Abhilfe schaffen. Solange die mühsamen und opfervollen meteorologischen Beobachtungen allein auf dem guten Willen der Beobachter beruhen, so lange wird es nicht gelingen, die Prinzipien der korrekten Beobachtung als das einzige und unweigerliche Erfordernis bei der Einrichtung von Stationen und Bestellung von Beobachtern gelten zu lassen und von der Bequemlichkeit in Oertlichkeit und Zeit völlig Abstand zu nehmen. Und dies kann nur auf zwei Wegen erreicht werden, dem Wege der Besoldung der Beobachter, wie es im Königreich Bayern zum grossen Segen der Sache üblich ist, oder indem man die Beobachtungen Beamten oder solchen Persönlichkeiten überträgt, welche durch irgend eine disciplinare Gewalt zur Vernachlässigung der Bequemlichkeitsrücksichten gezwungen werden können. Wenn man an massgebender Stelle diejenigen Berufsklassen, welche naturgemäss der Witterungsbeobachtung am nächsten stehen, also die Land- und Forstwirte, für die Uebertragung von Beobachterposten ins Auge fassen würde, so würde sich mit Leichtigkeit ein grosser Schritt nach vorwärts in dieser Richtung thun lassen: der Staat verpachte keine Domäne mehr ohne die Bedingung, dass eine meteorologische Station nach Vorschrift des Centralinstitutes dort errichtet werde und setze eine Konventionalstrafe fest für Vernachlässigung der Beobachtungen; der Staat verlange von jedem Oberförster die Errichtung und Instandhaltung einer Station in seinem Revier, deren Beobachtungen unter seiner Oberaufsicht und Verantwortlichkeit zu erfolgen haben, und man wird binnen kurzem gegen 1500 meteorologische Stationen im preussischen Staate haben, bei welchen die Korrektheit der Beobachtungen einziger Zweck ist.

Dass es möglich ist, auf diesem Wege das gewünschte Ziel zu erreichen, beweisen die einschlägigen Verhältnisse im Herzogtum Braunschweig, wo durch die Energie eines Mannes, welcher in der Lage ist, die Forstbeamten für seine Wünsche dienstwillig zu machen, ein Corps von Beobachtern unter den herzoglichen Oberförstern entstanden ist, deren Aufzeichnungen dem Ideale sehr nahe kommen.

Man verzeihe dem Verfasser diese abschweifenden Betrachtungen, welche sich unwillkürlich aufdrängen, wenn man den aus den verschiedensten Rücksichten entsprungenen Methodenreichtum in unserem Gebiete vor Augen hat.

Zur Darstellung der Temperaturverhältnisse von Mitteldeutschland suchten wir alles Material zu verwerten, dessen wir habhaft werden konnten, beschränkten uns daher nicht auf die dem Vereine für landwirtschaftliche Wetterkunde angehörigen Aufzeichnungen, sondern zogen auch die in den Jahrbüchern der preussischen Statistik niedergelegten Daten, soweit sie unser Gebiet betreffen, in den Kreis unserer Untersuchung hinein. Da das Königlich preussische meteorologische Centralinstitut erst seit dem Jahre 1882 eine steigende Vermehrung seiner Beobachtungsstationen vorgenommen hat, war es schwer thunlich, auf einen längeren Zeitraum für unsere Zwecke zurückzugreifen, zumal auch die Beobachtungen des Vereines für landwirtschaftliche Wetterkunde, in der Mitte des Jahres 1881 begonnen, im Jahre 1882 zuerst vollständige Jahresresultate geben konnten. So sind denn im wesentlichen die Aufzeichnungen der Jahre 1882, 1883, 1884 und 1885 unseren Betrachtungen zu Grunde gelegt worden.

Da wir uns die verhältnismässig geringe Beweiskraft derartig kurzer Zeiträume nicht verhehlen, auch die Temperaturverhältnisse jener vier Jahre einseitig abnorme, d. h. durch ausserordentlich milde Winter ausgezeichnete waren, versuchten wir diesen Mangel durch Berechnung der 6jährigen Mittel von allen verwendbaren Stationen soviel als möglich auszugleichen. In diese Reihe kam dann der sehr kalte Januar 1881 und, da die Jahresmittel für das meteorologische Jahr, welches mit dem Dezember beginnt, gebildet wurden, auch noch der noch kältere Dezember 1879 hinein, so dass die hieraus resultierenden Mittelwerte den normalen näher kommen als die einseitig abnorm beeinflussten der vier letzten Jahre. Es kommt noch hinzu, dass deren Wärmeverhältnisse allein auch deshalb nicht als normale Werte gelten können, weil der März 1883 eine so niedrige Temperatur in Mitteldeutschland hatte, wie dies ganz ausserordentlich selten vorzukommen pflegt, z. B. in Magdeburg innerhalb der letzten 50 Jahre nur 4mal geschehen ist.

Trotz aller der angeführten Bedenken erschienen uns die vorhandenen Temperaturwerte für unseren speziellen Zweck, welcher ja keine absoluten klimatologischen Masse, sondern ausschliesslich Relativzahlen verlangt, ausreichend, zumal die zur Verwendung kommenden

Angaben sich alle auf denselben Zeitraum beziehen oder doch in Beziehung gebracht worden sind.

In Bezug auf letztere Thatsache, dass eine Reduktion solcher Beobachtungsreihen, welche kleinere Lücken aufwiesen, oder auch solcher, von welchen nur 5- oder 3jährige Reihen vorlagen, auf vollständige 6- und 4jährige Mittel ausgeführt werden musste, ist es noch unsere Pflicht, in wenigen Worten die hierbei zur Verwendung gelangte Methode darzustellen.

Fehlten einer Beobachtungsreihe eine oder einige Einzelbeobachtungen oder ganze Monatsmittel, so wurden, wenn möglich, zwei benachbarte, in ihren Lagenverhältnissen möglichst ähnliche Stationen in der Weise zur Ergänzung der fehlenden Werte herangezogen, dass die Differenzen der vorhandenen Angabe für die entsprechende Zeiteinheit, meist also für einen Monat, ermittelt, und dass vermittelst dieser die fehlenden Angaben nach den vorhandenen Aufzeichnungen der Vergleichsstationen ergänzt wurden. In zweifelhaften Fällen wurde, wie dies Prof. Hann in seiner mustergültigen Darstellung der Temperaturverhältnisse der österreichischen Alpenländer (3. Teil) vorschreibt, einer Station ähnlicher Lage aber weiterer Entfernung der Vorzug gegeben vor einer solchen in grosser Nähe aber unähnlicher Lage, so dass also Gipfel mit Gipfel, Thal mit Thal, Südhang mit Südhang verglichen und der Ergänzung unterzogen wurde [1]).

Um ein Beispiel der Methode anzuführen, möge die Ergänzung der für Koburg fehlenden Reihe des Jahres 1882 aus den Aufzeichnungen von Meiningen kurz angegeben werden. Beide Stationen liegen am westlichen Abhange von Bodenerhebungen, welche circa 450 m hoch sind, Meiningen in 311, Koburg in 324 m Seehöhe, beide östlich von einem Wasserlaufe, Werra und Itz, in einem mässig breiten, von sanft abfallenden Höhenzügen eingefassten Flussthale, beide Stationen nicht auf der Thalsohle, sondern auf einer kleinen Anhöhe über derselben. Die grosse Aehnlichkeit der Verhältnisse erlaubte hier die Ergänzung der Beobachtungen eines ganzen Jahres, zumal ohne dieselbe die Station Koburg gänzlich hätte aus der Reihe der zu betrachtenden gestrichen werden müssen, was wegen der geringen Anzahl der Stationen südlich vom Thüringer Walde ein entschiedener Verlust gewesen sein würde.

Die Jahre 1883, 1884 und 1885 lagen von beiden Stationen vollständig vor. So wurde nun der Januar 1883 von Koburg mit dem Januar 1883 von Meiningen verglichen, wobei sich zeigte, dass Koburg ein um 0°,3 niedrigeres Mittel, — 0°,8 gegen — 0°,5 gehabt hatte; der Januar 1884 hatte in Koburg 2°,2, in Meiningen 2°,5 als Mitteltemperatur, also gleichfalls 0°,3 weniger Wärme. In dieser Weise wurde nun der Schluss gezogen, dass überhaupt der Januar in Koburg um 0°,3 kälter zu sein pflegt als in Meiningen. Da nun der Januar 1882 in Meiningen eine Mitteltemperatur von — 0°,7 aufwies, wurde unter Berücksichtigung

---

[1]) Die Temperaturverhältnisse der Oesterreichischen Alpenländer von J. Hann, Sitzungsberichte der Kaiserl. Akademie der Wissenschaften Bd. XCII, 1885, II. Abteilung. Juni.

der gefundenen mittleren Januarkorrektion von — 0°,3 für Koburg ein Januarmittel von — 1°,0 angenommen. Die weitere Fortsetzung dieses Verfahrens auf das ganze Jahr zeigte indes, dass es durchaus falsch sein würde, diese Korrektion von — 0°,3 für das ganze Jahr als gültig zu betrachten und demnach zu verfahren. Es zeigte sich vielmehr folgende Korrektionsreihe:

Dezember	Januar	Februar	März	April	Mai
— 0°,4	— 0°,3	— 0°,4	— 0°,3	0°,4	— 0°,6
Juni	Juli	August	September	Oktober	November
— 0°,1	± 0°,0	+ 0°,1	+ 0°,1	— 0°,3	— 0°,8.

Koburg ist also in den Monaten Juli, August und September etwas wärmer, sonst aber, und am meisten im November, etwas kälter als Meiningen. Bei derartig ausgeführten Ergänzungen wird sowohl eine von den unvermeidlichen Beobachtungs- und Aufstellungsfehlern nicht wesentlich abweichende Genauigkeit erzielt, als auch die Erhaltung des Charakters der lokalen Verhältnisse der ergänzten Station bewirkt.

Da wir in vorliegender Abhandlung nicht eine ausschliesslich für Fachmeteorologen berechnete Arbeit zu liefern haben, wird die Angabe der Reduktionsmethode hiermit genügend ausgeführt sein; ein fachwissenschaftliches Werk müsste womöglich die sämtlichen Korrektionen selbst wiedergeben.

Aus demselben Grunde sehen wir hier ab von der Wiedergabe der Monatsmittel sämtlicher Stationen, geben vielmehr in folgender Tabelle 3 die 4jährigen Monatsmittel und Mittel der Jahreszeiten und Jahre einer Anzahl ausgewählter, für unseren Zweck günstig gelegener Stationen aus den Jahren 1882—1885, dazu die Mittel der Jahre und Jahreszeiten nach Reduktion auf das Meeresniveau. Zum Vergleich dieser Werte mit einer etwas längeren Reihe sind in der letzten Spalte die 6jährigen, gleichfalls auf Meer reduzierten Jahresmittel von 1880 bis 1885 wiedergegeben worden.

Die Gruppierung der Stationen ist nach klimatischen Bezirken erfolgt, wodurch örtliche Zusammengehörigkeit und Aehnlichkeit der zu einem Bezirke gehörigen Lagenverhältnisse gewahrt worden sind. Wir gewinnen hierdurch, da besonders die Bodenerhebung das leitende Prinzip für die Gruppierung gewesen ist, auch aus den Tabellen selbst die Möglichkeit einer Beurteilung der Beziehungen der Temperaturen zu den Gebirgen.

Eine Darstellung dieser Verhältnisse durch Karten, wie man sie wohl für geraten halten könnte, hat insofern grosse Schwierigkeiten, als bei der vielfach eng lokalen Beeinflussung der betreffenden Werte durch eigene Höhenlage oder Lage in einem tiefen, die Intensität und Dauer der Besonnung erheblich modifizierenden Thale oder an einem Bergabhang die Isothermen einer kartographischen Darstellung zwischen den Stationen willkürlich angeordnet werden müssten, sollte nicht die ganze Karte in lauter Einzelgebiete zerfallen.

Als allgemeines Resultat des ersten Teiles der Tabelle sehen wir, dass die, abgesehen von dem stark lokal beeinflussten Kunrau, nördlichste Station dieser Reihen, Braunschweig, ein um 0°,0 höheres Jahresmittel hat als die südlichste unserer Stationen, Koburg; ersterer Ort hat 8°,9,

Tabelle 3. Temperaturmittel aus den Jahren 1882, 1883, 1884 und 1885.

	Höhe	Dezember	Januar	Februar	März	April	Mai	Juni	Juli	August	September	Oktober	November	Winter	Frühjahr	Sommer	Herbst	Jahr	Auf Meeresniveau reduziert. Jahr	Winter	Frühj.	Sommer	Herbst	Mittel a. Jahren
Klausthal	592	−1,1	−0,8	0,5	0,5	5,1	9,3	12,6	14,4	13,0	11,0	5,9	1,2	−0,5	5,0	13,8	6,0	5,6	8,5	2,4	7,9	17,4	8,9	8,2
Nordhausen	222	1,1	−0,1	2,6	3,0	7,4	12,1	15,5	17,4	16,3	12,7	8,0	3,1	1,2	7,5	16,2	8,2	8,3	9,4	2,3	8,6	17,5	9,3	9,2
Braunschweig	80	1,0	1,1	3,4	3,5	7,2	12,6	15,6	18,0	16,1	14,3	8,7	3,0	2,0	7,9	16,6	8,9	8,9	9,3	2,4	8,9	17,1	9,3	8,8
Kunrau	68	1,1	0,1	2,6	2,8	7,7	12,6	15,7	17,7	16,4	13,8	8,3	2,8	1,4	7,7	16,4	8,4	8,4	8,7	1,7	8,0	16,8	8,7	—
Magdeburg	54	1,5	0,0	2,9	3,6	8,4	12,9	16,3	18,5	16,5	14,7	8,9	3,2	1,6	8,2	17,0	8,9	9,0	9,3	1,9	8,5	17,3	9,2	9,1
Bernburg	77	1,3	0,2	2,7	3,3	8,1	12,7	16,3	18,4	16,2	14,5	8,6	3,1	1,4	8,0	17,1	8,7	8,7	9,1	1,8	8,4	17,5	9,1	9,0
Schwanebeck	110	1,8	0,7	3,2	3,6	8,4	13,1	16,4	18,8	16,1	14,5	9,1	3,8	1,9	8,4	16,9	9,2	9,1	9,7	2,5	9,0	17,6	9,8	—
Korbetha	118	1,1	−0,8	2,5	3,5	7,8	12,6	16,1	18,1	16,4	14,5	8,0	3,0	1,2	8,0	16,8	8,8	8,6	9,2	1,6	8,6	17,5	9,4	—
Frankenhausen	130	1,5	0,1	3,0	4,1	8,6	13,9	16,1	18,7	16,8	14,1	8,9	3,4	1,5	8,7	17,1	8,8	9,0	9,7	2,1	9,3	17,9	9,4	—
Langensalza	201	1,7	0,3	3,2	3,8	8,1	12,9	16,1	18,1	16,5	13,9	8,9	3,7	1,7	8,3	16,9	8,8	8,9	9,9	2,7	9,3	18,1	9,8	9,7
Erfurt	196	1,3	−0,7	2,0	3,3	7,9	12,0	15,5	17,5	16,0	13,9	8,5	3,0	1,0	8,0	16,3	8,4	8,4	9,4	2,0	9,0	17,5	9,4	9,3
Sulza	134	1,0	−0,7	2,5	3,4	8,1	12,6	15,8	17,6	15,6	14,1	8,0	3,0	1,0	8,1	16,5	8,0	8,1	8,8	1,7	8,8	17,3	8,7	—
Weimar	228	1,2	−0,5	3,0	3,2	7,3	12,4	15,6	17,5	15,5	13,6	8,4	3,0	1,0	7,7	15,9	8,3	8,2	9,3	2,1	8,8	17,3	9,4	9,2
Rudolstadt	217	1,0	−0,7	2,4	2,8	7,2	12,4	15,3	17,2	15,6	13,5	8,1	2,8	0,9	7,7	16,0	8,0	8,1	9,2	2,0	8,8	17,3	9,1	—
Eisenach	245	0,8	−0,9	2,1	2,3	6,7	11,0	14,4	16,5	14,6	12,5	7,7	2,5	0,6	6,7	15,2	7,6	7,6	8,8	1,8	7,9	16,7	8,8	8,7
Salzungen	253	1,2	−0,4	2,3	3,0	7,7	12,1	15,2	17,1	15,2	13,1	8,2	2,9	1,1	7,6	15,9	8,0	8,1	9,4	2,4	9,1	17,4	9,3	—
Meiningen	311	0,7	−0,6	2,0	2,7	7,4	11,9	15,3	16,9	15,1	12,9	7,9	2,8	0,7	6,9	15,9	7,9	7,9	9,4	2,2	8,4	17,8	9,4	9,2
Koburg	324	0,1	−0,7	1,5	2,7	7,7	11,9	15,7	17,2	15,5	13,0	7,0	2,3	0,3	7,6	16,1	7,9	8,0	9,6	1,9	9,2	17,8	9,5	—
Inselsberg	906	−2,7	−2,5	−1,5	−1,4	2,9	7,3	11,1	12,8	11,5	9,8	4,2	−0,2	−1,6	3,1	11,8	4,5	4,3	8,8	2,9	7,0	17,2	9,0	—
Gross-Breitenbach	648	−1,2	−2,0	0,4	0,7	5,2	9,8	13,7	14,8	13,4	11,5	5,9	0,8	−0,9	3,8	14,0	6,1	6,1	9,2	2,2	8,2	17,8	9,2	9,0
Jena	159	1,3	−0,4	2,7	3,2	7,4	12,4	15,8	17,9	15,6	13,5	8,5	3,8	1,2	7,6	16,4	8,3	8,4	9,2	2,0	8,4	17,3	9,1	9,0
Dessau	62	1,4	−0,7	3,0	3,8	8,7	13,0	16,6	18,6	16,5	14,8	8,9	3,6	1,7	8,5	17,2	9,1	9,1	9,4	2,0	8,8	17,0	9,4	—

letzterer nur 8°,0 im 4jährigen Mittel. Trotzdem Koburg um volle 2 Breitengrade südlicher liegt als Braunschweig, macht doch die höhere Lage von Koburg den thermischen Vorteil der südlicheren Breite mehr als wett. Die höchsten Jahresmittel finden wir mit 9°,1 in Schwanebeck und Dessau, also Stationen, welche im Flachlande gelegen sind. Die niedrigsten Werte geben uns die Gebirgsstationen, von welchen der Inselsberg, da die Reihen vom Brocken leider unvollständig sind, mit 4°,3 obenan steht. Eine dreijährige Reihe ergab für den Brocken 2°,3. Durchmustern wir in grossen Zügen die Mittel der Monate, so finden wir den Dezember nur auf den Höhenstationen unter 0°, während der Januar, von den Gebirgsorten abgesehen, fast in allen südlich vom Harze gelegenen Stationen seine Mittelwärme unter dem Gefrierpunkt hat.

Dass es nicht die Höhenlage allein ist, welche diese niedrigeren Werte hervorruft, sehen wir aus dem Vergleich der Stationen Korbetha (— 0°,3) und Schwanebeck (0°,7), welche nahezu gleiche Meereshöhe haben; noch deutlicher zeigt sich dieses bei Erfurt (— 0°,7) und Langensalza (0°,3), trotzdem letztere Station etwas höher liegt als erstere. Der Januar ist in Erfurt ebenso kalt wie in Koburg, trotzdem letzterer Ort um 128 m höher liegt.

Wir sehen also, dass ausser der Höhenlage eines Ortes noch andere Faktoren Einfluss auf die Temperaturverhältnisse ausüben, als deren wichtigsten wir bei den meisten nördlich vom Harz gelegenen Stationen die Meeresnähe, bei den übrigen Orten aber die durch die Bodenkonfiguration bedingten Verhältnisse der Exposition gegen die Sonne und gegen vorherrschende Winde zu nennen haben.

Wie schon aus der Tabelle bis zu einem gewissen Grade ersichtlich ist, würde eine kartographische Darstellung der Mitteltemperaturen zeigen, wie die Temperatur mit wachsender Meereshöhe abnimmt, und insofern könnte sie unserem Zwecke dienlich sein, die Isothermen würden mit den Isohypsen nahezu zusammenfallen; doch wollen wir nicht diese bekannte Thatsache, sondern den Einfluss der Gebirge auf die Temperatur der Umgebung untersuchen, und zu diesem Zweck werden unsere Mittelwerte überhaupt, wenn wir nicht den Einfluss der eigenen Höhenlage der Stationen ausschalten, unbrauchbar sein.

Zwar darf man sich nicht verhehlen, dass durch eine Reduktion auf den Meeresspiegel, denn hierum kann es sich nur handeln, die thatsächlichen Verhältnisse nur annähernd getroffen werden können, welche herrschen würden, wenn man jede Station als im Niveau des Meeres liegend sich denken wollte, da der Betrag der Temperaturabnahme mit der Höhe eine stark lokale Erscheinung ist. In trockener Luft beträgt dieselbe mit voller Gesetzmässigkeit 1°,0 auf 100 m; an den Luvseiten der Gebirge und in den meeresnahen Gebirgen beträgt sie sehr viel weniger als an den trocknen Leeseiten oder an kontinentaleren Erhebungen. Trotzdem ist es, um ein Bild des Einflusses der Gebirge auf ihre Umgebung zu erlangen, notwendig, mittelst eines gemeinschaftlichen Reduktionsfaktors den Einfluss der eigenen Höhenlage der Stationen zu eliminieren. Als diesen Faktor haben wir den für unsere Verhältnisse der Wahrheit am nächsten kommenden von 0°,5 auf 100 m Erhebung angenommen und demnach die in den letzten Spalten der Tabelle verzeichneten Jahres- und Jahreszeitenmittel erhalten.

Die Eintragung dieser vom Einfluss der eigenen Höhenlage befreiten Temperaturwerte in Karten würde in übersichtlicher Weise die übrigen thermisch wirksamen Faktoren veranschaulichen. Wir geben daher, da der dieser Arbeit gesteckte Rahmen eine weitere Detaillierung nicht erlaubt, die Karte der reduzierten Jahresmittel (Karte 3) wieder, während wir in betreff der Jahreszeitenmittel auf die Tabelle verweisen müssen.

Wir bemerken zunächst in dieser Reihe, dass eine grosse Gleichmässigkeit der Werte eingetreten ist, sodass von einem in die Augen springenden Einfluss der Bodenerhebungen auf die Temperaturverteilung nicht die Rede zu sein scheint.

Sehen wir uns die Karte und Tabelle etwas näher an, so finden wir mit einem Mittel unter 9° folgende Stationen, welche wir nach ihren Mittelwerten ordnen wollen:

Klausthal 8°.5 (592 m), Kunrau 8°,7 (63 m), Sulza 8°,8 (134 m), Inselsberg 8°,8 (906 m), Eisenach 8°,8 (275 m). Die gleiche Mitteltemperatur von 8°,8 hat die wegen einiger Lücken in der Tabelle nicht mit aufgeführte Station Katzhütte (434 m). Wir sehen zunächst hieraus, dass es nicht ein unrichtiger Reduktionsfaktor sein kann, welcher das Mittel erniedrigt, da es alle Expositionen und Höhenlagen sind, welche diese Temperaturabweichungen zeigen. Würde man die Thatsache, dass die Höhenstationen als zu kalt erscheinen, für sich betrachten, so würde man zu dem Schluss kommen, dass ein grösserer Faktor als 0°,5 in Anwendung hätte kommen müssen, um Uebereinstimmung mit der Umgebung zu erzielen. Es würde hieraus ein geringerer Wassergasgehalt derjenigen Luftschichten hervorgehen, welche jene Gipfel- und Höhenstationen umspülen, während wir doch wissen, dass dieselben zum Teil in derjenigen Zone liegen, welche das meiste Wasser in Gestalt von Wolken enthalten. Doch ist der wirkliche, absolute Wassergasgehalt in grösseren Höhen ein geringerer als in tieferen Lagen, für 1000 m Höhe beträgt derselbe nach Hann nur 0,73, wenn man den in 0 m vorhandenen gleich 1,00 setzt. Hauptsächlich dürfte aber der an den Höhenstationen stets rege Luftwechsel zur Erklärung der niederen Temperaturen heranzuziehen sein, sowie die wegen häufigerer Benetzung des Erdbodens und auch wegen des verminderten Luftdrucks verstärkte Verdunstung, welche durch Bindung der Wärme abkühlend wirkt. Hinzu kommt noch der beträchtliche Wärmeunterschied, welcher dadurch entsteht, dass im Frühjahr die höheren Lagen noch eine Schneedecke tragen, welche ihrerseits durch Verstärkung der Ausstrahlung und durch Behinderung der Bodeninsolation wärmehemmend wirkt.

Diese Thatsachen könnten uns die niedere Temperatur der Höhenstationen ausreichend erklären, nicht aber die der tiefer gelegenen Stationen.

Geht man bei Katzhütte auf die lokalen Verhältnisse zurück, so findet man leicht den Erklärungsgrund für seine niedere Temperatur und zwar in einer direkten Wirkung des Gebirges. Katzhütte liegt eingekeilt zwischen hohen und steilen Bergen im oberen Thale der Schwarza: südwestlich, südlich und südöstlich liegen die höchsten Erhebungen des Gebirgskammes an dieser Stelle, der Wurzelberg (866 m) und die Kursdorfer Kuppe (780 m) vorgelagert, welche um 400 m das Thal von Katzhütte überragen. Die Wirkung dieser Höhen auf das Thal von Katzhütte muss zunächst die sein, dass sie, besonders während des Winters, die Besonnung des Thales für beträchtliche Zeit ausschliessen. Bei der Steilheit der südlichen Wände des Thales wird bei niedrigstem Sonnenstande im Dezember sogar eine Reihe von Wochen vorkommen, an welchen die Sonne überhaupt nicht in Katzhütte scheint, da die Sonne auf dem 51° nördlicher Breite zu dieser Zeit nur eine Mittagshöhe von 14°,5 erreicht, wodurch ein Berg von 400 m relativer Höhe seinen Schatten bis auf eine Entfernung von 1,4 km werfen würde. Das Schwarzathal hat aber an dieser Stelle eine sehr viel geringere Breite, sodass nicht nur die Thalsohle, sondern auch ein Teil der gegenüberliegenden nördlichen Bergwand dauernd beschattet bleiben muss. Sogar im November und Januar beträgt diese Schattenlänge noch über 1 km, so dass Katzhütte durch diesen Mangel winterlicher Sonnenbestrahlung eine Art Polarnacht aufzuweisen hat. Während dieser Zeit sinkt durch Ausstrahlung die Temperatur nicht allein während der Nacht sondern auch zur Tagzeit, und so finden wir denn in Katzhütte das mittlere Minimum des Jahres 1883 mit 1°,0, das von 1884 mit 1°,8, während das benachbarte 360 m höher gelegene Neuhaus am Rennsteig nur ein solches von 2°,4 erreicht. Vergleichen wir die mittleren Minima der 5 Monate November bis März an beiden Stationen, so finden wir für Katzhütte — 4°,9, für Neuhaus a. R. — 3°,6 und wenn wir Neuhaus auf die Höhe von Katzhütte reduzieren, für ersteres nur — 1°,6, sodass Katzhütte um 3°,3 kälter ist als letzteres.

Als ferneren Grund für die niedere Temperatur von Katzhütte haben wir die Thatsache anzusehen, dass dieses an einem Zusammenfluss mehrerer tiefer Thäler liegt, in welchen die nächtlich an den Bergabhängen erkaltete Luft vermöge ihrer Schwere zusammenströmt, dort einen See eiskalter Luft bildend, wo die Thalung eine Stagnierung derselben durch Erschwerung des Abflusses und mangelnde Ventilation bildet.

Wir haben die Verhältnisse von Katzhütte aus dem Grunde etwas weiter ausgeführt, um ein charakteristisches Beispiel der Gebirgswirkung auf das Klima zu geben — allerdings nur eine Wirkung eines eng umgrenzten Bezirkes.

Aehnliches würden wir, falls der zur Verfügung stehende Raum dies erlaubte, noch an vielen Stellen finden können. Die niedere Mitteltemperatur von Eisenach erklärt sich z. B. aus demselben Grunde, da das von steilen Wänden eingefasste Marienthal, in welchem die Station bis vor weniger Zeit lag, ebenfalls von einem Strome eiskalter Luft in der Winterszeit in seinen tieferen Lagen durchflossen wird.

Die in der Tabelle 4 aufgeführten absoluten Minima zeigen ferner, wie beträchtlich diese Abkühlung unter diesen Verhältnissen werden kann.

Katzhütte erreichte im Mittel ein absolutes Minimum von — 20°,8, Eisenach ein solches von — 20°,6; im Jahre 1881 wurden in Eisenach — 26°,9, in Jena — 27°,6, in Meiningen — 26°,5, in Langensalza — 25°,2, in Kassel — 26°,6, in Schlotheim — 25°,2, in Sondershausen

Tabelle 4. **Mittlere absolute Maxima und Minima.**

	Maxima	Minima	Differenz
Sonnenberg	28,5	− 20,9	49,4
Klausthal	29,0	− 15,5	44,5
Nordhausen	31,8	− 15,7	47,5
Braunschweig	31,9	− 16,0	47,9
Kunrau	32,8	− 13,9	46,7
Magdeburg	33,7	− 13,9	47,6
Bernburg	33,6	− 14,0	47,6
Schwanebeck	32,4	− 13,5	45,9
Korbetha	32,9	− 13,5	46,4
Frankenhausen	33,0	− 16,0	49,0
Langensalza	33,4	− 18,2	51,6
Erfurt	33,3	− 20,4	53,7
Sulza	32,0	− 18,2	50,8
Weimar	31,5	− 18,9	50,4
Rudolstadt	33,8	− 20,6	54,8
Eisenach	32,4	− 20,6	53,0
Salzungen	32,1	− 17,4	49,5
Meiningen	31,4	− 18,4	49,8
Koburg	33,7	− 18,0	51,7
Inselsberg	26,0	− 15,7	41,0
Gross-Breitenbach	29,3	− 16,5	45,8
Katzhütte	31,3	− 20,8	52,1
Jena	34,6	− 20,3	54,9
Dessau	32,6	− 12,4	45,0

— 25°1 erreicht. Das niedrigste bislang beobachtete Minimum wurde am 8. Januar 1886 in Langensalza mit — 28°,8, in Erfurt mit — 27°,5, in Sulza mit — 24°,5, in Frankenhausen mit — 24°,6 verzeichnet.

Vergleichen wir hiermit die absoluten Minima von Gross-Breitenbach, welches in 630 m Meereshöhe nahe dem Kamm des Thüringer Waldes liegt, so finden wir dessen mittleres absolutes Minimum nur — 16°,5, das niedrigste Minimum in 6 Jahren überhaupt nur — 19°,4 betragen.

Durchmustern wir die Reihe der mittleren absoluten Minima in unserer Tabelle, so finden wir solche von unter — 20° ausschliesslich an Stationen, welche in Thälern, und zwar in Gebirgsthälern oder gebirgsnahen Niederungen liegen, denn auch Jena liegt noch im Bereiche des von den erkalteten Nordabhängen des Thüringer und Franken-Waldes das Saalthal abwärts fliessenden kalten Luftstromes. Nur die Station Sonnenberger Forsthaus scheint eine Ausnahme von dieser Regel zu machen, da diese trotz der bedeutenden Meereshöhe von 774 m ein mittleres absolutes Minimum von — 20°,9 hat. Allein hier gibt uns ebenfalls wieder die Oertlichkeit Aufschluss: das Sonnenberger Forsthaus liegt in einer weiten Mulde am Fusse des eigentlichen Brockengebirges, welche der Grosse Sonnenberg und Rehberg abschliessen, auf einem schwarzen, die Ausstrahlung stark befördernden Bruche, über welchem die vom Brocken und den anderen genannten Höhen abfliessende kalte Luft einen förmlichen See bildet. Diese Gegend muss demnach trotz ihrer hohen Lage der Niederung zugezählt werden.

Von den vorher genannten, sich durch niederes Jahresmittel auszeichnenden Stationen bliebe nur noch Kunrau der Erklärung dieser Abnormität bedürftig. Bei Kunrau kommt, wie wir oben schon sahen, keinerlei Gebirgswirkung in Frage, vielmehr ist hier nur die starke Ausstrahlung, welche dem schwarzen Moorboden eigen ist, und die wärmebindende Kraft der reichlichen Verdunstung zur Erklärung heranzuziehen.

Die Diskussion aller Einzelheiten der gegebenen Daten in den Tabellen würde, obwohl sicherlich manches Interessante und für unseren Zweck Wichtige bergend, uns viel zu weit führen und muss einer Detailbearbeitung an anderer Stelle vorbehalten bleiben.

Um allgemeinere Gesichtspunkte zu gewinnen, wollen wir die Karte der auf Meeresniveau reduzierten Jahresmittel in Verbindung mit den in folgender Tabelle 5 wiedergegebenen mittleren Maxima und Minima der Lufttemperatur, sowie der in Tabelle 3 gegebenen reduzierten Jahreszeitenmittel einer kurzen Betrachtung unterwerfen.

Ausser den schon für sich im Zusammenhange besprochenen Jahresmitteln unter 9° finden wir in unserer Karte allgemein die Temperatur zwischen 9 und 10° liegend.

Mit grosser Deutlichkeit zeigt aber unsere Karte ferner, dass Temperaturen über 9°,5 ausschliesslich in den im Lee von Gebirgen gelegenen Niederungen vorkommen, während die Abhänge der Luvseiten der Gebirge trotz ihrer günstigen Exposition gegen Besonnung und warme Winde eine etwas niedrigere Mitteltemperatur haben. Nördlich von den Gebirgen Harz, Thüringer Wald und auch Rhön finden sich also Gebiete mit einem unverkennbaren thermischen Uebergewicht gegenüber ihrer Umgebung.

Die Tabelle der mittleren Maxima und Minima der Lufttemperatur lehrt uns folgendes: Die mittleren Maxima sind im Lee der Gebirge durchschnittlich höher als an deren Luvseite. Beispiele geben Braunschweig — Nordhausen, Erfurt — Meiningen, Rudolstadt — Meiningen ab. Die mittleren Minima sind im Lee des Thüringer Waldes nicht unbeträchtlich niedriger als an dessen Südseite, am Harz dagegen verringert sich dieser Unterschied, da hier der Einfluss der grösseren Meeresnähe die Wirkungen des Gebirges verwischt. Als Beispiele vergleiche man die mittleren Minima von Meiningen mit denen von Erfurt, Jena und Rudolstadt, während zwischen Nordhausen und Braunschweig ein weniger grosser Unterschied zu konstatieren ist.

Auch aus den in der letzten Spalte der Tabelle verzeichneten mittleren Jahresmaxima und Minima wird man diesen Unterschied zwischen den Süd- und Nordseiten der Gebirge mit voller Deutlichkeit erkennen. Noch markanter aber zeigt sich die thermische Differenz der gegenüberliegenden Gebirgsränder durch die folgende kleine Tabelle, welche die Differenzen der mittleren Jahresextreme zum Ausdruck bringt.

Hier sehen wir die mittlere Jahresschwankung von Nordhausen 7°,6, von Braunschweig 7°,8, von Neuhaldensleben 8°,3, von Magdeburg 8°,6 betragen, so dass trotz der grösseren Meeresnähe der nördlich gelegenen Stationen ein Einfluss des Gebirges unverkennbar ist. Fehlt jedoch dieser Einfluss der Meeresnähe, dann wird, wie wir an den beiden Seiten des kontinentaler gelegenen Thüringer Waldes sehr schön

1882—1885.

Tabelle 5.

Mittlere Maxima und Minima der Lufttemperatur.

Mittlere Maxima.

	Dezbr.	Januar	Februar	März	April	Mai	Juni	Juli	August	Septbr.	Oktbr.	Novbr.	Jahr
Klausthal	0,6	0,9	3,0	4,6	9,1	14,3	17,9	19,7	17,5	12,1	8,7	3,7	9,4
Nordhausen	3,9	2,0	5,4	6,4	12,3	17,3	19,8	22,9	20,7	18,1	11,2	5,4	12,1
Braunschweig	3,7	3,0	6,6	7,4	12,8	17,0	21,0	22,8	20,6	18,7	12,0	6,3	12,7
Neuhaldensleben	3,6	2,9	6,4	7,7	13,1	18,2	21,8	23,7	21,5	19,3	12,4	6,3	13,1
Magdeburg	3,5	2,9	6,5	8,1	13,9	18,8	22,3	24,2	22,1	20,1	12,7	6,4	13,4
Korbetha	3,2	2,5	6,4	7,1	13,1	18,9	19,5	23,9	21,9	19,4	12,2	3,9	12,8
Erfurt	3,2	1,8	7,5	7,0	13,2	18,8	22,2	23,4	21,9	18,4	12,1	5,9	13,0
Meiningen	2,9	2,2	5,3	7,3	12,6	17,7	20,7	22,2	20,5	18,0	11,1	5,8	12,2
Gross-Breitenbach	0,9	0,7	3,3	4,6	9,2	14,8	17,7	19,8	18,1	15,6	8,1	3,9	9,7
Rudolstadt	3,7	3,1	7,4	9,0	14,1	19,4	22,6	24,2	22,8	20,1	12,8	6,7	13,8
Jena	3,8	3,0	7,2	8,5	13,8	19,4	22,7	24,3	22,2	19,7	12,7	6,0	13,5

Mittlere Minima.

	Dezbr.	Januar	Februar	März	April	Mai	Juni	Juli	August	Septbr.	Oktbr.	Novbr.	Jahr
Klausthal	−3,4	−3,4	−2,0	−2,7	0,9	4,7	8,0	10,4	9,2	7,9	3,2	−1,6	2,6
Nordhausen	−1,3	−2,7	−0,5	−0,5	2,8	6,4	10,2	12,7	11,2	9,4	5,5	0,2	4,5
Braunschweig	−0,5	−1,7	0,6	−0,2	3,0	7,0	10,2	12,9	11,4	9,7	5,9	0,8	4,9
Neuhaldensleben	−0,7	−1,9	−0,1	−0,4	2,8	7,2	10,7	12,8	11,1	9,4	5,6	0,6	4,8
Magdeburg	−0,9	−2,0	0,0	−0,2	3,1	7,0	10,5	13,0	11,3	9,8	5,6	0,5	4,8
Korbetha	−1,4	−3,3	−0,6	−0,4	2,7	6,8	10,2	13,1	11,5	11,9	5,4	0,0	4,8
Erfurt	−1,5	−4,8	−2,2	−1,3	1,7	6,0	9,2	11,9	10,6	8,6	4,7	−0,5	3,5
Meiningen	−1,1	−3,0	−0,8	−1,1	2,1	6,3	9,7	12,4	10,6	9,1	5,5	0,7	4,2
Gross-Breitenbach	−3,4	−4,4	−2,3	−2,8	0,5	4,0	7,3	10,1	8,6	7,2	2,9	−1,7	2,2
Rudolstadt	−1,8	−4,2	−1,6	−2,0	1,3	4,9	8,4	11,3	9,8	7,7	4,1	−0,8	3,1
Jena	−1,5	−3,9	−1,2	−1,1	1,8	6,0	9,5	12,8	10,8	8,8	5,0	−0,2	3,9

bemerken können, die Differenz eine erheblich grössere: Meiningen hat eine Jahresschwankung von 8°,0, die im Lee des Gebirges liegende Station Erfurt eine solche von 9°,5, Jena von 9°,6, Rudolstadt von 10°,7, so dass letzterer Ort eine um 2°,7 grössere Schwankung aufweist, als das an der Luvseite gelegene Meiningen.

Wir können aus dieser Tabelle den allgemeinen Satz ableiten, dass die Gebirge Mitteldeutschlands den Temperaturverhältnissen ihrer im Lee gelegenen Niederungen einen erheblich kontinentaleren Charakter verleihen.

Das gleiche Resultat können wir auch der Tabelle der mittleren absoluten Extreme entnehmen, deren Differenzen z. B. für Meiningen 49°,8, für Salzungen 49°,5, für Eisenach aber 53°,0, für Langensalza 51°,6, für Erfurt 53°,7, für Rudolstadt 54°,8, für Jena 54°,9 betragen.

Durchmustern wir in Tabelle 3 die reduzierten Wintermittel, so finden wir zum Teil die schon in den Jahresmitteln bemerkten Erscheinungen der oberen kalten Gebirgsthäler wieder, während die Höhen relativ milde Temperaturen zeigen. So hat der Inselsberg ein Mittel von 2°,0, während Sulza 1°,7 und Eisenach 1°,8 haben.

Auffallend erscheint es jedoch, dass der Effekt der, wie wir oben sahen, durch Abströmen erkalteter Luft an den Berghängen bewirkten temperaturerniedrigenden Gebirgswirkung ein so eng lokaler ist, dass wir nicht vielmehr rings um die Gebirge herum grosse Seen kalter Luft im Winter wahrnehmen können.

In der That kommen diese Verhältnisse zu Zeiten in ganz ausserordentlicher Entwickelung zur Beobachtung, wie uns die beigegebene Karte 4 beweist, welche die auf Meeresniveau reduzierten Monatsmittel des ausserordentlich kalten Dezember 1879 zeigt. Hier finden wir eine Höhenschichtenkarte vor uns, aber in umgekehrter Anordnung: auf den Gebirgen ist die Temperatur selbst im Monatsmittel um volle 3° höher als in den Niederungen rings um die Gebirge. In der Börde und Altmark steht ein See kalter Luft von einer Temperatur von — 5°, im ganzen Thüringer Becken ein solcher von unter — 7°, südlich und südwestlich vom Thüringer Walde aber ein solcher von unter — 9°. Das sind ausgezeichnete Fälle von Gebirgswirkung, da es eben die Gebirge, die Bodenerhebungen überhaupt sind, welche die Aufstauung dieser schweren Luftmassen ermöglichen und zum grossen Teile durch Ausstrahlung an ihren Abhängen das Ersatzmaterial für die durch fortschreitende Zusammenziehung an Volumen abnehmenden Luftmassen erkaltet zuführen. Doch sind diese Fälle, obwohl nicht gerade so ausserordentlich selten, doch nicht imstande, in längeren Zeiträumen erkennbare Spuren zu hinterlassen, da die Hauptbedingung für deren Zustandekommen, die möglichst vollkommene Luftruhe, wie sie im Centrum einer grossen Anticyklone vorkommt, nicht eben häufig erfüllt wird.

Sehen wir uns aber nach den Gründen um, weshalb wir, wie unsere Wintertabelle zeigt, rings um die Gebirge verhältnismässig hohe Mitteltemperaturen finden, so müssen wir zunächst die verschiedenen Seiten der Gebirge voneinander trennen.

Die Südhänge aller Bodenerhebungen werden stets von den

Sonnenstrahlen unter einem steileren Winkel getroffen als das ebene Land und noch mehr als die Nordhänge.

Da die Intensität der Sonnenstrahlung nach einem bekannten Gesetz dem Sinus der Sonnenhöhe proportional ist, so müssen also sanft geneigte Südabhänge, welche zur Zeit der grössten Luftwärme von den Sonnenstrahlen senkrecht getroffen werden, einen erheblichen Wärmeüberschuss gegen ihre minder begünstigte Umgebung erlangen. Dass die wirkliche Sonnenhöhe hierbei noch von Einfluss ist, dass also nicht z. B. eine nach Ost gelegene senkrechte Bergwand bei Sonnenaufgang dieselbe Menge Wärme zugestrahlt erhält, als eine um Mittag senkrecht getroffene Berglehne, da doch der Einfallswinkel der Strahlen in beiden Fällen ein rechter ist, erklärt sich aus der grösseren Wärmeabsorption, welche die Sonnenstrahlen auf ihrem längeren Wege durch die Atmosphäre bei tieferem Sonnenstande erleiden. Die Südhänge der Gebirge werden also intensiver bestrahlt als alle anderen Expositionen. Hierzu kommt noch, dass die aus dem südlichen Quadranten herkommenden Luftströmungen im allgemeinen eine höhere Temperatur besitzen als die von Nord her wehenden. Beide Faktoren, Sonnenstrahlung und Winde, vereinigen sich, um den Südhängen der Gebirge einen Temperaturüberschuss über die Nordhänge zu verleihen. Die schon oben erwähnte längere Beschattung der Nordhänge im Winter wirkt ausserdem noch in derselben Richtung.

So sehen wir Salzungen und Meiningen, obwohl dem erkältenden Einfluss des Gebirges naheliegend, doch erheblich wärmer als Eisenach und Rudolstadt; Frankenhausen, obwohl in der zu starker Ausstrahlung neigenden Goldenen Aue gelegen, ist infolge seiner Exposition an dem Südabhang des Kyffhäuser-Gebirges im Wintermittel um 0°,5 wärmer als Korbetha, welches die an den Abhängen des Saalthales erkaltete Winterluft erhält; derselbe Einfluss erhöht auch die Wintertemperatur von Sondershausen über die seiner Umgebung, trotzdem es durch den südlich vorgelagerten Bergrücken der Hainleite gegen die Erwärmung durch südliche Winde geschützt ist.

Sondershausen liegt aber nicht an der Nordseite der Hainleite, sondern an dem Südabhange der dieser parallel verlaufenden, durch die Hainleite nicht erheblich beschatteten Windleite, verdankt daher seinen relativ milden Winter hauptsächlich der intensiveren Sonnenwirkung. Das Thal von Sondershausen ist zumal vermöge seiner Erstreckung von West nach Ost den vorherrschenden Winden leicht zugänglich, daher gut ventiliert, wodurch einer Ansammlung kalter, vom Nordhange der Hainleite abfliessender Luft wirksam vorgebeugt wird.

Auch Nordhausen und Göttingen sind verhältnismässig warm im Winter infolge ihrer südlichen resp. südwestlichen Exposition und genügender Ventilation ihrer Thalungen. Doch dürfen wir, je mehr wir uns dem nördlichen Deutschland nähern, die dortigen Stationen nicht mehr in Beziehung bringen mit solchen, welche südlicher gelegen sind. Denn hier tritt ein neuer Faktor in Wirksamkeit, welcher in Bezug auf seine Wirkung in die Ferne den Einfluss der Gebirge weit hinter sich lässt, das ist das Meer. Wir finden deshalb die der norddeutschen Tiefebene angehörigen Stationen im Winter sämtlich nicht unerheblich wärmer: Braunschweig hat 2°,4, Uefingen 2°,9, Hannover 3°,0.

Nachdem wir nun die Gründe für die grössere Wärme der Südhänge der Gebirge als von deren Exposition, also einer Wirkung der Bodenerhebung, abhängig erkannt haben, erübrigt es uns noch, die Winterverhältnisse der Nordseiten zu untersuchen.

Hier finden wir sowohl nördlich vom Thüringer Walde wie nördlich vom Harze, und zwar in deren Nähe, Wintermittel, welche wir hier nicht erwarten sollten: Langensalza hat 2°,7, Rudolstadt 2°,0, Erfurt 2°,0, Weimar 2°,1; nördlich vom Harze hat Schwanebeck 2°,5. Die Exposition kann diesen Effekt nicht hervorbringen, höchstens könnte Rudolstadt hierdurch einigermassen beeinflusst werden, die übrigen Orte liegen im flachen Tieflande. Die erwärmenden südlichen Winde sind durch die vorgelagerten Gebirge abgehalten und wir sahen, dass nicht so gar selten das Thüringer Becken und die Halberstädter Niederung zu Sammelbassins erkalteter Gebirgsluft werden.

Die Thatsachen lassen keine andere Erklärung zu, als dass die vorherrschenden Südwest- und Westwinde, welche ausser der Wärme auch den grössten Teil des Mitteldeutschland benetzenden Wassergases herbeiführen, durch ihr Aufsteigen an den Luvseiten der Gebirge einen grossen Teil dieses Wassergases kondensieren und nun getrocknet in das Hinterland hineinwehen, hinter dem Gebirge, ob mit oder ohne die direkte Mitwirkung der im ersten Kapitel erwähnten lokalen Depressionen, eine abwärts gerichtete Bewegungskomponente erhalten, demgemäss komprimiert und erwärmt werden. Es würde indes heissen, thatsächlich vorhandene Verhältnisse in ihrer Wirkung übertreiben, wollten wir die höhere Temperatur der im Lee der Gebirge gelegenen Gegenden als eine reine Föhnwirkung auffassen; wohl aber dürfte die Thatsache nicht zu bestreiten sein, dass die an den Gebirgen getrocknete Luft einen nennenswerten Einfluss auf die Bewölkung und auf die Niederschläge ausübt, wie wir in den betreffenden Kapiteln noch des näheren beweisen werden. Infolge geringerer Bewölkung und geringerer Niederschläge kommt die Sonnenwirkung auf die im Lee der Gebirge gelegenen Gegenden zu ausgiebigerer Wirksamkeit, und diese kann nur in einer Erhöhung der Temperatur bestehen. Die geringere Benetzung des Bodens mit Niederschlägen wird ausserdem die Verdunstung verringern, wodurch wiederum weniger Wärme gebunden wird. Für den Winter wird hierdurch aber auch noch bewirkt werden, dass eine dünnere Schneedecke abgelagert wird, welche in der trockeneren Luft schneller verdunstet und durch den häufigeren Sonnenschein schneller geschmolzen wird. Und es ist bekannt, einen wie bedeutenden Einfluss eine Schneedecke auf die Temperatur ausübt. Die intensive Kälte der Monate Dezember 1879 und Januar 1881 war wesentlich durch das Vorhandensein einer über ganz Deutschland ausgebreiteten Schneedecke bedingt.

Der Januar des Jahres 1886 brachte einen derartig augenfälligen Beweis für den ganz ausserordentlichen Einfluss einer Schneedecke auf die Erniedrigung der Temperatur, dass die Darstellung derselben durch eine Karte geboten erscheint. Karte 5 zeigt die Höhe der Schneedecke über Mitteldeutschland am Morgen des 8. Januar 1886, zugleich die in derselben Nacht beobachteten Minimaltemperaturen. Eine nähere Beschreibung der Karte dürfte aus dem Grunde überflüssig sein, weil das Zusammenfallen der niedrigsten Temperatur mit der höchsten Schneedecke ein ausserordentlich deutliches ist: je höher die Schneedecke, um so niedriger lag die Temperatur. Ausserdem gibt uns diese Karte noch ein schönes Bild des durch Bodenkonfiguration bewirkten Zusammenströmens kalter Luft nach der tiefsten Stelle des Thüringer Beckens, wo die Isotherme —25° den wohl früher vorhanden gewesenen Thüringer See von neuem sichtbar werden lässt.

Die trocknende und die Bewölkung verringernde Wirkung der Gebirge finden wir im Sommer in erheblich geringerem Masse ausgeprägt, da die in Begleitung von Gewittern fallenden Sommerniederschläge weniger durch die Bodenkonfiguration beeinflusst werden, als die Niederschläge der übrigen Jahreszeiten. Es werden daher besonders in heissen Sommern die charakteristischen Zonen geringerer Niederschläge, wie wir sie im folgenden finden werden, nicht selten fehlen, oder doch sehr schwach entwickelt sein. So finden wir die Unterschiede an den Nord- und Südseiten beider Hauptgebirge wenig bedeutend und von engen lokalen Verhältnissen, wie Exposition, waldlosem, trockenem, dunkelfarbigem Boden u. s. w. abhängig. Für die nördlich vom Harz gelegenen Stationen tritt ausserdem noch die Wirkung der Meeresnähe, diesmal aber im umgekehrten Sinne, also temperaturerniedrigend, in Konkurrenz.

Zur Verwischung dieser thermischen Unterschiede an den Nord- und Südrändern der Gebirge trägt auch noch die Thatsache bei, dass im Sommer weniger die südwestlichen als die westlichen resp. nordwestlichen Winde zu überwiegen pflegen, wodurch die Leeseiten nach Ost verschoben werden. Jedenfalls ist zu konstatieren, dass im Sommer nicht selten, wie in ausgezeichneter Weise im Sommer 1885, die Ostränder der Gebirge erheblichen Regenmangel gegenüber den westlichen und nordwestlichen Rändern aufweisen. Die hohe Sommertemperatur von Sangerhausen, 17°,7, könnte vielleicht mit dieser Thatsache in Zusammenhang gebracht werden. Andererseits würde sich die auffällig niedrige Sommertemperatur von Eisenach aus dem Vorherrschen nordwestlicher Winde erklären lassen, da bei nordwestlicher Windrichtung die, allerdings sehr schmale, Luvseite des Thüringer Waldes bei Eisenach liegen muss. Stärkere Bewölkung und häufigere Niederschläge würden in diesem Falle durch Hinderung der Sonneneinstrahlung die niedere Sonnenwärme veranlassen.

Betrachten wir nun noch zum Schluss unserer Erörterungen über den Einfluss der Gebirge auf die Temperaturverhältnisse die Anzahl der Sommertage, Frosttage und Eistage sowie die Anzahl der Bodenfröste.

Einen „Sommertag" nennt man in der meteorologischen Terminologie einen solchen, dessen Lufttemperatur den Betrag von 25° erreicht.

Aus der Uebersicht der Sommertage (Tabelle 6) entnehmen wir für unseren Zweck folgendes: im April kommen Sommertage in dem norddeutschen Tieflande nicht vor; nur Magdeburg hat zuweilen einen solchen

Tabelle 6. **Anzahl der Sommertage in den Jahren 1882–1885.**

	Dezbr.	Januar	Februar	März	April	Mai	Juni	Juli	August	Septbr.	Oktbr.	Novbr.	Jahr
Klausthal	—	—	—	—	—	0,5	4	6	1	—	—	—	11
Nordhausen	—	—	—	—	—	2	5	12	4	1	—	—	24
Braunschweig	—	—	—	—	—	4	7	10	5	1	—	—	27
Kunrau		—	—	—	—	4	8	10	7	1	—	—	30
Magdeburg	—	—	—	—	0,4	5	7	13	7	4	—	—	36
Bernburg	—	—	—	—	0,7	4	9	15	7	3	—	—	39
Schwanebeck	—	—	—	—	—	6	10	9	4	1	—	—	30
Korbetha	—	—	—	—	0,5	3	9	13	8	2	—	—	35
Frankenhausen	—	—	—	—	1	3	12	13	8	3	—	—	40
Langensalza	—	—	—	—	—	4	9	14	9	4	—	—	40
Erfurt	—	—	—	—	1	6	8	12	8	3	—	—	38
Sulza	—	—	—	—	2	5	10	13	9	8	—	—	47
Rudolstadt	—	—	—	—	3	6	11	11	11	5	—	—	47
Eisenach	—	—	—	—	—	2	5	9	3	1	—	—	20
Salzungen	—	—		—	—	4	8	13	8	2	—	—	35
Meiningen	—	—	—	—	—	3	7	10	5	0,5	—	—	25
Koburg	—	—	—	—	1	6	10	12	9	5	—	—	43
Inselsberg	—	—	—	—	—	—	0,2	0,2	—	—	—	—	1
Gross-Breitenbach	—	—	—	—	—	0,2	3	6	2	—	—	—	11
Jena	—	—	—	—	1	5	11	15	9	2	—	—	43
Dessau	—	—	—	—	1	6	7	12	11	4	—	—	41

aufzuweisen. Obwohl eine Zunahme nach dem Süden hin zu konstatieren ist, sind doch ganz streng die Luvseiten der Gebirge ausgeschlossen, da weder Nordhausen noch Salzungen noch Meiningen solche verzeichnet haben. Nur Frankenhausen und Koburg machen eine scheinbare Ausnahme hiervon, doch haben beide Orte den Vorzug thermisch günstiger Exposition, liegen auch dem Abhange der Hauptgebirge ferner; Frankenhausen liegt zumal im Windschutz des geschlossenen Höhenzuges der Hainleite. Das Thüringer Becken dagegen zeigt eine ausgesprochene Disposition für Aprilsommertage. Die Sommertage der eigentlichen Sommermonate zeigen manche Verschiedenheiten in ihrer Zahl, welche sich auch in der Jahressumme ausspricht. Abgesehen von den Höhenstationen, unter denen der Inselsberg einen, Gr.-Breitenbach und Klausthal aber 11 Sommertage aufweisen, fällt die ganz ausserordentlich geringe Zahl derselben bei Eisenach auf, um so mehr, als das nahe benachbarte Salzungen fast die doppelte Anzahl aufweist. Hier haben wir wieder einen deutlichen Einfluss des Gebirges vor uns, welchen das durch regelmässigen Wechsel von Berg- und Thalwinden gut ventilierte, tief eingeschnittene Marienthal bei Eisenach in seinen Temperaturverhältnissen erheblich herabdrückt.

Dass eine mangelnde Ventilation aber die Entstehung hoher Sommerwärme befördert, zeigen uns die windstillen Thäler von Rudolstadt und Sulza, welche die grösste Zahl der Sommertage in Mitteldeutschland, 47, aufweisen.

Der September ist, abgesehen von den Höhenstationen, noch allgemein durch Sommertage in geringer Zahl ausgezeichnet, am häufigsten abermals in Sulza.

Die Uebersicht der Frosttage (Tabelle 7), d. h. der Tage, an welchen die Temperatur überhaupt unter den Gefrierpunkt herabgegangen ist, zeigt, dass in den einzelnen Monaten sowohl als in den Jahressummen grosse Differenzen zwischen den verschiedenen Stationen vorhanden sind, als deren Grund lokale Eigentümlichkeiten nachzuweisen sind.

Zunächst finden wir naturgemäss die Höhenstationen durch die zahlreichsten Frosttage ausgezeichnet; auf dem Inselsberge sinkt an fast der Hälfte aller Tage das Thermometer unter 0°.

Die geringste Zahl der Frosttage hat Braunschweig mit 72, jedenfalls ebenso wie die niedrigen Werte aller in der norddeutschen Tiefebene gelegenen Stationen ausser Kunrau, durch die Meeresnähe verursacht. Kunrau haben wir bei verschiedenen Gelegenheiten als eine durch die Eigentümlichkeiten des Moorbodens im Drömlingsbruche abnorme Station gefunden; der Drömling bildet einen kleinen klimatischen Bezirk für sich. Einen nicht zu verkennenden Einfluss der Gebirge finden wir indes abermals in dem kontinentaler gelegenen, deshalb weniger durch andere Einflüsse gestörten Thüringen. Die grössere Kontinentalität und die grössere Meereshöhe bedingen an sich eine Vermehrung der Frosttage, wie wir denn mit der alleinigen rätselhaften Ausnahme von Langensalza überall mehr als 100 Frosttage vorfinden. Dass es indes nicht allein die binnenländische Lage ist, welche diese Zunahme veranlasst, zeigt uns Meiningen, welches, an der Luvseite des Gebirges liegend, durch Exposition, Windrichtung und stärkere Ven-

Tabelle 7. **Anzahl der Frosttage in den Jahren 1883–1885.**

	Dezbr.	Januar	Februar	März	April	Mai	Juni	Juli	August	Septbr.	Oktbr.	Novbr.	Jahr
Klausthal	27	26	19	22	13	3	—	—	—	—	7	17	134
Nordhausen	14	20	15	14	6	0,2	—	—	—	0,2	2	13	84
Braunschweig	12	18	11	14	3	0,5	—	—	—	—	1	13	72
Kunrau	19	21	16	20	8	2	—	—	—	—	3	17	104
Magdeburg	16	19	15	13	0	0,2	—	—	—	—	1	10	80
Bernburg	17	18	16	19	5	—	—	—	—	—	3	14	92
Schwanebeck	13	17	13	17	5	—	—	—	—	—	1	12	78
Korbetha	15	19	15	14	6	—	—	—	—	—	1	15	85
Frankenhausen	13	19	14	17	5	1	—	—	—	—	2	14	85
Langensalza	15	18	12	14	5	0,2	—	—	—	—	2	10	76
Erfurt	20	23	18	19	11	1	—	—	—	—	3	14	110
Sulza	15	22	17	19	7	0,3	—	—	—	—	4	17	101
Rudolstadt	15	22	20	23	14	3	—	—	—	—	3	16	116
Eisenach	16	10	16	22	12	2	—	—	—	—	4	14	105
Salzungen	18	21	17	20	14	3	—	—	—	—	4	15	112
Meiningen	18	21	16	17	9	1	—	—	—	—	1	8	90
Koburg	18	21	17	19	11	1	—	—	—	—	2	14	103
Inselsberg	29	30	25	27	15	4	0,2	—	—	—	8	22	160
Gross-Breitenbach	25	26	19	19	11	3	—	—	—	—	5	19	127
Jena	17	21	18	19	9	1	—	—	—	—	4	13	103
Dessau	14	17	13	15	2	0,3	—	—	—	—	0,3	11	73

tilation begünstigt, nur 90 Frosttage im Mittel aufweist. Auch zeigt sich hier der Einfluss des Gebirges als Windschutz gegenüber den kalten nördlichen Luftströmungen, deren Vorhandensein an Frosttagen in den meisten Fällen zu konstatieren sein dürfte.

Zu bemerken ist noch, dass an den meisten Stationen im Mai Frosttage vorkommen, während der September fast ausnahmslos frostfrei bleibt.

Die Uebersicht der Eistage (Tabelle 8), d. h. nach meteorologischem Sprachgebrauch solcher Tage, an welchen die Lufttemperatur auch im Maximalwerte den Gefrierpunkt nicht übersteigt, zeigt gleichfalls lokale Eigentümlichkeiten.

Die gebirgsnäheren Stationen haben hier gegenüber den im offenen Flachlande liegenden ein gewisses Uebergewicht, was wohl auf einen Einfluss der von den Gebirgen abströmenden erkalteten Luft, vielleicht auch auf eine durch grössere Luftruhe beförderte Neigung zur Nebelbildung zurückzuführen sein dürfte. Das Zustandekommen von Eistagen kann auf zweierlei Weise stattfinden: entweder bei klarem Himmel oder bei bedecktem Himmel. Im ersteren Falle ist der Frost so streng, dass selbst der Mittagssonnenschein die Temperatur nicht an den Gefrierpunkt bringen kann, wobei in vielen Fällen eine Schneedecke höchst wirksame Unterstützung leisten wird, oder dichter Nebel behindert die Sonneneinstrahlung überhaupt, wobei dann die Frosttemperatur durchaus nicht eine sehr niedrige zu sein braucht. Man kann daher aus der Zahl der Eistage allein keinen Schluss auf die Strenge der Winter einer Gegend ziehen.

Die Differenz zwischen Meiningen und Erfurt, 15 und 26 Tage, ist wiederum eine charakteristisch grosse, ebenso die zwischen Salzungen und Eisenach, 14 und 25; auffallend ist die geringe Anzahl der Eistage in Rudolstadt.

Der April bringt ausserordentlich selten noch Eistage, einmal aber hatte sogar noch im Mai Eisenach einen solchen; ebenso ist der Oktober in den niederen Lagen frei von Eistagen.

Die Zahl und zeitliche sowie räumliche Verteilung der Bodenfröste, deren systematische Beobachtung in unserem Gebiet zuerst in grösserem Massstabe ausgeführt worden ist, würde einer eingehenden Erörterung wert sein, zumal dafür ein sehr reichhaltiges Material vorliegt. Gerade die letztere Thatsache aber zwingt uns, von einer tabellarischen Darstellung abzusehen, da diese in den engeren Rahmen der vorliegenden Abhandlung durchaus nicht hineingezwängt werden kann. Wir wollen daher nur einige der markantesten Züge aus demselben herausgreifen und eine subtilere Verarbeitung einer späteren Gelegenheit vorbehalten.

Die geographische Verteilung der Frosttage zeigt, abgesehen von den Höhenstationen und den im Drömlingsbruche und dem Fienerbruche (südlich von Genthin, bei Fienerode) gelegenen Orten, deutlich eine grössere Anzahl in den gebirgsnahen Niederungen: das obere Werrathal, das Thüringer Becken, die Goldene Aue, die Mulde des nördlichen Harzvorlandes haben sämtlich mehr als 140 Tage mit Bodenfrösten. Da diese Gebiete rings um die Gebirge verteilt liegen, kann von einem ausschliesslichen Einfluss der Leeseite nicht die Rede sein; wir haben vielmehr hierin ganz

Tabelle 8. **Anzahl der Eistage in den Jahren 1882 1885.**

	Dezbr.	Januar	Februar	März	April	Mai	Juni	Juli	August	Septbr.	Oktbr.	Novbr.	Jahr
Klausthal	13	10	4	7	—	—	—	—	—	—	—	8	42
Nordhausen	5	9	2	3	—	—	—	—	—	—	—	3	22
Braunschweig	6	9	1	4	—	—	—	—	—	—	—	2	22
Kunrau	3	10	1	2	—	—	—	—	—	—	—	2	18
Magdeburg	3	10	2	2	—	—	—	—	—	—	—	2	19
Bernburg	4	9	1	2	—	—	—	—	—	—	—	2	18
Schwanebeck	3	8	1	3	—		—	—	—	—	—	1	16
Korbetha	6	9	1	4	—	—	—	—	—	—	—	2	22
Frankenhausen	4	0	1	2	—	—	—	—	—	—	—	3	10
Langensalza	4	10	1	2	—	—	—	—	—	—	—	2	19
Erfurt	8	10	2	4	—	—	—	—	—	—	—	2	26
Sulza	3	8	3	3	—	—	—	—	—	—	—	1	18
Rudolstadt	6	6	0	2	—	—	—	—	—	—	—	1	15
Eisenach	6	10	2	4	1	0,3	—	—	—	—	—	2	25
Salzungen	4	5	1	3	—	—	—	—	—	—	—	1	14
Meiningen	5	6	1	2	—	—	—	—	—	—	—	1	15
Koburg	6	7	1	3	—	—	—	—	—	—	—	2	19
Inselsberg	20	20	14	17	5	—	—	—	—	—	1	11	88
Gross-Breitenbach	11	11	3	1	—	—	—	—	—	—	—	4	30
Jena	3	8	0	2	—	—	—	—	—	—	—	1	14
Dessau	3	8	0	2		—		—		—		5	18

allgemein einen Ausdruck für die überall unter günstigen Verhältnissen von den Gebirgshängen abströmende, in den Thalungen sich ansammelnde erkaltete Gebirgsluft zu erkennen. Jede ruhige, heitere Nacht lässt Bergwinde zur Ausbildung gelangen, welche die Niederungen abkühlen.

In zeitlicher Beziehung ist die auffallende Thatsache zu konstatieren, dass in Mitteldeutschland in jedem Monat Abkühlungen der untersten Luftschicht unter den Gefrierpunkt vorkommen können.

Der Juli bleibt zwar mit ganz seltenen Ausnahmen (z. B. in Gotha und Fienerode) frostfrei, nicht aber der August, welcher in Schwanebeck, Lengenfeld u. St., Gotha, Berka a. W., Meiningen, Hildburghausen, ferner in Fienerode, Genthin, Dorst, Kunrau und anderen Orten innerhalb der letzten 4 Jahre mehrfach Bodenfröste gebracht hat. In Fienerode kamen im August 1885 sogar 9, im 4jährigen Mittel 4,7 Nachtfröste vor.

Der Juni ist fast überall zu Nachtfrösten, wenn auch nur auf kurze Zeit, disponiert; der durch Hellmanns Untersuchungen bekannte Kälterückfall in der Mitte des Juni führt, sobald Aufklaren eintritt, leicht zum Bodenfrost.

Der zu Nachtfrösten am stärksten disponierte Ort Mitteldeutschlands ist das schon mehrfach genannte Fienerode, dessen mittlere Nachtfrostzahlen hier, obwohl nicht auf Gebirgswirkung sondern auf starker Ausstrahlung eines schwarzerdigen Moorbodens beruhend, ihrer Eigentümlichkeiten wegen genannt werden mögen. Im Mittel von 4 Jahren kamen dort Bodenfröste, gemessen am Minimumthermometer 5 cm über Rasengrund, vor:

Dezember	24,8	März	26,0	Juni	5,2	September	6,0
Januar	24,2	April	21,2	Juli	1,2	Oktober	13,2
Februar	21,7	Mai	15,5	August	4,7	November	22,7

im Jahre durchschnittlich 187.

Wie eng lokal diese Erscheinung ist, geht aus den Verhältnissen des kaum eine Meile davon entfernten Genthin hervor, dessen Jahressumme nur 132 beträgt.

Gar manche Einzelheiten der Temperaturverhältnisse Mitteldeutschlands müssen hier übergangen werden, wie die Erwärmungswerte des Erdbodens und die mittleren und absoluten Minima der Temperatur der untersten Luftschicht. Als Kuriosum sei nur erwähnt, dass die höchste beobachtete Temperatur des Erdbodens, an leicht mit Erde überdecktem Maximumthermometer abgelesen, 67°, die niedrigste der untersten Luftschicht aber (am 8. Januar 1886 in Lengenfeld u. St.) — 33°,1 betragen hat, so dass in unmittelbarer Nähe der Erdoberfläche eine extreme Wärmeschwankung von 100°,1 thatsächlich in Mitteldeutschland vorgekommen ist.

Fassen wir nun den Einfluss der Gebirge auf die Temperaturverhältnisse in grossen Zügen zusammen, so finden wir als Hauptresultate unserer Untersuchung, denn nur diese vermochten wir bei der Vielseitigkeit unseres Stoffes zu geben, folgendes:

1. Der Einfluss der Gebirge auf die Temperatur ist in den Jahresmitteln deutlich ausgesprochen und zeigt sich am schärfsten in engen Thälern und gebirgsnahen Niederungen.

2. Im Winter kommen unter besonderen atmosphärischen Bedingungen, vornehmlich bei grosser Luftruhe und weitverbreiteter Schneedecke, Ansammlungen intensiv erkalteter, von den Gebirgen abströmender Luft in den zwischen den Gebirgen liegenden Mulden vor, welche jedoch meist nur verhältnismässig kurze Zeit andauern und die mittlere Winter-Temperatur dieser Gegenden nicht herabzudrücken vermögen.

3. Die Südseiten der Gebirge erhöhen durch ihre günstige Exposition gegen die Sonnenstrahlen und gegen die warmen Winde des südlichen Quadranten ihre Temperatur über die ihrer Umgebung.

4. Die Nordseiten der Gebirge erhalten durch die an der Luvseite der Gebirge und auf diesen selbst stattfindende Kondensation der Niederschläge einen Wärmeüberschuss, welcher auf föhnartiges Herabsinken der abgetrockneten Luftmassen, hierdurch bedingte geringere Bewölkung und vermehrte Insolation, sowie auf geringere Menge der Niederschläge zurückzuführen ist.

5. Die Gebirge vergrössern die Wärmeschwankung in den leewärts gelegenen Niederungen beträchtlich und geben diesen hierdurch einen kontinentaleren Charakter.

6. Die Luvseiten der Gebirge haben weniger Sommertage als die Leeseiten; besonders arm an diesen sind nordwärts geöffnete, gut ventilierte Thäler.

7. Die Zahl der Frosttage ist an den Südseiten der Gebirge geringer als an den Nordseiten; die Gebirge wirken hierbei wesentlich als Windschutz gegen kalte nördliche Winde.

8. Bodenfröste kommen rings um die Gebirge in den Niederungen erheblich häufiger vor als im Flachlande.

C. Hydrometeore.

Wir haben in den vorangehenden Kapiteln schon hin und wieder einige charakteristische Erscheinungen der Hydrometeore, wie Bewölkung, Niederschläge u. s. w. gelegentlich erwähnen müssen. Es liegt uns nun ob, dieselben in ihrer Abhängigkeit von den Gebirgen im Zusammenhange zu erörtern.

a. Bewölkung.

Die Meteorologie lehrt, dass die Kondensation des Wasserdampfes vornehmlich durch Abkühlung der wasserdampfhaltigen Luft unter ihren Taupunkt eintritt. Unter den in der Atmosphäre wirkenden Abkühlungsursachen steht diejenige obenan, welche einer Luftmasse durch Ausdehnung infolge abnehmenden Luftdrucks Wärme entzieht. Kommt eine Luftmasse unter geringeren Druck, so wird durch Ausdehnung derselben eine Arbeit geleistet: diese Arbeit leistet aber die Wärme der Luft, daher eben soviel Wärme verschwindet, als zur Ausführung dieser Arbeit gebraucht wird.

Eine jede Luftmasse, welche durch eine Bodenerhebung von ihrer der Erdoberfläche nahezu parallelen Richtung nach oben abgelenkt, emporgedrängt wird, kommt aber hierdurch unter geringeren Luftdruck, erleidet daher nach dem obigen eine Abkühlung, welche im allgemeinen um so grösser ist, je höher die Luftmasse emporsteigen muss, um das im Wege stehende Bewegungshindernis zu überschreiten.

Die erste Stufe der eintretenden Kondensation liefert kleine Wassertröpfchen, welche vermöge ihrer Reibung an der Luft schwebend erhalten werden; diese Tröpfchen bilden eine Wolke.

Wir werden daher, falls eine Luftmasse an einer Bodenerhebung von genügender Höhe emporgedrängt wird, um bis zu ihrem Taupunkt abgekühlt werden zu können, stets Wolkenbildung eintreten sehen.

Ueberschreitet nun aber eine Luftmasse eine Bodenerhebung, so wird sie das Bestreben haben, auf der anderen Seite derselben sich wieder abwärts zu bewegen, besonders wenn, wie wir dies im ersten Abschnitt sahen, an der Leeseite der Bodenerhebung der Luftdruck ein geringerer ist als an der Luvseite. Bei der abwärts gerichteten Bewegung kommt aber die Luft wieder unter höheren Luftdruck, wird daher stärker zusammengedrückt, wodurch die zur vormaligen Ausdehnung verbrauchte Wärme wieder disponibel wird, da die bei der Kompression erfolgende Arbeit ausschliesslich von dem Gewichte der überlagernden Luftsäule geleistet wird. Es wird daher eine Erwärmung der niedersinkenden Luftmasse eintreten.

Diese Erwärmung entfernt aber die Luft von ihrem Dampfsättigungs- oder Taupunkte, so dass das vorher zu Nebeltröpfchen verdichtete Wasser wieder verdunsten kann. Die beim Aufsteigen gebildete Wolke wird also wieder aufgelöst werden und verschwinden. Durch diesen Vorgang erhalten alle ausreichend hohen Bodenerhebungen eine stärker bewölkte Luvseite und eine weniger bewölkte Leeseite. Die Empordrängung der Luft beginnt aber nicht erst unmittelbar am Fusse eines Gebirges, sondern schon in beträchtlicher Entfernung vor demselben, da die am Gebirge emporsteigende Luft einen Druck auf die über ihr liegenden Schichten ausübt, dieselbe also weiter rückwärts gleichfalls hebt, noch ehe diese selbst das Gebirge erreicht haben.

Alle diese hier skizzierten Vorgänge finden wir nun in voller Deutlichkeit an den Gebirgen Mitteldeutschlands wieder.

Zur leichteren Uebersicht sind die mittleren Bewölkungswerte für den Zeitraum von 1882 bis 1885 in eine Karte (6) eingetragen worden, indem der Grad der Bewölkung in Prozenten des sichtbaren Himmelsgewölbes ausgedrückt wurde. Um auch die Angaben der nur Morgens die Bewölkung beobachtenden Stationen niederer Ordnung verwenden zu können, wurden die Mittel ausschliesslich aus den Morgennotierungen berechnet.

Zunächst ersehen wir aus unserer Karte, dass über dem gebirgigen Teile Mitteldeutschlands die Bewölkung überall stärker ist als über dem Tieflande: Harz, Weserberge, Eichsfeld, Thüringer Wald und Ilmplatte haben über 70 %, der Hochharz sogar über 75 %. Die Differenz zwischen dem Hochharz und den höchsten Erhebungen des Thüringer Waldes hat ihren Grund teils in einem grösseren Wasserdampfreichtum der meeresnäheren, am Harz emporsteigenden Luftmassen, teils in der grösseren Höhe dieser Erhebungen.

Ferner bemerken wir, dass am Thüringer Walde sowohl wie am Harz die Zunahme der Bewölkung auf deren Luvseite schon beträchtlich weit rückwärts beginnt: am Thüringer Walde hat schon das Werrathal, am Harze die ganze nach Süd und West vorliegende Niederung über 70 % Bewölkung. Andererseits sehen wir an der Leeseite die Grenze von 70 % sich hart den Haupterhebungen der Gebirge anschmiegen, wenn nicht, wie im östlichen Teile des Thüringer Beckens, weitere, wenn auch niedrigere Höhen ein ausreichendes Herabsinken der Luftmassen verhindern.

Im Lee der Hauptgebirge selbst aber finden wir abgeschlossene Zonen erheblich geringerer Bewölkung; so im centralen Teile des Thüringer Beckens und in der nördlich bis östlich vom Harz gelegenen Niederung. Die geringere Bewölkung des westlichen Teiles des Thüringer Beckens ist weniger der Wirkung des Thüringer Waldes als der des vorgelagerten Plateaus des Obereichsfeldes zuzuschreiben, während die Höhen der Ilmplatte den mit westlichen und nordwestlichen Winden über das Thüringer Becken weggeführten, dort wegen fehlender Bodenerhebungen nicht zur Verdichtung gelangten Wasserdampf kondensieren. Man muss sich auch daran erinnern, dass, wie Hann in seiner allgemeinen Klimatologie durchaus zutreffend bemerkt, an einer Stelle gefallene Niederschläge eine neue Quelle des Wasserdampfes für die hinterliegenden Gegenden werden. So nehmen zwar die Gebirge den grösseren Teil des zugeführten Wasserdampfes für sich vorweg, lassen aber auch in Form von Wasserläufen und Quellen den Leeseiten einen grossen Teil des atmosphärischen Wassers zuströmen, wo dieses nun der Wiederverdunstung verfällt, um bei einer erneuten Kondensationsgelegenheit auf seinem Weiterwege Wolken und Niederschläge zu bilden.

Auffallend erscheint auch die geringe Bewölkung des Frankenwaldes, welche man nur dadurch erklären kann, dass die Haupterhebungen des Thüringer Waldes und die steilen südwestlichen Randhöhen des Frankenwaldes selbst den grössten Teil des Wasserdampfes schon eher zur Verdichtung gebracht haben, ehe derselbe das niedrigere Plateau des Frankenwaldes bei Meura und Leutenberg erreicht.

Mit grosser Deutlichkeit zeigt sich die durch das Brockengebirge an seiner Südwestseite bewirkte starke Kondensation des Wasserdampfes in der geringen Bewölkung von Ilsenburg.

Instruktiver noch würde unsere Betrachtung werden, wenn wir auch die Bewölkung zu den verschiedenen Tageszeiten und in den verschiedenen Jahreszeiten durch Karten wiedergeben könnten; doch muss aus äusseren Rücksichten auf diese verzichtet werden.

Die Bewölkung im Winter ist allgemein eine um ca. 10 % stärkere; die Gebiete geringerer Bewölkung liegen ungefähr an derselben Stelle wie die im Jahresmittel sichtbaren, nur erscheint das nordöstlich vom Harz liegende erheblich schmaler, da im Winter die Meeresnähe einen grösseren Einfluss auf die Bewölkung ausübt. Im Frühjahr und Sommer ist die Bewölkung allgemein um 10 % geringer als im Jahresmittel; die Gebiete schwächerer Bewölkung zeigen eine Neigung, in mehrere kleinere zu zerfallen, da im Frühjahr die Herrschaft der südwestlichen Winde meist auf längere Zeit von östlichen und nordöstlichen Luftströmungen unterbrochen wird, im Sommer aber nicht selten lokale aufsteigende Luftströme die Bewölkung ohne jede Rücksicht auf die Gebirge vermehren. Auch verschiebt der im Sommer meist mehr westliche bis nordwestliche Wind die Luvseiten der Hauptgebirge mehr nach West. Der Herbst ist in seinen Bewölkungsverhältnissen dem Winter ziemlich analog.

Die Bewölkung eines grösseren Gebietes mit voller Genauigkeit wiederzugeben ist eine Aufgabe, welche nur gelingen kann, wenn man ein ganz ausserordentlich dichtes Beobachtungsnetz zur Verfügung hat, da die lokalen Unterschiede zwischen Luv- und Leeseite von Bodenerhebungen wie im grossen so auch im kleinen hervortreten, sobald die Höhendifferenzen ausreichende Grösse besitzen. Wir haben daher in unserer Karte durchaus nicht ein bis in das Detail richtiges Bild der Bewölkungsverhältnisse Mitteldeutschlands zu geben gemeint, da ein solches sicherlich ein erheblich bunteres Aussehen haben würde. Die tief eingeschnittenen Thäler der nordwestlichen Kettenhöhen, die hinter Ohmgebirge, Hainleite, Kyffhäuser, hinter der Rhön gelegenen Niederungen haben sicherlich deutlich ausgeprägte Unterschiede gegen die Luvseiten dieser Höhen aufzuweisen, welche in unserem Kärtchen verschwinden müssen. Uebrigens wird eine Abstumpfung dieser eng lokalen Unterschiede durch die Thatsache der rückwärts wirkenden Kraft des emporgedrängten Luftstromes bewirkt, so dass bei engerer Lagerung der Thalungen, wie z. B. in den zwischen Weser und Leine liegenden Kettenhöhen, die Luvseitenbewölkung einer Bodenerhebung die Leeseite der vorliegenden berührt.

b. Niederschläge.

Alles, was einleitend über die Kondensation des Wasserdampfes zu Wolken gesagt worden ist, gilt gleicherweise für die Niederschläge, nur ist es nötig, den Vorgang eine Stufe weiter zu verfolgen.

Sobald Wolkenbildung eingetreten ist, wird ein Teil der zur Verdunstung des Wassers verbrauchten Wärme wieder frei, wirkt also bis zu einem gewissen Grade der Weiterverdichtung entgegen. Hauptsächlich aber wird diese Wärme zur abermaligen Auflockerung der Luft und damit zur Vermehrung ihres Auftriebes verbraucht, so dass der Kondensationsprozess an der Stelle seines Eintritts zwar verzögert, aber in eine höhere Schicht verlegt wird. Hierdurch werden schliesslich die die Wolke konstituierenden Wassertröpfchen grösser und grösser, bis sie schliesslich, die vereinte Kraft der Luftreibung und des aufsteigenden Luftstromes überwindend, aus der Luft auf den Erdboden niederfallen. Durch das Herausfallen des von der Luft bisher getragenen Wassers wird aber diese um ebensoviel entlastet, daher leichter und zum weiteren Aufsteigen bis zu einer gleich schweren Schicht geneigt.

Unsere Niederschlagskarte (Karte 7), welche die mittleren Mengen der Jahre 1882—1885 wiedergibt, hat eine gewisse Aehnlichkeit mit der Bewölkungskarte; und dies mit gutem Recht, da beide Faktoren dieselben Ursachen für ihre Entstehung haben.

Doch zeigt die Niederschlagskarte ein grösseres Detail, da eine Verwischung benachbarter Verhältnisse, wie wir sie bei der Bewölkung sehen, hier nicht in der Natur der Erscheinung begründet ist. Vielmehr ist der gefallene Niederschlag eine durchaus, unter Umständen ganz streng lokale Erscheinung, wie wir nicht selten vornehmlich bei sommerlichen Gewitterregen beobachten können, dass die Grenzzone zwischen benetztem und trockenem Boden nur wenige Meter breit sein kann.

Die Wirkung der Gebirge zeigt sich in unserer Karte in einer ausserordentlich markierten Weise, besonders wenn man dazu die in unseren Profilkärtchen gegebenen Daten zum Vergleich heranzieht, da die Schnitte vornehmlich zur Verdeutlichung der uns an dieser Stelle beschäftigenden Niederschlagsverhältnisse in der Richtung der vorherrschenden Winde angelegt sind. Die Lage der trockensten Gebiete Mitteldeutschlands, der südlichen Börde, des Mansfelder Hügellandes, der Goldenen Aue, der thüringischen Grenzplatte, ferner der Halle-Leipziger Tieflandsbucht, deren Jahressumme unter 500 mm bleibt, zeigt deutlicher als alle Windregistrierungen, dass der hauptsächlichste Regenwind im nördlichen Mitteldeutschland der West bis Westsüdwest, in Thüringen aber der Südwest ist.

Dieses Gebiet geringster Niederschläge ist rings umgeben von einem solchen, in welchem 5—600 mm fallen. Dasselbe lehnt sich an die nordöstlichen Gebirgsränder viel enger an als die erstgenannten. Ueber dem Mansfelder Hügellande fliessen die den beiden Hauptgebirgen angehörigen Trockengebiete zusammen, indem sie ostwärts bis über die Elbe hinausreichen, nach Nord zu aber mit dem Niederschlagsgebiet der norddeutschen Tiefebene sich vereinigen. In diesem letzteren finden sich einige Gebiete vermehrter Niederschläge, deren Existenz nicht auf Gebirgswirkung zurückgeführt werden kann. Vornehmlich ist es wieder der Drömlingsbruch bei Kunrau, welcher vermöge seiner niederen Lufttemperatur, welche wir schon oben kennen lernten, aber auch wegen seines grossen Wasserreichtums ein Kondensationscentrum eigener Art darstellt. Die Niederschlagsmenge von Kunrau, 908 mm, entspricht einer solchen, wie sie im Harzgebirge in einer Höhe von ca. 500 m zu finden ist. Die östlich von der Elbe markierte Zone stärkerer Niederschläge dürfte der relativ starken Bewaldung jener Gegend gegenüber der fast waldlosen Börde ihre Entstehung verdanken.

Dagegen ist für die im Anhaltischen markierte Zone stärkerer Niederschläge ein geographischer Grund nicht aufzufinden.

Sehr deutlich aber markiert sich in der südlichen Altmark das waldige Gebiet der Kolbitzer und Letzlinger Höhen durch stärkeren Niederschlag.

Wir haben uns noch ferner Rechenschaft zu geben über die eigentümliche westwärts gerichtete Vorbuchtung der Gebiete unter 500 und unter 600 mm, welche wir am südöstlichen Harz über der Goldenen Aue finden. Dieselbe verdankt ihre Entstehung ohne Zweifel dem Höhenzuge, welcher, vom oberen Eichsfelde ausgehend, als Ohmgebirge, Dün und Hainleite die Niederung der östlichen Goldenen Aue trocknet. Leider ermangelt gerade der von der Finne durchschnittene Teil Thüringens fast gänzlich der Beobachtungsstationen, sonst würde höchst wahrscheinlich das jetzt scheinbar zusammenhängende Trockengebiet in zwei durch die Finne getrennte zerfallen.

Wie selbst geringfügige Höhenunterschiede von Einfluss auf die Niederschläge sein können, lehrt uns die Lage des Trockengebietes über der Halle-Leipziger Tieflandsbucht: der geringe Höhenunterschied von kaum 100 m (s. Profil 6) genügt, um die über die nördliche Saal- und Thüringer Grenzplatte hinübersteigenden Luftmassen so häufig über ihren Taupunkt zu erwärmen, dass hier eine um ca. 100 mm geringere Niederschlagsmenge zur Ausscheidung kommt als auf den Vorhöhen selbst.

Dasselbe Profil belehrt uns auch über den Grund für die Existenz eines Gebietes geringerer Niederschläge im westlichen Thüringen: zwischen dem Obereichsfeld und den Heilinger Höhen liegt die von den westlichen Höhen um ca. 250 m überragte Niederung der oberen Unstrut, welche des Regenschattens dieser Höhen teilhaftig wird. Unser Profil schneidet nur den nördlichsten, schmalsten und am wenigsten tief eingesenkten Teil des Unstrutthales in der Nähe von Dingelstedt, giebt daher den in Frage kommenden Betrag der Einsenkung nicht ganz wieder.

Das südöstliche Thüringen, durch den Gebirgskamm des Thüringer Waldes, durch die vorgelagerten Parallelhöhen vom Hainich bis zum Steigerwald, sowie durch die bastionartig vorgeschobenen Reinsberge bei Plaue und Arnstadt geschützt, zeigt sich dementsprechend ebenfalls als ein Gebiet relativ geringer Niederschläge. Ob die lokale Vermehrung der Niederschläge bei Kranichfeld in orographischen Verhältnissen begründet ist, lässt sich schwer entscheiden; doch dürfte es nicht unmöglich sein, dass die zwischen dem Steigerwald und Riechheimer Berge einerseits, den Reinsbergen und Grossem Kalm andererseits durchgehende Einsenkung zwischen Ichtershausen und Kranichfeld, in welcher die Wipprn mit ihren Nebenbächen fliesst, eine lokale Kondensationsschranke an den Höhen der Ilm entstehen lässt.

Oestlich von der Saale tritt, obwohl ein bedeutender Höhenunterschied zwischen der Ilmplatte und der Saalplatte nicht existiert, in der ganzen Erstreckung der Randhöhen eine Vermehrung der Niederschläge ein. Diese Thatsache erweckt den Anschein, als liefere die Saale selbst hier der wassererschöpften Luft wieder neues Wassergas durch Verdunstung, welches nun zur Kondensation kommen könne. Die günstige Exposition des Saalthales mit seiner Erstreckung von Südsüdwest nach Nordnordost ermöglicht die volle Besonnung beider Uferränder und erhöht dadurch die Temperatur des Thales erheblich, wie auch aus den oben mitgeteilten Temperaturmitteln für Rudolstadt und Jena hervorgeht und überdies durch die Thatsache des dort vorkommenden Weinbaus bestätigt wird. Die hieraus hervorgehende starke Verdunstung dürfte wohl imstande sein, eine reichliche Menge Wassergas zu liefern.

Auch die Leineniederung sehen wir in unserer Karte durch eine gewisse Regenarmut ausgezeichnet, als deren Grund uns Profil 3 die westlich vorgelagerten Höhen des Solling, Profil 5 die südwestlich beherrschenden Höhen des Obereichsfeldes zeigt.

Das obere Werrathal in seiner ganzen Erstreckung von Vacha bis Hildburghausen, dazu die Thäler der oberen Itz und Rodach zeigen in unserer Karte Niederschläge von weniger als 600 mm Mächtigkeit. Der Grund hierfür dürfte unschwer in den nach West und Südwest vorgelagerten dominierenden Höhen des Rhöngebirges sowie in dem plateauartigen Nordfränkischen Berglande zu suchen sein. Profil 6 gibt uns Auskunft über die betreffenden Höhenverhältnisse. Es ist jedoch wohl zu bemerken, dass die Grenze für 600 mm Niederschlag ganz allgemein links von der Werra, also nicht an der am tiefsten eingeschnittenen, den Abhang des Gebirges begrenzenden Linie liegt: das bei der Bewölkung ausgesprochene Gesetz, nach welchem die Kondensation des Wassergases schon in einer gewissen Entfernung vom Gebirgsabhang erfolgt, gilt auch in voller Schärfe für den Niederschlag.

Am Harz würden wir dasselbe gleichfalls in voller Schärfe beobachten, wenn nicht am Südwest- und Westabhange desselben das Stationsnetz ein äusserst weitmaschiges wäre.

Die übrigen beträchtlicheren Bodenerhebungen Mitteldeutschlands zeichnen sich in völlig deutlicher Weise durch stärkere Niederschläge aus: Sollinger Wald und Wesergebirge haben über 800 mm, ebenso das Obereichsfeld. Dass in den tief eingeschnittenen, auf die vorherrschende Windrichtung senkrecht verlaufenden Thälern der nordwestlichen Kettenhöhen kleine, eng lokal begrenzte Trockengebiete im Regenschatten dieser Höhenzüge vorkommen, erkennen wir aus dem Vorhandensein einer solchen Zone bei Stadt Oldendorf, wo um ca. 270 mm weniger Niederschlag fällt als in dem unmittelbar vorliegenden Schiesshaus am Solling.

Auch der relativ niedrige, aber völlig bewaldete Höhenzug des Elm bewirkt eine erhebliche Vermehrung des Niederschlages an seiner Luvseite, welche bis Riddagshausen bemerkbar ist. Im Lee, welches hier, wie oben gesagt, östlich liegt, zeigt sich ein deutlicher Regenschatten in Gestalt einer tiefen Einbuchtung der Isohyete für 600 mm bis nach Süpplingen hin. Das Gebiet von 6—800 mm umfasst den grösseren Teil des nicht tiefländischen Mitteldeutschlands. In demselben zeigen sich vornehmlich die beiden Hauptgebirge, der Harz und der Thüringer Wald, als Kondensatoren im grossen Massstabe.

Als prinzipiellen Unterschied zwischen diesen selbst haben wir zunächst die erheblich grössere Niederschlagsmenge, welche der Harz an sich kondensiert, zu bemerken. Die grösste im Thüringer Walde beobachtete Niederschlagsmenge erreicht eben 1200 mm (Neuhaus a. R.), während der Brocken nach einigen erst in neuster Zeit gelungenen vollständigen Jahresbeobachtungen der Niederschläge über 1700 mm verdichtet. Das den ganzen Hochharz und das Plateau von Klausthal umfassende Gebiet von über 1400 mm fehlt dem Thüringer Walde gänzlich, ebenso das konzentrisch gelagerte, einen Teil des Plateaus von Elbingerode umfassende Gebiet von 1200—1400 mm.

Der Kamm des Thüringer Waldes hat in seiner ganzen Ausdehnung, soweit es das für solche Zwecke stets zu weitmaschige Stationsnetz zu erkennen erlaubt, zwischen 1000 und 1200 mm, an beiden Abhängen umgeben von einer im Süden breiteren, im Norden relativ schmalen Zone von 800—1000 mm. Am Harz finden wir die konzentrischen Zonen der gleichen Niederschlagsmengen besonders hinter dem Brockengebirge ausserordentlich stark zusammengedrückt als einen Ausdruck für die bei der Bewölkung schon in analoger Weise gefundene Wirkung der mächtigen Kondensation an der Luvseite des Bergmassives, welchem eine entsprechend trockene Leeseite gegenüber liegt.

Die Gründe für die Differenz der Niederschlagsmenge zwischen Harz und Thüringer Wald liegen auf der Hand und sind durchaus dieselben, wie die für die analoge grössere Bewölkung sprechenden: wasserdampfreichere Luft und grössere Höhe beim Harz gegenüber dem niedrigeren, kontinentaleren Thüringer Walde.

Es erübrigt nun noch, die Zahl der Niederschlagstage überhaupt, ferner die Zahl der Schneetage und der Hageltage zu untersuchen.

Der Betrachtung über die Zahl der Niederschlagstage müssen wir leider die Bemerkung voranschicken, dass es sich nicht hat umgehen lassen, von den Vorschriften einer fast allgemein gültigen Vereinbarung abzusehen. Es gilt nämlich mit Recht seit einigen Jahren der Grundsatz, als Niederschlagstage nur solche zu zählen, welche mehr als 0,2 mm Niederschlagsmenge gehabt haben. Ohne hier auf die Berechtigung dieser Vorschrift einzugehen, möchten wir doch betonen, dass es für theoretische Untersuchungen durchaus unumgänglich sein würde, ausser diesen Niederschlagstagen noch die überhaupt, wenn auch nur Spuren von Niederschlägen aufweisenden Tage zu notieren. Allerdings würde eine solche Zusammenstellung nur dann wirklichen Wert haben können, wenn das hierzu verwandte Beobachtungsmaterial von gleicher Zuverlässigkeit wäre. Die nachfolgenden Worte sind demnach als aus denen der Tage mit Niederschlägen überhaupt, ohne Rücksicht auf deren Menge, gebildete anzusehen.

Die Uebersicht der Niederschlagstage (Tabelle 9) zeigt uns zunächst, dass mit der wachsenden Höhe im Gebirge nicht nur die Menge, sondern auch die Häufigkeit der Niederschläge zunimmt. Es könnte hierbei auffallend erscheinen, dass der Inselsberg nur einen Betrag von 198 Niederschlagstagen aufweist, während Gross-Breitenbach 215, Klausthal 208, Erfurt 204 und Magdeburg deren 203 haben.

Die Erklärung hierfür dürfte wohl hauptsächlich in der grossen Schwierigkeit der Niederschlagsmessung auf Gipfelstationen, besonders im Winter, zu suchen sein. Die grosse Windstärke lässt ein den thatsächlichen Niederschlagsverhältnissen entsprechendes Ansammeln des Schnees im Regenmesser nicht zu, häufig treibt ein Windstoss alles das wieder hinaus, was in Stunden vorher sich angesammelt hatte. Die Notierung eines Niederschlagstages kann aber im Winter auf Berggipfeln meist nur dann geschehen, wenn wirklich Schnee im Messgefässe gefunden worden ist, da sehr häufig, ohne dass thatsächlich Schnee fällt, der liegende lockere Schnee durch stürmischen Wind aufgehoben und verweht wird, ein Vorgang, welchen selbst der aufmerksamste Beobachter

Tabelle 9. Mittlere Anzahl der Niederschlagstage überhaupt in den Jahren 1882—1885.

	Dezbr.	Januar	Februar	März	April	Mai	Juni	Juli	August	Septbr.	Oktbr.	Novbr.	Jahr
Klausthal	22	17	13	18	14	16	21	19	17	15	21	20	208
Nordhausen	17	17	12	10	10	14	14	16	17	12	19	17	177
Braunschweig	19	17	14	17	14	16	15	17	16	13	19	19	192
Kunrau	19	17	12	14	11	16	14	16	17	16	22	21	195
Magdeburg	21	15	14	18	15	16	15	19	17	16	21	18	203
Bernburg	16	14	10	13	9	14	14	17	15	16	18	16	178
Schwanebeck	18	14	11	19	12	13	13	16	15	15	19	17	181
Korbetha	18	12	11	16	11	15	15	17	14	13	15	17	176
Frankenhausen	20	10	10	14	9	13	11	15	13	11	17	13	159
Langensalza	16	10	9	14	11	13	12	15	14	13	17	14	156
Erfurt	19	15	14	18	14	18	17	21	15	15	19	18	204
Sulza	20	11	11	16	10	12	13	18	14	12	16	16	164
Rudolstadt	21	13	13	17	12	17	16	19	18	13	19	16	194
Eisenach	19	18	12	17	9	13	11	16	9	14	18	15	179
Salzungen	20	15	16	19	16	17	18	18	15	16	19	19	189
Meiningen	16	12	13	15	11	14	16	17	15	14	16	17	178
Koburg	19	12	13	14	10	14	12	16	14	14	20	16	174
Inselsberg	20	19	13	16	12	15	18	17	14	15	20	18	198
Gross-Breitenbach	22	13	15	18	14	17	19	19	18	15	21	16	215
Jena	19	13	10	16	10	17	16	19	17	13	18	19	182
Dessau	23	12	10	17	11	16	13	19	12	15	20	14	183

wenn, wie so häufig, der Gipfel in den Wolken steckt, nicht von wirklichem Schneefall zu unterscheiden vermag. Es ist demnach sicherlich wahrscheinlicher, diese Abnormität durch Fehler der Beobachtungsmethode richtig zu erklären, als durch die Vermutung, dass thatsächlich der Gipfel des Inselsberges schon oberhalb der Zone der grössten Niederschlagshäufigkeit liege.

Die Häufigkeit der Niederschlagstage in Erfurt und Magdeburg ist schwer geographisch zu begründen, besonders da die entsprechenden Werte der Bewölkung und Niederschlagsmenge durchaus keine Handhabe dafür bieten. Die kleinen Werte für Frankenhausen, Langensalza und Sulza entsprechen der durch günstige Exposition gesteigerten Lufttemperatur, welche nicht selten die wasserdampfreiche Luft von ihrem Sättigungspunkte entfernt. Einen einfachen Zusammenhang der Niederschlagshäufigkeit mit der Bodenkonfiguration, mit den bekannten Verhältnissen der Luv- und Leeseiten vermag man nicht aufzufinden. Man könnte vielmehr eher eine Umkehrung der uns aus obigem bekannten Verhältnisse herauslesen, indem die an der Luvseite liegenden Stationen Koburg und Meiningen erheblich weniger Regentage haben als die im Lee gelegenen Stationen Rudolstadt und Erfurt. Nur Salzungen macht gegen Eisenach eine Ausnahme hiervon. Man kann das Resultat dieser Tabelle auch so ausdrücken, dass die Luvseiten der Gebirge eine grössere Neigung zu starken, aber selteneren Niederschlägen, eine grössere Niederschlagsdichtigkeit haben als die im Lee liegenden Gegenden, welchen häufigere, aber schwache Niederschläge eigentümlich zu sein scheinen. Schliesslich lässt sich der Gedanke nicht ganz abweisen, dass die Häufigkeit der notierten Niederschlagstage im graden Verhältnis zur Aufmerksamkeit und Sorgfalt des Beobachters stehe, und aus diesem Grunde ist die übliche Vorschrift, nur solche Tage zu zählen, an welchen mehr als 0,2 mm gefallen ist, sicherlich berechtigt.

Die Tabelle der Schneetage (10) zeigt uns zunächst, dass, abgesehen von den Höhenstationen, in den Monaten Mai und September nur äusserst selten Schnee in Mitteldeutschland zu fallen pflegt. Die Notiz von Meiningen, welche Schnee im Juni meldet, steht völlig vereinzelt da. Die Luv- und Leeseiten der Gebirge stehen im allgemeinen ziemlich gleich in der Häufigkeit der Schneefälle, nur Erfurt zeichnet sich durch etwas grössere Häufigkeit derselben aus.

Bei Stationen, welche nahe dem Leeabhange eines Gebirges liegen, ist auch die Möglichkeit nicht ausser Acht zu lassen, dass Stürme lockeren Schnee vom Gebirge aufheben, ihn in der Niederung wieder fallen lassen und hierdurch wirkliche Schneefälle vortäuschen.

In Bezug auf die Häufigkeit der Hagelfälle reicht leider das verfügbare Beobachtungsmaterial nicht aus, indem trotz genauer Instruktion von vielen Beobachtern Graupel- und Hagelfälle identifiziert oder wenigstens vermischt werden. Die eminent praktische Wichtigkeit gerade der Untersuchungen über Hagelfälle, deren lokales, durch Gebirgszüge begünstigtes Auftreten in neuerer Zeit vielfach behauptet worden ist, lässt den Wunsch dringend berechtigt erscheinen, dass denselben eine allgemeine und strenge Aufmerksamkeit zugewendet werden möge, um zweifelloses Material hierüber zu erhalten.

Tabelle 10. **Mittlere Anzahl der Schneetage in den Jahren 1882—1885.**

	Dezbr.	Januar	Februar	März	April	Mai	Juni	Juli	August	Septbr.	Oktbr.	Novbr.	Jahr
Klausthal	15	9	6	13	7	4	1	—	—	—	2	8	66
Nordhausen	11	5	3	9	3	1	—	—	—	—	1	5	37
Braunschweig	7	4	3	9	2	—	—	—	—	—	0,2	5	31
Kunrau	6	3	8	6	1	—	—	—	—	—	—	5	22
Magdeburg	9	5	5	7	3	0,4	—	—	—	—	2	4	28
Bernburg	9	6	3	9	2	0,2	—	—	—	—	0,2	4	33
Schwanebeck	6	4	3	9	2	0,4	—	—	—	—	—	8	31
Korbetha	12	4	4	8	3	—	—	—	—	—	—	6	33
Frankenhausen	6	3	2	5	2	—	—	—	—	—	—	4	27
Langensalza	8	5	4	6	3	1	—	—	—	—	—	5	31
Erfurt	13	7	5	10	4	—	—	—	—	—	1	7	48
Sulza	10	3	4	9	3	—	—	—	—	—	0,5	5	33
Rudolstadt	11	4	4	8	3	—	—	—	—	—	1	6	37
Eisenach	10	5	3	5	3	1	—	—	—	—	1	4	33
Salzungen	8	6	3	9	5	1	—	—	—	—	1	6	43
Meiningen	9	8	4	8	3	0,3	1	—	—	—	1	5	40
Koburg	11	7	4	8	2	1	—	—	—	—	1	5	39
Inselsberg	15	9	8	12	7	4	—	—	—	0,3	2	12	69
Gross-Breitenbach	14	9	8	12	7	3	—	—	—	—	2	9	65
Jena	13	4	3	12	3	—	—	—	—	—	—	5	39
Dessau	11	5	3	11	2	—	—	—	—	—	—	5	37

Die als Ersatz hierfür mehrfach versuchte Benutzung der in den Hagelversicherungen niedergelegten Daten hat den grossen Nachteil, dass hierdurch solche Gegenden, welche vorwiegend den Boden zu Wald-, Hackfrucht- oder Wiesenbau ausnutzen, weniger hagelreich erscheinen müssen als solche, welche Getreidebau treiben, da eben nur die Hagelschäden den Versicherungen bekannt werden. Aus diesem Grunde ist auch das mehrfach gewonnene Resultat, dass die Gebirgsgegenden weniger Hagelfälle aufweisen als die Niederungen, mit Vorsicht aufzunehmen, da in den höheren Lagen der Gebirge Getreide gar nicht oder nur in geringen Mengen gebaut wird, während die fruchtbaren, klimatisch begünstigten Niederungen vorwiegend Getreidebau zu treiben pflegen [1]).

Fassen wir abermals die Resultate der Untersuchungen über den Einfluss der Gebirge auf die Hydrometeore kurz zusammen, so finden wir folgendes:

1. Die Bewölkung wird in ganz hervorragender Weise durch die Gebirge beeinflusst, indem an den Luvseiten eine Vermehrung, an den Leeseiten eine starke Verminderung derselben zu konstatieren ist.

2. Die Zunahme der Bewölkung beginnt an der Luvseite der Gebirge schon in einer gewissen Entfernung vom Fusse derselben.

3. Im Herbst und Winter ist der Einfluss der Gebirge auf die Bewölkung der Umgebung ein stärkerer und weniger örtlich schwankender als im Frühjahr und im Sommer.

4. Das Harzgebirge hat eine stärkere Bewölkung als der Thüringer Wald.

5. Die Niederschlagsmengen werden von den Gebirgen ebenfalls sehr stark beeinflusst, indem die Luvseiten erheblich feuchter sind als die Leeseiten, an welchen sich in grösserer Entfernung von den Gebirgen ausgeprägte Trockenzonen entwickeln. Selbst geringfügigere Bodenerhebungen zeigen diesen Einfluss auf das deutlichste.

6. Die Zunahme der Niederschläge erfolgt an der Luvseite der Gebirge schon in beträchtlicher Entfernung vom Fusse derselben.

7. Die Niederschlagsmengen des Harzgebirges sind beträchtlich grösser als die des Thüringer Waldes.

8. Die Zahl der Niederschlagstage zeigt keine von den Gebirgen direkt abhängige Verteilung; die Niederschlagsdichtigkeit scheint an den Luvseiten der Gebirge grösser zu sein als in den Leeniederungen.

9. Die Zahl der Schneetage zeigt keinen deutlichen Zusammenhang mit der Bodenkonfiguration.

Ueber den Einfluss der Gebirge Mitteldeutschlands auf die Häufig-

---

[1]) Der Verfasser hat in seiner Abhandlung: „Die Gewitter in Mitteldeutschland", Halle, Verlag von Tausch & Grosse, 1885, den Versuch gemacht, eine Hagelkarte von Mitteldeutschland zu konstruieren, auf welche hier verwiesen sei.

keit, Schwere, Gefährlichkeit, sowie auf die Zugrichtung der Gewitter in dieser Abhandlung zu berichten, ist, so sehr auch derartige Untersuchungen unserem Thema angemessen sein würden, zur Zeit noch nicht ausführbar, da das speziell für Mitteldeutschland verwendbare Material noch zu wenig reichhaltig ist, um diesen verwickelten, oft in eng lokale Grenzen eingeschlossenen Erscheinungen folgen zu können.

Klimatische Bezirke in Mitteldeutschland.

Unserem eingangs entwickelten Plane gemäss wollen wir nun zum Schluss versuchen, eine kurze klimatographische Charakteristik einzelner besonders hervorstechender Bezirke zu geben unter steter Rücksichtnahme auf die Wirkung der zugehörigen Boden-Erhebungen.

Die orographischen Verhältnisse dieser Bezirke sind auf S. 16 ff. ausführlich angegeben.

Die Mulde des westlichen Harzvorlandes ist klimatisch charakterisiert durch Vorherrschen südwestlicher, demnächst aber nordwestlicher Winde, welche nicht gerade selten, im Jahre 1884 sogar 13mal, stürmisch wehen. Trotzdem bewirkt der Windschutz der Weserberge, besonders des Solling, eine grosse Häufigkeit von Windstillen, welche im Mittel an 50 Tagen beobachtet werden. Die günstige Exposition der Leine-Niederung, ihre Zugänglichkeit gegen südliche Winde, während der Harz die kalten nördlichen Winde abhält, bedingen eine verhältnismässig hohe Temperatur. Besonders warm ist der Sommer, in welchem mittlere Monatsmaxima von fast 25°, absolute Maxima von 35° vorkommen. Andererseits bewirkt die häufige Luftruhe im Winter leicht Ansammlung kalter Luft, welche von allen Seiten in der Leineniederung zusammenströmt. Im Januar 1881 kamen Minima von — 24° vor.

Die Zahl der Sommertage beträgt gewöhnlich 28—30, die der Frosttage 65, während Eistage nur 5—8 vorzukommen pflegen. Die Bewölkung ist im Mittel eine mässige, heitere Tage kommen durchschnittlich 30—35, trübe dagegen 100 vor. Die Niederschlagsmenge beträgt im Mittel wenig über 500 mm; Niederschlagstage kommen gegen 150, darunter 33 Schneetage vor.

Die dem Fusse des Harzgebirges näherliegenden Teile haben grössere Bewölkung und grössere Niederschlagsmengen.

Die Mulde des nördlichen Harzvorlandes ist in ihren klimatischen Verhältnissen zum grossen Teile von der Nähe des Meeres abhängig, wird jedoch auch in erheblicher Weise von dem Harzgebirge beeinflusst; der vorherrschende Südwestwind wird ziemlich häufig von dem Nordwest abgelöst, welcher relativ häufig stürmisch auftritt; Windstillen sind in den dem Gebirge nahen Halberstädter Becken ziemlich häufig, seltener in der nördlicher liegenden und weniger geschützten Aueniederung. An dem Rande des Gebirges treten zuweilen föhnartige Erscheinungen auf. Die Temperatur des Halberstädter Beckens ist relativ hoch, während die Aueniederung am Elm etwas kälter erscheint. Sommertage kommen durchschnittlich 30, Frosttage gegen 80, Eistage 16 vor. Charakteristisch ist für diesen klimatischen Bezirk die relativ geringe Neigung zu starker nächtlicher Ausstrahlung: Schwanebeck hat z. B. in den letzten 4 Jahren sein absolutes Temperaturminimum mit — 14°,0 erreicht. Die höchste beobachtete Temperatur betrug 33°, so dass die mittleren absoluten Extreme noch nicht 46° aus einander liegen. Meeresnähe und gute Ventilation scheinen die Hauptgründe für diese geringe Jahresschwankung der Temperatur zu sein.

Die mittlere Bewölkung ist infolge der Gebirgswirkung eine relativ geringe trotz der Meeresnähe; die Menge der Niederschläge liegt zwischen 600 und 700 mm und scheint vom Harz nicht bedeutend beeinflusst zu sein, die Zahl der Niederschlagstage ist ziemlich beträchtlich, für Schwanebeck 181, von welchen circa 30 Schneetage sind.

Die Braunschweiger Niederung verliert durch ihre Meeresnähe schon einen sehr grossen Teil der durch den Harz hervorgerufenen Witterungs-Eigentümlichkeiten. Der waldige Höhenzug des Elm beeinflusst in deutlicher Weise die ihm naheliegenden Gegenden in Bezug auf Niederschläge, indem er schon in der Gegend von Braunschweig eine Vermehrung derselben hervorruft, während in seinem Lee eine erheblich trockenere Zone sich findet. Die Zahl der Niederschlagstage ist eine ziemlich grosse, die Regendichtigkeit aber gering.

Trotz der Meeresnähe kommen gelegentlich bedeutende Temperaturerniedrigungen vor, wie in Braunschweig einmal — 23° beobachtet worden ist; doch ist diese Erscheinung ausserordentlich selten, so dass das mittlere absolute Minimum nur — 16° beträgt. Der höchste erreichte Temperaturwert betrug 33°,6.

Der nördlich vom Elm gelegene Teil der Braunschweiger Niederung erscheint in seinen Temperaturverhältnissen nicht unbedeutend extremer, wie die Aufzeichnungen in Marienthal erkennen lassen, dessen absolutes Minimum und Maximum 35°,8 und — 25°,0, dessen mittlere absolute Extreme 34°,3 und — 18,6 betrugen.

Es erscheint nicht unmöglich, dass der nördlich angrenzende, durch starke Temperaturschwankungen ausgezeichnete klimatische Bezirk des Drömling einen gewissen Einfluss auf die nächste Umgebung in dieser Hinsicht ausübt.

Die klimatischen Verhältnisse der Börde sind vornehmlich in den Bewölkungs- und Niederschlagsverhältnissen vom Harzgebirge abhängig, da sie noch zum grössten Teile in dessen Windschatten liegt. Die Bewölkung liegt unter 65 %, die Niederschlagsmengen bleiben fast allgemein unter 500 mm, gehören daher zu den geringsten in Mitteldeutschland beobachteten. Egeln hat im Mittel nur 409, Hedersleben 481 mm. Die Anzahl der Niederschlagstage ist ziemlich gross (Magdeburg hat gegen 200), die Regendichte demnach sehr gering. Schnee fällt nur an 28—30 Tagen.

In der Temperatur steht die Börde der Halberstädter Niederung etwas nach, doch sind die Wärmeschwankungen ebenfalls nicht besonders grosse. Besonders ist der Winter im allgemeinen relativ mild, während der Sommer nicht selten Temperaturmaxima von über 35° bringt. Sommertage kommen 36—40, Frosttage 80—90, Eistage nur

18—19 vor. Da der Boden der Börde nahezu gänzlich waldlos ist, erscheint die starke Sommerwärme verständlich.

Das Thüringer Becken bildet gewissermassen eine klimatische Provinz mitten in Deutschland, indem es durch seine allseitige Umrandung mit Bodenerhebungen dem Einfluss der Umgebung bis zu einem gewissen Grade entzogen ist. Im Sommer steigt die Temperatur häufig auf beträchtliche Werte, so dass gelegentlich Maxima von über 36° erreicht werden; im Winter dagegen bedingt der Zusammenfluss kalter Luft von den Gebirgen nicht selten ein starkes Herabgehen der Temperatur, so dass Minima von —27° nicht zu den Seltenheiten gehören, während solche von fast —29°, wie im Januar 1886 in Langensalza, nur selten vorzukommen pflegen. Unmittelbar über dem Erdboden gehen die Minimalwerte bis unter —30° herab, besonders wenn der Boden schneebedeckt ist. Dass trotzdem das Jahresmittel der Temperatur ein relativ hohes ist, wird nur durch die hohe Sommerwärme veranlasst. Die Wärmeschwankung ist infolge dieser ausgesprochenen Kontinentalität Thüringens eine beträchtliche; sie beträgt zwischen den mittleren absoluten Extremen für Erfurt 53°,7, für Rudolstadt 54°,8, für Langensalza 51°,6. Die mittleren Extreme betragen für Erfurt 13°,0 und 3°,0. Frosttage kommen im Thüringer Becken 110—112, Eistage 23—26 vor, während Sommertage im Mittel 40—45 beobachtet werden.

Die Bewölkung des Thüringer Beckens ist eine relativ geringe, desgleichen die Summe der jährlichen Niederschläge. Der Thüringer Wald macht den südöstlichen, das Obere Eichsfeld den westlichen Teil Thüringens trocken. Trotzdem ist auch in diesen trockenen Gebieten die Zahl der Niederschlagstage sehr gross, die Regendichte aber sehr klein. Als Schnee fällt der Niederschlag durchschnittlich an 40 bis 45 Tagen. Am Rande des Gebirges kommen gelegentlich gut ausgeprägte Föhnerscheinungen vor.

Das Werrathal stellt gleichfalls einen gut isolierten klimatischen Bezirk dar, dessen Eigentümlichkeit wesentlich durch seine Lage an der Luvseite eines hohen, dem vorherrschenden Winde rechtwinklig exponierten Gebirgsrückens bedingt wird. Bewölkung sowohl als Niederschläge sind relativ bedeutend, letztere fallen vornehmlich in seltenen aber kräftigen Güssen.

Die günstige Exposition gegen die Sonne und die warmen südlichen Winde verleihen trotzdem dem Werrathal ziemlich hohe Temperaturen, welche weniger durch hohe Sommerextreme als durch im allgemeinen mässige Winterminima bedingt werden. Das Klima des Werrathales ist entschieden ein gemässigteres als das des Thüringer Beckens zu nennen, da die mittleren Maxima 12°,2, die mittleren Minima 8°,2 betragen; die mittlere Jahresschwankung beträgt für Meiningen nur 8°,0, für Erfurt dagegen 9°,5, für Rudolstadt 10°,7. Meiningen hat nur 25, Salzungen 35 Sommertage gegenüber Rudolstadt mit 47. Ebenso kommen in Meiningen nur 90, in Rudolstadt 116, in Erfurt 110 Frosttage, Eistage in Meiningen 15, in Salzungen 14, in Erfurt aber 26 vor. Schneetage hat Meiningen 40, Erfurt 46.

Diese kurze Skizzierung der hauptsächlichsten klimatischen Bezirke Mitteldeutschlands sowie die vorhergehende Untersuchung der einzelnen klimatischen Faktoren dürfte beweisen, dass die Gebirge Mitteldeutschlands in der That einen sehr erheblichen Einfluss auf die Ausgestaltung des Klimas in diesem Gebiete ausüben.

Dieser Einfluss äussert sich hauptsächlich in der Weise, dass die Luvseiten der Gebirge nebst ihrem nächsten Vorlande ein limitierteres, die Leeseiten bis auf weite Entfernungen hin ein excessiveres Klima erhalten. Das Binnenlandsklima wird daher in ein Küsten- und in ein verstärkt kontinentales Klima zerspalten; die erheblich grössere Wirkungssphäre der Gebirge nach ihrer Leeseite hin bedingt als allgemeines Resultat der Gebirgswirkung eine Vermehrung der Kontinentalität. Andererseits sind die Gebirge selbst für die Regenbenetzung von erheblichstem Einfluss, indem sie gewissermassen Fangapparate für den atmosphärischen Wasserdampf darstellen.

Tabelle sämtlicher Beobachtungsstationen in Mitteldeutschland mit Angabe der in den Karten gebrauchten Abkürzungen,

nach Klima-Bezirken geordnet.

Klima-Bezirk	Nr.	Station	Meereshöhe	Ordnung	Abkürzung in den Karten
1. Harz.					
A. Oberharz.					
a. Plat. v. Clausthal	1.	Clausthal	592	2.	Clth.
b. Hochharz	2.	Brocken	1142	2.	Br.
	3.	Scharfenstein	615	4.	Schrf.
	4.	Molkenhaus	—	4.	Mhs.
	5.	Sonnenberg	774	2.	Snbg.
	6.	Schierke	585	3.	Sch.
	7.	Stöberhay	(700)	5.	Stöb.
	8.	Braunlage	(550)	4.	Brlg.
	9.	Elend	(520)	5.	
B. Unterharz.					
a. Plateau v. Elbingerode	10.	Königshof	(450)	5.	Kh.
	11.	Rübeland	(400)	5.	Rüb.
	12.	Tanne	(490)	5.	
	13.	Hohegeiss	(640)	5.	Hgs.
	14.	Wieda	(380)	4.	Wied.
	15.	Hasselfelde	(460)	5.	Hsf.
	16.	Neustadt a/H.	(260)	3.	Nstdt.
	17.	Güntersberge	(420)	4.	Gtbg.
	18.	Breitenstein	—	4.	Brtst.
	19.	Allrode	(490)	5.	Allr.
	20.	Victorshöhe	(537)	5.	Vict.
	21.	Georgshöhe	(420)	5.	
	22.	Todtenrode	(435)	4.	Todt.
	23.	Regenstein	298	5.	Rgst.
b. Plateau v. Harzgerode	24.	Harzgerode	340	4.	Hgr.
	25.	Alexisbad	325	2.	Al.
	26.	Horbeck	(360)	4.	Hrb.
C. Harzränder.					
a. westlicher	27.	Seesen	(220)	4.	Sees.
b. nördlicher	28.	Harzburg	(280)	4.	Hbg.
	29.	Stapelnburg	(230)	3.	Stpbg.
	30.	Ilsenburg	(250)	3.	Ils.
	31.	Hasserode	(280)	3.	
	32.	Blankenburg a/H.	(190)	5.	Bkbg.
	33.	Langenstein	(180)	3.	Lgst.
	34.	Quedlinburg	127	2.	Quedlinbg
	35.	Thale	(162)	4.	
	36.	Gernrode	(220)	4.	Grn.
	37.	Ballenstedt	200	3.	Ball.
c. östlicher	38.	Sangerhausen	160	4.	Sngha.
d. südlicher	39.	Rossla a/H.	(170)	3.	Rssl.
	40.	Nordhausen	222	2.	Ndhs.
	41.	Walkenried	(260)	5.	Wlkr.

Klima-Bezirk	Nr.	Station	Meeres-höhe	Ord-nung	Abkürzung in den Karten
2. Sollinger Wald.	42.	Fürstenberg	—	5.	Fstbg.
		Schiesshaus a/S.	345	4.	Schsh.
3. Leine-Niederung.	43.	Göttingen*	150	2.	
	44.	Northeim	—	4.	Nthm.
	45.	Wrescherode	—	4.	Wresch.
4. Nordwestliche Bergketten.	46.	Holzberg	—	5.	Hbg.
	47.	Stadtoldendorf	228	4.	Stold.
	48.	Scharfoldendorf	—	5.	Schold.
	49.	Ottenstein	—	5.	Ottst.
	50.	Hohenbüchen	—	5.	Hbch.
	51.	Bodenstein	—	5.	Bodst.
	52.	Lichtenberg	—	5.	Lchtbg.
5. Braunschweiger Niederung.	53.	Hannover*	62	2.	
	54.	Üfingen	87	2.	Üfg.
	55.	Braunschweig	86	2.	
	56.	Landesbaumschule	—	5.	Lbsch.
	57.	Riddagshausen	—	4.	Rddgh.
	58.	Campen	—	5.	Cmp.
6. Elm u. Helmstädter Höhen.	59.	Gross-Rohde	—	5.	Gr.-Rd.
	60.	Voigtsdahlum	—	5.	Voigt.
	61.	Süpplingen	128	5.	Sppl.
	62.	Marienthal	143	4.	
	63.	Sommerschenburg	190	4.	Schbg.
	64.	Ummendorf	160	4.	Umdf.
7. Haldensleber Höhen.	65.	Weferlingen	—	3.	Wfl.
	66.	Flechtingen	—	4.	Flch.
	67.	Neuhaldensleben	53	2.	Nhldb.
8. Ohre-Niederung (Drömling).	68.	Dorst	—	4.	Dst.
	69.	Calvörde	43	3.	Clv.
	70.	Cunrau	63	2.	
9. Altmark. a. nördliche	71.	Beetzendorf	—	3.	Btz.
	72.	Salzwedel	26	2.	
	73.	Brunau	32	3.	Brn.
	74.	Seehausen i/A.	23	4.	Seeh.
	75.	Osterburg	—	4.	Ostbg.
	76.	Gr. Möhringen	—	4.	Gr.-Möhr.
	77.	Gardelegen*	49	2.	
	78.	Trüstedt	—	4.	Trst.
b. südliche	79.	Lüderitz	—	4.	Ldtz.
	80.	Born	—	5.	Bn.
	81.	Schricke	—	4.	Schr.
	82.	Rogätz	—	4.	Rog.
10. Börde.	83.	Hundisburg	—	4.	Hdbg.
	84.	Gross-Ammensleben	—	4.	Amsl.
	85.	Gross-Rodensleben	—	5.	Gr.-Rdl.
	86.	Klein-Ottersleben	(70)	4.	Kl.-Ottl.
	87.	Magdeburg	54	1.	
	88.	Gross-Wanzleben	—	4.	Wzl.

Klima-Bezirk	Nr.	Station	Meereshöhe	Ordnung	Abkürzung in den Karten
	89.	Seehausen (W.)	—	4.	Seeh.
	90.	Schermke	(150)	4.	Scherm.
	91.	Hadmersleben	—	4.	Hl.
	92.	Westeregeln	—	4.	Weg.
	93.	Egeln	68	4.	Eg.
	94.	Bleckendorf	—	4.	Bckdf.
	95.	Wolmirsleben	—	3.	Wolm.
	96.	Bahrendorf	—	4.	Bdf.
	97.	Schönebeck	54	3.	Schnb.
	98.	Hohen-Erxleben	76	4.	Hrxl.
	99.	Bernburg	77	2.	Bernbg.
	100.	Warmsdorf	92	3.	Wrmd.
	101.	Stassfurt	—	4.	Stasf.
	102.	Hecklingen	—	3.	Hckl.
11. **Hakelwald.**	103.	Heteborn	—	4.	Hbr.
12. **Aue-Niederung.**	104.	Wulferstedt	—	4.	Wlf.
	105.	Hamersleben	—	3.	Hm.
	106.	Barneberg	—	4.	Hbg.
	107.	Altenrode	—	5.	Alt.
	108.	Stötterlingenburg	—	4.	Stlbg.
	109.	Wasserleben	—	4.	Wasl.
	110.	Hessen	—	5.	Hss.
	111.	Badersleben	—	3.	Bl.
	112.	Schlanstedt	—	3.	Schst.
13. **Halberstädter Becken.**	113.	Schwanebeck	110	2.	
	114.	Derenburg	162	2.	Dbg.
	115.	Hedersleben	—	4.	Hdl.
	116.	Hoym	—	4.	Hm.
	117.	Aschersleben	-	4.	Aschl.
14. **Mansfelder Hügelland.**	118.	Gross-Wirschleben	—	4.	Gr.-Wl.
	119.	Gerbstädt	—	5.	Gbst.
	120.	Erdeborn	—	4.	Edb.
	121.	Cröllwitz	—	3.	Crlw.
	122.	Teutschenthal	—	4.	Teut.
15. **Thüringische Grenzplatte.**	123.	Merseburg	—	4.	
	124.	Korbetha	118	2.	
	125.	Mücheln	—	4.	Mchln.
16. **Goldene Aue.**	126.	Schönewerda	—	4.	Schönw.
	127.	Mönchpfiffel	—	3.	Mnchpf.
	128.	Reinsdorf	—	4.	Rsdf.
	129.	Frankenhausen	130 (?)	3.	
	130.	Artern	131	2.	Art.
	131.	Aumühle	—	3.	Aum.
	132.	Gross-Wechsungen	—	3.	Gr.-We.
17. **Hainleite.**	133.	Sondershausen	202	2.	
	134.	Immenrode	395	3.	Imr.

Klima-Bezirk	Nr.	Station	Meereshöhe	Ordnung	Abkürzung in den Karten
18. Eichsfeld.	135.	Dingelstedt	—	4.	Dglst.
	136.	Heiligenstadt *	269	2.	
	137.	Lengenfeld u. St.	—	3.	Lfld.
19. Kauffunger Wald.	138.	Kassel *	204	2.	
20. Heilinger Höhen.	139.	Körner	—	4.	Krn.
	140.	Schlotheim	226	3.	Schl.
	141.	Gross-Ehrich	—	4.	Gr.-Er.
21. Helbe-Unstr.-Niederung.	142.	Langensalza	201	2.	
	143.	Straussfurt	—	3.	
	144.	Weissensee	—	3.	
	145.	Gorsleben . . . . / Hemmleben	—	4.	Grs. / Hml.
22. Gera-Niederung.	146.	Tiefthal	—	3.	Tfth.
	147.	Kühnhausen	195	3.	
	148.	Erfurt	196	2.	
	149.	Wind.-Holzhausen	—	3.	Whlzh.
23. Oestl. Thür. Hochfläche.	150.	Buttstädt	—	4.	Btst.
24. Ilmthal.	151.	Sulza	134	2.	Sls.
	152.	Weimar	228	2.	
	153.	Kranichfeld	—	4.	Krf.
25. Südl. Thür. Hochfläche.	154.	Willrode	—	3.	Wllr.
	155.	Stedten	—	3.	
	156.	Molsdorf	—	4.	Mlsdf.
	157.	Wandersleben	—	3.	Wndl.
	158.	Friemstedt	—	3.	Frst.
	159.	Bienstedt	—	4.	Bnst.
	160.	Illeben	—	4.	Ill.
	161.	Gotha	—	4.	Gth.
	162.	Oesterbehringen	—	3.	Ostb.
26. Nordrand des Thür. Waldes.	163.	Saalfeld	—	3.	Saalf.
	164.	Rudolstadt	217	2.	
	165.	Blankenburg i/Th.	225	3.	Bkbg.
	166.	Stadtilm	354	3.	Stilm.
	167.	Ilmenau	—	4.	Ilm.
	168.	Arnstadt	287	2.	
	169.	Crawinkel	—	4.	Crw.
	170.	Ohrdruf	—	4.	Ohrd.
	171.	Friedrichroda	259	3.	Frdr.
	172.	Laucha	—	4.	Lch.
	173.	Eisenach	240	2.	
27. Westrand.	174.	Berka a/W.	—	3.	Bka.
28. Südrand.	175.	Möhra	—	5.	Möhr.
	176.	Altenstein	—	4.	Ast.
	177.	Schmalkalden	—	5.	Schmlk.

Klima-Bezirk	Nr.	Station	Meereshöhe	Ordnung	Abkürzung in den Karten
29. Oberes Werrathal.	178.	Salzungen	253	2.	
	179.	Meiningen	311	2.	
	180.	Themar	—	5.	Them.
	181.	Hildburghausen	—	3.	Hild.
	182.	Eisfeld	—	4.	Eisf.
30. Vor der Rhön.	183.	Stadt Lengsfeld	—	5.	St. Lng.
	184.	Friedelshausen	—	3.	Frdb.
	185.	Kaltennordheim	—	5.	Kl. Ndhm.
31. Nordfränk. Bergland.	186.	Rodach	—	3.	Rod.
	187.	Ummerstadt	—	4.	Umst.
	188.	Coburg	324	2.	
	189.	Neustadt b/C.	327	2.	Nstdt.
32. Kamm des Thüring. Waldes.	190.	Inselsberg	906	2.	
	191.	Oberhof	808	2.	
	192.	Schmücke	910	4.	Schm.
	193.	Neustadt a/R. *	801	3.	Nstdt.
	194.	Gross-Breitenbach	630	2.	
	195.	Oberhain	584	3.	Obhn.
	196.	Katzhütte	434	3.	Ktzh.
	197.	Neuhaus a/R.	806	3.	
	198.	Meura	528	3.	Meur.
33. Frankenwald.	199.	Sonneberg	—	5.	Sbg.
	200.	Lehesten	—	5.	Lhst.
	201.	Leutenberg	302	3.	Ltbg.
	202.	Bucha	461	3.	Bch.
34. Saalthal.	203.	Jena	159	2.	
	204.	Camburg	—	4.	Cmbg.
	205.	Naumburg	—	4.	Nmbg.
	206.	Weissenfels	—	3.	Weisf.
35. Saalplatte.	207.	Eisenberg	—	4.	Eisbg.
	208.	Wetzdorf	—	4.	Wtzdf.
	209.	Schkölen	—	4.	Schk.
	210.	Zschorgula	—	4.	Zschorg.
	211.	Wehau	—	4.	Weh.
	212.	Wiedebach	—	3.	Wdb.
36. Halle-Leipziger Tieflandsbucht.	213.	Zeitz	—	4.	
	214.	Lützen	—	3.	Ltz.
	215.	Oetzsch	—	4.	
	216.	Dürrenberg	—	5.	Drbg.
	217.	Dölkau	—	4.	Dölk.
	218.	Leipzig	—	2.	
	219.	Gröbers	—	2.	Gröb.
	220.	Halle a/S.	92	2.	
37. Obersächsisches Tiefland.	221.	Landsberg	—	3.	Ldbg.
	222.	Düben	—	3.	Düb.
	223.	Brachstedt	—	3.	Brst.
	224.	Cösseln	—	4.	Cöss.

Klima-Bezirk	Nr.	Station	Meeres-höhe	Ord-nung	Abkürzung in den Karten
	225.	Glauzig	—	4.	Glz.
	226.	Gröbzig	—	4.	Grbz.
	227.	Klein-Paschleben	—	4.	Kl.-P
	228.	Cöthen	—	3.	Cth
	229.	Trebbichau	—	4.	Trb
	230.	Frasdorf	—	4.	Frd
	231.	Quellendorf	—	4.	Qll
	232.	Dessau	62	2.	De
39. Oestliche Elb-Niederung.	233.	Wörlitz	—	4.	Wr
	234.	Zerbst	—	3.	
	235.	Badewitz	—	4.	Bd
	236.	Randau	—	4.	Rn
	237.	Pöthen	—	4.	Pt
	238.	Hohenziatz	—	4.	Hz
	239.	Görzke	—	4.	Gr
	240.	Ringelsdorf	—	4.	Rng
	241.	Niegripp	—	4.	Ng
	242.	Fienerode	35	4.	F
	243.	Genthin	—	4.	Gt
	244.	Bergzow	—	4.	Bg
	245.	Parey a/Elbe	—	5.	P
	246.	Ferchland	—	4.	F
	247.	Jerichow	—	3.	Je
	248.	Hohenbellin	—	4.	Hb

Die mit einem * versehenen Stationen gehören nicht dem Stationsnetze des Verein[s für] Landw. Wetterkunde an.

Die eingeklammerten Höhen-Angaben sind nur angenähert richtig.

LUFTDRUCKMITTEL
Windrichtung.
Braunschweig
Halberstädter
Thüring
10
11
12

N° 2.

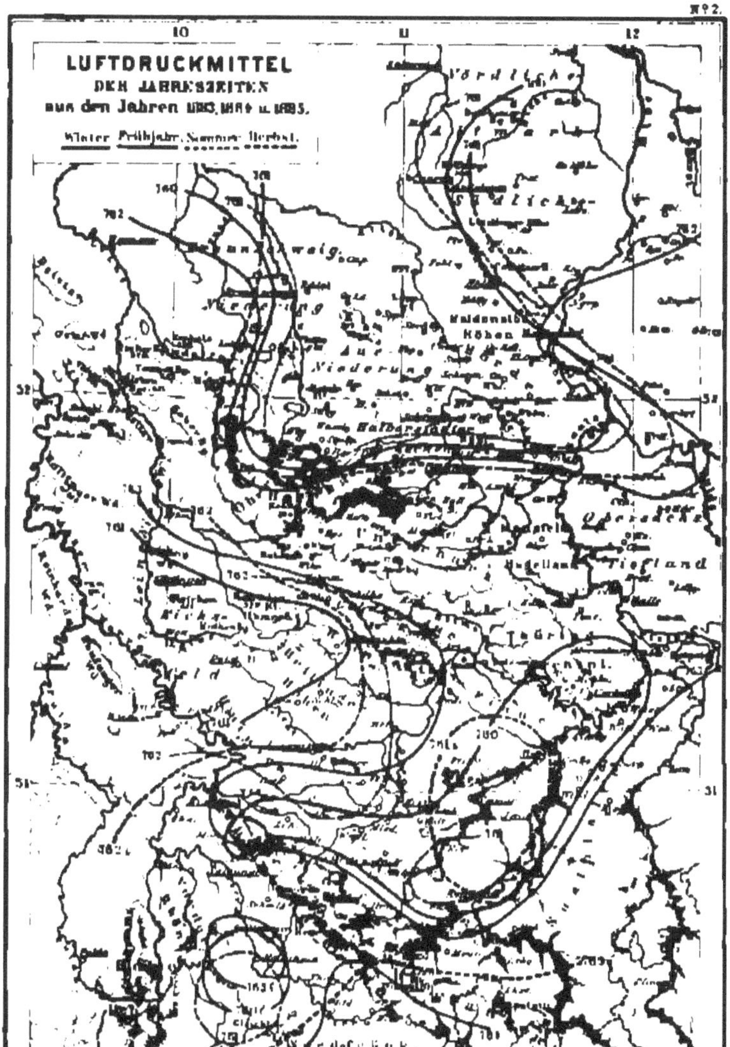

Geograph. Anst. v. Wagner & Debes, Leipzig.

Geograph. Anst. v. Wagner & Debes, Leipzig

Geograph. Anst. v. Wagner & Debes, Leipzig

Geograph. Anst. v. Wagner & Debes, Leipzig

Geograph. Anst. v. Wagner & Debes, Leipzig

Geograph. Anst. v. Wagner & Debes, Leipzig

Die weiteren Hefte werden unter anderem folgende Arbeiten bringen:

Geh. Rat F. Baer (Grossherzogl. bad. Direktor des Wasser- und Strassenbaus, der Landeskultur-Arbeiten, Landesvermessung und Topographie in Karlsruhe), Die Entwicklung des Verkehrs und der Verkehrswege am Oberrhein.

Dr. G. Berendt (Königl. Landesgeologe und Professor an der Universität Berlin), Die norddeutschen Urstromsysteme.

Dr. A. Bezzenberger (Prof. an der Universität Königsberg), Die Kurische Nehrung.

Dr. A. Birlinger (Prof. an der Universität Bonn), Alemannisches: Grenzen, Sprache, Eigenart.

Dr. R. Blasius (Braunschweig), Über Zugverhältnisse und Verbreitung der Vögel in Deutschland.

Oberforstmeister Dr. Borggreve (Direktor der Königl. Forstakademie zu Hannöv. Münden), Die Verbreitung und wirtschaftliche Bedeutung der wichtigeren Waldbaumarten innerhalb Deutschlands.

Dr. G. Gerland (Prof. an der Universität Strassburg), Über Thalbildung in den Vogesen.

Dr. A. Jentzsch (Dozent an der Universität Königsberg), Der Boden Ost- und Westpreussens.

Dr. C. M. Kan (Prof. an der Universität Amsterdam), Die Eigentümlichkeiten des niederländischen Bodens.

Dr. A. von Koenen (Prof. an der Universität Göttingen), Über die Dislokationen und Störungen, welche den Bau der deutschen Mittelgebirge bedingen.

Dr. F. Krones Ritter von Marchland (Prof. an der Universität Graz), Die deutsche Besiedelung der östlichen Alpenländer, insbesondere Steiermarks, Kärntens und Krains, nach ihren historischen und topischen Verhältnissen.

Dr. A. Leskien (Prof. an der Universität Leipzig), Mitteilungen über das ausgestorbene Slaventum in Norddeutschland.

Dr. Th. Liebe (Landesgeologe und Prof. in Gera), Der Zusammenhang zwischen den orographischen und hydrographischen Verhältnissen Ostthüringens und dessen geologischem Schichtenaufbau.

Dr. A. Makowsky (Prof. an der technischen Hochschule zu Brünn), Das Höhlengebiet des Devon in Mähren.

Dr. A. Nehring (Prof. an der landwirtschaftlichen Hochschule zu Berlin), Die diluviale Fauna Deutschlands und ihr Verhältnis zur jetzigen Fauna.

Dr. J. Ottmer (Prof. an der technischen Hochschule zu Braunschweig), Der Boden der nördlichen Vorlande des Harzes.

Dr. J. Partsch (Prof. an der Universität Breslau), Die Oder in Schlesien.

Dr. Fr. Pfaff (Prof. an der Universität Erlangen), Der Aufbau des Fränkischen Jura.

Dr. F. Ratzel (Prof. an der technischen Hochschule zu München), Die Schneegrenze im Karwendelgebirge.

Dr. L. Schlesinger (Direktor in Prag), Die ethnologischen Verhältnisse Böhmens.

Dr. F. Wahnschaffe (Dozent an der Universität Berlin), Die Quartärbildungen des norddeutschen Flachlandes und ihr Einfluss auf die Oberflächengestaltung desselben.

Dr. K. Weinhold (Prof. an der Universität Breslau), Über die Herkunft der deutschen Schlesier.

Ausserdem haben freundlichst ihre Mitwirkung zugesagt die Herren Dr. K. Freiherr von Fritsch, Prof. an der Universität Halle; Dr. F. G. Hahn, Prof. an der Universität Königsberg; Dr. G. Hellmann, Oberbeamter im Königl. Meteorologischen Institut in Berlin; Hofrat Dr. von Inama-Sternegg, Präsident der k. k. Statistischen Central-Kommission und Prof. an der Universität Wien; Dr. O. Krümmel, Prof. an der Universität Kiel; Dr. F. Löwl, Dozent an der deutschen Universität Prag; Dr. E. Petri, Prof. an der Universität Bern; Dr. J. Ranke, Prof. an der Universität München; Dr. P. Schreiber, Direktor des Königl. sächs. Meteorolog. Instituts in Chemnitz; Dr. A. Streng, Prof. an der Universität Giessen; Dr. F. Wieser, Prof. an der Universität Innsbruck u. a.

Forschungen
zur deutschen Landes- und Volkskunde
im Auftrage der
Centralkommission für wissenschaftliche Landeskunde von Deutschland
herausgegeben von
Dr. Richard Lehmann,
Professor der Erdkunde an der Akademie zu Münster i/W.

Erster Band.
Heft 7.

Die

Nationalitäten in Tirol

und die

wechselnden Schicksale ihrer Verbreitung

von

Dr. H. J. Bidermann,
o. ö. Professor der Statistik und des Staatsrechts an der Universität zu Graz.

STUTTGART.
VERLAG VON J. ENGELHORN.
1886.

DIE

NATIONALITÄTEN IN TIROL

UND DIE

WECHSELNDEN SCHICKSALE IHRER VERBREITUNG.

VON

DR. H. J. BIDERMANN,
o. ö. Professor der Statistik und des Staatsrechts an der k. k. Universität zu Graz.

STUTTGART.
VERLAG VON J. ENGELHORN.
1886.

Inhalt.

Seite

Merkmale der einzelnen Zeitabschnitte.

Anhang.

Einleitung.

Ethnographische Forschungen sind wesentlich erleichtert und ihre Ergebnisse sind verlässlicher geworden, seit man sich gewöhnt hat, die Nationalität von der Nation sorgfältig zu unterscheiden. Dieser Unterschied muss insbesondere auch bei Erörterung der ethnographischen Verhältnisse Tirols festgehalten werden. Denn die dortige Bevölkerung ist seit einem Jahrtausende und länger schon ein so buntes Gemisch der verschiedenartigsten Nationen, dass es geradezu unmöglich, die Geschlechterverbände in ihrer Mitte, worunter man eben die Nationen versteht, streng auseinander zu halten.

Der geistige Typus der Bevölkerung dagegen, welchen man die Nationalität nennt, lässt sich hier wie überhaupt weit leichter und sicherer bestimmen. Nicht bloss von der Gegenwart gilt dies, sondern auch von der Vergangenheit, wo allerdings der Abstammung grössere Bedeutung beigelegt und diese daher auch häufiger zum Gegenstande besonderer Untersuchungen gemacht wurde. Es sind ja noch keine fünfzig Jahre, dass, solange eben die ältere Gewerbegesetzgebung und die Autonomie der Zünfte bestanden, in manchen Städten und sonstigen Zunftbezirken nicht bloss Oesterreichs, sondern weit darüber hinaus nur das Kind deutscher Eltern als zur Aufnahme in ein Handwerk geeignet angesehen wurde, dass nur dieses dort Geselle und Meister zu werden hoffen durfte. Und auch sonst kam es auf den Stammbaum vorzeiten weit mehr an als heutzutage. Man denke doch, um von allen hiermit zusammenhängenden Vorrechten des Adels abzusehen, an die Stammesrechte der Vorzeit und an die Voraussetzungen ihrer Anwendung auf den Einzelnen, der sich zu ihnen bekannte. Man vergegenwärtige sich die engherzige Sorge, womit noch viel später nicht bloss der Adel und die zünftigen Handwerksgenossen, sondern auch andere Familien des Bürgerstandes die Reinheit des Blutes sich zu wahren suchten. Jetzt kümmert sich um Derartiges kaum mehr die höchste Aristokratie. So viele gesellschaftliche Reformen da gleich mitwirken, so hat doch auch das im Bewusstsein der Menschen sich vollziehende Zurücktreten der Nation hinter die Nationalität daran gewiss einen grossen Anteil. Die Wissenschaft wandelt, indem sie gleichfalls die Nationalität jetzt höher anschlägt als die

Nation, einen ihr durch volkstümliche Anschauungen gewiesenen Weg und darf sich dabei mit der Gewähr beruhigen, welche gerade das geläuterte Volksbewusstsein bietet. Wie dieses dermalen die Tüchtigkeit des Menschen, der irgendwie in Frage kommt, mehr berücksichtigt als dessen Abstammung, so fragt auch der Gelehrte, welchem ethnographische Aufgaben gestellt sind, heutzutage weniger nach dem genetischen Verbande und nach der angestammten körperlichen Beschaffenheit, als vielmehr nach dem die Leistungsfähigkeit vor allem beeinflussenden geistigen Typus. Ihn leitet dabei auch die Erkenntnis, dass mit dem Zunehmen und Umsichgreifen der Geistesbildung das physische Machtelement mehr und mehr an Bedeutung verliert. Dem Manne der Wissenschaft ist es ferner nach dem heutigen Stande derselben klar, dass der Begriff der Nation zu sehr schwankt, um ethnographischen Studien zu Grunde gelegt zu werden [1]).

In dieser Beziehung sei gleich hier bemerkt, dass von einer italienischen Nation in demjenigen ausgedehnten Sinne des Wortes, in welchem man dasselbe zur Bezeichnung einer ethnographischen Einheit gebraucht, nicht die Rede sein kann. Was man so nennt, existiert im politischen Leben; es wird aber auch da richtiger das italienische Staatsvolk genannt. Es kann sogar mit Bestimmtheit behauptet werden, dass es von der Zeit an, wo die alten Italer, wenn sie überhaupt einen Stamm bildeten, als Sprösslinge eines solchen in anderen Stämmen aufgegangen sind, eine Nation, die diesen Namen zu führen berechtigt gewesen wäre, überhaupt nicht mehr gegeben hat.

Daher weist auch das Beiwort „italienisch" in keiner Hinsicht auf eine bestimmte Nation, d. h. auf einen eigenartigen Verband von Geschlechtern zurück, sondern es ist entweder unmittelbar aus dem geographischen Begriffe von Italien oder aus dem geistigen Typus, der mit demselben bezeichnet wird, abgeleitet. Dieser letztere entbehrt eben einer nationalen Grundlage. Er entwuchs keiner solchen, sondern ist das Erzeugnis einer Kulturentwickelung, welche Menschen von mannigfaltiger Abstammung das Gepräge einer einheitlichen Nationalität aufdrückte, die man nunmehr die italienische nennt, wohl nur mit Rücksicht auf das Gebiet, in welchem sie emporkam und so zu sagen heimisch ist. Also steckt auch hinter dieser Benennung eigentlich der geographische

---

[1]) Ich habe dieser Anschauung schon im Jahre 1874 mit den Worten Ausdruck gegeben: „Die Stimmung eines Volkes und die jederzeit stark hiervon beeinflusste öffentliche Meinung wollen heutzutage mehr als je berücksichtigt sein. Vom Standpunkte der Staatenkunde aus besehen, zerfällt die Menschheit nicht sowohl nach äusseren Kriterien als nach der Sinnesrichtung in Gruppen." Doch setzte ich damals bei: „Gesellt sich zur gemeinsamen Sinnesrichtung auch noch ein die Gleichdenkenden umschlingendes Stammesbewusstsein, so ist, das letztere mag noch so unentwickelt sein, eine feste Grundlage gegeben, auf welcher das, was man die Nationalität nennt, sich ausgestaltet." — Erscheinungen, welche der unmittelbaren Gegenwart angehören, machen es mehr und mehr zweifelhaft, ob die Nationalität überhaupt durch das Bewusstsein der Abstammung bedingt ist, oder ob nicht im Gegenteile ihre Expansivkraft aus dem Vergessen der Abkunft sich erklärt. Mindestens lockert sich immer auffälliger der bezügliche historische Zusammenhang.

Begriff mit dem einzigen Unterschiede, dass er da mittelbar, in der Regel aber, wenn von etwas Italienischem die Rede ist, unmittelbar zur Geltung kommt.

Anders verhält es sich mit der deutschen Nationalität. Ihr kann ein nationaler Ursprung, d. h. die Entstehung inmitten eines geschlossenen Geschlechterverbandes nicht bestritten werden. Das sie kennzeichnende Beiwort ist dem Eigennamen einer wirklichen Nation entlehnt, die mit ihr gross geworden. Gab es gleich auch unter den Deutschen von jeher Unterschiede, welche sich vererbten, so dass die Veredelung der deutschen Nationalität erst allmählich auf sie ausgleichend einwirkte, so haben doch deren Träger schon von vornherein an dem geistigen Typus, aus welchem sie sich zur heutigen Macht und Gestalt entwickelte, teilgenommen und gleichmässiger zu deren Entwickelung beigetragen, als dies von den Voreltern der heutigen Italiener, d. h. der der italienischen Nationalität Angehörenden, in Anschung dieser sich nachweisen lässt.

Damit soll dem Ruhme der italienischen Nationalität und dem Ansehen derjenigen, welche sich um dieselbe verdient machten, nichts benommen sein. Vielmehr ist es bewunderungswürdig, wie dieselbe in Ermangelung einer eigentlichen Nation, welche den Keim dazu in sich trug und ihr als Stütze hätte dienen können, in verhältnismässig später Zeit entstehen und sich über ein weites Gebiet ausbreiten konnte, dessen Bewohner dadurch erst zu einer Achtung gebietenden geistigen Einheit wurden. Man kann eben das Alter der italienischen Nationalität nicht weiter zurückdatieren als bis zum Aufkommen der italienischen Schriftsprache. Deshalb ist es auch erst von diesem Zeitpunkte an gerechtfertigt, der deutschen Nationalität die italienische gegenüberzustellen.

In Tirol aber kommen dermalen nur diese beiden Nationalitäten in Betracht, obschon das dortige Völkergemisch der nationalen Fragmente, die anderswo Träger besonderer Nationalitäten sind, ungleich mehr aufweist.

Ausser den Rhäto-Romanen und Germanen, die dort zu Anfang des Mittelalters durch ihre Zahl und politische Stellung hervorragten, sind dort reine und Romano-Slawen, dann spätere Zuwanderer aus Nord und Süd, welche teils deutschen, teils romanischen Stämmen entsprossen waren, sowie Israeliten teils der italienischen, teils der deutschen Nationalität anheimgefallen. Bald breitete sich die eine, bald die andere aus. In dieser Hinsicht können sieben Perioden unterschieden werden.

Weil jedoch die Wandlungen, welche solchergestalt sich vollzogen, nicht in allen Teilen Tirols gleichmässig eintraten und verliefen, empfiehlt es sich, die einschlägigen Thatsachen zunächst in Verbindung mit bestimmten geographischen Gebieten, innerhalb welcher sie zur Erscheinung gelangten, dem Leser vorzuführen und bei Begründung obiger Zeiteinteilung sich kurz darauf zu beziehen oder bloss durch Schlagworte daran zu erinnern.

Anthropologische Betrachtungen sind hier ausgeschlossen. Allein die Nationalität kann von denjenigen, deren Erbteil sie ist oder welche sich zu diesem in Widerspruch setzen, es verleugnen, nicht getrennt werden. Daher ist auf die Abstammung, soweit sie diesfalls nachwirkt, allerdings Rücksicht zu nehmen. Daran darf auch der geänderte Familienname nicht beirren, ausser wenn feststeht, dass der Namensänderung ein Nationalitätswechsel entspricht. Oft geht aber die erstere diesem Wechsel weit voraus. In Südtirol zumal zählen die ursprünglich deutschen oder doch germanischen (speziell langobardischen) Familien, denen im Mittelalter ein italienischer Eigenname aufgedrungen wurde, nicht bloss nach Hunderten, sondern nach Tausenden. Wer Christian Schnellers leider unvollendet gebliebene Skizzen „Ueber die Zu- und Familiennamen in Wälschtirol" [1]) zur Hand nimmt, kann sich davon gründlich überzeugen. Viele von diesen Familien hielten im übrigen noch um die Mitte des sechzehnten Jahrhunderts an der deutschen Nationalität fest, welche freilich gerade damals unter dem Druck einer falschen Scham, von der auch geistig hervorragende Menschen befallen wurden, häufig mit dem noch deutschen Namen zugleich der Romanisierung weicht [2]). Um so gewisser darf angenommen werden, dass Familien, deren deutsche Namen auch diese für sie gefährlichste Periode überdauerten, bis dahin in ihrem ganzen Wesen deutsch geblieben waren, und bei unentstellter Form sind solche Namen auch jetzt noch sichere Belege einer bis an die Gegenwart heranreichenden deutschen Vergangenheit, wenn schon ihre jetzigen Träger vielleicht nicht mehr der deutschen Nationalität angehören. Das Gegenteil, nämlich dass verdeutschte Italiener ihren Familiennamen germanisieren, kommt fast nie vor. Diese Bewandtnis bereitet allen damit nicht Vertrauten, denen auch die bezüglichen Abstammungsverhältnisse fremd sind, arge Täuschungen, insofern sie bei derartigen Familien aus dem Eigennamen einen Schluss auf die Abstammung zu ziehen sich anschicken, und in ihr liegt die Ursache, weshalb die Zahl der Italiener in Deutschtirol so leicht überschätzt wird. Umgekehrt wird die Zahl der Deutschen im italienischen Landesteile auch in den offiziellen, nach der Umgangssprache verfassten Ausweisen offenbar zu gering angegeben, weil deutsche Kinder, die dort zum Erlernen des Italienischen weilen, mit Rücksicht auf diesen Zweck in den seltensten Fällen als deutsche, d. h. als im Umgange der deutschen Sprache sich bedienende Personen konskribiert worden sein dürften. Das italienische Kind, welches, um deutsch zu lernen, in einer deutschen Familie sich befindet, entgeht dem gleichen Schicksale in der Regel schon dadurch, dass es von seiner deutschen Umgebung trotz dem Zwecke, den seine Anwesenheit hat, als ein fremdartiges Geschöpf betrachtet und sonach als Italiener angemeldet wird.

Bei Erwachsenen nimmt man es in diesem Punkte deutscherseits

---

[1]) Separatabdruck a. d. Boten f. Tir. u. Vorarlb. Innsbruck 1867.

[2]) So vertauschte der aus dem Dorfe Guella im Nonsberge gebürtige Rechtsgelehrte Anton Gigl seinen ererbten Familiennamen mit dem seines Geburtsortes (Archiv. Trent. I, 158). Vom Bruder des Trienter Kanzlers, Joh. Reutter, ist bekannt, dass er sich als Kanonikus (schon zu Anfang des vierzehnten Jahrhunderts) Zambonus (Joannes Bonus) de Tridento nannte. (Bonelli, Monumenta, pag. 283.)

gleichfalls genauer, insofern sie nicht selber durch Beantwortung der Frage nach ihrer Umgangssprache die Nationalität, welcher sie sich zugezählt wissen wollen, zu bezeichnen in der Lage sind. Im allgemeinen hat die Erhebung der Umgangssprache, wenn sie von Person zu Person direkt geschieht, eben keinen anderen Sinn als die vorerwähnte Erklärung zu provozieren, was freilich bei Erwachsenen noch einfacher und verlässlicher zu erreichen wäre, wenn man ihnen die vorerwähnte Erklärung unmittelbar abverlangen würde. Bei der letzten Volkszählung in Oesterreich ist dieses Mittel nicht einmal den Erwachsenen gegenüber angewendet worden, und um so mehr verstand es sich bei den Kindern von selbst, dass man in betreff dieser bei ihrer damaligen Umgebung nach der Umgangssprache sich erkundigte oder ohne besondere Nachfrage sie schlechthin nach dieser ihrer Umgebung klassifizierte.

Die für das Jahr 1880 vorliegenden Ergebnisse der also bewerkstelligten Erhebungen müssen den nachstehenden Zahlenangaben schon darum zu Grunde gelegt werden, weil es befriedigendere Anhaltspunkte eben nicht gibt. Sie sind immerhin den älteren statistischen Ausweisen vorzuziehen, bei deren Zusammenstellung die Willkür noch einen breiteren Spielraum hatte, und es auch nicht sowohl auf die Nationalität als vielmehr auf die Stammbürtigkeit abgesehen war. Jene Angaben sind dem „Spezial-Ortsrepertorium von Tirol und Vorarlberg" entnommen, welches den 1885 erschienenen achten Band der von der k. k. statist. Centralkommission in Wien herausgegebenen Nachschlagebücher dieser Art bildet [1]). Was den Wert derselben vielleicht am meisten beeinträchtigt, ist, dass die in Tirol weilenden Ausländer in die betreffenden Rubriken dieser Ortsverzeichnisse nicht aufgenommen sind. Denn beide Nationalitäten kommen demzufolge zu kurz und gerade in Gegenden, wo das Ausserachtbleiben der Ausländer verhältnismässig viel austrägt. Doch hätte diesem Uebelstande nicht einmal durch spezielle Inanspruchnahme der k. k. statist. Centralkommission abgeholfen werden können, weil bei der letzten Volkszählung die Umgangssprache der anwesenden Ausländer überhaupt nicht erhoben wurde [2]).

Um mich bei den kulturgeschichtlichen Bemerkungen, welche ich absatzweise den statistischen Angaben folgen lasse, kürzer fassen zu können und weil die bezügliche Litteratur an sich verdient, verzeichnet zu werden, schalte ich dieselbe hier ein.

---

[1]) Dem Titel nach unterscheiden sich diese Publikationen von den Ortsrepertorien, welche die nämliche Kommission „auf Grundlage der Volkszählung vom 31. Dezember 1869" herausgab, durch das vorgesetzte Wort „Spezial". Ihre innere Einrichtung weicht von der der letzteren in vielen Stücken und zwar zum Vorteile der Forscher ab.

[2]) Aus der politischen Zuständigkeit auf die Nationalität einen sicheren Schluss zu ziehen, ist unmöglich. Haben ja doch nach dem 1874 zu Rom gedruckten Censimento degli Italiani all' Estero von den in Tirol und Vorarlberg am 31. Dezember 1871 gezählten italienischen Unterthanen 42 die deutsche Sprache als ihre Muttersprache bezeichnet! Und wie wollte man in dieser Beziehung die anwesenden Schweizer, wie die Franzosen, wie auch nur die Angehörigen des ungarischen Fiumaner Gebietes klassifizieren!

Der Zweck der vorliegenden Schrift ist erreicht, wenn der Leser sich dadurch in die Lage versetzt sieht, den Gegenstand bei voller Würdigung beachtenswerter Einzelheiten rasch zu überblicken.

Litteratur.

Das folgende Verzeichnis von Druckschriften, welche die Nationalitäten in Tirol betreffen, macht nicht auf erschöpfende Vollständigkeit Anspruch, umfasst jedoch so ziemlich alles, was an einschlägigen Arbeiten bisher gedruckt wurde [1]), mit Ausnahme derjenigen, welche bloss auf Förderung der Sprachen- und Altertumskunde berechnet sind. Dass auch Quellenwerke allgemeineren Inhalts und einzelne Monographieen, in welchen das Thema der vorliegenden Schrift nur nebenher berührt ist, in dasselbe aufgenommen wurden, bezweckt die Vereinfachung des Citierens solcher Quellen. Ich verweise auf sie mittels der den Titeln vorgesetzten Zahlen. Die sich anschliessenden Zahlen sind in der Regel die Seitenzahlen; nur wenn das Citat aus drei durch Punkte voneinander getrennten Zahlen besteht, nimmt die Seitenzahl die dritte Stelle ein und bezeichnet die mittlere Zahl den Band oder Teil [2]).

1. Ambrosi, Francesco, Contribuzione ad una guida del Trentino. La Valsugana. Borgo 1879. Giov. Marchetto.
2. Ambrosi, Francesco, Scrittori ed Artisti Trentini. Trento 1881.
3. „ „ Trento ed il suo circondario descritto al viggiatore. Trento 1881.
4. Angerer, Dr. Johann, Deutsche und Italiener in Südtirol. Bozen 1881.
5. Attlmayr, Friedrich v., Die deutschen Kolonien im Gebirge zwischen Trient, Bassano und Verona. Zeitschr. des Ferdinandeums, 3. Folge., 11. u. 12. Heft. Innsbruck 1865 u. 1867.
6. (Baroni di Cavalcabò, Clemente), Idea della storia e delle consuetudini antiche della Valle Lagarina (s. l. et a.).
7. Bartolomei, Fr. Stefano dei, Cenni intorno al carattere, ai costumi ed alle usanze del Popolo Peginese, diretti nel 1811 al Prefetto di Dipartimento dell' alto Adige. Trento 1860, Marietti.
. Bassetti, Tito, Cenni intorno alla civiltà di Trento. Trento 1857.
9. Baumbach, Dr., Eine deutsche Sprachinsel in Welschtirol. Gartenlaube 1873, Nr. 52 (betrifft das Valsugan).

---

[1]) Zur Kenntnis eines grossen Teiles dieser Druckschriften gelangte ich durch die Güte des dermaligen Vorstehers des Nationalmuseums „Ferdinandeum“ zu Innsbruck, Prof. Alphons Huber, welcher mir die der Büchersammlung dieses Museums einverleibten, soweit ich sie nicht ehevor kannte, zugänglich gemacht hat.

[2]) Die von mir bei Ausarbeitung der vorliegenden Schrift benutzten Archive und sonstigen Handschriftensammlungen werden mittels folgender Abkürzungen berufen:

A. d. M. d. I.	bedeutet:	Archiv des k. k. Ministeriums des Innern in Wien;
Bibl. Tirol.	„	Bibliotheca Tirolensis oder Dipauliana im Ferdinandeum zu Innsbruck;
B. Stdt.-A.	„	Bozener Stadt-Archiv;
I. St.-A.	„	Innsbrucker Statthalterei-Archiv;
Innsbr. Stdt.-A.	„	Innsbrucker Stadt-Archiv;
R. d. I. Sch.-A.s.	„	Register des Innsbrucker Schatz-Archivs (im dortigen Statth.-Arch.).

10. Benvenuti, Luigi, La Cronaca di Folgaria e le Memorie di Pergine e del Perginese del Decano Don Tommaso V. Bottéa. Trento 1881.

11. Bidermann, Herm. Ign., Die Italiener im tirolischen Provinzialverbande. Innsbruck 1874, Wagner.

12. Bidermann, Herm. Ign., Die Romanen und ihre Verbreitung in Oesterreich. Graz 1877.

13. Bidermann, Herm. Ign., Slavenreste in Tirol. Slavische Blätter, Wien 1865. 1. Heft.

14. Bonelli, Benedetto, Notizie istor.-critiche intorno al M. Adelpreto vescovo. Vol. I, II. Trento 1760 u. 1761.

15. Bonelli, Benedetto, Notizie istor.-critiche della Chiesa di Trento. (Fortsetzung des vorhergehenden Werkes, als dessen Volume III parte prima es bezeichnet ist.) Trento 1762.

16. Bonelli, Benedetto, Monumenta Ecclesiae Tridentinae. (Schluss des Werkes, statt in ital. Sprache in lateinischer verfasst.) Trento 1765.

17. Bottéa, Tommaso Vigilio, Cronaca di Folgaria. Trento 1860, Monauni.

18. „ „ „ Memorie di Pergine e del Perginese. Trento 1880, Monauni.

19. Campell, Ulrich, Zwei Bücher rhätischer Geschichte. Erstes Buch: Topogr. Beschreibung von Hohenrhätien, deutsch von Konradin von Mohr. Chur 1851.

20. Chiusole, Adamo, Notizie della Valle Lagarina. Verona 1787.

21. Dahlke, G., Deutsche Ansiedlungen in Welschtirol. Deutsche Warte 1874 VI. Bd., S. 193 ff.

22. Egger, Dr. Joseph, Die Tiroler und Vorarlberger. Wien u. Teschen 1882.

23. Faber, Felix, Evagatorium in Terrae Sanctae etc. Peregrinationem. Biblioth. d. litter. Ver. zu Stuttgart, II. Bd., 1843.

24. Filos, Francesco, Sopra qualche punto della storia trentina Discorsi. Rovereto 1839, Marchesani.

25. Gar, Tommaso, Episodio del medio evo Trentino. Trento 1856, Monauni. (Betrifft die altdeutschen Ansiedlungen um Pergine.)

26. (Gar, Tommaso) Calendario Trentino per l'anno 1854. Trento, Monauni.

27. Gebre, Dr. M., Aus Südtirol. Chemnitzer Tagblatt 1882, zweite Beil., Nr. 217, 227, 231, 239.

28. Gimmer, E., Deutsche im Nonsberge. Amthors Alpenfreund IX, 1876, S. 130—142.

29. Gnesotti, Cipriano, Memorie per servire alla storia delle Giudicarie. Trento 1786.

30. Haller, Jos. Th., Das k. k. Landgericht Enneberg in Tirol. Beitr. f. Gesch., Statist. etc. von Tirol u. Vorarlb., VI. Bd., 1831.

31. (Dr. Hedinger?) Aus den Bergen an der deutschen Sprachgrenze in Südtirol. Stuttgart 1880.

32. H(ellwald), F(riedrich) v., Die Rhäto-Romanen. Ausland, 45. Jahrg., 1872, Nr. 3 u. 4.

33. Hormayr, Jos. Frhr. v., Geschichte der gefürsteten Grafschaft Tirol. 1. Teil, 1. Abthlg. Tübingen 1806. 2. Abthlg., Tübingen 1808.

34. (Hörmann, Joseph v.) Tirol unter der bayer. Regierung. I. (einziger) Band. Aarau 1816. (Abschn. IV, Ueber den Charakter der Einwohner, ist trotz der mitunter boshaften Tendenz überaus reich an zutreffenden Bemerkungen.)

35. Inama-Sternegg, Dr. Karl Theod. v., Die Entwickelung der deutschen Alpendörfer. Augsb. Allgem. Ztg. 1875, Beil. 302 u. 303.

36. Kellner, W., Die italien. Bevölkerung im deutschen Südtirol, Zeitschr. der Gesellsch. f. Erdkunde in Berlin Bd. XIX, Berlin 1884, S. 310—319. (Eine ital. Uebersetzung dieses Aufsatzes brachte das Bollett. della Soc. Geogr. Ital., Ser. II, Vol. X, pag. 545 sqq.)

37. Koch, Matthias, Reise in Tirol. Karlsruhe 1846 (erörtert S. 106—126 die deutsche Sprachfrage in Südtirol).

38. Ladurner, P. Justinian, Regesten aus tirol. Urkunden. Archiv f. Gesch. und Altertumskde. Tirols, Jahrg. I, 1865 bis V, 1869. Innsbruck.

39. La Mara, Im Grödner Thale. Wissenschaftl. Beil. zur Leipz. Ztg., Jahrg. 1878, Nr. 31.

40. Leck, Hans, Deutsche Sprachinseln in Welschtirol, mit einem Vorworte von Dr. Hedinger. Stuttgart 1884.

41 Maffei, Jacop' Ant., Periodi istorici e Topografia delle valli di Non e Sole. Roveredo 1805, Marchesani.
42. Malfatti, Bartolomeo, Degli idiomi parlati anticamente nel Trentino e dei dialetti odierni. Estratto dal Giornale di filologia romanza (Aprilheft von 1878, S. 119—189). Roma s. a., Erm. Loescher.
43. Malfatti, Bartolomeo, Libro di Cittadinanza di Trento. Archivio stor. per Trieste ecc., Vol. I, pag. 239 sequ.
44. Mazetti, Antonio, Delle antiche Relazioni fra Cremona e Trento. Milano 1831, Rivolta.
45. Mitterrutzner, Joh. Chrys., Slavisches a. d. östlichen Pusterthale. 29. Progr. des k. k. Gymnas. zu Brixen. Brixen 1879.
46. Montebello, G. Andrea, Notizie stor.-topogr. e religiose della Valsugana. Roverelo 1793, Marchesani.
47. Mupperg, Dr. (recte: Dr. A. H. Lotz in Frankfurt a. M.), Bedrohtes deutsches Gut. Badische Landes-Zeitung 1878, Nr. 5—19.
48. Mupperg, Dr., Grenzbericht aus alten Gebieten deutscher Zunge. Nürnberger Korrespondent Jahrg. 1881, Nr. 422—445.
49. Mupperg, Dr., Proveis im deutschen Nonsberge. Aus allen Welttheilen, VIII. Jahrg., 9. Heft.
50. Mupperg, Dr., Reisebericht aus Südtirol. Korrespondenzbl. des deutschen Schulvereins zu Berlin, April- und Juliheft 1882.
51. Mupperg, Dr., Streifzüge durch Südtirol und Cimbrisch-Italien. Beiblatt der Neuen Frankfurter Presse 1877, Nr. 179 u. 180.
52. Patigler, Joseph, Beschwerdeschriften der Deutschen zu Trient und der Gemeinden im Stadtbezirke wider die italienischen Konsuln. Zeitschr. des Ferdinandeums, III. Folge, 28. Heft, S. 53 ff. Innsbruck 1884.
53. Perini, Agostino, Statistica del Trentino. Vol. I, II. Trento 1852.
54. Pezzo, Marco, Novissimi illustrati Monumenti de' Cimbri ne' monti Veronesi, Vicentini e di Trento. Tom. I, II. Verona 1785.
55. Rapp, Joseph, Ueber das vaterländische Statutenwesen. Beitr. zur Gesch., Statistik etc. von Tirol u. Vorarlberg, III. Bd. Innsbruck 1827; V. Bd., ebenda 1829; VIII. Bd., ebenda 1834.
56. Rohrer, Joseph, Ueber die Tiroler. Ein Beitrag zur österr. Völkerkunde. Wien 1796.
57. Rufinatscha, P. Pirmin, Ueber Ursprung und Wesen der romanischen Sprache. Programm des k. k. Gymnasiums zu Meran f. 1853. Innsbruck 1853. (Zum Teile geschichtlichen Inhalts.)
58. Santoni, Francesco, Cataloghi formati sopra originali Documenti. (II. Teil des Werkes „Dell' origine ecc. delle chiese parrochiali ecc.", betrifft die kirchl. u. polit. Verhältnisse der Grafschaft Arco.) Trento 1783, Monauni.
59. Schmeller, J. A., Ueber die sogen. Cimbern der VII. u. XIII. Commune auf den venedischen Alpen. Abh. d. k. bayer. Akad. d. Wissensch. I. Kl., II. Bd., 3. Abthg., S. 557 ff.
60. Schneller, Christian, Die Ladiner. Ausland 44. Jahrg., 1871, Nr. 41.
61. „ „ Deutsche und Romanen in Südtirol und Venetien. Petermanns Geogr. Mitth. 23. Bd., 1877, S. 365—385.
62. Schneller, Christian, Auf den grünen Höhen von Folgareit (in seinem Buche „Skizzen u. Kulturbilder a. Tirol", Innsbruck 1877).
63. Schneller, Christian, Das Lagerthal in Südtirol u. sein östl. Gebirge. Oesterr. Revue Jahrg. 1865, 1. Bd., S. 196—210.
64. Schneller, Christian, Südtirol in seinen geogr., ethnogr. u. geschichtl.-polit. Verhältnissen. Oesterr. Revue Jahrg. 1867, 1. Heft S. 101—116, 2. Heft S. 76—95, 3. Heft S. 26—43.
65. Schneller, Christian, Der tirolische Lechgau. Oesterr. Revue Jahrg. 1864, 1. Bd., S. 220—244.
66. Sperges, Joseph v., Tirolische Bergwerksgeschichte. Wien 1765.
67. Spiehler, Anton, Das Lechthal. Geschichtl. u. kulturelle Studien. Zeitschr. d. deutsch. u. österr. Alpenvereins Jahrg. 1883. Salzburg 1883.
68. Staffler, Joh. Jakob, Das deutsche Tirol und Vorarlberg. Topographisch mit geschichtlichen Bemerkungen. I., II. Bd. Innsbruck 1847.
69. Staffler, Joh. Jakob, Tirol und Vorarlberg. Statistisch mit geschichtlichen Bemerkungen. 2. Ausg. Innsbruck 1848.

70. Steub, Ludwig, Drei Sommer in Tirol. München 1846 (2. Aufl. Stuttgart 1871). Die unten folgenden Citate beziehen sich auf die erste Auflage.
71. Steub, Ludwig, Zur rhätischen Ethnologie. Stuttgart 1854.
72. „ „ Herbsttage in Tirol. München 1867.
73. „ „ Die Entwickelung der deutschen Alpendörfer. Augsb. Allgem. Ztg. 1875, Beil. 258—260.
74. Steub, Ludwig, die deutschen Alpendörfer. Ebenda, 1875, Beil. 328.
75. „ „ Die Germanisierung Tirols, Vorlesung in der Anthropologischen Gesellschaft in München. (Separatabdruck?) München 1877.
76. Tappeiner, Dr. Franz, Studien zur Anthropologie Tirols und der Sette Comuni (enthält auch Geschichtliches). Innsbruck 1883.
77. Tartarotti, Girolamo, Memorie antiche di Roveroto e de' luoghi circonvicini. Venezia 1754, Marco Cargnioni.
78. Tecini, Francesco dei (Parocco e Decano di Pergine), Dissertatione intorno alle Popolazioni alpine tedesche del Tirolo Meridionale e dello stato Veneto. Trento 1860, Marietti.
79. (Thaler, Joseph) Der deutsche Anteil des Bistums Trient. Herausg. von den Vereinen f. christl. Kunst u. Archäologie in Bozen u. Meran. I.—5. Lfrg., Brixen 1866—1879 (fortgesetzt von Philipp Neeb u. Karl Atz, 1. u. 2. Heft). Bozen 1880 u. 1881.
80. Tinkhauser, Georg, Beschreibung der Diözese Brixen (fortgesetzt von Ludwig Rapp). Brixen, I. Bd. 1855, II. 1879, III. 1880 ff.
81. (Vian, Jos. Ant., Kurat zu St. Ulrich in Gröden). Gröden, der Grödner und seine Sprache. Bozen 1864.
82. Weber, Beda, Die Stadt Bozen und ihre Umgebung. Bozen 1849.
83. „ „ Das Land Tirol. Innsbruck, I. Bd., 1837, II. 1838, III. 1838.
84. „ „ Meran und seine Umgebung. Innsbruck 1845.
85. Zingerle, Anton, Das Fersinathal. Wiener Abendpost Jahrg. 1877, Nr. 209 ff.; s. auch Bote f. Tir. u. Vorarlb. Jahrg. 1877, Nr. 247 u. 248.
86. Zingerle, Anton, Die deutschen Gemeinden im Fersinathale. Amthors Alpenfreund Jahrg. 1870, I., 209—215; s. auch den Almanach „Herbstblumen", S. 78 ff. Innsbruck 1870.
87. Zotti, Raffaele, Storia della Valle Lagarina. T. I., II. Trento 1862.

---

88. Ein Besuch bei den Cimbern in Südtirol. Korrespondenzblatt des Allgem. deutschen Schulvereins, 1884, Maiheft. Berlin 1884.
89. Deutsche Alpenbewohner im Tridentinischen und Vicentinischen. Bote f. Tir. u. Vorarlb. Jahrg. 1882, Nr. 30—35.
90. Deutsche Kolonien im südlichen Tirol. Bote f. Tir. u. Vorarlb. Jahrg. 1821, Nr. 54 u. 55.
91. Das Deutschtum in den Südalpen. „Im neuen Reich" Jahrg. 1877, Nr. 10.
92. Die deutsche Gemeinde in Luserna. Mittheil. des deutsch-österr. Alpenvereins Jahrg. 1877, Nr. 3 u. 4.
93. Der Sammler f. Geschichte u. Statistik von Tirol, I.—V. Bd. Innsbruck 1806—1809.
94. Sprachenkampf in den Bergen Tirols. Augsb. Allgem. Zeitg. Jahrg. 1872, Beil. 303 u. 304.
95. T. M., Ein Besuch Lusernas. Bote f. Tir. u. Vorarlb. Jahrg. 1880, Nr. 194—197, 199, 204, 211, 229.
96. Tirols Verwelschung. Amthors Alpenfreund Jahrg. 1870, S. 352—365.

Hierher gehörige Druckschriften, welche nach Abschluss dieses Verzeichnisses zur Kenntnis des Verfassers gelangten, wurden (um die von obiger Reihenfolge abhängigen Zahlencitate nicht zu verwirren) im Zusammenhange mit dem Gegenstande, den sie betreffen, namhaft gemacht. Das Gleiche gilt von Aufsätzen und Büchern, welche nur bei vereinzelten Anlässen zu erwähnen waren, ohne dass ihre Aufnahme in das Verzeichnis durch die dabei leitenden Grundsätze geboten gewesen wäre.

Geographisch geordnete Uebersicht des statistischen und geschichtlichen Sachverhalts.

A. Romanen unter Deutschen [1].

I. Lechthal [2].

Politischer, zugleich Gerichtsbezirk Reutte: 3 Italiener, 2 davon im Markte Reutte, 1 in der Ortsgemeinde Holzgau [3]. In geographischer Beziehung gehören hierher noch die Ortsgemeinden Pfafflar und Gramais des Politischen Bezirkes Imst, sowie die Ortsgemeinde Kaisers des Politischen Bezirkes Landeck. Aber in keiner derselben wurde ein Romane angetroffen.

Von der Gemeinde Pfafflar geht allerdings die Sage, dass sie durch Romanen begründet wurde, welche sich aus dem Engadin religiöser Zerwürfnisse halber dahin flüchteten, und dass die hiesige weibliche Bevölkerung einst eine der romanischen Tracht der Montavonerinnen ähnliche Kleidung trug (70. 27). Diese Ueberlieferung findet an den romanischen Ortsbenennungen, welche dort vorkommen: Pfafflar = pabular, Futter- oder Weideplatz; Bachlabs = pos l'ava, über dem Wasser — einen Halt (67. 264). Allein derartige Benennungen sind im Lechthale überhaupt nichts Seltenes (67. 262, 265, 268), ohne dass man daraus auf neuere Einwanderer, welche sie aufbrachten oder erhalten halfen, zu schliessen berechtigt wäre. Eher könnte auf derartige Zuzüge aus den vielen romanischen Worten, welche sich im Sprachschatze der Lechthaler vorfinden, geschlossen werden (s. solche 65. 238). Doch ist die heutige Nationalität der Lechthaler kerndeutsch und gilt dies selbst von den Pfafflarern, deren Eigennamen gleich denen der von ihnen bewohnten Bauernhöfe durchgehends deutsch sind (80. 3. 489).

II. Innthal.

Landeshauptstadt Innsbruck: 493 Italiener (darunter über 100 Studierende und 76 Soldaten). — Politischer Bezirk (Umgebung) Innsbruck (mit Ausnahme der Gerichtsbezirke Mieders und Steinach): 359 Italiener, und zwar in der Stadt Hall 199 (wovon 56 auf die

---

[1]) Nachstehende statistische Angaben, welche den geschichtlichen Bemerkungen vorangestellt sind, beziehen sich bloss auf die einheimische Bevölkerung, d. h. auf die Oesterreicher.

[2]) Unter der das Hauptthal bezeichnenden Ueberschrift sind stets auch die Seitenthäler zu verstehen, ausser wo das Gegentheil ausdrücklich bemerkt ist oder die Besprechung der Seitenthäler derjenigen des Hauptthales vorangeht.

[3]) In der Folge werden Ortsgemeinden beziehungsweise Ortschaften als Wohnsitze von Romanen nur dann namhaft gemacht, wenn mindestens ihrer drei bei der Volkszählung daselbst ermittelt wurden oder deren Vertheilung bei an sich geringer Zahl anders nicht ersichtlich gemacht werden kann als durch Bezeichnung der einzelnen Wohnorte.

Militärgarnison entfallen), im Dorfe Amras 5, im Dorfe Pradl (Vorort von Innsbruck) 87, in der Ortsgemeinde Hötting (grösstenteils auch Vorort von Innsbruck) 24, im Dorfe Mutters 20, im Dorfe Wilten (Vorort von Innsbruck) 21. — Politischer Bezirk Schwaz: 38 Italiener, und zwar im Dorfe Schwaz (nicht im gleichnamigen Markte) 25. — Politischer Bezirk Kufstein: 159 Italiener, und zwar in der Stadt dieses Namens 56 (darunter 29 Soldaten), im Dorfe Zell 7, im Dorfe Wörgl 10, im Dorfe Wörgler Boden 5, in der Ortsgemeinde Schwoich 11, Ortsgemeinde Brandenberg 3, Ortsgemeinde Breitenbach 3, Ortschaft Voldöpp 4, Ortschaft Thierbach 4. — Politischer Bezirk Kitzbüchl: 21 Italiener, und zwar im Dorfe St. Johann 5, in den Ortsgemeinden Kitzbüchl und Hochfilzen je 4, in der Ortsgemeinde St. Ulrich 3. — Politischer Bezirk Imst (mit Ausnahme der Ortsgemeinden Pfafflar und Gramais): 7 Italiener, und zwar im Dorfe Arzl 4, die übrigen bis auf einen, der sich im Weiler Piburg (des Oetzthales) befand, im Gerichtsbezirke Imst am Sitze der Bezirksbehörden. — Politischer Bezirk Landeck (mit Ausnahme der Ortsgemeinde Kaisers sowie der dem Etschthale angehörenden Ortsgemeinden Nauders, Reschen, Graun, Langtaufers und Haid): 102 Italiener, und zwar zu St. Anton am Arlberge 58, in der Ortsgemeinde Perfuchs (Landeck) 8, in der Ortsgemeinde Zams 28 (bei welchen 3 Ziffernansätzen man vor allem an den Arlberger Bahnbau zu denken hat), und in der Ortsgemeinde Ried 6.

Gesamtsumme des Innthales: 1279.

Die Landeshauptstadt Innsbruck war schon im sechzehnten Jahrhunderte der Verwelschung ausgesetzt. Seit dem Jahre 1515 erwarben Italiener in beträchtlicher Anzahl daselbst das Bürgerrecht (12. 160, Note 25). Italienische Mönche, welche im Jahre 1564 sich hier niederliessen, mussten zwar nach einem Jahrzehnte das vom Landesfürsten Erzherzog Ferdinand ihnen eingeräumte Kloster wieder verlassen (11. 39), aber der hiesige Hofstaat zählte damals so viele Italiener, welche der deutschen Sprache gänzlich unkundig waren, dass dieserwegen beim Gottesdienste besondere Fürsorge getroffen werden musste (11. 39), und nach weiteren 10 Jahren nahmen zum zweitenmal italienische Mönche von jenem Kloster Besitz, freilich abermals nur auf kurze Zeit, wogegen die im Herbste 1593 auch aus Italien nach Innsbruck berufenen Kapuziner, wie F. A. Sinnacher in seiner Schrift „Die Einführung der Kapuziner in Nordtirol“ (Brixen 1831) S. 23 ff. erzählt, daselbst festen Fuss fassten. Italienische Beamte hatten schon früher bei der tirolischen Landesbehörde in Innsbruck Anstellung gefunden (11. 36). Am 28. August 1549 starb hier der k. Rat Hieron. Ihremia. Unter der Regierung der Erzherzogin Claudia Felicitas, einer geborenen Prinzessin von Toscana aus dem Hause Medicis, kam es sogar der vielen Italiener wegen, die ihr Gefolge bildeten, zu Beschwerden der bäuerlichen Bevölkerung in der Umgebung der Landeshauptstadt (11. 40, vgl. 22. 70), und nichts ist für deren damaliges Uebergewicht am Sitze der tirolischen Regierung bezeichnender als die italienische Anrede, mit welcher sich am 9. April 1646 der damals grossjährig gewordene Sohn jener Erzherzogin, Ferdinand Karl, bei dieser in Anwesenheit der Stände des Landes für die Uebertragung der Regierungsrechte bedankte

(Tiroler Erbhuldigungsakten im A. d. M. d. I., IV., H. 3, Stk. 4, vom Jahre 1646). Eine im Jahre 1655 zu Innsbruck vorgenommene Volkszählung ergab einen starken Prozentsatz italienischer Einwohner, wozu noch immer der erzherzogliche Hofstaat das stärkste Kontingent stellte (12. 160, Note 25). Unter dem vorgenannten Erzherzoge und dessen Bruder Siegmund Franz, der ihm 1662 in der Regierung folgte, traten zwar in dieser Beziehung Beschränkungen ein, und F. C. Zoller rühmt es in seiner „Geschichte der Stadt Innsbruck" (I. Teil, Innsbruck 1816, S. 383) letzterem nach, dass auf seinen Befehl hier mit Neujahr 1663 wieder „deutsche Luft zu wehen" begann. Doch bedienten sich die Hofbehörden daselbst nach wie vor im inneren Verkehr der italienischen Sprache, was die im I. St.-A. (Wörz'sche Sammlung) vorhandene Instruktion für das Hofkontrolloramt vom 17. Juli 1668 beweist. Allerdings fordert diese vom Hofkontrollor, dass er neben der italienischen auch der deutschen Sprache mächtig sei; indessen schreibt sie demselben vor, alle Aufschreibungen, dann das Einlaufsprotokoll bloss in italienischer Sprache zu führen und alle Aufträge, die der Unterschrift des Erzherzogs oder seines Obersthofmeisters bedürfen, gleichfalls bloss in letzterer Sprache zu erlassen. Dass gleichzeitig die Bewerbungen italienischer Handelsleute um das Innsbrucker Bürgerrecht ungeschwächt fortdauerten, versteht sich von selbst. Der Stadtmagistrat musste noch im Jahre 1681 dieselben mit der Befürchtung abwehren: das deutsche Bevölkerungselement laufe geradezu Gefahr, dadurch verdrängt zu werden. Nicht minder drängten sich italienische Beamte in die Kanzleien der hiesigen Hofstellen ein. Ihren Höhepunkt aber erreichten diese fremdartigen Einflüsse und die Aufdringlichkeit, womit sie sich in Innsbruck bemerkbar machten, genau mit Beginn des achtzehnten Jahrhunderts. Damals mutete die Polizeideputation der Regierung, an deren Spitze Graf Vinciguerra von Arco stand, der Landeshauptstadt sogar zu, eine italienische Strafart mit Anwendung der sogen. Trappola-Corda, welches Marterwerkzeug binnen 6 Tagen am Platzturme aufgestellt werden sollte, zur Ahndung von Bäckern und Müllern und anderen Gewerbetreibenden einzuführen. Dies erschöpfte die Geduld der durchaus deutsch gesinnten Stadtvertretung, welche am 5. Februar 1700 der Regierung darauf erwiderte: Derartiges komme wohl zu Trient und Rovereto vor, wo „die welsche Sprache und derlei Sitten eine Absonderung der Statuten von dem tirolischen Landesgesetze bedingen"; es entstehe jedoch die Frage, ob es sich zieme, „in Deutschland die sonderen Torturen, so in Welschland bei erhärteten Gemütern notwendig und üblich sind", in Wirksamkeit zu setzen: zumal dies ohne Abänderung der speziellen Landesgesetze überhaupt nicht thunlich sei (Akt 988 im Innsbr. Stdt.-A.). Darauf hin blieb die Stadt mit solchen Massregelungen verschont. Das italienische Beamtentum aber behauptete sich daselbst, und der italienische oder vielmehr in neuerer Zeit erst verwelschte Adel Südtirols baute sich hier Paläste, welche, in deutscher Umgebung ihn festhaltend, freilich Veranlassung wurden, dass er nach und nach wieder seiner angestammten Nationalität sich zuwendete. Den erwähnten Beamtenfamilien erging es ebenso. Demzufolge hat Innsbruck, obschon Hauptstadt eines doppelsprachigen Landes, den deutschen Charakter ungeschwächt beibehalten, und sind die verhältnismässig wenigen Italiener in ihrer Mitte, welche diesem widerstreben, dazu verurteilt, sich als Fremde zu fühlen. Unter den Gemeindewählern der Stadt befanden sich im Jahre 1876 nur 56 unzweifelhafte Italiener. Davon waren 33 Beamte in Aktivität (12. 160, Note 25). Die Zahl der hier lebenden Familien mit italienischen Namen, welche als vollkommen verdeutscht anzusehen sind, übersteigt in den vornehmeren Bevölkerungskreisen allein 50 und beträgt im ganzen mehr als 100.

Weit früher als in der Landeshauptstadt hat dort, wo dermalen die benachbarte Stadt Hall sich erhebt, der Einfluss italienischer Kultur, und zwar auf vorteilhafte Weise, sich geltend gemacht. Schon im Jahre 1328 erscheint Arthusius de Florentia als Pächter der hiesigen Saline; 1331 war Genobinus de Rossis (insgemein „Schine von Florenz" genannt) Salzmaier d. h. Vorsteher daselbst, und noch 5 Jahre später besass derselbe im nahen Dorfe Thaur einen ihm von den tirolischen Landesfürsten an Zahlungsstatt überlassenen Bauernhof. (Freundsberger Urkundenverzeichnis im Ferdinandeum zu Innsbruck, Mskrpt. I, h. 15). Diese reichen Florentiner brachten die Saline rasch empor. Nachdem Hall infolgedessen zu einer ansehnlichen Stadt erblüht und der hiesige Handelsverkehr ein sehr reger geworden war, fehlte es allerdings hier nicht an weiteren Zuwanderern aus Italien (12. 161, Note 26); doch der Stadt ein eigenartiges Gepräge aufzudrücken, waren diese ihre Einwohner nicht imstande, und auch heutzutage spielen dieselben daselbst eine sehr untergeordnete Rolle. — Die Erscheinung, dass im unteren Innthale Italiener zerstreut vorkommen, hängt mit den hiesigen Forstverhältnissen zusammen, welche wohl auch einzelne Holzarbeiter dieser Nationalität bestimmten, hier ihren festen Wohnsitz zu nehmen. In den Seitenthälern hat zuweilen der Zufall Haushaltungen entstehen lassen, deren Gründer italienischer Abkunft waren. So kaufte laut dem Kitzbüchler Verfachbuche Nr. 936 im Jahre 1839 ein pensionierter Zollamtskontrollor namens Sevignani seinem Sohne das Fischergütl zu Waidring, und im Jahre 1854 war Alexander Compagnazzi Besitzer des Eicher-Guts zu Kirchsteg bei Kufstein (vgl. 12. 162, Note 27). Es birgt sich übrigens hinter manchen italienisch klingenden Familiennamen dieser Gegend eine uralte deutsche Abstammung. Die Bauernfamilie Fontana zu Maurach im Gerichtsbezirke Kitzbüchl ist aus der altdeutschen Gemeinde Sappada im Venetianischen eingewandert; die Bauernnamen Rangediner und Rubisoyer, welche in dortiger Gegend verbreitet sind, gehören sogen. „Taurer Familien" an, d. h. solchen, die über das salzburgische Tauerngebirge aus der Windisch-Matreier Gegend in jene übersiedelt sind. Die angebliche Besiedelung des Thales von Pillersee durch Romanen, welche aus Rhätien und Noricum zwischen den Jahren 944 und 1054 (!) dahin gekommen sein sollen, ist trotz der Details, welche Friedrich Appold in einer von ihm verfassten handschriftlichen „Beschreibung des Landgerichts Kitzbüchl" darüber beibringt, eine Fabel.

III. Wippthal.

Hierher gehören vom Politischen Bezirke (Umgebung) Innsbruck die Gerichtsbezirke Mieders, wo kein einziger Romane gezählt wurde, und Steinach, in welchem 109 Personen sich zur italienischen Umgangssprache bekannten, und zwar 6 im Markte Matrei, 27 in der Ortsgemeinde Mühlbachl, 75 in der Steinacher Gemeindefraktion Maurn. Das sind fast ohne Ausnahme Bahnarbeiter, welche zur Instandhaltung der Tunnels auf dieser Strecke der Brennerbahn verwendet werden. Jenseits des Brenners gehört ferner hierher vom Politischen Bezirke Brixen der Gerichtsbezirk Sterzing mit 213 Italienern, wovon auf die Ortsgemeinden Jaufenthal, Ratschings und Mareit je 15, auf die Ortsgemeinde Mittewald (das Dorf dieses Namens, den Weiler Grasstein und die Bahnstation Franzensfeste) 41, die Stadtgemeinde Sterzing 89 und die Fraktion Tschöfs der Ortsgemeinde Tschöfs-Ried 32 entfallen. In letzterem Bezirke wirken diesfalls mehrere Ursachen zusammen, nämlich die Erhaltung des Bahnkörpers, Steinbrüche und andere den Italienern besonders zusagende Erwerbsgelegenheiten.

Gesamtsumme des Wippthales: 322.

Zu Grasstein war im Jahre 1879 Massimo Zanotta als Steinmetz etabliert; aber schon im Jahre 1537 lieferte ein Lucio de Spaciis Steine aus den hiesigen Brüchen zum Bau der Innsbrucker Burg (I. St.-A., Kopeybuch „Entbieten und Bevelch" von 1537, Bl. 242). Die Stadt Sterzing hatte bereits im Jahre 1314 Italiener zu ständigen Einwohnern, nämlich den Bartolomeus de Florentia, dessen Oheim Lappo und andere Gesellschafter, die der hiesigen Wechselbank ihre Kapitalien und ihre Thätigkeit widmeten (12. 131). Am Nordabhange des Brenners finden wir im Jahre 1338 die Familie Lazari, Verwandte Heinrichs des Lamparten, zu Trins (am Eingange ins Gschnitzthal bei Steinach) ansässig und zu Pfrunsch, einem Weiler der Ortsgemeinde Gries, begütert (Wiltener Urkundenverzeichnis im Ferdinandeum zu Innsbruck Mskrpt. I. h. 15). Die nach Tausenden zählende italienische Arbeiterschaft, welche anlässlich des Bahnbaues in den Jahren 1865—1868 das Wippthal belebte, verlor sich mit der Beendigung dieses Baues bis auf kleine Kolonieen, welche auch jetzt noch längs der Bahn angetroffen werden. Ihr zuliebe hielt damals ein Kooperator an der Pfarre St. Peter in Ellbögen (oberhalb der Station Patsch) an Sonn- und Festtagen katechetische Vorträge in italienischer Sprache für die Erwachsenen in der Kirche, für die Kinder im Schulhause. Auch ein zweiter Chorherr des Stifts Wilten befasste sich als Kooperator zu Patsch damals viel mit dem religiösen Unterrichte solcher Kinder in deren Muttersprache (12. 160, Note 24). Aber, von den Grabinschriften des Friedhofs abgesehen, welchen die Gemeinde Ellbögen dieser Arbeiterbevölkerung zuwies, erinnert jetzt in dortiger Gegend nichts mehr an die massenhafte Invasion welschen Wesens, das sich während jener Bauperiode daselbst breit machte. Aehnlich verhält es sich auch im übrigen Wippthale.

IV. Pusterthal.

Politischer Bezirk Brunek (mit Ausnahme des beinahe ausschliesslich von Ladinern bewohnten und den nördlichsten Ausläufer des kompakten romanischen Sprachgebiets bildenden Gerichtsbezirks Eneberg): 423 Italiener und Ladiner, welche letzteren hier ohne Zweifel einen beträchtlichen Zusatz bilden und daher besonders hervorgehoben werden müssen [1]). Diese 423 verteilen sich folgendermassen: Stadt Brunek 41, Ortsgemeinde Dietenheim 36, Ehrenburg 8, Ellen 4, St. Georgen 3, Getzenberg 16, Greinwalden 18, Hofern 20, Issing 21, Kiens 19, St. Lorenzen 9, und zwar in der Fraktion Saalen, Montal 18, Onach 29, und zwar 28 im Dorfe dieses Namens, Percha 6, Pfalzen 21, Pichlern 5, St. Siegmund 20, Terenten 8, Ober-Vientl 2 (vom Gerichtsbezirke Brunek, dem vorstehende Gemeinden sämtlich angehören, fehlt da eine einzige, nämlich Reischach, in welcher niemand mit italienischer resp. ladinischer Umgangssprache ermittelt wurde); Gerichtsbezirk Taufers 13, davon 3 zu Ahornach und 2 zu St. Johann, die übrigen einzelnweise zerstreut; Gerichtsbezirk Welsberg 106, und zwar zu Niederdorf 21, im zugehörigen Weiler Eggerberg 3, in der Ortsgemeinde Olang 6, Ortsgemeinde Pichl 4, Ortsgemeinde Prags 19, Ortsgemeinde Taisten 3, Ortsgemeinde Toblach 50. (Keine Italiener bezw. Ladiner sind da ausgewiesen bei den Ortsgemeinden Antholz, St. Magdalena, St. Martin in Gsies, Nieder- und Ober-Rasen und Welsberg.) — Politischer Bezirk Lienz: 71, und zwar im Gerichtsbezirke Lienz 20, davon die relativ meisten (4) in der Ortsgemeinde Assling; im Gerichtsbezirke Sillian 45, und zwar 36 zu Panzendorf (darunter 30 im Schlosse Heinfels einquartierte Soldaten), 5 zu Wahlen, je 2 im Markte Sillian und in der Ortgemeinde Arnbach; im Gerichtsbezirk Windisch-Matrei: 6, davon 5 in der gleichnamigen Landgemeinde (im Weiler Moos).

Gesamtsumme des Pusterthals: 494.

Es ist das eine überraschend grosse Zahl, welche schlecht zu der Behauptung (I. 9) passt, dass im ganzen Pusterthale ausser 15 italienischen Gewerbsleuten fast gar keine stabilen Italiener angetroffen werden, weil „der Volkscharakter in diesem Thale für die Aufnahme des italienischen Elements durchaus unempfänglich“ sei. Dies entspricht dem wahren Sachverhalte so wenig, dass vielmehr italienische und ladinische Dienstboten auch auf den Bauernhöfen von Hochpusterthal keine Seltenheit sind, und es dort wenige grössere Orte gibt, wo nicht ein paar Familien, deren Stammväter aus Italien eingewandert sind, sich befinden. Als Beispiele nenne ich: die Wamesey (aus Auronzo

---

[1]) Allem Anscheine nach wurden Italiener und Ladiner bei der letzten Volkszählung in Tirol nicht genau oder überhaupt nicht voneinander unterschieden. Sonst hätte die mit grosser Umsicht geleitete k. k. Statistische Centralkommission in Wien bei Herausgabe des Spezial-Ortsrepertoriums für Tirol und Vorarlberg es sicher nicht unterlassen, diesen Unterschied ersichtlich zu machen, wozu ein paar kurze Anmerkungen und wenige darauf Bezug nehmende Zeichen hingereicht haben würden. Ich selbst sehe hier von den Ladinern im weiteren (wissenschaftlichen) Sinne des Wortes ganz ab und verstehe darunter bloss die in Tirol so genannten, romanisch sprechenden Bewohner der Gerichtsbezirke Eneberg und Kastelruth.

in Kadober) zu Innichen, die Vicelli (ursprünglich Vicelligo von ebendaher) zu Sillian, die Vidal (Vidale aus Forno im Venetianischen) zu Niederdorf. Im Dorfe Vierschach hat sich sogar im Jahre 1854 eine italienische Bauernfamilie, die des Giacomo Girardi, anstandslos niedergelassen. Und gross ist die Zahl der Ehen, durch welche in früherer Zeit Italienerinnen in den Verband von Pusterthaler Familien eingetreten sind. Im Jahre 1649 allein kamen 4 solche Ehen zustande, welche in die Trauungsmatrikel der Stiftspfarre Innichen eingetragen sind. Aber rasch geht die Verdeutschung vor sich. In der Regel macht schon die zweite Generation nicht mehr den Eindruck von Italienern. Um so geringere Bedeutung haben vereinzelte Zusätze, denen wir in der Geschichte aller ansehnlicheren Orte Pusterthals begegnen, wie denn z. B. in den Jahren 1580—1591 Joh. Zephir aus Bergamo Apotheker zu Brunek, 1701 G. A. Verzi Apotheker zu Innichen, 1679 Dr. M. Gabr. Verzi Stadtarzt in Lienz, 1717 Dr. M. Jak. Joh. Fontana dessen Nachfolger, um 1710 ein Herr v. Someda aus Primör Zolleinnehmer zu Panzendorf (bei Sillian), 1651 Nikolò Passin landesfürstlicher Forstmeister für ganz Pusterthal war. Um das Jahr 1622 traten auch mehrere italienische Holzhändler als Pächter hiesiger Wälder auf, was anzunehmen gestattet, dass damals Holzarbeiter gleicher Abstammung daselbst sich einnisteten, denen so wie den italienischen „Sagmeistern“, d. h. Leitern von Holzsägen, man noch heutzutage dort häufig begegnet (vgl. 12. 148). Am intensivsten mag der italienische Einfluss sich zu Lienz unter den Görzer Grafen, welche dort (auf dem Schlosse Bruck) residierten, geltend gemacht haben. Der ungenannte Altertumsfreund, welcher J. G. F. von Kirchmairs Aufzeichnungen zu einer Art Pusterthaler Chronik unter dem Titel „Verzeichnis oder Beschreibung der Herrschaft Eneberg und Sonnenburg“ (Hdschft. 964 der Bibl. Tirol.) verarbeitet hat, berichtet diesfalls zum Jahre 1448: „War grosses Missvergnügen unter den Teutschen am Görzischen Hof, weilen Graf Johann von Görz sich meistens welscher Bedienten gebrauchet hatt und die deutschen Ministerialen wenig mehr achtete.“ Und wirklich erscheinen wenn schon nicht im Jahre 1448 so doch bald darauf in Urkunden, welche die Görzer Grafen für das Pusterthal ausstellen liessen, Hofbeamte italienischer Nationalität oder wenigstens solche aus Gegenden, wo diese heimisch war; so z. B. 1460 Soldaner de Strassoldo in einer zu Toblach ausgefertigten Urkunde als Kanzler (Commissio D. Comitis) und 1478 als Rat des Grafen Leonhard ein Baldesar (Baltheser aus Fleims?), an welchen sich die Markgräfin Barbara von Mantua damals mit einem italienischen Briefe wendete, um des genannten Grafen Vermählung mit ihrer Tochter Paula zu betreiben, welche auch erfolgte und jenen Einfluss gewiss noch steigerte. Nach der vorerwähnten Chronik, welche übrigens mit einem grossen Teile ihres Inhalts zu den gegründetsten Bedenken Anlass gibt und namentlich viele Verstösse gegen die richtige Chronologie enthält, haben italienische Kultureinflüsse im Pusterthale schon frühzeitig den Bodenwert erhöhen und Wassergefahr abwenden geholfen. Im Jahre 1113 (?) soll Andrea dei Sabelli die Umgegend von Lienz und im Jahre 1359 das Zusammenwirken der venetianischen Wasserbaumeister Scamozzi und Simondi den grossen

See ober Welsberg trocken gelegt haben (68. 2. 210, 430). Im Verzeichnisse der Chorherren von Innichen, welches einer derselben, Ign. Hanu, zusammengestellt hat, erscheint beim Jahre 1270 Bonincontro, Patrizier von Verona, und 1389 Nikolaus de Riccabona. Eine wesentliche Kräftigung hat das deutsche Element in diesen Gegenden dadurch erfahren, dass im vierzehnten Jahrhundert, wie eine glaubwürdige Sage berichtet, das Thal Tilliach (welches, geographisch genommen, keine Abzweigung des Pusterthals, sondern den Hintergrund des kärntnerischen Gailthals bildet), den Friaulern, welche hier ihre Herden zu weiden pflegten, entzogen und mit Ankömmlingen aus Deutschland besetzt wurde (68. 2. 411). Staffler beruft sich auf die Ueberlieferung der Thalbewohner, welche auch der Meldung in einer handschriftlichen Chronik der Bibl. Tirol., alte Nr. 376, zu Grunde liegt, wo als beiläufige Ansiedlungszeit das Jahr 1334 angegeben ist.

V. Eisackthal (zwischen Franzensfeste und Bozen).

Hier kommen in Betracht: vom Politischen Bezirke Brixen der Gerichtsbezirk dieses Namens mit 85 Italienern, wovon 63 auf die Militärgarnison der Stadt Brixen, 8 auf die Ortsgemeinde Afers, 14 auf den Markt Mühlbach (nächst dem Eingange ins Pusterthal) entfallen; ferner vom Politischen Bezirke Bozen die Gerichtsbezirke Klausen, Sarnthal und zum Teil Kastelruth, sowie die Ortsgemeinden Ritten, Wangen, Tiers, Welschnofen und Karneid. Der erstgenannte Bezirk zählt 22 Italiener, die sich auf die Ortsgemeinde Villnöss mit 15, auf die Ortsgemeinde Villanders mit 5 und Felthurns mit 2 verteilen. Der Gerichtsbezirk Kastelruth ist hier bloss mit der Ortsgemeinde Völs und mit der Mehrzahl der Fraktionen der Ortsgemeinde Kastelruth in Rechnung zu stellen, da von diesen Gemeindefraktionen die Dörfer Pufels, Runggaditsch und Ueberwasser bereits zum kompakten ladinischen Sprachgebiete gehören. Sonderbarerweise enthalten die übrigen keinen einzigen Romanen. In der Ortsgemeinde Völs wurden 9 gezählt. Im Gerichtsbezirke Sarnthal wohnten 9, davon 6 in dem die Umgebung des Hauptorts bildenden Dorfe Sarnthein; endlich, was den Bozener Gerichtsbezirk betrifft, in der Ortsgemeinde Karneid 39, im Dorfe Welschnofen 13, in Tiers und Wangen je einer, auf dem Ritten keiner.

Gesamtsumme des Eisackthales: 179.

Die Höhen von Gufidaun und Lajen waren bis ins vierzehnte Jahrhundert hinein von vereinzelten Romanen bewohnt, wie nicht nur Steub (70. 436) vermutet, sondern auch unverkennbare Personennamen beweisen (12. 108, Note 2). Damals lebte auch noch der im Jahre 1286 dahin eingewanderte Konrad Cavozzo, der im Volksmunde nach seiner früheren Heimat „der Lampart“ hiess (Stephan v. Mayrhofen, handschriftliche Genealogieen der tirolischen Adelsgeschlechter im Ferdinandeum zu Innsbruck, IV. Bd.). Gleichzeitig, im Jahre 1308, weilte zu Klausen Cienus Centomile, Faktor florentinischer Kaufleute, insbesondere der de Rubeis. Bald darauf waren 3 Höfe zu Salern im Besitze von

Floreutinern (Chmel's Oesterr. Geschichtsforscher II, 385). Im Jahre 1374 erwarb ein Botsch (aus der bekannten florentinischen Familie) das gesamte Gericht Kastelruth (38. Reg. 1034) und um das Jahr 1340 ward Amadeus de Florentia, Sohn des mercator florentinus Guido de Rossis in der Domkirche zu Brixen begraben (v. Mayerhofen, III. Bd., Artikel „Botsch"). Dieser Bischofssitz zog auch in der Folgezeit Italiener und Ladiner der mannigfaltigsten Berufe an, namentlich Priester, so dass das hiesige um seinen deutschen Charakter besorgte Domkapitel Schutzmassregeln dawider ergriff. In den Jahren 1807—1870 bestand hier eine Ansiedlung italienischer Jesuiten, das sogen. Kollegium Fagnani (12. 159, Note 21). Ursprünglich in Padua errichtet, wurde dasselbe, weil die italienische Regierung es hier nicht länger duldete, nach Brixen zu dem Zwecke übertragen, junge Italiener in den Lehrgegenständen eines Obergymnasiums zu unterrichten und sie in dem damit verbundenen Konvikte zu erziehen. Als diese Lehranstalt wegen Mangels der gesetzlichen Erfordernisse geschlossen ward, zählte sie 85 Zöglinge, wovon 68 Unterthanen des Königreichs Italien waren. Mit Hinzurechnung der italienischen Lehrkräfte und der Dienerschaft umfasste das ganze Kollegium über 100 Personen italienischer Nationalität. Es galt für ein Vorwerk der letzteren im deutschen Südtirol. Ein vor langer Zeit schon den Romanen abgenommener Stützpunkt war, wie der Name besagt, Welschnofen, das samt der Umgegend im zwölften oder dreizehnten Jahrhunderte von deutschen Einwanderern besetzt ward (90)[1].

VI. Oberes Etschthal (von Bozen aufwärts).

Es gehören hierher vom Politischen Bezirke (Umgebung) Bozen die Ortsgemeinden des gleichnamigen Gerichtsbezirks: Gries, Jenesien, Terlan, Flaas und Mölten. Von diesen ist nur die kleine Gemeinde Flaas ausschliesslich deutsch; Mölten (1) und Jenesien (2) sind es nahezu. Desto stärker ist der italienische Zusatz bei den übrigen. Er beträgt bei Gries 63, bei Terlan 235. Ferner gehören hierher der ganze Politische Bezirk Meran mit 1310 Italienern und vom Politischen Bezirke Landeck (spezieller vom Gerichtsbezirke Nauders): die Ortsgemeinden Nauders, Reschen, Graun, Langtaufers und Haid. Diese 5 Gemeinden zusammengenommen zählen bloss 8 Romanen, nämlich Nauders 7 und Graun einen. Auch im Glurnser Gerichtsbezirk, welcher der den Etschquellen nächstgelegene des Politischen Bezirks Meran ist, kommen bloss 7 Romanen vor, davon 4 im Dorfe Tartsch. Der hieran stossende Gerichtsbezirk Schlanders weist, abgesehen vom Gerichtssitze dieses Namens, dessen 35 Italiener zumeist, nämlich mit 30, auf Rechnung der hiesigen Militärgarnison zu setzen sind, bloss ihrer 6 auf. Dagegen zählt der Gerichtsbezirk

---

[1]) Von diesen Einwanderern handelt auch, und zwar auf Grund persönlicher Bekanntschaft mit deren Nachkommen, Prof. V. M. Gredler in seiner Broschüre „Exkursion auf Joch Grimm", Innsbruck 1867.

Meran deren 938, und zwar der Gerichtssitz 60, das Dorf Obermais 36, das Dorf Mühlbach (Fraktion von Algund) 10, das Dorf Gratsch 10, das Dorf Schönna 11, die Ortsgemeinde Tirol 22, die Ortsgemeinde Vöran 18, die Ortsgemeinde Untermais 129, Burgstall 215, Gargazon 267. Ausserdem ist hier der Gerichtsbezirk Passeier mit 53 Italienern zu verzeichnen, wovon 33 in der Ortsgemeinde Rabenstein und 10 in der Ortsgemeinde St. Leonhard angetroffen wurden. Den Schluss macht in der Richtung gegen Bozen der Gerichtsbezirk Lana mit 271 Italienern, von welchen am Gerichtssitze 103, in der Ortsgemeinde Marling 45, Tisens 39, Ulten 41, Andrian 21 und Nals 17 anwesend waren. Auf das langgestreckte Ultenthal verteilen sich die vorerwähnten 41 folgendermassen: Ortschaft St. Gertraud 3, St. Nikolaus 7, St. Pankraz 14, St. Wallburg 17.

Gesamtsumme des oberen Etschthales: 1619.

Mag nun gleich die Zahl der Ansässigen unter diesen verhältnismässig sehr klein und noch immer in Abnahme begriffen sein — in der Ortsgemeinde Lana sollen unter 764 Grundbesitzern bloss 6 Italiener, unter 150 Gewerbetreibenden bloss 3; in der Ortsgemeinde Andrian unter 153 Besitzern 2; in der Ortsgemeinde Gargazon unter 13 Gewerbetreibenden 3, unter 107 Grundbesitzern 4; in der Ortsgemeinde Burgstall bei 11 Gewerbetreibenden 3, unter 95 Besitzern 5; in der Ortsgemeinde Terlan unter 57 Gewerbetreibenden 2, unter 200 Besitzern 8; in der Ortsgemeinde Gries unter beiläufig 700 (?) Besitzern 2, unter 81 Gewerbetreibenden 7 sich befinden (4. 12, 13): — so ist doch von einem Rückgange der italienisch Sprechenden da wenig zu verspüren. Vielmehr übersteigt das diesbezügliche Ergebnis der letzten Volkszählung alle Erwartung. Mehrere Jahre zuvor wurde kaum die Hälfte als im oberen Etschthale vorhanden angenommen. Man veranschlagte die Zahl der Italiener für Lana, Andrian und Nals zusammen auf 50, für Burgstall auf 70, für Gargazon auf 150, für Ulten auf 20, für Terlan auf 50 (12. 147). Bei den offiziellen Vorerhebungen zur „Ethnographie der österreichischen Monarchie“ (im Jahre 1846) wurden die damals hier schon beträchtlichen Ansätze italienischer Einwanderung ganz übersehen. Also lässt sich mit dem früheren Bevölkerungsstande kein Vergleich ziehen. Wenn aber Lokalkundige versichern, dass in Burgstall die Hälfte, in Gargazon sogar zwei Drittel der Bewohner verdeutschte Italiener sind (4. 12), dass man auch in den Ortschaften Andrian und Nals eine erhebliche Zahl von verdeutschten Italienern antrifft, deren Abstammung „in Gestalt, Sprache und Lebensweise“ sich offenbart (4. 11), so ist daraus ein sicherer Schluss auf die Stärke zu ziehen, in welcher das italienische Element hier vor 30—40 Jahren verbreitet war. Immerhin wird von der Wahrnehmung, dass dasselbe nunmehr hier abnimmt, Notiz zu nehmen sein. Speziell wurde dieselbe, was den Besitz von Bauernhöfen anbelangt, zu Burgstall (31. 11, Note) und bei den Gewerbetreibenden in Meran gemacht, deren italienischer Prozentsatz seit dem Jahre 1870 bis 1880 von 8 auf 4 sich vermindert hat (4. 10). Desto zahlreicher sind die Italiener unter den Taglöhnern vertreten, von welchen behauptet wird, dass sie am linken Etschufer von Bozen bis Meran zur

Hälfte, am jenseitigen aber zu einem Viertel jener Nationalität angehören (4. 13). Auffallend bleibt es trotzdem, dass am Schlusse des Jahres 1880, wo auch in diesem seines milden Klimas wegen bekannten Teile Tirols die Feldarbeiten zumeist ruhen, einzelne Ortschaften so stark mit Italienern bevölkert waren. Es ist dabei wohl auch die Gepflogenheit der Nonsberger, ihre Kinder zum Deutschlernen in diese Gegenden zu schicken und daselbst zu verdingen, mit in Anschlag zu bringen. Von einem Umsichgreifen der italienischen Nationalität kann da freilich nicht die Rede sein. Vielmehr wird diese im oberen Etschthale häufig von denjenigen, welche sie dahin mitbringen, abgestreift und vollzieht sich so ein Germanisierungsprozess, welcher selbst bei den später wieder in die alte Heimat Zurückkehrenden andauernde Spuren hinterlässt. Wir haben es da mit einer Erscheinung zu thun, welche Jahrhunderte alt ist und bei den Bewohnern des Nonsberges näher zu erörtern sein wird.

Aber auch eine zweite Veranlassung zur Ansammlung von Italienern in diesen dem Weinbau so günstigen Gegenden, nämlich der Besitz sogen. Weingüter daselbst seitens italienischer Familien, darf nicht übersehen werden. Der Nonsberger Joh. Peter Genetti besass zu Siebeneich (Ortsgemeinde Terlan) schon im Jahre 1732 „un riguardevole stabile" (41. 120a); 1753 erhielt Graf Paul Bettoni aus Brescia die gesamte Herrschaft Schönna durch landesfürstliche Verleihung als Pfandschilling (79. 419). Zur Zeit des Zustandekommens der theresianischen Grundsteuerbücher (1777) gehörte zu Burgstall das Koflgut dem Freiherrn Joseph Priami, der sogen. Mairhof dem Jul. de Qundri, zu Gargazon das Porzenmosgut jenem Grafen v. Bettoni, das Boznergut dem Jakob v. Maffei, das Winklgut dem Joh. v. Bombardi, das Rundegg-Anwesen der Familie Priami-Parravicini. Die Thavonatti und Campi waren bereits zu Anfang des neunzehnten Jahrhunderts zu Nals begütert. Diese Besitzer liessen mit geringer Ausnahme ihre Güter durch italienische Bauleute bearbeiten und lockten so zuerst eine grössere Anzahl von italienischen Familien in die betreffenden Gegenden. Aber an einzelnen Einwanderern dieser Nationalität hat es im sogen. Burggrafenamte und im Vintschgau auch schon in sehr alter Zeit nicht gefehlt.

Namentlich war die Stadt Meran durch lange Jahre ein Sammelplatz italienischer Münzarbeiter und der bezüglichen Unternehmer, welche teils aus der Lombardei, teils aus Hetrurien herbeikamen. Schon im Jahre 1287 hatte Philipp Tuskhan von Florenz in Gemeinschaft mit 2 Brüdern das hiesige Leihhaus (casanam prestiti) inne (Hormayr, Sämmtl. Werke II, Urk. 49). Im Jahre 1296 erscheinen unter den Münzern zu Meran Tenga von Florenz und (als Silberprobierer) Bonus von Trient (A. f. Gesch. u. Altertumskde. Tirols, V., 24. 25), 1306 Pagon von Bergamo (38. Reg. 334), 1312 Nikolaus von Florenz (Chmel's Oesterr. Geschichtsforscher II, 354), 1318 als zu Meran ansässig Arthusius und Philipp von Florenz (38. Reg. 423), 1361 als Inhaber der hiesigen Münze und Wechselbank Charo von Florenz, Sohn des Franziskus von Casaweckl = Casa vecchia (Primissers urkundl. Kollektaneen in der Bibl. Tirol. n. N. 2[illegible]), 1421 Burtlmä Beltramel von Mailand (A. f. Gesch. u. Altertumsk. Tirols, V, 41). Im sechzehnten und siebzehnten Jahrhundert geriet das Deutschtum an manchen Orten des Burggrafenamts in Bedrängnisse, deren es sich aber wacker zu erwehren verstand. So bedung sich die Gemeinde Vöran im Jahre 1574 vom Möltner Pfarrer aus, dass er ihr nur Priester zusende, welche Deutsche oder wenigstens der deutschen Sprache mächtig sind (79. 598). Die Stadt Meran nötigte im Jahre 1590 dem Churer Bischof Beatus a Porta die Zusage ab, dass er im dortigen Pfarrhause fortan 3 deutsche Priester unterhalten werde (79. 247), und im Jahre 1606 fasste der hiesige Gemeinderat den Beschluss, dass künftig „khain Aidtgenoss, Engadiner, Pundts-Gauer (Graubündner?), Walch oder Saphoyer" zum Bürger daselbst aufgenommen werden sollte (A. f. Gesch. u. Altertumsk. Tirols, II, 196). Noch energischer lehnte sich die Pfarrgemeinde Schönna gegen die Verwelschung auf, indem sie ihren der deutschen Sprache nicht genug mächtigen Seelsorger Christoph Campi im Jahre 1686 geradezu vertrieb (79. 423).

Ein grosser Teil des oberen Etschthales und einzelne Seitenthäler waren freilich bis ins sechzehnte Jahrhundert herein von Romanen bewohnt. So meldet dies der reformierte Pfarrer von Chur, Ulrich Campell, in seiner um 1570 verfassten Beschreibung Hochrhätiens von den Gemeinden Taufers, Mals, Burgeis, Laas und Schluderns. Er lässt in Mals und Nauders die rhätische (ladinische) Sprache ebenso gebräuchlich sein als die deutsche, und behauptet das Gleiche sogar von Partschins bei Meran (19. 3, 4). Danach kann es nicht befremden, dass zu Latsch im Gerichtsbezirk Schlanders in den Jahren 1321 bis 1337 ein Magister Agnellus de Tridento Pfarrer war und den Franceschinus Banchis de Placentia zum Nachfolger hatte (16. 280). Es wird auch im Hinblicke hierauf begreiflich, wie Walgrin von Tarrent angeblich in der zweiten Hälfte des zwölften Jahrhunderts sich bei Nauders niederlassen und das nach seiner Familie benannte Schloss Tarantsberg (Dornsberg) erbauen, wie noch vier Jahrhunderte später der Engadiner Jos. Mor nach Siberkirchen bei Mals ziehen mochte, und wie im Jahre 1559 Peter de Barbis, ein Italiener, zu Partschins das Pfarramt antreten und es bis 1582 bekleiden konnte. Zu Burgeis wurde noch im Jahre 1618 in italienischer und ladinischer Sprache gepredigt, und am 25. Februar 1617 musste der Abt Matthias Lang vom Benediktinerkloster Marienberg der Gemeinde Schlinig verbieten, bei ihren öffentlichen Zusammenkünften eine andere als die deutsche Sprache zu gebrauchen. Aus welchem Grunde er dies that, lehrt eine Eingabe, die er im Jahre 1610 an den Tiroler Landesfürsten Erzherzog Maximilian richtete, sich wegen des Beharrens der Burgeiser beim calvinischen Glauben damit entschuldigend, dass ihnen mit der katholischen Religion schwer beizukommen sei, weil sie sowohl im Privatverkehr als öffentlich „allein der barbarischen engadinerischen Sprache" sich bedienen. Die Gemeinde Mals hatte noch vor kurzem eine 1008 angeschaffte grosse Glocke mit romanischer Inschrift. Aus Taufers im Münsterthale verdrängte das Ladinische erst um das Jahr 1700 der Pfarrer P. Perlinger und von Stilfs am Fusse des gleichnamigen Bergjochs versicherte dem Benediktiner P. Alois Faller (dessen schon von Hormayr in den Wien. Jahrb. d. Litteratur Bd. 5. S. 4 benutzte Aufzeichnungen, jetzt in der Bibl. Tirol. Handschrift Nr. 1019, vorstehenden Angaben zu Grunde liegen) zu Anfang des neunzehnten Jahrhunderts ein dort geborener Priester, dass er dort Leute kannte, welche noch des Ladinischen kundig waren (vgl. II. 33, Note 2). Und wie an der Schweizer Grenze das Ladinische, so erhielt sich im Ultenthale das Italienische noch lange, nachdem das deutsche Volkselement hier zu Ansehen gekommen war, im Gebrauche. An der Huldigung, welche die Thalgemeinde im Jahre 1568 dem Erzherzog Ferdinand zu St. Wallburg leistete, beteiligten sich, wie die bezügliche Urkunde bezeugt, auch „Leute welscher Zunge" (79. 764). In neuerer Zeit haben daselbst die Malapell und die Sorzi aus dem Nons- und Sulzberge sich angesiedelt (79. 806). Also auch hier eine rückläufige Bewegung, wogegen im oberen Vintschgau Engadiner nur mehr auf der Fahrt nach den Kapitalzinsen, welche sie dort zu fordern haben, sich einzufinden pflegen.

VII. Bozen und die Zwölf Malgreien.

Die Stadt Bozen zählt nach der letzten Volkszählung ohne ihre Vororte, als was die zu einer besonderen Ortsgemeinde zusammengefassten Zwölf Malgreien anzusehen sind, 1142 italienische Einwohner (darunter 119 Soldaten), und mit diesen Vororten 1436.

So hoch wagte 4 Jahre zuvor nicht einmal der italienische Kaplan der Bozener Kapitelpfarre die Zahl derselben anzuschlagen. Aber es sind freilich darin viele nur temporär anwesende Bauhandwerker und Taglöhner begriffen. Die Liste der im Stadtgebiete betriebenen Gewerbe vom Jahre 1880 weist 36 Italiener auf, von welchen 5 Handelsleute mittlerer und niedriger Kategorie sind, alle übrigen jedoch, mit Ausnahme eines Civilingenieurs, dem niedrigen Gewerbestande angehören. Seit 1860, wo das betreffende Verhältnis zur Gesamtzahl der Handel- und Gewerbetreibenden dieser Stadt beiläufig 6 % war, hat sich dasselbe bis auf ungefähr 3²/₃ % vermindert.

So berechnete mindestens der vormalige Sekretär der hiesigen Handels- und Gewerbekammer im Jahre 1881 den bezüglichen Anteil (4. 18). Die Liste der Gemeindewähler vom Jahre 1885 enthält unter 788 Wahlberechtigten bloss 55 Italiener, von welchen 42 dem dritten (471 Namen umfassenden) Wahlkörper angehörten, während im ersten und zweiten mehr als die Hälfte aller Italiener aus Beamten bestand. Von diesen abgesehen, waren der Beschäftigung nach: 13 Handeltreibende, 1 Hausbesitzer, 2 Offiziere a. D., 1 Arzt, 1 Ingenieur, 1 Advokaturskonzipient und der Rest (22) Gewerbetreibende [1].

Zur Zeit des Bahnbaues, d. h. in den Jahren 1859—1867, leistete die österreichische Regierung in Anbetracht der vielen italienischen Arbeiter, welche damals in Bozen und in der Umgebung der Stadt

[1] Ich verdanke diesen Nachweis meinem Freunde Dr. Julius Würzer in Bozen, der als Eingeborener, ehemaliger Bürgermeister und langjähriger Notar in dieser Stadt deren Bevölkerung genau kennt.

sich aufhielten, aus dem sogen. Religionsfonds einen jährlichen Zuschuss von 200 Gulden zur Erhaltung des hier schon seit 1850 in der Seelsorge thätigen italienischen Kaplans. Aber im Jahre 1867 stellte das Kultusministerium diesen Beitrag ein und alles Rekurrieren wider den abweislichen Bescheid war fruchtlos. Eine kaiserliche Entschliessung vom 9. März 1871 machte den Gegenbestrebungen ein Ende. Aus den bezüglichen Akten ist zu ersehen, dass die italienischen Predigten in der sogen. alten Pfarrkirche zu Bozen auf Ersuchen der hier lebenden Italiener um das Jahr 1820 ihren Anfang nahmen, ein besonderer Priester hierzu jedoch erst im obengenannten Jahre bestellt wurde. Ein dessen Fortbestand als notwendig erklärendes Schriftstück vom 20. Februar 1860 trägt 57 Unterschriften, darunter die der Direktionen zweier Fabriken. Hieraus ist zu entnehmen, dass damals die Zuwanderung von Italienern in Bozen eher begünstigt als hintangehalten wurde. Man folgte dabei einer bis ins siebzehnte Jahrhundert zurückreichenden Tradition, welche mit der Stellung der Stadt als eines der bedeutendsten Handelsplätze und insbesondere mit den Jahrmärkten (Messen), welche hier stattfanden, zusammenhängt.

Der sogen. Merkantilmagistrat war in der That eine vorwiegend italienische Einrichtung. Zwar sollten in ihm Deutsche und Italiener gewissermassen sich das Gleichgewicht halten und wurde nur zu diesem Ende dem Bozener Marktrichter David Wagner (dem Ahnherrn der heutigen Grafen von Sarnthein) Dr. Joh. Baptist Girardi als rechtskundiger Beistand adjungiert (I. St.-A., „Geschäft von Hof", 1633, Bl. 58); allein in der That herrschte das italienische Element als das in Handelssachen erfahrenere vor, und vermöge der italienischen Sprache, in welcher bis um die Mitte des neunzehnten Jahrhunderts die kaufmännische Korrespondenz auf dem Bozener Platze geführt zu werden pflegte (11. 35 — 4. 16), fand es in Kreise Eingang, die sonst sich ihm verschlossen. Der Stadtchronist Zobel meldet, dass im Jahre 1726 die vornehme Stadtbevölkerung an einer deutschen Oper sich ergötzte, späterhin aber (1753, 1760, 1775) nur mehr an italienischen Opernvorstellungen Gefallen fand. Dieselbe war damals nahe daran, der Stadt ein Gepräge aufzudrücken, das sie um die Mitte des fünfzehnten Jahrhunderts getragen haben mochte, wo sie, freilich nur in den Augen der italienischen Mönche, die damals dort lebten, für eine italienische galt. Der Dominikaner Fr. Felix Faber, der sie im April 1483 besuchte, vernahm dies dort und erblickte eine Bestätigung dessen in dem Umstande, dass ein ihm bekannter Ordensbruder zur Zeit, als er in Bozen Ausläufer (cursor) und Prediger war, kein deutsches Wort verstand (23. 71). Beda Weber hat hinwieder (82. 18) den Ausspruch gethan: „Die Stadtgemeinde Bozen war von den ältesten Zeiten bis zum Jahre 1476 dergestalt deutsch, dass nach unzweideutigen Akten des dortigen Archivs gar keine Italiener zum Bürgerrechte zugelassen wurden." Allein der wahre Sachverhalt ist ein anderer. Gerade das dortige Stadtarchiv enthält Belege für das Gegenteil. Ein Statut, welches Erzherzog Siegmund von Tirol im Jahre 1488 für die hiesigen Jahrmärkte erliess, konstatiert im Absatze 3, dass „vil walchen zu Botzen vil hewser vnd Burgerrecht haben", fügt aber bei, dass solche trotzdem „nicht wesenlichen da siczen", d. h. nicht daselbst ihr Hauswesen halten, und macht ihnen dies zum Vorwurfe. Im Absatze 4 erwähnt das Statut abermals, dass „die walchen daselbs zu Botzan vil hewser an sich kauffen", diese aber nicht selbst bewohnen, sondern mit Leuten niedrigen Standes, „die weder zu Rat noch Gericht preuchig sein", besetzen. Ueber letzteres, nicht aber über die Ausbreitung der Italiener an sich, hatte die Bürgerschaft beim Erzherzog Beschwerde geführt, der sohin anordnete, dass derlei, ihre Häuser nicht mit Rücken besitzende Italiener entweder nach Bozen zu übersiedeln oder ihre Häuser an Leute zu vermieten haben, welche den bürgerlichen Obliegenheiten gewachsen sind, widrigenfalls ihnen auch nicht gestattet sein soll, bei zeitweiliger Anwesenheit sich selbst zu verköstigen, sondern sie wie andere fremde Kaufleute im Wirtshause zehren müssten. Also weit entfernt, den Italienern, welche in Bozen als Bürger leben und den Pflichten solcher persönlich nachkommen wollten, dies zu verwehren, bestand vielmehr die Stadtgemeinde auf deren Verweilen in ihrer Mitte.

Mit dieser Geneigtheit, Italiener aufzunehmen, steht auch in vollem Einklange, dass die Stadt im Jahre 1473 den Doktor der Medizin Jakob Fontanellis zu ihrem „Leibarzt" bestellte, dass um das Jahr 1485 Jos. Gadoldi aus Verona hier das Bürgerrecht erwarb, dessen Sohn Vinzenz wiederholt zum Bürgermeister der Stadt erwählt wurde (12. 157, Note 13), und dass eine im Jahre 1495 von der Familie Orlandini zu Gunsten der Stadt gemachte Stiftung (Alte Buchhaltungsakten im I. St.-A. D. 6. 101) von der Dankbarkeit Zeugnis gibt, mit welcher einzelne italienische Familien jenes Wohlwollen vergalten. Erst im Jahre 1524 fasste der Stadtrat (laut Sitzungsprotokoll Bl. 10) den Beschluss: „Es soll auch kein Saffoir, Wälscher noch Annder, die nicht der teutschen Sprach sein, zu keinem Burger nicht aufgenommen noch (ihnen) hie ain Gewerb ausserhalb der Märkht nit gestattet werden." Indessen soll nicht in Abrede gestellt werden, dass diese den Italienern abholde Stimmung bereits um das Jahr 1490 die Oberhand gewann, und zwar infolge steigender Zuwanderung von Deutschen, deren auch F. Faber Erwähnung thut, indem er ihr die Umwandlung der Stadt in eine deutsche, als was er sie anerkennt, zuschreibt (23. 72). Unter den in den Jahren 1489 und 1494 neu aufgenommenen 20 Bürgern, welche im Stadtbuche verzeichnet sind, ist kein einziger Italiener, wohl aber erscheinen darunter 2 Bayern und „Meister Hermann Parbierer" aus Bingen am Rhein. Mit der Belebung des deutschen Bewusstseins durch die Anfänge der Reformation wuchs die keimende Abneigung gegen das undeutsche Wesen, so dass ihr im Jahre 1514 die italienischen Barfüsser-Mönche, welche seit 1458 das hiesige Franziskanerkloster bewohnten, weichen mussten, um durch deutsche Konventualen aus Schwaz im Innthale ersetzt zu werden (82. 209). An jenem Ratsbeschlusse vom Jahre 1524 wurde in Ansehung der Savoyer und Italiener 70 Jahre lang festgehalten.

So wies die Gemeindevertretung im Jahre 1582 einen Savoyer mit seinem Gesuche um das Bürgerrecht ab, weil „dieselben Personen weder zu Sprüchen oder Tagen (d. h. Gerichtssitzungen) zu geprauchen sindt vnd aus viel beweglichen Ursachen und Freiheiten". Als im Jahre 1542 dessenungeachtet Bernhard Bonmartin sich mit dem gleichen Anliegen meldete, erneuerte der Stadtrat jenen Beschluss bezüglich aller „ausser teutscher Nation" geborenen Personen und schloss er diese sogar vom Inwohnerrechte aus. Demgemäss erliess er im Jahre 1568 gegen mehrere Savoyer, welche bei einem „wälschen Doktor" sich aufhielten, ein Abschaffungsdekret. Am 8. Mai 1595 machte er dagegen dem Savoyer Michael Martignoy von Augstal in Anbetracht seines vorgerückten Alters und der Unwahrscheinlichkeit, dass er hier mehr einen Hausstand gründen werde, gegen Erlag einer Aufnahmstaxe von 300 Gulden das Zugeständnis, dass er in Bozen wohnen dürfe. Nachdem derselbe wider Erwarten sich mit einer Bürgerswitwe verehelicht und mit Rücksicht hierauf von der Aufnahmstaxe befreit zu werden gebeten hatte, widerrief zwar der Stadtrat die ihm erteilte Erlaubnis nicht, sondern verhielt er ihn im Jahre 1596 nur zur Bezahlung der Taxe; aber er verschwor es neuerdings, Savoyer zuzulassen. Den Ladinern aus dem Engadin gegenüber ward übrigens von jeher in diesem Punkte Nachsicht geübt. Dafür lag ihnen ob, die Stadt mit Schmalz aus ihrer Heimat zu versorgen, worüber unterm 9. Febr. 1565 mit ihnen ein förmlicher Vertrag geschlossen wurde, welchem im Jahre 1567 die Beschränkung ihres Aufenthaltsrechts auf zwei Familien (Gebrüder Gritti) folgte, denen, allerdings gegen Erfüllung jener Verpflichtung, ausser dem Wohnen in der Stadt nun auch „das Schuhflicken tolerando gestattet" wurde. Die Ausschliessung der übrigen vom Aufenthaltsrechte ward unterm 19. Dezember 1598 erneuert; allein streng wurde dieses Verbot nie gehandhabt, und man setzte sich sogar (mit Bewilligung der oberösterreichischen Regierung zu Innsbruck) im Jahre 1602 über das Calvinische Bekenntnis, dem die anwesenden Engadiner anhingen, hinweg (laut Sitzungsprotokoll von diesem Jahre, Bl. 4 u. 25). Auch späterhin blieben die protestantischen Schmalzhändler aus dem Engadin in Bozen unangefochten, so speziell die Handelshäuser Melcher und Bietti, welche noch im Jahre 1740 dort regelmässig ihre Geschäfte trieben (s. den „Generalauszug" der Stadtakten im B. Stdt.-A. Bl. 183a). Mehr im allgemeinen machte die Eingenommenheit gegen welsche Einbürgerungsversuche wieder der entgegengesetzten Gesinnung Platz, als der oben erwähnte Merkantilmagistrat zu wachsendem Ansehen gelangte und die „Matricola della Contrattatione delle Fiere di Bolgiano" zu einem Ehrenbuche wurde, auf welches die gesamte Bozener Bürgerschaft mit undeutschem Stolze blickte. Beim Jahre 1658 finden wir den Handelsmann Bernardin Giovanelli aus Gandino bei Bergamo in diese Matrikel eingetragen. Er eröffnet die Reihe der Italiener, welche hier in neuerer Zeit eine ähnliche Rolle spielten, wie sie im vierzehnten Jahrhundert mehreren Gliedern der Florentiner Familie Botsch auch daselbst zugefallen war, so namentlich dem Botzo de Bamborossis, welcher im Jahre 1342 den Bozener Zoll zu Lehen trug und im Jahre 1368 starb [1]).

---

[1]) Nach dem R. d. I. Sch.-A.s (IV, 108) hatte „Botsch, Zuanens Sohn von Florenz", 2 Zollstätten in Bozen durch Kauf an sich gebracht, welche Erwerbung

Bevor der neue Umschwung eintrat, führte hier das italienische Element ein so bescheidenes Dasein, dass selbst die Anwesenheit der Lehrmeister des berühmten Geigenmachers Jakob Stainer, Paolo und Mattia Albani, welche in die Zeit um 1640 fällt, ganz in Vergessenheit geraten konnte. — Was endlich die Zwölf Malgreien (so von den Gerichtsstätten genannt, deren alte Bezeichnung in späterer Zeit auch zur Bezeichnung von Gemeindeableilungen diente), bezw. die hier ansässigen oder wenigstens begüterten Italiener anbelangt, so machen sie von jeher nur einen verschwindend kleinen Teil ihrer hier wohnhaften Nationsgenossen aus (vgl. 12. 157, Note 13). Diese sind der Abkunft nach zumeist Fleimser. Einzelne, bei den Sägen in Partschon beschäftigte Arbeiter stammen aus der venetianischen Provinz Belluno.

VIII. Unteres Etschthal (zwischen Bozen und der Sprachgrenze).

Vom Politischen Bezirke (Umgebung) Bozen gehören hierher die Ortsgemeinden Deutschnofen und Leifers, erstere mit 95, letztere (bei einer Gesamtbevölkerung von 1292 Einwohnern) mit 380 Italienern; ferner die ganzen Gerichtsbezirke Neumarkt am linken und Kaltern am rechten Ufer der Etsch. Jener zählt 1526, dieser 637 Italiener. Von den einzelnen Ortsgemeinden schliessen sich Aldein mit 76, Montan mit 4 und Gfrill mit 10, als am Gebirgsabhange gelegen, an die Berggemeinde Deutschnofen; dagegen Branzoll mit 400 (neben 603 Deutschen), Auer mit 115 (neben 921 Deutschen), Neumarkt mit 301 (neben 1435 Deutschen) und Salurn mit 620 (neben 1310 Deutschen) der Reihe nach in der Niederung an Leifers, wovon bloss der Weiler Mazon ober Neumarkt und das Dorf Buchholz (ai Pochi) ober Salurn (dessen Zubehör es ist) vermöge ihrer erhöhten Lage eine Ausnahme machen. Im letztgenannten Dorfe halten sich Italiener (310) und Deutsche (336) fast das Gleichgewicht; ebenso im Dorfe Laag (Laghetto), welches eine Fraktion der Ortsgemeinde Neumarkt ist und neben 110 Deutschen 99 Italiener aufweist. Dagegen ist die Sprachgrenze gegen das Fleimserthal zu durch die an dessen Eingange gelegene Ortsgemeinde Montan mit nur 4 Italienern (neben 1095 Deutschen) scharf gekennzeichnet. Am linken Etschufer liegt dem Flusse zunächst die Ortsgemeinde Eppan mit bloss 66 Italienern (neben 4080 Deutschen). Dann folgen die Ortsgemeinden: Kaltern mit 57 (neben 3687 Deutschen), wovon auf das Unterdorf dieses Namens 32 entfallen, Tramin mit 31 (neben 1753 Deutschen), Kurtatsch mit 55 (neben 2043 Deutschen), Margreid mit 88 (neben

---

die Herzogin „Offmya" von Kärnten im Jahre 1348 bestätigte. Derselbe besass 5 Höfe auf dem Ritten, 5 in der Pfarre Bozen, weitere zu Rentsch, Schermas u. s. w. 698, Reg. 685, 755). Der oben erwähnte Bernardin Giovanelli war ein Sohn des um das Jahr 1583 aus Gandino in die Bozener Gegend eingewanderten Joseph Jounelli, der den Ansitz Gerstburg erwarb. Vgl. über diesen als reich gerühmten Kaufmann Hurter's Gesch. Ferdinands II., III. 126.

575 Deutschen) und Kurtinig mit 22 (neben 233 Deutschen). Durch einen Bergrücken von Kaltern abgesondert, erstreckt sich längs der Etsch die Ortsgemeinde **Pfatten**, wo 368 Italienern bloss 69 Deutsche gegenüberstehen, und hinter Margreid liegt gegen das Gebirge zu die Ortsgemeinde **Unter-Fenberg** (Favogna di sotto) mit 152 ausschliesslich deutschen Einwohnern, welche im Verein mit denen von Kurtinig hier die Sprachgrenze markieren.

Gesamtsumme des unteren Etschthales: 2038.

Hier nehmen wir kein successives Vorrücken wahr, sondern die Verbreitungsweise der Italiener gleicht da der Inselbildung und hat auch besondere örtliche Verhältnisse zur Voraussetzung. Vor allem sind es die der Sumpfluft ausgesetzten Gegenden und dann wieder die Lenden (Landungsplätze) an der Etsch, welche in Verbindung mit dem Holzstapel und mit der Zusammenstellung der Flösse jene Anziehungskraft übten. Die Schiffahrt auf der Etsch war von jeher eine den Italienern nicht nur erwünschte, sondern auch sehr geläufige Beschäftigung. Es gilt dies sowohl von den betreffenden Transportunternehmungen als von der unmittelbaren Besorgung der einzelnen Wasserfracht.

Die **Flosslend zu Branzoll** ging im Jahre 1424 durch Belehnung seitens des Trienter Bischofs von **Rudolf von Bellinzona** (dem bekannten Trientner Volkstribun) an Herzog Friedrich von Tirol über (Reg. d. I. Sch.-A.s, III, 295). Sie war also kurz vorher in italienischen Händen gewesen. Aus dem sechzehnten Jahrhundert liegen aber auch schon Belege dafür vor, dass „welsche Schiffleute“ im Befahren der Etsch mit Schiffen sich den deutschen überlegen zeigten. Der Verwalter der Landeshauptmannschaft an der Etsch, Ritter Simon Botsch, liess durch sie Proben machen, sowohl in Bezug auf die Bergfahrt zwischen Trient und Neumarkt als in Ansehung des Wassertransports zwischen Terlan und Neumarkt. Von ersteren Versuchen meldet er in einem Berichte an die Innsbrucker Hofkammer vom 23. Juni 1560, dass sie geglückt seien (Bibl. Tirol., Handschrift 1155, III., Bl. 185). Zu Anfang des siebzehnten Jahrhunderts finden wir den Holzhändler Joh. Baptist Someda von Claramonte unablässig bemüht, zwischen Siegmundskron und **Branzoll** eine regelmässige Schiffahrt einzurichten. Im Juli 1608 erregte es den Unwillen der Gutfertiger zu Bozen und vieler Besucher der hiesigen Märkte, dass der Vorgenannte mehrere Schiffsladungen sogar mit Benutzung des Eisackflusses direkt von Bozen weg nach Branzoll befördert und so die Landfrächter um Erwerb gebracht hatte. Ihm war es also gelungen, ein schon früher von einem Italiener namens Bonfiol entworfenes Projekt, zu dessen Beurteilung die Regierung einen Hydrauliker aus Bergamo und den Hofbaumeister Luccès entsendet hatte, zu verwirklichen (I. St.-A. „Missiven von Hof“, 1603, Bl. 192) [1]. In der „Floss-Ordnung“, welche

[1] **Deutsche** Etschschiffer, die derartiges angeregt oder dazu die Hand geboten hätten, scheint es gar nicht gegeben zu haben. Als Simon Botsch im Jahre 1560 die oben erwähnten Proben veranstaltete, bemühte sich die Innsbrucker Hofkammer, Inn-Schiffer, welche damit hätten in Konkurrenz treten mögen, auf-

Erzherzog Ferdinand von Tirol im Jahre 1584 zu Gunsten einer italienischen Handelsgesellschaft, die zu Sacco bei Rovereto ihren Sitz hatte, erliess, heisst es, dass dieser Gesellschaft seit „unfürdenklicher" Zeit das ausschliessliche Recht zustehe, von den Stapelplätzen Leifers, Branzoll und Enn (Montan) weg Merkantilholz auf der Etsch abwärts zu verführen. Dies geschah mittels der Flösse, auf welchen sodann Kaufmannswaren aller Art bis Verona gelangten. Ein Zwang, die letzteren der Saccoer Gesellschaft anzuvertrauen, bestand ursprünglich nicht; aber dieselbe wusste durch ihre Geschicklichkeit und Zudringlichkeit (wie es in einem Bericht des Bozener Merkantilmagistrats vom Jahre 1806 an die k. bayr. Regierung heisst) es dahin zu bringen, dass die Handelsleute mit geringer Ausnahme ihr die Güter zur Beförderung überliessen. Im Jahre 1664 schlossen die Bozener Marktinteressenten mit ihr einen förmlichen Vertrag darüber ab. Die Regierung aber erneuerte die „Floss-Ordnung" in den Jahren 1684, 1701 und 1711, wodurch sie dieser Gesellschaft mittelbar auch das Monopol des Holzhandels in jenen Gegenden einräumte, bis im Jahre 1744 deren Speditionsprivilegium sogar auf alle Kaufmannsgüter, die zwischen Branzoll und Verona abwärts gingen, ausgedehnt wurde. Es versteht sich von selbst, dass dieselbe allenthalben italienischer Faktoren und Arbeiter sich bediente, welche an den genannten Orten sich Unterkünfte mieteten oder eigene Häuser zu diesem Zwecke erbauten. In gesteigertem Masse geschah dies von der Zeit an, wo sie auch des sogen. Rodfuhrwerks zu Lande, welches stationenweise wechselte, sich bemächtigt hatte. So gab es im Jahre 1735 zu Branzoll 4 italienische Speditionsgeschäfte, welche den Landtransport leiteten, und zahllose Italiener fanden teils hier teils an den übrigen Landungsplätzen dauernde Beschäftigung.

Einiges scheint zu diesem Uebergewicht der italienischen Nationalität der Umstand beigetragen zu haben, dass zur Zeit, wo die später nach Bozen verlegten Jahrmärkte noch zu Neumarkt (in Burgo de Egna) abgehalten wurden, was bis ins dreizehnte Jahrhundert hinein geschah, am letztgenannten Orte viele romanische Kaufleute Häuser für Handelszwecke besassen (ad consuetudinem Domorum Mercatus Tridenti). Eine Urkunde vom 29. Juli 1222 (16. 54) führt die Namen der Betreffenden auf, welche (wie Bellina, uxor Venture, Omnibonus Caliari, Milanus, Petr. Cavicicius, Michelotus, Jacobus filius Barieli) keinen Zweifel über deren Nationalität lassen (72. 139). Was Salurn betrifft, so erscheint hier noch im Jahre 1201 ein Güterbesitzer de genere Romanorum (12. 130, Note 1). Die neuerliche Verwelschung dieses Orts schreibt man dem Herabkommen und Aussterben der vornehmen deutschen Familien zu, welche daselbst im achtzehnten Jahrhundert hausten. Es sind damit die Feigenpuz, Johanneser, Webern, Anderlan, Heinisch u. s. w. gemeint. Allein wenn dies wirklich der Fall, dann reicht jene Erscheinung schon in die Mitte des genannten Jahrhunderts

---

zutreiben. Allein auch diese überlegten lange, ob sie der Sache gewachsen wären, und der Unternehmendste lehnte es schliesslich ab, im Etschlande seinen Aufenthalt zu nehmen.

zurück; denn das Firmbuch der dortigen Pfarre enthält eine Seelenbeschreibung vom Jahre 1740 nach Häusern, von welchen damals schon viele vermietet waren und manche bereits Italiener (Nr. 6 v. Vescovi, Nr. 13 Graf Zenobio, Nr. 14 v. Vilos, Nr. 16 Sirard, Nr. 17 Tschudat, Nr. 24 Talloy, Nr. 28 Decleva) zu Besitzern hatten. Unter den Mietparteien befanden sich gleichfalls Italiener in grösserer Zahl, ebenso unter den Kolonen und unter der Dienerschaft. Im Hause des Karl v. Feigenpuz (Nr. 10) lebten nicht weniger als 17 Bedienstete, darunter ein Verwalter, der selbst adelig war, ein 80 Jahre alter Franzose (Louis Villedeneuf) aus der Normandie und 2 Italiener (Jos. Delladia, Dominik Casala). Auch im Laitenpergerschen Hause (Nr. 3) dienten neben 3 Deutschen 2 italienische Knechte. — Fassen wir die Gemeindefraktion Buchholz ins Auge, welche angeblich erst seit dem Ende des achtzehnten Jahrhunderts Italiener in ansehnlicher Menge beherbergt, so finden wir daselbst im Jahre 1749 von 21 Behausungen, welche damals den ganzen (jetzt deren 86 zählenden) Ort ausmachten, 13 in den Händen von Italienern. Den Johanneserhof z. B. hatte J. Giacomuzzi, den Fennerhof Matthias Saltuari inne; andere Höfe trugen schon von früher her Benennungen, welche alten italienischen Besitz verraten, wie Sardagna, Girardin, Gianin, Thomasi, Dalle Mulle, Gerardi, di Mattio (vgl. 12. 118, Note 1). Nach und nach gewann das italienische Element daselbst die Oberhand, was zur Folge hatte, dass diese Fraktion die Lostrennung von Salurn anstrebte, wie aus einer Eingabe vom 17. März 1840 erhellt, die zu längeren Verhandlungen geführt hat.

Nach Dr. Angerers Erhebungen vom Jahre 1880 (4. 25) gab es in Salurn mit Buchholz und 2 anderen Fraktionen (Karneid und Mühlen?) unter 70 Gewerbetreibenden 16, unter 386 Grundbesitzern 182 Italiener, und zwar hierunter sehr viele Auswärtige, d. h. nicht daselbst ansässige; ferner unter 307 Schulkindern 170 Italiener, von welchen bloss 91 der ansässigen Bevölkerung angehörten und 78 die (seit 1869 deutsche) Schule in Buchholz besuchten, deren Gesamtfrequenz 97 Kinder betrug. — Für die übrigen Ortsgemeinden am linken Etschufer, welche in der Thalsohle liegen, lieferten jene Erhebungen (4. 24) das nachstehende Ergebnis:

	Gewerbetreibende:	davon Italiener:	Grundbesitzer:	davon Italiener:	Schulkinder:	davon Italiener:
Leifers	48	0	213	23	265	152
Branzoll	10	8	120	57	179	152
Auer	45	4	225	13	138	34
Neumarkt	84	12	302	54	236	83.

Für die Ansiedelungsgeschichte der Italiener in der Gegend von Leifers ist ein Bericht der Innsbr. Regierung vom 25. August 1579 (I. St.-A., Ferdinandea) bezeichnend, wonach damals dem Franz Parthanis zu Bozen im Mose zwischen Auer und Leifers unter der St. Jakobskapelle (im Tschindter Reviere) Grundstücke im Ausmasse von 20 Joch zum Reisbau überlassen worden waren. Hierzu dienten auch diese Grundstücke fast ein Jahrhundert lang, bis sie nämlich durch Vertrag des Kamerarärars vom 20. Juni 1665 den Gemeinden Auer und Branzoll eingeantwortet wurden (I. St.-A., Kameralschatz-A., L. 56, Nr. 140). So wie der Reisbau daselbst ohne Zweifel durch Italiener betrieben wurde, so stand dieser Gegend damals weiterer Zuwachs an Italienern vermöge eines Anerbietens bevor, welches im Februar 1579 Dominik de Avanzinis aus Riva in Verbindung mit Rafael Markus aus Florenz und dem Trientner Bürger Christian Visentin dem genannten Erzherzoge machte. Danach sollten zu Bozen ein Seidenfilatorium, eine Färberei, Maulbeerplantagen und eine Wechselbank zur Korrespondenz mit ganz Italien und Deutschland errichtet werden. Der Bozner Stadtrat, welcher die angedeutete Wirkung vorhersah, sie jedoch vermieden wissen wollte, sprach sich unterm 6. März 1579 aufs entschiedenste gegen den Vorschlag aus, welcher darauf hin von der Regierung abgelehnt wurde. Aber einzelweise kamen Italiener gleichwohl als Seidenzüchter in diese Gegend, deren Sumpfluft ihnen weniger schadete als den Deutschen, obschon von ihnen so gut als von letzteren gilt, was der Arzt Hippolit Guarinoni in seinem 1610 gedruckten Buche „Gräuel der Verwüstung" (S. 423) sagt: die Bewohner von Auer, Neumarkt, Salurn, St. Michael seien „ein gar wenig aufgeschossen, bleyches, grawes, blödes vnd mehrertheils krankes Volk". Dass wir dabei speziell auch an Italiener zu denken haben, legt uns Martin Zeiller nahe, indem er, der im Juni 1629, von Trient kommend, diese Gegend durchreiste, in seinem „Itinerarium Germaniae" (S. 345) schreibt, „es gebe biss auf Pozen in den Dörffern noch alleweil welsche Leuth". Wer je als Fremder unter dieser Bevölkerung sich bewegte, hat gewiss die wachsgelben Gesichter der Weiber, welchen höchstens ein paar dunkle Augen lebhaften Ausdruck verleihen, die hageren Gestalten der Buben mit schlotternden Beinen und die ermüdet dreinschauenden Männer in der Erinnerung behalten.

Solche Typen sind da häufig geworden, seit die Sumpfflächen urbar gemacht wurden, was in der Bozner Stadtau (bei Leifers) vor etwa 50 Jahren seinen Anfang nahm (12. 110, Note 4). — Am jenseitigen Etschufer breitet sich die Ortsgemeinde Pfatten (Vadena) aus, wo man der nämlichen Erscheinung begegnet. Allerdings sind unter den hiesigen 200 Grundbesitzern bloss 24 Italiener, welche obendrein zumeist auswärts wohnen, weshalb auch von den 44, durchaus italienischen Schulkindern im Jahre 1880 bloss 4 der sesshaften Bevölkerung angehörten (4. 24); aber die Bearbeitung der Grundstücke daselbst ist, besonders im Dorfe Pfatten, nahezu ausschliesslich Italienern übertragen, und die anwesenden Gewerbetreibenden waren im Jahre 1880 sämtlich solche. Mit Recht nennt Dr. Augerer, dessen Angaben (4. 32) hier reproduziert werden, ganz Pfatten „eine grosse Arbeiterkolonie" und fügt er bei: „Ausser dem Gemeinde- und Bürgermeisterhause und einigen grossen Wohngebäuden italienischer Nobili, von der demütigen Bevölkerung ‚palazzi' genannt, findet man dort nur Arbeiterhütten mit halbverfallenen Treppen, zerrissenen Dächern und mit Papier verklebten Fensterscheiben." Dass man es aber da nicht mit einer Neubildung, sondern mit einer ins achtzehnte Jahrhundert zurückreichenden Kolonie zu thun hat, beweist das um 1795 angelegte „Catasto della Frazione di Pfatten". Damals schon war namentlich die Familie Tevini (jetzt zu Piglon ansässig) im Besitze vieler Grundstücke, welche in diesem Kataster verzeichnet sind, und von einem Teil derselben heisst es Bl. 49: „Diese Güter sind durch Stiftbrief vom 16. Juni 1714 dem Herrn v. Thanvinischen (Tevinischen) Fideikommiss einverleibt." In neuerer Zeit haben einzelne deutsche Bozener Familien, wie namentlich die v. Menz und Pfraumer, ihre hiesigen Besitzungen an Italiener, speziell an die Birti, überlassen, wodurch das italienische Element da gekräftigt und erweitert wurde. Indessen halten auch die deutschen Besitzer, welche hier begütert sind, durchgehends italienische Kolonen (Bauleute), und die durch jene Eigentumswechsel in italienische Hände geratenen Höfe — der Tedeschgen- oder Pellhamerhof, das Nikolo- oder Garnellenhaus, der Markolinhof — waren, wie aus diesen ihren Benennungen erhellt, schon vor Zeiten in solchen Händen. Aehnlich verhält es sich auch mit Kaltern (12. 121, Note 3; 133, Note 2), Tramin (12. 133, Note 2; 159, Note 19), Kurtatsch (s. ebenda), Margreid (s. ebenda) und Kurtinig (s. ebenda). Zu Tramin erklärte noch im Jahre 1381 eine Frau die Absicht „vivere secundum Curiam Romanam" (38. Reg. 1113). Um Kurtatsch besassen in den Jahren 1272—1283 die Ferandel von Trient Lehen, welche Nikolaus von Flavon ihnen übertragen hatte (38. Reg. 104, 129, 165). Den stärksten Anprall italienischer Begehrlichkeit hatte Kaltern zu bestehen, welches erst im Jahre 1681 das Trientner Statut mit der tirolischen Landesordnung vertauschte (55. 5. 124) und 50 Jahre zuvor noch in dem Masse für ein geeignetes Objekt derartiger Bewerbungen galt, dass der Kanzleibeamte Andrea Godino im Jahre 1634 mittels eines italienisch geschriebenen Gesuchs um die Stelle des hiesigen landesfürstlichen Pflegers anhielt. Bald darauf gelangte der Regierungssekretär Bonetti in den Besitz der Gegend, wo später die adeligen Ansitze Ringberg und Ehrenhausen sich erhoben (68. 2. 808). Am meisten vor derartigem gefeit war hinwider die Ortsgemeinde Eppan, bis in neuerer Zeit der Blosenhof an der nach Bozen führenden Strasse die Zufluchtsstätte italienischer Jesuiten wurde, (welche indessen rasch wieder denselben verliessen) und das Bedürfnis nach billigen Arbeitskräften auch hier italienischen Taglöhnerfamilien Eingang verschaffte. Dass der Trientner Domherr Jakob de Banissis, welcher im Jahre 1518 Pfarrer von Eppan war, diesem Orte einen gelehrten Schulmeister zudachte (A. f. Gesch. u. Altertumsk. Tirols, II. 368), hat vielleicht die Einführung italienischen Unterrichts bezweckt, war jedoch von keiner nachweisbaren Wirkung. Ebenso wenig hat es den deutschen Charakter der Ortsgemeinde Fenberg alteriert, dass im oberen Teile derselben mehrere Höfe Eigentum des Grundbesitzers Joh. Zadra von Mezzolombardo wurden.

Nicht einmal die im Jahre 1774 begonnene Trockenlegung der Sümpfe bei Tramin hat auf die Bevölkerungsverhältnisse der Gegend zwischen diesem Markte und dem Kalterer See einen wesentlichen Einfluss geübt. Zwar sank dadurch der Spiegel des Sees, während auf der entsumpften Fläche viele tausend Maulbeerbäume gepflanzt wurden, deren Lauberträgnis Peter von Unterrichter im Jahre 1829 auf 6000—7000 Stärke schätzte. Gerade aber die hierauf basierte Zucht der Seidenwürmer hielt hier Italiener fest, welche sonst bei verbessertem Klima

Deutschen hätten weichen müssen. Und darunter mögen Familien sich befunden haben, deren Voreltern des Reisbaues wegen hierher berufen wurden, von welcher um das Jahr 1680 in der Traminer Gegend betriebenen Kultur das von Botanikern beobachtete Vorkommen der Reispflanze in derselben noch jetzt Zeugnis ablegt. Wie, von Pfatten abgesehen, die Dinge am rechten Etschufer jetzt liegen, veranschaulicht nachstehende, den Aufzeichnungen Dr. Angerers (4. 23—25) entlehnte Uebersicht:

	Gewerbetreibende:	darunter Italiener:	Grundbesitzer:	darunter Italiener:	Schulkinder:	darunter Italiener:
Eppan	160	4	1144	6 [1])	570	21 [3])
Kaltern	138	5	1300	30 [2])	420	1
Tramin	65	3	1200	8 [1])	sämtlich	deutsch
Kurtatsch	78	1	747	6 [1])	290	10
Margreid	27	4	97	6	112	11
Kurtinig	5	2	113	21	55	2.

Damit müssen freilich die durch die letzte Volkszählung gewonnenen, oben mitgeteilten Zahlen verglichen werden.

B. Deutsche unter Romanen.

I. Das Gebiet der Dolomiten.

(Die Thäler Eneberg, Gröden, Buchenstein, Ampezzo, Fassa, Fleims, Cembra und Primör.)

Dieses am weitesten gegen Norden gelegene romanische, und zwar mit geringerer Ausnahme ladinische Sprachgebiet, begreift in sich: vom Politischen Bezirke Bozen (Gericht Kastelruth) die Ortsgemeinden St. Ulrich mit 170 Deutschen neben 1090 Romanen, St. Christina mit 76 Deutschen neben 775 Romanen, und Wolkenstein (mit 12 Deutschen neben 804 Romanen) nebst den Kastelruther Gemeindefraktionen Pufels (5 Deutsche, 137 Romanen), Runggaditsch (4 Deutsche, 224 Romanen) und Ueberwasser (28 Deutsche, 238 Romanen). Diese im Grödnerthale gelegenen Oertlichkeiten hatten also bei der letzten Volkszählung 3358 Romanen und bloss 134 Deutsche zu Bewohnern.

Vom Politischen Bezirke Brunek gehört hierher der Gerichtsbezirk Eneberg (ladinisch Marèo, italienisch Marebbe) mit bloss 69 Deutschen unter 5464 Ladinern. Davon entfallen auf die Ortsgemeinde dieses Namens 58 und hiervon auf den eine Fraktion derselben bildenden Gerichtssitz St. Vigil 46. Ausserdem wurden in der Fraktion Plaiken 7 und in der weit zerstreuten Ortsgemeinde Abtei (Badia) gleichfalls 7 Deutsche angetroffen. Das Ampezzothal, so-

[1]) Zum Teil verdeutscht.
[2]) Sämtlich verdeutscht.
[3]) Zur Mehrzahl Angehörige von Taglöhnerfamilien.

weit es hier überhaupt in Betracht kommt, ist identisch mit dem Gerichtsbezirke Ampezzo, dessen 248 deutsche Bewohner, 52 ausgenommen, auf Rechnung der Militärgarnison zu Cortina zu setzen sind. Er und der Gerichtsbezirk (Thal) Buchenstein (Livinallongo), welcher im ganzen nur 9 Deutsche — 6 zu Arabba, 3 zu Colle Sta. Lucia — aufweist, machen zusammen den Politischen Bezirk Ampezzo (Hayden) aus, wo 6024 Romanen den 257 Deutchen gegenüberstehen. Die Thäler Fassa und Fleims entsprechen dem Politischen Bezirke Cavalese, dessen 2 Gerichtsbezirke sich mit den betreffenden Thalgebieten decken. Im Gerichtsbezirk Cavalese (Fleimserthal) gibt es von alters her 2 grösstenteils deutsche Ortsgemeinden, welche freilich an dessen nordwestlichem Grenzsaume und somit auch in der nächsten Nachbarschaft des vorwiegend deutschen (unteren) Etschthales liegen, nämlich: Altrei (Anterivo) mit 430 Deutschen neben 89 Romanen, und Truden (Trodena) mit 481 Deutschen neben 21 Romanen. Im Markte Cavalese wurden 180 Deutsche (neben 1959 Romanen), im Dorfe Predazzo 132 Deutsche (neben 2911 Romanen) gezählt; das waren aber hier bis auf 22 und dort bis auf 60 durchwegs Soldaten. Die Gesamtsumme der im Gerichtsbezirke Cavalese verzeichneten Deutschen beträgt 1230. Wenn man von jenen 2 deutschen Ortsgemeinden und vom Militär absieht, gab es also im ganzen von 17010 Romanen bewohnten Fleimserthale bloss 101 Personen, die sich zur deutschen Umgangssprache bekannten. Von diesen lebten 3 zu Moena, 4 zu Tesero, 2 zu Bosin (Ortsgemeinde Ziano) und 1 im Dorfe Castello. Der Gerichtsbezirk Fassa aber zählte nur ihrer 6. Gleiches gilt vom Gerichtsbezirk Cembra, einem Bestandteile des Politischen Bezirks Trient, und vom Politischen (zugleich Gerichts-)Bezirk Primör (Primiero). Die 3 letztgenannten Gerichtsbezirke mit einer einheimischen Gesamtbevölkerung von 23971 weisen also zusammen nur 18 (einheimische) Deutsche auf.

Gesamtsumme des Dolomiten-Gebietes: 1708 Deutsche (neben 32450 Romanen).

Das Thal Eneberg hat sich, von einzelnen Adelsfamilien abgesehen, welche, wie die Rinkwein, Rost, Prack, Rubatscher, Engelmar und Kolz, sich daselbst Ansitze erbauten (Resch, Monum. veter. Eccles. Brixinensis, Brix. 1765, pag. 61), nie der deutschen Einwanderung erschlossen. Aber von der Gerichtssprache sagt Jos. Th. Haller (30. 57): sie „ist und war von jeher die deutsche". Derselbe versichert auch, dass das männliche Geschlecht dieser Sprache grösstenteils hinreichend kundig sei, dass sie des Verkehrs mit den benachbarten deutschen Gegenden halber für unentbehrlich gelte und deshalb die Knaben gewöhnlich schon in frühester Jugend als Hirten in deutsche Orte verschickt werden. Seit die Volksschulen in Tirol allgemeiner geworden, nehmen derlei ladinische Knaben dort, wo sie zur Erlernung des Deutschen sich aufhalten, auch an dem Schulunterrichte teil, und viele aus ihnen haben schon zum Besuche von Mittelschulen sich emporgeschwungen (12. 159, Note 22).

Aus früherer Zeit sind Eneberger bekannt, welche mit Hilfe der deutschen Sprache zu hohen Staatsämtern gelangten, wie namentlich die Hofräte Joh. Baptist Rinna, geboren zu Soracanins, und Anton Kassian Turneretscher, vom Familiensitze Turneretsch zu Welsch-Ellen so genannt. Allein die Verfügung, dass auch an den Volkschulen des Thales in deutscher Sprache unterrichtet werde, hat dort Kundgebungen eines Widerstandes hervorgerufen, welcher auf die Abneigung des dabei beteiligten Klerus, sich mit dieser Sprache näher zu befassen, zurückzuführen ist. Der letztere gibt nämlich der italienischen Sprache, in welcher er eine veredelte Form der ladinischen erblickt, den Vorzug. Die bäuerliche Bevölkerung des Thales dagegen erklärte sich anfangs mit jener Verfügung vollkommen einverstanden. Siehe den Aufsatz „Die Sprachenfrage in den ladinischen Volksschulen" in Nr. 10 des „Tiroler Schulblatts" vom Jahre 1876 und die polemische Erörterung „Wohin gehört die ladinische Volkssprache im Gaderthale?" in Nr. 104 des „Boten für Tirol und Vorarlberg" vom Jahre 1876 (Extrabeilage). Wie wenig die Italiener des Mittelalters von nationaler Verwandtschaft zu den Ladinern Enebergs sich hingezogen fühlten, lehrt das Beispiel des Nikolaus von Prack, der, als er um das Jahr 1308 aus Verona in dieses Thal flüchtete, noch den italienischen Familiennamen Cane trug, jedoch bei Gründung des Ansitzes Asch nichts Eiligeres zu thun hatte, als denselben ins Deutsche zu übersetzen (Stephan v. Mayrhofen, handschriftl. Genealogien a. a. O., Art. „Prack"). Die Ladiner des Thales Gröden zeigten sich gleichfalls bis in die neueste Zeit herauf geneigt, mit Hilfe der deutschen Sprache deutsche Bildung sich anzueignen. Die Insassen der Kuratie St. Ulrich bedungen sich unterm 10. März 1513 beim Pfarrer von Lajen, dass er ihnen stets nur einen auch der deutschen Sprache kundigen Priester als Seelsorger sende (61. 11). Aber die Verfügung der kompetenten Schulbehörde, dass in Zukunft der Unterricht in den dortigen Volksschulen ausschliesslich in deutscher Sprache erteilt werde, hat die Thalbevölkerung unangenehm berührt und Gegenvorstellungen veranlasst (siehe die Erklärung der 3 Gemeindevorsteher des Thales in der Extrabeil. zu Nr. 30 des „Boten f. Tirol u. Vorarlberg" von 1882). Vom Thale Buchenstein ist zwar bekannt, dass es wiederholt deutschen Gerichtsherren gehorchte (68. 2. 506). Auch galt hier ein dem Wesen seines Inhalts wie dem Wortlaute nach deutsches Statut (55. 5. 123). Aber der deutschen Sprache hat sich die hiesige Bevölkerung dessenungeachtet nie zugewendet, noch haben je Deutsche dieses abgelegene Thal aus freien Stücken sich zum Aufenthalt gewählt. Nur als Beamte und als Finanzwachorgane haben solche zeitweilig hier gewohnt.

Anders verhält es sich mit dem Fassathale, für welches der Brixener Fürstbischof unterm 20. Oktober 1550, als Martin Roymont zu Payersberg hier sein Hauptmann war, eine Gerichtsordnung erliess; der Artikel 17 bestimmt, dass von den 4 Rednern oder Gerichtsbeiständen jederzeit 2 der deutschen Sprache kundig zu sein hätten, was kaum verordnet worden wäre, wenn nicht inmitten der Thalbevölkerung damals ein Bedürfnis darnach bestanden haben würde. Und in der That war damals unter den Geschworenen des Gerichts Fassa ein Sebastian Mayr, so wie einer der bereits fungierenden Redner Baptist Gottschalk hiess (Bote f. Tirol u. Vorarlberg, Jahrg. 1836, Nr. 73 ff.). Wahrscheinlich haben die deutschen Amtsleute der Brixner Bischöfe: 1451 Joh. Mühlberger, 1490 Leonhard Völser, 1534 Stephan Larcher (53. 2. 186, 187) die Voraussetzungen dafür begünstigt. Seit der Säkularisation des Fürstentums Brixen (1803) gehört das Thal ohne Unterbrechung grösseren Verwaltungsverbänden an, für welche die italienische Sprache Amtssprache war und ist; daher kam auch die deutsche hier ganz ausser Gebrauch.

Vom Fleimserthale darf gleichfalls behauptet werden, dass daselbst zu Anfang und um die Mitte des sechzehnten Jahrhunderts Deutsche in grösserer Anzahl lebten[1]) oder mindestens die deutsche Sprache hier verbreitet war, was namentlich vom Hauptorte Cavalese gilt (12. 112, Note 1). Einzelne Worte der Thalsprache, wie: arnese für Harnisch, schiera für Schar, fodera für Futter, tasia für Tasche, stanga für Stange, weisen auf noch ältere germanische Einflüsse hin, und die Agrarverfassung des Thales trägt, namentlich was die Nutzungsrechte an den Alpen betrifft, Merkmale davon, deren Ursprung vielleicht in die Langobardenzeit zurückreicht.

Bis zum Jahre 1839 wechselten sämtliche Alpen (Almen) und sonstige Triften, welche in einer bestimmten Gebirgshöhe liegen, von 4 zu 4 Jahren zwischen 4 Gruppen von Thalgemeinden, welche Quartieri hiessen und im Jahre 1654 gebildet worden waren, um das sogen. Rotieren zwischen den einzelnen Nutzungsberechtigten zu vereinfachen. Im erstgenannten Jahre wurden jene Flächen versuchsweise unter die 11 Gemeinden des Thales zur bleibenden Nutzniessung aufgeteilt, und da während der folgenden 10 Jahre kein Einspruch dagegen erhoben ward, gewann diese neue Einrichtung im Jahre 1848 feste Gestalt. Aber das Eigentum daran steht noch immer wie vor einem Jahrtausende der „Generalgemeinde Fleims" (communità generale di Fiemme) zu, welche die 11 Thalgemeinden in sich begreift. (Den Ausschuss derselben bilden die Vorsteher letzterer unter einem von ihnen entweder aus ihrer Mitte oder sonst aus der Thalbevölkerung gewählten Präsidenten: Scario). Sie kommt jetzt nur mehr als Vermögensgemeinde in Betracht. Aber vor Zeiten hatte der Vorsteher des ganzen Thales grosse Befugnisse und wählten ihn die Regolani der 26 Dörfer, in welche das Thal damals zerfiel, mit dem Beistande besonderer Wahlmänner, die von den Stimmberechtigten der 3 Quartieri, denen der regierende Scario nicht angehörte, dazu entsendet wurden. Der ganze Wahlvorgang trug allerdings mehr ein romanisches als ein germanisches Gepräge (so wurde z. B. der Gewählte unter dem Schalle der grossen Glocke „al Banco della Ragione" proklamiert, und es fand eine Vorwahl der Kandidaten statt, unter welchen dann die Gesamtheit der Wähler zu wählen hatte); allein es ist nicht zu ermitteln, ob ihm ein uraltes Herkommen oder nicht vielmehr die zu Anfang des sechzehnten Jahrhunderts im italienischen Geiste ersonnene Reform des Fleimser Gemeindewesens zu Grunde lag. Am Eingange des Thales (zu Capriana,

[1]) Aus einer deutsch geschriebenen Eingabe der Trientner Bürgerschaft vom Jahre 1431 (im landschaftl. Archiv zu Innsbruck, Uchältnis V. 19.3) erhellt, dass damals der Priester Rudolph aus Sachsen Pfarrer im Fleimserthale war.

Val Floriana und Stramentizza) galt bis zum Jahre 1777 die deutsche Bauernerbfolge so gut wie noch später in den deutschen Gemeinden Truden und Altrei (93. 1. 251, Note 49). Zur Auffrischung deutschen Wesens hat da gewiss beigetragen, dass im Jahre 1766 zur Verhinderung des Wein- und Branntweinschmuggels deutsche Invaliden ins Thal gelegt wurden, und dass im folgenden Jahre (1767) die Geschäftsfirma „Stabinger und Weber“ zu Castello eine Glasfabrik errichtete. Späterhin waren Gerichts- und Forstbeamte die einzigen Repräsentanten desselben. Im Cembra-(Zimber-)thale hat diese Einwirkung kaum Platz gegriffen oder höchstens in sehr alter Zeit bestanden, als noch die Herren von Rottenburg Lehenträger der Herrschaft Segonzano waren. Nichtsdestoweniger scheint es auch hier einst Deutsche gegeben zu haben. Denn um das Jahr 1412 war Joh. Zeiss aus Bopfingen in Schwaben (16. 284) und 1521—1533 J. Chr. Naglbeck Pfarrer von Cembra (16. 297)[1]. Seit dem 20. September 1535, wo der Trientner Fürstbischof die vorgenannte Herrschaft der freiherrlichen Familie Prato verlieh, verblieb sie bei dieser Familie bis zum 18. Juni 1821, wo dieselbe auf die Gerichtsbarkeit Verzicht leistete (3. 112). Ebenso war das kleine Gericht Grumes (Grumeis) lange ein Lehenbesitz der Herren v. Barbi, bis im Jahre 1785 der Dynast von Königsberg, Graf Zenobio, dasselbe an sich brachte. Seine Verfassung war damals schon durchaus italienisch, und seine Vereinigung mit der Herrschaft Königsberg änderte hieran nichts (Bibl. Tirol., Handschr. 1294, III). Dass das Cembrathal eine Zeit hindurch Raststation der Cimbern gewesen, welche das Gebirge im Rücken von Verona und Vicenza besetzten, ist zwar mehrseitig behauptet worden, doch fehlt es an Beweisen dafür. Schulen mit deutscher Unterrichtssprache gibt es zwar nur in den deutschen Berggemeinden Truden und Altrei; doch für Unterricht im Deutschen ist nunmehr auch zu Malina, Dajano, Varena, Cavalese, Masi, Tesero, Ziano, Predazzo, Penia, Pozza, Perra, Campitello, Canazei und Alba gesorgt (die letztgenannten 6 Orte gehören zum Gerichtsbezirk Fassa, die übrigen zum Gerichtsbezirk Cavalese). — Je spärlicher die Spuren des Deutschtums gegen die Mündung des Avisio in die Etsch zu werden, desto reichlicher sind sie für einen bestimmten Zeitabschnitt in der Geschichte des Thales Primör zu finden. Während dessen Statut vom Jahre 1376, ungeachtet das Thal kurz vorher unter österreichische Herrschaft gekommen war, mit Genehmigung des Bonifaz de Lupis di Parma, der damals als Kapitän des Castell della Pietra di Primiero die Podestàwürde im Thale bekleidete, ins Leben trat (55. 8. 79), also damals der deutsche Einfluss dort sicher noch gering war, belebten es gegen Ende des fünfzehnten Jahrhunderts deutsche Bergknappen, die im Dienste deutscher Unternehmer und unter der Obhut deutscher Bergrichter standen. Den Akten des Innsb. Statth.-Archivs ist darüber folgendes zu entnehmen: Am 18. Dezember 1477 erliess Erzherzog

[1] Vielleicht hängt das Vorkommen einer deutschen Bevölkerung um Cembra mit den Berggruben zusammen, welche laut einem im Jahre 1480 für die Unternehmer ausgestellten Freibriefe des Herzogs Siegmund von Tirol zu „Wayd ab Fungsberg“ im Gerichte Königsberg sich befanden (93. 1. 126). Wayd ist wohl Faedo, östlich von Welsch-Michael.

Siegmund von Tirol eine Bergordnung für das „neuerfundene" Bergwerk in Primör; 9 Jahre später grub hier Anton v. Rost auf Bleierze, die er jedoch der Entlegenheit des Thales halber ins Ausland abzusetzen gezwungen war, und im Jahre 1482 wurde die laufende Steuer darauf um die Hälfte herabgesetzt, was auf ungünstige Betriebsverhältnisse hindeutet. Trotzdem war damals das deutsche Element in Primör so stark, dass die Thalbevölkerung im Jahre 1486 zum Tiroler Landtag einen deutschen Abgeordneten (Hans Almer von Mezzano) entsendete, ein Michael Wettinger Wahlmann war und die Wahl unter der Leitung des Gerichtsverwesers Leonhard Eckhart von „Wyenn an der Leyt (sic!)" vor sich ging. In den Jahren 1490—1493 klagt der hiesige Bergrichter Ochsenfurter über schlechte Erzgewinnung, und im letztgenannten Jahre scheint es daselbst zu einem Aufstande der Knappen gekommen zu sein. Denn die Chronik des Haller Salzamts berichtet zu diesem Jahre: „Ist der Zug ins Primör beschehen der Aerztknappen halber daselbs." Es hängt wohl damit zusammen, dass das Gericht Primör auf dem Tiroler Landtage von 1496 durch 2 Italiener (den Peter Marcoli und den Bartolom Francischinelli) vertreten war (II. 155). Bald jedoch hob sich wieder der Grubenbetrieb. Eine landesfürstliche Konzession vom 4. Juli 1511 begünstigte die Gewerke am Gümbsberge in Primör. In diese Zeit fällt die Existenz eines „Teutschhofs" in Primör, welchen Leonhard Feyrabend dem Kaiser zur Tilgung einer Schuld abtrat und von diesem als Zinsgut zurückerhielt. Ein Bürger von Hall im Innthale übernahm als Vormund der Kinder jenes früheren Besitzers die Bewirtschaftung des Hofes und nahm daselbst seinen Aufenthalt. Bald darauf (1522) meldete sich ein Italiener, Kaspar de Johann (?) aus Ferrara, mit dem Anerbieten, diesen Hof, welcher offenbar den Mittelpunkt des Deutschtums in Primör bildete, durch Kauf zu erwerben; er wolle, erklärte er, wenn man ihm denselben unter leichten Bedingungen überliesse, sich „haushäblich" da niederlassen und den Bergbau betreiben. Den Vermittler machte Matthias Paumgartner in Primör. Und in der That trug ein Befehl der Innsbrucker Hofkammer vom 9. Oktober 1522 den landesfürstlichen Beamten dortselbst auf, dem Angebote zu willfahren. Das Jahr zuvor hatte Hans Ketzer aus Augsburg den Hof samt Zugehör aus dem Nachlasse des Berchtold Feyrabend erstanden. Damals ging das dortige Bergrichteramt von Siegmund Göbl an Leonhard den Vingerl über und war Siegmund Schöchtl landesfürstlicher Pfleger zu Primör. Noch einmal flackerte deutscher Unternehmungsgeist daselbst auf. Der Augsburger Bürger Sebastian Wurmb liess sich und mehrere Mitgewerke im Jahre 1544 mit einer Grube zu Raganel belehnen. Aber schon hatten italienische Holzhändler da Eingang gefunden, und der steigende Preis des Holzes hemmte den Bergwerksbetrieb. Im Jahre 1548 befasste sich mit diesem Geschäfte Dr. Simon Fedricola, 1603 der durch seine Schiffahrtsprojekte bekannte Joh. Baptist Someda, 1639 eine Gesellschaft, deren Hauptteilnehmer Petricelli, Angeli und Macarini hiessen. Inzwischen (2. Januar 1568) hatte sich Erzherzog Ferdinand von Tirol bestimmt gefunden, das silberhaltige Bergwerk in Primör dem Simon Botsch und dessen (zwar nicht genannten, aber ohne Zweifel italienischen)

„Mitverwandten“ unter der Bedingung zu verleihen, dass sie alle Erzeugnisse desselben ins Venetianische absetzen. Diese Verleihung bedeutet wohl das Erlöschen des Deutschtums in Primör, an das übrigens noch gegenwärtig verschiedene Oertlichkeitsnamen dort erinnern, wie z. B. die zum Dorfe Tonadico gehörigen Einzelhöfe Strosser, Belzer und Nichene, der Weiler Calderer, die Berge Arzon (Erz), Spiazzi (Spitz), Calaita (Kahle Leithe), die Alpen Grugola und Loch u. s. w. [1]). Wenn ja die eine oder andere deutsche Knappenfamilie die erwähnten Besitzwechsel überdauerte, so wich sie später den Bergamasken, deren die Pächter der Primörer Eisengruben sich bei deren Bearbeitung zu bedienen pflegten.

II. Nons- und Sulzberg.

Hierher gehören vom Politischen Bezirke Trient die meisten Ortsgemeinden des Gerichtsbezirks Mezzolombardo (mit 9484 Romanen), in welchen aber bloss 2 Deutsche angetroffen wurden, und der ganze Politische Bezirk Cles mit 1899 Deutschen (neben 47 595 Romanen). Von diesen entfallen aber auf den Gerichtsbezirk Malè (den Sulzberg) bloss 6, davon 3 auf das Dorf Malè, den Sitz des Gerichts. Die übrigen wohnen im Hintergrunde des Nonsberges, wo sie ganze Ortsgemeinden bilden, dann in der Nähe dieser und im Markte Cles, dessen 245 Deutsche übrigens zumeist (nämlich 224) als Soldaten kein ständiges Bevölkerungselement sind. Von den deutschen Ortsgemeinden gehört das Dorf Proveis, 430 Deutsche neben 99 Romanen, zum Gerichtsbezirk Cles, welcher auch die nahe dabei gelegene Ortsgemeinde Rumo mit 16 Deutschen (neben 1321 Romanen) in sich schliesst. Drei andere deutsche Ortsgemeinden: St. Felix, 320 Deutsche neben 4 Romanen, Laurein (Lauregno), 491 Deutsche neben 10 Romanen, und Frauenwald (Senale), 348 Deutsche neben 8 Romanen, sind Bestandteile des Gerichtsbezirks Fondo, in welchem ausserdem am Gerichtssitze (Fondo) 7, zu Cavareno 3, zu Romeno 2 und zu Ruffrè 12 konskribiert wurden. Ausschliesslich deutsch ist die Sinablann benannte Fraktion von Laurein und, mit Ausnahme einer einzigen Person, deutsch die Malgasott benannte Fraktion von Frauenwald, sowie die ebendahin zuständige Fraktion Unterau.

Gesamtsumme des Nons- und Sulzberges: 1901 Deutsche (neben 57 070 Romanen).

Ueber die Entstehung und den Bestand der genannten 4 deutschen Ortsgemeinden des Nonsberges gibt das im Litteraturverzeichnisse unter 79 aufgeführte Werk (I. 831 ff.) die besten Aufschlüsse. Sie gelten

[1]) Montebello (46. 439. 445) bezeichnet die vielen deutschen Bergknappen, welche um 1480 in Primör anwesend waren, als die Gründer des Hauptorts Fiera di Primiero und meldet, dass zu seiner Zeit (Ende des achtzehnten Jahrhunderts) die Wappenschilde der vornehmsten Gewerke in der Pfarrkirche zu Pieve hingen. Er nennt als solche die Römer von Maretsch (aus welcher Bozener Familie 1555 Jakob Hauptmann in Primör war), die Brandis, die Huest (Rost), Sweis (Weiss?), Woest (?), Neyent (Neydeck?).

im allgemeinen für Ableger der benachbarten Gemeinden des Ultenthales und der Gemeinde Tisens im Hauptthale der Etsch. Nur von den Proveisern und Laurengern wird behauptet, dass unter ihnen viele Nachkommen von Bergknappen leben, welche aus entfernteren Gegenden herbeikamen. Dieser Beimischung wird die von der Sprechweise der beiden anderen Gemeinden abweichende Mundart und der verschiedene Körperhabitus der vorgenannten Gemeindegenossen zugeschrieben. Die italienische Bevölkerung des Nonsberges belegt alle Einwohner der „Deutschgegend", wie diese ihre Wohnsitze selbst nennen, mit dem Gattungsnamen Cnosseri, was soviel als Bergknappen bedeuten soll. Einst war jedoch das Wohngebiet der Deutschen im heutigen Gerichtsbezirke Fondo und auch im Val Somargine, dessen westliche Abzweigung das Val di Rumo ist (während in der östlichen die Gemeinde Proveis sich erstreckt), weit ausgedehnter. Davon gibt nicht nur der Weiler Placeri (Platzer) im Val di Rumo, sondern geben auch bäuerliche Familiennamen, wie Larcher zu Cavareno, Graif zu Romeno, Smelzer zu Marzena (Ortsgemeinde Rumo), Conter zu Livó, Frank zu Cloz, Blasinger zu Fondo, Nessler zu Malosco bei Fondo u. s. w. ein beredtes Zeugnis. Die von jeher deutsche Pfarre Proveis wurde in älterer Zeit wiederholt durch Seelsorger versehen, welche aus Rumo, Cloz und Fondo gebürtig waren; ebenso wurde die St. Christophskapelle in der Gemeinde St. Felix einst von Sarnonico aus besorgt, gehörte einst die ganze Gemeinde Proveis zur Pfarre Rumo, und gibt es noch jetzt deutsche Bauernhöfe im Sprengel der Pfarren Brez und Revò. Zu Dambel, das im Jahre 1480 ein Besitztum der später gegraften Familie Fuchs war, wurden noch vor kurzem deutsche Gebräuche beobachtet (53. 2. 207).

Auf dem Schlosse Fondo residierten in älterer und neuerer Zeit deutsche Machthaber, so um das Jahr 1400 ein Burgherr Namens Eisenhöver, wider dessen Gewaltthaten die Unterthanen des Schlosses sich damals beim Landesfürsten in deutscher Sprache [1]) beschwerten (Primisser's Kollektaneen in der Bibl. Tirol., Handschrift 253 — alte Signat. — Urk. 151) und im Jahre 1630 der Pfleger Jakob v. Heufler (70. 1. 758). Unweit Sarnonico steht die Ruine Mohrenberg, einst der Sitz der gleichnamigen verdeutschten Familie, die sich durch kirchliche Stiftungen verewigt hat. Darüber hinaus liegt am Rande des Mendelgebirges die Ortsgemeinde Ruffrè (Rufredo), die Heimat des 1764 in hohem Ansehen verstorbenen Wiener Bürgermeisters Pet. Jos. Kofler (41. 98) und noch heutzutage der Standort einer Schule, in welcher die deutsche Sprache gepflegt wird. Von der gräflichen Familie Arz, deren gleichnamiges Stammschloss einst das Val di Rumo

---

[1]) Dass der Gebrauch dieser Sprache nicht etwa nur das Werk eines Schreibers, sondern den damaligen Bewohnern von Fondo selbst geläufig war, ergibt sich mit grosser Wahrscheinlichkeit aus einer gleichzeitigen Urkunde, die im „Archivio Trentino" (II. Bd., S. 254) abgedruckt ist. Eine im Jahre 1402 dem Trientner Bischof Georg von der Gemeinde Fondo (Communitas villae Fondi) überreichte Bittschrift um Bestätigung ihrer alten Statuten trägt nämlich die Unterschrift folgender Syndiker: Georg, Sohn des Bolt; Florius, Sohn des Julianus; Hendrich, genannt Robmar, Sohn des Baudin.

behütete, ist zwar, dass sie deutschen Ursprungs, nicht in dem Masse gewiss, wie von der Familie Spaur, dem ehemaligen Grafengeschlechte Flavon (über dessen Anfänge Alb. Jäger in seiner „Geschichte der landständischen Verfassung Tirols", I. Bd., S. 186 sich in diesem Sinne geäussert hat); allein sie und die Mehrzahl der übrigen Dynastengeschlechter des Nonsberges haben die deutsche Abkunft eigentlich nie verläugnet, wenn schon in neuester Zeit und im siebzehnten Jahrhunderte einzelne Angehörige derselben zur italienischen Nationalität sich bekannten [1]). Das zeigt schon ihr ununterbrochenes Erscheinen auf den Tiroler Landtagen, wo übrigens auch Edelleute aus dem Sulzberge von Zeit zu Zeit sich einfanden, welche man als Deutsche bezeichnen darf. Speziell gilt dies von der im sechzehnten Jahrhunderte aus Schwaben eingewanderten Familie Heydorf, welche auf dem Schlosse Ossana hauste (41. 134), dann von Besitzern des Ansitzes Freienthurm zu Terzolas, dessen deutscher Name schon auf seine Erbauung durch eine deutsche Familie hinweist. Allerdings wanderten auch italienische Familien in den Nons- und Sulzberg ein; so (nach Stephan v. Mayrhofen's handschriftl. Genealogie) die Concini aus dem Mailändischen um das Jahr 1375 nach Casöcz und Tuenno, die Gentili aus der Mark Ancona um 1390 nach Denno und Nano, die Migazzi aus dem Valtelin um 1420 nach Cogolo. Aber auch sie unterlagen damals beim Verkehre mit dem schon vorhandenen deutschen Adel der Germanisation. (Vgl. unten die Note auf S. 451.)

War ja doch der Haushalt auf manchen Schlössern des Nonsberges im fünfzehnten Jahrhunderte durch und durch deutsch, sogar mit Einschluss der Burgwächter! Als ein durch Einzelheiten beglaubigtes Beispiel sei hier das Schloss Alt-Spaur genannt, welches von 1307—1450 im Besitze der Familie Reifer und um das Jahr 1460 der Schauplatz ehelicher Zerwürfnisse war, bei deren Schilderung der Innsbrucker Archivar Dr. David Schönherr (s. dessen Schrift „Aus dem Leben des Ritters Christoph Reifer von Alt-Spaur etc.", Innsbruck 1882, S. 22) uns bekannt macht mit einem Schlosskaplan Jakob Ellenhofer von Kaufbeuern, mit den Knechten (Gereisigen) Haimhauser aus München, Brunner aus Landshut, Keutschacher aus Kärnten, Hilpart von Hirsberg im Voigtlande, endlich mit einer Magd aus Neunkirchen bei Rosenheim (in Bayern), welche sämtlich in Reifers Diensten standen. Es wird daher nicht bloss in den Wallfahrten, deren Ziel die Pfarrkirche zu Alt-Spaur war, begründet gewesen sein, dass die hiesigen Pfarrer von alters her der deutschen Sprache mächtig sein mussten (s. über diese Forderung und die vorerwähnte Ursache 41. 113). Auch erklärt es sich hieraus, weshalb ein Kundschaftsbrief über die Leistungspflicht der zur Burg Visiaun (nächst dem Rocchettapasse ober Mezzo-Lombardo) dienstbaren Unterthanen zu Andalo und Molveno, deren Gerichtsherr im Jahre 1378 ein Reifer war, damals in deutscher und lateinischer Sprache ausgestellt ward (R. d. I. Sch.-As. IV, 144) und

[1]) Als der am frühesten in diese Gegend eingewanderte deutsche Edelmann ist wohl der im Rufe der Heiligkeit gestorbene Romedius „vir nobilis ex Bavaria ortus", der im achten Jahrhunderte aus Thaur im Innthale zuzog, zu betrachten.

wie Tartarotti (77. 48) auf den Gedanken verfallen konnte, der in lateinischen Urkunden vorkommende Ausdruck „campus Rotalianus" (für eine beim Rocchettapasse gelegene Fläche) rühre vom deutschen Worte „Rochthal" her. Es lebte eben noch im achtzehnten Jahrhundert die Erinnerung an die vielen deutschen Ortsnamen fort, mit welchen diese Gegend vor Zeiten gleichsam besät war, wie denn z. B. auch in der Nähe des vorerwähnten Passes ein Anwesen, welches der Weberhof hiess, in einer Urkunde des I. St.-As. vom 21. April 1648 erscheint. Noch sei aus der Mitte des Nonsberges der Ort Coredo mit den hier heimischen Familiennamen Moncher, Widmann und Sicher, das Dorf Romalo als Sitz der adeligen Familie Clauser und das Dorf Tavon erwähnt, dessen Sprosse Anton Waldecher (Waldecker) im Jahre 1496 Richter zu Königsberg war (11. 155), während dort im Jahre 1772 ein berüchtigter Strafprozess zwischen dem Bauer Stancher und dem Priester Don Ziller sich abspielte (41. 99).

Also fast überall, wohin man im Nonsberge den Blick richtet, und mehrfach auch im Sulzberge (hierher gehören noch die Eigennamen Greifenberg zu Terzolas und Malè, Pezen zu Croviana, Bischoff zu Presson) begegnet man Spuren deutschen Wesens: wenn schon nicht fortdauernden Regungen desselben, so doch zum mindesten Resten einer deutschen Vergangenheit. Dazu kommt, dass die bäuerliche Bevölkerung beider Thäler, die der Volksmund Berge nennt, seit Jahrhunderten bestrebt ist, die Bekanntschaft mit der deutschen Sprache fortan dadurch zu erneuern, dass sie einen Teil des männlichen Nachwuchses nach Tisens, Mölten, Jenesien, den Ritten und in andere Gegenden der Etschregion sendet, wo derselbe in der Regel vom 9. bis zum 15. Lebensjahre Hirtendienste verrichtet, währenddem aber die deutsche Sprache erlernt und zumeist fürs ganze Leben sich einprägt. Demzufolge sind die des Deutschen kundigen Bauern dort zahlreicher als sonst irgendwo im italienischen Tirol, die hiesigen deutschen Sprachinseln ausgenommen. Deutsche Schulen sind ausser der bereits erwähnten zu Ruffrè: zu Laurein, St. Felix, Frauenwald und Proveis. Ferner werden in den Volksschulen zu Malosco, Fondo, Ronzone und Revò Freikurse für Schüler, welche die deutsche Sprache sich aneignen wollen, gehalten.

III. Das Fersinathal mit den Höhen von Piné.

Dieses Gebiet, welches seiner ethnographischen Vergangenheit wegen hier als ein Ganzes behandelt wird und auch geographisch zusammenhängt, indem es das Verbindungsglied zwischen dem Etsch- und dem Brentathale bildet, setzt sich aus Bestandteilen des Politischen Bezirks Trient zusammen, von welchem der Gerichtsbezirk Civezzano (das Höhengebiet von Piné) ganz hierher gehört, und dessen Gerichtsbezirk Pergine mit der Mehrzahl seiner Ortsgemeinden hier in Betracht kommt. Der erstgenannte Gerichtsbezirk hatte Ende 1880, wenn man vom Gerichtssitze, der zugleich Garnisonsort ist, absieht, bloss 3 Deutsche zu Bewohnern, welche sich auf die Dörfer Rizzolago (Ortsgemeinde Baselga di Piné), Miola und Montagnana

(Ortsgemeinde Miola) verteilten. Im ganzen zählte er allerdings deren 39 (darunter 36 Soldaten am genannten Hauptorte). Der zweitgenannte Gerichtsbezirk erstreckt sich mit seiner nördlichen Hälfte über das Fersinathal, und in diesem liegen speziell folgende Ortsgemeinden: Roncogno, Vigalzano, Viarago, Canezza, Nogaré und Sta. Orsola ohne alle deutsche Bewohnerschaft, Serso mit 1, Madrano mit 3 Deutschen, Pergine mit 239 (wobei die 237 deutschen Soldaten der Garnison im Markte Pergine in Anschlag zu bringen sind), Falesina mit 130 Deutschen (rein deutsch), Frassilongo mit 276 Deutschen neben 464 Italienern (und zwar im Dorfe dieses Namens 100 Deutsche neben 288 Italienern, und in der Fraktion Roveda 176 Deutsche neben 176 Italienern), Fierozzo mit 331 Deutschen neben 352 Italienern (und zwar im Dorfe St. Felice 173 Deutsche neben 218 Italienern und in der Fraktion St. Franzisko 158 Deutsche neben 134 Italienern). und Palù mit 454 Deutschen (rein deutsch). Anfang und Ende des Streifens deutscher Ansiedlungen im Fersinathale sind also durch rein deutsche Dorfschaften markiert, wobei freilich die Falesina betreffende Angabe in Zweifel gezogen werden muss.

Gesamtsumme: 1473 Deutsche (neben 19128 Italienern).

Auf den Höhen von Piné wohnten einst Deutsche Dorf an Dorf, wenn es schon nicht richtig ist, dass dies noch vor 100 Jahren der Fall war [1]). Aber im Jahre 1673 galt es noch von den Dörfern Miola und Faïda, während die Mehrzahl dieser Gebirgsbewohner bereits italienisch sprach (12. 113, Note 1).

Unter den aufrührerischen Bauern, welche im Jahre 1523 Trient bedrohten, war auch „Christel von Piné“, und aus dem 1793 gedruckten „Memoriale del Magistrato Consolare di Trento sopra il Diritto di essigere .... la spesa del rifacimento“ erhellt (S. 33), dass im Jahre 1530 Johann Fux Vorsteher (Syndikus) der Gemeinde Piné war. Gewiss gab es hier auch deutsche Bergleute, da um das Jahr 1670 auf dem Berge Gaza hinter dem Lago Santo, unweit der alten Kirche di Santa Colomba, Spuren von Silbergruben und Reste von Pochwerken zu sehen waren (M. A. Mariani. Trento, Augusta 1673, pag. 478). Die Erinnerung an diese deutsche Vergangenheit war noch in Tartarotti so lebhaft, dass er (77. 44) die Ansicht äusserte: „Il nome Faïda (di Piné) venga del Tedesco Faichten (d. h. Fichten)“. Vor kurzem ist das Bewusstsein derselben auch inmitten jener Gebirgsbewohner dergestalt rege geworden, dass der Lehrer Tonioli zu Bedol (einem Dorfe, das der Abdachung nach, auf der es liegt, eigentlich zum Cembrathale zu rechnen wäre, jedoch dem in Rede stehenden Gebirgsstocke angehört) die seiner Obhut anvertrauten Kinder im Deutschen zu unterweisen begonnen hat, in der Schule zu Vigo gleiches geschah (27. Nr. 227)

[1]) Der daran unschuldige Urheber dieses Irrtums, der sich auch in Dr. Mupperg's Aufsatz: „Bedrohtes deutsches Gut“ (47. Nr. 19) eingeschlichen hat, scheint Christ. Schneller zu sein, der in seiner Abhandlung „Deutsche und Romanen in Südtirol“ (61. 371) sagt: „Noch vor kaum hundert Jahren hatte das deutsche Element in Welschtirol eine viel grössere Ausdehnung .... da herrschte die deutsche Sprache noch bei dem kräftigen Volke der Pinaiter im Thale Piné ober Trient ....“ Freilich heisst es da „bei“ und nicht „unter“.

und sowohl zu Faïda als zu Montagnam (Fraktionen der Ortsgemeinde Miola) das Verlangen nach solchem Unterrichte geäussert worden sein soll (50. 18). Es sollen noch deutsche Familiennamen, wie: Stolzer, Svaldi (Oswald), Rodi, Slozzeri, unter ihnen vorkommen (31. 53). Deutsche Lokalbezeichnungen aus ihrer Mitte hat uns nebst der Nachricht, dass um das Jahr 1785 alte Leute dort noch deutsch nach Art der Cimbern sprachen, M. Pezzo aufbewahrt, indem er (54. 2. 42) schreibt: „Piné ch'ebbe a questa éra delle attempate persone di Cimbrico parlare, egli eziandio ha il nome di Purga, Laudo, Kopfel, Lemp, Faïda e altri.“ Wahrscheinlich gehörte diese Gegend vor Zeiten zur Herrschaft Pergine; denn im Jahre 1370 trug Herzog Leopold von Oesterreich seinem Hauptmanne zu Pergine auf, die Unterthanen aus den Propsteien von Melan, Zivitzan und Boneyd zu den üblichen Urbarialleistungen zu verhalten (R. d. I. Sch.-As. IV. Bd., S. 141). Unter Boneyd ist da wohl Pineit (Piné) zu verstehen [1]). — Was das Fersinathal anbelangt, so sind die deutschen Ansiedlungen im Hintergrunde desselben allem Anscheine nach älter als die am Eingange teils vorhanden gewesenen, teils noch jetzt dort vorfindigen. Urkundlich geschieht ihrer aller mit Ausnahme Palùs, welches als Zugehör der Herrschaft Caldonazzo da nicht genannt ist, zuerst in dem Vertrage Erwähnung, den die Gesamtgemeinde Pergine (Persines) im Jahre 1166 mit der Stadt Vicenza zu schliessen sich anschickte. Da erscheinen die Seniores et Rectores Villarum extra Burgum (Persines) et totius Communis et districtus Persines mit Ausnahme der Pomermani in Floruts (Fierozzo) de Arimania Domini (Gundibaldi, Reguli Castri Persines), und zwar ausser den Vertretern des Burgfleckens Persen, welche zugleich die Leute von Sivernach (Zivignano), Vallar und Val d'Urbano vertraten, — Abgeordnete von Prato (Pradelle), Vierach (Viarago), Portcli (Maso Portolo, Bestandteil der Ortsgemeinde Canezza), Canestie (Canezza), Braxes (Brazzenighe), Sertz (Serso), Artzenach (ein durch die Fersina zerstörtes Dorf zwischen Viarago und Canezza), Madran, Nogareit (Nogaré), Cantzelin (Canzolino), Bux (Bus), Uvarda (Guarda), Viculzan (Vigalzano), Caxilin (Casalino), Costa (ein Maso von Vigalzano), Susate (Susà), Canale, Costasabina (Costasavina), Runcon (Roncogno), Fraxilong (Frassilongo), Robure (Roveda), Hiscla (Ischia), Tenna, S. Cristoforo (am See von Caldonazzo), Vignola, Volchesten (Falesina), Casteneto (Castagné), Volchnaur (Val Canoiera, ehemals auch Valconaia genannt), und Sta. Caterina (Fraktion von Castagné). Die Zusammenkunft dieser Gemeindevertreter fand im Kloster Uvald (Wald) statt, welches wenige Schritte weit vom Burgflecken Pergine stand und nach einem 1854 gerodeten Gehölze, von dem es umgeben war, so genannt wurde. Der damalige Abt desselben hiess Teutwig. Ebenso deutsch klingen die Namen der Abgeordneten: Benedikt, Sohn des Rumel, Illemar von Canale, Albrecht von Susat, Gebrik . . . von Gretung

[1]) Beda Weber sagt (83. 2. 509) von den Pinaitern: „Das Volk ist von ganz eigentümlicher Art, einfach in Sitten und Lebensweise, höchst aufrichtig und wortgetreu im Umgange und Handelsverkehr, von grösserer Tugend als Wortfülle, so dass Kenner nicht umsonst den Ueberrest eines deutschen, in den Völkerzügen dahin verschlagenen Menschenstammes darin erkennen.“

(Gereidl?), welcher als Mansaitus de Hochlait bezeichnet ist, Halitmar, Sohn des Xich von Hiscla, Cutuvert (Gudebert?), Sohn des Kauch von Volchzurige (später Valczurg, heutzutage Vignola). Doch fehlen auch nicht romanische Namen, wie: Malebrutus, Sohn des Dietrich von Vigalzano, Redox, Sohn des Brenta von Castagné. Unter den Zeugen ist Benedikt, Sohn des Riprand von Padua als Einwohner von Pergine (habitator in Burgo Pesinee) aufgeführt [1]). Die Arimani von Fierozzo reichen ihrer Benennung nach in die Langobardenzeit zurück, und dass auch Teilnehmer an jener Verschwörung gegen den Schlossherrn Gundebald dieses Ursprungs sich bewusst waren, beweist die Berufung auf uralte Geltung langobardischen Rechts in ihrer Mitte, neben welchem noch die Lex Salica genannt ist als Zeichen späterer Nachschübe. Vielleicht hängt es damit zusammen, dass die Bewohner des Bergdistrikts von Fierozzo bis in die neuere Zeit ihre Sonderstellung behaupteten. Sie standen unter dem Pfleger (Rentamtsbeamten), nicht unter dem Richter, der Herrschaft Pergine (93. 1. 257). Jedenfalls ist die deutsche Bevölkerung daselbst älter als der Bergbau, dem sie sich in späterer Zeit widmete und welcher höchstens Anlass zu ihrer Vermehrung war (10).

Jene deutschen Gemeinden hatten das ganze Mittelalter hindurch an den zu Pergine gebietenden Hauptleuten der Herzoge von Oesterreich einen festen Rückhalt, welcher bis zum Jahre 1531, wo diese Herrschaft an das Fürstentum Trient abgetreten wurde, dauerte und gegen das Ende dieser Periode noch durch den Aufschwung des hiesigen Bergbaues unterstützt ward. Aber schon vor Beginn der österreichischen Herrschaft (1363) gab es in Pergine Hauptleute deutscher Nationalität, so z. B. im Jahre 1306 den Gerhard Franzenspergher und 1349 den Kunz Zinele (Concius Zinle) (46. 417). Der Silbergruben zu Pergine (argentifodine Berzini in montanis) thut eine Urkunde vom Jahre 1331 in Verbindung mit dem Bergwerke auf dem Gebirge von Villanders Erwähnung (66. 66). Als das Dominium Pergine aufhörte, ein österreichisches Gebiet zu sein, behielt sich Oesterreich im diesbezüglichen Vertrage vom 12. Januar 1531 gleichwohl vor, dass die Bergwerke ihm und den Fürstbischöfen von Trient zu gleichen Teilen zustehen und gemeinschaftlich betrieben werden sollten. Die damaligen Gewerke, welche um Bestätigung der Bergwerksfreiheiten von 1483 und 1502 baten, hiessen: Stephan Faisl, Peter Pfitscher, Max Stainer, Peter Prett, Blasius Synndl und Leonhard Hochstrasser (Trientner Lehenbuch Nr. 13 im Statth.-Archive zu Innsbruck). Drei Jahre früher war auch noch der Augsburger Bürger Hans Ketzer am hiesigen Bergbaue beteiligt, welcher von nun an rasch in Verfall geriet. Zwar fand der

---

[1]) S. die im Litteraturverzeichnisse unter 25 angeführte Schrift, deren Anhang obige Urkunde im Originaltexte enthält und welcher auch einige Namensdeutungen, wie speziell dass Volchesten Falesina, Volchnaur Val Canolera ist, entnommen sind. Ich habe bei Volchnaur zunächst an (Val) Caorze bei Caldonazzo gedacht. Ebenso stammen aus dieser Schrift die das Dorf Arzenach und die Lage des Klosters Wald betreffenden Notizen. Die Hochleiten ist ein Berg südlich von Caldonazzo, welcher Ort dem Flussgebiete der Brenta angehört, in das der Inhalt jener Urkunde auch sonst übergreift.

Sekretär eines Kardinallegaten, der am Trientner Konzil teilnahm, Angelo Massarello, als er im Jahre 1545 Pergine besuchte, auf einem einzigen Berge 32 Gruben, welche Kupfer- und Bleierze mit einem durchschnittlichen Silbergehalte von 2 Lot per Zentner lieferten (C. Giuliani im „Arch. Trent." 1, 182); allein 3 Jahre zuvor hatte Franz von Castellalt, von den Innsbrucker Behörden aufgefordert, sich über die von den Bauern des Valsugan angestrebte Freigebung der Waldnutzung zu äussern, den Bergbau um Pergine als sehr herabgekommen geschildert, und nach seiner Angabe waren von den 3 Gewerken, die denselben überhaupt noch fortsetzten, 2 bereits Italiener[1]). Früher noch hatte im Orte Pergine das deutsche Element dem italienischen weichen müssen. Allem Anscheine nach tragen Seuchen, welche ersterem arg zusetzten, die meiste Schuld daran. In der zweiten Hälfte des fünfzehnten Jahrhunderts siedelten sich Familien aus dem Valtellin, dem Mailändischen und Bergamaskischen dort an; um wie viel mehr erst aus der italienischen Nachbarschaft! [Drei davon, die Vinciguerra, Venturini und Zecchini, blühen noch jetzt (18. 14).] Aber noch entbehrten die Deutschen des Ortes und des ganzen Pfarrsprengels von Pergine, der sich mit dem Gebiete der gleichnamigen Herrschaft deckte, nicht der liebevollen Fürsorge stammverwandter Priester. Das Verzeichnis der Pfarrer (18. 84—86), welches beim Jahre 1318 mit Johann von Meran beginnt, beim Jahre 1368—1373 den Rochus aus Deutschland (Rocco di Alemagna), 1435—1444 den Jos. Tanner (Alemanno), 1452—1455 den Theodorich Kaschnitz aus Leisnig in der Diözese Meissen, 1461—1481 den Steph. Sigfried Taubenmajer aus der Augsburger Diözese anführt, nennt für die Zeit von 1489—1521 den Erzpriester Dr. Christoph Clamer. Dieser, dessen Verdienst auch der Bau der Pfarrkirche ist, bemühte sich während der Pest vom Jahre 1511, deutsche Priester um sich zu versammeln, und gewann u. a. als Chorkaplan den Zacharias Möckelin aus Kempten (in Schwaben), der seine Bereitwilligkeit zu kommen in einem an den Gemeindesyndikus Jos. Spitzer gerichteten Briefe zusagte (46. 394). Sein Nachfolger war aber (im Oktober 1521) ein Mailänder, der Trientner Dompropst Dr. med. G. B. Baldironi, der sich kaum durch einen Deutschen wird haben vertreten lassen, und weiterhin lösten sich auf diesem Pfarrposten mit einziger Ausnahme des Trientner Archidiakons Martin Neydeck (1530 bis 1550) durchaus Italiener ab (18. 85). Damit ist mehr gesagt, als mit allen Einzelnachweisen der Wirkungen, die das üben musste. Indessen bekämpften die Deutschen selbst die ihnen kirchlicherseits drohende Gefahr. Bergknappen von Fierozzo stifteten im Jahre 1521 zu Pergine das St. Barbarabenefizium, worüber nach Einstellung

[1]) Die Schlackenhalden bei Viarago liess der ehemalige Kammergraf zu Schemniz in Ungarn, Andr. Fhr. v. Giovanelli, um das Jahr 1667 untersuchen. Aber zur Wiederaufnahme der Erzförderung fand er sich offenbar nicht bewogen. Dem Palüer Bergreviere statteten am 11. Juni 1670 der Hauptmann des Schlosses Telvana, L. Roveretti, ein Trientner Edelmann namens Lener und der Priester M. A. Mariani (wie dieser a. a. O. S. 597 meldet) einen Besuch ab, bei welchem sie dort Anbrüche von Bleierz, weiter abwärts Kupfergruben, die seit beiläufig 50 Jahren verlassen waren, und Ruinen von Rostöfen antrafen (vgl. 40. 24 ff.).

des Bergbaues die Bergdirektion zu Hall im Innthale das Patronat ausübte, bis im Jahre 1842, nach dem Tode des letzten Benefiziaten, das Stiftungsvermögen der Marktgemeinde Pergine für Schulzwecke eingeantwortet wurde (18. 65)[1]). Vielleicht war es ein Akt ähnlicher Abwehr, den die deutsche Kirchenbruderschaft zu Trient (società dei fratelli Alemani in Trento) unternahm, indem sie die Petruskapelle zu Pergine an sich brachte. Sie besass dieselbe im Jahre 1543; das Eigentum daran ging aber bald darauf an die Familie Gulielmi aus Tessin über (18. 60). Die Deutschen räumten überhaupt in Pergine den Italienern nur allmählich das Feld. Dies lehrt das Verzeichnis der hiesigen Gemeindevorsteher, in welchem noch bei den Jahren 1555, 1558, 1561, 1564, 1567 u. s. w., ja sogar noch 1709 und 1731—1732 unzweifelhaft deutsche Namen (zuletzt Moar = Maier und Aufertoller = Affenthaler) erscheinen (18. 87—90). Die Familien Lehner (aus Schwaz im Innthale), Bizer, Ghebel, Spitzer, Bollinger und Hofberger haben wiederholt aus ihrer Mitte solche Vorsteher hervorgehen gesehen. So wurden denn auch noch am Schlusse des achtzehnten Jahrhunderts bei der Karlskapelle im Friedhofe zur Fastenzeit einige Predigten in deutscher Sprache gehalten (46. 395). Desto schneller griff italienisches Wesen ausserhalb des Marktes um sich. Von der Landgemeinde (Gastaldie) Viarago, welche ausser diesem Dorfe auch noch die Ortschaften Serso, Canezza, Portolo, Mala und Sta. Orsola in sich begriff, ist bekannt, dass sie im Jahre 1522 auf einmal 35 italienische Familien, die bereits seit einiger Zeit auf ihrem Gebiete wohnten, in den Gemeindeverband aufnahm (18. 15). Kein Wunder daher, dass laut dem Steuerbuche der Herrschaft Pergine vom Jahre 1586 der Stand der Dinge damals folgender war: Im Markte Pergine (Persen) und der zugehörigen Dorfschaft Zivignano (Zivernag) machten, den Eigennamen der Steuerpflichtigen nach zu urteilen, die Italiener bereits die Mehrheit aus und sie überwogen auch unter den wohlhabenderen Besitzern, wenn schon der mit dem grössten Vermögen Eingeschätzte ein Deutscher war. Von der Umgebung des Marktes waren die Ortschaften Roncogno (Ronggin) und Canzolino (Chanzolin) ganz oder nahezu ganz italienisch; Serso (Zercz), Viarago (Vilrag) und Casalino (Chasalin) vorwiegend italienisch; Canezza (Khennetsch), Portolo und Madrano halb deutsch, halb italienisch; Vigalzano (Vigalizan) und Nogaré (Nogreid) fast völlig deutsch, und ebenso Falesina (Valise), Frassilongo (Gereidt) und Roveda (Aichleit). Die beiden letztgenannten Ortschaften bildeten eine Propstei für sich und zählten 343 Einwohner. Zu Frassilongo gehörten die Bauernhöfe:

[1]) Im Jahre 1573 bestand noch zu Pergine eine Messinghütte, wie aus den sogen. Bekhennenbüchern des Innsbr. Statth.-Archivs erhellt; im Steuerbuche von 1586 wird sie als „alte Hütte" erwähnt, die den Herrn von Segonzano, d. h. der Familie Prato gehörte. Damals steuerte das herrschaftliche Urbar zu Pergine nach der gleichen Quelle jährlich 40 fl. zum Knappenspitale daselbst und zur Altarstiftung bei, welche damit verbunden war. Zu Fierozzo stand noch im Jahre 1792 ein ärarisches Silberwerk im Betriebe (46. 400). Die hiesigen Kupfergruben lieferten noch in der ersten Hälfte des laufenden Jahrhunderts einige Ausbeute und beschäftigten 8 Arbeiter (53. 2. 199).

Khestenholz und Khatzenriterhof; die Namen der Besitzer waren: Puecher, Scheiffler, Taufner, Khorenteuer, Mair, Hessel, Khorn, Kholler, Am Eckh, Gassern, Moser, Khreller, Holtzer, Läner, Planethel und Bernabe. Als Bestandteil der Ortschaft Aichleit erscheint der Bastelhof; als hiesige Besitzer aber sind genannt: die Puecher, Pälauer (Palúer), Zott, Loczerhaus, Ludtig und Fux. Zu Vigalzano sassen neben den italienischen Familien di Coppi und Termin: die Theiss, Pruner und Hansen (letztere 4 Familien und 27 Köpfe stark). Zu Nogaré bildeten „die vom Grossenhaus" allein eine 47 Personen zählende Haushaltung und erscheinen daneben die Khrebeser, Khanitz, Rais, von St. Agnes und Jakob Merlot. Von Falesina lassen sich keine Details geben, weil diese Ortschaft mit Vignola (Valczurg) zusammen verzeichnet ist. Von den vorgenannten Ortschaften hat am Schlusse des achtzehnten Jahrhunderts der Schriftsteller Montebello noch Fierozzo, Frassilongo, Roveda und Falesina (so wie Vignola im Brentathale) als deutsche anerkannt. Er sagt von ihnen: „conservano il linguaggio tedesco corrotto" (46. 403). Nach Tecini (78. 32) bewahrten die deutsche Sprache im Jahre 1821 ausser Fierozzo und Palú noch Roveda und Frassilongo; er bemerkt aber, dass noch vor einiger Zeit (tempo fù) u. a. auch die Bewohner von Falesina, die jetzt italienisch sprächen, der deutschen Sprache sich bedient hätten. F. St. dei Bartolomei (7. 6) bestimmt dies näher dahin, dass zu Falesina bis Ende des siebzehnten Jahrhunderts das Deutsche Umgangssprache war. Von Viarago führt Schmeller (59. 589, Note) aus einer Urkunde von 1750 einen Proveditore Ermon, einen Gastaldo Koner und andere Träger deutscher Namen an. Derzeit gibt es deutsche Schulen zu Frassilongo (Gereidt), Roveda (Aichleit), Fierozzo (S. Felice), San Francesco (Ausserberg) und Palú (Palei). [Letztere Gemeinde hiess vor Zeiten, als sie noch unter dem gräflich Trappschen Pfleger zu Caldonazzo stand, „St. Magdalena auf Palú" (93. I. 257.)] Freikurse für Schüler, welche die deutsche Sprache erlernen wollen, bestehen zu Bedol und Vigo (di Piné). Ihrer wurde schon oben (S. 434) gedacht.

IV. Das Brentathal (Valsugan) und der Gebirgsstock zwischen ihm und dem Asticothale.

An die nunmehr ganz italienischen Ortsgemeinden Costasavina, Ischia, Susà, Tenna und Castagné reiht sich die Ortsgemeinde Vignola mit 133 Deutschen neben 200 Italienern. Sie bilden das Quellgebiet der Brenta und gehören zum Gerichtsbezirk Pergine. Die Fortsetzung gegen Süden und Osten ist der Politische Bezirk Borgo, und zwar zunächst der Gerichtsbezirk Levico mit 441 Deutschen (neben 13754 Italienern), wovon 431 (neben 215 Italienern) auf die Ortsgemeinde Luserna, 4 auf die Ortsgemeinde Casotto, je 2 auf das Dorf Pedemonte und auf das Dorf Sta. Giuliana (Fraktion von Levico) und 1 auf das Dorf Caldonazzo entfallen. Von den 190 Deutschen (neben 14961 Italienern), welche der Gerichtsbezirk Borgo aufweist, entfallen weitaus die meisten (118) auf die Garnison des Marktes Borgo, wogegen die Ortsgemeinden Roncegno, Ronchi, Telve, Telve di sopra und Torcegno rein italienisch sind und das Gleiche von den hier weiter nicht in Frage kommenden Ortsgemeinden Carzano, Castelnovo und Novaledo gilt. — Im Gerichtsbezirk Strigno endlich, wozu das Seitenthal Tessin gehört, wohnten 16 Deutsche (neben 13452 Italienern), und zwar 7 zu Tezze (einer Fraktion von Grigno), 5 im Markte Strigno und 1 zu Vill' Agnedo.

Gesamtsumme: 590 Deutsche (neben 45400 Italienern).

Die Ortsgemeinden Costasavina, Ischia, Susà (einschliesslich der Fraktion Canale), Tenna, Castagné und Vignola erscheinen sämtlich als Teilnehmer an der im Jahre 1166 geplanten Unterwerfung der Gesamtgemeinde Pergine unter die Stadt Vicenza und mögen damals, wenn schon mit romanisierten Langobarden vermengt, ein vorwiegend germanisches Gepräge getragen haben. Wenigstens weisen die deutschen Namen der fast ausschliesslich gerade diesen Gemeinden entnommenen Abgesandten an die Stadt Vicenza auf Germanen hin, die als Deutsche anzusehen sind. Und noch im Jahre 1586 sassen zu Vignola (Valczurg), zu Costasavina (Costschabin) und auf dem Khestneiderberge (um Castagné) fast lauter Deutsche; Canale war halb deutsch, halb italienisch, Susà vorwiegend italienisch; die Gemeinden Ischia (Drischl) und Tenna (Then) waren fast ausschliesslich italienisch (12. 110, Note 3). Am Gestade des Sees von Caldonazzo standen damals neben 2 Masi (il maso d'aqua bona und il maso h'Toldo) der Motzenhof, der Oeltzerhof, der Planetzer-, der Proner- und der Ungerlehof. Es wohnten da (am Khestneider Berge) die Familien Khestenholtzer, Stauder, Perger, Eckher, Untersteiner, Hossler, Pacher, Poscher, Fritz, Greter, Püchler, Poper, Khlogg, Gluntiz, Zarethler, Zerchier und Vulcanoier. Zu Costasavina, wo mehrere Familien Weber, Moser und Schneider lebten, besassen 2 italienische Edelleute (Romedius de Cristani und Christoph von Scarpa) einige Grundstücke, gab es aber daneben noch ein „Gewelb", d. h. Kleinhandelsgeschäft der Erben nach Jakob von Gremoneg (Cremona?), was recht deutlich die Art, wie solche Ansiedler festen Fuss fassten, veranschaulicht. Von jenen deutschen Gemeinden hat bloss das mehr abseits gelegene Dorf Vignola, aber auch nur zum Teile, die angestammte Nationalität bis jetzt behauptet, während es um das Jahr 1811 noch ganz deutsch war, was als eine Nachwirkung des auch hier einst betriebenen Bergbaues, dessen Hauptobjekt im Jahre 1672 „Stubm Canop" (Knappenstube) hiess (Mariani a. a. O. S. 532), anzusehen ist. Schmeller, der das Dorf im Jahre 1833 besuchte, rechnet es (59. 588) zu den „noch deutsch sprechenden Berggemeinden". Dass es auch südlich vom vorgenannten See einst deutsche Ansiedlungen gab, ist nicht nur durch die mehrerwähnte Urkunde vom Jahre 1166, in welcher „die Hochleite" als Standort einer ausgedehnten Bauernwirtschaft vorkommt, sondern auch durch eine Urkunde vom Jahre 1270 verbürgt, in welcher als zu Costa (s. w. von Rovereto) weideberechtigt genannt sind: „masnadae de Perzina" (Pergine) und daneben „Maser de Caldonazzo" mit seiner Nachkommenschaft, ferner Roland, Rambald. Walda (Waldner?) mit ihren Erben (6. 259). Die Herrschaft Caldonazzo gelangte im Jahre 1424 durch Belehnung seitens des Trientner Bistums an Herzog Friedrich von Tirol, wobei als Zubehör derselben 3 Teile der Berge Laferon (Lavarone), Vattar (Vattaro), Costa und Centa sowie der St. Christophasee (der heutige Lago di Caldonazzo) bezeichnet sind (R. d. I. Sch.-As. III, 295). Seit 1461 ist sie im Besitze der gräflichen Familie Trapp, welche, aus Steiermark stammend, ihre deutschen Unterthanen dortselbst wenigstens nicht absichtlich durch italienische ersetzte und solchergestalt das Deutschtum schonte. Demzufolge lebten zu Centa (am Wege nach Lavarone) noch um die Mitte des achtzehnten Jahrhunderts einige deutsch sprechende Familien (12. 110, Note 3) und wimmelt es noch jetzt in dortiger Gegend von deutschen Lokalnamen, so z. B. im Bereiche der Ortsgemeinde Centa: Schiri, Huezi, Tonezzeri, Campregheri, Conci (Kunz), Frisauchi. Auch zu Calceranica, wo sich ein Pfarrhofsinventar vom Jahre 1673 in deutscher Sprache erhalten hat (50. 19), kommt ein Weiler Kampregher vor. Gleiches gilt von den Familiennamen, deren es in jedem Orte dieses Gebirgswinkels als Denkmale deutscher Vergangenheit gibt; so z. B. zu Caldonazzo die Curzel, Tiecher und Kien, zu Castagné die Eicher und Gretter, zu Costasavina die Prudel und Faifer (Pfeifer), zu Calceranica die Schmid u. s. w. [1]). Der zuhöchst gelegene Teil der ehemaligen Herrschaft Caldonazzo sind die Ortsgemeinden Lavarone, Luserna, Pedemonte und Casotto. Die beiden letztgenannten, hart an der Grenze der Sette comuni des vicentinischen Gebietes, galten noch im Jahre 1821 für deutsch (78. 31), waren es aber in der That damals kaum mehr. Mit mehr Berechtigung konnte M. Pezzo (54. 2. 42) im Jahre 1785 von der Pfarre Brancafora (Pedemonte), worunter er ohne Zweifel auch Casotto versteht, und von Lavarone sagen: „persevera egli Cimbro favellare“ [2]). Seither ist auch diese über weite Alpenfluren sich erstreckende Ortsgemeinde dem Deutschtum bis auf wenige Familien, die dasselbe im engsten Familienkreise hegen, entfremdet worden. Montebello rechnete am Schlusse des achtzehnten Jahrhunderts sowohl Lavarone als Brancafora zu den deutschen Gemeinden (46. 375). Aber aus eigener Beobachtung schöpfte er diese Behauptung schwerlich. Ebensowenig dürfte Perini (53. 2. 203) seiner persönlichen Ueberzeugung Ausdruck gegeben haben, indem er Lavarone zu Anfang der 50er Jahre des laufenden Jahrhunderts den Dörfern zuzählte, welche „conservano ancora l'originario loro dialetto“. Denn Schmeller (59. 591) traf hier im Jahre 1833 nur mehr ältere Leute an, welche die deutsche Sprache kannten, während die jüngere Generation davon so gut wie nichts verstand. Unverkennbare Wahrzeichen der Nationalität, welche da einst herrschte, sind indessen die Lokalbenennungen: Stengheli, Bertoldi, Schlagenauf, Sosteri, Oseli, Millegrobbe (Mühlgraben),

[1]) Vielleicht trug zur Erhaltung deutschen Wesens am Calceranica der Bergbau auf Vitriolerze bei, welcher hier noch im Jahre 1672 betrieben wurde (Mariani a. a. O. S. 532).

[2]) Wenn er dies auch von Centa di Calceranega (d. h. bei Calceranica) behauptet, so widerspricht er damit den Angaben de Bartolomeis, der bereits im Jahre 1763 hier das Deutschtum als im Erlöschen begriffen schildert.

Canepele (Knäpple), sämtlich im Gebiete von Lavarone vorfindig; dann Scalceri und Venderle im Gebiete von Pedemonte. Für die Deutschen zu Lavarone (Lafraun) war in älterer Zeit das hier (al Dazi) bestandene Zollamt eine Stütze. Denn dieses Amt war häufig deutschen Beamten anvertraut. So bekleidete es im Jahre 1582 Sebastian Schulbeck und noch im Jahre 1804 Joh. Paul von Bachmayr. Aber unter der bald darauf eingetretenen italienisch-französischen Zwischenregierung machten die deutschen Funktionäre italienischen Platz und dabei blieb es weiterhin. Noch belebender und jedenfalls konservativ wirkte einst die deutsche Nachbarschaft jenseits der Grenze ein. Seit dieser Zusammenhang durch das Eindringen italienischer Keile unterbrochen ist, krankt das Deutschtum auf dem Gebirgsstocke zwischen Brenta und Astiko an tödlicher Vereinsamung. Bloss die Berggemeinde Luserna hat sich noch einige altnationale Lebenskraft bewahrt und schöpft solche von neuem aus der deutschen Volksschule, welche hier seit anderthalb Jahrzehnten besteht. Wenden wir nun den Blick wieder dem Brentathale zu, so fällt er vor allem auf den Ort Borgo di Valsugana (vor Zeiten „die Wurgen Telffan" genannt) und dessen nördliche Umgebung. Denn an der Gegend von Levico, welche an diejenige von Pergine sich unmittelbar anschliesst, haften mit Ausnahme etlicher Lokalbenennungen, wie z. B. Monte Zaccon (Zacken), Anhöhe Visle (Wiesele) und Thal Puisle (1. 62), keinerlei deutsche Erinnerungen. Desto reicher ist an solchen Borgo, dessen deutsche Bevölkerung bis zum Jahre 1514 eines besonderen Seelsorgers sich erfreute, der ihr damals entzogen, später auf ihr dringendes Anhalten von neuem gewährt und um das Jahr 1500 beim Ueberhandnehmen der Italiener vom fürstbischöflichen Ordinariate zu Trient definitiv verweigert wurde [1]). Zunächst trug man derselben allerdings durch Bestellung eines doppelsprachigen Pfarrers Rechnung; doch drängten in das Pfarramt bald Italiener, die dieser Bedingung nicht entsprachen, sich ein [2]) und damit war auch das Los der dieser Pfarre einverleibten deutschen Dörfer der Umgebung entschieden. Glücklicherweise waren die Dörfer Telve (Telffs) und Roncegno (Rundtschein) von ihr früher getrennt worden. So erhielt sich die deutsche Sprache namentlich im gebirgigen Teile der letztgenannten Gemeinde (auf dem sogen. Rundtscheiner Berge) bis gegen das Ende des achtzehnten Jahrhunderts. Der Arzt Dr. Hieron. Bertondelli, welcher zu Borgo seine Praxis ausübte, schreibt in seinem 1665 zu Padua gedruckten „Ristretto della

[1]) Die beiderseitigen Pfründen bestanden nach dem bezüglichen Steuerbuche noch im Jahre 1565 gesondert fort; doch das Register von 1570 spricht bereits von beiden, als wären sie vereint („Teutscher vnd welscher Pfarrer in der Wurgen Telffan)". Uebrigens hatte die Innsbr. Regierung selbst im Jahre 1560 beim Kaiser diese Vereinigung befürwortet (52. 79).

[2]) Welche Hebel dabei in Bewegung gesetzt worden, lehren die im I. St.-A. befindlichen Schreiben der Kardinäle Grangi und Paravicini d. d. 18. Juni und 2. Juli 1604, welche die Bewerbung des Priesters Cäsare Lupi aus Bergamo um diese Pfarre beim Tiroler Landesfürsten Erzherzog Maximilian unterstützten. Das Erbieten, „deutsche Gesellpriester" halten zu wollen, durch welches ein italienischer Kompetent um die deutsche Pfarre schon im Jahre 1560 deren Erlangung sich zu sichern suchte (52. 79), gewährte an und für sich wenig Schutz.

Valsugana", S. 30 von Roncegno: Die Höhen daselbst seien von einer Bevölkerung bewohnt, welche mehr deutsch als italienisch spricht und von den Cimbern abstammt (che parlano più Alemano che Italiano, che sono della descendenza di Cimbri). 120 Jahre später versicherte M. Pezzo (54. 1. 44), die Einwohner von Roncegno hätten ihm auf die Frage nach ihrer Abkunft geantwortet: „Biar sain Cimbern", und er habe dort Familiennamen wie Speckar, Lotar, Echar, vorgefunden. Ausserdem führt er (ebenda 2. 52) aus der handschriftlichen Abhandlung des älteren de' Bartolomei (Simon Peter) „De Orientalium Tyrolensium praecipue Alpinorum originibus", welche dessen Sohn Franz Stephan im Januar 1763 von Pergine aus an den Grafen Karl Firmian schickte, eine Stelle an, welche den Zusammenhang jener Bergbewohner mit den Cimbern betont und ihr Deutschsprechen ausser Zweifel stellt [1]), wogegen von den in der Ebene wohnenden Rundtscheiner Bauern rückhaltslos eingestanden wird, dass sie durchweg der italienischen Sprache sich bedienen (italice loquuntur) [2]). Ebenda wird ferner vom Dorfe Telve mit Wiedergabe dessen, was der Erzpriester der hiesigen Pfarre Gian Franc. Pedri de' Mandeli in einer 1776 zu Venedig gedruckten Schrift darüber vorgebracht hatte, behauptet, dass hier, wie einst in Borgo, neben dem italienischen Pfarrer ein Deutscher seines Amtes waltete, und wird auf die damals noch dort bestandene „contrada Tedesca" hingewiesen; aber davon, dass in Telve noch im Jahre 1776 deutsch gesprochen wurde, ist keine Rede. Endlich meldet M. Pezzo mit Berufung auf jenen Erzpriester vom Dorfe Torcegno, einer ehemaligen Dependenz der Pfarre Telve, dass dort Spuren von Cimbern wahrzunehmen seien. Vom Dorfe Ronchi (Rautperg) wissen wir nur, dass noch im Jahre 1585 ungefähr der dritte Teil aller hiesigen Höfe und Grundbesitzer deutsche Namen trug, was auch auf dem Rundtscheiner Berge der Fall war, während zu Borgo, Ober-Telffs und Castelnöff bloss ein Viertel diese Eigenschaft aufwies (52. 79). Die Gerichtsbarkeit zu Telvana, unter welcher die vorgenannten Dörfer und der Markt Borgo standen, übten Jahrhunderte lang Deutsche aus, so 1450 Bernhard Gradner, 1454 Leonh. Braideneck, 1455 Leonh. Anich, 1459 Otto Honinger, 1462—1652 die Freiherrn von Welsperg.

[1]) Beda Weber hat (83. 2. 533) noch vor beiläufig 50 Jahren von der Bevölkerung der 3 hinter dem Dorfe Roncegno gelegenen Berge (monte di Tesobo, monte di mezzo und St. Brigittenberg) behauptet, dass unter ihr die deutsche Sprache fortlebe, allerdings mit dem Beisatze: „nicht mehr lange wird es währen, so ist die deutsche Sprache ganz verschwunden."

[2]) Welchem Bedrängnisse die Deutschen zu Rundtschein ausgesetzt waren, erhellt aus einem Mandate der Innsbr. Regierung vom 25. April 1547 („Entbieten und Bevelch", Bl. 213 im I. St.-A.), womit sie den Siegmund Freiherrn von Welsperg beauftragte, die Inhaber des Strällhofs zu Rundtschein vor den Plackereien zu schützen, welche der Pfarrer Dominik Pallude als Zehntherr und der Trientner Bürger Baptista Geraldi als Zinsberechtigter ihnen zufügten. Den genannten Hof hatten Hans Ringler und dessen Brüder als Lehenträger inne. — Im Pfarrdorfe Masi di Novaledo bekam Schmeller (59. 590) eine im Jahre 1810 aufgezeichnete Probe des Dialektes von Rundtschein zu Gesicht. Dass aber diese damals unmittelbar dem Volksmunde entnommen wurde, ist zu bezweifeln.

Späterhin residierten freilich Italiener teils als Gerichtsherren, teils als deren Stellvertreter auf dem Schlosse Telvana, so 1652 bis 1661 Michael Fedrigazzi, 1661 die Grafen Jakob und Marino Natali (Venetianer), 1662–1788, wo das Schloss Eigentum der Gemeinde Borgo wurde, die Familie Giovanelli, welche die Gerichtsbarkeit erst im Jahre 1831 dem Landesfürsten heimsagte und seit dem Jahre 1727 durch Mitglieder der Familie d'Anna, der reichsten, die es zuletzt im ganzen Brentathale gab, ausübte (1. 67). Ebenso war das benachbarte Schloss Castellalto bis zum Jahre 1652 in deutschen Händen. Der Letzte der Familie, welche sich danach nannte, Franz von Castellalt, war so wenig Italiener der Gesinnung nach, dass seinen Grabstein in der Pfarrkirche zu Telve (Telffs) vielmehr eine deutsche Inschrift ziert und er sich die Familie Trautmansdorf durch Verheiratung einer seiner Töchter mit einem Mitgliede derselben zur Nachfolgerin in seinem Besitze erkor (46. 257, 258), welche auch das Schloss bis um die Mitte des siebzehnten Jahrhunderts festhielt. Dann folgten ihr im Besitze desselben die Buffa und die Zambelli aus Bassano, welche der damit verbundenen Gerichtsbarkeit erst im Jahre 1828 sich begaben (1. 65). Ein drittes Schloss im Valsugan, namens Ivano, war sogar vom Jahre 1412 an, wo Herzog Friedrich von Tirol den Leopold Zobel zum Hauptmann daselbst einsetzte, mit kurzer, durch Okkupation seitens der Republik Venedig bewirkter Unterbrechung bis in die neueste Zeit herauf im Besitze deutscher Adelsfamilien (der Grafen von Welsperg, Altringer und Wolkenstein) (1. 88, 89); allein für die Umgebung dieses Schlosses war dies in nationaler Beziehung gleichgültig, da dieselbe doch schon von den ältesten Zeiten her Romanen zu Bewohnern hatte [1]). Daher ist auch der im Jahre 1668 getroffenen Anordnung der Innsbrucker Regierung, dass alle an die Herrschaften Telvana und Ivano zu richtenden Kanzleiexpeditionen in deutscher Sprache auszufertigen seien (Resol.-Buch in der Bibl. Tirol. Handschrift 1176. Bl. 143), höchstens bezüglich der erstgenannten Herrschaft einiges Gewicht beizulegen. — Zu Vignola wird der Unterricht für die oberen Klassen der Volksschule, zu Luserna durchaus in deutscher Sprache erteilt.

V. Das Etschthal von der Sprach- bis zur Landesgrenze mit Ausnahme der Städte Trient und Rovereto.

An dieser Thalstrecke nehmen teil: vom Politischen Bezirk Trient der Gerichtsbezirk Lavis mit 87 Deutschen neben 8506 Italienern, und zwar Markt Lavis mit 32, Dorf St. Michael (wo eine auch von Deutschen besuchte landwirtschaftliche Lehranstalt sich befindet) mit 45, das Dorf Faedo mit 8; ferner der Gerichtsbezirk

---

[1]) Auf diese Gegend passt vollkommen, was Ambrosi (1. 16) von der „popolazione della Valsugana" überhaupt sagt: „Pare ... che si sia formata da gente venute su pel corso del Brenta e da altre che vennero dalla parte opposta da occidente, dove si fece la mescolanza delle genti itale coi Cenomani ed altri Galli."

Mezzolombardo mit den Ortsgemeinden Wälschmetz (Mezzo lomb., 54 Deutsche, 3354 Italiener), Deutsch-Metz (Mezzo tedesco, 32 Deutsche, 1792 Italiener), Aichholtz (Roverè della Luna, 9 Deutsche, 790 Italiener), Grumo (kein Deutscher), Schöffbruck (Nave St. Rocco, 2 Deutsche, 331 Italiener), Zambana (kein Deutscher) und Fai (kein Deutscher), zusammen also mit 97 Deutschen (neben 7156 Italienern); dann der Gerichtsbezirk (Umgebung) Trient mit 4 Deutschen neben 12 606 Italienern. Den Abschluss gegen Süden, die Seitenthäler mit eingerechnet, bildet der gesamte Politische Bezirk Rovereto mit 281 Deutschen neben 50 958 Italienern. Von diesen wenigen Deutschen entfallen 215 auf den Gerichtsbezirk (Umgebung) Rovereto, und zwar auf die Ortsgemeinden Calliano 2, Lizzana 7, Marco 5, Sacco (wo eine grosse Tabakfabrik ist) 40; der Rest jener 215 verteilt sich auf die Seitenthäler Folgaria (Vilgreidt) mit 152 (Fraktion Folgaria 45, Guardia 5, Mezzomonte 9, Nosellari 43, St. Sebastian 26, Serrada 24) und Vallarsa mit 9. Die am rechten Ufer der Etsch gelegenen Gerichtsbezirke Nogaredo und Mori zählten nur 6, bezw. 11. Der Gerichtsbezirk Ala endlich war Ende 1880 von 49 einheimischen Deutschen bewohnt, von welchen die Stadt Ala (Grenzstation) 33 beherbergte, auf die Ortsgemeinden Avio und Borghetto aber 6 bezw. 9 entfielen.

Gesamtsumme: 469 Deutsche (neben 79 226 Italienern).

Der Nordrand dieses Gebietes fällt mit dem Streifen Landes zusammen, um welchen die deutsche Sprachgrenze im Hauptthale der Etsch seit ungefähr 130 Jahren zurückgewichen ist. Die dadurch dem italienischen Sprachgebiete zugewachsenen Ortsgemeinden sind: am rechten Ufer der Etsch Aichholtz, Deutsch-Metz, Grumo und Schöffbruck; am linken Ufer St. Michael, Faëdo und Lavis. Der Flächenraum, welchen diese 7 Gemeinden einnehmen, beträgt 12 043 österr. Joche, also 1⅓ österr. Quadratmeilen = 69 Quadratkilometer. Allerdings war dieses Gebiet auch vor mehr als 130 Jahren der Bevölkerung nach kein rein deutsches, sondern von jeher auch Wohnsitz von Italienern. Allein diese machen erst seit der Mitte des vorigen Jahrhunderts hier, besonders am südlichen Saume, die Mehrzahl aus, und eine uralte Ueberlieferung bezeichnet die Nocemündung einerseits, die des Avisio andererseits als nationale Grenzmarken. Das Dorf Aichholtz anerkennt Tartarotti in einem Briefe an Muratori d. d. Rovereto 13. April 1743 (77. 53) als von Deutschen bewohnt, indem er schreibt: „Roverè dalla Luna, villa sopra Trento . . . . da' suoi propri abitanti, che parlano la lingua Tedesca, chiamata Eicholtz", und Chiusole (20. 5) thut noch im Jahre 1787 desgleichen. Deutsch-Metz, dessen Gemeindeakten seit dem Jahre 1400 in deutscher Sprache verfasst wurden (24. 37), büsste seinen deutschen Charakter durch das Eindringen der Nonsberger und durch die vielen Kolonen ein, welche von italienischen Grundherrn aus der Trientner Gegend hierher verpflanzt wurden. Im Jahre 1756 überwogen hier, dann zu Schöffbruck und Aichholtz unter den kleinen Besitzern bereits die Italiener, wogegen im Weiler Grumo, also unmittelbar an der Mündung des Ulz-(Noce-)flusses in die Etsch die Deutschen noch in der Majorität waren. Am linken Ufer machte im achtzehnten Jahrhundert das Dorf St. Michael wohl nur mehr auf Durchreisende den Eindruck eines deutschen Orts. Denn ausser den Wirten, welche fast in ununterbrochener Reihenfolge Deutsche waren, und den sogen. Strassengewerben gab es dort damals bloss im Augustiner Chorherrnstifte Deutsche in grösserer Anzahl. Diese Ansammlung deutscher Priester, welche der französischen Zwischenregierung im Jahre 1810 zu solchem Anstosse gereichte, dass sie den Konvent deshalb („così per essere essi quasi tutti Tedeschi" heisst es in der handschriftlichen Geschichte des Klosters von Carlo Gramatica) auflöste, wirkte übrigens im weiteren Umkreise erhaltend auf die deutsche Nationalität. Denn aus ihrer Mitte wurden die Pfarren Lavis, Pressano, Giovo, Faëdo besetzt. So war z. B. der Chorherr P. Theobald Larch aus Sterzing (am Brenner) im Jahre 1786 Seelsorger zu Giovo. Den Deutschen zu Lavis kam auch zu statten, dass, obschon seit 1648 die Brüder Zenobio und später die Conti Albrizzi aus Venedig das Gericht Königsberg, dem alle diese Orte gehorchten, innehatten, doch häufig Mitglieder der deutschen Familie Schuldhaus von Nevisburg, deren Stammsitz zu Lavis jetzt Eigentum der italienischen Familie Viero ist, die Hauptmannsstelle auf Schloss Königsberg bekleideten. Dies hinderte aber freilich nicht, dass der nach dem Avisio (Aviso): Navis, Neves, Nevis genannte Ort, dessen Bevölkerung um die Mitte des sechzehnten Jahrhunderts ausschliesslich deutsch sprach (52. 74. 75), nach seiner Zerstörung durch diesen Wildbach im folgenden Jahrhunderte von Pressano aus mit Italienern besiedelt und so das deutsche Element verdrängt wurde (3. 110). Seither machte die Entdeutschung des Ortes solche Fortschritte, dass Beda Weber schon vor 50 Jahren durch die „italienische Bauart fest aus Stein", durch „italienische Sitte in Buden und Kaufläden", durch „italienische Zutraulichkeit in Ansprache und Neugier" dort auf den Gedanken gebracht wurde, er befinde sich in einer Vorstadt von Trient (83. 2. 482). Nordöstlich von Trient erinnert der Calisberg an den einst durch Deutsche hier betriebenen Bergbau. Von der gegen Pergine zu gelegenen Gemeinde Povo (Paho) ist mit gutem Grunde zu vermuten, dass sie bis ins achtzehnte Jahrhundert deutsche oder wenigstens von Deutschen abstammende Bewohner hatte. Denn die 1792 gedruckten „Documenti del Comune di Trento d'aver macello pubbl. nel distretto del Comune di Povo" machen uns mit vielen dieser Gemeinde angehörenden Eigennamen bekannt, welche deutsches Gepräge tragen; so z. B. beim Jahre 1538 mit einem Andreas Tophole (Stoffele?), beim Jahre 1699 mit dem Syndikus Lorenz Frizera (Fritscher?), beim Jahre 1709 mit dem Syndikus Franz Ossel und mit einem Deputierten der Gemeindefraktion Pantè, namens Nicolò Giovanni detto Rengo (Renk) ove Migol. Was diese Vermutung unterstützt, ist die Kundmachungsart, mittels welcher am 20. Juli 1699 ein Auftrag der Stadtgemeinde Trient zu Povo öffentlich verlautbart wurde. Ein Notar, zugleich Kanzlist der Stadt, verlas ihn, d. h. wohl den italienischen Originaltext, und der Stadtoffizial Steph. Saxo verkündete ihn sodann in Gegenwart des vorerwähnten Ossel und des Trientner Bürgers Georg Paurnfaint, also wohl in einer vom Originaltexte abweichenden Sprache. Am entgegengesetzten Ufer der Etsch, nächst der St. Georgskirche alla Scala hinter Doss Trent ertönte noch um das Jahr 1670 jährlich eine im Freien gehaltene deutsche Predigt, und zwar am St. Georgstage, wo die Confreria Alemanna (die deutsche Bruderschaft) von Trient prozessionsweise dahin zog (11. 31). Steigt man die vom Velabache durchbrauste Schlucht bis zum Ursprunge des Baches hinan, so gelangt man zu den Masi di S. Anna oberhalb Sopramonte. Hier stand noch um die Mitte des fünfzehnten Jahrhunderts ein Augustinerkloster, dessen Prior im Jahre 1445 Johann Nachtrausburg war (9. 159). Zu Sopramonte selbst sassen freie Leute, welche im Jahre 1256 einen kaiserlichen Schutzbrief erhielten (Codex Wangianus, herausg. von Kink, Font. Rer. Austr., Wien 1852, S. 369). Man wird wohl dahinter Deutsche vermuten dürfen, denen die hiesige Passsperre anvertraut war.

Ostwärts von Calliano, das schon nahe an Rovereto liegt, erstreckt sich die Gebirgsgegend Vilgreidt (Folgaria) [1]), deren am Abhange des Cornetberges befindlicher Hauptort la Villa heisst und welche ausserdem die Nachbarschaften (Vicinie) Nosellari, St. Sebastian, Serrada, Guardia und Mezzomonte in sich begreift. Mit dem Weiler Nosellari reicht sie an Lavarone, somit an den Gebirgsstock zwischen dem Brenta- und Asticothale, hinan und berührt sie die italienische Grenze. Ihre Besiedlung soll, und zwar auf dem Bergrücken Costa Cartura, zu Anfang des dreizehnten Jahrhunderts begonnen haben (17. 13). Ursprünglich nach Volano, welches Dorf zwischen Calliano und Rovereto an der Etsch liegt, eingepfarrt, erhielt sie zwar frühzeitig schon einen besonderen Seelsorger, blieb aber doch in einer gewissen kirchlichen Abhängigkeit von dieser Pfarre (17. 120). Unter den Priestern, welche im Vilgreidt selbst wohnten, begegnen wir beim Jahre 1464 einem Wiener (Joh. Gehorsam), 1511 einem Augsburger (Joh. Scensbergher), 1596 einem aus der Würzburger Diözese zugewanderten Deutschen (Jakob Denck), der für die Rechte seiner Pfarrkinder gegenüber den Ansprüchen des Herrn von Beseno so kräftig eintrat, dass die Schergen des letzteren ihn durch Ermordung beseitigten. Indessen hatte der Gebrauch der italienischen Sprache beim Gottesdienste und bei Gericht schon um das Jahr 1560 die Oberhand gewonnen (17. 15), und da die Ehen der Einheimischen wenig fruchtbar, die Auswanderungen häufig, die Zuwanderungen aus italienischen Gegenden aber zahlreich waren, so vollzog sich die Italienisierung der alten deutschen Einwohner rasch, zumal seit dem Jahre 1671 fast nur Italiener da als Seelsorger wirkten, und die einzigen deutschen Nachschübe, welche eine Zeitlang jenen Abgang ersetzten, nämlich die aus den vicentinischen Sette Comuni immer seltener wurden (17. 179). Als Haussprache hat sich das Deutsche zu St. Sebastian erhalten, wo seit etwa 7 Jahren auch eine deutsche Volksschule besteht, welche dafür sorgt, dass es daselbst nicht ausstirbt. Auch im Hauptorte La Villa wurde im Jahre 1879—1880 deutscher Unterricht erteilt und stand

[1]) Christ. Schneller schreibt (62): Folgareit, v. Attlmayr (5): Vilgrait; ich halte mich bei der Schreibart „Vilgreidt" an die Steuerbücher des sechzehnten Jahrhunderts, welche in meinem Besitze sind.

vor kurzem die Begründung einer stabilen deutschen Schule in Aussicht, da der Gemeindevorsteher Leitenberger dazu die Hand zu bieten schien (27, Nr. 231). Von der ehemaligen weiten Verbreitung deutschen Volkstums in dieser Gebirgsgegend legen viele Lokalnamen Zeugnis ab, welche zerstreut oder auch zu Gruppen vereinigt dort fast allenthalben angetroffen werden: so z. B. im Bereiche des Hauptortes die Weiler Erspameri, Negheli, Peneri; ferner im Bereiche der Fraktion Guardia das Dorf Onderthal (Olterthal?) unweit der Grenze des alten Burgfriedens, von welchem das Schloss Stein am Callian (Pietra di Calliano) umgeben war. Auf der Anichschen Karte von Tirol ist auch ein Weiler namens Rospocheri nächst dem Schlosse Beseno verzeichnet, und von der Ortsgemeinde Besenello gilt es für eine ausgemachte Sache, dass sie ein Ableger der Vilgreidter Deutschen ist (17. 179). Zu Serrada vernahm der Kreisgerichtspräsident von Attlmayr noch im Jahre 1862 deutsche Laute aus dem Munde eines älteren Weibes (5. 91), und von den Mühlen zu Guardia erwähnt der Verfasser des Aufsatzes „Tirol mit Vorarlberg“ im IV. Band der „Gegenwart“ (Leipzig 1850), dass dort deutschsprechende Müller und Mahlknechte sich damals befunden haben sollen. Ebenda wird nach den im Jahre 1847 gemachten Wahrnehmungen des Professors Gotthard aus Freising mitgeteilt, dass zu St. Sebastian der von diesen Gebirgsbewohnern „Slapero“ genannte deutsche Dialekt im häuslichen Verkehre gebräuchlich war, was sich seither nicht geändert hat. Zu Besenello und zu Calliano wirkten im sechzehnten Jahrhundert deutsche Priester (52. 76, 77), und an letzterem Orte war damals die Familie Westerstetten heimisch (20. 179), während in dem dabei liegenden Schlosse (Pietra) im Jahre 1548 Graf Paul Sixt Trautson geboren ward (Notizbl. der k. Akad. d. W. in Wien, I. Jahrg., S. 243). Der Ort Volano (Avenlon) hiess im Jahre 1204 (52. 76. Note 1) und noch im Jahre 1532 Nussdorf (R. d. I. Sch.-As. III, 207). Im Jahre 1464 war hier Wolfg. von Mühlbach Pfarrer (52. 76, Note 1). Wenn das Dorf „Wolaut, teutsch Nosdorf“, dessen ein von Schmeller (59. 570, Note 2) citierter Reisender gedenkt, mit Volano identisch ist und der bezügliche Reisebericht Glauben verdient, war daselbst noch im Jahre 1652 die deutsche Sprache allgemeine Umgangssprache. Uebrigens machte die Ausbreitung des deutschen Elements bei Calliano nicht am Etschflusse Halt, sondern es griff aufs andere Ufer hinüber.

Im Jahre 1497 war Michael Westerstetten Pfleger zu Nomi (Tavel der Bevelch von 1496/7, Bl. 35 im I. St.-A.), welche Burg sowie auch Castellbarco Kaiser Max I. 3 Jahre zuvor kaufweise an sich gebracht hatte, freilich nur, um sie 1511 an Pelegrin de Buxiis-Castelletti aus Mailand zu verkaufen (2. 27). Ein Priester Andreas de Alemania war im Jahre 1449 Rektor der Kirche des heil. Anton bei Castellbarco (20. 62). Weiter abwärts finden wir am rechten Etschufer die beiden Herrschaften Castellcorn und Isera vom Jahre 1499 an bei der Tiroler Familie Liechtenstein, welche bis zu ihrem im Jahre 1768 erfolgten Aussterben dieselben inne hatte, worauf die Grafen Podstatzky-Liechtenstein in deren Besitze folgten (20. 59). Zur Herrschaft Castellcorn gehörten seit 1509 auch die Dörfer Nomesino und Marzano, welche somit vor dem Drucke italienischer Gerichtsherrn bewahrt blieben (Jos. v. Sperges, Hist. Nachr. von Castelcorno, Handschrift 928 der Bibl. Tirol. S. 28). Das Schloss Stein am Callian dagegen kam im siebzehnten Jahrhundert an die Freiherren von Fedrigazzi und von Giovanelli (53. 2. 380), und die Grafen Trapp hatten als Gerichtsherren zu Beseno mit den Vilgreidler Deutschen von der Zeit an, wo die Republik Venedig diese sich huldigen gemacht hatte, nichts mehr zu schaffen, wenn sie gleich ihre vorigen Rechte über dieselben wiederholt zur Geltung zu bringen suchten (17. 28, 34, 45). Am linken Etschufer schloss sich an den Bezirk der eben genannten Gebirgsbewohner das Gebiet von Terragnollo, einst (vom Bache Leno, der zu deutsch Leim hiess) „im Leym“ genannt. Es wird in einer Aufzeichnung vom Jahre 1532 (52. 77) nebst Noriglio (Orill) und Saltaria, welches jetzt eine Fraktion von Noriglio ist, den „teutschen Berg-Commaunern“ im Bereiche der Podestaria von Rovereto zugezählt, denen da ausserdem die Gemeinden Trambilleno (Trumblayt) und Vallarsa (Vilartz) angereiht erscheinen. Von allen diesen Gemeinden gilt, dass ihre Angehörigen zumeist deutschen Ursprungs, aber dermalen bis auf einige Ortsfremde, die sich in ihrer Mitte aufhalten, gänzlich italienisiert sind. Von der Gemeinde Terragnollo wissen wir genau, wie dies zuging. Im „Florilegio scientif.-stor.-letter. del Tirolo Italiano“, welches Buch 1856 zu Padua gedruckt wurde, ist nämlich eine um das Jahr 1820 geschriebene Denkschrift eines Giovampietro Beltrami abgedruckt [1]), in welcher das Verdienst(?), dies durch Einschüchterung der Bevölkerung bewirkt, d. h. erzwungen zu haben, dem Priester Don Leonardo Zanella zugeschrieben wird, welcher in der Zeit von 20 Jahren (beiläufig zwischen 1800 und 1820) das altdeutsche Idiom zum Schweigen brachte, so dass dessen „Tod“ unmittelbar bevorstand (di che noi veggiamo quel tale idioma a tale stato, che in brevissimo tempo egli sarà morto e sepolto) [2]). In der That fristete dasselbe vor 40 Jahren, wie damals Professor Gotthard aus Freising konstatierte, im Bezirke von Terragnollo nur noch kümmerlich sein Dasein. Zu Piazza, dem Sitze der Thalpfarre, lebte damals als der einzige Mann, der seiner mächtig war, ein Greis von 80 Jahren, welcher aber noch der Zeit, wo Jedermann daselbst deutsch sprach, sich gut erinnerte. Man besann sich dort auch noch deutlich des Pfarrers, der „nur noch welsch beichten liess und so das Slapero emsig wegfegte“ (Gegenwart IV, 66). Ein harter Schicksalsschlag, welcher diese Gemeinden traf, war die im Jahre 1465 erfolgte Verdrängung des deutschen Erzpriesters Gonobitzer (Giorgio Ganobicer, Tedesco) aus der Hauptpfarre zu Lizzana, wohin sie sämtlich gehörten, und dessen Ersatz durch den venetianischen Patrizier Leonardo Contarini (77. 85). Dies hängt mit der damaligen Ausbreitung der venetianischen Herrschaft über diese Gegenden zusammen, welche von 1439—1509 dauerte und deren Be-

[1]) Sie führt den Titel „Memoria intorno alla vita e alla morte della lingua dei popoli di Terragnollo“.

[2]) Hierauf bezieht sich die Bemerkung Schmellers (59. 591): er habe gehört, dass in Terragnollo denjenigen, die nicht italienisch zu beichten imstande sein würden, mit Verweigerung der Absolution gedroht sei.

ginn durch die Freibriefe, welche die Republik den einzelnen Gemeinden erteilte (so an Terragnollo und Vallarsa unterm 29. August 1439, an Trambilleno unterm 18. Januar 1440, an Folgaria unterm 8. November 1440, s. 87. 1. 310), deutlich gekennzeichnet ist. Wie weit aber das Vorhandensein einer deutschen Bevölkerung dort zurückreichte, ergibt sich aus der am 9. März 1225 zu Rovereto (in villa Rovredi) in Gegenwart der Gemeindevertreter (in communi regula) durch den Schlossherrn Jakobin von Lizzana vollzogenen Bestellung des Manfred von Lizzana zum Schaffer (villicus), dessen Aufgabe es war, den Deutschen und Romanen daselbst, sowohl in der Thalsohle als rings auf den Bergen, Recht zu sprechen (ad racionem faciendam ... in plebatu Lizanne in monte et plano, teutonicis et latinis — 87. 1. 467). Als Wahrzeichen deutscher Vergangenheit, welche dem Wechsel der Nationalität bisher trotzten, sind hier ihres Namens wegen zu nennen: in Trambilleno die Dörfer Moscheri, Pozzacchio (Poschacher?), Toldo; in Terragnollo die Dörfer Baisi (Weiss), Camperi, Dieneri, Maureri, Peltrari, Pergheri, Puechem, Stedeleri, Zencheri, Zorreri, sowie die Weiler Gherteri (und Pintereben, welcher Name bei Perini II, 545 und auf der Anichschen Karte sich findet); in Vallarsa die Dörfer Cumerlotti, Ruspi, Staineri, sowie die Einzelnhöfe Speccheri, Rida, Arlanch, Norder. — Tief unten im Etschthale, gegen den Ausgang zu, liegt das Städtchen Ala, unter dessen Priestern im Jahre 1214 ein Diakon Walland, 1339 ein Pfarrer Dietrich erscheint (53. 2. 9, 10) und in dessen Nähe das St. Margaretenkloster sich befand, dem im Jahre 1417 Nicolaus de Alemania als Prior mit Konrad von Schorndorf als Prokurator zur Seite vorgestanden ist (52. 76). Am einfachsten erklären sich diese Spuren einer dort bestandenen deutschen Seelsorge aus der Nähe der sogen. Tredeci Comuni im veronesischen Gebiete, welche gleichzeitig bis an die heutigen Grenzgebirge von Tirol mit Deutschen dicht besetzt waren. Deutsche Sprachkurse sind an den Volksschulen zu Mezzolombardo und St. Michael eröffnet. Von der deutschen Schule zu St. Sebastian war schon oben (S. 447) die Rede.

VI. Die Städte Trient und Rovereto.

Die Stadt Trient zählte zu Ende des Jahres 1880 trotz der 1508 Köpfe starken Militärgarnison, welche 819 Deutsche in sich begriff, neben 16 906 Italienern bloss 1352 Deutsche, wobei in Anschlag zu bringen ist, dass die hiesige bischöfliche Diözesanlehranstalt stets von Kandidaten des Priesterstandes aus dem deutschen Anteile des Trientner Bistums besucht wird, und dass die hier zahlreiche Beamtenschaft ungefähr zum vierten Teile aus Deutschen besteht. Unter der ansässigen Bevölkerung der Stadt ist demnach die deutsche Nationalität heutzutage so gut wie gar nicht vertreten. Es gibt da kein Dutzend deutscher Bürger von einigem Ansehen und Vermögen, obschon es nicht an Trägern deutscher Namen fehlt, welche in und bei Trient reich begütert sind. Die letzteren gehören eben Familien an, welche dem Deutschtum entfremdet sind oder wenigstens sich selbst längst nicht mehr zu den Deutschen rechnen, wenn sie gleich mit diesen noch Fühlung, ja unter ihnen Verwandte haben und deshalb schon des Gebrauchs der deutschen Sprache sich nicht ganz entschlagen. Im Mittelalter dagegen und in der neueren Zeit, bis vor etwa zwei Jahrhunderten, war ein beträchtlicher Teil der zu Trient ansässigen Bevölkerung deutsch, und noch im Jahre 1798 gab es hier unter der Kaufmannschaft hervorragende Firmen, welche nicht nur deutsch klangen, sondern deren Inhaber auch die deutsche Abkunft in der Regel nicht verleugneten, so z. B. die Handelshäuser Auckenthaler, Palmer, Cadauner, Oftele, Rohr, Eberle, Wenser, Permann, Zwifelbaur u. s. w. (11. 26). Indessen bewirkte doch der internationale Beruf des Kaufmanns, dass dieser Kreis der Trientner Bürger das Italienische bereitwillig als Verkehrssprache annahm und sein Nationalbewusstsein dem Geschäftsinteresse unterordnete. Weniger war dies bei den Wirten, welche deutsche Gasthöfe hielten, der Fall, und in ihrer Mitte mag noch am längsten die alte Tradition der Trientner Deutschen, welche im fünfzehnten und sechzehnten Jahrhundert nicht selten gerade durch Wirte im Rate der Stadt vertreten waren (12. 113, Note 1) sich behauptet haben. Wenn in neuester Zeit Trient als eine Stadt hingestellt wurde, für deren ältere Vergangenheit deutsche Einflüsse massgebend waren, so ist dies eine arge Uebertreibung des wahren Sachverhalts (42. 266, 267). Zur Herrschaft sind die Deutschen hier nie gelangt, obschon die Trientner Fürstbischöfe, deren Residenz sie von den ältesten Zeiten her war, grossenteils ihre Nationsgenossen waren und erst im Jahre 1289 ein Italiener, dem die Verbreitung seiner Nationalität am Herzen gelegen sein mochte, Philipp Bonacolsi aus Mantua, den Trientner Bischofsstuhl bestieg, auf welchem ihm im Jahre 1304 ein Venetianer, Bartholom. Quirini, folgte. Vierzig Jahre später suchte Joannes de Pistorio sich desselben zu bemächtigen; allein es gelang ihm nicht, und ein alter Katalog dieser Bischöfe legt ihm das Prädikat „Cortisanus de Tuscia" bei. Dann lösten sich auf demselben Deutsche oder doch solche Prälaten, welche keine Italiener waren, bis ins sechzehnte Jahrhundert hinein ab (16. 77 ff.), und ob Kardinal Bernhard von Cles, ob die vier Madruzze, ob die Südtiroler, welche im siebzehnten und achtzehnten Jahrhundert jene Würde bekleideten, sich als Italiener fühlten, das bedarf erst noch des Nachweises [1]). Auch im Trientner Domkapitel

[1]) Nach einer gütigen Mitteilung meines Herrn Kollegen Dr. Arnold Ritter von Luschin-Ebengreuth, welcher sich das Studium des österreichischen Studententums an den italienischen Universitäten zur besonderen Aufgabe gemacht hat, liessen die Angehörigen des Nonsberger Adels sich an den Hochschulen zu Padua, Bologna, Siena u. s. w. regelmässig in die Matrikeln der deutschen Nation einschreiben, was im Gegensatze zu anderen Unterthanen des Fürstentums Trient, welche der italienischen Nation sich aggregierten, als Aeusserung des nationalen Bewusstseins in Betracht kommt. Vom Kardinal Ludwig Madruzz ist obendrein bekannt, dass die deutsche Nation zu Siena ihn wiederholt als Landsmann und Beschützer ihrer Angelegenheiten beim Papste um seine Vermittlung anging, und der Kardinal Christoph Madruzz machte kein Hehl daraus, dass die deutsche Sprache seine „Muttersprache" sei (11. 37, Note 2). Auch Kardinal Cles bekleidete das Amt eines Protektors der deutschen Nation (86. 5. 174).

überwog nicht oft der Zahl nach das italienische Element. Aber an Versuchen, diesem daselbst das Uebergewicht zu sichern, hat es allerdings nicht gefehlt [1]) und was den italienischen Domherrn an numerischer Bedeutung abging, das ersetzten sie durch ihre Rührigkeit und Gewandtheit [2]). Bei allen Fragen, die einen nationalen Beigeschmack hatten, konnten sie auch auf die Mitwirkung der mächtigsten Bürgergeschlechter der Stadt, ja zuweilen auch der gemeinen Volksklasse rechnen, die sich durch italienische Agitatoren leicht zu Aufständen hinreissen liess [3]). In solchen Fällen spielte die deutsche Bevölkerung eine untergeordnete Rolle, ausser wenn sie der Bewegung sich anschloss, wie es in der Zeit von 1426—1436 geschehen zu sein scheint, wo Deutsche und Italiener gleichmässig durch den Bischof Alexander von Masovien und dessen polnische Umgebung sich bedrückt wähnten [4]). Damals näherten sich die beiderseitigen Nationsgenossen und gewannen solchergestalt die Deutschen in Trient steigenden Einfluss auf die Leitung der Stadtgeschäfte [5]). Sie verstärkten sich nun auch durch Zuzug von aussen [6]) und einzelne aus ihnen genossen die Vorrechte des Adels [7]).

[1]) Schon unterm 7. September 1507 erliess Kaiser Max I. an seinen Stadthauptmann zu Trient den Auftrag, die nach österreichischen Pfründen lüsternen „Cortisanen von Rom" abzuwehren, und bald darauf beklagte er sich bei der oberösterreichischen Regierung in Innsbruck über „Unordnung und Geschwindigkeit", womit diese Priester „einzudringen sich untersteen" (Resolutionenbuch in der Bibl. Tir.).

[2]) Daher hat der Trientner Bischof Ulrich von Liechtenstein den Kaiser Max schon im Jahre 1496, in Rom zu erwirken, dass sein Hochstift als „inn der teutschen Nation" begriffen und den mit dieser abgeschlossenen Konkordaten unterworfen anerkannt werde (I. St.-A. Maximil. IX. 79). Vgl. 16, 109.

[3]) Die Trientner leisteten zwar der Aufforderung des Volkstribuns Nicolò Rienzi, an der Befreiung Italiens mitzuwirken, im Jahre 1347 keine Folge; aber zu Anfang des fünfzehnten Jahrhunderts empörten sie sich wiederholt, wobei Rudolf von Bellinzona den Führer machte und worüber der Paduaner Rechtsgelehrte Fr. Zabarelli im Jahre 1407 ein Gutachten abgab, in welchem es heisst: die Aufständischen hätten „Viva el popolo e el segnore e mora y traditori" gerufen. Siehe Cl. W. Graf Brandis, Tirol unter Friedrich von Oesterreich, Wien 1823, S. 36 ff. (insbes. Urk. 25). Vgl. das Werk „Die Kirche des heil. Vigilius" etc. Bozen 1825. S. 167 ff.

[4]) So heisst es in einer Eingabe der Bürgerschaft von Trient an den Herzog Friedrich von Tirol vom Jahre 1436 (bei Jos. v. Sperges, Collectanea Tridentina, Bibl. Tir. Handschrift 227, S. 12): die polnische Dienerschaft des Bischofs Alexander sei von Hass erfüllt „in cives tam Teutonicos quam Italicos".

[5]) Das ist der richtige Sinn der Erzählung des Fr. Felix Faber (23. 75): „Non sunt multi anni elapsi, quod Theutonici in illa civitate erant hospites et pauci; nunc vero sunt cives et urbis rectores". Vgl. 52. 62—65; 43. 265 (wo das Emporkommen des deutschen Elements den Begünstigungen, welche die Bischöfe und deren Vasallen ihm angedeihen liessen, zugeschrieben, jedoch auch zugestanden wird, dass in der St. Peterskirche im XV. Jahrhundert der deutsche Gottesdienst seinen Anfang nahm). Aus dem Jahre 1491 erliegt eine deutsch verfasste Beschwerdeschrift „der Burger und des Comawns" zu Trient im landschaftl. Archiv zu Innsbruck (Behältnis V, 193).

[6]) Um das Jahr 1485 machten die Trientner Deutschen geltend: „Quoniam vero modo plures honesti viri Alemani cum uxoribus, liberis et bonis suis hanc civitatem intrarunt" (52. 81).

[7]) So war Anton Schrattenberger ein Schwager des Anton von Lizzana, nach dessen Tode Bischof Johann Hinderbach im Jahre 1472 ihn mit dem Schlosse Lizzana und aller Zubehör belehnte (16. 148—152). Später erwarb derselbe auch die Castellbarcoschen Lehen. Odoricus Scratemperger war schon im Jahre 1407 bischöflicher Kämmerer (16. 124).

Aber dieser Aufschwung deutschen Wesens hatte in Trient keine Dauer. Um das Jahr 1485 zankten sich hier beide Nationalitäten um ihr numerisches Verhältnis und über die Vertretung im Stadtrate, welche die Deutschen diesem gemäss beanspruchten, indem sie den vierten Teil der ganzen Stadtbevölkerung auszumachen behaupteten, wogegen die Italiener dabei nicht auf die Volkszahl überhaupt, sondern auf die Bürgerschaft als solche gesehen wissen wollten und ihre deutschen Mitbürger bloss für den zwölften Teil derselben gelten liessen, auch ihnen vorwarfen, dass sie allesamt Handwerker, daher in den Gesetzen nicht genug bewandert seien. Letztere erwiderten, dass die Steuerbücher ihre Behauptung rechtfertigten, wichen jedoch dem die Bürgereigenschaft betreffenden Argumente so gut aus als dem Vorwurfe, dass sie nicht die erforderliche Bildung besässen (52. 87). Und für die damalige Zeit mag auch diese Einwendung gegründet gewesen sein. Aber um die Mitte des sechzehnten Jahrhunderts verhielt es sich damit anders. Als im April 1561 die österreichische Erzherzogin Eleonore, Braut des Herzogs Wilhelm von Mantua, zu Trient verweilte, wohnten einem Hofballe bei derselben die dort heimischen Deutschen sowohl als die Italiener (li Thodeschi et Italiani di Trento) nicht etwa als blosse Zuschauer, sondern als Tänzer bei, unter welche die Erzherzogin, selbst mittanzend, sich mengte („Arch. Trent." III. 16). Dies schliesst wohl die Annahme aus, dass jene Deutschen ungebildete Handwerker oder sonst Leute niedrigen Standes waren. Besass ja doch zu dieser Zeit ein Zweig der Familie Fugger einen Palast zu Trient: die spätere casa Zambelli (8. 22). Kurz vorher hatte auch Kaiser Ferdinand I. mit dem Dr. Schrattenberger zu Trient, dessen Familie hier altansässig war, wegen seines Eintritts in das Gremium des Reichshofrats unterhandeln lassen, allerdings mit Rücksicht auf dessen Vertrautheit mit der italienischen Sprache (Kopeybuch „Von d. kaysl. Mstt." Bl. 297 im I. St.-A.). Wenige Jahre später (1585) war der Weinhändler Khrottenprenner zu Trient Hoflieferant („Gemeine Missiven" von 1585, Anhg., im I. St.-A.).

Aber schon war der Zuzug auswärtiger Deutscher ins Stocken geraten (52. 71) und dafür drohte die Gefahr, dass eine Unmenge von Italienern in und um Trient sich niederlassen würde. Im Jahre 1572 hatte sich nämlich Dominik de Avanzini aus Riva in Verbindung mit einem Kaufmanne aus Lucca der Tiroler Regierung gegenüber anheischig gemacht, „biss in ain tausent frembder wälscher Seidenmacher gegen Triendt zu bringen". Das Projekt scheiterte an den Gegenvorstellungen der Stadtgemeinde Bozen, welche, um ihr Gutachten darüber angegangen, am 11. März 1572 nicht nur die Nachteile, welche für ihre Jahrmärkte daraus erwachsen mussten, hervorhob, sondern auch Zweifel äusserte, „obs thunlich wäre, ain so grosse Anzall frembder walchen in Triendt (daran dem Lande vil gelegen) einkhomen zu lassen; dann die Teutschen one das mit den wälschen in Triennt hoch übersetzt seindt" (B. Stdt.-A. Abtlg. V, 253). Aber mit dieser Vorsorge, dass das Deutschtum hier nicht mehr zurückgedrängt werde, war noch keine Abhilfe geschaffen. Vielmehr bezogen um jene Zeit welsche Barfüssermönche das Kloster, welches dort früher deutsche Ordensbrüder inne gehabt hatten (so klagt wenigstens ein Bericht der Innsbr. Regierung im Missivenbuche von 1585, Bl. 642), und die Stände Tirols sahen mit Wehmut, wie deutsches Wesen dort immer mehr in den Hintergrund trat. Am 5. August 1596 richteten sie daher vom Landtage aus an den Kaiser Rudolph II. die Bitte, „insonderheit darob und daran zu sein (inmassen vnser liebe Altfordern hierauf alzeit grossen Acht gegeben), damit das teutsche Wesen in Trient nit gar in Abgang komme, sondern vielmehr erhalten undt erweitert werde" (Abschriftl. Landtagsprotokolle im landschaftl. Archiv zu Innsbruck VI. Bd., S. 24). Zwar finden wir noch in gleichzeitigen Reiseberichten die Scheidung der Stadt in ein Quartier der Deutschen und in eines der Italiener betont [1]; aber 30 Jahre später geschieht auch dieses Gegensatzes keine Erwähnung mehr, sondern die Reisenden, welche damals Trient berührten, schildern die beiden Nationalitäten als daselbst vermischt und die Bewohner als durchwegs doppelsprachig [2], wie auch der Minorit Coronelli, welcher im Frühjahr 1696 dahin kam, in seinem „Viaggio d'Italia in Inghliterra" (Venedig 1697) S. 123 den Sachverhalt schildert (hanno l'uso promiscuo delle due lingue Italiana e Tedesca). Wie sehr zum Nachteile des Deutschen dies sich seither geändert hat, wurde oben bemerkt. Es ist nun wieder altromanisches Wesen, dem die gotische Okkupation im fünften Jahrhundert so wenig als die bajovarische im achten und neunten die Lebenskraft raubte, daselbst zum Durchbruch und die vornehmlich durch den römisch-katholischen Klerus genährte lateinische Ueberlieferung auf altrömischer Grundlage (3. 22, 23) zur Geltung gekommen. Deutscher Gottesdienst wird noch in der Markuskirche gehalten durch einen besonderen Kaplan, der auch eine deutsche Schule unterhielt, welche nun auf Staatskosten selbständig fortbesteht.

In der Stadt Rovereto wurden bei der Volkszählung vom Jahre 1880 auch so gut wie gar keine ansässigen Deutschen vorgefunden. Von den 336 Deutschen, die man damals neben 8160 Italienern hier zählte, waren weitaus die meisten (211) Soldaten und beiläufig ein Sechstel Staatsbeamte. Allein dass dem damals so war, während in früherer Zeit die deutsche Nationalität hier eine Achtung gebietende Stellung einnahm, das lässt sich hier weder auf eine Ueberlieferung von der Art der in Trient vererbten noch auf eine altrömische Grund-

---

[1]) So sagt Michel de Montaigne, welcher im Jahre 1580 Trient besuchte, in seinem Journal de Voyage (Rome — Paris — 1775, I, pag. 135) von dieser Stadt: „Cette ville est my partie en ces deux langues et y un quartier de ville et Eglise qu'on nome Allemans et un precheur de leur langue." Paul Hentzner, welcher im Jahre 1599 dahin kam, schreibt davon in seinem Itinerarium (Nürnberg 1612, pag. 390): „Incolae hujus oppidi Italiam versus habitantes Italica lingua, Germaniam versus Germanica utuntur."

[2]) J. H. Pflaumern, Mercurius Italicus (Augsb. 1625, pag. 7): „Ab hac semi-germana urbe libet ordiri Italie descriptionem. Habitatur a nostris Italisque promiscue et manet cuique genti patrius sermo; sed ferme cives utrumque callent." — Andr. Schott, Itiner. Italiae (4. Ausg., Antwerpen 1625, pag. 19): „Utitur civitas idiomate Germanico et Italico, utpote ex his nationibus conflata, quamquam longe sit major numerus Italorum." Der päpstliche Nuntius C. Caraffa bemerkt in seinem Berichte vom Jahre 1628 (Arch. f. Kunde österr. Geschichtsquellen 23. Bd., S. 300) von Trient: „Ivi si parla Italiano e Tedesco, ma più Italiano".

lage zurückführen, sondern ist lediglich die Frucht derjenigen Einrichtungen, welche die venetianische Republik hier im fünfzehnten Jahrhundert, also in verhältnismässig später Zeit, einer bis dahin vorwiegend deutschen Entwickelung aufgepfropft hat. Der Ort Rovereto erwuchs aus Ansiedlungen im Burgfrieden des Schlosses Castelljunk, welches als Dependenz der Hauptburg Lizzana sich darstellt und gleich dieser im zwölften und dreizehnten Jahrhundert der ursprünglich deutschen Familie Castellbarco eigen war. Erst zu Anfang des vierzehnten Jahrhunderts hat Wilhelm von Castellbarco sich romanischen Einflüssen dergestalt hingegeben, dass er für einen Italiener gelten konnte. Damals bürgerte sich vielleicht zu Rovereto eine romanische Bevölkerung ein [1]. Doch kommen neben ihr auch Deutsche als Zeugen und im Jahre 1333 Arimani et Arimaniae familiae hier vor (6. 269), was auf die Fortdauer langobardischer Dienstbarkeitsverhältnisse hinweist. Das Lägerthal (Valle Lagarina), dessen Hauptort Rovereto nun bald werden sollte, gehorchte damals zeitweilig deutschen Generalkapitänen. Ein solcher war im Jahre 1342 unter dem Titel eines Vikars der Ritter Mörl aus Kaltern (6. 273). Kaum aber hatten die Venetianer zu Anfang des fünfzehnten Jahrhunderts das Lägerthal eingenommen, so setzten sie zu Rovereto einen Podestà ein, welcher einem ihrer Patriziergeschlechter angehörte. Paul Foscolo, der im Jahre 1432 dieses Amt antrat, nannte sich zuerst auch „Vallis Lagarinae Capitaneus Generalis" (85. 1. 286). Vorher schon (1425) hatte die Republik dieser ihrer städtischen Schöpfung ein Statut erteilt, welches (in Verbindung mit den Senatsdekreten von 1441 und 1478 — 87. 1. 345) den venetianischen Munizipalcharakter auf sie übertrug, obschon unter den dabei Mitwirkenden bereits ausser dem Podestà und dem Kanzler (einem Cremoneser) nach venetianischem Muster Sapientes (Savii) erscheinen, darunter ein Ulrico d'Allemagna, ospite all' Aquila (87. 2. 158). Ganz hatten also auch die Venetianer vorerst noch das deutsche Bevölkerungselement in Rovereto nicht beiseite geschoben. Indessen war die Einwanderung von italienischen Familien aus dem älteren Territorium der Republik so stark, dass die Umbildung Roveretos in eine italienische Stadt mit deren Hilfe rasche Fortschritte machte [2]. Als im Jahre 1487 Erzherzog Siegmund von Tirol die Stadt belagerte, that deren Bürgerschaft feierliche Gelübde für den Fall, dass sie vor deutscher Herrschaft bewahrt bliebe (93. 2. 129). Nachdem diese im Jahre 1509 gleichwohl hier festen Fuss gefasst hatte, trat allerdings ein Rückschlag ein. Wir finden im Verzeichnisse derjenigen, welche

---

[1] In einer zu Rovereto „sub domo Communis" im Jahre 1307 ausgestellten Urkunde erscheinen als Zeugen: Benadusius Not. q. Bontoli de Rovredo, Franc. q. D. Berte de Calapina de Rovredo, Nasimbenus dictus Vicentinus, habitator Rovredi, Albertacius Becarius de dicto loco (16. 87).

[2] Zotti (87. 1. 321) sagt: „Le attrative che presentava nostra Valle (d. h. das Lägerthal) a molti ufficiali della repubblica Veneta, fu quella che decise molti di essi di piantare fra noi stabil dimora e dietro di essi molte altre famiglie venete vennero ad accrescere la popolazione de' nostri paesi, molte di essi fiorirono e fioriscono tuttavia e molti nomi di famiglia della nostra Valle vantano tuttora origine da Veneti cittadini." In Rovereto selbst erinnern die St. Markuskirche und die Rialtogasse an die venetianische Vorzeit (64. 2. 82).

die Podestàwürde daselbst bekleideten (77. 93—98), bei den Jahren 1513, 1526, 1532, 1541, 1545 und 1551 Deutsche genannt, darunter 3 Schrattenberger aus Trient. An einem Darlehen für Regierungszwecke betheiligten sich im Jahre 1552 aus Rovereto: die Hafner, Hufschmidt, Gossmeth, Westerstetten u. s. w. (Copeybuch „Entbieten und Bevelch" von 1553 im I. St.-A. Bl. 73). Aber die Mehrheit der hiesigen Bevölkerung widerstrebte der Einverleibung in Tirol. Sie verlangte, dass Rovereto als eine deutsche Reichsstadt angesehen und behandelt werde (87. 2. 119). Als dieser Wunsch nicht in Erfüllung ging [1], schlug sie eine extrem-nationale Richtung ein, indem sie durchaus das Italienische im Verkehr zwischen ihr und der Innsbrucker Regierung angewendet wissen wollte [2] und sogar die Ausstellung deutscher Zolldeklarationen verweigerte (11. 38). Mittlerweile hatten freilich auch neue Zuzüge von Italienern stattgefunden, denen im sechzehnten Jahrhundert nur vereinzelte Einwanderungen von Deutschen, so z. B. der beiden Seidenfabrikanten Johann und Paul Ferlegher (Verleger) aus Nürnberg, des Kaspar von Lindegg aus Steiermark (oder, wie die Familientradition besagt, aus Coblenz am Rhein) zur Seite gingen und erst im siebzehnten Jahrhundert zahlreichere (die der Handelsleute und Fabriksunternehmer Volckhamer, Gutthätter und Unterstainer aus Nürnberg, der Kandelpergher aus Castelruth, der Schalckh u. a.) folgten. Die bereits der Italienisierung Verfallenen mit eingerechnet, waren gegen Ende des siebzehnten Jahrhunderts deutsche Familien zu Rovereto nicht selten. Auf einem Vertrage, den die Stadtgemeinde am 1. August 1683 mit der österreichischen Regierung schloss, sind als Magistratsräte neben solchen, deren Namen italienisch klingen, unterzeichnet: Melchior Lindegg, Giacomo Gazer, Giov. Domenico Balther, G. Giacomo Balther, Andr. von Mitermiller, Giov. Haim (11. 42, Note 2). Kurz vorher (1671) hatte ein Roveretaner Bürger namens Orefici für seine Vaterstadt ein Gymnasium mit deutscher Unterrichtssprache an den unteren Klassen gestiftet (11. 50). Es gab da auch eine deutsche Bruderschaft mit eigenem Vermögen (52. 77), deutschen Gottesdienst, der in der Kirche del Suffragio gehalten wurde (20. 12), und einen besonderen Kaplan der Nazione Germanica, welches Amt zu Ende des achtzehnten Jahrhunderts der für Verbreitung der deutschen Sprache unter den Italienern Südtirols sehr thätige Priester Matth. Fischer aus Landeck bekleidete (Almanacco del Trentino pel 1867, pag. 113). Dasselbe besteht noch gegenwärtig stiftungsgemäss fort. Mit der hiesigen Lehrerbildungsanstalt ist eine dreiklassige deutsche Uebungsschule für Knaben

[1]) Die Innsbrucker Regierung trat demselben schon im Jahre 1536 entgegen, als die Stadt begehrte, bei der Wahl des Podestà nicht auf Tiroler beschränkt zu sein, sondern dazu auch Unterthanen deutscher Reichsgebiete in Italien vorschlagen zu dürfen. Damals bereits bedeutete jene Behörde der Stadt, sie sei durch Eroberung nicht dem römisch-deutschen Reiche, sondern der Grafschaft Tirol einverleibt (Copeybuch „An die röm. königl. Majst." von 1536—1538 im I. St.-A. Bl. 69).

[2]) In einer Vorstellung an die Innsbrucker Regierung vom 12. März 1561 erklärt die Stadtvertretung, es sei ungerecht, dass man die Roveretaner zwinge (che noi latini siamo costretti), beim Verkehr mit der Hofkammer in Innsbruck der deutschen Sprache, die sie durchaus nicht verständen (che noi del tutto ignoriamo), sich zu bedienen (87. 2. 119).

und Mädchen verbunden. Doch die Hinneigung der gebildeten Roveretaner zur Pflege der deutschen Sprache, welche im achtzehnten Jahrhundert sich bemerklich machte, wich damals schon der durch Clemens Vanetti unter ihnen inaugurierten schöngeistigen Bewegung (11. 204), und kam sie gleich später wieder zum Vorschein (11. 51), so war sie doch von keiner langen Dauer (11. 52).

VII. Sarcathal.

Hierher gehören vom Politischen Bezirke Tione der Gerichtsbezirk Stenico mit 9 Deutschen (neben 9780 Italienern), und zwar 4 zu Stenico, 4 im Dorfe Lundo, 1 im Dorfe Fiavè; ferner der Gerichtsbezirk Tione mit 214 Deutschen (neben 13 975 Italienern). Diese 214 konzentrieren sich im Städtchen Tione, dessen Garnison 192 dazu beiträgt. Vom Politischen Bezirke Riva sind hierher zu beziehen der Gerichtsbezirk Arco mit 112 Deutschen (neben 9576 Italienern), und zwar 102 in der Stadt Arco, fast sämtlich Kurgäste, 5 im Dorfe Vigne (Ortsgemeinde Romarzollo), 3 im Dorfe Vignole (Ortsgemeinde Oltresarca), 1 zu Ceniga (Ortsgemeinde Drò); endlich der Gerichtsbezirk Riva mit 642 (neben 8498 Italienern), und zwar 513 in der Ortsgemeinde Riva, mit geringer Ausnahme Soldaten (nämlich 473), 126 im Dorfe Torbole (Ortsgemeinde Nago), ohne Ausnahme Soldaten, 2 im Dorfe Tenno, 1 im Dorfe Canale (Ortsgemeinde Ville del Monte).

Gesamtsumme 977 Deutsche (neben 41 829 Italienern).

So wenig dieses Thal zu deutschen Ansiedlungen sich eignete, so erschloss es sich doch Deutschen, welche vorübergehend sich daselbst niederliessen, in alter und neuer Zeit. Ergriff ja doch von der Rocca di Breguzzo (bei Bondo unterhalb Tione) ein Hauptmann des Herzogs Leopold von Oesterreich schon im Jahre 1390 Besitz! (29. 139). Und zuvor noch (1386) war Heinrich von Liechtenstein Vikar des Trientner Fürstbischofs in ganz Judicarien (16. 115). Die Burg Stenico hütete im Jahre 1435 im Auftrage des Trientner Bischofs Alexander ein Hauptmann namens Stengler (16. 133), 1441 Siegmund von Thun (16. 134), der im Jahre 1448 von hier aus auf Befehl des Herzogs Siegmund von Tirol die Pfarrsprengel von Rendena, Bono, Tione und Condino besetzte, 1497 Hans von Weineck („Tavel d. Bevelch“ von 1406 im I. St.-A. Bl. 17). Zu Campo, einst Lehen der Grafen Trapp, die es im Jahre 1470 erlangten, sass die Familie Prez von Prezenberg, in welcher die hiesige Schlosshauptmannschaft sich fortgeerbt zu haben scheint. Die Pfarre Lomas (bei Vigo im Gerichtsbezirk Stenico) ging im Jahre 1468 von Konrad Bachmann an Joh. Kentsch, einen Priester der Diözese Merseburg, über (16. 280). Den Posten eines Seelsorgers zu Drò im unteren Sarcathale versah von 1494—1512 der Priester Bertoldus Alemanus aus der Diözese Regensburg, welcher auch Häuser und Grundstücke daselbst eigentümlich besass (58. 2. 53, 54), also sicher hier wohnte.

Das Kollegiatkapitel zu Arco hatte, je weiter zurück, desto häufiger Deutsche zu Mitgliedern; so erscheinen: 1284 Arrigo Teutonicus und Federigo Teutonicus, 1289 Henricus Teutonicus, 1300 Gislinbertus, qui Buschazerius (Poschacher?) dicitur, de Campo, 1316 Henricus Teutonicus, 1336 Hendrichus sive Henricus de Landsperck (58. 2. 8—13). Im Jahre 1449 erschwang sich Georg Marschall von Oberndorf in Bayern, seit 1444 Hofkaplan der Grafen Arco und zuvor Spitalpriester zu Meran, gar zum Erzpriester von Arco, in welcher Eigenschaft er Vorstand des Kollegiatkapitels war (58. 2. 20—21). Es deutet dies auch an, wie lange das genannte Dynastengeschlecht, mindestens in einzelnen seiner Sprossen, sich deutsch erhielt. Auch die vielen deutschen Chorherren der Vorzeit hängen ohne Zweifel mit diesem Umstande zusammen. Als die Grafen von Arco ihrer deutschen Abkunft sich nicht mehr besannen, gerieten sie mit den tirolischen Landesfürsten in Konflikt, was zur Folge hatte, dass diese die Grafschaft Arco mit Beschlag belegten. Damals (1579—1614) nahmen im Schlosse Arco deutsche Hauptleute ihr Standquartier, so Konrad Schiesstl und später Balthasar Troyer (58. 2. 29), selbstverständlich von deutschen Kriegsknechten begleitet. Laut dem 1604 mit dem Hauptmanne von Arco landesfürstlicherseits geschlossenen Burghutvertrage („Missiv an Hof" im I. St.-A. Bl. 710) hatte dieser daselbst 20 „redliche, aufrechte, teutsche Kriegsleute" zu unterhalten. Auch im Schlosse Penede lag damals eine deutsche Garnison unter Hans Georg von Helmsdorff (20. 115). Uebrigens erscheinen zu Arco Theutonici et Latini schon im Jahre 1124 als Gewährsmänner (33. 2. 67). Von der Stadt Riva ist bekannt, dass unmittelbar, bevor sie in die Hände der Republik Venedig fiel, in den Jahren 1405—1436 wiederholt Deutsche die Würde eines Podestàs daselbst bekleideten; so: Jos. Annenberger, Peter Limburger, Paul Rasner, Peter von Salzburg, Ulrich Schrankenpaumer. Auch schon in älterer Zeit kam dies vor, besonders zu Ende des dreizehnten und zu Anfang des vierzehnten Jahrhunderts; ebenso nach Vertreibung der Venetianer, solange Riva noch nicht von den österreichischen Fürsten förmlich an das Bistum Trient zurückgestellt war, in welcher Periode Joh. von Weineck und Eustach von Neydeck der Stadt vorstanden (Statuti della cità di Riva, Trento 1861, pag. 229—232). Die deutschen Hauptleute verfügten dann auch über eine deutsche Besatzung. Die Bürgerschaft von Riva dagegen gehörte wohl jederzeit der italienischen Nationalität an und als Prototyp für deren älteste Repräsentanten kann der im Jahre 1208 als hier „romana lege vivens" vorkommende Jakobin de la Saviola gelten (Codex Wangianus a. a. O. S. 170). Noch ist des Schlosses Tenno ober Arco (am Wildbache Varrone) zu gedenken, welches im Jahre 1210 Aldrighet von Ulten zu Lehen hatte (16. 133) und wo im Jahre 1441 Georg Visentainer, 1498 aber Pankraz Kuen Hauptmann war (Lichnowsky, Gesch. des Hauses Habsburg, VIII. Bd., Regest 1086).

VIII. Das Ledro- und das Chiesethal.

Diese beiden Grenzgebiete im Südwesten von Tirol sind die einzigen, wo keinerlei Spuren deutscher Vergangenheit angetroffen werden, wenn man nicht etwa die Grafen von Lodron als ein deutsches Geschlecht betrachten will, wofür aber die Beweise fehlen, oder das am 11. März 1488 ausgestellte Notariatsinstrument, womit die Republik Venedig dem Pankraz Kuen als Bevollmächtigten des Herzogs Siegmund von Tirol infolge eines Friedensschlusses Storo, Condino, Brione, Cimego und Castellert übergab (Lichnowsky, VIII., Regest. 1099 [1]), als ein Denkmal solcher Vergangenheit gelten lässt. Somit erübrigt hinsichtlich derselben nur die Anführung dessen, was die Gegenwart betrifft.

Der das Ledrothal bildende gleichnamige Gerichtsbezirk (Bestandteil des Politischen Bezirks Riva) zählte Ende 1880 bloss 2 Deutsche (neben 4720 Italienern); der das Chiesethal umfassende Gerichtsbezirk Condino (Bestandteil des Politischen Bezirks Tione) aber zählte 85 (neben 11 794 Italienern), darunter 64 im Dorfe Creto (bis auf 5 sämtlich Soldaten), 3 im Markte Storo und der Rest (18) im Dorfe Condino.

Merkmale der einzelnen Zeitabschnitte [2]).

I. Die voritalienische Zeit.

Die durch das ganze Land verbreiteten romanischen Oertlichkeitsnamen lassen keinen Zweifel darüber, dass Tirol zur Zeit der römischen Herrschaft seiner ganzen Ausdehnung nach von Romanen, d. h. von Völkern, denen die lateinische Kultur ihr Gepräge aufgedrückt hatte, bewohnt war (22. 1. 33; 71. 67). Die Völkerwanderung brachte Germanen und Slawen ins Land. Diese liessen sich zumeist im Draugebiete nieder (13. 45). Jene besetzten nicht so sehr die nördlichen Gegenden als vielmehr die gegen Süden und Südosten mündenden Thäler (64. 85—87; 76. 25), namentlich das Brentathal, wo die Gebräuche ihrer Nachkommen noch nach einem Jahrtausend an die unmittelbare Berührung erinnerten, in welche sie bei ihrer Ankunft daselbst mit

---

[1]) Dass Ortsnamen wie Locca, Enguiso und Lenaumo, welche im Ledrothale vorkommen, durch Umgestaltung der deutschen Worte Lache, Engwiese, Lenkum entstanden und die betreffenden Oertlichkeiten einst Sitze von Cimbern gewesen seien, ist eine allzu kühne Vermutung, als dass hier darauf eingegangen werden könnte.

[2]) Raummangel zwingt den Verfasser, im Nachstehenden die Citate und Zusätze auf das Notwendigste zu beschränken. Er verweist daher im allgemeinen auf die „Geographisch geordnete Uebersicht", in welcher die bezüglichen Belege mit geringer Ausnahme unschwer zu finden sind. Um das Auffinden dortiger Belegstellen, von welchen dies nicht gilt, zu erleichtern, wurde die Signatur des betreffenden Absatzes, soweit es überhaupt anging, dem Texte eingeschaltet oder anmerkungsweise ersichtlich gemacht.

Trägern lateinischer Kultur gekommen sein mussten (33. 1. 1. 141; 7. 15—23).

Und gerade die nach Italien führenden Pässe, an welchen jene Völkerzüge sich gestaut und demzufolge einen Teil der Menschenmasse, die sie in sich fassten, gleichsam abgelagert hatten, erhielten im Laufe der folgenden fünf bis sechs Jahrhunderte neue Nachschübe germanischer Abkunft zu Bewohnern (64. 87—92; 61. 371—373).

Es wirkte hier wie in der Schweiz die Politik der damaligen deutschen Kaiser massgebend ein (11. 17, 18).

Im Norden des Landes dagegen griff die deutsche Kolonisation nur langsam um sich, so dass es im zwölften und dreizehnten Jahrhundert hier mehr Romanenreste gab als allem Anscheine nach an der unteren Etsch und auf den Gebirgen zwischen ihr, dem Avisiothale und Judicarien (71. 28, 129; 72. 120—137, 140, 195). Das geistliche Fürstentum Trient war damals ohne Unterbrechung Priestern anvertraut, welche nicht nur für eine kaisertreue Haltung in Kriegsfällen, sondern auch für eine dem Deutschtum günstige Regierung zu Friedenszeiten Gewähr boten (s. oben S. 451).

Erst als auf italienischem Boden die geistige Bewegung entstand, deren Mittelpunkt wir in Dante zu erblicken gewohnt sind, ward auch die Geistlichkeit und durch sie der Adel jener Grenzmarken des Deutschen Reiches diesem der Gesinnung nach entfremdet, somit die Stellung, welche die hiesige deutsche Bevölkerung bis dahin eingenommen hatte, gefährdet, ihr Zusammenhang unterbrochen (59. 706—708), und der ihr nun auch geistig überlegene, weil in der Verjüngung begriffene Romanismus gewann hierdurch eine unter diesen Umständen doppelt bedrohliche Anziehungskraft.

II. Erste Ausbreitung italienischer Einflüsse gegen Norden.

(1290—1480.)

Kaum hatte die vorerwähnte Neugestaltung begonnen, so gravitierten in jenen Grenzgegenden vornehme Geschlechter, deren Stammbaum deutschen Ursprung aufweist, nach Italien [1]). Sie pflegten mit italienischen Priestern vertrauten Umgang, gingen immer häufiger mit italienischen Familien Eheverbindungen ein, unterhielten Fühlung mit auswärtigen Parteihäuptern und boten zu Umtrieben die Hand, welchen zufolge sowohl der Trientner Bischofsstuhl als eine Anzahl von Domherrnstellen im hiesigen Kathedralkapitel Ausländern zugänglich wurden, deren Bestrebungen keine den Deutschen günstigen Ziele verfolgten [2]).

---

[1]) Ein gewissermassen typisches Beispiel hierfür bietet das Testament des Wilhelm von Castellbarco vom 13. August 1319 (33. 1. 2. 600 ff.). Es ist das der nämliche Edelmann, dessen Gast Dante bei seinem Aufenthalt im Lägerthale gewesen sein soll. S. Adolf Pichler's Aufsatz „Dante in Tirol" in Amthor „Alpenfreund" IX. Bd. (1876). S. 356—359.

[2]) Schon im Jahre 1306 musste Jakob von Rottenburg, als er (tamquam latinum nesciens ydioma) vor dem von seinen Kanonikern und mehreren Klostervorständen (Bonagracia, Boninsegna) umgebenen Bischofe von Trient erschien, sich des Odoricus de Coredo als eines Dolmetschers bedienen (93. 4. 285).

Dazu gesellten sich gleichgesinnte Einwanderer weltlichen Standes, namentlich Beamtenfamilien und deren Anhang (B. VI; vgl. die Serie cronologica dei Podestà o Pretori di Trento, Roveredo e Riva, 20. 79—122), Gewerbetreibende verschiedener Art, die aus Italien mit Vorliebe nach Trient übersiedelten [1]), und florentinische Kapitalisten, welche vorzugsweise in Deutschtirol das aus der Heimat mitgebrachte Geld fruchtbringend anlegten, auch dadurch rasch dort zu Macht und Ansehen gelangten [2]). Aber auch Männer der Wissenschaft verlegten aus Italien ihren Wohnsitz ins heutige Tirol, um da im Interesse der neuerwachten nationalen Bildung thätig zu sein [3]). Ein ansehnlicher Teil der Bürgerschaft von Trient huldigte der neuen Geistesrichtung und zeigte sich für Aufstandsversuche, welche ihre Spitze nicht selten gegen die Deutschen kehrten, empfänglich. Bald auch drängte sich die Republik Venedig in diese Kreise ein und schürte, schon um sich das Vordringen zu erleichtern, die Glut der von ihr vertretenen nationalen Ideen [4]).

III. Deutsche Gegenbestrebungen und Erfolge.

(1480—1530.)

Die Furcht vor den venetianischen Auschlägen brachte es dahin, dass tirolischerseits Vorkehrungen zur Abwehr getroffen wurden. Erzherzog Siegmund rüstete nicht nur Truppen aus, mit welchen er den Venetianern entgegen zog, sondern wendete auch sein Augenmerk den kirchlichen Nationalitätsverhältnissen der Trientner Diözese zu, begünstigte die deutschen Bergwerksunternehmungen in Primör und im Valsugan, bestätigte das Bozener Statut, welches italienische Einschleicher hintanhielt, und gab damit zu einer in den folgenden

[1]) So die vom tirolischen Herzoge Friedrich unterm 27. Juni 1422 im Hinblicke auf die Entvölkerung der Stadt mit einem Freiheitsbriefe begnadeten Tuchmacher, an deren Spitze ein Rector artis, Konsuln u. s. w. standen, wodurch sie als Italiener gekennzeichnet sind; ferner die von Augustin de Spinolis aus Genua geführten Seidenweber, welche im Jahre 1499 ein Privilegium erlangten (Primisser's Collektaneen in der Bibl. Tirol.).

[2]) S. oben A. II, III, V, VI, VII.

[3]) So berichtet Stofella dalla Croce im „Florilegio scientif.-stor.-letter. del Tirolo italiano" (Padua 1856) S. 135 von einem „Magister Placentinus, Grammaticae Professor, quondam Ser Segondi de Placentia", welcher in einem Testamente der Elisabeth von Castelbarco, Tochter des Azzo di Correggio, beim Jahre 1427 als in Rovereto lebend erscheint, und knüpft daran die Vermutung, diese Edelfrau habe ihn mit sich nach Rovereto gebracht, um hier einen Strahl des Lichtes, welches damals über die italienischen Städte sich verbreitete, leuchten zu lassen und so den Ort zu verherrlichen.

[4]) Zu welch leidenschaftlichen Ausbrüchen das italienische Nationalgefühl im venetianischen Heere damals sich steigerte, lehrt die Aufforderung zum Zweikampfe mit einem deutschen Krieger, welche Ant. Mar. Sanseverin, der Sohn des Befehlshabers der Republik, im Jahre 1487 vor Rovereto erliess, damit sich zeige, um wieviel die Italiener den Deutschen an Tapferkeit überlegen seien (quantum belli gloria Itali Germanos antecellant, wie der Geschichtschreiber P. Bembo schreibt, 93. 2. 195). Die Republik liess es nicht an Schmeichelworten fehlen, um italienische Sympathieen zu verbreiten, aus welchen zunächst sie selbst den grössten Nutzen zog. So belobte sie nicht nur wiederholt (1492, 1501 und 1502) die Roveretaner (87. 1. 405), sondern sie überhäufte auch Landgemeinden mit Gnadenbezeigungen (87. 1. 310 — 29. 170, 171).

40 Jahren mit steigender Strenge angewendeten Maxime den Anstoss, welche sowohl in Bozen als in Meran befolgt ward. Sein diesbezügliches Verhalten weckte und belebte auch ohne Zweifel das Verlangen der Deutschen in Trient nach grösserem Einflusse auf die Stadtverwaltung, welchem Wunsche die dortige Statutargesetzgebung, aber nur vorübergehend, Rechnung trug (52. 68). Maximilian I. und Ferdinand I. fassten die italienischen Wirren in Trient, namentlich die durch geistliche Pfründenwerber ins Werk gesetzten, noch schärfer ins Auge. Der Letztgenannte bemächtigte sich sogar gelegentlich des Bauernaufruhrs des ganzen Fürstentums Trient und schickte sich an, es nebst andern reichsunmittelbaren Gebieten, welche Maximilian I. den Venetianern abgerungen hatte, der Grafschaft Tirol einzuverleiben, wurde jedoch, was jenes Fürstentum anbelangt, durch die Einsprache des Bischofs Bernhard von Cles, der zugleich sein Grosskanzler war, hieran gehindert und begnügte sich mit gewissen Vorbehalten, welche dem deutschen Elemente immerhin zu statten kamen (11. 105, 123). In den ersten Jahren seiner Regierung regte sich dieses auch oder verrät es wenigstens noch einige Lebenskraft im Avisio- und Sarcathale, sowie unter Maximilian im Grödnerthale das Bedürfnis nach deutscher Seelsorge sich geltend gemacht hatte. Im Thale Primör aber ging es mit dem Verfalle der Bergwerke zu Grunde und im Fersinathale erlitt es aus der gleichen Ursache eine empfindliche Einbusse.

IV. Abermaliges Emporkommen der italienischen Nationalität.
(1530—1650.)

Die Nachgiebigkeit Ferdinands I. gegenüber den Protesten der Trientner, auf deren ungestümes Andringen eben die hiesigen Bischöfe sich ihm widersetzten [1]), bestärkte diesen Widerstand und verleitete auch die Roveretaner, sich als Gegner des Gebrauchs der deutschen Sprache hervorzuthun [2]). Auf dem Felde des Verkehres und auch sonst den Deutschen sich überlegen fühlend, entwickelten nun die Italiener auch ausserhalb ihres eigentlichen Wohngebietes eine Rührigkeit, die sie allenthalben auftauchen und die ihnen gezogenen Schranken durchbrechen machte. Italienische Priester folgten diesem Beispiele, stiessen jedoch gleich denjenigen, in deren Fusstapfen sie traten, bei den misstrauischen Tirolern auf mancherlei Hindernisse [3]), so dass sie nicht

[1]) Kardinal Christoph von Madruzz hat dies in einem Schreiben an das Innsbrucker Regiment unumwunden eingestanden (11. 87).

[2]) Natürlicherweise wirkte dies auf weitere Kreise ansteckend, und so fand sich Joh. Jakob Römer von Maretsch im Jahre 1555 bewogen, den ihm befreundeten italienischen Doktoren an den welschen Confinen zuliebe die tirolische Landesordnung vom Jahre 1532 ins Lateinische zu übersetzen. In der Widmung an Kaiser Ferdinand vom 28. April 1556 betont er die Notwendigkeit, solchergestalt dieses Gesetzbuch den Richtern und Unterthanen der dortigen „Italica Dominia" (lingua germanica carentibus) verständlich zu machen. (Ich verdanke die Kenntnis seines Elaborats meinem geehrten Herrn Kollegen Prof. v. Luschin-Ebengreuth, welcher eine Abschrift davon besitzt.)

[3]) S. oben S. 403, 413, 416.

einmal unter dem Schutze, welchen Erzherzog Ferdinand II. in Tirol ihnen angedeihen liess, am Innsbrucker Hofe vor Anfeindungen sicher waren. Doch hielten Höflinge dieser Nationalität letzteren hier stand und die Gegenreformation brachte den Romanismus in den verschiedensten Gestalten wieder zu Ehren, so dass es zum guten Tone gehörte, italienisch zu sprechen, und es ein Zeichen katholischer Glaubensinnigkeit war, wenn Priester, die dieser Sprache sich bedienten, begeisterte Aufnahme fanden [1]). Desto leichter behaupteten sich solche in Gegenden, wo romanische Dialekte von alters her üblich waren, ausser wenn diese, wie an der Schweizer Grenze, zur Verbreitung protestantischer Lehren dienten, in welchem Falle sie freilich samt den betreffenden Predigern der Pflege der deutschen Sprache weichen mussten. Und je mächtiger die Gönnerschaft, deren sich italienisches Wesen damals am Innsbrucker Hofe erfreute, war, desto kühner hob es im Süden des Landes das Haupt empor, insbesondere zu Trient, wo nun die Geschiedenheit der Nationalitäten einem Gemengsel Platz machte, in welchem die italienische der Hauptsache nach vorwaltete. Die Stadt Bozen war nahe daran, dem nämlichen Schicksale zu verfallen [2]).

V. Periode des Stillstands.
(1650—1750.) [3])

Bei diesem Entwickelungsstadium angelangt, hielten beide Nationalitäten im Ringkampfe, den sie bis dahin nicht bloss mit geistigen Mitteln geführt hatten, gleichsam ermattet inne, und nur in der Landeshauptstadt machten sich Nachschwingungen bemerklich, welche von den hiesigen Deutschen als Bedrängnisse oder doch als Kränkungen empfunden wurden (A. II). Im übrigen Lande nisteten sich unter dem Schutze des Gleichmuts Italiener ein, wie bisher, und erlosch, von niemand betrauert, der Gebrauch der deutschen Sprache an Orten, wo er bis dahin schon in steter Abnahme begriffen war. Am duldsamsten erwies sich damals gegen die ihr anhaftenden Spuren des Deutschtums die Stadt Trient, wenigstens bis gegen das Ende des siebzehnten Jahrhunderts (II. 29—31).

---

[1]) Dies schildert mit lebhaften Farben Beda Weber in seinem Buche „Tirol und die Reformation", Innsbr. 1841, Hptstk. XIX. Vgl. Hermann Schmied's histor. Roman „Der Kanzler von Tirol" (1862).

[2]) Im venetianischen Gebiete litt damals deutsches Wesen durch Vergewaltigung, vor welcher auch die kirchlichen Organe nicht zurückschreckten. Bezüglich des vom Könige Pipin gestifteten St. Zenoklosters in Verona, das bis zur Pest vom Jahre 1630 mit deutschen Benediktinermönchen besetzt war, meldet dies Zeiller in seinem Itinerarium Italiae (Frankfurt a. M. 1640) S. 84. Genauer spricht sich über die Drangsale, welche die Italienisierung dieses Klosters zum Zweck hatten, der letzte Anwalt des deutschen Charakters dieser Stiftung, P. Markus Haim, in einem Gesuche an den Erzherzog Leopold von Tirol aus, d. d. 19. Okt. 1630 (I. St.-A. Leopold. A. 200).

[3]) Nach Ambrosi (2. 26) „un periodo di decadimento", und zwar schon vom Jahre 1600 an.

VI. Gesteigertes Umsichgreifen der Verwelschung.
(1750—1866.)[1]

Während bei den Deutschen die Abspannung anhielt und sie stumpf machte gegen dasjenige, was in ihrer Mitte vorging, rafften sich die Italiener, vornehmlich aus ökonomischen Gründen, bald wieder zu thätigem Vorgehen auf. Sie gründeten namentlich im Etschtale neue Ansiedlungen oder erwarben teils kaufweise teils durch Kolonatsverträge Bauerngüter und zwar so zahlreich, wie nie zuvor. Ganze Dörfer fielen dieser nationalen Wandlung anheim[2]). Andererseits nahm nun der Niedergang des Deutschtums unter den Italienern Südtirols, besonders in den Städten, einen beschleunigten Verlauf. Das selbstbewusste, von altgewohnter Geistesarbeit begleitete Auftreten der hiesigen Italiener wirkte wie das Entfalten eines Banners, um welches die Halbgebildeten ohne Unterschied der Abkunft sich scharten, zumal den Deutschen daselbst die italienische Sprache längst geläufig geworden war und die wenigen Bildungsbehelfe, welche denselben in ihrer Muttersprache dargeboten wurden, keinen Vergleich aushielten mit dem von italienischen Priestern geleiteten oder erteilten Unterrichte[3]). Auf dem flachen Lande war dieser vollends von durchgreifender Wirkung, wozu im Brenta- und Fersinathale nicht wenig das Erlöschen des regen Wechselverkehrs beitrug, in welchem die hiesigen Deutschen mit den „Cimbern" der vicentinischen Gebirge gestanden hatten und dessen Spuren noch M. Pezzo (54. 2. 48) „all angolo di Trento" in dem Ausspruche dortiger Deutschen vernahm: sie seien „alle Brudern, alle Sbestern". Viel schadete diesfalls die ital.-französ. Zwischenregierung von 1810—1813 (s. o. S. 446). Deutscher Gottesdienst erhielt sich eher noch in geschlossenen Orten, als unter der bäuerlichen Bevölkerung, welcher seit der Vereinigung Venetiens und der Lombardei mit Oesterreich auch kein behördlicher Befehl oder Wink zur Hilfe kam. Vielmehr galt es

---

[1]) Ambrosi nennt (2. 41 ff.) die Zeit von 1750—1820 „La ricossa" und erörtert den Beginn derselben mit spezieller Bezugnahme auf Rovereto.

[2]) Von den Ursachen dieser Erscheinung handelt mit grosser Sachkenntnis Dr. Angerer (4). Vgl. aber auch die unter 37 citierte Schrift von Matthias Koch.

[3]) An dieses geistige Uebergewicht kann nicht oft genug erinnert werden. Es reicht unstreitig bis ins fünfzehnte Jahrhundert zurück. Was geschah nicht italienischerseits für die Bildung der Jugend in Trient (15. 3. 302), Arco (58. 1. 53, 63. 2. 10), Rovereto (s. oben die Note 3 auf S. 461), Riva (53. 2. 440), ja selbst in kleinen Orten, wie Pergine (18. 75—80), Tione (20. 168, Note *) u. s. w.! Mag auch Ruhmredigkeit manche unbedeutende Schule zum „Ginnasio" aufgebauscht haben, so ist doch nicht zu leugnen, dass es unter den Italienern Tirols um die Mitte des fünfzehnten Jahrhunderts mehr Gelehrte und mehr zur höheren Bildung angeleitete Menschen gab als in Deutschtirol hundert Jahre später. Und dieser Abstand wirkte nach, wieviel auch in Nordtirol späterhin für das Schulwesen geschah (worüber Dr. Jos. Hirn in seinem Buche „Erzherzog Ferdinand II.", Innsbruck 1885, S. 322 ff. Belege bringt). Er erleichterte im Vereine mit dem Wohlklange der italienischen Sprache den Priestern die Vollbringung des Werkes, das nicht von ihnen allein begonnen worden war und auch nicht durch sie allein zu Ende geführt ward. Zu Trient gab es übrigens schon im Jahre 1459 eine deutsche Volksschule, an welcher der Magister Joh. Wiser aus München als Lehrer wirkte (10. 438, Note).

seitdem für ein Regierungsprinzip, die sogen. Welschtiroler, aus deren Reihen die Staatsgewalt ihre verlässlichsten Organe für die Verwaltung der vorgenannten zwei Provinzen sich erkor, durch nichts, was sie in nationaler Beziehung hätte verstimmen können, an ihrer Loyalität zu beirren, und es konnte in dieser Hinsicht sogar nur von Vorteil sein, wenn recht viele der Abstammung gemäss mit deutschen Eigenschaften ausgestattete Kandidaten des Staatsdienstes, welche gewandt italienisch sprachen, sich darboten [1]). So vermeinte denn die Regierung, die Verwelschung der spärlichen Reste deutscher Einwohnerschaft in den beiden südlichsten Kreisen von Tirol eher fördern als hindern zu sollen. Zum mindesten verhielt sie sich passiv, wogegen der italienische Klerus, unterstützt von denjenigen, welchen damals schon die Lostrennung besagter Gebiete von Oesterreich als Ziel vorschwebte, alle Hebel ansetzte, um die auch ihm lästigen Deutschen so rasch als möglich dort verschwinden zu machen. Nicht einmal die Errichtung einer Lehrkanzel für deutsche Sprache am Trientner Lyceum, welche in diese Periode fällt, ging aus der Initiative der Regierung hervor, sondern es gab dazu der Vertreter der Städte Trient und Riva, Abraham von Schreck, in der Sitzung des Tiroler Landtags vom 22. April 1823 den Anstoss (11. 49).

VII. Wirksame Versuche, der Verwelschung Einhalt zu thun.
(1866 ff.)

Mit der Abtretung Venetiens und der Lombardei an das Königreich Italien sind die Voraussetzungen für das oben erwähnte Regierungsprinzip hinfällig geworden. Bevor noch die erstgenannte Provinz das Schicksal der anderen teilte, erfasste im Frühjahre 1866 der damalige Statthalter in Tirol, Fürst Karl Lobkowitz, die veränderte Sachlage und er säumte nicht, daraus die richtigen Folgerungen zu ziehen, indem er auf Verwendung des Hofrates in Trient, Grafen Karl Hohenwart, den deutschen Gemeinden zu Palú, Luserna, Laurein und Proveis Staatsbeiträge zum Unterhalt von Lehrern, die in der deutschen Sprache unterrichten, erwirkte (5. 13. 58, Note 14) [2]). Im folgenden Jahre wurde

---

[1]) Schon im Jahre 1819 war K. v. Bonelli aus Cavalese Präsident des Ziviltribunals zu Verona, Fz. S. v. Unterrichter aus Kaltern Tribunalspräsident zu Belluno, Fr. v. Orefici aus Rovereto Vizepräsident des Appellationsgerichts zu Mailand, K. Isidor Roner aus Calliano Vizedelegat zu Padua, Ferd. Dordi aus Borgo di Valsugana Gubernialrat zu Mailand, Jos. v. Inama-Sternegg aus Innsbruck Tribunalspräsident zu Verona, K. Just. v. Torresani aus Cles Delegat zu Udine u. s. w. (Bibl. Tir. Hdschft. s. 626).

[2]) Die erste Anregung dazu soll vom k. k. Schulrate Anton Stimpel im Jahre 1865 gegeben worden sein. Doch haben sich um die Wiedererweckung des deutschen Schulwesens zu Trient vorher schon die dortigen Kapläne Don Patiss (72. 175) und Don Wörndle, letzterer vom damaligen fürstbischöflichen Sekretär Mühlberger unterstützt, verdient gemacht. Bereits im Jahre 1873 besuchten die dortige deutsche Privatschule 80 teils männliche, teils weibliche Schüler und waren darunter 40, deren Vater und Mutter der italienischen Nationalität angehörten. S. die Korrespondenz aus Trient in Nr. 14 des „Boten f. Tirol u. Vorarlberg" vom Jahr 1873. Von 1816—1826 wurde an der Normalschule zu Trient Unterricht im

hinwieder die Staatssubvention, welche der italienische Kaplan zu Bozen bezog, eingestellt (A. VII) und im Jahre 1869 die italienische Schule zu Buchholz in eine deutsche verwandelt (A. VIII). Mittlerweile hatte sich in Innsbruck ein „Komitee zur Unterstützung der deutschen Schulen in Welschtirol und an der Sprachgrenze" gebildet, welchem Beiträge an Geld und Lehrmitteln sowohl aus Oesterreich als aus dem deutschen Reiche zuflossen. Kaiser Franz Joseph spendete demselben gleich nach Beginn seiner Wirksamkeit 600 Gulden [1]). Die Regierung fuhr fort, in jenen Gegenden die Errichtung deutscher Schulen zu begünstigen und selbst Hand daran zu legen. Sie bedachte mit solchen auch die Dörfer Fassilongo (Gereidt) und Roveda (Aichleit) im Fersinathale und das Dorf Ruffrè auf dem Nonsberge. Später nahm sie sich ausserdem der Schulen zu St. Sebastian in Vilgreidt (Folgaria), zu St. Felix und zu San Franzesco (di Fierozzo) im Fersinathale an. Erstere wurde seit 1875, die beiden letzteren seit 1878—1879 allmählich verdeutscht. Zu Vignola (im Brentathale) versuchte sie das Gleiche, drang aber bisher nicht vollständig damit durch. Mit Beginn des Schuljahres 1878—1879 eröffnete sie zu Trient an Stelle der Privatvolksschule, welche der hiesige deutsche Kaplan hielt, eine dreiklassige deutsche Staatsvolksschule, deren Erweiterung zu einer vierklassigen im Schuljahre 1884—1885 erfolgte. Die k. k. Lehrerbildungsanstalt zu Rovereto stattete sie im nämlichen Jahre, wo Trient die vorerwähnte Schule erhielt, mit einer dreiklassigen deutschen Uebungsschule für Knaben und Mädchen aus, mit welcher ein Kindergarten in Verbindung steht. Dazu kommen deutsche Freikurse an 22 italienischen Schulen Welschtirols, deren Abhaltung durch Remunerationen aus Staatsmitteln im Betrage von 25 bis 130 Gulden gesichert ist. Der Gesamtaufwand für das deutsche Schulwesen in den ehemaligen Kreisen Trient und Rovereto, welchen der österreichische Staat bestreitet, beträgt jährlich 15000 Gulden [2]). Ausserdem verwendete der 1880 gegründete Deutsche Schulverein, dessen Hauptsitz Wien ist, bis zum 10. Februar 1886 für Schulen Südtirols 34114 fl. 59 kr. (wovon 8054 fl. 91 kr. in Tirol selbst aufgebracht worden waren) und zwar

---

Deutschen erteilt, und zwar in 3 Klassen derselben. Als die Regierung sich entschloss, am dortigen Lyceum eine Lehrkanzel für deutsche Sprache und Litteratur zu errichten, fand sie es überflüssig, jenen Unterricht weiter erteilen zu lassen (II. 48).

[1]) Das Komitee, welches später den Namen „Deutsche Schulgesellschaft zu Innsbruck" sich beilegte, hat über sein sehr erspriessliches Wirken bisher vier Berichte, den letzten im Jahre 1883, durch den Druck veröffentlicht. Dasselbe hat sich namentlich um die Ausbildung von Lehrern für die fraglichen Schulen und um die Verbreitung deutscher Lehrmittel verdient gemacht. Beide Aufgaben verfolgt es noch gegenwärtig. Den Verkehr mit demselben vermittelt die Wagnersche Universitätsbuchhandlung zu Innsbruck.

[2]) Ueber Entstehung, Zweck und Bedeutung dieser Anstalten gibt eine jüngst bei F. J. Gassner & Comp. in Innsbruck erschienene Broschüre: „Das deutsche Schulwesen in Italienisch-Tirol", Aufschluss, als deren Verfasser der k. k. Landesschulinspektor Gustav Herr genannt wird. Vgl. auch die Erörterung dieses Gegenstandes (durch Reden der Abgeordneten Frhr. v. Malfatti und Dr. Weitlof) im stenogr. Protokolle des österr. Hauses der Abgeordneten, X. Session, 48. Sitzung (am 3. April 1886).

vornehmlich zum Zwecke des Neubaues oder der Erweiterung von Schulhäusern (zu St. Jakob bei Leifers, zu Ruffrè, Proveis und St. Felix im Nonsberge, zu Palú, Aichleit und Gereidt im Fersinathale, zu Luserna, zu St. Sebastian in Folgaria und mehrorts im Thale Eneberg[1]). Auch der Deutsche Schulverein, dessen Hauptsitz Berlin ist, und einzelne Ortsgruppen desselben (namentlich Bauzen, Stuttgart und Frankfurt a. M.) haben in den letzten Jahren jenen Zweck fördern geholfen[2]).

Anhang.

a) Wohnplätze der Juden in Tirol.

So verschwindend klein die jüdischen Bestandteile der Bevölkerung Tirols von jeher sind, so trugen sie doch das Ihrige sowohl zur Verbreitung der italienischen Nationalität als zur Vervollständigung der deutschen im Lande bei. Und da sie im übrigen ihre Eigenart beibehielten, insbesondere der Religion ihrer Väter mit äusserst geringer Ausnahme treu blieben, so verdienen sie als Besonderheiten auch spezielle Berücksichtigung. Als Orte, wo sie, freilich in sehr beschränkter Zahl, auf tirolischem Boden ihre Wohnsitze aufschlugen, sind hier folgende zu nennen:

Borgo di Valsugana. Ein von hier gebürtiger Jude namens Benedikt Haltpruner war im Jahre 1602 Diener beim jüdischen Kaufmann May zu Innsbruck (Innsbr. Stdt.-A.). Unterm 18. Februar 1610 erteilte Erzherzog Maximilian von Tirol dem hier ansässigen Juden Benedetti sicheres Geleit auf ein Jahr (I. St.-A., Leop. G. 11).

Bozen. Hier waren schon im Jahre 1525 Juden ein Angriffsobjekt für die aufständischen Bauern und wurde namentlich der als Geldmakler, Pfandleiher und Seidensticker bekannte Jude Simon, welcher selbst mit Kaiser Karl V. Geldgeschäfte gemacht haben soll, von ihnen geplündert (82. 90). Ein Sohn dieses Simon namens Joseph, zu Bozen wohnhaft, erhielt unterm 27. Mai 1548 vom Könige Ferdinand einen Schutzbrief für sich und seine Söhne Gerson und Aron sowie für seinen Eidam Gerson (I. St.-A., Leop. J. 22). 1551 erscheint auch schon ein hier neu angesiedelter Jude namens

---

[1]) Gefällige Mitteilung der Vereinsleitung. Geldunterstützungen an Schullehrer wurden nur in verhältnismässig wenigen Fällen verabfolgt. Zu Leifers ermöglichte der Verein die Eröffnung eines Kindergartens.

[2]) Näheres, aber meist ohne Angabe der betreffenden Orte, enthält hierüber das „Korrespondenzblatt des Deutschen Schulvereins zu Berlin". Herr Dr. M. Gehre, der Verfasser der mir erst während des Druckes der vorliegenden Arbeit bekannt gewordenen inhaltsreichen Schrift „Die deutschen Sprachinseln in Oesterreich" (Grossenhain 1886), schätzt in einem an mich gerichteten Antwortschreiben die Summe, welche bisher aus dem Deutschen Reiche für Schulzwecke nach Tirol floss, auf beiläufig 5000 Mark.

Abraham (Ebenda, Pest-Abthg. XVII, 57), 1618 neben Gerson, der unterm 14. November 1613 von der Pflicht, das gelbe Kennzeichen tragen zu müssen, durch den Tiroler Landesfürsten befreit worden war, ein Nachkomme des 1509 durch Kaiser Max I. gefreiten Juden Salomon von Bassano, der sich Grassini nannte (Ebenda, Leop. J. 22) und 1619 als Handelssensal der Hebräer Jeremias Luzzati (Ebenda, Kopeybuch], „Causa Domini" von 1617—1619, Bl. 448). Um diese Zeit übte auch schon ein jüdischer Siedelkoch (Traiteur), Elias Moravia, hier sein Gewerbe, besonders zu Marktzeiten, aus (82, 57). 1678 gab es daselbst bereits 3 jüdische Sensale. Als einer derselben, Abraham Novara, starb, bewarb sich um dessen Stelle Emanuel Isaak Lewi von Mantua (I. St.-A., Pest-Abthg. VIII, 31). Die damaligen Bozener Juden gehörten also zumeist oder gar ausschliesslich der italienischen Nationalität an. Im 18. Jahrhundert aber änderte sich dies. Zwar lebte hier im Jahre 1783 noch ein Isaak Moravia; aber neben ihm hatten die Familie des Heinrich Händle, welcher auch 3 Knechte seines Bekenntnisses mit Hausieren beschäftigte, und Markus Gerson mit 2 Stiefsöhnen in Bozen ihren Wohnsitz und letzterer betrieb die jüdische Siedelküche (I. St.-A., Publ. 875, Gub.-Bericht vom 24. Dezbr. 1781). Die erstgenannte Familie bewohnte das sogen. Judenhaus, in welchem sich eine Synagoge befand und von dem die Sage geht, Kaiser Siegmund habe es um das Jahr 1436 zu Gunsten eines venetianischen Juden Namens Messaneh privilegiert, weil dieser ihm gegen die Venetianer mit Proviantlieferung beigestanden hatte [1]. Später übersiedelte sie in das von ihr erbaute, jetzt Eberlesche Haus auf dem Johannisplatze. Sie besass angeblich auch den sogen. Judenhof in Terlan. Ebenso war die Familie Gerson Besitzerin nicht nur eines Hauses in Bozen, sondern auch anderer Realitäten, was jedoch im Jahre 1816 durch das Innsbrucker Gubernium als ungesetzlich angefochten wurde. Erst als Amschel Rothschild sich ins Mittel legte und die Bedrängten auf die deutsche Bundesakte sich steiften, gab das Gubernium nach. Kurz vorher hatten die Gebrüder Schwarz aus Hohenembs (in Vorarlberg) sich in Bozen niedergelassen und die Bierbrauerei zu Vilpian in ihr Eigentum erworben. Auch sie sollten weichen, erwirkten jedoch, durch den Wiener Banquier Freiherrn von Eskeles unterstützt, die Zurücknahme ihrer Ausweisung und die grundbücherliche Intabulierung jenes Eigentums. Seither ist die Gersonsche Familie im Mannsstamme ausgestorben. Gleiches gilt von der Familie Lehmann, und die in den sechziger Jahren aus Triest dahin gekommene Familie Hänschel ist wieder fortgezogen, so dass dermalen bloss die Familie

---

[1] Wahrscheinlich ist damit der oben genannte Jude aus Bassano gemeint, welchem Kaiser Max I., d. d. Bozen 7. Dezember 1509, wegen der im damaligen Kriege gegen die Republik Venedig geleisteten Dienste ein Schutzdekret verlieh (I. St.-A., Leop. J. 22). Es hat jedoch nicht den Anschein, als wäre der damit Begnadete zu Bozen sesshaft geworden. Das Dekret lautete auch auf alle österreichischen Länder mit Ausnahme des Erzherzogtums, dann Steiermarks und Kärntens.

Schwarz in Bozen das hier ansässige Judentum repräsentiert[1]). Gleichwohl ist die Zahl der hiesigen Juden vom Jahre 1869—1880 gestiegen und zwar von 11 auf 24, wozu noch 19 im politischen Bezirke (Umgebung) Bozen kommen.

Brixen. Die Erlaubnis, hier zu wohnen, erhielten die Juden „Isak Gansmans Sun und Samuel, sein swager" vom Bischof Ulrich (aus Wien) unterm 11. November 1403 zuerst auf 2 Jahre in Anbetracht der Gebrechen, an welchen das hiesige Geldleihwesen litt, und um die Christen vor Versündigung (durch Zinsennahme) zu bewahren. Ausser einem Hause, für das sie 40 Dukaten Miete zahlten, erhielten sie vom Bischofe auch „ain stat, da si Ir tote Juden hinbegraben", eingeräumt. Das Privilegium (s. den Wortlaut bei Sinnacher, Beitr. z. Gesch. d. bisch. Kirche Säben und Brixen, VI, 25 ff.) erstreckte sich auf ihre Diener und das Hausgesinde. Ob sie aber davon Gebrauch machten, ist ungewiss. Dagegen müssen sich um die Mitte des sechzehnten Jahrhunderts Juden in grösserer Anzahl im Brixener Territorium befunden haben; denn unterm 18. Dezember 1551 erliess Bischof Christoph eine besondere Judenordnung für die nachgesetzten Obrigkeiten (Bibl. Tir. Hdschft. 1229 betr. die Territorialrechte der Brixener Fürstbischöfe). Im Jahre 1833 (zur Zeit, wo der Bau der Franzensfeste begann) kauften die später nach Bozen übersiedelten Gebrüder Schwarz das Brixener Siechenhaus, um daselbst eine Fabrik zu errichten. Aber trotz der Gunst, deren sie sich dort erfreuten, verliessen sie im Jahre 1837 die Stadt, um in Bozen als Pächter einer Brauerei sich niederzulassen. Weder im Jahre 1869 noch im Jahre 1880 wurde im ganzen Politischen Bezirke Brixen ein Jude gezählt.

Innsbruck. Die älteste hier vorkommende Judenfamilie ist die der May, als deren bezüglicher Ahnherr wohl Maggio, Sohn des Salomon, zu betrachten ist, welcher vom Könige Ferdinand einen Schutzbrief d. d. Augsburg 18. Januar 1544 erhielt (I. St.-A., Leop. J. 22). Aber die fortlaufende Reihe der Juden namens May, welche hier ein Hauswesen hielten, beginnt mit Samuel, welchem Erzherzog Ferdinand von Tirol am 11. Juni 1578 an seinem Hoflager zu Innsbruck, oder wo immer dieses sonst wäre, sich aufzuhalten erlaubte. Derselbe handelte vornehmlich mit Samt und Seide. Neun Jahre später (unterm 3. Juli 1587) dehnte der Erzherzog dessen Schutzdekret auf die Kinder und das Hausgesinde aus, zunächst auf 8 weitere Jahre (I. St.-A. Ambr. Samml. VI, 55). Nun kaufte derselbe das Haus der Schiesstl am Pickenthore (Innsbr. Stdt.-A., Stk. 811) und begründete damit die Bezeichnung „Judengasse", welche die dort mündende schmale Gasse fortan trug. Ihm folgten Abraham, Marx und Ferdinand May. Daneben siedelte sich um das Jahr 1662 des Erstgenannten Schwager, Jakob

[1]) Vorstehende, die neuere Zeit betreffende Angabe sowie die Kenntnis der erwähnten Sage verdankt der Verf. dem Hrn. Ernest Schwarz, einem der beiden nach Bozen übersiedelten Brüder dieses Namens.

Gözl aus Mainz, an. Auch Salomon Witte aus Venedig wollte in Innsbruck seinen Wohnsitz nehmen. So zahlreich waren damals hier die Juden, dass sie mehrere Christenhäuser bewohnten, ungeachtet die Familie May bis zum Jahre 1673, wo sie den Besitz auf 4 Jahre verlor, ihr eigenes Haus inne hatte. Die Innsbrucker Bürgerschaft wollte sie in den Jahren 1662 und 1667 in eine besondere Behausung zusammengezwängt wissen und noch 10 Jahre später war die dortige Stimmung ihnen dergestalt ungünstig, dass der Kaiser unterm 27. August 1677 die Verpachtung der Tabakaccise an Johann Ferdinand May widerrief (Innsbr. Stdt.-A., Stk. 672). Trotzdem behaupteten sich hier Juden in grösserer Anzahl. Auch die 1748 über sie verhängte Abschaffung gedieh zu keinem Erfolge. Laut Gubernialbericht vom 24. Dezember 1781 (a. o. a. O.) gab es in Innsbruck damals allerdings bloss 2 jüdische Familien und zwar namens Uffenheimer, bei deren einer es heisst, dass sie aus Frankfurt a. M. zuzog, aber beide hatten viele Kinder und zahlreiche Knechte. Lazar Uffenheimer hatte im Jahre 1765, als das kaiserliche Hoflager in Innsbruck war, hier gegen eine jährliche Konzessionsgebühr von 20 Gulden eine Spezereiwarenhandlung errichtet; das Haupt der anderen Familie (Gabriel Uffenheimer) nahm die Abwickelung eines Salzspeditionsvertrages zum Vorwand, um hier gleichfalls das Domizil zu nehmen und verlegte sich auf den Hausierhandel. Es dauerte kein Jahr, dass ein dritter Familienvater gleichen Namens (Abraham Johann) sich in Innsbruck als Uhren- und Seidenhändler hervorthat, und dass ein mit 4 Kindern gesegneter Jude namens Abraham Weil in Begleitung eines als Schächter dienenden Knechts gleichfalls dort sein Domizil aufschlug (Gub.-Ber. v. 18. März 1782 im I. St.-A., Publ. 262⅛). So mehrte sich daselbst die israelitische Kultusgemeinde zusehends. Im Jahre 1804 zählte sie 47 bleibend anwesende Mitglieder (93. 1. 63, Note 24). Im Jahre 1869 ergab die Volkszählung dort (den Glaubensbekenntnissen nach) 59 Juden, die vom Jahre 1880 aber 109. Altansässige Familien gibt es darunter nur wenige: die Dannhauser, Steiner, Friedmann [1]).

Lienz. Bis zum Jahre 1443 gab es hier 2 von Juden bewohnte Häuser, deren Insassen damals teils hingerichtet, teils vertrieben wurden. Als 29 Jahre später ein jüdischer Agent sich hier beim Jahrmarkte einfand, wurde er ausgestäupt (Bibl. Tirol. Handschr. 904, 5. Buch S. 33, 6. Buch S. 24).

Meran. Die hohe Judenziffer der letzten Volkszählung für den Politischen Bezirk dieses Namens, nämlich 176 (gegen 30 im Jahre 1869), erklärt sich vornehmlich aus dem Aufschwunge, welchen die Stadt Meran nebst ihrer Umgebung als klimatischer Kurort genommen hat, der gerade zur Winterszeit auch am meisten von israelitischen

[1]) Die Uffenheimer, seit anderthalb Jahrzehnten durch eine von ihnen schwungvoll betriebene Kunststickerei und Erzeugung kirchlicher Paramente bekannt, sind, da sie in neuerer Zeit Christen geworden und die Volkszählung Juden nur der Religion nach kennt, in obiger Zahl nicht begriffen.

Kurgästen besucht ist. Die Zahl der dort ansässigen Juden ist noch immer sehr gering. Noch lebt derjenige unter ihnen, welcher zuerst in Meran sein Domizil nahm: Daniel Biedermann aus Hohenembs, wohin dessen Voreltern, die sich Lämle nannten, aus Bayern gekommen waren. Dieser eröffnete dort im Jahre 1824 mit einem seiner Brüder ein Warengeschäft, dem er im Jahre 1840 ein Wechselgeschäft beigesellte. Seit dem Jahre 1852 Bürger der Stadt und Hausbesitzer daselbst, verkaufte er im Jahre 1874 beide Geschäfte einer jüdischen Prager Firma, ausser deren Trägern und den betreffenden Familien bis in die neueste Zeit herauf bloss der Vorgenannte nebst seiner Haushälterin sich dort stabil aufzuhalten pflegte [1]). Während der sogen. Kursaison finden sich da allerdings auch jüdische Geschäftsleute ein, die sich mit dem Warenvertriebe befassen.

Mori. Durch Freibrief d. d. Trient, 6. März 1554 bestätigte Nikolaus Freiherr von Madruzz, Herr der 4 Vikariate, dem Jacopin fiol del q. Grasone hebreo de Riva, dessen Erben und Genossen die Rechte, welche sie im Umfang jener 4 Herrschaften, insbesondere zu Mori, bereits genossen (I. St.-A., Post-Abt. XVIII. 82).

Neumarkt. Hier mietete im Jahre 1550 der Jude Abraham, welcher früher samt Familie bei seinem Schwager in Bozen gewohnt hatte, auf Grund eines Schutzdekrets, das ihm König Ferdinand als dem Diener seiner Kinder unterm 20. Februar 1548 ausstellte, auf drei Jahre die Behausung des Grafen Felix von Arco. Als er im folgenden Jahre die Weisung erhielt, diesen Ort zu verlassen, weil hier früher nie Juden geduldet worden seien, suchte er das Gegenteil darzuthun, indem er namentlich anführte, dass gerade sein eigener Schwager, der des Luftwechsels halber später nach Bozen zog, vor ihm in Neumarkt unangefochten wohnte (I. St.-A., Pest-Abt. XVII. 57).

Riva. Die hiesige Judenkolonie bestand allem Anscheine nach zumeist aus flüchtigen Spaniern und betrieb den Druck hebräischer Werke. Sie blühte um die Mitte des sechzehnten Jahrhunderts. Es genügt in dieser Beziehung, auf Carmolis „Annalen der hebräischen Typographie von Riva di Trento", Frankfurt 1868, hinzuweisen. Im Jahre 1880 wurden im Politischen Bezirke Riva 10 Juden gezählt. Uebrigens erscheint schon in dem bei Trient zu erwähnenden Prozesse vom Jahre 1475 (p. 429) ein Jacobus de Rippa als Judaeus et Judaeorum fautor.

Trient. Bis zum Jahre 1475, wo hier eine durch die Beschuldigung, sie hätten ein christliches Kind getötet, motivierte Verfolgung

---

[1]) Diese Angaben stammen aus dem Munde desjenigen, den sie betreffen. Zwanzig Jahre lang hat derselbe in Meran nicht einmal bei Privatpersonen zur Miete gewohnt, sondern als Pensionär im Gasthof zur Post gelebt, bis es ihm gelang, alle Vorurteile zu besiegen, die seiner Niederlassung dort im Wege standen. Der Verfasser, welcher, einer alten Bürgerfamilie Wiens entsprossen, an den diesbezüglichen Erhebungen keinerlei persönliches Interesse hatte, glaubt das soeben Bemerkte als eine in sachlicher Beziehung charakteristische Thatsache hier anführen zu sollen.

über sie hereinbrach, lebten hier Juden in beträchtlicher Menge. Den klarsten Beweis dafür liefern die Akten des damals wider sie abgeführten Strafprozesses (siehe die Auszüge daraus — Collectanea in Judaeos B. Simonis interemptores — bei Bonelli, 16. 421—462), wo als am 27. März 1475 zur Haft gebracht folgende Juden genannt sind: Israël filius Samuelis, Moyses antiquus de Saxonia, Mohar filius Moysi, Salomon quondam Mendelini de Isprocho, Lazarus de Seravalle de Friolo Familius Angeli, Moyses filius Salomonis de Hozpoch, magister filiorum Tobiae, Isaac filius Jacob de Vedera Familius Angeli, Brunetta uxor Samuelis, Vitalis filius, ... Familius Samuelis, Israël filius Mohar de Brandenburg. Danach zu urteilen, bestand diese Judenkolonie sowohl aus Angehörigen der deutschen als der italienischen Nationalität. Späterhin fanden sich gewiss nur Anhänger der letzteren hier ein, wie denn z. B. ein Schutzdekret, womit Kaiser Max I. unterm 1. März 1516 zu Bozen dem Juden Emanuel, Sohn des Samson Judas, für zu Belluno ihm geleistete Dienste belohnte (I. St.-A. Leop. J. 22), speziell Trient und Verona als die Orte bezeichnet, wo es gelten soll. Im Jahre 1809 wurde zu Trient kein einziger Jude gezählt; 1880 lebten dort ihrer zwei.

Wenn im Volkszählungsoperate von 1880 beim Politischen Bezirke Landeck 7 Juden verzeichnet erscheinen, so hängt dies mit dem Bau der Arlbergbahn zusammen. Historisch begründet ist dieses Vorkommen da nicht.

b) Nachwirkungen des Slawentums im Iselthale (und in dessen Verzweigungen).

Sind gleich viele Jahrhunderte verflossen, seit man das Pusterthal und seine Seitenthäler nicht mehr als von Slawen bewohnte Gegenden betrachtet und diese mit Recht dem Verbreitungsgebiete der deutschen Nationalität zuzählt, so sind doch hier weder slawische Laute ganz verklungen noch slawische Gebräuche ganz ausgestorben. Besonders im Iselthale und in dessen Verzweigungen (den Thälern Kals, Tefereggen und Virgen) hört man jene noch gegenwärtig und leben letztere bis zur Stunde fort. Freilich sind es nur mehr vereinzelte Nachklänge, die da in Betracht kommen; aber sie lassen doch das dortige Gemisch von Slawen und Deutschen als eine besondere Abart erscheinen, deren hier noch in Kürze gedacht werden soll.

Die Iselthaler nennen die Sauerbeeren: Dabernitzen (vom slaw. dabernice = Waldhügelbeere), die Hagebutten: Aunitschen (vom slaw. alnice, dialektisch aunice = rote Kirsche), die Stachelbeeren: Ainschlize (vom slaw. oselice, dessen Wurzel os-et auf Stacheliges, Disteln hinweist), die Zeitlosen: Perliesken (slaw. perleske), die Eingeweide toter Tiere: Kröb (slaw. drob), gebratene Rüben: Pötschen (vom slaw. peči = braten), eine Getreideharpfe: Koise (slaw. koza, kozolec), eine Grube: Gunne (slaw. konie), eine abschüssige Wiese: Taber (slaw. deber), eine Abteilung im Stalle für Kleinvieh: Glutsche (slaw. ključ), einen Backtrog: dëse (russisch: deza), ein geschwätziges Weib: Muramatsche (vom slaw. mermrača = Jammerin, Plauscherin), einen Kretin: Gumpe (vom slaw. gump = Kropf oder identisch mit gumpec = Narr), eine Spinne: Gragke nach den langen Schenkeln (slaw. krak) u. s. w. Manche von diesen Ausdrücken sind auch im Pusterthale zu hören, wo ferner der Holzschuh die slawische Benennung Tschogkl (čokel) trägt und der Tannenzapfen allgemein die Tschurtschn heisst (vom slaw. storž = Nadelholzbaum, Diminutiv: storčiž, im Volksmunde: sturžc).

Wenn im Iselthale das sogen. Sternsingen (durch Knaben ausgeführt, welche die heiligen drei Könige vorstellen) „Tölkeln" und der dabei Mitwirkende „Tölkner" heisst, so rührt dies vom altslowenischen „tolkovat" (verkünden, deuten, erklären) her. Ebenso ist die dort gemeinübliche Bezeichnung eines Knabenspiels, bei dem zwei Ostereier aneinander geschlagen werden, mit dem Worte „Turtschen" (in Kärnten sagt man „turtscheln") eine altslawische Reminiscenz (von terčiti, terčljati), und nicht minder gilt dies von dem Brauche, dass am Abend vor Allerheiligen Bursche, welche „Gröggler" heissen, mit einer Art hölzerner Zange von Haus zu Haus gehen, wobei sie mit verstellter Stimme um Krapfen bitten, die man ihnen in die Zange steckt. Denn das Wort „Gröggeln", was da so viel heisst, als mit zurückgehaltenem Atem sprechen, entspricht dem slowenischen „Krigla" = Heiserkeit und die Sitte selbst ist undeutsch [1]).

Weit bedeutsamer noch als derartige Gebräuche sind die rechtshistorischen Ueberlieferungen, die sich im Iselthale erhalten haben. Diese verleihen den hiesigen Bauernwirtschaften das patriarchalische Gepräge, dessen der Seelsorger des Kalser Thales, Anton Auer, in einem „Die Iselthaler" betitelten Aufsatze (Amthors Alpenfreund, V, 1872, S. 22 ff.) und nach seinen Angaben auch J. Ch. Mitterrutzner (45, 14) Erwähnung thut. Nimmt gleich die Zahl der Bauernhöfe, auf welchen sie beobachtet werden, gelegentlich der Verlassabhandlungen stetig ab, so halten doch nach der Versicherung des Bezirksrichters zu Windisch-Matrei noch manche Bauernfamilien an ihnen fest. Wir haben es da mit der altslawischen Hauskommunion zu thun, welche von der unter den Deutschen herkömmlichen bäuerlichen Erbfolge und deren wirtschaftlichen Konsequenzen wesentlich abweicht. Es betrachtet sich nämlich die Gesamtheit der lebenden Familienglieder als den Eigentümer des Anwesens, und was das einzelne Familienglied erwirbt, fliesst in die Kasse des gemeinsamen Haushalts, auch wenn die betreffende Beschäftigung keine landwirtschaftliche ist, sondern ins Gewerbewesen einschlägt. Daher vereinigt auch die nämliche Behausung mehrere Ehepaare mit deren Nachkommenschaft, soweit diese nicht in der Fremde ihr Fortkommen sucht und sich vom Familienverbande lossagt („den Abbruch macht"), was jedoch für un-

[1]) Als das bezeichnet sie selbst Dr. Valentin Hintner, der doch sonst mit der Anerkennung des slawischen Einflusses kargt, in seinen „Beiträgen zur tirolischen Dialektforschung" (Wien 1878), S. 85 u. 267. Alle übrigen oben mitgeteilten Slawismen hat Davorin Terstenjak, der bekannte slowenische Gelehrte (Hauptpfarrer zu Altenmarkt bei Windischgrätz) festgestellt und dem Verfasser zum wissenschaftlichen Gebrauche überantwortet, wofür ihm hier Dank gesagt sei.

gehörig gilt. Jeder Teilnehmer an der Gemeinschaft heisst „Mithäuser", der Vorsteher und Leiter derselben aber wird „Vorhäuser" genannt. Zuweilen ist den Mithäusern ein gesonderter Verdienst, den sie sich durch Dienstleistungen bei auswärtigen Landwirten verschaffen und der dann zu ihrer eigenen Verfügung steht, gleichsam zugestanden und dürfen sie auch eigenes Vieh auf die Kommunalpe treiben. Will ein Mithäuser sich verheiraten, so ist er dabei an die Zustimmung des Vorhäusers gebunden. Die älteren Gerichtsbücher enthalten viele, den geschilderten Sachverhalt bestätigende Eintragungen. So heisst es im „Urbargerichtsbuch der Herrschaft Windisch-Matrei auf das Jahr 1557 und 1558" Bl. 57: Hans Pätrer auf Racell, dem die Wirtschaft daselbst für die Dauer eines Jahres übertragen wurde, soll gehalten sein, seinen Vetter Blasy samt Weib und Kind „vmb gesundt vnnd in Allem wie sich gepürdt" zu unterhalten, dagegen Blasy „sol sein Arbait, was er mit Zimern oder sonnst erobert, inn das Haushaben geben vnd sol mit des Hansen als Wirdts wissen und willen zu zimern oder sonst zu arbaiten ausgeen". Wie aus einem im Jahre 1811 vom damaligen Gerichtspraktikanten Nägele verfassten Berichte (jetzt im Besitze des jubil. k. k. Kanzlisten Unterrainer zu Windisch-Matrei) erhellt, wurde seit Anfang des neunzehnten Jahrhunderts planmässig von den Behörden auf die Beseitigung der Kommunhausungen hingewirkt und vom Jahre 1804 an namentlich das Einheiraten in dieselben geradezu verwehrt. Daher lösten sich damals zu Windisch-Matrei die weitschichtigen Wirtschaften der Rainer, Haizer, Hairacher, Jakober u. A., deren Verband 30—40 Personen in sich schloss, rasch auf, und gab es im Teferegger Thale im Jahre 1808 nur mehr vier grosse Kommunhausungen, nämlich: „am Plass" zu Hopfgarten, „beim Pichler" zu Hof, „an der aussern" und „an der inneren Hirben".

Dagegen liefert die Ende Mai 1686 im Teferegger Thale vorgenommene „Seelenbeschreibung" (im W.-Matreier Gerichtsarchive. Konsistor. Nr. 38 von 1685) viele Beispiele solcher „Hausungen". Auf dem Pergler-Gute lebten ausser dem Wirtschaftsführer Thomas P., dessen Weibe und Kinde 2 „Mithäuser" mit ihren Frauen und 7 Kindern; auf dem Meixner-Gute ausser dem bejahrten Wirtschaftsführer und dessen Weibe ein gleichfalls schon betagter „Mithäuser" samt Frau und des letzteren verheirateter Sohn samt Familie; auf dem Unterräsner-Gute ausser dem Wirtschaftsführer (Andreas Unterräsner, 37 Jahre alt), dessen Mutter, seinem Weibe und 3 Kindern 2 „Mithäuser", und zwar der 65 Jahre alte Sebastian U. und der 30 Jahre alte Hans U. mit ihren Familien, dann des letzteren 2 Schwestern und 2 angenommene Kinder; auf dem Gute der Familie Plassnig (Nr. 8 der Rotte Hopfgarten) ausser dem 84 Jahre alten Wirtschaftsführer Christoph Pl., dessen Sohne und Schwiegertochter mit 7 Kindern ein 71 Jahre alter Bruder, sein Weib, ein „Unterhalter" Namens Veit Pl., 9 Kinder von Söhnen, welche ihres protestantischen Bekenntnisses wegen ausgewandert waren, und 7 Dienstboten u. s. w.

Nachtrag zur Litteratur.

Delitsch, Otto, Ein Besuch bei den deutschen Gemeinden des Fersinathales. „Aus allen Weltteilen“, VI., Heft 9.

Zingerle, Ign. Vinc., Dr., und Delitsch, Otto, Die Deutschen in Südtirol. Ebenda, III., Heft 5, 6.

Zöller, R., Deutschtum und Romanentum in Tirol. Ebenda, II., Heft 5.

Vgl. den Aufsatz von Dr. Groos „Bücher und kleinere Aufsätze über die Sprachgrenze in unserem Alpengebiet“ im XV. Bde. der „Zeitschrift des deutschen und österr. Alpenvereins“ (Jahrg. 1884, S. 98 ff.), wo auch anderes, was zur Vervollständigung des oben (S. 398—401) gegebenen Verzeichnisses dient, aufgeführt ist.

Demnächst erscheint:

Heft 9. Die ethnologischen Verhältnisse Böhmens, von Dr. L. Schlesinger, Direktor in Prag.

Die weiteren Hefte werden unter anderem folgende Arbeiten bringen:

Geh. Rat F. Baer (Grossherzogl. bad. Direktor des Wasser- und Strassenbaus der Landeskultur-Arbeiten, Landesvermessung und Topographie in Karlsruhe), Die Entwicklung des Verkehrs und der Verkehrswege am Oberrhein.

Dr. G. Berendt (Königl. Landesgeologe und Professor an der Universität Berlin), Die norddeutschen Urstromsysteme.

Dr. A. Bezzenberger (Prof. an der Universität Königsberg), Die Kurische Nehrung.

Dr. A. Birlinger (Prof. an der Universität Bonn), Alemannisches: Grenzen, Sprache, Eigenart.

Dr. R. Blasius (Braunschweig), Über Zugverhältnisse und Verbreitung der Vögel in Deutschland.

Oberforstmeister Dr. Borggreve (Direktor der Königl. Forstakademie zu Hannöv. Münden), Die Verbreitung und wirtschaftliche Bedeutung der wichtigeren Waldbaumarten innerhalb Deutschlands.

Dr. G. Gerland (Prof. an der Universität Strassburg), Über Thalbildung in den Vogesen.

Dr. A. Jentzsch (Dozent an der Universität Königsberg), Der Boden Ost- und Westpreussens.

Dr. C. M. Kan (Prof. an der Universität Amsterdam), Die Eigentümlichkeiten des niederländischen Bodens.

Dr. A. von Koenen (Prof. an der Universität Göttingen), Über die Dislokationen und Störungen, welche den Bau der deutschen Mittelgebirge bedingen.

Dr. F. Krones Ritter von Marchland (Prof. an der Universität Graz), Die deutsche Besiedelung der östlichen Alpenländer, insbesondere Steiermarks, Kärntens und Krains, nach ihren historischen und topischen Verhältnissen.

Dr. A. Leskien (Prof. an der Universität Leipzig), Mitteilungen über das ausgestorbene Slaventum in Norddeutschland.

Dr. Th. Liebe (Landesgeologe und Prof. in Gera), Der Zusammenhang zwischen den orographischen und hydrographischen Verhältnissen Ostthüringens und dessen geologischem Schichtenaufbau.

Dr. A. Makowsky (Prof. an der technischen Hochschule zu Brünn), Das Höhlengebiet des Devon in Mähren.

Dr. A. Nehring (Prof. an der landwirtschaftlichen Hochschule zu Berlin), Die diluviale Fauna Deutschlands und ihr Verhältnis zur jetzigen Fauna.

Dr. J. Partsch (Prof. an der Universität Breslau), Die Oder in Schlesien.

Dr. Fr. Pfaff (Prof. an der Universität Erlangen), Der Aufbau des Fränkischen Jura.

Dr. F. Ratzel (Prof. an der technischen Hochschule zu München), Die Schneegrenze im Karwendelgebirge.

Dr. F. Wahnschaffe (Königl. Landesgeologe und Dozent an der Universität Berlin), Die Quartärbildungen des norddeutschen Flachlandes und ihr Einfluss auf die Oberflächengestaltung desselben.

Dr. K. Weinhold (Prof. an der Universität Breslau), Über die Herkunft der deutschen Schlesier.

Ausserdem haben freundlichst ihre Mitwirkung zugesagt die Herren Dr. K. Freiherr von Fritsch, Prof. an der Universität Halle; Dr. F. G. Hahn, Prof. an der Universität Königsberg; Dr. G. Hellmann, Oberbeamter im Königl. Meteorologischen Institut in Berlin; Hofrat Dr. von Inama-Sternegg, Präsident der k. k. Statistischen Central-Kommission und Prof. an der Universität Wien; Dr. O. Krümmel, Prof. an der Universität Kiel; Dr. F. Löwl, Dozent an der deutschen Universität Prag; Dr. E. Petri, Prof. an der Universität Bern; Dr. J. Ranke, Prof. an der Universität München; Dr. P. Schreiber, Direktor des Königl. sächs. Meteorolog. Instituts in Chemnitz; Dr. A. Streng, Prof. an der Universität Giessen; Dr. F. Wieser, Prof. an der Universität Innsbruck u. a.

POLEOGRAPHIE

DER

CIMBRISCHEN HALBINSEL.

Ein Versuch die Ansiedlungen Nordalbingiens

in ihrer Bedingtheit durch Natur und Geschichte

nachzuweisen

von

Professor Dr. ph. K. JANSEN.

STUTTGART.
VERLAG VON J. ENGELHORN.
1886.

Inhalt.

Vorbemerkung.

Dem Griechen bedeutete πόλις zunächst eine städtische befestigte Ansiedlung im Gegensatz zu einer offenen dörflichen, zugleich aber auch einen durch Gesetz und Verfassung umschlossenen Verein von Menschen im Gegensatz zum zerstreuten und staatlosen Dasein. Poleographie nenne ich mithin die Darstellung der Städte eines geographischen Gebiets nach ihren örtlichen und staatlichen Verhältnissen. Wenn eine wissenschaftliche Kunde der menschlichen Ansiedlungen nur auf Grundlage genauer Kenntnis des Landes und der Geschichte gewonnen werden kann, so muss eine Poleographie auf Boden-, Stadt- und Volkskunde zugleich beruhen.

Die Benennung Nordalbingien, seit Einhard von unserem Lande, freilich auch in weiterem Umfang für das nordöstlich der Elbe gelegene Slavenland und ohne feste Begrenzung in Gebrauch, soll von vornherein andeuten, dass ausser der preussischen Provinz Schleswig-Holstein auch das damit in Natureinheit stehende eutinische, lübsche und hamburgische Gebiet Gegenstand der Behandlung ist. In gleichem Sinne konnte die cimbrische Halbinsel nur als eine Einheit in Betracht kommen und musste Jütland wenigstens so weit herangezogen werden, als es zum Verständnis des eigentlichen Gegenstandes nötig erschien.

Einleitung.

Ein Zug wandernder Menschen bewegt sich nach denselben Gesetzen wie ein Fluss. Er sucht mithin ein natürlich gegebenes Bett, um es sofort zu benutzen oder erst zu gestalten. Seine Richtung geht also unter allgemeinen und gewöhnlichen Bedingungen auf die Ebenen, in die Thäler, längs der Flüsse, namentlich der grösseren und beherrschenden: wandernde Völker suchen das Meer.

In Bewegung aber ist das Menschengeschlecht von Anfang an wie das flüssige Element. Nur darin unterscheidet es sich, dass die Atome desselben, die Einzelmenschen, in kurzen Fristen der Ruhepunkte, der Haltestellen bedürfen. Alle menschlichen Ansiedlungen sind Pilgerherbergen, liegen mithin an den natürlichen oder künstlichen Strassen, und ihre Grösse und Bedeutung steht mit der Bedeutung und Belebtheit der Strasse im genauen Verhältnis.

Belegen sein müssen dieselben an denjenigen Punkten dieser Linien, welche entweder für Alle die notwendig gegebenen oder für die grösste Anzahl der Wandernden die bequemsten und erwünschtesten Haltestellen sind. Die Wohnplätze der Menschen werden also immer an den Halt-, Wende- oder Kreuzpunkten der Strassen liegen, mithin die grössten an den vielfachsten Knotenpunkten des Verkehrs [1]).

Die Bewegung selbst kommt wie in der natürlichen, so in der Menschenwelt zumal für Menschenmassen nicht ohne eine Nötigung zustande: die Nötigung ist entweder äusserer Art und wird als Zwang empfunden, oder innerer Art, Trieb oder Beweggrund.

Erst beide Ursachen zugleich, die bedingenden, auf der Bodengestaltung beruhenden und die erzeugenden, in der Menschenwelt liegenden führen durch ihr Zusammenwirken zur Gründung, Verteilung und Grösse der menschlichen Niederlassungen überhaupt. Die Bodenverhältnisse allein, und wären sie die allergünstigsten, können Verkehr und Verkehrsplätze nicht schaffen; gesellschaftliche, staatliche, kirchliche Motive der verschiedensten Art rufen am meisten und kräftigsten Wanderungen und Anpflanzungen hervor; eine Quelle ein See, der Fluss das Meer, ein Eldorado ein Paradies, ein Heiligenbild ein Tempel ziehen Menschenmengen an sich, bahnen Wege zu sich: Richtung aber und Haltpunkte des Weges, Belegenheit der Ansiedlungen bestimmt und bedingt die Beschaffenheit des Bodens.

---

[1]) Näher begründet sind diese Sätze sowie auch die darauf beruhende Einteilung der Strassen in meiner Schrift: „Die Bedingtheit des Verkehrs und der Ansiedlungen der Menschen durch die Gestaltung der Erdoberfläche." Kiel 1861. Uebrigens ist es bemerkenswert, dass die deutsche Sprache in ihren betreffenden Bezeichnungen eine Erinnerung von dem oben dargelegten Sachverhältnis zu bewahren scheint. „Siedeln" kommt aus dem mittelhochdeutschen sidelen, althochdeutschen sëdal Sitz, Sessel, Wohnsitz, gotisch sitls. In „Dorf" freilich, wie die Bedeutung des gotischen thaurp = Feldmark ausser Zweifel stellt, tritt die Beziehung auf die Wanderbewegung zurück; aber nicht ohne Grund, da ein Dorf als Ruhepunkt für wandernde Züge nicht in Betracht kommen kann. Weiler wird wie das süddeutsche wil mit villa zusammenhängen. Flecken beruht auch nur auf dem Gegensatze zur Linie oder zur Fläche. Aber schon in dem allgemeinsten Namen für menschliche „Niederlassungen": „Ort", das in der Wurzel mit Ecke, Spitze eins ist und an den Ostseeküsten mehrfach scharf vortretende Landspitzen bezeichnet, Darsser Ort, Brüster Ort, Dagöer Ort, scheint die Auffassung von einem Schneiden zweier Linien zu Grunde zu liegen. Unzweifelhaft aber bedeutet „Stadt" einen Steh- oder Halteplatz. In ihr volles Licht tritt diese einfache und doch so treffende Bezeichnung durch ihren Gegensatz: der Weg, aus der Wurzel weg = ziehen, fahren, zusammenhängend mit wehen, wogen, wagen, weichen, Wind, Woge, Wage, Wagen u. a., ist das, was bewegt und seine Aufgabe und Bestimmung in der Bewegung hat (vgl. Kluge, etymologisches Wörterbuch). In ἄστυ (sk. vâstu von der Wurzel vas = weilen, wohnen), liegt der Begriff des Bleibens (ahd. wis = mansio) auch zu Grunde; πόλις, von den Wurzeln par, pel, ple Fülle, Verkehr, Gedränge, skr. pur, puri-s, pûram Stadt, Burg, Feste, lässt die staatliche Bedeutung mehr hervortreten. Urbs und oppidum sind in ihrer Grundbedeutung zweifelhaft, s. Curtius.

Ob nun, wie unter gewöhnlichen und ursprünglichen Verhältnissen, der Weg den Ort herbeiführt oder der Ort den Zugang hervorruft, immer werden die Ansiedlungen von den grössten bis zu den kleinsten hinab End-, Wende- oder Kreuzungspunkte darstellen.

So zahllos die Menge derselben ist, so begrenzt sind ihre Arten. Die wichtigsten derselben lassen sich folgendermassen ordnen:

I. Die Wege des Festlandes ergeben:
  1. Kreuzungen gleichartiger Festlandsstrassen:
    a) an Meerbusenspitzen,
    b) an Landengen,
    c) an Furten, Fähren, Brücken,
    d) an Mittelpunkten geographischer oder politischer Kreise.
  2. Kreuzungen ungleichartiger Festlandsstrassen:
    a) von Flachlands- und Gebirgswegen,
    b) von Eisenbahnen und Landstrassen.

II. Die Wege verschiedener Media ergeben:
  1. Kreuzungen von Fluss- und Festlandswegen:
    a) an den stärkeren, namentlich rechtwinkligen Biegungen der Flüsse,
    b) an den Schiffbarkeitsanfängen und Stufen, namentlich der Mündung.
  2. Kreuzungen von Landsee- und Festlandswegen:
    a) an den Endpunkten langgestreckter, zumal tiefeingesenkter Seen,
    b) an der Mitte ihrer Langseiten.
  3. Kreuzungen von See- und Festlandswegen:
    a) an Meerbusenspitzen,
    b) an Meerengen,
    c) an den Enden langgestreckter Binnenmeere.

III. Die Wege auf dem Flüssigen ergeben:
  1. Kreuzungen von Flusswegen mit einander:
    a) an den Mündungen der Nebenflüsse,
    b) an den scharfen Biegungen.
  2. Kreuzungen von See- und Flusswegen:
    a) an den Mündungen ins Meer,
    b) an den Ein- und Ausflüssen bei einem Landsee.
  3. Kreuzungen von Seewegen mit einander:
    a) an Landzungen und Vorgebirgen, zumal weit vorgestreckten,
    b) an Meerengen.

Sind diese allgemeinen Gesetze für Menschenverkehr und Niederlassungen begründet, so werden sie auch in der Besiedlung und den Hauptplätzen der cimbrischen Halbinsel sich bewähren müssen.

I. Lage und Bodengestalt der cimbrischen Halbinsel.

1. Für die Gestalt und Bildung des europäischen Festlandes sind zwei Binnenmeere von grösster Bedeutung: zuerst das südliche, das den Mittelpunkt der alten Welt gebildet hat und noch von den Völkern des Mittelalters als das Meer der Mitte bezeichnet worden ist; sodann das nördliche, aus Nord- und Ostsee mit ihren verschiedenen Teilen bestehende, das erst seit dem Mittelalter Schauplatz geschichtlichen Lebens werden konnte. Das südliche ist das grössere, längere, tiefer in den ganzen Kontinent der alten Welt, d. h. in drei Weltteile eindringende; das nördliche leistet für die germanischen Länder aber dennoch dieselben Dienste wie das südliche einst für die griechisch-romanische Welt und jetzt für alle seemächtigen Nationen der Erde. Es unterscheidet sich von diesem durch die breitere und offenere Verbindung mit dem Ocean, von dem das südliche Mittelmeer fast abgeschlossen ist; das nördliche ist nur ein breit beginnender und allmählich sich verengernder, wie verflachender Meerbusen des atlantischen Weltmeers.

Zwei Riegel erstrecken sich von dem Körper des Weltteils in nördlicher Richtung durch dasselbe vor: Grossbritannien, vor Menschengedenken durch einen Meeresarm vom Festland gelöst, eine Schutzmauer der flachen Niederungen Norddeutschlands gegen die Wucht der oceanischen Wogen und die mit dem Festland verbundene niedrige Halbinsel, welche wir die cimbrische nennen.

Diese selbst ist aber wieder ein Teil eines grösseren Ganzen, die mittlere und bei weitem längste von den drei Ausbuchtungen der niederdeutschen Küste, deren westliche, von der Zuidersee bis zur unteren Elbe, in sich noch wieder durch Dollart und Jadebusen gegliedert ist, deren östliche, von der Odermündung und der Lübeker [1]) Bucht begrenzt, in der Halbinsel Zingst und im Darsser Ort ausläuft, ursprünglich wohl ihre letzte Spitze in dem Vorgebirge Arcona hatte. So bildet der cimbrische Chersonnes nach Nordwesten hin mit der festländischen Küstenlinie einen rechten, nach Nordosten einen spitzen Winkel. In dem ersteren zieht sich, von dem vereinzelten Helgoland abgesehen, eine Schnur von langgestreckten Kösteninseln hin, die trockenen Rücken der weit hinausgehenden, flach verlaufenden Watten, Trümmer der einstigen Küste; in dem anderen breitet sich eine Gruppe grösserer Inseln aus, durch verschiedene Sunde voneinander und von den benachbarten Festlanden, durch ein breiteres Fahrwasser von der deutschen Küste getrennt, einst wohl ohne Zweifel mit dem südwestlichen wie dem östlichen Festland zusammenhängend.

Die Begrenzung der Halbinsel gegen das Festland ist eine von der Natur nur zum Teil entschieden ausgesprochene: einerseits durch das breite Gewässer der Unterelbe bis Hamburg, andererseits durch die Lübeker Bucht und die untere Trave bis Lübek; die Verbindungslinie zwischen diesen beiden Punkten lässt sich entweder gerade oder auf einem Umwege längs der unteren und mittleren Bille nach der

---

[1]) s. S. 555.

Trave zu oder mit der Elbe bis nach Lauenburg, mit der Wakenitz bis nach Razeburg ziehen, zwischen welchen Punkten die Delvenau und der Steknitzkanal mit seiner Niederung die Lücke nahezu ausfüllen würde.

Diese Halbinsel hat in der nicht bloss reichen, sondern auch besonders harmonischen Gliederung des Körpers von Europa eine unverkennbare Beziehung zu der griechischen; beide zusammen stellen zu der Bretagne einerseits, Corsica-Sardinien andererseits, zu Grossbrittanien-Irland nördlich, Italien-Sicilien südlich die dritte Hauptgliederung dar; wie Griechenland durch seine Inselwelt nach Kleinasien gewiesen und von Kleinasien selbst fortgesetzt wird, so die cimbrische Halbinsel nach und von Skandinavien; das Schwarze Meer mit seinen hintereinander liegenden Verbindungsgewässern erscheint wiederholt in dem Ostseebecken mit seinen drei nebeneinander liegenden Sunden oder Belten. Während aber die griechische von dem Körper des Weltteils durch Gebirge abgeschlossen ist, befindet sich die cimbrische mit dem Festlande in engster Wechselbeziehung; die charakteristische Bedeutung der griechischen steigt bei weiterem Vordringen ins Meer, die der cimbrischen nimmt ab.

Ungleich vollends und fast entgegengesetzt ist die Gestalt beider Halbinseln. Während die griechische breit und kontinental beginnt, um in immer reichere Gliederung und Verästelungen auszulaufen, die sich durch Inselreihen nach Kleinasien fortsetzen, nimmt die cimbrische Halbinsel von einer breiteren Basis aus anfangs auch einen Anlauf zur Verjüngung und Gliederung, um dann aber in der nördlichen Hälfte zu einer nach beiden Seiten ausladenden, fast doppelten Verbreiterung überzugehen, die schliesslich in nordöstlicher Richtung mit rascher Verjüngung in eine hafenlose Spitze verläuft, ohne Fortsetzung durch Inseln zu finden. Die Breite der Halbinsel, gemessen zwischen der Westküste von Eiderstedt und der Nordostspitze Holsteins, beträgt etwa 22 geogr. M., zwischen Husum und Eckernförde 7 M., zwischen Husum und Schleswig 4½ M., dagegen zwischen Thors Gab und Grenaae 23 M. Schon dadurch ergibt sich eine Dreiteilung des Landes geographischer Natur, die sich zu allen Zeiten auch politisch fühlbar gemacht hat, in eine breite Basis, eine verengte Mitte und ein plumpen-, wenig entwickeltes Haupt. Die erste hat noch kontinentalen Zusammenhang und Charakter, die zweite ist durch Inseln im Westen und Halbinseln im Osten am meisten gegliedert, das letzte Dritteil in Boden- wie Küstenbildung einförmiger, ein Verhältnis, das durch die Belegenheit der drei Teile zur Achse des betreffenden Mittelmeers noch weitere Ausprägung erhält.

Von Bedeutung ist die begrenzende Küstenlinie.

In genauem Verhältnis zu der sehr allmählichen Steigung des Bodens nach Osten hin verliert sich die Westküste mit sehr flacher Abdachung in die Nordsee. In Jütland ist sie ohne vorgelagerte Inseln, scharf begrenzt, durch eine dreifache Reihe von Riffen abschreckend. Die schleswigsche Küste begleitet eine Inselzone von fast eines halben Grades Breite, deren Westgrenze ziemlich genau in der Verlängerung der jütischen Küstenlinie liegt. Der Westrand von Fanö, Röm, Silt, Amrum, die Eiderstedter Düne Hitzbank, die Watten Blauort und

Buschsand leiten in gerader Nordsüdrichtung nach der Geest des Wurstener Landes der südelbischen Küste hinüber. Weite Strecken sind zwischen dem Festen und Flüssigen streitig bis tief in die Mitte des Landes hinein; ein nicht ganz schmaler Saum ist im regelmässig abwechselnden Besitz des einen und des andern; breite Untiefen erstrecken sich von wenigen Fuss Wasser bedeckt weit ins Meer hinaus, unterbrochen nur durch die Elb-, die Eidermündung und die Lister Tiefe.

Die Ostküste dagegen, durchweg höher über dem Meere und steiler in dasselbe abfallend, zeigt eine ähnliche Bildung, wie sie den oceanischen Küsten Englands, den Felsküsten Norwegens, Schottlands, der Bretagne und des spanischen Nordwestens eigentümlich ist, die der Förden, d. h. der senkrecht eindringenden, meist keilförmigen, teils auch bis zu flussartiger Länge ausgedehnten Meeresarme, welche den ganzen cimbrischen Osten mit einer Reihe vortrefflicher Häfen ausgestattet hat [1]). Dieselbe Bildung, noch erweitert durch die sogen. Noore, enghalsige Nebenbuchten der Förden, sowohl in ihrer Längen- als Querrichtung, — Windebyer- und Nübelnoor —, bedingt die grosse Zahl von Halbinseln, welche bei aller Kleinheit in Holstein und Schleswig landschaftliche und selbst Stammesbesonderheiten Jahrhunderte lang erhalten haben: Wagrien, dänischer Wohld, Schwansen, Angeln, Sundewith, Loit, Ness. Die Küstenentwicklung, zunächst Schleswig-Holsteins, ist daher auch eine günstige: wenn die Länge der Ostküste 48 + 23 = 71 M., die der Westküste von Schleswig 26, von Holstein bis Brunsbüttel 19, bis Hamburg circa 13 Meilen = 58 gerechnet wird, so kommen rund 130 M. Küstenlinie auf eine Fläche von rund 350 Qu.-Meilen d. h. etwa 2,6 auf die Qu.-Meile. Auch in dieser Beziehung ist Jütland, dessen grosse aber wenig verkehrsfähige Binnenseen nicht wohl in Rechnung gezogen werden können, so dass die ganze Westküste als hafenlos erscheint, weniger begünstigt.

2. Der **Boden** der cimbrischen Halbinsel, obwohl im allgemeinen eben und einförmig, bietet doch bei näherer Betrachtung bedeutsame Unterschiede und wichtige Abschnitte dar. Die Südhälfte, Schleswig-Holstein, taucht aus der Nordsee auf mit dem bald breiteren bald schmäleren, in Schleswig auch zweimal durch Geestvorsprünge unterbrochenen Saum der Marsch; durch die ganze Halbinsel zieht sich der flache, jedoch vielfach von Bodenerhebungen und Hügelgruppen durchsetzte Heiderücken, in Jütland durch einen Flugsandstreifen eingefasst; der höhere, aus einem buchten- und seenreichen Hügellande bestehende Oststreifen, der sich in Holstein über mehr als ein Drittel des Gebiets bis an die Mitte hin verbreitert, setzt sich in Jütland über das letzte Drittel zusammenhängend nicht mehr fort.

Die Grenze zwischen dem Alluvium und dem Diluvium muss nach der Natur der Sache das einstige Meeres-, also jetzige Marschufer sein.

---

[1]) Wenn die Insel Alsen ihre Förden und das tiefe Hörupphaff an der Westküste hat, so wird das mit ihrer Abdachung von Osten nach Westen und mit der bohrenden Gewalt des von Norden kommenden, mehr und mehr eingezwängten Stromes zusammenhängen. Auch Fehmarn hat seine zerrissenen Küsten im Norden, Westen und Süden; die Ostküste bildet eine geschlossene Linie.

Dasselbe erscheint noch jetzt, mehr oder weniger erkennbar, unter dem Namen Don oder Kleve, Namen, deren Verbreitungsgebiet genau soweit ausgedehnt ist, wie die bezügliche Bodenbildung, d. h. von Holland bis an und über die Grenze Jütlands. Abgesehen von den vielfachen Vorsprüngen wie Einbuchtungen wird die Linie durch eine Schnur grösserer und zugleich älterer Ortschaften des Westens bezeichnet: Ripen, Tondern, Bredstedt, Husum, Lunden, Heide, Meldorf, Itzehoe, Elmshorn, Uetersen, Wedel; das hohe Elbufer, auf dem Blankenese, Ottensen, Altona, Hamburg liegen, ist nichts weiter als eine Fortsetzung des Meeresufer am Flusse aufwärts.

Die Grenze zwischen dem Geschiebesand und dem Geschiebethon ist zunächst in Jütland vielfach verschoben und durchsetzt. Das nördlich vom Liimfjord gelegene Dreieck, teils flach teils hügelig, im Norden und Westen von Flugsand umlagert, mit grossen Strecken gehobenen Seebodens, z. B. dem grossen Wildmoor, gehört vorwiegend dem Geschiebethon an. Der Abschnitt südlich vom Liimfjord, zwischen diesem, dem Mariager-Fjord und dem Kattegatt, auch nicht ohne bedeutende Strecken gehobenen Seebodens, z. B. das kleine Wildmoor mit den die sogenannten Holme umgebenden Niederungen, besteht vorwiegend aus Geschiebesand. Vom Mariager- bis über den Randers Fjord, die südlich davon gelegene Halbinsel Grenaae eingeschlossen, westlich bis nach Viborg wechseln Sand und Lehm. Erst von der Kalö-Wik nach Süden dehnt sich über den Osten des Landes der Geschiebethon mit seiner wald- und hügelreichen Oberfläche in ähnlicher Weise wie auf den Inseln und in Schleswig-Holstein bis zu einer Linie westwärts aus, die zuerst etwa die Mitte des Landes erreicht, dann aber in der Südrichtung mehr und mehr sich der Küste nähert, um sich von Veile an wieder davon zu entfernen. Von der jütisch-schleswigschen Grenze an weicht der Westrand des Geschiebethons, von vereinzelten Strecken, namentlich einem weit ausgreifenden Winkel zwischen Königsau und Nipsau, abgesehn, aufs neue mehr und mehr nach Osten zurück; und zwar auf der Halbinsel Loit und Sundewith in genauem Parallelismus mit der ausbiegenden Küste, so dass er sich bei Apenrade, Flensburg und Schleswig wieder nach Westen, in einigem Abstande um die genannten Städte herumwendet. Von da an schlägt seine Linie eine südöstliche Richtung ein, bleibt eben westlich vom Wittensee, östlich von Rendsburg, auch östlich von Neumünster, von wo sie bis in die Niederung der Tensfelder Au, südlich vom Südende des Plöner Sees, gerade östlich streicht, um von da wieder in ziemlich gerader Südrichtung, westlich an Segeberg und Oldesloe vorbei und mit manchen Ausbuchtungen in westlicher Richtung zwischen Hamburg und Bergedorf an die Elbe zu gehen, die sie weiter aufwärts nicht mehr erreicht. In bemerkenswerter Weise wird mithin von ihrer westlichen Grenzlinie auch in Holstein der Parallelismus mit der Küstenlinie festgehalten.

Die Marsch, wenig über dem Meeresspiegel, um Wilster gar unter dem der Elbe gelegen, hat ihre Eigentümlichkeit im Stoff und in der Form. Die Form überrascht und zieht an durch die völlig wagerechte, wie mit dem Lineal gezogene Linie ihres Horizonts und die gleich wagerechte Ebene ihrer Oberfläche. Der Stoff ist der sogen.

Klai (clay), ein fetter schwerer Thon, der einerseits durch die strotzende Fruchtbarkeit diesen Küstensaum mit seinen Weiden und Rinderherden, seinen Raps- und Kornfeldern, der Menge seiner Wohnungen, die wie ausgesät über die ganze Fläche erscheinen, zu einem seltenen Bilde gesegnetsten Wohlstandes macht, andererseits durch die Zähigkeit und Grundlosigkeit der Bodenart bei Regen und Winterwetter dem Verkehr erhebliche Schwierigkeiten bereitet.

Zusammengesetzterer Art ist der breite Mittelstreifen des Landes sowohl seiner Form und Oberfläche, wie seinem Stoffe nach. Zum grossen Teile Süsswasser-Alluvium, d. h. Moorniederungen und Wiesen, ist er von Heidesand und Geschiebesand bunt durchsetzt; zwischen Stör und Eider tritt Geschiebethon in grösseren Zusammenhängen auf, der in Schleswig fast völlig fehlt. Das Bild der Oberfläche wechselt zwischen der braunen Heide und dem fahlen und finstern Torfmoor, der grünen Wiesenniederung und den dunkeln Nadelwaldungen, in der Gesamtwirkung meist ernst und strenge, oft rauh und ärmlich.

Freundlich und anmutend ist das Aussehn des östlichen Hügellandes: Weiden, Wiesen und Kornfelder, getragen oder durchsetzt von langgestreckten Höhenzügen und Buchenwäldern, Flussthälern und Schluchten, Seebecken und Förden, bieten hier durch Form und Farbe die Bedingungen, welche unter besonders glücklichen Mischungsverhältnissen Landschaftsbilder von wahrhaft überraschender Lieblichkeit erzeugen.

3a. Erhebungen des Bodens fehlen in keiner der drei Zonen ganz. Während sie aber, von den Inseln Röm, Silt, Amrum, Föhr abgesehn, in der Marsch nur als Uferränder, im Mittelrücken zugleich als Uferränder und Plateaus, Hügelreihen und Hügelgruppen vorkommen, sind sie in dem östlichen Streifen, von kleineren Strecken Ebene oder Wiesenniederungen abgesehn, die einzige Bodenform.

Das äusserste Ufer des Wattenmeers und der daran sich schliessenden Marsch bildet eine Kette von Sandbergen, die sich, vom Meere mehrfach schmäler oder breiter durchbrochen, von der dänischen Insel Fanö bis in die Eiderstedter Hitzbank fortsetzt und namentlich an den drei äussern Inseln des Wattenmeers, Röm, Silt und Amrum, in ihrer eigentümlichen Gestalt wie Wirkung erscheint. Bestehend aus aufgelagertem Flugsande zeigen diese Hügel in ihren Linien und Umrissen, in ihren Spitzen oder Kuppen, Trichtern und Schluchten die Formen eines Fels-Gebirges mit überraschender Aehnlichkeit, wie wenn sie ein Relief desselben im grossen Massstabe darstellen sollten.

3b. Die Erhebungen des Mittelrückens vergegenwärtigen sich am besten von den westwärts her tief ins Land ausgebreiteten Niederungen aus.

Wenn nämlich im Osten des Landes das Meer in bedeutender Tiefe zwischen hohen und festen Ufern meilenweit in scharfer Begrenzung in das dortige Hügelland eindringt, zeigen sich im Westen zwei grössere und mehrere kleinere Einbuchtungen des Meeres oder der meerartigen Niederungen von stumpfwinkligen Umrissen, die in unbestimmbarer Zeit wirkliche Meerbusen von ebenso grosser Ausdehnung wie meist geringer Wassertiefe gewesen sind: eine Gestalt, welche dieselben zu einem grossen Teile in den beiden letzten schweren Flutjahren 1825 und 1855 noch einmal wieder angenommen haben, zu der sie Anläufe und Andeutungen in jedem regenreichen Winter zeigen. Die bedeutendsten bilden die nördlichen Mündungsgebiete der Elbe und ihres grösseren Nebenflusses, der Stör und das gesamte mittlere und untere Stromgebiet der Eider mit ihren südlichen und nördlichen Nebenthälern.

Die grosse Niederung der Elbmarsch dringt, den Geestrücken von Nordoe oder Münsterdorf in zwei Armen umspannend, zwischen Itzehoe und Horst durch, halb noch Marsch halb Moor und Wiese oder auch Sand, durch das Thal der Stör in östlicher und nordöstlicher Richtung zunächst bis Kellinghusen ein. Von hier, wo sie sich zwischen dem Uferrand der Stör und den westlichen Ausläufern des Bramstedter Rückens bis auf eine halbe Stunde verengt, setzt sie sich teils in östlicher Richtung durch die Bram-Aue und deren Quellbäche bis gegen Segeberg hin, teils an Breite wachsend in nordöstlicher Richtung auf Neumünster und weiter nordwärts als Hohheide auf Nortorf zu fort, wo sie schmäler wird, um alsbald wieder nach beiden Seiten hin auszugreifen und unmerklich in die Eiderniederungen bei Rendsburg überzugehen.

So erscheint das Gebiet des Geschiebesandes in Holstein in zwei grössere Plateaus geteilt, ein südöstliches und ein nordwestliches: das erstere von Bramau, Elbe und Elbmarsch begrenzt, nach Osten bis über die Alster, im Süden sogar bis an die untere Bille fortgesetzt, in der Hauptsache das alte Stormarn; das nordöstliche, westlich von der Marsch und den angrenzenden Mooren, östlich von der Sarlau und der Stör, südlich von der Stör- und Elbmarsch, nördlich von der Eiderniederung umspannt. Von Süden, Westen und Norden dringen kleinere Meer- oder Moorbusen in diese Platte ein, und zwar zwei, breit und tief, oft überschwemmt und ungangbar, mit besonderer Wirksamkeit: das Thal der Gieselaue von Norden, das der Holstenaue von Süden; so dass sie zu der Sonderung in Dithmarschen und „Holsten" die Grundlage bildet.

Den zweiten grossen Meerbusen stellt die untere Eiderebene dar. Zwischen den Höhen von Heide einer, von Husum andererseits eindringend, breitet sich derselbe, für das Auge in seiner wirklichen Natur unverkennbar, in seinem Umfange unübersehbar in östlicher Richtung bis über Rendsburg in die Nähe des Wittensees, bis an den Fuss der Hüttener Berge, in nordöstlicher Richtuug bis an die Uferhöhen der obern Schlei, an die bastionartig vorspringenden Hügel von Schuby und Husby, in nördlicher Richtung endlich durch das weite Treenethal bis unweit Flensburg aus, um hier in die mehr unterbrochenen Niederungen der kleineren Auen von Mittel- und Nordschleswig überzugehen, auf deren baumlosen Flächen der westwärts Wandernde alsbald salzgeschwängerte Meeresluft zu atmen beginnt. Die Dünen der Hitzbank, die von Tating und Garding, der langgestreckte Rücken von Lunden, halb Düne halb Geschiebesand, der weithin sichtbare, steil und hoch aus dem Eiderthal aufsteigende, sanft nach der Treene abdachende Bergzug von Stapelholm, das Plateau von Erfde und weiter östlich noch einige kleinere Geestflecke ragen als richtige Inseln aus der fast wagerechten Fläche hervor, die, wie oben erwähnt, südlich von Rendsburg mit der grossen holsteinischen Tiefebene in unmittelbarer Verbindung steht.

Die Erhebungen des Bodens aus diesen Niederungen steigen teils allmählich, teils steiler an. Steil und meist auch verhältnismässig hoch aufragend erscheinen die Uferränder der Flüsse, beziehentlich der Moore oder Marschen und zwar besonders mit unverkennbarer Regelmässigkeit die nördlichen. Das nördliche Elbufer abwärts von Altona steigt, soweit es westlich läuft, bis Wedel hin steil aus der Elbe auf, im Baursberg bei Blankenese bis zu 319'. Sowie dasselbe sich nördlich wendet, nimmt es mehr und mehr an Höhe ab; schon bei Elmshorn verschwindet der Bon dem oberflächlichen Beobachter fast ganz. Scharf ausgeprägt ist dann der Rand der holstenschen Platte, vorzugsweise wieder nördlich von der Stör- und Marschniederung. Schon oberhalb Kellinghusen erscheint er nahezu mauerartig, verläuft abwärts dieses Ortes in eine Senkung, erhebt sich dann aber oberhalb Itzehoe aus dem Störthale und der Marsch vorgebirgsartig als ein breiter und hoher Buckel, der eine der umfassendsten Fernsichten von der Höhe des Kaiserberges gewährt: süd- und westwärts über die Elbniederung und Marsch in Hannover hinein, nordwärts über die Abdachung bis an den Rücken von Hohenwestedt, ostwärts bis an das ostholsteinische Hügelland. Genau dieselbe Bildung und in gleicher Form wiederholt sich am einstmaligen Nordufer der untersten Elbe, wo aus der Vertiefung der Burgerau und des Kuden-Sees die steilen, auch zum Teil waldigen oder buschigen Höhen „der Burg" und des Eddelaker Bon weithin sichtbar und weitüberschauend emporragen, liebliche Landschaftsbilder zum Teil nicht ohne einen Anflug von Romantik darbietend.

Zum viertenmal, um hier von dem Stapelholmer Höhenzuge abzusehn, erscheint ein solches breit in die Niederung vordringendes Vorgebirge nördlich der untern Treene in dem Höhenrücken von Ostenfeld und Schwabstedt. Auch hier wie bei den erstgenannten verlaufen die Höhen in der Richtung nach Norden mehr und mehr in die Ebene, ohne scharfe Ränder zu bilden. Endlich lässt sich am Nordufer der Soholmau in dem Langen Berg, der Breedeau oder des Lohbek, in der Wanghoi eine ganz ähnliche Bildung nachweisen.

Die übrigen Bodenerhebungen des Mittelrückens sind unregelmässig verteilt.

In der südöstlichen Platte von Holstein, dem eigentlichen Stormarn, erhebt sich zwischen der obern Alster und obern Schmalfelder Aue ein Massengebirge im kleinen, der sogen. Kisdorfer Wohld bis zu 272'; zwischen Schmalfelder und Osterau dehnt sich die grossenteils bewaldete Segeberger Heide aus, nach Westen hin ansteigend, zuletzt in dem vereinzelten Clausberg; ähnlich vereinzelt wie der Kisdorfer Wohld und noch mehr zusammengedrängt zwischen Oster-Au und Stör die Boostedter Berge, an die sich in südwestlicher Richtung der Ketelviert bei Grossenaspe und die Uferhöhen bei Bramstedt anschliessen.

In der nordwestlichen Platte und zwar zunächst in deren östlicher Hälfte, dem eigentlichen Holsten, ist eine dem Südrande an Höhe entsprechende, jedoch nicht uferartig fortlaufende Erhebung des Bodens auch im Norden zu erkennen, der Südrand der Eiderniederung, teilweise zwischen die Nebenbäche der Eider, Jeven-, Luhner-, Haler-, Haner- und Giesel-Aue vor- und eingeschoben, von Heinkenborstel etwa über Hohenwestedt, Todenbüttel nach Hademarschen.

In Dithmarschen setzt sich die Burger Platte, die in ihrer westlichen Hälfte alsbald in die Niederung des Windberger Sees und der Süder Au absinkt, in ihrem östlichen Rande in nördlicher Richtung aufs neue ansteigend über Röst, Arkebeck, Welmbüttel, Tellingstedt als ein sehr ausgesprochener Höhenzug fort, als dessen Fortsetzung jenseit der tiefen Niederung der Tielen Au die Hügelgruppe von Schalkholz, Pahlen und Dörpling angesehen werden kann, die steil aus der Niederung der Tielen Au, sanfter aus der Eider aufsteigt und jenseit derselben in der Geestinsel von Erfde wieder erscheint. In seiner Mitte entsendet jener Zug einen Zweig nach Nordnordost über Bunsoh und einen andern nach Nordwest bis Nordhastedt.

Aus dem **schleswigschen Mittelrücken** und seinen weiten Heide- und Moorflächen ragen ausser den erwähnten Uferhöhen nur vereinzelte und niedrigere Hügel und Bodenanschwellungen hervor. So nördlich der Niederung des Helligbek die Höhen von Schmedeby, Oeversee, Sankelmark an der obern Treene, zwischen welchen der Trä und Sankelmarker See sich ausbreiten und die Treene mit ihren Zuflüssen sich hinzieht.

Westwärts von der obersten Meynau breitet sich ein Dünensandgebirge aus, das sich in westlicher Richtung noch dreimal, bei Medelsby, Westre, Süd-Lügum und Grellsbüll wieder zeigt, dann in die Niederung des Aventofter Sees absinkt.

Das ganze nördliche Drittel des schleswigschen Mittelrückens hat im Vergleich zu dem mittleren und südlichen einen höheren und fast wellenförmigen Boden: so nördlich der Niederung des Lohbeks mit seinen Nebenbächen (Steensberg 308'), so zwischen den beiden Haupt-Quellflüssen der Nips-Au, der Jarde- oder Gjels-Au und der Gramm- oder Norder-Au, (Fjellumhöi 265'), so endlich nördlich derselben bis zur Königsau; Erhebungen, die zum Teil auf dem hier westlich weit vorgreifenden Geschiebethon liegen.

In **Jütland** nimmt zunächst an der Westküste der Flugsand einen grösseren Raum ein und dringt nördlich vom Aggerkanal stellenweise weit in das Innere, bis er die nördliche Spitze ganz überdeckt.

Im Gebiete des dann folgenden Heide- und Geschiebesandes herrscht bei vereinzelten Erhebungen die Form der Ebene vor; sie nimmt fast die ganze Westhälfte des südlichen Jütlands bis in die Nähe der südlichen Liimfjordküsten ein, dehnt sich über die westlichen Harden des Amts Aalborg aus und setzt sich auch durch den Westen des nördlich vom Liimfjord gelegenen Dreiecks fort.

3c. Ein **zusammenhängendes**, nur durch Seebecken und Förden, vereinzelte Wiesenniederungen und tiefe Thalspalten von teilweise gebirgsartigem Charakter unterbrochenes **Hügelland bildet der** aus Geschiebethon bestehende **Ostrand** der cimbrischen Halbinsel, der zunächst durch die mehr oder minder tief eindringenden Förden in eine Reihe von

Halbinseln zerschnitten wird. So viele Halbinseln, so viele grössere und kleinere Gruppen von Hügeln oder Bodenanschwellungen. Die höchsten Erhebungen finden sich beide Male auf der grössten Breite der Halbinsel, in Holstein zwischen der Hohwachter Bucht und dem lübschem Fahrwasser, der Bungsberg 534', in Jütland nahezu in der Mitte des Landes selbst die Eiersbavnehöi 547' hoch. In Schleswig reichen die höchsten Hügel nicht weit über 350' hinauf.

Das östliche Hügelgebiet Holsteins, obwohl gleichmässig über den gesamten Thonboden ausgebreitet, erlaubt zunächst eine Zerlegung in ein südliches Viereck und ein nördliches Dreieck.

Das Viereck lässt sich begrenzt denken durch den Wakenitz-Delvenau-Einschnitt, die Elbe, eine Linie Hamburg-Segeberg und die Spalte des Warder Sees, welche sich durch den Reinsbek nach der Klever Au und so nach der untern Trave hin fortsetzt. Die Abdachung desselben ergibt sich im allgemeinen durch den Lauf der Bille und Delvenau nach Süden, der Wakenitz und Steknitz nach Norden, der Trave erst nach Süden, dann nach Osten. Die Erhebungen sind durch das ganze Gebiet ungleichmässig verstreut; jedoch drängen sich die höchsten Punkte auf einem Striche zusammen, der als südwärts gerichtete Fortsetzung der Höhenzüge westlich und östlich von der Tensfelder Au angesehen werden kann: gerade südlich von dem ersteren zieht sich die Erhebung auf dem östlichen der oberen, dann auf dem westlichen Ufer der unteren Brandsau hin; der Nehmser Berg und die breite Erhebung von Blunk bilden das hohe Südufer des weiten Quellmoors der Tensfelder Au; grade südlich vom Nehmser liegt der 263' hohe Kagelsberg, weiter südlich in ähnlichen Formen der Segeberger Kalkberg, das einzige anstehende Gestein unseres Landes, 297' hoch, steil aus der umgebenden Ebene aufsteigend; weiterhin setzen der Donnersberg mit dem Mözener See an seinem nördlichen Fusse, der von Krems mit dem Leezener See an seinem südlichen Fusse, der Klingsberg, 250' hoch am Nordufer der oberen Beste, der Bock- und der 283' hohe Bornberg, die Hügelreihe in fast gerader Südrichtung bis an die Ufer der Bille und Elbe fort.

Das oben genannte Dreieck hat seine Spitze in der Halbinsel von Grossenbrode; seine Grundlinie ist eine gebogene und führt von der Spalte des Warder Sees auf die Tensfelder Niederung, von da am Fusse des Tarbeker Rückens herum nach Bornhöved, einbiegend weiter bis an den Fuss des Zuges, der von Pretz am Postsee und über den Bothkamper See auf das obere Eiderthal abwärts Brügge und Bordesholm streicht, führt weiter am Ostufer dieses Thales längs bis an die Viehburger Höhe, jenseit welches schmalen Joches die Spalten des Eiderthals sofort von der Kieler Förde wieder aufgenommen wird.

Die höchste Bodenerhebung bildet der Bungsberg mit seinem ganzen umgebenden waldbedeckten Hügelland, fast genau in der Mitte einer Linie, die als Grundlinie der verengten ostholsteinischen Halbinsel angesehen werden kann. In nördlicher Richtung setzt sich mit sehr allmählicher Abdachung ein Höhenzug über Mönchneversdorf fort, bald darauf in zwei Aeste geteilt einerseits bis Hansühn, andererseits bis Nessendorf fort; jenseit der genannten Punkte, im wesentlichen jenseit der Lütkenburg-Lensahner Landstrasse geht es rascher zur Küstenebene hinab.

Auch in südlicher Richtung vom Bungsberg und über Schönwalde lässt sich ein Zug erkennen, der südlich des letzteren Dorfes allmählich sinkt, im Gömnitzerberg aber noch wieder zu 326′ aufsteigt. Nach Osten, Nord- und Südosten erfolgt die Abdachung so, dass einerseits die Lütkenburg-Lensahner, andererseits die Schönwalde-Lensahner Landstrasse den Rand der Ebene bezeichnet, welche demnächst in die Niederung des Wesseeker- und Gruber Sees, der weit ausgebreiteten Binnengewässer und Wiesengründe der Neustädter Bucht hinabfällt. Jenseits jener Niederung stellt das noch heute stets sogen. „Land“ Oldenburg eine waldlose wellenförmige Ebene dar, deren höchster Punkt mit einer Aussicht bis nach Meklenburg [1]) der Winbarg bei Putlos an der hier steilen Nordwestküste aufragt.

In westlicher Richtung breitet sich mit vielen Kuppen zwischen 200 und 300′ das Hügelland unterbrochen nur durch Wasserläufe und Seen bis an die oben aufgestellte Grenze hin aus. Die Seenreihe vom Stendorfer bis zum Stocksee liegt insoferne an dem südlichen Fusse dieser bedeutenderen und kompakten Bodenerhebung als südlich derselben, von einzelnen Ausnahmen abgesehen, ein erheblich niedrigeres Wellenland sich ausbreitet, das vorzugsweise nur in dem Rücken des Pariner Berges (442′?) in der steil aufsteigenden Halbinsel zwischen Stock- und Plöner See, in dem Nehmser und dem Grimmelsberg namhaftere Höhen aufzeigt.

In nordwestlicher Richtung endlich dacht sich die Bungsberggruppe in eine Senkung ab, die durch den Lauf der Kletkamper Aue und durch die grosse Futterkamper Wiesenniederung mit dem Sehlendorfer See bezeichnet wird. Aus dieser steigt der Boden gleichmässig an, besonders merklich am nördlichen Ufer der Kossau. Nördlich der Landstrasse Lütkenburg-Kiel, westlich und östlich begrenzt vom Seelenter- und vom Waterneverstorfer Binnensee, nördlich mit den höchsten Kuppen, insonderheit dem Pielsberge, rasch in die Ebene zwischen Meer und Seelenter See abfallend, drängt sich eine Art Massengebirg im kleinen zusammen, das an Höhe (445′) noch erheblich unter dem Bungsberg, doch bei seiner schärferen Begrenzung durch Wasserflächen und engeren Konzentration sich bedeutender darstellt. Südlich der genannten Landstrasse am ganzen westlichen Ufer der Kossau, besonders ansteigend südöstlich und südlich vom Seelenter See, setzt sich dieser Lütkenburger Gebirgsabschnitt in allmählicher Abdachung westwärts auf die untere Schwentine und bis zu dem oberen Ende der Kieler Förde fort, deren östliches Ufer von einer Bodenwelle begleitet wird, die aus der Senkung des Doberstorfer und Passader Sees mit dem Salzauthale aufsteigt.

Mit dem geschilderten Hügellande durch das Joch von Viehburg in schmaler Verbindung, noch auf holsteinischem Boden, aber in unmittelbarem Zusammenhang mit der breiten Wölbung des dänischen Wohld, breitet sich die Westensee r Gruppe aus, südwestlich und südlich nach der Nortorfer und Neumünsterschen Niederung, nördlich nach dem schleswig-holsteinischen Kanal und den Küsten des Kieler

[1]) s. S. 555.

und Eckernförder Meerbusens abgedacht, östlich durch den langen, wallartigen Uferrand links von der Eider zwischen Bordesholm und Schulensee scharf begrenzt.

Aehnlich wie die Westenseer Berge zur Halbinsel des dänischen Wohld verhalten sich die Hüttener Berge zur Halbinsel Schwansen.

Aus den Bodenwellen des Bisten- und Wittensees im Süden, ganz unvermittelt aber aus der tiefen Niederung der obersten Sorge und des Owschlager Mühlenbaches, will sagen, des einstigen grossen Meerbusens Südschleswigs, erhebt sich wallartig steil, östlich sanfter in die Niederung der Hüttener Au abgedacht, nordwärts bis an die Schlei ausgedehnt, ein Hügelzug, der im Scheelsberg 379′ hoch, mehr als irgend ein anderer der Halbinsel gebirgsartigen Charakter zeigt. In nordöstlicher Richtung setzt sich jenseits der genannten Niederung die wellenförmige Bodengestalt, zwischen dem Windebyer Noor und der Niederung des Osterbeks zu einem schmalen Joch eingeengt, auf die Halbinsel Schwansen fort.

Die grosse Halbinsel, welche von Anbeginn der Geschichte ihren Namen bewahrt hat, Angeln, ist von einer Senkung in der Mitte durch Lippingau und Geltinger Bucht in eine nördliche und südliche Hälfte geteilt, deren südliche ihre höchste Erhebung bei Withkiel[1]) westlich von Kappeln hat, die nördliche bei Quern im Schersberg (255′). Die Halbinsel Sundewith erhebt sich am höchsten in ihrer Grundlinie, östlich der Landstrasse Flensburg-Apenrade (im Tasteberg), bei Quars und Stagehöi, und an ihrer Spitze im Düppelberg 251′. Auch Alsen, ein erst sehr allmählich abgeschnittener Vorposten Sundewiths, kehrt seine höhere Seite dem Meere zu (Höibjerg 280′). Entschiedener als Sundewith hat die Halbinsel Loit ihren Höhepunkt nach der östlichen Küste zu: den Blaabjerg (302′?).

Entgegen der Regel erscheint eine bedeutende Höhe, 336′, dicht westlich von der Gjenner Bucht, der Knivsberg und ähnlich die höchste Erhebung des Herzogtums, die Skamlingsbank 398′ unmittelbar westlich von der Moswik oder Binderuper Bucht und ihrer Niederung. Ein Zug hervorragender Kegel lässt sich ausserdem von der untersten Koldingau bis zur obersten Förde von Hadersleben, dem sogen. Haderslebener Damm, sowie am Nordufer derselben verfolgen, unter ihnen die höchsten und gehäuftesten westlich von Christiansfeld (Höibjerg 335′, Kobjerg 342′).

Wellenförmig gehoben ist in Jütland von der östlichen Zone zunächst die Halbinsel von Fredericia zwischen Veile und Kolding, am meisten in der Nähe des Koldinger Fjord. Veile, im tief eingesenkten Wiesenthale gelegen, ist südlich wie nördlich von Höhen umgeben. Von Horsens nach dem Skivefjord, an seinem östlichen Fusse von Viborg bis nach Skanderborg durch eine Seenreihe begleitet, streicht als Westrand des Geschiebethons derjenige Höhenzug Jütlands, in dem sich die höchsten Punkte des Landes finden: der Himmelbjerg und die Eiersbavnehöi, beide gegen 550′ hoch. Auf der östlichen Seite des Gebiets

---

[1]) Das Wort with wird hier dasselbe sein wie in Sundewith; s. zur Wortdeutung S. 553.

der Gudenau zieht sich ein Rücken auf Aarhus zu; beide Ufer am Ausgang der Kalöer Bucht sowie der Hintergrund derselben sind mit namhafteren Hügeln bezeichnet: Jelshöi (401'), Ellemandsbjerg (317'), Kalö Bavnehöi (331'). Nördlich Aarhus setzt sich die Wasserscheide in nordnordwestlicher Richtung auf Randers und in nördlicher auf Mariager und auf Aalborg fort. Im nördlichen Dreieck zieht sich der sogen. Jydske Aas mit der Tinghöi und Allerupböi in nordnordwestlicher Richtung durch das südöstliche Viertel. Ausserdem steigen besonders südlich nahe und südwestlich weiter von Frederikshavn vereinzelte Hügel auf.

4. Das somit gewonnene Bild von der Oberfläche des cimbrischen Bodens findet eine weitere Verdeutlichung durch eine Uebersicht seiner Gewässer.

4a. Bemerkenswert ist hier vor allem das tiefe Eingreifen der Nordsee in das Land. Die Wasserscheide zwischen Nord- und Ostsee geht von dem Rücken zwischen Steknitz und Delvenau südwestlich von Mölln in einer vorwiegend nordwestlichen Richtung auf den Bockberg zu und die Mitte des vormaligen Alsterkanals zwischen Alster und Beste. Von hier an nimmt sie eine nördliche Hauptrichtung bis Bornhöved, von wo sie mit leiser Ablenkung nach Westen über Kirch-Barkau bis an das oben erwähnte Viehburger Hügeljoch, d. h. also bis auf wenige Minuten vom Kieler Meerbusen ausgreift. Sie begleitet in geringem Abstande das linke Ufer der Kieler Förde bis etwa Christinenhöh, wendet sich dann quer durch den dänischen Wohld über Hohenlieth auf den Rücken dicht südlich am Windebyer Noor und weicht von hier an in südwestlich vorspringendem Bogen auf den Südfuss der Hüttener Berge zurück, deren westliche Abdachung sie bis Breckendorf begleitet. Von hier biegt sie in nordwestlicher Richtung ab, auf die hohen Ufer des Selker Noor und der obersten Schlei zu, an deren Fuss sie sich anschliesst. Auf schmalster Enge zwischen Lürschauer See und der Niederung des Langsees hindurch und westlich um den Idstedter See herumgehend, läuft sie auf die bekannte Höhe von Oberstolk zu, von da auf Satrup und wieder der Ostküste zustrebend bis an die Abdachung des Schersberges. Von hier geht sie gerade westlich wieder zurück, um in ähnlicher Weise wie bei der Schlei die Höhen an der Spitze der Flensburger Förde zu umspannen und wieder, wie bei der Kieler Förde, das Nordwestufer bis weit hinein in die Halbinsel Sundewith zu begleiten. Die oben erwähnten Höhen setzen ihr hier eine Grenze. Im Halbkreis umzieht sie dann die Apenrader Bucht und dringt aufs neue tief in die Halbinsel Loit vor. Von dort nordwestwärts gewendet, umzieht sie in grösserem Abstande die Spitze der Hadersleben Förde und behält dann eine nördliche Hauptrichtung auf die Erhebungen bei Christiansfeld zu und mit kleineren Abweichungen bis an die Grenze des Herzogtums.

In Jütland zieht die Wasserscheide um den Koldingfjord in ähnlicher Weise herum wie an den schleswigschen Buchten, nicht mehr ganz um den von Veile; sondern westlich schlägt sie zunächst bis nahe dem 56.° Parallelkreise eine nördliche, dann an der vorerwähnten Erhebung entlang eine nordnordwestliche Richtung ein bis westlich von Viborg; von da, Viborg umkreisend, wendet sie sich plötzlich scharf gerade ostwärts bis nahe vor Randers, eine kurze Strecke nördlich, dann wieder nordwestwärts an Hobro vorbei, von wo an sie sich bis Aalborg ziemlich gerade nordwärts fortsetzt. Im nördlichen Drittel bildet der Jydske Aas den Rücken, von dem aus in noch entschiedenerer Weise als schon im Aalborger Amt eine Abdachung und Entwässerung nach allen vier Seiten stattfindet.

Diese Herrschaft des Westmeeres über das Land zeigt sich noch deutlicher und greifbarer in dem Eindringen der Flut in die Elbe bis 4 Meilen über Hamburg hinaus, in die Stör bis über Kellinghusen hinaus, in die Eider bis über Rendsburg hinaus, wo der mittlere Unterschied zwischen Flut und Ebbe noch 3 ¼′ beträgt. Bezeichnender vielleicht noch ist die folgende Thatsache, die meines Wissens bisher ganz unbeachtet geblieben ist: Kaum 1 Meile von der Ostseeküste, auf der Kiel-Eckernförder Chaussee beweisen die sämtlichen Obstbäume mit ihrem gegen Westnordwest gekehrten Rücken, wie fühlbar noch an der äussersten Ostgrenze des Landes der furchtbare Gebieter der Westsee ist, der über die südschleswigsche Niederung daher fegt.

4 b. Aus der nachgewiesenen Abdachung des Landes ergibt sich die Thatsache, dass die bei weitem längsten und zahlreichsten Flüsse der Nordsee mittelbar oder unmittelbar zufallen müssen.

Delvenau, Bille, Alster bezeichnen eine südliche, Pinnau und Krückau eine westliche Abdachung Lauenburgs und des südlichen Holsteins. Weit ausgreifend dehnt sich das Netz der Störgewässer bis in die Nähe von Leezen, Segeberg und Bornhöved, von Bordesholm und Nortorf und dann bis an den oben erwähnten Höhenrücken von Heinkenborstel, Hohenwestedt und Hademarschen aus. Die Eider, ziemlich auf der Mitte der geraden Verbindungslinie zwischen Neumünster und Pretz im Gute Löhndorf entspringend, macht sozusagen drei vergebliche Versuche, dem nächsten Meere, der Ostsee, zuzustreben: der erste endet im Bothkamper See am Fusse der Schönhorster Höhen, der zweite im Schulensee am Fusse des Viehburger Riegels, der dritte im Flemhuder See, der Senkung vor dem Rücken des dänischen Wohld. Von da an ergibt sie sich in die Westrichtung. Die Unzahl ihrer grösseren und kleineren Biegungen zeugt von der Flachheit der oben geschilderten Tiefebene. Tributpflichtig ist ihr die ganze nördliche Abdachung des eigentlichen Holsteins und Dithmarschens, welche von vielen Auen durchzogen von Nortorf über Hohenwestedt bis Heide in ziemlich gleichem Abstande den Hauptfluss begleitet. In Schleswig, wo sie den Abfluss des Wittensees, aus dem Bistensee die Sorge, aus dem Träsee die Treene mit Helligbek und Rheider Au links, dem Jerrisbek rechts aufnimmt, fällt die östliche Grenze ihres Gebiets mit der Wasserscheide zwischen Ost- und Nordsee zusammen, die westliche dagegen, etwa durch die Höhen bei Flensburg und den Uferrand bei Wanderup, Jörl und Ostenfeld bezeichnet, begleitet die Treene bis nach Schwabstadt in geringem Abstande. Die Eider ist gegenüber ihrer Länge von etwa 20 Meilen und im Vergleich mit andern berühmteren Flüssen von mehr als dreifacher Länge, z. B. der Weser, dem Guadalquivir u. a., ein wasserreicher, breiter Fluss schon bei Friedrichstadt, noch mehr bei Tönning von gewaltiger Fülle und Strömung.

Unmittelbar westwärts des westlichen Ufers der Treene und des Jerrisbek entspringen die kleineren Bäche der Arl- und der Soholmau. Dagegen dringt das Geäder der Widau, ausgebreitet zwischen den Landstrassen Flensburg-Leck einerseits und Apenrade-Lygumkloster andererseits quer über das Land bis in die Halbinsel Sundewith ein; südwestlich von Tondern erst nachdem von allen Seiten die Quellbäche, deren grössere Zahl von den Apenrader und Sundewither Höhen in südwestlicher Richtung herabkommt, sich vereinigt haben, nimmt die Widau auf Hoyer zu einen nordnordwestlichen Lauf. Beschränkter ist das Gebiet der Brederau, deren bedeutendster Quellbach in gerader südlicher Richtung von Höirup, nahe der Gjelsau, bis nach Lygumkloster fliesst, wo die Wendung nach Westen beginnt und allmählich in die gerade nordwestliche übergeht. Dagegen breitet sich das Netz der Nipsau mit ihren Nebenbächen von dem Fusse des Steensbjerg, der oben erwähnten Höhen bei Hadersleben und bei Christiansfeld in durchweg nordwestlicher Richtung wieder fast durch die ganze Halbinsel aus. Die vielgenannte Königsau ist bemerkenswert durch die kleine Zahl von Nebenflüssen und die tiefe Einsenkung ihres Bettes, namentlich im Unterlaufe.

In Jütland liegen die Quellen der grösseren Auen der westlichen Abdachung bis über die Höhe von Horsens hinaus wie in Schleswig dicht am Westfusse der Wasserscheide, d. h. unweit der Höhen an den Spitzen der Förden. Die südlichste der drei hier in Betracht kommenden, die Vardeaa, gelangt in einem nach Südwesten gerichteten Bogen in die lange Bucht von Höi, die mittlere, Skjernaa, westwärts gerichtet, in den grossen Küstensee des Ringkjöbingfjord, die dritte, Storeaa, nordwestlich gewendet, in den Nissumfjord, eine vierte, deren Quellen denen der vorhergehenden nahe liegen, die Skiveaa, läuft nördlich in den Skivefjord; da nun auch kleinere Bäche in südlicher Richtung in die Königsau führen, so tritt für die westliche Hälfte des südlichen Jütland, von der Ostseite abgesehen, eine allseitige Abdachung hervor.

4c. Nach der Ostseite lassen sich längere Wasserläufe nur in der holsteinischen und der jütischen Verbreiterung der Halbinsel erwarten.

Die Gudenaa, einige Meilen nördlich von Veile entspringend, fliesst in nördlicher Richtung dem Mossee zu, durchzieht die ganze Seenreihe am Fusse des Himmelbjergs und verlässt den Silkeborg Lang Sö als ein für Böte und Prahme 11 Meilen lang schiffbarer Fluss. Den Abstand von der Ostküste festhaltend, wendet er sich einige Meilen südöstlich von Viborg nach Osten und Nordosten herum und mündet nach 10 Meilen Laufes in den Randersfjord.

Die Schwentine, dem Südabhange des Bungsberges entspringend, deutet in ihrem gerade südlichen obersten Laufe bis zum Stendorfer See durch eine Senkung zwischen den Schönwalder und Bergfelder Höhen auf den sehr raschen Abfall des höchsten Buckels der holsteinischen Hügellandschaft nach Süden. Aus dem Stendorfer gelangt sie in den Sibbersdorfer See, darauf, den Eutiner in seiner westlichen Ecke kaum berührend, durch den Keller- und Dieksee in das Hauptbecken, den grossen Plöner See; zwischen dem kleinen Plöner und dem Lanker

See tritt sie, stellenweise seeartig verbreitert, als Flusslauf wieder hervor, verlässt den letzteren bei Pretz, durchfliesst dann anfangs eine offene Wiesenniederung, von Rasdorf an aber bahnt sie sich zwischen hohen und zum Teil waldbedeckten Ufern eine oft sehr enge und gebirgsartige Schlucht bis zum Kieler Busen. Durch den grossen Plöner See nimmt sie die gleichfalls in tiefer und eingeengter Bodenspalte durch bedeutende Höhen nordwärts durchbrechende Tensfelder Au, durch den Postsee vom nördlichen Abhang der Bornhöved-Tarbeker Höhe her die Depenau, durch denselben See die ihr parallel, aber in entgegengesetzter Abdachung vom Fuss der Elmschenhagener Höhe aus dem Wellsee kommende Wellau auf.

Einen sehr eigentümlichen, für die Bodenverhältnisse aber bezeichnenden Lauf hat die Trave. Sie entsteht eben westlich von dem scharf abfallenden Westufer der Schwartau, nördlich von Giesselrade, geht in südwestlicher Richtung in den Wardersee, von dem aus sie sich westwärts wendet, bis sie auf die oben erwähnten Bodenerhebungen unweit Segeberg stösst. Von hier bis Oldesloe geht sie südlich, meist in einer tiefen, oft auch engen Bodenspalte, die sie von Oldesloe in ostnordöstlicher Richtung bis nahe vor Lübek leitet, dann aber sich erweitert und verflacht. Auf einem Laufe von nur 14 Meilen zieht dieser von Oldesloe an bereits fahrbare, von Lübek an schiffbare tiefe und wasserreiche Fluss eine grössere Anzahl von Bächen und Seeabflüssen an sich: von links die zahlreichen Auen, die in der langen Spalte des Wardersees stagnieren, die Heilsau (Cuserin) bei Reinfeld, die westlich von Eutin entspringende, durchweg in tiefem Wiesenthale fliessende Schwartau (Zwartowe) bei den Resten von Alt-Lübek; von rechts die Brandsau oberhalb Segeberg, den Abfluss des Leezener und Mözener Sees, die Beste von der östlichen Abdachung des Kisdorfer Wohlds her, welche ihrerseits von Süden unweit der Billequellen die Barnitz (Berneze, Borneze, Sülze) aufnimmt, dann die Steknitz, den Abfluss des Möllner Sees, verstärkt durch die Steinau, deren Quellen sich mit denen der Barnitz berühren, endlich den breiten Abfluss des Razeburger Sees, die Wakenitz (Woenice, Wockence, Wokeniz).

4d. Zahlreich sind, obwohl eine bedeutende Anzahl zu Wiesen und Mooren aufgewachsen, andere im Aufwachsen sind, noch immer auf der Halbinsel und besonders wiederum auf ihren grössten Breiten, der holsteinischen und jütischen, die Seen und zwar sowohl die Küsten- oder Binnenseen, wie die eigentlichen Landseen. Wie in Jütland die längste und bedeutendste Seenreihe den Fuss der höchsten Erhebung des Landes begleitet, so haben auch in Holstein die beiden wichtigsten Seenzüge die unverkennbarste Beziehung zu dem oben vom Bungsberg aus nach Westen verfolgten Hügelzug. Die Seen von Stendorf, Sibbersdorf, Eutin und der Kellersee erscheinen wie ein Saum um den Fuss des Bungsbergs und seiner nächsten südwestlichen Nachbarberge; auch am Diek-, Behler-, Schöh- und kleinen Plöner See, am Lanker-, Post- und Bothkamper See überhöht das nördliche Ufer das südliche. Der grosse Plöner stellt auf der Halbinsel Godau im Süden den nördlichen ebenbürtige Höhen entgegen, auch der Schmalen- und Stolper See ruhen in der nördlichen Abdachung der entsprechenden Höhe. Wenn so der höchste Rücken des holsteinischen Landes südwärts mit einem Kranze stehender Gewässer eingefasst ist, so fehlt es selbst, um die Analogie mit den Alpenseen vollständig zu machen, auch am Nordfusse an einem solchen nicht. Der Seelenter schiebt sich dicht an den Fuss des Lütkenburger Berglandes heran, ist mithin im Osten und Süden von bedeutenden Höhen überragt, im Norden von einer wellenförmigen Ebene begleitet. Genau so liegt der Doberstorfer und seine Fortsetzung, der Passader See [1]). Ebenso verzweigt sich der kreuzförmige, vielarmige Westensee mit dem Flemhuder an dem nördlichen Abhang der kleinen Alpenlandschaft, die er als der Vierwaldstädter See Holsteins belebt und verschönt.

Dieselbe Bodenform wiederholt sich auch in Schleswig: in ausgeprägterer Gestalt durch den Witten- und Bistensee am Fusse der Hüttener Berge und ihrer südlichen Fortsetzung den Duvenstedter Hügeln an der Basis der Schwansener Halbinsel, im Lürschauer, Gammelunder und Sankelmarker See am Fusse des Angler Plateaus, im Seegardener und Hostruper See am Fusse des Sundewith und des westlich abschliessenden Höhenzuges. Der Bottschlotter und Arentofter Binnensee sind Reste einstiger Meeresarme, was der erste nach Dankwerth noch im 17. Jahrhundert gewesen sein muss.

5. Diese verschiedenen Gewässer, Meerbusen und Küstenseen, Flüsse und Landseen, Moore und Niederungen verursachen in ihrem Zusammenwirken eine Zerschnittenheit des Bodens der Halbinsel, welche vielfach in der Geschichte des Landes wirksam geworden ist.

Alle vier Herzogtümer, aus denen das Land besteht, sind in der Hauptsache durch Flussthäler geschieden und begrenzt.

5a. In Holstein treffen die alten Gaue der Telmarsgoi, Holcetae und Sturmarii mit den oben nachgewiesenen natürlichen Bodengebieten Dithmarschen, Holsten, Stormarn zusammen; Wagrien und Lauenburg beruhen zugleich auf landschaftlicher Sonderung. Durch die niedrige und öde Mitte geschieden treten in der südlichen Hälfte Schleswigs der anglische Osten, der friesische Westen scharf auseinander. Unterschiedsloser in Bildung wie Bevölkerung ist die nördliche Hälfte. Jütland zeigt trotz grosser Zerschnittenheit die dem südlichen Teile der Halbinsel eigentümliche Besonderung und Mannigfaltigkeit nicht.

Aber auch innerhalb der genannten Teile gibt es kürzere Bodenabschnitte beachtenswerter Art.

Eine völlige Insel, wenngleich jetzt nur noch durch ein seichteres und schmäleres Gewässer getrennt, als das flache, an drei Seiten von Küstenseen zerrissene, wahrscheinlich einst landfeste Fehmarn, ist das „Land Oldenburg", durch dessen oben erwähnte Niederung 1872 der Nordoststurm in rasender Eile eine gewaltige, wallartig abfallende Flutwelle vom Gruber bis zum Wessecker See hinüberjagte. Ein zweiter

---

[1]) Diese Bodenverhältnisse kommen in dem bezüglichen Teil des Strassennetzes zum klaren Ausdruck: die Landstrassen Kiel-Lütkenburg-Oldenburg und Kiel-Pretz-Plön-Eutin-Oldenburg schliessen genau den höchsten Teil des Hügellandes ein.

Abschnitt von der Kieler Förde durch die Schwentine und die Seenreihe bis Eutin fortgesetzt, an mehreren wichtigen Uebergängen gangbar, wird zwischen dem Südostende des Stendorfer Sees und dem Neustädter Binnengewässer mit seinen Zuflüssen durch einen schmalen Isthmus unterbrochen, eine Enge, die eben südlich von Kasseedorf, richtiger Kassiersdorf, überdies durch den Quellteich der Sierhagener Au auf eine Viertelstunde zusammengedrängt und durch die Waldung Ochsenhals gesperrt ist. Ein sehr schmaler Pass nur liegt zwischen dem Schluen- und Trammersee und dem tief eingesenkten Wiesenthal der am Fusse der Lütkenburger Höhen vorbei in den Binnensee von Neudorf und Waterneversdorf mündenden Kossau; ein Abschnitt, der in südlicher Richtung von dem kleinen und grossen Plöner See, der Tensfelder Au, ihrem grossen Quellmoor, das sich in ungangbarer Niederung nach Süden bis Brandsmühle fortsetzt, — einst ein See von dem Umfang des Plöner — der Brandsau, der Trave, der Barnitz bis in die Nähe der Quellen von Bille wie Steinau fortgeführt wird. Eine Stunde westlich von dem Uebergangspunkte über die Niederung der Tensfelder Au, getrennt durch den oben erwähnten Tarbeker Kegel, beginnt mit dem kurzen aber wasserreichen Bornbek und dem Belauer und Stolper See der Abschnitt der Depenau, die durch den Postsee in die Schwentine fliesst. Parallel, aber weiter nördlich fortgesetzt, zieht das tiefe Wiesenthal der obern Eider von Brügge bis zum Schulensee mit den Brückenpässen Vorde und Hammer; auch der rechte Winkel, den dasselbe Thal von hier nach dem Westensee und von dort nach dem Flemhuder See und dem Eiderkanal mit sich selber macht, mit dem Brückenpass Achterwehr, stellt ein für die Halbinsel Dänischwohld bedeutsame Zerschneidung des Bodens dar.

Im Westen zeigt das selbst inselartig abgesonderte Dithmarschen innerhalb seiner Grenzen weitere nicht bedeutungslose Unterbrechungen des verkehrsfähigen Bodens durch ungangbare Niederungen [1]). Unter den grösseren derselben ist die südlichste die des Windberger Sees mit der denselben durchfliessenden Süderau, die zweite die des Fiehler Sees mit der Miele, deren südlicher Zufluss zusammen mit der Süderau den Meldorf-Bargenstedter Höhenzug zu einer vollständigen Insel, den Rücken von Heide zu einer „Fastinsel" macht, die von Nord nach Süd gerichtet sowohl in der Höhe von Hemmingstedt, als in der Düne von Stelle und Lunden eine Fortsetzung findet. Die dritte Niederung ist die der Broklands- und Tielenau, welche mit der Eider zusammen das nördliche Viertel des Landes zu einer Insel gestalten. So konnte ein von Osten auf dem Landwege eindringender Feind die alte Hauptstadt des Landes, Meldorf, entweder — wie 1500 — nur auf einem langen Umwege über Frestedt und Windbergen oder durch den gefährlichen Pass der Dellbrücke erreichen, Heide, die spätere Hauptstadt, entweder nur auf der schmalen Enge der Süderhamme, durch die „Schanze" zwischen der zweiten und dritten Niederung oder — wie 1559 — durch den gleichfalls bedenklichen Engpass der Tielenbrücke.

---

[1]) Vgl. die lehrreiche Abhandlung: Kolster, Burgen und Döfte des alten Dithmarschens. Meldorfer Programm 1852 und 1853.

5b. In Schleswig tritt uns vor allem ein Abschnitt von überragender geschichtlicher Bedeutung hervor; gemacht durch die tiefe und reissende unterste Eider, durch die untere Treene, die mit Leichtigkeit bis Hollingstedt aufwärts zu einem grossen See erweitert werden kann, — 1850 erweitert war — durch die Niederung der Rheider Au, an welche sich, um die schmale gangbare Enge zu sperren, das Danewerk anschliesst, dann durch die oberste Schlei, die grosse Schleibreite, den sich in sie ergiessenden Osterbek, dessen oberster Lauf und Wiesenniederung von dem Windebyer Noor, d. h. vom Eckerförder Meerbusen nur durch einen schmalen Rücken bei Kochendorf getrennt wird: eine Stellung, wenn ausreichend besetzt, von um so grösserer Stärke, als sie nach beiden Seiten eine wirksame Flankendeckung zur See und auf der freien vorliegenden Ebene offenen Einblick in die Bewegungen des Feindes gestattet; eine Stellung von solcher Bedeutung, dass sie die Stadt Schleswig und das Territorium Schleswig geschaffen hat. Ein zweiter nicht unwichtiger Abschnitt, wie der vorerwähnte gegen Süden, so gegen Norden gerichtet, ist die eben östlich vom Lürschauer See beginnende Spalte des Langsees mit seiner kleineren westlichen und seiner bedeutenderen und wirksameren östlichen Verlängerung durch den Wedel- oder Wellbek, dessen Niederung bis an den Fuss der Wilhkieler Höhe reicht: eine Stellung, 1850 von Willisen gut gewählt, von Horst glänzend verwertet, von Willisen schmählich verlaufen. Noch einmal wird durch die Bondenau, den Träsee, die Treene und den Sankelmarker See die Südnordstrasse quer durchschnitten. An Wichtigkeit dem Schlei-Treeneabschnitt nahe kommt der Alsener Sund mit seiner Verbreiterung der Alsener Förde. Das tief und breit eingesenkte Bette der Königsau deutet auf einen einstmaligen Meerbusen, der selbst bis etwa Kjöbenhoved d. h. bis in die Mitte des Landes von Westen her eingreifend, durch einen noch nachweisbaren See bei Hjarup und den Koldinger Fjord aufgenommen und durch die Breite der Halbinsel fortgesetzt die wichtige Scheidung mit bewirkt, welche staatlich und sittlich die hier aneinander stossenden Bevölkerungen trennt [1]). In Jütland haben die vorhandenen, zum Teil viel stärkeren Durchschneidungen des Bodens bedeutsamere politische Einwirkung nicht gezeigt.

Als Ganzes erscheint die cimbrische Halbinsel kaum aus dem Meere emporgetaucht, im einzelnen auf Schritt und Tritt durch Wasser oder die verschiedenen Zwischenformen zwischen Festem und Flüssigem zerschnitten.

6. Auf der so dargelegten Gestaltung und Lage der cimbrischen Halbinsel beruht ihr Wegenetz.

An sie heran führen und zwar zunächst an ihren südlichen Fuss drei Hauptstrassen, von denen je zwei Doppelstrassen sind: eine Doppelstrasse zur See und zu Lande, selbst wieder aus vielen Strängen zusammengesetzt, von Westen und Südwesten, die Elbe und die holländisch-niederdeutsche Küstenstrasse; eine Doppelstrasse zur See und zu

[1]) S. Geerz, Geschichte der geographischen Vermessungen Nordalbingiens. Berlin 1859.

Lande, gleichfalls aus vielen zusammengedrängt, von Osten und Nordosten, die Lübeker Bucht und die pommern-meklenburgische Küstenstrasse; endlich eine Landstrasse von Süden, aus einer Unzahl strahlenförmig von beiden Seiten zusammenfliessender Nebenwege verdichtet, und eine Flussstrasse von Südosten, das weit verzweigte Elbenetz.

An die Westküste führt, abgesehen von den einst gesuchten Einfahrten in die Knudetiefe nach Ripen, in die Lister Tiefe nach Hoyer und Tondern, sowie von dem Heverstrom und dem künstlich gehaltenen jütischen Hafen Esbjerg, nur noch die Eidermündung; an die Ostküste aus allen Richtungen der halben Windrose so viele, als Häfen offenstehen sie aufzunehmen.

Von Norden, d. h. von Skandinavien her, fand der gerade südwärts gerichtete Ankömmling auf dem öden, schwer umbrandeten Sandrücken von Skagen keine wirtliche Stätte; der skandinavische Verkehr musste sich, sei es zur See, sei es zu Lande, in die Oststrassen drängen, in dem südlichen Schweden an verschiedenen, durch verschiedene Zielpunkte bestimmten Plätzen sich sammeln, um von da an die Halbinsel zu gelangen. Den dichtesten und ununterbrochensten Strom des Verkehrs musste der durch Sund und Belte nur im Winter öfter gehemmte Landweg über Seeland und Fühnen an sich ziehen.

Durch das Land selbst erzeugen sich mit Notwendigkeit zwei Strassen, die an Wichtigkeit und Bedeutung allein und in erster Linie stehen: eine Querstrasse und eine Längenstrasse. Die Querstrasse (I) muss das Bestreben haben, der Basis der Halbinsel so nahe wie möglich zu kommen; denn die, in jedem langgestreckten Binnenmeer gegebene, Achsenströmung vom äussersten Nordosten, Riga, Nowgorod oder Petersburg, bis zum äussersten Südwesten, Amsterdam, Antwerpen, London, hat notwendig das dringlichste Interesse, einmal durch den Riegel der cimbrischen Halbinsel statt um ihn herum zu gehen und sodann auch, so wenig wie möglich von ihrer Richtung abgelenkt zu werden, d. h. nach möglichst ausgedehnter Benutzung des Wassers der Lübeker Bucht und der Trave auf kürzester Linie den geeigneten Punkt im Fahrwasser der Elbe und der Nordsee zu erreichen [1]).

Dieses Bestreben zeigt seine Stärke in dem vergleichsweise ausserordentlich frühen Versuch Lübeks, im Einverständnis mit Hamburg, eine künstliche und zwar eine Wasserstrasse herzustellen, die 1391—1398 zwischen Steknitz und Delvenau, d. h. Trave und Elbe in einer Länge von 30 Meilen bei einem geraden Abstand von 9½ Meilen ge-

[1]) Begreiflicherweise nicht um etwa noch eine Einwirkung auf das jetzt zur Ausführung gelangende Nordostseekanal-Projekt zu üben, sondern nur um aus den gefundenen Verkehrsbedingungen unserer Heimat die sich aufdrängende Folgerung zu ziehen, bemerke ich, dass vom theoretischen Gesichtspunkte aus für jenen Wasserquerweg gar keine andere Linie in Betracht kommen könnte als die von Travemünde nach Hamburg oder auch die von Neustadt durch das Trave- und Störthal nach St. Margareten. Der Travemünder Hafen mag seicht sein, der Kieler vortrefflich und schon soweit ausgebaut, ausserdem auf preussischem Gebiete gelegen sein: angesichts der Summen von Zeitgewinn für die folgenden Jahrtausende würden Römer den geraden Weg für den besten gehalten haben.

graben oder vertieft wurde und im Jahre 1853 noch immer von rund 600 Fahrzeugen im Jahre durchmessen zu werden pflegte. Eine zweite Unternehmung, demselben Triebe entsprungen, führte Hamburg 1525 nach langen Anläufen aus, nämlich den sogen. Alsterkanal, eine Verbindung der Trave und Alster vermittelst der Beste, aber in so mangelhafter Weise, dass die Benutzung desselben bereits nach 25 Jahren wieder aufhörte.

Die Längenstrasse (1), bei Kolding[1]) oder auch Hadersleben aus der cimbrischen Nordsüd- und der skandinavischen Nordost- und Ost-Weststrasse vereinigt, muss in möglichst gerader Richtung das südliche Thor der Halbinsel zu gewinnen suchen, umgekehrt der durch dasselbe Thor von Süden einströmende Verkehr, teils gerade nordwärts sich auf Aalborg und Skagen, teils von Hadersleben oder Kolding abbiegend auf Kopenhagen und Malmö richten. So folgt sie im grossen und ganzen dem westlichen Rande des Geschiebethons, streift entweder die Spitzen der Förden oder überschreitet sie unter geeigneten Bedingungen nahe ihrem obern Ende. Von Schleswig an hört der Parallelismus mit der Küste auf, die von Eckernförde an die Ostrichtung einschlägt. Die von Norden kommende Verkehrsströmung musste in ihrer südlich gerichteten Tendenz den geeignetsten und zugleich gelegensten Uebergangspunkt über die Eider suchen. Hier kam ihr gewiss schon in urältester, nachweisbar in der Frankenzeit der Südnordverkehr von der Elbe her entgegen. Für diesen aber konnte es gegen die dänische Südgrenze keinen selbstverständlicheren Weg geben, als den auf dem Fluss- oder Meeresufer, dem Don oder Kleve, über Wedel, Uetersen, Elmshorn zunächst bis Steinburg. Hier hatte man die Wahl, einen sehr bedeutenden und unsichern Umweg ins Innere hinein einzuschlagen oder die aus dem kurzen Abstande von etwa 2 Kilometern einladende Höhe von Nordoe und den waldigen Uferrand von Itzehoe zu erreichen, d. h. also wie so oft den Uebergang vermittelst eines natürlichen Schrittsteines in der Niederung zu versuchen. So hatte man Schleswig gerade nördlich vor sich, an den Inseln der Eider einen bequemen Uebergangspunkt und über Hohenaspe und Hohenwestedt, über die Jevenau bei Jevenstedt bis dicht vor Rendsburg festen Boden unter den Füssen von Ross und Mann.

Als eine durch die Verbreiterung der Halbinsel in Holstein bedingte Gabelung der herrschenden Längenstrasse muss schon die von Flensburg über Missunde nach Eckernförde gerichtete angesehen werden, entschiedener ist es die von Schleswig an die Eckernförder und Kieler Bucht, von da ursprünglich wohl über Bornhöved, Tensfelder Au, Schlamersdorf, Gnissau, später über Pretz, Plön, Ahrensbök nach Lübek führende Strasse anzusehen (1a), die von dort aus teils über Ratzeburg und Mölln nach Lauenburg weiterführt, teils der meklenburgischen Gestadestrasse entgegen kommt. Demselben Zwecke dient die südlichere Gabelung von Rendsburg aus über Neumünster und Sege-

[1]) Der Kürze wegen sind die natürlich gegebenen Ansiedlungspunkte nicht, wie sie streng genommen sein sollten, nach ihrer geographischen Belegenheit auf einem unangesiedelt gedachten Boden, sondern nach den von ihnen bedingten Ortschaften aufgeführt.

berg (1b), von da einmal nach Oldesloe, Trittau, Lauenburg und dann auch über Zarpen oder Reinfeld nach Lübek.

Als zweite Längenstrasse (2) lässt sich der nord-südlich die Ostküste begleitende Seeweg ansehen, der mit geringer westlicher Ablenkung durch den kleinen oder mit geringer östlicher Ablenkung durch den grossen Belt in der bequemen Einfahrt und Tiefe der Kieler Förde sein Ziel findet, sofort aber auf dem Lande seine Verlängerung sucht. Dieser Verkehr erzeugt die Nordsüdstrasse über Neumünster nach Hamburg, welche früher die Boostedter Höhen östlich umgehend auf Schmalfeld, seit 1832 mit westlicher Umgebung auf Bramstedt führt.

An dritter Stelle erst, der geringeren Verkehrsfähigkeit des Westens zu Land und Wasser entsprechend, steht die westliche Gestadestrasse (3), welche von Aalborg an, den Liimfjord westlich und östlich umgehend, einerseits über Thisted und den Oddesund, andererseits über Viborg nach Holstebro, weiter über Ringkjöbing und Varde auf den bequemen Uebergang bei Ripen und von hier dem Don folgend über Tondern und Bredstedt nach Husum führt, wo sie in ältester Zeit durch den Eider-Meerbusen eine Unterbrechung erfuhr und zu einer Gabelung auf Rendsburg genötigt ward. Allmählich bei zunehmender Sicherung des Verkehrs durch jene Niederung musste die Strasse sich über die Eider auf Lunden, Heide, Meldorf fortzusetzen suchen. Hier war eine zweite Ablenkung von der Südrichtung nicht sowohl durch die Bodenbeschaffenheit, als durch die Richtung des untersten Elbstroms bedingt und zwar auf Itzehoe [1]), wo die westliche Gestadestrasse aufs neue mit der östlichen zusammenläuft.

Nächst der herrschenden Querstrasse zwischen Trave und Elbe ist der in Lübek sich häufende Verkehr auch auf anderen, namentlich nach dem durch mancherlei Beziehungen mit ihm verbundenen Dithmarschen wieder ausgeströmt. So entstand die Strasse Lübek-Meldorf (II), und zwar in zwei Linien, einmal über Segeberg, Bramstedt, Steinburg, Itzehoe, sodann über Segeberg, Neumünster, Hohenwestedt, Hademarschen, die sogen. lübsche Trade, welche von Neumünster an zugleich den ganzen Verkehr aus der wagrischen Nordostecke von Lütkenburg, Oldenburg, Neustadt über Plön und Bornhöved an sich zog und weiterführte. An beide Linien schlossen sich Verästelungen, von Itzehoe nach Wilster, Krempe, Glückstadt, von Meldorf nach Heide und Tönningen an. Quer durch die ganze Breite der Halbinsel wirkte die Anziehungskraft Hamburgs auf den Verkehr des ganzen östlichen Wagrien, der von Heiligenhafen über Oldenburg und Eutin oder Oldenburg und Neustadt in paralleler Richtung mit beiden Küsten, den Neustädter Binnensee nördlich und südlich umgehend, sich bewegte, in Segeberg wieder zusammenfloss, um von hier entweder in Oldesloe sich an die Lübek-Hamburger Hauptstrasse anzuschliessen oder geradeaus das rechte Ufer der Alster und so Hamburg zu erreichen (III).

[1]) Dieselbe hat jahrhundertelang den Umweg über Hademarschen und Hanerau, den einzigen schmalen Isthmus in Dithmarschen hinein passieren müssen. Erst am Ende des sechzehnten Jahrhunderts entschloss sich Dithmarschen, den Damm durch die Niederung der Holstenau über Hohenhörn zu schlagen. Die noch nähere Chaussee über Hochdon ist erst 1857 gebaut.

Eine vierte Querstrasse von Bedeutung ist die von Kiel nach dem ältesten Schiffbarkeitsanfang der Eider, Flemhude oder späteren Rendsburg (IV), die seit der Erbauung des schleswig-holsteinschen Kanals (1777—84) zugleich eine Wasserstrasse wurde, noch immer von einigen Tausenden von Schiffen benutzt, und in nunmehr absehbarer Zukunft einer überaus bedeutsamen Steigerung ihrer Verkehrsfähigkeit entgegen geht. Die kürzeste aller das Land durchschneidenden Querstrassen ist die von Schleswig-Husum (V), deren bequeme Kürze aber in ihrer erwartungsmässigen Wirkung durch die zu nördliche Lage und durch die untiefen Fahrwasser der Schlei und des Heverstroms schon früh beeinträchtigt worden ist. Aehnlich haben die Querwege von Flensburg-Tondern und Apenrade-Tondern, deren Lauf den betreffenden Quellflüssen der Widau parallel sein muss und bei Buhrkall zur Vereinigung führt, in gleicher Weise auch die Wege Hadersleben-Ripen und Kolding-Ripen unter der früh beginnenden Versandung oder Verschlämmung der Häfen gelitten und mehr als örtliche Wichtigkeit nicht gewonnen; vielmehr hat von Flensburg aus der Transitverkehr eine diagonale Richtung nach Husum und nach der Eidermündung einschlagen müssen. Von vorwiegend örtlicher Bedeutung sind die Verkehrslinien der grösseren Halbinseln, die bei den grösseren, Wagrien, Angeln, Sundewith, zwei den Küstenlinien entsprechende Schenkel bilden müssen. Als solche Winkel, mit der bezüglichen Grundlinie Dreiecke bildend, kommen zunächst die Strasse Oldenburg-Neustadt-Lübek und Oldenburg-Lütkenburg-Kiel in Betracht, welche hier durch die Kiel-Rendsburger Querstrasse fortgesetzt wird, dann die Chaussee Kappeln-Flensburg und Kappeln-Schleswig, endlich der Winkel Sonderburg-Apenrade und Sonderburg-Flensburg.

In Jütland musste die Hauptverbreiterung der Halbinsel in einer grösseren Querstrasse Lemvig-Viborg-Randers-Grenaae und diese letztere Halbinsel selbst wiederum in einem Winkel Randers-Grenaae und Aarhus-Grenaae wirksam werden. Weitere Querstrassen von Aarhus über Skanderborg an der Seenreihe entlang auf Ringkjöbing zu und von Horsens oder Veile ins Innere ersterben gewissermassen im Sande der Heiden; nur Friedericia und Kolding verbindet schon die Eisenbahn mit dem neu erbauten Hafen Esbjerg.

II. Bevölkerung, Städte und Staaten der cimbrischen Halbinsel.

1. Von der Bevölkerung der cimbrischen Halbinsel geben die stummen Gräber und Geräte aus unbestimmbarer Vorzeit die erste ebenso sichere wie dunkle und unbestimmte Kunde.

Die Fundorte der Steingräber und der Riesenbetten, in grösserer

Ausdehnung um Apenrade, auf der Halbinsel Broaker und auf Alsen, im ganzen mittleren Angeln und über die Schlei sowohl östlich vom Osterbek als abwärts im nördlichen Schwansen, dann zu beiden Seiten des Kieler Meerbusens, südlich vom Westensee, südlich und westlich von den Schwentineseen bis südlich von Segeberg, um Lütkenburg zwischen Neustadt und Lübek, südlich und nördlich von der Brökau, an der Süd- und Ostküste Fehmarns, ausserdem auf Silt, zwischen Bredstedt und Husum, auf dem Haupthöhenrücken Dithmarschens, in dem Kerne des eigentlichen Holsten, in Stormarn und Lauenburg verstreut gelegen, weisen mit grosser Klarheit auf die Bevorzugung des Ostens gegenüber der gesamten niedrigen Mittelzone und den westlichen Niederungen.

Dasselbe Ergebnis liefern und zwar in noch genauerer Ausführung die Grabhügel, die ziemlich gleichmässig den ganzen Osten einnehmen, in Schleswig im Norden, der Mitte, dem Süden einen Ausläufer in das Innere nach dem Westen vorstrecken, auf dem Jerpstedter Rücken, auf Silt, Föhr, Amrum sporadisch erscheinen, ausserdem aber wieder über den Höhenzug Dithmarschens, über die Holstenplatte und jenseits der oben nachgewiesenen Uebergangsstelle (S. 489) auf Bramstedt zu sich durch Stormarn bis an die Grenze des Don verbreiten.

Urnengräberfelder, aus einer Zeit also, welche von der Beerdigung zur Verbrennung überging — oder von einem Volke, dem dieser Brauch eigentümlich war? — finden sich wiederum vorwiegend, obwohl bisher nur zerstreut, im ganzen Osten, namentlich in Angeln um den Träsee und längs der untern Schlei, rund um das ganze obere Viertel der Schlei bis an den Osterbek, nördlich Rendsburg, Eider aufwärts bis an den Wittensee, um die obere Kieler Förde, die Schwentine hinauf bis an den kleinen Plöner See, in östlicher Richtung von Kiel aus an den Doberstorfer und nördlich längs des Seelenter Sees, die ganze Lütkenburger Gebirgsgruppe bis an die Kossau mit umfassend, im Land Oldenburg vom Winbarg und Putlos an bis nach Grossen-Brode hin, dann von Bordesholm bis südlich und westlich über Neumünster hinaus, westlich vom grossen Plöner See, zwischen Eutin und Neustadt, um Segeberg und am rechten Ufer der untersten Trave, endlich wieder von Elmshorn an nach Osten hin zerstreut durch Stormarn und Lauenburg. Im Westen ziehen sie sich in einem gewundenen schmalen Streifen von dem Ringwalle bei Weddingstedt südlich bis an den mehrerwähnten Don, dann zurückweichend über die Niederung der Holsteuau im Bogen nach dem hohen Störuferrande bei Itzehoe. Im schleswigschen Westen sind sie und zwar wieder hauptsächlich auf den durch Steingräber und Grabhügel bezeichneten Punkten bisher nur sehr vereinzelt gefunden, namentlich in dem eigentlichen Kerne der Insel Silt, auf ganz Amrum, auf Föhr und beachtenswerterweise auf der Düne Tating-Garding, auch nördlich davon bis ans Meer.

Wesentlich die nämlichen Gegenden unseres Landes enthalten auch die Fundstätten unserer Altertümer. Die ganze östliche Zone des Geschiebethons samt Alsen und dem Südosten Fehmarns ist ein wenig unterbrochenes Fundfeld der älteren und jüngeren Steinsachen, der Bronze- und Eisengeräte; durch die ganze niedere Mitte und den mehrerwähnten Halbkreis der Treene-, Eider- und Störniederungen sind ähnliche Sachen nur selten gefunden; ebenso nur vereinzelt im schleswigschen Westen, auf mehreren Geestrücken, auf den drei Inseln Silt, Amrum, Föhr und auf den Marschinseln von Garding, Tating, St. Peter. Gehäuft erscheinen die Fundstätten wiederum auf der Holsten Platte, auf dem ganzen nordsüdlich gestreckten Haupthöhenzuge Dithmarschens und in der ganzen Umgebung Hamburgs. Hinausgegangen über die sonst von diesen Zeugen der Vorzeit eingehaltenen Grenzen ist die Bevölkerung, von denen die Funde melden, an zwei Stellen: einmal in südöstlicher Richtung von Burg aus in die Niederung der Wilsterau bis gegen Wilster hin und dann in der Marsch selbst östlich von Marne.

Feuersteinwerkstätten, zwei auf dem Dithmarscher Höhenzug, und zwar ziemlich am östlichen Rande des südlichen Drittels nachgewiesen, eine am nördlichen Ufer des Oldenburger Grabens, eine im Winkel zwischen der Kieler Förde und Schwentine-Mündung, eine östlich von Husum und eine auf Amrum, Küchenabfälle, bisher nur am Windebyer Noor, an der mittleren Ostküste von Silt und nordwärts der Gjenner Bucht aufgefunden, Hufeisensteine, namentlich am limes Saxonicus, von der oberen Bille bis nach der Kieler Förde zerstreut, Schalensteine zerstreut durch Sundewith und Angeln, südlich der oberen Schlei und in Schwansen vorkommend; endlich die Runensteine nördlich von Flensburg, in Angeln und drei nahe zusammen südlich der oberen Schlei entdeckt, geben von dem Dasein und dem Leben der Urbevölkerung weitere, dunkle aber sicherlich historische Kunde [1]).

2. Erzählt von dem nordischen Lande, an dessen Ufern der Bernstein gefunden wurde, von den Völkern der „Scythen", die sich nördlich an die Kelten schliessen, hat zuerst der civilisierten Welt von damals ein Mann hellenischen Blutes, Pytheas aus Massilia, der zur Zeit etwa, wo Alexander an das Ostende der Welt gelangte, die wunderbaren Meere und Inseln des Nordens erforschte. Aber nur Bruchstücke seiner Erzählung sind auf uns gekommen. Dann wird uns zuerst wieder, sagenhaft immerhin aber durchaus wahrscheinlich [2]), von einer Massenauswanderung berichtet, zu der sich infolge einer grossen Ueberschwemmung die Cimbern genötigt gesehen haben, welche 113 v. Chr. an den nordöstlichen Grenzen des römischen Machtgebiets erscheinen. Darf man im Anschluss an ihr ruheloses Wandern nach 113 annehmen, was erlaubt scheint, dass sie auch vor 113 nirgends nach ihrem Auszug länger gesessen und nur an dem Widerstand der Bojer eine zeitweilige Hemmung gefunden haben, so würde dieser etwa um 140—130 anzusetzen

---

[1]) Das gangbar gewordene, halb aus Barbarenlatein, halb dem Griechischen zusammengesetzte Fremdwort prähistorisch und das gleichwertige deutsche vorgeschichtlich enthält eine Art contradictio in adjecto; denn alle Zustände oder Thatsachen, von denen wir, wenngleich durch stumme Zeugen, sichere Kunde haben, gehören der Geschichte an; was ausserhalb oder vor diesen geschichtlich erkennbaren Thatsachen liegt, ist für uns überhaupt nicht vorhanden. Was geschichtlich ist, ist nicht vor der Geschichte; was vor der Geschichte ist, ist nicht geschichtlich. Urgeschichtlich sollte man sagen.

[2]) Strabo (VII, 293) weiss von dem Untergang ganzer Küstenstrecken. Je weniger geläufig oder denkbar ein solcher Vorgang dem Bewohner von felsenfesten Küstenrändern war, desto sicherer dürfen wir schliessen, dass er nicht auf „Vermutung", sondern auf Ueberlieferung beruhe.

sein. Wir schliessen aber aus der Thatsache jener Massenauswanderung infolge einer grossen und verheerenden Flut auf eine nicht mehr allzu spärliche, durchgehende Bevölkerung aller, auch der niedrigeren Teile des Landes. Denn eine Höhe der Flut anzunehmen, dass die Bewohner der höheren Gegenden betroffen und vertrieben wären, ist nicht gestattet; die Cimbern müssen also wenigstens zum Teil in den westlichen Moor- oder Marschniederungen gesessen haben.

Eine mittelbare Bestätigung dieser Thatsache, dass mindestens im zweiten und ersten Jahrhundert v. Chr. — seit wie langer Zeit, vermag niemand abzuschätzen — auch der europäische Norden schon eine ausreichende Bevölkerung getragen habe, lässt sich aus den Berichten Cäsars über die Stämme und Heere der Gallier und die Zustände der benachbarten Germanen entnehmen. Die erste Seeschlacht auf dem Atlantischen Ocean, von der wir hören, muss auf eine uralte Uebung der Küstenbewohner nicht bloss Galliens gedeutet werden. Um so älter und allgemeiner in der That muss die Erfindung oder Verwendung der Schiffahrt in unserem Lande erscheinen, als sie hier notwendiger und unentbehrlicher war als anderswo. Der Angriff des Drusus auf die Friesen von der See her, sein Kanalbau, die Fahrt des Tiberius nach Norden bis zur Elbe und in die Elbe hinauf, mutmasslich bis Hamburg, die mehreren Züge des Germanicus zur See und flussaufwärts nach den Schauplätzen seiner Kämpfe lassen zweifellos erkennen, dass das Schiff nicht bloss ein bekanntes, sondern in jenen Gegenden geradezu das gewöhnliche Bewegungsmittel gewesen ist, dass die gesamten Küstengebiete der Nordsee bis weit ins Innere hinein ihren Verkehr vorwiegend durch Meer und Fluss bewerkstelligt haben.

Von Tacitus erhalten wir dann die ersten ausdrücklichen und ausführlicheren Nachrichten über unsere Halbinsel selbst. Hierbei ist nun beachtenswert, dass dieser wohl unterrichtete Gewährsmann in seiner Aufzählung unabsichtlich zwar, aber ebenso unverkennbar die doppelte Beziehung hervortreten lässt, die unsre Halbinsel gemäss ihrer Lage an der norddeutschen Ebene einerseits zu dem friesisch-rheinischen Südwesten, andererseits dem suevisch-elbischen, später slavisch-elbischen Osten hat. Tacitus unterscheidet wiederholt auf das bestimmteste die nordöstlichen Stämme der Deutschen, denen er den Gesamtnamen Sueven gibt [1]), von allen übrigen Germanen („ceteris Germanis"), für die er keine gemeinsame Bezeichnung kennt. Diese letzteren zählt er in der Ordnung auf, dass er zunächst dem Rheine, dann dem Ocean folgt. Die letzten, die er in dieser Richtung nennt und zwar hinter den Chauken — denn die Chatten, Cherusker und Fosen werden als „seitwärts" (in latere) wohnend bezeichnet — sind die Cimbern, welche „denselben Vorsprung" (sinus) Deutschlands besetzt hatten, unmittelbar am Meer (proximi Oceano). Ob die friesische Bevölkerung des halben westlichen Schleswigs ihm als solche unbekannt geblieben oder dort noch nicht ansässig gewesen ist, lässt sich mit Sicherheit nicht erkennen:

---

[1]) Germ. 38: Nunc de Suevis dicendum est, quorum non una ut Chattorum Tencterorumve gens; majorem Germaniae partem obtinet . . . in commune Suevi „vocantur". Cap. 45: Hic Sueviae finis.

nur will das letztere bei dem seltenen Beharrungsvermögen, das diesen Stamm auszeichnet, wenig denkbar erscheinen.

Zum zweitenmale gelangt Tacitus mit seiner Aufzählung an und in unsere Halbinsel, indem er von dem ältesten und bedeutendsten Stamme der Sueven, den Semnonen, elbabwärts in nordwestlicher Richtung an das Baltische Meer kommt und die sieben „durch Wälder oder Flüsse geschützten“ Stämme nennt, die nur durch die gemeinsame und feierlich geheimnisvolle Verehrung der Nerthus auf einer „Insel des Oceans“ bemerkenswert seien. Ihre Wohnsitze werden nicht näher bestimmt; jedoch gestatten oder fordern die Worte: et haec quidem pars Suevorum in secretiora Germaniae porrigitur, sie durch die ganze Länge der „abgelegenen“ cimbrischen Halbinsel „hindurchreichend“ anzusehen. Ob die 7 Völkerschaften in der Ordnung von Süden nach Norden aufgeführt sind, wie man freilich nach seiner c. 41 folgenden ausdrücklichen Erklärung, erst habe ihm der Rhein als leitender Faden gedient, jetzt, wo er von Norden zurückkehrt, solle es die Donau, annehmen möchte, ob überhaupt eine bestimmte Reihenfolge zu Grunde gelegt ist, lässt sich mit Sicherheit nicht ermitteln. Unter allen sind, zumal bei der schwankenden Schreibung der meisten Namen, nur Angler und Jüten, diese aber mit aller Sicherheit nachzuweisen. Grössere Ansiedlungen werden nicht genannt, dürfen auch bei der grundsätzlichen Abneigung der Germanen gegen geschlossene, stadtartige Wohnplätze nicht angenommen werden.

3. Aus den folgenden Jahrhunderten liegen zusammenhängende Nachrichten nicht vor: Andeutungen begegnen, dass die Küstenschiffahrt in stätigem Betriebe ist. Dasselbe ergibt sich aus der nächsten wohl verbürgten Thatsache, die uns begegnet, wieder einer Auswanderung und zwar in grösserem Massstabe als die erste [1]). Im Jahre 449, so erzählt Beda, ging unter Hengist und Horsa ein grosser Zug von Sachsen, Angeln, Friesen und Jüten nach England hinüber. Mag immerhin in die Mitte des Jahrhunderts eine besonders grosse und planmässige Auswanderung nach dem herrenlos und haltlos gewordenen schönen Inselland fallen, dieselbe wird durch einen altüberlieferten Seeverkehr, der hier nur der südwestlich streichenden Küste zu folgen brauchte, um auf die hellen Kreideklippen von Dover zu stossen, vorbereitet und durch jahrzehnte-, ja jahrhundertelanges Nachwandern fortgesetzt und gehalten gewesen sein: eine Wirkung des eigentümlichen Siedlungstriebes, der den Angelsachsen eigen war und geblieben ist und der denkwürdige Beginn einer kolonisatorischen Bewegung, welche, noch weitgreifender als der griechische Ausdehnungsdrang, jetzt bereits nicht bloss die Neue Welt, sondern auch einen guten Teil der übrigen Erde der angelsächsischen Rasse, d. h. zugleich dem Christentum, der Gesittung, der Freiheit unterworfen hat.

Fand aber eine so bedeutende Entleerung der Halbinsel statt,

---

[1]) Beide Wanderungen können als Belege für die Meinung und Ueberlieferung angesehen werden, dass der ursprüngliche Zug der Völker auf unserer Halbinsel von Norden nach Süden geht. Vgl. Müllenhof in den „Nordalbingischen Studien“ Bd. I, 130. 145.

wie die Nachrichten weniger als die ausgedehnten Staatengründungen im ganzen südlichen und östlichen England erkennen lassen, so wird ein alsbaldiger Nachschub von Nachbarvölkern von vornherein wahrscheinlich. So drängten denn von Norden her die Jüten, vielleicht selbst gedrängt von nachrückenden Dänen, in das nördliche Schleswig und zwischen Friesen und Angeln hindurch bis au den unüberschrittenen Schlei-Treene-Abschnitt nach. In das bis dahin ganz germanische Holstein werden damals und nicht erst unter Karl dem Grossen die wendischen Wagiren oder Waigern, und zwar, in voller Uebereinstimmung mit den Verkehrsverhältnissen an der Westküste, zur See eingedrungen sein. Diese Thatsache geht aus folgenden Umständen mit grösster Wahrscheinlichkeit, um nicht zu sagen mit Sicherheit hervor. Die Slaven waren bei dem Beginn der Völkerwanderung sofort mit in Bewegung gekommen und den vorwiegend an jener Bewegung sich beteiligenden suevischen Stämmen in die Ebenen der Weichsel, Oder und selbst der Elbe und Saale nachgerückt. Früh übten sie regen Seeverkehr und Seeraub in dem ganzen zwischen Skandinavien und Germanien verstreuten Archipel und an seinen Küsten [1]). Nur so wird es erklärlich, wenn wie die suevischen Nerthusvölker so auch die verschiedenen Slavenstämme ein gemeinsames Heiligtum, den Tempel des Svantevit, dem die ganze Wendenwelt Tribut zahlte, auf einer Insel hatten und derselbe auch noch auf einem dem Festlande abgewendeten Punkte, Arcona, lag [2]). Die meklenburgische Küste überschaut deutlich und in lockendster Nähe das ganze Gestade Ostholsteins von der Travemündung bis zum fehmarnschen Sunde; bei sicher berechenbarem Wind und Wetter trug das leichte Schiff von den diesseitigen zu den jenseitigen Landungsplätzen hinüber, deren es dort mehrere sehr bequeme, zum Unterschlupf und zur Lauer höchst geeignete gab. Es ist geradezu undenkbar, dass man diesem kurzen und bequemen den langen und schwierigen, auch leicht versperrten Umweg längs der Küste, die Trave bis zu einer bequemen Uebergangsstelle aufwärts, etwa über Alt-Lübek, vorgezogen haben sollte. Nicht ohne Bedeutung ist es auch, dass von den 15 Pflanzenarten des Landes Oldenburg, welche der übrige Boden Holsteins entweder nur ganz ausnahmsweise oder gar nicht trägt, 8 auch auf meklenburgischer Erde heimisch sind [3]). Endlich könnte das gefeiertste Heiligtum der holsteinischen Wenden, der Wienbarg (Helmold, slavische Chronik I, 83) und die alte Hauptstadt derselben unmöglich auf jener Insel gelegen gewesen sein, wenn sie dieselbe nicht, wie es immer einem das Festland beherrschenden Feinde gegenüber ratsam ist, zuerst in Besitz genommen und den gewiesenen Uebergangspunkt auf Gestadeinseln (vgl. S. 483, II, 3, b.) in der Mitte der dem Festland zugekehrten Seite befestigt hätten. Stari-grad, die „alte Burg" beweist unwidersprechlich, dass die Wenden selbst in ihrem geschichtlichen

---

[1]) Nach Helmold II, 13 sind die Slaven von alters her dem Ackerbau abgeneigt, Seeunternehmungen zugewendet; ihr Reichtum beruht ganz auf ihren Schiffen: beim Häuserbau gaben sie sich keine Mühe.

[2]) Noch zu Adams von Bremen Zeit schiffte sich, wer von Hamburg nach Jumne zur See wollte, in Oldenburg oder in Schleswig ein (II, 19).

[3]) Schröder u. Biernatzki, Topographie I, 32.

Bewusstsein ihre älteste Geschichte, soweit sie überall in Nordalbingien spielte, auf diesen Schauplatz verlegten. Die Lage der Stadt auf einem in die Niederung und fast bis an die Brökau vorspringenden schmalen Ausläufer des hohen Nordufers, von drei Seiten durch eine leicht überschwemmbare Niederung, an der vierten durch gewaltige, auch heute noch wohl erhaltene Erdwerke, Burg und Wall geschützt, war um so fester, als sie südlich der Au, wohin ein Teil der Stadt unzweifelhaft sich ausgedehnt hat, auch über eine Stellung verfügte, die als Brückenkopf dienen konnte, den schmalen Engpass nämlich zwischen der noch heute sehr ungangbaren und tiefen Niederung der Johannisdorfer Au einerseits und der Seebenter Niederung andrerseits, auf welchem in dem Winkel der Johannisdorfer Au mit den südlich in diese mündenden Nebenbächen das durch seinen Namen als wendisch beurkundete Zubbisthorp, heute Sipsdorf, entstand [1]).

Fällt aber die Besitzergreifung des Landes Oldenburg, wahrscheinlich samt Fehmarn, durch die Wagern schon in die zweite Hälfte des fünften oder den Anfang des sechsten Jahrhunderts, so werden auch eine Anzahl anderer Ortschaften zu ungefähr gleicher Zeit entstanden sein; so namentlich in der linken Flanke Dahme und Grube, in der rechten Wesseek (Wotzeke), unzweifelhaft alles drei slavische Namen.

Eine zweite Haltestelle auf ihrem Wege ins Innere fanden die Wagern in dem Abschnitt der Kossau, der Seen und der Kremper Au mit ihren Zuflüssen, eine bastionartige, nur über die Höhe von Schönwalde und durch die Enge von Kassierstorf (Kusseresthorp) zugängliche Verteidigungsstellung, die wiederum mit drei slavisch benannten Ansiedelungen in Front und Flanken bezeichnet ist: Plön, Lütkenburg, (Alten-) Krempe. Der Pass von Plön (Plune, Plone) ist nach allen Anzeichen zu urteilen durch eine zweifache Befestigung geschützt gewesen: einmal durch die wendische Burg, welche den westlichen Eingang auf die Enge zwischen grossem und kleinem Plöner See wehrte, und die Olseborg oder Alesborg, welche den östlichen Zugang zwischen grossem Plöner- und Behler-See bewachte. Lütjenburg, wie es jetzt meist sehr verkehrter Weise geschrieben wird, richtig Lütkenburg, vormals Luttikenborg oder Lucelenborch, slavisch Liutcha (von ljut stark?), war offenbar ein Brückenkopf für die Kossau, die hier von der ostwestlichen Küstenstrasse Kiel-Oldenburg gekreuzt werden musste. Die von Helmold hier erwähnte Burg (urbs) wird nicht bei der Kirche, sondern muss, wie der Augenschein lehrt, auf dem jetzigen Vogelsberge gelegen haben, einem offenbar künstlichen Hügel auf natürlicher Vorarbeit im Norden der Stadt, an dessen Fuss noch heute Reste des Burggrabens in den dortigen Teichen geblieben zu sein scheinen. Diese ganze Höhe hat eine überaus beherrschende Lage und überschaut ausser den beiden in Betracht kommenden Hauptlandstrassen insonderheit auch den nahen Binnensee und die ganze Hohwachter Bucht, neben Heiligen-

---

[1]) Die nicht unbedeutenden Befestigungen auf dem linken Ufer der Johannisdorfer Au, von denen eben südwestlich von Sipsdorf die ausgebaute Hufe „Schanze" umgeben ist, sollen aus dem 30jährigen Kriege stammen. Sie beherrschten die in Sipsdorf zusammenstossenden Strassen von Güldenstein und von Lensahn.

hafen und Kiel den einzigen und in alter Zeit mehr als jetzt benutzten Landungsplatz an der Nordseite Holsteins, der unter anderm auch 1113 den dänischen König Niels seiner Niederlage von dem Wendenkönig Heinrich entgegenführte. Krempen oder Krempe war ursprünglich der Name einer Burg auf der noch heute so genannten Insel im Neustädter Binnensee, nach welcher einer von den elf slavischen bei Helmold erwähnten Gauen seinen Namen hatte; für ein seeräuberisches, fehdelustiges Volk nach der Land- wie Seeseite ein besonders wohlgelegener Platz. Zu diesen genannten drei Orten wird das gleichfalls als Mittelpunkt eines slavischen Gaues erscheinende Utin mit Fissau (Vyssouve, Vizzowe, Viscow) an dem Uebergang über die Schwentine bald hinzugekommen sein.

Eine dritte und letzte Vorschiebung der slavischen Grenze stützte sich in der rechten Flanke auf die untere Schwentine und den Brückenort Pretz (Porceze, Parotze), in der linken auf Lübek, d. h. Alt-Lübek oder Bukowec) mit Razeburg und in der Front auf den Alberg [1]), d. h. Segeberg, vielleicht auch Oldesloe. Pretz, der Alberg, Lübek sind durch ihre Namen als ursprünglich slavische Plätze gekennzeichnet, sämtlich auch durch ihre Lage als Brücken- oder Engen-Städte wichtig. Alt-Lübek, im spitzen Winkel, den hier die Schwartau mit der Trave macht, gelegen, zu einer Zeit gegründet, wo die Slaven auch diesen entfernteren Hafen zu benutzen angefangen hatten, ist erst in der zweiten Hälfte des achten Jahrhunderts gegen Oldenburg, das nach Adam von Bremen (II, 41) noch im Anfang desselben die volkreichste Stadt von ganz Slavien war, allmählich emporgekommen und für die nur noch kurze übrige Zeit ihrer Herrschaft Hauptsitz der wagrischen Fürsten geworden.

Endlich werden auch die Landwege die wandernde Slavenwelt westlich bis an die natürliche Grenze der Halbinsel, die Wakenitz-Delvenau-Linie und darüber hinaus vorgeschoben haben; Plätze wie Razeburg, Mölln, Lauenburg können kaum zu irgend einer Zeit, wo Menschen überhaupt hier gewohnt haben, als nicht vorhanden gedacht werden [2]).

4. Während sich so in den Jahrhunderten der Völkerwanderung und nach derselben Ostholstein zu einem Vorposten der grossen slavi-

---

[1]) Diesen „alten" (slavischen) Namen des Kalkberges (Helmold c. 49 u. c. 14), dessen Form freilich nicht ganz feststeht, darauf zu deuten, dass schon die ältesten Anwohner den Salzgehalt des Segeberger Bodens gekannt haben, wäre ich sehr in Versuchung, aber wohl doch nicht berechtigt.

[2]) Die in unserem Lande ziemlich zahlreichen Ringwälle, deren Alter und Herkunft unsicher bleiben muss und sehr verschieden sein kann, häufen sich doch in beachtenswerter Weise auf dem ganzen einst slavisierten Gebiete und an dessen Grenze; am dichtesten nördlich von den Quellen der Bille, am Nordufer der unteren Trave, an dem Pass zwischen Behler See und Kossauthal, auf dem ganzen Gruppengebirge von Lütkenburg, östlich von der untern Schwentine nahe dem Dobersdorfer See, um das obere Eiderthal und südöstlich von Neumünster; auf schleswigschem Boden finden sie sich so zahlreich nur um die Spitze der Schlei und in dem eigentlichen Rumpfe der Insel Silt. Verstreut erscheinen ähnliche Burgen nördlich von Oldenburg, unweit der Elbe oberhalb Hamburg, östlich der oberen Alster, bei Burg, bei Heide, bei Garding, auf Föhr, Sundewith, Alsen und selbst an einer Stelle der Marsch südlich von Hoyer.

schen Rasse gestaltete, von dem aus durch ein sehr wohl mögliches, teilweise sogar verwirklichtes Vordringen nach Westen und bis an die Nordsee ein Keil mitten durch die Nord- und Südgermanen getrieben worden wäre, war die Entwickelung des deutschen Staates in der Gestalt der fränkischen Monarchie weit genug gediehen, um von Süden vorstossend jedem weiteren Vordringen eine erste entschiedene Schranke zu ziehen.

Der Zug Karl Martels im Jahre 734 gegen den Friesenfürsten Bobo nördlich der jetzigen Zuider See, nach Fredegarii cont. 109 (navali evectione) zu Wasser unternommen, beweist, dass auf Grund der Bodenverhältnisse der Seeverkehr als der regelmässige fortgedauert hat. Noch entschiedener geht dasselbe aus der Thatsache hervor, dass sofort nach der Unterwerfung der Sachsen (785 „tota Saxonia subjugata est", ann. laur.) der Bremer Erzbischof Willebad es ist, der mit dem westlichen Nordalbingien in leichtem Seeverkehr auf der weitragenden Höhe der Meldorfer Insel in dem spitzen Winkel zwischen Miele und Süderau die erste Pflanzstätte christlicher Mission in unserem Lande, die Meldorfer Kirche, erbauen lässt.

Die Fortführung des Sachsenkrieges gegen die Nordalbingier und gegen die Dänen, bei welchen der unbeugsame Wittekind Schutz gefunden hatte, erforderte vor allen Dingen aber einen sicheren und möglichst bequemen Uebergang über den breiten Elbstrom. Teils durch die Beschaffenheit beider Ufer, teils durch die Teilung des Flusses in zwei Hauptarme war die Linie Harburg-Wilhelmsburg-Hamburg, unzweifelhaft in Gebrauch und Uebung, solange Menschen hier verkehrten, die gegebene. Adam von Bremen nennt darum auch sehr richtig (I, 15) Hammaburg [1]) „eine Stadt der Nordalbingier", die Karl der Grosse „damals" (bezieht sich auf das vorangehende Jahr 804) mit einer Kirche, natürlich auch mit einer Burg, ausgestattet und einem gewissen Heridag übergeben habe.

Mit der Befestigung Hamburgs war bei der Fortführung des Krieges gegen die dänische Grenze die Sicherung des Stör-Ueberganges zugleich notwendig geworden. Durch gradlinige Durchstechung einer Halbkreisbiegung der Stör gewann man einen geeigneten Platz für die Errichtung einer Burg, die bis heute in ihrem Namen fortbesteht, in ihren letzten Bauresten erst nach der Mitte des siebzehnten Jahrhunderts verschwunden ist [2]). In dem Schutze dieser fränkischen Esesfeldo-Burg entstand 817 auf dem vorgelegenen Geestbuckel von Nordoe die Cella Welanao des Ebo von Rheims und Halitgarius von Cambray, das heutige Münsterdorf; flussabwärts unweit eines Vorsprungs des Don, aber doch in der eigentlichen Marsch Heiligenstedten, eine Kirche, deren Sprengel

[1]) Der Name stammt offenbar von dem in der Geschichte Dithmarschens so bedeutsam gewordenen Worte „Hamme", Hemmung, Sperre, Enge. Vgl. Kolster im Meldorfer Programm 1853, S. 21.

[2]) Ob das als Ort der Unterhandlungen zwischen Dänen und Deutschen 809 erwähnte Badenfliot in dem abwärts an der Stör in der Marsch, freilich auf einer Erhöhung gelegenen Beidenfleet, ursprünglich Begenflet, also wohl richtiger Beienfleet, zu erkennen ist, muss zweifelhaft bleiben. Als wahrscheinlich kann es bei der Abgelegenheit des Orts und der Unwegsamkeit der Marsch kaum gelten.

ursprünglich weit ausgedehnt ins jetzige Kirchspiel Bramstedt übergriff, und schon in nördlich vorgeschobener Lage Schenefeld, das Adam von Bremen die Kirche der Holsten nennt. Die vierte Burg, welche Karl der Grosse und zwar gegen die Linonen gründete, Hohbuoki, scheint doch, wenn nicht in dem uralten, auch als Kirch- und Wallfahrtsort früh berühmten Dorfe Büchen, Boken, eine gute Meile nördlich der Elbe, am wahrscheinlichsten in der Nähe von Lauenburg bei Buchhorst (Bokhorst) gesucht werden zu müssen. Die Einhardsche Nachricht, Karl habe alle Sachsen aus Wigmodien und den transalbingischen Gauen mit Weibern und Kindern ins Fränkische geführt und ihre Wohnplätze den Obotriten überlassen, kann gegenüber den späteren thatsächlichen und verbürgten Zuständen nur unter der grössten Einschränkung auf Glauben Anspruch machen. Dagegen wird die Einrichtung des freilich erst 819 ausdrücklich erwähnten limes Saxonicus oder marca Slavorum den letzten Jahren Karls des Grossen zuzurechnen sein; eine Grenzlinie, richtiger wohl ein Grenzgürtel von Befestigungen, dessen Nachweisung im einzelnen nach den Angaben Adams von Bremen auch durch die eingehende Untersuchung von Beyer [1]) nicht ausser allen Zweifel gestellt ist, der aber im grossen und ganzen eine bis zum Plöner See durch die Schwentine, von Segeberg bis Oldesloe durch die Trave vorgezeichnete Richtung vom Kieler Meerbusen gerade südlich bis an die Elbe gehabt hat, d. h. also den sächsischen Charakter von etwa zwei Dritteilen Holsteins ausser Frage stellt.

Schon 826 dringt durch fränkischen Einfluss das Christentum und zwar wieder auf dem westlichen See- und Flusswege auch in das Herzogtum Schleswig, richtiger damals noch an die Schwelle des dänischen Landes, den Schlei-Abschnitt vor. Ansgar geht rheinabwärts über Doorstede in die Nordsee, läuft in die Eider ein, landet im Gebiete der Friesen, will sagen bei Hollingstedt, und erreicht von da die dänische Grenze, um seine Predigt zu beginnen, die trotz vorübergehender Hemmungen guten Erfolg gehabt zu haben scheint. Bereits 831 ward Hamburg zur Metropole des werdenden oder doch entworfenen Erzstifts des Nordens von Ludwig dem Frommen bestimmt. Die Zerstörung der Stadt (845) durch die Normannen konnte die Bedeutung dieses Platzes nicht aufheben. 850 vollendete sich der erste Kirchenbau auf schleswigschem Boden, den Ansgar zu Ehren der heiligen Maria „bei der Stadt Schleswig" oder Heithaby (d. h. wahrscheinlich nicht beim jetzigen Haddeby oder ursprünglich Haddeboth) errichtete. 860 folgte in Ripen durch Ansgars Schüler Rimbert ein zweiter Kirchenbau. Beide Städte, Schleswig und Ripen, haben aber ohne Zweifel lange vor der christlichen Zeit als Hafenorte bestanden und handeln (im elften Jahrhundert) der eine

---

[1]) Beyer, der limes Saxoniae Karls des Grossen, 1877. Dass die sanft nach Süden abgedachte, leise gewölbte Ebene zwischen Gönnebek-Tarbek, Bornhöved und Dalldorf keinen Anhalt zu einer Grenzscheide mehr bietet, lehrt der Augenschein; auch die unzweifelhaft zum limes gehörige Höhe von Blunk, noch heute durch die westlich ihren Fuss begleitende, nördlich und nordöstlich umfassende Niederung geschützt, erlaubt es schlechterdings nicht, die Linie des limes, wie Beyer gethan hat, von Brands Mühle auf Dalldorf und so nach Bornhöved zu ziehen.

nach Sclavanien, Schweden, Samland, Griechenland (= Russland; Adam von Bremen IV, 1), der andere nach dem Saxenlande, nach Frisien, nach Engelland, Frankreich, den Mittelmeer-Städten und selbst dem heiligen Lande. Tondern, 1017 bereits ein bekannter Hafen, mag wenig jünger sein.

In Jütland tritt zwar aus dem Dunkel der heidnischen Vorzeit noch kein grösserer Ort durch bestimmte Zeugnisse hervor; jedoch wird mit einiger Sicherheit zu vermuten sein, dass das genaue Centrum des ganzen Landes, zudem ein wichtiger Wende- und Kreuzungspunkt einer Längen- und einer Querstrasse, Viborg, richtiger ursprünglich Viberg, in Waldemars II. Erdbuch Wibiärgh (= Weiheberg), schon in ältester Zeit sowohl als Kultus-Stätte wie als Fürsten-Sitz und Wahlort bestanden hat.

5. Die Zeit der sächsischen und salischen Kaiser ist für unsere Halbinsel nicht ohne Bedeutung.

Widukind (I, 40) berichtet, dass Heinrich I. 934 die Dänen, welche auf ihren Seezügen die Friesen beunruhigten, überzogen, unterworfen und ihren König „Chnuba“ zur Taufe gezwungen habe. Nach Adam von Bremen besiegte Heinrich den König Worm oder Urm (= Gorm) und machte Schleswig, welches jetzt „Heidiba“ genannt wird, zur Grenze seines Reichs, wohin er eine sächsische Kolonie und einen Markgrafen versetzte, d. h. also die weite Ebene zwischen Schlei und Eider zu einer schleswigschen Mark einrichtete: der erste und für Jahrhunderte letzte Schritt des Deutschtums vorwärts gegen das Dänentum und zugleich unzweifelhaft eine bedeutsame Massregel für die Hebung des Ortes und für die Entwickelung des ganzen spätern Herzogtums zu einem selbständigen Ganzen. Ottos des Grossen Zug in die cimbrische Halbinsel und gar bis an die äusserste Spitze Skagens erscheint nicht genügend bezeugt; an dem vordringenden Einfluss des deutschen Reiches und der deutschen Mission kann nicht gezweifelt werden. Auf der Synode von Ingelheim 948 erscheinen Bischöfe von Schleswig, Ripen und einer dritten, bei dieser Gelegenheit zuerst hervortretenden Stadt, welche Widukind Harusa nennt: Aarhus, ursprünglich Arus und in isländischen Quellen Aros [1]). Die gleichzeitige Gründung eines Bistums in Oldenburg beweist wie das Vordringen deutsch-christlichen Geistes gegen den Nordosten, so auch aufs neue die Bedeutung dieser Insel-Hauptstadt gegenüber den sämtlichen Nachbarstädten bis zur Peene, bis wohin sich ihr Sprengel erstreckte. Aber schon Otto II. war zu einem neuen Zuge gegen das empörte Dänemark genötigt, auf welchem er das Danewerk erstürmte. Wenn er dann nach Thietmar (III, 4) „unam urbem in his finibus (Caesar) aedificans praesidio firmat“, so wird das doch wohl nur von Befestigungsarbeiten vor und an der einzigen Stadt dieser Gegenden, nämlich Schleswig, d. h. also von einer Wiederherstellung der schleswigschen Mark zu verstehen sein, die in der That ohne Besetzung des oben erwähnten Rückens bis zum Abschnitt des Langsees nicht haltbar sein konnte.

---

[1]) Nach Trap (Statistisk-topographisk Beskrivelse af Kongeriget Danmark VI, 21) aus Aar, Genetiv von Aa, und Os Mündung.

Mit den letzten Jahren Ottos II. beginnt die Verkirchlichung des deutschen Kaisertums, die Abwendung von seiner nationalen Aufgabe; die Dänen fallen in die schleswigsche Mark ein, die Obotriten unter Misteroi verbrennen Hamburg (983). 1027 findet Konrad II. sich veranlasst, in Rom dem mächtigen Kanut von Dänemark ohne Schwertstreich und erkennbare Nötigung die Mark Schleswig zu überlassen und die Eider als Grenze zu nehmen. Einer neuen Slaven-Ueberschwemmung (1032) widerstehen von allen Plätzen nur Itzehoe und die bei dieser Gelegenheit zuerst erwähnte Bokeln-Burg in Dithmarschen, die zu der Grafschaft „beider Ufer", Stade gehörte, wohin seine Verkehrswege es wiesen. In bemerkenswertem Parallelismus ragen im westlichen Holstein sowie die oben hervorgehobenen drei nördlichen Uferränder, so Hamburg, Itzehoe, Bokelnburg und Meldorf aus dem Dunkel der Urgeschichte, aus den Trümmern der christlichen Kultur hervor. 1063 erhob sich in dem Kampfe zwischen dem berühmten hochstrebenden Erzbischof von Bremen-Hamburg Adalbert, der gewöhnlich in Hamburg residierte, und dem sächsischen Herzog Ordulf auf demselben Kleve der Elbe, dem Süllberg (Sollonberg) eine Burg, an welche sich in späterer freilich unbestimmbarer Zeit die Ortschaft Blankenese angelehnt haben wird. Die Gewissheit, dass die noch heute so vielfach von ihrer ganzen Umgebung in Art und Sitte gesonderten Einwohner von Blankenese, Dockenhuden und Mühlenberg, die kaum noch jetzt aus ihrem Kreise hinaus heiraten, eingewandert sind, zusammen mit dem Umstande, dass jede Kunde von der Zeit ihrer Einwanderung fehlt, macht es ziemlich sicher, dass die Entstehung der eigentümlichen Ortschaft um Jahrhunderte vor ihrer ersten Erwähnung im Anfange des 14. Jahrhunderts anzusetzen ist. Um dieselbe Zeit (1062) wird zum erstenmale auch der Razeburg gedacht, die, am westlichen Eingange der Stadt gelegen in ihrem Entstehen wohl jedenfalls dem ersten Eindringen der Slaven angehört. 1066 zugleich mit dem Sturze Adalberts als kaiserlichen Vormunds erlagen auch der christliche Wendenfürst Gottschalk und die christlichen Sitze, namentlich wieder das unverwüstliche Hamburg und Oldenburg der heidnisch-nationalen Partei. Das Bistum Oldenburg verschwindet auf fast ein Jahrhundert. 600 Familien verlassen Holstein und siedeln sich im Harze an. Der Rugier Fürst Kruto, dem alle nordelbischen Slaven zinspflichtig werden, errichtet die erste Ansiedlung auf der Halbinsel zwischen Trave und Wakenitz, die Burg Bukow oder Buku und bezwingt Gottschalks Sohn Butue in der 1071 zum erstenmale erwähnten Burg Plune. Aus dieser Zeit haben wir über die damalige Verwaltungseinteilung des jetzigen Herzogtums Holstein von einem wohl unterrichteten Manne, dem Domscholaster Adam von Bremen, eine wertvolle und zuverlässige Nachricht. Er unterscheidet die überelbischen Sachsen in drei Völker: „die ersten am Meer wohnenden sind die Tedmarsgoi, Dithmarschen, deren Mutterkirche zu Melinthorp, Meldorf, ist; die zweiten sind die Holcetae, Holsten, so genannt nach den Hölzungen, in denen sie wohnen. Durch ihr Land fliesst die Sturia (Stör) und ihre Kirche liegt zu Scanafeld, Schenefeld. Die dritten und angesehensten werden Sturmaren genannt". Die Grenzen der ersten Völkerschaft sind durch die Natur dermassen festgestellt, dass sie vom Süden abgesehn nie schwanken und zweifelhaft werden konnten. Diese Südgrenze bildete die Niederung, welche von dem Einflusse der Holsten-Au in die Wilster-Au sich nach dem Kudensee zu erstreckt, von da nach der Elbe, der alte sogen. Holstengraben. Dieses dithmarsische Land kam 1148 mit der Grafschaft „beider Ufern“, Stade, an das Erzstift Bremen-Hamburg. Indes scheint die um dieselbe Zeit geschehene Uebertragung von Meldorf an das Hamburger Domkapitel, „eo, quod aptior fuit“, darauf zu deuten, dass allmählich zwischen Dithmarschen und Holstein-Stormarn sich auch ein lebhafterer Landverkehr zu erzeugen begonnen hatte. Die Abgrenzung der beiden andern Gaue muss, und zwar sowohl die wechselseitige zwischen ihnen selbst, als die gegen Wagrien, nicht die gegen Lauenburg oder Sadelbandia, als schwankend angesehen werden. Es ist aber völlig klar, dass dies mit der natürlichen Bodenbeschaffenheit im engsten Zusammenhange steht. Der Kern des eigentlichen Holsten-Landes ist unzweifelhaft jene von Giesel und Holsten-Au, von Eider und Stör und östlich von der Sarl-Au abgegrenzte Platte, die oben nachgewiesen ist. Im Osten ging das Land „Holsten“ über diesen natürlichen Abschnitt um den „Gau Falders“ (Neumünster) d. h. um die Hohheide, hinaus, welcher Gau als Grenze gegen Wagrien bezeichnet wird [1]). In diesen Grenzen hat sich das geographische Ganze in dem Amte Rendsburg, dem grössten Holsteins und auch heute noch waldreichen, als ein administratives Ganze erhalten; Schenefeld mit Hohenaspe, Hademarschen mit Hohenwestedt sind die echten alt-holstenschen Kirchspiele. Holsten-Tracht heist in Dithmarschen bis heute die Hademarschener Tracht. Durch die genannte ursprüngliche Begrenzung war nun aber eine allmähliche Erweiterung keineswegs ausgeschlossen. Aus der Natur der Verhältnisse und aus einer Anzahl ausdrücklicher oder mittelbarer und unfreiwilliger Zeugnisse geht die Thatsache hervor, die noch heute nicht aufhört sich immer neu zu wiederholen, dass zuerst der feste und gesicherte Boden des Landes besetzt und bebaut, dann allmählich unter dem Drange des wachsenden Bedürfnisses und den Wirkungen der Verbesserungsbauten, zum Teil erst im zwölften und dreizehnten Jahrhundert [2]), in die niedrigeren und unsicheren Niederungen der Moore und Marschen hinabgestiegen ward. Daher wird auch nicht im mindesten die oben festgestellte Umgrenzung durch den Zusatz Adams von Bremen erschüttert, dass die Stör durch das Land Holsten flösse, noch weniger durch die Aufzählung des dem letzten Jahrhundert des Mittelalters angehörigen bremischen Presbyters, der die Bewohner der Kirchspiele Schenefeld, Hademarschen, Hohenwestedt, Nortorf, Kellinghusen, Bramstedt, Kaltenkirchen und Bornhöved samt denen der Wilstermarsch als die echten Holtsaten bezeichnet. In ähnlicher Weise beruhen die Grenzen Stormarns auf seinen Bodenverhältnissen und sind südlich durch die Elbe, westlich durch die Niederung der Elbe und Stör, nördlich durch die der Bram-Au gegeben; nach Osten dehnt sich der Geschiebesand zwar nur bis zur Alster-Linie aus, der Unterschied des Geschiebethons kommt aber

---

[1]) Helmold I, 47.

[2]) Vgl. Hasse Urkunden etc. Nr. 86, wonach die palus Bishorst 1146 „jam non raro incolitur habitatore.“

auf ethnographischem Gebiet nicht zu massgebender Geltung und erst das Thal der Bille mit dem Sachsenwalde richtet zwischen Sachsen und Slaven die Scheide auf. So ist das eigentliche Stormarn zu beschränken auf die Herrschaft Pinneberg und die Grafschaft Rantzau rechts, die noch bis nahe unsrer Gegenwart stormarnsche genannten Aemter Reinbek, Trittau und Tremsbüttel links der Alster, wozu das Gebiet von Hamburg, die unschlossenen Güter und das Kirchspiel Sülfeld hinzuzurechnen sind. Ausserhalb dieser Teilung und für sich stehen die Gemeinden der Haseldorfer, Kremper und Wilster-Marsch, nach Natur, Besiedelung und Verfassung jüngere Bildungen. Der ganze übrige Osten gehört wiederum in unsicherer und wechselnder Begrenzung den slavischen Stämmen, zum grösseren nördlichen Teile aber den Wagern an.

6. Eine bessere Zeit für Holstein beginnt mit dem Anfang des zwölften Jahrhunderts.

Es ist die Zeit, wo der Kampf des Kaisertums mit der Kirche und in ihm der Kampf der Kaisergewalt mit der Fürstengewalt zum Nachteil der Reichseinheit als in der Hauptsache völlig entschieden angesehen werden kann. Der partikulare Zug der Zeit kommt nun aber offenbar und sehr begreiflicher Weise den einzelnen Landen und dadurch wieder mittelbar der ganzen Nation sowie der christlichen Gesittung zu gute.

Im ersten Jahrzehnt des Jahrhunderts wird die Grafschaft Holstein-Stormarn Adolf I. aus dem kräftigen und tüchtigen Geschlechte der Schauenburger im Weserthale verliehen. Um dieselbe Zeit kommt mit Gottschalks zweitem Sohne Heinrich das Christentum und der deutsche Einfluss in Wagrien wieder zur Geltung. Gleichzeitig erscheinen in der markgräflichen oder herzoglichen Stellung des dänischen Prinzen Knut Laward in Schleswig und in den Landesversammlungen zu Urnehöved (Hvornhöi 1½ Meilen südlich von Apenrade) die ersten deutlicheren Spuren einer territorialen Aussonderung Schleswigs aus dem Gesamtreiche Dänemark. Die anderthalb Jahrhunderte von der Thronbesteigung Lothars von Suplinburg bis an das letzte Viertel des 13. Jahrhunderts, mit einem Wort die staufische Periode, d. h. also die der völligen Ausbildung und Befestigung des Partikularismus ist für die Besiedelung und Sittigung der cimbrischen Halbinsel, insonderheit ihrer südlichen Hälfte, von ausschlaggebender und dauernder Bedeutung.

Denn noch während Lothars Regierung im Reich, aber Heinrichs des Stolzen im Herzogtum Sachsen und Adolfs II. in der Grafschaft Holstein-Stormarn beginnen unter dem Zusammenwirken von Scepter und Krummstab, Schwert und Kreuz die Vorarbeiten zu der ungewöhnlich raschen und gründlichen Ueberwältigung des Wendentums im östlichen Holstein: die Besetzung des Albergs oder die Gründung der Siegeburg (Segeberg), an deren Fusse sich alsbald eine Kirche und dann ein Kloster erhob, durch Lothar auf Weisung Vicelins, und die Stiftung des „neuen Münsters“ in Wipenthorp, slavisch Faldera, des in seinen Wällen noch heute erhaltenen Klosters Neumünster (um 1134 oder 1136). Zum wiederholten, aber zum letzten Male hatte nach Kanut Lawards Tode (1132) das slavische Heidentum unter Pribislaw in Wagrien und Polabien sich erhoben: Heinrich von Badewide, durch Albrecht den Bären, in den Kämpfen Konrads III. mit Heinrich dem Stolzen und dem Löwen zeitweiligen Herzog von Sachsen, zeitweiliger Graf von Holstein-Stormarn, rächte einen Ueberfall Segebergs und Falderas 1138—1139 durch zwei Feldzüge von solchem Nachdruck und so durchgreifender Schonungslosigkeit, dass Adolf II., als er nach der Wiederherstellung seines Lehnsherrn in Sachsen 1143 auch in seine Grafschaft zurückkehren durfte, dieselbe um Wagrien vergrössert übernehmen konnte. Lauenburg mit Ausschluss der südlichen, herzoglich bleibenden Gebiete, kam als Grafschaft Ratzeburg an Heinrich von Badewide. Und nun begann, da diese slavischen Gebiete durch Tod oder Vertreibung der Besitzer den Siegern zur herrenlosen Kriegsbeute geworden waren, in förderndem Anschluss an die neu geweckte Kreuzzugsbewegung der Zeit, die an den heidnischen Nachbarn bequemere Ziele fand, eine Kolonisationsthätigkeit eifrigster und berechnetster Art. Einen grossen Teil des gewonnenen Landes nahmen die ritterlichen Mannen des Grafen, die 1139 auf eigene Hand losgegangen waren, in Besitz, namentlich die schönen Gaue des „Landes Oldenburg" (terra Aldenburg), des Landes Lutikenburg, die terra Plunensis, d. h. die ganze Gegend, welche von jener Zeit an unter dem Namen der adligen Güterdistrikte das Kernland des Grossgrundbesitzes geblieben ist. Die überlebenden, oder sich fügenden Slaven wurden Leibeigene. Andere Teile kamen in späterer Zeit an Kirchen und Klöster in Lübek Wismar und Pretz. Ausserdem aber rief Herzog Adolf durch laute und lockende Aufforderungen Flandern und Friesen, Holländer und Westphalen ins Land, die er teils in den klösterlich neumünsterschen Elbmarschen, teils in den Gauen Süsel, Eutin und bei Oldenburg ansiedelte. Der heldenmütige Widerstand von 400 Friesen unter einem Priester Gerlav gegen einen slavischen Ueberfall zeigt, dass noch einige Zeit hindurch Bauer wie Priester gefasst sein mussten, Pflug oder Kreuz mit dem Schwerte zu tauschen.

Plön und Segeberg wurden wieder hergestellt; Lübek, das neue, an seiner jetzigen Stelle 1143 von Adolf II. gegründet, zeigt in raschem Aufblühen die Bedeutung seiner Lage wie des nationalen und religiösen Aufschwungs der Zeit. Vicelin, 1149 zum Bischof des lang verödeten Oldenburger Stiftes erhoben, gründet das Kloster Hageresthorp oder Cuzalin (Högersdorf) bei Segeberg, in Bornhöved und Bosau Kirchen, sein Nachfolger Gerold Kirchen in Lütkenburg und Oldenburg, einen Markt und städtisches Leben in Utin, in welchem Gau das Oldenburger Bistum mit 300 Hufen ausgestattet wird. Um 1150 kommt als Kirchort Porez, 1151 Oldesloe vor, um 1156 wird eine Kirche in Alten-Krempe erwähnt; 1158 wird Lübek aus einer gräflich holsteinischen eine herzoglich sächsische Stadt des gefürchteten Slavensiegers Heinrichs des Löwen, die er mit grossen Freiheiten und Vorrechten ausstattet, zum Sitz des Oldenburger Bistums erhebt und mit dem Dome schmückt. Im selben Jahre 1158 begabt Herzog Heinrich unter Genehmigung Kaiser Friedrichs das Bistum Ratzeburg mit 300 Hufen, um 1178 hat Bergedorf eine Kirche, um 1181 tritt Travemünde hervor, 1182 entsteht an Stelle der Erteneburg das Schloss Lauenburg; der See Mulne, 1188 erwähnt, setzt einen Ort gleiches Namens voraus, das „alte Mulne" in einer Urkunde von 1194 genannt, die kürzlich geschehene Neugründung der Stadt. 1189 stattet Adolf III. die Cistercienser, „welche er nach Wagrien gerufen hat," mit der reich dotierten Abtei Reinfeld aus; um 1197 werden Kirchen in Selent (Zalente), Schlamersdorf und Sarau, 1199 zum erstenmal ausdrücklich Rendsburg, um 1200 als Kirchort Wesenberg, 1219 eine Burg und 1222 ein Hafen Travemünde erwähnt; in denselben Jahren entsteht aus unsicheren Anfängen das Kloster für Benediktinerinnen in Pretz.

Mit dem Osten hält der Westen gleichen Schritt; um 1140 haben Lunden, Büsum, Barmstedt Kirchen, Marne, Elmshorn (1141) sind als Dörfer vorhanden; Burg in Dithmarschen hat 1150 eine Kirche, Hamburg, wo Herzog Bernhard von Sachsen zwischen Elbe und Alster eine „neue Burg" gegründet und neben dem erzbischöflichen in der Altstadt seinen Wohnsitz genommen, das dann die gewöhnliche Residenz der Schauenburger Grafen geworden war, ist um 1150 bereits den Arabern bekannt. 1200 erscheint Elmshorn (Helmeshorne), offenbar ein alter Ort, zum erstenmale, als Dorf. Hohenwestedt, Kellinghusen (Kerleggehusen, Schelinghusen?), 1217 und 1221 zum erstenmale bezeugt, werden als grössere Wohnplätze anzusehn sein.

Auch in Schleswig und Jütland zeigt sich in jener Zeit „der Waldemare", wie überhaupt so auf kolonisatorischem Gebiete gesteigertes Leben.

In Schleswig ist neben Ripen Tondern (Lütken-Tondern im Gegensatz zu Mögel-Tondern, vormals Thundär, dänisch Tönder) im Anfang des 11. Jahrhunderts als Handelsplatz bekannt. Hadersleben, obwohl urkundlich genannt erst im 13. Jahrhundert (Hathärslöf, Haderslev) kann nicht allzu lange nach Ripen und Tondern, mag eher schon vor denselben entstanden sein. Auch Apenrade (Obenroe, dän. Aabenraa, zusammenhängend mit einem benachbarten verschwundenen Dorfe Gammel-Opnör), ebenfalls erst 1257 als Handelsort genannt, wird mindestens im 12. Jahrhundert bereits bestanden haben. Garding erscheint im Anfang des 12. Jahrhunderts als Kapellen-, Tönningen 1186 als Kirchort. Das Sonderburger[1]) Schloss wird für eine Gründung Waldemars des Grossen (1169) gegen die slavischen Seeräuber gehalten, noch älter das Norburger, das seinen ursprünglichen Namen Als-Slot erst im Gegensatz zu der Süderburg verloren haben kann. Flensburg, gleichfalls um eine Befestigung und zwar um die Johanniskirche herum, in der Husby-Harde, d. h. in Angeln, entstanden, gegen die Mitte des 12. Jahrhunderts schon Sitz einer Knutsgilde, in der ersten Hälfte des folgenden „grauer" und „schwarzer" Mönche, darf mit einiger Sicherheit zu den ältesten Ortschaften des Herzogtums gerechnet werden. Cistercienser und zwar aus dem schwedischen Kloster Herrisvad kommen 1173 nach Lygum, wohin das von Seem verlegt wird; das Guldholmer wird vom Langsee nach Ryde oder Rye im Glücksburger See übertragen. Fehmarn, erst seit dem 11. Jahrhundert Dänemark unterworfen und von Dänemark aus christianisiert, so dass es mit dem Stifte Fühnen vereinigt werden konnte, hatte eine ge-

---

[1]) Vgl. Sondershausen und Nordhausen; Sundgau und Sund ist nach Kluge die streng hochdeutsche Form.

mischte dänisch-slavische Bevölkerung, grössere Ortschaften aber noch nicht.

In Jütland wird nach Viborg und Aarhus Aalborg, in Waldemars Erdbuch 1231 Aleburgh genannt (von goth. alhs, altsächsisch alah = Tempel?), als einer der ältesten Handels- und Verkehrsplätze anzusehen sein, ist jedenfalls Adam von Bremen in der zweiten Hälfte des 11. Jahrhunderts schon bekannt. Die gewöhnliche Strasse der nordischen Pilger pflegte auf Aalborg, von da nach Viborg, so nach Schleswig und weiter zu führen. Auch Kolding, im Mittelalter Kalding, in Waldemars Erdbuch Kaldyng, Randers, bei Saxo Grammaticus Randrusium, im isländischen Randarós, in dänischen Diplomen Randrus und Randros, unsicherer Herleitung, und Horsens, in Waldemars Erdbuch Horsnaes, sonst auch Horsenaes (von Hors und naes, Rossnase?), gehören alle drei mindestens dem 11. Jahrhundert an, werden mithin auch von dem Aufschwunge der Waldemarschen Zeit nicht unberührt geblieben sein.

7. Nachdem nämlich an der Südküste der westlichen Ostsee die unter Heinrich dem Löwen erwachsene deutsche Macht durch Heinrichs Aechtung und die Zerstückelung dieses ersten Ansatzes eines grösseren norddeutschen Partikularstaates vernichtet war, dringt das Dänentum, kräftig und rührig, wie es alle Zeit gewesen ist, über die südliche Grenze vor, gewinnt die Dithmarschen, erobert Lübek, erobert Holstein-Lauenburg und einen Teil von Meklenburg, und der angeblich deutsche Kaiser, damals der aufgeklärte Sicilianer Friedrich II., tritt die wichtigsten Gebiete des ganzen deutschen Nordens, alle Lande jenseit der Elbe und der Elde an Waldemar II. ab. Durch den Sieg von Volmir fassten die Dänen auch im Osten des baltischen Meeres festen Fuss. Wieder ist es das deutsche Fürstentum, das sich im eigenen Interesse der nationalen Aufgabe annimmt. Die wichtige Entscheidungsschlacht von Bornhöved 1227 wirft das Dänentum für immer in seine Grenzen zurück: Holstein kam an seinen rechtmässigen Herrn, Adolf IV., zurück, Lauenburg an Herzog Albert, dessen Sohn Johann Gründer der sächsisch-lauenburgischen Linie wurde, die hier bis 1689 bestanden hat; Dithmarschen, die beiden aufblühenden Städte Hamburg und Lübek dürfen wieder sich selbst angehören, in freier Entfaltung ihrer Kraft und unbehinderter Ausbeutung ihrer Lage sich rüsten, weit über die engen Grenzen ihrer Gebiete hinauszugreifen.

Dabei kommt nun den beiden holsteinischen Städten und den holsteinischen Grafen das allseitige, teils schon erfolgreiche und fortgesetzte, teils neu aufgenommene Vordringen des christlichen Germanentums gegen die heidnischen Slaven, Letten und Esthen und der sehr ausgesprochene Drang der Nation an das recht eigentlich doch germanische Meer, die Ostsee, zu statten. Meklenburg war durch Heinrich den Löwen unterworfen, die Marken durch Albrecht den Bären kolonisiert, Pommern auf demselben Wege besiedelt, auf den Spuren des Segeberger Missionars Meinhard von Hamburger und Wisbyer Kaufleuten Riga gegründet, Livland erobert, und vom 4. bis 9. Jahrzehnt des 13. Jahrhunderts wurde vom deutschen Fürsten, Ritter, Bürger und Bauer, Priester und Mönche in seltenem Verein die zähe Kraft des preussischen Heidentums in einem rauhen Lande von unwegsamem Boden langsam aber sicher und gründlich gebrochen.

Ein ungemeiner Aufschwung des Verkehrs zur See musste die Folge hiervon sein; die äussersten Pole des nordischen Mittelmeers traten zum erstenmale in Beziehung und eine hohe Blüte besonders der Endpunkte der Verkehrsbahn entwickelte sich mit überraschender Schnelle.

Auf diese Steigerung von Handel und Schiffahrt im nordeuropäischen Binnenmeer war die Belebtheit des südeuropäischen Mittelmeers, im Anschluss an die nahezu ununterbrochenen Kreuzzugsbewegungen von 1189 bis zur Mitte des 13. Jahrhunderts, nicht ohne Einwirkung.

Endlich hat auch in diesem Zeitalter das religiöse Leben seine Wirkung auf kolonisatorische Thätigkeit von neuem erwiesen: der Höhenpunkt der Hierarchie unter Innocens III. und seinen Nachfolgern, der neue Aufschwung der mönchischen Richtung mit wesentlich veränderten, sehr praktischen Zwecken, wie er in den beiden bald so einflussreichen Orden der Dominikaner und Franziskaner sich kundgibt, sind auch in unserm Lande und für die Gestalt seiner Ansiedlungen wirksam geworden. In Lübek, dem natürlichen Brennpunkt aller Verkehrstrahlen des Baltischen Meeres, mussten diese verschiedenen Antriebe gesteigertes Leben wecken.

Nach der Aechtung Heinrichs des Löwen von Kaiser Friedrich Barbarossa selbst in Besitz genommen und mit einem kaiserlichen Freibrief begabt (1183), dann eine dänische Besitzung, noch vor der Bornhövder Schlacht aber durch einen neuen kaiserlichen Freibrief im Lager von Parma (Mai 1226) für eine „stets freie und zum kaiserlichen Dominium sonderlich gehörende“ Stadt erklärt, in ihrem Gebiete erweitert und gesichert, mit den weitgehendsten Zollfreiheiten, Erleichterungen, Hoheitsrechten ausgestattet, nahm Lübek einen kräftigen Anteil an dem Kampfe gegen den nordischen Nachbar, in dem es einen bedrohlichen Nebenbuhler auf der Ostsee erkennen musste, und gewann durch den Sieg die volle Freiheit seiner Bewegung zurück. Das Bündnis mit Hamburg 1241 sicherte die Transitstrasse von der Mündung der Trave bis „Hammenborg“ und „von da durch die ganze Elbe bis in das Meer“ gegen störende Gewaltthat und Strassenraub. So wuchs das kleine rührige Gemeinwesen in kurzer Zeit zu jener Stellung an der Spitze der deutschen Hansa empor, die es mehrere Jahrhunderte ohne verbrieftes Recht einzig und allein kraft seiner Machtmittel und staatsmännischen Klugheit behauptet hat, durch Geld- und Volkreichtum, Kriegs- und Handelsflotte, Pflege der Kunst und des Handwerks die Königin des deutschen, ja des europäischen Nordens.

Mit Notwendigkeit musste an diesem Aufschwung der gegebene Ausstrahlungspunkt des baltischen Durchgangsverkehrs an die niederländisch-englischen Küsten, Hamburg teilnehmen. Obwohl eine gräflich holsteinische Stadt und sogar Fürstensitz, erhielt auch Hamburg kaiserliche Zollbefreiungen, Fischereigerechtigkeiten und andere Vorteile und erfreute sich schon bald nach der Bornhövder Schlacht eines eigenen Stadtrechtes und des Münzregals.

Durch ganz Holstein verbreitet sich dieser Aufschwung auf dem Gebiete des Handels und Verkehrs, der Religion und der Sitte. Das mittlere Drittel des 13. Jahrhunderts ist die Entstehungs- oder Gestaltungszeit der schleswig-holsteinischen Kaufstädte, und die gehäuften, zum Teil völlig neuen und planmässigen Gründungen von Städten an der Küste wie im Binnenlande lassen auf das erneute Einströmen einer zahlreichen Bevölkerung von jenseit der Elbe, aus Flandern, Holland, Kehdingen und aus Westphalen, vielleicht auch Hessen schliessen. 1236 erhielt Plön Stadtrecht, 1238 gründete Adolf IV. auf dem alten Burgplatz die Neustadt von Itzehoe, mit lübschem Rechte bewidmet, das der Altstadt erst 1303 zu Teil ward. Zwischen 1233 und 1242, wo sie vom Grafen Johann I. ihr Gebiet zugewiesen und das lübsche Recht erhält, ist die Holstenstadt am Kyle[1]) nach wohlberechnetem Bauplan mit regelmässigem Strassennetz entstanden, unter reger Beteiligung des holsteinischen Adels, aber auch, wie die Namen seiner Strassen noch heute bekunden, südelbischer Stämme. Eine gleich regelmässige Anlage und genau dasselbe Strassennetz zeigt die „Nygenstadt by der Krempen", Nienkrempe, Nygenstadt, Neustadt, deren Stadtverfassung dem Jahre 1244 angehören soll, deren Kirche, eine der schönsten des Landes, im Jahre 1259 erwähnt wird. Die dritte Kaufstadt an der holsteinischen Ostküste, Heiligenhafen (Helligenhafen, Havenis[2])), erscheint mutmasslich zuerst in der villa teutonica Helerikedorp und ist dann um die Mitte des Jahrhunderts mit dem lübschen Recht bewidmet worden. Die Kirche wird zuerst 1262 genannt. Seit dem Anfang des 13. Jahrhunderts kommt Veile (Waethlae, Waethel, Wedel) empor, 1257 ist Apenrade ein Handelsplatz, 1284 hat Flensburg, schon länger als villa forensis bezeichnet, städtische Verfassung, im selben Jahrhundert Horsens das schleswigsche Stadtrecht erhalten; 1288 werden die Eckernförder als oppidani bezeichnet. Kolding, seit der Mitte des Jahrhunderts als Grenzfeste wichtig, mag seine 1321 von Christopher II. bestätigten Privilegien um gleiche Zeit erhalten haben.

Auch im Westen und im Innern des Landes entwickelt sich das städtische Leben. 1243 hat Tondern das lübsche Recht, Hjörring seine ersten Privilegien, um 1250 Meldorf seine städtische Verfassung erhalten; 1255 erscheinen Krempe, um 1261 Razeburg und Mölln, 1269 Zarpen (Scerben, Tzerben), dem Kloster Reinfeld gehörig, im selben Jahr Ripen, 1275 Bergedorf und Lütkenburg, wenig später Wilster und Eutin, 1299 Bornhöved als Städte und zwar meist lübschen Rechtes.

Mit dieser sichtbaren Rührigkeit auf dem Gebiete der norddeutschen Sonderstaaten treffen die vom romanischen Süden her rasch fortgepflanzten Einwirkungen zusammen, die auf religiösem Gebiete von den Bettelorden, besonders den beiden berühmtesten, den Dominikanern und Franziskanern, ausgingen.

In rascher Folge erstehen in den cimbrischen Herzogtümern von

---

[1]) Ueber den Namen s. zur Wortdeutung S. 553.

[2]) Wenn nis die gewöhnliche mit nase verwandte, bis „gris nez" herabgehende Bezeichnung einer Landspitze ist, so wird es, wenngleich portus sucer vorkommt, zweifelhaft, ob Have überhaupt mit Hafen etwas zu thun hat und nicht vielleicht das Haff meint.

1227 bis an und über die Mitte des Jahrhunderts eine Reihe von grundbesitzenden und Bettelklöstern, mit vereinzelten Ausnahmen im Osten des Landes, kein einziges im dithmarsischen oder friesischen Westen; in unmittelbarer Nachwirkung des von den Zeitgenossen als ungewöhnlich schwerwiegend empfundenen Sieges von Bornhöved ward noch 1227 oder 1228 das Nonnenkloster Reinbek, Cistercienser Ordens, von Adolf IV. selbst gegründet; 1227 das Franziskaner in Hamburg, gleichfalls von Adolf IV. der heiligen Maria Magdalena geweiht, von ihm selbst als Mönch bewohnt; gleichzeitig oder wenig später die Dominikanerklöster in Lübek und in Hamburg, beide zum Dank für den Bornhöveder Sieg; die von Hadersleben, Tondern, Ripen, Schleswig, gleiches Ordens, das letztere auffallenderweise auch der von den Holsten gefeierten Siegverleiherin Maria Magdalena geweiht. Die Franziskaner erhielten schon 1225 einen Sitz in Lübek, im 4. Jahrzehnt dieses Jahrhunderts in Ripen, in Schleswig, in Tondern; 1260 erst ward das Kieler Kloster fertig. Gegen die Mitte desselben Jahrhunderts (1235) gründete Heinrich von Barmstedt das Nonnenkloster Cistercienser Ordens in Uetersen, dem er seine Burg an der Pinnau und die Hälfte des damaligen Dorfes Asseburg überliess. Heilwig, Adolfs IV. gleichgesinnte Gemahlin, vor 1247 das Nonnenkloster Harvstehude (Herwardeshuthe). Um dieselbe Zeit entstand durch Verpflanzung der Mönche aus dem gemeinsamen St. Johanniskloster in Lübek das von Cismar; zwischen 1246 und 1250 hat das wiederholt verlegte Nonnenkloster Porez seinen dauernden Platz an jetziger Stelle erhalten; 1263 das bisherige Ivenfleeter den seinigen in Itzehoe; auch das des heiligen Johannes bei Schleswig auf dem Holme muss vor 1250 gestiftet sein. Aehnlich üben in mehreren der jütischen Städte klösterliche und kirchliche Gründungen dieser Zeit Einfluss auf die Erweiterung der Ansiedelungen. Mit dem Ende des 13. Jahrhunderts sind die geistlichen Stiftungen, von vereinzelten späteren, z. B. Arensbök (1386), Meldorf (15. Jahrh.), abgesehen, in der Hauptsache zum Abschluss gekommen.

Damit hat neben Adel und Städten ein dritter, der mittelalterlichen Gesellschaft wesentlicher Stand seine Ausbildung und Festsetzung auch in den Herzogtümern erreicht.

Gemäss der Doppelnatur der katholischen Kirche als einer Heils- und Sittigungsanstalt und einer weltlichen Macht zugleich haben auch die kirchlichen Einrichtungen in den einzelnen Ländern diese zwiefache Bedeutung. Während die Bistümer, Domkapitel und Klöster als körperschaftliche Grossgrundbesitzer und reiche Pfründner eine massgebende politische wie sociale Stellung gewinnen, üben sie nicht bloss auf Sitte und Recht einen sehr sichtbaren Einfluss aus, sondern sie tragen zunächst im eigenen Interesse zur Bebauung und Ausnützung des Bodens, zur Herstellung von Schutz- und Besserungsbauten, zur Gewinnung neuer Kulturflächen, mittelbar also zum Aufblühen von Stadt und Land in sehr erheblichem Umfange bei. Ihnen vorzüglich ist auch die Gründung einer Anzahl neuer Kirchen in den letzten Jahrzehnten des 13. und den ersten des 14. Jahrhunderts zu danken, welche meist aus dem Bedürfnis kleinerer Gemeinden und näherer Kirchwege hervorgegangen sind: so hat um 1281 Albersdorf in Süder-Dithmarschen, Hohenaspe auf

Kosten von Hohenwestedt eine Kirche erhalten; 1286 wird eine Kirche in Brunsbüttel, auch in Grömitz, 1316 in Bramstedt, 1328 in Arensbök (Arnesboken = Adlernest?) erwähnt.

Im Anfang des 14. Jahrhunderts kann die Besiedelung der cimbrischen Halbinsel als wesentlich abgeschlossen gelten. Die politische Zerteilung des Landes hat sich im begreiflichen Anschluss an die natürliche Geschiedenheit der drei Abschnitte des Nordens, der Mitte und des Südens vollzogen. Zwar erstreckt sich die dänische Oberhoheit bis an die Eider. Aber infolge teils der Wichtigkeit, die Schleswig als eine Mark gegen den südlichen Nachbar hatte, teils des von Anbeginn dieser markgräflichen oder herzoglichen Stellung trotz naher und nächster Verwandtschaft sich entwickelnden Zustandes dauernder Spannung und Feindschaft zwischen den schleswigschen Herzögen und den dänischen Königen hat sich das Land südlich der tiefen Furche der Königsau mehr und mehr von dem übrigen Norden der Halbinsel gelöst und zu einem erblichen Herzogtum ausgebildet; eine Sonderung, die bald in dem aufkommenden Namen Schleswig als Bezeichnung des ganzen Landes sich kundgibt.

Jütland und Schleswig zerfallen nach alter nordischer Weise in Sysseln, die Sysseln in Harden, d. h. Hundertschaften. Sysseln gibt es nach Waldemars II. Erdbuch vom Jahre 1231 in Schleswig drei, das Barwith-, Elläm- und Istathesyssel. Ausserhalb der Sysseleinteilung stehen die friesischen Utlande, mehrere Inseln, das durch verschiedene Gegenden zerstreute Krongut, Höfe, Dörfer, Stadtteile, ganze Distrikte, die geistlichen und adeligen Besitzungen, welche letzteren in früherer Zeit ziemlich gleichmässig über das ganze Herzogtum zerstreut waren, und die Städte. In Holstein haben sich zwei „Lande“ ausgebildet: der Bauernfreistaat Dithmarschen und die Grafschaft Holstein [1]). Diese drei alten unter dem Namen Holstein vereinigten Gaue sind damals aber bereits so sehr aus einem Amtsbezirk in ein wirkliches Territorium, Land, übergegangen, dass Teilungen des Ganzen als eines väterlichen Erbgrundstücks schon seit geraumer Zeit (1273) als gewohnte Uebung galten. Dabei wird aber doch der Gedanke der Landeseinheit festgehalten: Gerhard II., der mit seinem Anteil und seinem Sitze Plön Wagrien, und Heinrich I., der mit Rendsburg das alte Holstenland darstellt, erhalten 1307 vom sächsischen Herzog Johann entgegen dem sächsischen Lehensrecht die Belehnung zur gesamten Hand. Durch ihre Vögte verwalten sie, soweit das Mittelalter überhaupt verwaltet, von den Hauptschlössern aus die unter sie gelegten Kirchspiele und begründen so bei fortgesetzter und wechselnder Teilung die bis auf unsere Zeit gebliebenen Aemter, deren

[1]) In den Urkunden des 12. und 13. Jahrhunderts wechseln die Bezeichnungen des Landes ziemlich bunt. Die Grafen nennen sich sehr oft von Holstein, Stormarn, Wagrien, und zwar auch noch in verschiedener Reihenfolge, oder Holstein und Stormarn in stehender Ordnung, am meisten aber doch, schon seit Ende des 12. Jahrhunderts, nur Grafen von Holstein (Holsatiae, Holtsatiae u. a., auch Alsatiae); die Namen Schauenburg bezw. Orlamünde treten wohl hinzu; der erstere erscheint oft auch allein; einigemal vertritt auch Wagrien die anderen Teile mit. Nordalbingien, Transalbingien meint entweder Lauenburg und Meklenburg mit oder auch Holstein allein.

Amtmänner bis in unser Jahrhundert als fürstliche Satrapen betrachtet werden mochten.

Neben den beiden Landen stehen die beiden „Städte" Hamburg und Lübek mit mehr als ebenbürtiger Macht; Hamburg gilt noch immer als eine holsteinische Stadt.

An der Ostsee erzeugt der gesteigerte Handelsverkehr der Hansa, welche um die Mitte des 14. Jahrhunderts den Höhepunkt ihrer Macht erreicht, Erweiterungen dörflicher Ansiedelungen oder Burgen zu städtisch verwalteten Ortschaften, die aber zum Teil mit dem Ausgang des Mittelalters auf ihren früheren Stand zurücksinken. 1323 wird Grube, ausdrücklich zuerst erwähnt 1232, eine Stadt lübschen Rechtes genannt. 1329 kommen Ratsherren (consules) auch in Burg auf Fehmarn vor, Grömitz (slavisch Grobenetze von grab Weissbuche), 1322 an das Kloster Cismar verkauft, mag nicht viel später städtische Verfassung bekommen haben, in deren Besitz es freilich erst 1440 erwähnt wird. 1436 hat Tönningen einen Bürgermeister, sein Stadtprivilegium ist erst von 1590. Heide, 1404 noch ein kleines Dorf, nimmt seit dem Beschlusse der 8 nördlichen Kirchspiele vom 3. Februar 1447, auf Grundlage eines Landrechts ein oberstes Landesgericht zur Unterdrückung jeglicher Fehde herzustellen — zu welchem Gedanken das deutsche Reich sich erst 1495 erhob — und dasselbe an dem Punkte, wo die drei Döfte, denen sie angehörten, sich berührten, an dem Schneidepunkte der nordsüdlichen Längenstrasse und des ostwestlichen Querweges, „up der Heide" zu errichten, „die Heide" also, wie der Dithmarscher bis heute richtig sagt, nimmt als Sitz des Landesgerichts durch den hinzutretenden Marktverkehr, dessen frühere Bedeutung noch heute durch den ungewöhnlich grossen Marktplatz bezeugt wird, rasch einen solchen Aufschwung, dass es bald, obwohl immer nur noch ein Flecken, die alte Landeshauptstadt überholte. 1448 trennte sich der zuerst 1252 als Husenbro erscheinende Ort Husum oder Husen als eigenes Kirchspiel von Mildstedt ab und ward 1465 zur Stadt erhoben.

Während dieser anderthalb Jahrhunderte waren in dem Verhältnis der deutschen Grafschaft Holstein und des dänischen Herzogtums Schleswig bedeutsame Veränderungen vorgegangen. Obwohl die Teilungen des Territoriums unter die jedesmaligen Söhne fortdauerten, wie sie seit 1273 in Holstein Sitte geworden waren und zum Hervortreten bald zweier, bald mehrerer fürstlicher Linien geführt hatten, als deren Sitze Itzehoe, Rendsburg, Kiel, Plön, Segeberg in wechselnder Weise erscheinen, weiss doch 1326 der Rendsburger Graf Geert der Grosse durch kluge und kräftige Benutzung seiner Verwandtschaft mit dem schleswigschen Herzogshause und der damaligen politischen Lage in Dänemark die Belehnung mit dem Herzogtum Süderjütland d. h. Schleswig zu erlangen. Deutsche Ritter, vorwiegend aus den damals mächtigen Geschlechtern des holsteinischen Adels, setzen sich besonders in der südlichen Hälfte des Oststreifens fest, verdrängen die dänische Sprache und öffnen deutschem Wesen das einst so gut deutsche, aber seit der Völkerwanderung fast danisierte Land. Geert bleibt der erste Erwerber dieses Landes für Deutschland. Seine Söhne hielten trotz manchen Wechsels der Lage den väterlichen Anspruch fest. Klaus erwarb am 60. Jahrestage der ersten Belehnung das Herzogtum, das im Jahre von Geerts Ermordung durch Niels Ebbesen 1340 zum erstenmale mit deutscher Bezeichnung als Schleswig vorkommt, aufs neue als ein zwar dänisches, aber im Gesamthause der Holsten Grafen erbliches Fahnenlehen. Und als nun aus einem 30jährigen Kriege das Grafenhaus siegreich hervorgegangen war und 1440 Graf Adolf VIII., Klaus' einziger überlebender Enkel, zu Kolding das dänische Fahnenlehen Schleswig in bündigster und feierlichster Weise zum drittenmale dem deutschen Fürstenhause erworben hatte, schien es für immer unangefochten im deutschen Besitze bleiben und einer baldigen Germanisierung entgegengehen zu müssen.

8. Aber die Gegenwirkung blieb nicht aus. Der „Rat des Landes" bot 1460, um nach dem Aussterben der holsteinischen Schauenburger einer Trennung der Lande durch Erbgang vorzubeugen, dem Dänenkönig Christian I. aus dem Oldenburger Grafenhause die Hand, nicht bloss Schleswig zurück-, sondern auch Holstein dazu zu gewinnen, immerhin unter der feierlichsten Gewähr einer reinen Personalunion der „auf ewig ungeteilten" beiden Lande mit dem Königreich Dänemark. Schon unter Christians Sohn Johann I. beginnen trotz der Privilegien die Teilungen wieder und zerlegen, ohne die Einheit des Landes anzutasten, jedes der beiden Territorien in vielfach wechselnder Weise in eine Anzahl gesonderter Gruppen von Aemtern, die nur vom Gesichtspunkt der Ausgleichung an Einkünften gemacht zu sein scheinen und bunt durch beide Herzogtümer zerstreut liegen. Als die Reformation die grosse Menge geistlichen Gutes zu einem bedeutenden Teile herrenlos machte und der „Welt" überwies, griffen Fürsten und Ritterschaft um die Wette zu. Die schleswig-holsteinischen Ritter, mächtig durch den Besitz bedeutenden Grund und Bodens, der Landstandschaft und gewisser Hoheitsrechte über ihre Unterthanen, retteten für ihre Körperschaft die vier wohl ausgestatteten Klöster Schleswig, Preetz, Itzehoe und Uetersen. Die übrigen Klöster verwandelten sich meist in fürstliche Schlösser, ihre Besitzungen in fürstliche Aemter, die nunmehr eine erhebliche Quote der fürstlichen Landesanteile bilden. 1559 gelingt es endlich auch der verbündeten Fürstengewalt, erstarkt wie sie infolge der Reformation überall war, das freie Dithmarschen zu unterwerfen und aufzuteilen.

Gegen das Ende des 16. Jahrhunderts beginnen sich die mehreren Teile auf zwei Hauptteile abzurunden, einen königlich dänischen und einen herzoglich gottorpischen, neben denen noch die kleinen Gebiete der sogen. abgeteilten Herren, eine Art privater Fürstentümer, stehen und auch die Besitzungen von Prälaten und Ritterschaft als gemeinsamer Anteil für sich verwaltet werden. Die Herrschaft Pinneberg, ein Besitz der Stammlinie an der Weser, die freie Reichsstadt Lübeck stehen aussen vor. Hamburg konnte noch immer die förmliche Anerkennung einer gleichen Stellung nicht durchsetzen. Der Bischof oder Administrator des Stiftes Lübeck suchte gleichfalls und mit wachsendem Erfolge seine Zugehörigkeit zum Lande Holstein zu lösen. Die mehreren Fürstenschlösser zu Hadersleben, Norburg, Augustenburg, Glücksburg, Gottorp, Plön, Eutin, Reinfeld, die freilich nur kurz bestehende Reichsgrafschaft Rantzau, gebildet aus dem kleineren Anteil von Pinneberg, endlich das reichsritterschaftliche Gut Wellingbüttel, „terre appartenante au baron de Kurtzrock et immédiatement soumise à l'Empire d'Allemagne", wie der Grenzpfahl den biedern Holsten meldete, spiegeln den deutschen Partikularismus im engen Rahmen eines Territoriums in bezeichnender Weise wieder.

Jene scheinbare Vereinfachung der Zersplitterung beider Lande durch eine Zweiherrschaft musste über kurz oder lang zu der unvermeidlichen Entzweiung zwischen zwei an Macht so ungleichen Genossen führen, die obendrein gemäss dem allgemeinen Zuge der Zeit auf Stärkung und Unumschränktheit der fürstlichen Gewalt eifrig bedacht waren.

Unter diesen Verhältnissen erwuchsen am Ende des 16. und im Laufe des 17. Jahrhunderts eine Anzahl neuer städtischer Gründungen teils im königlichen, teils im fürstlichen Gebiete. 1582 liess Hans der Jüngere in dem eben erhaltenen Anteil das alte Rydekloster abbrechen und ein Schloss, Glücksburg, in dem schönen Waldsee, den einst die Mönche zu finden gewusst hatten, erbauen, um welches sich dann der freundliche Flecken erhob. Derselbe erbaute 1599—1604 nahe dem niedergerissenen Kloster zu Reinfeld ein festes Schloss mit Wasserkünsten und schönen Gärten, das 1772 wieder verschwunden ist und 1899 ein stattliches Schulhaus zum Nachfolger erhalten hat.

Im Jahre 1616 legte Christian IV. von Dänemark in seinem Anteil an Holstein, nach vorangegangener Eindeichung der Bülowschen und Blomeschen Wildnis, am nördlichen Ufer des Rhins, da wo er in die Elbe mündet, „zur merklichen und ansehnlichen Verbesserung Unseres Fürstentums Holstein", wie es in der Gründungsurkunde vom 22. März 1617 heisst, auch „zu mehrerer Sekurität", wie sein Sohn Friedrich in der Bestätigung der städtischen Privilegien sagt, vornehmlich aber wohl aus Handelseifersucht gegen das damals noch schauenburgische, eben aufkommende Altona und gegen das blühende, stets unbotmässige Hamburg, eine Stadt an, die er Glückstadt nannte, mit dem lübschen Rechte, genau so wie es Wilster hatte, und in den zwanziger Jahren noch mit weiteren Privilegien ausstattete, allen Religionsbekenntnissen öffnete, endlich auch zu einer unverächtlichen Festung und zum Sitz der holsteinischen Regierungskanzlei erhob. Die Stadtgemeinde konstituierte sich 1620 mit einem Magistrat von zwei ernannten Bürgermeistern, zwei Ratsherren, einem Stadtsekretär und einem Deputiertenkollegium von acht Männern, in welchem alle drei „Nationen", Hochdeutsche, Niederländer, Portugiesen (Lutheraner, Reformierte, Juden), vertreten sein sollten. „Gouverneur" der „Stadt und Feste Glückstadt" war der Amtmann von Steinburg. 1620 folgte der wissenschaftlich angeregte und mit den Besserungsbestrebungen seines königlichen Kollegen wetteifernde Herzog von Gottorp Friedrich III. dessen Beispiel und stellte am 21. Oktober eine Urkunde aus, in welcher er, um seine Lande „zu Wohlfahrt und geschwindem Zunehmen zu bringen", denjenigen Personen „remonstrantischer Konfession", welche, wie er berichtet sei, „andere Wohnungen suchen" und auch wohl in „seine Fürstentümer und Gebiete" kommen wollten, „um sich häuslich niederzulassen, ihre Religion in Freiheit zu beleben und ihre negotia und

Handel zu betreiben", „sichern Distrikt zur Wohnung an dem Eiderstrom, an und rund herum den drei Schleusen oder der neuen Fähre vergönnte und anwies". Die Remonstranten sollten die Regierung der Stadt und exercitium publicum ihrer Religion haben, wie auch die Einwohner augsburgischer Konfession. Diese Regierung sollte zu einem Drittel aus fürstlicher Ernennung, zu zwei Dritteln aus Kooptation der ernannten hervorgehen. Den fürstlichen „Statthalter" ernannte der Fürst, aber aus der „niederländischen Nation". Ausserdem ward der Stadt Freiheit von Einquartierung und auf 20 Jahre auch von Steuern und Zöllen gewährt. Durch eine Urkunde vom 13. Februar 1623 wurde den „Mennonisten" „gnädig gewilligt und fürstlich versprochen", sich „ungehindert, sicher und köhnlich in Unsre Friedrichstadt zu wohnen begeben" zu dürfen und „jeder Unseren andern zu Friedrichstadt gesessenen Bürgern und Einwohnern gegebenen Privilegien genusshaft" sein zu sollen, ohne zu Leistung von Eiden, Uebernahme von publica officia oder Gebrauch von Wehr und Waffen verpflichtet zu sein. 1624, 25. Februar, erging eine ähnliche „Konzession" zu Gunsten der katholischen Gemeinde, da Friedrichstadt vor allem auf den Handel mit den „regnis Hispaniarum et ditionibus Belgicis" angewiesen sei. Weitere ergänzende Erlasse folgten nach, unter anderen 1706 einer für die Quäker. Das Stadtrecht, eine für alle Verhältnisse bis ins einzelne ausgeführte Arbeit, 562 Seiten im corpus statutorum Slesvicensium, deutsch und holländisch wie die Stiftungsurkunde, zeigt uns inmitten eines unumschränkt regierten Fürstentums das bemerkenswerte Bild einer völligen städtischen Selbstverwaltung.

Die neue Anlage dehnt sich als ein rechtseitiges Viereck zwischen der Eider und dem untersten aufgestauten Ende der Treene aus, die in zwei Haupt- und mehreren Seitensträngen durch die Stadt in den Hauptfluss geleitet wird; mit diesen ihren „Grachten", ihren baumbesetzten geraden Strassen, der Form ihrer Bürgersteige bis heute eine völlig holländische Stadt. Die bald an diesen Westseehafen geknüpften Pläne, den persischen Seidenhandel nach Kiel und von da auf gottorpischen Strassen über Friedrichstadt in den westlichen Ocean zu leiten, zu welchem Zwecke eine für gottorpische Verhältnisse grossartige Expedition nach Persien gesandt wurde, haben sich nicht verwirklicht. Wie bei Glückstadt zeigte sich hier der fürstliche Wille doch der Macht der Verhältnisse gegenüber ohnmächtig. Auch die königliche Schöpfung Friedrichs III. auf Bersodde am Kleinen Belt, begründet durch einen Freibrief vom 15. Dezember 1650, Fridericia, zunächst bestimmt zu einer wirksamen Zuflucht- und Flankenstellung auf jütischem Boden, wie Alsen es war auf schleswigschem, hat den weitergehenden Hoffnungen seines Gründers, trotz späterer Freibriefe, besonders Christians V. 1682, nicht entsprochen.

Dagegen kam durch die seiner Oertlichkeit innewohnende Gewalt dicht an der westlichen Grenze Hamburgs, dem jetzigen Dek oder Stadtgraben, vormaligen Altenaa oder Altenau, ein Platz immer wieder empor, der, im Anfang des 14. Jahrhunderts abgebrannt, gegen die Mitte des 16. Jahrhunderts unter dem Namen Altona wieder erscheint, 1547 aufs neue durch Feuer zerstört, trotz der Gegenwirkungen der Hamburger bald auch wieder ersteht und seit 1601 allen Religionsgenossen geöffnet, 1616 bereits als Städtlein bezeichnet wird. 1640 ward durch Aussterben der schauenburgischen Stammlinie die Herrschaft Pinneberg, zu welcher der Ort gehörte, erledigt. Der königliche Mitherzog ging mit dem Löwenanteil davon; zu ihm gehörte Altona. 1640, 23. August, verlieh König Friedrich III. dem von der Herrschaft eximierten, vielversprechenden Ort sein erstes Stadtprivilegium, dem weitere Vergünstigungen folgten. Durch die aller Gegenbemühungen spottende Bedeutung seiner Lage, die Nähe des damals in vollem Aufblühen begriffenen Hamburgs, den Zuzug reicher und geschäftstüchtiger Fremden, namentlich portugiesischer Juden und holländischer Remonstranten, gewann diese Stadt in wenig Jahrzehnten einen Wohlstand und eine Volksmenge, denen auch die wiederholten Brandschatzungen im nordischen Kriege, die Feuersbrunst vom Jahre 1711 und die berüchtigte Verheerung 1713 durch den schwedischen General Steenbock nichts anhaben konnten.

Durch Altona musste das bereits 1310 erwähnte, 1548 zu einem eigenen Kirchorte erhobene Ottensen, dem bis 1649 Altona eingepfarrt war, als Vorstadt je länger desto mehr mit gehoben werden. Auch Pinneberg (Bynnenberghe), ursprünglich nur ein festes, im 30jährigen Kriege nicht unbedeutendes Schloss, das 1720 abgebrochen ward, scheint durch Altonas Emporkommen und durch das Bedürfnis einer kürzeren Verbindung Altonas mit Elmshorn geweckt zu sein, hat aber Fleckensgerechtigkeit erst 1826 erhalten.

Nach entgegengesetzter Richtung wuchs unter gleicher Einwirkung das ursprüngliche Dorf, dann Schloss, das im Jahr 1634 erst zu einem Kirchorte erhobene, damals aber auch als Freistadt für Juden gesuchte Wandsbeck (richtiger Wansbek) an der Wanse, mit seinem grossen Nachbar empor.

Bredstedt wiederum, ein alter Ort und schon 1510 als Flecken bezeichnet, hat sich trotz der von Christian IV. 1632—1633 und Friedrich III. 1654 erhaltenen Vergünstigungen und Privilegien aus seiner örtlichen Bedeutung heraus nicht zu erheben vermocht.

Derselben Zeit und zwar der Regierung Friedrichs III. gehört auch Friedrichsort an. Ursprünglich legte zur Ueberwachung seines herzoglichen Mitfürsten von Schleswig-Holstein Christian IV. 1632 auf Priesort, d. h. auf der zur Feldmark des Dorfes Pries gehörenden Spitze, die den innern Kieler Meerbusen schliesst, eine Festung an, die er Christianspries nannte, 1644 aber schon von Torstenson eingenommen sehen musste. Sein Nachfolger Friedrich III. liess die Festung 1648 schleifen, später aber (1663) auf der jetzigen Stelle, etwa 250 m von der früheren entfernt, die durch den Kirchhof bezeichnet ist, wieder herstellen und nannte sie nunmehr Friedrichsort. Dass dieselbe je nach den wechselnden Königen bis zur Regierung Friedrichs V., d. h. also bis in die Mitte des 18. Jahrhunderts bald Friedrichsort, bald Christianspries genannt worden ist, mag als Unicum und als bemerkenswertes Zeichen der absolutistischen Zeitströmung eine Bemerkung verdienen.

Auch die gottorpische Regierung setzte ihre Bestrebungen zur Hebung des Landes nach dem Sinne und Geiste der Zeit und den geltenden Auffassungen von fürstlicher Machtvollkommenheit fort. Im

Jahre 1634 hatte eine der furchtbarsten Fluten, deren die Ueberlieferung gedenkt, in einer einzigen Nacht nicht bloss viele Tausende von Menschen und Vieh, sondern auch die ganze reich angebaute, 3 Meilen lange, 2 Meilen breite Insel Nordstrand in ihren Wellen begraben. Die kleinere Hälfte derselben tauchte wieder auf, aber in zwei voneinander gerissenen Stücken: das westliche, Pellworm, wurde in den nächsten Jahren von den verarmten Einwohnern durch neue Deiche notdürftig geschützt. Das östliche aber blieb einige Jahrzehnte hindurch unbedeicht; und nun ward eine Massregel verhängt von unglaublicher Ungerechtigkeit und Tyrannei: der Herzog Friedrich überwies die Insel durch Octroi vom 16. Juli 1652 an eine holländische Gesellschaft, welche die Mittel hatte, die Eindeichung und Sicherung der Insel durchzuführen, und freie Religionsübung für Katholiken wie Reformierte, sowie unabhängige Gemeindeverwaltung zugestanden erhielt. Ohne einen Groschen Entschädigung wurden die vom Schicksal schon so schwer Heimgesuchten von Haus und Hof getrieben. Der Thränenstrom, mit dem die Gemeinde die Ankündigung von der Kanzel aufnahm, stellte die Summe ihres Widerstandes dar. Der schleswig-holsteinische Westen aber hatte wieder einmal seine uralte Beziehung zu dem ganzen niederdeutschen Küstenlande bewährt, die bis auf den heutigen Tag einen leisen Strom der Wanderung her wie hin fortgenährt hat.

Um dieselbe Zeit suchten die Gottorper ihre Gebiete durch Festungsbauten zu sichern und legten namentlich in Tönningen, das erst 1590 unter Johann Adolf städtische Verfassung erhalten hatte, 1644 mit einem unverhältnismässigen Kostenaufwand eine starke Festung an, welche jedoch die nicht mehr allzu ferne Vergewaltigung durch den übermächtigen Mitherzog zu verhindern nicht imstande war.

Anderer, obwohl zum Teil doch wieder verwandter Art und in unserm Lande einzig dastehend, eine rechte Kolonie und Stätte der Freiheit, ist die kleine Schleistadt Arnis.

Gequält und bedrängt von der Gutsherrschaft des benachbarten Roest, welche Hoheitsrechte über das ursprüngliche Fischerdorf Kappeln (genannt von einer St. Nikolauskapelle) gegenüber dem Schleswiger Domkapitel behauptet und durchgesetzt hatte [1]) und welche damals, wie es scheint, mit mehr als gewöhnlicher Willkür Eigentum, soweit es vorhanden sein konnte, Freiheit und Leben bedrohte und antastete, gaben 64 Kappeler Familienväter — über 30 waren zurückgetreten — mit mutigem Entschlusse Haus und Herd auf, um am 11. Mai 1667 „mit gebogenem Knie und mit aufgereckten Fingern unter blauem Himmel“ [2]) dem Herzog Christian Albrecht den Huldigungseid zu leisten und auf der von demselben überlassenen damaligen Insel Arnis eine neue Heimat zu gründen, welche die Mittel ihres Unterhalts einzig und allein in Fischfang und Schiffahrt zu gewinnen angewiesen war und gewonnen hat, bis die Lostrennung von Dänemark die Quellen ihres bescheidenen Wohlstandes abschnitt.

[1]) Erst 1807 hat die Regierung den Flecken für 136000 Mark vom Gute Roest frei gekauft.

[2]) Vgl. den interessanten Bericht des Pastors Scholz im N. Staatsb. Magazin III, 723 ff.

Im 18. Jahrhundert kommen einige Orte zu Flecken empor, einer wird neu gegründet.

Wyk auf Föhr, bis ins 17. Jahrhundert ein kleines Fischerdorf, 1634 von heimatlos gewordenen Bewohnern der durch die grosse Flut zerstörten Gebiete angebaut, erhielt 1706 von Herzog Christian August Lostrennung von der Landschaft und eigene Gerichtsbarkeit. Ebenso ward Barmstedt, dieser alte Adelssitz einer einst mächtigen Familie, 1737 mit Fleckensgerechtigkeit ausgestattet.

Im Jahre 1771 erwarben die mährischen Brüder von der dänischen Regierung unter Christian VII. zur Zeit der Struenseeschen Verwaltung die Erlaubnis, im Amte Hadersleben eine Niederlassung zu erbauen, und legten am 1. April 1773 den Grundstein des ersten Hauses. Der völlig regelmässig angelegte Ort Christiansfeld, mit Befreiung von Einquartierung wie Kriegsdienst und Freiheit zu jedem Gewerbebetrieb ausgestattet, blühte bald zu jenem lieblichen Städtchen empor, das den aus Jütland Herkommenden durch den freundlichen Schmuck seiner Gärten und die Ordnung und Sauberkeit eines ganzen Aeussern mit so wohlthuender Ueberraschung anmutet.

Dasselbe Jahr, das die letzte grössere Neusiedlung in unserm Lande entstehen sah, ist auch das, wo eine bedeutsame Bewegung auf politischem Gebiete zu ihrem Abschluss gelangte.

Das Erstarken der Fürstenmacht hatte mit Notwendigkeit das Bestreben nach Vergrösserung und Abrundung des Gebiets erzeugt. Eine Zersplitterung des Bodens, wie sie die Doppelherrschaft zweier regierender Herzöge in zwei gesonderten und einem gemeinschaftlichen Anteil und daneben noch mehrerer „abgeteilter Herren" herbeigeführt hatte, musste den allmählich steigenden Ansprüchen an eine geordnete Verwaltung gegenüber unhaltbar erscheinen. 1640 hatte der königliche Herzog den grössten Teil der Herrschaft Pinneberg an sich gebracht, 1721 gelang es ihm, den herzoglichen Mitfürsten zunächst nur thatsächlich aus Schleswig zu verdrängen, 1726 vereinigte er die aus dem kleineren Anteil an der Herrschaft Pinneberg hervorgegangene Reichsgrafschaft Rantzau, dann die Herrschaft Norburg, das glücksburgische Arröe, das „abgeteilte" Herzogtum Plön, endlich 1773 den ganzen damals sogen. grossfürstlichen Anteil an Holstein mit dem königlichen, so dass 1779 nur noch das kleine Fürstentum Glücksburg zu erwerben war, um endlich wieder einmal ein ungeteiltes Schleswig-Holstein herzustellen, aus dessen Verbande freilich durch Verzicht die Stadt Hamburg, als Reichsstadt schon 1471 in der Matrikel geführt und thatsächlich bestehend und blühend, immer aber noch in einem unklaren Verhältnis zum Lande Holstein, 1768 ausdrücklich entlassen worden war. Auch das Stift Lübek hatte sich seit dem 17. Jahrhundert der holsteinischen Staatshoheit thatsächlich ganz entledigt und ward 1803 als säkularisiertes Fürstentum Eutin oder Lübek der im Besitz befindlichen jüngeren gottorpischen Linie belassen, 1823 mit dem Herzogtum Oldenburg in einer Hand vereinigt. 1815 war das seit 1689 hannöverische kleine Fürstentum Lauenburg unter dänische Hoheit gekommen, also mit dem Lande vereinigt, zu dem es jedenfalls geographisch am nächsten gehört. Immer blieben aber noch auf so engem Raum vier verschiedene Staatshoheiten nebeneinander bestehen: die dänisch-schleswig-holsteinische, die hamburgische, die lübekische und die oldenburgische. Obendrein waren die Gebiete der letzteren drei Staaten in mehrere Parzellen zersplittert; die eutinischen wurden erst durch den Vertrag von 1842 mit Dänemark auf zwei Hauptgruppen abgerundet; lübisch ausser dem geschlossenen Kern um die Stadt waren 9 kleine Flecke innerhalb des holsteinischen, lauenburgischen und strelitzischen Gebiets, hamburgisch ausser dem Stamm 4 innerhalb des alten Stormarn, will sagen 11 Quadratmeilen in 15 Fetzen zerrissen. Auch an gemeinschaftlichem Besitz Hamburgs und Lübeks, Amt Bergedorf, fehlte es nicht. In Schleswig gab es eine Reihe dänischer Umschlossenheiten; Ueberreste mittelalterlicher Kindlichkeit des staatlichen Lebens, welche die letzte Neuordnung der Dinge für die hanseatischen Enklaven zu beseitigen noch keine Zeit gefunden, immerhin auch kein so dringliches Interesse mehr gehabt hat.

9. Diese neue Zeit beginnt für unsere Halbinsel, wie auf politischem so auf volkswirtschaftlichem und Verkehrsgebiet, mit dem Jahre der Julirevolution. Wie urzeitlich bis weit in unser Jahrhundert hinein die Strassen und die Mittel des Landverkehrs waren, möge zur besseren Würdigung der ungewöhnlichen Fortschritte des letzten halben Jahrhunderts hier in kurze Erinnerung gebracht werden [1]). Den Grund zum Postwesen als einer staatlichen Einrichtung legte Christian IV. durch zwei Verordnungen vom Jahre 1624. Unter den sieben Postrouten, welche 1625 in Dänemark bestanden, ist auch die von Kopenhagen nach Hamburg über Middelfart und Kolding. Friedrich III. richtete auf derselben Route, aber über Assens und Hadersleben, eine wöchentlich zweimalige, reitende Briefpost ein, welche den Weg in dreimal 24 Stunden zurücklegte und eine wöchentlich einmalige Fahrpost über Kolding für Personen, Gelder und Güter, nicht für Briefe. Christian V. ordnete auf dieser Grundlage den Verkehr 1694, so wie er bis 1830 unverändert bestanden hat; nur von Hamburg besorgten die Kopenhagener Kaufleute auf eigene Rechnung sich briefliche Nachrichten noch zweimal wöchentlich mehr. Von Hadersleben setzte sich die Route teils westlich nach Ringkjöping, teils nördlich nach Aalborg fort. Christian V. setzte auch bereits die oben charakterisierte Längenzweigstrasse von Rendsburg auf Lübek, sowie die zwischen Hamburg-Glückstadt und Glückstadt-Itzehoe in Betrieb. Friedrich IV. zog (1720) Heide, Husum, Tondern und benachbarte grössere Orte mit hinein. Eine tägliche und an einigen Tagen selbst doppelte und dreifache Verbindung fand im 18. Jahrhundert allein zwischen Lübek und Hamburg statt. Der dänische Staat unterhielt seit 1777 einen reitenden Boten wöchentlich zweimal, die Städte daneben einen gleichen täglich und gleichfalls täglich, seit 1802 nur dreimal wöchentlich eine Fahrpost. Zwischen Kiel und Altona bewegte sich bis 1832 eine „Diligence“ wöchentlich einmal in 24 Stunden und darüber. In Meldorf,

[1]) Vgl. Uebersicht über den Postengang etc. Bericht an den Finanzminister vom Generalpostdirektor 1862. — Systematische Sammlung der für die Herzogtümer Schleswig und Holstein erlassenen ... Verordnungen und Verfügungen, Bd. VIII.

der alten Hauptstadt des abgelegenen Dithmarschens, wohin 1720 eine Fahrpost über Itzehoe von Hamburg in Gang gesetzt zu sein scheint, jedenfalls aber nicht auf die Dauer, pflegte die Ankunft des Omnibus von Wrist noch bis in die Mitte dieses Jahrhunderts jedesmal von einer ansehnlichen Menge Teilnehmender begrüsst zu werden. In Briefverkehr durch reitende Boten stand es mit den verschiedenen Richtungen an verschiedenen Wochentagen, an denen die Ablieferung nur zu genau bemessenen Tagesstunden angenommen wurde. Ein Ort von der Entlegenheit wie Lemwig (etwa 1400 Einw.) konnte Pakete nur viermal im Jahre entsenden und empfangen.

Zur Besorgung des auf diesen Strassen sich bewegenden Verkehrs genügten im Jahre 1625 im Königreich Dänemark 36 Poststationen, deren Zahl erst 1801 auf 82, darunter 15 in Schleswig, 24 in Holstein, 3 in Eutin, Lübek, Hamburg, 1833 auf 127 sich gehoben hatte. Die Kosten eines Briefes beliefen sich nach den Verordnungen von 1734 und 1779, je nach den Entfernungen innerhalb Elbe und Königsau, von 1—6 Schilling, 7½—45 Pf.; 4 Schilling, 30 Pf. kosteten 14—21 Meilen noch nach der Taxe von 1818, so dass ein Brief von Wandsbeck nach Säby zu 38 Rbs. d. h. ungefähr 90 Pf. angesetzt ist. Entsprechend waren die Preise der Personenbeförderung. Ein Reisender bezahlt, so beginnt die Verordnung vom 9. Dezember 1836, vom 1. Januar 1837 an: 1. an Postgeld beim Einschreiben (in den Herzogtümern) 22⅔ Rbs. Silber (keine „Zeichen“!), 2. an Trinkgeld für den Postillon auf jeder Station 13 Rbs., 3. Einschreibegebühr und Wägegeld 13 Rbs., 4. Litzenbrudergeld 13 Rbs., 5. Litzenbrudergeld unterwegs beim Pferdewechsel 6 Rbs.; so dass die erste Meile auf circa 20 Schilling „lübsch“, d. h. auf M. 1,50 zu stehen kam. Dafür hatte dann der Reisende nach einem Cirkular vom 29. August 1789 auch einen Stuhl mit Lehnen hinten und seitwärts und wenigstens auch ein leinenes Strohkissen, vor allem einen haltbaren Wagen zu beanspruchen. Eine Extrapost, auf der man für einen erheblichen Zuschlag, 8 Schilling die Meile, seit 1835 4 Schilling, einen sogen. Chaisenstuhl haben konnte, gab es nur noch in den belebtesten Plätzen; in Kiel z. B. erst seit 1813. Die Wege, namentlich in dem schweren Lehmboden Ostholsteins und vollends in der Marsch, waren im Winter teils gar nicht, teils nur mit äusserster Anstrengung und selbst nicht ohne Gefahr zu passieren. Wer von Schleswig etwa eine Winterreise nach Hamburg unternahm, pflegte vorher zum Abendmahl zu gehen. Berüchtigt war, auffallend genug, besonders die belebteste Landstrasse, zwischen Hamburg und Lübek. Auf den Heiden, wo in Ermangelung eines Wegekörpers oder einschliessender Knicke im Osten, begleitender Gräben im Westen jeder sich seine Wagenspur selbst wählte und oft 5—10 und mehr nebeneinander zu Gebote standen, lag die Möglichkeit des Verirrens, zumal bei Schnee, so nahe, dass streckenweise die Richtung durch Pfähle bezeichnet war und bei Bau- und Bommerlund Leuchtfeuer (1790) nötig befunden wurden. Als im Jahre 1849 die gemeinsame Regierung von Itzehoe nach Meldorf eine tägliche Eilpost in Betrieb setzte, gehörte, zumal auf der berüchtigten Strecke des Schweinemoors, jenen „pontes longi“ der Hemmingstedter Schlacht, das Umwerfen zu den allnächtlichen Vorkommnissen [1]). Dabei fehlte es an Wegeordnungen, welche Erhaltung und Besserung der Fahrstrassen bei grossen Geldstrafen den Anliegern einschärften, seit mindestens 1711 nicht. Neubauten von einiger Bedeutung gehörten kaum in den Gesichtskreis der Zeit.

Lebhafter ist zu allen Zeiten zwischen den Küstenstädten der Verkehr zur See gewesen, namentlich einerseits mit den dänischen Landesteilen und den gesamten Ostseeküsten, andererseits der auf der Nordsee durch weit überwiegende Vermittlung Hamburgs mit England und Amerika und der ganzen Welt.

Mit dem 1. Juni 1832 beginnt für den Verkehr und zwar namentlich zu Lande auf der cimbrischen Halbinsel eine neue Zeit, die eines planmässigen Kunststrassenbaues. „Vom 1. Juni," so kündigt das Kieler Korrespondenzblatt, selbst ein Wetterzeichen des kommenden Frühlings, welches das Land „mit sich selbst in Korrespondenz zu setzen" gegründet war, mit bewusster Genugthuung an, „wird täglich . . . eine Diligence nach Altona abgehn und täglich eine ankommen. . . Zu gleicher Zeit wird mit der Diligence eine Briefpost verbunden, so dass man künftig" — es schien einer eigenen Versicherung zu bedürfen — „täglich nach Hamburg, Altona und dem Auslande Briefe absenden und Briefe von dort empfangen kann."

Die erste Chaussee des Landes war in den Jahren 1830 und 1831 fertig geworden, die von Kiel nach Altona.

1844 schon ward sie durch eine Eisenbahn überholt. König Christians VIII. Ostseebahn, am 18. September, seinem Geburtstage, eröffnet, der sich 1845 die Rendsburg-Neumünstersche und Glückstadt-Elmshorner, 1854 die infolge der dänischen Politik unglaublich verfehlte Ohrstedt-Rendsburger, eine Zweigbahn der Flensburg-Husum-Tönninger anschlossen. Hatte nämlich die Kiel-Altonaer schon aus Besorgnis ungenügenden Ertrages von Neumünster an statt der geraden südlichen Richtung eine sehr beträchtliche Ausbiegung nach Westen gemacht, um den Verkehr der beiden von Itzehoe an vereinigten cimbrischen Nord-Süd-Strassen zu fassen, so wurde vollends die gemeinsame Nord-Süd-Strasse der Ostküste, die zunächst auch nur von Flensburg an gewagt wurde, aus politischer Berechnung nach dem damals regierenden eiderdänischen System nicht gerade auf Schleswig-Rendsburg, sondern auf Husum gebaut und so der Nord-Süd-Verkehr zu dem unglaublichen Umwege über Ohrstedt, etwa eine Meile von Husum, gezwungen, dabei obendrein die schlechtgesinnte Stadt Schleswig weit abseits liegen gelassen; Fehler kurzsichtiger Parteiwut, die 1869 unter neuen Kosten gebessert werden mussten.

So von einem ersten Irrtum ausgehend hat das gegenwärtige Eisenbahnnetz der ganzen Halbinsel eine von der natürlich gegebenen vielfach verschobene Gestalt angenommen.

Die grosse Nord-Süd-Strasse, so gewiesen wie nur möglich, macht schon in Jütland, am meisten in Holstein begriffswidrige Zickzackbewegungen, an denen die Kiel-Altonaer, ein Stück der Kopenhagen-

---

[1]) Auch in anderen europäischen Staaten sah es nicht viel besser aus. Von Edinburg nach London und zurück rechnete man 12—16 Tage; es galt für ratsam, sein Testament zu machen. Vgl. Jansen: Uwe Jens Lornsen. Kiel 1872.

Altonaer Linie teilnimmt. Dieser Fehler hat neuerdings (1884) die Bahn Kaltenkirchen-Altona nach sich gezogen, eine Sekundärbahn, welche die geforderte Ergänzung Kaltenkirchen-Neumünster aussichtslos macht. Die Längenstrasse der Westküste, die von Rechts wegen mit einer Zweigbahn Elmshorn-Itzehoe hätte begonnen werden sollen, ward durch die zuvorkommende Zweigbahn Elmshorn-Glückstadt verdorben, an welche sich nun Itzehoe-Glückstadt anzuschliessen passend fand. Erst 1878 ward sie bis Heide, erst in diesen Tagen wird sie bis Ripen fortgeführt. Die Hauptquerstrasse, Lübek-Hamburg, ward erst nach Beseitigung der dänischen Landeshoheit (1865) möglich. Die oben erwähnten Gabelungen der herrschenden Längenbahn, von Flensburg durch Angeln auf Eckernförde und Kiel, die von Schleswig mit Ausnahme der Strecke Schleswig-Eckernförde, die von Neumünster auf Lübek, auch auf Oldenburg sind hergestellt; die von Rendsburg auf Kiel wird neuerdings vorbereitet. Die Lübek-dithmarsische Querstrasse ist in der Richtung Oldesloe-Neumünster-Heide wieder erstanden. Die Querbahn Schleswig-Husum, wenn auch auf einem Umwege, der eine Querbahn Rendsburg-Husum nach sich ziehen wird, ferner die von Flensburg auf Tondern, wieder auf einem Umwege, die von Kolding nach Ripen und nach Esbjerg, die durch die grösste Breite Jütlands von Grenaae über Randers nach Viborg und nach Holstebro, endlich die südlichste, die von Lübek nach Lauenburg, sind vorhanden. Ganz verschoben sind die natürlich gegebenen Schenkel der beiden Küstenstrassen auf der ostholsteinischen Halbinsel: statt der beiden Linien Kiel-Lütkenburg-Oldenburg und Oldenburg-Neustadt-Lübek mit einer Grundlinie Kiel-Plön-Ahrensbök oder Eutin-Lübek dreht sich eine Schlangenlinie von Kiel über Aschberg, Plön, Eutin, Neustadt nach Oldenburg und eine Zickzacklinie von Lübek über Eutin und Neustadt nach Oldenburg.

Es ist zu erwarten, dass das cimbrische Eisenbahnnetz unter weiterer Entwicklung der Verkehrs- und Ansiedlungsverhältnisse, die seit 1863 begonnen hat, noch erhebliche Aenderungen und Berichtigungen zu erleiden haben wird. (Vgl. S. 555.)

Denn 1863 hatte dem dänischen Wahn und Hohn gegen Deutschland die Stunde geschlagen.

So wie die dänische Politik 1779 an das Ziel ihrer Bestrebungen gekommen war, Schleswig-Holstein durch Beseitigung aller Kleinfürsten zu einem Ganzen abzurunden, begann sie ein hartnäckig festgehaltenes, immerhin zuerst leise gehandhabtes System der Danisierung des nach ihrer Anschauung seit 1721 inkorporierten Schleswig, des nach 1806 beim Zerfall des deutschen Reiches gewissermassen von selbst inkorporierten Holstein. Aus dem Schlummer diesen versteckten Versuchen gegenüber rief die frommen Holsten der unvergessliche Uwe Jens Lornsen. Er „determinierte“ den Willen seiner Landsleute, wie er gehofft, „auf immer“. Was 1848—1851 misslang, ward 1864 zum guten Ende geführt. Lauenburg 1865, Schleswig-Holstein 1867 wurden preussich, Preussen aber war deutsch geworden: seit 1870 weht eine Fahne und waltet eine Reichshoheit über die südliche Hälfte der cimbrischen Halbinsel; die Partikularstaaten wie im Deutschen Reich überhaupt, so im Süden Holsteins haben ihre Bedeutung verloren.

Eine neue Einteilung des Landes zum Behufe der Verwaltung und der Gerechtigkeitspflege trat an die Stelle der alten, die im engen Anschluss an die geschichtliche Entwicklung einen Grundstock ältester Gliederung erhalten hatte.

Das Herzogtum Schleswig zerfiel bis 1863 in Aemter oder Landschaften, adelige Distrikte und Städte.

Die Ostseite bestand aus den acht Aemtern: Hadersleben (Osteramt), Apenrade, Sonderburg, Norburg, Flensburg, Gottorp, Hütten, Fehmarn und der Landschaft Arröe; dazu aus den fünf Güterdistrikten: zwei Angler, je einer von Schwansen und Dänischem Wohld und der des St. Johannisklosters; die Westseite aus den sechs Aemtern: Westeramt Hadersleben, Lygumkloster, Tondern, Bredstedt, Husum, den Landschaften Stapelholm, Eiderstedt, Nordstrand, Pellworm. Die Städte waren: Hadersleben, Apenrade, Flensburg, Schleswig, Eckernförde, Sonderburg, Burg im Osten; Tondern, Husum, Friedrichstadt, Tönning, Garding im Westen. Dazu kamen in der Marsch die octroiierten Köge.

Das Herzogtum Holstein hielt zunächst in den beiden Landschaften Norder- und Süderdithmarschen die Grenzen des alten Freistaats, im Amte Steinburg die beiden Marschen Wilster und Krempe, in den Kanzleigütern und den sogen. Wildnissen, der Herrschaft Herzhorn und dem Itzehoer Güterdistrikt die übrigen Marschgemeinheiten, in der Herrschaft Pinneberg, in der Grafschaft Rantzau gleichfalls historische Gesondertheiten fest. Reinbek, Trittau, Tremsbüttel waren die Aemter der östlichen Hälfte des alten Stormarn; auf die beiden grossen Aemter Rendsburg und Neumünster war das eigentliche alte Holsten verteilt. Wagrien war aufgegangen in die Aemter Kiel, Kronshagen, Bordesholm, Segeberg, Plön, Arensbök, Traventhal, Reinfeld, Rethwisch, Cismar. Ausserhalb dieser zu fünf Gruppen unter je einem Amtmann in sich zusammengelegten Bezirke, einstiger Bestandteile der wechselnden fürstlichen Parzellen, standen die klösterlichen Distrikte von Uetersen, Itzehoe, Pretz, der Itzehoer, Kieler, Pretzer, Oldenburger Güterdistrikt, die holstein-gottorpischen Fideikommissgüter, die lübschen Güter und die lübschen Stadt-Stiftsdörfer. im östlichen Wagrien bunt zerstreut, in der Marsch wiederum die octroiierten Köge. Städtische Verwaltung hatten: Wilster, Itzehoe, Krempe, Glückstadt. Altona, Kiel, Lütkenburg. Oldenburg. Heiligenhafen, Plön, Neustadt. Rendsburg, Segeberg, Oldesloe.

Hamburg, Lübek, Eutin waren die Hauptstädte der Partikularlande.

Das Herzogtum Lauenburg bestand aus vier Aemtern: Schwarzenbek, Lauenburg, Steinhorst und Ratzeburg. 22 adeligen Gütern von zum Teil ungewöhnlichem Umfange und drei Städten: Lauenburg, Mölln, Ratzeburg.

Unter Preussen wird Schleswig-Holstein, worin seit 1876 auch das anfangs gesondert verwaltete Lauenburg als Kreis, aber Kreis Herzogtum Lauenburg, aufgenommen ward, eine preussische Provinz, unter einer Provinzialregierung und einem Provinziallandtage: geteilt zum Behufe der Verwaltung in 21, jetzt 22 Kreise, unter denen zwei städtische: Kiel und Altona. Von den alten Aemtern und Landschaften sind wenigstens dem Namen nach eine Anzahl erhalten: Hadersleben, Apenrade. Sonderburg. Flensburg, Schleswig, Eckernförde. Tondern, Husum, Eiderstedt, Kiel, Plön, Oldenburg. Rendsburg, Segeberg, Stormarn, Norderdithmarschen, Süderdithmarschen, Steinburg, Pinneberg, Herzogtum Lauenburg. Zum Behufe der Gerechtigkeitspflege bestehen 70 Amtsgerichte, verteilt auf die drei Landgerichte Flensburg, Kiel und Altona, unter einem Oberlandesgericht.

Bedeutende Veränderungen traten durch die Aufnahme in das grosse südliche Reichszollgebiet und Reichspostgebiet ein in dem ganzen Verkehrswesen, besonders im Warenverkehr. Alte Verbindungen mussten abgebrochen, neue geknüpft werden. Wo das letztere nicht gelang, z. B. in Kappeln, in Arnis ist Stillstand und Rückgang eingetreten. Die Zugkraft der Grossstädte wirkt bei dem freien und erleichterten Verkehr auf die kleineren nachteilig ein: nur an einzelnen Punkten ist ein Aufschwung bemerkbar. Die Bevölkerung hat teils durch das natürliche Anwachsen, teils durch Einwanderung erheblich zugenommen; eine Zuwanderung, welche einigen Plätzen aus den alten preussischen Provinzen, besonders aus Ostpreussen, sodann aber auch aus Schweden und selbst aus Dänemark einen nicht ganz unbedeutenden Bruchteil ihrer arbeitenden Bevölkerung zugeführt hat. Eine Mischung des Sachsenstammes mit andern germanischen oder halbgermanischen, slavischen Elementen, eine der Masse unbewusste Durchdringung der lutherischen Kirche des Landes mit „evangelischen“, d. h. unierten Bestandteilen, neben denen Katholiken und Juden zahlreicher werden, eine Veränderung auf dem Gebiete der Sitte, endlich eine immerhin nur noch leise, aber doch wahrnehmbare Zersetzung des niederdeutschen Sprachgebrauchs sind Folgen jener politischen Veränderung gewesen; Folgen, die an Umfang wie Bedeutung weiter sich entwickeln werden.

III. Ergebnisse.

1. Die Natur und Lage der cimbrischen Halbinsel bedingt die Kreuzung zweier Hauptrichtungen des gesamten Völker- und Menschen-Verkehrs, der sich überhaupt je auf ihr bewegt hat, der Wanderungen sowohl als der Reisen: Nord-Süd, Ost-West. Beide haben notwendig eine Gegenrichtung: Süd-Nord, West-Ost.

Welche dieser Strömungen jedesmal die ursprüngliche gewesen ist, lässt sich nicht mit Sicherheit entscheiden; jedoch deuten Zeichen und Verhältnisse allgemeiner Art darauf hin, dass die Einwanderung von Osten und zwar zu See und Lande und die von Norden die frühere, die von West und Südwest zur See, die von Süden zu Lande die spätere gewesen ist.

Auf das unzweideutigste bezeugen die Ueberbleibsel der Urzeit eine Scheidung der Bevölkerung in eine östliche und eine westliche, eine der Ostsee und eine der Westsee zugewandte, eine dichtere und eine spärlichere, getrennt durch weite und unwirtliche Niederungen.

Ausdrückliche geschichtliche Nachrichten und glaubliche geschichtliche Analogien gestatten die Annahme, dass die Halbinsel viele Jahrhunderte, vielleicht Jahrtausende vor Christi Geburt in ihren höheren und festeren Teilen bewohnt und ausreichend bevölkert gewesen ist. Eine andere als „scythische", d. h. germanische Urbevölkerung ist nicht nachweisbar.

Im 5. Jahrhundert ist eine skandinavische Einwanderung von Norden und eine slavische von Osten mit Sicherheit anzunehmen. Der erstere der beiden Ströme kommt teils an der Widau, teils an dem Abschnitt Schlei-Treene zum Stehen; der zweite macht an der Westgrenze der Insel Land Oldenburg nur vorübergehend Halt und dauert die folgenden Jahrhunderte weiter fort, bis er ungefähr das Gebiet des Geschiebethons eingenommen hat.

Die zweite Einwanderungs- und Besiedlungsperiode, veranlasst durch die Gestaltung einer romanisch-germanischen Weltmonarchie, beginnt mit dem Ende des 8., Anfang des 9. Jahrhunderts und dehnt sich in ihren Nachwirkungen über das 10. und 11. Jahrhundert aus; die dritte fällt in das 12., die vierte in das 13.; die fünfte folgt erst im 17. Jahrhundert.

Die erste betrifft nur den holsteinischen Osten, die zweite den Westen und Südwesten, die dritte mehr das Innere und das Grenzland gegen die Ostzone, die vierte vorwiegend die Ostküste, doch auch den Westen, die letzte spielt, von Friedericia abgesehn, im Westen allein.

Die Slaven bauen vorwiegend Burgen und Brückenköpfe, die Franken Burgen und Kirchen, das 12. Jahrhundert gleichfalls Burgen, Kirchen und Klöster, das 13. Kaufstädte und Klöster, das 17. Freistädte. Als innere Triebfedern erscheinen zunächst das Bedürfnis der Ausbreitung und Landerwerbung, dann nationaler Gestaltungsdrang, weiter teils der fürstlich-partikularistische Zug der deutschen Entwicklung teils das kräftig aufblühende Städtewesen, endlich wieder fürstliche Reform- und Herrschaftspolitik; begleitend aber und mitwirkend, oft selbst bestimmend kommt in allen drei mittleren Perioden der missionarische Drang der katholischen Kirche, in der letzten das religiöse Freiheitsbedürfnis der evangelischen in Betracht, das selbst noch den einzigen vereinzelten Spätling unter den Ansiedlungen Schleswig-Holsteins im achtzehnten Jahrhundert, Christiansfeld, erzeugt.

Massgebend aber erscheint in der ersten Periode nationaler Instinkt, in der zweiten kaiserliche Staatsweisheit, in der dritten das ritterliche und fürstliche Interesse, in der vierten der bürgerliche Thätigkeitsdrang, in der letzten wieder fürstliche Politik.

Innerhalb des einmal feststehenden Rahmens der Ansiedlungen haben im Laufe der Zeit durch Zuwanderung in bestimmte, vorzugsweise gesuchte Punkte bedeutende Veränderungen stattgefunden, im Mittelalter an der Ostsee, in der neueren Zeit an der Westsee, beide Male aber am Fusse der Halbinsel hervorragende Anhäufungen verkehrender wie sesshafter Menschen veranlasst.

Von Nationalitäten sind, soweit sie überhaupt als solche, d. h. als grundverschieden angesehen werden können, vorzugsweise nur zwei beteiligt, die skandinavische und die deutsche, richtiger die Nord- und Südgermanen; von den letzteren diejenigen Stämme, welche die südwestliche Hälfte der kontinentalen Basis der Halbinsel bewohnen; von der östlichen Verlängerung der Basis ist nur vorübergehend die slavische

Nation eingedrungen. Die Grenze zwischen den beiden germanischen Stämmen ist im Westen die untere Widau bis auf den heutigen Tag geblieben; im Osten Jahrhunderte hindurch die Schlei und der Eckernförder Meerbusen gewesen, aber nicht geblieben; nur in der wenig belebten Mitte des Landes springt noch ein dänischer Keil bis zur mittleren Treene vor, von Friesen und Angeln westlich und östlich überflügelt. Die ganze Scheidung ist als eine geschichtlich entwickelte, nicht ursprüngliche, von wenig grösserer Bedeutung anzusehen, als der Abstand zwischen andern deutschen Stämmen auch.

2. Die Verteilung der Bewohner über das in Rede stehende Gebiet ist bis heute im wesentlichen dieselbe wie in den ersten erkennbaren Urzeiten.

2a. Die Bevölkerung häuft sich zunächst in der Längenrichtung auf dem ganzen Ostgürtel, und zwar in steigendem Masse je weiter nach Süden; häuft sich seit Herstellung und Sicherung der Deiche in dem Marschsaume wiederum, je weiter nach Süden, desto mehr; ist spärlich und dünn in der grösseren westlichen Hälfte von Jütland südlich des Lümfjords, in der Mitte Schleswigs und der nördlichen Mitte Holsteins. In der südlichen Mitte Holsteins nimmt sie allmählich zu, steigt dann an der Elbe und um Hamburg herum bis zu einem Grade der Dichtigkeit, der nirgends sonst mehr, am entferntesten nicht in Schleswig und Jütland, erreicht wird [1].

2b. In der Querrichtung treten Wert und Bedeutung der drei geschichtlich gesonderten Teile der Halbinsel, sei es nach ihrer Belegenheit innerhalb des Ganzen, sei es nach ihrem Boden, in der verschiedenen Dichtigkeit der Bevölkerung sehr sprechend hervor.

Es hat nämlich [2]:

	Quadr.-Meilen	Einwohner insgesamt			Auf die Quadratmeile		
		1870 bez. 71	1880	1885	1870 bez. 71	1880	1885
Jütland . . .	460	778 119	1 048 311	—	1713	2271	—
Schleswig . .	158	403 568	418 318	400 932	2554	2647	2537
a) Hzgt. Holstein	—	[illegible]	718 831	769 801	—	—	—
b) Lauenburg .	—	49 000			—	—	—
c) Eutin . . .	—	34 353	35 115	34 719	—	—	—
d) Hamburg (ohne Ritzebüttel)	—	337 595	446 518	511 164	—	—	—
e) Lübek . .	—	52 158	63 571	67 654	—	—	—
Land Holstein .	194	1 000 218	1 264 002	1 362 840	5485	6515	7030

[1] Ravn (Populations Kart over det Danske Monarki 1845) unterscheidet Gebiete mit weniger als 1000 Einwohnern in Holstein von der Segeberger Heide spitz zulaufend bis südöstlich von Rendsburg, in Schleswig von Treya sich verbreiternd bis an die Nipsau, in Jütland mehr als die westliche Hälfte, ausgenommen nur die Küsten und Inseln des Limfjord und das nördliche Dreieck; sodann Gebiete mit mehr als 2500 Einwohnern in Holstein die Marsch und den Osten mit einer Ausnahme zwischen Neustadt, Eutin und Land Oldenburg, in Land Oldenburg, in Schleswig die südliche Marsch und die Halbinseln bis Sundewith, von den Inseln Föhr, Alsen und halb Fehmarn, in Jütland den Osten bis Aarhus; Gebiete mit mehr als 4000 nur in Holstein, nämlich den Elbrand der Marsch, Hamburg, Lübek und Kiel mit Umgebung, namentlich die Probstei. Alles übrige blieb zwischen 1000 und 2500 Einwohnern.

[2] Die folgende Uebersicht beruht teils auf amtlichen Veröffentlichungen, teils auf freundlichen Mitteilungen der betreffenden statistischen Aemter in Kopen-

Noch immer also steigt die Bevölkerungsdichtigkeit mit der südlicheren Lage; aber der Unterschied zwischen Jütland und Schleswig ist in rascher Ausgleichung begriffen: hatte Schleswig 1870 noch 841 Menschen mehr auf die Quadratmeile, hat es 1880 nur noch 376 mehr und ist seitdem noch um rund 17 000 Einwohner zurückgegangen. Dagegen hat Jütland mit der Zunahme des holsteinischen Gesamtgebietes nicht Schritt gehalten; 1870 hatte das letztere 3772 Menschen auf die Quadratmeile mehr, 1880 schon 4244. Die Einwirkung der politischen Veränderungen auf die Besiedlung der Halbinsel tritt deutlich heraus. Für die Folgezeit ist eine Ueberflügelung der Mitte durch die dänische Nordhälfte der Halbinsel und ein noch stärkeres Zurücktreten derselben gegen den Süden zu erwarten; eine Ueberflügelung des ganzen Schleswig-Holstein aber durch Jütland liegt ausser der rechnungsmässigen Wahrscheinlichkeit. 460 Quadratmeilen jütischen Bodens tragen jetzt rund 1 100 000 Einwohner, 352 Quadratmeilen schleswig-holsteinischen Bodens 1 770 000. Die Bedeutung der cimbrischen Halbinsel nimmt nach wie vor ab mit der Entfernung vom Körper des Weltteils, die der skandinavischen und griechischen steigt.

2c. Die Zunahme der Bevölkerung trifft die verschiedenen Teile und Punkte der Lande in sehr ungleichmässiger Weise; am stärksten wachsen im allgemeinen die Städte. Es hatten [1]):

	1870 bez. 1871		1880		1885	
	ländl. Bev.	städtische	ländl. Bev.	städtische	ländl. Bev.	städtische
Jütland	677 857	110 262	729 369	319 148 [2])	—	—
Schleswig	315 830	87 738	306 236	112 082	298 475	102 457
a) Herzogt. Holstein	353 921	226 251	426 800	293 631	437 385	319 006
b) Lauenburg	r. 46 000	15 000				
c) Eutin	30 653	3 700	30 571	4 574	30 059	4 666
d) Hamburg (ohne Ritzebüttel)	33 346	299 170	36 368	410 127	39 757	471 411
e) Lübeck	r. 10 464	41 704	10 104	51 785	10 503	67 985
Holstein	474 384	585 834	503 945	760 117	517 698	845 148
Schleswig-Holstein inkl. Hamburg etc.	790 214	673 572	810 281	872 199	816 173	947 005

Auch hier zeigt sich ein Zurückbleiben Schleswigs gegen Jütland und gegen Holstein. Jütlands städtische Bevölkerung bildet zu der

hagen, Oldenburg, Hamburg und Lübek. In Jütland ist 1885 keine Zählung erfolgt. Das Jahr 1870 bezieht sich auf die dänische, 1871 auf die deutsche Zählung. Unter „Land Holstein" ist das hamburgische, lübsche und eutinische Gebiet mit befasst. Die Angaben für 1885 sind sogen. vorläufige.

[1]) Das Verhältnis der ländlichen und städtischen Bevölkerung ist hier auf Grundlage der amtlichen Listen und deren Unterscheidung zwischen Städten und Flecken einerseits, Landgemeinden andererseits bestimmt. Die folgende Tabelle (S. 543), in der unterschiedlos alle grösseren Orte mit 2000 Einwohnern und darüber zusammengestellt sind, muss etwas andere Ergebnisse liefern.

[2]) So die Angabe des statistischen Bureaus in Kopenhagen. Wie die allzu grosse Differenz gegen das Ergebnis auf Seite 543 zu erklären ist, vermag ich nicht zu sagen. Die entsprechende für die schleswigschen und holsteinischen Städte ist klein genug, um sich aus der Weglassung der Orte unter 2000 Einwohnern zu erklären.

ländlichen 1870 etwa ein Sechstel, 1880 schon nähert sie sich der Hälfte; Holsteins städtische Bevölkerung übersteigt schon 1871 die ländliche um rund 100 000, 1880 um rund 250 000, 1885 um rund 320 000; in Schleswig ändert sich das Verhältnis wenig: 1870 haben die Städte etwas mehr als ein Viertel der Landbevölkerung, 1880 und 1885 etwas mehr als ein Drittel.

Schleswig-Holstein zusammengenommen hat 1871 noch einen Ueberschuss der ländlichen Bevölkerung von rund 170 000 Menschen, 1880 bleibt bereits die ländliche gegen die städtische um rund 62 000, 1885 gar um 131 000 zurück.

2d. Die Belegenheit derjenigen Ansiedlungspunkte, in welchen sich die Bevölkerung in mehr oder minderer Dichtigkeit zusammendrängt, entspricht den oben aufgestellten Gesetzen, wie nachstehende Tabelle [1]) anschaulich machen wird.

Aufs schlagendste tritt uns der Zug entgegen, der die Menschen an das Element des Lebens und der Bewegung, das Meer, zieht. Von den 72 Städten oder stadtartigen Orten liegen 56 teils am Meere, teils in wirksamer Verbindung mit ihm, teils doch in seinem Bereiche, nur 16 in der Mittelzone, auch diese fast ausnahmslos an Flüssen oder Seen. Von ihnen allen kommen auf Holstein allein 11, auf Jütland 5, das schmalere Schleswig hat keine einzige. Die Zahl ihrer Einwohner ist gering: 13 haben zwischen 2000 bis über 7000 Einwohner; von den 3 erheblich grösseren stellt Rendsburg einen wichtigen Flussübergang und eine Strassenkreuzung, Neumünster einen Knotenpunkt mehrerer Wege dar, Wandsbek nährt sich von der nahen Grossstadt.

Von den beiden Gestadezonen übertrifft die östliche an Zahl der Niederlassungen die westliche mit 34 gegen 22; dennoch aber an Bevölkerungsmenge die westliche die östliche 1880 mit 597 397 gegen 318 499 um fast die Hälfte.

Der Flächeninhalt von Schleswig-Holstein zu dem von Jütland verhält sich etwa wie 3 : 4; die Zahl der Städte aber wie 49 : 21, d. h. wie 7 : 3. Schleswig, ungefähr ⅓ von Jütland, steht an Zahl der Städte wie 6 : 11; wenn man, wie geographisch richtig wäre, Ripen zu diesem Herzogtum rechnet, noch etwas günstiger. Holstein, an Quadratmeilenzahl zu Jütland etwa wie 3 : 8, verhält sich an Zahl der Städte wie 39 : 21, d. h. nahezu wie 2 : 1.

In der Grösse der Weststädte Jütlands und Schleswigs zeigt sich ein gewisses Gleichgewicht; jedoch liegt die eine, welche erheblich grösser ist, nach dem Süden des Landes zu, wo auch die Zahl derselben sich häuft. In Holstein bleiben von den Weststädten nur 4 unter 4000 Einwohnern und 2 unter 6000 Einwohnern; Heide, Itzehoe, Ottensen, Altona, Hamburg stellen eine wahrhaft reissende Steigerung von rund 7000 zu 10 000, zu 20 000, zu 100 000, zu fast 500 000 dar. Die Bedeutung des Knotenpunktes, der Länge und Belebtheit der hier sich verdichtenden Strassen,

[1]) Aufgenommen sind unter die grösseren Orte alle, welche 1885 mindestens 2000 Einwohner hatten, für Jütland, welche sie nach der Wahrscheinlichkeitsrechnung haben mussten. Die Abgrenzung zwischen Westen, Mitte und Osten ist teils nach dem Verhältnis zur Küste, teils, namentlich in Holstein, auch mit nach der Bodenart und den Verkehrsbeziehungen getroffen.

Städtische Bevölkerung

	der Westseite.	1870 bz. 1871	1880	1885	des Innern.	1870 bz. 1871	1880	1885	der Ostseite.	1870 bz. 1871	1880	1885	insgesamt. 1870 bz. 1871	1880	1885
Jütland	1. Thisted	3 539	4 184	—	1. Hjörring	3 200	4 209	—	1. Skagen	1 615	1 964				
	2. Ringkjöbing	1 546	2 038	—	2. Nykjöbing	2 846	2 733	—	2. Frederikshavn	2 136	2 491	—	—	—	
	3. Varde	2 082	3 497	—	3. Skive	2 039	2 881	—	3. Aalborg	11 721	14 152	—	—	—	
	4. Esbjerg	461	1 520	—	4. Holstebro	2 047	2 559	—	4. Hobro	2 041	2 250	—	—	—	—
	5. Ribe	3 041	3 933	—	5. Viborg	6 423	7 855	—	5. Randers	11 354	13 457	—	—	—	—
									6. Grenaa	1 958	2 449	—	—	—	—
									7. Aarhus	15 025	24 831	29 883	—	—	
									8. Horsens	10 591	12 664	—	—	—	
									9. Veile	8 092	7 145	—	11 804	15 178	
									10. Kolding	5 466	7 141	—	16 034	19 784	
									11. Friedericia	7 186	8 975	—	75 031	97 173	
		11 804	15 175	—		16 034	19 784	—		75 031	97 173	—	102 859	132 135	—
Schleswig	1. Tondern	3 869	3 631	3 310					1. Hadersleben	8 259	8 034	7 425	—	—	—
	2. Bredstedt	2 155	2 212	2 155					2. Apenrade	5 838	6 816	6 602	—	—	—
	3. Husum	4 086	6 367	6 807					3. Sonderburg	3 675	3 823	5 867	—	—	—
	4. Friedrichstadt	2 169	2 178	2 312					4. Flensburg	21 875	30 956	33 316	—	—	—
	5. Tonning	2 946	3 490	2 848					5. Schleswig	13 881	15 446	15 194	—		—
									6. Kappeln	2 580	2 681	2 660	15 643	17 944	17 790
									7. Eckernförde	4 567	5 431	5 635	61 998	74 536	75 738
		15 643	17 944	17 790						61 998	74 536	75 738	77 626	92 480	93 538
Holstein	1. Heide	6 880	7 485	7 885	1. Rendsburg	11 514	12 710	12 153	1. Kiel	31 747	43 591	51 707	—	—	—
	2. Meldorf	3 838	3 531	3 470	2. Neumünster	8 686	11 623	13 658	2. Diedrichsdorf	—	1 159	2 092	—	—	—
	3. Marne	—	2 506	2 535	3. Kellinghusen	2 258	2 207	2 170	3. Ellerbek	—	2 737	3 175	—	—	—
	4. Wilster	2 421	2 547	2 540	4. Bramstedt	2 061	1 955	1 936	4. Gaarden	2 915	6 026	9 241	—	—	—
	5. Itzehoe	9 111	9 850	10 712	5. Barmstedt	2 177	2 712	2 760	5. Lütjenburg	3 200	2 587	2 391	—	—	—
	6. Glückstadt	5 073	5 867	5 485	6. Pinneberg	3 924	5 674	3 446	6. Oldenburg	2 428	2 762	2 454		—	—
	7. Elmshorn	6 731	8 005	6 716	7. Stellingen	—	2 630	3 097	7. Heiligenhafen	2 978	2 507	2 518	—	—	—
	8. Uetersen	4 037	4 725	5 036	8. Wandsbek	10 839	16 138	17 764	8. Burg	2 412	2 962	2 619	—	—	—
	9. Blankenese	—	3 854	3 559	9. Bergedorf	3 800	2 809	3 200	9. Preetz	4 921	4 720	4 041		—	
	10. Ottensen	9 041	13 375	18 450	10. Lauenburg		4 786	4 148	10. Plön	2 708	3 036	3 033	—	—	
	11. Altona	74 131	91 376	104 719	11. Mölln	—	4 481	4 383	11. Eutin	3 700	4 571	4 466	—	—	—
	12. Hamburg	239 170	110 127	171 421					12. Neustadt	4 054	4 119	3 858	—		—
									13. Segeberg	4 193	5 017	4 701		—	
									14. Oldesloe	3 551	4 398	4 334	c. 418 776	364 175	434 338
									15. Ratzeburg	—	3 780	4 313	c. 34 873	67 051	71 104
									16. Lübeck	39 743	51 055	55 389	c. 114 600	146 790	161 947
		418 776[1]	364 175	434 338		34 573[2]	67 051	71 104		107 609[3]	146 790	161 947	c. 568 759	778 016	868 579

[1] Marne und Blankenese zugerechnet etwa 5000 mehr. [2] Stellingen, Lauenburg, Mölln zugerechnet etwa 10 000 mehr. [3] Unter Zuschlag von Diedrichsdorf, Ellerbek, Ratzeburg rund 7000 mehr.

die durch Europa und durch alle Meere führen, fällt mit grosser Deutlichkeit in die Augen: der in seiner Art einzige Ansiedlungspunkt an der bezeichneten Elbübergangs- und Wendestelle mit seinen rund 600 000 Einwohnern hat mehr als halb so viel Einwohner wie ganz Jütland, fast halb so viel wie das ganze Herzogtum Holstein, 200 000 mehr als das ganze Herzogtum Schleswig, und nur etwas weniger als den vierten Teil der ganzen cimbrischen Halbinsel.

Auch an der Ostküste lässt sich eine Zunahme nach Süden in der Grösse und Bedeutung der Städte nicht verkennen. Aber sie ist hier zu allen Zeiten eine allmählichere gewesen und hat nach den vor zwei Jahrzehnten eingetretenen Veränderungen begonnen sich zu verwischen. Aarhus, Flensburg, Kiel, Lübek stellen diese Steigerung dar:

	1870	1880	1885
Aarhus	15 075	24 831	29 263
Flensburg	21 325	30 956	33 009
Kiel	31 747	43 594	51 699
Lübek	39 743	51 055	55 399

2 e. Höchst beachtenswert nämlich ist der Aufschwung der jütischen Städte. Während auch von den kleineren, soweit sie hier genannt sind, von 1870—1880 keine einzige zurückgegangen ist, zeigen eine erhebliche Anzahl der grösseren ein überraschendes Wachstum. Aus dem Nichts hervorgerufen ist der Westseehafen Esbjerg, der von 30 Einwohnern 1860 auf 1529 Einwohner 1880 gestiegen war und jetzt die 2000 überschritten haben wird. Aarhus, 1769 nur noch 4156 Einwohner gross, zählte 1801 deren 4202, 1855 schon 8891, hatte sich also damals in 86 Jahren verdoppelt; von 11 009 im Jahre 1860 ist es 1880 auf 24 831, 1885 auf 29 263 gestiegen[1]), hat sich mithin in 20 Jahren mehr als verdoppelt, in 25 fast verdreifacht. Hatte es von 1860—1870 um rund 36 %, also jährlich etwa um 3$\frac{1}{2}$ % zugenommen, ist es 1870—1880 um 65 %, jährlich um 6$\frac{1}{2}$ %, 1880—1885 freilich nur noch um 17,74 %, d. h. jährlich um 3.5 % gestiegen. Die bedingenden und erzeugenden Ursachen des Verkehrs und der Ansiedlungen zeigen sich in diesem Falle mit besonderer Deutlichkeit. Die ersteren beruhen in der Belegenheit der Stadt auf der Mitte der dem Hauptlande des Staates zugewandten Seite, welche Lage seit der Abtrennung vom Süden gleich der Mitte einer Gestadeinsel wirkt (vgl. S. 481 I, 1, c u. II, 3, b und Bedingtheit S. 25); ausserdem in den vergleichsweise günstigen Verhältnissen des betreffenden Fahrwassers und des Hafens: die erzeugenden in dem entschlossenen Willen des dänischen Volkes, durch die Verkleinerung des Staatsgebietes sich nicht entmutigen, sondern nur zu verdoppelten Anstrengungen aufrufen zu lassen und den skandinavisch-dänischen Handelsverkehr nach Möglichkeit von der Südrichtung durch die entfremdete cimbrische Halbinsel in die Querrichtung zu werfen, um ihn vermittelst eines erst zu schaffenden Hafens an der einzigen einigermassen günstigen Stelle des Westmeeres auf den

[1]) Diese Angabe verdanke ich der freundlichen Mitteilung des Stadtrats von Aarhus, der 1885 eine örtliche Zählung aus eigenem Antriebe vorgenommen hat.

geraden Weg nach England zu leiten. So ist der Abstand zwischen Aarhus und Flensburg, welches in Schleswig genau denselben Punkt darstellt und gleiche oder noch günstigere Verkehrsbedingungen hat, wie Aarhus in Jütland, von 6000 im Jahr 1870 auf rund 4000 herabgegangen im Jahre 1885.

Andererseits hat Flensburgs Wachstum auch nicht Schritt zu halten vermocht mit dem von Kiel.

Flensburg hatte an der Blüte des dänischen Handels während des amerikanischen Unabhängigkeitskampfes und der Revolutionskriege bis 1807 einen hervorragenden Anteil. Während daher fast alle kleineren, auf Schifffahrt und Handel mit dem Norden angewiesenen Städte Schleswigs die Trennung von Dänemark schwer empfunden und meist mit einem sofortigen oder baldigen Rückgang erkauft haben, konnte Flensburg, gestützt auf alten, gediegenen und wohl gewahrten Reichtum, sich neue Erwerbswege eröffnen. 1769 hatte Flensburg 6842 Einwohner, eine Zahl, die Kiel erst 1781 erreicht haben wird; 1803 war Flensburg bereits auf 10 666, 1835 auf 12 438 gestiegen; 1845 hatte Flensburg 13 443, Kiel 13 572 Einwohner; 1855 ist Kiel mit 16 218 Einwohnern von Flensburg mit 18 875 überholt; 1867 aber schon mit 21 707 Einwohnern auf gleicher Höhe wie jenes mit 21 999, das Militär eingerechnet ihm voraus; 1870 bereits hat Kiel mit infolge der Einverleibung des Vorortes Brunswik einen Vorsprung von rund 10 000, 1880 von rund 13 000, 1885 von rund 18 000 Einwohnern.

Mit dieser Gangart kann auch Lübek nicht Schritt halten. Der Abstand von 1845, 29 234 gegen 13 572, hat sich 1871 bereits vermindert auf 39 743 gegen 31 747, jetzt ist er von rund 8000 auf rund 4000 herabgegangen und unter Hinzurechnung von Garden, dessen Einverleibung in Kiel eine bittere Notwendigkeit sein wird, von Ellerbeck und Diedrichsdorf, die im Grunde auch als „Vororte" angesehen werden müssen, würde Kiel wohl schon jetzt die alte Hansestadt um mehr als 9000 Einwohner schlagen. Auf der Ostseite scheint also, wenn nicht besondere Unternehmungen eine Ablenkung der eingetretenen Strömung hervorufen sollten, die Bedeutung Lübeks nach seinen natürlichen Verkehrsbedingungen durch die Wirkungen der erzeugenden Verkehrsursachen überwogen.

2 f. Beachtenswert ist ferner die Thatsache, dass in Schleswig und Holstein seit 1880 fast alle kleineren Städte, soweit sie nicht in dem Wirkungsbereich einer grösseren liegen oder sonst erzeugender Verkehrsbedingungen sich erfreuen, im Rückgange begriffen sind [1]): Tondern, Tönning, Hadersleben, Apenrade, Sonderburg, Schleswig, Kappeln, Heide, Meldorf, Wilster, Glückstadt, Rendsburg, Kellinghusen, Mölln, Lütkenburg, Oldenburg, Heiligenhafen, Burg, Pretz, Neustadt, Segeberg sind sämtlich zurückgegangen und zwar bis auf Hadersleben, Pretz und Kellinghusen, nachdem sie in den Jahren 1871—1880 einen zum Teil erheblichen Aufschwung genommen hatten.

---

1) Es wäre zur Aufklärung der Ursache von grosser Wichtigkeit, den jetzigen Bevölkerungsstand auch der jütischen Städte zu kennen, die aber schwerlich alle wie Aarhus eine örtliche Zählung vorgenommen haben werden.

Ein Wachstum und zwar ein beschleunigtes, zeigen hauptsächlich nur Kiel und Hamburg, beide mit den ihrem Bereiche angehörigen Orten.

Kiel hat seit 1867 die Wirkungen der erzeugenden Verkehrsursachen in hohem Masse erfahren und somit die in seinen bedingenden Gegebenheiten ruhende Möglichkeit zur Verwirklichung gelangen sehen [1]). Bis über die Reformation hinaus wird Kiel, auf die jetzige Altstadt beschränkt, kaum höher als auf 4—5000 Einwohner anzuschlagen sein. Im Anfang des 17. Jahrhunderts gibt es schon einige Häuserreihen ausserhalb der alten Mauern [2]), die Anfänge der jetzigen Vorstadt, mit Fleethörn und Kuhberg. 1781 erst zählt die Stadt 6667 Einwohner, die 1803 auf 7075, 1825 auf 10 035, 1835 auf 11 620 gestiegen sind. Die Eröffnung der ersten cimbrischen Eisenbahn 1844 gab einen Anlass zu rascherem Wachsen, von 13 572 (1845) auf 16 218 (1855). In der etwa doppelt beschleunigten Zunahme von 18 695 auf 21 707 in den Jahren 1864—1867 sind die Wirkungen der preussischen Occupation sichtbar. Der folgende Zeitraum von 1867—1875 zeigt ein Wachsen von zusammen rund 42 %, d. h. jährlich 5,2 %; der letzte von 1875—1885 nur noch ein Steigen von 37 246 auf 51 707, d. h. im Ganzen um rund 38 %, jährlich um nicht mehr ganz 4 %. Wenn die Stadt also mit Aarhus, das von 1870—1880 um 6½ % jährlich gewachsen ist, bei aller Gunst der Verhältnisse keinen Schritt zu halten vermocht hat, so werden die erzeugenden Bedingungen des Verkehrs dort als noch günstigere angesehen werden müssen.

Der oben erwähnte, durch die berechnende Entschlossenheit der Dänen abgezweigte Verkehrsstrom geht vorzugsweise nach England; denjenigen Nord-Süd-Verkehr aber, der von Hamburg aus nach den Niederlanden, Paris, in die grosse Weltstrasse des Rheins, nach der Schweiz und Italien weiter geht, kann Kiel niemand nehmen. Dagegen wird es nach Einrichtung der demnächst zu eröffnenden Route Kopenhagen-Rostock auch noch denjenigen Teil des Nord-Süd-Verkehrs abgeben müssen, der bisher über Hamburg oder Lübek eine südöstliche Richtung ein-

---

[1]) Die obige Ausführung ist, wie ich dem Herrn Prof. Hahn gegenüber hervorzuheben genötigt bin, mit dem von mir über Kiels Lage in meiner Schrift: „Bedingtheit etc." Dargelegten in der vollkommensten Uebereinstimmung. Wenn derselbe (Die Städte der norddeutschen Tiefebene S. 158) meint, „im Angesicht des grossen deutschen Kriegshafens würde ich jetzt anders urteilen als 1861," wo ich gewarnt haben soll, „auf jene Eigenschaften" (Tiefe, Geräumigkeit, Verteidigungsfähigkeit) „allzu sanguinische Hoffnungen zu bauen," so kann ich meine Verwunderung nicht bergen, wie wenig aufmerksam er meine Darlegung gelesen hat. Ich weise hin auf S. 101: „Wer bedenkt, was dieser Winkel der Erde als Teil eines grossen und mächtigen, freisinnig und hochherzig geleiteten Reiches werden könnte, dem zittert das Herz entweder vor Freude oder auch vor — Entsetzen." Die entscheidende Stelle selbst aber folgt S. 103: „Allein auf seine bequeme Tiefe daher, auf seinen Umfang, seine Geschütztheit Hoffnungen unbegrenzter Art bauen zu wollen ... erscheint kühlerer Betrachtung sanguinisch." Die Voranstellung des Wortes „Allein", seine Hervorhebung durch den Druck konnte es doch für niemand zweifelhaft lassen, was der Schleswig-Holsteiner von 1861 im Herzen trug und was er forderte, um die schlummernden Kräfte Kiels in Wirksamkeit gesetzt zu sehen: ein Deutschland, eine deutsche Flotte, kurz, die erzeugenden Ursachen des Verkehrs forderte er zu den vorläufig „allein" vorhandenen bedingenden hinzu. Nicht zurückzunehmen habe ich mein Urteil, ich darf es als voll bestätigt ansehen.

[2]) Vgl. die Abbildung in Bruins und Hogenbergs Theatrum urbium.

schlug. Ob und wie weit der nunmehr in sicherer Aussicht stehende Schiffahrtskanal auf die Bevölkerungs- und auf die Handelsverhältnisse wirken wird, bleibt abzuwarten; gewiss ist einmal, dass ein Steigen der Bevölkerung nicht zugleich immer ein Steigen des Wohlstandes und wahrhafte Blüte bedeutet, sodann dass Gunst und Ungunst der natürlichen Lage durch keine künstlichen Mittel ganz ihre Wirksamkeit verlieren.

Durch die Vorteile seiner natürlichen Verkehrsbedingungen überragt der grosse Verkehrsbrennpunkt Hamburg mit seinen Trabanten weitaus alle anderen. Die Kreuzung der Hauptlängenstrasse mit der Hauptquerstrasse, die Einmündung beider Längenstrassen zweiter Ordnung (2 und 3), der Diagonalstrasse von Burg und Oldenburg her (III), Strahlen, denen genau entsprechende bei Harburg zusammenschiessen, endlich der End- und Wendepunkt des Fluss- und des Seeverkehrs, Wasserstrassen, die ihrerseits aus zahllosen Fäden eines bezüglich über Deutschland und über die Welt ausgebreiteten Netzes zusammengesetzt sind, führen in ihrem Zusammenwirken zu Ergebnissen, die einen Vergleich mit irgend einem anderen Handelsplatze der cimbrischen Halbinsel nicht bloss, sondern des europäischen Festlandes nicht mehr zulassen.

Ende des Mittelalters nach verschiedenen Schätzungen etwa 12—20 000 Einwohner gross, Ende des 16. Jahrhunderts vielleicht 20—30 000, wird die Bevölkerung 1760 auf Grundlage vorliegender Geburts- und Sterbelisten auf 97 000 berechnet[1]). Für 1789 nimmt Hess eine städtische Bevölkerung von 96 000 Einwohnern an, die unter Begünstigung der damaligen europäischen Verhältnisse in den Jahren bis 1806 als rasch anwachsend anzusehen sein wird. Die Folgen der französischen Besitznahme zeigen sich aber schon in dem Ergebnis einer 1811 vorgenommenen Zählung, das nicht höher ist als rund 100 700 Einwohner. Im Jahre 1821 werden in Stadt und Vorstadt St. Pauli 127 985, 1835 149 520, 1845 166 916, 1855 185 641, 1865 211 638 gezählt, 1871 230 279, d. h. also in 50 Jahren eine Zunahme von rund 110 000 Einwohnern, die Häfen und Vororte mitgerechnet von rund 172 000. In den 9 Jahren von 1866 bis 1875 ist die Bevölkerung der Stadt mit Häfen und Vororten von 259 134 auf 348 447 Einwohner, d. h. um 3⁴/₅ % jährlich, in den 10 Jahren von 1875—1885 von 348 447 auf 471 411, d. h. nur noch um etwa 3¹/₄ % jährlich gewachsen, ein kleiner Rückgang also auch hier eingetreten. Der bedeutende Abstand, in dem auch Hamburg gegen die Hauptstadt Jütlands, wenigstens in dem Jahrzehnt von 1870—1880 bleibt, wird sich auch hier mit daraus erklären, dass ein erheblicher Teil des Zuwachses, den der Kern der grossen Elbstadt eigentlich erzeugt, den umliegenden Ortschaften zu gute gekommen ist und kommt, welche grösseren Raum und leichtere Erwerbsbedingungen bieten, ohne bei der Leichtigkeit des Verkehrs die Vorteile der Grossstadt zu entbehren.

2 g. Welch ein Abstand des heutigen Nordalbingiens gegen das von etwa dem Anfange unserer Zeitrechnung! Damals städtische Ansiedlungen unbekannt, ja nicht einmal geduldet: jetzt ein Zusammendrängen

[1]) Nach freundlichen Mitteilungen des Hamburger statistischen Bureaus.

der Bevölkerung an bestimmten, begünstigten Plätzen, das zu dem Beieinander- ja Uebereinanderwohnen unter der Erde, über der Erde, in doppelten bis vier- und fünffachen Schichten geführt hat, Licht, Luft, Atem hemmt, Krankheiten des Leibes und Schäden der Seele erzeugt, Auswüchse der gesellschaftlichen Ordnung, Extreme des Reichtums und der Armut hervorruft, aber eben — ist und bleibt.

Und dieses ausserordentliche, in mancher Hinsicht bedenkliche Anschwellen der Städte ist erst sehr jungen Datums.

Bis ins 9. Jahrhundert gibt es in unserem Lande kaum die ersten Ansätze städtischer Siedelungen. Erst im 13. Jahrhundert entwickelt sich, was man städtisches Leben nennen kann. In den letzten Jahrhunderten des Mittelalters nehmen zwar Lübek und Hamburg für Ost- und Nordsee-Gebiet beherrschende Stellungen ein; dennoch werden sie, nach allen Anhalten zu urteilen, mehr als je 20—30 000 Einwohner kaum gehabt haben: die ländliche Bevölkerung bleibt die weitaus überwiegende. Dies Verhältnis dauert trotz allmählicher Zunahme Hamburgs bis in unser Jahrhundert, ja bis an und über die Mitte desselben fort. 1803 hat Schleswig-Holstein nach der damaligen Zählung bei einer Volkszahl von 604 084 nur 104 447, d. h. wenig mehr als ein Sechstel städtischer Bevölkerung, unter Einschluss von Hamburg (rund 130 000 Einwohner), Lübek (rund 30 000), Eutin (rund 2500), Lauenburg (rund 3000), nach mutmasslicher Schätzung bei einer Bevölkerung von rund 819 000 eine städtische von etwa 270 000 Einwohnern, d. h. immer noch nur etwa ein Drittel. Selbst 1875 noch, wo Schleswig-Holstein (1 073 926) mit Hamburg (388 618), Lübek (58 000), Eutin (34 000) eine Gesamtbevölkerung von 1 555 334 Einwohnern trägt, behält die ländliche mit 811 271 gegen die städtische (346 616 + 348 447 + 45 000 + 4000 =) 744 163 ein Mehr von rund 67 000 Einwohnern. Erst 1880 ist das Verhältnis auch für Schleswig-Holstein umgeschlagen: die Städte haben ein Mehr von 62000, 1885 schon von rund 130 000!

2h. Auch diese Erscheinung, nicht bloss bei uns, sondern in der ganzen civilisierten Welt, bewährt uns von neuem das Wechselverhältnis zwischen den „Stätten" und den „Wegen". Die „Wege" haben aber erst seit etwa einem Menschenalter ihre eigentliche Aufgabe und Bestimmung der Bewegung in einer Weise zu erfüllen angefangen, dass jetzt erst der ganze Inhalt des Wortes, der wirkliche Tiefsinn der Sprache in sein volles, überraschendes Licht zu treten beginnt. Die Vollendung der Verkehrsmittel hat eine Leichtigkeit und Schnelligkeit der Bewegung ermöglicht, diese zugleich eine Zunahme der Verkehrenden, eine Ausdehnung des Verkehrsgebietes, eine Verlängerung der durchmessenen Entfernungen und eine Kürzung der bezüglichen, notwendigen Zeitfristen, dass die Einwirkung davon auf die Haltestätten nicht ausbleiben konnte. Wuchs mit der Länge der Verkehrswege und der Zeitersparnis der jedesmalige Verkehrsbereich, mussten in entsprechendem Masse die Züge der Verkehrenden dichter und zahlreicher werden. Städte, die früher als Herbergen in Betracht kamen, mussten ihre Bedeutung verlieren, zu blossen Anhaltestellen herabsinken, wohl gar den Verkehrsstrom an sich vorbeirauschen sehen. Erst in weit grösseren Entfernungen fand sich eine Stadt, die für den so unendlich erweiterten

Verkehrskreis einen bequemen Mittelpunkt darstellte; hier strömte und staute sich nun aber auch die bewegliche Menschenmenge in einer Weise zusammen, dass sie zu ihrer Verpflegung, Ausrüstung, Ausbeutung eine entsprechende Ansiedlung von Ruhenden hervorrufen musste. Die Strassen, die in Hamburg zusammen laufen, kommen aus allen Ländern Europas, Amerikas, auch der andern Weltteile, London vollends ist der Mittelpunkt eines Wegenetzes, das sich gleichmässig ausspannt über die Welt.

3. Es wird angebracht erscheinen, diese Steigerung des Verkehrs in mehr andeutender als ausführender Weise durch einige Zahlenangaben zu verdeutlichen.

Im Jahre 1625 gab es im dänischen Gesamtstaate 36 Poststationen; 1801 deren in Dänemark 40, Schleswig 15, Holstein 24, im Ausland (Eutin, Lübek, Hamburg) 3, zusammen 82, d. h. also eine Steigerung in 176 Jahren von etwas mehr als dem Doppelten. 1833 haben Schleswig, Holstein, Lauenburg zusammen 55 Poststationen, 1846 67, 1860 75, ausserdem bereits 100 Briefsammelstellen. Ende 1884 gab es im Bezirke der Oberpostdirektionen Kiel und Hamburg, soweit nordalbingisches Gebiet in Betracht kommt, 379 + 49 = 428 Postanstalten [1]).

Briefe wurden in den Herzogtümern 1833 gewechselt 1165763; 1846 1613809, die Postämter im Ausland eingeschlossen. 1884 sind in den Herzogtümern aufgegeben 27563803, eingegangen 28203305, zusammen rund 56000000 Briefe, d. h. in noch nicht 40 Jahren eine Steigerung um mehr als das Dreissigfache!

Wertsendungen kamen im Gesamtstaat Dänemark 1833 über 34 Millionen, 1846 über 59, 1860 über 115 Millionen Reichsbankthaler vor; 1884 sind in den Herzogtümern (Hamburg, Lübek, Eutin eingeschlossen) Wertsendungen allein aufgegeben 291798468 Mark, eingegangen 230846079 Mark, Postanweisungen eingezahlt 106914704 Mark, ausgezahlt 83061987, ein Gesamtbetrag von rund 719000000 Mark. Schätzen wir den Anteil der Herzogtümer an dem Gesamtverkehr Dänemarks für 1860 auf etwas mehr als ein Drittel, d. h. auf rund 40 Millionen Reichsbankthaler und rechnen den von Hamburg, Lübek, Eutin, soweit er nicht durch die dänischen Postämter vermittelt sein mag, noch mit rund 8 Millionen hinzu, d. h. also auf 108 Millionen Mark, so würde sich in 24 Jahren eine Steigerung von ungefähr dem Siebenfachen ergeben.

Am erstaunlichsten ist die Zunahme des Personenverkehrs.

1833 noch verkehrten im dänischen Gesamtstaat mit der Post nur 8290 Personen [2]). Die Einführung von „Diligencen" auf mehreren Strassen, die Verbesserung der Wagen durch Federn steigerten diese Zahl in den folgenden Jahren merkbar, 1834 z. B. um 24 %, auf 10344, 1842 gegen 41 um 01 %, auf 41569 Personen. Die Eröffnung der ersten Eisenbahn Kiel-Altona 1844 machte sich sofort geltend in einem Sinken der Zunahme von 31 auf 7 % noch im Jahre 1844, obwohl die Eröffnung

[1]) Diese und die folgenden bezüglichen Angaben verdanke ich der freundlichen Bereitwilligkeit des Herrn Oberpostdirektors Hufadel in Kiel.

[2]) Uebersicht über den Postengang etc. Bericht an den Finanzminister vom Generalpostdirektor 1862.

am 18. September stattfand. Dennoch benützten 1840 schon 64 704 Personen die Post; 1860 121 812, davon in den Herzogtümern 41 241, also rund der dritte Teil, so dass hier 1833 etwa 2700, 1846 etwa 21 000 werden befördert sein.

1884 war das nordalbingische Eisenbahnnetz bereits so entwickelt, dass nur noch 18 006 Personen sich auf die Postwagen angewiesen sahen. Dafür beförderten die Eisenbahnen folgende Zahlen [1]):

A. Die Privatbahnen.

1. Schleswig-Brarup	64 753
2. Altona-Kaltenkirchen	122 000 [2])
3. Lübek-Travemünde	157 834
4. Lübek-Büchen	101 429
5. Lübek-Eutin	243 572
6. Neumünster-Tönning	261 401
7. Kiel-Eckernförde-Flensburg [3]) .	304 483
8. Holsteinische Marschbahn . . .	466 034
9. Lübek-Hamburg	970 190
	2 482 506

B. Die Staatsbahnen.

10. a) Betriebsamt Flensburg:		
angekommen .	666 900 [4])	1 831 600
abgegangen . .	664 700	
b) Betriebsamt Kiel:		
angekommen .	1,015 400	2 037 700
abgegangen . .	1 022 300	
c) Betriebsamt Hamburg:		
angekommen .	2 229 100	4 409 800
abgegangen . .	2 240 700	
		7 839 100
	dazu . .	2 482 590
	Summa .	10 321 600

Von 1834 also bis 1884, in einem halben Jahrhundert, ist die Zahl der durch öffentliche Verkehrsmittel beförderten Personen in den Herzogtümern von rund 3000 auf rund 10 000 000 gewachsen, d. h. um mehr als das Dreitausendfache; eine Veränderung, wie sie in allen Jahrhunderten unserer Geschichte zum erstenmale eingetreten ist. Gibt

[1]) Nach gütigen Mitteilungen der betreffenden Verwaltungen.

[2]) Die Bahn ist erst am 8. September 1884 eröffnet und hat bis zum 31. Dezember 30 474 Personen befördert, was zu der obigen Schätzung führt. 1885 ist die Zahl der Beförderten 122 631 gewesen.

[3]) Vom 1. April 1883 bis 1. April 1884. (Letzter Bericht.)

[4]) Bei der Zusammenzählung der Einzelangaben für die besonderen Stationen sind die Zehner nach oben oder unten zu Hunderten abgerundet. Vom Betriebsamt Hamburg ist natürlich nur das holsteinische Gebiet in Rechnung gezogen.

es, soweit ich sehe, auch keine Angaben, selbst kaum Anhaltspunkte, um festzustellen, wie viele von jenen 10000000 auf verschiedenen Bahnstrecken zwei-, vielleicht selbst drei- und mehrmal gezählt sind, wie viele von ihnen Landeskinder, wie viele Auswärtige und bloss durchfahrende sein mögen, immer wird man annehmen dürfen, dass täglich in Nordalbingien bei einer Bevölkerung von rund 1500000 Menschen, also vielleicht 1000000 Erwachsenen, etwa 20000 auf den „Wegen" sind; ein Wandern und Wogen der Ansässigen, der Grenznachbarn, der ganz Fremden und Fernen, das auf Gewohnheiten und Sitten von immer wachsendem Einflusse sein muss und verallgemeinert über die Welt, wie es zum Teil schon ist, teils immer mehr wird, Zustände in Gesellschaft und Staat herbeiführen muss, von denen eine klare und richtige Vorstellung noch nicht zu gewinnen ist.

So stellt unsere Halbinsel noch immer wie von jeher eine grosse Brücke, einen langen Damm durch das nordische Binnenmeer dar, in welchem der Längenverkehr die Querbewegung weit überragt und im Vergleich mit den vorübergehenden Völkerbewegungen früherer und frühester Jahrhunderte jetzt eine Verkehrsader zwischen Norden und Süden, Nordosten und Südwesten trägt, deren schwellender Strom keinen Tag, keine Nacht mehr unterbrochen gedacht werden kann. In Uebereinstimmung mit der Richtung dieses Stromes, die ihrerseits eine notwendige Folge der Bodenbeschaffenheit und der Beziehungen zu den Nachbarlanden ist, liegt die Vorderseite der Halbinsel in ihrer nördlichen Hälfte nach Osten und Nordosten, in ihrer südlichen Hälfte nach Westen und Südwesten gewendet, dem unbegrenzten Weltmeer zu. Vom westlichen Ocean her ist die Alte Welt zum erstenmale in unsere nordische Barbarei eingedrungen, ein gallischer Grieche in das äusserste Thule. Von Südwesten her haben die Römer zum erstenmale den Elbstrom befahren; nach Südwesten geht die einzige grosse Massenauswanderung unserer Vorfahren, von der wir sichere Kunde haben und von der dauernde Wirkungen unbegrenzten Umfanges ausgegangen sind. Von Südwesten und zwar wieder zur See kommt uns das Christentum; im Westen wird selbst die Reformation bei uns zuerst lebendig: Visbeke, Bockholt, Tast, Heinrich von Zütphen gehören alle dem Westen an, der letztere war aus denselben Gegenden, auf demselben Wege gekommen, wie einst die ersten Sendboten des Christentums. Noch immer geht über den Südwesten unserer Halbinsel ein stätiger Strom regelmässiger Auswanderung in die Welt hinaus. Wie einst an der Bildung einer Nation von der weltgeschichtlichen Bedeutung der englischen, wird das Angelsachsentum an der Gestaltung des Riesenstaates Amerika einen wesentlichen, ja massgebenden Anteil gewinnen.

Zur Wortdeutung und Rechtschreibung.

1. Ueber die Bezeichnung unserer cimbrischen Meerbusen, Förden, lässt sich mit Sicherheit nicht mehr sagen, als dass sie nordischer Herkunft und nordischen Bereiches ist. Die Sache selbst aber deutet auf den Begriff des tief Einschneidenden, Trennenden, der auch in dem isländischen Sprichwort: eine Förde muss liegen zwischen Feinden, eine Wik zwischen Freunden, zur unverkennbaren Geltung kommt. Und wenn eine cimbrische Förde mit ihren zugänglichen Ufern keine Schranke aufzurichten geartet ist, so liegt an den Steilküsten und Gebirgswänden der eigentlichen Heimat der Fjorde, Norwegen und Island, die Sache anders. Bezeichnend heisst darum auch Norwegen Fiördjörd terra sinuum oder vidra sunda lönd latorum fretorum terra [1]); und wenn übertragen koma in bardan fjörd in difficilem sinum i. e. in angustias venire bedeutet, so muss man geneigt sein, auf eine Grundbedeutung Enge, Spalte oder ähnliches zu schliessen.

2. Die Bezeichnung Wik hat einen bedeutend weiteren Verbreitungsbereich; sie kommt an der ganzen Südküste der Ostsee, auf dem gesamten niederdeutschen Sprachgebiet ebenso gut vor wie im Norden; dass noch Brunswik, so unglücklich verhochdeutscht Braunschweig, Osterwik, noch sichtbarer gelegen in einer Ausbuchtung des Gebirgs, vielleicht auch Coswig in der zweifellos einst wasserbedeckten Elbebene hierher gehören, macht ihre Belegenheit, wie die in der Nachbarschaft mehrfach vorkommenden Ortsbezeichnungen, die sonst dem niederdeutschen Norden mehr eigentümlich sind wie die Endungen -um, -büttel und ähnliche wahrscheinlich. Wenn die Bedeutung des Wortes nach seiner Verwendung für stumpfwinklige, schwach ausgeprägte Einbiegungen der Küste, sei es des Meeres selbst, sei es wie häufig einer Förde oder eines Binnengewässers nicht zweifelhaft sein kann, so wird sich die Ableitung von weichen als unbestreitbar ansehen lassen [2]). Dass damit der Zusammenhang des Wortes in seiner jetzigen Form als zweiter Bestandteil eines Ortsnamens mit dem altsächsischen wic Flecken vicus wohl bestehen kann, bedarf keiner Bemerkung.

3. Ein gleichfalls dem Norden und, soweit ich sehe, nur der cimbrischen Halbinsel in ihrer grösseren nördlichen Hälfte angehörige Bezeichnung einer bestimmten Wasserbeckenbildung ist das Wort Noor, bisher meines Wissens nicht erklärt. Herr Professor Möbius, an den ich mich wandte, fand ohne Zweifel sofort den richtigen Weg zu seiner Deutung in der Thatsache, dass die Meerenge von Gibraltar bei den alten Normannen als njörva oder nörva sund bezeichnet werde. Das Mittelmeer ist in der That ein Noor des Weltmeers. Denn sehen wir die Noore unserer Halbinsel an, wie das Windebyer, Selker, Haddebyer, Holmer, Nübelnoor u. a., so tritt bei allen als bezeichnendes Merkmal

---

[1]) Egilsson Lexicon poeticum antiquae linguae septentrionalis.

[2]) Vgl. Möbius Altnordisches Glossar: vik recessus maris von vikja, das nach Egilsson auch = flectere ist.

der verengte Hals hervor, durch den diese untergeordneten Wasserbecken mit dem grösseren Gewässer, der Förde, verbunden sind. Das Wort erscheint im ags. als nearo, alts. als naru, naro, narawe, ndd. ndl. als naar, englisch als narrow.

4. Häufig kehrt das Wort with, auch witt geschrieben, in Zusammensetzungen bei Ortsnamen wieder: Sundewith, Handewith, Witt — richtiger Withkiel. Die Bedeutung ist nicht zweifelhaft: vidr, vidar ist im Altn. Holz, Baum. Dänisch ist es zu ved, schwedisch zu väd, angels. wudu, engl. wood geworden. (Vgl. Vigfusson, An icelandic engl. dictionary und Möbius, Altnordisches Glossar.) Sundewith ist mithin der Wald am Sunde, Withkiel der Waldquell.

5. Die Deutung nämlich des Namens Kiel = Quell oder Quellsumpf, Quellmoos, d. h. Moor, sehe ich mich veranlasst, teils gegen Anzweiflung zu schützen, teils als die meine in Anspruch zu nehmen; s. Bedingtheit des Verkehrs u. s. w. S. 104 ff., Anm.

Prof. Müllenhof freilich bezeichnete sie, mir gegenüber mündlich, als unmöglich, wenn ich recht erinnere, wegen der verschiedenen Messung der Vokale. Junghans (Jahrbücher für die Landeskunde der Herzogtümer etc. IX, 3) findet für die Bestimmung der Grundbedeutung des Worts „den neuerdings (sic!) geführten Nachweis, dass der Name Kiel in einfacher und zusammengesetzter Form mit unbedeutender Differenzierung des Vokals in Schleswig, in Jütland, auf der Insel Mön mehrfach vorkomme“, doch „wichtiger“. „Ohne Zweifel ist“ ihm „der Name deutschen (germanischen), nicht slavischen Ursprungs und älter als die Stadt.“ „Dass nach dem Jahre 1264 sowohl der kleine Kiel als die Förde den Namen kyl führten, wird schon durch unser Stadtbuch bezeugt; alles andere“, meint er, „ist Vermutung, unbewiesen und unbeweisbar.“

Der Thatbestand des Sprachgebrauchs ist folgender. Der Name kyl kommt zuerst in der Urkunde von 1242 vor, in welcher Johann I. der „Holstenstadt“ das lübsche Recht verleiht und ihr Weichbild bestimmt, und zwar einmal mit dem Zusatz stagnum, einmal mit scheinbarer Beziehung auf einen Bach . . . usque in kyl sicut rivus descendit. 1259 wird ein fluvius kyl, 1286 ein parvus fluvius kyl genannt; die Felder westlich der Stadt, nördlich ansteigend vom Schreventeich, führen bis heute den Namen Kiel-Stein. Der Schreventeich war, ehe seine südliche Hälfte zum Wasserbehälter für die Stadt ausgegraben und seine grössere nördliche Hälfte 1883 zu Gärten umgewandelt und ausgelegt wurde, ein rechtes „Moos“ oder Moor, Wiesensumpf, ein seichtes Wasser, voll Binsen und Bülten, wie sie namentlich im Gebirge mannigfach als Flussursprünge erscheinen, das noch immer ein munteres Bächlein in den kleinen Kiel und in die Förde entsendet, freilich zum Teil unterirdisch, durchaus nicht, wie Junghans meint, verschwunden [1]). In

---

[1]) Schreventeich ist, wie die alte Form für Schrevenborn, Grevenborn und die Uebersetzung indago comitis für „des Greven Hagen“ ausser Zweifel stellen = 's Greven Teich. Mitten in dem 1242 abgegrenzten Kieler Stadtgebiet blieb dieses Gewässer gräflich, „fiskalisch“, landesherrlich und ist erst 1862 von der Stadt erworben. Es erscheint mindestens als sehr möglich, dass bis 1242 an diesem Moose

Schleswig kommt dieselbe Bezeichnung, meist in Zusammensetzungen, an Orten ähnlicher Bodenbeschaffenheit zehnmal vor, nirgends bezeichnender und sprechender als in „Kielseng" an der Flensburger Förde, dem „Quellenanger", der Quellenwiese. Im Königreich Dänemark kommen nach der Topographie von Trap Ortsnamen mit Kiel oder kjel, kille, kilen, kjelle, kjelling, kjeld 54 vor, mit dem zweifellos verwandten kilde, kjaeld noch eine ganze Anzahl mehr, darunter solche, die den Sinn des Wortes deutlich hervortreten lassen: kjeldkjaer (Quellsumpf), kjeldskov (Brunnenholz), kildal (Quellenthal) u. a. In Norwegen erscheinen an der Südküste ähnliche Bodenformen mit gleichem Namen. In Deutschland ist der von den „Moosen" der Eifel gespeiste Nebenfluss der Mosel Kyll, samt Stadtkyll und Kyllburg unzweifelhaft von demselben Stamme benannt; auch Kelberg im Quellgebiet der Ahr, Küllheim an einem Nebenfluss der Tauber, Kelheim an den Uferhöhen der „moosigen" Donau (vgl. schwäbisch Brunkell) werden gleicher Wurzel sein.

Ueber die Bedeutung des Wortes habe ich heute nicht mehr wie 1861 eine begründete „Vermutung", sondern eine zweifellose Gewissheit: kil ist nichts anderes als Quell. Zum Beweise diene, was ich (Bedingtheit u. s. w. S. 106) an sprachlichen und sachlichen Analogien beigebracht habe und was seitdem (1873) durch die Auktorität des Grimmschen Wörterbuchs in erwünschtester Weise bestätigt worden ist; die hier aus Mathesius Sarepta beigebrachten Stellen (... ausz einem jeden kiele, flüszlein, laken oder cistern zu trinken, Sarepta 68 b und ... den ursprung oder die kielen des Schwarzwassers [im sächsischen Erzgebirg], Sarepta 117 a) deuten bereits, wie die Verwendung des Wortes zu Ortsbezeichnungen, auf ein dem Stamme eigentümliches, sehr begreifliches Schillern zwischen den Bedeutungen Sumpf- oder Moosquell und Quellmoos, und da jeder Quell sofort in ein „flüszlein" übergeht, auch zwischen Bachquell und Quellbach.

Ausser dieser Thatsache auch noch einige andere zu beweisen, was ich mir erlaube für möglich zu halten, würde nicht dieses Ortes sein. Hier nur noch die Antwort auf eine sich aufdrängende Frage: Führt denn Kiel seinen Namen Quell mit Recht?

1861 schloss ich meine Darlegung mit den Worten: „Wenn daher Kiel, wie vor einigen Sommern, in Dürre zu verkommen in Gefahr geraten kann, so muss entweder der Name kil eine contradictio in adjecto und wie lucus a non lucendo sein oder die Wünschelrute fehlen, den versprochenen Quellenschatz zu heben."

Derselbe ist seitdem gehoben. Hart nördlich von jenem oben erwähnten Joch, das Nord- und Ostsee-Abdachung scheidet, waren in dem saftiggrünen Wiesengrund, der alsbald in die Förde übergeht, schon 1844 durch den Bau der Eisenbahn „starkfliessende Quellen" [1]) freigelegt, welche täglich rund 1000 cbm schönsten Wassers in den Hafen ent-

---

der Name kil gehaftet hat, das seitdem im Gegensatze zum Stadtgebiet als 's Ureven Teich bezeichnet zu werden begann.

[1]) Vgl. P. Chr. Hansen, Schleswig-Holstein, seine Wohlfahrtsbestrebungen und gemeinnützigen Einrichtungen.

sendeten. Hier sind nun 1879/80 acht Brunnen auf 7—8 m Tiefe durch einige Lehmschichten in den Korallensand abgesenkt, deren Ertrag, zwischen 3000 und 4000 cbm täglich, durch Heberohre in einen Sammelbrunnen bei Garden und von da durch Maschinen in das Hauptbecken auf der Höhe des Viehburger Rückens gehoben wird. Eine zweite Quellenwiese, 150 m entfernt, kann über kurz oder lang in Benutzung genommen werden. Kiel ist die „Holstenstadt am Wiesenquell“.

6. In der Schreibung habe ich einige Abweichungen von der landläufigen nötig befunden. Eine innere Berechtigung hat sie oft nicht und dient nur dazu, den Sinn und Ursprung der Benennungen zu verdunkeln. Wie sichtlich ist Fähr-Bellin das durch eine Fähre gekennzeichnete Bellin! Wer es aber schreibt, wie es heisst, gibt Anstoss. Hier könnten sich die Behörden Verdienste erwerben!

Das niederdeutsche Wort für Bach: „Bek“ mit ck, d. h. mit doppeltem k zu schreiben, ist ohne alle Berechtigung; einmal, weil der Aspirata des Hochdeutschen die niederdeutsche Tenuis entspricht und ein ck auf ein cch führen müsste; sodann weil niemand in dem Worte einen geschärften Vokal spricht.

Auch in Lübek hört man einen langen Vokal. Dazu kommt, dass der Name, zweifellos slavischen Stammes, obwohl nach freundlicher Mitteilung des Herrn Prof. Leskien unsicherer Ableitung (ljub? lieb — dann wäre die Form lubica — oder lub? Rinde), nach ältester Schreibung nur in der Form Lubica, Lubike, Lubika oder Lubeke erscheint.

Meklenburg, von michel (μεγάλ—), bei Helmold Mikilenburg, kann auf richtigem Wege ebensowenig zu einem ck gelangen, das auch die niederdeutsche Aussprache nicht kennt.

In Pretz halte ich die Schärfung durch ein t für richtig, weil es slavisch Porěčje (Ort am Flusse) ist (Leskien), č aber gleich tsch ist. Daher auch die alte Schreibung Poretze.

Für Silt, statt des dänisch anklingenden Sylt, spricht sowohl die alte Schreibung Sild (s. die Urkunde König Erichs [1241?] bei Hasse, S. H. L. Regesten und Urkunden I, 270), als auch die eigentliche, friesische Form Sal; friesisch a geht auch sonst in i über, z. B. stal = still.

Bemerkung zu S. 536. Eben vor Thorschluss fällt mein Blick auf S. 16 f. der Denkschrift der Kieler Handelskammer über den Nordostsee-Kanal: das Urteil der Praxis über unser Eisenbahnnetz fällt mit dem der Theorie zusammen.

www.ingramcontent.com/pod-product-compliance
Lightning Source LLC
Chambersburg PA
CBHW022125020426
42334CB00015B/759
9783742816986